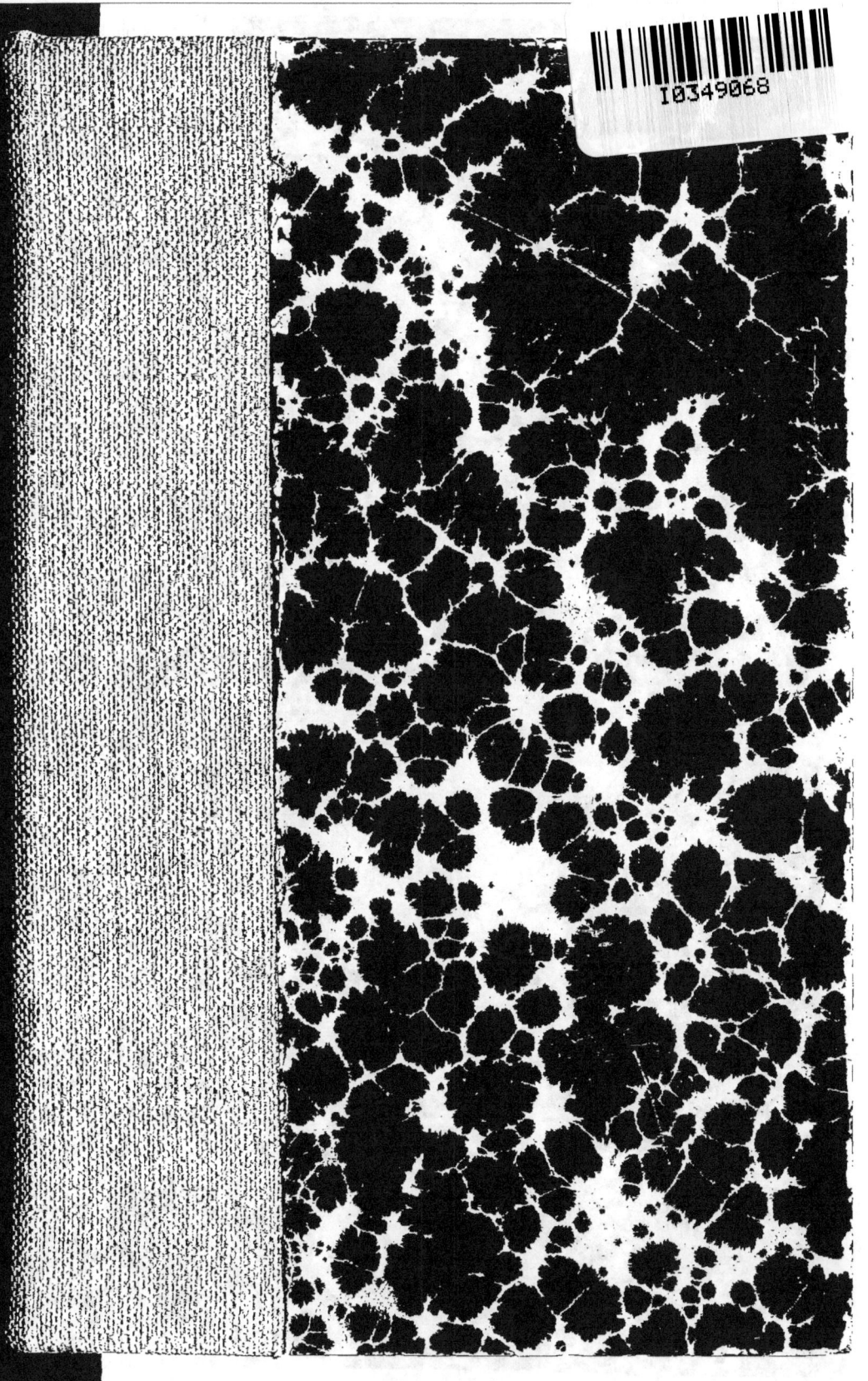

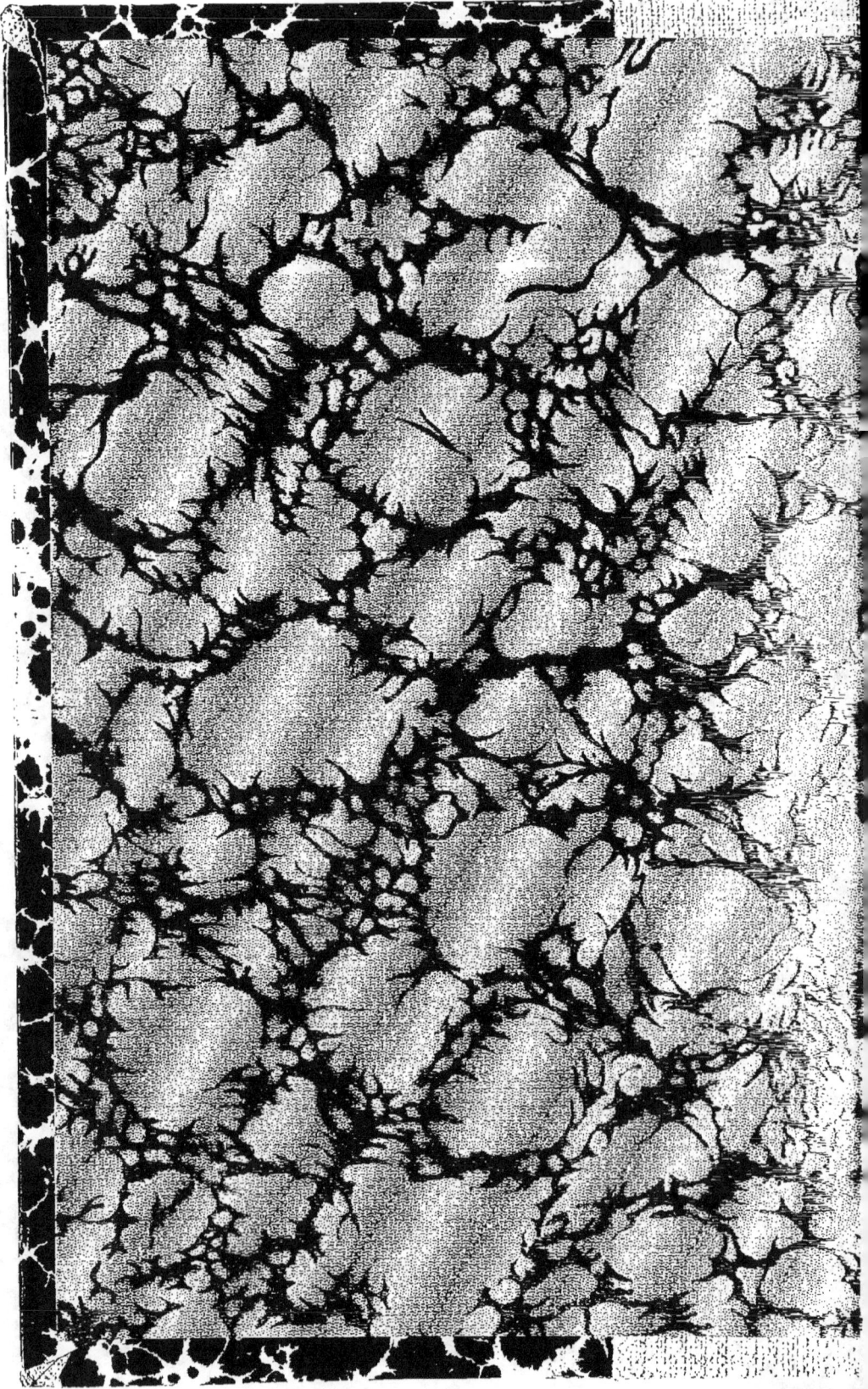

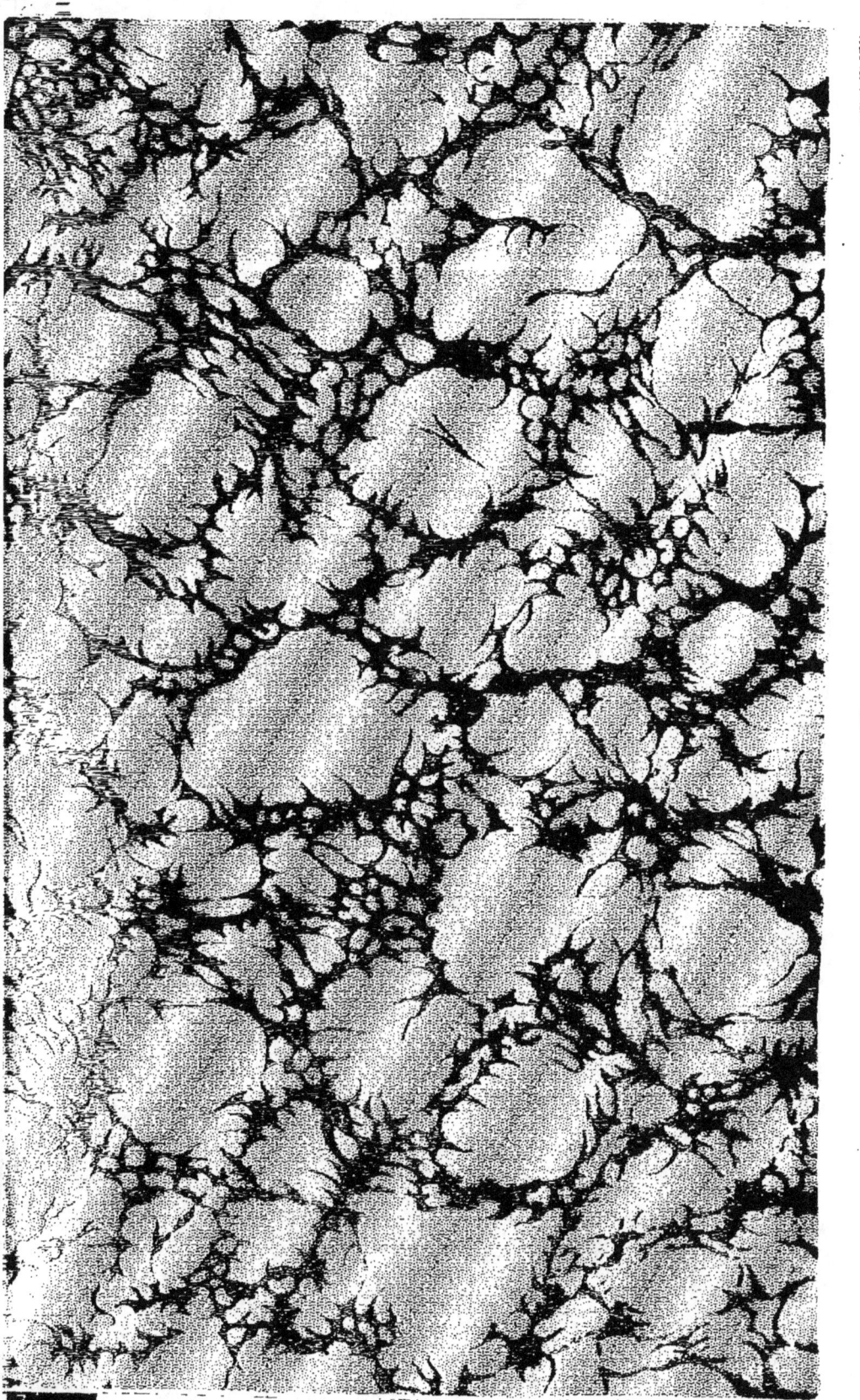

A.MERTENS REL

# PRÉCIS
DE
# GÉOGRAPHIE

## PHYSIQUE, POLITIQUE & MILITAIRE

A l'usage des Candidats aux Écoles militaires
Et aux deux baccalauréats

PAR

**LOUIS BOUGIER**

Agrégé de l'Université
Ancien élève de l'École Normale et de l'École des Hautes-Études
Professeur d'Histoire et de Géographie
au Lycée de Brest

PARIS
LIBRAIRIE GERMER BAILLIÈRE ET C<sup>ie</sup>
108, BOULEVARD SAINT-GERMAIN, 108

1883

# PRÉCIS
## DE
# GÉOGRAPHIE

*LIBRAIRIE GERMER BAILLIÈRE ET C$^{ie}$*

# COURS D'HISTOIRE ET DE SCIENCES
### Pour les Candidats aux Écoles du gouvernement et aux Baccalauréats
**Rédigés conformément aux programmes du 2 Août 1880.**

## HISTOIRE ET GÉOGRAPHIE

**Précis d'histoire des temps modernes** (1453-1880), *à l'usage des candidats à l'école spéciale militaire de St-Cyr et aux deux baccalauréats*, par M. G. Dhombres, ancien élève de l'Ecole normale supérieure, professeur au collège Rollin. 1 fort vol. in-12. . . . . . . 4 fr. 50

**Précis de Géographie**, *à l'usage des candidats aux écoles militaires et aux deux baccalauréats*, par M. Bouguer, ancien élève de l'Ecole normale, professeur au lycée de Brest. 1 fort vol. in 12. . . . . . . . 7 fr.

**Géographie de la France et des Colonies** (*extrait du précis de géographie*), par *le même*, 1 vol. in-12 br. . . . . . . . . . . . 3 fr. 50

**Cours complet d'histoire**, publié sous la direction de M. Gabriel Monod, directeur à l'Ecole des hautes études, maître de conférences à l'Ecole normale. — Un volume sera consacré à chacune des classes des lycées; le premier volume :

**Récits et biographies historiques** (*classe de neuvième*), par MM. Dhombre et Monod, 1 vol. in-12 cart. . . . . . . . . . . 3 fr.

## SCIENCES PHYSIQUES ET NATURELLES

**Cours de chimie**, à l'usage de la classe de philosophie, par M. Riche, professeur à l'Ecole de pharmacie. 1 vol. in-12 avec figures. . . . 3 fr.

**Cours élémentaire de physique**, par M. Dufet, ancien élève de l'Ecole normale, professeur de physique au lycée Saint-Louis. 1 fort vol. in-18 cart., avec 644 figures dans le texte et une planche en couleurs. . . . 10 fr.

**Anatomie et physiologie végétales**, par M. Le Monnier, professeur de botanique à la faculté des sciences de Nancy. 1 vol. in-18 avec figures . . . . . . . . . . 3 fr.

**Anatomie et physiologie animales**, par M. Dastre, maître de conférences à l'Ecole normale supérieure. 1 vol. in-18 avec figures.
(*Sous presse.*)

## COURS DE MATHÉMATIQUES ÉLÉMENTAIRES

*A l'usage des candidats au baccalauréat ès sciences et aux écoles du gouvernement.*

**Cours de géométrie élémentaire.** 1 fort volume in-8 avec fig., par M. Combette, ancien élève de l'Ecole normale, professeur au lycée Saint-Louis. . . . . . . 10 fr.

**Cours d'algèbre élémentaire.** 1 fort vol. in-8, par *le même*. 10 fr.

**Cours d'arithmétique.** 1 fort vol. in-8, par *le même*. . . . 6 fr.

**Cours de mécanique.** 1 vol. in-8 avec fig., par *le même*. . . . 5 fr.

**Cours de trigonométrie.** 1 vol. in-8 avec fig., par M. Rebière, ancien élève de l'Ecole normale, professeur au lycée Saint-Louis. . . . 3 fr. 50

**Cours de cosmographie.** 1 vol. in-8 avec fig., par M. Porchon, ancien élève de l'Ecole normale, professeur au lycée de Versailles. (*Sous presse.*)

**Cours de géométrie descriptive**, par M. Canon, ancien élève de l'Ecole normale, professeur au lycée Saint-Louis.

1$^{re}$ partie (*ligne droite et plan*), 1 vol. in-8 avec atlas de 16 planches. . 5 fr.

2$^e$ partie (*cylindre, sphère et cône*), 1 vol. in-8 avec atlas de 16 planches, à l'usage des candidats à l'Ecole spéciale militaire. . . . . . . . 6 fr.

## COURS DE MATHÉMATIQUES ÉLÉMENTAIRES

*Pour les classes de lettres et le baccalauréat ès lettres :*

**Cours de mathématiques**, par M. Porchon, ancien élève de l'Ecole normale, professeur au lycée de Versailles :

1° *Éléments d'arithmétique* (4$^e$, 5$^e$ et philosophie). 1 vol. in-12 . . . 2 fr.

2° *Éléments d'algèbre* (seconde et philosophie). 1 vol. in-12. . . . 3 fr.

3° *Éléments de géométrie* (4$^e$, 5$^e$, seconde, rhétorique et philosophie) 1 vol. in-12. . . . . . 3 fr. 50

4° *Éléments de Cosmographie* (rhétorique et philosophie). 1 vol. in-12.
(*Sous presse.*)

---

**Manuel du baccalauréat ès sciences restreint et du baccalauréat ès lettres** (2$^e$ partie), par le D$^r$ Le Noir, ancien professeur de l'Université.

*Histoire naturelle*, in-12 br. . 5 fr.
*Physique*, in-12. . . . . . . 6 fr.
*Chimie*, in-12 . . . . . . 3 fr. 50.
*Mathématiques*, in-12 . . . . 5 fr.
*Chaque volume se vend séparément.*

---

6231. — Paris, imprimerie A. Lahure, 9, rue de Fleurus.

# PRÉCIS

DE

# GÉOGRAPHIE

## PHYSIQUE, POLITIQUE & MILITAIRE

A l'usage des Candidats aux Écoles militaires
Et aux deux Baccalauréats

PAR

**LOUIS BOUGIER**

Agrégé de l'Université
Ancien élève de l'École Normale et de l'École des Hautes Études
Professeur d'Histoire et de Géographie
au Lycée de Brest

---

PARIS
LIBRAIRIE GERMER BAILLIÈRE ET Cie
108, BOULEVARD SAINT-GERMAIN, 108
—
1882
Tous droits réservés

# AVANT-PROPOS

Le nouveau programme des connaissances exigées pour l'admission à l'école de Saint-Cyr donne à la géographie et à l'histoire une importance décisive dans l'examen.

Depuis longtemps cette réforme était attendue; elle n'a surpris personne, et ne peut manquer d'avoir d'heureux résultats.

Il importe que les jeunes gens qui entrent dans nos écoles militaires connaissent les éléments de géographie physique et politique, qu'ils soient particulièrement familiers avec l'étude de l'Europe centrale et surtout de la France. Les cours d'art militaire demandent, pour être suivis avec fruit, des connaissances préalables qui doivent faire partie du bagage des candidats admis.

L'auteur de cet ouvrage s'est donc proposé non seulement d'offrir aux élèves de nos lycées et collèges un manuel pour l'examen de Saint-Cyr, mais encore de vulgariser les notions de géographie militaire traitées exclusivement jusqu'ici dans nos écoles de guerre.

Comme de juste et suivant les prescriptions du programme, la géographie de la France occupe une large place dans ce livre. Il est trop naturel que la jeunesse de notre pays étudie avant tout, dans son état actuel, le sol qu'elle peut être appelée à défendre : viennent ensuite, par ordre d'importance, les différents échiquiers stratégiques qui ont été les théâtres de nos succès ou de nos revers dans les temps modernes. La géographie retrouve, en étudiant les bassins des fleuves de l'Europe occidentale et centrale, les traces de nos guerres passées et parfois les raisons de nos fortunes diverses.

Les détails donnés sur les chemins de fer ont été plus développés qu'ils ne le sont généralement dans les livres classiques. L'importance des voies ferrées pour la mobilisation et le ravitaillement des armées explique surabondamment la valeur qui est attachée dans les examens à la connaissance précise des principales lignes de communications rapides en Europe. Des tableaux permettront de voir d'un coup d'œil les particularités les plus saillantes de ces lignes.

Un appendice placé à la fin du volume donnera, rangées par chapitres, les questions posées au dernier concours pour l'École militaire.

# ERRATA

| Page. | Ligne. | Au lieu de | Lisez |
|---|---|---|---|
| 108 | 24 | Hâve | Hêve |
| 147 | 31 | à l'O. | à l'E. |
| 151 | 32 | Margueride | Margeride |
| 173 | dernière | Dié | Die |
| 189 | 17 | Gerbier de Joncs | Gerbier de Jonc. |
| 199 | 31 | affluent | effluent |
| 201 | 24 | Lanniont | Lannion |
| 258 | 16 | de est la Durance | de la Durance est |
| 279 | 29 | deux | dix |
| 298 | 15 | 154 kil. | valeur, 150 millions |
| 316 | 40 | Cette ville est | Cette, ville commerçante, est |
| 344 | 13 | Tards | Tardes |
| 345 | 25 | Quimperlé | Quimper |
| 349 | 27 | Aube, Yonne | Aube, Marne, Yonne |
| id. | 34 | Haute-Saône | Haute-Saône, Belfort. |
| 352 | 12 | id. | id. |
| 379 | 11 | Anvers | Amiens. |
| 385 | 24 | Niort | Nort |
| 394 | 21 | Frescpiel | Fresquel |

# PRÉCIS
## DE
# GÉOGRAPHIE
### PHYSIQUE, POLITIQUE ET MILITAIRE

## INTRODUCTION

La géographie est la description scientifique du globe terrestre. On la divise généralement en plusieurs parties :

1° LA GÉOGRAPHIE MATHÉMATIQUE, qui considère la terre comme faisant partie du système solaire, étudie ses mouvements et essaye de fixer ses dimensions ;

2° LA GÉOGRAPHIE PHYSIQUE, qui s'occupe tour à tour de la nature des roches ou des terrains (géologie), de leur relief (orographie), des eaux qui glissent à leur surface ou s'enfoncent dans leurs profondeurs (hydrographie), enfin des forces atmosphériques, pluies, vents, etc., qui donnent aux différents lieux de la terre leur originalité propre, leur climat (météorologie et climatologie) ;

3° LA GÉOGRAPHIE POLITIQUE a pour objet les familles humaines, leurs divisions en races distinctes, en États souvent rivaux, en cultes opposés. Elle décrit les cadres plus ou moins vastes dans lesquels l'animal politique par excellence est enfermé par ses origines, son histoire, ou les nécessités du gouvernement (ethnographie, géographie historique, politique, administrative).

Si la politique et les origines divisent les hommes, leurs véritables intérêts les poussent à se rapprocher. Il est peu de contrée assez favorisée pour pouvoir se passer entièrement du reste du monde. Il n'en est point qui soit assez déshéritée pour n'avoir absolument rien à présenter aux autres en échange des produits qui lui manquent. L'activité humaine s'appliquant à la production des richesses et les résultats de ce travail, tel est l'objet qu'étudie LA GÉOGRAPHIE ÉCONOMIQUE, dont les principales branches sont la géographie agricole, minérale, industrielle, commerciale, enfin la statistique.

Il faut le dire, du reste, sous cette apparente diversité la géographie est une. Nulle de ses branches ne peut être fructueusement étudiée sans que la connaissance des autres précède ou complète le travail.

C'est le climat et la nature des lieux qui ont donné en partie aux diverses races humaines leurs caractères particuliers. L'homme de son côté a profondément modifié l'aspect de la terre qui le porte; et c'est en vue d'arracher au sol ses richesses, de faciliter les échanges, ou de s'assurer la tranquille possession de ses biens, qu'il a bouleversé la surface de la terre.

# CHAPITRE PREMIER

### GÉOGRAPHIE MATHÉMATIQUE.

**La terre et son double mouvement.** — Les hommes ont cru longtemps que la planète qu'ils habitaient était le centre de l'univers; que tous les astres se mouvaient autour d'elle, tandis qu'elle restait immobile. La science a détruit cette illusion.

La terre n'est qu'un astre des plus infimes. C'est un simple satellite du soleil, dont le volume est un million et quart de fois plus grand que le sien. Le soleil lui-même n'est pas immobile. Herschel a démontré qu'il marche avec une vitesse au moins égale à celle de la terre et dans une direction un peu au nord de l'étoile d'Hercule.

Il y a dans l'espace infini un nombre inconcevable d'étoiles dont les plus rapprochées sont à une distance prodigieuse de nous; elles sont, comme le soleil, des centres d'attraction et des sources de chaleur, de lumière et de vie pour des mondes dont nous ne pouvons pas même nous faire une idée. L'étude des espaces célestes et des corps qui y gravitent appartient plus spécialement à la cosmographie.

Le soleil, centre de notre système, semble être une masse gazeuse d'une température très élevée et animée d'un mouvement de rotation sur elle-même d'une durée de 25 jours.

Autour de cette masse énorme circulent les planètes en décrivant une orbite de forme ellipsoïdale et en tournant également sur elles-mêmes.

Pendant longtemps on a cru que le système solaire ne comprenait que sept planètes dont quelques-unes étaient escortées de satellites. Ces planètes étaient, en commençant par les plus rapprochées du soleil : Mercure, Vénus, la Terre, Mars, Jupiter, Saturne et Uranus. M. Leverrier a découvert par le calcul une huitième planète, Neptune, et des observations télescopiques ont permis de reconnaître 191 petites planètes situées entre Mars et Jupiter.

Par ordre de grosseur ces astres peuvent être ainsi disposés : 1° Jupiter (dont le diamètre est plus de 11 fois celui de la terre, son volume près de 1400 fois); Saturne (diamètre 9,5, volume 864); Neptune (diamètre 4,4, volume 85); Uranus (diamètre 4,2, volume 75,25). La Terre, Vénus, Mars et Mercure.

La lune, satellite de la Terre, tourne autour d'elle en 27 jours 7 heures 43 minutes, mais comme la terre a pendant cet intervalle gravité elle-même autour du soleil, la lune ne se trouve dans la même position relative qu'au bout de 29 jours 12 heures 44 minutes, ce qui a déterminé la longueur des mois. Ce corps céleste a un diamètre qui est 0,264 celui de la terre, son volume est 49 fois moindre. Elle réfléchit la lumière du soleil et nous présente toujours le même côté. On a observé qu'il s'y trouve des montagnes dont la hauteur s'élève jusqu'à 7000 mètres et des cratères d'anciens volcans.

Outre ces planètes, on voit circuler dans l'espace, suivant des orbites extrêmement vastes, des corps fluides qu'on nomme comètes, et dont quelques-unes semblent s'être divisées et former les bolides ou étoiles filantes.

La terre est un sphéroïde, c'est-à-dire une sphère aplatie aux deux pôles et renflée à l'équateur. La dépression de chaque pôle est d'environ la trois-centième partie du rayon terrestre. On a reconnu que la terre est ronde : 1° en observant la manière dont on voit disparaître, par exemple, les mâts d'un navire qui s'éloigne sur la haute mer, ou apparaître une tour sur une côte, lorsqu'on s'approche de la terre venant de la mer; 2° en calculant l'heure du lever ou du coucher du soleil pour des points différents du globe ; 3° en étudiant l'ombre que la terre projette sur la lune pendant les éclipses ; 4° enfin par les voyages autour du monde.

Le globe tourne sur lui-même d'occident en orient, en sens inverse du mouvement apparent du soleil et des étoiles. La vitesse de rotation est d'environ 28 kilomètres par minute.

Il tourne autour du soleil en décrivant une ellipse dont cet astre occupe un des foyers. A son aphélie, c'est-à-dire lorsqu'elle est le plus éloignée du soleil, la terre en est à une distance de 150 millions de kilomètres : au périhélie elle est à 145 millions. Sa vitesse est de 30 kilomètres par seconde, 60 fois celle d'un boulet de canon.

**Axe, pôle, équateur, méridien, parallèle, longitude, latitude, zones.** — On appelle *axe* de la terre une ligne droite qu'on suppose passer par le centre ; les deux extrémités de cette ligne idéale sont appelés les *pôles*.

On nomme *équateur* un cercle perpendiculaire à l'axe et passant par le centre de la terre. Il divise la terre en deux *hémisphères* : *boréal* et *austral*.

Le *méridien* est une circonférence passant par les pôles et perpendiculaire à l'équateur ; sa longueur, qui a été mesurée pour servir de base au système métrique, est de 40 000 kilomètres, le diamètre terrestre est donc de 12 732 kilomètres.

Les *parallèles* sont des petits cercles de la sphère, parallèles à l'équateur, et ayant leur centre sur l'axe ; ils sont de plus en plus petits à mesure qu'on se rapproche des pôles. Quatre d'entre eux ont des noms particuliers : au N. le *tropique du Cancer*, au S. le *tropique du Capricorne*, chacun à 23°27 de l'équateur ; les deux *cercles polaires : boréal* et *austral*.

Les méridiens et les parallèles servent à déterminer ce qu'on appelle la longitude et la latitude des lieux sur la surface de la terre.

L'équateur a été divisé en 360 parties égales, correspondant chacune à un méridien. On compte les méridiens à l'O. et à l'E. à partir de celui qui est choisi pour point de départ. Les Français ont pris celui qui passe à l'observatoire de Paris, les Anglais celui de Greenwich, les Américains celui de Washington, quelques géographes allemands se servent du méridien qui passent par l'île de Fer aux îles Canaries, à 20 degrés à l'O. du nôtre, et qui était jadis employé par tous les peuples de l'Europe. La *longitude* d'un lieu est l'arc de cercle compris entre le premier méridien et le méridien de ce lieu ; la *latitude*, l'arc de méridien compris entre le lieu et l'équateur. Il a 90 degrés de latitude, de chaque pôle à l'équateur ; on compte les degrés de longitude à l'O. et à l'E. Il y en a 180 de chaque côté.

## AXE. — POLES. — ÉQUATEUR. — MÉRIDIEN.

On connaît l'emplacement exact d'un endroit lorsqu'on a sa latitude et sa longitude; c'est ce qu'on appelle les *coordonnées géographiques*. L'Annuaire du Bureau des Longitudes publie chaque année les coordonnées géographiques des principales villes du monde et de tous les endroits remarquables de France. Ainsi, la lanterne du Panthéon à Paris est à 48°50'49" N. et à 0°0'35" E.

On appelle *zone* les bandes de la surface terrestres comprises entre les pôles, les cercles et les tropiques. Il y a deux zones glaciales, deux zones tempérées et une zone torride. Les surfaces sont entre elles de chaque côté de l'équateur comme les nombres 41, 260 et 199.

Les deux pôles marquent l'un le *Nord* ou *Septentrion*, l'autre le *Sud* ou le *Midi*. Pour chaque lieu l'endroit où le soleil se lève est l'*Orient* ou *Est* ; celui où il se couche l'*Occident* ou l'*Ouest*.

On a ainsi les quatre points cardinaux qu'on peut représenter par les extrémités de deux lignes se coupant à angle droit. Les bissectrices de ces quatre angles donnent quatre directions intermédiaires N. E., S. E., S. O., N. O. ; en coupant les huit angles ainsi obtenus par des bissectrices on obtient huit autres directions auxquelles on donne le nom du point cardinal le plus rapproché et de la direction qui se trouve de l'autre côté : ainsi N. N. E., E. N. E. Enfin, divisant de la même manière ces angles on a seize nouvelles divisions qu'on désigne en intercalant le chiffre 1/4 entre le nom du point cardinal ou de la direction secondaire, le plus rapproché est celui de la direction secondaire ou du point cardinal qui se trouve de l'autre côté : N.1/4 N. E., E.1/4 N. E. On donne le nom de *rose des vents* à la figure qui indique ces directions.

Pour trouver le N. on n'a eu pendant longtemps que des moyens approximatifs, par exemple l'observation du point où le soleil se lève ou se couche, l'observation du point où il se trouve à midi; on peut encore trouver à peu près la direction en cherchant la nuit la place de l'étoile polaire. Aujourd'hui on a recours à la *boussole*, ou aiguille aimantée qui, convenablement suspendue, se meut toujours vers un point peu éloigné du pôle nord et qui, variant légèrement, se trouve aujourd'hui par 101° long. O. et 84° lat. N. La direction de l'aiguille aimantée varie donc avec les lieux. On appelle *pôle magnétique* le point vers lequel se dirige l'aiguille, on appelle *déclinaison* l'angle que forme la direction de l'aiguille vers le pôle magnétique avec la direction du pôle vrai. La déclinaison est de 17°19' à Paris. Elle oscille pour les différents points de la France entre 14°18' pour Nice et 20°23' pour Brest.

C'est le mouvement de la terre sur son axe qui produit les jours et les nuits; sa révolution annuelle autour du soleil cause les diverses saisons. Si l'axe de la terre était perpendiculaire au plan de l'orbite, il y aurait pour les deux hémisphères égalité des jours et des nuits ; mais l'axe de la terre est oblique et incline de 73°27′ sur le plan de son orbite, par conséquent l'angle suivant lequel les rayons solaires arrivent à un même lieu variera suivant l'inclinaison même du globe; tantôt ce sera l'hémisphère boréal, tantôt l'hémisphère austral qui recevra la plus grande somme de lumière, car la plus ou moins grande chaleur d'un lieu dépend principalement de la manière plus ou moins directe dont ce lieu reçoit les rayons du soleil. Lorsque les rayons arrivent perpendiculairement à l'équateur les jours sont égaux aux nuits; ce phénomène se produit aux équinoxes de printemps et d'automne, 20 mars et 23 septembre. Lorsqu'ils arrivent plus directement sur l'hémisphère boréal, il y a été au N. et hiver au S. C'est le contraire lorsque le soleil se trouve perpendiculaire au plan de l'écliptique au sud de l'équateur. L'hiver dure sept à huit jours de moins pour nous que pour l'hémisphère austral.

**Projections.** — La terre a sensiblement la forme d'une sphère ; aussi peut-on la représenter au moyen de *globes*. La construction des globes est facile, on commence par tracer les méridiens et les parallèles. On place ensuite les différents points au moyen de leur longitude et de leur latitude.

Les globes terrestres ne peuvent atteindre de grandes dimensions, aussi ne peuvent-ils servir à représenter avec détails une partie de la terre. On se sert de préférence des cartes géographiques. On se propose de représenter sur une surface plane la surface de la terre en totalité ou en partie.

La sphère n'est pas une surface développable; aussi est-on obligé d'avoir recours dans la construction des cartes, soit aux différents systèmes de projections, soit au développement de surfaces auxiliaires :

1° PROJECTIONS ORTHOGRAPHIQUES. — On nomme projection orthographique d'un point sur un plan le pied de la perpendiculaire abaissée de ce point sur le plan.

On prend pour plan de projection soit l'équateur, soit un méridien.

Si l'on projette sur l'équateur, chaque hémisphère est représenté par un cercle. Les méridiens sont figurés par les diamètres de ce cercle et les parallèles par des cercles concentriques. La position des différents points de la terre se détermine facilement au moyen de la longitude et de la latitude.

Si l'on projette sur un méridien, il serait facile de voir que les lignes parallèles sont représentés par des lignes droites parallèles et les méridiens par des demi-ellipses.

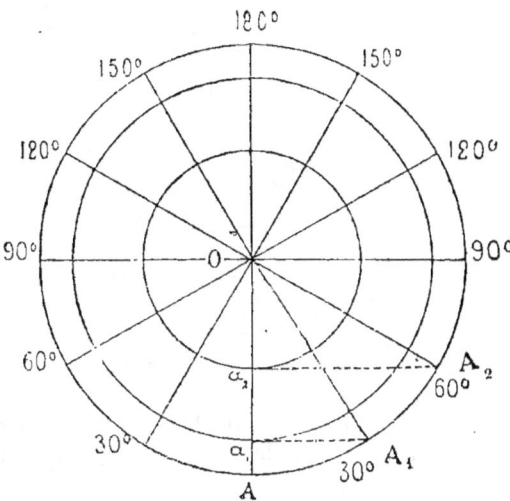

Fig. 1. — Projection orthographique sur l'équateur.

Ce système de projection permet de représenter avec exactitude les parties centrales de la carte, mais celles qui se projettent sur les bords sont considérablement déformées;

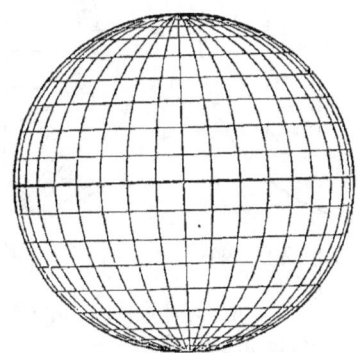

Fig. 2. — Projection orthographique sur un méridien.

2° PROJECTIONS STÉRÉOGRAPHIQUES. — Pour projeter stéréographiquement un point sur un plan, on joint ce point à un point fixe qu'on nomme point de vue; l'intersection de la ligne ainsi obtenue et du plan est la projection cherchée.

On prend comme plan de projection soit l'équateur, soit un méridien, et on prend comme point de vue l'une des extrémités du diamètre perpendiculaire à ce plan.

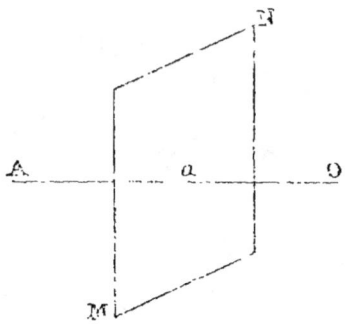

Fig. 3. — Projection stéréographique.

Si l'on projette sur l'équateur, chaque hémisphère est représenté par un cercle, les parallèles sont les cercles concentriques, et les méridiens sont les diamètres.

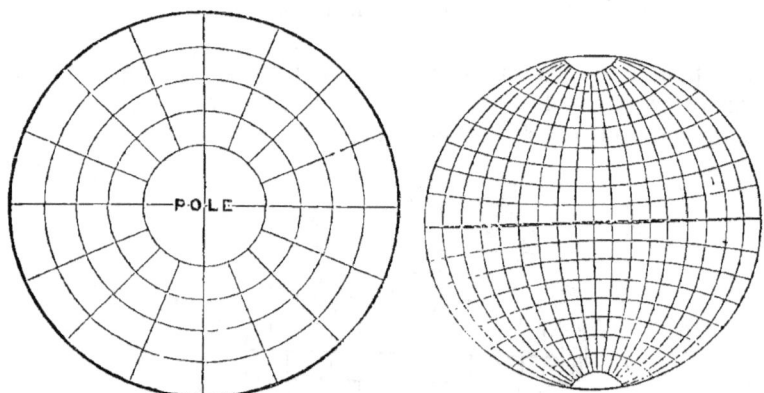

Fig. 4 et 5. — Projection stéréographique sur l'équateur et sur un méridien.

Si on projette sur un méridien, les autres méridiens sont représentés par des arcs de cercle ainsi que les parallèles.

Les projections stéréographiques jouissent d'une propriété remarquable, c'est que les angles de deux lignes tracées sur la sphère se projettent en vraie grandeur de telle sorte que l'image d'une petite partie de la sphère est représentée sur la carte par une figure semblable; mais ces projections ont un inconvénient, c'est que les parties centrales de la carte sont plus réduites que les autres. C'est là le système de projection généralement employé dans la construction des mappemondes.

Lorsqu'on veut représenter une partie limitée de la terre on se sert généralement d'une surface développable auxiliaire. Par exemple, si l'on voulait représenter les régions équatoriales, on pourrait circonscrire un cylindre à la sphère le long de l'équateur, projeter orthographiquement ces différents points sur le cylindre et développer ensuite le cylindre. S'il s'agissait d'une autre région de la terre, on se servirait du cône circonscrit le long du parallèle moyen.

C'est ce système modifié qui a été appliqué à la construction de la carte de France par le corps d'état-major

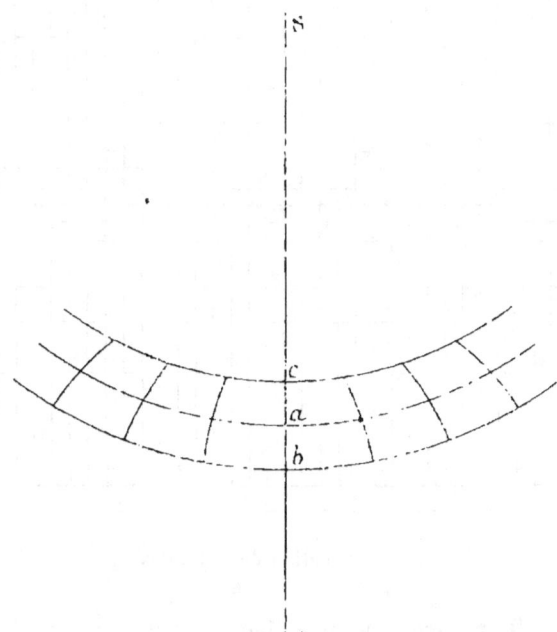

Fig. 6. — Projection de la carte de l'état-major.

On a supposé un cône circonscrit à la terre le long du parallèle de 45°. On a ouvert ce cône et on l'a développé sous un plan passant par la génératrice tangente au méridien de Paris. Le méridien est alors représenté par une ligne droite S. Le parallèle de 45° est représenté par un arc de cercle ayant pour rayon le rayon de la terre. Les autres parallèles sont figurés par des cercles concentriques qu'on obtient en portant sur la premier méridien des longueurs égales aux arcs de 1°, 2°.

Pour représenter un méridien on porte sur chaque parallèle la longueur de l'arc intercepté, on joint tous les points obtenus par une ligne. L'avantage de ce système de projection est de ne pas altérer les surfaces.

Pour la construction des cartes marines on emploie ordinairement la projection de Mercator. On circonscrit à la sphère un cylindre le long de l'équateur et on projette orthographiquement les différents points sur ce cylindre qu'on développe ensuite en l'ouvrant

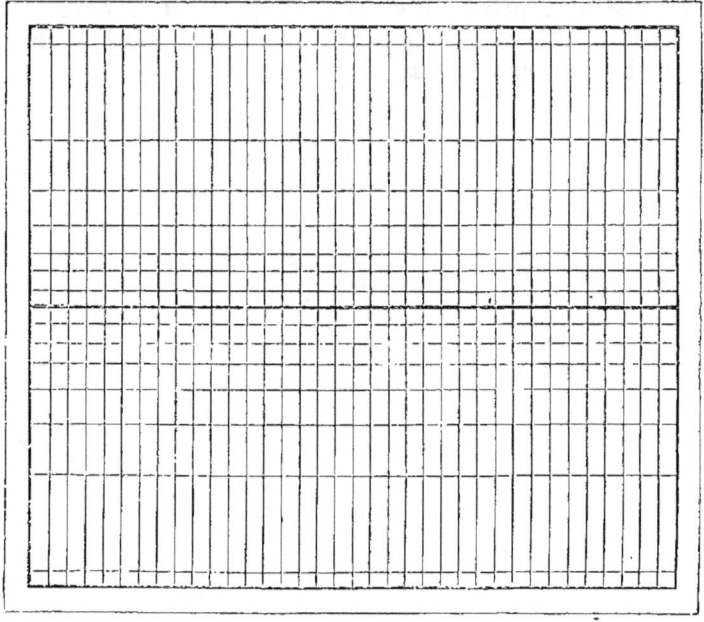

Fig. 7. — Projection de Mercator.

le long d'une génératrice. Les méridiens sont figurés par des parallèles équidistants et les parallèles par des lignes perpendiculaires aux premières mais non équidistantes.

L'avantage de ce système de projections est que la ligne qui coupe tous les méridiens sous le même angle se projette suivant une ligne droite. Or cette ligne est la route suivie par les navires.

**Cartes**. — C'est d'après les principes du dépôt de la guerre qu'on a construit la carte de France. On a dressé un canevas donnant astronomiquement la situation des principaux points. Ce canevas dressé, on a fait à une grande échelle, au 1/10 000, les levés topographiques des villages, routes, etc., puis on a réduit ces cartes de moitié, ce qui a donné l'échelle de 1/20 000, et ainsi de suite jusqu'à la dimension adoptée de 1/80 000. Les détails ainsi obtenus ont été intercalés soigneusement dans les canevas.

On a ainsi obtenu la grande carte de France du dépôt de la guerre. Commencé en 1818, ce monument de précision et d'exactitude géographique comprendra 274 feuilles; chacune représente 40 k. sur 64 k. et à 50 m. sur 80 m. de long. Gravées sur cuivre aciéré, reproduites par la galvonoplastie et sur pierre, ces cartes sont tenues autant que possible au courant des modifications que chaque jour apporte à la surface de la France.

Une réduction a été faite au quart, ce qui donne 1/320 000. Nous citerons encore comme cartes à consulter en partie :

1° La nouvelle carte du génie en quatre couleurs à 1/500 000;

2° L'ancienne carte du génie à 1/864 000 en 4 feuilles, qui est une réduction de celle de Cassini ;

3° La carte de Cassini amendée au point de vue historique.

**Mesures itinéraires.** — Il est bon de connaître quelques-unes des mesures les plus employées pour la graduation des cartes :

Le mille géographique, principale unité employée par les auteurs allemands, est de 7410 m.

Le mille marin, de 60 au degré, est de 1852 m.

La verste russe est de 1067 m.

Le mille anglais est de 1609.

L'usage du système métrique français tend à se substituer partout aux autres modes de mesures.

**Atlas.** — Les bons atlas sont indispensables pour étudier avec goût et avec fruit la géographie. Longtemps la France n'a eu que des ouvrages de ce genre fort imparfaits. La vigoureuse impulsion donnée depuis quelques années à l'enseignement géographique a multiplié les travaux de cartographie.

# CHAPITRE II

### GÉOGRAPHIE PHYSIQUE.

**Division de la terre en deux masses : l'Océan et le continent.** — La surface du globe terrestre dans son état actuel est répartie inégalement en deux grandes divisions : la mer occupe près des trois quarts (375 millions) et la terre un peu plus d'un quart (135 millions de k.q.).

Les grandes masses de terre qui s'élèvent au-dessus du niveau de la mer s'appellent continents. Ils forment avec leurs îles, qui ont à peu près 9 millions de k.q., les cinq parties du monde et se divisent en trois massifs distincts et inégaux :

1° L'ancien continent, situé presque tout entier au nord de l'équateur, comprend trois parties : l'Europe (10 000 000 k.q.), l'Asie à l'Est, 42 000 000 ; l'Afrique au Sud, environ 30 000 000 ;

2° Le nouveau continent : une partie, l'Amérique, 41 000 000 k.q. qui se subdivise en deux : l'Amérique du Nord, 22 500 000 ; l'Amérique du Sud, 18 500 000 ; l'équateur coupe l'Amérique du Sud dans sa partie Nord ;

3° Le continent Austral, 7 000 000 k.q., dépend de l'Océanie, la cinquième partie du monde, 13 000 000.

**Équilibre des continents.** — Telle est la vieille division du monde admise par les anciens géographes ; mais, si nous examinons la manière dont ces terres sont disposées, nous voyons qu'elles se font à peu près équilibre de la manière suivante : l'Europe et l'Afrique, réunies par les isthmes sous-marins de Gibraltar et de Malte ;

L'Asie et l'Australie, communiquant par le pont ruiné des îles de la Sonde ;

L'Amérique du Nord et l'Amérique du Sud, reliées par la langue étroite de l'Amérique du Sud, que l'on va percer.

Trois groupes de parties du monde réunies deux à deux et présentant des caractères analogues : l'Europe, l'Asie et l'Amérique du Sud ont leurs rivages très découpés, riches en péninsules ; l'Afri-

OCÉAN. — MARÉES. — COURANTS.

que, l'Australie et l'Amérique du Sud présentent des masses compactes, des rivages sans courbures : l'Europe a près de 32 000 k. de côtes ; l'Afrique n'en a que 28 500, l'Asie, 57 750 ; l'Australie, 14 400 ; l'Amérique du Nord, 48 000 ; l'Amérique du Sud, 25 770.

Remarquons en outre que les continents semblent massés vers le Nord ; les terres ne dépassent pas vers le Sud 40° de latitude, et elles s'amincissent par leurs extrémités : la terre occupe le Nord, la mer le Sud ; mais par contre le pôle Nord semble libre de grandes terres ; le pôle Sud, au contraire, est entouré de vastes îles et peut-être d'un continent encore inexploré.

L'Océan, dont la surface est si grande comparée à celle de la terre, ne doit pas être considéré comme une masse d'eau inerte et d'une profondeur à peu près égale. Il offre au contraire de nombreux sujets d'étude dont voici sommairement les principaux.

**L'Océan.** — La profondeur de la mer est très variable ; peu considérable en général le long des côtes et jusqu'à une certaine distance, cette profondeur augmente à mesure qu'on s'éloigne.

On a mesuré plus de 7000 mètres dans l'océan Atlantique ; 5525 dans l'océan Indien et 5422 dans le Pacifique.

En général, le fond de la mer semble moins tourmenté que la surface terrestre, les débris d'animaux et les parcelles de terre arrachées au continent en nivellent constamment le lit.

**Marées.** — Cette immense nappe liquide est sans cesse agitée de mouvements divers. Expliquons d'abord les *marées*. La lune et le soleil exercent sur la terre une attraction de force inégale ; celle de la lune est, par suite du rapprochement de cette planète, deux fois plus considérable que celle du soleil. Lors donc que la lune est au zénith d'un lieu, les molécules d'eau attirées par elle s'amoncellent dans ce lieu, la mer gonfle ; puis le mouvement, une fois donné, se propage et se continue de lui-même, augmenté toujours par l'attraction lunaire. — Le soleil exerce également la même influence, qui tantôt s'ajoute, tantôt, au contraire, s'oppose à celle de la lune. Le long des côtes le mouvement des vagues étant contrarié par les accidents des rivages, se change en véritable courant qu'on nomme raz ; lorsqu'au contraire il se choque aux eaux descendant d'un fleuve, il produit un mascaret.

**Courants.** — Considérons maintenant la différence de température des divers points du globe. Aux pôles, des glaces éternelles ; à l'équateur, un soleil toujours brûlant ; la mer est gelée là, elle est à une haute température ici. Or toute masse liquide tend à avoir dans tous ses points une chaleur égale ; il y aura donc échange, déplacement du pôle à l'équateur, et réciproquement. L'eau froide, plus lourde, se dirigeant par le fond de la mer vers l'équateur, l'eau chaude, plus légère, glissant à la surface. Donc, *courant de l'équateur aux pôles.*

D'un autre côté, le soleil pompe plus d'eau à l'équateur qu'au pôle ; cette masse (120 000 000 m. c. en un an sous la zone de l'équateur) qui s'en va dans l'air est incessamment remplacée par d'autres masses d'eau venues du Nord. Donc, *courant du pôle à l'équateur.*

Enfin remarquons que dans le mouvement de la terre autour de son axe, les eaux ne suivent pas le mouvement de la rotation aussi vite que les masses solides ; il y a retard. Donc, *courant de l'Est à l'Ouest.*

Ces courants se contrariant les uns les autres, de plus, dérangés dans leur marche par les continents, n'ont donc pas de marche qu'on puisse déterminer par le raisonnement ; mais les observations des marins ont permis de les suivre pour ainsi dire à la trace sur la surface de l'Océan.

Prenons pour exemple le plus important pour nous :

Dans l'Atlantique, le *Gulf stream* qui prend naissance sur les côtes de Guinée, arrive au cap San Roque, à l'angle oriental du Brésil ; il se partage en deux : la branche du Nord côtoie les côtes de Brésil et de Guyane, pénètre dans la mer des Antilles et le golfe de Mexique, sorte de four en entonnoir où il se surchauffe, et s'échappe entre la Floride et les îles Bahama. Il a à sa sortie 59 kil. de large, 400 m. de profondeur, une vitesse de 8 kil. à l'heure, une masse d'eau de 58 millions de m. c. par seconde. Il se divise, après avoir contourné à quelque distance la côte d'Amérique, en deux branches, l'une sur les Açores, l'autre sur l'Europe dont il adoucit la température, côtoie l'Irlande et la Norvège et se perd dans l'océan Glacial.

L'autre branche, qui se dirige vers les Açores, traverse l'Atlantique en 58 jours et revient, en dessinant une courbe immense, retrouver le courant dans la mer des Antilles. Cette courbe embrasse une vaste plaine d'eau dormante qu'on nomme mer de Sargasse.

Le courant équatorial du Pacifique Nord est connu sous le nom de Kouro-Sivo. Il baigne les côtes du Japon ; celui du Sud se divise en plusieurs branches dont l'une côtoie la Nouvelle-Zélande, l'autre l'Australie.

Les deux parties du courant sont séparées par un contre-courant.

**Océans et mers secondaires.** — La mer présente des différences notables de coloration ; elle varie du bleu et même du violet au rouge, suivant sa profondeur, la nature des matières qu'elle renferme ou celles qui forment son lit.

Les océans sont salés à des degrés différents ; en général, la salure est plus grande à l'équateur qu'aux pôles.

La mer se divise en cinq océans :

1° L'océan Glacial du Nord ou Arctique ;
2° L'océan Glacial du Sud ou Antarctique ;
3° L'océan Atlantique ;
4° L'océan Pacifique, entre le nouveau continent, les îles de la Sonde et le continent Austral ;
5° L'océan Indien, entre le continent Austral, les îles de la Sonde et l'ancien continent.

L'océan Glacial du Nord est coupé en deux par le Groënland, il arrose les côtes de l'Asie, de l'Europe et de l'Amérique.

Si l'on pouvait le traverser, il offrirait le plus court chemin pour se rendre de l'Europe en Chine ; mais les tentatives faites, soit pour longer les côtes de la Sibérie, soit pour longer celles d'Amérique (passage du Nord-Ouest), soit pour arriver au pôle par le Spitzberg ou le Groënland, ont été jusqu'ici infructueuses.

Chacun de ces océans forme le long des côtes des mers secondaires que nous étudierons plus bas.

**L'atmosphère.** — Le globe terrestre est entouré d'une couche de gaz et de vapeurs fluide et transparente qu'on nomme air ou atmosphère, et qui est composée de quatre éléments principaux : l'oxygène, l'azote, l'hydrogène et le carbone.

C'est dans cet immense réservoir que les êtres animés puisent les atomes nécessaires à la vie, c'est là que ces atomes retournent après la mort pour servir à de nouveaux êtres. Sans l'atmosphère la terre serait glacée, les océans n'existeraient pas, aucun être ne pourrait vivre.

Le poids de l'atmosphère est considérable. Sa hauteur appréciable, calculée par la réfraction des rayons solaires, est de 75 kilomètres ; mais en réalité elle peut être évaluée à 320 kilomètres.

Ce sont les couches les plus basses de l'atmosphère qui retiennent la chaleur solaire. A mesure qu'on s'élève, le froid succède au chaud, puis devient intolérable. C'est ce qui produit sur les hautes montagnes les neiges perpétuelles. L'air devient en même temps plus rare. A la hauteur la plus considérable qu'on ait atteinte en ballon (plus de 10 kilomètres), il est impossible de respirer ; sur les plus hautes cimes les voyageurs sont atteints de vertiges qu'on nomme mal de montagne.

COURANTS ATMOSPHÉRIQUES, VENTS. — Plus encore que les gouttes d'eau de l'Océan, les molécules de l'air ne restent jamais en repos. Elles se déplacent dans tous les sens, tantôt avec lenteur, tantôt, au contraire, avec une rapidité parfois prodigieuse. Il se produit alors ce qu'on nomme le vent ou l'ouragan.

Diverses causes déterminent cette marche des molécules d'air : d'abord le soleil chauffe les couches atmosphériques à l'équateur ; devenues plus légères, celles-ci s'élèvent et sont remplacées par d'autres couches d'air venant du pôle. Ainsi *mouvement des pôles à l'équateur.*

Si la terre était immobile, la direction générale du vent coïnciderait avec les méridiens ; mais le globe, se déplaçant de l'Ouest à l'Est, l'air ne suit pas complètement, à cause de sa mobilité, le mouvement de la planète. De là, comme pour l'Océan, un mouvement de l'Est à l'Ouest qui, se combinant avec le mouvement des pôles à l'équateur, produit les vents alizés. Ceux-ci soufflent du N.-E. dans l'hémisphère boréal et du S.-E. dans l'hémisphère austral. Le point où viennent se choquer ces deux courants est tantôt d'un calme parfait, tantôt, au contraire, le siège de terribles tourbillons qu'on nomme cyclones.

Sur les continents, la direction et la hauteur des montagnes, l'inégale chaleur des contrées boisées et des sols exposés directement aux rayons du soleil contrarient la marche régulière des vents et donnent lieu à des courants secondaires locaux ; par exemple la brise de mer et la brise de terre ; le simoun en Afrique ; le mistral, que les Provençaux du siècle dernier regardaient comme un de leurs trois fléaux avec la Durance et le Parlement ; le fœhn ou vent des montagnes en Suisse, etc. Ce phénomène se produit en grand sur les côtes d'Arabie et de l'Indoustan : la terre violemment échauffée attire, pendant l'été, les vents qui se sont saturés de pluie dans l'océan Indien ; de là, pluies torrentielles qui accompagnent « les moussons ».

**Pluie, lignes isothermes, climats.** — Production de la pluie. — En passant sur l'Océan, les vents se sont imprégnés de vapeurs d'eau. Lorsque la quantité de vapeurs en suspension dans l'air augmente, il se forme des nuages ; lorsqu'elle dépasse un certain degré, ou lorsque l'air vient à se refroidir, soit par la rencontre d'un vent moins chaud, soit lorsque le soleil se couche, soit pour toute autre cause, la vapeur se condense : c'est la rosée ou la pluie. Suivant la température, la force des vents ou l'épaisseur des nuages, ce sont tantôt des pluies fines tombant obliquement, tantôt des averses ou des déluges qui s'abattent presque verticalement sur le sol. Parfois la force du vent tournoyant sur lui-même est telle, qu'il aspire l'eau et l'enlève par larges nappes qu'on nomme trombes, phénomène qui s'observe surtout dans les mers du Sud, et parfois dans les contrées tempérées. Mais le plus souvent c'est par évaporation, c'est-à-dire sous l'influence de la chaleur solaire que l'eau de la mer passe dans l'atmosphère.

Répartition de la pluie sur la surface du globe. — La répartition des eaux de pluie sur la surface du globe est extrêmement inégale. Il y a des régions où la hauteur moyenne d'eau qui tombe dans l'année est de plus de 10 mètres : dans l'Himalaya, on a observé $15^m,75$ ; au contraire, à Alexandrie d'Égypte, elle n'est que de $0^m,175$. Elle n'est à Paris que de $0^m,503$. Il y a des régions qui sont totalement privées d'eau : une large zone du Sahara, les déserts d'Égypte et d'Arabie, le haut plateau de l'Iran, le plateau de Gobi, dans l'hémisphère boréal ; le désert de Calahari, en Afrique, le centre de l'Australie, les déserts situés à l'ouest des Pampas et les côtes du Pérou et du Chili septentrional dans l'hémisphère austral. C'est l'hémisphère boréal qui reçoit le plus d'eau.

Pour une même contrée, la quantité des pluies varie suivant la proximité de la mer, la direction la plus ordinaire des vents, etc. ; les montagnes arrêtent les nuages chargés de vapeur, et lorsque le vent arrive sur l'autre versant, il est débarrassé de son excédant de vapeur d'eau : les forêts exercent aussi sur la chute des pluies une action remarquable en la régularisant.

Enfin, suivant les saisons, la quantité de la pluie varie pour un même lieu. Dans les régions tropicales l'année est divisée en deux périodes d'humidité et de sécheresse. La saison des pluies ou « hivernage » correspond à l'été.

Dans les zones tempérées, près des tropiques, la saison pluvieuse coïncide avec l'hiver ; un peu plus au nord, par exemple, dans le bassin de la Méditerranée, et sur les côtes de l'Europe occidentale, elle dure à peu près toute l'année, mais elle est plus forte en automne. Au pôle, c'est pendant l'hiver que les neiges et les pluies sont le plus abondantes.

Rôle de la pluie. — L'eau ainsi précipitée sur la surface de la terre joue un rôle considérable : c'est elle qui a rongé l'écorce terrestre, creusé les vallées, et dont l'action combinée avec la chaleur du soleil provoque et entretient la végétation et la vie. Suivant que les terrains qui la reçoivent sont ou ne sont pas perméables, selon qu'ils sont plats ou inclinés, l'eau s'infiltre dans les profondeurs du sol terrestre, s'étend en larges nappes souterraines, ou glisse à la superficie en formant des torrents, des rivières ou des fleuves. Les hautes montagnes la retiennent sur leurs sommets à l'état de glaciers, réservoirs sans cesse renouvelés des grands fleuves.

Les fleuves les plus longs du monde sont :

Le Mississipi, qui mesure à partir de la source du Missouri . . . . . . . . . . . . . . 7200 kil.

| Le Nil | 6500 kil. |
|---|---|
| L'Amazone | 6200 — |
| L'Iénisséi | 5500 — |
| L'Yang-tzé-Kiang | 5250 — |
| Le Livingstone (Congo) | 4600 — |

En Europe :

| La Volga | 3600 — |
|---|---|
| Le Danube | 2800 — |
| Le Rhin | 1400 — |
| La Loire | 980 — |
| La Seine | 776 — |

Climats. — Si la terre était un globe d'une parfaite rotondité, sans atmosphère, sans pluies, sans mers ni montagnes, se maintenant toujours à la même distance du soleil, et recevant toujours à l'équateur les rayons les plus directs, on pourrait déterminer mathématiquement d'après les degrés de longitude la proportion exacte de chaleur reçue à chaque point de la surface. Mais l'influence des vents, celle des courants marins, s'ajoutant à celle des saisons, des hauteurs et à mille autres causes, font varier à l'infini, pour les différents points du globe, la distribution de la chaleur solaire.

De longues et patientes observations, mille fois répétées, ont permis de se rendre compte d'une manière générale des lois suivant lesquelles s'opère cette distribution.

On a remarqué tout d'abord un frappant contraste entre les climats des deux hémisphères du nord et du sud : il fait plus chaud en moyenne dans l'hémisphère boréal.

On a remarqué qu'à latitude égale les contrées situées à l'ouest des continents ont une température plus clémente et plus élevée que les pays situés à l'Est. Nantes et Paris ont un climat plus doux qu'Odessa; il fait plus chaud en moyenne à San-Francisco qu'à New-York.

Les lieux situés sur les bords de la mer, jouissant, comme on dit, d'un climat maritime, ont une température plus égale que ceux qui sont à l'intérieur des continents. Cherbourg, qui est à un degré plus au nord que Paris, a une température moyenne plus élevée d'un degré.

En observant avec soin, pendant plusieurs années, les températures des différents points du globe, et en réunissant par une même ligne les lieux qui ont la même température moyenne, on obtient ce qu'on appelle des isothermes.

Appelons équateur thermique la courbe de plus grande chaleur moyenne pour le globe : cette ligne traverse l'Amérique près de l'isthme de Panama, au point de jonction des deux continents; elle longe les côtes de Colombie, de Venezuela, de Guyane, jusqu'à l'embouchure du fleuve des Amazones. De là elle s'infléchit légèrement vers l'équateur. Puis elle remonte obliquement à travers le continent africain, côtoie la côte S. E. d'Arabie, coupe l'Inde à la hauteur de Pondichéry, de là se dirige obliquement vers l'équateur en passant au N. de Sumatra, des Célèbes, coupe l'équateur près de Ternate, s'incline à environ 10° latitude S. près du 100° méridien, et s'infléchit ensuite vers l'équateur, pour rejoindre l'isthme de Panama.

Au N. et au S. de cette ligne se déroulent les isothermes; dans l'hémisphère austral, la courbure de ces lignes relativement à l'équateur est moindre que dans l'hémisphère boréal. Après avoir décru, à mesure qu'on s'éloigne de l'équateur, la température moyenne semble augmenter à partir de la zone glaciale jusqu'au pôle.

Si l'on observe sur différents points du globe, non plus la température moyenne de l'année, mais celle de l'été, on aura, en joignant les localités où la température d'été est égale, des lignes isothériques; les lignes joignant les points d'égale température moyenne en hiver s'appellent isochimènes. Les isothères et les isochimènes sont loin de coïncider.

Enfin, pour un même lieu, le climat semble n'avoir pas de fixité. On croit que la température de l'Allemagne a diminué, le Groënland oriental est plus froid qu'au quatorzième siècle; l'Islande ne porte plus comme autrefois de grands arbres, et les Anglais du treizième siècle cultivaient la vigne en pleine terre : aujourd'hui on sait qu'ils n'en ont plus. Les causes physiques de ces variations ne sont pas encore bien connues.

**Éléments géologiques du sol.** — La merveilleuse harmonie que nous avons observée dans les contours que la nature a donnés à la terre, apparait plus frappante encore si nous étudions dans son ensemble la terre même qui nous porte et qui nous nourrit, son relief, l'heureuse opposition des montagnes et des plaines, la distribution des eaux, le climat, les productions.

Mais, pour comprendre les causes mystérieuses qui ont soulevé les montagnes, nivelé les plateaux, creusé les vallées, il faut tout d'abord connaître la constitution même du sol, étudier la nature des rochers : — voyons quels sont les éléments principaux qui ont formé la terre.

Voici par ordre de date géologique quels sont les terrains : on peut les diviser en quatre grandes catégories :

1° TERRAINS PRIMITIFS. — Les plus anciennement émergés, les terrains qui ont, semble-t-il, formé aux premières époques infiniment lointaines de refroidisement l'écorce terrestre, sont les granites.

Cette couche massive, compacte, s'élevant au-dessus de mers inhabitées, aurait été crevée par la force intérieure du feu central, et deux espèces de roches se seraient étalées sur ses flancs : on désigne ces terrains sous le nom significatif d'éruptifs.

Ils diffèrent aussi bien par la forme que par la nature des granits : ceux-ci forment des buttes arrondies ou des montagnes mamelonnées dont les pentes, coupées d'escarpements, laissent voir la couleur rosée ou bleuâtre du granite. Ceux-là sont taillés à angles vifs : les porphyres d'un rouge ardent ou d'un vert sombre, les terrains volcaniques présentent des cratères, de longues coulées de lave et des basaltes presque noires.

Mais ces terrains furent peu à peu rongés par l'eau qui glissait sans cesse à leur surface ; ils se sont décomposés et de leurs éléments se sont formés d'autres terrains.

Le *gneiss*, proche du granite, degré intermédiaire entre les terrains cristallins et les terrains schisteux.

Laissez longtemps, très longtemps du granit dans l'eau à une forte température, comme celle qui existait dans les temps anciens : il se décompose et donne entre autre choses de l'argile. Supposez la couche d'argile soumise à une pression considérable comme celle que durent produire les mouvements du sol à l'époque des éruptions, l'argile se dépose alors en feuillets parallèles, qu'on appelle *schistes*, et, s'il s'y trouve des fragments de mica, micaschistes.

Les terrains schisteux ne forment d'ordinaire qu'une série d'ondulations rappelant beaucoup les montagnes de gneiss ; les couches se relèvent souvent verticalement en produisant des aiguilles élancées.

Le talc, substance verdâtre ou blanchâtre et onctueuse au toucher, fait la transition entre les terrains schisteux et les terrains paléozoïques.

On divise les terrains paléozoïques en deux étages : silurien et dévonien.

*a.* Silurien, ardoises d'Angers.

*b.* Terrain dévonien, grauwacke.

« Ces terrains constituent des plateaux successifs, des chaînes de faible altitude, de larges faîtes dépourvus de proéminences aiguës ou de déchirures ; les gorges et les escarpements ne se présentent que dans les vallées des rivières, lesquelles offrent les seules parties montueuses ; c'est ce qu'on observe notamment dans l'Ardenne, et le Hunsrück.

« Les derniers dépôts des terrains dévoniens constituant ce

qu'on appelle le vieux grès rouge, donnent naissance à des cimes affectant la forme de cône tronqué ou à des masses arrondies simulant des dômes profondément détachés les uns des autres (ballons des Vosges), ou encore à des vallées flanquées de murs naturels escarpés. »

A cette époque de la terre, la végétation très puissante n'était pas encore arrêtée dans son essor par la consommation de l'homme ou des animaux; il se forma de vastes dépôts qui se transformèrent peu à peu en charbon.

Le charbon est d'abord combiné avec le calcaire, calcaire carbonifère :

Cette roche « fait la base de certaines hauteurs reconnaissables à leur caractère âpre et désolé... Les vallées sont étroites, profondes, ordinairement semées de débris qui se sont détachés de la montagne, d'amas de décombres naturels; ce qui achève d'imprimer au paysage la physionomie la plus pittoresque. »

Lorsque le charbon est en excès, il forme le terrain houiller; multitude de collines sans régularité (Saint-Étienne, Creuzot).

L'étage supérieur porte le nom de permien, parce qu'il prédomine surtout dans le gouvernement de Perm en Russie. Il donne naissance à de petites contrées accidentées couverte de collines coupées par les vallées des fleuves;

2° TERRAINS SECONDAIRES. — On les divise en trois grands étages.

A. Terrain du trias; — B. Terrain jurassique; — C. Terrain crétacé.

A. *Terrain du trias.*

*a.* Grès bigarré; — *b.* Muschelkalk; — *c.* Marnes irisées. Les grès bigarrés ont un aspect en général monotone et sont peu fertiles (Corrèze). Le muschelkalk s'étend en vastes plaines légèrement ondulées; les marnes irisées, en plaines peu élevées.

B. *Terrain jurassique*; il se subdivise en deux :

*a.* Inférieur. Il comprend : le lias, contrées ondulées fréquemment traversées par des crêtes ou des coteaux, par de longues vallées ou des ravins que coupent des roches aux contours assez pittoresques;

L'oolithe, ainsi nommée de la multitude de petits grains ressemblant à des œufs de poissons qu'on y rencontre.

*b.* Terrain jurassique supérieur qui constitue des montagnes nettement accusées et dont les chaînes sont disposées en lignes presque parallèles; on y trouve des ammonites gigantesques, des débris de reptiles monstrueux.

C. *Terrain crétacé.* Il se subdivise en deux étages : 1° grès vert ou gault, les collines sont accusées, les plaines plus inégales, l'aspect plus pittoresque (pays de Bray, Normandie); 2° craie proprement dit, formée des débris calcaires d'une multitude de petits animaux.

On n'y trouve guère que des collines arrondies à surface unie, des plaines couvertes d'une maigre végétation ou complètement arides (Champagne) ;

3° Terrains tertiaires. — Avec ce groupe de terrains disparaissent les brusques montées : la terre est un peu plus ondulée, plus pittoresque que dans l'étage de la craie; les formes sont en général plus molles, plus arrondies que dans les terrains que nous avons vus jusqu'ici.

On divise les terrains tertiaires en trois grands groupes :

*a*. Eocène, c'est lui qui forme le bassin de Paris, la plaine de Saint-Denis, les carrières à plâtre qui sont exploitées partout aux environs de la capitale.

*b*. L'étage miocène peut avoir pour types les grès de Fontainebleau et le sol de la Beauce.

*c*. L'étage pliocène se caractérise par le calcaire de l'Orléanais; c'est l'époque du mastodonte et des animaux gigantesques contre lesquels l'homme primitif taillait les silex.

4° Terrains quaternaires. — Ces couches sont toutes formées par des débris des couches antérieures qui se désagrègent peu à peu, les fleuves déposent des alluvions; les glaciers, fondant sous l'action de la chaleur, déposent en longs chapelets les blocs erratiques sur les flancs des montagnes; la terre prend insensiblement la forme qu'elle a aujourd'hui.

Mais il ne faudrait pas croire que l'état actuel soit définitif. La terre se modifie sans cesse; la pluie ravine les montagnes et dépose dans les deltas des fleuves d'énormes quantités de matières fertilisantes; ici les fleuves creusent leurs vallées ; là exhaussent leur lit, comblent leurs lacs (Brenne); la mer ronge les falaises et cache sous ses flots une vie prodigieusement active (les coraux, sur les côtes d'Algérie); enfin les plantes et l'homme par l'accumulation de leurs débris ou par leur travail incessant changent indéfiniment l'apparence mobile de la surface de la terre en fouillant jusque dans ses profondeurs pour en extraire des matériaux.

**La Vie.** — La variété infinie et la beauté que l'atmosphère et l'Océan donnent à la nature sont surpassées en éclat et en magnificence par le spectacle que présente le monde animé.

Ce n'est pas à la géographie à décrire en détail ni même à énumérer sommairement le nombre prodigieux d'espèces de plantes ou d'animaux qui pullulent à la surface de la terre.

Cette quantité est telle que les géologues, les botanistes, les naturalistes n'ont pas à beaucoup près dressé d'une manière approximative l'inventaire des richesses de la nature. Dans les contrées même les plus connues, il reste encore des découvertes à faire et, comme nous le verrons plus tard, il y a des régions immenses qui sont absolument inexplorées scientifiquement.

On a pourtant tracé à peu près les limites au delà ou en deçà desquelles ne poussent pas les plantes les plus importantes : on a ainsi cinq grandes zones :

1° ZONE GLACIALE ARCTIQUE : qui commence entre le 60° et le 70° latitude, pas d'arbres, des mousses et lichens, des saxifrages ;

2° LA ZONE TEMPÉRÉE BORÉALE, la plus remarquable par le nombre et la variété des familles et des espèces : près des tropiques, le riz, puis le maïs, le froment, plus au N. le seigle ; pour les arbres : le palmier, puis l'oranger, l'olivier plus au N., puis la vigne, le chêne, le hêtre, le frêne, le châtaignier, etc ; ensuite les conifères, enfin le bouleau et le mélèze ;

3° DANS LA ZONE TROPICALE une végétation extrêmement luxuriante, tubercules farineux, épices, café, sucre, arbres médicinaux, etc. ; forêts vierges inextricables ;

4° ZONE TEMPÉRÉE AUSTRALE qui se divise en régions fort différentes les unes des autres, l'Afrique, l'Amérique, de chaque côté des Andes l'Australie et la Nouvelle Zélande ;

5° ZONE GLACIALE ANTARCTIQUE, presque inexplorée.

On a aussi observé que dans un même pays la végétation s'étage non sur les flancs des montagnes, de sorte qu'un pic qui se dresserait à 3000 mètres dans une région chaude comme le mont Teyde, au centre des Canaries, porterait depuis sa base jusqu'à son sommet des plantes tropicales, des plantes de climat tempéré et des plantes de pays froid : il résume sur sa pente toutes les zones du globe. On peut prendre aussi pour exemple le mont Ventoux près d'Avignon.

Telle plante qui vit dans un pays se retrouve dans des terres fort éloignées et n'existe pas dans la zone intermédiaire. Ces particularités ont fourni aux géologues de précieuses données pour reconstituer l'histoire du globe. Les vents, les eaux, les animaux ont souvent transporté à des distances prodigieuses des graines qui se sont peu à peu acclimatées lors de leur pays d'origine ; enfin l'homme emporte avec lui dans les terres qu'il colonise ou rapporte dans sa patrie des espèces nouvelles qui modifient parfois d'une manière très sensible la flore naturelle du pays.

Il est bien difficile de déterminer le passage précis entre la plante et l'animal. Il est presque impossible aussi de déterminer le nombre des espèces actuellement existantes, de 260 à 280 000, dit-on par à peu près. Mais le monde merveilleux des animalcules et des insectes invisibles commence à peine à être exploré. On ne connaît pas encore, il s'en faut, tous les êtres que cache la profondeur des océans. Si le nombre des espèces est immense, celui des individus est prodigieux. La mer fourmille d'êtres vivants se reproduisant avec une fécondité inouïe, se détruisant les uns les autres sans une minute de repos : l'homme détruit chaque année plusieurs milliards de harengs. Il est des animaux si petits qu'une goutte d'eau en contient des milliers; on trouve dans l'Océan des monstres d'une taille prodigieuse, des baleines de 30 mètres de longueur, de 20 mètres de circonférence, pesant 300 tonnes.

La distribution des animaux sur le globe est moins régulière que celle des plantes : ainsi il y a des insectes, des oiseaux, des mammifères voyageurs. Cependant il est des animaux qu'on ne trouve originairement que dans des régions spéciales : l'Australie, par exemple, a une faune distincte des autres pays du globe et qui rappelle les animaux fossiles. On a pu donner des cartes de zones homozoïques qui correspondent à peu près aux isothermes. Nous indiquerons en décrivant pour chaque pays ses fleuves, ses montagnes et ses côtes, quels sont les principaux animaux qui y vivent.

Quelques-uns de ces êtres ont une action géologique énorme : tels sont les coraux qui construisent de véritables mondes en Océanie.

# CHAPITRE III

## GÉOGRAPHIE POLITIQUE.

L'ESPÈCE HUMAINE. — Comme tous les êtres animés, l'homme est soumis aux lois de la nature : il éprouve les influences salutaires ou funestes du climat, du sol ; la puissante vie des tropiques, la facilité qu'offre la terre pour se procurer les aliments, la chaleur insupportable, abattent l'énergie physique et morale ; les froids continuels, la difficulté de vivre des contrées polaires, rapetissent l'homme et le contraignent à s'enfermer pendant l'hiver en des huttes basses et enfumées ; l'habitant des contrées tempérées est au contraire actif, aimant à répandre son activité au dehors.

On a observé trois types principaux de l'espèce humaine :

La race blanche ; — la race jaune ; — la race noire.

Quelques savants ont voulu établir des sous-races, par exemple la race boréale, intermédiaire entre les races blanche et jaune ; la race égypto-berbère qui tient le milieu entre la race blanche et la race noire.

En décrivant les différentes parties du globe nous indiquerons les races humaines et leurs variétés qui les peuplent.

De même qu'elles diffèrent par leurs traits physiques et leurs qualités morales les différentes races humaines diffèrent également par leur manière d'exprimer leurs idées ou leurs besoins (langage), ou de comprendre l'origine de l'homme et l'ensemble mystique de l'univers (religion). Mais les langues et les religions se pénètrent réciproquement, comme les races humaines, dans ces grands changements que les guerres, les voyages de découverte, et surtout les entreprises commerciales amènent chaque jour sur la surface de la terre. Ainsi le christianisme se répand en Asie et en Afrique, il a complètement envahi l'Amérique : la langue espagnole a presque complètement conquis l'Amérique du Sud, l'anglais est parlé dans presque toute l'Amérique du Nord. Tout change et se transforme dans l'humanité comme dans la nature.

## TABLEAU DES RACES HUMAINES

TROIS TYPES PRINCIPAUX : *TYPE BLANC, — TYPE JAUNE, — TYPE NOIR.*

### NEUF GRANDES FAMILLES.

| TROIS PRIMAIRES : | SIX SECONDAIRES : |
|---|---|
| 1° *Race blanche*, Inde, Arabie, Syrie, Asie Mineure, Europe, Amérique du Nord ; | 1° *Race boréale* (types blanc et jaune); |
| | 2° *Race malayo-polynésienne* (types nègre, jaune et blanc); |
| | 3° *Race égypto-berbère* (types blancs et noirs); |
| 2° *Race jaune*, Asie centrale et orientale (Inde et Malaisie) ; | 4° *Race américaine* (types noirs, jaunes et blancs; |
| 3° *Race nègre*, Afrique centrale et occidentale. | 5° *Race hottentote* (types noirs et jaunes); |
| | 6° *Race papoue* (branche de la race nègre). |

### FAMILLES PRIMAIRES :

#### 1° **Race blanche.**

1° *Caractères anatomiques.* — Yeux horizontaux, nez saillant, bouche petite, barbe fournie, peau blanc rosé.

2° *Caractères intellectuels.* — Supériorité marquée, état le plus avancé de civilisation, tendances les plus progressistes.

| 1. FAMILLE SÉMITIQUE, OU SYRO-ARABE | | 1. Arabes. |
| | | 2. Juifs. |
| 2. FAMILLE JAPHÉTIQUE | Aryens et Iraniens. | 1. Grecs. |
| | | 2. Latins. |
| | | 3. Celtes. |
| | | 4. Germains. |
| | | 5. Slaves. |
| | | 6. Persans. |

#### 2° **Race jaune.**

1° *Caractères anatomiques.* — Grand développement de l'arcade zygomatique, yeux bridés, nez écrasé vers le front, menton court, oreilles grandes et très détachées de la tête, barbe et cheveux rares, couleur jaune, passe au brun dans divers rameaux.

2° *Caractères intellectuels.* — Intelligence assez développée, civilisation précoce, mais arrêtée depuis longtemps.

| I° RAMEAU MONGOL | 1. Tongouses. |
| | 2. Mongols propres. |
| II° — CHINOIS | 1. Chinois. |
| | 2. Japonais. |
| | 3. Coréens. |
| III° — INDO-CHINOIS | 1. Annamites. |
| | 2. Siamois. |
| | 3. Birmans. |
| | 4. Cambodgiens. |
| IV° — THIBÉTAIN | 1. Thibétains propres. |
| | 2. Lepchas. |
| V° — DRAVIDIEN | 1. Peuples de souche Munda. |
| | 2. — — dravidienne propre. |
| VI° — TURC | 1. Turcomans. |
| | 2. Uzbecks. |
| | 3. Karakalpaks. |
| | 4. Tartares. |

### 3° Race nègre.

1° *Caractères anatomiques.* — Crâne allongé, comprimé, étroit, surtout aux tempes; maxillaire supérieur projeté en avant, nez épaté et peu saillant, cheveux noirs, courts et crépus; peau du noir au brun.

2° *Caractères intellectuels.* — Intelligence peu développée, race non susceptible de dépasser le niveau de la vie de tribu.

- I° Branche nègre proprement dite.
- II° Branche négroïde ou nègre rougeâtre.
- III° Branche zyngienne, ou éthiopico-nègre.
  1. Rameau zoulou.
  2. — cafre méridional.
  3. — cafre-hottentot.
  4. — sofalien.

---

## RACES SECONDAIRES :

### 1° Race boréale.

1° *Caractères anatomiques.* — Petite taille, yeux bridés, nez écrasé, barbe rare, peau jaune.

2° *Caractères intellectuels.* — Mœurs grossières, caractère doux et inoffensif, intelligence peu développée.

- I° Branche ouralienne . . . . . . .
  - Ostiaks.
  - Vogouls.
  - Tchérémisses.
  - Mordornes.
- II° — Permienne . . . . . . . .
  - Perniens.
  - Zyrianes.
  - Votiaks.
- III° — Baltique ou finnoise . . . .
  - Lapons.
  - Finlandais.
  - Esthoniens.
- IV° — Samoyède . . . . . . . . .
  - Lives.
  - Tchondes.

### 2° Race malayo-polynésienne.

1° *Caractères anatomiques.* — Crâne aplati inférieurement, molaires écartées, nez épaté, peau jaune brune, plus ou moins brune.

2° *Caractères intellectuels.* — Intelligence assez développée, caractère énergique; esprit de ruse.

- I° Branche malaise . . . . . . . .
  - Malais.
  - Dayaks.
  - Bihouas.
  - Battaks.
- II° — Polynésienne . . . . . . .
  - Kanacks.
  - Maouris.

### 3° Race égypto-berbère.

1° *Caractères anatomiques.* — Lèvres épaisses, menton fuyant, barbe rare, cheveux frisés mais non crépus, peau, du noir au rouge ou au brun clair.
2° *Caractères intellectuels.* — Intelligence plus développée que chez le nègre, fierté et amour de la liberté.

- I° Rameau égyptien.
- II° — Barabras.
- III° — Abyssin . . . { 1. Sômalis. 2. Gallas.
- IV° — Amazig.

### 4° Race américaine.

1° *Caractères anatomiques.* — Tête de forme pyramidale, front étroit, développement des os zygomatiques, yeux enfoncés.
2° *Caractères intellectuels.* — Esprit fier et guerrier, férocité, aversion invincible pour toute civilisation.

- I° Rameau indien.
- II° — Californien.
- III° — Mexicain.
- IV° — Brasilio-Guaranien.
- V° — Pampéen.
- VI° — Ando-Péruvien.
- VII° — Araucanien.

### 5° Race hottentote.

1° *Caractères anatomiques.* — Petite taille, tête longue, front bombé, œil petit et enfoncé, nez très aplati, lèvres épaisses et saillantes, pommettes proéminentes.
2° *Caractères intellectuels.* — Misère et paresse, incurie plutôt que manque d'intelligence.

1. Zaab ou Boschimans.
2. Namaquas, type le plus pur.
3. Koranas.
4. Griquas, mélange hollandais.

### 6° Race papoue-australienne.

#### 1° Papous proprement dits.

1° *Caractères anatomiques.* — Visage un peu allongé, front aplati, nez épais, assez arqué, mais écrasé à la base; narines ouvertes, bouche grande, lèvres épaisses, peau brune.
2° *Caractères intellectuels.* — Vindicatifs et perfides, assez intelligents.

#### 2° Nègres australiens.

1° *Caractères anatomiques.* — Crâne dolichocéphale très épais, cou court, yeux petits et enfoncés, pommettes saillantes, mâchoires proéminentes, bouche grande, lèvres épaisses, peau brun cuivré sale.
2° *Caractères intellectuels.* — Race complètement dégradée, rebelle à toute civilisation; paraît condamnée à disparaître avec les progrès de la colonisation européenne.

**Religions.** — Il est impossible, dans l'état actuel des connaissances géographiques, de dresser une liste complète des religions et du nombre de leurs adhérents. Même dans les États où l'on procède avec soin à la statistique de la population, on néglige de faire le dénombrement exact au point de vue des croyances, ou bien l'on inscrit comme professant le culte dominant ceux qui ne déclarent pas appartenir à un autre culte légalement reconnu. Nous ne donnons donc le tableau suivant que comme un à peu près :

| | |
|---|---:|
| Polythéistes | 815 000 000 |
| Juifs | 6 000 000 |
| Grecs orthodoxes | 97 000 000 |
| Catholiques romains | 218 000 000 |
| Protestants | 124 000 000 |
| Chrétiens dissidents | 50 000 000 |
| Mahométans | 208 000 000 |

# LIVRE PREMIER

## EUROPE

(ÉTUDE D'ENSEMBLE)

## CHAPITRE PREMIER

LES SIX GRANDS ÉTATS EUROPÉENS. LES ÉTATS SECONDAIRES

**Considérations générales sur l'Europe.** — L'Europe est la plus petite des cinq parties du monde (sa surface ne représente que 18 millièmes de la surface du globe et à peu près le quinzième de la surface émergée (exact. —1,8/26.7); elle est de 9 400 000 k.q.); mais elle est jusqu'ici la plus importante; d'abord parce qu'elle est la seule que l'on connaisse scientifiquement sur toute sa surface, puis à cause de la densité de sa population; l'Europe contient le quart des habitants du globe. Enfin sa configuration et son climat étaient très favorables à la formation de sociétés civilisées.

On peut considérer l'Europe comme une vaste presqu'île; ayant pour bornes : au N. l'océan glacial Arctique depuis l'embouchure de la Kara jusqu'au golfe occidental; à l'O. l'océan Atlantique jusqu'au détroit de Gibraltar, au S. la Méditerranée, l'Archipel, les détroits la mer Noire et le Caucase ; à l'E. la mer Caspienne, de là jusqu'à l'océan Glacial la limite naturelle de l'Europe semble passer à l'est des monts Ourals jusqu'à la dépression qui sert de bassin à l'Obi; là était sans doute cette mer hyperboréenne des anciens.

Elle est située entre 36° 0′ 40″ lat. N. (cap Matapan) et 71° 10″ (embouchure de la Kara) entre 12° 40′ long O. (cap Saint-Vincent) et 60°30′ long. E. (Kara).

La plus grande longueur de l'Europe, de l'embouchure de la Kara au cap Saint-Vincent, est de 5400 kil. : sa plus grande largeur est de 4000 entre le cap Nord et le cap Matapan ; mais entre le golfe de Gascogne on ne trouve que 360 kil. c'est la plus petite largeur.

Un simple coup d'œil sur la carte de l'Europe fait reconnaître une frappante opposition entre l'est et l'ouest du continent. A l'ouest sont les presqu'îles, aux côtes profondément découpées, les mers intérieures; une grande richesse de formes; à l'est une masse immense non articulée, à peine entamée au nord et au sud par les mers qui la baignent : une grande pauvreté de contours.

L'Europe occidentale présente des systèmes de montagnes qui constituent la charpente des différents pays, isolent les nations et dessinent comme autant d'échiquiers stratégiques distincts. L'Europe orientale est une grande plaine monotone : un seul empire caractérisé et défendu par son immensité même.

A ne considérer que l'étendue, l'Europe occidentale semble une simple annexe de l'empire russe. Elle n'a que quatre millions de kilomètres carrés. Le czar règne sur cinq millions et demi.

Mais l'Europe occidentale est plus peuplée, plus riche, plus instruite; ses forces plus ramassées sont encore augmentées par la rapidité et le grand nombre des moyens de communication. Politiquement, elle est plus libre.

Aussi le grand empire slave de l'Europe orientale ou continentale est-il inférieur au point de vue économique et militaire à plusieurs des États de l'Europe occidentale ou péninsulaire.

**Classification des États.** — On classe les États de l'Europe suivant leur étendue, leur population, leurs ressources militaires ou économiques en plusieurs catégories :

1° Les grandes puissances au nombre de six;
2° Les États secondaires;
3° Les petites puissances.

Les grandes puissances sont :

La Russie;
L'Allemagne;
La France;
La Grande-Bretagne;
L'Autriche-Hongrie;
L'Italie.

Les États secondaires sont :

L'Espagne;
La Turquie;
La Suède-Norvège;
La Belgique;
La Hollande;

Le Portugal ;
La Roumanie.

Les petites puissances sont :

La Suisse ;
Le Danemark ;
La Serbie ;
La Grèce ;
La Bulgarie ;
Le Czernagora ou Montenegro ;
Le Luxembourg.

Au dernier rang arrivent :

La Principauté de Lichtenstein ;
La Principauté de Monaco ;
La République de Saint-Marin ;
La République d'Andorre.

L'étude de la géographie et celle de l'histoire expliquent les forces relatives de ces États et la manière dont ils se sont formés. Avant d'aborder la géographie politique et économique de chacun de ces États, il faut de toute nécessité reconnaître d'abord la géographie physique de l'ensemble de l'Europe.

# CHAPITRE II

## MERS DE L'EUROPE. COTES. ILES. DÉTROITS

De toutes les parties du monde, l'Europe est au premier rang pour le développement de ses côtes. Strabon avait déjà reconnu qu'elle était la plus riche de formes (πολυσχημονεστάτη).

Son littoral a une longueur de 32 000 kilomètres, et en y comprenant les îles on trouve 43 000, c'est-à-dire 1 kilomètre de rivage pour 229 kil. carrés. C'est presque cinq fois plus que pour l'Afrique. Et pourtant elle est située au centre même de l'hémisphère continental.

C'est aux nombreuses mers intérieures qui la pénètrent de toutes parts, sauf à l'Est, que l'Europe doit cette incontestable supériorité.

```
Europe, longueur de côtes... 32 000 avec les îles 43 000.. 1 kil. pour 229 k.q.
Asie,        —        — ... 56 900. . . . . . . . . . . . . . .  765
Amérique du Nord, — ... 45 000. . . . . . . . . . . . . . . .  407
Amérique du Sud,  — ... 25 800. . . . . . . . . . . . . . . .  420
Afrique,          — ... 26 000. . . . . . . . . . . . . . . . 1184
```

Les mers de l'Europe se divisent en trois grands groupes :
1° Groupe de l'océan Glacial du Nord ;
2° Groupe de l'océan Atlantique ;
3° Bassin méditerranéen.

**Groupe de l'océan Glacial du Nord.** — Sur une longueur de près de 6000 kilomètres, les côtes de l'Europe, profondément découpées, s'abaissent insensiblement dans l'océan Glacial du Nord.

Sur presque toute sa longueur de l'embouchure de la Kara au Varanger Fjord, le littoral est formé par l'inhospitalière *Toundra*, immenses plaines de tourbes glacées, d'une désolante horizontalité. L'implacable froid de ces régions conserve des cadavres de grands animaux dont on s'explique difficilement la présence. Du Varanger Fjord aux îles Lofoden, le rivage est au contraire rocheux.

On trouve sur ce littoral : 1° le golfe de Kara, les îles Waïgatz et de la Nouvelle-Zemble, séparées par les détroits de Pet (entre le continent et Waïgatz) de Aurrough ou de Kara (entre Waïgatz et la Nouvelle-Zemble), l'estuaire de la Petchora ; la baie de Tcheskaïa ronge à l'est la presqu'île de Kanin, tout entière basse et tourbeuse. Au large l'île de Kolgouyev, non moins déserte, s'élève à peine au-dessus de la mer.

Le cap Kanin doublé, on entre dans la *mer Blanche;* de vastes estuaires y apportent à l'Est les eaux du Mesen, de la Dwina (Arkangelsk) de l'Onéga. Au N.-E. la longue baie de Kandalakcha découpe la côte S. de la presqu'île de Kola.

Cette mer est peu profonde, la sonde atteint à peine 200 mètres, le plus souvent les fonds oscillent entre 60 et 100 mètres. La longueur est de 460 kilomètres, la largeur très variable entre 130 et 250 kilomètres. Elle reste sous les glaces pendant 8 mois de l'année. Lorsque la débâcle est finie, la mer Blanche est sillonnée de vaisseaux qui viennent soit se livrer à la pêche, soit chercher les bois de la Russie septentrionale.

Les côtes de Laponie et de Norvège baignées par l'océan Glacial sont très découpées et la mer y est beaucoup plus profonde. Les marées y sont très fortes et de rapides courants glissent à travers les rochers qui bordent le littoral.

**Groupe de l'océan Atlantique.** — Entre les côtes de Norvège et l'Islande s'étend un gouffre énorme, la mer de Norvège, ou Atlantique du Nord. L'abîme commence dès le pied des montagnes norvégiennes, avec des profondeurs de 500 mètres, qui vont en s'augmentant jusqu'à dépasser 3600 au centre de ce vaste bassin.

Mer du Nord. — A la hauteur des îles Shetland commence la mer du Nord, que chaque nation, naturellement, appelle d'un nom différent : Pour les Allemands et les Anglais c'est la mer Allemande ; pour les Danois la mer de l'Ouest. Bornée à l'O. par les îles Britanniques, au S. par les côtes des Flandres, des Pays-Bas et d'Allemagne, à l'E. par le Jylland et les côtes de Norvège, elle est le grand chemin maritime entre l'Europe de l'Est et celle de l'Ouest. Sa superficie dépasse 70 000 kil. carrés ; houleuse et brumeuse, charriant parfois des banquises échappées aux glaciers du Nord, elle engloutit chaque année un grand nombre de navires.

Cette mer est peu profonde. Les îles Britanniques sont assises sur un plateau sous-marin qui s'étend fort loin à l'Est et relie le Jylland à l'Angleterre. Au centre, à la hauteur du 55° lat. N. un vaste banc aux bords découpés s'étale presque à fleur d'eau, c'est le Dogger-bank. Sur les côtes d'Angleterre, la navigation est encore plus difficile. De redoutables bas-fonds sont disposés parallèlement (53° lat. N., 0 long. O.), le Swarte Bank, le Broken, le Well, l'Ower, etc. D'immenses dépôts se forment sur les côtes d'Angleterre et ajoutent sans cesse des lisières de rivage, marais d'abord, polders ensuite, au territoire britannique.

Au contraire, la marée livre l'assaut aux terres basses de la Hollande, mais les flegmatiques Néerlandais se défendent par des travaux immenses dont il sera parlé plus loin. Le chapelet d'îles qui s'allonge de la pointe du Helder à l'embouchure de l'Elbe, et sur le littoral du Slesvick est sans cesse rongé, parfois emporté brutalement par les vagues.

Sur les côtes de Norvège gardées par une ceinture de récifs, entaillées par une multitude de fiords, la mer est profonde de 3 à 400 mètres, avec de véritables gouffres qui dépassent 800.

Deux couloirs font communiquer la mer du Nord avec d'autres sections de l'Atlantique. A l'Ouest, c'est le *Pas-de-Calais*, qui conduit à la grande route internationale de la Manche que les Anglais appellent canal Britannique (British Channel). A l'Est ce sont les « détroits », clef de la Baltique. Le *Skager-Rack* et le *Cattégat* contournent la pointe du Jylland ou cap Skagen.

Moulés par les glaciers, dragués par les courants, les lits de ces détroits sont encore d'une profondeur d'environ 300 mètres.

Mais on rencontre la barrière des îles Danoises qui ont si longtemps arrêté devant leurs postes de péage les navires étrangers. 3 passages, dont un seul est propre à la grande navigation : le *Sund*, le *Grand Belt* et le *Petit Belt*; d'autres couloirs latéraux entre les îles secondaires de l'archipel, puis la Baltique proprement dite.

MER BALTIQUE. — Les Allemands prétendent que le nom de mer Baltique ne se trouve que dans les livres. Ils donnent à ce bassin intérieur le nom d'Ostsee, mer de l'Est. Est-ce bien une mer ? Moins salée que beaucoup d'embouchures de fleuves (moins de 2 0/0), peu profonde, à peine soumise aux influences de la marée, se comblant par les alluvions, et paraissant même se vider par suite d'un exhaussement insensible du lit, la Baltique présente néanmoins d'assez curieux contrastes entre les différentes parties de son littoral.

Plus abruptes, plus découpées, les côtes de Suède sont entourées de récifs, et même d'îles assez considérables, la danoise Bornholm, qui a la forme d'un rectangle; la longue Œland et la rocheuse Gottland qui appartiennent à la Suède.

L'île d'Aland et les myriades d'écueils, de rochers, d'îlots qui s'étendent entre la côte de Suède et la Finlande, sont les cimes émergées d'un plateau sous-marin, véritable seuil entre la mer

Baltique proprement dite et le *golfe de Bothnie*, son prolongement septentrional. A peine rencontre-t-on, dans ce golfe, des profondeurs de 100 mètres ; les côtes sont basses des deux côtés, et particulièrement marécageuses sur les côtes de Finlande. Un groupe d'îlots, les Quarken, partage en deux ce vaste golfe.

Le *golfe de Finlande*, long couloir entre les côtes granitiques, se termine par l'île de la Marmite ou Kotlin, sur laquelle est bâtie la citadelle imprenable de Kronstadt ; les îles de Dago et d'Œsel sont à l'entrée du golfe de Riga ou de Livonie, aux côtes marécageuses. Tout le reste de la côte méridionale présente un caractère uniforme : littoral bas, s'étendant suivant des lignes droites d'une monotonie désolante ; des chapelets de dunes qui, malgré leur peu de hauteur, arrêtent les eaux ; si peu de pente que les grands vaisseaux doivent mouiller à des distances énormes du rivage. L'originalité de ce triste rivage, c'est la formation de ces langues de terre (Nehrung) qui isolent la mer ; les estuaires de grands fleuves en forment des golfes extérieurs, qu'on nomme ports (Haff) : la Kurische Nehrung, à l'embouchure du Niemen ; la Frische Nehrung, à l'embouchure de la Vistule ; la Putziger Nehrung, à l'ouest du golfe de Danzig. Une flèche semblable s'était formée à l'embouchure de l'Oder ; elle a été rompue. Les îles de Wollin et d'Usedom isolent des golfes de Poméranie le grand Haff et le petit Haff de l'Oder. Ces îles sont d'ailleurs si rapprochées du continent qu'elles sont toutes deux reliées par un chemin de fer au réseau allemand. Le fond occidental de la Baltique commence à l'île de Rügen, si étrangement découpée. L'île Zingst et le Darss, rattachés à la côte par un mince et long pédoncule, sont les dernières langues de terre qui rappellent les flèches de l'est ; deux golfes, celui de Neustadt avec Lübeck, et de Kiel, deux îles principales, celles de Fehmarn et d'Alsen, marquent les principaux accidents de la côte allemande.

La Baltique a 35 600 kq. ; elle gèle parfois en hiver ; en tout cas des brumes épaisses y entravent souvent la navigation.

A l'Ouest, la mer du Nord communique par le Pas de Calais avec la Manche.

Il sera question de cette mer dans l'étude des côtes de France et d'Angleterre, de même pour le canal de Bristol, Saint-Georges, la mer d'Islande et le canal du Nord.

L'ATLANTIQUE baigne les côtes de France, d'Espagne et de Portugal depuis la pointe Saint-Mathieu jusqu'au cap Trafalgar. Il y forme des baies nombreuses dont nous aurons le détail dans l'étude spéciale que nous consacrerons à la France et à la péninsule Ibérique. Nous ne trouvons aucune île qui puisse se comparer aux archipels ou aux grandes îles de la mer du Nord ou Baltique. La profondeur de l'Océan augmente rapidement à mesure qu'on s'éloigne des côtes, particulièrement des côtes d'Espagne. A l'angle formé par la côte française des Landes et la côte Nord de l'Espagne correspond une profondeur beaucoup plus grande dans le bassin de l'Atlantique. Plus violentes aussi y sont les fureurs de la mer.

Du cap Gibraltar jusqu'à la pointe d'Europe s'ouvre le détroit de Gibraltar, entonnoir évasé formé par les côtes d'Espagne et de Maroc, et traversé par des courants d'une grande intensité qui tantôt entrent dans la Méditerranée et tantôt en sortent : généralement le flot de dehors en dedans est prédominant.

**Groupe de la Méditerranée.** — Historiquement le bassin de la Méditerranée est le berceau de la civilisation occidentale. Son importance a été accrue récemment pour nous par l'établissement de la France en Algérie, la renaissance de l'Egypte et le percement de l'isthme de Suez.

La Méditerranée se divise en trois parties : 1° la Méditerranée occidentale; 2° la Méditerranée orientale; 3° l'Archipel et la mer Noire.

1° LA MÉDITERRANÉE OCCIDENTALE. — Elle présente à peu près la forme d'un vaste triangle dont les sommets sont Gibraltar, Gênes et Messine. — De Gibraltar à Gênes, les côtes sont généralement escarpées, sauf sur quelques points du littoral d'Espagne entre Carthagène et Alicante, à l'embouchure de l'Èbre et sur le littoral français du Languedoc ; la côte italienne de Gênes à Messine ne présente au contraire que par exception les promontoires et les falaises escarpées : c'est le pays des Maremmes, ou marais Pontins, des embouchures malsaines, des dunes pestilentielles : la côte d'Afrique, avec sa ceinture de corail, surtout à l'est, présente des promontoires élevés, des plages sablonneuses, mais peu de bons ports naturels.

La profondeur de la Méditerranée occidentale est considérable : deux groupes d'îles, les Baléares à l'ouest, la Corse et la Sardaigne à l'est, marquent les sommets émergés de deux plateaux sous-marins, dont le premier se rattache à l'Espagne, le second à l'Italie ; mais entre ces deux plateaux se creuse un gouffre énorme où la sonde plonge à plus de 3000 mètres. Entre la Sardaigne et Naples s'observent également des dépressions de plus de 3600 mètres. Cet angle S. E. du bassin occidental est de plus remarquable par l'activité souterraine dont il est le théâtre : volcans, plaines minées par le feu intérieur, solfatares sous-marines, îles créées par la lave. Les environs de Naples et le groupe des îles Lipari présentent les phénomènes les plus curieux et les spectacles les plus grandioses.

On désigne sous le nom de *mer Ibérique* la partie de la Méditerranée comprise entre la côte d'Espagne, les Baléares et la côte d'Afrique ; *mer des Baléares*, la partie comprise entre les Baléares et la côte de Valence et de Catalogne ; *Golfe du Lion*, la mer entre les Pyrénées et Toulon ; *mer Ligurienne* et *Rivière de Gênes*, la partie située au N. de la Corse ; enfin, *mer Tyrrhénienne*, l'angle compris entre la Sardaigne, la Corse, la côte d'Italie et la Sicile.

La Méditerranée est soumise à l'influence de la marée, mais le phénomène du flux et du reflux y est si faible qu'on a cru longtemps qu'il n'existait pas.

Des courants rapides parcourent la mer ; sur les côtes de France les eaux sont entraînées dans la direction de l'est à l'ouest sur les côtes d'Espagne du N. au S. : par le détroit de Gibraltar l'Océan se précipite dans la Méditerranée, tandis que les eaux de cette mer, généralement plus denses, glissent par un courant inférieur dans l'Océan. Entre la Sicile et la côte Italienne, le courant du Phare de Messine (ancien gouffre de Charybde) a perdu sa réputation de terreur.

Les vents dominants sont ceux du N.-E., qui rendent difficile l'abord du golfe du Lion.

La Méditerranée occidentale est un lac français dont les clefs sont aux mains de l'Angleterre ; par Gibraltar et Malte les Anglais surveillent les passages qui conduisent de cette mer à l'Amérique ou aux Échelles du Levant ; mais dans les limites que la nature a assignées à ce bassin intérieur notre influence doit être prépondérante. Sillonnée par nos vaisseaux, bordée par des côtes qui sont à nous sur plus de 2000 kilomètres, y compris les côtes de Tunisie, traversée par nos câbles sous-marins, la Méditerranée unit plutôt qu'elle ne sépare la France du Nord et la France Africaine. Son influence est grande aussi et salutaire sur le climat de la Provence et de l'Algérie.

Par le *détroit de Sicile* ou canal de Malte on passe de la Méditerranée occidentale dans la Méditerranée orientale ; ce détroit est peu profond ; on y voit le seuil affaissé d'un ancien isthme qui aurait mis en communication l'Afrique du Nord et l'Italie : quoi qu'il en soit de nombreux écueils, des bancs sablonneux ou madréporiques, des îles (Pantelleria, Linosa, Lampedusa, et le groupe de Malte), joints aux coups de vents furieux qui bouleversent la mer, rendent la navigation très difficile. Les côtes, de plus, sont presque inabordables aux gros navires, les fonds manquent pour gagner les ports, sauf sur quelques points du rivage de Tunisie, à Biserte, à la Goulette, à Gabès et à Malte (La Valette).

2° La Méditerranée orientale s'allonge de l'Ouest à l'Est depuis la Sicile jusqu'aux côtes de Syrie ; elle pénètre au N. entre la péninsule italienne et celle des Balkans jusqu'au golfe de Trieste, elle est séparée du groupe de l'archipel et de la mer Noire par la ligne convexe des îles Corfou, Candie, Carpatho et Rhodes. — Sa superficie est de 160 000 kq.

Au Sud, cette mer baigne un rivage triste, inhospitalier, bordé de dunes, de plateaux pierreux, de marécages ; quelques golfes : celui qu'on appelle *mer des Syrtes*, bordé de rochers, d'îlots inhabités et d'écueils, les tristes baies de Bomba, de Mellah, puis les marécages du delta du Nil. Le lac de Menzaleh marque le commencement du canal de Suez, qui est la limite nécessaire et naturelle, mais non la frontière politique, entre l'Afrique et l'Asie. C'est au fortin d'El-Arisch que commence officiellement la côte d'Asie.

C'est là aussi que le littoral commence à prendre la direction du N. La Syrie a des rivages presque rectilignes ; les torrents, tantôt furieux et tantôt desséchés, qui descendent des montagnes, ont peu à peu comblé les anses et les golfes ; une étroite laisse de terre, une zone basse, fertile, s'est ainsi formée au pied des plateaux et des montagnes. Le rivage est ensuite plus riche en sinuosités au nord de Tripoli jusqu'à Alexandrette (Iskanderoun), dont le beau golfe forme le sommet de l'angle N. E. de la Méditerranée orientale. Entre la Syrie et l'Asie Mineure est la *mer du Levant*.

Le littoral du Nord est incomparablement le plus riche en baies, en ports, en sinuosités de tout genre : la côte d'Asie Mineure présente les golfes de Adalia et de Makri ; celle de la Grèce, les golfes de Marathonisi, de Kalameta, d'Arcadie, de Patras et d'Arta, l'Italie, le golfe de Tarente ; enfin, par la *mer Ionienne* et le canal d'Otrante on passe dans la *mer Adriatique*, dont la côte orientale est une des plus déchiquetées qui existent en Europe (bouches de Cattaro, golfes de Spalato, de Quarnero, de Trieste et de Venise) ; au contraire, les côtes d'Italie sont généralement marécageuses. Les embouchures des fleuves venus des Alpes sont remarquables par les lagunes où ils se jettent. Isolées de la mer par des flèches de sable analogues à celles que nous avons vues dans la Baltique, ces lagunes sont devenues d'immenses viviers. Les plus célèbres sont celles de Venise, au nord du Pô ; les plus riches en poisson sont les Valli di Comacchio, au sud de l'embouchure principale du grand fleuve. On appelle Porto l'ouverture par laquelle le trop plein des eaux s'écoule dans la mer (pertuis, port).

Un seul promontoire remarquable se détache sur la ligne droite du littoral italien ; c'est le mont Gargano, qui forme au sud le golfe de Manfredonia.

Ainsi dans la mer Adriatique, comme dans un grand nombre de bassins intérieurs, nous remarquons encore le contraste frappant de deux rivages, dont l'un semble l'antithèse de l'autre. Pour compléter cette dissemblance, quelques îlots sans importance jalonnent à peine la côte italienne; au contraire, la nature a prodigué les îles sur les côtes de Dalmatie et de Grèce. C'est une beauté de plus à ajouter aux autres charmes de ces belles côtes.

La profondeur de la Méditerranée orientale dépasse celle de la Méditerranée occidentale. C'est entre la Sicile et Candie qu'elle atteint son maximum (3960 m.); on trouve également un abîme profond au S. E. de l'île de Candie; la mer Adriatique, au Nord du cap Gargano, n'atteint nulle part 200 m. L'île de Chypre est rattachée à la côte d'Asie Mineure par un plateau sous-marin de 300 à 400 mètres de profondeur, tandis que du côté de l'ouest les pentes sont extrêmement rapides.

3° ARCHIPEL ET MER NOIRE. — Derrière le rempart d'îles qui s'étend du redouté cap Malée aux côtes d'Asie Mineure s'étend la mer Égée, que nous appelons archipel. Nulle mer européenne, en effet, n'est plus riche en îles: les Cyclades, les Sporades du Sud sur la côte d'Asie, l'Eubée et les Sporades du Nord sur la côte de Grèce, enfin les îles qui entourent le golfe de Thrace (Lemno, Imbro, Samothraki et Thaso), présentent une variété étonnante de contours, de roches, de relief, de productions. Quelques-unes sont encore aujourd'hui à l'état de formation géologique. Un centre d'activité volcanique existe au sud des Cyclades et l'île de Santorin est célèbre par les phénomènes d'éruption qui se produisent dans son voisinage. — Le travail plus lent mais continu des madrépores amène également jusqu'à la surface de la mer des écueils nouveaux, qui s'ajoutent à la difficulté de la navigation dans ces parages. Et pourtant l'Archipel, berceau de la civilisation orientale, devait être aussi la patrie classique de la marine. La proximité des terres, la nécessité des échanges poussaient les hommes à naviguer; la perfidie des bancs sous-marins, l'inconstance des vents et des courants, surtout dans le voisinage du continent (le courant de l'Euripe change quatorze fois par jour), donnèrent naissance à la science maritime.

Les côtes du continent européen et asiatique sont extrêmement découpées sur les bords de l'archipel; nulle part en Europe, même en Norvège, la mer ne pénètre aussi intimement la terre ferme. Elle forme les golfes de Marathonisi, de Nauplie, d'Égine, de Petali, de Zituni, de Volo et de Saloniki sur la côte de Grèce; ceux de Kassandra, d'Hagion-Oros entre les trois doigts de la Chalcidique, de Rendina et de Saros sur la côte de Roumélie (Thrace). Ces beaux golfes sont eux-mêmes dentelés de baies nombreuses où s'abritent des ports, jadis très célèbres, qui commencent à renaître.

La longue presqu'île de Gallipoli est séparée de la côte d'Asie par le détroit des Dardanelles, l'ancien Hellespont; large de 4 à 10 kilomètres, long de 60 environ, défendu par de formidables batteries casematées, c'est la clef de la mer de Marmara du côté de l'archipel, tandis que le Bosphore de Thrace, le détroit de Constantinople, plus étroit encore, en est la clef du côté de la mer Noire.

La *mer de Marmara* (anc. Propontide) est un paisible bassin de forme elliptique mesurant 120 kilomètres de large et 240 de longueur. Ses côtes sont peu découpées au nord, la presqu'île de Kapou-Dagh au sud y forme deux baies profondes. Quelques îles : celle de Marmara commande l'entonnoir des Dardanelles; le groupe des îles des Princes, l'entonnoir du Bosphore, et le beau golfe d'Ismid.

Le détroit de Constantinople a un peu moins de 30 kilomètres de long; certains étranglements ont à peine 500 mètres de large, un courant venant de la mer Noire y domine presque constamment.

La *mer Noire*, que les Grecs appelaient par antiphrase la mer hospitalière (Pont-Euxin), est un bassin elliptique dont la longueur, mesurée sur le 42e degré de latit. nord, est de 600 kilomètres; sa largeur, mesurée sur le 50° longit. E., est de 500.

La mer Noire baigne les côtes de Turquie depuis le débouché du Bosphore jusqu'au village de Kosak-Koï, au nord du cap Éminch. Le littoral est élevé et rocheux, creusé par le golfe de Bourgas.

La côte de Bulgarie, avec la baie de Varna, va jusqu'à environ 10 kilomètres au S. de la ville de Mangalia; elle présente le même caractère.

La côte de la Dobroutcha, qui appartient à la Roumanie, est au contraire marécageuse. On y trouve, surtout au nord, des lagunes séparées de la mer par des flèches sablonneuses (lac Bleu ou Sinoje Ozero, et lac Basim). Au large du vaste et boueux delta du Danube, l'île des Serpents.

Au nord de la bouche de Kilia, bras septentrional du grand fleuve, commence la côte de Russie. Elle est basse, marécageuse; les grands fleuves de la plaine Sarmatique y forment d'immenses estuaires nommés limans (Dniestr, Dniepr); le golfe de Perekop ou de Kerkinit sépare du continent la côte occidentale de Crimée, qui est également basse et sablonneuse; la côte S.-E., au contraire, est montagneuse jusqu'au point d'attache de la presqu'île de Kertsch. A l'extrémité de cette péninsule, le détroit de Iénikalé donne accès dans la *mer d'Azov*, le Palus Mœotis de l'antiquité. Ce bassin triangulaire n'est à proprement parler qu'un lac de faible profondeur (15 m. au plus, parfois moins de 4), de salure presque insensible, de niveau changeant avec les saisons; le Don y forme au N. E. un liman remarquable ; une longue flèche partant de la presqu'île de Kertch, et appelée flèche d'Arabat, isole à l'O. un marécage immense mais peu profond, la mer de Sivach, Paresseuse ou Putride, qu'un chemin de fer traverse sur pilotis.

Les derniers contreforts du Caucase arrivent jusqu'au détroit d'Iénikalé, c'est là que commence la côte d'Asie.

La superficie du troisième bassin de la Méditerranée est d'environ 72 000 kq. Les plus grandes profondeurs sont dans la mer Noire (près de 2000 m.), mais tout le golfe compris entre la pointe sud de la Crimée et le cap Émineh atteint à peine 100 mètres, 50 entre la pointe occidentale de cette presqu'île et le Danube. La mer de Marmara est d'une profondeur moyenne d'environ 1000 mètres, les fonds de l'archipel se tiennent au large des îles entre 100 et 800 mètres.

*Caspienne.* — Les grandes plaines marécageuses qui s'étendent au N. du Caucase séparent de la mer Noire la mer Caspienne, vaste lac à peine salé qui, d'une part, se comble par les alluvions de la Volga, et qui de l'autre, malgré l'énorme quantité d'eau roulée par ce fleuve, en perd plus encore par évaporation. Aujourd'hui son niveau est de 27 mètres inférieur à celui de l'Océan. Sa profondeur est très faible au N. du Terek (à peine 10 m.) ; au S., elle est plus grande, surtout au pied du Caucase. Un grand nombre d'îlots sont disséminés près des embouchures de la Volga ; ce sont des bancs sablonneux qui tôt ou tard se confondront avec le littoral. De terribles tempêtes agitent ces minces nappes d'eau. — La superficie de la Caspienne est de 33 000 kq.

On a remarqué la singulière symétrie des presqu'îles qui s'avancent entre ces mers et de celles qui existent en Asie : la Scandinavie et le Kamtchatka, la Grande-Bretagne et le Japon, la Bretagne et la Corée. De même pour les péninsules du sud. L'Europe reproduit en petit le continent asiatique.

# CHAPITRE III

### DIVISION DE L'EUROPE EN MASSIFS MONTAGNEUX. CARACTÈRES DE CES MASSIFS.

**Harmonie du relief de l'Europe.** — De l'étude des mers qui baignent l'Europe nous passons à celle du relief du sol européen.

Les anciens géographes, par un amour immodéré de la symétrie, groupaient artificiellement les diverses montagnes de l'Europe en chaînes continues, se recourbant entre les mers de manière à former des ceintures bien délimitées aux bassins des différents fleuves. Des chaînes secondaires ou contreforts se ramifiant autour du tronc principal isolaient les affluents ou les petits fleuves côtiers. Au réseau hydrographique correspondaient ainsi des damiers orographiques; les cartes y gagnaient peut-être en clarté, mais c'était aux dépens de l'exactitude.

La science d'aujourd'hui ne saurait se contenter de ces fictions : on a renoncé à rattacher toutes les montagnes les unes aux autres par des soudures plus ou moins artistiques de contreforts. L'étude de la géologie montre sur la surface de l'Europe des massifs montagneux absolument différents par leur date, leur figure, leur composition intime.

Si d'Astrakan on tire une ligne droite jusqu'à Bayonne d'une part, jusqu'à l'embouchure de la Kara de l'autre, qu'on joigne ce dernier point à Bayonne, on obtient un triangle rectangle dont un côté est à peu près parallèle à l'équateur. Cette ligne isole et laisse au Sud les trois presqu'îles turco-grecque, italienne et espagnole.

La ligne Bayonne-Kara (hypoténuse du triangle) laisse en dehors les presqu'îles de Laponie et de Scandinavie, le Jylland, les Iles Britanniques et les presqu'îles du Cotentin et de Bretagne.

Le troisième côté, Kara-Astrakan, est formé par l'Oural.

Toute l'Europe continentale, environ les 5/9 de cette partie du monde, est comprise dans ce triangle ; toute l'Europe péninsulaire et maritime, tout ce qui est articulé, est au dehors.

Cette construction pour ainsi dire mathématique de l'Europe donne lieu à d'autres observations qu'il est bon d'exposer.

Ainsi, lorsque nous considérons le périmètre du triangle, nous trouvons que l'hypoténuse limite une immense plaine s'étendant presque sans interruption de l'océan Glacial à l'océan Atlantique : les deux autres côtés, au contraire, sont bordés par des montagnes : du N. au S., l'Oural, et de l'E. à l'O., le Caucase (qu'on peut aussi rattacher à l'Asie, et qui est séparé des autres systèmes européens par la dépression ponto-caspienne), les Carpathes, les Alpes et les Pyrénées.

Une remarquable symétrie est à noter entre ces chaînes de montagnes : le puissant système rectiligne du Caucase, la chaîne convexe des Carpathes, font équilibre aux énormes Alpes et aux Pyrénées.

Du milieu de l'hypoténuse menons une parallèle au côté méridional, cette ligne nouvelle est marquée par les deux points Riga, mont Iremel, sur le sommet le plus élevé de l'Oural méridional. Cette ligne est justement tracée par un des pays d'une très grande importance géographique : les hauteurs Ouralo-Baltiques.

Maintenant joignons le mont Iremel à Vienne, où les Alpes se soudent aux Carpathes, cette ligne qui est parallèle à l'hypoténuse est également suivie par un autre dos de pays : les hauteurs Ouralo-Carpathiques. La grande plaine russe est ainsi divisée en trois zones : arctique, centrale et pontique.

Enfin, du même mont Iremel tirons une ligne droite jusqu'à Bayonne : nous obtenons un axe très important dans l'histoire géologique de l'Europe ; car c'est parallèlement à cet axe que se sont soulevés une partie des Cévennes, le Jura français, le Jura suisse, le Jura allemand, l'Erz Gebirge et le dos de pays de la Russie occidentale.

Il existe ainsi dans la disposition des montagnes de l'Europe une visible régularité qui apparaît de plus en plus à mesure qu'on étudie en détail les divers systèmes et massifs.

On en compte généralement dix-sept, que nous répartirons de la manière suivante :

I. EUROPE CONTINENTALE.

1. Caucase ;
2. Oural ;
3. Hauteurs Ouralo-Baltiques ;
4. Hauteurs Ouralo-Carpathiques ;
5. Carpathes ;
6. Système hercynien (monts de la Bohême, Jura franconien et Souabe, monts de la Thuringe, de la Weser, etc.) ;

## DIVISIONS DE L'EUROPE EN MASSIFS MONTAGNEUX.

7. Alpes ;
8. Jura ;
9. Vosges ;
10. Argonne et Ardennes ;
11. Cévennes et plateau central de France ;
12. Pyrénées.

II. Europe du Nord :
13. Système britannique ;
14. Système scandinave.

III. Europe du Sud :
15. Système ibérique ;
16. Système italique (Apennin) ;
17. Système turco-hellénique (Balkan, etc.).

Chacun de ces systèmes se subdivise en chaînes, en massifs différant par leur composition géologique, leur relief, etc.

Plusieurs des systèmes de l'Europe s'épanouissent en larges plateaux, ou enserrent des plaines plus ou moins vastes.

Les principaux plateaux sont :
Le plateau de Laponie (600 à 800 mètres de hauteur).
Le plateau de Bohême (600) ;
Le plateau de Bavière (650) ;
Les plateaux de la Carniole et de la Carinthie (1000) ;
Le plateau de Bulgarie (1000) ;
Le plateau des Abruzze (1200) ;
Le plateau d'Auvergne (750) ;
Le plateau des Castilles (700).

**Tableau des périodes de soulèvement des montagnes de l'Europe.** — Les terrains les plus anciennement émergés en Europe sont le plateau central de France, les terrains granitiques d'Angleterre, d'Irlande, de la Péninsule scandinave, de Bohême, d'Espagne et de Corse.

La période silurienne est marquée par le soulèvement de la Vendée, du Finistère, du Morbihan, du Hunsrück et du Taunus, de l'Eifel et de l'Ardenne.

De la mer dévonienne s'élèvent les ballons vosgiens et le Harz.

L'époque houillère voit paraître les montagnes du nord de l'Angleterre, les collines du Hainaut, la plaine de Thuringe, les plaines de la Russie orientale.

Les terrains secondaires font leur apparition par le soulèvement des Vosges et de la Forêt Noire. La mer triasique est rejetée par l'apparition du Morvan et du Thüringerwald et de son prolongement, la Sumava ou montagne de Bohême; mais en même temps s'affaisse la Provence, ainsi que l'Italie du Nord.

Les Cévennes, la Côte d'Or et l'Erzgebirge sortent du sein des mers jurassiques, la Flandre et le Roussillon s'enfoncent, la mer crétacée sépare les îles de l'archipel français :

A la période crétacée correspond l'apparition de l'Oural, du mont Viso, de la Champagne.

Dans la période tertiaire, d'abord les golfes éocènes de Paris et de Bordeaux se dessèchent, les systèmes de la Corse et de la Sardaigne apparaissent. Puis les terrains miocènes sont mis au jour par le soulèvement du Tátra, du Balkan, etc.; enfin, la période pliocène commence par le soulèvement des Alpes occidentales, du Mont-Blanc, des Alpes centrales, des Alpes provençales; les volcans fument sur le plateau d'Auvergne.

Nous arrivons à l'époque quaternaire, où se forme la Manche, où les dépôts s'accumulant sur les rivages de l'Europe, en comblent les golfes et donnent ainsi naissance à la grande plaine du N. de l'Allemagne et aux terrains de l'Angleterre orientale.

Le Danube transporte les débris des Alpes dans le lac de Hongrie qu'il dessèche, les plaines d'alluvion se forment peu à peu.

## CARACTÈRES ET ALTITUDES DES MASSIFS EUROPÉENS.

### I. EUROPE CONTINENTALE.

**1° Caucase.** — Le Caucase ferme l'isthme compris entre la mer Caspienne et la mer Noire. Sa direction générale est du N. O. au S. E.

Il commence par 34° 50′ long. E. par la presqu'île de Taman, court parallèlement à la mer Noire jusqu'au 39°, traverse l'isthme ponto-caspique et se perd dans la péninsule d'Apcheron (48° long. E.). Ce massif se compose de trois chaînes parallèles; la chaîne centrale est la plus élevée, sa hauteur moyenne est de 5000 m.; les chaînes secondaires ont 1000 m. Sous le 40° degré, la chaîne du nord comprend le nœud le plus considérable et le sommet le plus élevé du système, l'Elbrouz, qui élève à 5646 m. sa triple pointe trachytique. C'est un volcan éteint, dont le cratère est occupé par un glacier. Au sud-est de ce géant court le Caucase central, qui enferme une plaine extrêmement élevée, la Kabarda, dominée par deux pics qui dépassent notre Mont-Blanc; le Kachtan-Tau (5218 m.) et le Dich-tau (5159 m.). Le Caucase central se termine au mont Kasbek. — Cette montagne n'a que 5043 m. de hauteur; mais c'est une masse puissante de trachyte et de porphyre, qui est plus facilement accessible que les autres, grâce à la route de Dariel (2390 m.). — La région caucasique offre des richesses de tout genre (métaux, huiles minérales et eaux thermales).

Son importance historique et militaire est considérable.

*Routes à travers le Caucase.* — Les routes qui traversent le Caucase sont :

1° Les portes de Derbent, entre les montagnes, la mer Caspienne ;

2° Passe de Salavat, entre Derbent et Elisabethpol ;

3° Le passage de la Croix, au centre, le plus facile, dominé par la forteresse de Dariel ; c'est le chemin entre Vladikaukas et Tiflis ;

4° Sentier par la vallée du Rion, au pied de l'Adaï Koch ;

5° Sentier par la vallée de l'Ingour, au pied de l'Elbrouz ;

6°, 7°, 8°, 9°, 10° Les passes de Marouk, de Santcharo, de Psegachko, de Schetlib et de Psech, qui sont des chemins de contrebandiers ;

11° Le passage de Gogri, entre la mer Noire et la montagne.

Les chemins de fer s'arrêtent au pied même de cette chaîne formidable, à Vladikaukas.

2° **Oural.** — L'Oural, qui sépare l'Europe de l'Asie entre la mer de Kara et le fleuve de l'Oural, est une longue chaîne de montagnes de 2450 kilomètres de développement du 52° au 69° lat. N. Son nom signifie ceinture. Il se compose de plateaux, de terrasses, de mamelons à pentes assez douces d'une hauteur moyenne de 600 mètres.

On le divise en 3 parties : 1° *l'Oural septentrional*, de 69 à 62° lat. N. Il s'élève du sein de la Toundra sous le nom d'Oural désert, et ses pentes sont assez rapides ; il est couvert d'abord de marais tourbeux, puis de forêts inexplorées. Ses principaux sommets sont le mont Constantin (680 m.), et le mont Gnetiou (1298 m.). C'est à cette montagne qu'aboutit la chaîne du Pae-Choï, de 300 mètres de hauteur moyenne, qui court sur la rive gauche de la Kara.

On trouve ensuite plus au Sud le mont Sablia, qui a 1567 mètres, et qui s'élève en avant de la chaîne du côté de l'Europe ainsi que le mont Töll-Pos-Iz, le plus haut de tout le système (1689 mètres).

Aux sources de la Petchora, par 62° lat. N., commence l'*Oural moyen* (les monts métalliques russes), qui se prolonge jusqu'aux sources de l'Oufa. C'est la partie la plus élevée de la chaîne, quoiqu'il y ait de nombreuses dépressions. Le mont Denezkin (1633 m.) regarde l'Asie, le mont Kondchakov (1560 m.) regarde l'Europe ; le Katchkanar (896 m.) est à peu près dans l'axe même du système.

Au sud de cette montagne, la hauteur de l'Oural moyen diminue notablement. C'est la grande région industrielle : on y trouve des mines de fer d'une incomparable richesse comme au mont Blagodat. Le platine, le cuivre, enfin l'or sont recueillis sur le flanc asiatique de la chaîne. Les carrières à ciel ouvert fournissent le marbre, le jaspe, le porphyre et la serpentine. — D'ailleurs cette partie de la région ne mérite guère le nom de montagne, car elle ne s'élève plus qu'à 250 m. Ce sont des plateaux recouverts de grands marécages.

Aux sources de l'Oufa, par 56° lat. N., commence l'*Oural méridional*. Cette partie du système a une forme caractéristique ; elle se compose de plusieurs chaines qui convergent au mont Iremel (1536 m.) et entre lesquelles coulent les affluents de l'Obi et de la Volga ; au sud du nœud central rayonnent également de nombreuses rangées de collines qui séparent les affluents de l'Oural et de la Bielaya (Volga). — D'immenses forêts couvrent les sommets de ces collines.

3° **Hauteurs Ouralo-Baltiques.** — Les hauteurs Ouralo-Baltiques s'appuient aux avant-terrains de l'Oural, dans les gouvernements de Perm et d'Oufa. Elles sont très peu élevées à l'origine (120 à 250 m.) au point qu'il existe une communication fluviale entre la Petchora et la Kama, la Vitchegda (Dvina) et la Kama (canal de Catherine). Le plateau où s'enchevêtrent les sources de ces cours d'eau reçoit au N. O. de la Kama le nom de monts Uvalli, puis les collines s'abaissent de plus en plus, et finissent à Ribinsk. Elles reparaissent à 150 kil. à l'ouest, sous le nom de plateau de Valdaï, dont le sommet le plus élevé, le Popova Gora, n'a pas plus de 350 m. Couvert d'immenses forêts et de lacs innombrables, ce plateau constitue non pas un faîte de partage entre la Baltique et la mer Noire, mais au contraire une sorte de terrasse-réservoir où les fleuves des deux versants sortent des mêmes marécages. — Le cours de la Düna sépare ensuite ces hauteurs en deux parties : les hauteurs baltiques qui aboutissent à Riga et dont le point le plus élevé est le mont Munna (322 m.) et le dos de pays de la Russie occidentale, qui sépare assez mal les affluents du Dñepr de ceux de la Düna, du Niémen et de la Vistule et se prolonge à travers l'Allemagne du Nord par des hauteurs qui imposent aux grands cours d'eau de cette région un remarquable parallélisme.

Les roches qui composent les hauteurs Ouralo-Baltiques sont le grès, le calcaire, l'argile, le calcaire carbonifère, avec çà et là des blocs de granit.

**4° Hauteurs Ouralo-Carpathiques.** — Elles commencent entre l'Oural et la Volga sous le nom d'Obtscheï Jyrt, d'une hauteur de 160 m.; elles sont coupées par le grand fleuve russe, forment au delà un vaste plateau que découpent profondément les affluents du Don et du Dniepr, atteignent une élévation de 300 m., portent les noms de collines du Don, de l'Ukraine, de Podolie, de Volhynie, de Pologne, et aboutissent au groupe de Lysa Gora (650 m.). — De là un rameau gagne les Carpathes au S.; un autre se prolonge à travers la plaine d'Allemagne, et sous le nom de Fläming vient mourir près de Wittenberg. Au delà de l'Elbe, ces hauteurs ne dépassent pas 150 m. (Helbergen 150, à droite de l'Aller) et enfin s'épanouissent et s'abaissent pour former la bruyère de Lüneburg (Lüneburger Heide), dont nous parlerons plus loin.

Le calcaire disposé en bancs énormes et compacts est la roche dominante de ce système.

*Montagnes de Crimée.* — La côte S. E. de la Crimée est bordée de hautes falaises calcaires qui sont dominées par un système de montagnes particulier : le système Taurique ou de Crimée. — Ce sont des chaînons parallèles recouverts d'épaisses forêts et séparés par des vallées pittoresques. Le sommet le plus élevé est le Tchatir Dagh (1500 m.). Les pentes sont extrêmement rapides du côté de la mer, de sorte que les eaux condensées par la montagne s'écoulent presque toutes du côté du Nord.

**5° Les Carpathes.** — Le système des Carpathes se développe en un vaste demi-cercle sur la rive gauche du Danube depuis Presbourg jusqu'à Orsova. Leur développement est d'environ 1500 kilomètres. Elles vont du 17 au 27° long. E., du 45 au 50° lat. N.

Par leur extrémité N. O. les Carpathes se soudent aux Alpes, par leur extrémité S. E. aux Balkans; elles entourent ainsi sur trois côtés la vaste plaine hongroise. Mais il ne faudrait pas voir dans cet arc grandiose dont le Danube forme la corde une seule et même chaîne de montagnes : quatre groupes distincts apparaissent au premier coup d'œil :

A. L'îlot granitique du Tátra, ou des Carpathes centrales, qui est comme le réduit de tout le système. B. Les Carpathes occidentales du Danube à la passe de Tylicz. C. Les Carpathes proprement dites ou Carpathes boisées, depuis la passe de Tylicz jusqu'à celle de Stiol. D. les montagnes de Transylvanie.

A. CARPATHES CENTRALES OU TATRA. — Ce massif se compose de plusieurs chaînes de montagnes dont la direction générale est de l'E. à l'O. avec des contreforts qui vont du N. au S. La plus courte et la plus élevée, le *Tátra* proprement dit, est la plus haute crête des Carpathes. Il est isolé de tous côtés par une plaine de 500 à 600 mètres d'élévation que ses hautes cimes dominent de 2000 mètres.

Il a 50 kilomètres de long, de 20 à 35 kilomètres de large, environ 770 kilomètres de superficie. C'est une vraie forteresse naturelle à peine échancrée par des cols qui ne descendent pas au-dessous de 2000 mètres.

Des forêts magnifiques couvrent ses pentes jusqu'à une hauteur de 1800 mètres. Au-dessus s'étend une zone désolée, parsemée d'énormes blocs de granit, et blanche de neige pendant presque toute l'année ; néanmoins on n'y voit pas de glaciers. Une des particularités de cette montagne, c'est la grande quantité d'abîmes profonds, remplis d'eau, qu'on rencontre jusqu'à l'altitude de 2000 mètres et que les paysans nomment Yeux de la mer. Les principaux sommets du Tátra sont : de l'O. à l'E., le grand Krivan (2492 m.) ; le Veliky Vrch (2181 m.) ; le pic de Gersdorf (2654 m.), qui est le géant des Carpathes ; la Tour de l'Eisthal (2625 m.), et enfin le pic de Lomnicz qui, isolé et dominant la plaine, a longtemps passé pour le plus élevé (2632 m.).

Autour du Tátra s'enroule une première ceinture de montagnes moins élevées, qui sont comme la courtine de ce donjon des pays hongrois : au N., la *Magoura* est formée de grès de l'époque éocène ; à l'O., le *Fátra* ou l'Erzgebirge hongrois, très riche en métaux précieux et haut de 1790 mètres ; au S. et à l'E., les *Alpes de Liptau* ou petit Tátra, entre les hauts bassins de la Waag, de la Gran et du Hernad, avec les massifs du Djumbir (2043 m.) et de la Kralova Hola ou *Montagne du Roi* appelée ainsi en souvenir de Matthias Corvin.

Ce n'est pas encore tout ; ces montagnes ne forment que la seconde enceinte, les vallées qui les bornent sont elles-mêmes encloses par une sorte de muraille extérieure : à l'O. l'*Erzgebirge de l'ouest*, où dominent le trachyte et le porphyre et d'où l'on extrait surtout des métaux précieux ; à l'E., l'*Erzgebirge oriental*, formé de schistes et où sont les mines de fer : deux grands bastions soutiennent à leurs extrémités ce mur de la Hongrie minière : le *Mátra* (1007 m.) qui domine l'immense plaine hongroise ; le *Hideg-Hegy*, qui garde le passage du Danube près de Gran.

Le massif du Tátra et les montagnes qui l'entourent ont une importance exceptionnelle au point de vue du climat, car ils marquent la limite entre le N. et le S. de l'Europe ; au point de vue des races, car ils sont la borne entre les Slaves et les Magyars ; au point de vue militaire, c'est une des deux citadelles de la Hongrie : la seconde est la Transylvanie, mais celle-ci n'est pas habitée par des Magyars.

B. Carpathes occidentales. — Leur direction générale est du S. O. au N. E.; elles se composent de chaînes en grande partie jurassiques et qui, comme dans le Jura, sont sensiblement parallèles. Les *Petites Carpathes* (500 à 600 m.) commencent près de Presbourg et vont jusqu'au Mont Pradlo (1815 m.) près de la Waag ; ensuite les *Carpathes Blanches*, qui sont parallèles à la Waag ; elles sont plus élevées, plus abruptes (1000 m.), mais sont profondément découpées ; elles offrent de nombreux passages entre la Hongrie et la Moravie, elles se terminent au mont Javornik.

Dans leur partie septentrionale, les Carpathes Blanches sont parallèles aux *monts Beskides*, qui par le mont Vysoka se rattachent aux Sudètes. La chaîne de l'O. porte le nom de *monts Jablunka*; leur sommet, le Lissa Hora, monte à 1320 mètres ; ils se terminent à la dépression marécageuse qu'on appelle le seuil de Jablunka, et dont le point le plus élevé est à 630 mètres.

Le prolongement direct des Carpathes Blanches porte le nom de *Grandes Beskides*; on y trouve plusieurs groupes, dont le principal est la Babia-Goura, qui s'élève jusqu'à 1720 mètres.

C. Carpathes proprement dites ou Carpathes boisées. — L'aspect général de ces montagnes est celui d'un plateau élevé d'environ 1000 mètres, couvert d'immenses forêts de pins et de hêtres, et sillonné de profondes vallées avec un grand nombre de cluses créées par les affluents de la Tisza. C'est une puissante barrière entre les Slaves du N. et les Magyars, c'est en même temps la ligne de partage entre la Tisza, la Vistule, le Dniestr et le Pruth. Les principaux sommets ne sont pas tous sur la ligne de faîte : le mont Halicz, d'où coule le San, a 1335 mètres ; le mont Szevola, source de la Bystrica, 1818 ; les crêtes s'élèvent à mesure qu'on se rapproche du S. ; la Pietrosza, qui voit naître la Tisza Noire, a 2297 mètres ; le mont Koverla, aux sources de la Tisza blanche, 2058 m. ; la montagne Noire ou Czerna Hora, 2007 m. Voilà les cimes les plus remarquables de la chaîne centrale, mais en dedans de l'arc de cercle formé par celle-ci, il faut citer le vaste plateau de Polonina Rovna (1482 m.), le mont Stoï (1679 m.) et le Mencsiel, le Blinisco qui s'élève à 1883 mètres au-dessus de la région ravinée des Alpes de Szvidovecz, enfin le mont Popluan (1940 m.), en face de la montagne Noire.

Les pentes des Carpathes boisées sont beaucoup plus rapides du côté de la Galicie que du côté de la Hongrie, disposition favorable aux Magyars; on l'a dit avec une grande justesse, la Galicie n'est que le glacis des Carpathes.

# CARPATHES.

## TABLEAU SYNOPTIQUE DES PRINCIPAUX PASSAGES DES CARPATHES.

| CHAINES TRAVERSÉES. | Nos | NOMS DES PASSAGES. | ALTITUDE. | VILLES OU VALLÉES MISES EN COMMUNICATION. | OBSERVATIONS. |
|---|---|---|---|---|---|
| PETITES CARPATHES... | 1 | Chemin de fer de Presbourg. | 152 | | Tunnel. |
| | 2 | Passe de Nadas. | | Waag-Morava. | Route. |
| | 3 | Passe de Lissa. | | | |
| BESKIDES.... | 4 | Chemin de fer de Jablunka. | 601 | De Sillein (Waag) à Oderberg. | Route et ch. de fer. |
| | 5 | Passe de Jordanov. | | De la vallée de l'Arva à Cracovie (Vistule). | |
| | 6 | Seuil de Bory. | | De la vallée de l'Arva à Neumarkt (Dunajec). | Route et ch. de fer. |
| | 7 | Passe de Tylicz. | | D'Eperies à Novy-Sandec (Dunajec). | |
| | 8 | Seuil de Zbora. | | De Bartfeld à Jasio. | |
| | 9 | Seuil de Gorlice. | | Id. | |
| | 10 | Passe de Ducla. | | | |
| CARPATHES BOISÉES.... | 11 | Chemin de fer de Mezö Laborcz. | | De Przemysl à Tokay. | Tunnels et tranchées. |
| | 12 | Route de Turka. | 888 | D'Unghvar à Sambor. | |
| | 13 | Passe de Berecz. | 841 | Munkacz à Stryi (aff. du Dnestr). | |
| | 14 | Chemin des Magyars. | 951 | Tisza noire. — Kolomea (Pruth). | |
| | 15 | Passe de Stiol. | | | |
| | 16 | Passage de Borgo. | | De Bistritz à Kimpolung (Moldau). | |
| | 17 | Pas de Tolgyes. | | | |
| | 18 | Pas de Gyimes. | 828 | | |
| | 19 | Pas d'Oitosz. | | | |
| | 20 | Col de Bodza. | | De Cronstadt à Busco | |
| | 21 | Col d'Alt-Schanz. | | De Cronstadt à Plogeschti. | |
| ALPES DE TRANSYLVANIE. | 22 | Route et chemin de fer de Tömös. | 1028 | De Cronstadt à Bucharest. | |
| | 23 | Col de Törzbourg. | 1246 | De Cronstadt à Kimpolung (Valachie). | Route carrossable jusqu'à la frontière. |
| | 24 | Défilé de la Tour rouge. | 325 | Vallée de l'Aluta. | Fort de Boitza. |
| | 25 | Passe de Vulcan. | 944 | | |
| | 26 | Porte de fer. Chemin de fer. | 59 | Trouée du Danube. | Fort d'Orsova. |

D. Montagnes de Transylvanie. — Au premier aspect ces montagnes semblent la reproduction du massif du Tâtra; mais en examinant d'un peu plus près leur disposition, on reconnaît de nombreuses différences. Au lieu de présenter un noyau central autour duquel se replient les lignes de montagnes et les cours d'eau, le système transylvain consiste en une haute plaine de 60 000 kq. et de 500 mètres de hauteur, entourée de tous côtés par des montagnes dont la pente la plus rapide est tournée du côté de l'extérieur; à l'intérieur le plateau est couvert par des montagnes à peu près concentriques avec le mur d'enceinte du dehors; l'aspect général est celui de vagues solidifiées. Les eaux qui se condensent sur ce massif se réunissent en rivières impétueuses qui font brèche à travers le rempart pour gagner le Danube et ouvrent ainsi des chemins naturels d'une importance militaire de premier ordre : la Tisza s'échappe au N. par la trouée de Huszth; à l'O., le Szamos par le long défilé de Sibo; les sources de la Körös Rapide ouvrent le passage de Feketetó que suit un chemin de fer, et la Maros débouche par la double porte de Karlsburg et de Zám; au S. nous rencontrons les brèches du Vulkan, par où s'en va le Chyl, de la Tour Rouge par où sort l'Aluta; enfin à l'E. le Buseo, affluent du Pruth, ouvre la passe de Bodza; la Tratuch, affluent du Screth, celle d'Oitosz avec le haut bassin de l'Aluta, et celle de Gyimez. Ainsi dans ce pays les vallées coupent en dix endroits les chaînes principales, et la ligne de partage des eaux ne coïncide nullement avec la ligne de la plus grande hauteur; nulle part on ne peut observer plus clairement qu'en Transylvanie l'enchevêtement des bassins fluviaux et nul pays à l'orient de l'Europe n'est aussi admirablement disposé pour la guerre offensive et défensive.

Les montagnes de Transylvanie se divisent en quatre parties.

Les *Alpes de Transylvanie* forment la chaîne principale; elles commencent au mont Galatch, et se dirigent au S.; on y trouve le Kuhhorn (2260 m.) aux sources du Szamos, le Czukas (1938), à la borne angulaire du massif; à partir de ce pic la chaîne suit la direction de l'O., se relève au Königstein (2244 m.); c'est ensuite jusqu'à la brèche de la Tour Rouge une haute et épaisse muraille qui ne s'abaisse nulle part au-dessous de 2200 m., avec des sommets comme le Negoi (2540), et le Skurul (2294). Au delà du défilé de l'Aluta, la chaîne se prolonge à l'O. jusqu'à la passe de Vulkan et le mont Sarka; puis brusquement s'infléchit au S. jusqu'à la trouée d'Orsova (défilé des Portes de fer) sous le nom de montagnes du Banat (1000 mètres).

Les *monts Laposch* commencent au mont Galatch et ferment la Transylvanie au N.; ils servent de limite entre la Transylvanie et la Hongrie jusqu'au mont Gutin (1147 m ) et pénètrent ensuite en

Hongrie parallèlement aux Carpathes : cette chaîne enferme la haute vallée de la Tisza et finit près de Huszth.

Les *monts Métalliques de Transylvanie* ferment enfin le pays du côté de l'O. : ce n'est pas une chaîne continue ; car de nombreuses écluses y ont été percées par les affluents de la Tisza, mais ces tronçons forment un tout géographique. Contentons-nous de citer les monts de Bihar, ou la Biharia entre le Maros et le Körös Rapide (Cucurbeta, 1846 mètres).

Enfin, à l'intérieur même, la chaîne la plus importante est celle des monts Hargita, qui escortent l'Aluta sur sa rive droite et le Maros sur sa rive gauche, parallèlement au front oriental du système, sur 168 kilomètres de longueur. Le mont Hargita a 1740 mètres.

La largeur des Carpathes est de 250 kil. à l'O., de 150 au centre, de 425 à l'E. C'est le berceau de la race slave, qui en a été chassée en partie par les Hongrois et les Roumains. Nous terminons l'étude de ces montagnes par un tableau synoptique des principaux passages[1].

Les Carpathes sont reliées par les monts Sudètes, dont le sommet principal est l'Altvater (1457 mètres), au système Hercynien.

6° **Système Hercynien.** — Sous ce nom nous comprendrons toutes les montagnes de l'Europe centrale, entre le Danube et le Rhône d'une part, la grande plaine d'Allemagne de l'autre. Le centre en est au Fichtel Gebirge, dont le principal sommet est le Schneeberg avec 1069 mètres. A ce massif central s'adossent à l'E. le quadrilatère de Bohême, à l'O. les montagnes de Franconie et de Thuringe, au N. du Mayn ; le Jura de Franconie et de Souabe au S. La Forêt Noire, parallèle aux Vosges, a son point culminant à 1495 mètres (Feldberg). Les sommets du groupe schisteux du Rhin et des montagnes du centre de l'Allemagne sont beaucoup moins élevés.

7° **Les Alpes.** — Ces montagnes sont disposées en arc de cercle autour de la belle plaine du Pô. Elles servent de barrière militaire, physique et ethnographique entre l'Europe du Sud et l'Europe du Nord. Elles excercent une énorme influence sur le climat des pays voisins. Nous les étudierons en détail. Leur principal sommet est le mont Blanc, 4810 mètres.

8° **Le Jura**, formé de collines parallèles dominant un plateau qu'a plissé le soulèvement des Alpes. Il est remarquable par ses combes et ses cluses, et se divise au point de vue politique en Jura français et suisse : au point de vue physique en Jura méridional, cen-

---

1. Voir page 53.

tral et septentrional. Le sommet le plus élevé est le Cret de la Neige (1723 mètres).

9° **Les Vosges** se divisent en Vosges du S. ou hautes Vosges, Vosges moyennes et basses Vosges, se prolongeant par la Haardt. Leurs ballons, leurs forêts de sapins et leurs beaux lacs en font un des plus pittoresques systèmes de l'Europe. Le sommet le plus élevé est le ballon de Guebwiller (1426 mètres). Leur importance militaire est considérable.

10° **Argonne.** — Au delà du plateau lorrain et des chaînes concentriques des crêtes lorraines se dresse la chaîne de l'Argonne, qui se prolonge par un plateau boisé, l'Ardenne. Ses hauteurs sont peu considérables : l'Argonne atteint à peine 250 mètres ; l'Ardenne 695 mètres.

11° **Cévennes et plateau central de France.** — Des Vosges, par les monts Faucilles (800 puis 600 mètres), on atteint le plateau de Langres (mont Tasselot, 593 mètres). De là jusqu'au massif granitique du Morvan (Haut du Bois brûlé, 902 mètres) s'élèvent les molles ondulations de la Côte d'Or. (Bois-Janson, 636 m.). Les monts du Charolais et Beaujolais peuvent être considérés comme les avant-monts de la chaîne des Cévennes. Celle-ci limite la vallée du Rhône à l'ouest, et forme le rebord oriental du plateau central. Depuis l'étang de Longpendu (501 mètres) jusqu'au seuil de Naurouse (190 m.), elle forme une barrière continue avec des sommets comme le Cret de la Perdrix (1434 mètres) ; le Mézenc (1754), le mont Lozère (1702). Le plateau central est dominé par des montagnes plus élevées encore : le Plomb du Cantal projette jusqu'à 1858 mètres ses cônes basaltiques, le Puy de Sancy, dans le massif du mont Dore, est la montagne la plus élevée entre les Alpes et les Pyrénées ; enfin la chaîne des monts Dôme est l'une des plus régulières et des plus belles de l'Europe.

12° **Pyrénées.** — Entre les Cévennes et les Pyrénées, on trouve une plaine à peine ondulée par les Corbières occidentales et orientales ; la puissante barrière des Pyrénées, presque rectiligne, ferme la presqu'île espagnole, du col de Perthus (290 mètres) au col de Bélate (868 m.), elle s'élève et s'abaisse tour à tour ; son point le plus haut est le sommet du mont Néthou (3404 m.) ; le moins haut, le col de Perthus (290 mètres).

## II. Europe du nord.

**13° Système britannique.** — Les montagnes qui s'élèvent sur le sol des Iles Britanniques forment plusieurs massifs séparés par de profondes vallées : tout au N. de l'Ecosse ce sont les montagnes de Ross avec le Ben-Wywis (1200 m.), au centre, les Grampians avec le Ben-Nevis (1331 m.); ces deux groupes ont fait donner au pays le nom de Highlands, ou Hautes-Terres. Au S. de l'Ecosse, les monts Cheviot avec le Hartfell (1007 m.).

En Angleterre, on trouve les montagnes appelées chaîne Pennine avec le Scaw-Fell (1048 m.); le reste du pays n'est couvert que de hauteurs insignifiantes; dans le pays de Galles, se dresse le Snowdon à 1094 mètres.

L'Irlande a des sommets, mais n'a pas de système : les montagnes sont éparses aux coins de l'île ; la principale se dresse à l'angle S. O. ; c'est le Carrantuohill (1054 mètres).

**14° Système scandinave.** — Ces montagnes sont absolument isolées, car il est impossible de considérer comme les reliant avec les montagnes de Russie, les collines granitiques du pays d'Olonetz. Célèbres par les glaciers qui couvrent leur tête, et par les fjords qui baignent leurs pieds, les monts de Scandinavie se partagent en plusieurs massifs : monts de Laponie et de Finmark, monts du Norland avec le Sulitjelma (1886 m.), monts Dovrefield (Dofrines) avec le Sneehatta (2475 mètres) et le Galdhoppigen (2560 mètres).

## III. Europe du sud.

**15° Système Ibérique.** — Le relief de l'Espagne est essentiellement formé d'un grand plateau central, qui s'appuie aux montagnes Cantabriques, prolongement des Pyrénées, enferme la vallée supérieure de tous les fleuves de la Péninsule, et finit en terrasse à peu de distance du littoral. Sur ce plateau, se dressent des chaînes de montagnes qui divisent sa superficie en trois grands compartiments. Le sommet le plus élevé de l'intérieur de l'Espagne est le Cerro de Mulabacen avec 3554 mètres. Les hautes plaines se nomment plateau de la Vieille-Castille, de la Nouvelle-Castille, d'Andalousie. Leur hauteur moyenne est de 600 mètres.

**16° Système Italique (Apennin).** — L'Apennin se soude aux Alpes occidentales et traverse l'Italie tout entière en une chaîne qui est tantôt unique, tantôt double et même triple. Il se prolonge jusque dans la Sicile, qu'il remplit entièrement. Il présente peu de passages ; sa hauteur varie entre 469 mètres au col de Giovi et 2909 mètres au Grand Sasso. Au S. de la presqu'île et dans l'île de Sicile, de nombreux volcans éteints, de célèbres cônes en pleine activité ; l'Etna est le plus élevé (3237 mètres).

17° **Système Turco-Hellénique**. — Le système des Balkans se relie aussi aux Alpes, comme l'Apennin, mais juste à l'opposé. Il se divise d'après la direction des principales chaînes aussi bien que d'après sa composition géologique en deux parties essentielles :

1° Le système illyro-hellénique, qui occupe l'O. de la Péninsule, court parallèlement à l'Adriatique et couvre de ses ramifications le sol de la Grèce. Il est formé de calcaire ;

2° Le Balkan, à l'E., est au contraire composé de chaînes parallèles au Danube et dont les couches sont schisteuses. Les sommets en sont très élevés ; les cols s'abaissent peu ; ainsi la fameuse passe de Chipka, qu'a immortalisée la défense des Turcs, est à 1245 mètres ; la passe de Kazan, moins importante, à 587. Le point culminant de toute la péninsule est le mont Olympe (2375 mètres).

Tels sont les principaux massifs de l'Europe ; mais pour se rendre compte de la formation verticale de l'Europe, il faut mettre en regard de la liste des montagnes celle des plaines de l'Europe.

**Plaines de l'Europe.** — A. La grande plaine du N. et de l'E., une des plus grandes du monde, occupe 5 880 000 kq. Elle comprend : 1° la plaine russe, dont la hauteur moyenne est de 130 mètres dans la région du N.; 2° la grande plaine germanique (275 500 kq.) ; 3° la plaine du N. O. de la France (275 500 kq.) ; 4° la plaine du S. E. de la Scandinavie (165 180 kq.).

B. Les plaines britanniques se divisent en plaines d'Angleterre, situées au S. E. de l'île, et en partie marécageuses sur les côtes, 35 600 kq.; plaines d'Irlande, au centre même du pays, remarquables par leurs lacs et leurs cavernes (63 870) ; en troisième lieu, les plaines d'Ecosse, encadrées entre les Cheviot et les Grampians (13 214 kq.).

C. Sur le versant de la Méditerranée, les plaines sont plus nombreuses, mais moins vastes. L'Espagne n'a que 44 050 kq. de son territoire qui soient occupés par des plaines. Le bassin du Rhône, en France, nous en donne 17 520 ; le bassin du Pô, 38 550 ; c'est la luxuriante Lombardie ; la Puzta et l'Alföld hongrois s'étendent sur 110 120 kq., et de l'autre côté des Carpathes, les plaines roumaines en couvrent en équerre 88 100.

## CLIMAT D'EUROPE.

**Le climat.** — Le climat de l'Europe est en général tempéré. Cela tient à trois causes : 1° l'Europe est située presque tout entière dans la zone tempérée; 2° ses côtes occidentales reçoivent le courant d'eau chaude du Gulf Stream; 3° les parties méridionales qui sont les plus exposées à la chaleur sont plus élevées en moyenne que les parties septentrionales; il y a compensation de la latitude par l'altitude.

L'Europe est comprise entre l'isotherme de 0° (qui passe à l'extrémité septentrionale de l'Irlande, au cap Nord, et enveloppe la Laponie, la mer Blanche et le N. E. de la Russie) et la ligne isotherme de 20° qui touche l'extrémité S. E. de l'Europe du côté du cap Saint-Vincent. L'isotherme de 10° passe au S. de l'Irlande, coupe obliquement l'Angleterre de l'extrémité septentrionale du pays de Galles à l'embouchure de la Tamise, passe au N. du Zuyderzée, puis, obéissant à la loi des climats continentaux, elle se dirige au S. E. en longeant les monts de Bohême et en traversant la Hongrie, la Valachie et la Crimée.

La Méditerranée a sur ses côtes une température moyenne de 15 à 20 degrés; les côtes de la mer du Nord et de la Baltique, de 5 à 10. En général, la température s'abaisse à mesure que sous un même parallèle on s'avance à l'E. et que sous un même méridien on s'avance vers le N. Il faut cependant tenir compte de l'influence des montagnes : ainsi les Alpes centrales sont entourées d'une ligne isotherme de 5.

L'influence de l'Océan se fait également sentir en été comme en hiver : elle adoucit la chaleur ou le froid; aussi la ligne isochimène de — 20°, ne fait que longer les côtes de la Kara, celle de 0° traverse la mer du Nord, le Jylland, la Silésie, les Carpathes, la mer Noire, le Caucase.

Les vents sont produits par l'inégalité de la chaleur de la terre aux pôles et à l'équateur. Ceux qui soufflent le plus habituellement en Europe sont : 1° le S. O., sur les côtes de France et d'Angleterre : il est pluvieux; 2° le N. E., en Russie et en Allemagne : il est froid; les vents E. sont brûlants ou glacés, suivant la saison.

Ces vents principaux se choquant entre eux ou contrariés par des obstacles tels que les montagnes, ont des remous qui produisent des vents secondaires.

D'autres causes moins connues produisent des courants d'air plus ou moins considérables : le mistral est produit par l'attraction du Sahara; le sirocco est le contre-courant du mistral.

La quantité d'eau qui tombe annuellement sur les différentes contrées de l'Europe varie singulièrement. Sur le littoral de l'Océan et dans la chaîne des Alpes, elle dépasse un et même deux mètres; dans l'ouest et au centre, en France, en Italie, en Bohême, la moyenne est de 0<sup>m</sup>,67. En Russie, sur le plateau central de l'Espagne, elle n'est que de 0<sup>m</sup>,40 Les montagnes dirigées du N. au S. ont en général leur versant occidental très arrosé, le versant oriental aride.

Outre l'Océan, le massif des Alpes, avec ses neiges éternelles, est un réservoir de pluies.

Les saisons de pluie varient aussi dans les différents pays de l'Europe. Il pleut surtout en hiver dans le S. de l'Europe, en automne dans le S. O. et sur les côtes de l'Atlantique, en été dans le centre et l'E. : Allemagne, Pays-Bas, Danemark, Autriche et Russie.

Toutes ces influences combinées avec le relief du sol, la direction générale des vallées, donnent naissance à des zones climatériques différentes. Voici les quatre principales, qui se subdivisent elles-mêmes en climats locaux que nous étudierons lorsque nous ferons la géographie détaillée de chaque pays.

1° Climats hyperboréens, nuits de plus de 24 heures, été très court, hiver terrible : les contrées voisines de l'océan Glacial dans le nord de la Russie.

2° Climats continentaux, étés brûlants, hivers longs et glacés, changements brusques de température : plaines moscovite et polonaise, basse Allemagne, plateau de Bohème, bassin du Danube inférieur.

3° Climats océaniques, hivers tièdes, étés tempérés, transition très lente entre les deux extrêmes de température, pluies d'automne et de printemps : Iles Britanniques, Pays-Bas, la plus grande partie de la France, Portugal, Pyrénées.

4° Climats méditerranéens, hiver très doux, été brûlant et long : côtes d'Espagne et de Provence, basse Italie, Grèce, îles de la Méditerranée.

Il faut tenir compte bien entendu, dans ces divisions climatériques de l'Europe, d'une foule de conditions telles que la situation et la hauteur des montagnes, le voisinage ou l'absence des forêts. On a remarqué qu'il fait en général plus chaud dans les villes considérables que dans la campagne.

Les cultures sont liées au climat et à la nature du sol, elles sont donc très variées en Europe. Dans le climat hyperboréen, on ne trouve que des lichens et quelques arbres rabougris. Dans le sud de l'Italie, en Sicile, on trouve les oranges, les cotonniers, les palmiers ; dans l'intervalle, toutes les végétations intermédiaires.

Le blé s'étend jusqu'à la latitude d'York en Angleterre et de Berlin sur le continent.

La vigne a à peu près pour limite le 49<sup>e</sup> degré, sauf sur les côtes de l'Atlantique et en Russie ; elle le dépasse en Allemagne dans quelques régions.

**Races.** — Il est très difficile de savoir quels sont les hommes qui ont paru les premiers sur la terre d'Europe. Les découvertes récentes des anthropologistes permettent d'affirmer que, il y a des milliers et des milliers d'années, il existait sur le sol qui nous porte, bien avant la période géologique actuelle, des hommes encore barbares qui luttaient péniblement contre les monstres avec des armes en pierre.

D'autre part, le langage que parlent le plus grand nombre des Européens a de frappantes analogies avec l'ancienne langue sanscrite, parlée autrefois aux Indes, et avec les dialectes aujourd'hui vivants qui en dérivent. On a conclu que cette ressemblance indiquait une commune origine : on a donné le nom d'Aryens aux peuples qui parlent les langues indo-européennes. C'est un rameau de la race blanche.

Cette race comprend en Europe trois grandes familles à peu près égales en nombre :

I. La famille latine, comprenant tous les peuples qui, après avoir été soumis par les Romains, ont gardé la langue de leurs vainqueurs : Italiens, Espagnols, Portugais, Français, une partie des Suisses et des Belges, les Roumains; on y joint les Grecs et les Albanais.

Le nombre total est de 100 millions.

II. La famille germanique, généralement subdivisée en quatre branches :

1° Les Teutons, Deutschs ou Allemands, au nord des Alpes, comprenant les Flamands ;

2° Les Frisons ou Hollandais, dans les Pays-Bas ;

3° Les Scandinaves, dans la grande péninsule du Nord ;

4° Les Anglo-Saxons, formés des Celtes et des Saxons.

En tout 95 millions.

III. La famille slave, à l'ouest de l'Europe, à partir de l'Oder et au N. de la péninsule des Balkans. Elle comprend les Russes, les Polonais, les Lusaciens, les Tchèques, et au S. les Croates, les Serbes, on y joint les Bulgares.

Elle compte 105 millions.

Comptons ensuite un certain nombre de familles secondaires : les israélites de la race Sémitique, 3 à 4 millions ; les Finnois, les Magyares, les Turcs, les Tartares de Crimée, enfin les Basques, en tout 25 millions.

Les territoires occupés par les peuples de race et de langue communes sont loin d'être aujourd'hui nettement délimités par des frontières naturelles ou politiques. Nous verrons dans le détail comment se font ces groupements.

**Religions**. — Il y a encore moins d'unité au point de vue religieux. Les peuples de l'Europe suivent en général une religion monothéiste plus ou moins pure.

Le christianisme est la religion dominante; 290 millions d'hommes adorent le Christ en Europe, 400 millions dans le monde entier. Il ne faudrait pas croire du reste que le christianisme soit la religion qui compte le plus d'adhérents, car il y a en Asie 600 millions de brahmanistes.

Les chrétiens se divisent ainsi :

1° Catholiques romains, au nombre de 145 millions; ils dominent en Espagne, en Portugal, en Italie, en France, en Autriche et dans le S. de l'Allemagne;

2° Les protestants, qui se subdivisent en sectes nombreuses; les principales sont : les Luthériens et les Anglicans, qui rejettent la transsubstantiation et admettent l'impanation. Les Anglicans ont conservé de plus l'ancienne hiérarchie, sauf le pape, qu'ils ont remplacé par le chef de l'État. Les Calvinistes ne considèrent l'eucharistie que comme un symbole. Les innombrables sectes protestantes : trinitaires, méthodistes, presbytériens, etc., ont ceci de commun qu'elles rejettent le Nouveau Testament, cinq sacrements, l'autorité du pape, et admettent le mariage des prêtres.

Le nombre est d'environ 75 millions;

3° L'Église grecque, séparée au onzième siècle de l'Église latine; elle rejette la suprématie du pape, admet le mariage des prêtres et se dit Église orthodoxe : elle eut d'abord pour chef le patriarche de Constantinople. Après la prise de cette ville par les Turcs, les Russes eurent un patriarche distinct que Pierre le Grand supprima : c'est le czar qui est le chef religieux; ces deux églises comptent 70 millions d'adhérents. Joignons-y les Grecs-Unis qui ont accepté la suprématie du pape et gardé le mariage des prêtres : 2 millions.

L'Islam, sur 160 millions de Mahométans connus au monde, en a 4 millions en Europe.

Les Israélites sont également 4 millions.

# CHAPITRE IV

## LES ALPES[1].

**Considérations générales.** — Le massif des Alpes, qui forme la charpente centrale de l'Europe, n'est pas seulement une longue chaîne de montagnes, un mur de séparation entre le nord et le sud de l'Europe, c'est un monde à part d'une puissante originalité. Peu connu jusqu'à la fin du dix-huitième siècle, malgré les travaux de quelques géographes suisses, le monde des Alpes a été conquis scientifiquement par l'armée de physiciens, géologues et naturalistes qui, de Saussure à Tyndall, se sont donné rendez-vous dans ses vallées et ont escaladé ses pics. — Les découvertes qu'ont amenées ces patientes études ont renouvelé complètement non-seulement la géographie des Alpes elles-mêmes, mais aussi celle des montagnes, des plateaux, des vallées du reste de l'Europe. — Ainsi, en observant la marche des glaciers qui subsistent aujourd'hui, on a retrouvé les traces évidentes des immenses mers de glaces qui occupaient jadis tant d'autres contrées en France, en Allemagne et ailleurs.

Au point de vue commercial et militaire, les obstacles de ces hautes chaînes, et les chemins que la nature ou l'homme ont pratiqués d'un versant à l'autre ont une importance capitale. Il est donc bon de procéder à une étude d'ensemble des Alpes sans tenir compte des divisions politiques.

**Dimensions horizontales.** — Les Alpes s'étendent entre 43° et 48° de latitude N., c'est-à-dire justement à égale distance du pôle et de l'équateur; de 3° à 14° de longitude orientale, c'est-à-dire au milieu de l'Europe péninsulaire. Du Rhône (mont Ventoux) au Danube (Kahlenberg) et du golfe de Gênes aux côtes d'Illyrie, les

---

[1]. Suivant les indications du Programme de Saint-Cyr, nous étudierons spécialement les Alpes et le système Hercynien. L'importance de ces montagnes au point de vue physique et militaire explique d'ailleurs suffisamment qu'on leur donne une place à part.

massifs alpins et leurs contreforts s'épanouissent sur une surface de 330 000 kq., dont 247 760 sont réellement occupés par des montagnes, le reste, c'est-à-dire environ le quart, est creusé en vallées.

La longueur des Alpes est de 1200 kilomètres environ du mont Ventoux au Kahlenberg.

La largeur est très variable. Au point le plus resserré, près du mont Blanc, elle est de 148 k.; sous le méridien de Zürich, elle atteint 185; sous celui d'Innsbrück, 222; on trouve à la hauteur de Salzburg 260, et le maximum est de 334 kilomètres entre Vienne et l'Adriatique (Fiume).

**Dimensions verticales.** — Les Alpes s'enlèvent assez brusquement du côté de l'Italie. Leur pente paraît moins rapide du côté de la Suisse et de l'Allemagne, à cause des contreforts et des terrasses qui forment la transition entre les sommets de la chaîne et les plaines du Rhin et du Danube. — Ainsi le sommet du Saint-Gothard est à 135 kilomètres de Schaffhouse, qui est à 352 mètres au-dessus du niveau de la mer, et à 45 de Bellinzona, qui n'est qu'à 230 mètres.

Le voyageur qui monte des grandes plaines d'alluvion qui se trouvent au pied des Alpes, jusqu'au faîte de ces montagnes, rencontre successivement plusieurs zones distinctes qui sont à peu près limitées par les courbes d'altitude de 600, 1500 et 2700 mètres. A ces différences de niveau correspondent des régions complètement distinctes :

1° En deçà de 500 mètres, la *région des plateaux et lacs subalpins*. Ces lacs sont disposés sur deux lignes, l'une au Nord, de 500 kilomètres, du lac du Bourget à celui de Traun, l'autre au Sud, de 180 kilomètres, du lac d'Orta au lac de Garde. La direction, les contours, la superficie, la profondeur de ces nappes d'eau varient à l'infini et cette richesse d'aspect est une des grandes beautés des Alpes;

2° De 600 à 1500 mètres, *la région montueuse des Alpes antérieures*, zone des prairies cultivées et des bois, égayée par de petits lacs et des cascades, ravagée parfois par les avalanches dont la formation a été singulièrement facilitée par les déboisements rapides de ce siècle. Le Föhn la déblaie rapidement de ses neiges. Il travaille à peu près 14 fois plus vite que le soleil. La végétation des arbres dure dans cette forêt près de 100 à 150 jours par an. Les hameaux et même les petites villes s'y risquent à d'assez notables hauteurs (Briançon, 1320 mètres, Andermatt et Splügen, 1450) malgré le danger des éboulements ;

3° De 1500 à 2700 mètres, *région des « Alpes » proprement dite*.

Les grandes forêts ont disparu ; on rencontre çà et là des arbres verts. La rigueur du climat, « neuf mois de neige et trois mois de froid, » interdit toute culture. — De beaux pâturages, qu'on appelle justement Alpes, sont mis à nu par la fonte des neiges et se parent de fleurs d'un éclat et d'une beauté incroyables. C'est la patrie de la rose des Alpes (Rhododendron ferrugineum) et des magnifiques azalées. Les pâtres, qui montent en été dans les pâturages à la suite de leurs troupeaux, s'abritent dans les pittoresques mais misérables chalets. Le chasseur y vient poursuivre le lièvre changeant, à la robe tour à tour blanche et brune, et l'hermine qui perd aussi pendant l'été sa proverbiale blancheur. Enfin c'est là que se terrent les somnolentes marmottes. Quant aux chamois, jadis les plus agiles habitants du pays, on n'en trouve plus que dans les musées ;

4° Au-dessus de 2700 mètres, les *hautes Alpes* commencent à la limite moyenne des neiges perpétuelles. Là s'étendent les glaciers, bien réduits de leur ancienne immensité, puisqu'ils se sont répandus autrefois jusqu'au Jura. On compte de 1000 à 1100 mers de glace ; leur superficie est d'environ 2500 kilomètres carrés.

Les glaciers se moulent sur les vallées qu'ils remplissent et descendent d'un mouvement imperceptible mais continu vers les régions inférieures. Çà et là, quelques roches plus abruptes ou exposées aux rayons du soleil restent parfois dénudées. Au delà de 4000 mètres, nulle influence atmosphérique ne peut débarrasser les pics alpins de leur neige. Cette zone est le champ de bataille des « alpinistes », savants qui veulent arracher à la nature quelques-uns de ses mystères ou dilettantes qui, par mode, risquent quelquefois leur vie pour faire inscrire le récit de leurs ascensions dans les annales des Clubs Alpins [1].

A ces hauteurs où persiste toute l'année une température digne du pôle, la vie n'est pas cependant complètement absente. On y a recueilli 24 espèces de phanérogames, 30 de cryptogames.

Enfin, c'est le domaine du vautour à barbe et de l'aigle des Alpes.

**Géologie.** — Le chaos apparent des Alpes, la juxtaposition des massifs, de forme et de structure différentes, rendent l'étude géologique de ces massifs extrêmement difficile. Il est cependant possible de donner une vue d'ensemble de la disposition des terrains.

On divise le monde des Alpes en trois grandes séries de couches.

Les terrains primitifs sont au centre.

Ils forment comme le noyau, la crête médiane du système. Quelques géographes les appellent Alpes primitives, quoiqu'ils sem-

---

[1] Club alpin de Londres, 1858. Il faut avoir escaladé une montagne de 11 000 pieds anglais. Club alpin autrichien, 1862 ; allemand, 1869 ; ils se fondent en 1872 ; italien, 1863 ; français, 1873.

blent avoir été jadis recouverts de terrains tertiaires et jurassiques qu'ils ont disloqués, et rejetés en tous sens en se soulevant. Les géologues, en effet, croient reconnaître qu'avant de prendre la forme qu'elles ont aujourd'hui, les Alpes ont passé par des alternatives de bouleversements et de repos, ce qui, joint à l'action incessante des agents atmosphériques, a produit ce grandiose enchevêtrement de roches qu'on s'étonne de trouver voisines.

Parmi les couches dites primitives, le granit ne s'élève pas généralement à de très grandes hauteurs. Il est recouvert d'autres roches cristallines, gneiss, micaschiste. Le gneiss prédomine dans les Alpes occidentales et centrales, le micaschiste dans les Alpes orientales. On rencontre aussi d'énormes masses de schistes argileux et de porphyre, surtout dans les Alpes allemandes.

Au nord et au sud de ces roches primitives s'étendent en masses énormes deux zones de roches qu'on désigne sous le nom d'Alpes calcaires. On admet généralement qu'elles ont été séparées l'une de l'autre par le soulèvement des Alpes centrales. Les éléments qui les composent sont surtout le calcaire, le grès et le schiste ; leurs pentes sont plus abruptes que celle de la zone centrale : on y observe de nombreux plateaux au-dessus desquels s'élève brusquement la cime suprême : vrai chaos sans végétation. Les glaciers y sont plus rares ; la vue même y est moins étendue à cause des mamelons, des aiguilles qui se dressent capricieusement de tous côtés ; enfin les avalanches de neiges y sont souvent remplacées par des éboulements de pierres et de roches désastreux.

La zone calcaire du nord occupe une superficie beaucoup plus vaste que celle du sud. Elle s'étend en un immense croissant de Marseille à Vienne. Au sud on observe une grande variété de roches du col de Cadibone au mont Viso. De là jusqu'au lac Majeur le pied des Alpes centrales s'enfonce directement dans la plaine lombarde ; puis on retrouve la zone calcaire qui, dans le Tyrol méridional, fait place à la dolomite, reparaît plus loin et recouvre enfin le granite lui-même dans les Alpes orientales.

**Chaînes et massifs des Alpes.** — Les Romains, les premiers, ont groupé les massifs, les pics et les cols des Alpes en un certain nombre de chaînes. Cette nomenclature plus ou moins conforme à la nature des choses est encore en usage aujourd'hui, et se plie en somme assez bien aux progrès de la science. Ces chaînes différentes se répartissent en trois grandes classes (1) :

---

1. Nous adoptons le groupement le plus généralement admis par les géographes français.

Les Alpes occidentales, du col de Cadibone au Saint-Gothard.
Les Alpes centrales, du Saint-Gothard au Septimer.
Les Alpes orientales, du Septimer au mont Bittoray.

### I. Alpes occidentales.

Les Alpes occidentales comprennent d'abord des chaînes qui font partie de l'arête centrale des Alpes, et des chaînes qui sont les avant-monts.

**Chaîne centrale des Alpes occidentales.** — Elle dessine un arc de cercle dont les deux extrémités se trouvent sous le même méridien (6° long. E.).
Elle comprend :
1° Les Alpes Maritimes, du col de Cadibone au mont Viso (180 kil.);
2° Les Alpes Cottiennes, du mont Viso au mont Cenis (110 kil.);
3° Les Alpes Grées, du mont Cenis au mont Blanc (90 kil.);
4° Alpes Pennines, du mont Blanc au Saint-Gothard (160 kil.).
Comme avant-monts :
1° Les Alpes de Provence ;
2° Les Alpes du Dauphiné ;
3° Les Alpes de Savoie.
Il n'y a pas d'avant-mont du côté de l'Italie.
L'étude détaillée de ces chaînes trouvera sa place dans la géographie de la France.

### II. Alpes centrales.

**Chaîne centrale des Alpes centrales.** — L'arête médiane comprend la chaîne des Alpes centrales proprement dites (100 kil.). La partie occidentale de cette chaîne est parfois appelée Alpes Lépontiennes, en souvenir d'un ancien peuple montagnard.

On y trouve d'abord le Saint-Gothard, le « Père des eaux » de l'Europe. C'est un énorme massif qui a la forme d'une pyramide tronquée. C'est le nœud d'où rayonnent toutes les Alpes de Suisse.

A l'angle N. O. du Saint-Gothard s'élève le Galenstock à une hauteur de 3597 mètres. Ses névés, visibles de fort loin, se tassent pour former la mer de glace qu'on appelle le glacier du Rhône ; la passe de la Furca, parcourue par une route postale, sépare ce sommet du Mutthorn, angle S. O. du massif (3103). Les pics du Fiendo, de la Prosa (302), de la Fabbia se dressent sur l'arête méridionale que termine le pic Cornera (2851).

La crête orientale est dentelée par les sommets du Sixmadun, du Badus et se termine au Crispalt (2791). Ces montagnes entourent un plateau désolé de 2500 mètres de hauteur moyenne; les neiges fondues s'y rassemblent en une trentaine de lacs de montagnes, le plus considérable, le Lucendro, d'où coule une source maîtresse de la Reuss, a 2083 mètres de long.

A l'E. du Saint-Gothard, le Lukmanier, et le groupe de l'Adula, d'où rayonnent de courtes chaînes très contournées entre les hauts affluents du Rhin et du Tessin. Le principal sommet, le Rheinwaldhorn, monte à 3598 mètres. La chaîne se continue par les cols du Bernardino et du Splugen (2117 mètres).

Le Suretta est le pic le plus élevé de ce massif. Au S. on trouve le Pizzo Stella (3406 mètres), puis à l'est le Septimer.

**Alpes centrales du Sud.** — Elles sont comprises entre la vallée de la Toce et celle de la Maira. On les divise en deux groupes :

1° ALPES DU TESSIN, profondément entaillées par les sauvages vallées de cette rivière et de ses hauts affluents; la hauteur moyenne est de 2500 mètres. Le sommet principal est le Monte Cavergno ou Basodine (3276 mètres);

2° ALPES DE LUGANO, entre le lac Majeur et le lac de Côme. Elles ne dépassent nulle part 1700 mètres.

**Alpes centrales du Nord.** — Elles rayonnent autour du Saint-Gothard :

1° ALPES BERNOISES OU L'OBERLAND. — Les Alpes Bernoises se rattachent au Saint-Gothard par le Galenstock. Elles s'étendent dans la direction de l'O. parallèlement au Rhône, qu'elles séparent de l'Aar. C'est la chaîne la plus régulière du monde des Alpes. Elle contient d'énormes glaciers et quelques-uns des pics les plus célèbres par leur beauté. Du Finsteraarhorn (4275 m.) descendent à l'E. en nappes solides les glaciers de l'Aar, dont la haute vallée ouvre le col du Grimsel. Sur son flanc occidental naît le glacier l'Aletsch; le plus grand de l'Europe (26 kil.); au sud du Wetterhorn et du Schreckhorn, aux noms terribles, le Moine (Mönch) se dresse près de la blanche Jungfrau (4167 m.). Les sommets s'abaissent ensuite : les principaux sont : la Gemmi, le Wildhorn, le massif des Diablerets et enfin la dent de Morcles, qui se dresse au coude du Rhône en face de la dent du Midi;

2° ALPES DES QUATRE-CANTONS OU D'UNTERWALDEN. — Les Alpes des Quatre-Cantons partent du Gallenstock et s'étendent entre l'Aar et la Reuss.

Cette chaîne commence au Dammastock (3650 m.); on y visite les glaciers et les pâturages du Titlis, dont le pic le plus élevé est recouvert d'une croûte de glace de 55 mètres d'épaisseur. La muraille escarpée des Surènes conduit de là jusqu'au Rothstoch d'Uri, bordé d'affreux précipices (2933 m.). L'abîme profond que se sont creusé les eaux de la Reuss et où serpente le lac des Quatre-Cantons, est bordé de tous côtés par les talus à pic du Seelisberg : au delà du lac se dresse le belvédère du Righi, auquel fait face sur la rive S. O. la longue crête du Pilate;

3° ALPES D'URI ET DE GLARIS. — Ces massifs s'étendent entre le Rhin et les lacs.

Au-dessus du fossé profond du haut Rhin s'enlève brusquement la chaine du Dodi. Elle commence au Crispalt, à l'angle N. E. du Saint-Gothard, s'abaisse à 2085 mètres à la passe de l'Oberalp, qui est traversée par une belle route du Rhin à la Reuss, se relève à l'Oberalpstock (3320 m.), et culmine au mont Dodi, que beaucoup de Suisses écrivent et prononcent Tödi (3623 m.).

C'est au Dodi que commence la région des Alpes de Glaris; elle est dominée par deux crêtes distinctes : celle de l'E., dans l'axe de la précédente; la belle Calanda la termine brusquement au-dessus de Coire; l'inaccessible Mürtschenstock dresse son profil aigu, au-dessus du lac de Wallenstadt, à l'altitude de 2442 mètres.

La crête occidentale commence par cette curieuse Windgälle dont les couches sont reployées les unes sur les autres comme les feuillets d'une galette; le Gälrnisch, qui semble vouloir écraser Glaris de ses roches amoncelées, est entaillé au N. O. par l'affreux sillon connu sous le nom de col de Pragel, que les Russes de Souvorov ont couvert de leurs cadavres en octobre 1799.

Les Alpes de Schwitz forment l'avant-mont des Alpes de Glaris. C'est là que se trouve le triste Rossberg, énorme amas de galets roulés. Le 2 septembre 1806, un pan de montagne évalué à 40 millions de mètres cubes s'abattit après un terrible orage sur la belle vallée de Goldau, tua 457 personnes et combla une partie du lac de Lowertz. La chaîne de l'Albis, qui s'allonge parallèlement au lac de Zürich jusqu'au bel observatoire du mont Uetli (813 m.), rappelle des souvenirs moins pénibles. C'est là que bivouaqua en 1799 la glorieuse armée de Masséna avant de reprendre l'offensive contre l'armée austro-russe.

Au delà de la tranchée Sargans-Wallenstadt-Zürich et à gauche du Rhin, les Alpes de Thurgovie et d'Appenzell forment comme une île escarpée mais non sans bords. Les sept électeurs (Churfirsten) regardent mélancoliquement au-dessus du Wallensee les cimes revêches des Alpes d'Uri. Le Haut-Sentis se dresse au centre à 2504 mètres, les autres sommets ne dépassent guère 2000 mètres.

### III. Alpes orientales.

**Chaîne centrale des Alpes orientales.** — La chaîne principale se subdivise de la manière suivante :

1° Alpes Rhétiques, entre le Septimer et le pic des Trois-Seigneurs (220 k.) ;

2° Alpes Carniques, entre le pic des Trois-Seigneurs et le col de Prédil (140 k.) ;

3° Alpes Juliennes, entre le col de Budil et le mont Bittoray.

1° Alpes Rhétiques. — On réunit sous ce nom de convention plusieurs massifs très distincts. Les Alpes de la Bernina, de l'Ortler de l'Oetzthal et du Zillerthal.

*Le groupe de la Bernina* se dresse entre les vallées de l'Inn, de l'Adda et de la Haute Adige (Etsch). Ce massif est remarquable par la beauté de ses glaciers et le nombre de ses lacs de montagne. Le pic de la Bernina, qui domine ces champs de glace, s'élève à 4055 mètres ; plusieurs dômes ou aiguilles rivalisent de hauteur avec elle : à l'O., le Mont Rosso (5945 m.), dont le flanc est recouvert d'un glacier considérable, et le pic Palu, au N. E., le mont Foscagno (5088 m.), à l'E., le mont Masuccio et le mont Cambolo.

Le col de la Maloïa, entre l'Inn et la Macra, se trouve au N. O. : la passe de Stelvio, la plus haute route carrossable d'Europe (2797 m.), entre la haute Adige et la haute Adda, au N. E. ; enfin, au cœur même du massif, la passe de la Bernina.

*Le groupe de l'Ortler*, le plus puissant des Alpes autrichiennes, a une direction générale du N. O. au S. E. Il est borné au N. par la riche vallée du Wintschgau, une des plus belles du Tirol et où coule la haute Adige : il se compose de deux groupes : le principal, celui où se trouvent les pics élevés et les glaciers les plus célèbres, se dresse au sud de la passe de Stelvio. Le géant de ce groupe est la pyramide de l'Ortler, qui s'élève à 3906 mètres et qu'on voit de Milan ; le pic du Roi ou Grand Zabru atteint 5854 mètres ; les pics de Zulden et Cristallo sont surtout célèbres par leurs glaciers. — Le groupe du N. est plus allongé ; il culmine au pic Vernung (2803 m.). Le seuil de Nauders le sépare de l'Oetzthal.

Les *Alpes de l'Oetzthal* forment une île granitique très nettement limitée par l'Adige, le seuil de Nauders, l'Inn, son affluent la Sill, le col du Brenner et l'Eisack.

Il se compose de deux massifs couverts de glaciers. Au S. O., l'Oetzthal proprement dit, qui a la forme d'une vaste ellipse. C'est un chaos de sommets de formes très variées s'élevant au-dessus d'un piédestal de plus de 1500 mètres. Le Wildspitz atteint 3776 m.; il se dresse au N.; le pourtour est dentelé par un nombre incroyable de sommets : le pic du Lac blanc (Weissee); la Quille blanche (Weiss-Kugel, 3742 m.), la tête de Grenade (Granatenkopf). On a compté 229 glaciers.

Au N. O., les Alpes de Stubay élèvent à 3513 mètres leur sommet, le Prêtre (Pfaff).

Au delà du passage du Brenner, le groupe du *Zillerthal*, justement célèbre pour la beauté de ses eaux courantes et l'élégance naturelle de ses habitants. Le sommet principal est le Hochpfeiler (3484 mètres).

Par leur extrémité orientale les Alpes du Zillerthal s'appuient au pic des Trois-Seigneurs, où commencent les Hautes Tours (Hohe Tauern).

De là rayonnent à l'E. les Alpes Noriques, au S. E. les Alpes Carniques.

2° ALPES CARNIQUES. — La chaîne des Alpes Carniques ou Alpes Vénitiennes se dirige du N. O. au S. E. du Drei Herren Spitz au col du Predil, entre la Drave et les bassins côtiers de l'Adriatique. Un glacier recouvre les pentes du Hochgall; la chaîne, escaladée au col de Tefereggen (2031 mètres), s'abaisse au col de Toblach; le fameux Pusterthal y aboutit.

Un contrefort abrupt s'étend entre la Drave et le Gail : c'est le groupe du Kreuzkofel; la montagne de ce nom s'élève à 2691 mètres; le beau promontoire de Dobracz, qui domine toute la vallée de la Drave, s'élève au-dessus de Villach. Ce groupe est célèbre par ses riches mines de plomb.

Entre le col de Toblach et celui du Tarvis est le massif des Alpes Vénitiennes proprement dites. Ce sont des masses superbes de porphyre recouvert de dolomite. On y trouve le mont Paralba. Enfin c'est à l'extrémité de chaîne au N. E. de l'Isonzo que se trouve le Monte Canin. Le col du Predil est à 1165 mètres.

3° ALPES JULIENNES. — Cette chaîne a une direction générale du N. O. au S. E. On y trouve d'abord le groupe du Terglou (les Trois Têtes), composé de trois cônes de dolomite éblouissants de blancheur (2865 m.) La Save y prend sa source au pied d'un glacier. A ce pilier angulaire s'appuie la chaîne des Karavankas aux flancs calcaires profondément ravinés par les eaux et aux sommets variant du violet au rose. Cette chaîne culmine dans le Stou Brch, d'aspect aussi étrange que son nom lui-même (2235); on remarque au S. E. le beau cirque du Grintouz (2558 m.)

Au S. du Terglou la ligne de partage des eaux entre le Danube et l'Isonzo culmine au Schwarzenberg, puis s'étale en un vaste plateau que franchit le col de Nauportus ou de Ljubljana (Laibach).

Au delà il n'existe plus à proprement parler de chaîne de montagnes : les Alpes se terminent par le curieux plateau du Karso, d'une hauteur moyenne de 500 mètres, sillonné de crevasses entourant des terrasses arides, vrais déserts de pierres, que dessèche le « Bora ». De profondes excavations, qui faisaient déjà l'étonnement des géographes latins, absorbent les eaux courantes : la plus célèbre est connue sous le nom de grottes d'Adelsberg.

**Alpes orientales du Sud.** — Entre le lac de Côme et la Piave s'étendent des régions montagneuses profondément découpées par les hautes vallées des affluents du Pô ou des petits fleuves côtiers de l'Adriatique.

A l'ouest de l'Adige se détachent de l'Ortler les Alpes de Bergame ou de la Valteline, entre l'Adda et l'Oglio ; elles sont parallèles au massif de la Bernina ; le Monte Legnone (5611) en est le pic le plus élevé.

Le col du Tonal (1875 m.) et le val Camonica séparent ces montagnes des Alpes de la Chiese ou de la Giudicaria. Les sommets de ces montagnes, la Presanella (3562), l'Adamello (3557) sont les moins visités des Alpes italiennes, ce ne sont pas les moins beaux. Macdonald s'est heurté en vain à leurs courtines escarpées, en 1800, avant de passer au Splügen. A l'E. du lac de Garde un contrefort d'une admirable régularité commence par les Alpes du Trentin et finit par le célèbre Monte Baldo (2228).

A l'E. de l'Adige nous trouvons les Alpes Cadoriques, ou, pour employer un terme plus juste, les Alpes de Fassa. Elles sont aussi remarquables par la beauté de leurs vallées, la majesté de leurs cimes, que par la richesse géologique de leurs terrains. On vante avec enthousiasme la splendeur du Schlern, au sud duquel la Marmolata, « la reine de la Dolomite », se dresse à 3495 mètres ; à l'E. c'est le mont Antelao qui domine Cadore ; la cime des Lagorei, au sud de l'Avisio, est le plus haut sommet de phorphyre des Alpes (2614).

Ce massif majestueux se termine par des talus à pentes très raides au-dessus du Val Sugana, qui vit passer en 1796 Bonaparte chassant Wurmser. Au delà il n'y a plus que les ondulations des monti Lessini, monts Lessiniens ; ils font face au monte Baldo : sur leur croupe méridionale se trouve la célèbre position de Caldiero.

A l'E. de la Piave les hauteurs du Frioul n'ont pas d'importance.

**Alpes orientales du Nord.** — Les massifs qui s'élèvent au nord de la chaîne médiane des Alpes orientales sont :

1° Entre le Rhin et l'Inn : les Alpes des Grisons, le Vorarlberg, les Alpes Algaviennes et les Alpes de Constance, enfin les Alpes de Bavière ;

2° Entre l'Inn et la Drave, les Hautes-Tours auxquelles s'appuient les Alpes de Salzburg, au N. ; les Alpes Noriques ou Tours (Tauern) et les Alpes autrichiennes au N. de la Muhr ; les Alpes Styriennes entre la Muhr et la Drave.

1° Entre le Rhin et l'Inn.

Les Alpes des Grisons se trouvent au N. du Septimer et de la passe de Julier. Le massif de l'Abula élève, au-dessus des torrents furieux qui forment le Rhin, des sommets qui dépassent 3000 mètres de hauteur moyenne. Le plus élevé est le pic Err (3395 m.) ; la passe de l'Albula est à 2315 ; le sommet du pic Kesch, le plus riche en glaciers de toute la région, domine les pointes voisines de la hauteur de ses 3417 mètres. En face, au delà de la passe de Fluela, le majestueux et glacial pic Linard (3416 m.), le géant de la chaîne de la Selvretta.

Dans le chaos des massifs qui couvrent les environs de Coire on observe une chaîne bien caractérisée : le Rhæticon, qui se détache de la Selvretta et finit sur le Rhin à Saint-Luziensteig. Chacune de ses roches en 1799 et 1800 a coûté des flots de sang aux Français et aux Autrichiens.

Les Alpes du Vorarlberg et de l'Algau ou Algaviennes ont leur point dominant au Rothewand (2704), elles sont donc déjà beaucoup moins élevées.

Les Alpes de Constance ne sont que des collines sablonneuses par lesquelles se termine la terrasse de Souabe, elles forment la transition entre les terrasses alpestres et jurassiques.

Les Alpes de Bavière sont justement renommées pour la beauté de leurs paysages et la grâce de leurs lacs subalpins. Les hauts bassins du Lech, de l'Ammer et de l'Isar ont tracé dans ces montagnes trois grands sillons divergents ; de là trois chaînes dirigées de l'O. à l'E. On y remarque surtout le colossal Zugspitz (2952 m.) et le grand Solstein (2540 m.), que termine au S. la paroi presque verticale de la Martinswand, où faillit périr Maximilien en 1493.

Les Alpes bavaroises se prolongent en suivant l'Inn parallèlement aux Alpes de Salzburg, et s'abaissent presque brusquement au-dessus de la terrasse du Haut-Danube, à la hauteur des grands lacs Würm et Chiem.

2° Entre l'Inn et la Drave, au pic des Trois-Seigneurs, commencent les Hohe Tauern proprement dites, de l'O. à l'E. Ce massif doit son nom aux brusques abîmes qui séparent les montagnes et leur donnent l'aspect d'énormes tours. Il est divisé par ces failles grandioses en groupes très distincts : le *Venediger* ou *Vénitien* (3674 m.), d'où les montagnards à l'œil perçant découvrent le dôme de Saint-Marc.

Le *Grand Clocher* ou *Gross Glockner*, montagne de schiste argileux et de micaschiste, domine de ses 3799 mètres un groupe dont plusieurs sommets n'ont pas été encore scientifiquement mesurés. Au sommet du Grand Clocher on découvre un admirable panorama fermé par le Monte Baldo au S. et les cimes du Vorarlberg à l'extrême couchant.

Les Tours d'Or (Gold Tauern), avec le Hohe Narr (3259 m.) et le groupe de l'Ankogl (3253 m.), dont le sommet est sans cesse recouvert de neiges, sont les dernières hautes cimes de ce massif.

Au delà de la Salzach, les *Alpes de Salzburg* attirent les visiteurs par le charme de leurs vallées parsemées de lacs ; les pics y sont inférieurs à 3000 mètres. Le front sourcilleux du Hochkönig (2940 m.) et la gracieuse double corne du Watzmann (2684), l'aspect pittoresque des mines de sel, effacent la triste impression que produisent les immenses plateaux desséchés « de la mer de pierre ».

A l'E. de l'Ankogl se bifurquent au N. E. les Alpes Noriques, au S. E. les Alpes Styriennes.

Les ALPES NORIQUES OU CHAÎNE DES TOURS n'ont déjà plus de neiges éternelles : les Tours de Radstadt ont leur point le plus élevé au Hochgolling (2890 m.). Au N. de l'Enns s'étend la région montueuse du Salzkammergut avec le Dachstein au S. O., la Montagne Morte au N. E. et la Montagne infernale au N. (Todter Gebirge et Höllen Gebirge). Le fier Traunstein (1689) et le Righi autrichien, dont les flancs rocailleux se reflètent dans le lac Atter, sont les dernières cimes de ces régions.

Au N. du Salzkammergut, les forêts du Hausruck entre l'Inn et la Traun atteignent 800 mètres ; leurs dernières ondulations viennent mourir en face de la forêt de Bohême sur le Danube, qui s'y est creusé une vallée riche en beautés naturelles.

Les ALPES DE BASSE-AUTRICHE à l'Est de l'Enns présentent quelques hauts plateaux dominés par des coupoles qui dépassent rarement 2000 mètres. Ce plateau est profondément découpé par les cours capricieux de la Salza, de la Mürz et de la Leytha. Il est impossible d'y découvrir une chaîne régulière, pas plus que cette classique symétrie des contreforts qui plaisait tant aux géographes d'autrefois.

Le point central de ces massifs est le passage du Semmering avec son chemin de fer pittoresque qui passa longtemps pour une merveille de l'art. Entre la Salsa et l'Ips, le Dürrenstein (1872 m.).

Au N. de l'Ips, l'Oetscher gagne l'altitude de 1887 mètres ; l'inévitable Schneeberg, le cap oriental des Alpes, a 2074 mètres ; la terrasse qui court au S. du Danube, aux environs de Vienne, n'est plus sillonnée que par des chaînes de collines parmi lesquelles on remarque le Wiener Wald (760 m.), qui se bifurque en approchant du fleuve ; son contrefort méridional s'appelle le Kahlenberg.

Entre la Leytha et la Raab les montagnes de la Leytha, qui ne dépassent pas 500 mètres ; enfin le Wechsel, qui s'élève à 1785 mètres.

Les ALPES STYRIENNES enfin, dernier contrefort des Alpes orientales du N., se composent aussi de massifs dont voici les principaux : massif du Stangalp, dont le principal sommet est le chapeau de fer (Eisenhut), et où scintillent de nombreux lacs. A angle droit, les Alpes de Gratz, le Koralm (2127 m.), enfin, au bec de la Mur et de la Drave, le massif de Possrück.

**Terrasses des Alpes.** — Les chaînes des Alpes s'appuient à leur flanc septentrional et oriental sur des terrains généralement assez élevés, sorte de piédestal de ces gigantesques sommets : dépendances naturelles de ce grand système.

Nous trouvons :

1° *La haute plaine suisse*, ou la dépression qui s'étend entre les Alpes et le Jura, et les lacs de Genève et de Constance ; sa hauteur moyenne est de 300 à 400 mètres ;

2° *Les collines de Württemberg et de Bavière*, entre le lac de Constance et le Lech : hauteur moyenne de 500 à 550 mètres ; curieusement déployées en éventail et formées aux dépens des Alpes mêmes ;

3° *La haute plaine de Bavière*, du Lech à l'Inn : hauteur moyenne 400 mètres ; plus unie que la région précédente, elle est également formée de couches de galets roulés ;

4° *Les collines d'Autriche*, hauteur moyenne 300 mètres ; étroite bande de terre entre les dernières Alpes et le Danube ;

5° *Le plateau de Somogy*, que prolongent les Alpes de Styrie à l'ouest et au nord du lac Balaton. Sur ce plateau se dressent trois massifs isolés. Le premier et le plus célèbre est le Bakony, dont le point culminant, le Körösheggy, dépasse 700 mètres ; le Vértes et le Pilis, qui regardent de l'autre côté du Danube le dernier contrefort des Petites Carpathes ;

6° *Les hauteurs de Slavonie*, qui sillonnent le pays entre Drave et Save, et se terminent aux monts Urdnik près de Carlovic'.

**Passages et routes des Alpes.** — La nature des choses a marqué, par l'abaissement des crêtes ou la déclivité plus douce des pentes, les points de passage à travers les Alpes. Mais les voies qui s'offraient d'elles-mêmes aux voyageurs sont bien imparfaites ; jusqu'à la fin du siècle dernier tous les chemins des Alpes, à l'excep-

## LES ALPES.

### TABLEAU DES PRINCIPAUX PASSAGES DES ALPES.

| CHAÎNES. | Nos | PASSAGES. | ALTITUDE | VILLES OU VALLÉES RÉUNIES. | OBSERVATIONS. |
|---|---|---|---|---|---|
| ALPES CENTRALES.. | 1 | Saint-Gothard. | 2092 | Reuss-Tessin. | |
| | 2 | Id. Chem. de fer. | 1162 | Reuss (Andermatt). Tessin (Airolo). | Le tunnel a 14900 m. de long. |
| | 3 | Splügen. | 2117 | Rhin postérieur. Maira (Chiavenna). | |
| A. RHÉTIQUES..... | 4 | Maloja. | 1811 | Engadine-Maira. | La route du Septimer est délaissée. |
| A. GRISES........ | 5 | Julier. | | Albula. Engadine. | Route carrossable. |
| | 6 | Albula. | | Id. Id. | Id. |
| | 7 | Fluela. | | Albula à Sûs. Engadine. | Id. |
| | 8 | Bernina. | | Haute-Engadine-Tirano (Valteline). | Id. |
| A. RHÉTIQUES..... | 9 | Stelvio. | 2727 | Glurns-Bormio (Valteline). | La plus haute route carrossable de l'Europe. |
| | 10 | Seuil de Nauders. | 1425 | Bregenz-Vérone. | |
| | 11 | Tonale. | 1876 | Adige. Edolo (Oglio). | |
| | 12 | Brenner. | 1460 | Innsbrück. Vérone | 25 tunnels. Franzenfest. |
| A. CARNIQUES..... | 13 | Col de Toblach. | | | |
| | 14 | Tarvis. | 1165 | | Centre de réunion des routes du Tagliamento et de l'Isonzo. |
| A. JULIENNES..... | 15 | Col d'Idria. | | | |
| | 16 | Col d'Adelsberg. | 548 | Laibach. Trieste. | Ch. de fer. |
| A. DE LA VALTELINE. | 17 | Col d'Aprica. | 1200 | Edolo. Tirano. | Route. |
| | 18 | Col de San Marco. | | Bergame. Morbegno (Valteline). | Id. |
| A. CADORIQUES.... | 19 | Col de Pergine. | | Trente Primolano. | Id. |
| | 20 | Col della Fugazze. | | Roveredo. Vicence. | |

tion de deux (Brenner et Semmering), étaient impraticables aux voitures. Les grandes guerres de la Révolution et de l'Empire, la concentration entre les mains de la France et de l'Autriche de tout le monde des Alpes, ont permis tout d'abord d'exécuter de grands travaux impossibles jusque-là. L'essor inouï d'activité commerciale qui a suivi 1815 et la nécessité d'aller vite, s'imposant aussi bien ne temps de paix qu'en temps de guerre, ont eu pour résultat la construction de routes et le percement de souterrains qui escaladent ou trouent les formidables obstacles des Alpes. S'il est bon de connaître les principaux moyens de communication qui existent à travers les chaînes et les massifs des Alpes, il est impossible de les décrire en détail. On peut encore moins énumérer tous les sentiers connus des guides et accessibles aux seuls piétons. Nous nous contenterons de donner un tableau synoptique des routes qui ont été utilisées par des armées ou qui pourraient l'être aujourd'hui. On divise généralement les voies, comme les vallées elles-mêmes, en longitudinales et transversales : nous suivrons l'ordre même qui a été adopté pour la description des chaînes et des massifs.

# CHAPITRE V

## LE SYSTÈME HERCYNIEN

Nous passerons de l'étude détaillée des Alpes à celle du système hercynien.

Quels massifs doit-on comprendre sous cette dénomination ? Les géographes sont peu d'accord : les uns réservent ce nom aux montagnes qui courent au nord du Main, les autres y joignent les hauteurs qui vont du Main au Danube, mais forment un groupe à part, dit groupe Rhénan, des ondulations plus ou moins brusques qui escortent ou barrent le cours du grand fleuve. C'est le tort de ces anciennes nomenclatures historiques d'être extrêmement vagues.

Suivant l'esprit du programme, nous nous occuperons des montagnes de l'Europe centrale qui s'étendent du Danube à la plaine de la Basse Allemagne, du Rhin à l'Oder. C'est à peu près l'étendue de pays que César nous représente comme occupée par les chênes géants et parcourue par les troupeaux d'aurochs et les tribus germaniques, cette sombre forêt hercynienne qu'on pouvait à peine franchir en marchant soixante jours du côté de l'orient, ou neuf jours en marchant au nord [1].

**Dimensions horizontales.** — Le cinquantième parallèle N. et le neuvième degré et demi de longitude E. se coupent au Fichtelgebirge. Ce massif peut être considéré comme le centre d'irradiation des hauteurs de l'Europe centrale. C'est le Saint-Gothard de l'Allemagne.

Autour de ce point sont symétriquement disposés les plateaux et les hauteurs : on peut même observer que par une disposition très curieuse, le cours des fleuves d'Allemagne semble influencé par l'action mystérieuse de ce centre de rayonnement : ainsi le point le plus septentrional du Danube est à peu près sous le méridien du Fichtel-

---

[1]. Les routes transversales du S. au N., étaient beaucoup plus fréquentées à cause du commerce de l'ambre ; elles sont aussi naturellement plus faciles, les fleuves se dirigeant dans ce sens.

gebirge. De même le coude du Rhin près de Mayence est sous le même parallèle.

La superficie couverte par les montagnes de ce système est de 330 000 kilomètres carrés. La plus grande largeur est du Harz à l'extrémité de la Forêt Noire : environ 500 kilomètres. La plus faible est sous le méridien même du Fichtelgebirge : 200 kilomètres environ séparent le Danube à Ratisbonne des plaines de la Saxe.

La plus grande longueur, mesurée sur le 50° de latitude, est d'environ 650 kilomètres, dont le Fichtelgebirge occupe à peu près le milieu.

**Géologie.** — Une grande variété de roches s'observe des crêtes à la base du système hercynien. — Le granit et le gneiss abondent sur les hauteurs ; le nœud même de ces montagnes, le Fichtelgebirge, est une puissante masse de roches primitives. Ces éléments géologiques dominent sur les crêtes de l'E. comme dans l'Erzgebirge et les monts des Géants ; çà et là aussi des coupoles compactes de granit s'élèvent au-dessus du plateau de Bohême ; dans les monts de Moravie enfin et ceux du Böhmerwald, les cristaux du gneiss et les feuillets du schiste crèvent souvent l'enveloppe plus moderne qui les recouvre.

La forêt de Thuringe et les hautes dents du Harz sont de la même époque ; à l'autre extrémité du système, les ballons du S. de la Forêt Noire, comme ceux des Vosges qui leur font face de l'autre côté du Rhin, appartiennent aussi à cette formation.

Les roches éruptives, basalte et trachyte aux formes bizarres, aux dents aiguës ou aux agglomérations d'aspect géométrique, apparaissent çà et là au milieu des granits comme dans les monts de Bohême et même au Fichtelgebirge ; elles dominent à l'O. du Thüringerwald ; dans la Haute Rhön, le Spessart, et surtout le Vogelsgebirge, curieusement découpé en forme de collerette. Presque toutes les collines qui ondulent le sol de la Hesse sont de même formées des matières refroidies lancées par d'anciens volcans. Lorsque l'Allemagne du Nord était sous les eaux, les hauteurs de la Hesse actuelle étaient autant de petits Vésuves. La Forêt Noire, dans sa partie centrale, présente également des cônes basaltiques pittoresques.

Le schiste aux feuillets parallèles s'est déposé en vastes bancs sur les bords du Rhin, entre le Main et la Ruhr : ses fragments débités en fine poussière et amoncelés dans les creux et les terrasses, qui regardent le fleuve et sont tournés vers le midi, nourrissent les fameuses vignes du Rheingau. A l'autre extrémité du système, symétriquement au Rhin, de grands dépôts de schistes dominent le Danube dans les monts de Bohême.

Mais de tous les terrains qui constituent l'écorce du système hercynien, c'est le jurassique, avec ses étages divers, ses bancs riches en fossiles, qui l'emporte par la masse et l'étendue. Le Jura franconien, comme le nom suffit à l'indiquer, les Alpes de Souabe; le N. de la Forêt Noire, les hauteurs de l'Odenwald entre le Neckar et le Rhin, enfin tout à l'extrémité, les collines du Teutobürgerwald nous présentent des combes et des cluses comme le Jura français, de profondes assises où se retrouvent les prodigieux restes des animaux anciens.

Les formations plus modernes, la craie, les terrains tertiaire et quaternaire, les dépôts de houille, les mines de fer ne manquent pas dans cette partie de la vieille Allemagne. Nous les indiquerons à leur place en étudiant dans le détail les diverses parties du système hercynien.

**CHAÎNES, GROUPES ET MASSIFS.** — Si on se place au Fichtelgebirge, centre du système, on observe à l'est et à l'ouest deux plateaux que donnent des crêtes divergentes; le plateau de l'E. est la Bohême, quadrilatère presque régulier, celui de l'O. est la Haute-Bavière. L'angle que forment les talus extérieurs du premier est coupé par l'Eger que prolonge l'Elbe supérieure : le Main sert de bissectrice au second. Une frappante symétrie se remarque ainsi de chaque côté du point central. — Nous étudierons en détail chacune des sections que nous impose ainsi la nature des choses en suivant l'ordre suivant :

I. Massif du Fichtelgebirge.
II. Quadrilatère de Bohême ; A. fronts du N. O. et du N. E.; B. fronts du S. O. et du S. E.
III. Chaînes et massifs de l'Ouest; A. au nord du Main, B. au sud du Main.

### I. Fichtelgebirge.

Le Fichtelgebirge est une masse de granit dépassant d'environ 1000 mètres le niveau de la mer. La « tête et le cœur » de ce groupe est l'Ochesen-Kopf (1026 m.), moins élevé pourtant que le Schneeberg (1063 m.). En dépit de ce nom ambitieux, cette dernière montagne n'est pas couverte de neige toute l'année. Ses flancs contiennent des lacs célèbres dans les légendes de l'Allemagne : citons le Fichtelsee (779 m. de haut), et le Seelohe. Autour de ces deux piliers du groupe central rayonnent de moindres hauteurs : la Hoheheide (Haute Bruyère), 889 m., se rattache au Schneeberg; le Grosse Waldstein, cher aux touristes, monte à 890 mètres. Ils se dirigent au N.

Au S. nous trouvons le Nusshart (972) et la Tête-de-Mort, Todtenkopf. Les forêts de pins qui couvrent ces montagnes donnent un aspect très sombre à cette région ; mais les richesses souterraines sont très considérables, et y ont attiré une nombreuse population. Plus de 140 000 habitants s'y occupent de fouiller ou de cultiver la terre. La superficie totale est de 1100 kq.

## II. Quadrilatère de Bohême.

A première vue, il semble que nul pays en Europe ne soit aussi géométriquement régulier que le quadrilatère de Bohême. Les côtés sont d'un frappant parallélisme et donnent à cette forteresse naturelle l'aspect d'un immense losange ; au N. O. les monts Métalliques, au N. E. les monts de Lusace et les monts des Géants, au S. O. la forêt de Bohême, au S. E. les hauteurs de Moravie.

A l'intérieur, les vallées découpent à peu près le plateau suivant les diagonales. La symétrie paraît complète, et elle l'est en effet dans les traits généraux de la constitution orographique et géologique du pays. Mais cependant ce pays présente de nombreux contrastes qu'il faut étudier.

**1° Front N. O. de Bohême. — Erzgebirge ou monts Métalliques.** — Cette chaîne suit la direction du S. O. au N. E. Elle se relie au Fichtelgebirge par un court rameau de hauteurs nommé l'Elstergebirge, de la rivière qui y prend sa source. La pente la plus douce de la chaîne Métallique est tournée au N. O. ; les affluents de l'Elster et de la Saale y tracent transversalement leurs hautes vallées, ouvrant ainsi aux populations allemandes un chemin facile vers les riches mines de la montagne ; du côté du S. E., au contraire, les vallées de la Biela et de l'Eger courent parallèlement à la crête, dominées par des talus très escarpés, de 300 à 500 mètres de hauteur relative ; circonstance défavorable aux Tchèques, qui ont été repoussés au S. par la pression des races teutoniques.

L'altitude moyenne de ces montagnes est de 800 mètres : elles sont couvertes de forêts et d'étangs, le climat y est rude : quelques sommets granitiques s'élèvent au-dessus des gneiss, des micachites et des basaltes. Ils ont des noms germaniques ; le Keilberg élève son cône à 1275 mètres ; le Fichtelberg, au N. du précédent, atteint 1213 mètres ; le plateau basaltique le plus proéminent est le Spitzberg (1120 m.). L'Erzgebirge se prolonge de là jusqu'à la trouée de l'Elbe, il se termine par un Schneeberg (724 m.) qui ne mérite pas plus son nom que la plupart de ses homonymes allemands.

Les habitations humaines et les cultures se sont élevées dans la montagne jusqu'à d'assez grandes hauteurs (1150 mètres au Keilberg); les villages abondent dans la zone de 600 à 800 mètres. De là une grande quantité de routes et de passages.

1, 2. Deux lignes de chemins de fer d'Eger à Hof, et Plauen.
3. Chemin de fer et route de Falkenau à Graslitz.
4. Chemin de fer et route de Carlsbad par Johann-Georgenstadt à Zwickau.
5. Route de Carlsbad par Gottesgab (1096 mètres) à Annaberg.
6. Chemin de fer de Kommotau par Weipert à Annaberg et Chemnitz.
7, 8. Route de Teplitz à Freiberg et à Dresde. (C'est le chemin que prit Vandamme avant le désastre de Kulm en 1813.)
9. Route d'Aussig à Pirna.
10. Chemin de fer suivant l'Elbe (rive gauche).

*Mittelgebirge*. — Au S. de Teplitz s'élève brusquement une chaîne de courte longueur qui dans sa direction générale est parallèle à l'Erzgebirge, c'est le curieux Mittelgebirge formé de cônes et de nappes basaltiques. Les sommets sont, à gauche de l'Elbe, le Donnersberg de Milleschau (850 mètres), à droite le Geltschberg. Dans ce massif l'Elbe s'est creusé une vallée romantique ; là commencent les défilés qui se terminent au N. par les paysages renommés de la Suisse saxonne.

2° **Front N. E. de Bohême; Riesengebirge (monts des Géants)**. — La chaîne qui forme le front N. E. de la Bohême porte le nom général de Riesengebirge (monts des Géants). Elle commence au défilé de Schandau où passe l'Elbe et se termine au Grand Schneeberg. En réalité plusieurs massifs particuliers forment cette chaîne : *a*, les monts de Lusace; *b*, l'Isergebirge; *c*, le Riesengebirge proprement dit; *d*, les monts de Glatz (Glatzergebirge).

*a*. Les *monts de Lusace* commencent aux hauteurs composées de grès qui bordent le cours de l'Elbe et finissent à la dépression entre Reichenberg et Görlitz. Les affluents de droite de l'Elbe les ont creusés en profondes vallées; les pluies et les vents ont donné aux rochers des formes bizarres; aussi l'imagination populaire s'est donné libre cours dans les noms qu'on a imposés aux principaux sommets : c'est le mont des Roses (Rosenberg), le mont Hiver (Winterberg, 555 m.); les creux du Faucon et du Merle, au S. E.; on trouve le contrefort de Jeschkenberg (1013 m.) au N. E., les hauteurs de Zittau avec le Hochwald (744 m.).

*b*. L'*Isergebirge* se compose de quatre chaînons à peu près parallèles; le plus important porte le nom d'Iserkamm et son sommet dominant, le Tafelfichte, s'élève à 1124 mètres.

c. Le *Riesengebirge* proprement dit doit son nom à la légende allemande; là furent écrasés les ennemis des dieux, là vit encore le fantasque Rübezahl. — Le massif se rattache à la chaîne précédente sans autre interruption que la haute vallée d'un affluent de la Bober; dans sa partie la plus imposante, le Riesenkamm a ses pentes les plus abruptes tournées du côté de la Silésie, mais les sommets sont disposés en forme d'ellipse allongée autour de la vallée natale de l'Elbe et du Weisswasser, son premier affluent. Ces montagnes sont pour la rangée du N. le Reitträger, le Spitzberg, d'où tombe l'Elbe, le Kleine Sturmhaube, le Madelstein, le Grosse Sturmhaube, le Lahnberg et enfin le Schneekoppe, géant de tout le groupe (1611 m.). C'est le plus haut sommet en Allemagne au N. des Alpes. Le côté S. ou Bohémien se rattache d'une part au Spitzberg par le Kesselkoppe, d'où rayonnent plusieurs crêtes dont la plus curieuse est le Krkonosch qui côtoie l'Elbe; au delà de la vallée le Ziegenrücke ou Dos de Bouc se rattache par le Brunnberg au Schneekoppe.

Le Riesengebirge se termine au S. E. par la trouée de Landshut à Trautenau, profond défilé par où passa l'armée de Frédérick-Charles en 1866; c'est aussi par là que se sont glissés les colons allemands qui ont occupé peu à peu toutes les hautes vallées de cette montagne. Le Riesengebirge n'est une barrière pour les Slaves de Bohême qu'au point de vue politique: au point de vue des races cette barrière appartient à leurs ennemis; les noms allemands des montagnes et des villages en font foi. Du reste les envahisseurs teutoniques n'y ont pas trouvé la richesse. La plupart vivent de l'élevage des bestiaux combiné avec l'industrie peu lucrative des tisserands; ils sont isolés dans des espèces de chalets nommés « Bauden », y vivent pêle-mêle avec leurs troupeaux pendant la saison d'hiver, qui dure jusqu'au 24 juin; pendant l'été ils hébergent les touristes.

d. *Les monts de Glatz* (*Glatzergebirge*) sont séparés du Riesengebirge par plusieurs dépressions qui ouvrent du N. au S. des routes célèbres par leur rôle dans la campagne de 1866. A l'est de la trouée de Trautenau se dresse l'Ueberschaar, entre l'Oppa et la Mettau; sa direction principale est du S. au N.; elle se compose de crêtes basaltiques. La partie méridionale est un labyrinthe de roches qui affectent les formes les plus bizarres et dont les noms sont des plus singuliers. — Ce groupe est très riche en fossiles: près du village d'Adersbach on a trouvé toute une forêt pétrifiée, extrêmement curieuse.

A l'E., se trouvent la route et le chemin de fer de Silésie, en Bohême par Friedland, c'est la route que suivit Steinmetz en 1866 (Nachod). — Au S. E. de cette route commence le plateau qui sert de piédestal aux monts de Glatz. Sa hauteur moyenne est de

300 à 400 mètres ; il est recouvert d'un grand nombre de hauteurs, boisées pour la plupart, jetées dans le plus grand désordre, séparées les unes des autres par des vallées profondes, vrais coupe-gorge où les positions défensives abondent. Ce massif est le célèbre saillant de Glatz, d'une décisive importance pour les guerres entre la Prusse et l'Autriche.

La Neisse, qui grossit l'Oder, et l'Erlitz, qui conduit à l'Elbe dans les fossés du sinistre Königgrätz, ont leur origine dans le Glatzergebirge.

Les monts de Glatz sont en petit ce qu'est en grand le quadrilatère de Bohême. Relativement aux crêtes qui dominent le plateau, l'ancienne ville comtale de Glatz a l'air d'occuper le centre d'un entonnoir, et du vieux château qui dresse au-dessus de la ville on aperçoit quatre chaînes : 1° au N. O., les monts de Waldenburg entre la Weistritz (Oder) et la Mettau (Elbe). Le sommet culminant est au Heidelberg (954 m.); 2° à l'O. et au S. O., les monts d'Erlitz, partagés en deux groupes : à l'O. le Heuschergebirge au N. de la Weistritz : ce sont des montagnes formées de grès, aussi bizarrement taillées que le labyrinthe d'Adersbach ; la plus grande altitude est de 925 mètres ; au S. O. et sur la rive droite de la Weistritz, plusieurs chaînes parallèles entre lesquelles se glisse l'Erlitz (Adler sauvage, des Allemands). La chaîne orientale est formée par les monts de Habelschwert, son sommet le plus élevé est le Heidelberg (979 m.). Elle se rattache au N. par la Hohen Menze (1087 mètres), à la crête de Bohême (Böhmischerkamm), qui atteint 1412 mètres au Deschnaer Koppé. Par monts et par vaux, profitant des dépressions de ces montagnes, s'insinue en Bohême la route de Glatz à Nachod, par où l'armée du prince Royal de Prusse arriva au rendez-vous de Königgrätz, le 3 juillet 1866 ; 3° au S. se dresse le Schneeberg de Glatz (1412 m.), qui garde son manteau de neige pendant les deux tiers de l'année. Il alimente la March ou Morava, l'Adler tranquille, et la Neisse qui gagnent par le Danube, l'Elbe et l'Oder les mers Noire, du Nord et Baltique. Là aboutissent, venant du S. E., les Sudètes qui rattachent le système Hercynien aux Carpathes ; du N. E., les montagnes qui ferment du côté de la Silésie l'entonnoir de Glatz.

*c.* Quelques géographes désignent même sous le nom de *Sudètes* la chaîne du Riesengebirge. En effet, les Sudètes en sont le prolongement non seulement pour la direction, mais pour la composition géologique. Ce système consiste en un plateau fortement découpé par les affluents de l'Oder au N. et de la Morawa au S. Le principal sommet est l'Altvater (1987 m.), le point le moins élevé est la dépression qui existe entre la haute Oder et la Betsch, affluent de la Morava. C'est un sillon qui se prolonge jusqu'au lac de Neusiedl.

*f. Les montagnes de Silésie* sont coupées par la Neisse près de Wartha, cluse qui reproduit en de plus petites proportions la trouée de l'Elbe à son issue de Bohême; la chaîne du S. E. s'appelle les monts de Reichenstein, dont on vante les sources sulfureuses et les mines d'arsenic; celle du N. E. porte le nom d'Eulengebirge, monts des Hiboux (mines d'argent). Elles ont leur principal sommet à 1027 m., c'est le Haut-Hibou (Hohen Eule), et rejoignent les monts de Waldenburg. Là se termine du côté de l'Est le système Hercynien. Passons à l'examen des fronts S. O. et S. E. du quadrilatère tchèque.

3° **Front S. O. de Bohême.** — Les Monts de Bohême proprement dits (allemand *Böhmerwald*, tchèque *Czesky*) s'étendent du N. O. au S. E. sur une longueur de 300 kil.; sur une largeur de 25 à 50, du 10 au 12° degré de long. O.

Ils commencent à la dépression qui limite à l'E. le Fichtelgebirge et finissent au seuil de Kaplitz, où passe le chemin de fer de Budejovice à Linz.

La Forêt de Bohême se partage en deux parties que sépare le seuil de Domazlice.

Le groupe du N., *Böhmerwald proprement dit*, est fort étendu, assez peu élevé, son principal sommet est le Czerkov (1082 m.).

Le groupe du S. commence par le Gross Bogen (1056 m.), en face du précédent; de sombres forêts couvrent ces montagnes; puis la chaîne se dédouble: c'est la Sumava aux vallées sauvages, où après l'Ossa (1300 m.) s'alignent du côté de la Bavière les plus hautes cimes du système, l'Aber (1476), le Rachel et le Lusen. Les pentes de l'E. tombent à pic sur la creuse vallée de la Vlatva ou Moldau; on y trouve le Kubani (1357 m.). C'est cette partie romantique de la montagne qui a été choisie par Schiller comme théâtre des exploits de ses « Brigands ». Depuis le commencement du siècle on a exterminé les loups et les ours qui abondaient dans ces froides régions. Le climat y est très rude. Parfois les céréales n'arrivent à maturité qu'au bout de treize mois, en plein hiver.

Au Böhmerwald se rattache la Forêt de Bavière (Bayerwald), du S. E. au N. O. parallèle au Danube, qu'elle borde de Passau à Ratisbonne. C'est une région fort accidentée, traversée par les Français en 1741 et où s'est réfugié l'archiduc Charles après Eckmühl en 1809. — Elle atteint 1225 mètres au Klettenberg.

Neuf passages principaux conduisent de Bohême en Bavière à travers le Böhmerwald.

1. Chemin de fer d'Eger à Baireuth (vallées de l'Eger et du Naab).
2. Routes de Kuttenplan et Tachau à Tirschenreuth (*Mies-Naab*).

3. Route de Pilsen à Leuchtenberg (*Mies-Naab*).
4. Route de Domazlice à Waldmünchen (*Radbusa-Schwarzach*).
5. Chemin de fer et route par le seuil de Domazlice, de Pilsen à Furth (*Radbusa-Regen*).
6. Chemin de fer et route de Pilsen à Deggendorf (Danube) (*Angel et Haute-Regen*).
7. Route de Strakonitz à Passau (*Haute-Vlatva et Ilz*).
8. Route de Krummau à Aigen (*Haute-Vlatva-Mühl*).
9. Chemin de fer et route de Budejovice à Linz.

On remarquera qu'il n'existe pas de tunnels sur ces lignes.

La haute vallée de la Vlatva est à si peu de distance du Danube qu'on a songé naturellement à un canal qui desservirait l'Autriche et la Bohême. Mais les projets d'Ottokar, de Charles IV, de Ferdinand II et de Marie-Thérèse ont été tour à tour abandonnés. Une simple rigole, le canal de Schwarzenberg, sans grande utilité pratique, joint la haute Vlatva à la Mühl.

**4° Front S. E. de Bohême**. — *Les hauteurs de Moravie*, sur une étendue de 200 kil., commencent au seuil de Kaplitz et vont jusqu'à la trouée de l'Adler tranquille, où elles rejoignent les monts de Glatz. C'est à proprement parler une haute terrasse sans pentes rapides sur laquelle s'élèvent quelques coupoles granitiques et où la ligne de partage des eaux serpente en décrivant les détours les plus capricieux. La hauteur moyenne est d'environ 650 mètres. Le Tafelberg et le Viehberg (1110 m.), sont les points culminants au S. Le point le moins élevé est le seuil de la Morava à 293 mètres.

Grâce à la facilité du passage entre la Moravie et la Bohême la race slave domine sur ce plateau.

Du côté du S. O. se trouve une région fort accidentée sillonnée de profondes vallées et tombant brusquement au sud du Danube entre Grein et Dürrenstein. Le Peilstein (1060 m.) en face d'Ips en est le point dominant.

**Terrasses de Bohême**. — Entre ses courtines parallèles plus ou moins nivelées par les agents atmosphériques ou percées par les travaux d'art de l'homme, la Bohême s'abaisse successivement par des terrasses, qui sont les falaises d'anciennes mers desséchées tour à tour.

La première et la plus haute est au S. ; elle est formée de granit et de gneiss comme le Böhmerwald lui-même ; c'est le *Kubany*, terminé à l'E. par le Planskerwald ; sa hauteur moyenne est de 400 mètres avec quelques sommets comme la montagne de Schöning qui a 1080 mètres.

A son pied la plaine de Budejovice est parsemée d'étangs.

*La terrasse moyenne* appartient au grauwacke, ses vallées sont profondes, le Trzemszin s'élève à 822 mètres ; au delà du bassin de Pilsen (300 m.) s'élèvent à l'angle de la Beraunka et de la Vlatva les monts Brdi qui atteignent (675 m.).

Enfin *la terrasse du Kaiserwald et des monts de Tepl* entre l'Eger et la Berounka, et son prolongement entre l'Elbe et la Sazava sont formés de craie et de grès. Les sommets atteignent 650 mètres en moyenne ; les basses vallées d'où ils émergent sont de 150 à 220 mètres.

Tels sont les massifs, les chaînes et les principales vallées à l'est du Fichtelgebirge.

### III. Plateaux et massifs de l'ouest.

#### A. Au nord du Main.

Comparées aux crêtes granitiques de la Bohême, les hauteurs modestes dont nous allons nous occuper sont d'un bien faible relief. Ce sont plutôt des ondulations courant sur des hautes plaines que des chaînes de montagnes.

**Frankenwald.** — Du Fichtelgebirge se détache au N. O. le Frankenwald (forêt de Franconie) sur le prolongement de la forêt de Bohême. C'est un plateau de grauwacke, d'une hauteur moyenne de 650 mètres, s'inclinant assez doucement d'un côté sur la plaine de Saxe, de l'autre sur la plaine franconienne ; de là son ancienne importance stratégique (campagne de 1806). Le Weststein au N., haut de 829 mètres, est son principal sommet.

Le **Thüringerwald** s'étend du S. E. au N. E. des sources de la Rodach (Main) au confluent de la Nesse et de la Werra. C'est une muraille de granit et de porphyre entre la Thuringe et la Franconie, muraille percée d'ailleurs de nombreuses brèches près de la crête et couronnée par un chemin de ronde qui remonte à une haute antiquité, le Rennsteig, bien connu des touristes. Les pentes de cette chaîne sont très régulièrement sillonnées de vallées perpendiculaires à la direction principale ; mais tandis que les vallées du S. où domine le granit sont plus longues, celles du N. où le porphyre l'emporte sont âpres, rudes, et plus pittoresques. Les principaux sommets sont sur la crête elle-même. Le Kieserle a 868 mètres ; puis le Finsterberg (947 m.) ; le Schmücke (911 m.), pris d'assaut tous les ans par un nombre considérable de touristes. Le Grand Beerberg (984 m.) est la plus haute de ces montagnes, mais il est éclipsé par le Schneekoph, qui est plus isolé, plus élégant et ajoute à ses 978 mètres d'altitude absolue, les 21 mètres de sa tour de guet. Citons encore près de la Werra le fameux Inselberg : il élève à

914 mètres une coupole de porphyre d'un rouge brun assez nettement isolée et d'où la vue s'étend jusqu'au Harz, sur une des contrées les plus gracieuses de l'Allemagne.

Après l'Inselberg la montagne s'abaisse, les bois de sapins et d'arbres à aiguilles sont remplacées par les chênes et les hêtres; mais dans ces dernières ondulations du Thüringerwald deux points sont si célébrés en Allemagne qu'on ne peut les passer sous silence : c'est au N. E. d'Eisenach la longue croupe du Haselberg aux flancs troués par de nombreuses cavernes, séjour mystérieux de Vénus l'enchanteresse; et au N. O. de cette même ville, le dernier promontoire de la forêt de Thuringe, à 293 mètres, porte la Wartburg rajeunie où Walter de la Vogelweide a chanté devant sainte Élisabeth, dans la superbe « Salle des Chanteurs », et où Luther a écrit sa Bible dans l'humble chambrette de la cour d'entrée.

Sur la rive droite de la Werra, puis de la Weser courent diverses ondulations, le HAINICH, puis l'EICHSFELD, le SOLLING, le HUS à la crête aiguë, puis les MONTS DE LA WESER qu'entaille la percée de la porta Westphalica, et qui se perdent peu à peu dans la grande plaine du Nord.

Le **massif du Harz** se dresse brusquement au milieu de plaines peu ondulées, à quelque distance au N. E. de l'Eichsfeld auquel il est parallèle. La plaine qui le borde au S. E. est la fameuse prairie dorée (Goldene Au). Il est moins élevé que ne le font croire son isolement et les nuages qui cachent souvent ses sommets : long de 100 kilomètres, large de 50, il est d'une remarquable régularité géologique ; les couches sont disposées en feuillets parallèles suivant l'axe de la montagne, sauf quelques points où percent le granit et le porphyre. De nombreuses et profondes vallées, des cirques entourés de bois et remplis de prairies tourbeuses, des plateaux où parfois le jeu du soleil et des brouillards fait briller des spectres solaires ou donne l'impression du mirage, enfin la vie des mines ont rendu le Harz célèbre en Allemagne.

Dans la partie N. E., qui s'appelle le haut Harz, s'élève le mont Brocken (Bructerus), dont la hauteur est de 1141 mètres. Il est parsemé de blocs de granit auxquels on a imposé des noms fantastiques ; comme la cime est chauve de toute végétation, l'horizon est très étendu lorsque le temps est clair, mais la limpidité atmosphérique qui est nécessaire, dit-on, pour qu'on voie du Brocken, Erfurth et Magdebourg, la forêt de Thuringe et les monts Métalliques, est malheureusement d'une rareté extrême.

**La Rhön.** — Entre la Werra et la Fulda nous trouvons le massif de la Rhön, « trop romantique pour être heureuse », disent les Allemands, faciles à l'enthousiasme pour tout ce qui est allemand.

Ce massif se compose de couches épaisses de grès bigarré que surmontent des cônes et des dômes de basalte. Trois groupes se distinguent dans ce chaos de hauteurs : la Rhön du sud avec le Heilige Kreuzberg (montagne de Sainte-Croix); un calvaire y est érigé à l'altitude de 930 mètres. La Hohe Rhön, avec le Dammersfeld (925 m.), et la Grosse Wasserkuppe (950 m.). Ces sommets sont couverts de mousses et de tourbières. La Rhön antérieure ou Vorder Rhön présente un très grand nombre de coupoles basaltiques alignées sur deux rangs parallèles à l'axe de la montagne qui trace une ligne de cônes phonolitiques.

**Le Spessart.** — Au S. O. de la Rhön s'appuie le massif compact de la forêt des Éperviers, le rude Spessart, couvert de magnifiques futaies ; la vallée du Main décrit autour de ces montagnes les trois côtés d'un carré. L'armée de Jourdan a dû battre en retraite par ces âpres chemins. Elle souffrit beaucoup des embuscades des paysans.

**Le Vogelsgebirge.** — Séparé de la Rhön par la Fulda, du Spessart par la Kinzig, le Vogelsgebirge ou Vogelsberg est la masse basaltique la plus grosse de la terre. Sa régularité est géométrique. Le dôme du Taufstein (783 m.) est le point central et en même temps le plus élevé; tout autour rayonnent des plis de plus en plus profonds, qui s'écartent à tous les angles de la rose des vents et se creusent en vallées d'érosion. La base de grès de la montagne a été également déchiquetée sur tout son contour par les eaux de pluie, de sorte que le sommet semble paré d'une immense collerette. Le climat de ce pays est très rude; c'est la « Sibérie hessoise » : neuf mois d'hiver, trois de froid, trois ouragans par jour. De nombreuses sources d'eaux minérales jaillissent de la base de la montagne. Les débris du Vogelsgebirge entraînés par les affluents de la Nidda font la richesse de la Wetteravie, le verger de l'Allemagne.

**Le Taunus.** — Au delà de cette plaine, longeant d'un côté le Main, de l'autre la Lahn, et brusquement coupée par le Rhin, la longue chaîne du Taunus s'aligne du N. E. au S. O.; sa hauteur moyenne est de 550 mètres ; son point culminant ne dépasse pas 880 mètres (Feldberg), mais son promontoire extrême est le gracieux Niederwald, où mûrissent les grappes du Johannisberg et du Rudesheimer. Pour les malades, le Taunus verse, par ses quarante sources minérales, la plus riche variété de remèdes naturels qui existe en Allemagne.

**Le Westerwald.** — Entre la Lahn, la Sieg et le Rhin s'étend une île triangulaire ; c'est le plateau schisteux du Westerwald avec ses cônes isolés de basalte et de trachyte ; ses lacs suspendus, ses hauts cratères, ses froids déserts, plats et nus. La hauteur moyenne est de 450 mètres.

Un coin fait exception dans cette région désolée, c'est le massif des Siebengebirge ou des Sept-Montagnes, au bec même de la Sieg. Trois sommets bordent directement le large fleuve, le fameux Drachenfels (Rocher du Dragon) évoque les souvenirs des Niebelungen ; il n'a que 325 mètres ; mais si vives sont les arêtes de ses flancs qu'il a l'air plus élevé. Le Löwenburg (440 m.) et l'Oelberg (464 m.) sont plus éloignés du fleuve. Ce sont les carrières de trachyte de ces montagnes qui ont fourni les matériaux du dôme de Cologne et du Münster de Bonn.

**Le Sauerland.** — Entre le Rhin et la Weser s'étend au nord du Vogelsgebirge une région montagneuse et généralement pauvre, c'est le Sauerland. La partie la plus élevée porte le nom de *Rothhaargebirge*, dont le nœud se trouve au mont Ederkopf (729 m.). A l'O., les monts de la Lenne s'abaissent des deux côtés de la Ruhr, et forment le riche bassin houiller du Rhin de Barmen et d'Essen.

Enfin des collines insignifiantes, les *monts Egge*, le *Teutoburgerwald*, viennent se perdre peu à peu dans la grande plaine du nord. Les hauteurs de Minden se dirigent parallèlement au Teutoburgerwald jusqu'à la *Porta Westphalica* où elles se terminent.

B. Plateaux, massifs et chaînes au sud du Main.

Les hauteurs qui courent entre le Danube, le Main et le Rhin appartiennent à deux grands groupes : le Jura allemand et la Forêt Noire.

**Le Jura allemand** se divise en Jura Franconien et en Jura Souabe.

LE JURA FRANCONIEN OU FRANKEN JURA, entre le Fichtelgebirge et la Wörnitz. Sa direction générale est d'abord du N. au S., entre le Main et l'Altmühl, puis de l'E. à l'O. ; sa hauteur moyenne est de 120 mètres. Les vallées tournées du côté du Danube sont beaucoup plus courtes, ce qui donne de ce côté au massif l'aspect d'une chaîne, tandis qu'il se présente en forme de terrasse du côté de la Franconie. C'est la même disposition que pour le Jura français en plus petit. Le Hesselberg, avec 701 mètres, dépasse tous les autres sommets. Deux rangées de hauteurs à peu près parallèles au Jura franconien couvrent le pays entre la Rezat-Regnitz, le Main et la Tauber. Ce sont les *hauteurs de Franconie (Frankenhohe)*, d'où sort la Wörnitz, et le *Steigerwald* qui aboutit au Main en face du Hassberg.

Le Jura de Souabe ou Rauhe Alp, entre la Wörnitz et le Rhin. C'est le prolongement géologique du Jura suisse au delà du fleuve; mais là s'arrête la ressemblance. Le Jura souabe ne présente aucune de ces chaînes parallèles si caractéristiques en France et en Suisse. Il n'y a pour ainsi dire que la base; les plissements si réguliers produits à l'est de notre pays par le soulèvement des Alpes n'existent pas en Souabe.

Ces montagnes diffèrent des précédentes en ce que les pentes les plus rapides sont tournées du côté du Neckar au lieu de regarder le Danube. Neuf régions bien distinctes sont comprises sous la dénomination générale de Jura de Souabe. Il est bon de les étudier en détail, car c'est une des régions qu'ont le plus fréquemment traversées nos armées.

*Le Ries* forme la transition entre le Jura franconien et le Jura de Souabe. C'est une dépression arrosée par le fleuve de Donauwörth, la Wörnitz. Un chemin facile, suivi aujourd'hui par le chemin de fer, conduit dans la vallée de la Jagst (Neckar). La petite ville de Nordlingen, si grande dans l'histoire, occupe le centre de ce pays à l'altitude de 436 mètres. La Ries est très fertile.

*Le Härteld* domine cette heureuse contrée et, comme son nom l'indique, est loin de lui ressembler; c'est un rude plateau triangulaire de 697 mètres de hauteur à son sommet, entre la Jagst et la Kocher, et qui s'incline en éventail par une pente assez douce sur le Danube entre la Wörnitz d'une part, la Brenz de l'autre.

*L'Albuch* est plus fertile et très boisé, il s'étend à l'ouest de la trouée Kocher-Brenz, et est profondément découpé au N. O. par les sources de la Rems qui sortent du mont Stuifen (756 m.).

Alors commencent les *Rauhe Alpen* ou *Alpes Rudes* proprement dites; ce sont des plateaux calcaires, désolés par des vents violents d'une extrême aridité: les eaux de pluie sont bues par le calcaire, et ne reparaissent qu'à la base des terrasses. Il est vrai qu'alors elles jaillissent en sources puissantes, ou se réunissent en de grandes cavernes comme celles d'Urach et de Nebelhohe près de Pfullingen. Ces cours d'eau une fois constitués, arrosent sinueusement de charmantes vallées, dont la fertilité contraste vivement avec la laideur uniforme des plateaux voisins.

Les Alpes Rudes, du côté du nord ouest, sont précédées de cônes isolés de basalte ou de phonolithe, dont la plupart sont dominés par des burgs célèbres dans les légendes ou l'histoire de l'Allemagne. Presque tous sont en ruines, comme le berceau de la grande maison de Hohenstaufen (682 m.); quelques-uns ont été restaurés, comme le superbe burg de Hohenzollern (850 m.). C'est une des beautés du Jura allemand.

La partie la plus haute et la plus pittoresque du Jura de Souabe porte le nom de *Heuberg*. C'est un plateau profondément découpé sur ses bords, dirigé du N. au S. entre Rottweil et Tuttlingen, et que le Danube doit percer par de nombreux méandres. Le sommet le plus élevé, qu'on appelle l'Oberhohenberg, comme s'il avait fallu épuiser toutes les ressources de la langue allemande pour donner une idée de sa hauteur, atteint 1015 mètres; il est aussi surmonté de tours en ruines.

Le Schafberg (1006) et le Plattenberg (1001), d'où l'on découvre les Alpes, en sont séparés par de profondes et vives échancrures.

*La Baar* soude le Jura de Souabe à la Forêt Noire; c'est une contrée montagneuse sillonnée d'innombrables ruisseaux torrentiels, hérisée de collines couronnées de châteaux plus ou moins célèbres. Donaueschingen en occupe le centre.

Enfin, entre le Danube et le Rhin, deux rangées de collines formant avec le Rhin un triangle dont le sommet nord est occupé par le château de Fürstenberg, le côté ouest par les Hohe-Randen (922 m.) qui surplombent la vallée de la Wutach, et les collines du *Klettgau*; le côté N. E., par les collines du *Hegau* qui aboutissent au lac de Constance. A leur centre se dresse au N. de Schaffouse la superbe pyramide du Hohentwiel (642 m.), dominée par une forteresse wurtembergeoise, si vaillamment défendue pendant la guerre de Trente ans par le colonel Wiederhold, et détruite par Vandamme en 1800.

**La Forêt Noire.** — Sur la rive droite du Rhin, une chaîne de montagnes, longue de 200 kilomètres et large de 60 à 40, se dresse comme une muraille qui aurait pour glacis le grand-duché de Bade et pour fossé le grand fleuve. C'est le Schwarzwald, ou Forêt Noire, que les Romains appelaient Silva Marciana. Ce massif est parallèle aux Vosges, et a la même composition géologique; les sommets principaux sont massés au S.; les cols et défilés se font vis-à-vis : du côté du fleuve, des pentes rapides, des pics isolés; des terrasses de l'autre côté.

Une division est imposée à la fois par la nature du sol et le relief : au S., les sommets, les ballons de granite et de gneiss, la Haute Forêt Noire; au N., la Basse Forêt Noire, avec ses plateaux de grès bigarré. La vallée de la Kinzig sépare ces deux groupes.

La *Haute Forêt Noire* commence fièrement au-dessus de la plaine rhénane par un groupe d'une imposante beauté, le massif du Feldberg, qui s'élève à 1495 mètres. C'est comme le noyau, le centre de rayonnement du Schwarzwald méridional. Orienté du N. E. au S. O., il est sillonné de vallées profondes, couvert de magnifiques forêts de hêtres et de sapins, sous lesquelles brillent de nombreux lacs : le Feld et le Titi sont les plus grands. Au Feldberg se rattachent au N. O. l'Erzkasten (1287 m.), au S. O. le Blauen qui ne s'élève qu'à 1178 m., mais qui domine immédiatement la plaine rhénane ; de son sommet on découvre un magnifique horizon des Vosges aux Alpes. Au delà de la vallée de la Dreisam s'élève le groupe du Kandel (1245 m.) avec plusieurs sommets dont l'un, le Ross-Kopf, domine la ville de Fribourg en Brisgau. Vis-à-vis de ce groupe se dresse, isolé sur les bords du Rhin, le massif basaltique du Kaiserstuhl, qui couvre 100 kq. de ses 40 ou 50 coupoles.

Au nord de la Kinzig s'étendent les plateaux de la *Basse Forêt Noire*. Ils sont dominés par la masse imposante de la Hornisgrinde (1164 m.), à côté de laquelle se voit le Katzenkopf (1151) ou Tête de Chat ; le pittoresque Kniebis, que l'on voit de si loin, n'a pourtant que 972 mètres ; sur son voisin, le Seekopf, dort le lac Mummel « le sombre lac », que fuient les poissons et dont les eaux sont troublées par des grondements.

Au delà de la Murg les montagnes s'abaissent tout à coup et n'atteignent pas 600 mètres ; les géographes n'ont pas encore pu se mettre d'accord sur le nom à donner à cette contrée ondulée.

Au delà du Neckar, c'est autre chose ; le massif de l'*Odenwald*, véritable prolongement géologique de la Forêt Noire septentrionale, s'étend en un plateau tourmenté d'une hauteur moyenne de 4 à 500 mètres ; le sommet le plus connu est le Melibocus ou Melchen ; il n'a que 519 mètres, mais il est si bien situé qu'il ne perd pas un mètre de sa taille. La hauteur de Neunkirch, magnifique bloc de granit et de syénite, atteint 591 mètres.

Ces montagnes ont beaucoup perdu de leur importance militaire depuis qu'on a multiplié les routes et les chemins de fer à travers leurs vallées. Nous sommes loin du temps où les ingénieurs étaient obligés de pratiquer un chemin à travers le col d'Enfer pour faire traverser la Forêt Noire à l'archiduchesse Marie-Antoinette, dauphine de France. Aujourd'hui toutes les vallées hautes des affluents du Rhin sont remontées par des routes qui escaladent ensuite la ligne de faîte pour déboucher sur le plateau wurttembergeois. Une ligne de chemin de fer suit le pied même de la montagne dans tous les sens, la traverse de part en part entre les deux massifs, et lance des tronçons jusqu'aux petites villes situées à mi-côte. On peut donc tourner ou traverser facilement la Forêt Noire. Voici le tableau des principaux passages :

### Forêt Noire du Sud.

1. Chemin de fer de Bâle à Schaffouse, Donaueschingen, Longe le pied de la Forêt Noire par le sud et le sud-ouest.
2. Chemin de fer de Bâle à Zell (Wies). Route de Zell à Saint-Blaise, de là à Waldshut ou à Stuhlingen.
3. Route de Fribourg à Saint-Blaise, Stuhlingen.
4. Route de Fribourg par le val d'Enfer à Neustadt et Donaueschingen.
5. Route de Fribourg à Waldkirch, Simonswald, Tryberg.
6. Chemin de fer de Strasbourg, Offenburg, la Kinzig, Tryberg, Donaueschingen.

### Forêt Noire du Nord.

7. Route du Kniebis : Chemin de fer de la Rench jusqu'à Oppenau. Défilé du Kniebis, Freudenstadt.
8. Route de la vallée de Kappel (Sassbach, monument de Turenne, 27 juillet 1875). Murg-Rouge-Freudenstadt.
9. Route de la Murg. Rasttat-Gernsbach (ch. de fer). Freudenstadt.
10. Chemin de fer de Carlsruhe-Pforzheim-Rottweil-Donaueschingen.

# CHAPITRE VI

### PRINCIPALES LIGNES DE CHEMINS DE FER.

**Longueur des chemins de fer de l'Europe.** — C'est en 1829 seulement que fut inauguré entre Liverpool et Manchester le premier chemin de fer destiné au transport des voyageurs. En cinquante ans, de 1829 à 1879, on a construit 164 000 kilomètres de voies ferrées en Europe, près de 350 000 dans le monde entier.

Nous ne pouvons entreprendre d'énumérer en détail tous les railways du vieux continent ; il suffit d'indiquer les grandes lignes, et pour cela de nous guider sur l'étude même du relief général de l'Europe [1].

Les grands traits de la géographie physique en effet, et particulièrement la forme des principaux massifs de montagnes, ont tracé d'avance aux chemins de fer la direction qu'ils devaient suivre. On a commencé par longer et tourner les montagnes avant de son-

---

[1]. Les candidats à l'École militaire de Saint-Cyr savent que, sur trois questions de géographie qui leur sont posées, il y a toujours une question de chemins de fer. Ils doivent s'y préparer de longue main. Le meilleur moyen pratique nous semble le suivant : se procurer un Livret-Chaix continental (*Guide officiel des voyageurs sur tous les chemins de fer de l'Europe*) ou un Livret-Bradshaw. Ils y trouveront une carte, tenue à jour tous les mois, des chemins de fer de l'Europe, et pourront s'en servir pour étudier peu à peu les grandes lignes, examiner les rapports entre les voies ferrées et les voies ou les obstacles naturels, rivières et montagnes. On emploie dans les écoles primaires, pour donner aux enfants le goût et les premiers éléments de la géographie, une méthode qui est encore ce qu'il y a de mieux, c'est d'imaginer des voyages et de faire chercher quel est le chemin le plus droit d'une ville à une autre. Les candidats soucieux d'une bonne préparation peuvent sans scrupule se tracer eux-mêmes des itinéraires, préparer des voyages circulaires du genre de ceux dont les compagnies de chemin de fer affichent pendant l'été l'alléchant programme. Leur imagination aidera leur mémoire. Ils peuvent aussi d'avance se familiariser avec les problèmes qui sont posés et résolus dans les hautes écoles de guerre. Par exemple, prendre l'hypothèse d'une guerre entre deux États, chercher par quelles lignes les différents corps d'armée se porteront à la frontière, recevront leurs renforts, évacueront leurs blessés, etc. Bref, pratiquer le plus possible la carte. Ce n'est que par un commerce pour ainsi dire journalier qu'on peut apprendre et retenir d'aussi nombreux détails.

ger à les percer. De plus, les différents Etats de l'Europe ont créé leurs réseaux particuliers avant de songer à ouvrir de grandes lignes de trafic international.

Aujourd'hui les leçons de la guerre de Crimée et de la guerre franco-allemande ont démontré l'impérieuse nécessité pour chaque État d'avoir de nombreuses lignes convergeant vers les frontières et pouvant servir à la mobilisation, à la concentration et au transport des troupes et du matériel; enfin la concurrence commerciale devenant plus vive que jamais, de grands travaux sont entrepris pour détourner le trafic d'un pays dans un autre, en diminuant les distances qui séparent les capitales.

Voici d'abord quelques données statistiques sur la longueur des chemins de fer exploités dans les différents États de l'Europe :

| PAYS. | KILOMÈTRES EXPLOITÉS | |
|---|---|---|
| | total. | par 10 000 kq. |
| Belgique............ | 4.112 | 1597 |
| Luxembourg........ | 514 | 1257 |
| Grande-Bretagne... | 28.879 | 911 |
| Suisse ............ | 2.637 | 657 |
| Allemagne......... | 34.171 | 632 |
| Pays-Bas........... | 1.950 | 585 |
| France ............ | 27.000 | 495 |
| Danemark.. ...... | 1.576 | 411 |
| Autriche-Hongrie.... | 18.491 | 296 |
| Italie.............. | 8.289 | 279 |
| Portugal........... | 1.249 | 159 |
| Suède ............. | 5.874 | 135 |
| Espagne........... | 6.199 | 124 |
| Roumanie ......... | 1.426 | 110 |
| Turquie .......... | 1.452 | 54 |
| Russie............. | 22.644 | 45 |
| Norvège .......... | 1.222 | 39 |
| Bulgarie (80)...... | 224 | 35 |
| Finlande........... | 875 | 25 |
| Grèce ............. | 12 | 1,8 |

**Rapports des Réseaux européens.** — Ces divers réseaux sont presque tous soudés les uns aux autres : seules la Suède-Norvège, la Turquie, la Bulgarie et la Grèce sont isolées sur le continent. On sait qu'il est question de rattacher l'Angleterre à la France par un tunnel sous-marin.

Le régime auquel sont soumis les chemins de fer varie singulièrement selon les pays. Tantôt c'est l'Etat qui construit et exploite les voies ferrées, tantôt ce sont des Compagnies dont les unes jouissent du monopole, les autres sont soumises à la concurrence ; mais ces questions sont plutôt du ressort de l'Économie politique que de la Géographie militaire ; d'autant plus que partout, en cas de guerre, l'État, par voie de réquisition, a le droit d'accaparer les transports.

Les deux points extrêmes de l'Europe qui soient réunis par des voies ferrées sont Cadix et Orenbourg. Ces deux villes sont situées à 6582 kil. l'une de l'autre. Un voyageur qui partirait de Cadix à 6 heures du matin le 1ᵉʳ mai, par exemple, et qui ne manquerait aucun des trains qui se correspondent plus ou moins exactement, arriverait à Orenbourg, dans l'état actuel des choses, le 11 mai à 10 h. 50 du matin.

Paris est relié à toutes les capitales de l'Europe par un grand nombre de lignes de communication rapide : railways ou paquebots.

Voici la distance en kilomètres et le temps moyen que mettent les trains express pour s'y rendre.

DISTANCES ENTRE PARIS ET LES CAPITALES D'EUROPE.

| CAPITALES. | VIA. | KIL. | DURÉE. |
|---|---|---|---|
| 1. Bruxelles | Maubeuge. | 310 | 6 h. 40 |
| 2. Londres | Calais, Douvres. | | 9 h. 55 |
| 3. Berne | Pontarlier, Neufchâtel, Bienne. | 674 | 14 h. 45 |
| 4. La Haye | Bruxelles, Rotterdam, Amsterdam, Delft. | 602 | 13 h. 10 |
| 5. Berlin | Liège, Verviers, Cologne, Hanovre, Stendal. | 2070 | 23 h. 45 |
| 6. Copenhague | Hambourg, Kiel, Corsoer. | 1268 | 38 h. 40 |
| 7. Vienne | Avricourt, Strasbourg, Carlsruhe. | 1364 | 35 h. 45 |
| 8. Madrid | Bordeaux, Irun, Burgos. | 1462 | 56 h. 50 |
| 9. Rome | Modane, Turin, Alexandrie, Gênes. | 1468 | 41 h. 15 |
| 10. Stockholm | Copenhague, Malmoe, Falköpling. | 1925 | 60 h. 50 |
| 11. Lisbonne | Madrid, Ciudad-Real, Badajos. | 2250 | 66 h. |
| 12. Bucarest | Vienne, Pest, Orsova. | 2519 | 63 h. |
| 13. Saint-Pétersbourg | Berlin, Küstrin, Dirschau, Königsberg, Eydtkuhnen, Vilna, Dünaburg. | 2715 | 69 h. |
| 14. Constantinople | Bucarest, Routschouk, Varna (Lloyd). | 2957 | 105 h. |

C'est naturellement dans la grande plaine du N. de l'Europe que se trouvent les mailles les plus serrées du réseau européen. Les difficultés de construction à vaincre sont beaucoup moins grandes, la population généralement plus dense, l'industrie plus avancée.

Si l'on jette les yeux sur une carte générale des chemins de fer de l'Europe, on voit en effet que c'est au nord des Cévennes, des Alpes et des Carpathes que se rencontrent les régions les plus sillonnées de voies ferrées.

Les principaux groupes sont de l'Ouest à l'Est :

1° Groupe Français du Nord. — A peu près délimité par les lignes Rennes, Le Mans, Chartres, Orléans, Troyes, Vesoul, Belfort. La partie du territoire français située au Sud de cette ligne est beaucoup plus pauvre en chemins de fer, sauf aux environs de Lyon.

Le centre de ce système est naturellement Paris, où convergent tous les chemins français. Nous reviendrons en détail sur cette organisation.

2° Groupe Belge. — Le plus compact de l'Europe surtout dans la zone de Sambre et Meuse. Les nœuds principaux sont Bruxelles (8 lignes y convergent), Anvers (5), Gand (8), Mons (8), Charleroy (11), Liège (8).

3° Groupe Anglais. — Le plus puissant de tous par son organisation, la vitesse des trains, l'énormité du trafic. Londres avec son Metropolitan railway, qui traverse la ville tantôt au-dessous, tantôt au-dessus des principales rues, avec ses immenses gares « terminus », qui sont de véritables palais, ses ponts sur la Tamise et ses lignes qui rayonnent et s'entrecroisent dans toutes les directions, Londres est de beaucoup le nœud principal du pays. Mais le second rang est disputé par un grand nombre de villes remarquables. Le district de Birmingham, celui de Manchester ; les environs de Bradford, de Newcastle, de Glasgow sont littéralement couverts de railways. Sur la côte méridionale du pays de Galles, ce bloc de fer et de charbon, chaque vallée qui descend à la mer a une ou même deux lignes de chemin de fer avec double voie.

4° Groupe Suisse. — Toute une partie de la Suisse est couverte par des montagnes si abruptes et si épaisses que les chemins de fer jusqu'aujourd'hui se sont contentés de remonter les vallées le plus possible. Mais le nord du pays, la région qui s'étend au pied des Alpes antérieures, ne présentant pas des difficultés aussi grandes, on a concentré toutes les forces et toutes les ressources disponibles dans la construction du réseau de la plaine suisse. On remarquera que les chemins de fer, comme les lacs de la Suisse, ont deux directions, comme deux axes dominants : l'un du S. O. au N. E. (c'est le Jura qui détermine cette direction); l'autre du S. E. au N. O. (lacs alpestres et Rhin). Les deux axes se croisent au point où l'Aar rencontre le Jura, depuis Olten jusqu'à Waldshut. Le nœud capital, à l'Est, est Winterthur; ensuite vient Zürich à l'Ouest; les principaux centres sont Neufchâtel, Berne, Soleure et

Bâle; — au point d'intersection, Olten, Aarau, Brugg. — L'achèvement de la ligne du Saint-Gothard donnera une importance énorme à Lucerne. qui aujourd'hui n'occupe dans le réseau suisse qu'une place secondaire.

5° Groupe Rhénan. — La vallée du Rhin en Allemagne forme, comme nous le verrons plus tard, un tout géographique fort distinct du reste de l'Allemagne. La population est plus dense que dans le reste de l'Europe, sauf en Saxe; les deux rives du Rhin sont suivies par des voies ferrées que dix-huit ponts permanents mettent en communication; c'est comme l'épine dorsale de tout le système : à droite et à gauche viennent s'y appuyer d'autres groupes. Le bas Palatinat par exemple, sur les deux rives du Rhin; la Hesse-Darmstadt et Francfort peuvent rivaliser avec la Belgique; mais une activité incomparable, un entrecroisement de lignes peut-être unique au monde marque comme la tête du réseau de chemins de Cologne à Ruhrort, et de Kempten à Hamm en Westphalie. Ce n'est qu'une immense ville industrielle dont les voies ferrées sont les rues.

6° Groupe Saxon. — Ce réseau couvre de ses mailles entortillées toute la région entre l'Erzgebirge, le Thüringerwald, le Harz et l'Elbe. Les nœuds essentiels sont Zwickau, Chemnitz, Dresde, au sud, Riesa, Wittenberg à l'E., Magdebourg au N., Halle à l'O. Au centre est la ville stratégique par excellence, le vrai cœur de l'Allemagne, la capitale de la librairie, Leipzig enfin.

Il n'y a pas de groupe prussien. Onze grandes lignes partent, il est vrai, de Berlin dans toutes les directions, mais le pays est tellement pauvre autour de la Weltstadt que c'est seulement à un rayon très-éloigné de la ville qu'elles sont mises en jonction par des voies de grande ceinture. Il faut aller jusqu'à l'Elbe et à l'Oder pour trouver d'autres lignes transversales. Une partie de nos milliards a été dépensée par la Prusse pour redresser et raccourcir autant que possible le tracé des chemins antérieurement existants. Les considérations stratégiques ont primé toutes les autres dans l'organisation du réseau allemand.

7° Groupe de la Haute Silésie. — Ce groupe forme une sorte de triangle dont Oppeln, Oderberg et Ospilczim, sur la Vistule, occupent les sommets. C'est surtout dans la région S. E. qu'est remarquable la grande quantité de chemins de fer.

8° Groupe de Bohême. — Les chemins de fer de Bohême sont surtout développés dans la partie du N. Le centre en est naturellement Prague, mais Egra (Cheb) et Pilsen sont des centres de premier ordre, Komotau, Dux, et Aussig et Tetschen ont assez d'importance. Le quadrilatère de Bohême est dessiné par des lignes

parallèles aux montagnes sur trois de ses fronts (Riesen, Erzgebirge, Sumava); le quatrième front, qui n'est pas du reste défendu par des montagnes aussi puissantes que les trois autres, n'est pas côtoyé par une voie ferrée; en revanche, il est traversé par quatre chemins de fer qui convergent à Vienne, ce sont les chemins de :
 1° Pilsen, Budejovice, Enns, Vienne ;
 2° Prague, Gmünd, Siegmundsherberg, Vienne ;
 3° Neu-Kolin, Iglau, Znaïm, Vienne ;
 4° Pardubitz, Brünn, Vienne.
Nous arrivons ainsi au groupe autrichien.

9° Groupe Autrichien. — C'est le moins dense des grands réseaux de l'Europe; il est en effet très difficile de traverser le Danube, et les contreforts des Alpes qui arrivent jusqu'au fleuve ajoutent de nouveaux obstacles à ceux qui résultent de l'impétuosité du fleuve. Néanmoins, huit railways convergent à la capitale de l'Autriche et les voies transversales sont beaucoup plus rapprochées de Vienne qu'elles ne le sont de Berlin; mais le réseau autrichien n'est pas, à beaucoup près, au point de vue militaire, aussi bien organisé que le réseau allemand. L'Allemagne a près de deux fois plus de chemins de fer que l'Autriche-Hongrie, et dans la monarchie transleithane, les chemins de fer ont plus de développement que les routes elles-mêmes; phénomène économique unique en Europe.

Au sud des Alpes, il n'y a qu'un pays qui puisse être comparé pour la richesse de ses voies ferrées avec les dix groupes de l'Europe du Nord, c'est la plaine du Pô et en particulier la Lombardie. Milan, centre des chemins de l'Italie continentale, se trouve, depuis l'achèvement du tunnel du Saint-Gothard, sur le trajet direct entre Brindisi et Londres. Après Milan, les villes les mieux situées au point de vue des communications sont Pavie, centre stratégique de premier ordre; Novare, une des clefs de la péninsule; Turin, passage obligé de Paris en Italie; Alexandrie, qui n'a pas déchu depuis le moyen âge. L'Apennin isole forcément des relations par chemin de fer toute la partie médiane de la péninsule. Il est traversé sur quatre points seulement par les locomotives. Il est vrai que l'Italie possède sur la France cette supériorité d'avoir construit des voies ferrées dans ses îles de Sardaigne et de Sicile, tandis que nous n'en avons pas en Corse.

**Grandes lignes internationales.** — Le plus court chemin d'un point à un autre, en voyage comme à la guerre, n'est pas toujours la ligne droite. Il s'établit en effet sur les voies ferrées, soit spontanément par l'appel du commerce, soit par suite de l'organisation, soit par toute autre cause, des courants, plus ou moins puissants, qu'on est obligé de suivre quand on veut parcourir rapidement de grandes distances. Ainsi, supposons qu'un voyageur ait à se rendre de Troyes à Cologne. Le chemin le plus direct est de gagner Châlons, puis Metz, Trèves et Cologne : on trouve pour le trajet 606 kilomètres, mais on mettra au moins 18 heures et plus probablement 25, outre l'agrément douteux des changements de train. Au contraire, en passant par Paris, on a, il est vrai, à parcourir 654 kilomètres, mais la durée du trajet sera de 16 heures 50 minutes.

On pourrait prendre d'autres exemples plus frappants, en France aussi bien que dans les pays étrangers. L'importance des lignes et par suite l'abondance des trains et la facilité des communications dépendent d'une foule de considérations : fertilité des pays traversés, population et richesse des villes desservies, construction de la voie (simple ou double). De sorte que si c'est la géographie physique qui explique la direction des chemins de fer, c'est la géographie économique qui donne les raisons de l'importance du trafic.

Quoi qu'il en soit, l'existence des grandes lignes internationales est un phénomène géographique de premier ordre. Énumérons les plus importantes de ces lignes en observant leurs rapports avec la géographie physique.

La grande plaine du nord de l'Europe est traversée dans le sens de sa longueur par plusieurs lignes parallèles. La première et la plus importante est la *ligne de Paris à Saint-Pétersbourg* ; elle gagne l'Oise à Creil, la remonte jusqu'à Tergnier, touche la Somme à Saint-Quentin, descend la Sambre (grands charbonnages et villes industrielles du district de Charleroy), traverse la Meuse à Liège, remonte la Vesdre jusqu'à Verviers, franchit la Roer à Düren, passe sous la montagne de la Ville et débouche à Cologne.

La ligne traverse le Rhin, le descend (rive dr.) jusqu'à Dusseldorf, puis passe à Duisbourg sur la Ruhr, à Hamm sur la Lippe, à Rheda sur l'Ems, traverse la Weser, passe près de Minden, franchit la Leine (Hanovre), l'Ocker, l'Aller (Obisfelde), à Hämerten, pont sur l'Elbe ; à Rathenow, à Spandau, ponts sur la Havel ; après quoi la ligne arrive à Berlin. Elle traverse la ville de l'intelligence, trouve à Küstrin un pont sur l'Oder, remonte la Warthe, la Netze ; gagne presque tout droit à travers un pays coupé de ruisseaux, de lacs, de marais, de forêts fangeuses, le pont fortifié de Dirschau sur la Vistule, celui de Marienburg sur la Nogat, de Braunsberg sur la Passarge, de Königsberg sur le Pregel, de Wehlau sur l'Alle, et de Kovno sur le Niemen. Après Vilna, on traverse la Vilija, avant Dünaburg, la Düna ; la contrée devient de plus en plus marécageuse jusqu'à Saint-Pétersbourg.

6.

Il est à remarquer que les chemins de fer russes n'ont pas le même écartement de rails que les chemins de fer des autres nations. Il en est ainsi pour les chemins de fer Espagnols.

2° *Paris, Metz, Coblentz, Cassel et Magdebourg.* Cette ligne n'existe que depuis la construction du chemin direct entre Berlin et Metz, qui a remonté la difficile vallée de la Moselle, de Trèves à Coblentz; c'est une voie d'une importance stratégique de premier ordre.

3° *Paris*, Châlons, Nancy, Ludwigshafen, Mannheim, Francfort, Bebra, Gotha, *Leipzig*.

Enfin, la quatrième voie est la *ligne de rocade des monts Métalliques et du Jura allemand*, Stuttgard, Nuremberg, Hoff, Chemnitz, Dresde, Görlitz, Breslau, Cracovie.

Parmi les grandes lignes internationales qui mettent en relation le nord et le midi de l'Europe, nous avons en premier ordre le trajet de *Londres à Brindisi*, par Calais, Paris, Modane, Turin, Bologne, Brindisi, qui emporte la malle des Indes.

La *grande ligne rhénane* qui passe par le Saint-Gothard : Amsterdam, Cologne, Bâle, Lucerne, Goschenen, Airolo, Lugano et Milan.

La *voie du Brenner*, de Munich à Vérone, qui est croisée à Munich par la ligne Paris, Stuttgard, Vienne, Bucarest, et à son autre extrémité Vérone par la ligne Vienne, Milan, Turin.

Enfin au col d'Adelsberg se glisse la voie de *Bucarest, Pest, Laibach, Trieste*, qui a une énorme importance comme mettant le Danube en communication avec l'Adriatique.

Nous arrêterons ici cette étude générale des chemins de fer de l'Europe ; en étudiant les fleuves de l'Europe centrale et la géographie particulière des différents États, nous aurons l'occasion de revenir en détail sur les lignes de chemins de fer qui se distinguent par quelque caractère particulier.

# LIVRE II

## FRANCE

---

### CHAPITRE PREMIER

SITUATION GÉOGRAPHIQUE. — LONGITUDE ET LATITUDE EXTRÊMES.
LIMITES.

La France n'occupe guère que la millième partie du globe terrestre, la deux cent cinquantième du sol émergé. Sa superficie est de 518 830 kq. et avec la Corse de 527 577. Mais par l'heureuse situation qu'elle occupe, par l'harmonie de ses formes, la disposition de ses montagnes et de ses cours d'eau, la douceur de son climat, notre pays jouit d'avantages précieux qui ont puissamment contribué, joints au génie de notre race, à lui donner une place privilégiée parmi les autres régions du globe.

C'est le point de jonction naturel entre les terres que baigne la Méditerranée et celles qu'arrose l'Océan, il touche à la fois à l'Europe du Sud et à l'Europe du Nord. Il est admirablement placé pour servir de rendez-vous aux peuples et de foyer intellectuel.

La région gauloise ou française a des limites naturelles que nos ancêtres ont possédées et que nos grands hommes d'État n'ont cessé de revendiquer. La monarchie a fait des tentatives souvent heureuses, parfois funestes pour s'en approcher. La République les a conquises, l'Empire les a perdues. Ces limites sont le Rhin, le Jura, les Alpes, la Méditerranée, les Pyrénées, l'Océan et la Manche.

Mutilée aujourd'hui par les traités de 1814, de 1815 et de 1871, la France se distingue néanmoins entre toutes les autres contrées de l'Europe par la symétrie de sa forme. Ses contours représentent un grand octogone rentrant, dont les côtés s'opposent deux à deux, les frontières maritimes formant équilibre aux frontières terrestres et ayant les premières 1600, les autres 1585 kil. en ligne droite.

La diagonale du N. E. au S. E. a 1080 kilomètres.

Le méridien qui sert d'axe a 960 kilomètres.

Placé au milieu même de la zone tempérée, puisque le 45° degré de latitude le traverse, notre pays est orienté par rapport aux pôles et à l'équateur. Enfin, il est séparé par de hautes montagnes des peuples de même origine avec lesquels notre nationalité eût pu se confondre ; il est ouvert aux peuples de race distincte par la grande trouée du N. E., ce qui a développé de tout temps son esprit militaire ; la mer qui le baigne sur quatre de ses faces ouvre des routes au commerce et adoucit son climat.

Les limites actuelles sont : au N., la mer du Nord, le Pas de Calais et la Manche qui nous séparent de l'Angleterre ; à l'O., l'océan Atlantique ; au S., les Pyrénées qui nous séparent de l'Espagne et la Méditerranée occidentale que nous tenons par la Corse et l'Algérie ; à l'E., le cours de la Roya, les Alpes, depuis le col de Tende jusqu'au Mont-Blanc, la Suisse, l'Allemagne et la Belgique.

Elle s'étend entre 42°50′ et 51°5′ lat. N., et 7°11′ long. O. et 5°10′ long. E.

# CHAPITRE II

### GÉOGRAPHIE PHYSIQUE DE LA FRANCE
### MERS, COTES, ILES.

Plus de la moitié des frontières de France est baignée par la mer.

La formation de ces côtes est très favorable, car elles ont en ligne droite environ 1600 kilomètres, mais en réalité, si l'on néglige les indentations si nombreuses moindres de 5 kilomètres, elles atteignent une longueur de 3140 kilomètres. Néanmoins, une grande étendue de ce littoral ne peut servir à la navigation. Nous en trouverons les raisons dans l'étude détaillée des diverses parties.

On peut diviser le littoral français et les mers qui le baignent en trois grandes sections :

I. — Front du Nord-Ouest : de Dunkerque à la pointe Saint-Matthieu, comprenant les rivages de la mer du Nord, du Pas de Calais et de la Manche (880 kil.).

II. — Front de l'Ouest : de la pointe Saint-Matthieu à l'embouchure de la Bidassoa, comprenant les côtes de l'Atlantique (1640 kil.).

Se subdivise en deux :

A. Front de l'Ouest, jusqu'à la Gironde.
B. Front du Sud-Ouest, jusqu'à la Bidassoa.

III. — Front du Sud-Est : du cap Creux à l'embouchure de la Roya, comprenant les rivages de la Méditerranée (620 kil.).

### I. Front maritime du nord-ouest.

Longueur en ligne droite, 880 kilomètres ; développement, les anses de moins de 5 kilomètres négligées : 1120 kilomètres. Il se subdivise en plusieurs portions d'étendue inégale :

1° De la frontière belge à la pointe du cap Griz-Nez. — Côte de Flandre.

2° Du cap Gris-Nez à la pointe de la Hague. — Côte de Picardie et de Normandie.

3° De la pointe de la Hague à la pointe Saint-Matthieu. — Côte de Normandie et de Bretagne.

**1° De la frontière belge au cap Griz-Nez.** — Cette côte est baignée par la mer du Nord et le Pas de Calais. La mer y est très peu profonde entre Dunkerque et Broadstairs, la plus grande profondeur est de 53 mètres ; les eaux sortant du Pas de Calais déposent en éventail les matières qu'elles tiennent en suspension, et i se forme ainsi des bancs de sable mouvant dont quelques-uns sont à peine à 1 mètre au-dessous du niveau de la mer. Tel est, par exemple, le Breedt-Bank ; l'écueil de Sandettie, à mi-chemin entre les deux côtes, n'a guère que 6 mètres de profondeur.

Le long du littoral, l'eau est plus profonde. Ainsi, devant Dunkerque et Gravelines et même Mardick sont des fossés qui descendent jusqu'à 20 mètres, mais pour arriver à cette profondeur i faut serpenter à travers des passes dangereuses qu'indiquent de bouées de couleurs différentes et des feux flottants sans lesquel les pilotes les plus habiles ne sauraient reconnaître leur route. L rade et le port de Dunkerque sont ainsi une conquête de l'homm sur la mer. Il en est de même pour le littoral. Il y a trois siècles cet angle de la France n'offrait aux regards que des marécages appelés *moëres* dans le pays. Les eaux pluviales, celles des petite rivières du littoral, et enfin les infiltrations de la mer ou les flot pénétrant aux hautes marées d'équinoxe dans l'intérieur du pays toute cette humidité surabondante rencontrait l'obstacle des dune que le vent amenait du large ; des marais d'eau croupissante s formaient. Comme en Hollande, le travail opiniâtre des population riveraines a contenu la mer par des levées, desséché le sol par de canaux et fait servir les eaux au transport des marchandises ou l'exploitation des champs. Le reste, amené dans les ports, a servi remplir les écluses de chasse.

*Le Pas de Calais proprement dit*, c'est-à-dire cet étroit canal qu baigne nos côtes depuis Calais jusqu'au cap Griz-Nez, est plus pro fond. La raison en est facile à comprendre, 31 kilomètres seulemen séparent le port de Calais des falaises de Douvres. Par cet étroi goulot doit passer le flot venant de la Manche et de l'Atlantique, c dont la vitesse est presque toujours augmentée par le vent d l'ouest, dominant en ces parages ; cela donne un courant qui ra mone le fond de la mer. La profondeur est de 65 et de 50 mètres Cependant, à l'ouest du Pas proprement dit, se trouvent les banc allongés du Varne et du Colbart, qui rappellent par leur dispositio les écueils que nous avons décrits entre Dunkerque et Sandwich.

C'est de Calais au cap Griz-Nez que la côte de France est le plu rapprochée de l'Angleterre. Le trafic de voyageurs et de marchan dises qui passe par ce bras de mer est tellement considérable qu'on a songé à creuser un tunnel d'une rive à l'autre. En 1858 un ingénieur français, M. Thomé de Gamond, proposa le premie plan raisonné de cette grande entreprise. Il montra que la couche superficielle de la terre était un lit de craie blanche ou craie supérieure, sous laquelle s'étendait à une faible distance la craie grise ou inférieure. La craie blanche étant perméable à l'eau, il sera nécessaire pour le succès de l'opération de creuser le tunnel à travers la seconde couche. Deux rampes donneraient accès à ce souterrain, qui serait certainement le plus fréquenté des chemins du monde.

On sait quelle émotion a soulevé récemment en Angleterre la question de ce tunnel.

2° **Du cap Griz-Nez à la pointe de la Hague.** — Cette côte forme un immense arc concave, dont le fond est occupé par l'embouchure de la Seine et les deux extrémités par la pointe de Picardie et la presqu'île du Cotentin.

*Du cap Griz-Nez à l'embouchure de la Somme*, la côte suit la direction générale du N. au S. Elle est droite. Les hauteurs qui viennent tomber dans la mer forment un massif composé de roches crétacées et jurassiques qui correspondent symétriquement aux couches géologiques situées de l'autre côté de la mer. Les rivières telles que la Liane, la Canche, l'Authie et la Somme s'y creusent des lits rectilignes, qu'on croirait l'œuvre de l'homme. Ces cours d'eau, jadis beaucoup plus importants, ont laissé d'énormes quantités de tourbes qui représentent plus de la moitié de la production française. C'est là qu'ont été découverts, en 1838, les silex taillés et en 1863 la mâchoire humaine, qui ont mis sur la voie de l'anthropologie préhistorique.

La mer apporte sur cette partie du littoral d'immenses amas de sables et de galets arrachés aux côtes de Normandie; les ports s'ensablent ainsi peu à peu. Montreuil-sur-Mer est à 9 kilomètres du point où la Canche perd son nom.

Le Crotoy, au N. de l'estuaire de la Somme, est absolument délaissé depuis que les ingénieurs, régularisant le cours du fleuve, ont voulu le contraindre à porter toute la force de son cours devant Abbeville; mais telle est l'abondance des boues déposées par la mer, que cette ville ne peut plus recevoir les navires que dix ou douze jours par mois.

Il y a deux siècles, tout l'espace compris entre les collines d'Artois et la Somme était un marais : les paysans, imitant ceux du Nord, ont transformé ces marécages en terres fertiles et arrêté la mer. La Marquenterre est desséchée et produit de riches moissons.

Un peu après l'embouchure de la Somme, à partir du village d'Ault, le littoral présente un tout autre caractère; le *Vimeux* et le *Pays de Caux* opposent à l'Océan un rempart de hautes falaises de forme convexe, composées de craie coupée de silex et percées par les rivières qui s'y sont creusé des lits suivant des directions parallèles, qu'on appelle valleuses; ces rivières sont la Bresle (le Tréport), l'Yères, l'Arques (Dieppe), la Saane.

L'Océan ronge les falaises de la manière suivante : le courant maritime, qui passe de l'ouest à l'est dans la Manche, dissout la craie des roches : les silex sont alors isolés et la masse des falaises surplombant, s'écroule dans le vide. La côte recule en moyenne d'un pied par an. La craie dissoute se dépose en bancs de vase sur le fond de la mer et contribue ainsi au peu de profondeur de la Manche; les galets coulés par le flot sapent ce qui reste des falaises ou sont entraînés plus à l'est et encombrent les débouchés des rivières. — Le cap d'Antifer, au S. d'Etretat, est le plus exposé, parce que c'est sur cette pointe que se porte toute la force du courant; aussi perd-il près de 5000 mètres cubes de silex par an.

Le courant, coupé par ce promontoire, est divisé en deux; le flot principal suit la côte dans la direction de l'est à l'ouest; le flot secondaire, au contraire, se dirige du côté du sud, et doublant le cap de la Hève, arrive à l'embouchure de la Seine : le Havre, qui se trouve à ce point, y trouve un danger et un avantage. Le danger, c'est que les galets et le sable que charrie le courant menacent son port; les ingénieurs y ont pourvu en partie en construisant à la base des falaises, sur la côte de la Hève, des épis en enrochement. Les galets sont arrêtés, et c'est un bien; l'eau passe, et c'est un bien encore : ce supplément de vagues arrive aux quais du Havre au moment où la marée directe commence à descendre; il maintient le niveau, et, quand sa force s'épuise, arrive une autre vague qui vient de la pointe de Barfleur. Le maximum de hauteur, qui ne serait que de onze minutes, est ainsi de trois heures.

*L'estuaire de la Seine* met fin aux falaises. Il est large de 12 kilomètres du Havre à Trouville, mais cette étendue est loin de représenter des espaces utiles à la navigation. Deux bancs, découverts à marée basse, le banc d'Amfard et le banc du Ratier, se présentent à l'entrée du fleuve; au-dessus de Quillebœuf le lit se rétrécit, l'eau de la mer qui s'est engouffrée dans cet entonnoir rencontrant alors le flot de la Seine, se dresse en une vague haute parfois de trois mètres et suivie d'autres, on la nomme la barre. On a combattu heureusement cet obstacle en creusant le lit du fleuve. La marée se fait sentir jusqu'à Pont-de-l'Arche et permet à Rouen de recevoir des navires de 1000 tonneaux.

*La côte du Calvados* présente d'abord des plages renommées jusqu'à l'embouchure de la Dive, c'est là que se trouvent Trouville et Deauville; le fond de la mer s'incline par une pente insensible;

il faut parfois aller jusqu'à quinze kilomètres au large pour trouver une profondeur de dix mètres.

Après l'embouchure de l'Orne nous retrouvons des traces du travail dévastateur de la mer. En face de la côte les roches du Calvados sont des témoins restés à fleur d'eau qui attestent le recul de la Seine. Les rivières, à l'exception de l'Orne, ont peu d'importance, leurs eaux fuient à travers la couche de craie. La côte est bordée de petits ports que fait vivre le commerce de légumes et de beurre avec l'Angleterre; Oystreham, le port de Caen; Lyon, Courseules, Arromanche; entre ces deux ports on voit les débris d'une forêt recouverte aujourd'hui par les eaux. Des falaises se dressent de nouveau sur le rivage jusqu'à la baie marécageuse des Veys, qui reçoit l'Aure inférieure, la Vire, la Taute et la Douve et où commence la presqu'île du Cotentin.

*La côte du Cotentin* est basse et sablonneuse à l'E. Elle est surveillée par les îles rocheuses de Saint-Marcouf, isolées de la terre par des bancs de sable qui sont disposés en ligne presque droite du S. E. au N. O., et se soudent près du fort de Tatihou au cap de la Hougue. Le port de Saint-Vaast occupe l'angle rentrant qui se trouve au S. de ce cap. Après la pointe de Barfleur, très périlleuse pour la navigation et à cause du raz de Gatteville, la côte jusqu'au cap de la Hague forme un arc concave, au fond duquel se trouve la rade de Cherbourg, qui a été protégée par une digue immense, jetée dans la pleine mer à plus de trois kilomètres au large. L'île Pelée protège à droite cette œuvre gigantesque. Toute cette côte opposée à l'Angleterre est couverte de batteries et de forts dont nous donnerons plus tard la liste.

3° **De la pointe de la Hague à la pointe de Saint-Mathieu.** — C'est à une faible distance de la pointe de la Hague dans la direction N. O. que la Manche atteint sa plus grande profondeur, et cette profondeur est de 130 mètres. C'est près de ce point que se trouve l'île d'Aurigny (Alderney). Entre la côte et cette île le courant a une grande vitesse; le raz Blanchard a parfois plus de 16 kilomètres à l'heure.

*La côte orientale du Cotentin* est granitique. Sa résistance aux érosions de la mer est donc plus grande que celle des falaises de Normandie, et cependant nous avons des preuves non contestables de la remarquable destruction opérée par les eaux. L'île d'Aurigny tenait jadis au continent; en suivant la côte du N. au S. après avoir atteint le nez de Jobourg, on trouve une anse très ouverte qui porte le nom de Vauville et se termine au cap de Flamanville; la mer a comme modelé cette baie en arc de cercle, comblant les vallées secondaires qu'on appelle dans le pays d'un nom, *flieurs*, qui semble d'origine scandinave.

Ce cap est séparé par le passage de la Déroute des îles de Sarcq; en face du nez de Carteret sont d'autres îlots sans importance et l'île de Jersey; les Minquiers et les îles Chausey sont les restes de terres englouties. Là où jadis se continuait la terre ferme et où poussaient de vastes forêts dont il reste encore des débris, la mer a creusé le golfe de Granville et la baie du Mont-Saint-Michel célèbre par sa vieille forteresse; la Sélune et le Couesnon se jettent dans ce golfe, ces fleuves sont capricieux. Le Couesnon coulait à l'est du Mont-Saint-Michel en péril de mer, puis, comme le dit la tradition locale, « par sa folie, mit Saint-Michel en Normandie ». Les sables du golfe sont dangereux; on raconte qu'un navire qui s'était échoué vers la fin du siècle dernier aux environs du Mont-Saint-Michel, a peu à peu disparu jusqu'à l'extrémité des mâts.

L'homme a reconquis une partie du rivage; les marais de Dol ont été desséchés de Pontorson à Cancale, sur une ligne courbe de 30 kilomètres, et on les fertilise avec les amas de varech déposés par la marée, ou bien avec la vase mélangée de débris de coquillages, que les paysans recueillent sous le nom de tangue.

Sur toute la *côte septentrionale de Bretagne* les empiètements de la mer ont été considérables. Nulle part en Europe, sauf sur les côtes de Hollande et de Danemark, la mer n'a tant envahi. Cela tient à ce que nulle part la différence entre la haute mer et la basse n'est aussi considérable. Elle s'élève à 10, 12 et même 15 mètres. Aussi des bourgades dont les chartes du moyen âge font mention ont disparu sous les eaux : Mauny, la Feuillette, Porz-Pican, Saint-Louis, Bourgneuf; aux époques géologiques antérieures, le continent s'étendait même jusqu'à l'Angleterre; la Cornouaille anglaise et la Cornouaille bretonne étaient réunies.

Au Nord de Cancale la pointe du Grouin sépare la rade Saint-Michel de la *rade de Saint-Malo*; dans ce golfe on trouvait jadis ensevelis, dans le sable laissé à sec par la marée basse, des bois d'arbres presque fossiles, d'une dureté extraordinaire; au moyen âge, au douzième siècle, l'île fortifiée de Cézembre se rattachait au continent.

Au delà du cap Fréhel, l'*anse de Saint-Brieuc*, depuis la pointe d'Erqui jusqu'aux îles de Portrieux, était occupée par la terre ferme; de même l'île de Bréhat y était jointe. La pointe de Talbert a mieux résisté : elle est protégée par une véritable jetée de cailloux qu'on nomme l'épée de Tréguier.

Là commence la côte de granit, qui ne peut être rongée qu'à la suite de temps dont le calcul est impossible. Néanmoins la mer a détaché quelques îles : la Roche du Voleur et les Sept îles : l'île Plate, du Cerf, Rougic, Melban, Bonneau, la Pierre, l'île aux Moines. Ensuite le rivage est très découpé : rades de Perros, de Lannion, celle de Morlaix avec le fort du Taureau. L'île de Batz et l'anse de Roscoff sont justement célèbres pour la douceur de leur climat ; puis on trouve l'anse de Goulven, au fond de laquelle est la rade de Bernic, qui sert de port à Plouescat, enfin le fort Cézon.

En face de la côte, l'île d'*Ouessant*, qui semble avoir été l'extrémité de la péninsule armoricaine ; entre cette île et le continent sont disséminés un grand nombre d'îlots : l'îlot de Quémenez, qui semble fondre d'année en année ; l'île Molène, qui exporte de la terre végétale servant d'engrais ; l'île de Béniguet (île bénie), qui sert en partie à l'incinération du varech dont on fabrique la soude.

Le passage du Fromveur sépare Ouessant des petites îles ; le Chenal du Four la sépare du continent à l'Ouest et le canal de l'Iroise au Sud.

Des écueils qu'on nomme la Chaussée des Pierres-Noires, joints à la violence de la mer, rendent ces parages extrêmement dangereux. Le petit port du Conquet se trouve immédiatement au N. de la pointe Saint-Mathieu, où finit la Manche et où commence l'Océan.

## II. Front de l'Ouest.

### A. — Front de l'Ouest, jusqu'à la Gironde.

Cette partie du littoral français se décompose ainsi :

1° Du cap Saint-Mathieu à l'embouchure de la Loire : côtes de Bretagne ;

2° De l'embouchure de la Loire à celle de la Gironde : côtes de Poitou et d'Aunis.

**1° Côtes de Bretagne.** — Cette côte est aussi violemment attaquée par les eaux de la mer. Une passe étroite, qu'on nomme le Goulet, donne accès dans la *rade de Brest*. Ce refuge magnifique, qui pourrait abriter quatre cents vaisseaux de premier ordre, a huit kilomètres de long sur cinq de large ; le port militaire est situé à l'embouchure de la Penfeld, rivière qui débouche au N. de la rade et partage en deux la ville de Brest ; sur plus de deux kilomètres les deux quais sont couverts de magasins et d'ateliers appartenant à la marine de l'État ; à l'E. du port militaire a été creusé le port de commerce relié au chemin de fer. Le port de Brest est défendu par une série de forteresses placées sur la côte ; c'est surtout sur la péninsule qui ferme la rade au Sud qu'ont été accumulés les moyens de résistance ; cette péninsule est terminée par trois pointes : de Quélern au N., de Camaret à l'O. et de la Chèvre au S.

La pointe de la Chèvre donne accès dans la *baie de Douarnenez*, d'où partent plus de 800 bateaux à la pêche de la sardine ; au S., avancée dans la mer, la pointe ruinée de Cornouailles.

Le passage du Raz la sépare de l'île de Sein. « Jamais homme n'a traversé le Raz sans avoir peur ou malheur. » « Mon Dieu, secourez-moi pour traverser le Raz ; car mon navire est petit et la mer est grande ». C'est pendant les gros temps et les tempêtes que la pointe de Raz offre le spectacle le plus grandiose, mais c'est alors qu'il ne faut pas s'y aventurer. La mer déferle sur l'étroit sentier qui y conduit. Quoique élevé de 80 mètres au-dessus de la mer, le promontoire semble à chaque instant prêt à s'engloutir sous les vagues, une écume salée couvre le spectateur et les mugissements horribles qui retentissent dans les cavernes des rochers l'étourdissent à lui donner le vertige. (Joanne, *Bretagne*, 604.)

*L'île de Sein* est curieuse : longue à peine de 2 kil. 1/2, large d'un, elle est dominée à son extrémité N. O. par un phare à feu fixe de 1$^{er}$ ordre, 45 mètres d'altitude, 20 milles de portée (36 kil.). D'après Pomponius Mela, cette île renfermait un oracle de neuf vierges qui sacrifiaient aux divinités gauloises, au pied de ces monuments druidiques, dont il reste encore quelques témoins ; entre autres la roche vacillante de Men-Cognoc (pierre anguleuse). Il ne pousse pas un arbre sur cette île.

Le rivage sur le continent est un des plus féconds en naufrages ; au N. de la pointe se trouve l'enfer de Plogoff, abîme en forme d'entonnoir dont le fond est formé de roches granitiques rougeâtres ; au S., la baie des Trépassés, où les courants amènent les cadavres des matelots naufragés dans le passage de l'Iroise et où, dit-on, l'on embarquait jadis les druides morts qui étaient portés dans l'île de Sein.

Les traditions celtiques prétendent que s'élevait à cet endroit une ville aujourd'hui disparue, Is, submergée par la colère divine au cinquième siècle, en punition de ses mœurs dissolues. Cette ville était si importante que Lutèce prit son nom : *Par-Is*. Il est certain que l'on trouve encore aujourd'hui en labourant la terre des médailles romaines des troisième et quatrième siècles, et qu'une grande muraille construite en pierres cubiques noyées dans du ciment existe encore sur le rivage.

La ville d'Audierne, qui se trouve ensuite sur le rivage, a été très florissante jusqu'au seizième siècle, époque où un raz de marée éloigna les morues dont la pêche faisait la richesse des Audiernois. Ce port est protégé par deux pointes : à l'O. la pointe de Raoalic, au S. O. la pointe de Lervilly, où commence la vaste *baie d'Audierne*, d'une courbe très régulière mais fort dangereuse. « Sur les galets du rivage, principalement sur la levée de cailloux de Polvan et le pla-

Dans la baie de Quiberon on trouve Carnac, célèbre par ses *alignements*, ou avenues de monuments celtiques, au nombre de neuf ou dix, et longues de plus de 3 kilomètres.

*Le Morbihan*, ou petite mer qui ressemble « à une méduse aux suçoirs flottants », est parsemé d'îles à la surface changeante, qui tantôt s'enrichissent aux dépens de la mer, tantôt au contraire semblent se dissoudre. Une partie du rivage s'est affaissée, car on trouve là des mégalithes qui restent enfouis même pendant les plus basses marées.

*La pointe du Croisic* marque l'extrémité septentrionale de l'immense estuaire de la Loire. Là se trouve la curieuse île de Batz, dont les habitants, qu'on dit d'origine saxonne, ont conservé en tout cas le vieux costume breton. Ils jouissent d'une grande réputation de vertu. La principale industrie est celle des marais salants; mais le pauvre paludier, qui les travaille de père en fils depuis un temps immémorial, n'en est pas le propriétaire. C'est l'État et le maître du sol qui en ont tout le profit.

Estuaire de la Loire. — Le golfe de Loire est compris entre la pointe du Croisic et la pointe Saint-Gildas : il a une largeur de 50 kilomètres, mais cet espace peut être considéré comme appartenant à la mer et non au fleuve ; la côte septentrionale et le centre sont occupés par des bancs de sable, des îlots : îles Baguenaud, de la Pierre-Percée, tour de la Banche, la Lambarde.

On peut considérer comme étant la limite du fleuve la pointe de Chemoulin d'une part et le fort Mindin de l'autre.

A l'embouchure de la Loire se produisent des phénomènes d'envasement dus aux alluvions du fleuve. La mer formait un golfe, la Grande-Brière au N. du fleuve; le lac de Grand-Lieu au S. semble aussi se combler.

2° **De l'embouchure de la Loire à celle de la Gironde.** — La côte présente les traces non équivoques de deux phénomènes distincts. La mer y a rongé le continent et le bat encore en brèche; d'autre part, la terre semble se soulever en empiétant sur la mer, mouvement insensible mais continu.

Ainsi toute cette mer, jusqu'à une cinquantaine de kilomètres au large, n'offre qu'une profondeur variant de 30 à 50 mètres. Ce serait l'ancienne côte; restent comme témoins l'*île d'Yeu* et les bancs de sable qui l'entourent, et au large de l'estuaire de la Gironde le banc dangereux de Rochebonne. En seconde ligne, *Noirmoutier*, dont les dunes prolongent celles de Vendée et se rattachent à celles de Bretagne ; mais la séparation a dû se faire à une époque très reculée, car la faune de l'île diffère de celle du littoral voisin.

teau de Penhors, les cris lugubres des goëlands, des cormorans, des courlis et des mouettes frappent seuls l'oreille du voyageur sur les bords désolés de la baie. On n'y voit ni maisons, ni cultures; on n'y entend ni les chants du laboureur, ni le bêlement des troupeaux, enfin aucun de ces bruits qui dans la campagne indiquent ordinairement le voisinage de l'habitation humaine. » Un autre voyageur la dit plus désolée que le Spitzberg.

La pointe et les rochers de *Penmarc'h* (tête de cheval) sont peu élevés au-dessus de la mer; le sol est un plateau de roc recouvert d'un peu de terre et de marais salants; de nombreux débris attestent l'existence d'une ville puissante dont le Penmarc'h de nos jours n'occupe qu'une petite surface. La belle anse de Benodet sert de débouché à la rivière d'Odet, qui passe à Quimper.

Le village de Fouesnant a pour dépendances les îlots de Glénan, au nombre de neuf, et qui jadis étaient, dit-on, une seule île. La baie de Concarneau, ou de la Forest, est gardée par la vieille ville à aspect féodal de Concarneau. L'embouchure du Blavet abrite la rade de Lorient; le port et la ville de ce nom sont situés sur la rive droite du Scorff. C'est l'ancien siège de la compagnie des Indes fondée en 1666 par Louis XIV. En face de Lorient, Port-Louis.

Le Coureau de Groix sépare du continent *l'île de Groix*, couverte de monuments druidiques et bordée d'une haute falaise percée de grottes curieuses; c'est là qu'a lieu surtout la pêche de la sardine.

Le long croissant de la *presqu'île de Quiberon* est réuni à la terre ferme par un isthme étroit qui disparaît à marée basse. Le fort Penthièvre garde ce défilé. Quiberon est célèbre dans l'histoire de nos guerres civiles par le débarquement de 1795.

Les rochers qui bordent la côte, l'île Conguet, l'île du Ventrève; l'île d'Houat (le Canard) et d'Hœdic (le Caneton), l'archipel de Béniguet prolongent la presqu'île de Quiberon et indiquent la ligne de l'ancien rivage. En même temps ils protègent la baie de Quiberon et l'entrée du Morbihan et en font des rades d'une grande sûreté.

L'île de *Belle-Isle-en-Mer*, longue de 18 kilomètres, large de 4 à 10, forme un plateau d'une élévation moyenne de 40 mètres; on peut y débarquer dans une soixantaine de petits havres auxquels aboutissent autant de vallons; elle est très bien cultivée et possède quatre phares. De nombreux monuments druidiques parsèment son territoire. Un de ces menhirs, pesant plus de 25 tonnes, en granit, a dû être apporté du continent. Au N. O. s'étend sur une longueur de 8 à 10 kilomètres la côte de la Mer Sauvage, où la vague venant au large de l'Atlantique a tant de force qu'elle dénude la crête du littoral à une élévation de 50 mètres.

Sur les côtes de Belle-Ile on pêche surtout du homard, puis de la sardine, du thon, des anchois, etc.

D'autre part, la *baie de Bourgneuf* se comble lentement ; les sables de Loire apportés par le courant de Bretagne s'y déposent. Bouin, qui a été une île, s'élève maintenant au milieu des marais. Il y a plus : un chemin, le Gua, traverse le goulet de Fromentine qui sépare Noirmoutier de la terre ferme, et une carte ancienne montre Châteauneuf, qui maintenant est à trois lieues de la mer, sur le bord du rivage.

Après avoir dépassé les dunes qui bordent la côte sur les lignes du N. E. au S. E., on atteint la belle *plage des Sables-d'Olonne*. La ville de Talmont était un port au temps de Henri IV, aujourd'hui elle est au milieu des terres. L'*anse de l'Aiguillon* formait un golfe s'étendant si loin dans l'intérieur des côtes que la Vendée et la Sèvre Niortaise se jetaient séparément dans l'Océan, que Maillezais à 30 kilomètres de la mer en ligne droite était une île au douzième siècle.

Aujourd'hui cette immense étendue de terrain est reconquise ; des digues dont la première porte naturellement le nom de digue des Hollandais s'étendent concentriquement, attestant les progrès de l'homme.

Mais, il n'en faut pas douter, ces résultats ne sont pas dus seulement à des alluvions, il y a là soulèvement. La preuve ? c'est que près de Saint-Michel de l'Herm on trouve des bancs d'huîtres d'une épaisseur notable ; que peut-on objecter aussi au témoignage d'anses marines au fond rocheux qui se trouvent maintenant au-dessus de la surface des eaux ?

Le *golfe de la Charente*, défendu du côté de la mer par l'île de Ré et celle d'Oléron, présente aussi des marques évidentes de ces reprises de la terre sur la mer, et des efforts soudains de l'Océan pour arracher à la terre quelques parcelles. Ainsi l'île d'Aix était rattachée au continent par un isthme qui a disparu. Disparus aussi le rivage du bourg de Montmellian et la ville de Chatelaillon « aux sept tours ». D'autre part, la géologie montre, dans les terrains qui s'étendent fort loin en amont la Charente, des dépôts d'alluvions maritimes; le port de Brouage est comblé. Arvert et Marennes, autrefois des îles, sont rattachés au continent. Les passes qui conduisent dans ce golfe, où nous avons la Rochelle et Rochefort entre Oléron et la côte, sont menacées de jour en jour ; personne n'oserait reproduire le coup de hardiesse de la frégate qui s'engagea heureusement dans la passe de Maumusson. Le pertuis Breton est entre le continent et l'île de Ré, le pertuis d'Antioche entre Ré et Oléron ; enfin les dunes qui s'avancent près de la côte complètent ce travail de reconstruction terrestre en apportant des sables que l'on exploite, car il contiennent des coquillages et des débris qui les rendent propres à l'engrais et que l'on fixe par des plantations de pins.

B. — Front du Sud-Ouest jusqu'à la Bidassoa.

**De l'embouchure de la Gironde à celle de la Bidassoa.**
— Cette côte, longue de 274 kilomètres, se compose de deux parties essentiellement distinctes, séparées par l'embouchure de l'Adour.

Au N. ce sont les *dunes de Gascogne*, qui commencent même au N. de la Gironde à partir de la Seudre ; elles se prolongent en ligne droite jusqu'à l'Adour ; ce rivage est un des plus inhospitaliers qui soient au monde ; il est bordé de monticules de sable parallèles, séparés par de petites vallées marécageuses et s'avançant dans l'intérieur des terres poussés par le vent d'ouest et les apports continus de la mer. Les eaux de l'intérieur, arrêtées par ces obstacles mouvants, se répandent en marécages et n'ont qu'une issue, celle du bassin d'Arcachon, dont les contours ont singulièrement changé depuis l'époque historique. Les étangs sont ceux de Hourtins, Sainte-Hélène, Carcans, La Canau, le Porge, Arcachon, Cazau, Sanguinet, Parentis et Aureillan, et le groupe des marais de Saint-Julien, Léon, Soustons, la Tosse et Orx.

La nature du sol de ce littoral est encore un désavantage ; il contient en grande quantité du tannin, qui lui donne une couleur rougeâtre, et est complètement imperméable. De sorte que les eaux croupissaient à la surface. On a amélioré autant que possible la triste condition de cette contrée, en rectifiant le cours des ruisseaux de drainage et en les faisant presque tous converger à la Leyre qui se jette dans le bassin d'Arcachon ; enfin on fait d'immenses plantations suivant l'exemple de Brémontier (1787-1793) le célèbre ingénieur.

*A partir de l'embouchure de l'Adour*, la côte devient extrêmement rocheuse au large ; c'est la fameuse fosse ou Gouf du cap Breton ainsi appelée du nom de l'ancien port situé au N. de l'Adour aujourd'hui isolé de la mer, et auquel il ne serait peut-être pas impossible de rendre son ancienne prospérité.

Après la belle plage de Biarritz et la baie de Saint-Jean de Luz, on trouve la pointe et le fort de Socoa, la pointe de Sainte-Anne et enfin la bouche de la Bidassoa, où finit la France et où commence l'Espagne.

Ce fond du golfe de Gascogne est renommé pour ses terribles tempêtes.

III. Côtes de France sur la Méditerranée. — Front maritime du Sud-Est.

Les côtes de France sur la Méditerranée se développent sur une longueur de 615 kilomètres (en ligne droite 490). Elle sont coupées en deux par les embouchures du Rhône. Le contraste est frappant entre la côte orientale et celle qui se trouve à l'O. Ici le rivage est bas, marécageux, bordé sur presque toute sa longueur par un long chapelet de marécages, d'étangs laissés par la mer et communiquant encore avec elle par d'étroits goulets ou graus qui s'ensablent d'année en année. Les villes sont presque toutes à une certaine distance des côtes; comme dit Michelet, « elles ne veulent pas être ports ». C'est la malaria qui fait fuir les habitations. Sur la côte orientale au contraire, le rivage est escarpé, tourmenté, la mer y creuse des baies profondes; les villes sont sur le littoral; elles sont classées parmi les premiers ports de France ou attirent les visiteurs par la beauté de leur site et la douceur de leur climat.

**1° Du cap Cerbera aux bouches du Rhône.** — La plage du Languedoc, examinée en détail, présente des parties d'une grâce singulière. Des montagnes ou des collines s'avançant jusque dans la mer sont comme les piliers auxquels se suspend la chaîne concave des terres basses : nous avons ainsi quatre sections. La première est terminée par la montagne ou promontoire de Leucate; la seconde par la montagne d'Agde; la troisième finit à Cette; la quatrième s'arrête au Rhône.

1re Section. — Des Pyrénées au promontoire de Leucate.
L'extrémité orientale des Pyrénées sert de solide point d'attache à cette côte. Les contreforts des Albères tombent à pic dans la mer; le chemin de fer et la route qui conduisent de France en Espagne ne peuvent côtoyer le rivage et ont emprunté le col de Belistre. Entre le cap Cerbera et le cap Béarn se creuse la vallée pittoresque de Banyuls-sur-Mer, dont le vin sucré par le soleil, recueilli en petite quantité par les habitants, a naturellement les vertus du vin de quinquina.

Port-Vendres est situé sur l'emplacement de l'ancien Portus-Veneris dont parlent les Anciens. Sa rade, protégée par un brise-lames, a en moyenne 13 mètres de profondeur; la passe qui y conduit n'a pas moins de 19 mètres : elle offre donc un abri sûr aux vaisseaux qui, à l'entrée du golfe du Lion, sont assaillis par les « renverses de vent ». Elle a détrôné sa voisine Collioure, dont le port était plus fréquenté surtout par le cabotage et la marine de pêche, mais qui est trop peu profond.

Argelès-sur-Mer est maintenant à plus d'un kilomètre du rivage et n'a pas de port. Elne, l'ancien port phénicien d'Illiberis, est encore plus éloigné. Les alluvions des torrents côtiers ont en partie comblé la plage, les dépôts de sable ont isolé de la mer les marais formés par les deltas : l'étang de Saint-Nazaire, où se déversent le Candal et le Réart, est un foyer d'infection.

On peut à partir de ce point observer trois zones qui courent le long de la mer : celle des salobres ou des plages salines est presque improductive ; la région de la salanque, plus anciennement conquise, donne des céréales ; les pentes des collines donnent des vignobles dont quelques-uns sont estimés (Rivesaltes), mais dont la plupart sont plutôt cultivés en vue de la quantité (vins du Roussillon pour les mélanges).

Après les deltas de la Têt et de la Gly, commence l'étang de Leucate, véritable mer intérieure de 6 à 8000 hectares.

2° Section. — Du promontoire de Leucate a la montagne d'Agde.

L'entrée de l'étang de la Palme offre une rade naturelle, celle de la Franqui, qui semble destinée à abriter un excellent port que Richelieu voulait créer. L'étang de la Nouvelle communique avec la mer par un canal d'une largeur de 80 mètres ; la ville de la Nouvelle, qui sert de port à Narbonne, est un des plus tristes abris de France.

3e et 4e Sections.

Après l'embouchure empestée de l'Aude et celle de l'Orb, se dresse le volcan éteint d'Agde, que défend tant bien que mal le fort Brescou ; la ligne de chemin de fer longe la côte entre la mer et le long étang de Thau qui se déverse dans la mer au pied de la montagne de Cette. Ce chemin de fer quitte la côte à partir de la station de Frontignan, mais il est remplacé par le canal des Étangs, qui successivement traverse ceux de Maguelonne, de Mauguio et du Repaussel, capte autant qu'il est possible les eaux de la fantasque Vidourle et arrive à Aigues-Mortes.

2° **De l'embouchure du Rhône à la frontière italienne.** — Bouches du Rhône. — Les bouches du Rhône, situées au fond même du golfe du Lion sur la limite entre la côte de Languedoc et celle de Provence, déterminent sur le littoral français une section d'une physionomie toute particulière. Le combat entre le fleuve et la mer, entre la terre ferme et l'océan peut s'observer là plus clairement que partout ailleurs. On donne habituellement quatre embouchures au Rhône ; aujourd'hui il n'en a plus que deux, depuis que les ingénieurs ont élevé des digues puissantes sur ses bords, au-dessous de la fourche d'Arles, jusqu'à la mer. Le Petit Rhône ou Rhône Vif, après avoir côtoyé les Salines de Peccais et reçu le canal d'Aigues-Mortes, tombe dans la Méditerranée à l'Ouest ; le Grand Rhône, d'où se détache le canal d'Arles à Bouc et le canal Saint-Louis au golfe du Foz, forme le bras oriental : il emporte les 86 centièmes du fleuve. Entre les deux bras, l'île marécageuse de la Camargue, patrie de curieuses bandes de chevaux sauvages. Cette île s'agrandit tous les jours aux dépens de la mer et de son petit lac intérieur, l'étang des vaches ou Valcarès (21 000 hectares avec ses lagunes). La superficie des terrains plus ou moins asséchés de la Camargue est de 750 k.q. La mer forme un golfe dans la face méridionale du delta ; le golfe de Beauduc.

Par le golfe limoneux et dormant de Foz on entre dans le canal de Caronte : c'est un seuil peu profond, peu large, qui débouche près de Martigues dans l'étang de Berre, vaste golfe de 200 k.q., sur lesquels 56 environ atteignent une profondeur de 10 mètres. En faisant sauter les bas-fonds qui encombrent le canal de Caronte on pourrait transformer ce superbe bassin en une rade imprenable.

Côtes de Provence. — Immédiatement au sud de l'étang de Berre commence la côte rocheuse de Provence, si riche en promontoires hardis, en baies profondes et sûres, en villes à la fois pittoresques et salubres. Après le cap Couronne, la côte s'infléchit à l'E., bordée par les rochers de l'Estaque, qui isolent l'étang de Berre, elle se creuse après le cap Méjean en un golfe que défendent les petites îles Ratonneau et Pomègue et l'îlot du Planier. A l'abri de ces roches, auxquelles il faut ajouter l'île d'If, connue par son château, s'enfoncent dans la côte orientale les bassins du port de *Marseille*, la troisième ville de France par la population, la première par l'antiquité des souvenirs.

Après l'îlot Maire, le rivage reprend la direction de l'E., dessine la *baie de Cassis* et immédiatement après le bec de l'Aigle, précédé de l'île Verte, celle de la *Ciotat*. La première a un fond de corail, la seconde un lit de sable. Le chemin de fer de Paris à Nice longe cet heureux littoral, s'enfonce par de nombreux tunnels sous le calcaire des roches, et, après avoir contourné la gracieuse baie de Bandols, s'engouffre dans les pittoresques gorges d'Ollioules, tandis que la côte se dirigeant au S. forme la baie de Saint-Nazaire que protège l'île des Embiers.

Le promontoire ou cap Sicié est un premier brise-lames en avant de la presqu'île que termine le cap Cépet et qui garde la rade de Toulon. L'isthme de cette presqu'île est barré par le fort Saint-Elme, le promontoire qui la termine fait face au mont Faron, haut de 545 mètres, et qui laisse à peine entre ses flancs abrupts et la mer une zone suffisante pour les constructions du port de Toulon.

La *rade de Toulon*, que nos affaires d'Algérie ont favorisée aux dépens de la rade de Brest, se divise en deux parties : l'une à l'extérieur, protégée par la presqu'île Cépet et les forts qui bordent le littoral opposé ; l'autre au delà d'un vaste goulet également fortifié. C'est dans ce réduit que sont établis sur le bord occidental, à La Seyne, les Forges et chantiers de la Méditerranée, le plus grand établissement de ce genre qui soit en France ; au fond N. E., le port militaire de Toulon.

Au delà nous trouvons le *golfe de Giens*, à l'O. de la presqu'île de ce nom. Celle-ci est une ancienne île réunie au continent par des dépôts sablonneux qui se sont étendus en arc concave de chaque côté. A l'intérieur de l'isthme reste encore un lac, l'étang des Pesquiers, isolé aujourd'hui de la mer. Une petite île : celle du grand Ribaud précède la presqu'île.

C'est la *rade d'Hyères*, une des plus belles de la Méditerranée qui creuse à l'Est la presqu'île de Giens. Un cordon d'îles renommées pour leur climat, et leurs criques dentelées qu'on appelle calanques, s'aligne au Sud. Ce sont les îles Porquerolles, Portcros et du Levant que termine le phare du Titan. A l'E. de la rade, la presqu'île et le fort de Brégançon que termine le cap Benat. Ces deux presqu'îles et ce petit archipel enferment comme un champ clos maritime ; c'est le point d'attache de l'Escadre d'évolutions, l'École de Guerre de la plupart de nos marins ; canonniers et aspirants. Par sa proximité, Hyères complète Toulon ; par la destination qu'il a reçue, il achève Brest.

A partir de la *rade de Bormes*, le rivage de la Provence est creusé dans les avant-monts de la chaîne granitique des Maures. L'aspect est admirable, la baie de Cavalaire est un bon mouillage que termine le cap Lardier. Au delà du cap de Camarat, la plage de Pampalaune est peu profonde, elle est limitée au N. par le cap de Saint-Tropez. Le *golfe de Grimaud* avec le petit port pêcheur de Saint-Tropez est renommé par ses fleurs, ses arbustes, son climat. Le *golfe de Fréjus* au contraire est envasé par les alluvions du paisible Argens dont la vallée calcaire, fissurée, pleine de cascades et d'eaux jaillissantes, sépare les Maures du porphyrique Estérel.

Les rochers rouges de cette montagne plongent directement dans la mer entre Fréjus et Cannes ; ils font la beauté de Saint-Raphaël, la sûreté de la *rade d'Agay*, l'éclat éblouissant du cap Roux, la hardiesse de la pointe de l'Aiguille. Entre ce promontoire et les *îles Lérins*, Saint-Honorat célèbre par son ancienne abbaye, et Sainte-Marguerite où languit le Masque de fer, qui y fut mieux gardé que Bazaine, s'arrondit un golfe dont la partie occidentale porte le nom de *golfe de la Napoule* et la partie orientale de *golfe de Cannes*. Les deux ports sont ensablés, mais Cannes est de toutes les villes de France, sans en excepter Nice, celle dont le climat est le plus délicieux ; c'est pour elle la plus sûre des richesses. Au delà de la pointe de la Croisette se creuse le golfe Jouan (retour de l'île d'Elbe, 1815). Au delà du cap d'Antibes où brille le phare de la Galoupe, la rade d'Antibes est surveillée plutôt que défendue par le vieux Fort Carré. Près de Saint-Laurent, le Var tombe dans la Méditerranée. Il y est franchi par le chemin de fer, qui a tourné les Maures et qui passe entre l'Estérel et la mer depuis Fréjus.

Nice, Nizza la Bella, ville de plaisir, station d'hiver, a pour voisine la belle *rade de Villefranche* qu'on a fortifiée et qui sera une des plus sûres de notre littoral. Après le cap d'Ail, au delà du rocher, surplombant la mer, de Monaco, commence la route fameuse de la Corniche, qui quitte la France après Menton pour entrer en Italie et longer la rivière de Gênes.

Tels sont les principaux accidents des rivages de France.

**La Corse.** — L'île de Corse a été vendue à la France par les Génois au milieu du siècle dernier. M. de Marbeuf en fit la conquête sur les partisans de l'indépendance que commandait Paoli.

Cette île est italienne par sa position, la nature de son sol, la race et la langue de ses habitants : un plateau sous-marin la relie à l'Italie, tandis que des profondeurs de plus de 1000 mètres la séparent des côtes de France.

Sa superficie est de 8748 kilomètres carrés, c'est-à-dire supérieure à celle d'un département français moyen (6101 k.q.)

La longueur du N. au S. est de 183 kilomètres, la largeur extrême de 84 ; les côtes ont un développement de 485 kilomètres. De toutes les îles méditerranéennes, la Sicile et la Sardaigne seules lui sont supérieures en importance et en étendue.

L'île est couverte de montagnes ; elle est traversée du N. au S. par une chaîne dont la crête s'abaisse rarement ; la partie occidentale de l'île porte dans le pays le nom de zone extérieure, Banda di Fuori, ou Au Delà ; la partie orientale le nom de zone intérieure, Banda di Dentro, ou côte de Deçà (di quà). Les pentes sont en général beaucoup plus douces du côté oriental, on y trouve des terrains crétacés et d'alluvions ; la côte, jadis beaucoup plus riche et plus peuplée que la côte occidentale, est aujourd'hui envahie par des étangs qui rendent l'air extrêmement insalubre ; d'autant que les montagnes qui sont situées à l'O. arrêtent les vents d'O., du S. O. et même le mistral. Aussi de Bastia à Porto-Vecchio, il n'y a pas de ville ni de village sur le rivage même ; quelques tours bâties par les Génois pour arrêter les Sarrasins présentent encore leurs ruines pittoresques. Le rivage est aussi désert que monotone, seuls quelques douaniers l'habitent. On trouve de Porto Vecchio à Bonifacio quelques golfes et des îles : îles Cervicales, golfe de Santa Manza, îles Cavallo : ce sont des écueils redoutables (1855, naufrage de la *Sémillante*).

La rive occidentale au contraire est profondément découpée en forme de fiords. On ignore encore si les indentations qu'elle présente ont les mêmes causes que celles des côtes de Norvège, si elles doivent être attribuées à l'action des glaces : le versant occidental des montagnes est beaucoup plus rapide, les pluies y sont plus abondantes; à l'époque glaciaire, c'est de ce côté que devaient être accumulées les mers de glaces. On trouve sur le rivage le bon port de Bonifacio, le beau golfe de Valinco, qui présente des bancs de coraux que l'on vient pêcher de Naples même, au N. du golfe le beau cap Muro, surmonté d'une tour génoise d'un magnifique effet.

Vient ensuite la rade d'Ajaccio, entourée d'un amphithéâtre de montagnes granitiques, défendue par une citadelle et embellie par la gracieuse ville d'Ajaccio. Son port est de plus en plus fréquenté ; au Nord, le port de Sagone, puis le golfe de Porto, qui offre une bonne rade mais d'un débarquement difficile à cause de l'escarpement de la côte et de l'insalubrité du littoral; c'est ce qu'on nomme la Balagne, désert qui s'étend presque jusqu'aux portes de Calvi. Cette dernière rade était beaucoup plus importante à cause de la richesse du sol; mais la malaria a fait fuir une grande partie des habitants. L'île Rousse et son port ont profité, comme le désirait Paoli, de la ruine de Calvi.

Le golfe de Saint-Florent est dans une situation des plus heureuses, vis-à-vis de Toulon et de Marseille; malheureusement il est très malsain, ce qui rend inutiles la beauté et la sûreté de sa rade. C'est par là que débarquent généralement en Corse les armées d'invasion.

Enfin le cap Corse, dont la base est la chaîne de montagnes qui sépare Saint-Florent de Bastia, est une péninsule de 35 kilomètres de longueur, il est précédé par le phare de Giraglia, qui lance ses feux à plus de 45 kilomètres.

*Montagnes de Corse.* — Les montagnes ont déjà 1300 mètres dans la presqu'île du cap Corse, elles s'abaissent à 541 mètres au col de Teghime, entre Bastia et Saint-Florent; mais elles se relèvent immédiatement, et un large massif couvre le pays entre la plaine de la Balagne à l'O., et les vallées du Golo et du Tavignano à l'E. Ce massif granitique a servi de citadelle aux Corses dans leurs luttes contre les Génois et les Français. Il présente les sommets des Monte Cinto, 2715 m.; Monte Rotondo, 2625 m.; Monte d'Oro, 2390 m.

Les basses vallées du Golo et du Tavignano sont séparées par un groupe qui atteint 1722 mètres au Monte San Pietro; il domine au Nord la plaine d'alluvions d'Aleria, fertile mais mal cultivée et malsaine; Corte, point central de l'île, ancienne citadelle de Paoli et réduit dernier de la défense, est en même temps le point de rayonnement des routes, une au N. par le col San Quilico, 657 mètres; l'autre au S. sur Ajaccio, par le col de Vizzanova, 1162 mètres. La chaîne, au Sud de la dépression du col de Vizzanova, se relève jusqu'à 2357 mètres au Monte Renoso, puis s'abaisse continuellement jusqu'à Porto-Vecchio et Bonifacio.

Étagement des productions jusqu'à 500 mètres (Espagne et Afrique); 1500 mètres (France), au-dessus croissaient d'immenses forêts vierges de châtaigniers qui ont été détruits.

# CHAPITRE III

### OROGRAPHIE.

**Symétrie des terrains de France.** — L'examen de la carte géologique de France nous montre tout d'abord une grande masse de terrains primitifs ; c'est un gigantesque piédestal de granit et de gneiss, sur lequel se dressent en pyramides plus ou moins régulières, en dômes, en cônes, des montagnes de roches d'éruption, anciens volcans éteints. C'est ce qu'on appelle le plateau central, parce qu'il occupe le centre de la France. Il projette vers le N. le promontoire abrupt du Morvan, au S. les Cévennes et les montagnes Noires.

Aux quatre angles de ce massif, séparées autrefois par la mer, unies aujourd'hui par des terrains plus récents, se dressent quatre îles de terrains primitifs : au S. O., les Pyrénées ; au S. E., les Alpes ; au N. E., les Vosges ; au N. O., la Bretagne. Ce sont les quatre bornes angulaires de la France.

Au pied de ces hautes falaises de terrains primitifs et dans les brèches pratiquées par les eaux et causées par les soulèvements ou les affaissements du sol, se sont déposés d'épais amas de terrains paléozoïques d'autant plus abondants, en général, que la masse primitive est moins considérable : très caractérisée dans le plateau des Ardennes, en Bretagne et dans les Pyrénées, cette nature du sol est rare au pied du plateau central. Enfin, çà et là quelques bassins carbonifères et houillers : le grand bassin du N. ; celui de la Sarre qui nous a été enlevé en 1871 à l'E., ceux du Creuzot et d'Autun, de Saint-Étienne, d'Alais et de Graissessac au centre et au S.

Tout autour de ces terrains s'enroulent les dépôts jurassiques. Ils forment comme deux anneaux accolés en forme de chiffre 8, et dont quelques portions auraient été enlevées par le Rhône et par la Loire, et tout un côté rongé par la Manche. Une large zone de craie sert de transition entre les bandes de terrain jurassique et les deux bassins tertiaires de Paris et de Bordeaux.

Ce sont de vastes et riches campagnes, s'étendant à perte de vue ou mollement ondulées au pied des crêtes jurassiques et des hauts sommets qui leur font comme une ceinture et un boulevard. Comme le fait remarquer Michelet, ils représentent au nord et au midi les deux pôles d'attraction, les deux centres de civilisation, tandis que les hauts plateaux de l'Armorique et les âpres montagnes des Pyrénées, de l'Auvergne, de la Bretagne et des Vosges représentent les pôles de répulsion.

Les eaux prennent naissance dans ces massifs, elles se réunissent dans la vallée. Paris est le centre du N. Bordeaux est à l'issue du bassin méridional ; une grande bande de terrain jurassique relie ensemble ces terres privilégiées ; la longue avenue du Rhône, serrée entre les Alpes et les falaises, à l'E. du plateau central, sert de communication entre le N. et le S.

**Système orographique de France.** — La diagonale N. E., S. O. de la grande figure octogonale que forme la France, partage à peu près notre pays en deux parties bien distinctes ; au S. de cette ligne sont les massifs de montagnes, les pics élevés, les plaines profondément encaissées entre deux chaînes et ravinées par des fleuves au cours torrentiel. Au N., au contraire, les hauteurs s'abaissent ; aucun sommet ne dépasse 500 mètres ; les terres sont nivelées en plateaux que bossellent à peine quelques ondulations, qu'on décore parfois du nom de montagnes, mais dont les sommets sont moins élevés que beaucoup de plaines situées dans la partie montagneuse.

Notre frontière est constituée en partie par les montagnes du S. : les Alpes forment notre front S. E. ; le Jura et les Vosges, une partie de notre front oriental et N. E. ; les Pyrénées constituent une formidable barrière sur notre front méridional.

Nous étudierons d'abord : A, les Alpes ; B, le Jura ; C, les Vosges et les massifs, plateaux, plaines qui en dépendent ; D, nous passerons de là à l'étude de la ligne de partage des eaux, du plateau central et des Pyrénées ; E, puis nous examinerons le relief de la partie du N. O., ses collines, ses plateaux et ses plaines.

## A. — Les Alpes Françaises.

Les Alpes occidentales s'étendent sur une longueur d'environ 560 kilomètres, du col de Cadibone au massif du Saint-Gothard ; elles sont françaises du col de Tende au massif du mont Blanc. Leur masse principale constitue un socle de calcaire jurassique surmonté de massifs de gneiss et de granits. On peut les diviser en quatre parties : I. La crête, ligne de hauteur et de partage des eaux entre la France et l'Italie : Alpes occidentales; II. Alpes de Provence ; III. Alpes du Dauphiné ; IV. Alpes de Savoie, dont les massifs forment comme autant de gigantesque gradins par lesquels s'abaisse peu à peu le terrain.

I. **Alpes occidentales.** — Les Alpes occidentales se partagent en quatre groupes :

1° Alpes Maritimes ; 2° Alpes Cottiennes ; 3° Alpes Graies ; 4° Alpes Pennines.

1° ALPES MARITIMES (100 kil.). — Elles sont composées de terrains cristallisés ; les crêtes n'y atteignent jamais 3500 mètres. Le sommet le plus élevé est l'aiguille de Chambeyron, 3400 mètres. Elles présentent deux passages importants : le col de Tende a 1870 mètres, il est entre les mains de l'Italie et donne accès au Piémont par une bonne voie carrossable ; le col de la Madelaine ou de Larche ou de Largentière (1900 m.) est traversé par une route charretière ;

2° ALPES COTTIENNES (60 kil.). — Entre le mont Viso et le mont Cenis.

C'est une chaîne confuse dont les crêtes se dirigent d'abord du S. E. au N. O. jusqu'au mont Thabor, puis de l'ouest à l'est jusqu'au mont Cenis.

Les principaux sommets sont l'aiguille granitique du Viso, située en Italie (3850 m.), le Thabor (3203 m.). Sous la pointe de Fréjus (2944 m.) a été percé le tunnel dit du Mont-Cenis (12 kil. et demi), à une altitude moyenne de 1290 mètres. Le mont Cenis a une altitude de 2080 mètres.

Napoléon 1er y a fait pratiquer une grande route. Cette chaîne présente une autre route carrossable, celle du mont Genèvre (1850 m.); les cols secondaires sont ceux d'Agnello, d'Abriès, de Saint-Martin, de l'Echelle ;

3° ALPES GRAIES (68 kil.). — Elles vont du S. S. E. au N. N. O., du mont Cenis au col de la Seyne.

Ce sont de très hautes montagnes où le terrain jurassique se mêle aux terrains anciens. Les sommets généralement couverts de glaciers dépassent 3000 mètres. On n'y trouve qu'un seul col carrossable, celui du Petit Saint-Bernard à 2157 mètres.

Signalons comme principaux pics : la Roche-Melon, 3548 mètres, la Levanna, 3640, l'Aiguille de la Grande Sassière, 3756.

*Massif du mont Blanc* (76 kil.). — Situé au point de croisement de deux soulèvements (Alpes occidentales et Alpes principales), il est orienté du N. E. au S. O. et s'étend du col de la Seyne au col des Montets, entre deux profondes vallées, à l'est l'Allée blanche et le val Ferret, à l'ouest la pittoresque vallée de Chamonix. C'est une masse énorme, toute composée de roches éruptives, qui a percé le calcaire jurassique en refoulant de chaque côté les terrains soulevés à des distances de plusieurs kilomètres. Sa surface est de 50 000 hectares de neiges et de glaciers. Le Dôme, découvert en 1741, gravi pour la première fois en 1786, s'élève à la hauteur de 4810 mètres. La crête ne s'abaisse nulle part au-dessous de 3500 m. Il n'offre que deux passages muletiers : au S. le col du Bonhomme, au N. le col de la Balme ;

4° ALPES PENNINES. — Les Alpes Pennines vont du mont Blanc au mont Saint-Gothard ; bien qu'elles soient hors de France, nous en donnons ici la description, parce qu'elles prennent au S. la vallée du Rhône et parce que, commercialement et stratégiquement, le Valais est un des grands chemins d'Italie en France.

Ces montagnes ont une longueur de 120 kilomètres. Leur direction est d'abord de l'O. à l'E. Après le col Ferret, qui contourne le mont Blanc, se trouve la dépression du col du Grand Saint-Bernard, le mont Velan (3792 m.), le Combin (4508 m.), puis le géant de ce système, le beau groupe du mont Rosa, en forme d'arc de cercle tourné vers le S., et couronné par neuf pics dont le plus élevé a reçu pieusement le nom du général Dufour (4638 m.). Ces montagnes rappellent les recherches de Saussure. Viennent ensuite : la Dent-Blanche (4330 m.), le Breithorn (4148 m.) et le Cervin, « la montagne idéale », haute pyramide isolée dominant de ses arêtes presque parfaites, à une hauteur de 1500 mètres, un piédestal grandiose de 3200 mètres (en tout 4516).

Au N. E. du Cervin les Alpes présentent une dépression par où passe la fameuse route du Simplon, que domine au nord la masse imposante du mont Simplon. Les montagnes au N. ont moins d'importance au point de vue du relief ; leur hauteur ne dépasse pas 3500 mètres ; mais elles sont extrêmement sauvages. Il n'y a pas dans tout le système des Alpes une seule chaîne qui soit aussi riche en glaciers que les Alpes Pennines ; elles en comptent 140, parmi lesquels ceux du Rosa et du Cervin ne le cèdent qu'au glacier d'Aletsch qui leur fait face, dans les Alpes Bernoises.

II. **Alpes de Provence.** — Elles se divisent en trois massifs : provençal, des Maures et de l'Estérel.

*Massif provençal :* il s'étend entre les Alpes Maritimes à l'E., l'Ubaye et la Durance au N., le Rhône à l'O., la Méditerranée au S. O., les Maures au S. et l'Estérel au S. E.

Ces montagnes formées de schistes, de grès vert et de calcaire sont dépourvues de végétation : dans la partie N. elles sont orientées du N. au S. On y trouve le mont Lausanier (2956 m.), le mont Pelat (3053 m.), le mont Saint-Honorat (2550 mètres).

Puis auprès des sources du Narturby, la chaîne de la Cabrière, (1130 m.). A partir de cette crête les montagnes de Provence s'alignent de l'E. à l'O. et décroissent jusqu'à 1000 m.; un chaînon de grès vert formé alternativement de plateaux et de montagnes s'allonge vers l'O. et encaisse la rive gauche de la Durance sous les noms de montagne de Sainte-Victoire, de Trévaresse et d'Alpines. Il détache au S. un épanouissement montagneux considérable dont font partie la Sainte-Baume près de Marseille et le Faron qui commande le port de Toulon.

Les Alpes de Provence ont pour contrefort :

1° Entre la Bléone et la Durance, la montagne de la Blanche, où se trouve le col de Labouret ;

2° Entre la Bléone et le Verdon, la montagne du Cheval Blanc qui domine Digne. Ces deux contreforts partent du Pelat à l'O.;

3° Partant du Pélat à l'E., le mont Mounier (2818 m.) qui encaisse le cours de la Tinée.

Le *massif des Maures* est granitique (500 m.); le sommet le plus élevé, le mont des Anges, a 779 mètres.

L'*Estérel* est porphyrique; il a 600 mètres de hauteur moyenne; avec le mont Vinaigre, 616 mètres.

III. **Alpes de Dauphiné.** — Ces Alpes sont composées des massifs situés entre les Alpes Cottiennes à l'E., l'Arc et l'Isère au N., le Rhône à l'O., l'Ubaye et la Durance au S., et qu'on appelle massifs des Grandes Rousses, de Belledonne, du Pelvoux, du Devoluy, du Vercors, de la Maurienne, et massifs entre Drôme et Durance :

1° *Massif des Grandes Rousses :* c'est une des parties les plus sauvages des Alpes françaises ; les sommets ne descendent jamais au-dessous de 3000 mètres: citons le pic des Trois Ellions, 3510 m.; on y trouve un col, celui de la Madeleine ;

2° *Massif de Belledonne :* granitique comme le mont Blanc et orienté comme lui, il en est par conséquent le véritable prolongement géologique; les principaux sommets sont le Grand Charnier, 2560 mètres; le pic de Belledonne, 2990, et le col de Taillefer, 2860 mètres ;

3° *Massif du Pelvoux*, énorme socle de granit et de gneiss de plus d'une centaine de kilomètres de circonférence; ses cimes ont 3500 mètres de hauteur moyenne et des glaces éternelles. Sommets principaux : Pelvoux, 3950 m.; Barre des Écrins, 4103 m. Un col, celui de Lautaret, met en communication (2080 m.) l'Oisans, c'est-à-dire la vallée sauvage de la Romanche, avec la Guisane, l'une des sources de la Durance;

4° *Massif du Devoluy.* Il dresse entre le Drac, la Durance et le Buech ses sommets désolés; son nom viendrait, suivant quelques géologues, du latin *devolutum* et indiquerait l'état affreux d'écroulement, de désordre, que présente ce massif. Certains schistes se délitent avec une grande facilité; or, l'eau glissant entre les rochers entraîne molécule par molécule les parties friables; les couches plus résistantes se trouvent alors isolées et s'éboulent avec fracas, entraînant souvent avec elles les villages et les champs. L'homme, qui est la victime de ces révolutions géologiques, en est aussi l'auteur; c'est la sauvage dévastation des forêts qui dénude le roc et laisse tout pouvoir aux agents atmosphériques. Les principaux sommets du Devoluy sont ceux du mont Aurouze, à son extrémité méridionale, et de la Tête d'Obiou (2790). Deux cols carrossables, les cols Bayard (1250 m.) et de Luy-la-Croix-haute (1500 m.);

5° *Massif du Vercors.* Formé de grès vert et orienté du N. au S. à cause de sa position sur le flanc occidental du soulèvement alpestre, il est la continuation au delà de l'Isère du massif de la Grande Chartreuse; roches escarpées sillonnées par de profondes vallées. Principal sommet, Grande Moucherolle (2289 m.);

6° *Alpes de la Maurienne:* elles s'étendent en un puissant massif de calcaire jurassique entre l'Arc, la Romanche et l'Isère; elles ont des glaciers, n'offrent aucun passage et culminent au Gobéon de la Grave, à 3429 m.

7° *Massifs entre Drôme et Durance.* Au N., la forêt de Saou, absolument sans arbres, mais d'une forme très caractéristique. Au centre, c'est la haute crête de Lure qui se rattache par une chaîne transversale au sauvage Léberon, dont les flancs rougeâtres sont à peine parsemés çà et là de quelques taillis.

Enfin, à l'O., au-dessus de Carpentras, le Ventoux, si curieux au point de vue botanique et géologique.

Ces montagnes se reboisent rapidement : on a depuis 1856 replanté plus de 600 k.q. de chênes, pour avoir des truffes; ces départements récoltent plus de la moitié des truffes de France qu'on vend, surtout en Russie, comme tubercules du Périgord.

IV. **Alpes de Savoie**. — Ces massifs sont généralement jurassiques ou crétacés (calcaire néocomien) et nettement séparés les uns des autres par des vallées profondes; ils sont au nombre de cinq : massifs de la Vanoise, de la Grande Chartreuse, des Beauges, des Bornes et des Dranses.

## PRINCIPAUX PASSAGES DES ALPES OCCIDENTALES.

| CHAINES TRAVERSÉES. | N°s. | NOMS DES PASSAGES. | HAUTEUR. | VILLES OU VALLÉES MISES EN COMMUNICATION. | OBSERVATIONS. — DÉFENSES. |
|---|---|---|---|---|---|
| Alpes Maritimes | 1, 2 | Corniche. | | Nombr. embr. vers le Tanaro et la Bornida. | Chemin de fer et route. |
| | 3 | Col de Tende. | 1875 | Nice à Coni. | Route carrossable. |
| | 4 | Sentier du col de Finestre. | 2288 | Source de la Vésubrie à celle du Gesso. | Sentier. |
| | 5 | Col de l'Argentière. | 1995 | De Barcelonette (Ubaye) à Coni (Stura). | Route charret*. *Tournoux.— Vinadio.* |
| | 6 | — du Maurin. | | De Tournoux (Ubaye) à S. Damiano (Maira). | Sentier. *Tournoux.* |
| | 7 | — du Lautaret. | | à Castel Delfino, puis à la Maira. | |
| | 8 | — d'Agnello. | 2700 | Queyras (Guil) à Saluces (sources du Pô). | — *Queyras et Mont-Dauphin.* |
| | 9 | — du mont Viso ou de Traversettes. | 3051 | Sources de Guil | — |
| Alpes Cottiennes | 10 | Col de la Croix. | | Queyras à Pignerol. | — |
| | 11 | — d'Abriès. | 2700 | à Perosa puis Pignerol. | — |
| | 12 | — de Gimont. | 1854 | Sources de la Durance à Dora Riparia. | Sent*. Briançon. *Exilles et Fenestrelle.* |
| | 13 | — du mont Genèvre. | | Briançon (Durance) à Cezanne, de là à Suse. | Route carrossable. *Briançon, Exilles et Fenestrelle.* |
| | 14 | Tunnel du mont Fréjus. | 1335 | Modane à Bardonnèche (12 200 m.). | Chemin de fer. *Ouvrages de la Maurienne. Exilles.* |
| | 15 | Route du mont Cenis. | 2098 | Maurienne à Suse. | Route carr*. *Fort de Lesseillon, ouvr. de la Maurienne.—Fort du Cenis.* |
| Alpes Graies | 16 | Col du Petit St-Bernard. | 2192 | Tarentaise à Aoste. | Route carross. *Albertville.—Bart.* |
| | 17 | — de la Seigne. | | Chamounix à Courmayeux (val d'Aoste). | Sentier. |
| | 18 | — Ferret. | | Martigny à Morgex. | |
| | 19 | — du Grand St-Bernard. | 2532 | à Aoste. | Carr*, sauf le faîte où elle est charret*. |
| | 20 | — de la Balme. | 2472 | | Sentier. |
| Alpes Pennines | 21 | Saint-Théodule. | | Visp à Châtillon (Doia). | — |
| | 22 | — du mont Moro. | | à Vogogna. | — |
| | 23 | — du Simplon. | 2020 | Brieg à Domo d'Ossola. | Route, 261 ponts, 10 galeries. 14 heures de long, 8 m. de large. |
| | 24 | — de Gries. | | De Saint-Ulrich à Domo d'Ossola. | Sentier. |

Les quatre premiers sont alignés dans la direction du S. O. au N. E. parallèlement à l'axe du Jura :

1° *Massif de la Vanoise* entre la vallée de la haute Isère ou Tarentaise et la vallée de l'Arc ou Maurienne, mi-cristallin, mi-calcaire, il a l'élévation, les glaciers, l'aspect sauvage des Alpes Graies, les passages y sont peu praticables : le col d'Iseran réunit les sources de l'Arc aux sources de l'Isère ; l'Aiguille de la Vanoise s'élève à 3865 m.

2° *Massif de la Grande Chartreuse* se relie au Jura par le mont du Chat, 2000 mètres, sapins ;

3° *Massif des Bauges*, orienté du N. au S. entre les lacs du Bourget et d'Annecy ;

4° *Massif des Bornes*, situé entre le lac d'Annecy et l'Arc, encaisse la vallée de l'Arly.

5° *Massif des Dranses*, de forme triangulaire ; il enveloppe tous les vallons où coulent la Durance et ses affluents. Il est séparé du mont Blanc par le massif cristallin des Aiguilles Rouges dont les crêtes s'élèvent au N. O. de la vallée de Chamonix. Les sommets les plus élevés sont la Dent du Midi au N. vers le Rhône, 3285 m. ; vers le lac Leman, la Dent d'Oche, 2220 m., et les Voirons, en face de Genève.

## B. — Le Jura.

La chaîne des monts Jura est formée par un plateau épais de 60 à 70 kilomètres et incliné du N. E. au S. O. Ce plateau est surmonté de chaînons parallèles, qui forment autant de croupes distinctes : 160 d'après Thurmann, et sont séparées par des « combes » et des « cluses » profondes. Ce relief caractéristique du sol est dû à deux causes : le soulèvement des Alpes a produit les plissements du terrain ou combes, le travail d'érosion des eaux a ensuite divisé en anneaux distincts les chaînons parallèles par des cluses. Les montagnes à l'E. de la chaîne sont les plus élevées.

La chaîne du Jura se décompose en trois parties :

1° *Jura méridional*, coupé en deux par le Rhône ; s'étend du lac d'Aiguebelette jusqu'à la cluse de Nantua ;

2° *Jura central*, depuis la cluse de Nantua jusqu'au coude du Doubs ;

3° *Jura septentrional*, qui est tout entier en Suisse et va jusqu'au Rhin.

1° **Le Jura méridional** est le prolongement des montagnes de la Grande-Chartreuse. Au sud du Rhône, ses principaux sommets sont : le mont du Chat, 1497 mètres, et le mont de Vuache, 1111 m. Au N. la crête orientale présente le mont du Grand-Colombier (1534 m.) et le Cret du Nu, 1554 mètres.

Les vallées de cette partie du Jura sont célèbres par leur beauté, le val Romey et le bas Bugey ; à l'ouest de la grande fissure de l'Ain, s'allonge la chaîne élégante de Revermont (560 m.) dont les pentes exposées au S. portent des vignobles.

2° **Le Jura central**, le plus élevé du massif, a comme sommets principaux de sa chaîne orientale le Grand Credo (1620 m.), qui tombe à pic dans le Rhône, le Reculet, 1720 m., le Cret de la Neige, 1724 m., puis cette chaîne appartient à la Suisse et on y voit la Dôle, le Noirmont, et la Dent de Vaulion, qui surplombe le lac de Neufchâtel ; le grand pli qui la sépare de la chaîne parallèle est occupé au centre par la sauvage vallée des Dappes, bornée au S. par le col de la Faucille (1333 m.) au N. par celui de Saint-Cergues (1160 m.).

La seconde crête a pour sommets principaux, en France, le Risoux (1420 m.); en Suisse, le Suchet et le Chasseron ; à l'ouest de ce dernier, le mont Larmont dont le plateau est la clef stratégique du Jura central et domine le val Travers. La forêt de Chaux est une des plus belles sapinières du monde.

La chaîne de l'O. porte le nom de Jura Dôlois (350 m.).

3° **Le Jura septentrional** est incliné dans la direction du S. O. au N. E. dans sa partie concave, c'est-à-dire du côté de la Suisse; les hauteurs qui regardent la France sont au contraire très sensiblement rangées de l'O. à l'E. Les principaux sommets sont, comme dans le reste du système, alignés sur la chaîne la plus orientale.

Le Chasseral se profile à 1609 mètres au-dessus du lac de Bienne ; au-dessus de Soleure, à 1449 mètres d'altitude, se dresse le bel observatoire du Weissenstein, presque aussi bien situé que le Righi. Enfin, prolongeant ces deux chaînes, on trouve la longue croupe du Hauenstein, dont le point culminant n'atteint que 695 mètres. Cette chaîne est traversée par le chemin de fer central de Suisse au moyen d'un tunnel de 2500 mètres de long.

Au delà le Jura d'Argovie n'est qu'une suite d'ondulations caractérisée plutôt par sa composition géologique que par sa hauteur, néanmoins le Geisfluh atteint 963 mètres et, au delà de l'Aar, les Lagern, 864.

A l'ouest du Chasseral s'étend un plateau fortement ondulé où coule la Birse, plateau connu sous le nom général de plateau de Freiberg. Il est terminé au N. par le mont Terrible (998 m.), prolongement du Lomont qui est à l'O., en France. Les montagnes Bleues qui vont jusqu'à Bâle et couvrent notre frontière

ROUTES A TRAVERS LE JURA.

| N° | NOMS DES PASSAGES. | ALTITUDE | VILLES MISES EN COMMUNICATION. | OBSERVATIONS. *défenses.* |
|---|---|---|---|---|
| 1 | Passage du Mont du Chat. | | Belley-Chambéry. | *Fort de Pierre-Chatel.* |
| 2 | Cluses de Saint-Rambert. Culoz. | 500 | Lyon-Genève, par Bellegarde, Seyssel. | Route. *Fort de l'Ecluse.* |
| 3 | Cluses de Saint-Rambert. Culoz. | | Lyon, Vallée de l'Albarine, rive droite du Rhône. Genève. | Chemin de fer. *Fort de l'Ecluse.* |
| 4 | Cluse de Nantua. | | Bourg en Bresse, Nantua, Bellegarde-Genève. | Route. *Fort de l'Ecluse.* |
| 5 | Col de la Faucille. | 1320 | Saint-Claude, Gex, Genève. | Route. |
| 6 | Col de Saint-Cergues. | 1265 | Nyon à Besançon. | Route. *Fort des Rousses.* |
| 7 | Vallée de Joux. | | Des Rousses à Lausanne | Route. |
| 8 | Col de Jougne. | 1153 | Pontarlier à Lausanne. | Route. *Château de Joux.* |
| 9 | Tunnel de Jougne. | | Id. | Chemin de fer. *Château de Joux.* |
| 10 | Col de Bebargue. | | Pontarlier. Yverdun. | Route. |
| 11 | Tunnel de Boveresse. | | Pontarlier-Neufchâtel. | Chemin de fer. *Fort du Larmont.* |
| 12 | Col des Verrières. | 1017 | Pontarlier-Neufchâtel, par le Valtravers. | Route. |
| 13 | Route du Locle. | 1058 | Morteau-Neufchâtel. | Route. |
| 14 | Tunnel de la Chaux de Fonds. | | Morteau-Bienne. | Chemin de fer depuis Le Locle, contourne le mont Chasseral. |
| 15 | Tunnel de Tavannes. | | De Chaux de Fonds à Bâle. | |
| 16 | Col de Seignelegier. | 982 | Saint-Hippolyte à Bienne. | Route. |
| 17 | Passage de Pierrepertuis. | | Porentruy-Brienne. | |
| 18 | Tunnel de Glovelier. | | Id. | |
| 19 | Col du Hauenstein. | 684 | Bâle-Olten. | Route et ch. de fer. |

au N. du mont Terrible sont les dernières hauteurs du Jura suisse.

La chaîne du Jura, couverte de puissantes forêts, habitée par une population robuste, industrieuse, instruite et patriotique, constitue un obstacle militaire de premier ordre. Elle est traversée par 19 passages fort encaissés et plus difficiles que la hauteur relativement modeste du Jura ne pourrait le faire croire. « La hauteur moyenne des cols du Jura par rapport à celle de la ligne de faîte est de 5 à 6 dans la partie méridionale, de 3 à 4 au centre, de 4 à 5 dans la partie nord, tandis que ce rapport est de 2 à 3 dans les Pyrénées de 1 à 2 dans les Alpes. » (Commandant Niox.)

**Avant-monts et terrasses du Jura.** — La chaîne du Jura est entourée d'avant-monts ou de terrasses qui forment la transition, soit au point de vue géologique, soit au point de vue du relief, entre ce système et les systèmes voisins. Ce sont : 1° au S. E., le Noirmont et le Jorat, entre le Jura et les Alpes, au N. O. ; 2° la Trouée de Belfort, entre le Jura et les Vosges, au S. O. ; 3° la terrasse de Bresse et de Dombes, entre le Jura et les Cévennes.

1° LE NOIRMONT ET LE MONT TENDRE commencent à la Dôle, dont ils sont séparés par la route de Saint-Georges. Ils ferment à l'est la vallée de l'Orbe. La hauteur du mont Tendre est de 1680 mètres. Le Jorat est beaucoup moins élevé : il domine le lac de Genève au-dessus de Lausanne ; sa direction est du S. E. au N. O. ; il est séparé du mont Tendre par la profonde dépression par où passe le canal d'Entreroches entre le Léman et le lac de Neuchâtel.

2° LA TROUÉE DE BELFORT est cette région ondulée qui s'étend entre le mont Terrible et le Ballon d'Alsace, le Jura et les Vosges. Cette région est coupée en deux par le cours du Doubs, au-dessus de Montbéliard, et le canal de la Saône au Rhin. Boisée, couverte d'étangs, sillonnée de nombreux ruisseaux, la trouée de Belfort n'a pas de hautes montagnes ; le fort de Giromagny, un des points culminants, atteint 550 mètres.

3° PLAINE DE LA SAÔNE : BRESSE ET DOMBES. A l'ouest, le mont Jura s'incline, s'abaisse jusqu'à la plaine curieuse de la Bresse et de la Dombes. La *Bresse* est une terre d'alluvions disposées en plateaux très ondulés et dont l'ensemble s'élève en pente très douce vers le sud, en sens inverse du cours de la Saône et du Rhône. Le sol est généralement fertile ; la vallée alluviale de la Saône, qui baigne le pied du plateau de la Bresse, est d'une grande richesse et d'une véritable beauté.

La *Dombes*, dans l'angle du Rhône et de la Saône, à l'O. du Revermont, est un plateau incliné du S. E. au N. O. Son sol argileux et siliceux retient l'eau ; de nombreux marécages et étangs, dont beaucoup sont artificiels, s'étendent sur ce pays en forme d'éventail : ce sol pauvre et insalubre a été grandement amélioré depuis deux générations. L'altitude la plus considérable est de 500 mètres.

Plaine du Rhône : Viennois. De l'autre côté du fleuve, à l'angle que forme le Rhône et dont Lyon occupe le sommet, s'étend un plateau pliocène dont l'altitude varie entre 300 et 780 mètres. C'est la terrasse du Viennois, dans son ensemble marécageuse ou sablonneuse; la belle et fertile vallée de l'Isère la borde au S.; à l'E., elle se rattache aux Alpes de Savoie.

*Campagne de* 1871. C'est dans la région de la trouée de Belfort et du Jura septentrional que s'est faite la campagne de 1871. Après les combats d'Orléans du mois de décembre 1870, qui coupèrent en deux l'armée de la Loire, la première armée, réorganisée sous les ordres du général Bourbaki, fut destinée à délivrer Belfort et à se porter sur les communications de l'armée allemande. Mais les chemins de fer transportèrent cette armée si lentement que les Allemands eurent le temps d'envoyer Werder de Dijon à Belfort, et Manteuffel d'Amiens à Langres. Les Français, vainqueurs à Villersexel (8 janvier), à Héricourt (14-15), attaquent vainement les positions de la Lisaine, où s'était retranché Werder. Pendant ce temps, Manteuffel tourne par le plateau de Langres notre aile gauche, s'empare de Dôle et se déploie entre Besançon et Lyon. L'armée, exceptée de l'armistice (28 janvier), fut contrainte de se retirer en Suisse par la route de Pontarlier.

C'est également par la trouée de Belfort que l'armée de Schwarzenberg, en 1814, violant la neutralité de la Suisse, pénétra en France et alla déboucher par Langres dans la vallée de la Seine.

## C. — Les Vosges.

**Géologie.** — La chaîne des Vosges peut se diviser, au point de vue géologique, en deux parties :

Au sud, un noyau granitique de forme à peu près triangulaire, dont la base est appuyée sur les assises jurassiques de la trouée de Belfort, et qui est coupé par une coulée de grès rouge, de syénite et de gneiss. La partie centrale et le nord se composent surtout d'une immense bande de grès des Vosges, dont la largeur augmente à mesure qu'on avance au N., jusqu'à former, à la hauteur de Kaiserslautern, un massif d'une très grande étendue, de couches de terrain de transition ; çà et là quelques faibles bassins houillers, près de Villé-Lalaye, près de Sainte-Croix-aux-Mines, et près du Ballon de Rope, près de Belfort.

**Relief.** — La chaîne des Vosges, parallèle et symétrique à la chaîne de la forêt Noire, s'abaisse brusquement du côté du Rhin, tandis qu'à l'ouest les contreforts de la montagne vont peu à peu se fondre avec les hauts plateaux de la plaine lorraine. On explique avec assez de vraisemblance cette différence de pentes entre les deux versants de la montagne, par cette hypothèse qu'avant l'époque actuelle il y avait une haute montagne là où coule actuellement le Rhin. Le thalweg se serait produit par suite d'un abaissement de la crête ; les plus hauts sommets, en effet, de la chaîne des Vosges ne se trouvent pas tous sur la ligne de partage des eaux ; plusieurs sont à l'est : ce sont comme des témoins de l'ancienne montagne qui ne se sont pas écroulés. Du côté de l'Est se trouvent les plus pittoresques hauteurs, couronnées comme sur les bords du Rhin de vieux burgs ruinés, taillés, pour la plupart, dans le roc même qui les supporte, et surveillant la riche plaine d'Alsace.

Le versant lorrain est le côté des anciens glaciers, aujourd'hui celui des pluies ; il pleut trois fois plus à Vesoul qu'à Colmar.

La chaîne des Vosges porte différents noms, depuis le point où elle quitte le Jura jusqu'à Mayence :

1° Du Ballon d'Alsace au Donon, elle s'appelle les hautes Vosges ;
2° Du Donon à Bitche, les basses Vosges ;
3° De Bitche au Rhin, la Haardt.

Nous allons étudier successivement chacune de ces sections, en indiquant les points culminants, les passages et les cols.

1° **Hautes Vosges**. — Cette partie de la chaîne présente le plus d'épaisseur et les sommets les plus élevés : le massif a de 60 à 70 kilomètres de largeur. Immédiatement au-dessus de Belfort s'élèvent les sommets : la Tête-de-Moine, 840 mètres ; le Bärenkopf, 1077 ; le Ballon d'Alsace, 1244, et le Ballon de Servance, 1189. Entre ces deux sommets, un col qui fait communiquer la vallée de la Moselle avec celle de la Savoureuse, le col des Charbonniers, où passe un sentier presque impraticable, est à 1105 mètres, puis le mont Cresson, 1249 ; la tête des Neuf-Bois, 1234 ; le col de Bussang, 754 ; le Drumont, 1226 ; le col d'Oderen, 885 ; le Grand Ventron, 1209 ; le col de Bramont, 750 ; le Rheinkopf, 1319 ; le Hoheneck, 1366 ; le col de la Schlucht, 1100. La crête présente alors des sommets de granit qui dépassent 1200 mètres (Montabec, le Tanet, Lenzberg, Reisberg) ; à l'O., s'étend un plateau que l'on nomme les Hautes-Chaumes ; à l'est, quelques petits lacs. Le col d'Orbey, que l'on trouve ensuite, est à 1100 mètres, puis le col du Bonhomme, à 949 ; le grand Rein, le Rossberg, 1120 ; avec le col de Sainte-Marie-aux-Mines, 780 ; le haut des Héraux, le col d'Urbeis, 622, et la côte de Climont, qui est comme une borne après laquelle la crête fait un rentrant vers l'ouest jusqu'au point de rencontre de cinq cols qui convergent à Saales, 558 mètres; c'est un des points les plus importants de cette chaîne. La crête reprend la direction du nord; mais déjà les sommets sont bien moins élevés. Citons la Noire-Côte, la Chatte-Pendue, 900 mètres; la Corbeille, 806, et enfin le Donon, 1010, au nord duquel se trouve un col à l'altitude de 740 mètres.

Contreforts des Hautes Vosges. — De nombreux contreforts détachés à l'Est et à l'Ouest forment comme les arêtes de ce dos de montagne. Ceux de l'Est sont courts, mais élevés et couverts d'immenses forêts.

a. Entre le Doller et la Thur, avec le Rossberg, 1196 mètres.

b. Au N. de la Thur, partant du Rothenbach avec une altitude supérieure à 1240 mètres, et des sommets comme le Storkenkopf, 1365 mètres, ce contrefort aboutit au ballon de Guebviller, le géant de tout le système, 1426 mètres.

c. Au N. de la Lauch, un vaste massif s'étendant en éventail jusqu'à la Fecht avec les sommets du Lauch Kopf ou Wissort, 1318 mètres. Kahlenwasser ou Petit-Ballon et Hohenstaufen, 896 mètres.

d. Entre la Fecht et la Weiss avec le Kuhberg, 1040 mètres.

e. Entre la Weiss et la Liepvrette (Leber) avec le Bressoir, 1251 mètres.

f. Entre la Liepvrette et la Giesen avec l'Altenberg, 880 mètres.

g. Entre la Giesen et la Breusch, autre massif en éventail avec le Hochfeld, 1065 mètres, la Ungersberg, 904 mètres, la forêt de Barr, la Bloss, 819 mètres.

Les contreforts de l'Ouest, bien moins élevés, sont pourtant d'un grand intérêt tant au point de vue orographique qu'au point de vue militaire, ce sont :

a'. Se détachant du Ballon de Servance, une longue chaîne bien marquée d'une altitude moyenne de 700 mètres, bornant au S. la vallée de la Moselle.

b'. Entre la Moselle et la Moselotte, partant du Drumont, une autre chaîne qui a des sommets de 8 à 900 mètres, avec la forêt du Géant et celle de Longegoutte.

c'. Entre la Moselotte et la Vologne, un massif très épais d'une importance stratégique considérable : sommets Rondfeing, 1062 mètres (général Cambriels, 1870), montagne de Gérardmer, 1093 mètres.

d'. Entre la Vologne et la Meurthe, un massif fort découpé par les nombreux cours d'eau qui grossissent ces deux rivières ; la partie la plus importante de ce massif est entre le mont Avison

(601 m.) près de Bruyères et le mont Kemberg près de Saint-Dié ; d'immenses forêts couvrent au N. les pentes de ces montagnes : Forêts de Mortagne, de Saint-Benoît et de Sainte-Barbe.

e'. Depuis la source de la Meurthe (col du Bonhomme jusqu'à celle de la Vezouse (Donon), les contreforts sont moins élevés : le mont Ormont, au-dessus de Saint-Dié, a 890 mètres ; le Grand Brocart ne dépasse pas 819 mètres. Trois grandes forêts également couvrent cette région : forêts de Celles, des Elleux et du Clos.

2° **Basses Vosges**. — Cette chaîne est beaucoup moins haute, beaucoup moins épaisse, à l'exception du Prancey, 1024 mètres, du Katzenberg, 914 ; du Hengst et du Schneeberg, 902 et 967 mètres ; les sommets ne dépassent pas de 4 à 500 mètres.

Sur les deux versants, les superbes forêts d'Oedenwald, de Dabo, que les Allemands percent de nombreuses routes empierrées ; le col de Saverne, 280 mètres ; celui de Phalsbourg, 428 mètres ; la Grosse Ebenung, 417 mètres ; le col de la Petite-Pierre, 379 mètres ; le mont Anglais (Englischberg), 590 mètres, au N. E. duquel une série de plateaux que traverse la route du Koesberg (retraite de Mac-Mahon, 1870). On trouve ensuite quelques sommets qui dépassent 500 mètres ; le Lichtenberg atteint 688 mètres, puis on arrive à la vallée du Falkensteiner, où se terminent les Vosges proprement dites.

Les contreforts sont peu importants.

3° **La Haardt** (Grès bigarré et craie tertiaire. Climat fort rude.) — La Haardt ou Vosges du Palatinat est un massif assez découpé dont les cimes sont plus hautes que dans les Basses Vosges. « Les croupes boisées forment encore des plateaux, mais ceux-ci sont découpés par des vallées étroites profondément encaissées, forment des défilés boisés et rocheux sans dégagements latéraux ; ils se terminent toujours plus brusquement sur la vallée du Rhin que sur le versant Nord-Ouest, les parties hautes sont peu peuplées et improductives, aussi est-ce un obstacle plus sérieux et plus difficile à franchir que bien des parties de la chaîne des Vosges [1]. » Deux dépressions, l'une est la vallée de Pirmasens et de la Queich ; l'autre, le plateau de Kaiserslautern avec le col de Frankenstein, cette partie, autrefois occupée par un lac, l'est aujourd'hui par une tourbière, le Landstuhler Bruch.

Un peu au Nord se dresse le mont Tonnerre (Donnersberg), massif porphyrique, dont le sommet est à 700 mètres ; il a la forme d'un sarcophage et a servi de forteresse à une époque antéhisto-

---

1. Hue, *Cours de Géographie de l'École militaire de Saint-Cyr.*

## ROUTES A TRAVERS LA CHAINE DES VOSGES.

| N° | | Longueur en mètres. | |
|---|---|---|---|
| | **Du Ballon au Donon.** | | |
| 1 | Route du Ballon. | 1158 | Remiremont (Moselle) à Belfort (Savoureuse). |
| 2 | — du col de Bussang. | 734 | à Saint-Amarin (Thür). |
| 3 | — de Oderen. | 885 | par la vallée de la Moselotte. |
| 4 | — de Bramont. | 1100 | Gérarmer (Vologne) à Münster (Fecht). |
| 5 | — de Schlucht. | 1100 | Valtin (Meurthe) à Kaysersberg (Weiss). |
| 6 | Chemin d'Orbey. | 949 | Saint-Dié (Meurthe) à |
| 7 | Route du col du Bonhomme. | 780 | à Sainte-Marie (Lieporette). |
| 8 | — de Sainte-Marie aux Mines. | 622 | à Villé. |
| 9 | Route d'Urbeix. | 558 | Puis de Bourg-Bruche à Villé. |
| 10 | — de Saint-Dié à Saales. | 558 | — de Saales à Schirmeck (Bruche). |
| 11 | — de Raon l'Etape à Saales. | 558 | |
| 12 | — de Senones à Saales. | 621 | — à Villé (par le ban de la Roche). |
| 13 | — de — à Saint-Blaise. | 740 | Raon-l'Etape (Meurthe) à Schirmeck (Bruche). |
| 14 | — de Donon. | 985 | Blamont (Vezouze) à Mutzig (Bruche). |
| 15 | — du Prancey. | | Nancy à Saverne (tunnel d'Arschwiller), 2800 m. |
| 16 | Canal de la Marne au Rhin. | 280 | Sarrebourg à Saverne |
| 17 | Chemin de fer au défilé de Lutzelbourg. | 428 | (Sarre) à Saverne (Zorn). |
| 18 | Route de Phalsbourg à Saverne. | 579 | Saar-Union (Sarre) à Ingwiller (Moder). |
| | **Du Donon à Bitche.** | | |
| 19 | — du col de la Petite-Pierre. | | |
| 20 | — de Puberg. | 400 | Sarreguemines (Sarre) à Ingwiller (Moder). |
| 21 | — du Koesberg. | | à Haguenau |
| 22 | Chemin de fer de Bitche à Niederbronn. | 418 | Et à Haguenau (Moder). |
| 23 | Route de | 418 | Par Oberstenbach et le col du Pigeonnier (547 m.). |
| 24 | — de Bitche à Wissembourg. | | Puis de là à Wissembourg d'une part, à Landau, de l'autre. |
| 25 | — de Zweibrücken à Reuter Werdenthal. | | |
| 26 | Chemin de fer. | | |
| 27 | Route de Neuehkirchen à Kaiserslauter. | | |
| 28 | Chemin de fer | | |

rique, comme l'attestent les restes d'un rempart de 4 kilomètres de tour et des monnaies celtiques qu'on y retrouve.

Le plateau qui s'étend entre le mont Tonnerre et le Rhin à son coude de Mayence-Bingen n'a que 320 m. d'altitude, encore est-il découpé par des vallées nombreuses ; c'est un point de passage entre la France et l'Allemagne ; il a été complètement déboisé.

De même jadis on a abattu les forêts du Westrich qui se trouve à l'ouest de la Haardt ; on essaye de réparer cette erreur ; un massif montagneux et boisé, le Koller-Thäler-Walder, s'étend entre Neuenkirchen et Sarrelouis ; puis à l'Est de larges plateaux, et vers la source de la Blies, les bassins de Sanct-Wendel et de Saarbrucken, dont le dernier contient plus de 160 couches de houille.

Le fossé de la Nahe sépare de la Haardt les escarpements du Soonwald, du Hochwald, qui borne la Moselle, et du Hundsrück (de 600 à 800 m.).

INDICATION SOMMAIRE DES CAMPAGNES QUI ONT EU POUR THÉATRE LA LIGNE DES VOSGES. — *Campagne de* 1674. Turenne, dans la première partie de la campagne, parvient à se maintenir sur la rive droite du Rhin ou en Alsace, malgré la supériorité de l'ennemi et la connivence des Strasbourgeois qui ouvrirent leur pont. Après la bataille indécise d'Entzheim, Turenne prit position entre la Zorn et la Moder et sut se maintenir ; il repasse les Vosges par le col de la Petite-Pierre le 29 novembre, et commence immédiatement une campagne d'hiver pour surprendre l'ennemi. Il arrive à Belfort le 27 décembre, rejette de Mulhouse sur Bâle un corps ennemi de 10 000 hommes ; le 4, il rencontre Beurnonville à Colmar, le tourne par la droite, le bat en une heure à Türkheim, et délivre l'Alsace. Il eût pu achever sa campagne en trois jours au lieu de six, depuis son arrivée à Belfort jusqu'à la bataille de Türkheim.

*En 1793. Campagne dans le Palatinat bavarois.* Pendant la guerre de la première coalition, à la fin de 1793, les deux armées du Rhin (Pichegru) et de la Moselle (Hoche) reçurent l'ordre de débloquer Landau que Wurmser assiégeait. Pichegru attaqua les Impériaux de front du côté de Wissembourg ; Hoche les tourna par les routes et les sentiers des Vosges, emporta les redoutes du Geisberg ; et, commandant en chef, battit les Allemands à Frœschwiller, débloqua Landau, et délivra le territoire (26 décembre).

*Campagne de* 1870. Les armées françaises étaient divisées en deux par les Vosges, mais de manière à être coupées en cas de désastre, tandis que les Allemands pouvaient tout au plus être rejetés les uns sur les autres. Les Français furent écrasés séparément : 4 août, Douay écrasé sur la Lauter ; 6 août, Mac-Mahon battu dans la position de Frœschwiller, évacue les Vosges par Saverne et le Koesberg.

6 août. Frossard écrasé à Spickeren ; retraite, 14 août ; deux corps restés sur la rive droite de la Moselle sont attaqués, ce qui arrête la retraite et permet à l'ennemi de nous prendre en flanc à Rezonville, 16 août ; par la bataille de Saint-Privat, le 18, nous sommes rejetés dans la place de Metz.

Conclusion. Les Vosges aujourd'hui forment comme la courtine de l'immense forteresse allemande, Strasbourg, Metz ; les passages les plus faciles et les plus importants sont entre les mains de l'ennemi ; ces montagnes nous rendent presque impossible l'offensive en cas de guerre, et gênent considérablement notre défensive. Les forts qu'on a construits en arrière sur la haute Moselle ne sont guère que des forts d'arrêt. En cas de lutte, nous ne pourrons conserver ces positions que si le succès nous sourit tout d'abord ; sinon, il faudra reporter le théâtre de la lutte à l'Ouest ou au Sud, sur Verdun ou Langres.

### D. — Ligne de partage des eaux.

La fameuse ligne de partage des eaux de l'Europe, cette crête idéale qui, de l'Oural au détroit de Gibraltar, était supposée délimiter nettement le versant du N. et celui du S., n'existe guère que dans l'Europe centrale, et surtout en France. Des Vosges méridionales en effet jusqu'aux Pyrénées, il est facile de reconnaître avec de très nombreux détours, il est vrai, un véritable faîte. Une sorte de muraille aux angles rentrants en nombre considérable, partage en deux parties inégales notre sol national ; la nature n'a pratiqué nulle part de passage parfaitement horizontal entre le réseau hydrographique du Rhône et celui des autres fleuves. Elle s'est contentée d'indiquer d'avance les seuils que les ingénieurs ont dû ensuite abaisser ou percer.

Cette chaîne est formée de massifs distincts par leur constitution géologique, leur direction, leur relief :

I. Les monts Faucilles, des sources de la Moselle à celles de la Meuse (110 kil.).

II. Le plateau de Langres, des sources de la Meuse à celles de la Seine (mont Tasselot, 80 kil.).

III. La Côte d'Or, des sources de la Seine à celles de la Dheune, seuil de Chagny (80 kil.).

IV. Le plateau central et les Cévennes du seuil de Chagny au col de Naurouse (475 kil.).

V. Les Corbières occidentales, du col de Naurouse au pic de Carlitte (120 kil.).

VI. Les Pyrénées centrales et occidentales.

Les Faucilles, le plateau de Langres et la Côte d'Or appartiennent au terrain jurassique ; les Cévennes forment un tout avec le plateau central de la France, dont elles sont le rebord oriental ; les Corbières ne sont qu'un contrefort des Pyrénées.

I. **Les Monts Faucilles.** — A leur extrémité méridionale les Vosges s'appuient sur de hautes coupoles granitiques qu'on nomme Ballons ; l'axe de soulèvement de ces montagnes se prolonge à l'O. par une chaîne composée d'abord de granit, puis de grès des Vosges ; enfin de terrains jurassiques et reproduisant ainsi de l'E. à l'O. la constitution géologique des Vosges du S. au N. Dans la partie orientale les hauteurs atteignent 600 mètres et gardent la forme des ballons vosgiens, puis les croupes s'allongent à mesure que la hauteur diminue, et enfin vers leur extrémité occidentale, les Faucilles méritent à peine le nom des monts, ce sont des plateaux marécageux d'où suintent les eaux de la Meuse au N., des affluents de la Saône au S.

Les Faucilles sont renommées pour les eaux minérales qui jaillissent dans les plus pittoresques de leurs vallées ; Contréxeville, Plombières et Bourbonne-les-Bains sont les principales stations ; le nom de la dernière prouve qu'elle était déjà dédiée du temps des Gaulois au dieu des eaux bouillonnantes, le bienfaisant Borbo. La montagne qui la domine et qui porte le nom d'un dieu romain, le mont Mercure, a 444 mètres.

II. **Le Plateau de Langres.** — C'est la clef stratégique du bassin de la Seine et de celui de la Haute-Saône. Rien n'est plus curieux que d'étudier sur une carte, à une grande échelle, l'opposition des hautes vallées de l'Amance et de la Meuse, du Salon et de la Marne, de la Vingeanne et de l'Aube, de la Tille et de l'Ource. Profondément raviné par ces eaux torrentielles et désolé par les vents qui s'y heurtent avec violence, ce plateau est d'un aspect morose. La ville de Langres elle-même, entourée de ses remparts et de ses forts détachés, s'élève à 475 mètres au-dessus du niveau de la mer. Le Haut-du-Sec n'a que 516 mètres ; le mont Aigu aux sources de l'Ource, que 500. Il se termine du côté du S. O. en pentes escarpées ; au delà ce n'est plus qu'une haute plaine à peine ondulée.

III. **La Côte d'Or.** — Pour les paysans bourguignons, et pour bien d'autres, la Côte d'Or est ce massif de nature et d'aspect jurassique qui est encadré entre le canal du Centre, la ligne P.-L.-M. de Chagny à Dijon, le cours de l'Ouche et le railway de Pont-d'Ouche à Épinac, et comme c'est seulement sur le flanc S. E. de cette heureuse contrée que se trouvent Chambertin et Vougeot, Beaune et Pomard, la vraie Côte d'Or, c'est seulement cette côte-là; mais pour les géographes la chaîne qu'on désigne par ce nom est plus étendue. Elle commence au mont Tasselot, à qui 608 mètres suffisent pour dominer toute la contrée avoisinante, et se prolonge au S. S. O. par des mamelons parallèles. Les points culminants sont le mont Moresol aux sources de l'Armançon (520 m.), le Bois-Janson à l'O. de Nuits (656 m.).

L'Ouche coupe longitudinalement ce massif et laisse à l'E. la vraie Côte d'Or, dont les mamelons jurassiques s'élèvent nettement au-dessus du terrain d'alluvion de la plaine de Saône. La partie située au N. de la petite rivière du Meuzin porte le nom de côte Nuitonne ou de Nuits; au S., de côte Beaunoise ou de Beaune.

Le seuil de Chagny, qui termine la Côte d'Or au S. et dont l'arête de partage est marquée par l'étang de Longpendu, a pris une importance énorme dans les vingt dernières années. Le développement des villes industrielles de la région d'Autun, la concentration à Bourges d'une partie de notre matériel de guerre, et l'importance stratégique qu'on attribue aujourd'hui au Morvan, font de ce passage une des clefs de la France centrale.

| CHAINES TRAVERSÉES. | N° | POINT DU PASSAGE. | ALTITUDE | VILLES OU VALLÉES RÉUNIES. | DÉFENSES. |
|---|---|---|---|---|---|
| FAUCILLES | 1 | Dounoux. | 400 | Épinal, Port-sur-Saône. | Épinal. |
| PLATEAU DE LANGRES | 2 | Tunnels de Chalindrey. | 520 | Langres, à Chalindrey, de là : 1° Mulhouse; 2° Gray; 3° Dijon. | Langres. |
| CÔTE D'OR | 3 | Tunnel de Blaisy (4100). | | Paris à Dijon. | Dijon. |
| Id. | 4 | Tunnels de Nolay (1200). | | Nevers, Autun, Chagny | Chagny. |
| Id. | 5 | Seuil de Chagny. | | Nevers, Le Creuzot, Dijon. | Id. |

Il existe de plus un chemin de fer d'Épinac au Pont d'Ouche; c'est une ligne industrielle réservée au service des usines de cette région.
Deux canaux traversent la chaîne de la Côte d'Or, celui de Bourgogne et celui du Centre.

CHEMINS DE FER DES VOSGES AUX CÉVENNES. — Les routes qui mettent le bassin de la Saône en communication avec ceux de la Mosell[e,] de la Meuse et de la Seine sont si nombreuses que leur étude e[st] plutôt du domaine de la topographie. Nous les passerons donc so[us] silence, nous contentant de donner un tableau des lignes de chem[in] de fer qui existent actuellement.

IV. **Le Plateau central et les Cévennes.** — Le platea[u] central commence, à proprement parler, au seuil de 301 mètr[es] par lequel passe le canal du Centre; il se termine à l'autre seu[il,] celui du canal de Midi, au col de Naurouse, dont l'altitude est pl[us] faible encore (191 m.).

Ainsi, au N. et au S., deux dépressions assez profondes isole[nt] le bassin central des autres contrées et creusent comme un fos[sé] au pied de ses deux bastions avancés.

Ces deux points extrêmes sont éloignés de 550 kilomètres; i[ls] nous donnent la base du grand plateau. Sur cette large étendue d[e] pays court une chaîne de montagnes aux aspects divers qu'o[n] nomme les Cévennes, et qui forment le rebord oriental du gran[d] plateau granitique et porphyrique : ces montagnes dominent fière[-]ment la vallée du Rhône, elles sont fort escarpées du côté de l'[E.] Vers l'O., au contraire, elles s'abaissent en pentes plus douces [sur] les contreforts ou les plateaux qui s'appuient à la montagne voi[sine] en formant un plan incliné jusqu'aux sources de la Charente. L[a] distance de l'E. à l'O. est de 300 kilomètres. — La superficie es[t] de 80 000 kilomètres carrés, le sixième de la France.

Ce plateau de porphyre et de granit se laisse difficilement péné[-]trer par les eaux; il présente donc une multitude de vallées, a[u] fond de chacune desquelles glissent des ruissseaux. Des fleuves s[e] forment ainsi, qui ont profondément entaillé la surface, creus[é] de profondes et larges tranchées, ou même, à des époques anté[-]rieures, formé d'immenses lacs aujourd'hui desséchés et transfor[-]més en riches plaines.

Le feu intérieur a modifié aussi profondément la forme primitiv[e] de ce grand plateau : d'effrayantes éruptions ont soulevé sur diver[s] points la surface, la croûte granitique du plateau. Des volcans s[e] sont alignés en chaînes d'une frappante régularité. Ces deux causes [l']érosion des eaux et l'expansion des matières ignées, creusant ici, édifiant là, ont donné au plateau central le relief qu'il a aujour[-]d'hui.

Nous avons donc :

D'abord la chaîne des Cévennes, le talus oriental du plateau. Du centre de cette chaîne rayonnent, au N., la Loire; au N. O., l'Allier; à l'O., le Lot; au S. O., le Tarn.

La Loire et l'Allier ont creusé deux énormes et larges fossés : la

Loire, le bassin industrieux de Saint-Étienne, les vallées charmantes du Lignon ; l'Allier, la riche Limagne ; entre ces deux vallées, comme témoins restés debout de l'ancien niveau, les chaînes du Velay, du Forez et de la Madeleine.

Au S. O., le Lot et le Tarn ont creusé les Causses.

Au centre, les volcans éteints.

**Chaîne des Cévennes.** — On divise la chaîne des Cévennes en huit sections, qui sont :

1° Les monts du Charolais,
2° Les monts du Beaujolais, } *Cévennes du Nord.*
3° Les monts du Lyonnais,

au N., entre l'étang de Longpendu et les sources du Gier.

4° Les monts du Vivarais et 5° les monts du Gévaudan, qu'on désigne aussi sous le nom de *Cévennes proprement dites*, depuis les sources du Gier jusqu'aux sources de l'Hérault.

6° Les monts Garrigues, 7° les monts de l'Espinouze et 8° la Montagne Noire formant les *Cévennes méridionales* jusqu'au col de Naurouse.

### Cévennes du Nord.

1° MONTS DU CHAROLAIS. — Les montagnes du Charolais vont de l'étang de Longpendu aux sources de la Grone (Saône) et du Sornin (Loire). Leur direction est du N. au S. ; leur longueur : 58 kilomètres ; leur constitution géologique : granitique au sommet, jurassique sur les flancs ; leur relief : des pentes assez douces, plus accentuées pourtant du côté de l'E., comme pour la grande majorité de montagnes de France. La hauteur moyenne est de 5 à 600 mètres ; leurs points culminants : Haute-Joux, 994 mètres ; l'Aiguillette, 1851 ; le mont Saint-Vincent, 603 ; leur richesse consiste surtout en la belle race de bœufs charolais que nourrissent les gras pâturages des vaux d'Arconce.

2° MONTS DU BEAUJOLAIS. — Les montagnes du Beaujolais sont moins longues, mais plus élevées.

Elles commencent aux sources de la Grone et vont jusqu'aux sources du Gand qui se jette dans le Rhin (Mont Tarare) ; 36 kilomètres de développement du N. au S.

Elles sont, en revanche, assez larges ; leurs crêtes parallèles, leurs vallées longitudinales forment un massif dont la largeur est de plus de 40 kilomètres. Les roches sont porphyriques ; les croupes sont généralement boisées ; les côtes de l'E. donnent le vin de Beaujolais.

Les sommets les plus élevés sont le mont d'Ajoux, 1012 mètres ; le mont Pinay, 881 mètres.

Du mont d'Ajoux se détache au N. E. une chaîne qui court su[r] la rive droite de la Grone, sous le nom de monts du Mâconnais. Leu[r] point culminant est le mont d'Avenus au N. de Beaujeu, 850 mètres.

3° Monts du Lyonnais. — Ces montagnes sont formées de gneiss; elles commencent par la montagne de Tarare dont le point culminant est de 1004 mètres et vont jusqu'à la cassure où le Gier prend sa source, et par où le bassin houiller de Saint-Étienne se prolonge en pointe jusqu'au Rhône ; c'est la vraie limite géologique entre les Cévennes du nord et les Cévennes du centre. La crête de ces montagnes s'étend en vastes plateaux d'où rayonnent des contreforts courts, abrupts, qui se terminent par des pentes de 4 à 500 mètres sur la Saône et le Rhône. Elles sont découpées perpendiculairement à l'axe de la crête centrale par des vallées pittoresques. Le mont d'Or a 625 m.

Ces trois groupes de montagnes devraient s'appeler chaîne de Saône-et-Loire; ces deux cours d'eau, en effet, limitent exactement la région des montagnes par leur cours dirigé en sens inverse, et la ligne de faîte se trouve à peu près à égale distance des deux thalwegs. Le grand nombre de routes et de chemins de fer qui y convergent de l'O. en font une véritable citadelle, poste avancé du plateau central, où la défensive trouverait de précieuses positions.

### Cévennes proprement dites.

4° Monts du Vivarais. — Les Cévennes proprement dites décrivent un arc de cercle du N. au S. O. C'est pour ainsi dire l'épine dorsale de la France, l'aspect que présente cette chaîne sur une carte en relief donne, en effet, exactement l'image d'une suite de vertèbres, sur laquelle viennent se souder, comme autant de membres, les contreforts qui rayonnent de tous côtés.

Les montagnes du Vivarais jouissent d'une réputation méritée de beauté austère et imposante. Elles commencent, du reste, par un massif énorme de gneiss et de granit; le mont Pilat, dont le point culminant est le Crêt de la Perdrix, 1434 mètres. C'est la première cime un peu élevée depuis les Vosges, aussi elle condense les pluies et, comme l'hirondelle de la fable, annonce les orages devant qu'ils ne soient « éclos ». La crête se continue au S. par la chaîne en zigzag des Bouttières, dont les sommets sont : le Pyfara (1385 m.), le Grand Felletin (1590 m.). Cette chaîne est terminée au S. par une autre borne gigantesque, le mont Mézenc dont les beaux pâturages, rendez-vous estival de troupeaux sans nombre, recouvrent des cratères comblés, des blocs de basalte et de trachyte, est le point culminant de toute la chaîne de partage entre les Alpes et les Pyrénées.

« Des sommets du Mézenc on découvre à l'O. tous les cratères éteints du Velay et du Cantal ; à l'E., les montagnes bien cultivées de l'Ardèche, les Alpes du Dauphiné et de la Savoie, au-dessus desquelles, quand le temps est clair, se montre dans la région des nuages le gigantesque mont Blanc. Au S., c'est d'abord le Gerbier-de-Jonc, masse bizarre, jetée en quelque sorte au milieu de montagnes crevassées et de crêtes aiguës ; puis, au loin, autour du mont Ventoux, les plaines de la Provence qui attirent les regards. Au S. O. le lac d'Issarlès est assombri par les montagnes qui l'environnent ; au N. on aperçoit le petit lac de Saint-Front et les plaines de la Bresse. » (Joanne.) Le Mézenc s'élève à 1754 mètres. C'est la plus haute cime sur la chaîne de partage des eaux.

Au delà de la croix des Boutières se dresse, au S. du Mézenc, le mont Gerbier-de-Jonc jusqu'à 1554 mètres ; la Loire y prend sa source et coule dans la direction du S. jusqu'à ce qu'elle soit arrêtée par l'énorme volcan éteint qu'on appelle le Suc de Bauzon, sur le flanc oriental duquel dort le lac Ferrand. Après, viennent la Forêt de Bauzon au S. O., et la Cime de Bauzon où commencent les monts du Velay.

Les contreforts des monts du Vivarais sont, à gauche : *a*. La *chaîne des Coirons*; elle se détache du mont Gerbier-de-Jonc et court droit au S. E. entre la vallée de l'Ouvèze et celle de la haute Ardèche. Sa crête est d'origine volcanique, mais elle a été en partie ruinée par l'action des eaux, son point culminant est le roc de Gourdon (1061 mètres); on y visite beaucoup la Balme de Montbrul, une des plus curieuses colonnades basaltiques, percées de grottes qu'ont habitées les troglodytes de l'âge de pierre.

*b*. Du Suc de Bauzon part un court contrefort qui se termine par *la coupe d'Aizac*, un des cratères les mieux conservés de cette région : au pied, jaillissent les sources fameuses de Vals.

*c*. De la Cime de Bauzon partent, à l'O., *les roches d'Abraham* qui se terminent par la Gravenne de Soulhiol, volcan éteint, de forme conique, de couleur rouge.

*d*. *Le Tanargue* s'appuie sur la même cime au S. E. par une culée de 1519 mètres, sa muraille escarpée se contourne de l'O. à l'E. et se termine par la Coupe de Jaujac dont le cratère est aussi presque intact.

Les contreforts de droite sont :

*a'*. Du Mézenc entre le Lignon et la Loire, *le mont Meygal*, d'une richesse d'architecture admirable avec le lac de Saint-Front à 1252 mètres. Le sommet du Meygal atteint 1438 mètres.

*b'*. *Les monts du Velay* dont il sera question plus tard.

5° Monts du Gévaudan. — Les Monts du Gévaudan commencent

aux sources de l'Allier et du Chassezac et vont jusqu'à celles de l'Hérault, sur une longueur de 50 kil. Elles appartiennent aux terrains primitifs. La *Lozère*, leur premier massif, a l'aspect d'une véritable montagne et s'élève jusqu'à 1702 mètres au signal de Finiels au S. et à l'E.; mais au N. et à l'O. s'étendent des plateaux désolés, la sombre région connue sous le nom de « Palais du Roi » massif d'une altitude moyenne de 1400 mètres et où s'appuient les montagnes de la Margeride au N. O.

Un contraste frappant existe entre les Cévennes du côté du S. et les causses. Les montagnes sont très escarpées du côté du Rhône et formées de rameaux très courts, ainsi le *mont Baugès* (1424 m.) au-dessus de Florac et le *mont Aigoual* d'où partent l'Hérault, le Tarnon et la Dourbie (1567 m.). Ce versant forme la région la plus sauvage du Gévaudan; de nombreuses forêts, repaires de loups, existent encore sur un grand nombre de ces croupes (forêt de Mercoire, mont du Goulet). Du côté du N. les Cévennes forment terrasse. D'immenses plateaux calcaires profondément ravinés s'étendent depuis la Dourbie jusqu'au Lot; on leur donne le nom de *causses*. Le causse de Larzac au S. de la Dourbie, le causse Noir entre cette rivière, le Tarn et la Jonte. Le causse Mégean le plus vaste, le plus haut, le plus froid, le plus désert : il est presque complètement isolé par d'immenses abîmes au fond desquels coulent les rivières. Au N. du Tarn le causse de Sauveterre qui va jusqu'au Lot. Au delà de cette rivière le terrain redevient volcanique, les montagnes d'Aubrac s'étendent en arc de cercle profondément dentelé et raviné, le point culminant est à 1471 mètres, le Puy de Mailhebiau.

Cévennes méridionales.

6° MONTS GARRIGUES. — Ces montagnes vont de l'Hérault à l'Orb sur une longueur de 42 kil., elles sont granitiques et doivent leur nom aux chênes kermes ou « garrus » qui y abondent; ce sont les arcs-boutants méridionaux de la région des causses. — On y remarque l'Espérou (1420 m.) et les monts de la Séranne.

L'extrémité S. O. des monts Garrigues est bordée d'épais dépôts houillers, dans la vallée de l'Orb se trouve le bassin de Graissessac.

7° MONTS DE L'ESPINOUZE. — Il y a peu de chose à dire des monts de l'Espinouze. Cette chaîne n'a pas d'originalité géologique ; le calcaire jurassique domine au N. E.; le granit au S. O.; sur les flancs le schiste s'est déposé en épais feuillets. Sa hauteur est de 1000 à 1100 mètres; sa largeur, 56 kilomètres. Elle est couverte de nombreuses forêts de châtaigniers. Les monts de la Caune avec le Mont Grand (1266 m.) doublent au N. la chaîne de l'Espinouze.

Une dépression de 450 mètres d'altitude qu'on appelle le col de la Fouille sépare les monts d'Espinouze de la montagne Noire.

8° MONTAGNE NOIRE. — Orientée de l'E. à l'O., très escarpée, couverte de bois, composée de roches granitiques, la Montagne Noire sur une longueur de 40 kil. forme d'abord une sorte de barrière entre le N. et le S. du Languedoc; elle culmine à 1210 mètres par le pic de Nore, et se continue par le coteau de Saint-Félix, dont les eaux, captées dans des réservoirs imposants, sont emmenées par des rigoles au point de partage, au seuil de Naurouse, grande porte entre la Garonne et le Rhône (190 m.) par où passent la grande route, le chemin de fer et le canal de Toulouse à Carcassonne.

Là se termine la chaîne des Cévennes.

CHEMINS DE FER A TRAVERS LES CÉVENNES. — En résumé les Cévennes dans presque toute leur longueur opposent une puissante barrière qui coupe la France du Midi en deux parties distinctes. Pendant longtemps la séparation a été presque complète entre la vallée du Rhône et celle de la Haute-Loire : aujourd'hui s'il n'y a pas encore de canal à travers les Cévennes, on les a percées en revanche de nombreuses routes en lacets, dont le parcours est à la fois facile et pittoresque ; enfin plusieurs lignes transversales de chemins de fer mettent en communication les deux grandes branches de P.-L.-M., celle qui descend le Rhône et celle qui remonte l'Allier.

| CHAINES TRAVERSÉES. | Nos | NOMS DES PASSAGES. | ALTITUDE. | VILLES OU VALLÉES RÉUNIES. | LONGUEUR DES TUNNELS. |
|---|---|---|---|---|---|
| | | | m | | m. |
| MONTS DU CHAROLAIS... | 1 | Seuil de Chagny. | 301 | Paray-le-Monial (Bourbince).—Chagny. | |
| | 2 | Tunnel de la montagne de Vaux. | | Charolles. — Mâcon. | 527 |
| MONTS DU LYONNAIS.... | 3 | Tunnel des Sauvages, sous le mont Tarare. | 725 | Roanne. — Lyon. | 2926 |
| | 4 | Tunnel de Viricelles. | 514 | Montbrison. Lyon. | 625 |
| | 5 | — de Terre-Noire. | | St-Étienne. — Lyon. | 1298 |
| MONTS DU GÉVAUDAN.... | 6 | — de la Bastide. | 1030 | Brioude à Nîmes. | 895 |
| MONTS GARRIGUES...... | 7 | — de l'Orb. | | Millau à Bédarieux. | |
| COTEAU DE SAINT-FÉLIX.. | 8 | Seuil de Saint-Félix. | | Castres. — Castelnaudary. | |
| | 9 | — de Naurouse. | 189 | Toulouse. — Castelnaudary. — Cette. | |

**Chaîne entre Loire et Allier.** — Cette chaîne se détache des monts du Vivarais à la forêt de Bauzon ; sa direction est du S. au N.; sa hauteur d'environ 1200 mètres. Elle est formée de profondes couches de basaltes, dont les débris charriés par mille ruisseaux ont transformé en campagnes fertiles les vastes lacs qui baignaient jadis leur pied. La plaine du Forez à l'E., celle de la Limagne à l'O., n'ont pas d'autre origine.

La longueur de cette chaîne est de 200 kil. Elle est connue sous différents noms : d'abord les *monts du Velay*, d'une admirable beauté, amoncellement de volcans éteints, d'où découlent, au lieu de torrents de lave, des cascades d'eaux mugissantes. Le volcan du Bouchet, dont la cime s'élève à 1302 mètres, recèle un lac dont le niveau est à 1208 mètres; au-dessus de la ville du Puy s'accumulent les trois étages de basalte qu'on appelle les orgues d'Espaly ; le mont de Bar, 1167 mètres, s'élève au-dessus d'Allègre.

Les sources de la Borne séparent les monts du Velay des monts du Forez.

*Les monts du Forez* sont granitiques au sommet avec quelques sommets d'origine volcanique sur le flanc oriental.

Ils sont assez boisés et présentent trois montagnes remarquables : le Puy de Loire (1232 m.) ; le mont de Pierre-sur-Haute (1610 m.), et dans les Bois Noirs le Puy de Montoncel (1292 m.).

Aux Bois Noirs se rattache au N. la chaîne des *monts de la Madeleine* qui se termine au-dessus de la Palisse.

Trois chemins de fer traversent cette chaîne :

1° Le chemin de fer de Saint-Germain-des-Fossés à Roanne ;

2° Le chemin de fer de Clermont, Saint-Étienne par Thiers ;

3° Le chemin de fer de Clermont, Saint-Étienne par Brioude et Yssengeaux.

**Les Monts d'Auvergne.** — Se relient aux Cévennes par les monts de la Margeride.

*Les monts de la Margeride* sont granitiques ; très boisés.

Ils s'étendent du S. au N. de la Truyère à la Morges sur une longueur de 150 kil. Le principal sommet, le mont de Randon, au-dessus du Châteauneuf, où périt Duguesclin, s'élève à 1534 mètres; le roc des Fenêtres, à 1484 mètres. A leur extrémité N. O., les monts de la Magueride s'étendent en un plateau, qui est creusé par l'Alagnon ; au delà s'élève brusquement le Cantal.

*Le Cantal* est le volcan qui peut le mieux se comparer à l'Etna, ensemble majestueux dont la circonférence est de 150 kil. Il aurait fait sa première éruption à l'époque miocène, et sa dernière déjà à l'époque quaternaire. Ce fut la plus terrible. — La coulée de lave se répandit jusqu'à 15 ou 20 kil. de la base du vallon et remplit des vallées de 120 mètres.

Puis vint la période glaciaire. Il y eut des mers de glace de 30 à 38 kil. Un chemin de fer et une route le traversent par les deux tunnels du Lioran qui sont à 30 mètres l'un au-dessus de l'autre.

Puy Mary (1787 m.).

Puy Chavaroche (1744 m.).

Plomb du Cantal (1858 m.).

A l'est s'étendent le plateau monotone de la Planèze et les Orgues de Bort (780 m.).

*Le plateau du Cézallier* forme le seuil entre le Cantal et les monts Dore. Il est granitique au S. et trachytique au N.; et s'élève à 1452 mètres.

*Les monts Dore* forment un admirable ensemble de vallées sauvages et de dômes imposants; des eaux minérales sortent des profondeurs de la terre. Le sommet est le Puy de Sancy (1884 m.), jadis recouvert de glaciers qui se sont épanchés jusque près d'Issoire à 40 kil.

On trouve des cirques d'érosion occupés par les eaux, ainsi le lac Pavin qui a 2500 mètres de tour et une profondeur de 94 mètres. Jadis il était très redouté. Aujourd'hui il est transformé en parc à truites; deux autres sommets peuvent être cités : le Monchal, (1411 m.), le mont Cineyre (1333 m.) dont le nom suffit à indiquer un ancien volcan.

Au N. se développent en une chaîne magnifique de 30 kil. de longueur les *montagnes des Dômes*.

Le célèbre puy de Dôme est composé de trachyte, il est sorti du plateau à l'état de pâte molle. Il a été jadis dominé par un superbe temple à Mercure Dumiate construit en marbres d'Italie, de Grèce et d'Afrique et on y voyait une statue due à Zénodore, et qui était la plus grande après le colosse de Néron. C'est là qu'en 1648 Périer, beau-frère de Pascal, fit la célèbre expérience du baromètre.

Viennent ensuite : le puy de Côme, le beau puy de Pariou, dont le cratère est un splendide amphithéâtre naturel, et le puy Chopine, dôme qui s'élève hors d'un cratère de scories et composé de granit enchâssé entre une couche de basalte et une couche de trachyte; enfin le puy de Louchadière dont le cratère est profond de 148 mètres.

**Monts du Limousin.** — Tandis que la chaîne des Dômes s'aligne au N. du massif du Mont Dore, un autre système de montagnes s'en va dans la direction du N. O., on les désigne généralement sous le nom de *monts de la Basse-Auvergne* jusqu'aux sources de la Creuse.

Entre la Creuse, la Vienne, la Vezère et la Corrèze s'élève le *plateau de Millevache* où ces rivières prennent leur source. Il est triste et stérile ; son point culminant est le mont Odouze (954 m.), d'où rayonne au S. O. la chaîne des Monedières, 920 mètres ; à l'O. les *montagnes du Limousin* séparent la Vienne de la Dordogne. Ils commencent au mont Besson (que d'autres géographes rattachent aussi au plateau de Millevache). Cette hauteur s'élève à 984 mètres, puis les plateaux s'élargissent en même temps qu'ils s'abaissent, le mont Jargeau n'a plus que 731 mètres ; la Condamine, 503 ; la montagne de Chalus (Richard Cœur-de-Lion, 1159), 496 ; là commence la Charente, et finissent à l'O. les terrains primitifs du plateau central.

Au N. du plateau de Millevache entre la Vienne et la Gartempe, les *monts de la Marche* avec le Puy de Sauvagnac (701 m.)

Les *collines de Poitou* sont déjà en dehors du plateau central à leur naissance. Elles sont si peu importantes qu'elles ne méritent pas de chapitre spécial. Longues d'environ 200 kil., elles portent les différents noms de collines du Poitou (argiles et calcaires jurassiques), plateau de Gatine (granit, 150 à 200 m.) et hauteurs du Bocage (id.).

V. **Corbières occidentales**. — Elles se rattachent directement aux Pyrénées, nous les étudierons avec cette chaîne.

VI. **Les Pyrénées**. — La grande barrière des Pyrénées qui ferme notre front continental du S. O. a en France une longueur de plus de 400 mètres à vol d'oiseau, de 500 si l'on suit les détours de la crête, sur la carte et en négligeant les différences de niveau.

Les Pyrénées présentent un contraste remarquable avec les Alpes qui couvrent notre front continental du S. E. Moins élevées d'environ 1000 mètres, elles sont plus escarpées du côté de la France que du côté de l'Espagne.

Tous les ports et passages permettent soit de descendre, soit de tourner les routes fluviales du bassin tertiaire de Bordeaux ; le théâtre de guerre au N. des montagnes est presque unique ; au S. au contraire les lignes d'invasion divergent en plusieurs directions et vont se heurter à des obstacles de grande valeur : l'Èbre, ou les défilés des monts Ibériques.

Dans l'équilibre général de l'Europe, les Pyrénées jouent le même rôle que le Caucase à l'autre extrémité. Elles isolent du continent proprement dit une terre de transition entre l'Europe et l'Afrique.

**Géologie des Pyrénées**. — A l'E. les sommets des Pyrénées et la crête même sur sa plus grande longueur appartiennent au sol granitique. Du cap Creux à l'Ariège une suite continue de roches primitives barre l'horizon. A l'O. au contraire les terrains de transition constituent le noyau apparent de la montagne, çà et là le granit ou le gneiss apparaissent aux sommets, la masse de la chaîne appartient aux terrains plus modernes sur plusieurs points. Une île jurassique très allongée et que les torrents ont fortement entamée a été déposée aux flancs de la partie centrale depuis l'Ariège jusqu'au delà du gave de Pau, enfin deux longues zones de grès vert, au N. et au S. en France et en Espagne, courent parallèlement l'axe des montagnes et marquent la limite de la région pyrénéenne proprement dite.

Il y a peu de glaciers dans les Pyrénées, environ 45 kilomètres carrés seulement, faibles débris des immenses mers de glace d'autrefois qui descendaient au delà d'Argelès jusqu'à Lourdes. Très difficiles à atteindre à cause de leur hauteur, ils ne descendent pas au-dessus de 2200 mètres.

Les pluies sont plus abondantes du côté de la France, surtout à l'O. du massif de Carlitte. Le cirque de Gavarnie est l'endroit de notre pays où tombe la plus grande quantité d'eau (2 m.).

Cela explique pourquoi les couches superficielles au N. des Pyrénées ont été plus fortement emportées et ravinées que les zones symétriques qui se trouvent en Espagne.

**Relief des Pyrénées**. — Les Pyrénées se divisent en deux parties :

1° Pyrénées orientales ou méditerranéennes, depuis le cap Creux jusqu'à la coupure du Pont-du-Roi où passe la Garonne ;

2° les Pyrénées occidentales ou atlantiques, depuis les sources de la Garonne jusqu'au puy de Bélate.

Ces deux parties des montagnes n'ont pas le même axe, la direction générale est la même du S. E. au N. O. ; mais elles ne se prolongent pas.

1° PYRÉNÉES ORIENTALES. — On réunit sous le nom de Pyrénées orientales des massifs fort différents par leur direction, leur hauteur, leur composition géologique, et séparés par de profonds sillons, chemins naturels de France en Espagne, ce sont : les Albères, le Canigou, les Pyrénées ariégeoises.

*Les Albères* ne dépassent guère 1200 mètres. Elles vont du cap Creux au col de Pertus.

Un premier sillon dirigé dans le sens du N. E. au S. O. sépare les Albères du Canigou, c'est la haute vallée du Tech (290 m.).

*Le Canigou* domine superbement la campagne du Roussillon ; il s'avance en dehors de la ligne de crête des Pyrénées à laquelle il est réuni par un contrefort moins élevé que lui. Sa forme est belle, sa hauteur (2785 m.) a l'air beaucoup plus grande parce qu'il émerge de la plaine; on le voit de Narbonne et de Barcelone.

Le Puygmal (2909) marque le point d'attache de la chaîne du Canigou; un autre contrefort en part dans la direction du S. O.; la *Sierra del Cadi*, en Espagne, qui escorte la rive gauche du Sègre.

Un nouveau sillon transversal du N. E. au S. O. réunit la vallée de la Têt à celle du Sègre. C'est le col de la Perche (1622 m.).

Immédiatement après la chaîne se relève par l'énorme massif de Carlitte (2920 m.) où commencent les Pyrénées de l'Ariége.

*Les Pyrénées Ariégeoises* n'ont pas de neiges perpétuelles, elles sont très difficiles et très épaisses. Elles vont en s'élevant jusqu'à la Garonne. Le col de Puymorens (1931 m.) conduit dans le val d'Andorre par l'E., tandis que la borne angulaire du puy Nègre en défend l'entrée à l'O.; le beau puy de Montcalm (3080 m.) est séparé par un petit port de la pique d'Estats (3140 m.), le point culminant des Pyrénées orientales, mais qui semble moins élevé que le Montcalm. Au-dessus de la vallée du Salat s'avance le mont Vallier, dont on aperçoit de Toulouse le profil imposant (2859 m.). Enfin le pic de Maubermé est le dernier de la chaîne. Autour de cette montagne massive de 2880 mètres rayonnent plusieurs contreforts; l'un va à l'ouest, et, suivant l'axe des Pyrénées orientales, présente la pyramide de Serre et se termine au Pont-du-Roi. L'autre se dirige au S. et joint le massif de la Maladetta aux Pyrénées orientales.

*Le Val d'Arran*, que ces deux contreforts isolent au N. et à l'E., est bien la limite entre les deux chaînes des Pyrénées. C'est là que la Garonne a une de ses sources et se grossit d'un grand nombre de torrents avant de déboucher en France. Politiquement, cette enclave des Pyrénées appartient à l'Espagne, mais elle n'a aucune importance stratégique, car elle ne communique avec le pays d'outre-monts que par des ports très difficiles. Le pic de Vielle s'élève à 2456 m.

2° LES PYRÉNÉES OCCIDENTALES OU ATLANTIQUES commencent au massif de la Maladetta. Ce groupe énorme, presque inconnu encore au commencement du siècle, doit justement son nom à l'aspect tourmenté de ses pics qui se dressent dans la région des neiges éternelles. Le point culminant, le pic d'Anéthou ou de la Néthou a 3404 m., il ne viendrait dans les Alpes qu'à un rang inférieur, mais c'est le roi des Pyrénées, et il trône majestueusement à l'horizon, au-dessus de la belle vallée de Bagnères-de-Luchon. Le port de Venasque conduit de cette vallée sur le front oriental du mont Maudit. — Le val d'Arran est séparé du val de Luchon par une haute muraille, dont le sommet le plus élevé est le Tuc de Maupas, 3110 m.

Au delà du port de Venasque, les Pyrénées présentent les plus grandioses spectacles. Les cirques formés par leurs montagnes n'ont pas de rivaux en Europe, la forme régulière de plusieurs de leurs massifs donne à certains horizons une originalité inoubliable. Cependant la plupart des principaux pics ne sont pas sur la partie de partage, mais en avant, comme dans les Vosges et les Alpes italiennes. La chaîne elle-même présente le pic Perdighera (3220), le Portillon avec ses neiges éternelles, le beau cirque de Troumouse, le cylindre de Marboré et l'amphithéâtre grandiose du cirque de Gavarnie. Au delà de la brèche de Roland les monts se maintiennent encore au-dessus de 3000 m. Le Vignemale atteint 3928 mètres avec son sommet la Pique Longue. Enfin, le Marmuré ou Balaïtous élève à 3175 m. son aiguille superbe, qui l'a fait surnommer le Cervin du Midi et d'où glisse le glacier des Neiges, le plus occidental de toute l'Europe.

Les autres sommets de la crête sont de moins en moins élevés, le pic qui porte le nom shakspearien d'Ariel s'arrête à 2823 m. Après le Somport (1640) et la montagne d'Aspe (1676), on trouve le dernier sommet un peu élevé, le pic d'Anie (2504), et enfin le pic d'Orhy (2017). Le col de Roncevaux (1100), si célèbre, est dominé par le Leiçar-Atheça, où s'embusquèrent les alliés du traître Ganelon (1215 m.). La chaîne s'abaisse ensuite de plus en plus, la pyramide régulière de la Rhune (900 m.) au-dessus de Saint-Jean-de-Luz n'est déjà plus sur la ligne de partage des eaux ; la chaîne maîtresse des Pyrénées, après le col des Aldudes, passe au S. de la Bidassoa et s'arrête au Port de Bélate (ou Vélate), 868 m., tandis que la frontière est dessinée par une chaîne ardue à l'Est de la rivière où n'existe que le port de La Maya.

**Avant-monts des Pyrénées.** — Comme les Alpes, la crête centrale, le noyau des Pyrénées, s'appuie sur des avant-monts produits comme les chaînes des Alpes calcaires par le soulèvement même des Pyrénées. Seulement ces contreforts sont beaucoup moins importants pour le système pyrénéen que pour celui des Alpes, et contrairement à ce que nous a montré l'étude des Alpes, elles sont plus importantes au Sud qu'au Nord.

Nous les étudierons dans l'ordre suivant :
Pyrénées orientales du Nord.
Pyrénées orientales du Sud.
Pyrénées occidentales du Nord.
Pyrénées occidentales du Sud.

PYRÉNÉES ORIENTALES DU NORD. — La division la plus naturelle à suivre est celle qui est indiquée par les vallées qui de la chaîne pyrénéenne gagnent soit la côte du Languedoc, soit la rive gauche de la Garonne.

Entre Tech et Têt : *région des Aspres*, prolongement du Canigou, rameau granitique, qui mérite bien son nom. Les hautes Aspres tombent sur la Têt près de Vinça, les basses Aspres arrivent presque à Perpignan, à leur pied la fameuse position du Boulou ; c'est là que Dugommier, appuyé par les braves paysans du Roussillon et secondé par l'héroïque Dagobert, a arrêté l'invasion espagnole en 1794.

Entre la Têt et l'Aude : *région des Corbières orientales*. Ces montagnes se rattachent au pic de Carlitte et aux sources sauvages de l'Aude. Elles sont le rebord occidental du grand sillon de la Cerdagne. Le mont Madrès au S. s'élève à 2471 m. ; le pic de Buquarac au centre atteint 1231 m. ; enfin le mont d'Alaric, qui domine l'Aude moyenne, a encore 600 m. L'aspect général de ces montagnes est celui de groupes isolés, de roches granitiques ou schisteuses ravinées par les eaux, arides, difficiles, moins praticables aux armées que les Pyrénées elles-mêmes et n'offrant guère de ressources.

Entre l'Aude et l'Ariège, les *Corbières occidentales*. Ceci est un mot purement géographique, en réalité les Corbières occidentales n'existent pas ; les géographes désignent sous ce nom les hauteurs insignifiantes qui se glissent entre l'Hers-Vif et l'Hers-Mort d'une part et l'Aude de l'autre ; la vraie montagne s'appelle *montagne de Tabe* ou *de Saint-Barthélemy*. Elle part du Carlitte au N. ; le pic de Campras (2554 m.) se dresse en face du Madrès, de l'autre côté de l'Aude. Le pic de Saint-Barthélemy domine Tarascon et la vallée de la haute Ariège de ses 2349 m. et se termine par le Plantaurel ou petites Pyrénées, célèbre par ses grottes calcaires.

Entre Ariège et Salat, partant du Montcalm, un épais rameau avec le pic des Trois-Seigneurs (2299 m.).

Pyrénées orientales du Sud. — Ce sont : la chaîne entre Fluvia et Ter ; la chaîne entre Ter et Llobregat ; la *sierra del Cadi* entre Llobregat et Sègre, partant du Puygmal et formant au Sud la chaîne transversale du Montserrat qui barre le Llobregat en avant de Barcelone.

Entre Sègre et Noguera Pallareza, la sauvage *sierra de Boumort*, dirigée de l'E. à l'O., se rattache à l'angle S. E. du val d'Andorre.

Au Sud la sierra d'El Monsech forme un second mur calcaire parallèle à l'axe même des Pyrénées, et barrant tout le pays entre le Sègre et la Cinca.

Pyrénées occidentales du Nord. — Ces contreforts ravinés, isolés par l'action séculaire des affluents de la Garonne ou de l'Adour, sont surtout célèbres par les vallées qu'ils dominent.

Entre la vallée de Luchon (Pique) et le val d'Arreau (Neste), la *chaîne des Quatre-Vallées*, le glacier splendide des Gourins blancs, le pic des Gours blancs (3202 m.) et le majestueux pic de Crabioulès (3119 m.).

Entre Neste et Gave de Pau, les *montagnes de Bigorre*. C'est peut-être la plus belle partie des Pyrénées françaises; c'est là, en tout cas, que les touristes se pressent en plus grand nombre. Ces montagnes commencent par la chaîne tourmentée de la Néouvielle, où le Puy de Campbiel atteint 3170 m. et le Pic Long 3114 m.; elle se termine par le majestueux belvédère du Pic de Midi de Bigorre, dont le sommet de 2877 m. est dominé par un observatoire fondé par le général de Nansouty; un peu au S. E. de cette belle montagne, le cirque de Tourmalet où naît l'Adour, qui débouche dans la vallée de Campan. La chaîne contourne le fleuve (Pic d'Arbizon) et tout à coup s'épanouit en un plateau d'une symétrie étonnante, que les hautes vallées des affluents de la Garonne découpent en éventail; c'est le plateau de Lannemezan qui pourrait devenir, au moyen de quelques travaux, le père des eaux de la région. Le plateau de Lannemezan se prolonge par les collines d'Armagnac (4 à 500 m.), lesquelles se terminent par les riches ondulations du Médoc.

Entre Gave du Pau et Gave d'Oloron : les *montagnes du pays Basque*, le Pic du midi d'Ossau (2885 m.) est la principale.

PYRÉNÉES OCCIDENTALES DU SUD. — Les avant-monts espagnols des Pyrénées occidentales sont parallèles à la chaîne.

On donne le nom de Sobrarbe à cette région montagneuse que dominent au Nord la Maladetta, le Posets (3367 m.) et le mont Perdu (3352 m.); au Sud elle est isolée par la sierra de Guara entre la Cinca et le Gallego, la sierra de la Peña entre le Gallego et l'Aragon ayant pour défense avancée du côté du S. la sierra de Peña de San Domingo. Enfin la sierra de Andia (1493 m.), clef de la Haute Navarre, avec Pampelune, Estella, et les souvenirs des guerres carlistes.

## GRANDES ROUTES ET PRINCIPAUX SENTIERS DE FRANCE EN ESPAGNE [1]
### (Pyrénées orientales).

| N°" | ROUTES. | HAUTEUR en mèt.es. | NOMS DES PASSAGES. | OBSERVATIONS (*Positions défensives*). |
|---|---|---|---|---|
| 1 | Chemin de Banyuls à Llanza. | 208 | Col des Balistres. | Chemin de fer de Perpignan à Figueras. *Perpignan. — Figueras.* |
| 2 | Ch. de Banyuls à Figueras. | 362 | Col de Banyuls. | |
| 3 | Sentiers entre le Tech et le Llobregat. | | Cols de Fourcal, Llory, d'Estaque, d'En Tereas, d'El Pall, de Las Eras, etc. | *Perpignan. — Gerone.* |
| 4 | Route de Perpignan à Figueras. | 290 | Le Boulou et le col de Pertus. | *Bellegarde. — Figueras.* |
| 5 | Sentiers entre le Tech et le Llobregat. | | Cols de la Creuz, d'El Faigt, de Lly, de Porteil, de Panissas. | *Fort des Bains.* |
| 6 | Sentiers entre le Tech et le Ter, la Llera, la Muga. | 1200 | Cols Pragon, des Eres, Malrems, de las Falgueiras, de la Muga, des Orts. | Le sentier du col des Eres forme le prolongement de la route du Boulou à Prats-de-Mollo. |
| 7 | Sentiers de la vallée de la Têt aux sources du Fraser et du Ter. | | Cols de Naufousse, de la Dona, de la Pale. | *Villefranche.* |
| 8 | Route du Mont-Louis à Bourg-Madame. | 1622 | Col de la Perche. | *Montlouis* (route de l'Aude par le col de la Quillane). Route de la Têt (Perpignan), — *Seu de Urgel.* |
| 9 | Route d'Ax à Bourg-Madame. | 1991 | Col de Puymorens. | *Montlouis.* En Espagne, de Puycerda deux routes, vallée du Ségre et col de Tosas (Têt). |
| 10 | Sentiers passant aux ports d'Armzal, de Solden et de Fray Miquel. | 2200 | | Val d'Andorre. — *Seu de Urgel.* |
| 11 | Sentiers passant aux ports d'Aula, de Salau, de Montescombas, d'Esta. | 2200 | Vallée de la Salat, vallée de la Noguera. | |

1 D'après A. Marga, Cours de Fontainebleau.

## GRANDES ROUTES ET PRINCIPAUX SENTIERS DE FRANCE EN ESPAGNE

### (Pyrénées occidentales).

| N° | ROUTES. | HAUTEUR en mètres. | NOMS DES PASSAGES. | OBSERVATIONS (*Positions défensives.*) |
|---|---|---|---|---|
| 12 | Sentiers de Viella (val d'Aran), en Espagne. | 2456 | Ports de Viella et d'Espot. | Route du Pont du Roi. — *Venasque.* |
| 13 | Sentiers de Bagnères-de-Luchon à Venasque. | 2417 | Port d'Oo (5000) ou de Venasque. | Route de la Pique. — *Venasque.* |
| 14 | Sentier de Tramezaygues à El Plan. | 1457 | Port de Rioumajou. | Route de la Neste. |
| 15 | Sentier de Tramezaygues à Biesla. | 2465 | Vallée d'Aure et port de Bresle. | — |
| 16 | Sentier de Gavarnie à Torla. | 2284 | Port de Gavarnie. | Route de Luz à Gavarnie, gave de Pau. |
| 17 | Sentier de Cauterets à Panticosa. | — | Col de la Peyre. | Route de Tarbes, Argelez et Cauterets. |
| 18 | Sentier de Llaruns à Sallent. | 1847 | Eaux-Chaudes et col du Pourtalet. | Route de Pau à Gabas, val d'Ossau. |
| 19 | Route d'Oloron à Jaca. | — | Val d'Aspe et le Somport. | Interrompue au col. Sentiers du Pas d'Aspe à l'O., du col d'Urdos à l'E. — *Forts d'Urdos (France), Jaca (Espagne).* Ancien fort d'Anso. |
| 20 | Sentiers passant aux ports d'Orgambide (980), de Larrau, de Belhay, d'Anso, d'Écho, de Gabedaille. | — | | |
| 21 | Route de Saint-Jean-Pied-de-Port à Roncevaux. | 1222 | Par le col de Bentarte. | |

## GRANDES ROUTES ET PRINCIPAUX SENTIERS DE FRANCE EN ESPAGNE

*(Suite.)*

**(Pyrénées occidentales.)**

| N° | ROUTES. | HAUTEUR en mètres. | NOMS DES PASSAGES. | OBSERVATIONS (*Positions défensives*). |
|---|---|---|---|---|
| 22 | Route de St-Jean-Pied-de-Port à Pampelune. | 1100 | Val Carlos et col de Roncevaux, interrompue au col de Val Carlos et Burgnette. | *Saint-Jean-Pied-de-Port.* — *Pampelune.* |
| 23 | Sentier de la vallée de la Nive en Espagne. | 1083 | Col de Loudun. | — |
| 24 | Sentier de la vallée des Aldudes à Pampelune. | 947 | Col des Aldudes. | dominé par un ancien fort. — *Pampelune.* |
| 25 | Route de Bayonne à Pampelune. | 870 | Par Urdax, le port de Maya (602), Elizondo et le port de Belate. | Route de Saint-Etienne de Baigorry, vallée de la Nive. — *Pampelune.* |
| 26 | Chemin de Biriatou à Pampelune. | | Par le port de Vera (Basses-Pyrénées) et San Estevan. | S'embranche sur la grand'route, sur la rive droite de la Bidassoa. |
| 27 | Route de Bayonne à Pampelune. | 567 | Par le port d'Azpiros. | S'embranche sur la première à Tolosa. *Bayonne.* — *Fontarabie.* |
| 28 | Route de Bayonne à Vitoria. | 658 | Port d'Idiazabal. | S'embranche sur la première à Deasain. *Bayonne. Fontarabie, Saint-Sébastien.* |
| 29 | Chemin de fer de Bayonne à Vitoria. | | — | *Bayonne.* — *Fontarabie, Saint-Sébastien.* |
| 30 | Route de Bayonne à Vitoria. | 315 | Port de Salinas en Espagne. | |

E. — Plateaux, bassins et plaines de la France du Nord-Ouest.

Autour du bassin tertiaire de Paris se développent concentriquement plusieurs rangées de collines qu'indiquent les limites géologiques de chaque zone de terrain. Ces collines sont plus escarpées du côté de l'Est; elles forment comme une série de bourrelets qui s'appuient d'un côté à la falaise du Nord de la France, de l'autre au massif du Morvan et aux collines, plateaux qui en dépendent.

Le bassin parisien et ses remparts sont ainsi soutenus par deux bastions : au N. une contrée qui est comme le glacis, la *plaine de Flandre*, où quelques rares amoncellements de sable s'élèvent à 150 m.; l'altitude générale est inférieure à 100 et même à 50 m.; au-dessus s'élève, au S., une terrasse qui atteint 207 m. d'altitude, c'est le *Boulonnais*, sorte de plateau qui s'incline au S. O., sur la vallée de la Somme; protégé sur son front du N. E. par les forêts de Tournehem et de Jacques, sur son flanc droit par les *coteaux du Vermandois* et du *Noyonnais* (120 à 180 m.), et sur son flanc gauche par la Manche; ce massif est profondément creusé par des rivières parallèles, sortes de fossés intérieurs; les chemins y sont encaissés, invisibles à une courte distance et se nomment creuses. L'Artois et la Picardie sont bas; la vallée de la Somme, presque au niveau de la mer, pratique une large brèche au delà de laquelle s'élève le pittoresque pays de Bray, si profondément entaillé par les canaux réguliers de ses rivières.

Au Sud le *Grand Caux*, plateau calcaire de 100 à 180 mètres d'altitude, est brusquement interrompu par la mer (falaises de Normandie) et s'incline doucement sur l'embouchure de la Seine.

Le bastion du Sud, le *Morvan* s'appuie à la Côte-d'Or près du seuil de Chagny. C'est un amas confus de montagnes granitiques et porphyriques, dont les mamelons arrondis sont séparés par de profondes vallées où coulent des eaux torrentielles. Le Morvan a conservé sa parure de forêts. Ses bois soigneusement aménagés et soumis à des coupes réglées sont transmis par le flottage à bûches perdues jusqu'aux « ports » de l'Yonne ou de la Cure, d'où ils partent pour Paris. — Les sommets du Morvan sont le Haut-Folin (902 m.), le Preneley aux sources de l'Yonne (850 m.); enfin le Beuvray (810 m.), emplacement de l'ancienne Bibracte. Le Morvan, par son nom aussi bien que par ses monuments (la Pierre qui Vire, fouilles de Bibracte), garde encore vivants les souvenirs de l'ancienne Gaule. C'est là que s'est livrée la lutte suprême entre César et Vercingétorix, et depuis la dernière guerre son importance stratégique a fortement frappé les écrivains militaires.

Le Morvan se prolonge par les *collines du Nivernais* qui forment plusieurs rangées allongées du Nord au Sud; la montagne de Saint-Saulge à 452 m. Entre les collines et sur les plateaux s'étendent de vastes forêts, cette partie est la plus boisée de France; de beaux pâturages, dont les produits rivalisent avec ceux de la Normandie, achèvent de compléter la symétrie frappante des deux angles du bassin parisien ; au pied de cette terrasse du Nivernais, s'étendent au N. les *collines calcaires de l'Auxerrois*, à l'O. la monotone *Puisaye* (388 m.).

Abordons maintenant l'étude des collines concentriques du bassin parisien.

Ces bourrelets formés par les dépôts géologiques offrent ce caractère de ressemblance avec le Jura qu'ils sont coupés à différents points par des cours d'eau, de là des brèches analogues aux cluses du Jura : ces coupures sont pratiquées soit par les rivières qui aboutissent au Rhin, elles sont alors divergentes; soit par celles qui se rendent à la Seine, elles sont convergentes alors sur Paris. L'importance de ces passages, creusés par la nature, est considérable; les événements militaires dont ils ont été le théâtre l'attestent suffisamment.

On peut compter six crêtes distinctes; usées inégalement par les vents, les eaux et le travail de l'homme, elles présentent des reliefs plus ou moins accusés, suivant la nature de la roche qui les compose.

Nous connaissons déjà quelques-unes de ces rangées.

1° La première est formée par les *collines de la Moselle*; c'est la limite orientale de l'oolithe inférieure; hauteur moyenne 400 m., ne dépassant par 450; la Moselle la coupe en deux points, à Toul et à Metz; très boisées, couvertes de vignobles à l'E.

2° *Monts de la Meuse*, hauts de 300 à 400 m.; oolithe moyenne; couverts d'immenses forêts, s'élèvent de 100 mètres au-dessus de la plaine, marais : plateau de Langres, plateau de Montigny, monts de Bassigny, Crêtes ou Hauts de Meuse;

3° *Collines de la rive gauche de la Meuse*, moins accentuées que celles de la rive droite, oolithe supérieure;

4° *Argonne* entre l'Aire et l'Aisne jusqu'à Rethel; grès vert; sous-sol de calcaire marneux.

5° *La crête peu accentuée* du terrain crétacé qui limite la Champagne pouilleuse, terre stérile (Troyes, Brienne, Vitry-le-François, Sainte-Menehould, Valmy);

6° *La falaise tertiaire* plus marquée que la précédente. Elle s'appuie au S. O. à la Seine en face de la forêt de Fontainebleau, longe la rive droite du fleuve entre Montereau et Nogent, s'incline alors vers le Nord par Sézanne et Vertus, est coupée par la Marne à Épernay, par l'Aisne près de Craonne, par l'Oise à La Fère, et enfin se termine près de Péronne, où la Brèche du canal Crozat n'atteint que 85 mètres.

Les rebords S. E. de cette falaise sont célèbres par leurs vins ; c'est la Champagne de Brie dont Épernay occupe le centre et qui va de Vertus à Sillery. La *Brie*, qui s'étend en un plateau élevé de 100 à 200 mètres domine à l'E. la Champagne, à l'O. l'Ile-de-France et au S. le Gâtinais que pare la belle forêt de Fontainebleau. L'*Ile-de-France* est le cœur du bassin, elle est située entre la Seine, l'Oise, la Marne et la Beuvronne ; c'est un pays ondulé ; les mamelons qui le recouvrent au N. et à l'E. de Paris sont aujourd'hui les avant-postes de cette grande place forte.

Sur la rive gauche de la Seine comme sur la rive droite se dressent quelques hauteurs couronnées aujourd'hui en partie de forts détachés, et qui depuis le mont Valérien et Marly contournent Paris. Au delà de la Bièvre se dressent les *hauteurs du Hurepoix*, qui se fondent dans la grande plaine de la Beauce. La *Beauce*, 120 à 160 mètres, est une immense plaine presque sans arbres et sans ruisseaux qui s'élève par une pente douce et presque insensible jusqu'à la Loire, où elle descend un talus peu escarpé en face des collines qui terminent la Sologne. La Beauce comprend deux parties : le Pays Chartrain, et la Forêt d'Orléans.

Le plateau central se confond sans relief sensible avec les terrains et les plaines du côté de la Touraine ; au contraire, sa lisière est plus fortement accentuée au N. O. Les *coteaux du Perche* ont 309 mètres à l'endroit où sourd la Rille. C'est la longue suite de collines connue sous le nom général de plateau de Mortagne, Forêt du Perche et monts d'Aman. Ils sont le rebord occidental du terrain tertiaire.

L'importance hydrographique de ces coteaux boisés est considérable ; il s'en échappe de tous côtés des ruisseaux importants qui vont grossir la Seine, la Loire et l'Orne.

A l'Ouest, les *collines de Normandie* s'étendent sur trois lignes parallèles qui atteignent au signal des Avaloirs, dans la forêt de Multonne, la hauteur de 417 mètres ; elles sont flanquées au N. E. par le *pays d'Auge*, haut et bas ; au N. O. par le *Cotentin* (179 mètres) ; au Sud par les *collines du Maine*, le massif des Coëvrons (352 mètres). Le *sillon de Bretagne* marque la limite des terrains de transition et des terrains anciens de la péninsule armoricaine, que la plaine de Rennes (18 à 25 m.) sépare des collines du Maine.

Les *monts de Bretagne* commencent à la forêt de Paimpont (255 m.) ; coupés par la vallée du Duc, ils se relèvent au massif du Mené à 340 mètres (Bel-Air) ; puis la forêt de Beffrou (309 mètres) ;

à l'Ouest commencent les *Montagnes d'Arrée* ; le point culminant de cette crête a 554 mètres ; au Sud un dôme isolé porte à 391 mètres la chapelle de Saint-Michel de Brespart.

Enfin au Sud, les *Montagnes Noires*, que le bassin de l'Aulne sépare des Montagnes d'Arrée ; elles ont leur sommet le plus élevé à 552 mètres. Au S. ces hauteurs s'abaissent pour former les plateaux et landes de Bretagne ; le plus grand est la lande de Lanvaux (150 mètres) ; ils suivent la direction O. N. O. à E. S. E.

L'Argonne est prolongée par les Ardennes et mérite une étude spéciale.

**ARGONNE ET ARDENNES. — Géologie. —** La ligne de l'Argonne et celle des Ardennes présentent au point de vue géologique de frappants contrastes. Se dirigeant du Nord au Sud, en suivant une courbe dont la convexité est tournée vers l'Est, le long rideau de l'Argonne se compose de grès vert supérieur appartenant au terrain crétacé supérieur ; telle est du moins la surface, le sous-sol est composé d'un calcaire marneux ; quelques failles de tourbe et de terrains d'alluvions modernes coupent sur les bords de la Marne et de ses affluents l'uniformité du terrain de grès vert ; çà et là apparaissent au jour quelques couches d'alluvions anciennes de la Bresse.

L'Argonne se relie au Nord au massif de l'Ardenne qui se partage en deux parties :

1° Ardenne proprement dite ;
2° Hohe Wenn et Eifel.

**1° L'Ardenne proprement dite** se subdivise en deux branches : *Ardennes occidentales* à l'Ouest de la Meuse, une zone de terrains jurassiques : oolithe moyenne et oolithe supérieure, est séparée par un faible ruban de calcaires aux griffes arquées du massif de l'*Ardenne oriental*, qui a à peu près la forme d'un trapèze dont la base moyenne serait de 120 kilomètres, la hauteur de 60, avec un prolongement occidental. Ce massif se compose de terrain de transition composé de schistes argileux ; un vaste plateau boisé, marécageux, à l'altitude de 2 à 500 mètres au-dessus des plaines qu'il domine, et profondément raviné par les rivières qui s'y sont creusé un lit. Vers le Nord un autre massif, à l'Ouest le Hohe Venn, à l'Est l'Eifel, dont nous allons décrire la constitution.

**2° Le Hohe Venn ou Hautes Fagnes**, d'une altitude de 500 à 700 mètres, est formé de couches appartenant au terrain de transition supérieur et au terrain carbonifère. Ces strates sont disposées sous la forme d'un arc de cercle dont la corde est occupée par les couches profondes de terrain houiller, qui donnent tant d'importance à la vallée de la Meuse moyenne et de la Sambre. L'extrémité orientale du plateau des Hautes Fagnes appartient au terrain de transition avec schiste argileux qui fait le caractère de l'Ardenne proprement dite; mais entre ces couches profondes s'étendent des îlots de terrain triasique, marnes irisées. A l'Est, entre la Moselle et l'Erft, s'étend la région de l'Eifel, au delà duquel reparaissent, pour former le Hunsrück, les mêmes couches que dans l'Ardenne. L'Eifel mérite une mention spéciale. Çà et là des cônes volcaniques plus ou moins dégradés par les météores se dressent au milieu du terrain de transition ; deux massifs, dont le plus important a environ 20 kilomètres de longueur, élèvent entre la Moselle et l'Erft leurs crêtes tourmentées.

Ces deux régions, l'Ardenne et l'Argonne, sont liées ensemble pour la défense du Nord-Est de la France ; la nature même de leur terrain ne leur permettrait pas de nourrir de nombreuses armées : la surface du sol est couverte de bois ou de marécages, le sol très friable est peu praticable après la pluie. Les forêts de l'Eifel sont généralement cultivées en hautes futaies; celles des Ardennes en taillis, ce qui augmente encore la difficulté de les traverser.

**Relief.** Le relief des Ardennes ne nous occupera pas aussi longtemps que celui des Vosges. Peu de sommets qui méritent d'attirer l'attention dans ces plateaux uniformes.

Dans les Ardennes occidentales la partie qui s'étend près des sources de l'Oise porte le nom de forêt de la *Thiérache*, c'est l'avant-terrasse du massif ardennais, la partie du Nord entre Sambre et Meuse est la *Marlagne*.

Ardennes orientales entre l'Ourthe et la Meuse, le *Condroz*; c'est une région très pauvre.

Entre l'Ourthe, l'Amblève et la Roer, les *Hautes Fagnes*, de 5 à 700 mètres. Dans l'*Eifel*, la crête du Schneifel s'élève à 700 mètres ; au N. E. sur le Rhin, le massif épais du *Zitterwald*; entre le Rhin et l'Erft dominant Cologne, un plateau peu élevé et boisé, la *Ville* ou le Vorgebirge, qui est du côté du Rhin la limite extrême de la vigne.

**Régime des eaux.** L'Argonne, dont la direction générale est du S. E. au N. O., présente cette particularité que les eaux qui l'arrosent ou la baignent ont un cours sensiblement parallèle formant comme autant de fossés. Les trois principaux sont la Meuse, l'Aire et l'Aisne.

# CHAPITRE IV

### LES EAUX DOUCES DE FRANCE.

La France est sillonnée en tous sens d'un nombre infini de cours d'eau, dont plus de 27 000 sont navigables naturellement ou ont été domptés par l'homme.

L'étude que nous avons faite de la constitution du sol et de son relief permet de comprendre la nature de ces cours d'eau, leur débit plus ou moins considérable, et même leur direction et la forme de leur bassin.

La grande dépression entre le plateau central et les Alpes sera parcourue par une grande artère fluviale, qui réunira les eaux venant des glaciers, et les torrents, qui serpentent au pied des contreforts des Alpes. Déjà nous avons le bassin du Rhône, flanqué à droite par les vallées excentriques des Alpes de Provence, à gauche par les plaines du Bas-Languedoc et les contreforts orientaux des Pyrénées. De là une première région, celle de la Méditerranée.

Le plateau central de France étant incliné au Nord-Ouest et se rattachant aux Pyrénées, nous aurons ainsi un second versant, celui du golfe de Gascogne.

Le bassin tertiaire de Paris, flanqué des plateaux de Basse-Normandie et de Bretagne d'une part, et du plateau du Vermandois et de Picardie de l'autre, détermine également la forme du beau bassin de la Seine, où viennent converger les eaux de tant de rivières, et des bassins côtiers qui se jettent dans la Manche.

Enfin, dans les vallées divergentes creusées à l'Est du bassin de Paris, et à l'Ouest des Vosges, courent dans la direction du N. E., les fleuves qui vont rejoindre le Rhin ou arroser la plaine de Belgique.

Examinons en détail ces cours d'eau dans l'ordre que nous venons d'indiquer et qui est celui même de la nature.

### A. — Bassins côtiers a l'Est du Rhône.

Les Alpes maritimes sont, à l'entrée du comté de Nice, si près de la mer que 7 kilomètres à peine séparent du littoral la crête des montagnes. Constituées par un noyau granitique recouvert de roches diverses et laissant à nu le calcaire, les Alpes maritimes n'ont que des cours d'eau d'une très faible étendue.

La *Roya* ne nous appartient que pendant 20 kilomètres, sa source et son embouchure sont situées sur le territoire italien.

Le *Paillon* est un faible ruisseau qui disparaît dans les galets à Nice.

Le *Var* a plus d'importance; cette rivière sortant des Basses-Alpes roule dans des vallées sauvages. Depuis l'embouchure de l'Estéron il est beaucoup moins encaissé et offre un certain nombre de gués, mais ils ne sont praticables qu'après la saison des grandes pluies et de la fonte des neiges. Jadis le meilleur de ces gués se trouvait à l'embouchure même, à Saint-Laurent. Le Var a 700 mètres au moins en cet endroit, mais il ne remplit pas cet espace, sauf pendant les crues terribles auxquelles il est sujet. Il est gardé par le fort d'Entrevaux, et passe à Puget-Théniers.

Le principal affluent du Var, la *Tinée*, prolonge le cours inférieur du fleuve. Cette vallée, ainsi que celle de la *Vésubie*, s'enfonce dans les montagnes. Ces rivières prennent leur source à plus de 2000 mètres : on comprend la rapidité de leur cours, aussi le Var est-il un des torrents les plus sauvages ; sa portée extrême de crue est de 4000 mètres, son étiage de 28.

L'*Argens* offre avec le furieux Var un remarquable contraste. Il coule sur un lit de calcaire, crevassé de nombreuses fissures (embucs) où le trop-plein des eaux se déverse, pour serpenter lentement par des canaux souterrains et reparaître en sources jaillissantes qu'on nomme foux. L'Argens est un fleuve travailleur. Il a presque comblé la rade de Fréjus. — Ses affluents de droite viennent des montagnes granitiques des Maures, ceux de gauche du massif porphyrique de l'Estérel, il régularise leur cours. Il est grossi du *Nartuby*, rivière de Draguignan.

Le *Gapeau* se jette dans la rade d'Hyères, son régime ressemble à celui de l'Argens. Marseille a un ruisseau boueux, l'*Huveaune* (55 kil.). L'étang de Berre reçoit l'*Arc* qui passe près d'Aix et comble la partie orientale de ce lac intérieur, mais il serait facile de détourner ce petit fleuve.

Enfin la *Touloubre* est en partie captée pour les irrigations. Nous arrivons ainsi au Rhône.

**LE RHONE.** — **Ceinture.** — Les Alpes de Provence, les Alpes Cottiennes, Grées, Pennines, Saint-Gothard, Bernoises, Jorat, Noirmont, Jura, trouée de Belfort, Vosges méridionales, Faucilles, Plateau de Langres, Côte d'Or, Cévennes.

Le Rhône prend sa source dans un des plus beaux glaciers du

Saint-Gothard, près du pic Furca; il réunit les eaux de la moit[ié] des glaciers suisses. Ce fleuve se développe sur une longueur [de] 812 kilomètres; son bassin est de 97 800 kil., dont 90 000 en Franc[e].

Il est partagé naturellement par les montagnes qui l'étrangle[nt] et qu'il a dû percer à plus d'une place, en quatre bassins de lon[n]gueur inégale :

**Premier bassin du Rhône.** Depuis la source jusqu'au l[ac] Léman.

Il a la forme d'un profond fossé triangulaire ayant sa base à Saint-Gothard. Les Alpes Pennines le bornent au Sud, les Alp[es] Bernoises au N., le massif des Dranses à l'O. Le Rhône coule a[u] fond de cette vallée, sa pente est fort considérable, sa direction [de] N. E. au S. O. Il arrose Brieg, où s'arrête le chemin de fer q[ui] doit percer le Simplon, Sion, capitale du Valais, et arrive à Martign[y].

Les glaciers du Cervin et du Rosa au sud lui envoient leurs eau[x] par le torrent de la *Visp*.

Le *glacier d'Aletsch* au N., un des plus grands de Suisse, [y] déverse également dans le Rhône par le petit torrent de la *Mass[a]* ses neiges et ses glaces fondues; de grand travaux ont été entr[e]pris par les Suisses pour se garantir des dangers que la fonte tr[op] rapide des glaciers pourrait entraîner.

260 glaciers alimentent et régularisent le cours du Rhône, leu[r] superficie est de plus de 1000 k.q. La Suisse entière n'en a pas 210[0] (exactement 1037 et 2096).

Arrivé à Martigny, le fleuve rencontre l'obstacle du massif d[es] Dranses. La *Dranse valaisienne* qu'il y reçoit le pousse dans la d[i]rection du N. E.; il franchit la porte de Saint-Maurice entre [la] dent du midi et la dent de Morcles. Il entre alors dans son secon[d] bassin.

**Deuxième bassin du Rhône.** Le second bassin du Rhône e[st] formé par la vallée du lac Léman.

Autrefois toute la plaine de 88 k.q. qui s'étend entre Saint-Mauri[ce] et Villeneuve était sous les eaux; le fleuve a comblé par ses allu[]vions une partie de la vallée et ce travail continue sans cesse. Ain[si] entre le village de Villeneuve et celui de Bouveret se forme, pou[r] ainsi dire à vue d'œil, une plage qui s'avance dans le lac, les villag[es] se voyaient naguère, ils ne s'aperçoivent plus.

Le Léman a une superficie d'environ 578 k.q.; sa profondeur e[x]trême est de 354; il est situé à 374 mètres au-dessus de la mer. L[e] Rhône pour y arriver a donc descendu 1382 mètres.

Le Léman exerce sur le cours du Rhône une influence bienfai[]sante. Il épure ses eaux et régularise son cours. Le fleuve ne tra[]

verse pas le Rhône, il s'y perd ; c'est un autre fleuve d'allures infiniment moins impétueuses qui sort à Genève.

Le lac reçoit la *Dranse savoisienne* qui tombe près de Thonon.

Sur les bords du lac de Genève on trouve sur la rive du N. : Chaillon, célèbre par son vieux château, Vevey, Lausanne, dont les écoles sont renommées, Coppet (séjour de Mme de Staël) ; sur la côte du Sud : Saint-Gingolph, Évian, Ripaille, Genève, ville savante et industrielle qui appartient à la Suisse depuis 1814.

L'Arve confine à Carouge au débouché même du Rhône et apporte les eaux du mont Blanc.

On a parlé de la rejeter dans le lac de Genève ; mais il faudrait la diriger par un canal assez à l'E. de cette ville pour rendre inoffensifs les atterrissements.

Enfin le rôle du lac de Genève serait complètement bienfaisant si l'on pouvait fermer par des écluses l'issue du fleuve. On aurait deux avantages : 1° on y trouverait une énorme force motrice, plus de 7000 chevaux-vapeur (400 seulement sont utilisés) ; — 2° on pourrait atténuer la violence des crues, faire baisser leur niveau de 60 à 80 centimètres, et en retenant le fleuve pendant huit jours le niveau du lac ne sera élevé que de 50 centimètres.

**Troisième bassin du Rhône.** — Le Rhône sort du lac de Genève, se dirige vers le S. O. et serpente dans les vallées profondes du Jura méridional ; il traverse la chaîne entre le mont Vuache et le Grand Credo (fort de l'Écluse). Il disparaît presque entièrement à Bellegarde (Perte du Rhône). Cette chute a été utilisée pour établir une grande usine, puis il se dirige vers le S. jusqu'au coude qu'il forme près de Cordon. Il s'échappe en contournant les dernières arêtes du Jura, dans la direction du N. O. (il a alors 212 m.), puis il débouche entre la terrasse du Viennois et le plateau de la Bresse. Il élargit son cours, entoure de nombreuses îles ; arrivé à Lyon il rencontre le fleuve abondant et tranquille de la Saône qui se dirige du N. au S., de plus le pied des Cévennes. Il prend alors la direction définitive du S. L'altitude du fleuve à Lyon est de 162 mètres.

Affluents du troisième bassin. — Dans ce bassin le Rhône reçoit à droite :

1° Le *London* (Gex, Genève) ;

2° La *Valserine* qui coule dans une gorge étroite du Jura (vallée des Dappes) et se perd dans les fissures du sol avant d'atteindre le Rhône à Bellegarde.

3° L'*Ain* coule dans le Jura, c'est dire que son cours est très encaissé, très tourmenté, il forme plusieurs cascades (Bourg de Sirod, 17 m.), traverse de nombreuses cluses ; son cours est de

190 kil., sa chute de 546 (730 à sa source, 184 à son embouchure). Cette rapidité de pente et les rochers qui l'encombrent le rendent impropre à la navigation, mais il est précieux à l'industrie par les forces motrices qu'il procure.

Les affluents sont (g.) la *Bienne*, qui coule toujours au fond de failles profondes et a un cours très rapide (74 kil.), (g.) l'*Albarine*, dont la rive est utilisée par le chemin de fer de Lyon à Genève.

4° La *Saône* (455 kil.) prend sa source à 396 mètres dans les monts Faucilles au nord de la forêt de Darvey. Elle possède de suite un volume d'eau considérable et n'a pas de gué. Elle est navigable à partir de Port-sur-Saône; jusqu'à Chalon elle se dirige au S. O. en faisant des courbes nombreuses ; puis au sud, où elle se jette dans le Rhône à Lyon en formant la presqu'île de Perrache conquise sur le fleuve. Elle arrose Gray, Auxonne, place forte médiocre, Saint-Jean-de-Losne (1636, Jean de Werth), Verdun (confluent du Doubs), Chalon, Tournus, Mâcon, Villefranche et Trévoux (Dictionnaire).

La *Saône* reçoit à gauche :

*a*. Le *Coney*, qui fait mouvoir de nombreuses roues d'usines.

*b*. La *Lanterne* (60 kil.), dont l'un des affluents, le *Breuchin*, coule du Ballon de Servance et arrose Luxeuil (Saint-Colomban), l'autre, la *Semouse*, reçoit les eaux du val d'Ajol par la *Combeauté*, celles de Plombières par l'*Augrogne*.

*c*. Le *Durgeon* (45 kil.) arrose Vesoul.

*d*. L'*Ognon* (192 kil.) c'est la ligne naturelle de Dijon à Belfort, car le Doubs fait trop de détours, la vallée de l'Ognon est de beaucoup plus facile. Aussi nos troupes l'ont remontée en 1871, pour gagner la victoire stérile de Villersexel (r. g.).

*e*. Le *Doubs* a 165 kil. de plus que la Saône, il coule d'abord au N. E. en suivant une combe du Jura, traverse le lac de Saint-Point, arrose Pontarlier, s'engage ensuite dans des défilés où son lit fort resserré est utilisé par l'industrie. Au-dessous de Morteau, il traverse un lac de cluse, celui de Chaillexon ou des Brenets, et rencontre un obstacle de rochers qu'il franchit par une cascade de 27 mètres, c'est le fameux saut du Doubs. Depuis le lac de Chaillexon, le Doubs forme la frontière avec la Suisse, et dessine même dans ce pays un angle aigu dont Saint-Ursanne est le sommet.

Puis brusquement le Doubs se dirige vers le S. O. et rentre en France en perçant de part en part une des chaînes du Jura. A Saint-Hippolyte, où il reçoit la belle *Dessoubre*, nouveau détour, le Doubs perce le mont Lomont en amont de Pont-de-Roide et arrive près de la trouée de Belfort.

La rivière prend alors définitivement la direction du S. O., passe à quelque distance de Montbéliard, que la Révolution a enlevé aux ducs de Würtemberg, arrose Baume-les-Dames, décrit autour de Besançon le coude qu'admirait déjà César, rencontre sur sa rive gauche l'ancienne ville parlementaire de Dôle; il reçoit la *Loue* qui vient du Jura et se jette dans la Saône à Verdun. Son affluent principal de droite est l'*Allaine* grossie de la *Savoureuse*, laquelle débouche des Vosges et passe au milieu de la trouée et de la ville de Belfort, et de la *Lisaine* (Héricourt, 1871).

*f*. La *Seille* arrose Louhans, elle est canalisée : son affluent la *Vallière* passe à Lons-le-Saulnier.

*g*. La *Reyssouse*, rivière de la Bresse arrose Bourg.

A droite la Saône reçoit :

*a'*. L'*Amance*, qui sert au railway Langres, Belfort, arrose Jussey.

*b'*. La *Vigeanne*, près de la r. d. Fontaine-Française où Henri IV arrêta l'Espagne par une brillante victoire.

*c'*. La *Tille*.

*d'*. L'*Ouche*, rivière de 100 kil., contourne la Côte-d'Or, sert au canal de Bourgogne et arrose Dijon.

*e'*. La *Dheune* alimente le canal du centre.

*f'*. La *Grone* descend des monts du Charolais, coule au N. et baigne Cluny.

Les affluents de gauche de Rhône sont :

1° L'*Arve* (19 m. par kil.), torrent furieux qui arrose la vallée de Chamounix et dont il a été question à propos du lac de Genève, passe à Bonneville ;

2° Le *Fier* (mont Charvin), long de 75 kil., reçoit les eaux du lac d'Annecy et tombe en face de Culoz ;

3° Le tranquille *canal de Savières* verse dans le Rhône les eaux du lac du Bourget (grossi du *Lei*, Chambéry) et parfois conduit au lac les eaux débordées du fleuve.

4° Le *Guiers* coule du massif de la Grande-Chartreuse et reçoit le trop-plein du lac d'Aiguebelette. Il conflue en face de Cordon.

5° Enfin la *Bourbre* se traîne lentement sur la terrasse du Viennois, arrose la Tour-du-Pin, perd à partir de Bourgoin une partie de ses eaux par des canaux d'irrigation et conflue à 5 kil. en amont de l'Ain.

**Quatrième bassin du Rhône.** — De Lyon à la Méditerranée le fleuve coule avec une grande rapidité au Sud entre les avant-monts des Cévennes qui bordent son cours à l'O. et les terrasses du Viennois et du Dauphiné qui le contiennent à gauche. A Givors les contreforts du Pilat lui font décrire un angle dont Vienne est le sommet. A Condrieu (vin de Côte rôtie) il reprend la direction interrompue. Il passe à Saint-Vallier; à Tain (r. d.) s'embarquent les fûts remplis des vins de l'Ermitage : en face Tournon, puis Valence en aval de l'embouchure de l'Isère. Le fleuve s'engage dans un défilé assez étroit, en sort à Rochemaure, baigne la plaine de Montélimar qu'il laisse à droite, arrose Viviers qui a baptisé le Vivarais, Saint-Andéol, Saint-Esprit fameux par son pont monumental (21 arches) bâti de 1265 à 1309 par les Frères Pontifes; il a alors 840 mètres. A Saint-Esprit commence un coude pareil à celui de Givors, Vienne, Condrieu, mais plus grand, dont les angles sont à peu près à Saint-Esprit, Avignon, l'embouchure du Gard. Il contourne la plaine dans laquelle est Orange; à droite on voit Villeneuve-lez-Avignon; puis à gauche la ville pontificale d'Avignon qui a encore son château du quatorzième siècle, mais dont le fameux pont bâti au douzième siècle par le berger Bénezet n'a plus que quatre de ses dix-neuf arches. Au-dessous d'Avignon le Rhône reçoit la Durance, puis le Gard, à droite, au-dessus de Tarascon-Beaucaire dont les chemins de fer ont tué les foires traditionnelles. Le village de Fourques au-dessus d'Arles indique par son nom même le sommet du *delta* du Rhône. Arles est célèbre par les monuments qu'y ont laissés les Romains et par la beauté des Arlésiennes. Elle verrait peut-être renaître son ancienne richesse si l'on pouvait rendre navigables les embouchures du Rhône, ou les suivre par un canal de grandes dimensions.

Les deux bras du Rhône sont à gauche le *Grand Rhône* qui emporte 86 centièmes du débit total, et le *Petit Rhône* qui se contente du reste. Le Grand Rhône sépare de la Camargue la plaine pierreuse de la Crau qui se transforme peu à peu sous l'action patiente des agriculteurs provençaux, et que plusieurs canaux, comme celui de Craponne, pourraient rendre rapidement méconnaissable. Le village de Louis voit naître le canal de Saint-Louis à grande section (4 kil. de long, 60 m. de large, 7 de prof.); ce sont les dimensions, sauf la profondeur, du canal de Suez. Il se dirige droit au golfe de Foz. L'ancien bras occidental du Grand Rhône, connu sous le nom de canal du Japon, Bras de fer et Vieux Rhône, est aujourd'hui isolé par les digues puissantes qui escortent le fleuve jusqu'à son embouchure.

De même le Petit Rhône qui, après avoir arrosé Saint-Gilles, ville déchue, se bifurquait près du fort de Silvereal en Rhône Vif à l'O. et Rhône Mort à l'E.; n'a plus aujourd'hui qu'une branche.

Affluents du quatrième bassin. — Dans le troisième bassin c'est à droite que le fleuve reçoit ses principaux tributaires; c'est au contraire à gauche dans le bassin inférieur.

Les principaux affluents de gauche sont :

1° L'*Isère* (*Isara*) est la rivière de la Tarentaise, elle sort des glaciers du col d'Iseran à plus de 2200 mètres d'altitude, descend avec fureur dans une vallée calcaire, dont les habitants en grand nombre sont atteints de goître et de crétinisme. Au gré des montagnes qui l'enserrent, le cours d'eau bondit alternativement du S. E. au N. O., et du N. E. au S. O. ; à chacun de ses angles aigus convergent des vallées de plus en plus importantes et où se sont assises des villes qui fatalement ont une valeur stratégique croissante : Bourg-Maurice au premier coude n'est qu'un poste d'observation, Moutiers, ville épiscopale au centre de la vallée, a déjà plus d'autorité ; au-dessus d'Albertville on a bâti récemment les premiers grands ouvrages de la vallée. Entre Albertville et Grenoble, sommet du dernier angle avant la sortie des montagnes, nous trouvons Montmélian et Fort-Barraux qui ont perdu leur importance depuis qu'on a reculé la frontière ; Grenoble au débouché de la belle vallée du Graisivaudan avec l'Isère à ses pieds, une couronne de forts imprenables au-dessus de sa tête, est bien la porte qui convient à ces vallées grandioses. Après avoir contourné le massif de la Grande-Chartreuse, l'Isère se fait rivière de plaine, mais ses eaux sont grises, souvent débordées ; elles baignent Saint-Marcellin, petit chef-lieu, et Romans, grand canton, et finit par 107 mètres d'altitude, après 290 kil. de cours, dont 156 navigables depuis Fort-Barraux.

Ses affluents notables sont à droite l'*Arly*, ligne stratégique d'Albertville à Bonneville. — A gauche, l'*Arc*, qui prend sa source près de l'Isère, à 2816 mètres, et la rejoint à 285 mètres, après un cours de 150 kil. presque circulaire. De là l'impétuosité de ce torrent. La vallée de la Maurienne qu'il a creusée et qu'il ravage sans cesse a une importante capitale. A Lans-le-Bourg passe la route qui gravit le mont Cenis ; à Modane débouche le tunnel qui troue le mont Fréjus. Saint-Jean-de-Maurienne est une vieille ville épiscopale.

Le *Drac* (148 kil., deux de moins que l'Arc) a un cours presque rectiligne, si on le compare aux deux autres, il sort du massif des Hautes-Alpes et fait communiquer l'Isère et la Durance, Grenoble et Gap par deux chemins qui escaladent la montagne ; le col de Bayard (1240 m.) et celui de la Croix-Haute ; et deux tunnels, l'un sur le col de Bayard creusé par la nature et inconnu à l'homme, par lequel s'engouffre une partie de ses eaux pour aller reparaître dans le bassin de Gap ; l'autre creusé par la main de l'homme et par lequel passe le railway de Marseille à Grenoble, le grand chemin de ronde des Alpes françaises. Son principal affluent, la froide *Romanche* (85 kil.), reproduit mieux les lignes brisées de la rivière maîtresse ; elle tombe du Pelvoux, contourne la Meyé et arrose le Bourg d'Oisans, elle tombe un peu au-dessus du château de Vizille, témoin séculaire de l'amour des Dauphinois pour la patrie et la liberté ;

2° La *Drôme* (118 kil.), près de 2000 mètres de chute, rivière inégale, cours encombré, arrose Die et Crest ;

3° Le *Roubion* est la rivière de Montélimart ;

4° L'*Eygues*, dont la haute vallée évite le long détour par la Durance, arrose une contrée déboisée, passe au pied de Rémusat et à Nyons ;

5° L'*Ouvèze* emporte les eaux qui tombent au N. du mont Ventoux ; la *Nesque* reçoit les torrents du S. Ces deux rivières, dont l'une a 95 kilomètres et l'autre 65, perdent leur nom avant d'arriver au Rhône parce qu'elles rencontrent la *Sorgues*, qui n'a que 50 kilomètres, mais sort de la fontaine de Vaucluse ;

6° La *Durance* est le plus terrible des torrents Alpestres. Longue de 380 kil., elle coule du mont Tabor au S. O. sous le nom de *Claire*, arrose Briançon, que Berwick signalait déjà comme la clef du S. E. de la France. Cette place de première classe est à l'altitude de 1521 mètres.

La Durance coule ensuite au pied de Montdauphin, d'Embrun, et de Sisteron.

Au confluent du Verdon elle change de direction, décrit un arc de cercle dont le Lubéron est la corde, se glisse entre cette montagne et les Alpines, arrose Cavaillon et conflue au-dessous d'Avignon.

Cette rivière, au cours si inégal, dont le lit de 2 kil. de large est tantôt à sec, tantôt insuffisant, est cependant un des cours d'eau de France qu'on a le mieux mis à profit. Un canal s'en détache sur la rive droite sous le nom de *canal de Carpentras* et traverse jusqu'à l'Arve, un autre passe en face de Pertuis et franchit la Touloubre et l'Arc. C'est le *canal de Marseille*, célèbre par l'Aqueduc de Roquefavon par lequel il enjambe l'Arc. On croit que les dépressions qu'on a utilisées pour ce canal sont les restes d'un ancien lit de la Durance. Un peu au-dessous le *canal de Craponne* (seizième siècle) semble également un lit desséché de la rivière ; un de ses bras gagne Arles, l'autre se ramifie à l'infini dans la plaine de la Crau ; enfin le *canal des Alpines* va d'Orgon à Tarascon. Ces canaux sont insuffisants encore pour l'agriculture, ils ont été en grande partie creusés et aménagés par des syndicats de paysans provençaux. Ce que cette initiative a fait d'un mauvais torrent comme la Durance montre ce que pourraient obtenir les riverains de la Seine et de la Loire.

Les affluents de la Durance participent de sa nature torrentielle : plusieurs ont une grande importance militaire : nous trouvons à droite la *Guisane* (col de Lautaret-Romanche), la *Luye* qui arrose Gap (col de Bayard). Le *Buech* qui conflue à Sisteron (cols de la Croix-Haute sur le Drac, de Cabres sur la Drôme, de Ribéyroles sur l'Aigues). Le *Coulon* qui arrose Apt, Cavaillon et est appauvri par de nombreuses infiltrations et saigné de maints canaux. — A gauche ce sont les vallées du *Guil* qui vient des cols d'Abriès et de la Traversette et qui est gardée par le fort Queyras, au centre, par Mont Dauphin, au confluent; de l'*Ubaye* avec Barcelonnette (cols de Longet et de Largentière); de la *Bléone* avec Digne, enfin du *Verdon* avec le fort Colmars et la petite ville de Castellane.

Les affluents de droite du Rhône sont des fleuves Cévenols très différents de leurs vis-à-vis des Alpes. Comme eux ils ont une crue très forte au printemps au moment de la fonte des neiges, mais ils sont appauvris en été. Comme de plus le Rhône coule fort près des montagnes et que ces montagnes, granit ou basalte, sont imperméables, on comprend le caractère torrentiel et le peu d'importance de ses cours d'eau; néanmoins un certain nombre d'entre eux coulent dans des pays d'industrie très développée où l'on utilise leur force motrice :

1° Le *Gier* n'a que 45 kil., mais ses eaux, retenues par le barrage du Japon font tourner les roues d'usines qui, de Saint-Chamond à Rive de Gier et à Givors, accaparent la rivière;

2° De même la *Cance*, rivière d'Annonay;

3° L'*Erieux* (70 kil.) roule des paillettes d'or et a l'affluent le plus limpide et le plus pur de France, la *Dorne*;

4° L'*Ouvèze* passe à Privas;

5° L'*Ardèche* (108 kil.) tombe du mont Tanargue; elle s'est creusé dans le roc le fameux pont d'Arc dont la hauteur est de 32 mètres, la largeur de 54 mètres. Elle sort des montagnes à Aubenas, coule au S. O.; et tombe à 2 kil. au-dessus du pont Saint-Esprit. On a gardé un terrible souvenir de la crue du 9 oct. 1827 où l'Ardèche monta de plus de 21 mètres; et du 15 sept. 1857 où son débit atteignit 8000 m. c. par seconde. Elle est grossie du *Chassezac* (75 kil.) dont les sources sont voisines de celles de l'Allier;

6° La *Cèze* (100 kil.) vient de la Lozère, et roule des paillettes d'or; sa vraie richesse ce sont les houilles de Bessèges. Elle forme la cascade de Sauladet, et arrose Bagnols;

7° Le *Gard* ou *Gardon* (140 kil.) est formé de deux bras : celui du N. est le *Gardon d'Alais*, suivi par le chemin de fer de Brioude à Nimes; c'est une rivière industrielle dont les principaux centres sont la Grand Combe et Alais; le *Gardon d'Anduze* est plus calme et plus régulier. Le Gard, une fois constitué, perd dans des fissures de rochers et retrouve par des bouillants une partie de ses eaux; il décrit un arc de cercle qui se termine à Remoulins. C'est là que la rivière est franchie par le fameux Aqueduc du pont du Gard. Il a pour affluent l'*Alzon* qui passe à Uzès et dont un des tributaires, l'*Aire*, avait été capté pour la ville de Nimes par les ingénieurs romains.

**Régime du Rhône.** — Il était nécessaire d'exposer autant que possible la nature des affluents du Rhône avant d'essayer d'expliquer le régime du fleuve. En résumé, on le voit, les eaux du grand fleuve du S. E. ont trois origines : cours d'eau alpestres, cours d'eau cévenols, cours d'eau jurassiques. Le fleuve lui-même se range dans la première catégorie ; or, ces deux premières classes de rivières sont essentiellement torrentielles de par les terrains, imperméables pour la plupart, qu'elles traversent, de par les pentes exagérées qu'elles ont à descendre et de par l'inégalité de débit qui résulte soit de la fonte des neiges, soit des averses. Mais le remède dans la nature se trouve presque toujours à côté du mal ; et en effet il s'était établi une sorte d'équilibre entre les crues des affluents alpestres du Rhône et ses affluents cévenols : ceux-ci étant généralement à sec en été, grossis en hiver ; ceux-là, au contraire, ayant leur période de plein du printemps au commencement de l'automne. Aussi du temps des Romains le Rhône était-il une voie navigable de premier ordre, et les écrivains du moyen âge nous montrent des escadres de galées, de dromons, de navires de toute sorte remontant ou descendant le fleuve. Ces beaux spectacles nous sont inconnus aujourd'hui. Non pas parce que le tonnage des navires est devenu plus considérable ; la batellerie elle-même peut à peine user du fleuve ; mais en réalité parce que les hommes ont détruit l'œuvre de la nature. Le déboisement forcené auquel se sont livrés les paysans des Hautes et Basses Alpes, aussi bien que ceux des Cévennes, ont dénudé la montagne et l'ont livrée au torrent. Tandis que les Suisses punissent par leurs lois le « meurtre » des arbres qui arrêtent les glaciers, nos belles forêts du moyen âge ont été livrées à la hache stupide du bûcheron, puis à la dent du mouton ou de la chèvre. Aussi le Devoluy (voy. les *Alpes*) s'écroule bloc par bloc et l'immense aire que drainent nos affluents du Rhône prend en partie après chaque orage le chemin de la mer. Les atterrissements que le Rhône entraîne avec lui sont si considérables qu'il suffit parfois d'un bateau échoué pour accumuler les limons et changer le chenal. A grand'peine a-t-on pu y établir un mouillage de 1 mètre ; on ne peut se servir que de bateaux à fonds plats. Cependant malgré trois mois d'interruption par an en moyenne, le Rhône sert de voie commerciale. On a proposé l'établissement d'un canal latéral, on a voulu aussi agrandir le canal qui va d'Arles à Bouc. Vauban avait déjà été découragé par les difficultés et s'écriait en parlant justement du Rhône : « Les embouchures sont incorrigibles. »

PONTS SUR LE RHONE DE LYON A ARLES.

| N°. | VILLES OU BOURGS. | | DISTANCE DE LYON. | LONGUEUR | NATURE DU PONT. | OBSERVATIONS. |
|---|---|---|---|---|---|---|
| | Rive droite. | Rive gauche. | | | | |
| 1 | | Givors. | 19 | | 3 arches, pierre et fer. | Ligne de raccordement entre les deux chemins de fer. |
| 2 | Ste-Colombe. | Vienne. | 32 | | 2 travées, fil de fer. | |
| 3 | Condrieu. | Les Roches. | 45 | | Fils de fer. | |
| 4 | Serrières. | | 60 | | Id. | |
| 5 | | St Rambert. | 62 | 510 m. | 2 viaducs. 3 et 4 arches. | De Saint-Rambert à Annonay. Deux bras et une île. |
| 6 | Andance. | Andancette. | 71 | | Fils de fer. | Juste en face d'Annonay. |
| 7 | Tournon. | Tain. | 92 | | 2 ponts fils de fer. | Deux ponts relient les deux villes. |
| 8 | | Valence. | 106 | | | |
| 9 | La Voulte. | Livron. | 124 | 240 | 2 viadues fonte. | Raccordement entre les deux chemins de fer. Livron. Privas. |
| 10 | Le Pouzin. | | 150 | | Pont suspendu. | Bouche de l'Ouvèze. |
| 11 | Rochemaure. | | 150 | | Id. | |
| 12 | Le Teil. | | 153 | | Id. | Montélimar. |
| 13 | Viviers. | Châteauneuf du Rhône. | 163 | | Id. | |
| 14 | St-Andiol. | | 177 | | Id. | |
| 15 | | Pont-St-Esprit. | 191 | 810 | 19 grandes arches, 3 petites. | N'est pas rectiligne, forme un angle obtus dont le sommet est au midi. |
| 16 | Roquemaure. | | 220 | | Pont suspendu. | |
| 17 | Villeneuve. | Avignon. | 251 | | Id. | L'ancien pont avait 19 arches, il n'en reste plus que 4. |
| 18 | Beaucaire. | Tarascon. | 252 | 430 | Suspendu. 3 travées. | |
| 19 | | Id | | 597 | | |
| 20 | Arles | | 265 | | | Pont sur le Grand Rhône pour le chemin de fer. |

**Importance stratégique du Rhône.** — Le cours du Rhône est si violent qu'au moment où elle a créé les départements, la Constituante a été obligée de respecter de ce côté les frontières naturelles des anciennes provinces ; le Rhône est un fleuve-limite ; sauf à la banlieue de Lyon et à la Camargue, aucun département n'empiète d'une rive sur l'autre. Son rôle militaire est donc énorme : Polybe nous raconte quelle peine Annibal eut à le franchir ; dans les temps modernes aucune opération de ce genre n'a été accomplie et il est permis de croire qu'elle serait des plus périlleuses. Les défenses de la vallée du Rhône sont à l'exception de Lyon lui-même reportées à la frontière, mais si l'ennemi venait à franchir ou à tourner notre ligne de défense, il trouverait avant d'arriver au plateau central le cours rapide du Rhône. Deux chemins de fer le longent aujourd'hui, la rive droite est escortée de Lyon en aval d'Avignon, la rive gauche de Lyon à Arles (grande ligne Paris-Lyon-Méditerranée). Le Rhône est des rivières de France la mieux desservie et la mieux pourvue de moyens de défense ; quant aux ponts ils sont au nombre de 20 à partir de Lyon jusqu'à Arles.

B. — Bassins côtiers a l'ouest du Rhône.

A l'ouest du Rhône nous trouvons d'abord la *Vidourle* qui se jette dans l'étang de Repausset, près d'Aigues-Mortes, ce fleuve fantasque est trois fois plus abondant pendant ses crues que la Seine sous le Pont-Royal ; en été il est tari. Il est grossi du *Vistre* dont un affluent passe à Nimes.

Le *Lez* doit sa réputation au voisinage de Montpellier. Sa source principale se précipite d'une grotte ouverte dans une paroi verticale de rochers, près du pré de Saint-Loup.

L'*Hérault* est remarquable aussi par l'abondance et la pureté de ses sources qui jaillissent du calcaire au flanc du mont Aigoual. Il a plus de 164 kilomètres de cours. Il est navigable dans la partie inférieure depuis le port de Bessan (11 kil.) et se jette dans la mer à l'ouest d'Agde. Richelieu voulait profiter de son embouchure pour donner un port à cette côte, les travaux ont été abandonnés après lui. Il reçoit dans les montagnes la *Sarre* qui arrose le Vigan et plus bas la *Seigne*, rivière des Garrigues qui baigne Lodève.

L'*Orb* a 144 kilomètres et n'a plus qu'un seul débouché à la mer. Il passe à Bédarieux et à Béziers.

L'*Aude* (208 kil.) vient des défilés pittoresques de Caspir et coule par Limoux, célèbre par son vin blanc, dans la direction du Nord jusqu'en aval de Carcassonne. Là elle rencontre son principal affluent, le *Fresquel*, qui vient des montagnes de Saint-Félix, et se prolonge par l'Aude inférieure. C'est le Fresquel (Castelnaudary) et ses affluents qui ont servi à alimenter le beau canal du Midi (l'*Alzau*, le *Lampy-Neuf* et le *Lampy-Vieux*). Le bassin de Saint-Ferréol qui réunit toutes ces eaux est un véritable lac intérieur dont la contenance peut s'élever à 6 375 000 mètres cubes.

Le cours inférieur de l'Aude présente un caractère torrentiel. Le fleuve varie de 5 mètres cubes à 3000, proportion plus effrayante encore que celle du Var. (1 à 600 ; l'Orb de 1 à 1000). Ce fleuve forme à son embouchure un delta d'une étendue considérable qui s'étend sur 20 000 hectares et enferme la montagne de la Clape. Il a comblé totalement ou en partie de nombreux étangs. On a régularisé le bras du Sud qui sous le nom de *canal de la Robine* met le canal du Midi et la ville de Narbonne en communication avec la mer par le grau de la Nouvelle, à l'issue de l'étang de Sigean.

La *Gly* (Rivesaltes), la *Têt* (125 kil.), Montlouis, Villefranche, Prades, Perpignan, le *Réart* et le *Tech* (Pratz de Mollo, Amélie, Céret) : ces petits fleuves ont une frappante ressemblance dans leur cours général et dans le régime de leurs eaux.

Ces rivières sont de vrais torrents, mais l'homme a pu, sinon les dompter, au moins en tirer tout le parti possible. Leurs bords, envahis par les sables portent le nom de rivrales ; mais des canaux d'irrigation sans nombre répandent l'eau et la vie dans ce riche pays, le sol irrigué artificiellement se nomme le rigatin ; c'est la zone au-dessous des Garrigues, et au-dessus des Salanques.

### C. — Bassins côtiers entre les Pyrénées et la Garonne.

La *Bidassoa*, 70 kilomètres, n'est française, et encore qu'à moitié, que sur un cours de 16 kilomètres : île des Faisans et île de la Conférence.

La *Nivelle* (45 kil.) naît en Espagne, contourne la Rhune et débouche au fond de la rade de Saint-Jean-de-Luz.

L'*Adour* (335 kil.) a sa source au Tourmalet dans les Pyrénées, à 1931 mètres. Après avoir formé la cascade de la vallée de Campan, il arrose Bagnères-de-Bigorre. Tarbes se trouve au centre d'une belle plaine, c'est le grand arsenal du S. O. Les collines d'Armagnac le repoussent à l'ouest, il a déjà 245 m. de large quand il laisse à gauche la ville épiscopale d'Aire, lave le pied du promontoire de Saint-Sever et garde jusqu'à Dax la direction de l'ouest. De 1500 à 1579, il continuait au delà de cette ville et se jetait dans la mer au Vieux-Boucau ; de grands travaux l'ont contraint à reprendre son cours vers le S. jusqu'au point où, sous la poussée du gave de Pau, il incline à l'ouest de nouveau, et enfin se perd dans le golfe de Gascogne au-dessous de Bayonne.

L'*Adour* reçoit à droite : l'*Arros*, qui vient du plateau de Lannemezan. La *Midouze* (155 kil. depuis la source de la Douze), formée à Mont-de-Marsan par la réunion de la *Midou* et de la *Douze* qui drainent l'une les dernières pentes du plateau de Lannemezan, l'autre l'alios des Landes.

A gauche, viennent tomber dans l'Adner le *Gabas*, le *Luy* (141 kil.) formé de deux bras, *Luy de France* et *Luy de Béarn*.

Le *Grand Gave* ou *Gave de Pau* (175 kil.) sort de la brèche de Roland (2530 mètres) ; il tombe au cirque de Gavarnie par une chute de 422 mètres, roule de cascade en cascade, par Argelès, jusqu'à Lourdes, contourne le plateau par des gorges admirables, arrose Pau, Orthez et Peyrehorade, et au confluent dessine un bel arc qui lui donne l'aspect de la rivière maîtresse. Il reçoit de nombreux affluents, un seul à droite, le *Gave de Bastan*, qui mêle les eaux glacées du Tourmalet aux sources brûlantes et sulfureuses de Barèges ; à gauche le *Gave de Cauterets* qui vient de Vignemale, le *Gave d'Argelès*, celui d'*Oloron* formé du *Gave d'Ossau* (Eaux-Chaudes et Eaux-Bonnes) et du *Gave d'Aspe* (Fort d'Urdos), constitue à Oloron même la rivière qui arrose l'ancienne place forte de Navarrenx, célèbre par sa race de petits chevaux infatigables, et reçoit le *Saison* ou *Gave de Mauléon*.

La *Bidouse* vient de Saint-Palais.

La *Nive* commande les cols de Roncevaux et des Aldudes, et se termine à Bayonne.

La *Leyre* (84 kil.) reçoit les eaux des Landes par des canaux de desséchement et tombe dans le bassin d'Arcachon.

**LA GARONNE.** — **Ceinture.** — Collines du Médoc, de l'Armagnac, montagnes du Bigorre à l'O. ; Pyrénées, du cirque de Troumouse au pic de Carlitte au S., Corbières occidentales ; Cévennes méridionales, montagnes de la Margeride à l'E., monts d'Auvergne et du Limousin, colline de Périgord et de Saintonge.

**Cours du fleuve.** — La Garonne prend sa source en Espagne, sur le versant méridional des Pyrénées, dans le glacier de la Néthou, s'engouffre tout à coup dans un abîme nommé Trou du Taureau et reparaît de l'autre côté de la chaîne, à 600 mètres plus bas et à une distance de 4 kilomètres.

Les habitants donnent le nom de Goueil de Joueou (œil de Dieu) à cette magnifique source; une cataracte de 30 mètres ajoute à la beauté du spectacle.

La Garonne s'unit là à un second bras qui vient de la partie orientale du val d'Aran, court au nord, et après s'être de nouveau perdue dans un nouveau gouffre, celui de Clèdes, pénètre en France au Pont-du-Roi par un défilé qu'on nomme défilé de Saint-Béat. Son altitude est de 565 mètres.

Le fleuve coule alors vers le N. jusqu'à Montrejeau (400 mètres). Là, la falaise orientale du plateau de Lannemezan l'arrête; il s'incline, décrivant autour de cet obstacle une courbe parfaite dans une plaine qu'il a déblayée et au centre de laquelle se trouve la ville de Saint-Gaudens.

A Saint-Martory le fleuve prend la direction du N. E., reçoit le Salat et est navigable à partir de Cazères. Jadis toute cette plaine était un grand lac d'environ six lieues de long qui réglait le cours du fleuve; depuis qu'il s'est comblé et vidé, la vallée supérieure de la Garonne est exposée à de terribles inondations: les plus violentes dont on ait conservé le souvenir sont celles de 1770 et surtout celle de 1875, qui s'est élevée à plus de 13 mètres au-dessus de l'étiage.

La Garonne arrose Muret (bataille de 1213), reçoit l'Ariège et est rejetée par les contreforts des Cévennes du côté du N. O. C'est à ce point que s'élève sur la rive droite la ville de Toulouse avec Saint-Cyprien sur la rive gauche.

La vallée s'élargit de nouveau, devient plaine (c'est ce qu'on nomme la Rivière) et arrose Verdun et Castel-Sarrazin. Le Tarn venant des Cévennes pousse un peu plus le fleuve vers l'ouest; l'abondance des eaux, la beauté des rives, la fertilité du bassin font de cette vallée une des plus belles de France. — Les villes d'Agen, Port Sainte-Marie, Aiguillon sont célèbres pour l'excellence de leurs produits agricoles. Marmande, qui s'élève sur une terrasse, et La Réole sont de grands entrepôts de tabacs. Bordeaux, la grande ville du bassin tertiaire du Sud, a devant ses quais un vrai bras de mer de 600 mètres de large, d'une profondeur qui dépasse 10 mètres; les vaisseaux marchands peuvent y aborder avec le flux.

Puis le beau spectacle du bec d'Ambez; la langue de terrain qu'on nomme Entre-deux-Mers s'avance entre la Garonne et la Dordogne.

Là commence l'estuaire, la Gironde, d'abord coupée d'îles (parmi lesquelles la plus célèbre est le pâté de Blaye), est large de 3 kil.; le vaste bassin s'accroît jusqu'à mesurer 6 et même 12 kilomètres d'une rive à l'autre; les fameuses collines du Médoc le bordent au sud. Pauillac y présente un excellent mouillage. A la pointe de

Grave le lit se rétrécit; la profondeur est considérable et atteint 52 mètres.

Tout l'estuaire de la Gironde est à proprement parler un golfe marin; la salure dépasse 20 millièmes, ce qui est supérieur à celle de la Baltique et de la mer Noire. On y cultive les huîtres; les poissons marins y suivent les navires; on remarque entre autres le « maigre » ou poisson chanteur.

La Gironde, comme la Garonne, tend à ronger sa rive droite et délaisse la rive gauche; les collines de Saintonge s'élèvent brusquement en forme de falaises qui reculent devant le flot. A l'est de Royan le rivage de Geriost s'est écroulé avec la colline qui le portait; par contre, au bas des collines du Médoc s'étend une laisse de terrains marécageux connue sous le nom de Petite-Flandre, et qui a été desséchée au dix-septième siècle par les Hollandais. On a remarqué au S. une dépression marécageuse qui contourne la pointe de Grave, c'est l'ancien lit desséché de la Gironde, qui jadis formait un delta. Au delà de la pointe de Grave, entre la pointe de la Coubre et le petit cap du Vieux-Soulac, s'élève la terre de Cordouan dans l'île de ce nom; deux grands passages permettent de communiquer avec la haute mer : c'est la passe du Nord ou de la Coubre, qui suit la côte de Saintonge, au S. la passe de Grave. Deux bancs de sable : la Mauvaise et la Cuivre, ont pris la place d'une ancienne passe, celle du Masteher.

**Affluents de la Garonne**. — Les affluents de la Garonne sont de deux sortes. Les uns viennent des Pyrénées, les autres apportent les eaux des Cévennes ou du plateau central; presque tous sont soumis à des crues considérables et à des « pauvres » extrêmes. Heureusement leurs berges sont généralement assez élevées et les affluents cévenols ou pyrénéens sont rarement grossis en même temps.

Nous trouvons à gauche la Pique, la Neste, la Louge, la Save, la Gimone, l'Arrats, le Gers, la Baïse et le Ciron.

A droite, le Salat, l'Ariège, l'Hers mort, le Tarn, le Lot, le Dropt, la Dordogne.

Affluents de gauche. — La *Pique* apporte les eaux du val de Luchon.

La *Neste*, dont le nom a pour les habitants du val d'Arreau le même nom que le mot *gave* pour ceux des Pyrénées basques, se forme d'un grand nombre de petits torrents qui se réunissent au débouché de la gracieuse vallée d'Aure, sous le nom de Neste d'Arreau. Son cours est encaissé et dirigé du S. au N. jusqu'à la naissance du plateau de Lannemezan, qui la plie brusquement à l'Ouest, elle atteint la Garonne à Montrejeau. Ses eaux sont en partie captées par un canal qui commence à Sarrancolin et, par plusieurs aqueducs et tranchées, pénètre sur le plateau de Lannemezan ; mais le lit de ce canal est fissuré et laisse perdre la plus grande partie des eaux.

La *Louge* est la première des rivières inégales qui rayonnent du plateau de Lannemezan.

La *Save* est la seconde (148 kil.). Elle sort de terre dans les landes de Pinas et coule droit au N. E. : elle passe à Lombez, l'Isle Jourdain, et finit au-dessous de Grenade.

La *Gimone* a 136 kilomètres, de même que l'*Arrats*, honnêtes rivières qui n'ont pas d'histoire et parfois n'ont pas d'eau.

Le *Gers* a 168 kilomètres, passe à Auch et à Lectoure ; il n'est pas navigable, et ses écarts extrêmes sont énormes.

La *Baïse* a ceci de particulier qu'elle coule directement du S. au N. et dessine la ligne médiane du plateau de Lannemezan ; elle a sur ses bords Mirande, Valence, Condom, Nérac, dont le passé est cher aux lettrés et le présent aux gourmets.

Enfin, le *Ciron* (90 kil.) se traîne paresseusement dans une vallée peu profonde ; il n'a sur ses bords aucune ville importante.

AFFLUENTS DE DROITE. — Deux viennent des Pyrénées : le Salat et l'Ariège. Le *Salat* bondit du port de Salau, reçoit par des torrents impétueux les eaux des vallées pyrénéennes depuis la pyramide de Seue jusqu'au mont Vallier ; traverse Saint-Girons et tombe dans la Garonne par 266 mètres d'altitude ; le débit de ses eaux est considérable.

L'*Ariège* (la Riège ou Auriège) a 157 kilomètres de long, prend naissance en Espagne au col de Puymorens, mais entre aussitôt en France ; elle descend rapidement dans une vallée sauvage jusqu'au bourg d'Ax, où elle reçoit l'*Oriège*, elle longe du S. E. au N. O. les Pyrénées de Saint-Barthélemy ; à Tarascon, nouveau détour : l'Ariège prend la direction qu'elle gardera jusqu'à la fin, celle du S. au N. Elle passe à Foix, perce la chaîne du Plantaurel, baigne Pamiers et Saverdun. Sa source est à 2000 mètres, son confluent à 156. Elle est grossie de l'*Hers-Vif* (120 kil.), s'ouvre une route à travers les monts de Saint-Barthélemy, passe au pied de la belle forêt de Belesta (fontaine intermittente de Fontestabe), puis arrose Mirepoix, dont la plaine fertile était un lac il y a cinq siècles.

L'*Hers-Mort* (108 kil.) prête sa vallée au triple chemin, route, railway, canal, entre Toulouse et Carcassonne.

Le Tarn et le Lot sont essentiellement cévenols.

Le *Tarn* a 375 kilomètres de long et arrose ou ravage de 14 000 à 15 000 kil. carrés. Échappé du mont Lozère, il passe à quelque distance de Florac (rive g.) et s'engage dans des gorges affreuses, entre les parois à pic du causse Méjean et du causse de Sauveterre. Ses eaux sont claires et limpides; le Pas de Souci est une des gorges les plus connues de ces défilés. Mais grossi de la Joute, le Tarn élargit sa vallée, traverse le bassin fertile de Millau, puis, sorti du calcaire jurassique au confluent du Dourdou, serpente à travers les feuillets du schiste, se tord par un lacet de 3 kilomètres à la boucle d'Ambialet, dont l'isthme n'a que 12 mètres de longueur, et par le saut de Sabo, dont la belle chute de 18 mètres sert à une des premières forges d'acier de France, entre dans les terrains tertiaires. Les eaux y sont terreuses, les berges sont généralement assez élevées, les détours moins brusques. A Alby; à Gaillac, dont les vins sont estimés, à Rabastens, le Tarn a une largeur de 150 à 200 mètres. Montauban, la sévère cité protestante, domine la vallée du haut de ses terrasses, et Moissac conserve encore le souvenir de son abbaye et de ses chroniques, une des sources de notre histoire nationale. Le Tarn tombe dans la Garonne à la cote 55. Ses affluents sont importants; citons le Tarnon, la Joute, la Dourbie, le Dourdon méridional, la Rance, l'Agout, l'Aveyron.

Le *Tarnon* (35 kil.) vient de l'Aigoual et se glisse à l'est du causse Méjean. — La *Joute* (40 kil.), entre le causse Noir et le causse Méjean; ces deux rivières reçoivent des fontaines jaillissantes d'une limpidité admirable. — La *Dourbie* (70 kil.), entre le Larzac au S. et le causse Noir au N., finit près de Milhau. — Le *Dourdou*, né dans des terrains de transition sur le flanc nord de l'Espinouze, finit par un cours extrêmement sinueux à travers les roches du trias. Son affluent, la *Sorgue*, belle et limpide rivière, passe à Saint-Affrique. — La *Rance*, cours d'eau triasique, a, comme le précédent, la propriété de rougir les eaux du Tarn. — Enfin l'*Agout*, le plus important des affluents de gauche, a 180 kilomètres. Il descend de l'Espinouze, arrose Castres, la ville la plus peuplée et la plus industrieuse du département, Lavaur, et finit à Saint-Sulpice. — L'*Aveyron*, affluent de droite, est un long ruisseau de 240 kilomètres de long, de 40 mètres à peine de large, lorsqu'il est complètement constitué. Il prend sa source à l'O. du causse de Sauveterre à la limite même du département de la Lozère. Sa direction générale est nettement de l'E. à l'O. jusqu'à Villefranche, mais c'est une des rivières les plus tortueuses; sa vallée est une des plus pittoresques de France. Rodez et Villefranche-de-Rouergue sont ses deux villes importantes. Au-dessous de la dernière, il prend la direction du S. O. jusqu'à son confluent avec le *Viaur* (160 kil.), qui l'entraîne de nouveau à l'Ouest, mais non sans d'immenses sinuosités.

Le *Lot* a 480 kilomètres de long, il reçoit les eaux de 11 000 kil. carrés. Son ancien nom est Olt. Il jaillit dans la Lozère, montagne du Goulet, sur le flanc S., tandis que l'Allier et le Chassezac coulent au N. Il passe à Bagnols-les-Bains, au pied de Mende, contourne la montagne d'Aubrac, Saint-Laurent d'Olt, Espalion, Entraygues, puis laisse au S. le bassin houiller de Decazeville-Aubin. Il entre alors dans le jurassique, où il s'est tracé une vallée tordue en tous sens, dominée par des falaises à pic d'une saisissante beauté ; de nombreuses presqu'îles formées par le fleuve même et dont l'isthme n'a parfois que quelques centaines de mètres, ont aux époques anciennes, été choisies comme emplacement des villes : Capdenac, Saint-Géry, et surtout Cahors sont ainsi entourées. En entrant dans le bassin tertiaire du S. et dans le département de Lot-et-Garonne, le Lot s'infléchit au S. E. ; sa vallée s'élargit, ses sinuosités ont beaucoup plus d'ampleur ; la fertilité des fonds, les vignes qui couvrent les coteaux, donnent à la contrée un aspect plantureux qui lui permet de rivaliser avec le jardin de la Garonne. Villeneuve-d'Agen, Clairac et Aiguillon sont les dernières villes de la vallée. Le Lot tombe dans la Garonne à la cote de 22 mètres. Il est grossi de la *Colagne*, rive droite (Marvejols). La *Truyère* (rive dr., 175 kil.) sort de la Margeride et la longe du S. au N. jusqu'au confluent de la rivière de Saint-Flour, le *Lander* ; elle contourne alors les dernières coulées du Cantal, en laissant à quelque distance à gauche le curieux bourg de Chaudes-Aigues ; elle se termine à Entraygues et apporte au Lot plus d'eau qu'il n'en roule lui-même de sa vallée supérieure ; elle est grossie du *Dourdou septentrional* (rive g.).

La Garonne reçoit un peu au-dessous de la Réole une rivière qu'on appelle le *Dropt* dans sa vallée supérieure, et le *Drot* à partir d'Eymet où il est navigable. Cette rivière au cours lent et embarrassé de roseaux coule de sa source à son confluent sur le terrain tertiaire.

**La Dordogne.** — Ce fleuve se forme au flanc Nord du Puy de Sancy sur un petit plateau humide qu'on nomme Marais de la Dore, à 1720 mètres de hauteur. La *Dore* descend rapidement par une vallée profonde, étagée de cascades bruyantes jusqu'au pied de la montagne et y rencontre la *Dogne*. La Dordogne longe le bourg de Mont-Dore-les-Bains, et se glisse par une longue vallée semi-circulaire, par la Bourboule et Port-Dieu, jusqu'au pied des Orgues de Bort, étonnantes colonnes basaltiques. Elle coule ensuite dans un lit encaissé par les roches de granit, de gneiss et de micaschiste dans la direction du Sud-Ouest, en laissant Mauriac sur la gauche et en arrosant Argentat. Arrivé aux limites du terrain jurassique qui sont aussi celles du département du Lot, le fleuve court à l'Ouest, laisse Souillac sur la droite et la Mothe-Fénelon à gauche, traverse en pénétrant dans le département de la Dordogne une île de grès vert avec Sarlat, à quelque distance sur la droite, puis s'élargit dans le bassin tertiaire de Bordeaux. Il arrose Bergerac où naquit Montaigne, Sainte-Foy-la-Grande, dans la Gironde, Castillon où les Anglais perdirent définitivement la Guyenne en la même année où les Turcs prenaient Constantinople, 1453. C'est là que la marée commence à se faire sentir. Libourne est comme un avant-port de Bordeaux ; la Dordogne passe sous le pont fameux de Cubzac et a près de 1200 mètres quand elle rejoint la Garonne au bec d'Ambez, après 490 kilomètres de cours.

La Dordogne reçoit un grand nombre d'affluents. Les plus importants sont à droite, parce que le fleuve coule dans ses vallées moyenne et basse à peu de distance du Lot, qui lui est parallèle. Aussi ne voit-il venir à lui sur sa rive gauche que des ruisseaux dont les plus intéressants sont : la *Rue* (65 kil.), qui vient du Puy de Sancy et tombe en face des Orgues de Bort ; la *Maronne* (88 kil.), dont la vallée profonde et coupée à angles vifs barre complètement de l'E. à l'O. le pays entre Cantal et Dordogne ; la *Cère*, 115 kilomètres, vient du col de Lioran, forme des gorges d'une grande beauté (Pas de la Cère), reçoit la *Jordane*, rivière d'Aurillac, et conflue à la limite du terrain jurassique. La *Fénolle* est un faible ruisseau que dominent les pittoresques édifices de Rocamadour.

A droite, la Dordogne est grossie d'affluents de plus en plus considérables, du Chavanon, de la Diége, de la Vézère et de l'Isle. Le *Chavanon* n'a que 50 kilomètres quand il rencontre la Dordogne, mais celle-ci n'en a que 40. Il est vrai qu'elle vient du Puy de Sancy et des monts Dore ; ce doit être son véritable titre à la priorité. La *Diége* (50 kil.) passe au pied d'Ussel. La *Vézère* (192 kil.) sort du plateau de Millevache comme la précédente ; sa pente est très rapide, son lit très peu profond. Elle bondit au milieu des granits et des gneiss du Périgord, contourne Uzerche, puis s'élargit, et après avoir reçu la *Corrèze*, rivière venue des Monédières (Tulle, Brives-la-Gaillarde), traverse jusqu'à son confluent une contrée célèbre par ses grottes et ses débris de l'âge préhistorique. — *L'Isle* (255 kil.) n'est qu'une mince rivière quand elle sort des monts du Limousin et qu'elle glisse sur les terrains granitiques : elle ne devient importante qu'après son confluent avec la haute Vézère : elle arrose alors Périgueux, c'est jusqu'à Libourne la seule ville notable de son cours. L'Isle reçoit à gauche la *Loue*, qui passe à Saint-Yrieix et lave les minerais de fer d'Excideuil, l'*Auvezère* (haute Vézère) au cours tortueux, au lit fissuré (gouffre de Cubjac). A droite, la *Dronne* (178 kil.) aux bords ravissants, aux eaux transparentes, sortie des roches primitives du Limousin, parcourt une plantureuse contrée, arrose Brantôme, reflète le château Renaissance de Bourdeilles, laisse à gauche Riberac, et un peu avant Coutras forme les marécages boisés de la Double. Elle tombe au-dessous de Coutras (victoire de Henry de Navarre en 1587).

### D. — Bassins côtiers entre la Garonne et la Loire.

Le bassin triangulaire des petits fleuves côtiers entre Garonne et Loire est parcouru par la Seudre, la Charente, la Sèvre-Niortaise et le Lay. Mais cette liste ne donne que les cours d'eau les plus importants ; un nombre considérable de ruisseaux, de canaux artificiels creusés pour le desséchement des marais gats ou l'exploitation des salines fait du littoral saintongeais et vendéen un des pays les plus coupés de France et les mieux disposés pour la guerre défensive.

La *Seudre* a 85 kilomètres de longueur, elle est parallèle à la Gironde et finit par un bel estuaire dans le pertuis de Maumusson entre la Tremblade au S. et Marennes au N. C'est de cette région que partent les huîtres de Marennes et aussi les marchandes coiffées de madras multicolores qui les vendent dans tous les pays du Centre.

**La Charente** (555 kil.) est un des fleuves les plus tortueux de France. Son cours pourrait être figuré par une ligne brisée, d'abord à angle aigu de la Source à Civray et à Angoulême, puis à angle droit, Angoulême-Saintes, à angle obtus, Saintes-Rochefort et terminée par deux arcs de cercle. Dans la partie supérieure de son cours jusqu'à Civray (Vienne) la Charente coule paisiblement au pied de collines appartenant à l'étage oolithique inférieur. Dans la seconde partie elle se replie en méandres interminables, laisse Ruffec à droite et vient contourner la belle colline d'Angoulême ; c'est dans cette section que se creusent sous les montagnes les gouffres qui boivent les eaux des affluents de la Charente, les concentrent en quelque lac souterrain indéterminé et les reversent à la magnifique Touvre. La troisième partie du fleuve est la région si connue de la Grande et de la Petite Champagne. Elle appartient à la formation du grès vert. Le fleuve baigne Jarnac, où les protestants perdirent, en 1569, la bataille et leur chef Condé; Cognac, patrie de François Ier (1496), Saintes (Charente-Inférieure) est l'ancienne capitale de la province qui s'appelle de son nom; elle rappelle comme la petite ville de Taillebourg, située un peu plus bas sur la rive droite, deux victoires de Louis IX (1242). La marée remonte jusque-là. Colbert hésita entre Tonnay, Charente et Rochefort pour l'établissement du grand port militaire du S. O. Rochefort l'a emporté; mais ce grand arsenal est menacé aujourd'hui par les envasements. Des forts gardent l'estuaire de la Charente.

Ce fleuve a trois affluents principaux sur la rive gauche, la Tardoire, la Touvre et la Seugne, un seul notable à droite, l Boutonne.

La *Tardoire* n'est affluent de la Charente que pendant les grandes eaux. Son lit de 100 kilomètres qui commence au pied de Chalus (Richard Cœur de Lion, 1199) et finit près de Mansle, est le plus souvent à sec. Les eaux s'engouffrent par les canaux souterrains et devant le château féodal de la Rochefoucauld, où naquit l'auteur des Maximes, la Tardoire ne montre souvent que des cailloux complètement étanches. Un affluent de cette rivière, le *Bandiat*, est encore plus inconstant : c'est absolument comme un *oued* d'Afrique, et il est des cartes qui arrêtent, non sans raison, le cours du Bandiat à quelque distance au N. de Nontron.

Pourtant ces eaux ne disparaissent que momentanément. Elles reviennent au jour après avoir parcouru des dédales inconnus et sourdent par trois gouffres : le Dormant, le Bouillant et la Lèche, qui réunis forment la Touvre.

Longue de 10 kilomètres, la *Touvre* n'est pour ainsi dire qu'une longue rue d'usines large de 50 à 200 mètres. C'est la patrie du papier, la région qui a dépassé la vieille renommée d'Annonay, et depuis la suppression de la fonderie de Nevers c'est l'unique centre où se fabriquent les énormes canons de marine.

La *Seugne* (80 kil.) passe à Jonzac, la *Boutonne*, rive droite (90 kil.), arrose Saint-Jean d'Angely.

La *Sèvre-Niortaise* (160 kil.) naît dans ces collines peu accentuées qui forment la ceinture du bassin de la Loire, coule dans des contrées de pâturages où l'on élève surtout des mulets. Saint-Maixent, qui a été choisi pour l'école de sous-officiers d'infanterie à la place du camp d'Avor, jalonne le premier grand détour, Niort le second. Cette ville a été port de mer, il y a des siècles. Au-dessous commence le marais vendéen, qui gagne de jour en jour sur la mer. Après Marans, la Sèvre est saignée pour le canal de la Rochelle et tombe dans le golfe d'Aiguillon, que ses atterrissements comblent très rapidement. Elle est grossie principalement de la *Vendée* (75 kil.), qui passe à Fontenay-le-Comte.

Le *Lay* (110 kil.) est formé par la réunion du Grand et du Petit Lay, cours d'eau du Bocage vendéen. Il reçoit l'*Yon*. Cette rivière passe au chef-lieu de la Vendée, qui a repris son ancien nom de La Roche-sur-Yon.

### E. — Bassin de la Loire.

**Ceinture du bassin de la Loire.** — La ceinture du bassin de la Loire est formée par les collines du Bocage, le plateau de Gâtine, les collines du Poitou, les monts du Limousin, le plateau de Millevache, les monts d'Auvergne et de la Margeride, au S. O. et au S. Le mont Gerbier-de-Joncs, les monts du Vivarais, du Lyonnais, du Beaujolais et du Charolais et de la Côte-d'Or, à l'est; enfin, au N., les monts du Morvan, les collines du Nivernais, le plateau de la Puisaye, la forêt d'Orléans, les monts du Perche, le plateau de Mortagne, les collines du Maine jusqu'à la pointe du Croisic, en face de la pointe de Saint-Gildas, d'où l'on peut faire partir les collines du Bocage.

**La Loire.** — Le beau fleuve de Loire, le seul des grands cours d'eau de notre pays dont le bassin est entièrement français, a une longueur de 982 kilomètres. Son bassin se divise en trois parties.

**Loire supérieure.** — La Loire prend sa source à une hauteur de 1408 mètres dans le mont Gerbier-de-Joncs, qui fait partie des montagnes du Vivarais.

Elle coule d'abord vers le sud, mais elle est arrêtée par l'obstacle des monts du Vivarais, s'infléchit à l'ouest, puis au nord. La partie supérieure de sa vallée est d'une austère beauté; le fleuve a dû se frayer passage à travers d'épaisses murailles de laves; de là une succession d'anciens bassins lacustres d'une grande fertilité, et de sombres défilés aux parois abruptes usées par les eaux. La Loire a, dans cette haute vallée, les allures d'un torrent; la nature imperméable du sol est une cause incessante d'inondations; la rapidité de sa pente en est une autre.

Près du Puy, la Loire est déjà descendue à 680 mètres.

Elle traverse, par deux chutes, le défilé de Saint-Victor, devient navigable à Retournac (503 m.); à Monistrol, elle arrose la petite ville de Feurs, qui a donné son nom au Forez. Les Romains, pour préserver des ravages du fleuve la belle plaine du Forez, avaient établi le barrage de Pinay, que l'ingénieur Mathieu a reconstitué en élevant une digue de 17 mètres au-dessus des basses eaux, capable de retenir de 100 à 150 millions de mètres cubes.

À Roanne commence un canal qui suit la Loire jusqu'à Digoin et l'y traverse sur un pont-aqueduc. Decize est dans une île en face du débouché du canal du Nivernais; enfin, après Imphy, aux forges de cuivre, la Loire baigne le pied de la colline du Nevers, qui doit avoir une grande école nationale de grosse chaudronnerie.

Affluents de la Loire dans le premier bassin. Ce qui caractérise ces cours d'eau, c'est que, comme le fleuve lui-même, ils coulent sur des terrains imperméables et sont en conséquence soumis à des écarts énormes dans leur régime. Les affluents de la Loire, dans le premier bassin, sont : à droite, le Lignon du Sud, le Furens, le Rhin, l'Arconce, l'Arroux, l'Aron, la Nièvre.

A gauche ; la Borne, l'Ance, le Lignon du Nord, la Bèbre, l'Allier.

Le *Lignon du Sud* vient des pâturages du Mezenc et coule dans de profonds abimes, contourne les pentes N. O. du Meygal et laisse à gauche Yssengeaux : le *Furens*, rivière de Saint-Étienne, est spécialement propre à la trempe de l'acier ; de puissants barrages captent ces eaux précieuses au pied même du Pilat, et tiennent en réserve 3 millions de mètres cubes.

Le *Rhin* est suivi par le chemin de fer de Roanne à Lyon, dans sa vallée inférieure, à partir d'Amplepuis, ville d'usines.

L'*Arconce* ou *Reconce*, passe à Charolles.

L'*Arroux* est une rivière morvandelle (120 kilomètres). Elle passe près d'Autun, une des plus vieilles cités de France, qui date du temps des Romains, et près du Creuzot, une des plus jeunes, qui date d'hier, « l'établissement métallurgique le plus complet de toute l'Europe. » La Bourbince, son principal affluent, passe à Paray-le-Monial, que les visions de Marie Alacoque ont rendu célèbre, et prête sa vallée au canal du Centre.

L'*Aron*, qui se perd dans les sables de la Loire, en face de l'île de Decize, est escorté par le canal du Nivernais.

La *Nièvre*, formée de deux ruisseaux qui coulent au milieu des gras pâturages du Nivernais, sert aux usines de Guérigny et de la Chaussade, qui appartiennent à la Marine (chaînes et plaques de blindage).

Affluents de gauche :

La *Borne* (48 kil.) vient des monts du Velay et passe au pied de la ville sévère du Puy. L'Ance bondit au milieu des ravins sauvages.

Le *Lignon du Nord*, qui descend du Puy de Pierre-sur-Haute, torrentiel dans les montagnes, devient, dans la plaine du Forez, la rivière bucolique où d'Urfé a fait soupirer ses bergers : le *Vizézy*, son affluent (dr.), passe à Montbrison.

La *Bèbre* (105 kil.) vient du Puy de Montoncelle, mais contrairement aux rivières précédentes, elle a déjà la direction de l'Allier, du sud au nord. Elle arrose la Palisse.

L'*Allier* (Elaver) est presque un fleuve ; longtemps on l'a cru plus long que la Loire elle-même. En tout cas au confluent, au bec, c'est lui dont la direction l'emporte par une attaque de flanc victorieuse. Il jaillit à une hauteur de 1425 mètres dans la forêt de Mercoire, coule à l'est comme pour rejoindre l'Ardèche, mais arrivé à la

Bastide, il tourne brusquement au nord. Sa vallée profonde, que suit le chemin de fer, si riche en spectacles inattendus, de Brioude à Alais, sert de limite aux départements de la Lozère et de l'Ardèche ; puis après Langogne pénètre dans le département de la Haute-Loire. L'Allier y coule entre les monts du Velay et ceux de la Margeride, reçoit, à Monistrol, le ruisseau de l'Ance du Sud. Il arrive dans le bassin de Langeac, ancien lac desséché ; l'Allier, délivré pour quelque temps des montagnes qui l'enserraient, abuse de sa liberté ; ainsi Langeac avait jeté un pont suspendu entre les deux rives. L'Allier, en 1872, a laissé là le pont et s'est creusé un nouveau lit à droite du premier. Les défilés recommencent ensuite jusqu'à Brioude. Du pont de la vieille ville commence une plaine, à 400 mètres d'altitude, admirablement encadrée, que termine le bassin houiller de Brassac. L'Allier coupe en deux le département du Puy-de-Dôme, laisse un peu à gauche la ville d'Issoire, ruinée en 1577 par le duc d'Alençon, traverse les rochers de granit et de porphyre de Saint-Yvoine, qui portaient auparavant le nom significatif de Pierre-Ancise (incisa) ; puis après cette succession de défilés et de hauts-fonds, pénètre enfin dans la riche plaine de la Limagne, le jardin et le verger du plateau central. La rivière y coule avec une vitesse considérable, une profondeur moyenne de $0^m,15$, une pente de $0^m,60$ à $0^m,70$, sur un lit de sable et de galets mouvants, encombré de roches entre des rives peu élevées, dans une prairie, immense damier de vergers, de champs de blé, de pâturages, et de tous côtés les clochers de gros villages. Les villes de Clermont-Ferrand et de Riom, le village de Montpensier et Gannat sont au pied de la montagne, non au bord de la rivière ; c'est à Gannat que commencent les plaines du Bourbonnais, contrée moyenne, tempérée, fertile, mais prosaïque. Vichy est aux portes du département de l'Allier, à droite de la rivière, ainsi que Saint-Germain-des-Fossés, et Moulins, patrie de Berwick et de Villars. Après le pont-aqueduc du Guétin (500 m., 28 arches), l'Allier tombe dans la Loire au-dessous de Nevers.

*Affluents de l'Allier.* — Les plus importants sont : à gauche, l'*Alagnon* (85 kil.), qui sort du Cantal, au pied du fameux tunnel de Lioran, passe à Murat et tombe à Brassac ; il est suivi par le chemin de fer d'Aurillac. La *Crouze*, qui tombe à Issoire et reçoit l'excédent de plusieurs lacs de montagnes. La *Sioule*, le plus considérable (160 k.), passe à gauche des monts Puy-de-Dôme, s'est frayé une route à travers les laves de Pontgibaud, et arrose Saint-Pourçain. A droite, l'Allier est grossi de la *Dore* (130 kil.), qui longe les monts du Forez, arrose Ambert et laisse à droite la ville de Thiers, où l'on fabrique de la coutellerie. Le *Sichon*, près de son confluent, arrose les parcs des environs de Vichy et fait tourner les usines de Cusset.

**Loire moyenne.** — La réunion des deux fleuves issus également du plateau central, tous deux de nature torrentielle, impose à la Loire le régime détestable qu'elle garde jusqu'à la partie inférieure de son cours, c'est-à-dire jusqu'au confluent de la Maine.

L'Allier, qui draine 14 000 k.q., apporte en moyenne 120 mètres cubes par seconde à la Loire qui en a 180, en tout donc 300. Mais cette moyenne idéale ne peut être observée que rarement dans l'année : le plus souvent la Loire est en crue ou en disette. Ses inondations sont terribles, elles sont à peu près périodiques et dépassent toutes limites tous les dix ans.

En 1836, 1846, 1856, le fleuve atteint et dépasse la portée de 10 000 mètres cubes ; or son étiage est de 30 mètres, sa moyenne de 300 mètres. Pour prévenir les ravages qu'il commet dans les campagnes, les riverains ont imaginé d'élever des digues latérales ou turcies qu'on a successivement portées de 3 à 4 et 7 mètres. Dès 1783, cet immense travail était achevé depuis le bec d'Allier jusqu'à l'embouchure. Mais le lit laissé au fleuve est trop étroit : aussi les grandes crues ont pour conséquence presque forcée, la rupture des digues et d'immenses désastres.

Ainsi, en 1856, les turcies ont été rompues en 73 points. De plus, le sable que le fleuve charrie sans cesse, exhausse son niveau et accroît le danger. Ce sable fin, jaune, pailleté de grains de mica, s'étend en vastes bancs, que l'été met à sec, et qui donnent à la vallée un aspect absolument unique en France. Il semble immobile, mais il ne l'est pas, il marche à la mer comme celui du Sahara, dont il évoque l'idée, mais avec une grande lenteur : quelques mètres par an. Ces sables mouvants font chaque année de nombreuses victimes. Enfin au-dessous s'étend une nappe d'eau parfois plus large que le fleuve superficiel lui-même et qui reparaît par exemple pour former le cours du Loiret et celui de l'Authion. Pour maintenir autant que possible dans la Loire, à l'époque des maigres, un chenal navigable, on a établi dans le lit même du fleuve des petites digues submersibles en maçonnerie, qu'on nomme des doués et qui obligent le courant à se porter tout entier d'un même côté.

Après le bec d'Allier, la Loire arrose Fourchambault, ville d'usines (r. d.), laisse à droite Pougues-les-Eaux, et baigne à gauche Marseille-les-Aubigny, où commence le canal de Berry, puis arrose à droite la Charité, dont la vieille abbaye a laissé quelques traces et dont le pont coupé par une île a été disputé si cruellement entre huguenots et papistes ; Pouilly, aux vins blancs ; Sancerre dont la colline, la dernière de la chaîne du Berry, porte les ruines d'une ancienne tour qui a vu, entre autres sièges, celui de 1573 (r. g.). Cosne est sur la rive droite et n'a plus que des fabriques particulières. La Marine l'a délaissé comme Nevers. A Briare commence le canal du même nom ; à Gien, se cuisent des faïences et des porcelaines peintes.

Jusque-là la Loire est restée à peu près fidèle à la direction générale du S. au N., mais, à partir de Cosne, elle a rencontré la base du plateau de la Puisaye qui l'a peu à peu infléchie du côté du N. O. ; de sorte qu'à Gien elle tourne décidément au N. O. Au lieu de doubler la ligne de l'Yonne et d'absorber le Loing et la Seine, elle décrit une courbe élégante jalonnée par Sully (g.), Châteauneuf (d.), Jargeau (g.), et dont le sommet est occupé par Orléans. La situation de cette ville en fait la clef de la France du Midi : située à 30 lieues de Paris, entre deux régions dépourvues d'obstacles naturels, la Beauce et la Sologne, Orléans est le point indiqué du passage de la Loire. Les événements de 1870 ont trop prouvé combien il était regrettable que le projet de Napoléon I$^{er}$, de fortifier Orléans solidement, n'eût pas été mis à exécution. Les immenses travaux qu'on a accomplis autour de Paris et qui feraient cette fois du siège de cette place une entreprise irréalisable, l'importance qu'a prise l'arsenal de Bourges, ont augmenté encore la valeur stratégique d'Orléans. Elle n'est couverte aujourd'hui que par sa forêt ; les ouvrages, construits à la hâte par les Allemands pendant leur occupation, ont été rasés.

De là, la Loire s'enfonce dans la direction du S. O., baigne Saint-Ay (vins), Meung, Beaugency, passe au pied du château de Ménars (Mme de Pompadour) et de la ville historique de Blois, dont le château est l'œuvre de trois règnes et a vu tant de tragédies (1577-1588). Chaumont (g.) possède un pont sur le fleuve, de même Amboise (g.) où mourut Charles VIII et où fut « décapitée la France » (1560). Vouvray (d.) évoque des idées moins sinistres : c'est une patrie du bon vin, il n'en manque pas dans cette plantureuse Touraine. Tours occupe le centre du jardin de la France d'Oïl ; située sur la rive gauche entre la Loire, le canal du Cher et le Cher, au carrefour de huit railways, c'est après Orléans un des points essentiels de cette longue ligne fluviale. Après Tours, on trouve sur la Loire Luynes, à droite, le monument étrange de Cinq-Mars-la-Pile, Langeais; à gauche, Montsoreau et Saumur, école de cavalerie, ancien centre huguenot, aujourd'hui maîtresse absolue du marché universel pour la fabrication des chapelets. Le pont de Saumur a failli être emporté avec une partie de la ville, pendant l'hiver de 1880, par une énorme banquise, produit d'une débâcle interrompue, analogue à celles de la Vistule. Nous trouvons ensuite sur les deux rives les Ponts-de-Cé, long village souvent disputé

(1620). A Bouchemaine, le confluent de la Maine change la natu[re] du fleuve et marque le commencement de la basse Loire.

Affluents de la Loire moyenne. — *Affluents de gauche.* — Da[ns] la seconde partie de son cours la Loire n'a pour ainsi dire pas d'a[f]fluents à droite ; ceux de gauche ont leurs confluents réunis dan[s] un assez court espace, ils forment faisceau à leur base, éventail [à] leur source : c'est absolument le contraire de ce que nous avons v[u] pour le plateau de Lannemezan et la Garonne.

Le *Loiret*, en effet, n'est pas à proprement parler un affluent d[e] la Loire, c'est un bras du fleuve égaré pendant quelque temp[s] sous terre et qui au S. E. d'Orléans reparaît à la lumière par deu[x] grosses sources, le Bouillon et l'Abîme. Le Loiret porte bateau dès s[a] source, il est enjambé par le long viaduc d'Olivet et barré par de[s] moulins et des usines avant son confluent.

Le *Cosson*, à sec en été, était grossi par les étangs de la Sologn[e] dans l'hiver de 1870 ; sa mauvaise vallée a cependant servi aux gé néraux français. Il passe dans les fossés du célèbre château d[e] Chambord.

Le *Beuvron* (125 kil.) passe à Lamotte-Beuvron, il se réunit a[u] Cosson avant son embouchure et tombe à Candé.

Le Loiret, le Cosson, le Beuvron, et au S. la Grande Sauldr[e] affluent du Cher, sont parallèles et marquent comme les étages su[c]cessifs de la Sologne.

Le *Cher* parcourt (320 kil.) de sa source à son confluent. Il so[rt] de terre dans les monts de la Marche ; coule au N. O. dans une vallé[e] d'abord assez pittoresque, mais dans un lit étroit et peu profond [il] se réunit avec la *Tardes*, plus longue que lui de 25 kil., à l'altitud[e] de 275 mètres. Il arrose Montluçon, ville d'usines métallurgique[s] voisine de Commentry, longe la forêt de Tronçais, passe à Sain[t]-Amand Montrond, ancienne place forte des Condé, Vierzon, qui do[it] aux chemins de fer sa prospérité nouvelle. Puis, le Cher côtoie de[s] collines de craie ; ce n'est plus qu'une longue suite de villages, cu[]rieux alignement de maisonnettes taillées dans une roche tendr[e] qui durcit au contact de l'air. Il passe au pied des fières ruines d[e] Montrichard, se glisse sous les arcades qui supportent le beau châ[-]teau de Chenonceaux et arrivé à la hauteur de Tours, suit la vallé[e] de la Loire pendant près de 15 kilomètres jusqu'à ce qu'enfin il s[e] jette en face de Cinq-Mars-la-Pile par un angle aigu, le bec d[u] Cher, que les sables et les déjections de la Loire éloignent de plu[s] en plus au S. O.

Le Cher est grossi de l'*Yèvre*, qui se rencontre avec l'*Auron* dan[s] la plaine de Bourges, grand arsenal central de France, objectif dési[-]gné d'une prochaine invasion qui débuterait par des revers de no[s] armes. La cathédrale de Bourges est une des plus imposantes de l'architecture ogivale; la maison de Jacques Cœur est un des monuments les plus intéressants de la Renaissance vraiment française. Mehun-sur-Yèvre rappelle comme la ville précédente les souvenirs du « Roi de Bourges ». L'Yèvre tombe à Vierzon.

La *Sauldre*, formée de deux rivières de ce nom, la *Grande* et la *Petite*, est une petite rivière qui a joué un grand rôle en 1870; c'est derrière le rideau en demi-cercle de ses saules et de ses marécages que les généraux d'Aurelles de Paladine, puis Bourbaki ont, à deux reprises, réorganisé la malheureuse armée de la Loire. La Sauldre passe à Romorantin.

L'*Indre* est une honnête rivière berrichonne, aussi lente que les paysans de ses vallées. Elle a 245 kilomètres d'un cours sinueux, mais pas d'affluents notables; elle se laisse tout prendre par la Vienne d'une part, le Cher de l'autre; ses plus grandes colères ne sont rien comparées à celles de la Loire, car dans ses plus hautes crues elle ne monte qu'à $5^m,24$. — Elle arrose La Châtre, Châteauroux, qui fabrique des armes blanches, Buzançais; coule entre la Champagne berrichonne à droite et la Brenne à gauche; passe à Loches, qui a gardé son vieux château; au Ripault, grande fabrique nationale de poudre à canon, enfin à Azay-le-Rideau. Arrivée dans le val de Loire, l'Indre rencontre un bras du Cher qui l'entraîne parallèlement à la Loire le long des digues de ce fleuve, pendant une douzaine de kilomètres.

La *Vienne* (Vigenna, les paysans du Poitou la nomment Vignane) a 375 kilomètres de cours, un bassin de 20 000 k.q. C'est peut-être le plus important des affluents de la Loire, en tout cas son rôle historique, la direction de sa vallée, le volume et le régime de ses eaux lui assignent une place à part parmi les rivières du plateau central. — Elle prend sa source dans le plateau de Millevache, au pied du mont Odouze (Corrèze), et coule dans une vallée rocheuse et verdoyante par Eymoutiers, Saint-Léonard; Limoges, une des métropoles de la porcelaine, industrie qui fait vivre des milliers de familles dans toute la région. C'est également dans la vieille ville des Lemovices, riche en monuments de l'antiquité et du moyen âge (aqueduc romain, cathédrale), que se fabriquent les draps grossiers et les manteaux dits limousines, dont la tradition remonte aux âges les plus anciens. A Aixe, à Saint-Junien (draperies, porcelaines), la vallée est d'une grande beauté. A Exideuil (Charente), à quelques kilomètres de la Charente, elle tourne brusquement au N., arrose Confolens qui fait commerce de bois, à Availles (Vienne) les rives sont plates; la rivière coule dans une région d'une remarquable fertilité, mais d'une monotonie attristante. Après l'Isle-Jourdain, la Vienne arrive à Châtellerault, où elle est retenue par un barrage qui lui emprunte une force de 350 chevaux pour la manufacture d'armes de l'État. — Après avoir pénétré dans le département d'Indre-et-Loire, la rivière prend la direction du N. O., arrose l'Ile-Bouchard, traverse Chinon, dont le vieux château ruiné a, comme celui de Loches, renfermé bien des prisonniers ; sur une des places de Chinon se dresse la statue de l'immortel Tourangeau François Rabelais (1483-1556). Au pied d'un plateau que domine Fontevrault, célèbre par sa royale abbaye, la Vienne se confond avec la Loire au village de Candes par 29 mètres d'altitude au sommet de l'angle formé par le grand fleuve entre Tours et les Ponts-de-Cé. La Vienne est une des rivières de France les plus riches en affluents dans son bassin supérieur ; c'est l'abondance de ses eaux courantes qui donne sa beauté et sa fraîcheur au paysage limousin ; à partir d'Exideuil, la plupart des ruisseaux sont recueillis par la Creuse à droite et le Clain à gauche. La haute Vienne reçoit comme tributaires notables la *Mande* (70 kil., rive dr.), le *Taurion* (100 kil.) qui passe près Bourganeuf et tombe à Saint-Priest-Laurion (rive droite), la *Briance*, au coude au-dessous de Limoges, après mille détours dans des vallées charmantes.

La *Creuse* reproduit exactement l'image de la rivière maîtresse ; comme la Vienne, elle court du S. E. au N. O. dans une contrée qu'il faut renoncer à décrire après George Sand, puis elle se redresse au N. et coule dans une plaine dont la fertilité ne rachète pas la platitude. — Les villes arrosées par la Creuse sont Felletin et Aubusson, villes d'où viennent d'admirables tapis ; Ahun, bassin houiller de médiocre importance ; à gauche, sur un plateau, Guéret. A Argenton (Indre), on est déjà dans la plaine, la rivière laisse à droite les marécages de la Brenne, dont une partie a été déversée par des travaux récents dans le lit de la *Claise*, petit affluent de droite. Avant de perdre son nom la Creuse, qui forme la limite entre Vienne et Indre-et-Loire, baigne la petite ville de La Haye-Descartes (rive droite), qui rappelle un autre maître de la langue et de la pensée françaises. — Elle reçoit à droite la *Petite Creuse* (Boussac) et à gauche la *Gartempe*, rigoureusement parallèle avec la Vienne, qui passe à Montmorillon. — Le *Clain* (125 kil.) a une vallée ravissante que suit le chemin de fer de Tours à Bordeaux ; il arrose Vivonne, qui n'a plus son château célèbre (Catherine de Vivonne) et passe au pied du plateau de 40 mètres de hauteur, sur lequel se dressent les églises et les maisons de Poitiers. Il tombe en amont de Châtellerault. Cette vallée est célèbre dans notre histoire : sur les bords de la *Vanne* se dressa jadis le « burg » légendaire des Lusignan dont il ne reste aucune trace ; le coteau de Maupertuis, à 7 kilomètres à droite de la rivière, vit en 1356 la triste bataille de Poitiers ; sur les bords de l'*Auxance* à gauche, près de Vouillé, Clovis en 507 entama fortement la monarchie des Visigoths d'Espagne; on ignore où se livra la grande bataille de 732, qui marqua le point d'arrêt de l'invasion arabe.

Un dernier affluent tombe sur la gauche de la Loire moyenne : c'est le *Thouet*, qui descend du plateau de Gâtine, arrose Parthenay, puis Thouars, et tombe dans la banlieue de Saumur. La *Dive*, son affluent de droite, a vu la bataille de Moncontour, où Coligny fut vaincu en 1569; elle a dans son bassin Loudun, où sont nés les frères Sainte-Marthe, grands historiens, et Renaudot, le premier des journalistes français (*Gazette de France*, 1631). La Dive est canalisée depuis Moncontour.

*Affluents de droite de la Loire moyenne.* — Le *Nohain* (31 kil.), qui recueille les eaux de la Puisaye, passe à Donzy et tombe à Cosne (dont le nom, comme celui de Candes et de Condé, signifie confluent), est le seul affluent entre Nevers et les Ponts-de-Cé. Il prête sa vallée à la grande ligne stratégique qui doit réunir Bourges, où se fabriquent le matériel et les munitions de guerre, aux places de l'Est où on doit les consommer.

L'*Authion*, qui baigne les coteaux de Bourgueil, est un Loiret plus long et moins fort.

La *Maine* est formée à Angers des eaux de trois rivières qui réunissent l'excédent d'humidité de 20 000 k.q. Ces trois rivières sont la Mayenne, la plus courte et la moins forte, mais celle dont le cours est le plus direct; la Sarthe, la plus abondante et qui arrose le plus de villes importantes; le Loir, qui vient de plus loin.

La *Mayenne* (204 kil. avec la Maine) prend sa source dans la forêt de Multonne (mont des Avaloirs, 417 m.). Elle court d'abord au milieu de vallons boisés, dans la direction de l'Ouest, puis incline au Sud, traverse une contrée couverte de pommiers à cidre, arrose Mayenne, passe au milieu de la ville florissante de Laval, capitale du Bas-Maine; Château-Gontier est la dernière ville qui soit sur ses bords : deux affluents seulement à citer : la *Varenne*, qui vient du N., passe au pied de la ville agricole de Domfront et impose sa direction à la rivière qui lui impose son nom; l'*Oudon* (80 kil.) se tord en méandres interminables dans la région où s'élèvent les porcs de la race craonnaise, arrose Craon et Segré.

La *Sarthe* (275 kil.). Cette rivière généralement paisible naît sur le flanc N. E. de la forêt de Perche, arrose du N. E. au S. O. une contrée de gras pâturages, passe dans Alençon; le mont des Avaloirs la renvoie au Sud, elle entre dans le département qui porte son nom. Son cours sinueux, plein de contorsions, y décrit une demi-circonférence dont le diamètre est formé par la limite de la Mayenne, la ville du Mans occupe le sommet. Capitale de la province du Maine et du pays du Haut-Maine, ville active, industrieuse et grandissante, elle est dans une position admirable ; c'est la clef du Nord-Ouest de la France. Sa gare est trop petite pour l'immense transit qui y conflue. Henri II, le plus grand roi de l'Angleterre au moyen âge, y est né le 5 mars 1133, dans le vieux château normand qu'avait élevé Guillaume ; Jean II, l'un de nos pires souverains, qui mérite le surnom de Bon comme la mer Noire celui de Pont-Euxin, y est venu au monde, pour le malheur de la France, en 1319. — L'importance stratégique du Mans est démontrée par la bataille du 10 décembre 1793, où les Chouans furent détruits par Marceau, et celles du 11-15 janvier 1871, qui marquent une étape douloureuse, mais non sans gloire, de la deuxième armée de la Loire. — Grossie de l'Huisne, la Sarthe devient navigable, arrose la Suze, Solesme dont l'abbaye bénédictine recèle un des chefs-d'œuvre de la sculpture nationale ; Sablé, puis, courant au Sud, traverse un coin de la Mayenne, en sort aussitôt et reçoit le Loir au-dessus d'Angers.

Parmi les nombreux affluents de la Sarthe, nous ne citerons que la gracieuse rivière de l'*Huisne*, qui sort aussi des montagnes du Perche et se déroule d'abord du N. O. au S. E., de Mortagne à Condé, dans une contrée où les bois alternent avec les prairies. A partir de Condé elle prête sa vallée, qui va du N. E. au S. O., à la grande ligne de Paris à Brest, arrose Nogent-le-Rotrou, la Ferté-Bernard et Connéré, et tombe dans les faubourgs du Mans. — C'est l'Huisne qui rend la Sarthe navigable ; elle lui apporte en été 6700 litres d'eau par seconde, la Sarthe n'en a que 1850.

Le *Loir* a 310 kilomètres ; sa source s'est déplacée de mémoire d'homme et a reculé de 8 kilomètres en aval. Il arrose l'héroïque Châteaudun, contourne la petite ville tranquille de Vendôme (Loir-et-Cher), entre dans la Sarthe où il baigne La Chartre-sur-le-Loir, Château-du-Loir et le Lude, gros bourgs enrichis par la fertilité des plaines et des coteaux voisins, enfin La Flèche. L'ancien collège donné par Henri IV aux Jésuites et où Descartes fit ses études, est aujourd'hui le Prytanée militaire. La Flèche est le grand centre d'exportation des chapons dits du Mans. — Le Loir se réunit à la Sarthe au-dessous du petit village de Briollay. Réunies, les deux rivières se confondent au-dessus d'Angers avec la Mayenne.

La *Maine* (12 kil.) coule entre les quais d'Angers, ancienne capitale de l'Anjou, où se concentre le commerce des ardoises extraites des immenses carrières du voisinage et en particulier de Trélazé. Angers est une ville de plaisirs et d'affaires et de sciences. Elle dispute au Mans et à Rennes la première place dans l'Ouest après Nantes. La Maine tombe dans la Loire près du village de Bouchemaine ; le confluent tend à se déplacer et l'angle formé par le fleuve et son confluent s'aiguiserait d'année en année et de crue en crue ;

au grand détriment de la basse vallée, sans les travaux qui ralentissent l'invasion.

**La basse Loire.** — A partir de l'embouchure de la Maine, la basse Loire, coupée d'îles nombreuses, coule dans une plaine immense, passe entre Varade (rive droite) et Saint-Florent, où a commencé la grande insurrection vendéenne (mars 1793). Le lit se resserre à Ancenis. Au siècle dernier, la marée remontait jusqu'à cette ville. Les digues ayant eu pour effet d'exhausser le lit du fleuve, c'est à peine aujourd'hui si le flux et le reflux sont sensibles à 8 kilomètres au-dessus de Nantes. Nantes, sur la rive droite du fleuve, est menacée par la difficulté croissante qu'éprouvent les navires à remonter jusqu'à ses quais. Aussi les efforts de ses habitants se portent-ils de plus en plus vers l'industrie : Chantenay, la Basse-Indre, Indret sont des annexes de Nantes. Paimbœuf, ville en décadence, est sur la rive gauche ; enfin, au seuil même du fleuve Saint-Nazaire (rive droite), en face du fort Mindin, est une ville nouvelle, qui espère remplacer Nantes dans son rôle commercial, comme le Havre a supplanté Rouen.

Les affluents de la basse Loire sont peu importants, les montagnes de ceinture se rapprochant trop du fleuve. La *Sèvre Nantaise* (à g.), a, il est vrai, 140 kilomètres, c'est qu'elle court tout au pied des hauteurs de Gâtine et des collines du Bocage par Mortagne, Tiffauges, Clisson, berceau de la guerre de Vendée ; la *Maine*, son affluent, arrose les Herbiers et Montaigu. Nantes donne son nom à cette rivière, pour la même raison que Mayence au Mein, et Ratisbonne (Regensburg) à la Regen, parce qu'il se trouve de l'autre côté du fleuve. — L'*Erdre* (à dr., 200 kil.) tombe dans la ville elle-même et remplit un vieux golfe isolé de la mer ; cette rivière si courte a parfois 1 kilomètre de largeur ; ses bords sont très pittoresques. — La *Chenau* ou l'*Acheneau* (à g., 214 kil.) sert d'affluent au lac de Grand-Lieu, nappe d'eau sans profondeur, qui reçoit la *Boulogne* (70 kil.), comblée peu à peu par les alluvions et que des travaux bien conduits pourraient convertir en riches polders.

**Rôle stratégique de la Loire.** — La Loire, fleuve limite entre le nord et le midi de la France, a une grande importance stratégique que démontrent les guerres de Cent ans, de Religion, la retraite après Waterloo et les évènements de 1870. Sur cette longue ligne de 1000 kilomètres, la section de Nevers à Blois présente le plus vif intérêt : en effet, la première section est couverte par les montagnes et la seconde est trop excentrique. Pendant les guerres de Religion nous voyons catholiques et protestants se disputer surtout La Charité, six fois prise et reprise, Sancerre qui a laissé une légende glorieuse, et Orléans qui fut prise par le prince de Condé et devant laquelle le premier et le plus grand des Guise fut assassiné, en 1563. Mais l'intérêt de ces événements est éclipsé pour nous par celui de la dernière guerre. L'armée de la Loire, formée à la hâte au moment de nos premiers désastres et commandée par le général de La Mothe-Rouge, fut vaincue à Arthenay et obligée de passer sur la rive gauche (octobre). Réorganisée au camp de Salbris par le général d'Aurelles de Paladine et forte de quatre corps d'armée (16e et 19e à gauche, 15e au centre, 20e à droite), elle reprit l'offensive, mit les Bavarois en déroute à Coulmiers, le 9 novembre, et se fortifia dans la forêt d'Orléans. Mais la trahison de Bazaine avait rendu disponible l'armée du prince Frédéric-Charles, qui se joignit aux Bavarois et par les combats de Beaune-la-Rolande, Patay et Artenay (28 novembre-3 décembre) reprit Orléans. L'armée de la Loire fut coupée en deux : Bourbaki, avec la plus grande partie des troupes, fut lancé dans l'E. : mais la voie de Nevers à Chagny étant unique, le mouvement se fit avec une lenteur qui permit aux Allemands d'amener Manteuffeld au secours de Werder (voy. Trouée de Belfort). Chanzy, poursuivi par la II<sup>e</sup> armée allemande, disputa pied à pied le terrain, et ramené de Châteaudun et de Vendôme sur la Sarthe, put, même après la déroute du Mans (11-13 janvier 1871), conserver son armée.

La ligne de la Loire au point de vue stratégique présente trois grands inconvénients : 1° des îles nombreuses facilitent le passage à une armée pourvue d'un équipage de ponts; 2° en été il est facile à l'infanterie de franchir le fleuve avec de l'eau à mi-jambe sur un grand nombre de points; 3° de Decize à Tours les railways sont tous établis sur la rive droite.

Des petits fleuves dont deux seulement, la Vilaine et le Blavet, ont quelque importance, se jettent dans l'Atlantique au N. de la Loire. Ce sont :

**La Vilaine.** — La *Vilaine* (22 kilomètres de long), c'est la première des rivières de France qui aient été canalisées; les travaux commencent en 1538 : aujourd'hui cette rivière est une des plus disciplinées de notre pays. Elle prend sa source dans les collines du Maine, passe à Vitré, vieux château : là se réunirent jadis les États de Bretagne; c'est une des villes les plus riches en maisons anciennes ; coulant de l'E. à l'O. dans une vallée que suit la ligne Paris-Brest, elle arrive à Rennes, remarquable par sa belle situation géographique, mais pleine de tristesse et de monotonie depuis le grand incendie de 1720. C'est l'ancienne capitale de la Bretagne

VILAINE. — BASSINS COTIERS DE BRETAGNE. 201

: Parlement y a fait place à une cour d'appel qui a dans son res-
ort toute l'ancienne province. En aval, la Vilaine a d'abord une
allée très large, puis elle traverse des gorges pittoresques qu'elle
 dû creuser elle-même dans le schiste. Le Chère, rivière de Châ-
eaubriant, la pousse au S. O.; elle suit cette direction jusqu'à
edon, où là elle reçoit l'Oult. Puis elle entre dans le Morbihan,
à elle baigne, sur sa rive gauche, La Roche-Bernard, pont suspendu
e 197 mètres de long. L'estuaire de la Vilaine est envahi par la
ase. Ses affluents sont à dr. l'*Ille*, qui, venue du N., conflue à
ennes et nourrit le canal de Rennes à Saint-Malo; la *Meu*, qui ar-
ose Monfort; l'*Oult* (*Oust*), captée par les ingénieurs pour le canal
e Nantes à Brest et qui passe à Josselin et à l'ouest de Ploërmel;
*Isac*, à gauche, a été canalisé presque entièrement et communi-
ue avec l'Erdre.

**Le Blavet.** — Le *Blavet* (145 kil.) jaillit au S. du Menébret,
on loin de Guingamp, court dans une vallée sauvage et perce les
ontagnes Noires à Mur de Bretagne. Le canal de Brest à Nantes,
ui l'a descendu depuis Goarrec, le quitte à Pontivy, créé de toutes
ièces par Napoléon I^er. Le Blavet isole les montagnes Noires des
andes de Lauvaux, passe à Hennebont, qui a joué un grand rôle
ans les guerres de Bretagne aux quatorze et quinzième siècles.
ette vieille forteresse féodale est éclipsée par la création de la
ompagnie des Indes en 1728. Lorient, assise au confluent du
corf, notre plus grand chantier de constructions navales de l'O-
éan, et siège de l'École d'artillerie de marine; à la bouche de
estuaire, sur la rive gauche, Port-Louis, annexe de Lorient, est
lus vieux qu'elle d'un siècle.

L'*Ellé* (75 kil.) et l'*Isole* se réunissent à Quimperlé et, sous le
om de *Laïta*, tombent dans l'anse du Pouldu.

L'*Odet* (60 kil.) rencontre à Quimper l'Océan, qu'il repousse à
arée basse jusqu'à l'anse de Benodet. Quimper-Corentin, chef-lieu
u Finistère, est une des villes les plus intéressantes de Bretagne,
nalgré les sarcasmes de La Fontaine, qui n'aimait ni les cathédrales
othiques ni ce que nous appelons aujourd'hui des paysages pitto-
esques.

L'*Aulne* (130 kil.) de long a à peine 50 de sa source à son em-
ouchure; elle parcourt une des vallées les plus curieuses de
'Armorique, laisse à gauche Huelgoat que visitent tant de touristes;
'*Aven* lui amène le canal de Nantes; cette rivière passe près de
Carhaix, berceau de cet héroïque La Tour d'Auvergne, premier
grenadier de France. Après Châteauneuf du Faou, l'Aulne aux
méandres infinis baigne le pied du Menez Hom (330 m.), arrive à
Châteaulin (r. g.) et, sous le nom de *Rivière de Châteaulin*, se ter-

mine par un vaste et profond estuaire dans la rade de Brest à La[n]devennec, où l'on évacue les bâtiments de guerre hors d'usage [ou] placés en réserve.

L'*Élorn* (65 kil.) vient des montagnes d'Arrée et à Landernea[u] forme un vaste estuaire qu'on nomme la *Rivière de Landerneau*, [où] dorment dans la vase avant d'être mis en œuvre les bois de la ma[]rine.

La *Penfeld* n'était qu'un ruisseau avant Colbert ; on l'a creusé[e,] élargie, les rochers qui l'encaissaient ont sauté et ont fait place [à] des quais, et ce vallon sauvage est devenu le port militaire [de] Brest.

### F. — Bassins côtiers de la Manche.

#### Bretagne.

Les cours d'eau sont peu importants ; ruisseaux dans la pl[us] grande partie de leur cours, ils s'élargissent et se creusent so[u]dain quand ils arrivent au niveau de la mer ; la proximité des mo[n]tagnes qui sont parallèles à la côte explique le peu de longue[ur] de leur cours et leur rapidité. Ils sont presque tous coupés par [le] chemin de fer de Paris à Brest.

L'*Aber-Benoît* et l'*Abervrach* coulent dans le pays de Léon ; [le] *Dossen* n'est qu'un ruisseau quand il passe sous les rues et le[s] places de Morlaix, c'est un canal profond quand il sort au delà d[u] beau viaduc qui domine la ville.

Le *Guer* (70 kil.) n'est navigable pour les bâtiments qu'à Lannion[ ;] le *Saudy* à Treguier ; le *Trieux* (71 kil.) passe à Guingamp et à Pon[t]rieux ; le *Guouet*, à la petite ville de Legué qui sert de port [à] Saint-Brieuc ; le *Gouessant* passe à Lamballe et tombe dans la ba[ie] de Saint-Brieuc ; l'*Arguenon* vient comme le précédent du Mené[,] puis se termine dans la baie de la Fresnaye.

La *Rance* (110 kil.), 250 mètres, sort également du Mené ; ell[e] coule d'abord à l'Est, puis au Nord ; sa vallée s'élargit soudain [et] son lit se creuse à Dinan, une des étapes obligées du touriste [en] Bretagne ; sur l'estuaire Saint-Servan et Saint-Malo, anciens ni[ds] de corsaires, aujourd'hui port d'attache des baleiniers et de[s] pêcheurs sur les côtes d'Islande ou à Terre-Neuve ; en face (r. g.) Dinard et sa plage. Le *Couesnon* (150 kil.) se perd au delà de Po[n]torson dans les sables du mont Saint-Michel ;

#### Cotentin.

La *Sélune* (70 kil.) reçoit la *Cance* qui arrose Mortain.

La *Sée* (160 kil.) lui est parallèle et arrose Avranches.

La *Sienne* (75 kil.), grossie de la *Soulles* qui passe au pied de la ville pittoresque de Coutances, finit au havre de Regneville.

L'*Ay* tombe en face de Jersey dans le havre de Saint-Germain.

La *Divette* se jette dans la rade de Cherbourg.

Dans la baie des Veys aboutissent plusieurs rivières, qui parcourent les contrées humides et verdoyantes du Cotentin ; ce sont l'*Ouve* ou *Douve*, qui vient du Nord, et a dans son bassin Valognes ; la *Taute*, qui arrose Carentan, parcourt des prairies que des digues défendent contre la mer ; elle vient du S. O. La *Vire* vient du sud, son cours de 132 kil. sera canalisé sur 100 ; issue du Bocage normand, elle coule dans des pâturages renommés de Vire à Saint-Lô.

La Vire sépare le Cotentin de la basse Normandie ; à son estuaire elle reçoit, près d'Isigny, l'*Aure*, cours d'eau dont le régime rappelle celui de la Tardoire. L'Aure supérieure (40 kil.), qui coule du Sud au Nord sur un terrain calcaire, arrose la vieille ville de Bayeux, qui resta plus longtemps que les autres villes normandes fidèle aux traditions et au langage du Nord. On y conserve une tapisserie fameuse (Conquête d'Angleterre) que ses dimensions, son antiquité et l'originalité de ses portraits désignent comme le monument le plus précieux de cet art au moyen âge. Après s'être réunie à la *Dromme* (60 kil.), l'Aure disparaît tout à coup ; elle s'engouffre dans les quatres Fosses du Soucy, et se bifurque dans son cours souterrain, une partie perce les collines et jaillit dans la mer elle-même près de Port-en-Bessin ; l'autre bras reparaît à la surface à un kilomètre et demi du gouffre, et au lieu de percer les montagnes de la côte les suit au S. jusqu'à Isigny.

La *Seulles* (60 kil.) reprend la direction générale du S. au N. ; elle finit en face des rochers du Calvados à Courseulles-sur-Mer.

L'*Orne* vient du plateau de Mortagne comme tant d'autres cours d'eau ; son cours sinueux de 155 kil. commence à l'E. de Séez petite ville épiscopale, puis la rivière s'élargit à Argentan, grossie du *Noireau* (Tinchebray, Condé), elle perce les collines de basse Normandie aux défilés d'Harcourt-Thury, puis arrive à Caen. Cette ville, capitale de la basse Normandie, assise au milieu d'une plaine fertile en céréales, mais d'un aspect fort triste, est unie à la mer par un canal qui a quatre mètres de profondeur et qui en aura cinq. Elle se termine à Oystreham.

La *Dives* coule du plateau du Perche dans le pays appelé le Merlerault, arrose la vallée d'Auge, une des plus grasses de Normandie, passe à Mézidon et finit entre les villas de Cabourg et de Dives. Falaise, que la Dives moyenne laisse à gauche, possède encore le vieux château où naquit le Conquérant ; c'est un des grands marchés de chevaux. La Dives a 100 kilomètres dont 28 navigables.

La *Touques* est la plus rectiligne des rivières qui s'échappent des collines du Perche ; elle vient aussi du Merlerault, arrose Lisieux, où elle reçoit l'*Orbec*, dont la source est d'une grande beauté, et Pont-l'Évêque. Elle se perd dans une plage magnifique entre Deauville et Trouville.

### G. — Bassin de la Seine.

La Seine n'est pas le fleuve de France qui ait le plus long cours. De sa source à la mer on ne compte que 770 kilomètres, tandis qu'il faut faire plus de 1000 kilomètres pour aller, en suivant la Loire, du Gerbier-des-Joncs à Saint-Nazaire. Elle n'a pas à sa source les cirques magnifiques des Pyrénées comme la Garonne ou les glaciers des Alpes comme le Rhin et le Rhône ; mais par l'abondance et l'égalité de ses eaux, par le nombre et l'heureuse disposition de ses affluents, par la facilité des communications avec les bassins qui l'entourent, enfin par la variété de ses produits, ce bassin est doté des conditions les plus favorables pour permettre à la civilisation de se développer, aux hommes de se grouper en centres populeux, à la capitale de prospérer et de grandir.

C'est le bassin de la Seine qui a joué le rôle le plus important dans la formation de la nationalité française ; c'est autour de lui que se sont réunies peu à peu les provinces de l'Ouest, du Sud et de l'Est. Il a contribué plus que tout autre à faire la France ce qu'elle est ; à créer même, on pourrait le dire, le goût et le caractère français.

**Ceinture du bassin de la Seine.** — Examinons la ceinture de ce bassin, les mêmes traits nous frappent à l'instant : variété, richesse, modération et harmonie. Les collines qui se recourbent si élégamment du plateau de Langres à l'embouchure de Seine ne songent pas à lutter, pour la sublimité des cimes, l'étendue des horizons, avec les Alpes et les Pyrénées ; mais ne vaut-il pas mieux avoir la côte d'Or que la mer de Glace ? Les monts du Morvan portent des forêts magnifiques, et ne sont pas décharnés et stériles comme les pentes des monts de la Durance ; les collines du Nivernais offrent des pâturages qui luttent avec ceux de Normandie et les surpassent souvent. Le plateau d'Orléans s'abaisse peu à peu du côté du Nord comme pour verser dans Paris les céréales de la Beauce ; les grasses terres des collines du Perche fournissent la France entière de chevaux infatigables, enfin les collines du Lieuvin portent de leur base à leur faîte ces superbes pommiers si beaux à voir au printemps et à l'automne, et la terre est si riche que les habitants s'en disputent avec acharnement la moindre parcelle. Les collines de Caux et de Picardie, de l'autre côté du fleuve, donnent le jour à une population qui de tout temps a été regardée comme une des plus belliqueuses de notre pays. Le plateau de Saint-Quentin est le seuil par lequel passent les chemins de fer et les canaux pour faire communiquer la Flandre et l'Ile-de-France ; les villes, les vieux châteaux et les usines s'y pressent. Les Ardennes occidentales étalent en grande partie sur le sol de Belgique leurs fagnes et leurs marais sous bois, enfin les monts de la Meuse ou Argonne occidentale, riches en minerais de fer, en bois et en pâturages, ont été et seront peut-être encore les Thermopyles de la France

Cette ceinture parfaitement délimitée présente dans ses grandes lignes comme un vaste demi-cercle dont le diamètre serait formé par la chaîne occidentale : monts du Morvan, collines du Nivernais, de l'Orléanais, plateau d'Orléans, collines du Perche et du Lieuvin ; le plateau d'Orléans en forme comme le centre ; c'est par là que le bassin de la Seine communique avec celui de la Loire ; les deux autres plateaux de Langres et de Saint-Quentin, placés symétriquement, peuvent donner accès dans le bassin du Rhône et du Rhin ; le second dans le bassin de la Meuse et de l'Escaut.

Les cours d'eau qui fertilisent et embellissent le bassin de la Seine reproduisent dans leur direction générale les contours de la ceinture ; ils décrivent presque tous un grand arc de cercle dont la convexité est tournée vers le N. E. Heureuse disposition qui leur permet de traverser plus de pays avant d'arriver à la mer, de grossir le volume de leurs eaux, et de racheter par la longueur la différence peu considérable d'ailleurs de niveau entre la source et l'embouchure. Ici encore nous retrouvons cette même modération que nous signalions tout à l'heure ; grâce à la douceur de leur pente ces rivières avancent d'un pas tranquille et sûr, sans se hâter ni se ralentir ; animant leurs belles vallées au lieu de les dévaster comme les torrents dans les pays de montagnes, ou de les inonder de marécages comme dans les plaines trop unies.

Si nous portons enfin nos regards sur la nature même du sol au lieu d'envisager son relief, nous trouvons les mêmes qualités précieuses. La plus grande partie de son bassin est composée de terres poreuses et perméables qui boivent l'eau du ciel, l'emmagasinent dans les réservoirs et les cavernes souterraines pour les faire sourdre ensuite en mille fontaines limpides, qui se ressentent assez peu de la différence des saisons. Aussi le régime de la Seine et des rivières qui la grossissent est en général satisfaisant ; toutefois, le travail des hommes n'a pas été inutile pour aider à l'œuvre de la nature, la rectifier même en certains points. Des canaux ont été creusés pour les besoins de l'industrie ; ils longent les rivières non encore navigables ; ils abrègent les distances ou doublent le nombre des voies commerciales, enfin ils passent par-dessus les collines et permettent aux différents bassins de communiquer ensemble.

**Cours de la Seine.** — Haute Seine. — La Seine sort des collines de la Côte-d'Or à 471 mètres d'altitude ; la ville de Paris a fait récemment mettre un groupe de marbre à l'endroit où bouillonnent les premiers flots du ruisseau : ainsi les anciens adoraient la source de leurs fleuves. A peu de distance de là, sur la gauche, la Seine laisse la colline où s'élève sur l'emplacement probable d'Alésia la statue gigantesque de Vercingétorix. On se sent là au cœur de la France. Le cours d'eau descend rapidement jusqu'à Châtillon, où la source de Douix remplit son lit qu'ont épuisé des fissures souterraines. C'est à Châtillon-sur-Seine que se tint, en 1814, le Congrès entre les représentants des alliés et les ministres de Napoléon I$^{er}$ ; à Bar-sur-Seine apparaissent les maisons bâties en craie, couvertes en lattes de bois, pays pauvre où une mince couche d'humus cache à peine les épaisses assises de craie : nous sommes dans la Champagne Pouilleuse ; on la transforme peu à peu par des plantations d'arbres verts comme dans les Landes. Troyes, l'ancienne capitale de la Champagne, a cherché dans l'industrie à compenser la pauvreté de son territoire. Elle fabrique de la bonneterie, des gants et des cuirs ; dans les campagnes, on élève une quantité innombrable de pourceaux. Nogent-sur-Seine est situé un peu au-dessous du confluent de la Seine et de l'Aube, elle a été brûlée en 1814 par les alliés. Tout ce pays, du reste, a été le théâtre de la lutte terrible entre la France et les puissances coalisées, qui mit fin au premier empire. Près de Nogent se dressent encore à quelques pieds de terre les ruines du Paraclet. La Seine quitte alors la Champagne et serpente au pied du plateau fertile de la Brie (Falaise tertiaire), elle arrive à Montereau, point stratégique de la plus haute importance. C'est là que se réunissent et se confondent les eaux vertes de la Seine et les flots blancs comme l'argent de l'Yonne. En face du confluent, à droite de la Seine, s'élève la colline de Surville, d'où Napoléon foudroya les alliés en 1814. On doit y bâtir un fort qui commandera les deux vallées et le grand chemin de Paris à Lyon. A gauche de la Seine, après le confluent du Loing, se montrent es pittoresques vallées, les collines de grès et les gorges sauvages de la forêt de Fontainebleau ; à quelque distance du fleuve s'élèvent la ville et le château qui abrita les amours des rois valois et vit la chute de Napoléon. Melun, un peu plus bas, est une ville bien bâtie, mais fort triste; elle fait le commerce des grains. Peu de choses à dire de Corbeil, sur la gauche, au confluent de l'Essonne, de Villeneuve-Saint-Georges, où tombe l'Yères, de Charenton, où conflue la Marne : il y aurait trop à dire sur Paris.

Basse Seine. — La Seine sort de Paris au Point-du-Jour, arrose Saint-Cloud, laisse à gauche Versailles, passe à Saint-Denis et décrit dans la campagne des méandres et des détours si capricieux, que la distance par eau de Paris à Saint-Germain est de plus de vingt lieues; il y en a quatre par le chemin de fer. Conflans-Sainte-Honorine, qui se trouve au-dessous de Saint-Germain, indique par son nom même que la Seine se grossit d'un nouveau tributaire : c'est l'Oise, qui arrive du N. O.; à peu de distance de Paris, le fleuve se trouve ainsi constitué. Il a reçu ses principaux affluents; et l'on peut remarquer que la Marne et l'Oise confluent, l'une aux portes de Paris, l'autre à peu de distance. Le vrai centre hydrographique du bassin coïncide avec l'emplacement de la capitale.

Poissy est célèbre dans notre histoire par le colloque de 1561, où les théologiens protestants et catholiques vinrent débattre les dogmes et les intérêts des deux croyances. Aujourd'hui, les marchands de bestiaux y disputent sur le prix de leurs bêtes. Mantes mérite encore son nom de la Jolie; l'église en a été construite par les soins de Blanche de Castille et de Marguerite de Provence : elle est d'une architecture délicate et élégante comme les belles œuvres du treizième siècle. Dans une île de la Seine, le château de Rosny vit naître le grand ministre de Henri IV. Gaillon pleure son château de la Renaissance et, près de la petite ville des Andelys, la colline où s'élevait Château-Gaillard est veuve du formidable donjon que Richard Cœur de Lion avait bâti contre Philippe Auguste. Le Pont de l'Arche, sous lequel passe la Seine après avoir reçu l'Eure, a vingt-deux arches; déjà la marée commence à se faire sentir; on approche de la mer. Après un dernier détour, dont Elbœuf marque le point extrême, la Seine entre dans Rouen, la capitale de la Normandie. Il y a trois grandes agglomérations qui forment cette ville : la ville manufacturière, la ville gothique, et le faubourg de Saint-Sever sur la rive gauche, centre industriel de premier ordre. Le fleuve, grâce à la marée, est déjà assez fort pour porter des vaisseaux de 400 tonneaux. Rouen est donc en même temps ville de commerce. Sa cathédrale renferme les tombeaux de Rollon, de Guillaume Longue-Épée, celui de Louis de Brezé, œuvre, dit-on, de Jean Goujon. Richard Cœur de Lion est enterré à Saint-Maclou (statues de Corneille et de Boïeldieu). En sortant de Rouen, la Seine ne se dirige pas droit à la mer. Elle se replie plusieurs fois sur elle-même, lave les usines de Jumiéges, la vieille abbaye du moyen âge, qui abrita les Énervés, Caudebec, qui semble sortir d'une coquille de verdure. A partir de Quillebœuf commence l'estuaire de la Seine ; rongées par l'action de la mer, les côtes se sont élargies en un vaste entonnoir où se précipite de la haute mer un courant très-violent, animé d'une vitesse de 7 mètres et demi par seconde et qui coupe toute l'étendue du fleuve par une vague haute de 2 à 3 mètres. C'est la « barre » si redoutée des matelots qui descendent la Seine. Qu'on joigne à cet obstacle les bancs de sable et de boue qui se déposent à l'embouchure, et que le courant n'est pas assez fort pour emporter jusqu'à la mer, on comprendra que les grands vaisseaux ne remontent pas jusqu'à Rouen et qu'ils s'arrêtent au Havre ; cette ville est le deuxième port de la France. Elle fait le dixième du commerce national ; l'entrée par mer en est assez étroite, formée par deux longues jetées, mais l'intérieur en est spacieux, contient six bassins et garde son plein trois heures après que la marée a atteint son maximum d'élévation. Le Havre est la patrie de Casimir Delavigne, qui s'écriait dans un accès de lyrisme : « Après Constantinople, il n'est rien de plus beau ! »

**Affluents de la Seine.** — La Seine reçoit à gauche l'Yonne, le Loing, l'Essonne, l'Orge, la Bièvre, l'Eure et la Rille.

A droite, l'Ource, l'Aube, la Voulzie, l'Yères, la Marne, l'Oise, l'Epte et l'Andelle.

On remarquera que dans le bassin de la Seine, plus encore que partout ailleurs, ce n'est pas la longueur qui a fait choisir les rivières maîtresses. Aussi la Seine, à ses différents confluents, est plus courte que l'Aube, que l'Yonne, que la Marne L'Oise est plus courte que l'Aisne, qui le cède en longueur à l'Aire. La raison de cette anomalie paraît devoir être cherchée dans la plus ou moins grande facilité des communications ouvertes par les hautes vallées des cours d'eau.

AFFLUENTS DE GAUCHE. — L'*Yonne* (293 kil.) est de nature torrentielle. Elle prend naissance dans le massif du Morvan, glisse sur les pierres granitiques au pied de la colline de Château-Chinon, et sort du Morvan pour serpenter dans des vallées jurassiques entre des collines couvertes de bois, de pâturages, ou éventrées par des carrières inépuisables. Elle arrose Clamecy, centre du commerce de bois entre la haute Yonne et Paris. Cette ville a été cruellement décimée en 1851 pour sa résistance au coup d'État. En aval, l'Yonne bordée de falaises abruptes, entre dans le département qui porte son nom, passe à Coulanges, contourne la grande forêt de Fretoy ; arrose Cravant où les Bourguignons battirent en 1423 les troupes du roi de Bourges. Puis des coteaux couverts de vignes annoncent la Basse-Bourgogne. Voici sur la rive gauche Auxerre, avec la statue de l'impeccable soldat Davout, duc d'Auerstædt, prince d'Eckmühl. Le vin d'Auxerre jouissait déjà d'une vieille réputation au treizième siècle. A La Roche, la rivière se heurte aux pentes de la grande forêt d'Othe, elle renonce donc à la direction du S. au N., qu'elle a suivie jusque-là, coule sur la craie de Champagne, laisse sur la rive droite Joigny, sur la rive gauche le rocher légendaire de Saint-Julien du Sault, à droite la vieille ville de Sens, avec sa cathédrale grandiose, mais inachevée ; passe immédiatement après sous l'aqueduc de la Vanne, puis à Montereau « fault » dans la Seine en face de la colline de Surville, d'où Napoléon en 1814 écrasa Schwarzenberg. Elle est plus longue, plus large, plus copieuse que la Seine, mais plus irrégulière et moins limpide. Elle ne reçoit à gauche que le *Beuvron*, qui conflue à Clamecy après avoir arrosé de magnifiques « terres d'embauches », prairies naturelles, « la fleur du Nivernais ». A droite, l'Yonne reçoit la *Cure* (115 kil.), dont les eaux doivent aux porphyres du Morvan leur rapidité torrentielle et leur couleur rougeâtre. Une digue de 207 mètres de longueur, de 20 mètres de hauteur, construite de 1855 à 1858, barre tout à coup la vallée et contraint la rivière à former le vaste réservoir des Settons, immense vivier de 16 kilomètres et demi de pourtour. Sortie des terrains imperméables, la rivière contourne la terrasse de Vézelay que domine encore la belle église abbatiale de la Madeleine, puis, grossie du *Cousin* aux bords pittoresques, rivière d'Avallon, la Cure passe au pied de collines où elle a percé autrefois les profondes grottes d'Arcy. Après Vermenton (rive dr.), elle tombe à Cravant.— Le *Serein* (115 kil.), né sur le granit, parcourt des terrains jurassiques qui tour à tour l'épuisent par des saignées souterraines et le renforcent par des sources abondantes. Il laisse sur sa droite Epoisses, sur sa gauche Montréal, dont le château, célèbre au moyen âge, est en ruines aujourd'hui, traverse Noyers, et Chablis, petite ville renommée pour ses vins blancs, et tombe au delà de Seignelay, qu'il laisse sur sa gauche. — L'*Armançon* a 200 kilomètres de sa source près de Pouilly-en-Montagne (Côte-d'Or) à son confluent à Laroche. Il arrose Semur en Auxois, aux tourelles pointues; Ancy-le-Franc, dont le château appartint à Louvois; Tonnerre, dont les collines donnent de belles pierres et de bons vins; Brienon-l'Archevêque, et tombe à Laroche. Cette rivière absorbe la *Brenne*, qui coule au pied du château de Buffon à Montbard et dont l'affluent l'*Oze* est remonté par la grande ligne de Lyon ; entre les deux ruisseaux s'étend la plaine de Laume, dominée près du village d'Alise par le mont Auxois (418 m.), gigantesque piédestal de la statue de Vercingétorix.

La *Vanne* n'a que 60 kilomètres, mais ses eaux qui baignent la petite ville de Villeneuve-l'Archevêque sont si limpides que la ville de Paris a capté treize de ses sources et les a amenées par un aqueduc de 173 kilomètres.

Le *Loing* (160 kil.) réunit les eaux des étangs de la Puisaye. Il naît près de Saint-Sauveur, passe près de Saint-Fargeau ; Bléneau, qu'il traverse ensuite, a vu la victoire de Turenne sur Condé, en 1652 ; à Châtillon sont nés Coligny et ses deux frères. Montargis est le centre du commerce de tout le Gâtinais. Ferrières, à droite, n'a gardé de son ancienne abbaye qu'une curieuse église. Nemours a attaché son nom au traité de 1585 et a baptisé une branche des Orléans ; à Moret, le Loing tombe dans la Seine ; son affluent, plus long que lui, l'*Ouanne* (85 kil.), passe à Charny et à Château-Renard.

L'*Essonnes* a 100 kilomètres ; elle est admirablement réglée par la nature, arrose Malesherbes, Essonnes et finit à Corbeil.

Entre le Loing et l'Essonnes s'étendent les plateaux de grès, les roches, les gorges et les cuviers de la forêt de Fontainebleau. — L'Essonnes reçoit l'*Œuf*, qui passe à Pithiviers, et la *Juine*, dont le cours est régulier et qui passe à Étampes.

L'*Orge*, importante comme couvrant le S. de Paris, passe à Dourdan, Arpajon et tombe en face de Juvisy.

La *Bièvre* naît près de Saint-Cyr, reçoit les eaux des étangs de la jolie vallée de Chevreuse, longe le pied du plateau de Versailles, contourne Sceaux, Arcueil ; ses eaux, empestées par des tanneries et des teintureries, entrent dans Paris près de la butte aux Cailles et se perdent dans les égouts. — Cette petite rivière a une grande importance militaire, par sa vallée assez escarpée, et forme fossé en arrière des nouveaux ouvrages de Paris.

L'*Eure* (225 kil.) sort du plateau de Mortagne, court du N. O. au S. E. en longeant les collines du Perche, puis au N. E. arrose Chartres dont le clocher est célèbre ; elle traverse ensuite la vallée de Maintenon, qu'enjambe l'aqueduc inachevé de Louis XIV ; laisse à gauche Dreux, à droite Anet, privé de son beau château Renaissance, un peu plus bas Ivry-la-Bataille (1590). L'Eure se rapproche de plus en plus de la Seine, fait tourner les roues des usines de Louviers et tombe au-dessus de Pont-de-l'Arche. Elle est grossie de l'*Avre* (75 kil.), pure et abondante rivière qui sort également du plateau de Mortagne, mais court directement à l'Est, et rejoint l'Eure au-dessus de Dreux. Beaucoup plus irrégulier est l'*Iton* (140 kil.) qui vient du même plateau aux environs de la Trappe, passe à Damville et un peu au-dessus de ce bourg disparaît sous terre pour reparaître à 7 kilomètres plus loin à la Fosse-aux-Dames, traverse la forêt d'Evreux, et baigne cette ville qui s'étend au large dans des prairies verdoyantes.

La *Rille* (150 kil.) est dans son cours supérieur parallèle à l'Iton, auquel elle ressemble par l'abondance de ses eaux et son voyage souterrain. Après avoir fourni du mouvement aux usines de Laigle, la rivière s'engouffre dans le pays d'Ouche et ressort à 5 kilomètres plus bas ; elle arrose un pays d'herbages épais ; à Pont-Audemer elle est captée par de nombreuses papeteries, enfin elle tombe dans l'estuaire de la Seine.

Affluents de droite. — *L'Ource* coule du plateau de Langres et tombe au-dessus de Bar-sur-Seine ; comme le fleuve elle subit de nombreuses pertes, que compense l'afflux de sources nombreuses et abondantes.

L'*Aube* (225 kil.) vient également du plateau de Langres, coule dans une vallée assez resserrée par Clairvaux et Bar-sur-Aube ; laisse à droite Brienne-le-Château et arrose Arcis, patrie de Danton. Son cours enveloppe celui de la Seine ; plusieurs de ses affluents se perdent dans les craies de la Champagne et reparaissent au jour par des sources plus ou moins puissantes ; quant à elle-même, son régime est des plus satisfaisants. La *Voire*, affluent de droite, passe à Montiérender et se termine à Lesmont ; sa vallée, perpendiculaire à celles de l'Aube et de la Marne, a servi à Napoléon dans sa marche de Saint-Dizier à Brienne au début de la campagne de 1814.

La *Voulzie* est une tranquille rivière qu'alimentent des sources superbes et qui, descendant de Provins, ouvre une brèche dans la falaise tertiaire.

L'*Yères* parcourt le plateau de la Brie, laisse à droite Brie-Comte-Robert et finit à Villeneuve-Saint-Georges ; son confluent fait partie du système défensif de Paris.

La *Marne* (Matrona) a 494 kilomètres de long, 50 environ plus que la Seine au confluent. Elle descend du plateau de Langres et forme à l'E. de cette ville un profond fossé ; entre dans le Bassigny, contrée boisée et très ondulée : y arrose Chaumont, puis Joinville-en-Vallage, patrie de l'historien de Louis IX. Son cours est souvent appauvri par des infiltrations. Elle traverse le district industriel de Saint-Dizier (métallurgie), se fraye à Vitry-le-François une brèche dans le bourrelet du terrain crétacé, au centre duquel se trouve Châlons-sur-Marne (rive gauche) ; l'ancien camp de Châlons se trouve sur les plateaux qui dominent à droite. Entre Ay et Epernay, la Marne entre dans la falaise tertiaire par une vallée resserrée, dont les coteaux donnent le vin de Champagne. A Dormans, en 1575, les reîtres allemands se firent battre. Château-Thierry est la patrie de La Fontaine. Le cours de la Marne devient extrêmement sinueux après la Ferté-sous-Jouarre et Meaux (r. d.), elle arrose Lagny (r. g.), côtoie la colline de Chelles (r. d.), et avant d'arriver à Charenton décrit un dernier circuit immense ; c'est la boucle de la presqu'île de Saint-Maur dont l'isthme est percé par un canal en partie souterrain. Depuis Chelles, la Marne est comprise dans le système de la défense de Paris. La Marne a peu d'affluents et n'en a pas qui soit important comme longueur ni comme débit. Mais parmi les faibles rivières qu'elle reçoit, plusieurs, par les vallées qu'elles ouvrent, ont une importance qu'ont démontrée les guerres de 1814 et de 1870.

L'*Ornain* (d.) recueille toutes les routes qui passent au S. de l'Argonne ; c'est le grand chemin entre Paris et Strasbourg ; il tombe dans la *Saulx*, qui, canalisée en partie, tombe à Vitry-le-François. Le *Petit-Morin* (g.) (85 kil.) ouvre par ses sources marécageuses dans la falaise tertiaire la brèche qui conduit à Montmirail. L'*Ourcq* (d.) a un cours de 80 kilomètres et des eaux excellentes qu'un canal amène dans les réservoirs de Paris ; elle décrit un demi-cercle dont le centre se trouve à peu près à Château-Thierry, sur la Marne, et arrose La Ferté-Milon, patrie de Racine. Le *Grand-Morin* (g.) (120 kil.) ouvre la trouée de Sézanne, s'écoule en partie dans la Marne, en partie dans l'Aube, et arrive à la Ferté-Gaucher, de là à Coulommiers, centre agricole d'une assez grande importance. Il tombe au-dessus de Chelles.

L'*Oise* est, de tous les affluents de la Seine, sinon le plus long (300 kil.), du moins le plus abondant et celui dont le bassin est le plus vaste. Il y a 430 kilomètres de la source de l'Aire au confluent, 380 depuis le point où sort l'Aisne. — L'Oise vient des bois de Chimay, dans la province de Hainaut et au milieu de l'Ardenne. Elle entre en France, passe à Hirson, à Guise, patrie de Camille Desmoulins. Sa rive droite domine sa rive gauche jusqu'à Verberie ; elle arrose Chauny, succursale de l'établissement de Saint-Gobain, passe au pied de la colline de Noyon à droite, nid de bourgeois indépendants et riches au moyen âge et berceau de Calvin. La forêt de Compiègne commence au delà du confluent de l'Aisne, et la ville de ce nom s'étend sur la rive gauche ; Verberie (g.) et Pont-Sainte-Maxence (g.) ont été des villes carlovingiennes ; Creil est un immense atelier de réparations pour les chemins de fer du Nord, enfin après l'Isle Adam (g.) et Pontoise (d.) la rivière tombe en Seine entre Conflans-Sainte-Honorine et Andrecy, en face de Poissy.

Elle entraîne les eaux de la *Serre* (100 kil.), rivière d'excellente tenue dont la vallée commence au S. E. de Laon, finit à la Fère et forme en avant de ces deux places un pli de terrain qui est précieux pour la défense. La Serre reçoit à gauche le *Vilpion*, qui passe à Vervins, et se termine au milieu des marécages. — La *Lette*, voisine par ses sources de la précédente, ouvre la trouée de la falaise tertiaire que commande Craonne, où César battit les Germains et d'où Napoléon délogea les alliés (7 mars 1814). Elle passe au pied des ruines énormes de Coucy.

L'*Aisne* (280 kil.) sort des marécages au S. de l'Argonne, et, côtoyant cette chaine, lui tient lieu de fossé en arrière Elle arrose Sainte-Menehould, Vouziers, au point où elle reçoit le canal des Ardennes elle change de direction, et, quittant l'Argonne, court déjà considérable à l'O. Rethel est sa dernière étape au milieu des terrains crétacés. Elle entre en Champagne, reçoit des sources abondantes qui doublent son volume entre Rethel et Soissons. Après Neufchâtel elle s'engage dans la falaise tertiaire, passe à Soissons, ville forte encaissée de trois côtés entre des collines et dominée de toutes parts; borne au N. la forêt de Compiègne et finit au-dessus de la ville de ce nom. L'Aisne plus encore que l'Oise est remarquable par la grande quantité de gros ruisseaux qui se jettent dans son lit, des eaux limpides et d'un débit presque constant. Les sources sont désignées en Champagne sous le nom de « Somme » presque toutes sont entourées de gros villages, Somme-Yèvre, Somme-Tourbe, etc. Elle reçoit à gauche la *Suippe* (80 kil.), qui sert de fossé aux forts détachés de Reims; la *Vesle* (125 kil.), qui passe dans la ville de Reims, dont la cathédrale est un des chefs-d'œuvre de notre art national. En arrière de Reims, la Vesle ouvre la falaise tertiaire par des brèches d'une énorme importance militaire. — L'Aisne reçoit à droite l'*Aire* (125 kil.), qui côtoie la forêt d'Argonne à l'E. et arrose Clermont en Argonne et Varenne (1791). L'*Authonne*, rivière du Valois, qui a dans son bassin Crépy et tombe à Verberie, est une des rivières les plus petites mais les plus sages de France : elle ne descend jamais au-dessous de 2 mètres cubes à la seconde et en roule rarement le double. La *Nonette*, qui vient de Nanteuil, arrose Senlis et prête ses eaux aux parcs de Chantilly.

L'Oise n'a qu'un affluent notable à droite, le *Thérain*, rivière de Beauvais, dont la cathédrale est célèbre pour la hardiesse et la beauté de son chœur.

Les deux derniers affluents de la Seine sur la rive droite sont l'*Epte* (100 kil.), qui coule du N. O. et limite de sa source à Gisors la curieuse vallée de Bray; après avoir arrosé Gisors et Saint-Clair (911), elle tombe au-dessus de Vernon.

L'*Andelle* est la dernière et la plus courte de toutes, elle vient du N. E.; ses sources sont voisines de celles de l'Epte. C'est une grosse rivière normande, tranquille, utile et gracieuse.

## II. — Bassins côtiers a droite de la Seine.

Les rivières qui coulent dans le pays de Caux sont peu importantes par la longueur de leurs cours, mais curieuses pour la forme régulière de leurs vallées.

La *Saane* arrose le plantureux pays de Caux (Yvetot).

L'*Arques* est navigable près du château de ce nom; son embouchure est utilisée pour les bassins du port de Dieppe.

La *Bresle* tombe au Tréport.

**La Somme** (245 kil.) naît à 10 kilomètres au N. de Saint-Quentin, descend au S. O., arrose Saint-Quentin; les coteaux de la vallée de l'Oise la forcent à se diriger au N.O. par Ham, dont le donjon servit de prison d'État, Péronne où elle reçoit la *Cologne*; en aval de l'ancienne abbaye de Corbie elle reçoit l'*Ancre*; puis la Somme se divise en plusieurs bras. L'*Avre* tombe en amont des faubourgs d'Amiens, célèbre par la nef étonnante de sa cathédrale, et se ramifie avec la rivière principale. La *Celle*, en aval, est moins saignée par les canaux; on a ainsi de beaux jardins très fertiles qu'on appelle des hortillonnages. La Somme est ensuite canalisée, arrose Picquigny et Abbeville.

L'*Authie* (100 kil.) passe à Doullens.

La *Canche*, à Hesdin, Montreuil-sur-Mer et Étaples. Elle déborde souvent.

La *Liane* à Boulogne-sur-Mer.

L'*Aa* (80 kil.) prend sa source près de Renty (combat de 1554), passe à Saint-Omer; il est canalisé depuis cette ville. Une de ses branches, la *Colme*, se joint à Bergues aux autres canaux du Nord; l'*Aa* tombe à Gravelines dans la mer du Nord.

L'*Yser* (50 kil.) passe dans un pays plat et entre immédiatement en Belgique, où il arrose Dixmude et Neuport. Cette rivière laisse sur sa gauche le champ de bataille de Hondschoote (1793).

**L'Escaut**[1]. — Le bassin de l'Escaut en France est de 5500 kil.

Ce fleuve a 400 kilomètres de long, dont 63 en France. Il prend sa source dans l'ancienne abbaye de Saint-Martin près du Câtelet, non loin de Saint-Quentin. Il traverse de vastes plaines monotones, arrose Cambrai, Bouchain, Valenciennes et Condé; vers Tournay il est bordé de collines calcaires; mais bientôt ses berges redeviennent absolument plates; depuis Termonde il est contenu par des digues.

Dès sa source ce fleuve est suivi par le canal de Saint-Quentin,

---

1. Voir livre III. ch. Ier, l'*Escaut*.

l est canalisé ensuite à partir de Cambrai. A son entrée en Belgique il devient navigable et a 20 mètres de largeur ; à Gand, 60 ; à Termonde, 100 ; à Anvers, 600 ; à son entrée en Hollande, 1200.

Il se jette dans la mer du Nord par deux branches de 4 à 7 kilomètres entre les îles Sud et Nord-Beveland et Walcheren.

L'Escaut est traversé par une grande quantité de ponts ; le dernier est à Termonde.

Il a 10 mètres de profondeur à Gand ; les marées élèvent son niveau de 3 à 4 mètres 56 aux syzigies, 7 lorsque le vent souffle avec force du N. O.

Affluents de l'Escaut : *rive droite*, les importants sont belges.

L'*Haine* (Mons) conflue à Condé.

La *Dender* (Dendermonde), largeur 10 à 20 mètres ; de profondeur 1 m. 60 à 2 mètres, de nombreux gués, passe à Alost.

La *Rupel*, formée par la *Dyle* qui reçoit la *Senne*, laquelle passe à Bruxelles, et le Demer (inondations fréquentes).

La *Grande Nèthe* et la *Petite Nèthe* confluent à 14 kilomètres au-dessus du pont où elles atteignent la Rupel.

Cette rivière, constituée à 10 kilomètres de long et est navigable.

Un grand nombre de canaux ont été creusés jadis pour l'agriculture et les inondations en temps de guerre, mais ces inondations n'ont pas été essayées depuis le dix-septième siècle.

*Rive gauche :* La *Sensée* descend du plateau de Bapaume.

La *Scarpe* (112 kil.) arrose Arras, Douay et Marchiennes.

La *Lys* (205 kil.) vient du plateau de l'Artois et arrose la France pendant 126 kilomètres. Elle arrose Aire, sert de frontière entre Armentières et Menin, puis entre en Belgique, traverse Courtray et finit à Gand ; elle reçoit La *Deule* qui passe à Lens, et dans les fossés de Lille ; c'est une rivière absolument domptée par les ingénieurs et convertie en un canal.

**La Meuse.** — La *Meuse* prend sa source au plateau de Langres. Elle coule jusqu'à Donchery alternativement sur des masses calcaires très épaisses et sur des couches d'argile ferrugineuse ; dans cette partie de son cours les gués sont nombreux et excellents, car le fond est du calcaire dur.

Elle entre à Neufchâteau dans l'oolithe moyenne, qu'elle traverse jusqu'à Stenay, où elle retrouve l'étage oolithique inférieur, avant de se frayer un passage au N. de Mézières dans le terrain de transition des Ardennes.

La Meuse, dans cette section, arrose Domremy, patrie de Jeanne d'Arc, Vaucouleurs, Pagny, puis incline au N. E. par Commercy, Saint-Mihiel, Verdun, Stenay, aujourd'hui démantelée, une des premières places qu'ait assiégées Vauban. Mouzon, Bazeilles célèbre par le combat du 1ᵉʳ septembre 1870. Sedan, patrie de Turenne et de Macdonald, grande fabrique de draps. Ses fortifications dominées de toutes parts sont déclassées. C'est dans cette ville que l'armée de Mac-Mahon, cernée par trois armées allemandes, le 1ᵉʳ septembre 1870, a capitulé le lendemain. Le fleuve contourne curieusement Mézières (r. d.) et Charleville en face (r. g.), s'engage dans des failles âpres et sombres du terrain schisteux, passe à Monthermé, Fumay, Givet et sort de France Au delà de la frontière la Meuse coule au milieu des grès du terrain de transition ou du terrain carbonifère jusqu'à Liége; le marbre se montre à Dinant et le calcaire compact sur plusieurs points entre Namur et Liége; on trouve ensuite le calcaire coquiller et le silex.

Au-dessous de Maëstricht elle traverse des landes, des sables, des lits de tourbe et enfin elle coule sur un fond argileux avant d'arriver à la mer ou plutôt de se joindre au Waal.

En Belgique et même en France, à partir de Mézières, son passage présente de véritables difficultés; car elle a déjà une largeur de 80 à 140 mètres. Les principaux points de passage en Belgique sont à Dinant, à Namur, à Huy, à Seraing, à Liége, à Maëstricht où il y a des ponts.

La Meuse, en France, ne reçoit que des affluents sans importance, sauf le *Chiers*, qui sourd en Belgique, un peu au-dessus de Longwy, et coule parallèlement à la frontière. Cette rivière n'est pas navigable; elle coule au milieu de l'oolithe inférieure, son lit est encaissé, profond, et sur quelques points présente de bonnes dispositions défensives; elle arrose Longwy, Longuyon, Montmédy, Carignan.

Parallèle au Chiers, de l'autre côté de la frontière, coule la *Semoy*, d'abord dans un terrain d'alluvion, puis dans le terrain de transition. A partir du point où elle entre dans ce dernier terrain, son lit est creusé dans le roc vif et les montagnes schisteuses qui la bordent en rendent les abords difficiles, quelquefois impossibles. Elle se jette dans la Meuse, en France, à Monthermé.

La *Sambre* prend sa source en France au plateau de la Capelle, à quelques kilomètres au S. O. de Landrecies, coule d'abord au milieu du calcaire par Landrecies et Maubeuge, entre en Belgique où elle rencontre le calcaire compact, les grauwackes calcaires et schisteux, les grès du terrain de transition, puis à partir de Charleroi, ne quitte plus le terrain houiller. Sa navigation était jadis très difficile, mais elle a été améliorée; sa largeur ne dépasse pas 35 mètres; la rive gauche commande presque toujours la rive droite. Elle conflue à Namur, rive gauche.

L'*Ourthe*, rive droite, prend naissance dans les Ardennes, reçoit l'*Amblève* et la *Vesdre*, dont les cours sont généralement encaissés entre des parois abruptes de schiste ou de calcaire du terrain de transition, et traversent le Hohe-Venn ; elle conflue à Liège, rive droite.

La *Roer* est encaissée, rapide ; la rive droite commande la vallée et la rive gauche d'une trentaine de mètres. Aussi a-t-elle été défendue par les Prussiens en 1792 avec succès et a dû être tournée en 1794 [1].

**La Moselle.** — Le bassin du Rhin en France n'est plus représenté que par le cours supérieur de la Moselle. Cette rivière qui a 505 kilomètres jusqu'à Coblentz nous appartient pendant 312. Elle recueille tous les cours d'eau qui tombent sur le flanc occidental des Vosges et sur le plateau lorrain. Elle prend sa source à 725 mètres de hauteur dans le massif des ballons d'Alsace (Drumont) et court par Remiremont, Épinal et Toul dans la direction du N. O. ; à Toul, par un coude d'une grande importance stratégique, elle s'incline au N. E. et contourne la forêt de Haye ; ses berges sont abruptes et escarpées ; à Frouard elle revient à sa direction primitive ; raie d'un sillon contourné le plateau lorrain, arrose Pont-à-Mousson, et après Pagny quitte la France. Elle passe à Ars, puis à Metz, Thionville, Sierck, Cons, Trèves ; sa vallée inférieure est extrêmement sinueuse.

La largeur de la Moselle en France ne dépasse pas 60 mètres ; elle a 100 mètres au-dessous de Metz et plus de 200 à son confluent ; elle coule presque partout au milieu des prairies ; le fond est solide, les gués assez nombreux, mais au-dessous de Frouard ils ne sont praticables qu'après une assez longue sécheresse ; le nombre des ponts fixes est considérable ; près de quarante jusqu'à Metz. — La rive droite est presque toujours dominante.

Les affluents de la Moselle sont, à droite, la *Moselotte* et la *Vologne* ; la vallée de cette dernière est très intéressante, très profonde : lacs de Gérardmer, Longemer et Retournemer. — La *Meurthe*, issue du col de la Schlucht, passe à Saint-Dié, Raon-l'Etape, près de Lunéville, à Nancy, Frouard, où elle conflue. Elle est grossie à gauche de la *Mortagne*, à droite de la *Vezouse* et du *Sanon*, qui servent d'écoulement aux étangs qui se trouvent aux environs de Réchicourt. Sa vallée est large, le canal de la Marne au Rhin la remonte, puis emprunte le cours du Sanon ; elle est navigable à Nancy et passe sous 25 ponts.

La *Seille* conflue à Metz ; elle sort de l'étang de Sindre, ses bords sont marécageux. La *Sarre* vient du Donon, sa vallée est ma-

1. Voir livre III, ch. I*er*, la *Meuse*.

BOUGIER. — Géographie.

récageuse, boisée, assez large; le canal de la Marne au Rhin la traverse au-dessus de Sarrebourg; elle est côtoyée à quelque distance à l'O. par le canal des Houillères, de la Sarre ou des Salines, qui l'atteint à Sarrealbe et la suit jusqu'à Sarreguemines où elle est navigable au-dessus [1].

RÉSUMÉ DE L'HYDROGRAPHIE.

| NOMS DES FLEUVES. | COURS. | SUPERFICIE | MASSE PLUVIALE millions de m.c. | HAUTEUR DES PLUIES. | DÉBIT PAR SECONDE. | ÉCOULEMENT millions de m.c. |
|---|---|---|---|---|---|---|
| 1. Loire......... | 980 | 115,146 | 76,150 | 0.691 | 985 | 31,053 |
| 2. Rhône. — Saône. Doubs ........ | 1025 | 98,667 | 95,733 | 0.950 | 1718 | 54,236 |
| 3. Gironde......... | 992 | 90,550 | 74,251 | 0.823 | 1178 | 37,149 |
| 4. Seine......... | 776 | 77,311 | 46,618 | 0.631 | 110 ? | 5,500 ? |
| 5. Adour ........ | 301 | 17,000 | 17,000 | 1.000 | 63 ? | 2,000 ? |
| 6. Meuse ........ | 512 | 7,500 | 5,400 | 0.720 | 79 ? | 2,500 |
| 7. Vilaine........ | 250 | 9,600 | 6,720 | 0.700 | 110 | 5,500 ? |
| 8. Charente....... | 361 | 10,000 | 8,500 | 0.850 | 95 ? | 3,000 |
| 9. Moselle........ | 512 | 6,750 | 5,062 | 0.750 | 50 ? | 1,576 ? |
| 10. Escaut........ | 120 | 6,600 | 3,960 | 0.600 | 57 | 1,800 |
| 11. Aude.......... | 225 | 6,500 | 4,550 | 0.700 | 65 ? | 2,000 |
| 12. Somme ....... | 215 | 5,550 | 3,552 | 0.640 | 57 ? | 1,800 |
| Totaux..... | | 518,850 | 399,500 | 0.770 | 6000 | 190,000 |

**Climat. — Influence de l'Océan et de la Méditerranée. — Vents dominants. — Pluie.** — Le climat de la France a changé depuis le commencement de la période historique; mais il est impossible de fixer au juste les proportions de ce changement. Nous savons que depuis le moyen âge certaines plantes ont reculé vers le S., mais il est difficile de connaître les vraies raisons de ce phénomène. Bornons-nous à étudier le climat dans son état actuel.

Le soleil est le principal agent de la chaleur sur le globe; la France se trouvant tout entière dans la zone tempérée, jouit d'une température moyenne d'environ 12° 5 centigrades. Le plateau central divise le territoire en deux parties : au N. la température moyenne est de 10°, au S. de 13 à 15°.

Les lignes isothermiques se rapprochent du S. à mesure qu'elles s'éloignent de l'Océan, dont le Gulf Stream attiédit les eaux.

Ainsi la ligne isothermique de 11° passe à Cherbourg et au Mans,

---

Voir livre III, ch. Ier, le *Rhin*.

à Bourges et à Genève. Les lignes isothériques au contraire ont une direction générale du S. O. au N. E.; ainsi l'isothère de 18°,60 (juillet) passe aux Sables-d'Olonne, à Châteaudun, Paris, Mézières et Cologne. L'isochimène de 2° décrit une courbe du N. au S., Dieppe, Paris, Orléans, Tonnay-Charente, Coutras, Montauban, Toulouse, Carcassonne, Valence, Carpentras, Aix, Grasse.

La vallée de la Loire entre Nevers et Angers peut être considérée comme la partie de la France qui jouit de la moyenne la plus égale de température et celle où les écarts sont le moins sensibles en général entre les degrés thermométriques.

C'est également dans l'axe de la vallée de la Loire que se meuvent en général les vents.

Les vents régnants sont ceux de l'O.

Est, 100 jours; Ouest, 152 jours.

Nord, 100 jours; Sud, 105 jours.

La vallée du Rhône ouverte à l'influence de la Méditerranée est soumise à des lois différentes. Le vent est le plus souvent du N. au S., c'est-à-dire de la terre (mistral).

Mais bien des causes locales font varier la direction des vents dominants. La quantité de pluie est également très variable.

Le voisinage de la mer est une cause d'humidité évidente; ainsi sur les bords de la Manche, en Bretagne, en Normandie, en Picardie, on a des pluies longues et fréquentes. Sur les bords du golfe de Gascogne les eaux célestes sont très abondantes; au cirque de Gavarnie la tranche annuelle d'eau est supérieure à 2 mètres. De même dans les montagnes du Tanargue, entre les sources de la Loire et celles de l'Ardèche et dans les Alpes de Gap.

Les montagnes exposées à l'O., le plateau du Limousin, reçoivent 1 mètre. La partie inférieure du Morvan, qui reçoit à la fois les eaux de l'Océan et celles de la Méditerranée, est lavée par 1 m. 40.

En revanche la Champagne et la Brie ne reçoivent que 0 m. 40.

La moyenne d'eau observée qui tombe en France est de 0,77, chiffre inférieur à la réalité.

Nombre de jours de pluie.
- Abbeville. . . . . . . . . . . . 175
- Lille. . . . . . . . . . . . . . . 163
- Marseille. . . . . . . . . . . 55
- Hyères. . . . . . . . . . . . 40

Les orages sont fréquents, surtout au centre.

Moins il y a de jours de pluie, plus sont fortes les ondées.

TABLEAU DES CLIMATS DE FRANCE.

| Nos | RÉGIONS. | TEMPÉRATURE MOYENNE. | TEMPÉRATURE D'ÉTÉ. | TEMPÉRATURE D'HIVER. | VENTS. | HAUTEUR DE PLUIE. | JOURS DE PLUIE. | HUMIDITÉ. | SAISONS. |
|---|---|---|---|---|---|---|---|---|---|
| 1 | Séquanien...... | 10,0° | 18,1° | 3,5° | O. | 0,51 m | 154 | 5 | Automne et été. |
| 2 | Vosgien (Nancy). | 9,5 | 19,9 | 2,0 | S.O. N.E. | 0,80 | 120 | » | Été. — Transition brusque entre l'été et l'hiver. |
| 3 | Rhodanien (Lyon). | 11,8 | 21,11 | 2,5 | N. | 0,78 | 110 | » | Automne. |
| 4 | Méditerranéen (Montpellier). | 14,6 | 22,0 | 5,8 | N.O. | 0,74 | 100 | » | Print. Automne. |
| 5 | Girondin (Bordeaux). | 13,5 | 21,5 | 6,1 | O. | 0,82 | 150 | » | Automne. |
| 6 | Breton........ | 11,7 | 16,8 | 7,1 | O. | 0,90 | 170 | » | — |
| 7 | Limousin (Limoges). | 11,0 | » | » | » | 0,95 | » | » | — |

# CHAPITRE V

GÉOGRAPHIE POLITIQUE. — APERÇU DE LA GÉOGRAPHIE HISTORIQUE.

Le territoire de la France actuelle a été occupé dans les temps les plus reculés par des populations dont nous retrouvons les traces enfouies dans notre sol; mais dont on ne peut déterminer encore ni l'origine ni le nom.

Les races les plus anciennes que l'histoire puisse apprécier sont les Celtes et les Kymris, que les Romains confondirent sous le nom de Gaulois et qui occupaient les bassins de l'Escaut, de la Seine, du Rhône et de la Loire ; dans le bassin de la Garonne vivaient les Ibères.

Des peuples civilisés du bassin de la Méditerranée vinrent occuper successivement les côtes de la Provence et du Languedoc actuels : d'abord les Phéniciens, puis les Grecs, enfin les Romains qui nous ont laissé leur langue.

La conquête romaine se fit en deux périodes de 130 à 120 avant Jésus-Christ et de 58 à 50 sous Jules César. Sous Auguste, la Gaule fut divisée en quatre, puis en sept provinces. Dioclétien en porta le nombre à dix-sept ; mais les anciennes divisions gauloises subsistèrent en partie, et nous en trouvons la trace dans ce qu'on appelle les noms de pays.

Après la dissolution de l'empire romain la géographie politique de la Gaule varia à plusieurs reprises sous les rois mérovingiens et carolingiens. Après le traité de Verdun en 843, nous voyons se former les provinces qui ont été les cadres du régime féodal.

La royauté capétienne réunit peu à peu ces provinces au domaine royal; ce travail de réunion, retardé à plusieurs reprises par les guerres malheureuses ou la funeste habitude des apanages, était achevé en 1789.

A cette époque la France était divisée en 40 gouvernements militaires, 33 grands et 7 petits, au point de vue administratif en 33 généralités ou intendances.

En 1790, au mois de janvier, l'Assemblée constituante remplaça toutes les provinces par 83 départements dont le nombre a été porté à 86 ; sous Napoléon Ier des conquêtes nous donnèrent jusqu'à 130 départements. Nous en avions 89 en 1870, il ne nous en reste plus que 86.

Les limites des départements ne coïncident pas exactement avec celles des anciennes provinces ; néanmoins on peut dresser un tableau comparatif généralement assez exact des divisions d'autrefois et de celles d'aujourd'hui.

On voit que dans la géographie politique tout change et se transforme soit peu à peu, soit par de grandes révolutions. Nous ne pouvons pas suivre en détail les modifications qui se sont produites dans les divisions territoriales et administratives de notre pays depuis les temps de l'ancienne Gaule ; cette partie est du domaine de l'histoire.

Nous nous contenterons de donner quelques tableaux indiquant pour les époques les plus caractérisques l'état politique de la région gauloise.

**Ancienne Gaule, pays.** — L'ancienne Gaule était divisée en États distincts, que les Romains désignent par le nom de *civitates*, au nombre d'environ 80.

Ces Civitates étaient fort différentes par l'étendue, la richesse, les constitutions. Ainsi la puissante confédération des Eduens comprenait presque toute la France entre Saône, Seine, et Loire, tandis que les Atrebates, dans la région d'Arras, n'occupaient qu'un coin de l'Artois actuel.

Il reste dans notre géographie actuelle des traces profondes de cette époque lointaine : ce sont les noms de pays (pagi), qui résistent à toutes les révolutions, même à l'action destructive du temps, et sont comme les éléments constants et irréductibles de notre géographie politique.

Ces noms désignent en général des contrées géologiquement distinctes (Vallage, Bassigny, Gâtinais, Puisaye, etc.). La géographie agricole de France n'est pas possible sans la connaissance de ces appellations qui subsistent à côté des groupements artificiels que la politique impose et qui leur survivront sans doute.

**Gaule romaine, noms de villes.** — La Gaule conquise par César fut organisée une première fois par Auguste en quatre provinces : Narbonensis, Aquitania, Lugdunensis, Belgica ; à la fin de son règne, il ajouta deux Germanies et une province des Alpes-Maritimes. Pendant le second et le troisième siècle se fit lentement une évolution considérable dans la géographie : les villes quittèrent leurs noms anciens pour prendre celui des peuples qui les habitaient; ainsi Lutèce, ville des Parisiens, devint Paris. Samarobriva, des Ambiens, devint Amiens, etc.

A côté de ces modifications spontanées qui ont laissé des traces ineffaçables, car les noms de villes sont restés en grande partie les mêmes, les changements de la géographie officielle ne semblent guère intéressants. Pourtant la division de la Gaule en 17 provinces, par Dioclétien, doit nous arrêter un instant; d'abord parce que c'est la dernière que firent les empereurs romains, ensuite parce que l'Eglise, en s'établissant triomphante avec Constantin, adopta pour ses cadres ceux de la géographie politique et a gardé en partie cette organisation jusqu'en 1789 et même jusqu'à nos jours. Voici la liste de ces 17 provinces :

1. Germanie Première............ Capitale Moguntiacum. Mayence.
2. — Seconde............ — Colonia. Cologne.
3. Belgique Première............ — Treveri. Trèves.
4. — Seconde............ — Remi. Reims.
5. Lyonnaise Première............ — Lugdunum. Lyon.
6. — Seconde............ — Rotomagus. Rouen.
7. — Troisième............ — Turonensis. Tours.
8. — Quatrième ou Sénonie. — Senones. Sens.
9. Grande Séquanaise............ — Vesontio. Besançon.
10. Aquitaine Première............ — Avaricum. Bourges.
11. — Seconde............ — Burdigala. Bordeaux.
12. — Troisième (Novempopulanie)............ — Ausci. Auch.
13. Narbonaise Première............ — Narbo Martius. Narbonne.
14. — Seconde............ — Aquæ Sextiæ. Aix.
15. Viennoise............ — Vienna. Vienne.
16. Alpes Pennines et Graies...... — Darantasia. Tarentaise.
17. — Maritimes............ — Ebrodunum. Embrun.

**Grands fiefs**. — Laissons de côté les partages barbares des rois francs et même la Gaule carolingienne. Passons le traité de Verdun, puisque aussi bien l'accord est loin d'être fait entre les médiévistes sur les limites assignées par ce traité aux royaumes démembrés de l'empire. Grâce aux guerres de cette sombre période, le pouvoir central s'émiette de plus en plus au profit des grands fiefs. Voici la liste des trente provinces dont les chefs jouissent des droits régaliens. La date qui suit le nom est celle de l'établissement de l'hérédité.

1. Vicomté de Béarn (819).
2. Duché de Gascogne (872).
3. Comté de Toulouse (850).
4. Marquisat de Septimanie (878).
5. Comté de Roussillon.
6. — d'Urgel (884).
7. — de Barcelone (864).
8. — de Carcassonne (819).
9. Vicomté de Narbonne.
10. Comté d'Auvergne (864).
11. — de Poitiers (880).
12. Duché d'Aquitaine (864).
13. Comté de Périgord (866).
14. — d'Angoulême (866).
15. Vicomté de Limoges (867).
16. Seigneurie de Bourbon.

17. Comté de Lyonnais (890).
18. Seigneurie de Beaujolais (890).
19. Comté de Châlons (886).
20. Duché de Bourgogne (887).
21. Duché de France (836).
22. Comté de Vexin (818).
23. — de Vermandois (886).
24. Comté de Valois (886).
25. — de Ponthieu (859).
26. — de Boulogne (860).
27. Duché de Normandie (911).
28. Comté d'Anjou.
29. — du Maine.
30. — de Bretagne.

**Accroissements du domaine royal et formation de la nationalité française.** — La plupart des grands fiefs, on le voit, ont été, dans la suite, de grandes provinces de la monarchie; l'un d'eux, le duché de France, favorisé par sa situation, et surtout par la politique de ses maîtres, devenus rois de France, fut le centre autour duquel se groupèrent peu à peu les autres provinces. Du dixième au dix-huitième siècle le domaine royal absorba les autres grands fiefs. Par héritage, achat, conquête ou mariage, les rois de France deviennent non seulement suzerains, mais propriétaires des autres grandes seigneuries, duchés ou comtés du royaume. Contrariée longtemps par la coutume des apanages, tenue en échec par la longue hostilité du Midi contre le Nord, la formation de la nationalité française s'est faite lentement, progressivement, au prix des plus grandes douleurs, des plus cruels sacrifices. Les guerres malheureuses font à plusieurs reprises reculer l'œuvre séculaire. Tel duché, celui d'Orléans, par exemple, ou mieux encore, celui de Bourgogne, venu plusieurs fois en possession de nos rois, est retourné plusieurs fois à une existence semi-indépendante qui n'était pas sans menace pour le reste du pays. — L'histoire donne le tableau de ces vicissitudes.

En même temps l'administration et le gouvernement central ont peu à peu raison des résistances locales. A la conquête territoriale se joint la conquête administrative; l'unité du pays est complétée par la centralisation des pouvoirs.

Une fois absorbés, les grands fiefs sont assimilés aux autres terres du domaine royal. Ils deviennent de grands gouvernements à partir de François 1er et sont administrés par des intendants à partir de Henri III.

La géographie politique de la France aux seizième, dix-septième et dix-huitième siècles nous montre donc les provinces et pays de France groupés selon deux principes : il y a les gouvernements militaires formés de provinces et de pays; à leur tête est un gouverneur, lieutenant du roi, grand seigneur. Les limites de ces gouvernements coïncident généralement avec les frontières historiques des anciens fiefs, ce sont les débris du monde féodal. Mais le personnage qui est à la tête de ces provinces n'a qu'un pouvoir d'apparat, le gouvernement réel est entre les mains de l'intendant.

## GÉNÉRALITÉS ET INTENDANCES.

Créés par Henri III, fortifiés par Richelieu, les intendants sont à la tête de généralités ou d'intendances. C'est la véritable division administrative. Il y avait, en 1789, trente-trois généralités ou intendances; elles étaient subdivisées en élections (suivant les pays, recettes, diocèses, vigueries, etc.). Quelques provinces ayant conservé leurs privilèges et leurs états provinciaux, forment une intendance dont les limites coïncident avec celles des anciens grands fiefs. Les pays d'élections, au contraire, sont morcelés. Ainsi l'ancien duché de Nivernois est démembré en cinq élections qui sont rattachées aux généralités de Paris, Orléans, Bourges et Moulins. L'élection était l'unité administrative; après 1789, elle est devenue l'arrondissement. La guerre aux centres provinciaux de vie politique et de souvenirs historiques n'a pas été inaugurée par la Révolution, mais par la Monarchie.

### GÉNÉRALITÉS ET INTENDANCES.

DATES DE CRÉATION.

| | |
|---|---|
| 1577. — 1. Amiens. | 1577. — 13. Provence. |
| — 2. Bordeaux. | — 14. Riom. |
| — 3. Bourges. | — 15. Rouen. |
| — 4. Bourgogne. | — 16. Toulouse. |
| — 5. Caen. | — 17. Tours. |
| — 6. Champagne. | 1587. — 18. Moulins. |
| — 7. Limoges. | 1595. — 19. Soissons. |
| — 8. Lyon. | 1627. — 20. Grenoble. |
| — 9. Montpellier. | 1635. — 21. Montauban. |
| — 10. Orléans. | 1636. — 22. Alençon. |
| — 11. Paris. | 1648. — 23. Alsace. |
| — 12. Poitiers. | 1659. — 24. Perpignan. |
| 1661. — 25. Metz. | 1775. Metz et Trois-Évêchés. — 1788. Metz, Trois-Évêchés et Clermontois. |
| 1678. — 26. Franche-Comté. | |
| 1682. — 27. Pau et Basse-Navarre. | |
| 1689. — 28. Bretagne. | |
| 1691. — 29. Dunkerque. Lille. | Réunies en 1716 sous le nom d'intendance de Lille; en 1775 appelée Flandre. |
| 1691. — 30. Maubeuge. | 1752 Hainaut et Maubeuge, 1766 Hainaut et Cambrésis. |
| 1694. — 31. La Rochelle. | |
| 1716. — 32. Auch. | |
| 1757. — 33. Lorraine. | |
| 1762. — 34. Dombes. | Supprimée en 1787 et réunie à l'élection de Bresse dans l'intendance de Bourgogne. |
| 1767. — 35. Bayonne. | Supprimée en 1775, rétablie en 1787. |
| 1768. — 36. Corse. | |

### PAYS D'ÉTAT.

| | | | |
|---|---|---|---|
| Bretagne. | Bourgogne. | Marsan. | Béarn. |
| Flandre Wallonne. | Languedoc. | Nebouzan. | Soule. |
| Artois. | Provence. | Quatre-Vallées. | Basse-Navarre. |
| Cambrésis. | Comté de Foix. | Bigorre. | Pays de Labourd. |

## SUBDIVISIONS DES GÉNÉRALITÉS ET INTENDANCES.

### Généralités.

1. **Paris, 22 élections.**

    | | |
    |---|---|
    | Paris. | Dans l'Ile-de-France. |
    | Beauvais, Compiègne, Senlis. | En Picardie. |
    | Meaux, Rozoy, Coulommiers, Provins, Montereau. | En Brie. |
    | Nogent-sur-Seine, Sens, Joigny, Saint-Florentin, Tonnerre. | En Champagne. |
    | Nemours, Melun, Étampes. | En Gâtinais. |
    | Mantes, Montfort l'Amaury, Dreux. | En Beauce. |
    | Pontoise | En Vexin. |
    | Vezelay. | En Nivernois. |

2. **Amiens, 6 élections, 4 gouvernements.**

    | | |
    |---|---|
    | Amiens, Péronne, Abbeville, Montdidier, Doullens, Saint-Quentin. Montreuil, Boulogne, Ardres, Calais. | En Picardie. |

3. **Soissons, 7 élections.**

    | | |
    |---|---|
    | Soissons, Laon, Noyon, Crépy, Guise, Clermont. | En Picardie. |
    | Château-Thierry. | En Brie. |

4. **Orléans, 12 élections.**

    | | |
    |---|---|
    | Orléans, Pithiviers, Beaugency. | Dans l'Orléanais. |
    | Chartres, Châteaudun, Vendôme. | En Beauce. |
    | Montargis, Gien. | En Gâtinais. |
    | Blois | En Blaisois. |
    | Romorantin. | En Sologne. |
    | Dourdan. | En Hurepoix. |
    | Clamecy. | En Nivernois. |

5. **Bourges, 7 élections.**

    | | |
    |---|---|
    | Bourges, Issoudun, Châteauroux, Le Blanc, La Châtre. | En Berry. |
    | Saint-Amand. | En Bourbonnais. |
    | La Charité-sur-Loire | En Nivernois. |

6. **Lyon, 5 élections.**

    | | |
    |---|---|
    | Lyon. | En Lyonnais. |
    | Villefranche. | En Beaujolais. |
    | Saint-Etienne, Montbrison, Roanne. | En Forez. |

7. **La Rochelle, 6 élections.**

    | | |
    |---|---|
    | La Rochelle | En pays d'Aunis. |
    | Cognac. | En Angoumois. |
    | Saintes, Barbezieux, Saint-Jean-d'Angely, Marennes. | En Saintonge. |

8. **Moulins, 7 élections.**

    | | |
    |---|---|
    | Moulins, Gannat, Montluçon. | En Bourbonnais. |
    | Guéret. | En Marche. |
    | Evaux. | En Combrailles. |
    | Nevers, Château-Chinon. | En Nivernois. |

## GÉNÉRALITÉS ET INTENDANCES.

9. **Riom, 7 élections.**

    Riom, Brioude, Mauriac, Clermont, Aurillac, Saint-Flour, Issoire . . . . . . . . . . . . . . . . . . } En Auvergne.

10. **Poitiers, 9 élections.**

    Poitiers, Niort, Saint-Maixent, Fontenay-le-Comte, Thouars, Châtillon-sur-Sèvres, les Sables-d'Olonne, Châtellerault, Confolens . . . . . . . . } En Poitou.

11. **Limoges, 5 élections.**

    Limoges, Tulles, Brives . . . . . . . . . . . . En Limousin.
    Bourganeuf . . . . . . . . . . . . . . . . . . En Marche.
    Angoulême . . . . . . . . . . . . . . . . . . En Angoumois.

12. **Bordeaux, 5 élections.**

    Bordeaux . . . . . . . . . . . . . . . . . . . En Guyenne.
    Périgueux, Sarlat . . . . . . . . . . . . . . . En Périgord.
    Agen . . . . . . . . . . . . . . . . . . . . . En Agenois.
    Condom . . . . . . . . . . . . . . . . . . . En Condomois.

13. **Tours, 16 élections.**

    Tours, Amboise, Loches, Chinon . . . . . . . . En Touraine.
    Loudun, Richelieu . . . . . . . . . . . . . . . En Poitou.
    Angers, Montreuil-Bellay, Saumur, Château-Gontier, Baugé, La Flèche . . . . . . . . . . . } En Anjou.
    Le Mans, Mayenne, Laval, Château-du-Loir . . . En Maine.

14. **Auch, 5 élections.**

    Armagnac ou Auch, Lomagne ou Lectoure, Rivière-Verdun ou Grenade, Comminges ou Muret, Astarac ou Mirande . . . . . . . . . . . . . . .

15. **Montauban, 6 élections.**

    Montauban, Cahors, Figeac . . . . . . . . . . En Quercy
    Villefranche, Rodez, Milhau . . . . . . . . . . En Rouergue.

16. **Champagne, 12 élections.**

    Châlons, Rethel, Sainte-Menehould, Vitry, Joinville, Chaumont, Langres, Bar-sur-Aube, Troyes, Epernay, Sézanne, Reims . . . . . . . . . . . } En Champagne.

17. **Rouen, 14 élections.**

    Rouen, Arques, Eu, Neufchâtel, Lyons, Gisors, Chaumont et Magny, Les Andelys, Évreux, Pont-de-l'Arche, Pont-l'Évêque, Pont-Audemer, Caudebec, Montivilliers . . . . . . . . . . . . } En Normandie.

18. **Caen, 9 élections.**

    Caen, Bayeux, Saint-Lô, Carentan, Valognes, Coutances, Avranches, Vire, Mortain . . . . . . . } En Normandie.

19. **Alençon, 9 élections.**

    Alençon, Bernay, Lisieux, Conches, Verneuil, Domfront, Falaise, Argentan . . . . . . . . . . . } En Normandie.
    Mortagne . . . . . . . . . . . . . . . . . . . En Perche.

**20. Roussillon, 3 vigueries.**

Comtés de Roussillon et Vallespir, comtés de Conflans et Capsir. . . . . . . . . . . . . . . . } En Roussillon.
Cerdagne française . . . . . . . . . . . . . . . . En Cerdagne.

### Intendances.

**1. Bretagne, 9 diocèses.**

Rennes, Saint-Brieuc, Nantes, Dol, Saint-Malo, Vannes, Quimper, Saint-Pol de Léon, Treguier.

**2. Aix, 22 vigueries.**

Aix, Tarascon, Forcalquier, Sisteron, Grasse, Hyères, Draguignan, Castellanne, Apt, Saint-Maximin, Brignoles, Barjols, Annot, Colmars, Seyne, Lorgues, Aulps, Barrème.
Terres adjacentes : val de Barcelonnette, comté de Sault, port de Marseille.

**3. Languedoc : se subdivisant en généralités de Toulouse, 11 recettes ou diocèses.**

Carcassonne, Limoux, Alet, Mirepoix, Castres, Alby, Lavaur, Toulouse, Rieux, partie de Comminges, partie de Montauban.

Montpellier, 12 recettes ou diocèses.

Le Puy, Viviers, Mende, Alais, Uzès, Nîmes, Montpellier, Lodève, Agde, Béziers, Saint-Pons, Narbonne.

**4. Pau et Bayonne, créée en 1783.**

Les Lannes ou Landes : pays de Chalosse, Marsan, Tursan et Gabardan.
Le pays de Labourd avec Bayonne, la Navarre, le comté de Soule, le Béarn, le Bigorre, les Quatre-Vallées, le Nébouzan, le comté de Foix et le Donnezan.
Une nouvelle division en deux intendances fut décidée en 1787, mais ne paraît pas avoir abouti.

**5. Bourgogne, 19 bailliages, 4 élections.**

Dijon, Auxonne, Nuits, Beaune, Châlon-sur-Saône, Saint-Laurent, Mâcon, Semur-en-Brionnais, Charolles, Bourbon-Lancy, Montcenis, Autun, Arnay-le-Duc, Avallon, Noyer, Auxerre, Semur-en-Auxois, Châtillon, Bar-sur-Seine.

**6. Franche-Comté, 14 bailliages.**

Besançon, Dôle, Gray, Vesoul, Salins, Arbois, Lons-le-Saulnier, Orgelet, Pontarlier, Beaume, les Ressorts d'Ornans, Poligny, Quingey, la Terre de Saint-Claude.

## INTENDANCES. — CRÉATION DES DÉPARTEMENTS.

7. Grenoble, 6 élections.
   > Grenoble, Vienne, Romans, Valence, Gap, Montélimar, pr. d'Orange.

8. Metz, Trois-Évêchés et Clermontois, 11 subdélégations.
   > Metz, Thionville, Sarrelouis, Phalsbourg, Sarrebourg, Vic, Toul, Verdun, Longwy, Montmédy, Sedan.

9. Alsace, 7 subdélégations.
   > Béfort, Colmar, Schelestadt, Strasbourg, Saverne, Wissembourg, Landau.

10. Flandre et Artois, 12 subdélégations, 9 bailliages.
    > Lille, Douay, Orchies, Cassel, Hazebrouck, Merville, Bailleul, Dunkerque, Bergues, Hondschoote, Bourbourg, Gravelines, Saint-Omer, Aire, Saint-Vincent, Lillers, Béthune, Sens, Arras, Bapaume, Hesdin.

11. Hainaut et Cambrésis, 12 gouvernements, 3 prévôtés.

    | | |
    |---|---|
    | Avesnes, Charlemont, Landrecies, le Quesnoy, Maubeuge, Philippeville. | Hainaut. |
    | Cambrais et le Cateau. | Cambrésis. |
    | Bouchain, Saint-Amand, Mortagne, Condé. | Flandre. |
    | Bavai, Marienbourg, Valenciennes. | Hainaut. |

12. Lorraine et Barrois, 56 subdélégations ou bailliages.
    > Nancy, Rosières, Château-Salins, Nomeny, Lunéville, Blamont, Saint-Dié, Vézelise, Commercy, Mirecourt, Neufchâteau, Charmes, Châtel, Épinal, Bruyères, Remiremont, Darney, Sarreguemines, Dreux, Boulay, Bouzonville, Mertzich et Sargau, Bitche, Lixheim, Schambourg, Fénétrange.
    > Bar-le-Duc, La Marche, Bourmont, Saint-Mihiel, Pont-à-Mousson, Triaucourt, Etain, Briey, Longuyon, Villers-la-Montagne.

13. Corse, 11 juridictions.
    > Bastia, Corte, la Porta d'Ampugnani, Cap-Corse, Nebbio, Calvi, Vico, Ajaccio, Sartène, Bonifacio, Aleria.

**Création des départements.** — *La frontière naturelle est reprise.*

Le 15 janvier 1790 l'Assemblée constituante, sur la proposition de Sieyès et de Thouret, abolit l'ancienne division de la France et décréta une nouvelle organisation du pays. Le territoire fut divisé en quatre-vingt-trois départements; on essaya de faire table rase et de créer des groupes entièrement nouveaux, de tuer tout souvenir de l'ancien régime. En cela la Constituante imitait, sans le savoir, la politique qui avait inspiré aux rois de France la formation des intendances et des élections. Dans cette lutte contre la force des choses et les souvenirs séculaires de l'histoire locale, la Révolution a réussi en partie : comme le département est une personne morale, dotée d'une certaine autonomie et de revenus distincts, comme d'autre part il est le cadre de presque toutes les institutions politiques, militaires, religieuses et autres, il s'est développé de puissants intérêts matériels ou moraux qui ont donné une vie propre et des physionomies particulières à ces créations artificielles. Dans certaines régions néanmoins, où des pays que la géographie physique condamnait à rester séparés, ont été violemment réunis; dans beaucoup d'autres, dont le nom a été mal choisi ou mal formé, les souvenirs des anciennes provinces sont encore très vivaces.

De nombreux changements ont été introduits depuis 1790 dans le nombre et les limites des départements français. Le Comtat-Venaissin annexé, sur la demande des populations, le 14 septembre 1791, et réuni d'abord aux Bouches-du-Rhône, a été constitué en département distinct sous le nom de Vaucluse, le 25 juin 1793. Le Rhône-et-Loire a été scindé le 19 novembre de la même année et a formé le Rhône et la Loire. En 1808, un sénatus-consulte du 2 novembre a formé le Tarn-et-Garonne aux dépens du Lot, du Lot-et-Garonne, du Gers, de la Haute-Garonne et de l'Aveyron.

Les changements introduits dans l'intérieur même des départements ont été très nombreux : Mézières, la Rochelle, Saint-Étienne, Saint-Lô, Lille, Draguignan, La Roche-sur-Yon, ont été érigés en chefs-lieux aux dépens de Charleville, Saintes, Montbrison, Coutances, Douay, Brignoles et Fontenay-le-Comte, qui avaient été primitivement choisis. Pour les chefs-lieux d'arrondissement il est survenu depuis 1791 de notables modifications.

Les guerres de la Révolution ont eu pour premier résultat de rendre à la France ses frontières naturelles. Les traités de Bâle et de Campo-Formio reconnaissaient à la République la frontière du Rhin. Les territoires conquis furent organisés en départements dont voici la liste :

|  |  | Chefs-lieux. |
|---|---|---|
| Savoie............ | Mont-Blanc. | Chambéry. |
| Belgique.......... | Marquisat d'Anvers : Deux-Nèthes. | Anvers. |
|  | Brabant. — Dyle, | Bruxelles. |
|  | Flandre orientale. — Escaut. | Gand. |
|  | — occidentale. — Lys, | Bruges. |
|  | Hainaut. — Jemmapes. | Mons. |
|  | Namur. — Sambre-et-Meuse. | Namur. |
|  | Liège et Limbourg. — Ourthe. | Liège. |
|  | Luxembourg. — Forêts. | Luxembourg. |

| | | |
|---|---|---|
| Hollande .......... | Gueldre. — Meuse-Inférieure. | Maëstricht. |
| Prusse Rhénane et électorats. | Sarre.<br>Mont-Tonnerre.<br>Rhin-et-Moselle.<br>Roer. | Trèves.<br>Mayence.<br>Coblentz.<br>Aix-la-Chapelle. |

**Conquêtes et désastres de l'Empire.** — Le Directoire puis Napoléon n'eurent par la sagesse de se renfermer dans ces limites, qui fussent devenues inattaquables. Des conquêtes et des annexions violentes étendirent outre mesure le territoire français : en 1810 le nombre des départements était de cent trente-deux, formés aux dépens de la Hollande, de l'Allemagne du N., de la Suisse, de l'Italie :

*Hollande.*

| | | Chefs-lieux. |
|---|---|---|
| Zélande................ | Bouches-de-l'Escaut. | Middlebourg. |
| Brabant ................ | Bouches-du-Rhin. | Bois-le-Duc. |
| Hollande méridionale.... | Bouches-de-la-Meuse. | La Haye. |
| — septentrionale.. | Zuyderzée. | Amsterdam. |
| Utrecht................ | Yssel supérieur. | Arnhem. |
| Over-Yssel............. | Bouches de l'Yssel. | Zwolle. |
| Frise................... | Frise. | Leuwarden. |
| Gröningue.............. | Ems-Occidental. | Groningue |

*Allemagne du Nord.*

| | | |
|---|---|---|
| Westphalie............ | Ems-Oriental. | Aurich. |
| Comté de Lippe........ | Lippe. | Munster. |
| Basse Saxe............. | Bouches-du-Weser. | Brême. |
| — ............ | — de l'Elbe | Hambourg. |

*Suisse.*

| | | |
|---|---|---|
| Genève................ | Léman, | Genève. |
| Valais ................ | Simplon. | Sion. |
| Bâle................... | Mont-Terrible. | Porrentruy. |

*Italie.*

| | | |
|---|---|---|
| Piémont............... | Doire.<br>Sesia.<br>Pô.<br>Tanaro.<br>Stura.<br>Marengo.<br>Alpes-Maritimes. | Ivrée.<br>Verceil.<br>Turin.<br>Asti.<br>Coni.<br>Alexandrie.<br>Monaco. |
| Gênes ................ | Montenotte<br>Gênes.<br>Apennins. | Savone.<br>Gênes.<br>Chiavari. |
| Toscane............... | Ombrone.<br>Méditerranée.<br>Arno. | Sienne.<br>Livourne.<br>Florence. |
| Parme ................ | Taro. | Parme. |
| Église................. | Trasimène. | Spolète. |
| — ................. | Tibre. | Rome. |

Les événements de 1812 à 1814 détruisirent cette puissance ⟨…⟩ mesurée, la France fut ramenée aux frontières de 1790, mais gar⟨da⟩ toutefois Porrentruy et une partie du Mont-Blanc. Waterloo et l⟨e⟩ traité de Paris du 20 septembre 1815 nous coûtèrent Philippevil⟨le,⟩ Marienbourg et Bouillon, qui ferment la trouée de l'Oise; Sar⟨re⟩louis, avant-poste de Metz, et Landau, qui protège le N. de l'Alsa⟨ce.⟩ Porrentruy fut rendu à la Suisse et les fortifications de Huning⟨ue⟩ durent être démolies, ce qui ouvrait le S. de l'Alsace et la trou⟨ée⟩ de Belfort.

**La France avant et après 1870.** — Cette frontière déjà défectueuse fut rectifiée d'abord par l'empereur Napoléon III, q⟨ui⟩ obtint de Victor-Emmanuel la cession de la Savoie et du comté ⟨de⟩ Nice. Les populations consultées ratifièrent unanimement le trai⟨té⟩ d'annexion. Mais la guerre franco-allemande, les préliminair⟨es⟩ de Versailles du 26 février et le traité de Francfort-sur-le-Me⟨in⟩ (10 mai 1871) mutilèrent notre front continental du N. E.

Voici le résumé de nos pertes territoriales à cette époque :

Le département du Bas-Rhin tout entier. Le département d⟨u⟩ Haut-Rhin, moins le territoire de Belfort.

Dans les Vosges, le canton de Schirmeck.

Dans la Meurthe, Sarrebourg, Château-Salins.

Dans la Moselle, Metz, Thionville, Sarreguemines et, dans l'arron⟨-⟩dissement de Briey, les champs de bataille en avant de Metz.

# CHAPITRE VI

### FRONTIÈRES : LEUR TRACÉ.

La frontière continentale de France mesure aujourd'hui 2170 kilomètres, si l'on néglige les courbes de moins de 5 kilomètres. Cette ligne se décompose de la manière suivante :
I. Front continental du N. E. : — *a*. limite de la Belgique, 360 kilomètres; du Luxembourg hollandais, 14 kilomètres. — *b*. limite de l'Allemagne, 320 kilomètres.
II. Front continental de l'E. limite de la Suisse, 396 kilomètres.
III. Front continental du S. E. limite de l'Italie, 410 kilomètres.
IV. Front continental du S. O. limite de l'Espagne, 570 kilomètres.
Du côté de l'Italie et de l'Espagne, seulement, nous avons une frontière naturelle d'une force respectable. Du côté du N., du N. E. et de l'E., au contraire, tout a été combiné pour ouvrir la France aux invasions. Paris n'est plus qu'à 60 lieues des confins de la terre étrangère, et cette zone est presque sans défense. On a donc été obligé de créer des obstacles artificiels capables d'arrêter l'ennemi et de servir de points d'appui aux opérations des armées françaises.
L'étude des frontières comprend nécessairement l'examen des forteresses anciennement ou nouvellement construites pour faire respecter notre territoire.

**Oscillation des frontières depuis Louis XI.** — Depuis le commencement de l'histoire moderne, la ligne des frontières de France a, suivant la forte expression de Vauban, « toujours remué en deçà et au delà » de son contour actuel.
*Louis XI* réunit la Cerdagne et le Roussillon, la Provence, le duché de Bourgogne, les comtés d'Auxerre, de Mâcon, de Bar et d'Artois, de Saint-Pol et la Franche-Comté.
*Charles VIII*, de toutes ces acquisitions, ne garde que le duché de Bourgogne, Auxerre et Mâcon
*Louis XII* s'empare du comté de Guines, avant-poste de France aux

portes de Calais. Déjà commence le système des places fortes détachées au loin, hors du territoire continu.

*Henri II* occupe au milieu de la Lorraine les évêchés de Metz Toul et Verdun (1552). Il s'empare de Calais en 1559 ; le littoral méridional de la Manche est entièrement à nous.

*Henri IV*, le Béarnais, nous donne notre frontière S. O. des Basses Pyrénées et échange le lointain marquisat de Saluces pour la Bresse le Bugey, le Val Romey et le pays de Gex, qui couvrent Lyon, nous donnent une partie du Jura et tournent la Franche-Comté restée espagnole.

*Louis XIII* confisque la principauté de Bouillon et achète le duché de Ferrette.

Le *traité de Westphalie*, en 1648, nous donnait l'Alsace moins Strasbourg, mais avec Landau et Philipsbourg; onze ans plus tard le traité des Pyrénées constituait définitivement notre front continental du S. O. par la cession du Roussillon et de la Cerdagne ; au N., les places fortes et leurs banlieues avaient été disputées par les diplomates comme par les armées; aussi, rien de plus étrange que le tracé de la nouvelle frontière avec ses enclaves espagnoles au milieu des terres devenues françaises, de ses avant-postes français surveillant les pays espagnols. Nous gagnons l'Artois, moins Aire et Saint-Omer, Gravelines, Bourbourg, Saint-Venant, en Flandre ; le Quesnoy, Landrecies, Avesne, Philippeville et Marienbourg en Hainaut, Montmédy et Thionville et Sierck en Luxembourg, Clermont d'Argonne, Stenay, Dun, Jametz et Moyenvic en Lorraine.

*Louis XIV*, gouvernant par lui-même, ne cesse de chercher à faire son « pré carré ». Il achète Sarrebourg au duc de Lorraine, Dunkerque à Charles II.

La *paix d'Aix-la-Chapelle* complique encore sur la frontière du nord la confusion qu'y avaient établie les précédents traités. Le roi garde Bergues, Furnes, Dixmude, Armentières, Courtray, Lille, Tournay, Oudenarde, Douay, Charleroy, Binche, Ath.

La *paix de Nimègues* introduit un peu d'ordre dans ce chaos. L'Espagne nous cède Aire et Saint-Omer, Ypres, Poperinghe, Cassel Bailleul, Cambray, Bouchain, Valenciennes, Condé, Maubeuge et Jeumont en Hainaut ; en Alsace, Colmar ; de l'autre côté du Rhin, Fribourg, et Vieux-Brisach ; enfin la Franche-Comté.

En revanche, nous cédions Courtray, Oudenaude, Charleroy, Binche, Ath. Quelques-unes de ces villes furent reprises par les chambres de Réunion.

La *paix de Ryswick* rectifia encore la frontière à nos dépens (1697). Louis XIV fut obligé de rendre Charleroy, Ath, Courtray, Mont-Royal, Luxembourg, Philipsbourg, Kehl, Vieux-Brisach, Fribourg, la tête de pont d'Huningue, Casal et Pignerol. Presque toutes ces places avaient été fortifiées par Vauban. Nous gardions la Petite-Pierre, Givet, Sarrelouis, Strasbourg et Huningue.

La désastreuse guerre de la succession d'Espagne et le *traité d'Utrecht* (1713) diminuèrent encore notre zone frontière de Furnes, Dixmude, Poperinghe, Ypres, Menin et Tournay; les vallées françaises d'Exilles, de Fénestrelles, de Château-Dauphin et d'Entraumes passaient à la maison de Savoie, qui nous laissait Barcelonnette.

*Louis XV*, par le traité de Vienne (1635), obtient la survivance de la Lorraine, qui est annexée en 1767.

En résumé, à part les conquêtes de la Révolution, le tracé de notre frontière s'est sans cesse avancé jusqu'à la révocation de l'édit de Nantes (1685) et a presque constamment reculé depuis.

Nous allons étudier la frontière actuelle suivant la division en secteurs correspondant aux pays limitrophes, que nous avons indiquée au commencement de ce chapitre[1].

### 1° Front continental du Nord Est.

*a.* Frontière de Belgique-Luxembourg (374 kil.).

**Tracé.** — La frontière du nord commence près du village de Zuydcoote, se dirige au S. et, traversant les Moëres et les canaux de Dunkerque et de Bergues à Furnes, nous laisse Hondschoote (1793), coupe l'Yser, et atteint la Lys à Armentières.

Elle descend le lit de cette rivière jusqu'à Menin (Belgique), reprend la direction du S. englobant Tourcoing, Roubaix, et atteint l'Escaut à Maulde (camp retranché 1792-1794).

Elle traverse le fleuve, coupe l'Haine au-dessus de Condé et, après quelques zigzags, à la hauteur de Valenciennes, passe au N. de Malplaquet et gagne la Sambre à Erquelines.

Au lieu de rejoindre la Meuse en ligne droite, elle dessine capricieusement un rentrant autour de la région des Fagnes, de façon à laisser hors de France les sources de l'Oise. Sa direction générale est du N. au S. jusque près d'Anor, de l'O. à l'E. jusque près de la Meuse à la hauteur de Fumay, du S. au N. jusqu'au-dessous de Givet.

Elle remonte ensuite parallèlement à la Meuse, du N. au S., jusqu'à la hauteur de Mézières en traversant la Semoy, du N.O. au S. E. jusqu'au-dessus de Montmédy, elle est ensuite parallèle au Chiers, de l'O. à l'E., et coupe cette rivière au-dessus de Longwy. Là commence la frontière du Luxembourg Hollandais, qui contourne

---

1. Voir Eugène Ténot. *Les Nouvelles défenses de la France*. 2 vol. in-8°. Paris, Germer-Baillière.

pendant 14 kilomètres les hauteurs de Tiercelet. Puis commence frontière d'Allemagne.

Les départements situés le long de cette frontière sont : le No[rd] un coin de l'Aisne, les Ardennes, la Meuse, le nord de Meurt[he]-et-Moselle.

**Organisation de la défense.** — Les traités les plus solenn[els] ont proclamé à plusieurs reprises la neutralité de la Belgiq[ue] sous la garantie des grandes puissances. Il est donc peu proba[ble] que la France ait à craindre une attaque de ce côté. Il a paru néa[n]moins plus sûr de ne pas compter aveuglément sur l'efficacité c[es] instruments diplomatiques, et depuis la dernière guerre notre fro[n]tière du N. a été organisée défensivement.

Vauban avait déjà créé ce que Carnot appelait la frontière de f[er] et qui, bien que mutilée par les fautes de Louis XIV, a sauvé de[ux] fois la France en 1708 et en 1792. Les révolutions introduites da[ns] l'art militaire par le progrès de l'artillerie et l'énorme accroiss[e]ment des effectifs ont rendu nécessaire l'abandon presque comp[let] du système de Vauban, qui n'appartient plus qu'à l'histoire, [et] l'adoption de nouveaux principes.

Les règles qui ont été suivies aussi bien dans l'organisation de [la] frontière de Belgique que dans celles de Prusse et d'Italie sont l[es] suivantes :

1° Renoncer aux places isolées, qui n'ont plus grande valeur a[u]jourd'hui, quelle que soit leur grandeur;

2° Les remplacer par des forts d'arrêt, surveillant les principa[ux] débouchés et les points stratégiques importants, et par des group[es] de places ou de forts constituant des régions fortifiées;

3° Disposer ces régions fortifiées le long de la frontière de m[a]nière à couvrir la mobilisation et la concentration des armé[es] françaises, et laisser entre elles des trouées par où l'ennemi dev[ra] s'engager, dévoilant ainsi ses plans d'attaque;

4° Organiser en seconde ligne et sur les principales routes d'i[n]vasion, à égale distance à peu près entre la frontière et Paris, d[es] régions fortifiées pour arrêter l'ennemi en cas de malheur et assu[]rer la retraite des Français;

5° Constituer Paris, objectif capital des invasions, en un im[]mense camp retranché, impossible à investir et à prendre, de ma[]nière à ôter aux armées françaises en campagne toute préoccupa[]tion de nature à gêner leurs mouvements.

Voyons comment ces règles ont été appliquées pour la fronti[ère] du nord.

Les rivières qui arrosent le N. E. de la France sont presqu[e] toutes perpendiculaires à la frontière; leurs vallées ouvrent d[e] routes naturelles au lieu de présenter des obstacles à l'invasion. Vauban, observant cette disposition des cours d'eau, avait divisé cette zone en cinq secteurs dont les rayons étaient représentés par la mer, la Lys, l'Escaut, la Sambre, la Meuse et une ligne idéale al- allant de Paris au S. E. des Ardennes.

Il avait, dans les basses plaines de la Flandre, multiplié les places fortes sur les rivières et les canaux qui les joignent, de ma- nière à renforcer la défense par des inondations. Dans l'Ardenne, il occupait le débouché des rares voies de communication à travers la forêt.

Aujourd'hui, on a créé entre la Scarpe et la Sambre une position centrale de défense; c'est là que se concentrera l'armée du Nord. Cette position est flanquée au N. et à l'E. par des places et des camps retranchés.

**1° Secteur de la mer à la Lys ou Flandre maritime**, est une plaine basse, golfe du quatrième au onzième siècle, comblé par les alluvions de l'Aa et de l'Yser, et conquis à la culture par d'étonnants travaux. Le terrain humide, spongieux, est sillonné en tous sens de routes carrossables qui sont les seules voies de communication pendant le printemps et l'automne, et de petits ca- naux ou watergangs qui servent, comme en Hollande, à l'exploita- tion rurale ; des rangées d'arbres et des haies vives entourent les héritages et bordent routes et canaux, offrant ainsi à la défense d'excellents moyens d'organiser une guerre de chicane : au S. O., les collines crayeuses de l'Artois et du Boulonnais s'élèvent en bourrelets au-dessus du plan horizontal des basses terres.

Une attaque de ce côté est peu probable, à moins qu'elle ne soit tentée par une armée maîtresse de la mer. C'est donc sur la côte qu'a été organisée la résistance. *Dunkerque*, port marchand et sta- tion militaire, avec sa rade, une des meilleures de la mer du Nord, a été amélioré : ses murailles, premier chef-d'œuvre de Vauban, ont été reculées de façon à englober les nouveaux bassins et les docks. Cette place barre complètement l'espace de 2 kilomètres en- viron qui s'étend entre le littoral et les grandes Moëres. Un fort situé à l'E., entre le chemin de fer et le canal de Furnes, lui sert de poste avancé du côté de la frontière. Au S., Dunkerque est relié à la petite place de Bergues par les forts *Louis* et *François* le long du canal de Bergues. On est ainsi maître des inondations. Des forts, des batteries et des ouvrages détachés couvriront plus tard de leurs feux toute la plaine environnante et permettront de dé- boucher. A l'O., Dunkerque est couvert par *Gravelines*; enfin, *Calais*, en seconde ligne, a été débarrassé de son enceinte trop étroite et doté d'une nouvelle enveloppant Saint-Pierre-lès-Calais et une partie des bassins. A plus de 12 kilomètres de là, des forts détachés croiseront leurs feux depuis la banlieue de Wissant jusqu'à la région marécageuse qui s'étend entre Guines et Marck.

Les forteresses situées au pied de la falaise crayeuse des hauteurs du Boulonnais, Saint-Omer et Aire seront déclassées ; on ne gardera que le *fort Saint-François*, tête de pont de cette dernière sur la Lys et le canal de Neuf-Fossé. Mais ce fort n'aura guère d'autre utilité que de servir de point d'appui à la défense mobile. En définitive, toute la région située hors de l'action des forts détachés de Dunkerque et de Calais sera ouverte à l'ennemi.

**2° Secteur de la Lys à la Scarpe ou Flandre wallonne.** — Entre la Lys et la Scarpe la contrée est plate ; des inondations pouvaient être tendues sur la ligne de la Lys, de la Scarpe, du canal de la Bassée et de la Haute-Deule, mais il serait téméraire d'affirmer que cette défense serait encore possible et efficace aujourd'hui, tant les travaux publics et les progrès de l'industrie ont modifié l'aspect du pays.

Ce secteur sera défendu par la grande place de *Lille*, que Vauban a entourée d'une enceinte et flanquée d'une citadelle dont les fossés sont emplis par l'eau de la Deule.

Pour préserver la grande cité de Lille de bombardements semblables à ceux de 1708 et surtout de 1792, il a fallu de grands travaux qui sont en cours d'exécution : l'enceinte de la ville a été élargie ; mais cela ne suffisait pas, il a fallu chercher l'emplacement d'une ligne de forts détachés.

Or Lille, qui n'est qu'à 20 mètres au-dessus de la mer, est au centre de deux rangées d'ondulations presque circulaires d'une altitude de 35 à 45 mètres ; les plus rapprochées sont à 3 ou 4 kilomètres, les plus éloignées à 6 ou 7 kilomètres de la place. C'est évidemment les plus éloignées qu'il fallait occuper ; et c'est ce qui a été fait au N., à l'O. et au S. par les forts de *Bondues*, du *Vert-Galant*, rive gauche de la Deule, au N.; de *Premesques*, au S. du chemin de fer Lille-Hazebrouck, et d'*Englos* à l'O.; les forts de *Seclin* et de *Sainghin*, appuyés par les batteries d'*Haubourdin*, de l'*Arbrisseau*, de *Lesquin* et du *Camp-Français*, au S.

Malheureusement, à l'E. il a été impossible de se porter jusqu'à la seconde ligne des collines, à cause de l'énorme densité de la population (Tourcoing-Roubaix). On a dû se contenter d'ériger un fort de première importance au-dessus de *Mons-en-Baroeul*. On a projeté, il est vrai, le grand fort de la *Lionderie* au S. de Roubaix. La place de Lille, chef-lieu de la première région de corps d'armée, est surtout dans une position offensive. S'il fallait entrer en Belgique, elle serait la base des opérations et le centre de ravitaillement. Au point de vue défensif elle offre de nombreux inconvénients et ne se trouve sur aucune ligne directe d'invasion.

**3° Secteur de la Scarpe à la Sambre ou Hainaut et Cambrésis.** — La région qui s'étend entre la Scarpe et la Sambre forme comme un vaste parallélogramme dont les angles sont : Douay, Arras, Landrecies et Maubeuge. C'est un échiquier dont l'importance militaire est amplement démontrée par l'histoire (Lens, 1648, au N.; Bapaume, 1871, et Troisvilles, 1794, au Sud; Denain, 1712, Malplaquet, 1709, au centre; Jemmapes, 1792, au N. E.). On y a organisé, sous le nom de *position centrale de défense de la frontière du nord*, une région fortifiée analogue au fameux quadrilatère italien, mais sans les puissants cours d'eau qui font la force de ce dernier.

Le pays est généralement plat, humide, impraticable après les pluies, sauf sur les grandes chaussées pavées, qui sont presque toutes tracées en ligne droite d'une ville à l'autre. Des bouquets de bois et les deux grandes forêts de Raismes et de Mormal couvrent la frontière; des charbonnages d'une richesse proverbiale ont attiré une population nombreuse et donné naissance à de nombreuses industries. Le réseau de chemins de fer est un des plus complets de France. Il est traversé par les grandes lignes internationales de Bruxelles et de Cologne à Paris.

AILE GAUCHE DE LA POSITION. — La position centrale de défense est couverte sur son flanc gauche par le cours de la Scarpe que double celui de l'Escaut; sur son flanc droit par la Sambre; en avant, par la forêt de Mormal, le cours de la Rhonelle et celui de l'Escaut, de Valenciennes à Mortagne.

La vallée marécageuse de la Scarpe s'appuie à *Douai*, place forte assez médiocre, qui n'a qu'un ouvrage avancé, le fort de *Scarpe*, au nord, à un kilomètre et demi environ. Jusqu'à son confluent, à Mortagne, la Scarpe canalisée n'a plus de défenses permanentes; mais de nombreux bouquets de bois semés sur les deux rives permettent d'y tenir solidement.

Entre la Scarpe et l'Escaut, la vallée de la Sensée, marécageuse, suivie par le canal de Douai à Bouchain, est aussi une bonne ligne de défense.

L'Escaut, également canalisé, est gardé par *Cambray*, dont la citadelle, placée au sommet de la ville, a seule été gardée.

*Bouchain*, à 12 kil. en aval, est une petite place rectangulaire, au confluent de la Sensée. Son rôle est de garder les écluses qui permettent d'inonder le pays.

A 14 kilomètres plus bas, *Valenciennes*, au confluent de la Rhonelle, est le point capital de la défense de l'Escaut; son enceinte et sa citadelle en bon état doivent être protégées à l'est par d[es] forts détachés. Celui de *Curgies*, au S. E., garde le railway strat[é]gique de Valenciennes à Maubeuge ; deux autres ouvrages surve[il]leront le ravin de l'Aunelle, affluent de l'Haine (batteries de *Ferme Notre-Dame* et de *Rombies*); le fort d'*Onnaing* maîtrise le chemin de fer de Valenciennes à Mons. Le *camp de Fama[rs]* situé à l'angle de la Rhonelle et de l'Escaut, garde encore quelqu[es] redoutes et épaulements au sud, souvenirs de 1792.

*Condé*, à 11 kil. au-dessous de Valenciennes, est la derniè[re] place de ce côté. Comme son nom l'indique, il est situé à un co[n]fluent, celui de l'Haine. Sa grande utilité est de commander l[es] écluses qui permettent d'inonder les plaines de l'Haine et [de] l'Escaut. C'est une bonne tête de pont sur ce fleuve.

FRONT DE LA POSITION ENTRE L'ESCAUT ET LA SAMBRE. — De Mo[n]tagne, dont les écluses doivent être défendues, en temps [de] guerre, à Condé, en suivant le cours de l'Escaut; de Condé [à] Valenciennes; de là à Maubeuge s'étend le front de la grande zo[ne] fortifiée du Nord. Le cours de l'Escaut, couvert à l'est par la vall[ée] escarpée de l'Aunelle, est prolongé au sud par la vallée facileme[nt] inondable de la Rhonelle que défend la ville du *Quesnoy*, célèb[re] dans nos fastes militaires. La Rhonelle sort justement de la grand[e] *forêt de Mormal*, qu'il est facile de défendre par des abatis, et do[nt] le front est longé par le railway Valenciennes-Maubeuge ; le cent[re] percé par la ligne Valenciennes-Avesne. Les accidents de terrain q[ui] existent dans cette région lui donnent en outre une grande forc[e] militaire.

L'AILE DROITE de la zone fortifiée est formée par la Sambre. Cet[te] rivière canalisée est peu large (30 à 35 m.), et traversée par u[n] grand nombre de ponts.

La grande ligne internationale de Paris à Cologne-Berlin la long[e] et la coupe plusieurs fois. Cette ligne est pourvue de deux place[s] de valeur bien inégale : *Landrecies*, dont le rôle historique a é[té] grand (1712 et 1793); *Maubeuge*, dont l'importance stratégiqu[e] actuelle est considérable. Elle est entourée de forts détachés à 4 o[u] 6 kilomètres. Quatre sur la rive gauche : le fort de *Grevaux*, au[-]dessus de la ville, garde la bifurcation des chemins de fer de Pari[s-]Valenciennes et Mons, les forts de *Leveau*, de *Mairieux*, fort éloi[-]gnés de l'enceinte, défendent le secteur nord; le fort d'*Assevent* do[-]mine le cours inférieur de la Sambre. Il croise ses feux avec le fo[rt] de *Cerfontaine*; le premier des trois forts sur la rive droite, celu[i] de *Bourdiau*, au sud de la ville, et celui d'*Hautmont*, au S. E[.,] achèvent le système de défense.

Telle est, ou plutôt telle sera, lorsque tous les travaux en cour[s] d'exécution seront achevés, l'organisation de la zone centrale de défense du N. Également propice à l'attaque et à la défense, cet échiquier sillonné d'un admirable réseau de rivières canalisées, de routes et de chemins de fer, jalonné par des places importantes, présente toutes les ressources désirables pour la grande guerre. L'armée française pourra y attendre de pied ferme l'envahisseur, ou s'en élancer soit pour aller au-devant de lui, soit pour le prendre en flanc s'il tente de profiter de cette trouée de l'Oise que les traités de 1815 ont perfidement ouverte sur le grand chemin de Paris.

**4° Secteur entre Sambre et Meuse ou Thiérache.** — Cette région pauvre, couverte des bois marécageux de l'Ardenne occidentale, n'est pas défendue par de grandes places.

On construit un fort d'arrêt à *Hirson*, nœud important de chemins de fer; et les fortifications de *Rocroy* ont été améliorées.

Ces deux places sont destinées à servir de pivots aux opérations des troupes volantes et des corps de partisans dans la forêt de l'Ardenne.

**5° Secteur entre la Meuse et la frontière allemande.** — La Meuse et son affluent le Chiers embrassent d'un angle très ouvert, dont le sommet est à Mézières, la contrée boisée des hautes Fagnes. *Givet*, à l'extrémité du saillant formé par le canal de la Meuse, est, malgré son isolement, une grande place de guerre. Sur la rive gauche du fleuve se trouve l'enceinte bastionnée de *Givet-Saint-Hilaire*, dominée par le fort de *Charlemont* qui surplombe la Meuse, à l'altitude de 215 mètres; sur la rive droite, *Givet-Notre-Dame*, défendu par le fort des Vignes au N., et le grand camp retranché d'*Haurs* au S. La proximité de la frontière ne permet pas de porter plus loin les défenses détachées de la place. Givet a surtout une grande valeur offensive : on peut de là se porter sur les points les plus importants de la Belgique ou faire tomber, en les tournant, les obstacles de la ligne de la Semoy.

Mézières serait mieux placée pour y établir un camp retranché, mais la ville est dominée de toutes parts, on se contente de construire un fort d'arrêt : celui d'*Ayvelles*, au sud rive gauche, qui doit maîtriser les chemins de fer dont Mézières est le centre.

Sedan a été déclassé, mais on bâtira un fort au-dessus du bourg fameux de *Bazeilles*.

A peine a-t-on amélioré les places du Chiers, *Montmédy* et *Longwy*. L'enceinte de Médy-Bas a été déclassée; Longwy est dominé au N. O. et n'est pas susceptible d'une longue défense, comme l'ont prouvé les événements de 1792 et de 1870. La meilleure défense de cette région consiste encore dans les bois et les hauteurs escarpées qui surplombent le Chiers et la Meuse. Leur valeur dépend de la solidité des armées qui auraient à les disputer.

**Positions de seconde ligne.** — En résumé on voit que deux routes seulement restent ouvertes à l'ennemi, l'une au N. O. de Lille, l'autre par la vallée de l'Oise. La première se heurte d'abord aux « creuses » et aux collines de l'Artois, puis à la ligne de la Somme.

Malheureusement celle-ci est trop longue, elle n'est plus défendue que par la *citadelle d'Amiens* et par *Péronne*, autour de laquelle on doit ériger des ouvrages détachés. C'est à la ligne de la Somme que s'est heurtée à deux reprises l'armée du général Faidherbe pendant l'hiver de 1870-1871 (batailles de l'Hallue, 26 décembre, de Bapaume, 3 janvier, de Saint-Quentin, 19 janvier).

La seconde voie d'invasion par la vallée de l'Oise rencontre une position de halte d'un grand intérêt, que l'on nomme la position de Laon-La-Fère.

Elle s'appuie au N. au canal de Crozat et à de grandes forêts entre la Somme et l'Oise. La place de *La Fère* est entourée de quatre forts munis de batteries annexes : 1° le *fort de Mayot* sur le plateau qui sépare l'Oise de la Serre ; 2° le *fort de Vendeuil* ; 3° celui de *Liez* sur les collines entre l'Oise et le canal Crozat ; 4° l'ouvrage d'*Amigny*, sur un piton de la rive gauche, gardant la lisière de la forêt de Saint-Gobain.

Trois autres forts sont projetés, l'un au-dessus de la grande gare de *Tergnier* (r. d.), les deux autres entre la forêt et la rivière.

Au-dessus de Crépy on doit construire un ouvrage important, le *fort du Mont de Joie*, qui reliera La Fère à Laon.

Laon est bâtie sur une colline escarpée à l'altitude de 188 mètres c'est une forteresse naturelle de la forme d'un triangle. Le sommet tourné vers l'E., et d'où la vue s'étend au loin sur une riche campagne, est occupé par la *citadelle* qu'on a gardée, l'angle N. O. a la *batterie Saint-Martin*, le troisième (S. O.) la *batterie Saint Vincent* ; en avant, au S. E., deux ouvrages, la *batterie de Bruyère* et le *fort de Montberault* ; en arrière, au S. O., le *fort de Laniscourt* et ses deux batteries annexes défendent les approches, tandis que plus au S. encore, les *forts de la Malmaison* et de *Condé* croisent leurs feux sur la position importante de *Craonne*, maîtrisent la brèche de l'Aisne et relient ce formidable camp retranché avec les ouvrages qui entourent Reims.

Cette barrière forcée, l'ennemi pourrait pénétrer dans le bassin tertiaire, mais il y trouverait les nouveaux forts de Paris.

## b. Frontière d'Allemagne (320 kil.).

**Tracé.** — La limite nouvelle de France et d'Allemagne commence à la trouée de Tiercelet et se dirige au S. parallèlement à la Moselle, coupe l'Orne au-dessus de Moyeuvre, passe entre Mars-la-Tour (Fr.) et Rezonville (All.). Elle atteint la Moselle au-dessus du confluent du Rupt de Mad, la remonte pendant 5 kilomètres et la quitte pour gagner à l'E. la Seille près de Cheminot. Après avoir suivi ce cours d'eau pendant 3 kilomètres, la frontière le laisse au S., passe à travers un pays ondulé, coupe les bois de Phlin, rejoint la Seille à Létricourt et la suit jusqu'au bourg de Pelloncourt.

Elle laisse Vic à l'Allemagne, suit la crête des collines entre Seille et Sanon, coupe à Xures le canal de la Marne au Rhin, à Avricourt la grande ligne de Paris à Strasbourg, suit le faîte des collines entre Sarre et Vezouse (Meurthe), à travers de grandes forêts, et atteint les Vosges au Donon.

Le faîte de partage des Vosges ou Hautes Chaumes est la ligne de partage des deux États, du Donon au Ballon d'Alsace. La frontière suit la crête entre les affluents de l'Ill et ceux du Doubs, et après avoir atteint la borne du Bärenkopf, débouche au S. de Massevaux dans la région de la trouée de Belfort.

Elle traverse cette trouée, d'abord du N. au S. parallèlement à la petite rivière du Saint-Nicolas, coupe entre Montreux-Château (Fr.) et Montreux-Vieux (All.) le chemin de fer et le canal de Besançon à Mulhouse, laisse à la France les sources de la Suarcine et finit à Réchezy, à l'est de Delle. Là commence la frontière suisse.

Les départements situés sur cette frontière sont la Meurthe-et-Moselle, les Vosges, l'arrondissement de Belfort.

**Organisation de la défense. — Première ligne.** — La première ligne de défense du côté de l'Allemagne est formée par la Meuse, jusqu'à Commercy, et la Moselle depuis Toul jusqu'à sa source. Les ouvrages destinées à renforcer les faibles obstacles naturels que présentent ces rivières et les collines qu'on désigne sous le nom de Côtes de Meuse se composent de camps retranchés : Verdun, Commercy, Toul, Épinal, et Belfort, reliés par des forts d'arrêt maîtrisant les principales voies stratégiques. On a laissé deux trouées, l'une au N. de Verdun, l'autre entre Toul et Épinal.

La division suivante s'impose donc pour l'étude de la première ligne :

1° Verdun et la ligne des côtes de Meuse ;
2° Toul et la Moselle ;

3° Épinal et les forts de la haute Moselle ;
4° Belfort et la ligne de défense jusqu'à la frontière suisse.

1° VERDUN ET LA LIGNE DES CÔTES DE MEUSE. — La place de *Verdu[n]* est assise sur les deux rives de la Meuse, la citadelle est sur la riv[e] gauche. Des hauteurs de 250 à 330 mètres entourent de toute[s] parts la ville, qui se trouve ainsi comme au fond d'un entonnoir[.] Les hauteurs de la rive droite s'étendent en un plateau de 3 [à] 4 kilomètres de large, couvert de bois et se terminant par des pente[s] assez escarpées du côté de l'E. sur la grande plaine de Voëvre[.]

On a d'abord occupé la crête de ce plateau, du côté de la Meuse[,] par les *forts de Belleville*, *de Saint-Michel* et *de Belrupt*; sur l[a] rive gauche on a construit ceux *de Dugny*, *de Regret* et *de l[a] Chaume*. On a ensuite porté plus avant les ouvrages de défense e[t] occupé les bois des Hauts de Meuse par les *forts de Sonville*, d[e] *Tavannes*, *du Rozellier* et *d'Hondainville* sur la rive droite ; le *for[t] de Marre*, au N. O. sur la rive gauche, ferme la ligne de pro[-]tection et croise ses feux avec celui de Belleville. Verdun es[t] ainsi à l'abri d'un bombardement et devra tenir plus longtemp[s] qu'en 1792 ou qu'en 1870.

De Verdun à Pagny-sur-Meuse, en face de Toul, s'étendent de[s] forêts épaisses sur toute la *ligne des côtes de Meuse* : excellent[e] barrière que renforcent en arrière la Meuse et le chemin de fer qu[i] la suit sur la rive gauche. On a construit des forts détachés sur l[a] crête occidentale de ces collines pour servir d'appui aux colonne[s] mobiles qui auraient à opérer dans les bois. A 7 kilomètres au S[.] du fort d'Hondainville se dressent les bastions du fort *de Giro[n-]court* ; à la même distance, plus au S., sur une croupe isolée d[e] trois côtés, on a construit le *fort de Troyon*. Il n'y a plus rien a[u] delà jusqu'à Saint-Mihiel ; mais là commence la *position* dite d[e] *Commercy*, couverte par les forêts d'Apremont, de Marbotte et d[e] Vignot, en avant desquelles la plaine marécageuse de Woëvre[,] coupée d'étangs et de bois, forme un glacis naturel facile à dé[-]fendre. Le *fort du Camp des Romains* se dresse au sud de Saint[-] Mihiel dans une position magnifique, a 376 m. d'altitude et occu[-]pant une boucle de la Meuse. Les *forts de Liouville* et *de Gironvill[e]* sont campés sur la crête orientale des collines. On a ainsi constitu[é] une région fortifiée s'appuyant à la Meuse, abri sûr pour la concen[-]tration des premiers jours.

A 12 kilomètres du fort de Gironville, à mi-chemin entre l[a] Meuse et la Moselle, se présentent les premiers ouvrages du systèm[e] défensif de Toul.

2° TOUL est entourée d'une enceinte régulière, et située entre l[a]

Moselle qui forme de nombreuses îles et le canal de la Marne au Rhin, qui arrive de la Meuse en suivant la vallée de l'Ingressin, perpendiculaire aux deux grands cours d'eau. C'est le point où la vallée de la Moselle est le plus rapprochée de celle de la Meuse.

Pour arriver à Toul, la Moselle décrit une boucle immense autour d'un plateau très boisé, le plateau de Haye, dont le talus oriental tombe par des pentes assez raides sur la vallée de la Meurthe. Du côté du S. E. seulement, par la banlieue de Nancy, la forêt se confond sans obstacles naturels avec les plaines lorraines. Cette position très forte constitue, avec la place de Toul, un poste militaire de premier ordre. Le *fort et la batterie annexe de Lucey* se dressent au N. O. sur les dernières pentes des Hauts de Meuse. Au N. de l'Ingressin, le *fort d'Ecrouves*, qui garde le chemin de fer et le canal; au S., le *fort de Dongermain*; enfin, à près de 9 kilomètres au S. O. de Toul, la *grande batterie de Blénod* surveille la route de Toul à Vaucouleurs et permet de fouiller la grande forêt au-dessus de Menu, qui est flanquée au S. O. du *fort de Pagny-la-Blanche-Côte*, construit sur un mamelon au-dessus de la Meuse. La ligne des nouveaux forts à l'ouest de Toul, de Lucey à Pagny, s'étend ainsi sur 21 kilomètres de longueur.

Le *fort du Tillot* la lie à la Moselle, dont la vallée au S. du plateau de Haye est enfilée par les feux de cette forteresse et barrée par la *redoute de Chaudeney*, le *fort* et les *batteries* de *Villey-le-Sec*, assis sur les pentes qui surplombent la rive droite; plus près de la ville, deux *redoutes*, celles *de la Justice* à l'O., *de Dommartin* à l'E.; enfin, la *grande citadelle du Mont-Saint-Michel*, qui cache l'horizon N., complètent pour le moment ce système formidable.

Du côté du N. E. la vallée de la Moselle au-dessous de Toul n'est encore défendue par aucun ouvrage. Deux forts ont été projetés, l'un sur la rive gauche, *fort de Libdeau*; l'autre qui surplombe la rive droite, *fort de Gondreville*. Enfin, la forêt de Haye est gardée aujourd'hui par deux *forts*, l'un tout au N. au-dessus de *Frouard*, l'autre au S. sur la rive gauche de la Moselle, le fort de *Pont-Saint-Vincent*.

3° ÉPINAL ET LES FORTS DE LA HAUTE MOSELLE. — Au S. de Pont-Saint-Vincent on avait laissé une trouée de 48 kilomètres de largeur, jusqu'aux forts avancés d'Épinal. Il a paru bon cependant de maîtriser la grande ligne de Paris à Strasbourg dès son entrée en France, et on a construit un *fort d'arrêt à Manonvilliers*, à l'E. de Lunéville; mais ce n'est qu'à Épinal qu'on retrouve de grands travaux d'ensemble. Cette ville, qui a beaucoup prospéré depuis quelques années, est entourée de hauteurs boisées très propres à l'établissement d'un camp retranché.

14.

La rive droite de la Moselle est occupée par les *forts de Dogne ville*, pourvu d'une batterie annexe, de *Longchamps* (flanqué d deux batteries), de *Razimont* et de *la Mouche*; on a étudié entre ce ouvrages les emplacements des retranchements et des batterie qu'il faudrait improviser au début de la guerre. Sur la rive gauch de la rivière, à 7 kilomètres au S. E. du fort de la Mouche, le *fo d'Arches*, avec deux casemates cuirassées, surveille le débouché d la vallée de la Vologne, le *fort du Bambois* garde le chemin de fe de Port-sur-Saône, le *fort du Roulon* domine la route de Bains, celu de *Girancourt* et celui d'*Uxegney* le canal de l'Est.

Ces ouvrages forment la tête d'une ligne de forts d'arrêt, appelé *forts de la haute Moselle* et qui relient Epinal à Belfort; ces forts sont 1° le *fort d'Arches*; 2° le *fort de Remiremont*; 3° le *fort de Rupt*, pourv de trois batteries annexes; 4° le *fort de Château-Lambert*, souten par une batterie annexe; 5° enfin l'*ouvrage du Ballon de Servance* dans une position magnifique. Placées sur les montagnes de la riv gauche, dans des positions dominantes, pourvues de moyens de dé fense admirables, tourelles, coupoles cuirassées, ces forteresse battent toutes les routes qui débouchent des Vosges.

4° BELFORT ET LA LIGNE DE DÉFENSE JUSQU'A LA SUISSE. — C'e par le *fort de Giromagny*, bâti sur la montagne Tête-du-Milie et par sa batterie du *Piton de la Tête-des-Planches* au N., que système de Belfort se soude aux Vosges.

BELFORT, dont les événements de 1814 et de 1870 ont montré l'in mense valeur stratégique, a été transformé en un grand camp r tranché. Cette terre alsacienne, restée française, a si bien attiré l émigrants du pays du Rhin, que son enceinte devenue trop étroi doit être reportée jusqu'aux forts extérieurs de la *Miotte*, N. E de la *Justice*, S. O., des *Hautes* et *Basses-Perches*, S. E., de *Bellevu* et des *Barres*, O.

Les ouvrages extérieurs se composent de grands forts, lesque servent de réduits à un grand nombre de batteries avancées, reliée par des ouvrages de fortification passagère exécutés par la garniso même qui doit les défendre. Les forts sont ceux du *mont Salbe* et du *mont Vaudois* sur la rive droite de la Savoureuse; du *Bo mont* et de *Roppe* (r. g.); les batteries sont au nombre de sept su la rive droite et de six sur la rive gauche.

Les ouvrages qui doivent empêcher l'ennemi de se glisser entr Belfort et la frontière suisse, sont le *fort de la Chaux*, au confluen de la Savoureuse et de l'Allaine; le *château de Montbéliard*, plu pittoresque que redoutable, mais très bien situé; le *fort du Mon Bart*, qui commande le confluent de l'Alame et du Doubs; la grand *batterie des Roches* (r. d.), au-dessus de Pont-de-Roide; enfin, le *double fort du Lomont* et les trois batteries annexes projetées, dominent le coude du Doubs à Saint-Hippolyte et les routes de Porrentruy, Morteau et Besançon.

**Positions de halte en seconde ligne.** — Les régions fortifiées que l'on a organisées sur les lignes de retraite de nos armées sont Reims, Langres, Dijon et Besançon.

Reims garde l'accès de la falaise tertiaire. Située à mi-chemin entre l'Aisne et la Marne, au milieu d'une plaine plantureuse, regorgeant de richesses, la grande cité champenoise avait déjà attiré par la force de sa position stratégique l'attention des Romains.

Les chemins qui y convergent de toutes parts, routes, railways, canal, les pitons qui la couvrent au N. et à l'E. et la ligne de hauteurs qui la dominent à l'O. et au S., permettent d'y concentrer rapidement des troupes et de les protéger si elles ont besoin de se refaire.

Au N. (10 k.) de la grande plaine de Reims, s'élève la colline isolée de *Brimont*; on l'a occupée par un fort central et deux batteries; à l'E. (8 kil.) nous trouvons l'épais mamelon de Berru. Il est tenu par le *fort* de *Vitry-les-Reims*, celui de la *Vigie de Berru* et celui de *Nogent-l'Abbesse*, renforcés par des batteries annexes.

Entre le mont de Berru et la montagne de Reims s'élève sur une colline maîtresse le *fort de Montbré*, au S. de la ville. A l'O. la trouée de la Vesle est battue par le *fort de Vrigny* (r. g.) et la *redoute de Chenay* (r. d.); le *fort de Saint-Thierry* au N. O. voit les ouvrages du Brimont.

D'autres travaux sont projetés qui doivent étendre jusqu'à Épernay l'action de la place de Reims par le *fort de Bouilly*, la *batterie de Marfaux*, les *forts* de *Nanteuil* et de *Mont Joli*, qui jalonneront la montagne de Reims au-dessus du petit ruisseau d'Ardre, et par les *ouvrages de Hautvilliers* au-dessus d'Épernay.

On voit que par Laon-La-Fère et Reims-Épernay, la zone de collines autour du bassin tertiaire est solidement gardée aux brèches de l'Oise, Aisne, Vesle et Marne. — Mais rien n'a encore été fait au S., et cependant les événements de 1814 montrent toute l'importance des chemins qui se glissent entre les brèches de ce rempart naturel, près de Nogent-sur-Seine.

Sous l'empire de ces idées on a projeté des forts qui seraient construits sur les points culminants de cette falaise, et seraient disposés en un arc de cercle dont l'Aube et la Seine formeraient la corde.

Enfin la hauteur de Surville, qui domine Montereau, sera peut-être un jour couronnée de fortifications qui garderont le confluent de l'Yonne et la grande ligne de Lyon.

Mais il se peut que nos troupes, si la fortune leur est contraire, soient coupées de Paris et de ses avant-postes. Il sera peut-être préférable de se porter au S., et c'est dans cette hypothèse qu'a été organisée avec toute la solidité possible la grande place de Langres.

Langres n'a pas été pris pendant la guerre de 1870, mais ses ouvrages très bien situés manquaient d'une action suffisante : le plateau seul, entre la Marne et la Mouche, avait été occupé en partie et fermé du côté du sud par le fort de la Bonnelle. Aussi les Prussiens purent-ils tourner facilement la ville. D'immenses travaux ont été exécutés pour faire de Langres une position militaire de premier ordre, dominant à la fois les vallées de la Marne et de la Saône.

Pour permettre à nos troupes de se replier sur ce grand camp retranché, un fort a été construit au-dessus de Neufchâteau dans la vallée de la Meuse (rive gauche), celui de *Bourlemont*. Une bonne route qui remonte le fleuve sur la rive gauche, les bois qui couvrent le Bassigny et le chemin de fer de Neufchâteau-Chaumont-Langres, assureront la retraite. Les ouvrages qui appuieront la défense sont, au N., les *forts* de *Saint-Menge* et de *Dampierre* qui surveillent le ravin du Charmoilles, affluent de droite de la Marne à l'est, les *forts* de *Plesnoy* (trois batteries annexes) et de *Montlandon* qui ont vue sur la haute vallée de l'Amance, au S. le *fort du Cognelot* qui peut battre la grande gare de Chalindrey et est appuyé par la *batterie du Pailly*. Le *grand fort de la Marnotte*, au-dessus des sources de la Marne, avec les deux *batteries avancées du Mont* et de la *Croix-d'Arles* (en projet), à l'ouest le *fort de la Bonnelle*, celui de *Buzon*; l'*ouvrage de Brévoine* et les *batteries de la Pointe de Diamant* interdisent à l'ennemi la vallée de la Mouche; enfin plus près de la grande citadelle de Langres, à l'ouest, la *Batterie du chemin de fer* et celle des *Franchises* sur la rive gauche de la Marne et le *fort de Perqney* sur un mamelon de la rive droite.

Il y a 17 kilomètres du fort de Dompierre au N. E. à celui de la Bonnelle au S. O., à peu près autant de la batterie du Pailly au S. E., au fort de Saint-Menge (N.); le périmètre des forts est de 45 kilomètres et exigera une garnison d'environ 20 000 hommes. Le rôle de Langres peut être capital dans une grande guerre défensive.

Mais il a fallu songer à créer des centres de résistance dans la vallée de la Saône, surtout dans l'hypothèse d'une alliance entre l'Italie et l'Allemagne. On a songé à Vesoul, puis on s'est contenté d'entourer Dijon de forts détachés, d'améliorer les défenses d'Auxonne, enfin d'étendre à un très grand rayon les ouvrages avancés de Besançon.

Dijon, grande et belle ville, située au pied de la Côte d'Or, à l'angle extrême vers l'Est du railway Paris-Lyon-Méditerranée, au point de départ des lignes de Dôle et de Langres, a été pris deux fois par les Prussiens dans la dernière guerre. Il n'était pas fortifié ; aujourd'hui il est à l'abri d'un bombardement. Le *grand fort d'Asnières*, au N., avec ses batteries annexes, garde les deux grandes routes d'Is-sur-Tille et de Langres ; le *fort de Varois*, à l'E., est établi à la bifurcation des routes de Gray et de Fontaine-Française. Celui de *Sennecey*, au S. E., enfile le chemin de fer et la route de Dôle. Il croise ses feux avec le *fort de Beauregard*, qui voit d'un côté le canal de Bourgogne, de l'autre la grande voie ferrée ; au S. O., le *fort du Mont-Afrique*, dans une excellente position, bat les grands bois qui se relient au Morvan. L'*ouvrage* imposant de la *Motte-Giron*, à l'ouest de la ville, est la véritable citadelle de Dijon ; enfin le *fort d'Hauteville*, au N. O., ferme le cercle que renforce l'*ouvrage de Saint-Apollinaire*, situé plus près de la ville au N. E.

Le périmètre de cette région fortifiée sera d'environ 48 kil. Il sera facile d'y concentrer des ressources de tout genre pour reprendre l'offensive.

La *position de Chagny*, au seuil de passage du canal du centre et de la grande ligne Bourges-Nevers-Dijon, doit être ultérieurement barrée par un fort d'arrêt.

*Auxonne* occupe une situation stratégique d'un grand intérêt. C'est la seule place qui soit sur la Saône de sa source jusqu'à Lyon. Les lignes à double voie qui viennent de Dijon et de Gray sur Dôle se croisent à peu de distance. Mais son importance tactique est très faible, car on n'a renforcé sa vieille enceinte que de quelques casemates.

Besançon est notre grande place de guerre du côté de l'est. Elle est destinée à arrêter l'ennemi s'il violait, comme en 1814, le territoire helvétique, et à appuyer nos armées si l'on renouvelait la diversion que les lenteurs des transports ont fait échouer en 1871. Assise dans une position très sûre, formée par un coude du Doubs, elle est entourée d'une *enceinte continue*, l'isthme est barré d'abord par la *citadelle*, puis par une ligne fortifiée entre les deux *forts Touzey* et *Trois-Châtels*. La croupe jurassique du Mont des Buis, parallèle à la rivière, est gardée par les deux *forts Est* et *Ouest des Buis*; enfin les collines de la rive droite au N. E. et au S. O. de l'isthme sont gardées, les premières par les *forts de Brégille* et *Beauregard*, les secondes par ceux du *Chaudanne* et du

*Petit-Chaudanne*. Les *forts du Rozemont, de Charmont*, en avant du bourg de Battant et de Saint-Claude, complètent le système de protection immédiate de la ville, mais on a poussé beaucoup plus avant les ouvrages de défense. — Sur la rive gauche la crête parallèle au Mont des Buis est gardée par la *batterie Rolland*, le *fort de Fontain* et le *Trou-au-Loup*; le mamelon de *Montfaucon* par le *Vieux-Fort* et le *Fort-Neuf de ce nom*. Ce dernier croise ses feux avec le *fort Benoît* sur la rive droite; tout au N. E., un fort bâti sur une crête dans l'épaisse forêt de Chaillus, le *fort de Châtillon*, bat la lisière de ce bois, la route et le chemin de fer de Vesoul. Il est relié par la *batterie du Calvaire* avec ceux des *Justices* et des *Monts Boucons* plus près de la ville, au N. O.; enfin la *batterie de l'Opinal* et le *fort de la Côte de Planoise*, à l'O. et au S. O., maîtrisent la ligne de Dôle et de Mouchard.

Besançon est ainsi pourvu de formidables moyens de défense. Des routes stratégiques permettent d'approvisionner largement les forts. Il est regrettable que les obstacles naturels n'aient pas permis sur toute la rive gauche l'établissement de voies ferrées. La garnison devra, en conséquence, *être considérable et aguerrie*.

**Défenses de Paris.** — Paris, « le vrai cœur du Royaume, la mère commune des Français, l'abrégé de la France », ainsi que l'appelait Vauban, a toujours été l'objectif suprême des armées ennemies. Qui tient Paris, tient la France. Suffisamment fortifiée et défendue par sa population, cette ville n'a jamais été prise d'assaut, mais elle a constamment débordé ses enceintes successives, et de nos jours l'accroissement démesuré des effectifs et la longue portée de l'artillerie ont rendu nécessaire l'organisation, en avant de la capitale, de grands camps retranchés puissamment défendus.

Au-dessus de Paris, la Marne, venant de l'Est, longe les hauteurs de Vaujours et de Chelles, puis au-dessous de la colline de Nogent décrit une grande boucle à l'isthme de laquelle se trouve Saint-Maur-les-Fossés; elle se jette à Charenton dans la Seine qui vient du Sud.

Le fleuve, au sortir de la ville, décrit une première boucle, dont l'isthme est occupé au S. par la superbe position du Mont-Valérien, et dont le sommet est au N. à Saint-Denis; c'est la presqu'île de Gennevilliers; une seconde, dont le sommet est à Marly, au S., et dont l'isthme plus large est barré par une ligne de hauteurs, de Cormeil à Argenteuil; enfin, une troisième qui entoure la grande forêt de Saint-Germain. Un plateau boisé que ravine la vallée de la Bièvre occupe sur une longueur d'environ 35 kilomètres toute la région du sud-ouest entre Saint-Germain et Juvisy.

En 1840, le gouvernement de M. Thiers, s'inspirant d'un beau mémoire de Vauban, arracha aux Chambres la loi sur les fortifications de Paris. La ville fut entourée d'une *enceinte continue* renforcée de *quatre-vingt-quatorze bastions*, dont vingt-sept sur la rive gauche. — Des forts détachés occupèrent les points dominants à 2 ou 3 kilomètres d'alentour. — C'étaient, en avant de Saint-Denis, la *Couronne de la Briche* et la *Double-Couronne du N.*, puis les *forts de l'Est*, *d'Aubervilliers* et *de Pantin* : les hauteurs qui vont de Belleville à la Marne furent occupées par le *fort de Romainville*, la *redoute* et le *fort de Noisy*, les *redoutes de Montreuil* et *de la Boissière*, le *fort de Rosny*, la *redoute de Fontenay* et le *fort de Nogent*. Les *redoutes de la Faisanderie* et celle de *la Gravelle*, appuyées par le fort de Vincennes, fermaient le lacet de la Marne. Entre cette rivière et la Seine, le *fort de Charenton*. Sur la rive gauche, les *forts d'Issy*, de *Bicêtre*, de *Montrouge*, de *Vanves* et *d'Issy*, sur la crête du plateau regardant Paris ; enfin, à l'Ouest, l'imprenable *Mont-Valérien*.

Au début de la guerre de 1870, on commença d'autres ouvrages en avant de ces forts reconnus trop près de l'enceinte, surtout du côté Sud. On n'a conservé que la *redoute des Hautes-Bruyères*.

Dès la fin de nos malheurs le gouvernement de M. Thiers commença immédiatement de grands travaux, dont le détail a été réglé définitivement par la loi du 27 mars 1874.

Les principes admis pour les défenses nouvelles de Paris sont les suivants :

1° Mettre complètement Paris à l'abri d'un bombardement ;

2° Occuper un périmètre très développé, de manière à rendre l'investissement complet presque impossible, et à couvrir la riche banlieue de Paris ;

3° Maîtriser le chemin de fer de grande ceinture et assurer à l'armée assiégée des débouchés faciles au-devant des armées de secours.

On a dans ce but organisé trois grands camps retranchés au Nord, à l'Est et au Sud-Ouest.

Le CAMP RETRANCHÉ DU NORD s'étend de la basse Seine au N. de la forêt de Saint-Germain jusqu'au ruisseau de la Morée. Il est constitué : 1° par les ouvrages construits sur les collines qui barrent la presqu'île de Houille : le *fort de Cormeilles*, les deux *redoutes des Cotillons* et *de Franconville* ; cinq petites batteries assurent l'occupation de ce point. La croupe méridionale de la forêt de Montmorency est gardée par les *forts de Montlignon*, de *Domont* et de *Montmorency*, la *batterie de Blémur* ; la colline isolée d'Écouen, Mont-Valérien du Nord, est puissamment défendue par le *fort d'Écouen* et les *batteries du Moulin* et *des Sablons* ; enfin la *redoute de la Butte-*

Pinçon lie à ce système d'ouvrages le *fort de Stains*, qui rend maître de tendre les inondations de la Morée.

Le CAMP RETRANCHÉ DE L'EST étend son action depuis la forêt de Bondy, que longent à sa lisière Nord le chemin de fer de Soissons et le canal de l'Ourcq, jusqu'au sommet de la grande boucle de la Marne. Le puissant *fort de Vaujours* et la *batterie de Livry*, la *batterie de Montfermeil* et le *fort de Chelles* nous rendent maîtres des hauteurs qui dominent la rive droite de la Marne. Les *batteries de Noisy-le-Grand*, de *Champigny* et de *Sucy* sont destinées à assurer des têtes de ponts sur la Marne.

Au Sud le plateau boisé qui domine Villeneuve-Saint-Georges est solidement défendu par le grand *fort de Villeneuve-Saint-Georges*, flanqué de la *batterie de Limeil* au N. et de celle du *Château-Gaillard* qui bat la vallée de l'Yères. Ces ouvrages tiennent sous leur feu les nombreuses lignes qui longent ou traversent la Seine dans cette région. Ils assurent la communication entre le camp retranché de l'Est et celui du Sud.

Le CAMP RETRANCHÉ DU SUD couvre un espace immense depuis les coteaux qui tombent sur l'Yvette jusqu'au sommet de la presqu'île de Houilles. Il est constitué à l'E. par le *fort* considérable et la *redoute de Châtillon*, la *redoute des Hautes-Bruyères*; les *batteries* et le *réduit du bois de Verrières*, qui dominent la Bièvre; enfin le grand *fort de Palaiseau* et ses deux *batteries annexes de la Pointe* et de l'*Yvette* sur l'éperon de Palaiseau au S. Les *forts de Villeras*, du *Haut-Buc*, la *batterie de Bouvier* sont en avant du fossé de la Bièvre dont l'origine est surveillée par l'*ouvrage des Docks*, les *batteries du Désert* et du *Ravin-Bouvier* en avant de Versailles. La *batterie de la station de Saint-Cyr*, le grand *fort de Saint-Cyr*, l'*ouvrage de Bois-d'Arcy* et la *batterie du Rû-de-Gally* commandent les plateaux du Hurepoix et couvrent Versailles ; enfin les bois de Marly sont battus par le *réduit de Marly* et six batteries que domine d'ailleurs le *Mont-Valérien*.

Cet ensemble d'ouvrages forme une sorte d'ellipse de 35 kilomètres sur son petit axe, de 45 sur le grand ; son périmètre est d'environ 130 kilomètres. La zone fortifiée était de 55 avant la guerre. On évalue à 150 000 hommes l'effectif nécessaire pour le défendre, à plus de 400 000 la force d'une armée qui voudrait l'investir, encore lui serait-il presque impossible d'empêcher l'armée assiégée de sortir sur Rouen ou Amiens par le camp du Nord, sur Meaux et Reims par celui de l'Est ; sur Melun par Villeneuve-Saint-Georges sur Orléans ou Chartres par le Sud. Le *chemin de grande ceinture* Villeneuve-Saint-Georges, Joinville-le-Pont, Nogent, Noisy-le-Sec, Stains, Argenteuil, Houilles, Saint-Germain, Versailles, la Bièvre et Longumeau ou Orly, donnera d'ailleurs une mobilité beaucoup plus grande aux troupes parisiennes. En tout cas le grand souci des guerres précédentes, couvrir et protéger Paris à tout prix, paraît définitivement écarté.

2° Front continental de l'Est ou frontière de Suisse (396 kil.).

**Tracé.** — La limite du côté de la Suisse dessine d'abord un angle rentrant en France, coupe l'Allaine au-dessus de Delle et se dirige au S. O. jusqu'au pied du Lomont, en laissant Damvant à la Suisse, côtoie le Doubs à quelque distance pendant 12 kilomètres, l'atteint à Bremoncourt au-dessous de Saint-Ursanne et le coupe deux fois, puis le remonte jusqu'au lac de Chaillexon.

Elle suit alors la crête du Jura central jusqu'au col d'Entreporte, coupe la vallée des Verrières, et remonte parallèlement à l'Orbe, qu'elle coupe à 99 kilomètres de sa source, laissant à la France le lac d'Orbe. Elle partage la vallée des Dappes, entre les deux pays limitrophes, coupe le mont de la Dôle, contourne le petit pays de Gex, se rapproche à la hauteur de Ferney du lac Léman sans cependant l'atteindre ; puis, suivant la banlieue de Genève, rejoint le Rhône au-dessous du confluent du London.

Au delà du Rhône commence le front du S. O. Les départements situés le long de cette ligne sont le territoire de Belfort, le Doubs, le Jura et l'Ain.

**Organisation de la défense.** — Nos vieilles relations d'amitié avec la République suisse, qui datent de plusieurs siècles et qu'a cimentées la fraternelle hospitalité offerte à notre malheureuse armée de l'Est en 1871, nous sont une garantie précieuse de sécurité. Il y a aussi les traités de 1815, qui consacrent solennellement la neutralité de cette petite puissance. Mais s'il se forme contre nous une coalition teuto-italienne, la France pourrait être attaquée de ce côté par une armée combinée. Franchissant les Alpes au Simplon ou au Saint-Gothard, les Italiens donneraient facilement la main aux Allemands pour opérer contre nous par le Jura.

Ces montagnes offrent, il est vrai, une barrière défensive d'une force considérable ; les routes encore rares dont nous avons donné plus haut le tableau sont faciles à détruire ou à rendre impraticables, mais cela ne pourrait que retarder la marche de l'ennemi, et l'exemple de 1814 montre combien serait dangereuse pour nous une attaque de ce côté, car c'est là qu'a passé l'armée de Schwarzenberg. Il est donc bon de pouvoir maîtriser les routes qui traversent la montagne.

Bougier. — Géographie.

Au N. du Doubs la frontière court sur de hauts plateaux qui ne sont plus défendus depuis que Porrentruy a été enlevé à la France; l'ennemi ne rencontrerait comme obstacle que les forts déjà cités de Montbéliard, du mont Lomont et de Besançon.

Au S. du mont Lomont le cours du Doubs présente une ligne très forte et forme un fossé profond dont les routes qui y aboutissent, descendant en lacets sur la rive droite, pourraient facilement être barrées par des ouvrages du moment, établis sur les crêtes de la rive gauche. La position de Maîche et celle de Morteau surtout seront peut-être occupées par des forts permanents destinés à servir de point d'appui à la défense mobile.

Au sud de Verrières, nous possédons les *forts de Joux* et *du Larmont*, qui couvrent assez mal Pontarlier. Pour renforcer ce dernier ouvrage on doit construire dans une position dominante la *batterie du Larmont supérieur*.

Plus au S., à l'E. du lac de Saint-Point, le génie construit en ce moment le *fort de Saint-Antoine*, qui battra le chemin de fer Pontarlier-Vallorbe et les deux routes qui, venant de Vallorbe, se dirigent l'une au S. en remontant le Doubs, l'autre à l'O. sur Salins.

Le val de Joux, où l'Orbe prend naissance pour former le lac des Rousses et le lac de Joux et s'engouffrer sous la montagne, est solidement fortifié dans la partie française. Le *fort des Rousses* est une grande place de guerre dont l'action est malheureusement devenue insuffisante. La *batterie du Risoux*, construite au N. de cette citadelle et à l'O. du petit lac des Rousses, est destinée à la compléter et à battre les hauteurs qui la dominent.

Enfin la route de la Faucille, qui vient de Gex, et celle de la vallée des Dappes, se terminant au col de la Faucille, peuvent être complètement interceptées par un ouvrage du moment qu'on élèvera un peu à l'O. sur la *montagne des Foremonts*.

Sur la rive droite du Rhône la route et le chemin de fer de Lyon sont gardés par le *fort de l'Écluse*, qui peut être dominé du mont Vuache et tourné par la rive gauche. On lui ajoutera une batterie haute destinée à canonner le mont Vuache et on occupera en temps de guerre l'*éperon du Grand-Colombier*, qui barre les routes de la rive gauche à leur point de jonction, Châtillon de Michailles, au-dessous de Bellegarde.

Sur deux autres points, le Rhône peut être atteint et franchi : à Culoz, où se réunissent les chemins de fer : il n'y existe pas de fort; et au pont de la Balme, qui est surveillé par le *fort de Pierre Châtel* et le *fort des Barres* qui domine le premier.

Tels sont les ouvrages qui défendent la frontière du Jura. Ils sont moins redoutables que les grandes places de la frontière d'Allemagne, mais sur ce front difficile à atteindre et à traverser, habité par une population vigoureuse, instruite, éminemment française, on doit surtout compter sur la défense mobile, car la supériorité du nombre est moins décisive que dans les pays de plaine.

En arrière de la frontière, à part Besançon et Dijon, il n'existe que la mauvaise place de *Salins*, qui n'a plus aucune importance militaire, et n'a conservé que ses deux *forts Saint-André* à l'O., *Belin* au S. E.

3° FRONT CONTINENTAL DU S. E. OU FRONTIÈRE D'ITALIE.

**Tracé.** — Après avoir contourné la banlieue de Genève, la limite suit la rive méridionale du lac.

Au S. du lac de Genève la frontière commence près du village de Saint-Gingolph, qui est à nous et suit la crête de partage entre la Dranse savoisienne et la Dranse valaisanne jusqu'aux cols des Montets et de la Balme qu'elle laisse entièrement à la France, elle atteint le mont Dolent et suit la crête méridionale du plateau du mont Blanc.

La ligne frontière suit de là la crête des Alpes, laisse à l'Italie le col du petit Saint-Bernard, à la France le col du mont Genèvre, court de nouveau sur le faîte de partage jusqu'au sentier de Collalunga. De là le tracé est arbitraire et à l'avantage de l'Italie. La limite atteint la Tinea, qu'elle suit quelque temps, puis coupe la Vésubie au-dessus de Saint-Martin de Lantosque, la Roya au-dessus de la belle position de Saorgio, suit le contrefort des Alpes Maritimes, coupe de nouveau la Roya au S. du Breglio (Breil) et finit à l'embouchure du Saint-Louis, petit ruisseau qui tombe à l'E. de Menton.

**Organisation de la défense.** — Genève est neutre comme canton suisse; mais en deçà de la frontière, telle que nous venons de l'indiquer, il est d'autres territoires que les traités nous interdisent de fortifier. Ce sont les deux pays du Chablais et du Faucigny, que la Suisse a le droit d'occuper en temps de guerre, d'après les traités de 1815. Mais en 1859 ces territoires ont été traversés par notre aile gauche, et en 1870 la Confédération helvétique n'a pas réclamé le droit d'y envoyer des troupes.

La ligne de neutralité, fort vaguement tracée, va du Rhône au lac du Bourget, suit ce lac, coupe le massif des Bauges, passe à Faverges et Ugines, au pied des Alpes de Savoie, coupe l'Arly et rejoint le col du Bonhomme.

Les ouvrages permanents de défense n'ont pu être construits qu'au S. de cette ligne. Ils ont été portés au débouché des prinpales vallées.

L'**Isère** est gardée à son confluent avec l'Arly par les *fortifications du débouché de la Tarentaise*. Sur la rive gauche de l'Arly, trois *batteries* sont établies au-dessus du village de *Conflans* et dominées par le *fort du Mont;* sur la rive droite on a solidement fortifié le grand contrefort du Tall par le *fort de Lestall* au N. en face d'Ugines, la *batterie de Lançon* en face du débouché de la vallée de Beaufort, les *batteries des Granges* et le *fort de Villard-Dessous* qui dominent Albertville, enfin par la *batterie du col de Tamié* qui surveille la route venant de Faverges.

La *vallée de l'Arc* ou *Maurienne*, plus difficile que la Tarentaise, présente en première ligne les *ouvrages de l'Esseillon*, construits contre la France après 1815, mais qu'on pourrait retourner contre l'Italie. Ils battent la route et le tunnel du mont Cenis; le débouché de la Tarentaise est tenu par les *batteries des Plachaux*, et de *Tête Lasse*, et le *fort de Montgilbert* sur les hauteurs de la rive gauche. Les *batteries d'Acton*, de la *Tête-Noire*, de *Frépertuis*, une quatrième qui n'a pas de nom, et le *fort de Montperchet* couronnant le tout, escaladent le contrefort situé sur la rive droite au bec de l'Isère.

L'origine de la vallée du Graisivaudan n'est défendue que par les ouvrages médiocres du fort Barraux, mais son débouché est rendu inabordable par les forteresses de Grenoble.

La **place de Grenoble**, grande ville de guerre, célèbre par la fermeté et le patriotisme de ses habitants, est assise sur la rive gauche de l'Isère, à 3 kilomètres du bec du Drac. Elle est dominée de toutes parts. Son *enceinte* a été reculée du côté de l'O., où se portent les nouveaux quartiers, et s'appuie au Drac. Sur la rive droite de l'Isère, immédiatement au-dessus de la ville, on aperçoit les bastions de la *citadelle de la Bastille* et du *fort Rabot*. Sur une crête boisée au N. à 1359 mètres de hauteur le *fort de Saint-Eymard*, se cache une partie de l'année dans les nuages; au-dessous, au N. O., le *fort du Bourcet*, qu'une ligne d'abatis doit relier à l'Isère, regarde le *fort du Mûrier* sur la rive gauche. Les *forts des Quatre-Seigneurs* et de *Montavie*, celui de *Comboire* de l'autre côté du Drac, sur la rive gauche, gardent Grenoble du côté du S. Ce cercle de protection est encore incomplet, car on n'a rien fait du côté de l'O.

Au S. du mont Tabor commence la haute vallée de la Durance. **Briançon**, situé à 9 kilomètres à vol d'oiseau du col de l'Argentière, en recueille toutes les routes. Berwick, par ses mémoires et plus encore par ses belles campagnes de 1709 à 1711, a fait ressortir l'immense intérêt stratégique de ce point. Vauban a tracé le plan de ses fortifications et des forts détachés qui l'entourent en première zone. L'*enceinte* de la ville est déjà très forte par sa position : la porte de Pignerol est à 1326 mètres au-dessus de la mer et plusieurs parties de la courtine sont absolument à pic. Les abords immédiats en étaient défendus par la *redoute des Gallettes*, sur la rive droite de la Durance ; le *fort Dauphin* et le *grand fort des Trois-Têtes* sur la rive gauche, le *fort du Randouillet* et le *petit fort d'Anjou* surveillent le débouché de la vallée de Cerveyrette. Mais ces ouvrages, si bien situés qu'ils soient, pourraient trop facilement être masqués et ne peuvent empêcher le bombardement de la ville. On a donc tranformé Briançon en une grande place, pivot de manœuvres sur la frontière d'Italie. Trois grandes lignes de défense en défendent les abords.

« L'ennemi, au fur et à mesure qu'il avance, chemine sur un terrain allant en se rétrécissant, alors que les lignes de défense augmentent en développement. » (Marga.)

La première *ligne* est celle du *Gondran*, elle est à 3 kilomètres seulement de la crête des Alpes à son point le plus rapproché : *la Vigie*, située à l'extrémité N. du mont Janus, a 1371 mètres d'altitude. Sa longueur est de 3 kilomètres. Cette ligne est formée par un chapelet de trois redoutes et de six batteries indépendantes les unes des autres, fort habilement disposées et élevés de 2050 à 2584 mètres. Avec les portées actuelles on est à même de couvrir l'ennemi de projectiles de toutes sortes dès qu'il aura violé notre territoire.

La seconde est celle de l'*Infernet*. La nature elle-même a pourvu à sa solidité. Ce sont des escarpements de 50 mètres. Le *fort de l'Infernet*, qui domine le tout, est juché à 2380 mètres au milieu de la ligne. On y a pris les mesures nécessaires pour y tenir l'hiver en échec aussi bien que les ennemis, par des doubles fenêtres et des calorifères. A l'extrême gauche, la *batterie de la Lame* guette le dernier lacet de la route du mont Genèvre et la route du col de l'Échelle.

La *troisième ligne* s'appuie, au centre, aux anciens forts de Briançon qui sont pourvus des moyens de résister au bombardement. L'aile droite, qui est achevée, couvre la rive gauche de la Cerveyrette, les trois *batteries de Gafouille*, des *Ayes* et de la *Cerveyrette* interdisent les pentes à l'O. de l'Infernet et sont reliées par un chemin en lacet. Au S. du *fort de la Croix-de-Bretagne*, réduit central de ces ouvrages, commence la *ligne de la grande Maye*, établie sur une crête qui plonge du côté probable des attaques par des talus escarpés de 700 mètres de hauteur ; elle est défendue par six batteries ; en arrière la *batterie du Chalet des Ayes*. L'aile droite s'appuie à la *crête de Peyrole*, position très forte dont l'éperon au-dessus de Briançon est couronné par les profils et les traverses de la *batterie de la Croix-de-Toulouse;* enfin en arrière, pour fermer la route à un mouvement tournant, se construit le *fort de Notre-Dame-des-Neiges,* à 2297 mètres de hauteur, qui achève les défenses de Briançon.

Si Berwick avec des milices improvisées, recrutées parmi les rudes montagnards des Alpes, et des retranchements élevés à la hâte, a pu tenir en échec dans cette même région l'ambitieux Victor-Amédée II et les Autrichiens, est-il téméraire de supposer qu'aujourd'hui, avec des moyens de défense aussi formidables, Briançon sera pour la France un rempart inexpugnable?

On ne peut dire de même pour les défenses de la vallée de Guil : le *Château-Queyras* est très vieux et ne résisterait pas au canon. *Mont-Dauphin,* au confluent, a des remparts qui datent de Vauban et qui ont besoin d'être fortifiés. *Embrun,* plus bas, à 100 mètres au-dessus de est la Durance, dans une belle position; mais il faut faire beaucoup pour la rendre respectable.

La vallée de l'Ubaye, où aboutissent de nombreux sentiers muletiers et la route du col de Largentière, est gardée d'abord par le *fort de Tournoux,* composé de batteries cavernes qui regardent l'E. et sont excellentes et d'un fort qui regarde le S. On doit élever sur le sommet une batterie supérieure.

Le *fort Saint-Vincent* se trouve au débouché de la vallée de Barcelonnette, sur des rochers qui dominent l'Ubaye rive gauche; on le fortifiera en y ajoutant une redoute.

La vallée de la Durance, au-dessous du confluent de l'Ubaye, n'a plus de défense jusqu'à *Sisteron,* qui coupe les communications entre la Provence et le Dauphiné. Cette place est dominée par une *citadelle* excellente, mais qui peut être tournée.

*Colmars,* sur le Verdon et *Entrevaux* sur le Var, sont destinées à assurer les communications entre la Durance et le Var. Elles ne pourraient résister à un bombardement.

La défense du comté de Nice est appuyée par de solides ouvrages qui commandent les grandes routes de la Corniche et du col de Tende, et assurée par des routes stratégiques nombreuses courant sur les crêtes de manière à permettre aux troupes françaises de devancer partout l'ennemi. C'est autour de Nice que sont rangés les nouveaux forts.

La **position de défense de Nice** couvre un front de près de 11 kilomètres constitué par une crête dépassant 600 kilomètres qui commence au ravin du Paillon et aboutit en face de Monaco. — Sur la rive gauche du ruisseau du Paillon est construit l'*ouvrage de*

*Rimies*, qui maîtrise, avec la *batterie basse de Brec*, la route du Col de Tende ; puis la *batterie de la Drette*, le *fort de la Revère*, au centre ; l'annexe de la *Forna* et le *fort de la Tête-de-Chien*, à l'extrémité S. E., pourront offrir d'excellentes bases à une armée d'opération. Les trois ouvrages nouveaux qui dominent la rade de Villefranche : la *batterie de Cauferrat* au S. E., celle du *Mont-Boron* au S. O. et celle du *Soleillat* au N., assurent la force de cette position du côté de la mer.

Ainsi trois grands camps retranchés, Grenoble, Briançon et Nice, gardent les abords de la vallée du Rhône ; du côté de l'Italie, le littoral est défendu par des batteries dont nous donnerons plus loin le tableau. Un solide point d'appui est assuré sur cette côte aux armées françaises : c'est Toulon, qui n'est pas seulement comme Brest un port de guerre rendu à peu près inaccessible du côté de la mer, mais qui est un véritable camp retranché.

La **place de Toulon** est entourée d'une *enceinte* neuve qui englobe l'arsenal. Le *fort de Castigneau* dans une île et le *fort Malbousquet* sont adhérents au corps de la place. La petite rade est fermée par le promontoire du Caire à l'O. et celui de la Grosse-Tour à l'E., la grande rade par le cap Cepet au S. Le périmètre des ouvrages avancés qui couvrent Toulon s'étend des hauteurs N.-D. de la Garde au-dessus du cap Sicié jusqu'aux gorges d'Ollioules, de là par le mont Faron et la Tête de l'Aigle jusqu'aux collines de la Colle-Nègre. — Les ouvrages sont, dans la presqu'île de la Seyne : des batteries autour des bois qui couronnent *N.-D. de la Garde*, au centre les *fort et batterie de Six-Fours*; sur la colline qui domine la Seyne à l'E., le *fort Napoléon* (ancien Petit-Gibraltar). La presqu'île de Cepet ou des Tablettes est fermée à sa gorge par le *fort Saint-Elme*, maîtrisée par une grande redoute et le *fort de la Croix-des-Signaux* sur les hauteurs, et de nombreuses batteries sur la côte.

Les abords du côté de l'O. ne sont pas encore suffisamment protégés; on projette de construire au-dessus du pont le plus rétréci des gorges d'Ollioules le *poste du Gros-Cerveau* au S. O. et le *fort Pinaudon* au N. E. Un autre fort s'élèvera au-dessus du *mamelon du cap Gros*, au milieu des bois qui s'étendent au N. O. de Toulon. La montagne escarpée du Faron est escaladée par deux routes stratégiques et hérissée de fortifications : à l'O. le *fort du Grand-Saint-Antoine* ou *fort Rouge* avec le *retranchement de l'Hubac*, bâti à mi-côte, protège les pentes qui regardent la vallée du Dardenne. La *batterie de la Tour de Beaumont* et celle du *Pas-de-la-Masque* couronnent des talus inaccessibles; au N. le magnifique *fort de la Croix-de-Faron* avec ses batteries-cavernes creusées dans le roc, est la clef de toute cette position. Il communique par une batterie en crémaillère avec le *fort Faron*, situé à 100 mètres au-dessus.

La Tête-de-l'Aigle est tenue par deux ouvrages construits aux promontoires de l'O. et de l'E. Au-dessus du village de la Garde s'élèvera le *fort de Thouars*, enfin à l'extrémité la *hauteur* boisée de la *Colle-Nègre* est défendue par un fort qui bat le mouillage du creux Saint-Georges et la haute mer. Cette ligne avancée rend presque inutiles les *forts du Cap-Brun et Lamalgue*, qui étaient auparavant les avant-postes de Toulon du côté de l'E.

**Marseille** est très peu protégée aujourd'hui par les vieilles fortifications élevées sur les îles Pomègues, et Saint-Jean, Ratonneau et d'If, les forts *Saint-Jean* et *Saint-Nicolas*. On établit de nouvelles batteries du côté de la mer.

Les autres défenses de la côte entre cette ville et Toulon sont surtout destinées à assurer des abris à nos flottes; leur rôle serait fort restreint dans une guerre continentale. Nous nous contenterons d'en donner un tableau.

Le théâtre de guerre du S. E. diffère de ceux du N. et de l'E. en ce qu'il n'a pas positions de halte de seconde ligne. Mais il leur ressemble en ce qu'il présente un objectif d'une grande valeur stratégique et économique : c'est Lyon, dont l'occupation par l'ennemi paralyserait en partie la défense nationale et serait d'un effet moral désastreux.

On remarquera d'ailleurs que la frontière étant défendue par de puissants obstacles naturels, le besoin d'obstacles artificiels est moins impérieux qu'au N. et à l'E. de la France.

**Défenses de Lyon.** — Les ouvrages qui entourent Lyon ont été construits pour la plupart à deux dates distinctes : en 1840 on a organisé la défense de cette grande ville au moyen de forts détachés, mieux situés pour la plupart que ceux qui entouraient Paris. Ces ouvrages sont aujourd'hui insuffisants et quelques-uns ont été déjà noyés par les progrès de l'agglomération lyonnaise.

Après la guerre on a donc entrepris de nouveaux travaux et on a couvert de batteries et de forts les principaux mamelons qui dominent les environs de la grande ville.

On sait que la Saône se jette dans le Rhône à Lyon par un angle très aigu dont le sommet a été reculé par les grands travaux de la gare de Perrache. Les plus beaux quartiers se développent autour de la place Bellecour entre les deux eaux, au N. les hauteurs de la Croix-Rousse sont escaladées par les rues d'un quartier ouvrier célèbre. Sur la rive droite de la Saône sont les églises et les couvents de Fourvières, et les ateliers de Vaise ; à gauche du Rhône les quartiers des Brotteaux et de la Guillotière.

La crête de la terrasse des Dombes arrive jusqu'au Rhône, les talus de la terrasse du Viennois laissent au N. une lisière de 5 kilomètres absolument plate entre leur pied et le fleuve; à l'O. ils arrivent jusqu'à la Guillotière et se rapprochent du Rhône au S. — Sur la rive droite du Rhône et de la Saône le pays est très accidenté par les avant-monts des Cévennes. Telle est, dans ses grands traits, la topographie des environs de Lyon ; les deux fleuves dessinent trois grands secteurs ; comment les a-t-on protégés ? — On s'est proposé d'éloigner l'ennemi le plus possible du corps de la place, de façon à l'obliger à n'attaquer que sur un des fronts, sous peine de voir une de ses ailes compromises, et à assurer des débouchés faciles aux forces défensives.

Secteur entre les Deux-Eaux, ou plateau de la Bresse. — La ligne extérieure a 8 kilomètres de développement entre le village de Fontaines (Saône) et celui de Neyron (Rhône). — La *batterie de Satonay* à l'O., en avant du camp de ce nom, le *fort de Vancia* dans une belle position au centre, la *batterie de Sermenaz* au-dessus du Rhône et du railway Lyon-Genève, sont les ouvrages permanents de ce côté. La ligne intérieure est formée par les *forts Caluire* et *Montessuis* (à l'E.), que relie une courtine bastionnée d'un kilomètre de longueur.

Secteur a gauche du Rhône, ou plateau de Viennois. — Ligne extérieure : *Batterie de la Digue* en avant de la digue des Brotteaux ; *Batterie de Cusset* au-dessus de Villeurbanne, de *Lessigaz* à l'angle N. E. du plateau de Bron ; *fort de Bron* à l'angle S. E. ; *batterie de Parilly* au S. O.; *forts de Corbaz et de Feyzin* à l'E. et à l'O. du plateau de Corbaz au S. Plus de 20 kilomètres de périmètre. — Ligne intérieure : *Redoute de la Tête-d'Or* entre les Brotteaux et le beau parc de la Tête-d'Or, la *Lunette des Charpennes* à l'angle E. du faubourg ; le *grand fort des Brotteaux*, celui de *Villeurbanne* au-dessus de la Guillotière ; la *lunette des Hirondelles* sur le chemin de fer de Genève ; les *forts la Motte*, du *Colombier* et de la *Vitriollerie* au S. de la Guillotière.

Secteur a droite du Rhône et de la Saône ou Collines Lyonnaises[1]. — Ce secteur a autant de développement que les deux autres réunis. Il s'appuie au Rhône en aval et à la Saône en amont sur une longueur de près de 25 kilomètres.

[1]. Ce serait plus exactement un segment de cercle dont la corde serait formée par le Rhône et la Saône, l'arc par la ligne des forts (29 kil.).

*Ligne extérieure.* — En face du fort de Feyzin s'élève sur la rive droite du Rhône le plateau d'Irigny, qui sera défendu par les *batteries de Damette*, de *Champvillard* et de *Montcorin*.

Au-dessus de Saint-Genis-Laval la longue croupe de la Côte-Lorette est défendue par une batterie qui regarde Brignais et la vallée du Garon; un fort s'élèvera à peu près au milieu.

Les hauteurs qui occupent la rive gauche de l'Yzeron et couvrent les abords de Lyon du côté du Rhône ne sont pas encore pourvues de leurs défenses. On y élèvera la *batterie de l'Orme*, le *fort de Clos-Roux*, les *batteries de Brussin*, enfin au-dessus de Charbonnières la *batterie de Moncelard*. Au Nord un fort est projeté au-dessus du Paillet.

C'est surtout dans l'angle formé par l'Azergues et la Saône qu'ont été accumulés les moyens de défense. La belle colline du Mont-Verdun a une hauteur de 625 mètres et domine tous les environs; on l'a couronnée d'une puissante citadelle, le *fort du Mont-Verdun*, appuyé par les *batteries des Carrières* et de *Narcel*, et relié au Mont-d'Or par les *batteries de Montou*. Au-dessus de Mont-Ceindre s'élève la *batterie de la Fréta*, qui commande la Saône et croise ses feux avec ceux de la batterie de Satonay sur la rive gauche.

La ligne intérieure est formée par les *forts détachés de la Duchère* au-dessus de la Saône, de *Sainte-Foy*, de la *Lunette* ou *Petit Sainte-Foy* au-dessus de Perrache, et par le *fort de Sainte-Irénée*, une *enceinte continue* appuyée par les *forts de Loyasse*, de *Vaise* et *Saint-Jean* couronne les hauteurs de Fourvières.

Tels sont les ouvrages qui doivent protéger Lyon, ils doivent surtout servir à appuyer la défense mobile. Lyon est ainsi à même en cas de malheur, de réorganiser ou de former une nouvelle armée qui donnera la main aux troupes de secours dévalant du plateau central.

### 4° Front continental du Sud-Ouest ou frontière d'Espagne (570 kil.).

**Tracé.** — La limite ne suit pas toujours exactement la crête des Pyrénées. Le traité de 1659 a laissé à l'Espagne quelques lisières et une enclave en deçà de la ligne de faîte et nous possédons les sources de trois rivières qui grossissent l'Èbre.

La ligne de démarcation commence au cap Cerbera, nous laisse le col de Perthus, atteint le cours de la Mouga qui sert de limite pendant environ 5 kilomètres, suit de nouveau la crête, coupe le Sègre au-dessous de Bourg-Madame, laisse à la France la vallée du Ruisseau de Carol, affluent du Sègre, dans laquelle débouche le col de Puymorens.

Au delà, les sources de l'Ariège jaillissent au milieu de pâturages appartenant à la république d'Andorre. Le val d'Aran, d'où coule la Garonne, est également espagnol. Puis la ligne de faîte délimite de nouveau les deux États.

Après le pic d'Orhy la France possède la forêt d'Irati et les sources du ruisseau de ce nom ; en revanche le Val Carlos ou haute vallée de la Petite Nive est à l'Espagne, qui s'avance au delà du col de Roncevaux jusque dans le voisinage de Saint-Jean-Pied-de-Port. Quelques-uns des ruisseaux qui grossissent la Nive des Aldudes sont aussi espagnols. Puis la frontière suit un contrefort septentrional des Pyrénées coupe entre autres cours d'eau, français à leur embouchure, la Nivette, escalade la Rhune, tombe sur la Bidassoa dont la rive droite est française jusqu'à son embouchure. Là, se termine la limite des Pyrénées.

**Organisation de la défense.** — La France ne peut guère redouter du côté du S. O. qu'une diversion plus ou moins forte; le passage d'une armée n'est possible aujourd'hui qu'aux deux extrémités de la chaîne.

**Pyrénées orientales.** — Le tunnel du chemin de fer de Perpignan-Barcelone serait facilement mis hors d'état de servir. Le col de Perthus n'est surveillé que par le mauvais *fort de Bellegarde* : mais, sur la côte où aboutissent forcément les routes, nous avons le *fort Carrier*, le *Saint-Elme* très solide, et la *redoute Dugommier*.

Le col des Eres est gardé par le *camp retranché de Pratz-de-Mollo* et son réduit, le *fort Lagarde*.

La vallée du Tech par le *fort des Bains* dans une bonne position.

La route du col de la Perche, entre Sègre et Têt, est la grande voie d'invasion. Vauban y a construit dans une excellente position le *fort de Montlouis*, à 1600 mètres au-dessus de la mer, qui était la plus haute citadelle de France avant les nouveaux travaux dans les Alpes. Sur la Têt se trouve *Villefranche* avec une enceinte et un château fort taillé dans le roc, mais dominé.

**Perpignan** avec son enceinte continue, sa citadelle et les lunettes qui la flanquent au S. E., est dans une très forte position au carrefour de toutes les grandes routes des Pyrénées orientales, mais elle est sans défense contre un bombardement. Les hauteurs qui l'environnent offrent de bonnes positions pour l'établissement d'ouvrages détachés.

La défense dans cette partie de la frontière doit surtout s'appuyer sur les obstacles naturels. Les campagnes de 1793 et de 1794 montrent quelles ressources militaires de bons généraux peuvent trouver dans les lignes concentriques de montagnes et de rivières qui s'appuient d'une part aux Pyrénées, de l'autre à a mer.

**Pyrénées centrales.** — La frontière des Pyrénées centrales n'est pas défendue par des obstacles matériels, la meilleure garantie de sécurité pour la France est la grande ligne de rocade, Tarbes, Saint-Gaudens, Toulouse, la ligne du Midi, Toulouse, Narbonne et les chemins de fer perpendiculaires à la chaîne. De plus, notre réseau de routes est tellement supérieur à celui des Espagnols que nos troupes, même moins nombreuses, pourront toujours arriver en force sur les corps isolés, qui auraient pu se glisser par les sentiers des montagnes du centre.

**Pyrénées occidentales.** — La première place qui se rencontre dans les Pyrénées occidentales est le *fort d'Urdos* ou du *Portalet*, construit de 1838 à 1848. Il domine la route de Somport et couvre la vallée d'Aspe, mais a besoin d'être appuyé par des ouvrages qui garderaient les ports de l'Echo et d'Anso.

Au débouché du Val Carlos, au point où se forme la Nive par la réunion de plusieurs petits ruisseaux, Vauban a fortifié *Saint-Jean-Pied-de-Port*, qui recueille les routes de Roncevaux et d'Orbaïceta; mais ces routes sont si mauvaises sur le territoire espagnol que la place n'a presque rien à craindre.

Le chemin de fer de Paris à Madrid est gardé par le *fort de Socoa* ; enfin, en arrière, *Bayonne*, sur la ligne de l'Adour, joue à l'O. le même rôle que Perpignan à l'E. des Pyrénées. Son enceinte sur la rive gauche est protégée en avant par les retranchements de *Mousserolles* (r. d.) et ceux de *Marrac* (r. g. de la Nive). La *citadelle du Saint-Esprit* est fortement située sur une hauteur de l'autre côté de l'Adour.

Cette région a été défendue pied à pied par le maréchal Soult en 1814, mais ses troupes, abandonnées à elles-mêmes et inférieures en nombre, n'ont pu que montrer héroïquement le parti qu'on peut tirer des belles positions qu'offrent les lignes successives de la Bidassoa, de la Nivelle, de l'Adour, puis de ses affluents. Remarquons, de plus, que les lignes espagnoles ayant un écartement de rails supérieur de $0^m,30$ aux nôtres, les envahisseurs ne pourraient se servir de nos voies ferrées, ce qui constituerait un grand désavantage pour l'assaillant.

Ces travaux sont complétés par l'établissement de nombreuses batteries destinées à protéger nos côtes.

## TABLEAU DES FORTERESSES.

Nous donnons le tableau des ouvrages défensifs qui couvrent notre territoire.

### LITTORAL.

| POINTS FORTIFIÉS. | NOMBRE de BATTERIES. | POINTS FORTIFIÉS. | NOMBRE de BATTERIES. |
|---|---|---|---|
| **Manche.** | | **Océan.** | |
| Dunkerque | 5 | Ile d'Ouessant | 1 |
| Gravelines | 1 | Brest et côtes voisines | 48 |
| Calais | 6 | Anse de Benodet | 2 |
| Boulogne | 4 | Baie de la Forest | 5 |
| Dieppe | 2 | Iles de Glénan | 1 |
| Le Havre | 8 | Lorient | 5 |
| Villerville | 1 | Ile de Groix | 2 |
| Rade de Saint-Wast | 9 | Baie de Quiberon | 5 |
| Cherbourg et côte Est | 18 | Belle-Isle | 4 |
| Côte occidentale du Cotentin | 4 | Embouchure de la Loire | 5 |
| Granville | 3 | Ile de Noirmoutier | 1 |
| Iles Chausey | 2 | Ile d'Yeu | 1 |
| Cancale | 2 | Les Sables d'Olonne | 2 |
| Saint-Malo | 7 | Ile de Ré | 3 |
| Ile Brehat | 3 | La Rochelle | 5 |
| Fort Cezon | 1 | Rade de l'île d'Aix | 11 |
| | | Embouchure de la Gironde | 6 |
| | | Saint-Jean de Luz | 2 |
| Total | 74 | Total | 103 |
| **Méditerranée.** | | | |
| Port-Vendres | 2 | Rade d'Hyères | 8 |
| Cette | 2 | Golfe de Jouan | 4 |
| Marseille | 12 | Antibes | 2 |
| Toulon | 21 | Villefranche | 4 |

Frontière du N. O., frontière de l'O. et du S. O. Points fortifiés : 34.
Nombre de batteries : 177.

### TABLEAU RÉSUMÉ DES FORTERESSES DE FRANCE.

FRONTIÈRE DU NORD OU DE BELGIQUE.

Dunkerque. — 4 forts détachés, 5 ajournés.
Calais. — Forts détachés en projet.
Aire. — Fort Saint-François.
Lille. — 7 forts, 4 batteries, 1 fort en projet.
Douay. — Enceinte et fort de Scarpe.
Fort de Mortagne, en projet.

Position centrale de défense de la frontière du Nord.
{ Citadelle d'Arras.
Condé.
Valenciennes. — 3 forts, 2 batteries en projet.
Bouchain.
Citadelle de Cambray.
Le Quesnoy.
Maubeuge. — 3 forts, 4 projetés.
Landrecies.

Hirson.
Rocroy.
Givet.
Mézières.
Fort des Ayvelles.
— de Bazeilles, projeté.
Montmédy.
Longwy.
Amiens. — Citadelle.
Péronne. — Forts détachés en projet.
Guise. — Château.
Position de Laon.— La Fère. { La Fère — 4 forts, ouvrages en projet.
Laon. — Citadelle et 5 forts détachés, — Soissons.
Paris.

Frontière du Nord-Est ou d'Allemagne.

Verdun. — 11 forts détachés, 1 projeté.
Fort de Génicourt.
— Troyon.
— du camp des Romains.
— de Liouville.
— de Gironville.
— de Lucey.
Toul. — 5 forts, 5 redoutes, 1 fort projeté.
Frouard. — Batterie.
Pont-Saint-Vincent. — Fort.
Blenod. — Batterie.
Pagny la Blanche-Côte. — Ouvrage.
Neufchâteau. — Fort de Brulemont.
Manonviller. — Fort.
Épinal. — 8 forts, 3 batteries, ouvrage.
Fort de l'Arche.
— de Remiremont.
— de Rupt.
— du Château Lambert.
— du ballon de Servance.
Batterie de la Tête des Planches.
Fort de Giromagny.
— du Salbert.
— du Mont-Vaudois.
— de la Chaux.
Montbéliard.
Batterie des Roches.
Fort du Lomont.
Belfort. — 7 forts, 15 batteries, 1 ouvrage.
Langres. — 11 forts, 5 batteries, 2 ouvrages.
Vitry-le-Français.
Reims. — 16 forts, 1 redoute, 5 batteries, 4 forts projetés.
Épernay. — Forts d'Hautvilliers.
Nogent-sur-Seine. — Forts projetés.
Montereau. — Forts projetés.
Paris.

Frontière de l'Est ou de Suisse.

Fort de Larmont.
Batterie de Larmont Supérieur.
Château de Joux.
Fort de Saint-Antoine.
— des Rousses.
Batterie du Risoux.
Fort de Pierre-Châtel.
— des Barres.
Salins. — 2 forts.
Auxonne.
Besançon. — 17 forts, 3 batteries, 2 redoutes, 1 lunette.
Dijon. — 6 forts, 1 redoute, 1 réduit.
Chagny. — Fort projeté.
Lyon.

Frontière du Sud-Est ou d'Italie.

Forts de l'Esseillon.
Ouvrages du débouché { 5 forts.
de la Tarentaise. { 3 batteries.
Fort de Tamié.
Débouché de la Maurienne. — 2 forts, 6 batteries.
Fort Barraux.
Grenoble. — 5 forts, 1 fort projeté.
Briançon. — 6 forts, 3 batteries, 1 ouvrage, 1 ligne, 1 fort projeté.
Château-Queyras.
Mont-Dauphin.
Fort de Tournoux.
— Saint-Vincent.
Sisteron.
Colmars.
Entrevaux.
Nice. — 2 forts, 1 annexe, 2 batteries projetées, 1 ouvrage projeté.
Ouvrage du Barbonnet projeté.
— de la Croix de Cogola projeté.
Annexe de Bosco projetée.
Antibes.
Toulon. — 10 forts, 1 fort projeté, 1 casemate, 12 ouvrages, 1 retrait, 2 ouvrages.
Lyon.

Frontière du Sud-Ouest ou d'Espagne.

Fort Saint-Elme.
— de Collioure ou Carrier.

Fort Bellegarde.
Pratz de Mollo et Fort Lagarde.
Fort des Bains.
Montlouis.
Villefranche.

Perpignan.
Fort d'Urdos.
Saint-Jean Pied-de-Port.
Socoa.
Bayonne.

**Forces militaires de la France.** — Comment, en temps de guerre, seraient défendues nos frontières de terre et de mer? Depuis 1871, l'armée a été complètement réorganisée et l'étude de nos nouvelles institutions militaires se lie étroitement à celle des frontières et la complète.

### Armée de terre.

La grande loi du 27 juillet 1872 a établi les principes généraux pour le recrutement, la répartition des forces nationales en temps de paix et leur organisation en temps de guerre.

Tout Français doit le service militaire personnel, à moins qu'il ne soit réformé ou dispensé, suivant certains cas prévus par la loi. Le contingent est d'environ 280 000 hommes, sur lesquels environ 130 000 ne sont pas incorporés dans les régiments. Il en reste pour le service actif environ 150 000 qui se divisent en trois catégories. Les deux premières, suivant les numéros du tirage au sort, sont astreintes soit à un service de 5 ans (réduit à 40 mois dans la pratique), soit à un service d'un an. La troisième catégorie est celle des engagés conditionnels ou volontaires d'un an (bacheliers, élèves de certaines écoles, ou admis à la suite d'un examen et versant 1500 francs).

Au bout de la cinquième année, ces hommes sont versés dans la réserve de l'armée active pour une durée de quatre ans. Ils sont soumis, pendant cette période, à deux appels de 28 jours chacun.

Ils font ensuite partie de l'armée territoriale pendant cinq ans, et de la réserve de l'armée territoriale pendant six.

L'effectif total de l'armée française devrait compter :

| | |
|---|---|
| 1° Armée active (portion permanente de 420,000 h. et volontaires................................ | 890,000 |
| 2° Réserve de l'armée active..................... | 565,000 |
| 3° Services auxiliaires des 9 classes.............. | 140,000 |
| 4° Dispensés rappelables des 9 classes............ | 327,000 |
| 5° Armée territoriale (6 classes)................. | 890,000 |
| Total des forces mobilisables.......... | 2,812,000 |
| 6° Réserve de l'armée territoriale (pour mémoire).. | 970,000 |

Ces forces sont groupées en dix-neuf corps d'armée qui se partagent le territoire. Il y en a dix-huit sur le continent et en Corse, un en Algérie.

Chaque région de corps d'armée se subdivise en deux divisions (
quatre subdivisions. Chaque subdivision est administrée par u
bureau de recrutement, ce qui donne 144 pour toute la France (
faut y ajouter 8 bureaux spéciaux pour Paris, Lyon, Versailles
Digne, et trois pour l'Algérie).

L'armée active se recrute sur l'ensemble du territoire; en cas d
mobilisation, les hommes disponibles et ceux de la réserve sor
versés dans les cadres des corps de leur région.

L'armée active se compose des éléments suivants :

I. INFANTERIE.

144 régiments de ligne à 4 bataillons actifs de 4 compagnie
plus 2 compagnies de dépôt.

30 bataillons de chasseurs à pied (1 par corps d'armée), 6 su
les frontières, 6 en Algérie.

4 régiments de zouaves.

3 régiments de tirailleurs algériens.

1 légion étrangère.

3 bataillons d'infanterie légère d'Afrique.

4 compagnies de fusiliers de discipline.

1 compagnie de pionniers.

Le total des forces de l'arme est de 281 601 hommes et 2649 che
vaux.

II. CAVALERIE.

12 régiments de cuirassiers,  
26 régiments de dragons,  
20 régiments de chasseurs,   à 5 escadrons dont 1 de dépôt.  
12 régiments de hussards,

4 régiments de chasseurs d'Afrique   à 6 escadrons.
3 régiments de spahis

19 escadrons d'éclaireurs volontaires, à former en cas d
guerre [1].

8 compagnies de remonte.

Le total des forces est de 68 617 hommes et 59 023 chevaux.

III. ARTILLERIE.

38 régiments dont :

19 d'artillerie divisionnaire, 3 batteries à pied, 8 montées, 2 d
dépôt.

19 d'artillerie de corps, 3 batteries à cheval, 8 montées, 2 d
dépôt.

---

[1]. Cette organisation a été tentée en 1871, et ne semble pas avoir donné de
résultats encourageants.

Chaque corps d'armée de France comprend un régiment de chaque catégorie.

Les deux régiments du 19ᵉ corps ont leur dépôt et leur cantonnement à Vincennes.

2 régiments de pontonniers à 14 compagnies.

10 compagnies d'ouvriers d'artillerie, 1 en Algérie, 9 pour les dix-huit autres corps.

3 compagnies d'artificiers.

57 compagnies du train d'artillerie, 3 par corps d'armée.

Le total de l'effectif est de 66 331 hommes et de 32 690 chevaux.

IV. Génie.

4 régiments de sapeurs-mineurs à 5 bataillons de 4 compagnies, plus 1 compagnie de dépôt, 1 compagnie d'ouvriers de chemins de fer, 1 compagnie de sapeurs-conducteurs en Algérie.

V. Équipages militaires.

20 escadrons du train des équipages militaires à 9 compagnies.

12 compagnies mixtes du train des équipages militaires attachées au 19ᵉ corps.

Effectif : 9592 hommes et 7680 chevaux.

VI. État-major.

L'état-major général comprend 3 maréchaux, 180 généraux de division, 380 généraux de brigade.

Le service d'état-major, 400 officiers et 24 archivistes.

L'état-major de l'artillerie, 284 officiers, 540 gardes, 160 contrôleurs d'armes.

L'état-major du génie, 486 officiers.

L'intendance militaire, 500 officiers.

Le corps de santé militaire, 1147 médecins, 159 pharmaciens.

Il faut y ajouter tous les services auxiliaires : administration, infirmiers, aumôniers, interprètes, les officiers et les hommes détachés au recrutement, à la trésorerie, etc., enfin les écoles militaires.

VII. La Gendarmerie.

30 légions formant 91 compagnies de gendarmerie départementale.

1 légion formant 4 compagnies de gendarmerie d'Afrique.

1 légion formant 8 compagnies de gendarmerie mobile.

5 compagnies et 1 escadron de garde républicaine de Paris.

4 compagnies et 3 détachements de gendarmerie coloniale.

1 régiment de sapeurs-pompiers de Paris.

Effectif : 28 000 hommes et 14 000 chevaux.

VIII. Corps de forestiers et de douaniers.

20 000 disponibles.

IX. Écoles militaires.

Les écoles militaires de France sont :
L'École militaire supérieure, à Paris.
L'École Polytechnique, à Paris.
L'École spéciale militaire, à Saint-Cyr.
L'École d'application de l'artillerie et du génie, à Fontainebleau.
L'École d'application de cavalerie, à Saumur.
L'École d'application des poudres et salpêtres, à Paris.
L'École de médecine et de pharmacie militaires à Paris, au Val-de-Grâce.
L'École d'administration, à Vincennes.
L'École des travaux de campagne, à Versailles.
L'École de tir de l'artillerie, à Bourges.
L'École des candidats sous-officiers, à Saint-Maixent.
L'École normale de gymnastique, à Joinville-le-Pont.
Écoles régionales de tir, aux camps de Châlons, du Ruchard et de la Valbonne.
École centrale de pyrotechnie, à Bourges.
Écoles régimentaires du génie.
École régimentaires d'artillerie.
Prytanée militaire à la Flèche.
École des enfants de troupe, à Rambouillet.

*Organisation provisoire du commandement des forteresses* (décret de 1878).
Les places suivantes sont sous les ordres d'un général gouverneur de la place principale, inspecteur de la défense des places du groupe :
Dunkerque, Lille, Valenciennes, Mézières, Verdun, Toul, Épinal, Belfort, Langres, Besançon, Grenoble, Briançon, Nice.
Voici la répartion en temps de paix des corps d'armée :
Chaque corps d'armée (le 19ᵉ excepté) comprend 33 bataillons, 8 escadrons, 16 batteries montées, 3 batteries à pied, 5 à cheval, 1 escadron du train des équipages, un bataillon du génie, une compagnie d'administration.
Il y a de plus cinq divisions de cavalerie indépendantes.
En cas de guerre, l'organisation actuelle de l'armée permettrait de former 24 corps d'armée de première ligne (dont 5 à créer) et 8 de seconde ligne.
On a calculé que l'armée active et sa réserve seules fourniraient immédiatement assez de soldats pour couvrir en moyenne d'un

ideau de deux hommes par mètre courant les 330 kilomètres le long desquels se feraient vraisemblablement la concentration.

## CORPS D'ARMÉE.

*Loi du 27 juillet 1872. Décret du 13 août 1874.*

| Nos | QUARTIERS GÉNÉRAUX. | DÉPARTEMENTS. |
|---|---|---|
| 1 | LILLE............. | Nord, Pas-de-Calais. |
| 2 | AMIENS............ | Aisne, Oise, Somme, Seine-et-Oise (Pontoise), Seine (Saint-Denis et Pantin), 10e, 19e, 20e arrondissements de Paris. |
| 3 | ROUEN............. | Calvados, Eure, Seine-Inférieure, Seine-et-Oise (Mantes et Versailles), Seine (Courbevoie et Neuilly), 1er, 7e, 8e, 9e, 15e, 16e, 17e, 18e arrondissements de Paris. |
| 4 | LE MANS........... | Eure-et-Loir, Orne, Sarthe, Mayenne, Seine-et-Oise (Rambouillet), Seine (Villejuif et Sceaux), 4e, 5e, 6e, 13e, 14e arrondissements de Paris. |
| 5 | ORLÉANS........... | Loiret, Loir-et-Cher, Seine-et-Marne, Yonne, Seine-et-Oise (Étampes et Corbeil), Seine (Charenton et Vincennes), 2e, 3e, 11e, 12e arrondissements de Paris. |
| 6 | CHALONS-SUR-MARNE. | Ardennes, Aube, Marne, Meurthe-et-Moselle, Meuse, Vosges. |
| 7 | BESANÇON.......... | Ain, Doubs, Jura, Haute-Marne, Haut-Rhin, Haute-Saône, Rhône (Neuville, 4e, 5e arrondissements de Lyon). |
| 8 | BOURGES........... | Cher, Côte-d'Or, Nièvre, Saône-et-Loire, Rhône (Villefranche). |
| 9 | TOURS............. | Maine-et-Loire, Indre-et-Loire, Indre, Deux-Sèvres, Vienne. |
| 10 | RENNES............ | Côtes-du-Nord, Manche, Ille-et-Vilaine. |
| 11 | NANTES............ | Finistère, Loire-Inférieure, Morbihan, Vendée. |
| 12 | LIMOGES........... | Charente, Corrèze, Creuse, Dordogne et Haute-Vienne. |
| 13 | CLERMONT-FERRAND.. | Allier, Loire, Haute-Loire, Puy-de-Dôme, Cantal, Rhône (7 cantons S. O.). |
| 14 | GRENOBLE.......... | Hautes-Alpes, Drôme, Isère, Savoie, Haute-Savoie, Rhône (3 cantons), 1er, 2e, 3e, 6e arrondissements de Lyon. |
| 15 | MARSEILLE......... | Basses-Alpes, Alpes-Maritimes, Var, Corse, Bouches-du-Rhône, Vaucluse, Gard, Ardèche. |
| 16 | MONTPELLIER....... | Aude, Aveyron, Hérault, Lozère, Tarn, Pyrénées-Orientales. |
| 17 | TOULOUSE.......... | Ariège, Haute-Garonne, Gers, Lot, Lot-et-Garonne, Tarn-et-Garonne. |
| 18 | BORDEAUX.......... | Charente-Inférieure, Gironde, Landes, Basses-Pyrénées, Hautes-Pyrénées. |
| 19 | ALGER............. | Algérie. |

### Armée de mer.

L'armée de mer est chargée de la défense des côtes et de celle des colonies (l'Algérie exceptée).

Elle se recrute : 1° par l'inscription maritime, établie par Colbert. Tous les gens de mer de 18 à 50 ans sont inscrits sur les rôles e doivent trois ans de service en temps de paix ; ils peuvent être appelés par classe en cas de mobilisation ; 2° par les engagements volontaires, beaucoup plus nombreux dans le corps de la marine que dans l'armée de terre. Les cadres inférieurs de la flotte (maîtres, maîtres entretenus, adjudants) présentent une solidité remarquable ; 3° du contingent du recrutement, fourni par les numéros les plus bas du tirage au sort.

Le personnel de l'armée de mer se compose de 27 vice-amiraux (15 en réserve), 35 contre-amiraux, 113 capitaines de vaisseau (ayant rang de colonel), 259 capitaines de frégate ; 762 lieutenants de vaisseau, 159 aspirants, en tout 1783 officiers et 46500 hommes.

Les corps auxiliaires (génie, commissariat, corps de santé, aumônerie, mécaniciens) ont un effectif total de 3430 hommes.

Les quatre régiments d'infanterie de marine, qui comptent chacun 19 compagnies en France, ont 761 officiers et 17800 soldats. Il est question d'en former un 20° corps d'armée avec Toulon pour quartier général. Le corps d'artillerie de marine est de 4500 hommes.

Nous passons sous silence les autres services auxiliaires.

Les principales écoles de la marine sont :

L'École navale, sur le *Borda*, en rade de Brest ; l'École d'application des aspirants ; l'École de canonnage, sur le *Souverain*, en rade de Toulon ; l'École des novices et apprentis marins. La *Bretagne*, en rade de Brest ; l'École des mousses, sur l'*Austerlitz*, en rade de Brest ; l'École de matelotage et de timonerie ; l'École d'application du génie maritime, à Cherbourg ; l'École d'artillerie de la marine, à Lorient ; les écoles de médecine navale, Brest, Rochefort et Toulon ; les écoles de dessin de la marine, Brest et Toulon ; les écoles d'hydrographie, dans presque tous les ports civils ou militaires importants.

La marine marchande, où se recrutent les meilleurs éléments de la marine militaire, n'atteint pas tout à fait un effectif de 100 000 hommes.

Le matériel de la flotte doit se composer de 16 cuirassés de premier rang, 12 du second, 20 gardes-côtes cuirassés et en tout de 157 bâtiments sans compter les torpilleurs (28), les vaisseaux-écoles, etc.

Les dépenses extraordinaires totales faites depuis 1871 pour la reconstitution du matériel de guerre et du matériel de la flotte ont monté à 2 430 000 000 fr. jusqu'en 1878, sans compter les ressources du budget ordinaire.

# CHAPITRE VII

ANCIENNES PROVINCES. DÉPARTEMENTS QUI EN ONT ÉTÉ FORMÉS.

Les limites des anciennes provinces ou, pour parler plus exactement, des anciens grands gouvernements sont loin de concorder d'une manière rigoureuse avec celles des départements d'aujourd'hui. Cependant il est passé dans l'usage de dire que telle province a formé tant de départements, que l'Ile-de-France, par exemple, a été démembrée en cinq de nos divisions administratives modernes : la Seine, la Seine-et-Oise, la Seine-et-Marne, l'Oise et l'Aisne.

Quoique cette façon de parler implique beaucoup d'erreurs, surtout pour les pays situés sur les limites des provinces d'autrefois, il n'est pas permis de la passer dédaigneusement sous silence. En effet, elle est consacrée par le consentement presque général ; elle a l'avantage de grouper d'une manière saisissante des unités territoriales qui sont trop petites pour avoir toutes une physionomie distincte ; enfin il est possible d'en tirer parti en signalant quand il y a lieu les inexactitudes.

Nous donnons donc d'abord le tableau des anciennes provinces, avec les noms des pays qu'elles comprenaient et ceux des départements dont elles ont fourni les principaux éléments, nous étudierons ensuite les départements eux-mêmes.

1. Lire dans Michelet, *Histoire de France*, t. II, un admirable tableau des provinces de France.

# ANCIENNES PROVINCES.

| N°s | PROVINCES. | PAYS. | SUPERFICIE DES PROVINCES EN KIL. Q. | DÉPARTEMENTS. |
|---|---|---|---|---|
| 1 | FLANDRE | Flandre propre, Hainaut, Cambrésis. | 5,810 | Nord. |
| 2 | ARTOIS | Artois. | 4,780 | Pas-de-Calais. |
| 3 | PICARDIE | Haute-Picardie : Amiénois, Santerre (Péronne), Vermandois (Saint-Quentin), Thiérache (La Fère), Laonnais, Noyonnais, Soissonnais, Beauvaisis, Valois (Crespy, ces cinq derniers réunis plus tard à l'Ile-de-France). — Basse-Picardie : Pays reconquis (Calais), Boulonnais, Ponthieu (Abbeville), Vimeu (Saint-Valery). | 12,630 | Somme. |
| 4 | NORMANDIE | Haute-Normandie : Pays de Caux (Caudebec, Dieppe, le Havre, Roumois, Vexin normand (Gisors), pays de Bray (Neufchâtel, Gournay, d'Ouche (Bernay), Lieuvin (Lisieux). — Basse-Normandie, pays d'Auge (Pont-l'Évêque), Campagne de Caen, Bessin (Bayeux), Cotentin, Avranchin, Bocage (Vire), Marches (Alençon), pays d'Houlme (Domfront), de Séez, Drouais. | 30,500 | Seine-Inférieure, Eure, Calvados. Orne, Manche. |
| 5 | ILE-DE-FRANCE | Ile-de-France (Paris), Laonnais, Noyonnais, Soissonnais, Valois, Beauvaisis (détachés de la Picardie), Vexin français (Pontoise), Thimerais (Châteauneuf), Mantois, Innrepoix (Dourdan), Gâtinais français (Melun), Brie française (Brie Comte-Robert). | 18,500 | Seine, Seine-et-Oise, Oise, Seine-et-Marne, Aisne. |
| 6 | CHAMPAGNE | Champagne, Senonais, Brie champenoise (Meaux, Provins), Châlonnais, Perthois (Vitry), Val-Rémois, Vallage (Vassy), Bassigny (Chaumont), Argonne, Rethelois. | 30,500 | Aube, Haute-Marne, Marne, Ardennes. |
| 7 | LORRAINE | Duché de Lorraine : Lorraine propre (Nancy), pays des Vosges (Épinal), Trois évêchés : Toulois, Verdunois, Duché de Bar. | 22,200 | Meuse, Meurthe-et-Moselle, Vosges. |
| 8 | ALSACE | Sundgau (Belfort). | 7,680 | Territoire de Belfort. |

# TABLEAU DES ANCIENNES PROVINCES.

| # | Province | Détails | | Départements actuels |
|---|---|---|---|---|
| 9 | Franche-Comté | bailliages de Besançon, d'Amont (Vesoul), de Dole, d'Aval (Salins), Lons-le-Saunier, Finage. | 15,700 | Haute-Saône. |
| 10 | Bourgogne | Dijonnais, Pays de la Montagne (Châtillon), Auxois (Semur), Auxerrois, Autunois, Charolais, Brionnais (Semur en Brionnais), Mâconnais, Bresse (Bourg) avec le Val Bonne (Montluel), principauté de Dombes (Trévoux) et le Bugey, avec le Bugey (Belley), le pays de Gex, le Valromey (Châteauneuf). | 26,000 | Côte-d'Or, Yonne, Saône-et-Loire, Ain. |
| 11 | Lyonnais | Lyonnais, Beaujolais (Villefranche), Roannais, Haut-Forez (Feurs). Bas-Forez (Montbrison). | 7,810 | Rhône, Loire. |
| 12 | Dauphiné | Haut-Dauphiné : Graisivaudan (Grenoble), Royannez (Pont de Royans), Oisans, Champsaur (Saint-Bonnet), les Baronnies (Nyons), Gapençais (Gap), Embrunais, Briançonnais. — Bas-Dauphiné : Viennois, Valentinois, Tricastin (Saint-Paul-Trois-Châteaux), Diois. | 20,000 | Isère, Hautes-Alpes, Drôme. |
| 13 | Savoie | Savoie (Chambéry), Haute-Savoie (Annecy), Tarentaise (Albertville), Maurienne, Bauges (Le Chatelard). Chablais (Thonon), Faucigny, Génevois. | 11,000 | Savoie, Haute-Savoie. |
| 14 | Comtat Venaissin | Comtat Venaissin, Principauté d'Orange. | 1,970 | Vaucluse. |
| 15 | Provence | Haute-Provence, six diocèses : Sisteron, Apt, Digne, Senez, Riez, Glandée, vallée de Barcelonnette, viguerie d'Entrevaux. — Basse-Provence, sept diocèses : Aix, Arles, Marseille, Toulon, Fréjus, Grasse, Vence. | 24,280 | Bouches-du-Rhône, Var, Basses-Alpes. |
| 16 | Comté de Nice | Comté de Nice, Monégasque. | 5,000 | Alpes-Maritimes. |
| 17 | Corse | Benda di Dentro, Benda di Fuori. | 8,730 | Corse. |
| 18 | Languedoc | Haut-Languedoc : Toulousain, diocèse de Montauban, Albigeois, Lauragais (Villefranche), Rozès (Rieux). — Bas-Languedoc : diocèses d'Alby, Carcassonne, Saint-Pons, Narbonne, Béziers, Agde, Montpellier, Lodève, Alais, Uzès, Nîmes. — Cévennes : Gévaudan (Mende), Vivarais (Viviers), Velay (Le Puy). | 41,500 | Haute-Garonne, Tarn-et-Garonne, Tarn, Aude, Hérault, Gard, Ardèche, Lozère, Haute-Loire. |

| Nos | PROVINCES. | PAYS. | SUPERFICIE DES PROVINCES EN KIL. Q. | DÉPARTEMENTS. |
|---|---|---|---|---|
| 19 | Roussillon............ | Roussillon, viguerie de Conflans (Villefranche), Cerdagne (Mont-Louis), Vallespir, Capsir, Aspres. | 15,700 | Pyrénées-Orientales. |
| 20 | Comté de Foix...... | Haut-Comté (Foix), Bas-Comté (Pamiers), Donezan (Quérigut). | 4,060 | Ariège. |
| 21 | Guyenne et Gascogne... | Guyenne: Bordelais le Cubzag, Fronsadais, Bourguès, etc.; Médoc (Lesparre), Entre-deux-Mers, Bénauges, Bazadais; Haut-Périgord (Périgueux); Bas-Périgord (Sarlat); Agenois. Haut-Quercy (Cahors); Bas-Quercy (Montauban; Rouergue (Rodez); Haute-Marche (Milhau); Basse-Marche (Villefranche). — Gascogne: Pays des Landes vicomtés de Dax et d'Orthez, duché d'Albret), pays de Buch, Condomois, Gabardan (Gabaret), Eauzan (Eauze); Haut-Armagnac (Auch); Bas-Armagnac, avec l'Armagnac propre (Nogaro), l'Astarac (Mirande). le pays de Rivière (l'Ile-Jourdain), le pays de Verdun. Lomagne (Lectoure), le pays des Montagnes ou des quatre Vallées (Castelnau de Magnoac), le comté de Gaure (Fleurance), le Brulhois (Leyrac), le Fezenzaguet (Mauvezin); la Chalosse avec la Chalosse propre (Saint-Sever), le Tarsan (Aire), le Marsan; le pays des Basques avec le pays de Labourd (Bayonne) et la vicomté de Soule (Mauléon); le Lavedan (Argelès), le Pardiac (Mont-lezun), Bigorre (Tarbes), le Comminges, avec le Bas-Comminges (Lombez), le Haut-Comminges (Saint-Bertrand), le Nébouzan (Saint-Gaudens), enfin le Conserans (Saint-Lizier). | 67,500 | Gironde, Dordogne, Lot-et-Garonne, Lot, Aveyron, Gers, Landes, Hautes-Pyrénées. |

## TABLEAU DES ANCIENNES PROVINCES. 277

| | | | | |
|---|---|---|---|---|
| 22 | Béarn | Béarn (Pau), vallée des Gaves, Basse-Navarre (Saint-Jean-Pied-de-Port). | 11,780 | Basses-Pyrénées. |
| 23 | Aunis et Saintonge | Aunis (La Rochelle), Brouageais (Brouage), Saintonge (Saintes), Angoumois. | 2,000 | Charente-Inférieure, Charente. |
| 24 | Poitou | Haut-Poitou : Poitou propre (Poitou), Mirebalais (Mirebeau), Loudunois, Thouarsais, Gatine (Parthenay), Niortais. — Bas-Poitou : Plaine (Chantonnay), Marais (Luçon), Bocage (Chollet). | 8,940 | Vienne, Deux-Sèvres, Vendée. |
| 25 | Anjou | Haut-Anjou (Angers). — Bas-Anjou (Saumur). | 10,000 | Maine-et-Loire. |
| 26 | Maine | Haut-Maine (Le Mans). — Bas-Maine (Mayenne), Haut-Perche (Mortagne). | 54,000 | Sarthe, Mayenne. |
| 27 | Bretagne | Haute-Bretagne : Diocèse de Rennes, Marais de Dol, pays Malouin, de Guérande, de Retz, diocèse de Nantes. Brière, duché de Penthièvre (Lamballe), diocèse de Saint-Brieuc. — Basse-Bretagne : Trégorrois (Tréguier), Léon, Cornouailles, Vannetais. | 6,940 | Ille-et-Vilaine, Loire-Inférieure, Morbihan, Côtes-du-Nord, Finistère. |
| 28 | Touraine | Haute-Touraine (Tours), Gâtines (Nouy). — Basse-Touraine (Loches) : Champagne (Montbazin), Véron (Chinon), Sainte-Maure (Sainte-Maure), Brenne (Mézières). | 20,500 | Indre-et-Loire. |
| 29 | Orléanais | Orléanais : Beauce, avec le pays Chartrain, Dunois (Châteaudun), Vendômois, Blaisois, Perche Gouet (Montmirail), Gâtinais (Montargis), Sologne (Romorantin), Puisaye (Saint-Sauveur). | 6,400 | Loiret, Loir-et-Cher, Eure-et-Loir. |
| 30 | Nivernais | Nivernais : Amognes (Saint-Benoist-d'Azy), Bazois (Chatillon), Morvan (Château-Chinon), Vaux d'Yonne (Clamecy), Donziois (Donzy). | 14,550 | Nièvre. |
| 31 | Berry | Haut-Berry (Bourges) : Sancerrois. — Bas-Berry, avec la Champagne (Issoudun), Boischaud (La Châtre), Béolois (Châteauroux). | 7,890 | Cher, Indre. |
| 32 | Bourbonnais | Haut-Bourbonnais (Moulins). — Bas-Bourbonnais (Bourbon-l'Archambault). | | Allier. |

Bougier. — Géographie.

| N°s | PROVINCES. | PAYS. | SUPERFICIE DES PROVINCES EN KIL. Q. | DÉPARTEMENTS. |
|---|---|---|---|---|
| 53 | AUVERGNE | Haute-Auvergne (Aurillac) avec Planèze (Saint-Flour) : Cantal (Muret), Carladès (Carlat). — Basse-Auvergne, avec Limagne (Clermont) : comté d'Auvergne (Vic), Dauphiné d'Auvergne (Vodable), Brivadois (Brioude), duché de Montpensier (Ardes), duché de Mercœur, Laugeac (Langeac), Livradois (Ambert), baronnie de Combrailles (Evaux), baronnie de la Tour-d'Auvergne, pays de Franc-Alleu (Sermur), Artense. | 14,000 | Puy-de-Dôme, Cantal. |
| 54 | LIMOUSIN | Haut-Limousin (Limoges). — Bas-Limousin (Tulle). | 10,000 | Haute-Vienne, Corrèze. |
| 55 | MARCHE | Haute-Marche (Guéret). — Basse-Marche (Bellac). | 4,900 | Creuse. |

# DÉPARTEMENTS.

**Superficie des départements.** — Les départements français sont fort inégaux en superficie et en population absolue et relative. Les dix plus étendus sont :

|  |  |  |
|---|---|---|
| 1° La Gironde | 9740 | kil. carrés. |
| 2° Les Landes | 9521 | — |
| 3° La Dordogne | 9183 | — |
| 4° La Côte-d'Or | 8761 | — |
| 5° La Corse | 8747 | — |
| 6° L'Aveyron | 8745 | — |
| 7° La Saône-et-Loire | 8552 | — |
| 8° L'Isère | 8289 | — |
| 9° La Marne | 8180 | — |
| 10° Le Puy-de-Dôme | 7950 | — |

Les dix plus petits sont :

|  |  |  |
|---|---|---|
| 1° L'Ariège | 4894 | kil. carrés. |
| 2° La Loire | 4760 | — |
| 3° Les Hautes-Pyrénées | 4529 | — |
| 4° Les Pyrénées-Orientales | 4122 | — |
| 5° Les Alpes-Maritimes | 3714 | — |
| 6° Le Tarn-et-Garonne | 5720 | — |
| 7° Le Vaucluse | 3548 | — |
| 8° Le Rhône | 2790 | — |
| 9° Le Territoire de Belfort | 610 | — |
| 10° La Seine | 479 | — |

Les départements qui se rapprochent le plus de la moyenne (6075) sont : L'Indre-et-Loire (6114), l'Orne (6097), Seine-Inférieure (6035); les Deux-Sèvres (6000).

**Population des départements.** — Il y a des différences aussi notables dans la population ; les deux départements les plus peuplés sont :

|  |  |  |
|---|---|---|
| 1° La Seine | 2,411,000 | habitants. |
| 2° Le Nord | 1,520,000 | — |
| 3° La Seine-Inférieure | 798,000 | — |
| 4° Le Pas-de-Calais | 793,050 | — |
| 5° La Gironde | 755,000 | — |
| 6° Le Rhône | 705,000 | — |
| 7° Le Finistère | 666,000 | — |
| 8° Les Côtes-du-Nord | 651,800 | — |
| 9° La Saône-et-Loire | 614,000 | — |
| 10° La Loire-Inférieure | 613,000 | — |

Les dix départements les moins peuplés sont :

|  |  |  |
|---|---|---|
| 1° L'Ariège | 245,000 | habitants. |
| 2° Les Hautes-Pyrénées | 258,000 | — |
| 3° Le Cantal | 231,000 | — |
| 4° Le Tarn-et-Garonne | 221,000 | — |
| 5° Les Alpes-Maritimes | 204,000 | — |
| 6° Les Pyrénées-Orientales | 198,000 | — |
| 7° La Lozère | 136,000 | — |
| 8° Les Basses-Alpes | 136,000 | — |
| 9° Les Hautes-Alpes | 119,000 | — |
| 10° Le Territoire de Belfort | 69,000 | — |

ont ensemble seulement. 1,659,000 habitants.

C'est-à-dire plus que le Nord, mais beaucoup moins que la Seine.

Les départements qui se rapprochent le plus de la moyenne comme population (424 000) sont : le Gard (424 000), les Basses-Pyrénées (432 000), l'Aveyron (414 000).

Si l'on examine la répartition de la population sur le territoire on est frappé des mêmes contrastes. Si l'on supposait les Français distribués également sur toute l'étendue du territoire, chaque kilomètre carré compterait 70 habitants. Mais il n'y a que trois départements qui aient juste ce chiffre, l'Ardèche, les Vosges et l'Isère ; 28 le dépassent. Les dix départements qui sont les plus peuplés relativement à leur étendue sont :

| | | |
|---|---|---|
| 1° | La Seine | 5044 |
| 2° | Le Nord | 267 |
| 3° | Le Rhône | 253 |
| 4° | La Seine-Inférieure | 152 |
| 5° | La Loire | 124 |
| 6° | Le Pas-de-Calais | 120 |
| 7° | Le Territoire de Belfort | 112 |
| 8° | Les Bouches-du-Rhône | 109 |
| 9° | La Seine-et-Oise | 100 |
| 10° | Le Finistère | 99 |

Les dix départements sur le territoire desquels les habitants sont le plus clair-semés sont :

| | | |
|---|---|---|
| 1° | L'Aube | 43 |
| 2° | Le Loir-et-Cher | 43 |
| 3° | L'Indre | 40 |
| 4° | La Haute-Marne | 40 |
| 5° | Le Cantal | 40 |
| 6° | Les Landes | 33 |
| 7° | La Corse | 30 |
| 8° | La Lozère | 27 |
| 9° | Les Hautes-Alpes | 21 |
| 10° | Les Basses-Alpes | 21 |

D'ailleurs quoique les Français soient, comme on l'a dit souvent, le peuple le plus attaché à son sol natal, il y a de perpétuels changements dans les chiffres de la population. Comme dans le reste de l'Europe, les villes profitent plus que les campagnes de l'accroissement, d'ailleurs très faible, du nombre des habitants. Certains départements, les uns les plus pauvres, les autres les plus riches de France, sont constamment en baisse, soit par suite des émigrations, soit à cause de l'infécondité des mariages.

**Subdivisions administratives des départements.** — Les départements sont divisés en arrondissements. En comptant les chefs-lieux de département on compte en France 360 de ces divisions administratives. Le plus étendu est celui de Mont-de-Marsan avec 5184 k.q., le moins vaste celui de Gex avec 398.

Le plus peuplé hors de la Seine est l'arrondissement de Lille, 591 000 habitants, et le moins peuplé Barcelonnette avec 14 704. Il y a en moyenne quatre arrondissements par département. Le Nord en a sept ; le Rhône deux, la Seine n'en a qu'un.

L'arrondissement se subdivise en cantons, il en reste 2865 à la France : huit en moyenne par arrondissement. Le plus étendu, celui de Castelnau de Médoc, a 809 k.q. Il est difficile de dire quel est celui dont la superficie est la plus faible, car beaucoup de grandes villes sont divisées en cantons de quelques hectares à peine. De même les cantons les plus peuplés sont dans les villes : le moins peuplé est celui de Barcelonnette (ar. de Gap), 853 habitants.

Enfin la dernière subdivision administrative est la commune : la France en comptait au recensement de 1876, un nombre de 36 056. La plus grande, Arles, a 1190 k.q. La plus petite, l'île de Tudy, dans l'anse de Benodet, 0,09.

La plus peuplée est Paris avec une population de 2 225 000 âmes, la plus pauvre en habitants est Morteau, canton d'Andelot, arrondissement de Chaumont, avec 15 habitants.

**Description des départements.** — Les 87 départements français peuvent être groupés de la manière suivante :

*Treize* au N., formés en tout ou en partie des provinces de Flandre, d'Artois, de Picardie, de Normandie et d'Ile-de-France.

*Quinze* à l'E., produits par le démembrement de la Champagne, de la Lorraine et de ce qui nous reste de l'Alsace, de la Franche-Comté et de la Bourgogne.

*Treize* au S. E.: leurs territoires ont appartenu au Lyonnais, au Dauphiné, à la Savoie, au Comtat-Venaissin, à la Provence, au comté de Nice et à la Corse.

*Vingt* au S. O. : ce sont des fragments du Languedoc, du Roussillon, du comté de Foix, de la Guyenne, de la Gascogne et du Béarn.

*Treize* à l'O., viennent de l'Aunis et de la Saintonge, du Poitou, de l'Angou, du Maine et de la Bretagne.

Enfin *treize*, au centre, remplacent la Touraine, l'Orléanais, e Nivernais, le Berry, le Bourbonnais, l'Auvergne, le Limousin et la Marche.

Région du Nord. — Treize départements.

**1. Le Nord**, 5680 k.q.

Formé du Hainaut, du Cambrésis, de la Flandre wallonne et

flamingante, des Wacte-ringhes, des Moers et des dunes du nord.

Il est arrosé par l'Aa, l'Yser, l'Escaut et ses affluents, la Scarpe (s'aff. la Lys qui reçoit la Deule) et la Sambre.

C'est le premier département de France pour la betterave et le houblon.

Le deuxième pour le lin, l'un des premiers pour les céréales ; i a une industrie métallurgique extrêmement développée.

Son réseau de chemins de fer est le plus serré de France après la banlieue de Paris.

Il est à la fois le plus long (190 kil.) et le plus étroit des départe ments (6 kil. sur le cours de la Lys). Il a 6 arrondissements, 6 cantons, 662 communes.

Chefs-lieux et villes principales :

Lille, sur la Deule, chef-lieu du premier corps d'armée ; conquis par Louis XIV en 1667, bombardée en 1708, et prise par le princ Eugène malgré la belle défense de Boufflers, bombardée inutilemen par Saxe-Teschen en 1792, grande ville industrielle de 160 000 habi tants.

Roubaix et Tourcoing sont liés au chef-lieu par une suite no interrompue de maisons et d'usines. Malplaquet (1709), Bouvine (1214), Mons-en-Puelle (1304), rappellent de glorieuses bataille dont les deux dernières ont été des victoires.

*Douay*, sur la Scarpe, cour d'appel et académie, grande vill bien bâtie aux larges rues, peu animées ; son hôtel de ville est sur monté d'un beffroi, du quinzième siècle. La citadelle se nomm fort de Scarpe ; conquise en 1668, elle fut fortifiée par Vauban on y fabrique des dentelles, et des toiles ; le commerce consist surtout en lin, grains et huiles.

Aniche, verreries et charbon de terre ; Marchiennes, ville très laide autrefois fortifiée.

*Cambray*, place forte ; la citadelle était regardée comme impre nable ; archevêché où siégea Fénelon qui est enterré dans la ca thédrale ; les rues sont tortueuses mais contiennent de belles mai sons et des édifices tels que l'Hôtel de Ville, la Bibliothèque, l'Hô pital militaire, l'Horloge : industrie, dentelles, sucreries ; commerc de blés, graines grasses, houilles ; patrie du vieux chroniqueu Enguerrand de Monstrelet ; ligue de 1508 ; paix des Dames de 1529

Le Cateau-Cambrésis, paix de 1559 ; fabriques de mérinos la patrie de Mortier.

*Valenciennes* sur l'Escaut et la Rhonelle, rues tortueuses, étroites mais pleines de vie ; pas de monuments anciens ; fortification considérables, patrie de Frossart et de Watteau ; prise pa

Louis XIV en 1677, bombardée en 1793, industrie très active : batistes, dentelles, sucreries, fonderies, etc.

Saint-Amand. Denain, victoire de 1712; Famars, détruite par Attila : on y a retrouvé des ruines romaines.

Anzin, mines de houille, les plus riches de France, occupant plus de 16 000 ouvriers, verreries et usines. Condé, place forte au confluent de la Haisne et de l'Escaut, siège de 1793.

*Dunkerque*, sur la mer du Nord, ville de marins, place de guerre, achetée par Louis XIV aux Anglais en 1662; patrie de Jean-Bart et de Roussin, assiégée par les Anglais en 1793. Le port est grand et commode, mais il était fermé aux grands vaisseaux de guerre par un banc de sable nommé le Braek, malgré la belle écluse des Chasses; on y a fait récemment de grands travaux, la ville pêche la baleine et le hareng.

Gravelines, jolie petite ville au milieu d'une vaste plaine sujette aux inondations de la mer, et desséchée par le travail opiniâtre des habitants; grand commerce de fruits et d'œufs avec l'Angleterre. Bergues, ville forte, au centre de trois canaux; on remarque le beffroi de son Hôtel de Ville, haut de 50 mètres, et les deux tours de l'ancienne abbaye. Hondschoote, victoire de 1793.

*Hazebrouck*, église du seizième siècle avec une flèche à jour de 84 mètres; c'est à Bailleul que se fabriquent les dentelles dites Valenciennes; Cassel, ville située sur une hauteur, victoires de Philippe I$^{er}$ sur les Frisons (1071); de Philippe VI sur les Flamands (1328); de Philippe d'Orléans sur les Hollandais et les Espagnols (1677).

*Avesnes*, sur l'Helpe majeure, petite ville forte; Malplaquet, 1709; Landrecies et Maubeuge, places fortes sur la Sambre, célèbres dans les guerres des Flandres et celles de la Révolution; Wattignies, victoire de 1793. Le Quesnoy, place forte sur une éminence. — Fourmies, où fut établie la première verrerie du Nord en 1599.

## 2. Pas-de-Calais, 6610 k.q.

Formé de l'Artois, du Boulonnais, du Calaisis, du Ponthieu, de la Marquenterre, du Ternois et du pays d'Allen.

Arrosé par la Liane, la Canche, l'Aa, la Lys et la Scarpe (sous-affluent, la Sensée), limité au S. par l'Authie.

Le premier des départements pour le lin. Le second pour le nombre des poules; le troisième pour la betterave.

Industrie très développée.

Arras, une des plus vieilles villes de France, capitale des Atrébates au temps de César, très florissante sous les ducs de Bourgogne (traité de 1435), puis disputée entre la France et l'Autriche ou l'Espagne ; prise en 1640, fortifiée par Vauban. Évêché ; la ville se divise en trois parties : la cité, la haute ville à l'aspect flamand, la basse ville plus moderne. L'ancienne abbaye de Saint-Waast est maintenant transformée en cathédrale ; Palais épiscopal ; Bibliothèque ; sur la même place s'élève l'Hôtel de Ville avec un beffroi fameux de 88 mètres.

Bapaume, à la rencontre des routes d'Amiens à Cambrai et de Péronne à Arras, aux sources de la Sensée : place forte déclassée. Bataille de 1871.

*Béthune*, ville de guerre, située sur un roc, beffroi flanqué de quatre tourillons, blanchisseries de toiles, raffineries de sel, sucreries. Lens, victoire de Condé en 1648. Lillers, dans une plaine riante, grande abondance de puits artésiens, chaussures.

*Saint-Omer*, sur l'Aa, place forte, belle et grande ville, dont les faubourgs sont coupés par plus de 300 canaux, c'est la Venise de l'Artois. Les îles autrefois flottantes du Clair Marais sont fixées. Ancienne abbaye de Saint-Bertin, dont il ne reste qu'une tour gothique merveilleuse. Siège de la cour d'assises. On y fabrique des pipes ; draperies, sucreries, raffineries ; conquise en 1677 ; patrie de Suger.

Aire, jolie ville, bien bâtie, fortifiée. — Thérouanne, autrefois ville importante, n'est plus qu'un hameau. Ardres, 1520. Guinegate, 1479, 1513. Renty, 1554.

*Boulogne*, à l'embouchure de la Liane ; bains de mer, port marchand, paquebots pour l'Angleterre ; Hôtel de Ville avec beffroi, château, musée, bibliothèque, esplanade avec une fontaine monumentale. Carrière de marbre ; siège de 1540 par les Anglais, camp de Boulogne.

Marquise, marbre. Ambleteuse, en ruines avec son port comblé comme ceux de Wissant, Vimereux. Calais, perdue en 1346, reprise en 1558 ; en concurrence avec Boulogne pour le transit des voyageurs ; son faubourg, réuni dans la même enceinte depuis peu. Saint-Pierre-lez-Calais était plus peuplé.

*Montreuil*, petite place forte ; église Saint-Saulne XIV et vieux château. Étaples, petit port de commerce ; Hesdin, sur la Canche.

*Saint-Pol*, sur la Ternoise ; tabac, huiles, bestiaux ; Azincourt.

**3. Somme**, 6160 k.q.

Vermandois, Santerre, Amiénois, Vimeu, Ponthieu, Marquenterre.

Baigné par l'Authie (limite au N.) la Maye, la Somme et la Bresle (limite au Sud).

Le premier des départements de France pour le nombre des poules et pour l'extraction de la tourbe, un des premiers pour la betterave.

5 arrondissements, 41 cantons, 835 communes.

Amiens. Chef-lieu du II<sup>e</sup> corps d'armée; réuni à la couronne par Philippe Auguste. Traité de 1802. Ville haute, neuve et belle, ville basse, manufactures et cathédrale : à une église parfaite il faudrait « clocher de Chartres, nef d'Amiens, chœur de Beauvais, portail de Reims »; promenade du Hautoy. Le commerce s'élève à 40 000 000. Patrie de Pierre l'Ermite, Voiture, Ducange et Gresset.

Corbie, filature. Pecquigny, traité de 1479. Pont-Noyelles, 1870.

*Péronne*, place forte, église Saint-Jean, tour Hubert, 1468.

Ham, ancienne prison d'État (Louis-Napoléon).

*Montdidier*, sur le penchant d'une butte; vue d'en bas, très pittoresque; d'en haut, triste, mal pavée, mal bâtie; édifices disgracieux; patrie de Parmentier. Roye.

*Abbeville*, dans une fertile vallée, sur les deux rives de la Somme avec une île. Église de Saint-Wulfran : deux tours de 66 mètres. Le commerce et l'industrie ont envahi cette ville, mais ne lui ont pas enlevé son aspect triste et maussade

Crécy, défaite de Philippe VI en 1346. Blanchetaque, gué surpris par Édouard III. Saint-Valery, embarquement des Normands avec Guillaume le Bâtard, 1066.

*Doullens*, sur l'Authie, garde une citadelle peu importante, prison d'état avant 1789.

### 4. Seine-Inférieure, 6035 k.q.

Roumois, Grand-Caux, Petit-Caux, pays de Bray, Vexin Normand.

Grand pays industriel et agricole: possède plus du tiers des filatures de coton de France.

Arrosé par la Seine, l'Arques et l'Epte, qui le limite du côté de l'E.

5 arrondissements, 51 cantons, 759 communes.

Rouen est le chef-lieu de III<sup>e</sup> corps d'armée; il est situé sur la droite de la Seine : c'est le grand centre de l'industrie cotonnière; il fournit à l'Algérie presque tous ses tissus. Menacé par le Havre comme ville maritime, Rouen, grâce à ses chemins de fer et aux travaux qui ont approfondi le fleuve, a soutenu son rang jusqu'ici; mais son avenir est surtout dans le développement de ses industries. Vieille ville historique, il garde des monuments magnifiques, la cathédrale avec les tombeaux d'anciens ducs et ceux de Louis de Brézé et du cardinal d'Amboise est une des plus curieuses de France. L'Église Saint-Maclou est renommée pour les sculptures de ses portes attribuées à Jean Goujon. Jeanne d'Arc y a été brûlée en 1431 et Corneille y est né.

Sur la rive gauche de la Seine, le faubourg de Saint-Sever. La ville est entourée d'un grand nombre d'agglomérations industrielles : Deville, Boudeville, le Houlme, Darnetal, Malaunay, Cadebec, Sotteville, etc.

Elbœuf, simple chef-lieu de canton, est la première ville de France pour la fabrication des draps fins. Avec les usines et les filatures des environs, Caudebec-lès-Elbœuf, Saint-Pierre, Orival, etc., elle compte plus de 42 000 habitants. Jumièges est célèbre par les ruines de son ancienne abbaye.

*Yvetot*, capitale du Pays de Caux, est plus célèbre par le titre royal que portaient jadis ses seigneurs que par ses filatures. Bolbec, Port-Jérôme et Lillebonne, enfin Caudebec ont une industrie florissante.

*Le Havre* est le port d'attache des paquebots français pour l'Amérique et l'Angleterre. C'est le second port de la France, il a accaparé le cinquième du trafic ; la valeur de ses échanges maritimes en 1875 était de 1 milliard 680 millions.

Montivilliers, fabrique des draps ; Fécamp est le premier port de France pour la pêche en haute mer ; Etretat a des falaises célèbres. Bobec fabrique des Indiennes.

*Dieppe* est le port le plus rapproché de Paris, il a vu partir des flottes qui ont trafiqué avec l'Amérique avant Christophe Colomb, et la Guinée avant les Portugais ; le grand armateur Ango et Duquesne sont de cette ville. Arques a vu fuir les ligueurs devant Henri IV en 1589. Eu sur la Bresle a un château commencé par Henry de Guise. Le Tréport.

*Neufchâtel ;* Aumale, où en 1592 Henri IV se battit comme *un carabin* contre Alexandre Farnèse. — Gournay, célèbre par son beurre.

### 5. Eure, 5958 k.q.

Vexin normand, campagnes d'Evreux et de Saint-André, pays d'Ouche, Lieuvin, Roumois, Neubourg.

Les rivières qui arrosent l'Eure sont la Seine avec l'Eure (sous affluent l'Iton), la Rille, l'Epte qui forme limite au N. E.

C'est un pays d'herbages et d'agriculture ; quelque industrie, surtout dans le Roumois, mais la population décroît rapidement.

5 arrondissements, 36 cantons, 700 communes.

ÉVREUX, sur l'Iton, a une belle cathédrale.

Breteuil a des laminoirs sur l'Eure. Cocherel (1364, victoire de Duguesclin), Ivry, 1490 victoire de Henri IV ; à Vernon, ateliers de construction des équipages militaires.

*Louviers*, sur l'Eure ; tout près de son confluent est une grande fabrique de draps à bon marché. Gaillon, ancien château dont le portique a été transporté à Paris.

*Les Andelys*, r. d. de la Seine; ville double : le grand et le petit Andelys sont à un kilomètre de distance. Au-dessus les ruines du Château-Gaillard; Gisors avec son château du XII° siècle. Dangu, haras célèbre.

*Bernay*, sur la Charentonne, affluent de la Rille ; Broglie.

*Pont-Audemer*, sur Rille, a le petit port de Quillebœuf.

## 6. Calvados, 5524 k.q.

Campagne de Caen, Lieuvin, Pays d'Auge, Bocage, pays d'Houlme, Bessin.

Touques, Dives (affluents : Antes-Vie), l'Orne, la Seulles, l'Aure et Dromme, Vire (limite).

Pays herbager par excellence.

Caen. Son lycée est jusqu'à présent le plus beau de France. Son avant-port est Oystreham, plage renommée ainsi que Lion-sur-Mer, Luc, Saint-Aubin, etc.

*Bayeux* garde la fameuse tapisserie de Guillaume le Conquérant ; à Formigny, les Anglais ont été battus en 1450. Isigny fait le commerce de beurre avec l'Angleterre. Arromanches, Port-en-Bessin.

*Falaise* a gardé son vieux château où est né Guillaume le Conquérant ; son faubourg de Guibray est célèbre par ses foires aux chevaux.

*Lisieux*, sur la Touques, fabrique de toiles et de draps. Livarot est enrichi par ses fromages. Mézidon est un carrefour de railways. — Enfin Crève-cœur a donné son nom à une race de grosses poules.

*Pont-l'Évêque*, sur Touques.

Honfleur, en face du Havre, a fondé Québec ; c'est le grand port du département; les relations sont surtout avec l'Angleterre, où elle porte les produits agricoles de Normandie, et la Scandinavie dont elle reçoit les bois. Les plages de l'embouchure de la Touques, Touville, Deauville, Villers, Houlgate, etc., sont les plus fréquentées de France.

*Vire* et Condé-sur-Noireau sont de petites villes industrielles.

## 7. Orne, 6097 k.q.

Marches, pays d'Houlme, Perche, Merlerault, Alençonnais.

Eure(Aira), Rille (Charentonne), Touques, Dives, Orne, Mayenne (limite), Sarthe (Huisne).

Le premier département pour l'élevage de la grosse cavalerie.

288 DÉPARTEMENTS. — RÉGION DU NORD.

4 arrondissements, 36 cantons, 511 communes.

Alençon, sur la Sarthe : commerce de chevaux, avec s[…] évêché.

*Mortagne*, à l'E. : son plateau est célèbre par le grand nombr[e de] rivières qui en découlent. Bellême, place très forte au Mo[yen] Age. La première abbaye de la Trappe a été fondée par Rancé [près] de Soligny, aux sources de l'Avres et de l'Iton. Laigle trava[ille] le cuivre et le cuir.

*Argentan* est le chef-lieu d'un arrondissement purement a[gri]cole ; Camembert, le Merlerault et le Pin avec son école de [ha]ras, sont les bourgs les plus renommés.

*Domfront*, sur la Varenne (Mayenne) ; son district contient [une] ville industrielle, Flers, qui travaille les toiles et les coutils a[insi] que Tinchebrai (bat. de 1106).

### 8. Manche, 5928 k.q.

Cotentin et Avranchin, Bocage.

Divette, Douve, Taute, Vire, Sélune, Sée, Soulle.

C'est le premier département de France pour la qualité et s[e] vent aussi pour la quantité du cidre.

6 arrondissements, 48 cantons, 643 communes.

Saint-Lô, sur la Vire, est gracieuse d'aspect, vend des étoffes [et] des chevaux.

Carentan s'est enrichi en transformant ses marécages en jard[ins] dont les produits partent pour l'Angleterre.

*Cherbourg*, chef-lieu de la première préfecture maritime, [à] l'embouchure de la Divette, est protégé par d'immenses trava[ux] commencés en 1686 par le grand Vauban et terminés s[ous] Napoléon III. Là se trouve l'École d'application du génie mariti[me].

*Valognes* n'a pas d'importance : le petit port de Barfleur [est] voisin de la rade de la Hougue, où Tourville fut glorieuseme[nt] battu en 1692. Au S., Saint-Waast a des chantiers de constructi[on] et des parcs d'huîtres défendus par l'îlot de Tatihou ; dans l'arro[n]dissement se trouve Saint-Sauveur-le-Vicomte, où le traître Geoffr[oy] d'Harcourt fut tué dans une vigne.

*Coutances*, dont la cathédrale domine superbement la m[er]. C'est là que se tiennent les assises du département ; à l'O. [de] cette ville le château de Tourville, où vécut, s'il n'y est pas né, [le] grand amiral.

*Avranches* est admirablement campée au-dessus de la Sé[e]. Granville est un bon port qui arme pour la grande pêche. L[e] mont Saint-Michel-en-Péril-de-Mer est réuni au continent par u[ne] digue et un chemin de fer.

SEINE. 289

*Mortain* est un des plus petits chefs-lieux de France, c'est aussi l'un des plus pittoresques. Saint-Hilaire du Harcouet, dans le voisinage, fabrique des étoffes.

**9. Seine,** 479 k.q.

Le petit département de la Seine, qu'on avait d'abord appelé du nom bien plus juste de département de Paris, est formé d'un morceau de l'Ile-de-France, et enclavé dans Seine-et-Oise. Il n'a plus aujourd'hui qu'un arrondissement, Paris : 28 cantons et 72 communes, dont plusieurs sont de grandes villes.

Paris est divisé en deux parties inégales par la Seine, qui entre par Bercy et sort par le Point-du-Jour. Dans l'île de la Cité s'élèvent Notre-Dame et la Sainte-Chapelle, le Palais et l'immense Hôtel-Dieu; sur la rive droite et sur la rive gauche se pressent des monuments de tout genre : palais, théâtres, églises, grandes écoles, collections, musées, etc. C'est la première ville de France pour l'industrie des machines, du bronze, des raffineries. Pour l'imprimerie, les instruments de précision, la bijouterie, l'ébénisterie, les vêtements, pour tout ce qui touche à la mode, pour les « articles de Paris », cette ville a jusqu'ici le monde entier comme tributaire.

Les établissements militaires dont Paris est le siège sont, pour le Ministère de la Guerre :

L'État-major général et l'Administration centrale proprement dite,

Le Dépôt central de l'artillerie,

Le Dépôt central des poudres et salpêtres,

Le Dépôt des fortifications,

La Galerie des plans en relief,

L'École militaire supérieure,

L'École polytechnique,

L'École d'application des poudres et salpêtres,

L'École de médecine et de pharmacie militaires (Val-de-Grâce),

L'hôtel des Invalides,

Un Magasin général de mobilisation,

Un Magasin spécial d'objets de campement (Billancourt).

Pour le Ministère de la Marine :

L'Administration centrale,

Le Conseil d'Amirauté.

Les autres conseils et commissions, tels que ceux des travaux de la marine, des prises, de défense des côtes, etc.

Le Dépôt des cartes et plans de la marine.

Le Dépôt des fortifications des colonies.

Au N. de la Seine, dans l'ancien arrondissement de Saint-Denis nous citerons, parmi les villes importantes qui se rattachent plu ou moins à Paris, Boulogne avec son bois mondain et ses deu champs de courses; Neuilly (Courbevoie en face sur la rive gauche et Puteaux au S. de Courbevoie); Clichy-la-Garenne, au pied de buttes Montmartre; Saint-Denis, grande ville d'industrie, a so ancienne abbaye dont l'église est un vraie musée consacré à l'histoire dynastique de la France. Aubervilliers et Pantin couvren de leurs usines une plaine très peuplée, de même Charonne et Mon treuil, célèbre par les pêches de ses espaliers.

A Vincennes commence l'ancien arrondissement de Sceaux. Le fort de Vincennes, que surmonte un vieux donjon et une chapelle du quatorzième siècle, est célèbre par la défense de Daumesnil en 1814. Cette ville est sans cesse accrue par le flot de Paris de même que Saint-Mandé, sa voisine du côté de la capitale. Cha renton-le-Pont regarde Ivry de l'autre côté de la Seine, grand centre de métallurgie. Les petites communes qui parsèment de leurs jardins maraîchers, de leurs champs de roses, de fraises, de leurs coquettes villas toute la plaine ondulée située au pied des grands bois du plateau de Châtillon, seraient des villes im portantes dans maint département. Elles contribuent pour une part très importante à l'alimentation de Paris (Choisy-le-Roy, Gentilly et Arcueil, Sceaux, Fontenay-aux-Roses, Clamart, Vanves, Issy, etc.).

**10. Seine-et-Oise**, 5604 k.q.

Vexin français, Mantois, Valois, Hurepoix, Beauce, Gâtinais.

Il est arrosé par la Seine, l'Oise, l'Epte (limite), la Bièvre, l'Yvette, l'Orge, l'Essonne et la Marne.

C'est un pays couvert de bois et de champs fertiles surtout en céréales. L'industrie du papier y est florissante.

6 arrondissements, 36 cantons, 686 communes.

Versailles, bâtie pour le Palais; façade d'un demi-kilomètre, grand et petit Trianon. Houdon, Berthier, Ducis; Lazare Hoche est né à Montreuil, 1768, Louis XV, Louis XVI, Louis XVIII. Sèvres a sa nouvelle manufacture de porcelaine et l'École normale secon daire des jeunes filles établie dans les bâtiments de l'ancienne manufacture de Saint-Cloud; Henri III et Madame y mouru rent. Le coup d'État du 18 brumaire y fût accompli et les ordon nances y furent signées; le château a été brûlé pendant la Guerre de 1870. Saint-Cyr avec son École militaire, dont la bi bliothèque a été enlevée par les Allemands. Grignon a une École nationale d'agriculture. Ville d'Avray, Louveciennes sont célèbres par leurs villas. Marly, avec sa machine qui donne à Versailles des eaux dont la limpidité laisse à désirer. Construite sous Louis XIV, la machine de Marly élevait 5000 mètres cubes par jour uniquement pour les jardins. Une machine à vapeur envoie aujourd'hui 10 000 mètres cubes à la population et 500 aux jardins. Meudon aux joyeux souvenirs; son château est aussi en ruine. Saint-Germain en Laye (forêt de Lédia, 4400 hectares). Louis XIV y naquit. M. Thiers y mourut. Maisons-Laffitte, château, chef-d'œuvre de Mansart. Poissy, à l'autre lisière de la forêt, est la patrie de Louis IX; on y voit le moulin de la reine Blanche.

Argenteuil, célèbre par son vin aigrelet.

Rueil, où Richelieu avait son palais et où les Beauharnais ont leur tombeau.

*Pontoise*, où se sont réunis les États de 1561 et où le Parlement a été exilé en 1753, est le chef-lieu d'un arrondissement célèbre par ses villages de plaisance. Enghien avec ses eaux sulfureuses, et son petit lac. Montmorency avec ses cerises, sont les plus célèbres. Saint-Leu-Taverny contient les tombeaux du dernier Condé et de Louis Bonaparte.

*Mantes-la-Jolie* possède une fort belle église. Rosny montre encore le château où est né Sully. La Roche-Guyon a les restes d'un château féodal.

*Rambouillet*, où est mort François Ier. Sa Bergerie nationale est célèbre, en 1786 on y introduisit du mérinos.

Dourdan a un donjon de Philippe Auguste. Montfort l'Amaury. Chevreuse est célèbre par sa vallée où s'élève le château de Dampierre, du dix-septième siècle. On y visite les ruines de l'abbaye Port-Royal des Champs, rasée en 1710.

*Étampes* est dans une position heureuse entre Orléans et Paris; c'est un grand marché des blés de la Beauce. C'est la patrie de Geoffroy Saint-Hilaire.

*Corbeil*.

Montlhéry (1465), vieux donjon superbement situé.

La papeterie d'Essonne est la plus importante du département.

## 11. Oise; 5855 k.q.

Beauvoisis, Noyonnais, Valois, Santerre, Pays de Bray.

Il est arrosé par l'Oise et ses affluents, l'Aisne, l'Authonne, la Nonette, l'Avre, le Thérain (r. d.), l'Epte (limite), la Bresle.

Quelques magnifiques forêts; l'agriculture est très avancée; les cours d'eau sont bordés de cultures maraîchères ou de prairies. Le département est très industriel, il produit annuellement pour 80 millions de marchandises. Il est au premier rang

pour la fabrication de la porcelaine opaque et des briques réfrac
taires.

4 arrondissements, 35 cantons, 701 communes.

BEAUVAIS, sur le Thérain, au point de convergence de trois rivière
tient son nom des Bellovaques. C'est une ville gauloise ; sa cathédra
« la plus belle du monde », disaient les bourgeois, avait une flèch
de 153 mètres de hauteur qui s'est écroulée en 1573, le chœu
et les transepts sont seuls terminés ; les voûtes ont 47 mètr
d'élévation. Manufacture de tapis. Grande industrie de briques r
fractaires, très vieille dans le pays, comme le prouvent les déco
vertes de la Chapelle-aux-pots. Toute la vallée du Thérain a d
châteaux comme ceux de Mouchy, Noailles, Crillon, Feuquières, q
rappellent des familles historiques.

*Clermont-de-l'Oise*, sur l'Avre, et sur une colline d'où l'on d
couvre le pays jusqu'au delà de Senlis. — Il reste un donjon
l'ancien château féodal.

Saint-Just-en-Chaussée, patrie des frères Haüy, bonneterie. Crèv
Cœur. Breteuil, tissage des étoffes. Mony et Bury, boutons et éto
fes. Liancourt, grande fabrique de chaussures.

*Senlis* (tribu des Silvanectes), situé au S. E. de Creil, vallée de
Nonette, forêts et haies.

Crépy, ancienne capitale du Valois. Ermenonville, célèbre par
séjour de Jean-Jacques. Chantilly, dont le château et le parc so
célèbres. Creil et Montataire, plus de 2000 ouvriers ; porcelaine op
que. Pont-Saint-Maxence et Verberie sont d'anciennes villes mér
vingiennes.

*Compiègne*, sur l'Oise : sa forêt, ancienne forêt de Guise ; le châtea
est du dix-huitième siècle et très médiocre ; il contient le mus
Khmer ou Cambodgien ; la forêt s'étend sur 145 k.q. Jeanne d'Arc
fut prise en 1429.

Pierrefonds possède un magnifique château restauré par Viollet-l
Duc ; aux environs on trouve sur le mont Ganelon des restes de fo
tifications romaines et gauloises. Ourscamp, jadis abbaye fort rich
les bâtiments sont occupés par une fabrique de velours d'Amien
Noyon, où Hugues Capet fut élu roi en 987, a donné naissance
Calvin. Ramus est né dans le voisinage. — La cathédrale est u
des plus belles de France.

**12. Seine-et-Marne**, 5736 k.q.

Brie française et champenoise, Valois, Gâtinais.

Ce département est arrosé par la Marne et ses affluents, l'Ourc
(r. d.), le Petit Morin et le Grand Morin (r. g.) ; — La Seine et s
affluents : Voulzie ; Yères (r. d.), Loing (r. g.).

SEINE-ET-MARNE. AISNE.

Terres très divisées, produisant des céréales, légumes, des fromages; — on trouve des pierres à bâtir, pavés, plâtres. C'est le 5e département de France pour la papeterie.

5 arrondissements, 29 cantons, 530 communes.

Melun, patrie d'Amyot, a une maison centrale de détenus.

Vaux Praslin, célèbre par ses peintures de Mignard et de Lebrun. Brie Comte-Robert. — Fromages. Mormant 1814.

*Fontainebleau.* Palais où sont nés Henri III et Louis XIII ; là fut tué Monadelschi, fut signée la révocation de l'édit de Nantes ; Pie VII y fut enfermé par Napoléon, qui y fit en 1814 ses adieux à sa garde.

L'École d'application du génie et de l'artillerie occupe une partie des bâtiments.

La forêt de Fontainebleau a pour principaux sites la vallée de la Sole, le Cuvier de Châtillon, les gorges d'Apremont et de Franchard. Marlotte et Barbison sont des campements des peintres paysagistes. Thomery, chasselas. Montereau ; son commerce avec Paris monte à un million de tonnes, de porcelaine opaque, le dixième de ce qu'on fabrique en France valant 1 680 000 fr. On a tué Jean-sans-Peur sur le pont de Montereau en 1419 ; Napoléon y a gagné une bataille en 1814. Moret, confluent du Loing. Nemours, roches de grès ; près de là, au Bignon, naquit Mirabeau.

*Provins,* sur la Voulzie, patrie d'Hégésippe Moreau, a gardé une grande partie de son enceinte de 5 kilomètres, sur le sommet une citadelle du treizième siècle renforcée par un mur en 1432, grosse tour ou Tour des Prisonniers, eaux minérales ferrugineuses.

Nangis. Bray-sur-Seine.

*Coulommiers,* sur le Grand Morin, centre du commerce des fromages.

La Ferté-Gaucher, vieux bourg, papeterie ; là se fabriquent le Timbre et le papier de la Banque de France.

*Meaux* (Meldi), cathédrale inachevée d'où l'on voit à 38 kilomètres de distance les buttes de Paris ; traité de 1229.

Lagny, emporté par Alexandre Farnèse sous les yeux de Henri IV. Chelles, ruines de l'abbaye. Ferrières, château devenu historique en 1870. Noisiel, grandes usines.

### 13. Aisne, 7352 k.q.

Ce département est un de ceux qui ont été formés avec le plus de débris différents.

Vermandois, Thiérarche, Laonnais, Soissonnais, Valois, Tardenois, Brie Pouilleuse. Il est de forme triangulaire.

L'Oise, la Serre, l'Aisne et la Verte, la Marne, la Somme et la Sambre.

Il produit beaucoup de plantes industrielles ; il est de tous les départements de la France le plus riche en moutons (près d'un million) ; le premier pays du monde pour la fabrication des glaces ; situé sur la grande ligne de voies ferrées et navigables entre Paris et le Nord.

5 arrondissements, 37 cantons, 857 communes.

Laon, au centre de quatre lignes de chemins de fer, Reims, Soissons, Chauny et Vervins : sur un promontoire visible de fort loin, cathédrale du treizième siècle, vieille ville de liberté communale.
Crépy, traité de 1544. La Fère, école d'artillerie. Tergnier, grande gare de chemin de fer. Saint-Chauny et Saint-Gobain, manufactures de glaces ; des verreries existaient déjà au treizième siècle ; celle de Saint-Gobain fut fondée au seizième pour exploiter la découverte de Louis de Nehon en coulant des glaces, au lieu de les polir après les avoir soufflées. La célèbre compagnie de Saint-Gobain a des succursales en France et en Allemagne. Prémontré, 1800 maisons en dépendaient. Coucy (1225 à 1230). Les ruines magnifiques de Coucy ont 55 mètres de hauteur et 100 de circonférence ; on y voit des sculptures et des restes de peintures. Au bourg de Coucy-le-Château subsiste la porte de Laon, une des plus belles qui existent comme spécimen d'architecture militaire au moyen âge. Anizy-le-Château, Folemberg, ont des débris féodaux. Quersy-sur-Oise est célèbre par le capitulaire de Charles le Chauve, Craonne par les batailles en 1814. Notre-Dame de Liesse, pèlerinages. Marle, ancien château.

*Vervins* (1498), bourgade industrielle.

Hirson, vannerie. Quincangrogne, verreries établies au treizième siècle. Guise, duché-pairie en 1528, patrie de Camille Desmoulins. Fabrique de poêles émaillés et de calorifères ; plus de 1000 ouvriers qui vivent dans un familistère avec le directeur. La Capelle.

*Saint-Quentin*, première ville du département, cotonnades, lainages, châles, broderies, hôtel de ville ogival, église collégiale du douzième au quinzième siècle, 1557-1871, au bord de la Somme. 40,000 habitants, canal de Saint-Quentin, tunnel de 5670 mètres, tonnage, 1 860 000 tonnes.

Frenay-le-Grand, Bohain, horlogerie pour l'Allemagne. Le Catelet. Vermand, chef-lieu du Vermandois.

*Château-Thierry* sur la Marne, forteresse féodale ruinée et fort bien entourée. Le jardin et la maison de la Fontaine s'y voient encore. La Fère-en-Tardenois, où ont été découvertes plus de 2000 tombes gallo-romaines. La Ferté-Milon, patrie de Racine.

## AUBE. HAUTE-MARNE.

*Soissons* (Noviodunum des Suessiones) rappelle les dates de 486-925, douzième siècle, liberté communale 1814; cathédrale ogivale, restes de l'abbaye de Saint-Médard.

*Villers-Cotterets*, célèbre par l'édit de 1539 rendant le français obligatoire. A l'E., grande forêt où fut pratiqué dès 1836 un chemin de fer industriel transportant les troncs d'arbre à Port-aux-Perches, où l'Ourcq est navigable.

### Région de l'Est. — Quinze départements

**14. Aube,** 6001 k.q.

Basse-Champagne, Vallage, Bailliage de la Montagne.

Il est arrosé par la Seine et l'Aube, l'Armance et la Vanne, affluents de l'Yonne.

Un des premiers départements de France pour la bonneterie.

5 arrondissements, 26 cantons, 446 communes.

Troyes sur la Seine occupe le centre du département. Isabeau de Bavière et Philippe de Bourgogne y ont signé, avec Henry V d'Angleterre, le désastreux traité de 1420; centre du commerce des bonneteries qui se fabriquent dans tout le département; ville renommée par ses andouillettes, on extrait beaucoup de craie dans les environs. Cette ville est la patrie de Simard et de Girardon, de Mignard et d'Urbain IV, de Matthieu Molé et des deux Pithou.

*Nogent-sur-Seine* a des minoteries; dans son voisinage sont les ruines du Paraclet (Abeilard).

*Bar-sur-Seine* n'a pas d'importance.

*Bar-sur-Aube* a dans son arrondissement Clairvaux, au S.; La Rothière et Brienne, qui évoquent le souvenir de Napoléon I$^{er}$, au N.; au N. O. est le village de Villehardouin, patrie du plus ancien historien prosateur de France.

*Arcis-sur-Aube* a donné le jour à Danton.

**15. Haute-Marne,** 6220 k.q.

Bassigny, Vallage et Perthois.

Un quart du département couvert de bois, mais le sol est pauvre.

Très riche en minerai de fer; il est le quatrième pour la production de la fonte, le second pour le nombre des établissements métallurgiques.

Il est arrosé par la Meuse; la Marne, l'Aube, et la Vingeanne et l'Amance, affluents de la Saône.

3 arrondissements, 28 cantons, 550 communes.

CHAUMONT, le chef-lieu, occupe le centre du département, ce n'est que la troisième ville pour la population. Son altitude est de 324 mètres; la ville occupe un promontoire, élevé au confluent de la Marne et de la Suize; par-dessus cette rivière un viaduc de 50 arches à 3 étages et de 50 mètres de haut, joint la ville au plateau qui est en face. Les maisons ont l'aspect triste : on remarque comme principal monument une tour massive débris, du château construit au douzième siècle par les comtes de Champagne. C'est la patrie de Bouchardon. Andelot est célèbre par le traité de 587. Nogent-le-Roi (fabrique les couteaux dits de Langres). Sur la Meuse, Bourmont.

*Langres*, admirable position stratégique, enceinte de 4 kilomètres; citadelle de 475 mètres; c'est la seconde ville du département, très bien fortifiée. Elle était fort importante du temps des Romains, comme le prouve une porte gallo-romaine d'un grand caractère. Peu d'industrie (la coutellerie s'exerce à Nogent-le-Roi); patrie de Diderot. Chalindrey, nœud de chemins de fer sur Gray, Dijon, Belfort, Langres-Chaumont. Cette gare prend une grande extension. Bourbonne, eaux minérales pour la guérison des anciennes blessures, établissement de l'État.

*Vassy*, au N. sur la Blaise, affluent de la Marne, massacre de 1562. C'est l'arrondissement le plus actif; la ville s'occupe un peu de métallurgie, mais le chef-lieu de cette industrie est Saint-Dizier. Le canal latéral de la Marne qui y aboutit sert au transport des produits; la Marne y amène en trains flottés le bois nécessaire à l'entretien des feux; 12 000 habitants.

Saint-Dizier a été assiégé par Charles-Quint en 1544. Napoléon y a attaqué les alliés au début de la campagne de France. Par sa position au S. de l'Argonne cette ville avait été choisie en 1870 par les Allemands pour tourner ces montagnes; c'est de là qu'ils sont partis à la poursuite de l'armée française, marchant sur Metz, qu'ils ont arrêtée à Sedan.

Joinville, avec la statue de l'historien. Le Val d'Osne, d'où viennent les moulages en fonte de statues et de fontaines.

Cirey.

### 16. Marne, 8180 k.q.

Le Bocage, le Perthois et l'Argonne, la Champagne Pouilleuse, le Rémois.

Le département est tout entier dans le bassin de la Seine. Arrosé par la Marne, la Vesle et l'Aisne.

Par les fabriques de Reims il se rattache à la région industrielle du N. Ses vignobles sont fameux et lui assignent le premier rang pour les vins blancs mousseux, mais pour la superficie des vignes il n'est que le 42ᵉ des départements de France.

5 arrondissements, 32 cantons, 665 communes.

Châlons-sur-Marne, au centre. Chef-lieu du VIᵉ corps d'armée. Ville ouverte. On trouve à 8 kil. le sanctuaire de N.-D. de l'Épine, style ogival flamboyant. — École des arts et métiers; grand commerce de vins de Champagne, une des caves, où sont accumulés et élaborés les vins du pays, a 10 kil. de développement.

Le camp de Châlons, 120 k.q., est au N. de la Noblette, sur les bords de laquelle s'élève une enceinte circulaire désignée sous le nom de camp d'Attila.

*Sainte-Menehould*, chef-lieu de l'arrondissement du N. E.; peu peuplé, au débouché de l'Argonne, sur l'Aisne, dans une vallée marécageuse. A l'O. de la ville s'élève la localité fameuse de Valmy, 20 septembre 1792.

Au S. E., *Vitry-le-François*, sur la Marne, au point de jonction du canal latéral à la Marne et du canal de la Marne au Rhin, sur le passage des armées; un grand nombre de rivières viennent s'y réunir en éventail : la Vière, l'Ornain, la Saulx, brûlée en 1544 par Charles-Quint, rebâtie en 1545 par François Iᵉʳ; Vitry-le-Brûlé est à 4 kil. au N. E. 1142.

A l'O., *Épernay* sur la Marne, à l'endroit où la rivière perce la falaise tertiaire. En face, à l'exposition du sud, les crus fameux d'Ay, les premiers de la Champagne. La région des vignobles commence à Vertus, Avize, Ay, et suit la falaise jusque Sillery, au versant oriental de la Montagne de Reims. Pour donner une idée de l'importance de cette production il faut citer quelques chiffres : en 1875, on a récolté 22 382 000 bouteilles de champagne, on a en vendu pour 60 millions. En 1844, la production avait été de 6 656 000 bouteilles. Est-ce à dire que la production des vignobles ait quadruplé en 30 ans? Non, c'est que de tous les vins, le champagne est le plus travaillé. Il s'expédie dans toutes les parties du monde, diversement préparé suivant les goûts des consommateurs. La France ne garde qu'un cinquième ou un sixième du vin produit. Les caves où s'élabore le précieux liquide sont de vrais souterrains à plusieurs étages.

Le faubourg de la Folie à Épernay est célèbre pour ses villas.

L'arrondissement d'Épernay a une autre célébrité : les brèches de la falaise tertiaire ont été le théâtre de sanglantes batailles en 1814; Vertus, Champaubert, Vauchamps, Montmirail (où naquit le cardinal de Retz). La Fère-Champenoise et Sézanne, célèbre aussi par ses fossiles de la période éocène. Enfin Dormans sur la Marne, au N. de laquelle le duc de Guise battit les Allemands, en 1575.

*Reims*, entourée de trois côtés par des collines, en demi-cercle, à une distance d'environ 5 kil. Les brèches de ces collines, naturelles ou pratiquées par l'homme, convergent vers cette ville et lui donnent une grande importance stratégique reconnue par les anciens, méconnue à une époque récente et de nouveau proclamée aujourd'hui. L'histoire de Reims au moyen âge est celle de la royauté française : la cathédrale est un des plus beaux monuments du treizième siècle que nous ayons ; le plan en a été dressé par Robert de Coucy en 1212, et malgré quelques modifications faites au plan primitif ce monument est un de ceux qui ont le plus d'unité. Ces tours devaient s'élever à 120 mètres ; elles n'atteignent que 79 (le Panthéon 83). Autres édifices : Saint-Rémy, plus ancien que la Cathédrale ; Hôtel de Ville avec de précieuses collections, entre autres un médailler, le sarcophage de Jovinus, la porte de Mars entourée de jardins. Reims est la capitale du commerce de la Champagne ; elle a filature et tissage des laines, flanelles et tissus rayés : 150 kil. La ville s'est affranchie de la tutelle de Suresnes et de Puteaux pour la teinturerie. La fabrication du vin dépasse quatre millions et celle du sucre de betterave atteint ce chiffre. — C'est la patrie de Colbert et de Nanteuil. Là se trouvent les assises du département. Le pape Urbain II est né à Lagery, près de Ville-en-Tardenois.

C'est dans l'arrondissement de Reims que se trouvent Ay et Silleryet.

Fismes.

### 17. Ardennes. 5235 k.q.

Ardenne, Argonne, Luxembourg français, Rethelois, principauté de Sedan.

Arrosé par la Meuse, le Chiers et la Semoy (r. d.), l'Aire et l'Aisne.
Grande production de fer, d'ardoise et de phosphates.
5 arrondissements, 31 cantons, 502 communes.

Mézières et Charleville se regardent des deux côtés de la Meuse, la première, assiégée en 1521 par Charles-Quint, a été défendue par Bayard. Charleville fut fondée par Charles de Gongague en 1606 : elle a des fonderies et des clouteries ; les assises du département s'y réunissent.

Nouzon fabrique des clous et des wagons. Monthermé a des verreries.
*Rocroy*, 1643-1658.

Fumay, ardoises : la galerie de Sainte-Anne produit 35 millions de lames par an.

Givet, triple ville, forteresse construite par Charles-Quint (r. g.); Charlemont, Grand-Givet (r. d.), Petit-Givet, patrie de Méhul.

Rimogne, ardoisières exploitées par 600 ouvriers et produisant 40 millions d'ardoises par an.

ARDENNES. MEUSE.

*Sedan* (1ᵉʳ et 2 sept. 1870), prise en 1642 au duc, frère de Turenne. Industrie des draps, patrie de Turenne et de Macdonald. Balan-Bazeilles, célèbre par la défense de l'infanterie de marine. Beaumont, tristement fameux par la surprise du corps de Failly. Carignan, ancien Yvoy: son nom lui vient d'Eugène Maurice de Savoie, père du prince Eugène. Mouzon, ancienne église abbatiale.

*Rethel*, tissus de mérinos. Château Porcien. Gerson.

*Vouziers*, grand centre de fabrique de vannerie fine exportée dans toute la France.

Attigny-sur Aisne (786-822); Grandpré, sur l'Aisne; défilé célèbre de l'Argonne.

## 18. Meuse, 6228 k.q.

Barrois français, Barrois mouvant et non mouvant. Luxembourg français, évêché de Verdun.

Ce département est arrosé par la Meuse, le Chiers, l'Aire, l'Ornain et la Saulx, l'Orne et le Rupt de Mad.

Il occupe le premier rang pour l'élevage des chevaux.

4 arrondissements, 28 cantons, 586 communes.

Bar-le-Duc, sur l'Ornain, patrie d'Oudinot, duc de Reggio et d'Exelmans, est renommé pour ses confitures de groseilles, de fraises et de framboises. Il a aussi des filatures. — Ligny-en-Barrois, fabrique des compas de mathématiques et des gelées de groseilles. Noyers a la grande fromagerie de la maison du Val. L'arrondissement renferme en outre de nombreux établissements métallurgique.

*Commercy* est célèbre par ses madeleines; Saint-Mihiel par son Saint-Sépulcre, œuvre de Léger-Richier, groupe admirable de treize personnages taillé dans un seul bloc de pierre. Le cardinal de Retz a écrit ses mémoires à Saint-Mihiel. Vaucouleurs, où Jeanne d'Arc a révélé sa mission, est en même temps la patrie de la trop fameuse Mme Dubarry.

*Verdun*, place forte de première classe, patrie de Chevert, est une ville historique : le traité de 843 y mutila l'ancienne Gaule; la capitulation de 1792 et le suicide de Beaurepaire, et le supplice des Vierges de Verdun sont connus. Verdun fabrique des dragées et des liqueurs. — A Varennes a été arrêté Louis XVI en 1791. La Chalade et les Islettes sont dans l'arrondissement.

*Montmédy*, petite place forte assiégée par Vauban en 1657, et par les alliés en 1815; Stenay est complètement déchue. A Damvilliers est né le maréchal Gérard, enfin à Montfaucon en Argonne les Normands furent battus par le roi Eudes en 889.

### 19. Meurthe-et-Moselle, 5232 k.q.

Barrois français, Lorraine française.
Deux tiers de l'ancienne Meurthe, le cinquième de la Moselle
Arrosé par la Moselle, le Madon et l'Orne (r. g.), la Meurthe (r. d.
Le Chiers. Premier département de France pour le sel gemme
et pour la fonte qui rapporte 36 millions par an.
Faïences, glaces, papier (cristaux et glaces : 12 millions 1/2).
4 arrondissements, 27 cantons, 596 communes.

Nancy date presque entièrement du dix-septième et du dix-hui
tième siècle, et doit à Stanislas Leszczinski presque tous ses monu
ments; arc de Triomphe, place Carrière; siège de 1477; École
forestière; dans la vieille ville, l'église des Cordeliers avec le
tombeaux des ducs. Jacques Callot y est enterré. Patrie de Mathie
de Dombasle, agronome. Frouard. Haye fabrique des aiguille
Pont-à-Mousson; université de 1372 à 1763. Pagny-sur-Moselle
vignes, douane. Ruines faites par Richelieu du vieux château de
Prény; est une des premières gares de France pour l'énormité de
transit.

*Toul*, belle cathédrale, façade de style fleuri, fin quinzième siècle
belle résistance en 1870.

Bellevue, grande faïencerie.

*Briey*.

Longwy, place forte, forges de fer.

*Lunéville* (1801) fabrique des gants et de la poterie.

Baccarat, 2000 ouvriers y fabriquent des cristaux qui sont le
premiers du monde entier.

Blamont, filature.

Cirey est une succursale de St-Gobain.

La gare d'Emberménil dont la paroisse fut administrée par Gré
goire est fort importante (185 millions de tonnes y passent actuel
lement).

### 20. Vosges, 5853 k.q.

Lorraine, principauté de Salins.

Ce département a perdu par le traité de Francfort la haute vallé
de la Breusch (canton de Schirmeck).

Il est arrosé par la Moselle et ses affluents, la Meuse, et la haut
Saône.

La petite propriété y prédomine; les forêts occupent le quar
de la superficie, surtout dans la montagne. L'industrie des papier
et des cotonnades y est florissante.

5 arrondissements, 30 cantons, 531 communes.

Épinal est à peu près au centre du département sur la Moselle. Cette ville est célèbre avant tout par les produits de son imagerie, qui popularise par toute la France les uniformes de l'ancienne et de la nouvelle armée, et résume en quelques tableaux et couplets aussi naïvement dessinés que rimés nos vieilles légendes nationales. Plusieurs maisons alsaciennes y ont importé des industries aujourd'hui florissantes. Bains a onze sources thermales et fabrique des broderies. Rambervillers exporte du houblon et fabrique des papiers. A Chamagne est né le peintre de la lumière, Claude Gelée, dit le Lorrain.

*Saint-Dié*, ville épiscopale. Son industrie est très active (cotonnades, toiles, ciment). Gérardmer est renommé pour son lac et ses fromages (Géromé). Raon-l'Etape fond les minerais de fer et débite les sapins des Vosges: on y fabrique du papier de bois de tremble. La Souche a une grande papeterie. Sénones, jadis chef-lieu de la principauté de Salm, a été une abbaye que Dom Calmet a gouvernée.

*Remiremont* (Romarici mons) doit son nom à un ermite du temps des Mérovingiens; plus tard il a eu une maison de chanoinesses, qui dans les derniers temps pouvaient se marier comme les *Fellows* d'Oxford aujourd'hui. Il commande le débouché du Val d'Ajol, d'où nous vient tant de kirsch « de la Forêt Noire », et non du pire. Ce sont des eaux thermales qui viennent de Bussang, ce bourg en expédie 400 000 bouteilles par an dans toute la France. Plombières pourrait en fournir davantage, puisque ses sources débitent 1000 mètres cubes par jour, mais ses environs sont si beaux, qu'on préfère y accourir.

*Mirecourt*, sur le Madon, exporte des orgues, des violons; la campagne fabrique des dentelles. Contréxeville est très connue pour ses eaux minérales, et Vittel pourrait l'être davantage.

*Neufchâteau* a dans son voisinage Domremy-la-Pucelle, où est religieusement gardé le souvenir de l'héroïne.

### 21. Territoire de Belfort, 574 k.q.

Arrosé par l'Allaine et son affluent la Savoureuse.

Belfort, ville essentiellement militaire, n'a que deux portes.
Giromagny, nombreuses filatures et grandes fabriques de tissage.
Beaucourt fabrique des ustensiles de ménage en fer battu.
Delle est située sur la frontière suisse.

### 22. Doubs, 5228 k.q.

Franche-Comté (Haute-Montagne, Moyenne-Montagne, Plaine). Principauté de Montbéliard.

Arrosé par le Doubs, la Loue, l'Orne.

Département industriel, le premier de France pour l'horlogerie.

4 arrondissements, 27 cantons, 637 communes.

Besançon, chef-lieu du VII° corps d'armée, dans un méandre du Doubs que J. César dit « tracé au compas », à 125 mètres au-dessus de la plaine. Porte Noire, palais Granvelle; belle bibliothèque avec de précieux incunables, vieille ville autonome dont les habitantes portaient le titre de citoyennes. Patrie de Victor Hugo, Charles Fourier et Proudhon. Industrie horlogère importée en 1794. En 1813 on fabrique 10 800 montres; en 1875, 413 984.

Ornans, ville d'industrie. Alaise, où quelques archéologues reconnaissent l'emplacement de la gauloise Alésia.

*Pontarlier*, la ville la plus élevée de la vallée du Doubs, doit sa richesse au transit entre la Suisse et la France. Deux chemins de fer s'y bifurquent que garde le fort de Joux, où Toussaint Louverture périt en 1803. Morteau a une école d'horlogerie, près du Saut du Doubs.

*Montbéliard*, arrondissement industriel (étoffes et horlogerie), statue de Cuvier; citadelle; garde le canal du Rhône au Rhin et les chemins de fer de Suisse et d'Alsace.

*Baume-les-Dames*, abbaye célèbre par ses cuisines; on n'y était admis qu'en faisant preuve de noblesse.

**23. Jura,** 4994 k.q.

Franche-Comté (Haute-Montagne, Basse-Montagne, Vignoble, Plaine), Bresse, Finage.

Arrosé par le Doubs, et ses affluents de gauche, la Seille, l'Ain, la Bienne, et la haute Orbe.

C'est un des départements les plus riches en forêts et en carrières.

4 arrondissements, 32 cantons, 584 communes.

Lons-le-Saulnier, sur la Vallière, doit son nom à des sources d'eau salée qui jaillissent surtout à 2 kilomètres de la ville et fournissent annuellement 10 000 tonnes. C'est la patrie du général Lecourbe. Château-Châlon fait le commerce de vins.

*Saint-Claude* est au S. O.; il fabrique des ouvrages en bois, en ivoire sculpté; les paysans de la banlieue taillent les pierres précieuses et font des mesures métriques en bois ou en ruban. C'est une ville épiscopale, ancienne abbaye, dont les paysans sont restés serfs jusqu'à la fin du dix-huitième siècle. Morez exporte dans le monde entier ses horloges-régulateurs, ses mouvements de pendule, cadrans en émail, instruments de mathématiques. Les Rousses défendent la route de Genève à Besançon. Septmoncel a des fromages renommés et taille les pierres fines, sauf le diamant, qui n'est travaillé qu'à Paris, Anvers et Amsterdam.

*Poligny*, au pied du Jura, est entouré de bois de tous côtés; il a la même industrie que Lons-le-Saulnier. Arbois produit d'excellents vins. Salins, plus peuplée que le chef-lieu d'arrondissement, a des sources d'eaux minérales, des salines, des carrières de plâtre. Mouchard est un nœud important de chemins de fer.

*Dôle* est la ville la plus peuplée du département; elle fabrique des fourneaux de fonte, des instruments agricoles. Fraisans, au-dessus de Dôle, sur le Doubs, a d'importants établissements métallurgiques qui remontent au seizième siècle.

## 24. Haute-Saône, 5340 k.q.

Franche-Comté. Arrosé par la Saône, la Lanterne, la Boutonne (Durgeon), l'Oignon (limite au S.).

Exploitation des mines de houille, fer, sel gemme, préparation du kirsch.

Plus d'un tiers du département est couvert par les bois.

5 arrondissements, 23 cantons, 583 communes.

Vesoul au centre, sur le Durgeon; 4 chemins de fer y convergent. Faverney, ancienne abbaye de femmes. Jussey a des antiquités et des tanneries.

*Gray*, la plus grosse ville du département avec son faubourg d'Arc, produit des vins. Pesmes a des forges.

*Lure* n'a aucune industrie.

Luxeuil a des sites charmants et des eaux thermales renommées. Villersexel rappelle une victoire, et Héricourt une défaite de 1871.

Plancher-les-Mines fabrique des vis, et des carrés pour les montres.

## 25. Côte-d'Or, 8761 k.q.

Dijonnais, pays de la Montagne, Auxois, Morvan, Nuiton, Beaunois.

Arrosé par la Seine, l'Armançon, la Saône, la Vingeanne, l'Ouche, la Dheune (limite). Vins, moutons mérinos, fer.

4 arrondissements, 36 cantons, 717 arrondissements.

Dijon, sur l'Ouche et le canal de Bourgogne, étape entre Lyon et Paris, produit moutarde, confiture et pains d'épices. C'est la patrie de saint Bernard, Bossuet, Rameau, Jouffroy, Rude; ses principaux monuments sont les églises Saint-Bénigne et Notre-Dame, le Palais des ducs avec les tombeaux de Philippe le Hardi et de Jean Sans

Peur, et une collection de 40 000 estampes. Le parc a été dessir[é] par Le Noble. Au S. de Dyon commence la Côte-d'Or, Gevrey Chambertin, Chambolle, Vougeot planté par des Cisterciens.

Auxonne, petite place forte; Fontaine-Française, où Henry IV ba[t]tit les Espagnols en 1595.

*Beaune*, patrie de Monge, contient dans son arrondissement l[es] clos les plus célèbres : Corton, Pommard, Volnay, Montrache[t], Meursault.

Nolay, patrie de Carnot.

Nuits, Saint-Georges, la Romanée-Conti.

*Châtillon-sur-Seine*, Saint-Bernard y étudia. Sur le mont Lasso[is] qui la domine, Gérard de Roussillon éleva un château fort. G[é]vrolles est une bergerie nationale.

*Semur*, Alise Sainte-Reine, près du mont Auxois.

Bussy-le-Grand (Bussy-Rabutin), Montbard où naquit Buffon.

### 26. Yonne, 7428 k.q.

Basse-Bourgogne (Auxerrois), Champagne (Senonais), Orléana[is] (Puisage, Gâtinais).

Arrosé par l'Yonne. Cure (sous-affluent Cousin), Serain, Arma[n]çon, Vannes, rive droite. Le Loing.

Bons vins, ciment.

6 arrondissements, 37 cantons, 485 communes.

AUXERRE, sur la rive gauche de l'Yonne, que pare sa belle ca[thédrale] thédrale du treizième siècle, fait le commerce de vins de Bass[e] Bourgogne, de bois du Morvan, fabrique des tonneaux. — Chabli[s] produit des vins blancs, Coulanges-la-Vineuse et Irancy des vi[ns] rouges. — Mailly-le-Château et Châtel-Censoir occupent des sit[es] remarquables. Près du village de Fontenailles, non loin des ruin[es] imposantes de Druyes-les-Belles-Fontaines, s'est livrée la grand[e] bataille de Fontanet (841), où se disloqua le grand empire carlo[vingien.]
vingien.

*Avallon* est situé sur la pittoresque vallée du Cousin. Vézela[y] domine la Cure de la masse superbe de sa grande église de l[a] Madeleine, un des plus curieux monuments de France. En 114[6] saint Bernard y a prêché la seconde croisade. Toute la contré[e] est remplie de vieux monuments (Chatelux, etc.). A Annoux prè[s d'] Avallon est né Davout; à Saint-Léger du Fougeret, Vauban. Vass[y] fabrique des ciments.

*Tonnerre* a dans son arrondissement la ville et le château d'Ancy-le-Franc, commencé par le Primatice et habité par les Louvois.

*Joigny* produit des vins estimés. Bleneau rappelle la bataill[e] entre Condé et Turenne, 1652. La Roche-sur-Yonne doit sa prospérité au grand embranchement de P.-L.-M.

*Sens* a une belle cathédrale et un palais de l'officialité ; cette ville fait un grand commerce de briques. Villeneuve-sur-Yonne fait le commerce de vins.

### 27. Saône-et-Loire, 5340 k.q.

Bourgogne : Mâconnais, Charollais, Bresse, Châlonnais, Autunois, Morvan, Brionnais.

Arrosé par la Saône, le Doubs, la Seille (rive gauche), la Dheune, la Grosne (rive droite), la Loire, le Sornin et l'Arroux.

Vins, bestiaux et métallurgie.

5 arrondissements, 50 cantons, 589 communes.

Mâcon, rive droite de la Saône, patrie de Lamartine, exporte les vins de Thorins. Moulin à vent de Romanèche. — Tournus est la patrie de Greuze.

*Châlon-sur-Saône*, où aboutit le canal du Centre, a joué un grand rôle historique. Grand entrepôt de vins (Mercurey). Cette ville a englobé Saint-Laurent sur la rive droite de la Saône, dans le département de l'Ain. C'est le siège de la cour d'assises.

Chagny, position importante, exploite les carrières de pierre de taille. Verdun sur le Doubs. Montchanin, fabrique des tuiles renommées. Montceaux-les-Mines.

*Autun*, vieille ville romaine, « sœur et émule de Rome », a gardé de sévères monuments, qui ont survécu aux sièges et aux batailles dont a souffert la ville.

Blanzy, Montcenis, Épinac, Saint-Léger, Couches-les-Mines sont des bourgs industriels du district du Creuzot. Cette ville, la plus peuplée du département, est l'établissement métallurgique le plus complet d'Europe.

*Charolles* est célèbre pour sa race de beaux bœufs blancs. Bourbon-Lancy a des salines. Digoin est une ville commerciale. Paray-le-Monial est le berceau du culte nouveau du Sacré Cœur.

Louhans, denrées agricoles.

### 28. Ain, 5789 k.q.

Bresse, Dombes, Bugey, pays de Gex.

Arrosé par le Rhône, la Valserine, l'Albarine, l'Ain, la Saône (Reyssouse).

Département agricole, exporte des fromages et des poulardes renommées.

5 arrondissements, 36 cantons, 453 communes.

Bourg-en-Bresse, sur la Reyssouse, au carrefour de 5 chemins de fer, exporte des poulardes; patrie d'Edgard Quinet; près de là l'église de Brou; merveilleux monument qui contient les tombeaux des princes de la maison de Savoie.

Pont-de-Vaux est une commune industrielle.

*Trévoux* est une ville ancienne où fut imprimé par les Jésuites au siècle dernier, un dictionnaire qui eut de la réputation. Miribel Montluel sont des bourgs industriels; à Satonay est un camp qui dépend de l'armée de Lyon.

*Belley* est une ville épiscopale sans aucune industrie. Saint Rambert de Joux, Seyssel, Marchamp exploitent les presses li thographiques, l'asphalte, etc.

*Nantua* exporte des fromages du Valromey, des outils en bois sculptés.

Bellegarde a une grande usine.

*Gex*, centre du commerce des fromages de Gruyère et fromages bleus, a dans son arrondissement Ferney, où prospère encore l'industrie de l'horlogerie introduite dans le pays par Voltaire, et Divonne, célèbre station hydrothérapique.

Région du S. E. — Treize départements.

**29. Rhône**, 2790 k.q.

Lyonnais-Beaujolais.

Ce département est arrosé par le Rhône, la Saône, l'Azergues (Saône), le Gier (Rhône), le Sornin, le Rhin (Loire).

Il est le premier de France pour le tissage de soieries; il exporte des mousselines brodées, des saucissons, des vins, des marrons.

2 arrondissements, 29 cantons, 264 communes.

Lyon est la seconde ville de France.

Capitale de la Gaule Romaine dans les deux premiers siècles, elle est considérée comme la métropole religieuse de notre pays. Son archevêque est Primat des Gaules. Elle est le siège de la société de la Propagation de la foi, qui a joué un si grand rôle dans l'histoire de nos colonies, surtout en Asie. Le parti démocratique y est aujourd'hui plus fortement organisé que dans aucun autre centre de population. Elle fabrique en moyenne pour 460 millions de soieries; que les tisseurs, petits patrons et ouvriers (canuts) travaillent en général à domicile.

Ampuis, sur le Rhône, fait le commerce des vins de la côte Rôtie; à Brignais, le connétable Jacques de Bourbon a été tué en 1362 par les Grandes Compagnies. Givors a des verreries. Condrieu récolte d'excellents vins blancs. Saint-Cyr et Saint-Didier au mont d'Or sont renommés pour leurs fromages. L'Arbresle a des mines d'excellent minerai.

*Villefranche*, ancienne capitale du Beaujolais, a quelques fabriques de toiles, mais exporte surtout des vins, de même que Belleville-sur-Saône et Beaujeu. Le grand centre industriel de l'arrondissement est Tarare, qui produit des velours et des peluches, des mousselines et des broderies.

### 90. Loire, 4760 k.q.

Roannais et Forez.

Arrosé par la Loire, le Furens et le Rhins (r. d.), le Lignon du N.

C'est le premier département de France pour l'industrie des rubans de soie, un des premiers pour la métallurgie. Formait, jusqu'au 29 brumaire an II, un seul département avec le département du Rhône.

Montbrison a été le chef-lieu jusqu'en 1854.

3 arrondissements, 30 cantons, 329 communes.

Saint-Étienne, à 500 mètres d'altitude sur les bords du Furens, la 8e ville de France, est au centre d'un bassin houiller en forme de triangle, la base tournée vers la Loire; les deux côtés se rencontrent au Rhône, et même dans l'Isère. — 28 couches exploitables de 50 mètres d'épaisseur totale, 577 millions de tonnes. On remonte jusqu'à 1321 pour en trouver l'origine. Le charbon de forges est un des plus renommés. Industrie des rubans, dans les campagnes, 8000 métiers. Le tissage mécanique existe aussi. Saint-Étienne produit les 4/5 des rubans et lacets de France, la moitié de l'Europe. Armes : 200 000 fusils par an. Les villes industrielles pullulent aux environs: Firminy, Le Chambon, Feugerolles ont des forges et aciéries. La Ricamarie des mines, dont une est en combustion depuis des siècles. Terrenoire fabrique l'acier par le procédé Bessemer. Saint-Chamond fabriques de lacets de soie, aciéries. Au delà des Cévennes on trouve Saint-Julien en Jarret, Saint-Paul en Jarret, Grand-Croix, Lorrette et Rive-de-Gier. Un canal transporte les houilles au Rhône. Bourg-Argental est le centre de la culture du mûrier et de l'éducation des vers à soie.

*Montbrison* : salle du Diana (Décanat) avec plus de 1500 blasons de la noblesse du Forez. Siège de la cour d'assises, ancien chef-lieu du département. Saint-Rambert et Andrézieux, grand entrepôt de houille. Saint-Galmier, eaux ferrugineuses acidulées. Feurs, ancien Forus, a donné son nom au Forez.

*Roanne*, filature du coton, mousseline, grand commerce.
*Panissières*, tissage des toiles et broderies.

### 31. Isère, 8289 k.q.

Dauphiné : Viennois, Graisivaudan, Oysans, Valbonnais, Beau mont, Devol.

Arrosé par le Rhône (limite au N. et à l'O.), la Gère, l'Isère la Romanche.

C'est le premier département de France pour la fabrication d papier et la ganterie.

4 arrondissements, 45 cantons, 558 communes.

Grenoble (*Cularo* puis *Gratianopolis*). — Chef-lieu du XIV° cor d'armée, belle Bibliothèque et riche Musée, fabrique des gants, d liqueurs, des chanvres. C'est la patrie de Mably, Condillac, Mounie Barnave, de Casimir Périer et Randon. Allevard, sources sulf reuses et iodées, centre d'excursions dans le massif de Belledon forges.

Bourg d'Oysans, mines, cristal de roche.

Saint-Martin d'Uriage, eaux minérales.

La Grande Chartreuse, fondée par Saint-Bruno en 1084. — Vizill papeteries, taffetas, soieries. Dans le château, qui appartint au co nétable de Lesdiguières, les États du Dauphiné, au mois de jui let 1788, décidèrent de refuser tout impôt qui ne serait pas voté p les États généraux.

Pontcharra est la patrie de Bayard.

*Saint-Marcellin* est célèbre par ses fromages.

Rive-sur-Fure, a les plus belles papeteries de France, et fabriqu surtout le papier de photographie ; ses environs fabriquent les toile de Voiron.

*La Tour du Pin* est éclipsée par Bourgoin, qui fabrique des in diennes, des toiles, et a le tribunal de première instance ; grand fabrique de cartes ; les environs produisent beaucoup de tourb (Vallée de la Bourbre).

*Vienne*, seconde ville du département, remplie des souvenirs d Rome, temple d'Auguste, aqueducs encore utiles. En 1312, les tem pliers y furent condamnés dans un grand concile. La Gère es captée sur plusieurs kilomètres pour les usines de la ville. — Rou sillon a un château qui appartint au cardinal de Tournon et où fu rendue en 1564 l'ordonnance qui institua le calendrier grégorien

### 32. Hautes-Alpes, 5590 k.q.

Dauphiné : Gapençois, Briançonnais, Embrunois, Champaur.

Arrosé par la Durance, la Clarie, la Guisane, la Luye, le Buecl (r. d.), le Guil (r. g.). Le Drac n'a guère d'importance qu'au poin de vue militaire. C'est le département où la vie moyenne est la plus courte.

3 arrondissements, 24 cantons, 189 communes.

Gap, sur la Luye. Tisse la soie et le coton. Saint-Bonnet, eaux minérales.

*Briançon*, grande place de guerre, exploite le talc et l'anthracite. Fort Queyras.

L'Argentière, mine de galène argentifère, fonderie de plomb.

*Embrun*, belle cathédrale gothique.

Mont-Dauphin.

### 33. Drôme, 6522 kq.

Valentinois, Diois, Vercors, les Baronnies, Tricastin.

Arrosé par le Rhône (limite), la Galaure, l'Isère, le Roubion, la Drôme, l'Aygues, l'Ouvèze.

Élève le ver à soie, cultive l'olivier, exporte la truffe. Garance.

4 arrondissements, 29 cantons, 382 communes.

Valence, sur le Rhône, école d'artillerie. Romans. Patrie de Lally-Tollendal et de Servan, a des filatures. Tain exporte les vins de l'Ermitage. Saint-Vallier file la soie.

*Die* a reçu son nom de la bonne déesse Cybèle (*Dea*).

Crest est la ville la plus industrieuse de l'arrondissement (draps).

*Montélimar*, soie et truffes. Dieu-le-Fit a des sources minérales acidulées. Le château de Grignan attire les dévots à la mémoire de Mme de Sévigné, le village produit de la garance.

*Nyons* fait le commerce de la soie et des poteries.

Montbrun a des eaux minérales.

### 34. Savoie, 5760 k.q.

Savoie, Tarentaise et Maurienne a formé jadis avec la Haute-Savoie le département du Mont-Blanc, enlevé à la France par les traités de Paris (30 mai 1814 et 30 novembre 1815), restitué par celui de Turin (24 mai 1861).

Arrosé par l'Isère, l'Arly (r. d.), l'Arc (r. g.), la Laysse, affluent, et le canal de Savières, affluent du lac du Bourget, le Rhône (limite), le Guiers (limite).

Mines, vaches, moutons.

4 arrondissements, 29 cantons, 327 communes.

Chambéry, sur la Laysse. Patrie du général Doppet ; a un ancien château des ducs et une cathédrale ; fabrique des gazes. — Dans le voisinage, les Charmettes où a vécu Jean-Jacques Rousseau.

Aix-les-Bains, eaux sulfureuses.

Marlioz, eaux sulfureuses. Le Bourget, célèbre par ses sites ;

dans les environs l'abbaye de Hautecombe, avec les tombeaux des ducs. Montmélian, ancienne citadelle, exporte des vins blancs.

*Albertville*, mines de plomb, Cévins, ardoisières.

*Moutiers* (Tarentaise), eaux thermales et salines. Brides, eaux sulfureuses fréquentées.

*Saint-Jean de Maurienne* a dans son arrondissement Esseillon, place forte; Modane, au débouché du tunnel; Lans-le-Bourg, au pied de la route du Mont-Cenis; Saint-Michel, petite ville industrielle (anthracite, taillanderie).

### 35. Haute-Savoie, 4515 k.q.

Chablais, Faucigny, Genevois.

Baigné par le Rhône (limite), le lac de Genève, la Dranse Savoyarde, l'Arve, le Fier (lac d'Annecy).

Vaches (race Tarine), moutons, fromages.

4 arrondissements, 28 cantons, 314 communes.

Annecy, sur le lac de ce nom, manufactures d'étoffes, de chapeaux, de papiers. — Gévrier, cotonnades. Rumilly, étoffes de laine; près de là naquit saint François de Sales. — Faverges (Fabrication), soieries unies pour Lyon.

*Saint-Julien*, fait commerce de mulets. — Seyssel.

*Bonneville*, fabrique des outils pour la fabrication des montres. Cluses, école nationale d'horlogerie.

Chamonix, centre d'excursions alpestres.

*Thonon*, dans une jolie situation au-dessus du lac de Genève; Ripaille, où se retira le légendaire duc-pape Amédée V de Savoie. Evian, sources gazeuses. — Saint-Gingolf près de la frontière.

### 36. Vaucluse, 3548 k.q.

Comtat-Venaissin, principauté d'Orange, Haute-Provence.

Arrosé par le Rhône, l'Aygues, l'Ouvèze, la Sorgues, la Durance et le Calavon. Garance (importée en 1756 par le Persan Althen).

4 arrondissements, 22 cantons, 150 communes.

Avignon, sur la rive gauche du Rhône, a conservé un aspect curieux de ville du moyen âge (39 tours d'enceinte. Château des papes, Bourquets ou tours de maisons bourgeoises. — Cathédrale), tisse les soies, prépare la garance, fait de l'huile d'olive. — A été habitée par les papes de 1305 à 1377. — Cavaillon a les mêmes industries que le chef-lieu, Sorgues également. — Vaucluse est célèbre par sa fontaine.

*Carpentras* a une industrie très active et de beaux monuments. Les assises du département se tiennent en cette ville. — Venasque a donné son nom au Comtat-Venaissin. — Crillon.

VAUCLUSE. BOUCHES-DU-RHÔNE.

*Apt* est également une ancienne ville romaine; elle fabrique des faïences; Mérindol et Cabrières rappellent une des grandes injustices de la monarchie, l'extermination des Vaudois.

*Orange* a conservé un magnifique arc de triomphe du temps de Tibère, et un théâtre; à Vaison la plupart des maisons sont bâties de fragments gallo-romains. Châteauneuf des Papes, produit des vins estimés. Valréas a des filatures de soie.

### 37. Bouches-du-Rhône, 5105 k.q.

Basse-Provence.

Arrosé par le Rhône (limite), la Durance (limite au N.), l'Arc (étang de Berre), l'Huveaune.

Un des plus riches de France en canaux d'irrigation, qui ont modifié complètement la nature aride du sol.

3 arrondissements, 27 cantons, 108 communes.

MARSEILLE, le plus grand port de France, sur le petit ruisseau l'Huveaune. — Chef-lieu du XV<sup>e</sup> corps d'armée. — A un observatoire, de nombreux établissements scientifiques. C'est la plus anciennement civilisée des villes gauloises; c'est une de celles où l'esprit municipal est le plus en éveil. Marseille est le grand entrepôt des blés de l'Orient (3 à 4 millions d'hectolitres), qu'elle convertit en farine et exporte dans le monde entier. Elle est en relations avec tous les ports du monde; siège de la grande Compagnie des messageries maritimes, elle fait le service des échelles d'Orient; d'autres puissantes associations la relient par des bateaux à vapeur à l'Algérie, l'Égypte, etc. Le port de Marseille se compose des vieux bassins au S. et des nouveaux au N. (la Joliette, les Docks, la Gare maritime, le port d'Arenc, le Bassin national). On y fabrique des machines à vapeur, des pièces en fer forgé pour la marine, des savons marbrés, des huiles, des sucres, des peaux, etc. — Un canal y amène l'eau de la Durance. — L'avenir de Marseille est dans le commerce avec l'Algérie, qui emploie déjà près de 2000 vaisseaux par an.

Cassis produit d'excellents vins naturels et des vins muscats, on pêche le corail. La Ciotat fabrique de grands vaisseaux; Roquefort, du ciment; Aubagne fait le commerce de fruits du Midi.

*Aix* (Aquæ Sextiæ) est l'ancienne capitale de la Provence, sa métropole religieuse et la ville littéraire. Elle possède encore des eaux thermales, mais elles sont peu fréquentées; elle produit des huiles, exporte les charbons de Gardanne, de Gréasque, de Trets. Les Martigues, ville de pêcheurs; Salon, sur le canal de Craponne, bonne position militaire (1793), centre agricole. Bouc, excellent port. — Saint-Chamas a une grande poudrerie nationale. Saint-Cannat, patrie de Suffren.

*Arles* (Arelate) a été, après 855, la capitale du royaume de Pr[o]vence, a conservé de nombreux débris de son passé, l'Amp[hi]théâtre, les ruines du théâtre, dans lesquelles on a trouvé u[ne] Vénus célèbre. Arles est renommée pour la beauté de ses femme[s.] Elle a dans son territoire de 125 000 hectares la Crau, dont les mo[u]tons ont une chair excellente, la Camargue qui produit des c[he]vaux en grand nombre. Enfin il faut citer les fameux saucisso[ns.] — Tarascon est un lieu de transit très important; on y voit enc[ore] « le château du roi René ». Baux a un château fort taillé dans [la] roche; la petite ville de Saint-Remy un mausolée de proportio[ns] admirables.

### 38. Var, 6028 k.q.

Basse Provence.

Arrosée par le Gapeau et l'Argens. Draps, papiers, faïence, pêc[he]ries.

3 arrondissements, 28 cantons, 145 communes.

Draguignan, sur le Nartuby, fabrique des cuirs et de la poter[ie.] — Fréjus a été la station navale des Romains, exporte des bo[u]chons de liège. De même la Garde-Frainet qui rappelle les étab[lis]sements des Maures. Saint-Raphaël a vu débarquer Bonaparte [au] retour d'Égypte. Saint Tropez a des bains de mer fréquentés et d[es] chantiers de construction. Le Luc fait le commerce de marro[ns] dits de Lyon.

*Toulon* est le grand arsenal de France sur la Méditerranée : [il] repoussé le prince Eugène en 1707. Livré aux Anglais en 17[93] il a été repris par les républicains.

La Seyne a d'importants chantiers de constructions naval[es] (Forges et Chantiers de la Méditerranée). Hyères exporte des citro[ns,] des oranges, distille l'eau de fleurs d'orange.

Ollioules commande les fameuses gorges.

*Brignoles*, tanneries, huileries : prunes renommées. Pourriè[re] a vu exterminer en 102 avant Jésus-Christ la première invasi[on] germanique.

### 39. Basses-Alpes, 6954 k.q.

Haute Provence.

Arrosé par la Durance, l'Ubaye, la Bléone, le Verdon. — Ce d[é]partement a été ruiné par des déboisements sauvages.

Mûriers, plantes aromatiques.

5 arrondissements, 30 cantons, 251 communes.

Digne, sur la Bléone, au milieu de vergers, confiseries : ea[ux] sulfureuses. Gréoux a des eaux thermales.

BASSES-ALPES. ALPES-MARITIMES. CORSE. HAUTE-LOIRE. 315

*Castellane* a des environs connus pour leur richesse en fossiles. Colmars et Entrevaux, places fortes.

*Forcalquier* exploite du lignite. Sainte-Tulle a une magnanerie modèle. Manosque fait le commerce des huiles.

*Sisteron*, petite ville très pittoresque, a gardé sa citadelle.

*Barcelonnette*, au débouché du col de l'Argentière.

### 40. Alpes-Maritimes, 3744 k.q.

Comté de Nice, Basse-Provence.
Arrosé par le Var, l'Esteron et la Tinée.
Plantes aromatiques, tabac, olives.
3 arrondissements, 25 cantons, 152 communes.

Nice, patrie de Cassini, de Masséna et de Garibaldi, située à l'embouchure du Paillon; climat délicieux; exporte surtout des bouquets. — Villefranche, bon port, chantiers de construction. — Menton exporte beaucoup de citrons aux États-Unis. — Monaco, sur un rocher indépendant, célèbre par ses jeux. — Saorgio, bonne position défensive; victoire des Français en 1794.

*Grasse* fabrique des essences, pommades, huiles parfumées; exporte des huiles d'olive. Antibes, port fortifié; Cannes (golfe Jouan, 1er mars 1815) a la même industrie que Grasse. Vence, ancien évêché.

*Puget-Théniers* n'a aucune importance.

### 41. Corse, 8747 k.q.

Châtaignes, bois de construction.
5 arrondissements, 62 cantons, 363 communes.

Ajaccio, ville maritime, dans une fort belle position : pêche le corail. C'est la patrie officielle de Napoléon I$^{er}$ (15 août 1769?)

*Calvi*, bien déchue. L'île des Rousses a un beau port et fabrique des cigares.

*Bastia* est l'ancienne capitale de la Corse, première ville de la province, siège de la cour d'appel. Saint-Florent offre une position maritime de premier ordre.

*Corte*, ancienne capitale de Paoli, a joué un grand rôle dans l'histoire de l'île.

*Orezza*, eaux minérales ; Aléria, ruines.

*Sartène*, ville agricole. La Solenzara, fonderie importante des fers d'Algérie et de l'île d'Elbe. Porto-Vecchio, dont le port est admirable, mais dont la plage est malsaine.

RÉGION DU S. O. — VINGT DÉPARTEMENTS.

### 42. Haute-Loire, 4962 k.q.

Languedoc : Velay, Vivarais, Gévaudan, Auvergne, Forez.

Arrosé par la Loire et l'Allier, s'appuie aux monts du Vivarais à l'E., aux monts de la Margeride à l'E., et est traversé au centre, du S. au N., par la chaîne du Velay.

Pays montueux, hauts plateaux de laves et de granite; possèd[e] quelques mines. Il y a nécessité de reboiser le pays.

L'herbe est excellente, les hauts pâturages nourrissent des mou[tons] tons et des bêtes à cornes.

Rubans et dentelles de laine.

3 arrondissements, 28 cantons, 263 communes.

Le Puy-en-Velay, sur le versant méridional du mont Corneille à 4 kilomètres de la Loire qui forme de superbes défilés, entre le[s] vallées de la Borne et de la Dolaison. La vieille ville, autour de la ca[thédrale], thédrale, contient le rocher Corneille avec la Vierge qui a été fondu[e] avec le bronze de deux cents canons; 16 mètres de haut. La cha[-] pelle de l'Aiguille, qu'il fallait monter à genoux. La ville neuve es[t] ornée par la fontaine Crozatier et le Musée, qui contient la collec[-] tion des crânes préhistoriques de la Denise et de belles collection[s] de dentelles. L'industrie occupe 100 à 130 000 personnes dans l[e] département. Château de Polignac avec les cavernes de l'Abîm[e] aux environs. Le château de la Roche-Lambert. Craponne, impor[-] tantes fabriques de dentelles.

*Yssingeaux*, dentelles et fromages.

Monistrol-sur-Loire, dentelles. L'industrie des rubans de soi[e] tend à s'y substituer. Saint-Dizier, dentelles.

*Brioude*, près de l'Allier, rive gauche, au débouché de la Limagne[.]

La Chaise-Dieu, abbaye célèbre qui a conservé de belles boiseries[.] Langeac, mines de houille et de plomb argentifères.

### 43. Lozère, 5170 k.q.

Languedoc : Gévaudan, Causses.

Arrosé par l'Allier (limite à l'E.), la Truyère, le Lot, le Tarn, l[e] Gard.

Montagnes désolées, pâturages, fromages et châtaignes, vers [à] soie. Plomb argentifère.

3 arrondissements, 24 cantons, 196 communes.

Mende, sur la rive droite du Lot, exporte les serges et escot[s] fabriqués par les paysans du voisinage. Bagnols, eaux sulfureuse[s] très renommées. Château-Neuf-Randon (1380), mort de Duguesclin. Villefort, mines et fonderies de plomb.

*Florac*, dans une pittoresque vallée des Causses.

Vialas, mines de plomb argentifère.

*Marvejols* fabrique des serges. Javols a eu de l'importance à l'époque gallo-romaine.

## 44. Ardèche, 5527 k.q.

Vivarais.

Arrosé par le Rhône (limite), la Cance, le Doux, l'Érieux, l'Ardèche, la Loire, l'Allier (limite).

Agriculture très avancée, marrons de Lyon. Le premier département de France pour la filerie des cocons de soie.

5 arrondissements, 31 cantons, 339 communes.

Privas, sur l'Ouvèze, rasée par Louis XIII (1629); soie, cuirs, châtaignes. Aubenas, mines de houille, même commerce que Privas. Viviers, évêché, a donné son nom au Vivarais; belles carrières. La Voulte sur le Rhône, ville industrielle, machines à vapeur, hauts fourneaux. Le Teil, grande fabrique de ciment, et de chaux hydraulique. Vals, célèbre par ses eaux minérales.

*Largentière*, fait le commerce de la soie; doit son nom aux mines abandonnées de plomb argentifère.

*Tournon* en face de Tain, sur le Rhône; un de ses ponts suspendus est le premier qui ait été construit en France. Annonay est le premier centre de fabrication du papier. Ses mégisseries occupent le premier rang pour la fabrication des peaux de chevreau destinées à la ganterie.

## 45. Gard, 5856 k.q.

Bas-Languedoc.

Arrosé par le Rhône et le Petit Rhône (limite l'Ardèche, la Cèze et le Gard, la Vistre et la Vidourle). Le canal des Étangs le longe au S.

C'est le premier département pour la production des cocons de soie. Il a été fortement éprouvé par le phylloxera. Châtaignes, moutons et porcs, forges, commerce actif.

4 arrondissements, 40 cantons, 348 communes.

Nîmes (Nemausus), bâtie au milieu d'une plaine, n'avait qu'une fontaine avant qu'on lui amenât par un canal les eaux du Rhône. Elle est unique en France pour la beauté de ses monuments romains. La Maison carrée est le temple le plus intact resté au monde de l'époque d'Auguste; les Arènes, la tour Magne, les ruines du temple de Diane font l'admiration des voyageurs et la joie des archéologues. Au milieu de ces antiquités qui la parent, Nîmes est une ville bien vivante. Elle fabrique en quantité des tapis d'ameublement, et cultive dans sa plaine des bambous chinois qu'elle exporte jusqu'en Angleterre.

Aigues-Mortes, où saint Louis s'embarqua en 1248 et en 1270, est une de ces villes mortes de la Méditerranée tuées par le détestable régime du Rhône. Ses murailles parfaitement conservées ont été bâties par Philippe le Hardi sur le modèle de Damiette. A Baucaire, su le Rhône, se tient une foire célèbre instituée en 1217 par Raymond \ de Toulouse. Elle a perdu son importance commerciale. Gallargue cultive et exporte la maurelle qui sert à teindre la croûte des fro mages de Hollande. Vauvert fabrique des étoffes. Peccais a des sa lines.

*Alais* est avec Aubenas, en Ardèche, le grand marché des soie grèges, de plus elle les file; elle a des forges, des fonderies d fer, de bronze d'aluminium, etc. C'est à Alais qu'a été signée l paix de 1629. Anduze, Bessèges, la Grand'Combe, sont des ville industrielles fameuses grâce à leurs couches profondes de houille Saint-Jean du Gard exploite le manganèse et, comme ses voisines fabrique de la bonneterie de soie et de coton.

Le *Vigan* a des mines de houille, des carrières de pierres litho graphiques, des eaux thermales sulfureuses, c'est la patrie du che valier d'Assas. Avèze fabrique des bas de soie. Saint-Hippolyte, Su mène, Vallerangue, nourrissent des millions de vers à soie et e emploient en partie les cocons. Sauve fabrique spécialement le fourches en micocoulier.

*Uzès* (filatures de soie, fabrique de bonneterie de soie) a dan son arrondissement Tavel, dont les vins sont estimés; Pont-Saint Esprit et Bagnols, voisin du fameux aqueduc romain bâti pa Agrippa et désigné sous le nom de Pont du Gard.

### 46. Hérault, 6198 k.q.

Languedoc : comté de Montpellier, vicomté de Béziers.

Arrosé par la Vidourle (limite à l'E.), le Lez, l'Hérault, l'Orb e l'Aude (limite au S.).

C'est, ou plutôt c'était un des départements les plus riches e1 vignobles dont les produits, très chargés d'alcool, sont convertis e1 trois-six ou en vins d'Espagne. Il a des mines de houille.

4 arrondissements, 36 cantons, 336 communes.

MONTPELLIER, chef-lieu du XVI° corps d'armée, dans une admirabl position, ville savante, est célèbre surtout par son école de méde cine déjà renommée au douzième siècle ; a eu Tournefort, de Jussieu de Candolle. Elle fait un grand commerce de vins, fabrique des couvertures de laine, des bougies et des savons. Aniane a des tan neries. Saint-Georges d'Orques produit un vin muscat renommé. Lunel, Frontignan sont connus pour leurs vins. Maguelonne a eu des évêques dont l'un, au treizième siècle, faisait frapper des mé dailles à Mahomet. Cette ville est le second port marchand de France sur la Méditerranée, fabrique vermouth, absinthe, malaga et ma dère, construit des navires : elle a l'avantage de pouvoir renvoyer les bâtiments qui accostent ses quais avec des chargements complets.

*Béziers* a conservé ses deux églises de Saint-Nazaire et de la Madeleine, qui ont été le théâtre d'un des plus abominables massacres qu'ait suscités le fanatisme religieux (1209); c'est la patrie de Riquet. C'est un des plus grands marchés pour les vins. Bédarieux fabrique des draps, du papier, du verre ; dans le voisinage jaillissent les eaux chaudes et froides de la Malon, qui ont les mêmes propriétés que celles de Vichy. Graissessac a de grandes mines de houille. Pézenas exporte des tissus de laine, des vins, des eaux-de-vie, des alcools. Agde est le débouché de ces marchandises.

*Lodève* et Clermont-sur-l'Hérault ont des usines où se fabriquent de gros draps pour l'armée et pour l'Italie. Ganges a des filatures de soie et de coton.

*Saint-Pons de Thomières*, dans une bonne position, a des manufactures de draps comme Riols, et Saint-Chinian et la Salvetat.

### 47. Aude, 6313 k.q.

Languedoc : Lauragais, Razès, Carcassès, Narbonnais.

Arrosé par l'Aude (limité au N. dans son cours inférieur), le Fresquel (r. g.), l'Orbieu (r. d.), l'Hers.

Un tiers du département est encore inculte. Il fournit beaucoup de colons à l'Algérie. Le miel en est très renommé.

4 arrondissements, 31 cantons, 436 communes.

CARCASSONNE, sur l'Aude et le canal du Midi, est célèbre par la double enceinte de sa cité, ses tours, ses portes, l'église Saint-Nazaire, ville industrielle (mégisseries, draps), grand commerce de vins. Caunes, renommé pour ses marbres verts, rouges et incarnats. La Grasse a des mines de fer.

*Castelnaudary*, dans une admirable position, fabrique des draps grossiers, et est entourée d'une multitude de moulins à vent. Les Albigeois y ont été battus en 1211, Montmorency en 1632.

*Limoux* a un vin blanc, « la blanquette », très renommé. Chalabre, Quillan ont des bois, des fabriques de draps, des fontaines ferrugineuses ; Alet, au centre d'eaux minérales connues.

*Narbonne*, produits chimiques et eaux-de-vie, serait très florissante si la côte était moins inhospitalière. Son port de la Nouvelle est dérisoire. Près de Sigean, à Berre, Charles Martel a battu les Sarrasins en 737.

### 48. Haute-Garonne, 6290 k.q.

Languedoc : Toulousan, Lauraguais ; Gascogne : Comminges, Quatre-Vallées, Mécrezan, Conserans, Lomagne.

Arrosé par la Garonne, le Salat, l'Arize, l'Ariège, l'Hers (dr.), l[a] Pique, la Neste, la Save (g.).

Fers, marbres blancs, kaolin, eaux minérales, moutons.

4 arrondissements, 39 cantons, 585 communes.

Toulouse (Tolosa), sur la rive droite de la Garonne, chef-lieu d[u] XVIIe corps d'armée, avec son Capitole, sa cathédrale de Saint[-]Étienne, surtout l'église de Saint-Sernin et le couvent des Augus[-]tins. Elle a joué un rôle historique qui en fait la capitale du Mi[di] pyrénéen. Ravagée par les guerres des Albigeois, elle a été le quar[-]tier général de l'inquisition qui a décimé la contrée. La dernièr[e] victime fut Vanini, en 1619. Cette ville possède un arsenal, un[e] école d'artillerie, une poudrerie, une fonderie de canons, son in[-]dustrie est florissante; ses écoles sont anciennement renommée[s] elle possède l'académie des Jeux Floraux. Position stratégique d[e] premier ordre, Toulouse a été le théâtre de la dernière bataille d[e] 1814, le jour de Pâques, entre Soult et Wellington. Grenade, pa[-]trie de Cazalès et de Pérignon.

*Muret*, sur la Garonne, bataille de 1213, où Simon de Montfo[rt] tua Pedro d'Aragon. Faïences blanches et eaux-de-vie. Cazères, o[ù] la Garonne devient navigable.

*Saint-Gaudens*, sur la Garonne, beaux paysages, beaucoup d[e] souvenirs et de traces historiques et préhistoriques; Montrejeau, ba[s] et tricots de laine; Bagnères-de-Luchon, célèbre par ses eaux ther[-]males, quartier général des touristes dans les Pyrénées centrales[.] Saint-Béat a de beaux marbres statuaires; Saint-Bertrand-de-Com[-]minges est une ville déchue.

*Villefranche-de-Lauraguais*, grand commerce de denrées agricoles[.] Revel a des toiles, des vins, des fromages.

### 49. Tarn-et-Garonne, 3720 k.q.

Languedoc (diocèse de Montauban), Guyenne : Quercy, Agenoi[s,] Rouergue. Gascogne : Armagnac, Lomagne. A été formé en 180[8] (2 nov.). C'est le plus petit de France après le Vaucluse, Belfort e[t] la Seine.

Arrosé par la Garonne, le Tarn, l'Aveyron, la Gimonne, l'Arra[t] (limite).

Mulets et volailles.

5 arrondissements, 24 cantons, 104 communes.

Montauban, sur le Tarn, a de nombreuses minoteries, des fa[-]briques de draps communs et de toiles à bluter, un beau vieu[x] pont sur la Garonne. Elle a résisté à Louis XIII et au connétable d[e] Luynes. Patrie d'Ingres. — Nègrepelisse, ancienne place forte cal[-]viniste. Caussade, ville commerçante. Saint-Antonin avec un hôte[l] de ville du douzième siècle. Caylus et Bruniquel, avec des châteaux féodaux célèbres. Bruniquel a une grande usine métallurgique.

*Moissac* a gardé le cloître de son ancienne abbaye, où fut écrite la chronique de Moissac, et un portail d'église admirablement sculpté ; elle a d'importantes minoteries. — La Magistère fait commerce de grains et de pruneaux. Valence d'Agen, ville d'industrie active.

*Castel-Sarrazin* fabrique des serges.

### 50. Tarn, 5742 k.q.

Languedoc : Albigeois, Lauraguais,
Arrosé par le Tarn, l'Agout, l'Aveyron (limite au N.).
Vins, céréales, bestiaux.
4 arrondissements, 35 cantons, 519 communes.

Alby sur le Tarn, archevêché ; a de beaux monuments du moyen âge : cathédrale de Sainte-Cécile avec le plus vaste jubé de France ; patrie de Lapeyrouse ; fabrique de l'essence d'anis et de la petite chaudronnerie. Saint-Juéry, forges et aciéries. Saut-du-Tarn a une des premières aciéries de France. Ambialet, sur un isthme du Tarn, a des mines de cuivre. Carmaux a de riches mines de cuivre.

*Castres* tourne le buis et fait du drap pour l'armée, des papiers, etc. Mazamet est aussi très active (draps fins et grossiers), Saint-Amand-Soult, patrie de Jean-de-Dieu Soult, duc de Dalmatie. Sorèze a été longtemps célèbre par son collège bénédictin fondé au seizième siècle.

*Lavaur*, au-dessous de Castres, a des filatures de soie et de coton ; Graulhet des mégisseries.

*Gaillac*, au-dessous d'Alby, fait le commerce de vins ; l'Isle d'Alby, Rabastens fabriquent des toiles de chanvre. Cordes, petite ville escarpée, bâtie au moyen âge et admirablement conservée.

### 51. Pyrénées-Orientales, 4122 k.q.

Roussillon : Roussillon, Conflans, Vallespir, Cerdagne française, Languedoc : Capsir, Fenouillet.
Arrosé par le Tech, la Têt, l'Agly, l'Aude, le Sègre.
Vins du Roussillon, le meilleur miel de France.
3 arrondissements, 27 cantons, 231 communes.

Perpignan, place forte sur la Têt ; dans sa citadelle le château des rois de Majorque ; fait le commerce des vins et des eaux-de-vie. Rivesaltes, Estagel (patrie d'Arago), la Tour de France ont des crus renommés. Salces produit les vins blancs de Maccabeo. Elne exporte des bestiaux ; c'est l'ancienne Illiberis.

*Céret*, au débouché du Vallespir, encore entouré de ses murailles du moyen âge ; olives et bouchons de liège. — Amélie-les-Bains a un hôpital militaire et des eaux sulfureuses. Arles fabrique des couteaux catalans. Pratz-de-Mollo, citadelle avec les marbres et les eaux minérales de la Preste. Bellegarde, citadelle. Banyuls expédie les vins de Rancio et de Grenache. Paulilles a une grande fabrique de dynamite ; Port-Vendres a une rade magnifique. Collioure fabrique des bouchons de liège et forge le fer. Au Boulou, sur le Tech, Dugommier emporta en 1794 le camp espagnol. Sorède fabrique les fourches et manches de fouet en bois de Perpignan (Micocoulier).

*Prades* fait le commerce de vins, de fruits et de chanvre ; les villes de son arrondissement, Vinça, Ille, sont assises au milieu de plantureux vergers. Mont-Louis est une place de guerre. Vernet-les-Bains a des eaux minérales.

### 52. Ariège, 4849 k.q.

Comté de Foix, Languedoc : Conserans, Donnézan.

Arrosé par l'Hers-Mort (limite), l'Ariège, le Salat. Beaux pâturages, minerai de fer.

3 arrondissements, 20 cantons, 336 communes.

Foix-sur-l'Ariège, château féodal, fabrique des faux et des limes. Tarascon, au confluent des deux Arièges, a une vieille tour remarquable ; fréquentée des foires, fait le commerce de fers et de plâtres. Vic-de-Sos a dans son district des mines d'excellent fer, mais ne les exploite pas suffisamment (mont Rancié). Ussat et Ax ont des eaux thermales renommées. Belesta est sur la lisière d'une grande forêt, dont elle exploite les bois, et près de la fameuse fontaine intermittente de Fontestorbe. Serres est la patrie de Lakanal.

*Pamiers*, évêché, est assis dans une plaine fertile ; fabrique des limes, des aciers. Le Mas d'Azil est célèbre par ses grottes. La Bastide, sur l'Hers, fabrique des peignes en corne ; Mirepoix, des gros draps. Saverdun a été une place fortifiée.

*Saint-Girons* (autrefois Bourg-sous-Vic) fait un grand commerce avec l'Espagne. Saint-Lizier, ancien évêché, a été la capitale de Conserans. Les eaux d'Aulus, dans la haute vallée, connues des Romains et retrouvées en 1825, sont les rivales heureuses de Carlsbad en Bohême : les environs sont magnifiques.

### 53. Gironde, 9740 k.q.

Guyenne : Bordelais, Bazadois, Agénois, Benauges, Entre-deux-Mers, Fronsadais, Bourguès, Cubzag, Blayais, Médoc.

Arrosé par la Gironde, la Garonne, le Ciron, la Dordogne, l'Isle, la Leyre.

Le premier département de France pour les vins fins ; grand commerce de primeurs.

6 arrondissements, 48 cantons, 552 communes.

Bordeaux, sur la rive gauche de la Garonne, à 121 kilomètres de la mer; chef-lieu du XVIII⁰ corps d'armée, sur le grand chemin de Paris à Madrid, au débouché du bassin tertiaire du Midi, est le troisième port de France pour le mouvement des navires ; son quai en forme de croissant peut contenir plus de 1000 navires, mais les fonds sont incertains et les grands transatlantiques doivent se décharger en partie à Pauillac. Son grand commerce d'exportation consiste en vins, si estimés en Angleterre sous le nom de « Claret »; mais il a encore les primeurs, la porcelaine ; il fabrique des machines à vapeur pour les Marines militaire et marchande. C'est le principal port d'importation pour les produits du Sénégal. Son rôle historique est fort important. Bordeaux fut une des capitales littéraires de la Gaule du temps des Romains (Ausone). Au moyen âge, elle fut anglaise. Conquise définitivement par Charles VII en 1451, elle s'est souvent révoltée (Henry II, l'Ormée sous la Fronde). Ses environs sont couverts au loin de maisons de plaisance et de châteaux s'élevant au milieu des vignobles. Le château de la Brède est le berceau de Montesquieu (1689). Arcachon, dans les Landes, a une école de navigation pour la marine marchande. La Teste-de-Buch, patrie du célèbre Captal, fabrique de la résine, Saint-Médard en Jalle a une poudrerie. Margaux.

*Blaye*, avec le célèbre château, ou Paté, où fut enfermée la duchesse de Berry. Bourg-sur-Gironde, pierres de taille.

*Lesparre*, en plein Médoc (Saint-Estèphe, Saint-Julien, Château-Lafitte et Château-Latour).

*Bazas* élève une race bovine célèbre ; dans le voisinage de Langon on récolte les vins si connus sous le nom Château-Yquem, de Barsac, de Haut-Brion et de Sauternes.

*La Réole* fait un grand commerce de bestiaux. Saint-Macaire vieille ville, curieuse par ses murs d'enceinte, ses tours, sa chapelle de Verdelais, pèlerinage fameux.

*Libourne* exporte des vins et des eaux-de-vie. Coutras, victoire de Henry IV en 1587. Castillon, dernière bataille de la guerre de Cent ans, 1453. Saint-Émilion, vins renommés. Laubardemont, puissante minoterie.

### 54. Dordogne, 9183 k.q.

Guyenne : Périgord, Agenois, Limousin, Angoumois.

Arrosé par la Dordogne, la Vezère, l'Isle (haute Vezère, Dronne).

Le premier des départements pour la qualité des truffes, le troisième pour la quantité. Fers, vins, papiers.

5 arrondissements, 47 cantons, 582 communes.

Périgueux (Petrocorii), sur la rive droite de l'Isle, célèbre par son église de Saint-Front, église bâtie dans le style byzantin au dixième siècle ; fabrique des draps, des pâtés truffés. Commerce de truffes, de vins et de porcs. Sur la rive gauche, les ruines de Vesuna. — Brantôme, célèbre par son abbaye; Bourdeilles par son château, patrie de l'abbé. Thiviers, grandes foires pour les bestiaux, fromages et poteries renommés. Excideuil a les ruines d'un château féodal et des mines de fer.

*Nontron*, fabrique des couteaux à virole mobile.

*Ribérac* exporte des eaux-de-vie et des porcs, c'est le marché des Doublauds ou paysans de la Double.

*Bergerac* s'enrichit par le commerce des vins. L'abbaye de Cadouin est célèbre par son clocher du treizième siècle. Le château de Montaigne est le berceau du célèbre écrivain. Celui de Biron est au S.

A *Sarlat* est né l'ami de Montaigne, La Boétie. Vitrac, qui sert de port à cette ville, est encore entouré de ses vieilles murailles. Le Bugue, sur la Vezère, expédie les meilleures truffes du Périgord, ses environs sont célèbres par leurs grottes. Le château de la Mothe-Salignac a vu naître Fénelon.

### 55. Lot-et-Garonne, 5334 k. q.

Guyenne : Bazadois, Agenois. Gascogne : Condomois, Lomagne. Arrosé par la Garonne, le Lot, le Dropt, le Gers, la Baïse.

Un des plus riches départements pour les produits agricoles, prunes. Chênes-liège.

4 arrondissements, 35 cantons, 325 communes.

AGEN, rive droite de la Garonne, fait un grand commerce de vins, de prunes. Elle a un magnifique pont-aqueduc sur la Garonne. Ses foires sont renommées pour la vente des bestiaux de la race agenaise. Port Sainte-Marie. Aiguillon, ancienne place forte.

*Nérac* a quelques débris du château de Jeanne d'Albret et de Henry IV. Elle exporte les eaux-de-vie d'Armagnac, et des terrines de perdreaux truffés. A Moncrabeau se trouve la Pierre de la Vérité. On y fait asseoir les Gascons les plus dignes d'entrer dans la confrérie du Mensonge.

*Marmande* fabrique de l'eau-de-vie. Clairac est renommée pour ses vins pourris; Tonneins, par sa grande manufacture de tabacs. Duras, Lauzun, anciennes résidences seigneuriales.

*Villeneuve-sur-Lot* remarquable par son vieux château de Pujols. Bonaquil est la première forteresse qui ait été construite d'après les procédés employés en Italie pour résister au canon.

### 56. Lot, 5212 k. q.

Quercy.
Arrosé par le Lot, le Célé.
Fer, plomb, houille, eaux minérales. Industrie fromagère.

3 arrondissements, 29 cantons, 323 communes.

Cahors, sur le Lot (Divona, Cadurci), est la patrie de Clément Marot, de Cavaignac et du pape Jean XXII. Le pont Valentré, chevauché par des tours de défense; ses remparts, sa cathédrale, ses vieilles maisons lui donnent un aspect fort pittoresque. Elle expédie beaucoup de vins qui allongent les crus médiocres du Bordelais. Elle produit des truffes et de l'huile de noix.

Luzech paraît être l'antique Uxellodunum, où se réfugièrent les derniers partisans de la résistance à outrance contre César. Prayssac, patrie de Bessières.

*Figeac*, patrie de Champollion.

*Gourdon*, vins et noix. Craissensac, truffes et minerai de fer. Rocamadour, pèlerinage fréquenté. Gramat, eaux minérales. La Bastide-Murat, patrie de Joachim Murat, roi de Naples, grand amiral, etc.

### 57. Aveyron, 8743 k.q.

Rouergue.

Arrosé par l'Aveyron et le Viaur, le Lot et la Truyère, le Tarn et la Dourbie, la Sorgues, le Dourdon, la Verêne (Orbe).

Segalas (plateaux à seigle), houilles, fer, plomb et zinc. Industrie fromagère.

3 arrondissements, 42 cantons, 295 communes.

Rodez, sur l'Aveyron, possède une magnifique cathédrale du gothique flamboyant; a des filatures de laine et des fabriques de gros draps.

*Villefranche*, toiles d'emballage. Decazeville, Aubin, Viviez, Cransac, Firmy sont d'importantes villes industrielles qui utilisent le charbon médiocre, mais abondant du pays.

*Saint-Affrique* (draps, molletons, tanneries) est voisin des rochers célèbres de Roquefort qui emploient le lait de 350 000 brebis, et doivent leur qualité de conservation aux courants d'air, « fleurines », naturels ou artificiels qui les traversent.

*Milhau*, décimée par les persécutions contre les protestants, a repris une certaine activité industrielle; c'est la plus grosse ville du département. Draps, ganterie, cuirs tannés et chinoisés.

*Espalion* a les restes d'un ancien château. Saint-Geniez est le centre industriel du pays d'Olt. Lagindle fabrique des fromages de Hollande. Entraygues, patrie de d'Estaing.

### 58. Gers, 6280 k.q.

Gascogne : Armagnac, Astarac, Fezenzaguet, Gaure, Lomagne, Fezenzac, Éauzan.

Arrosé par la Save, l'Arrats, le Gers, la Baïse, l'Adour, la Mid[...] la Douze.

Eaux-de-vie d'Armagnac. Le dernier des départements pou[r] consommation de la houille.

5 arrondissements, 29 cantons, 465 communes.

Auch, sur le Gers, archevêché, ancienne capitale de la Gascog[ne] fondée par les Ausques sous le nom d'Elliberre, a un escalier m[o]numental et une magnifique cathédrale; pâtés de foie gras. C['est] la patrie de Villaret-Joyeuse. Vic-Fezenzac, Jégun près des therm[es] de Castère-Verduzan, exportent les eaux-de-vie du Haut-Armagn[ac].

*Lectoure* est la patrie de Lannes, duc de Montebello : Mauvezi[n,] Fleurance, sont de vieilles villes féodales.

*Lombez* et l'Isle-Jourdain, oies grasses et bestiaux.

*Mirande*, Montesquiou, ont eu beaucoup d'importance autrefois. [Le] petit village de Sausan est très célèbre par le grand nombre d'oss[e]ment fossiles trouvés sur son territoire.

*Condom*, centre principal du commerce des eaux-de-vie d'Arm[a]gnac, a dans son arrondissement les bains de Cazaubon et de C[as]téra. Eauze (Élusa), ancienne capitale de la Novempopulanie, a [de] crus du Ténarèse.

### 59. Hautes-Pyrénées, 4559 k.q.

Gascogne : Bigorre, Quatre-Vallées, Nébouzan, Astarac, Armagna[c.]

Arrosé par la Neste, la Save, le Gers, la Baïse, l'Adour, le Ga[ve] de Pau.

Eaux thermales. Marbres des Pyrénées.

3 arrondissements, 26 cantons, 480 communes.

Tarbes, sur l'Adour, marché très important de chevaux de selle[,] grande fonderie de canons en acier. Dans les environs, au S., l[e] grand hippodrome de Laloubère. Ossun est célèbre par ses tombe[aux] les préhistoriques. Rabastens a des vins.

*Bagnères-de-Bigorre*, au débouché de la vallée de Campan, a perd[u] son rang de première ville d'eaux des Pyrénées. Mais elle a un[e] industrie florissante, et utilise les eaux de l'Adour. C'est le berce[au] de la société Ramond (Club pyrénéen). Sarrancolin, célèbre pou[r] ses marbres rouges, est à l'issue de la vallée d'Aure, dont la mod[e] néglige les eaux thermales, sauf celles de Cadéac.

*Argelès* commande l'accès d'une des plus belles vallées des Pyré[]nées (Gavarnie, Vignemale). Barèges attire les blessés et les malade[s] de la peau ; Saint-Sauveur guérit les névroses, Cauterets les bron[]chites, Capvern les affections des reins. Lourdes, en aval du Gave[,] n'a pas de spécialité, ce qui n'empêche pas des millions de croyants de célébrer la vertu de ses eaux miraculeuses et des milliers de pèlerins d'en faire l'expérience.

## 60. Landes, 9521 k.q.

Gascogne : Landes, Chalosse, Tursan, Marsan, Albret Gabardan, Maransin, Maremne.

Arrosé par la Leyre, l'Adour, la Midouze, le Luy. Résines, bois, chênes-liège.

3 arrondissements, 28 cantons, 335 communes.

Mont-de-Marsan, à la formation de la Midouze, marché assez actif, admirables promenades. Gabaret, ancienne capitale du Gabardan, distille les eaux-de-vie d'Armagnac. Roquefort distille les résines. Labrit ou Albret est en décadence. Sabres a dans son voisinage le domaine modèle de Solférino. Ichoux produit la meilleure fonte de France.

*Saint-Sever*, ancienne capitale de la Chalosse, a des pierres lithographiques et des marbres. Aire, évêché, bonne position que Soult n'a pas pu défendre. Tartas prépare des jambons.

*Dax* (Aquæ, Tarbellicæ, Acqs), la ville la plus peuplée du département, a des débris de son enceinte romaine. Ses eaux sulfureuses et leurs boues sont justement renommées. Gamarde, Tercis, Pouillon, eaux minérales. Castets, minerai de fer et forges.

Peyrehorade est très commerçante. Cap Breton ne l'est plus.

## 61. Basses-Pyrénées, 7623 k.q.

Béarn ; Basse-Navarre ; Gascogne : pays de Soule et de Labourd.

Arrosé par l'Adour (limite), le Luy, les Gaves, la Bidouze, la Nive, la Nivelle et la Bidassoa (limite).

C'est le département qui perd le plus de population par l'émigration et qui a le plus d'insoumis.

5 arrondissements, 40 cantons, 558 communes.

Pau, sur une terrasse qui domine le Gave, patrie de Henri IV et de Bernadotte, station d'hiver, jouit d'un magnifique panorama des Pyrénées. Fabrique de toiles et de mouchoirs; en face Jurançon dont les vins sont renommés. Morlas, ancienne capitale du Béarn. Montaner, donjon célèbre. — Entre ces deux villes une enclave appartient administrativement au département des Hautes-Pyrénées.

*Orthez*, célèbre par son université du temps de la Réforme, a de vieux monuments (tour de Moncade), des tanneries, des fabriques de jambons de Bayonne. Bataille entre Soult et Wellington, après laquelle Soult se décida à découvrir Bordeaux. Navarrenx, connu par ses petits chevaux de selle. Salies, avec une source salée dont les produits sont utilisés pour la préparation des jambons.

*Oloron-Sainte-Marie*, au débouché du Somport, seule route carrossable à travers les Pyrénées, fabrique des draps, vend des bœufs excellents (race de Barétous); son arrondissement est très riche en eaux minérales : Saint-Christau, Eaux-Bonnes, Eaux-Chaudes.

Bouvier. — Géographie.

*Mauléon*, ancienne capitale de la Soule. Saint-Palais, autref[ois] siège du parlement, aujourd'hui possède le tribunal. — Saint-Je[an]-Pied-de-Port.

*Bayonne*, évêché : fabrique de chocolats, de bouchons, de câbl[es] d'ancres, de chaînes, ancienne capitale du Labourd. Son port [n'a] pas toute l'importance qu'il pourrait avoir, à cause des bancs de [la] barre de l'Adour. Saint-Jean-de-Luz est en décadence comme po[rt,] sa digue a été ruinée trois fois par la tempête. Biarritz a une pla[ge] très fréquentée. Hendaye exporte des eaux-de-vie.

### Région de l'O. — Treize départements.

#### 62. Charente-Inférieure, 6826 k.q.

Haute et Basse Saintonge, Double, Aunis, Poitou.

Arrosé par la Gironde (limite), la Seudre, la Charente, la Seng[ne] (r. g.), la Boutonne (r. d.), la Sèvre Niortaise.

Huîtres de Marennes, le premier département pour la producti[on] agricole au S. de la Loire. — Sel (le tiers de toute la France).

6 arrondissements, 40 cantons, 481 communes.

La Rochelle, d'où partit Jean de Béthencourt en 1402 po[ur] découvrir les Canaries, a soutenu les sièges glorieux de 157[3 et] de 1628 (136 hommes restaient seuls valides). Elle a gardé bea[u]coup de remarquables monuments. L'entrée du port est toujo[urs] gênée par les fondations de la digue du cardinal ; mais de gran[ds] travaux ont été faits pour défendre les bassins contre l'env[a]sement. La Rochelle arme pour la grande pêche, exporte d[es] graines, des farines, des eaux-de-vie, fabrique des verreries, c[uit] des faïences.

L'anse d'Aiguillon est un immense vivier de moules, les *bo[u]chots* couvrent 40 kilomètres carrés et donnent près de 40 millio[ns] de kilos de coquillages. Marans, ville très commerçante sur [la] Sèvre, exporte des céréales. L'île de Ré dépend de l'arrondissemen[t,] c'est un vaste potager ; ses côtes produisent 35 000 000 d'huîtr[es] et donnent un des meilleurs sels pour la conservation des poissons[,] v. pr. Saint-Martin (expédition de Buckingham en 1628), Ars et [La] Flotte.

*Rochefort*, sur la Charente, la ville la plus populeuse du départe[e]ment. C'est une création de Colbert, chef-lieu du quatrième arro[n]dissement maritime ; il est spécial pour la construction des vais[-]seaux ; mais il est menacé par les envasements et plus encore pa[r] la concurrence de Toulon. Son hôpital de la Marine est un des plu[s] beaux de France. Les navires sont armés à l'îlot Madame dans l[a] rade. Boyardville sur la côte d'Oléron, est le siège de l'école des torpilles. Il est dans la dépendance du port. Le port marchand de Rochefort arme pour la pêche à la morue. — Tonnay-Charente est un des principaux ports d'exportation pour les eaux-de-vie.

*Saintes*, ancienne capitale de la province, ancien chef-lieu du département jusqu'en 1810, a gardé la cour d'assises. Elle fait des poteries et des faïences communes. Bernard Palissy y a vécu. Louis IX y a vaincu (1242). Pons exporte des eaux-de-vie. Sanjon fait aussi du commerce.

*Saint-Jean-d'Angely* a des bois de construction, des grains et des eaux-de-vie. Saint-Savinien est célèbre par sa pierre tendre qui durcit au contact de l'air. Taillebourg rappelle une victoire sur les Anglais.

*Jonzac* distille les alcools, regorge de céréales et est sur la lisière de grandes forêts de sapins qui séparent la riche Champagne de la marécageuse Double.

*Marennes* n'a plus qu'une industrie, celle des huîtres; qu'elle achète, engraisse dans ses 5000 claies et revend pour une valeur de plus de 2 millions. Royan est surtout envahi par les riches Bordelais, mais sa plage attire aussi des baigneurs du reste de la France. La Tremblade est désertée pendant l'hiver par une partie de sa population féminine, pour la vente en détail des huîtres. L'île d'Oléron dépend de l'arrondissement : ses trois groupes d'habitations, le Château, Saint-Pierre, Saint-Georges, sont habités par des vignerons aisés. Les rôles d'Oléron, qui datent d'Éléonore de Guyenne, montrent l'ancienne importance maritime de cette île.

### 63. Charente, 5942 k.q.

Angoumois, Champagne, Saintonge, Poitou, Marche.

Arrosé par la Charente, la Tardoire, le Bandiat et la Touvre, le Né (r. g.), la Vienne, la Dronne (Isle).

Le premier département pour les eaux-de-vie, le second pour le papier.

5 arrondissements, 29 cantons, 526 communes.

ANGOULÊME, au confluent de la Charente et de la Touvre, bâtie sur un plateau avec un magnifique panorama. Sa cathédrale a la plus belle façade romane de France. La Touvre fait marcher d'importantes papeteries de luxe; on trouve à Angoulême des distilleries, des fabriques de toiles métalliques, etc. La Couronne fabrique des papiers. Ruelle, à 7 kilomètres, sur la Touvre, est aujourd'hui l'unique fonderie de canons de la Marine. La Rochefoucauld a un beau château gothique avec une galerie qui date de la Renaissance.

*Cognac* et Segonzac sont les entrepôts des fameuses eaux-de-vie de 1er cru, grande Champagne. Près de Cognac est né François 1er ; Jarnac, en 1569, le duc d'Anjou a battu Condé.

*Barbezieux* a les seconds crus (petite Champagne), exporte d truffes. Les châteaux de Chalais et de Montmoreau sont fo beaux.

*Ruffec* fait des pâtés de truffes et de perdrix.

*Confolens* n'a pas d'importance : Chabanais a des débris rema quables du moyen âge.

### 64. Vienne, 6970 k.q.

Haut-Poitou, Mirebalais, Londunois, Saumurois.

Arrosé par la Vienne, la Creuse (limite), la Gartempe, le Clain, Dive, affluent du Thouet, la Charente.

5 arrondissements, 31 cantons, 300 communes.

Poitiers, au confluent du Clain et de la Boivre, sur un plateau 40 mètres, magnifique extérieur. Cathédrale de Saint-Pierre, do zième et quatorzième siècles : stalles sculptées, les plus vieilles France. Notre-Dame la Grande, splendide façade, romano-byza tine, la plus belle de France. Peu d'industrie. A 7 kil., la Carc nerie, si connue sous le nom de Maupertuis, où fut pris le roi Je en 1356. Vouillé sur l'Auzance (507). Lusignan, bâti, dit-on, p une dame de Melle et de Lusignan. La Fée Mélusine, fille d'un d'Albano et d'une fée, se changeait en serpent tous les samedi surprise par son mari Raymondin, elle disparut, mais reven annoncer les malheurs de la famille. Vivonne (Catherine de Vivonr le château est ruiné), petite ville commerçante. Mirabeau.

*Châtellerault*, manufacture d'armes blanches et à feu créée 1823 pour remplacer celles de Mézières ; chute d'eau donna 350 chevaux ; peut fournir 60 000 fusils et 60 000 sabres par a musée d'armes à feu. Horlogerie. La Roche-Posay, eaux min rales.

*Loudun*, patrie des frères Saint-Marthe et de Renaudot (163 *Gazette de France*). Le château a été détruit par Richelieu (163 1634) ; rappelle aussi Grandier et les possédées. Moncontour, donj carré du douzième siècle, bataille de 1569.

*Montmorillon*, nombreux fours à chaux. Lahire a été enter dans le couvent de la Maison-Dieu, aujourd'hui petit séminaire. F meux monument de l'Octogone avec des sculptures romaines, der femmes nues fort laides : l'une a à ses mamelles deux serpent l'autre deux crapauds. L'Ile Jourdan. La Trémouille, berceau d princes de Talmont et de Tarente, ducs de Thouars, de Taillebour de Châtellerault. Chauvigny, carrières de pierres à bâtir, s église du douzième siècle a une fresque curieuse du quinzième à 2 kil., ville souterraine. Saint-Savin, église du onzième siècl

DEUX-SÈVRES. VENDÉE. MAINE-ET-LOIRE.

la plus complète de France; fresques du onzième siècle que Mérimée proclame les plus belles de France, et dues à des artistes grecs.

*Civray*, commerce de bestiaux et de truffes. Availles, eaux minérales.

## 65. Deux-Sèvres, 6000 k.q.

Haut-Poitou, Gâtine ou Bocage, Marais.

Arrosé par le Thouet, l'Argenton, la Sèvre Nantaise, la Sèvre Niortaise, la Boutonne.

C'est le département qui compte le plus de protestants parmi ceux du Centre.

Mulets et bestiaux (race parthenaise).

4 arrondissements, 34 cantons, 356 communes.

Niort, où la rivière commence à devenir navigable; patrie de Mme de Maintenon, commerce d'artichauts; chamoiseries et ganteries. Saint-Maixent remplace le camp d'Avor comme école de sous-officiers d'infanterie. Ses mulets sont renommés.

*Melle* (Métallum), ânes, étalons ou bardoux. Lamothe-Sainte-Héraye, fabrique d'étoffes et minoteries.

*Parthenay* et Parthenay-le-Vieux (Thouet) fabrique des étoffes communes ainsi que Secondigny, Moncoûtant. Airvault, pont de 11 arches sur le Thouet, le plus ancien des ponts qui restent du moyen âge.

*Bressuire* a été souvent prise et reprise par les bleus et les brigands. Thouars, beau château du dix-septième siècle, Châtillon-sur-Sèvre, a été le quartier général des Vendéens. Les Aubiers, combat en 1793.

## 66. Vendée, 6703 k.q.

Poitou : Marais, Plaine, Bocage, Gâtine.

Arrosé par la Sèvre Niortaise grossie de la Vendée. Le Lay grosssi de l'Yon, la Sèvre Niortaise.

Herbages. Céréales. Bestiaux. — L'industrie du sel est en décadence.

3 arrondissements, 30 cantons, 299 communes.

La Roche-sur-Yon a été fondée par Napoléon pour remplacer comme chef-lieu Fontenay-le-Comte. Trop régulièrement bâtie, elle est peu productive. Elle est renommée pourtant par ses deux foires du mois de juillet, où l'on vend 2 à 3000 chiens de chasse. Chantonnay exploite la houille et fabrique de la chaux. Entre les Herbiers et Mortagne s'élève le fameux Mont des Alouettes (231 m.), observatoire des Vendéens. Tiffauges est au N. O. de ce Mamelon.

*Fontenay-le-Comte*, draps communs, toiles. Luçon dont Ric[helieu] lieu a été évêque. Vouvant a de la houille.

Les *Sables-d'Olonne*, avec une plage admirable, un port de pêc[he] dont les marins sont renommés par leur audace. L'île d'Yeu [à] 28 kil. de la côte avec Port-Breton et Saint-Sauveur. L'île Noirm[ou]tier avec les ruines de l'abbaye d'Er et le petit port de Noirmout[ier] sur la baie de Bourgneuf.

### 67. Maine-et-Loire, 7121 k.q.

Anjou, Saumurais, Bocage.

Arrosé par la Loire, l'Authion, la Mayenne, la Sarthe, le Loir, Maine (r. d.), le Thouet et la Dive du Nord (r. g.).

Le quatrième département de France pour la production agrico[le] le premier pour les ardoises. Toiles, tissus, bœufs de Cholet.

5 arrondissements, 34 cantons, 381 communes.

ANGERS, sur la Maine, doit son nom aux Andécaves. Berceau [des] Plantagenets, a une belle cathédrale avec des vitraux du douziè[me] siècle, un château du quinzième siècle, d'anciennes rues pitt[o]resques. C'est la patrie de David d'Angers. Grande école nation[ale] des arts et métiers, fabrique de cordages, de toiles à voiles, fi[la]tures de lin et de toiles écrues. Ses environs sont célèbres po[ur] leurs pépinières. Saint-Léonard, l'Enfer, Trélazé exploitent d'i[m]menses ardoisières. Les Ponts-de-Cé sont célèbres par les comb[ats] de 1620 et 1793. Chalonnes a des houillères et des fours à cha[ux]. Champtocé fut le séjour de Barbe-bleue (Gilles de Retz). Ingran[de] a des verreries.

*Segré* est au centre d'un arrondissement essentiellement ag[ri]cole et de grande culture. Brissarthe est le seul lieu historiqu[e] Robert-le-Fort y fut tué par les Normands, en 866.

*Baugé* n'a rien de remarquable, son arrondissement prod[uit] d'excellents chanvres.

*Saumur* a l'école de cavalerie (officiers élèves et sous-offici[ers] élèves). Cette ville exporte des vins mousseux et a presque le m[o]nopole de la fabrication des chapelets. Doué-la-Fontaine a de [la] houille et de la chaux. Fontevrault avait une abbaye célèbre [de] femmes (filles de Louis XV). C'est aujourd'hui une maison ce[n]trale.

*Cholet* a des filatures de lin, des fabriques de toiles, de linge [de] table et de mouchoirs; c'est un grand marché de bestiaux. Défai[te] des Vendéens. Beaupréau a été jusqu'en 1857 le chef-lieu d'arro[n]dissement; il fabrique de la toile, exporte des bestiaux. Plusieu[rs] fois pris et perdu par les royalistes. A Saint-Florent commen[ça] en mars 1793 la grande insurrection, c'est là aussi que la Loire f[ut] passée par l'armée royale catholique. L'église contient le mausol[ée] de l'héroïque Bonchamps, par David d'Angers, dont le père était, dit-on, parmi les prisonniers à qui Bonchamps sauva la vie. Torfou rappelle au contraire une défaite des Mayençais et de Kléber.

**68. Sarthe**, 6207 k.q.

Bas-Maine, Perche, Anjou.

Arrosé par la Sarthe, l'Huisne, le Loir. — Race mancelle, croisée avec les Durham. Chapons et poulardes.

4 arrondissements, 33 cantons, 586 communes.

Le Mans, au confluent de la Sarthe et de l'Huisne, cité principale des Aulerces-Cénomans fortifiée par les Romains au deuxième ou troisième siècle. Comté héréditaire en 987. Le château a été démoli par Richelieu. Pris en 1189 par Philippe Auguste, 1199 par Jean-Sans-Peur, cédé à Bérangère, veuve de Richard Cœur de Lion, cinq fois assiégé de 1425 à 1589, pillé par les calvinistes le 3 avril 1562. Bataille du 10 décembre 1793; pris par les chouans en 1799; bataille du 11 janvier 1871. Patrie de Henri II d'Angleterre, 5 mars 1133; de Jean le Bon (1319). Patrie de Claude Chappe, inventeur de la télégraphie aérienne. Église : nef du onzième siècle; transsept de 1145; le chœur, un des plus grandioses du treizième siècle ; vitraux, ils datent du milieu du treizième siècle. Ces verrières ont été données par les drapiers, fourreurs, cabaretiers, architectes, clercs, évêques, joueurs de tric-trac, boulangers, vignerons; quelques-unes par des clercs. La Couture, nef du treizième siècle, son porche est un des plus remarquables de l'O. Église Notre-Dame du Pré, onzième et douzième siècle. Chef-lieu du IVe corps d'armée, cette ville fait un grand commerce de denrées agricoles, fabrique des toiles, des chaussures, des cigares, sa gare est la plus importante de l'Ouest. Ecommoy. Sillé-le-Guillaume. Loué, patrie de Germain Pilon. Coulie, où fut établi le camp d'instruction des mobilisés bretons, qui firent perdre la bataille du Mans.

*Mamers* fabrique des toiles. Montmirail a une importante verrerie. Bonnétable. Château bâti par Jean d'Harcourt en 1478, fabrique des faïences. Fresnay-le-Vicomte, église Notre-Dame, transition; portail curieux comme sculpture sur bois; la reine Berthe aurait habité près de cette ville, à la Bertherie.

*La Flèche*, Prytanée militaire, installé dans l'ancien collège des jésuites, où fut élevé Descartes. Cette ville est le vrai centre de production des poulardes du Mans. Sablé est la patrie du poète Ménage. Le Château a été pillé pendant la guerre par des blessés français. Solesme est célèbre par son abbaye et les sculptures de la Mise au tombeau. Le Lude, beau château. Pontvallain, victoire de Duguesclin.

*Saint-Calais*, serges ; fondé au sixième siècle par le moine auvergnat Saint-Kalésuis. Château du Loir, toiles de chanvre, château fort ruiné par Sully.

### 69. Mayenne, 5171 k.q.

Haut-Maine. Anjou.

Arrosé par la Mayenne, l'Oudon et la Jouane; l'Auron petit affluent de la Séline ; le Merdereau, affluent de la Sarthe, touche à cette dernière par son angle S. E., la Vilaine.

Ardoises, cotons tissés, bestiaux. C'est depuis ces dernières années le département qui fournit la plus grande quantité de cidre.

3 arrondissements, 27 cantons, 276 communes.

Laval, sur la Mayenne, toiles et coutils renommés ; c'est la patrie d'Ambroise Paré. Argentré a de belles carrières de marbre noir et blanc. Evron, à la base des Coëvrons, magnifique église; Sainte-Suzanne a son enceinte du moyen âge ; Port-Brillet, de grandes forges.

*Mayenne* fabrique des toiles, ainsi qu'Ernée. Jublains a un oppidum gallo-romain précieux pour l'histoire de l'architecture. Chailland a des usines ; Saint-Pierre La Cour des mines d'anthracite.

*Château-Gonthier* a des sources ferrugineuses ; c'est le chef-lieu d'un arrondissement surtout agricole, dont les terres ont été sensiblement améliorées par la chaux, que des mines d'anthracite abondantes permettent de fabriquer à bon marché. Craon, patrie de Volney, est célèbre par ses porcs faciles à engraisser et ses petits chevaux.

### 70. Ille-et-Vilaine, 6726 k.q.

Haute-Bretagne.

Arrosé par la Vilaine, la Rance, le Couesnon (limite au N. E.).

Le premier des départements pour le nombre des ruches d'abeilles. Grande pêche. Huîtres. Chevaux et bétail.

6 arrondissements, 43 cantons, 353 communes.

Rennes, au confluent de la Vilaine et de l'Ille, chef-lieu du $x^e$ corps d'armée ; célèbre par sa résistance à la monarchie et son rôle à la veille de la Révolution, rebâtie presque en entier après le grand incendie de 1720. Ville littéraire ; exporte du beurre, des chaussures, du fil à coudre. Patrie de Lamothe-Piquet. Trois-Croix, ferme-école importante. Janzé, poulardes estimées.

*Vitré* est curieux pour ses vieilles maisons ; près de là le château des Rochers, où vécut Mme de Sévigné. La Guerche de Bretagne, commerce de bois.

*Fougères*, dans une magnifique situation, commerce de toiles.

Antrain, victoire des Vendéens. Saint-Aubin du Cormier, défaite des Bretons en 1488.

*Saint-Malo*, port célèbre dans notre histoire nationale. Les Malouins comme les Nantais refusent le titre de Bretons. Nulle ville n'a donné plus de grands marins : Jacques Cartier, Porée, Duguay-Trouin, son descendant Surcouf, la Bourdonnais. Chateaubriand et Lamennais étaient aussi Malouins. Cette ville arme pour la grande pêche, exporte en Angleterre une grande quantité de denrées alimentaires. Saint-Servan, son aînée, sa voisine et sa rivale, lui est reliée par un pont roulant. Cancale est célèbre par ses huîtres ; Dol par ses polders et sa cathédrale.

*Monfort-sur-Meu* fait commerce de beurre. Paimpont est sur la lisière de la forêt que le cycle d'Arthur a rendue célèbre (Brocéliande).

*Redon* exporte du miel, des fers et des marrons.

### 71. Loire-Inférieure, 6875 k.q.

Haute-Bretagne : pays de Guérande, de Retz, diocèse de Nantes, Brière.

Arrosé par la Loire, la Sèvre Nantaise, l'Achenau, l'Erdre et le Don, affluent de la Vilaine, la Vilaine (limite).

Culture herbagère et maraîchère ; céréales. Bestiaux, moutons, chevaux. Eaux-de-vie, conserves alimentaires. Raffineries.

5 arrondissements, 45 cantons, 217 communes.

NANTES doit son importance séculaire à sa situation : la marée remonte jusqu'à ses quais et les deux vallées transversales de l'Erdre et de la Sèvre en font un lieu de passage nécessaire que facilitent de nombreuses îles. Elle est antérieure aux Romains. Chef-lieu du XI$^e$ corps d'armée. Elle est descendue au onzième rang pour le commerce avec l'étranger ; mais vient après Marseille pour le nombre des vaisseaux marchands dont elle est le port d'attache. Nantes se transforme de plus en plus en ville industrielle : elle a surtout des raffineries de sucre et des fabriques de conserves : elle arme aussi pour la grande pêche. Elle a pour annexes Chantenay et surtout la Basse-Indre, où l'on fabrique des navires. Indret appartient à l'État et fait des machines à vapeur. Clisson a les ruines d'un château célèbre.

*Ancenis*, denrées agricoles. Varade, tentative des Vendéens pour repasser la Loire.

*Châteaubriant* fabrique de l'angélique. Grandjouan, école nationale d'agriculture.

*Saint-Nazaire*, chef-lieu depuis 1868 seulement, ne date que de 1856, où fut creusé le bassin qui sert de port aux transatlantiques. Six grandes lignes mettent ce port en communication avec les Antilles, l'Espagne et l'Angleterre. Savenay fait commerce de bestiaux Les Vendéens y furent battus en 1795. Guérande produit du sel elle a gardé ses remparts du moyen âge. Le Croisic est célèbre pa ses bains de mer.

*Paimbœuf* est complètement éclipsé par les deux grands ports Pornic au contraire se développe grâce à sa plage fréquentée. Bour geuf convertit ses marais salants en polders.

### 72. Morbihan, 6798 k.q.

Basse-Bretagne, Vannetais.

Arrosé par la Vilaine, l'Oust, le Blavet, l'Ellé.

Un des premiers départements pour la production des bestiaux L'agriculture fort arriérée y fait de grands progrès. C'est de tou: les pays de la France celui qui a gardé le plus de monuments gaulois

4 arrondissements, 57 cantons, 249 communes.

Vannes, sur le Morbihan, à l'embouchure de la Marle, fait le commerce de cabotage (sel et grains). Elven a gardé le donjor d'un vieux château. Sarzeau, patrie de Lesage, au centre de la presqu'île de Ruys, est célèbre par la douceur de son climat. Port Navalo reçoit beaucoup de vaisseaux marchands. Saint-Gildas a une plage fréquentée et les ruines d'une ancienne abbaye. Toute cette région est très riche en monuments gaulois; dolmens, menhirs, alignements, etc. La Roche-Bernard a un pont suspendu de 50 mètres au-dessus de la marée haute.

*Lorient* est le chef-lieu de la troisième préfecture maritime. Fondé par la compagnie des Indes, il a été acheté par l'État au milieu du siècle dernier. C'est là que se trouve l'école d'artillerie de marine. La ville renferme un arsenal sur les bords du Scorff et des chantiers de construction. Le port de commerce exporte surtout des conserves alimentaires fabriquées dans la ville ou dans les environs. Port-Louis est subordonné à sa cadette, et ferme l'entrée de la rade. Auray, bon port, fait un commerce actif de cabotage; son pèlerinage de Sainte-Anne est très fameux. La bataille d'Auray, en 1464, qui mit fin à la grande guerre civile, s'est livrée près de là, à Brech. Carnac et Locmariaker ont dans leur banlieue les monuments bretons les plus typiques. Quiberon et le Fort-Penthièvre (1795). Le Palais dans Belle-Isle, prison d'État. Hennebont, illustré par l'héroïsme de Jeanne de Monfort, a un petit port assez animé.

*Pontivy* n'est pas devenu, selon le vœu de Napoléon (Napoléonville), le centre militaire de la Bretagne : il a peu d'importance.

*Ploërmel* en a moins encore, si ce n'est pour les touristes et les archéologues. Dans son arrondissement, Josselin (église et château, combat des Trente), Rohan (ruines).

## 73. Côtes-du-Nord, 6886 k.q.

Haute-Bretagne : Diocèse de Saint-Brieuc, duché de Penthièvre.
Basse-Bretagne : Trégorois.

Arrosé par le Guer, le Trieux, le Gouet, l'Arguenon, la Rance, le Blavet et l'Oust.

C'est le département où les petits fermages sont dans la plus grande proportion. Primeurs, chevaux de trait ; bestiaux.

5 arrondissements, 48 cantons, 389 communes.

Saint-Brieuc, sur un plateau qui domine la profonde vallée du Gouet et au sommet de la plus grande baie du nord de la Bretagne. Les Briochins expédient leurs fruits et leurs granits par le petit port du Légué, en bas du plateau, à l'embouchure de la rivière. Binic, Paimpol petits ports. C'est à Portrieux que se forme la petite escadre qui va pêcher la morue. Lamballe, ancienne capitale du duché de Penthièvre, tanne les cuirs.

*Dinan*, sur la Rance, célèbre par son aspect pittoresque et ses vieux monuments. Son église de style mixte contient le cœur de Duguesclin. Saint-Cast (1758).

*Guingamp* domine la vallée du Trieux, Pontrieux lui sert de port.

*Lannion*, petit port de commerce. Tréguier nourrit des huîtres, dites armoricaines.

*Loudéac*, toiles, papier, bestiaux. Les chevaux de Corlay, supposés d'origine arabe, sont excellents pour la cavalerie légère.

## 74. Finistère, 6722 k.q.

Basse-Bretagne : Léon, Cornouailles.

Arrosé par l'Ellé, l'Odet, l'Aulne, l'Aberrildut, l'Abervrach.

C'est le département qui a le plus de développement de côtes et qui fournit le plus de marins. Il est le second pour le nombre des chevaux et des bestiaux. Primeurs, sardines.

5 arrondissements, 43 cantons, 287 communes.

Quimper, sur l'Odet, a un petit port, la superbe cathédrale de Saint-Corentin, patrie du marin Kerguelen et du médecin Laënnec (auscultation). Dans le voisinage, l'unique école d'irrigation et de drainage de France. Audierne, Douarnenez, Pont-l'Abbé et Concarneau ont été décrits plus haut. L'île de Sein et les Glénan Dépendent de cet arrondissement.

*Quimperlé*, au confluent de l'Ellé et de l'Isole, patrie de Brizeux, charmante petite ville.

*Châteaulin*, sur l'Aulne, a de grandes carrières d'ardoise ; en aval Port-Launay, où finit le canal de Nantes à Brest. Landevennec, où sont alignés dans l'estuaire de la rivière de Châteaulin les vaisseaux de réserve de la Marine. Pont-de-Buis, poudrerie nationale.

Carhaix, patrie de La Tour d'Auvergne. Crozon est un des principaux sommets du réseau de la triangulation française.

*Brest* est le chef-lieu de la deuxième préfecture maritime. En rade de Brest est ancré le *Borda*, École navale, entre l'*Austerlitz*, École des mousses, et la *Bretagne*, École des apprentis marins. On a créé à grands frais au S. E. de la ville le grand port marchand de Portstrein, très peu animé, sauf quand la France a besoin des importations de céréales d'Amérique. Lambézellec a des brasseries et des tanneries. Le Conquet travaille les herbes marines pour en extraire l'iode et la soude. Landerneau a des filatures de toiles.

L'île d'Ouessant et l'île Molène dépendent de Brest.

*Morlaix*, au-dessous d'un superbe viaduc du chemin de fer de Brest à Paris, patrie de Moreau, est la seconde ville du département. Saint-Pol de Léon et Roscoff font un grand commerce de primeurs. L'île de Batz en dépend.

Région du centre. — Treize départements.

**75. Indre-et-Loire**, 6114 k.q.

Haute et Basse Touraine, Gâtine, Champoigne, Sainte-Maure, Véron, Brenne.

Arrosé par la Loire, le Cher, l'Indre, la Vienne et la Creuse (limite au S. O.).

Vins blancs et rouges. Le dixième du sol encore stérile.

3 arrondissements, 24 cantons, 282 communes.

Tours, sur la rive gauche de la Loire, chef-lieu du ix° corps d'armée. Turones, cathédrale, tours de Saint-Martin; fabrique des soieries pour meubles; grand commerce de livres, de pruneaux et de vins blancs de Vouvray. États de 1468, de 1506. Siège du gouvernement de la Défense nationale en 1870. Plessis-lès-Tours, où vécut Louis XI et où se réunirent les deux rois Henri contre Henri de Guise. Château-Renault a une des plus importantes tanneries de France. Mettray, pénitencier agricole (1839), a exercé une salutaire influence sur la culture des environs. Chenonceaux, avec un château fameux. Le Ripault, grande poudrerie nationale. Luynes (château). Amboise, dont le château rappelle tant de souvenirs.

*Loches*, une des villes les plus pittoresques du centre; son vieux château a 2 kilomètres de tour et a deux donjons, dont l'un garde encore des « fillettes » du roi Louis XI. Elle a encore le château de Charles VII, une église avec le tombeau d'Agnès Sorel, le château de Louis XII avec l'oratoire d'Anne de Bretagne. La Haye-

Descartes (1596), papeteries, miel et pruneaux. Lignier fait commerce de pruneaux.

*Chinon*, patrie de Rabelaïs, a conservé en partie son imposant château historique (Jeanne d'Arc et le « gentil Dauphin »). Azay-le-Rideau a un beau château Renaissance; près de là le camp du Ruchard (école de manœuvres). Bourgueil avec ses vins rouges importés de Chambertin. Langeais, magnifique château du quinzième siècle, fait commerce de vins et d'huiles. Cinq-Mars, avec sa fameuse pile (tour romaine carrée), pierres meulières.

### 76. Loir-et-Cher, 6381 k.q.

Orléanais : Blaisois, Vendômois (Dunois), Sologne.

Arrosé par la Loire, le Cosson, le Beuvron, le Cher et la Sauldre, le Loir.

Le dixième en forêts, un autre dixième en terrains incultes. A la réputation d'être le pays où se parle le plus purement la langue française.

3 arrondissements, 24 cantons, 297 communes.

Blois, rive droite de la Loire, a le château où se tinrent les États de 1576 et de 1588. Henri de Guise y fut assassiné, Catherine y mourut. Denys Papin est né dans cette ville. Ménars, château de Mme de Pompadour. Chambord, la merveille de la Renaissance, habité par François I$^{er}$, Henri II, Maurice de Saxe, donné par souscription nationale au duc de Bordeaux, est au centre d'un vaste domaine enclos de murs. Mer, vins, eaux-de-vie et vinaigre. Saint-Aignan, carrières de pierres à fusil. Pontlevoy, ancien collège, bergerie de la Charmoise. Montrichard, superbes ruines. Cheverny, Chaumont, Beauregard, châteaux.

*Romorantin*, édit de tolérance de 1560, fabrique des draps; Selles-sur-Cher, vins du Cher. Lamothe-Beuvron, grand domaine créé par Napoléon III. Salbris, quartier général de l'armée de la Loire en 1870.

*Vendôme*, célèbre par les ducs et pairs descendant de Henri IV et de Gabrielle. Combat de 1870 entre la II$^e$ armée prussienne et la II$^e$ armée de la Loire. De même, à Fréteval, qui rappelle de plus la défaite de Philippe Auguste en 1194. La Poissonnière, château où naquit Ronsard.

### 77. Loiret, 6771 k.q.

Orléanais, Gâtinais, Sologne, Puisaye.

Arrosé par la Loire, le Loiret, le Cosson, le Beuvron, le Loing, l'Essonne, l'Œuf.

Céréales, moutons, abeilles, faïences.

4 arrondissements, 31 cantons, 349 communes.

ORLÉANS, rive droite, chef-lieu du V⁰ corps d'armée, importance stratégique considérable, sièges de 450, 1429, 1563, combats d'octobre et de décembre 1870. Vinaigre, lainages, pépinières remarquables. Olivet, sur le Loiret, produit des fromages renommés; Notre-Dame de Cléry est enterré Louis XI. Saint-Mesmin dans une plaine très fertile. Saint-Ay, aux vins excellents. Meung (Jean de Meung termina le roman de *la Rose*). Beaugency, où fut prononcé l'impolitique divorce de Louis VII, Patay, où Jeanne d'Arc vainquit Talbot en 1429, mais où notre aile gauche fut écrasée en 1870 Arthenay, combats d'octobre et de novembre. Chevilly, Cercottes où furent faits les derniers efforts pour couvrir Orléans en 1870 Jargeau, où fut blessée Jeanne.

*Pithiviers* est célèbre par ses pâtés d'alouettes et ses gâteaux d'amandes. Beaune-la-Rolande, safran, miel; combat de 1870 où fu battue l'aile droite de l'armée de la Loire.

*Montargis* fait commerce de vins et de bestiaux. Ferrières a gardé l'église de son ancienne abbaye. Lorris, patrie du premier auteur du roman de *la Rose*, Guillaume; célèbre par ses Coutumes rédigées au douzième siècle. Chatillon-sur-Loing (Coligny).

*Gien*, victoire de Turenne en 1652; fabrique renommée de porcelaine opaque et de faïences. Briare expédie des pierres et des houilles, fabrique des boutons en porcelaine. Sully-sur-Loire, ancienne « Poté » convertie en duché-pairie pour Maximilien de Béthune, ministre de Henri IV. Saint-Benoît, église de l'ancienne abbaye.

### 78. Eure-et-Loir, 5874 k.q.

Orléanais : Chartrain, Beauce, Dunois. Perche : Perche Gouet, Thimerais.

Arrosé par le Loir, l'Huisne, l'Eure, l'Avre (limite au N.).
Grande richesse agricole, céréales et chevaux percherons.
4 arrondissements, 24 cantons, 426 communes.

CHARTRES (*Autricum, Carnutes*), sur l'Eure. Célèbre avant tout par sa cathédrale dont les deux clochers sont inégaux. La nef, le porche et la rosace sont des merveilles de l'art français. Sa crypte est la plus grande de France. C'est la patrie de Mathurin Régnier et de Marceau. Grand marché de grains : expédie des pâtés de perdreaux estimés. Brétigny, où fut signé l'humiliant traité de 1360. Auneau, où Henri de Guise battit les reîtres allemands en 1587 (Saül en a tué mille...). Épernon, « petite ville sans renom », dit le proverbe. Maintenon, avec un château érigé en marquisat par Louis XIV : le parc contient les restes de l'aqueduc. Le Puiset a encore les ruines du château emporté par Louis VI. Illiers vend d'excellents chevaux percherons et des béliers mérinos.

*Dreux.* L'église contient les tombeaux de la famille d'Orléans. Défaite des protestants en 1562. Anet n'a plus qu'une aile du château bâti par Philibert Delorme et orné de sculptures par Jean Goujon et Germain Pilon. Sorel a une grande papeterie.

*Nogent-le-Rotrou* est dominé par un superbe donjon des comtes du Perche et où mourut Sully, qui est enterré dans l'hôpital; tanneries, minoteries, fabriques d'étoffe. La Loupe expédie beaucoup de bestiaux à Paris.

*Châteaudun*, brûlé par les Allemands le 18 octobre 1870. Loigny, Orgères, Poupry, où l'aile gauche de l'armée de la Loire fut attaquée le 2 décembre. Brou a des fabriques de serges.

**79. Nièvre, 6817 k.q.**

Nivernais : Nivernais proprement dit, Amognes, Bazois, Morvan, Vaux d'Yonne. Orléanais : Puisaye.

Arrosé par la Loire (limite), l'Aron, la Nièvre, l'Allier (limite), le Nohain, l'Yonne, le Beuvron, la Cure.

Le premier département pour l'étendue des forêts ; et pour la production du bétail (bœufs charolais croisés de Durham), métallurgie.

4 arrondissements, 25 cantons, 313 communes.

NEVERS, au confluent de la Nièvre dans la Loire, bâtie en amphithéâtre au-dessus du fleuve, présente son palais ducal, œuvre de la Renaissance, une cathédrale gothique et une vieille église romane, ville très commerçante. Nevers fabrique des machines à vapeur, elle a des faïenceries qui s'efforcent de retrouver les traditions du grand art importé autrefois dans cette ville par les Gonzague (faïences et émaux). La grande fonderie de canons pour la Marine qui existait à Nevers a été supprimée en 1881 et remplacée par une École nationale de grosse chaudronnerie et constructions en fer. Les environs de Nevers sont parsemés d'usines métallurgiques. La Pique, dans un faubourg. Fourchambault fabrique des roues pour locomotives, des plaques de blindage, des fers forgés et des ouvrages en fonte. Guérigny a les forges de la Chaussade, appartenant à la Marine, plaques, ancres et câbles-chaines, etc. Imphy lamine le cuivre, produit de l'acier, des tôles. Decize, patrie de Saint-Just, exploite le sable pour l'émaillage des faïences. Pougues-les-Eaux a des sources carbonatées et ferrugineuses.

*Cosne*, fabrique des limes et des clous. Donzy de la poterie. Pouilly produit d'excellents vins blancs, plantés par les moines de la Charité-sur-Loire, dont l'abbaye était autrefois la « fille aînée de Cluny ».

*Château-Chinon* a des foires très importantes pour le commerce de bois. Montsauche, dans le voisinage de l'étang des Settons. Saint-Honoré a des eaux sulfureuses et des environs remarquables.

*Clamecy* rassemble sur ses ports la plus grande partie des bois et charbons du Morvan destinés à Paris. Dornecy a des carrières remarquables de pierres de taille, ainsi que Chevroches. Asnois, anciennement siège d'une Poté comme Sully, a de bons vins blancs, ainsi que Tannay. Corbigny fabrique du ciment. Vauban a donné son nom à Sébastien Le Prestre, le grand maréchal.

### 80. Cher, 7199 k.q.

Haut-Berry, Sancerrois.

Arrosé par la Loire (limite), l'Aubois, le Cher, l'Yèvre (l'Auron, l'Yèvrette), la petite et la grande Sauldre.

Le troisième de France pour la production du minerai de fer. Troupeaux de brebis fournissant d'excellentes laines.

3 arrondissements, 29 cantons, 291 communes.

Bourges, au confluent de l'Yève et d'un grand nombre de petites rivières, chef-lieu du viiiᵉ corps d'armée, arsenal central de la France, patrie de Louis XI (hôtel Lallemant), de Jacques Cœur, de Bourdaloue et de Boucher le peintre, a une magnifique cathédrale du treizième siècle et la maison de Jacques Cœur (Hôtel de ville). C'est une ville essentiellement militaire. La célèbre Pragmatique de Charles VII (roi de Bourges jusqu'à Jeanne d'Arc) y a été décidée dans un fameux concile gallican en 1438. Mehun-sur-Yèvre, où est mort Charles VII (1461) a une grande manufacture de porcelaine. Vierzon-Ville et Vierzon-Village ont de grandes usines de métallurgies, d'étoffes et de porcelaines. Avor, camp d'instruction du viiiᵉ corps.

*Sancerre*, célèbre par le siège de 1573, récolte sur sa colline des vins estimables. Aubigny fait le commerce de laines.

*Saint-Amand-Montrond* a joué un rôle de quelque importance à l'époque de la Fronde, étant forteresse des Condés. Chateaumeillant, avec un vieux château des Lusignan. Dun-le-Roy, assis sur un bassin très riche en minerai de fer, belle église et pierres lithographiques.

### 81. Indre, 6795 k.q.

Bas-Berry, Champagne, Boischaud, Déolois, Brenne.

Arrosé par le Cher (limite au N.), l'Indre, la Creuse. Un des premiers départements de France pour l'instruction.

4 arrondissements, 23 cantons, 245 communes.

Chateauroux, sur l'Indre, bâti au dixième siècle autour du château Raoul, qui domine encore la ville, fabrique de tabacs et de draps pour la troupe, parc de construction des équipages militaires. Déols, ancienne abbaye. Argenton a des tanneries et des fabriques de draps. Buzançais a des minoteries. Châtillon-sur-Indre, des forges de fer. Le château de Valençay, propriété des Talleyrand, a servi de prison à Ferdinand VII.

*Le Blanc* a des fabriques de draps, patrie de Marivaux. Saint-Michel-en-Brenne a dans son voisinage l'abbaye de Saint-Cyran.

*La Châtre* a eu des seigneurs célèbres, elle fait le commerce de laines et de châtaignes. Dans le voisinage, Nohant, séjour de George Sand.

*Issoudun*, dominé par la Tour-Blanche, travaille dans ses tanneries les peaux de moutons de la Sologne, leurs laines dans ses usines de draps.

### 82. Allier, 7308 k.q.

Haut et Bas-Bourbonnais.

Arrosé par la Loire (limite), l'Allier qui reçoit la Sioule, le Cher.
Bassins houillers. Mines de fer, marbres, argiles. Brandes.
4 arrondissements, 28 cantons, 317 communes.

Moulins, situé à un endroit où la vallée est rétrécie et où la rivière est rejetée en un seul lit. Le château des ducs lui a donné de l'importance. Une belle église avec deux clochers de près de 100 mètres. La chapelle du lycée contient le tombeau de Montmorency par Coustou. Villars et Berwick. Izeure, église en partie du dixième siècle. Les landes sablonneuses du N. ont été transformées en terrains fertiles par le défoncement de la surface : le sable mélangé à la marne du fond donne une excellente terre. Bourbon-l'Archambault, 3 mètres cubes par heure. Souvigny, ancien prieuré. Lurcy-Lévy; kaolin, porcelaines.

*La Palisse*, château du XIV$^e$ siècle. Vichy, vallée du Sichon, est l'une des premières stations thermales de France, ses sources donnent 400 litres par minute; bicarbonate de soude. Cusset. Château restauré de Bourbon-Busset.

*Montluçon :* ville féodale en haut de la colline ; en bas, ville moderne; fabrique de glaces appartenant à la compagnie de Saint-Gobain. Commentry, 4$^e$ bassin de France; Montvicq, Bézenet, Doget, Villefranche. La couche de Commentry a 14 mètres d'épaisseur moyenne; elle brûla de 1816 à 1846 ; on dut y jeter un ruisseau pour l'éteindre. Néris, célèbre par ses eaux.

*Gannat*, commerce de blé. Saint-Pourçain, vignobles.

### 83. Puy-de-Dôme, 7950 k.q.

Auvergne : Basse-Auvergne, Limagne, comté et dauphiné d'Auvergne, duché de Montpensier, baronnies de Combrailles et de La-Tour-d'Auvergne.

Arrosé par l'Allier, la Dore, la Sioule, la Dordogne.
Grand nombre d'émigrants. Sources minérales fameuses.

3 arrondissements, 50 cantons, 465 communes.

Clermont-Ferrand, sur un plateau au pied du Puy-de-Dôme, a une cathédrale inachevée du treizième siècle, une église romane, la fontaine pétrifiante de Saint-Allyre. Chef-lieu du XIII⁰ corps d'armée, cette ville est un grand centre d'approvisionnements qui pourrait devenir le réduit suprême de la défense nationale. Elle fabrique des pâtes et des semoules excellentes. C'est la patrie de Vercingétorix (?), de Grégoire de Tours, de Pascal, de Chamfort et de Charras. Desaix a sa statue sur la plus grande place de la ville. Montferrand, dans le voisinage, a été abandonné de la plupart de ses habitants pour la ville qui lui a pris une partie de son nom. On voit également dans la banlieue le fameux plateau de Gergovie et la belle grotte de Royat. Mont-Dore-les-Bains et la Bourboule ont attiré un grand nombre des malades qui se rendaient autrefois en Allemagne.

*Riom*, chef-lieu de la cour d'appel, vieille ville parlementaire, est le berceau de Antoine Dubourg, Malouet, Romme, de Barante. Aigueperse est la patrie de Michel de l'Hôpital; Ayat, celle de Desaix. Volvic a des carrières importantes de pierre noire. Pontgibaud, des mines de plomb. Montpensier, Effiat.

*Thiers* est surtout connue par ses coutelleries; elle a aussi des tanneries et des papeteries (papiers timbrés). Saint-Rémy fabrique aussi des couteaux. Châteldon a des eaux minérales; Maringues, des mégisseries pour les gants.

*Ambert* fabrique des lacets de coton, du papier buvard, à filtre et d'emballage; Arlane, des draperies grossières et, depuis quelques années, des dentelles; Marsac, du papier.

*Issoire* envoie de nombreux chaudrons dans l'intérieur de la France. Brassac a des mines de houille, le 11ᵉ bassin de France. Saint-Nectaire, Montaigut ont des eaux minérales. La-Tour-d'Auvergne, berceau de la maison d'Auvergne.

**84. Cantal**, 5741 k.q.

Haute-Auvergne: Planèze, Cantal, Carladès.

Arrosé par la Dordogne (limite), la Rue, la Doire, la Cère, la Truyère, l'Alagnon.

Émigration considérable, fromages, bétail.

4 arrondissements, 23 cantons, 266 communes.

Aurillac, sur la Jordane, patrie de Gerbert (Sylvestre II), du maréchal de Noailles; les sites sont admirables aux environs: blondes, dentelles. Vic-sur-Cère, eaux minérales contre l'anémie. Carlat, ancienne capitale du Carladès. Maurs, vente de blés et de châtaignes.

*Mauriac*, foires de bestiaux. Salers, renommé pour sa race bovine.

*Murat*, dentelles communes, chaudronnerie. Chavagnac, patrie de Lafayette. Riolan, près d'un tunnel fameux. Massiac, grand marché de grains.

*Saint-Flour*, fabrique des poteries, des couvertures, siège de la cour d'assises. La Planèze, dans les environs, est « le grenier d'Auvergne ». Chaudes-Aigues, renommée pour ses eaux thermales qui sont conduites dans les rues et chauffent les maisons.

### 85. Haute-Vienne, 5517 k.q.

Haut-Limousin, partie du Poitou, de la Marche (Basse-Marche) et du Berry.

Arrosé par la Vienne, le Thorion, la Gartempe, la Tardoire, l'Isle, la Loire.

Châtaignes, toiles grossières, porcelaines.

5 arrondissements, 27 cantons, 205 communes.

Limoges, sur la Vienne. Chef-lieu du XII<sup>e</sup> corps d'armée. C'est la plus grande ville du centre de la France. Elle fabrique des gros draps, des manteaux dits limousines; sa principale gloire est la fabrication des émaux et les merveilles de céramique qu'elle produit depuis les temps les plus anciens. Une magnifique collection de ces précieux objets d'art existe dans le musée de la ville. Limoges a vu naître la Reynie, d'Aguesseau, Jourdan le vainqueur de Fleurus, Vergniaud, Bugeaud, duc d'Isly. Solignac est la patrie de Saint-Éloi (Eligius), Saint-Léonard celle de Gay-Lussac; ces deux villes fabriquent des porcelaines comme tout le district. Eymoutiers de même. Pierrebuffière est la patrie de Dupuytren.

*Rochechouart* a conservé un magnifique château du quinzième siècle dont les maîtres ont joué un grand rôle. Saint-Junien, la seconde ville du département, a d'importantes usines de papiers, d'huile, de porcelaines.

*Saint-Yrieix*, fondé par Arédius, met en œuvre les produits de la grande carrière de Kaolin de Coussac-Bonneval. Châlus (Richard Cœur de lion, 1199). La Roche l'Abeille, victoire de Coligny en 1569. Nexon, célèbre haras de chevaux arabes et anglais.

*Bellac* a des vignobles et dans sa banlieue les ruines du château de Mortemart. Le Dorat fabrique des poids et mesures métriques. Magnac-Laval fait des porcelaines.

### 86. Corrèze, 5866 k.q.

3 arrondissements, 29 cantons, 287 communes.

Tulle, sur la Corrèze. Draps communs, grande manufacture nationale d'armes qui a des succursales dans plusieurs bourgs du département, entre autres Treignac. Argentat a de riches mines de charbon, Uzerche, ville bien située, marchés aux chevaux.

*Brives-la-Gaillarde*, patrie du cardinal Dubois, « ce drôle », et du maréchal Brune. Fait commerce de volailles, de châtaignes et de truffes. Noailles, Turenne, Ségur, Pompadour ont des ruines ou des châteaux dont les maîtres ont été célèbres; le dernier village à une jumenterie importante et une ferme nationale.

*Ussel*, fabrique d'étoffes de laine. Meymac a des houillères. Bort est célèbre par ses « orgues » basaltiques, il fait grand commerce de toiles.

**87. Creuse**, 5568 k.q.

Haute-Marche, Basse-Marche, pays de Franc Alleu, portions de Poitou, du Berry, du Bourbonnais, du Limousin.

Arrosé par la Creuse, la Gartempe, touché par la Vienne et le Chavanon, parcouru par le Cher et la Tards.

Tapisseries. Grande émigration de maçons. Houillères.

4 arrondissements, 25 cantons, 263 communes.

GUÉRET, entre Creuse et Gartempe, sur un plateau, Ahun (Acitodunum de la table de Peutinger), sur un bassin houiller de 12 kilomètres de longueur, le huitième de France. La Souterraine fournit le plus fort contingent à l'émigration des maçons.

*Aubusson*, la ville la plus peuplée du département, vieille ville féodale dont la belle manufacture fut, dit-on, fondée par des Sarrazins enfuis de la bataille de Poitiers. Une de ses maisons occupe 2000 ouvriers. Cette ville ainsi que Felletin a des filatures, des moulins à fouler, des fabriques de tapis veloutés, de moquettes. Évaux, eaux minérales, ancienne capitale de la baronnie de Combrailles. Crocq a donné son nom à l'insurrection des Croquants en 1592. Lavaveix-les-Mines exploite la houille.

*Bourganeuf*, porcelaines, papier, ancien prieuré d'Auvergne, a conservé la tour où fut enfermé Zizim.

*Boussac*, fort petite ville, n'a même pas le tribunal de première instance, qui est à Chambon, dont l'église romane est la plus remarquable de la Creuse.

# DÉPARTEMENTS.

**DÉPARTEMENTS DONT LE NOM NE COMMENCE PAS PAR LE NOM DE LA RIVIÈRE QUI BAIGNE LE CHEF-LIEU.**

| Nos | DÉPARTEMENTS. | CHEFS-LIEUX. | RIVIÈRES DU CHEF-LIEU. |
|---|---|---|---|
| 1 | Ain. | Bourg-en-Bresse. | Reyssouse. |
| 2 | Aisne. | Laon. | » |
| 3 | Alpes (Basses-). | Digne. | Bléone (Durance). |
| 4 | Alpes (Hautes-). | Gap. | Luye (Durance). |
| 5 | Alpes-Maritimes. | Nice. | Paillon. |
| 6 | Ardèche. | Privas. | Ouvèze (Rhône). |
| 7 | Ardennes. | Mézières. | Meuse. |
| 8 | Aube. | Troyes. | Seine. |
| 9 | Belfort (Territoire). | Belfort. | Savoureuse (Allaine, Doubs). |
| 10 | Bouches-du-Rhône. | Marseille. | Huveaune. |
| 11 | Calvados. | Caen. | Orne. |
| 12 | Cantal. | Aurillac. | Jordanne (Cère, Dordogne). |
| 13 | Charente-Inférieure. | La Rochelle. | » |
| 14 | Cher. | Bourges. | Auron-Yèvre-Yèvrette (Cher). |
| 15 | Corse. | Ajaccio. | » |
| 16 | Côte-d'Or. | Dijon. | Ouche (Saône). |
| 17 | Côtes-du-Nord. | Saint-Brieuc. | Gouet. |
| 18 | Creuse. | Guéret. | Entre Creuse et Gartempe. |
| 19 | Dordogne. | Périgueux. | Isle (Vezère, Dordogne). |
| 20 | Drôme. | Valence. | Rhône. |
| 21 | Eure. | Évreux. | Iton (Eure). |
| 22 | Finistère. | Quimperlé. | Odet. |
| 23 | Gard. | Nimes. | Fontaine de Nimes (Vistre). |
| 24 | Gironde. | Bordeaux. | Garonne. |
| 25 | Hérault. | Montpellier. | Lez. |
| 26 | Indre-et-Loire. | Tours. | Loire. |
| 27 | Jura. | Lons-le-Saulnier. | Vallière (Seille, Saône). |
| 28 | Landes. | Mont-de-Marsan. | Midouse (Adour). |
| 29 | Haute-Loire. | Le Puy. | Borne (Loire). |
| 30 | Loiret. | Orléans. | Loire. |
| 31 | Lot-et-Garonne. | Agen. | Garonne. |
| 32 | Lozère. | Mende. | Lot. |
| 33 | Manche. | Saint-Lô. | Vire. |
| 34 | Meuse. | Bar-le-Duc. | Ornain (Marne). |
| 35 | Nord. | Lille. | Deule (Lys, Escaut). |
| 36 | Oise. | Beauvais. | Thérain (Oise). |
| 37 | Orne. | Alençon. | Sarthe. |
| 38 | Pas-de-Calais. | Arras. | Scarpe (Escaut). |
| 39 | Puy-de-Dôme. | Clermont-Ferrand. | » |
| 40 | Pyrénées (Basses-). | Pau. | Gave de Pau (Adour). |
| 41 | Pyrénées (Hautes-). | Tarbes. | Adour. |
| 42 | Pyrénées-Orientales. | Perpignan. | Têt. |
| 43 | Saône (Haute-). | Vesoul. | Drugeon (Saône). |

| N°s | DÉPARTEMENTS. | CHEFS-LIEUX. | RIVIÈRES DU CHEF-LIEU. |
|---|---|---|---|
| 44 | Savoie. | Chambéry. | Leysse (Rhône). |
| 45 | Savoie (Haute-). | Annecy. | Fier (Rhône). |
| 46 | Seine-et-Oise. | Versailles. | » |
| 47 | Var. | Draguignan. | Nartuby (Argens). |
| 48 | Vaucluse. | Avignon. | Rhône. |
| 49 | Vendée. | La Roche-sur-Yon. | Yon. |
| 50 | Vienne. | Poitiers. | Clain (Vienne). |
| 51 | Vosges. | Épinal. | Moselle. |

# CHAPITRE VIII

## GÉOGRAPHIE ADMINISTRATIVE.

**La constitution**. — Les grands pouvoirs de l'État. — La France forme une république démocratique, ayant pour base le suffrage universel.

Elle est régie par une Constitution qui a été votée le 25 février 1875.

Cette Constitution ne peut être modifiée que par l'accord des deux Chambres : Sénat et Chambre des députés réunis en un Congrès qui prend le nom d'Assemblée nationale.

Le pouvoir exécutif est confié à un Président de la République, élu par l'Assemblée nationale pour sept ans et rééligible.

L'Empereur avait une liste civile de trois millions par mois ; le Président de la République a un traitement annuel de 600 000 fr., auquel il faut ajouter 162 000 fr. de frais de représentation.

Le Président de la République est irresponsable. Ses actes doivent être contre-signés par les ministres qu'il choisit et qui forment un cabinet solidaire et responsable.

Il y a onze ministres : ceux de la Justice et des Cultes, des Affaires étrangères, de l'Intérieur, de la Guerre, des Finances, de l'Instruction publique et des Beaux-Arts, de la Marine et des Colonies, des Travaux publics, de l'Agriculture, du Commerce, des Postes et Télégraphes.

Il peut leur être adjoint des sous-secrétaires d'État.

Le pouvoir législatif est exercé par les deux Chambres.

Le Sénat se compose de 300 membres, dont 75 inamovibles élus par le Sénat lui-même, et 225 élus par des collèges de département au scrutin de liste. Ces collèges se composent des députés du département, des conseillers généraux et d'arrondissement, d'un délégué par commune élu lui-même par le conseil municipal. Il y a au moins deux et au plus cinq sénateurs par département.

Les sénateurs sont élus pour neuf ans ; le renouvellement se fait par tiers.

La Chambre des députés se compose de 567 membres élus au scrutin uninominal par le suffrage universel. Chaque arrondissement élit au moins un député; les plus populeux sont divisés en circonscriptions dont aucune ne peut dépasser 100 000 habitants. Les députés sont élus pour quatre ans; la Chambre se renouvelle intégralement.

Les attributions respectives du Sénat et de la Chambre des députés ne sont pas très nettement définies par la Loi constitutionnelle.

Le Conseil d'État se compose d'un vice-président, de vingt-deux conseillers en service ordinaire, quinze en service extraordinaire, de vingt-quatre maîtres des requêtes, de vingt auditeurs de première classe et de dix de seconde.

Il est divisé en quatre sections. Une section du Contentieux qui juge en appel les causes tranchées par les Conseils de Préfecture, les conflits, etc.; trois sections des Affaires ministérielles.

La Cour des Comptes examine les écritures de tous les agents du Trésor et des comptables de toutes les administrations qui relèvent soit de l'État, soit des départements, soit des communes.

**Organisation départementale.** — A la tête de chaque département se trouve un Préfet nommé par le Président de la République, et subordonné au ministre de l'intérieur. Le Préfet est assisté et contrôlé par un Conseil général composé d'autant de membres qu'il y a de cantons dans le département, élus pour six ans au scrutin uninominal. Les conseillers généraux sont renouvelables par moitié. Les attributions de ces assemblées ont été étendues depuis 1871. Elles votent le budget départemental, répartissent l'impôt entre les arrondissements et peuvent émettre des vœux non politiques. Une Commission de permanence siège dans l'intervalle de deux sessions réglementaires (août, un mois au plus; avril, une semaine au plus).

En cas de suppression illégale de la Chambre des députés, les conseils généraux doivent former une assemblée ayant pour mission d'organiser la résistance au coup d'État (loi Trévenneuc).

Les Conseils de Préfecture composés de membres nommés par le Président de la République, jugent en premier ressort les affaires contentieuses intéressant le département ou les communes.

A la tête de chaque arrondissement est un Sous-Préfet nommé par le Président de la République, dépendant du ministère de l'intérieur et subordonné au Préfet. Le Conseil d'Arrondissement a pour mission de répartir l'impôt entre les communes de l'arrondissement.

A la tête de chaque commune est un maire élu par le Conseil municipal.

Les Conseils municipaux votent le budget de la commune. Les membres sont élus pour trois ans au scrutin de liste ; le renouvellement est intégral. Il y a quatre sessions ordinaires par an.

Paris et Lyon ont une organisation spéciale. Ces deux villes n'ont pas de mairie centrale. Paris est divisé en vingt arrondissements, Lyon en six, ayant chacun une municipalité distincte ; mais il y a pour toute la ville un conseil municipal élu par quartier au scrutin uninominal.

**Organisation judiciaire**. — La Cour suprême porte le nom de Cour de Cassation. Elle peut annuler tous les jugements lorsqu'il y a eu vice de jurisprudence, pour les causes civiles ou de procédure pour les causes criminelles (Cours d'Assises).

Elle se compose d'une Chambre des Requêtes qui examine la valeur des pouvoirs, d'une Chambre civile et d'une Chambre criminelle qui juge les pourvois.

La Constitution de l'an VIII a établi des Cours d'Appel.

Chacune d'elles se compose de trois chambres : la Chambre des Mises en Accusation, qui juge s'il y a lieu d'envoyer les prévenus devant les cours d'assises des départements ; la Chambre correctionnelle, qui juge les appels des causes correctionnelles ; la Chambre civile, ceux des causes civiles jugées par les tribunaux de première instance.

Les ressorts de ces chambres sont d'étendue fort inégale, le gouvernement consulaire s'étant préoccupé du souvenir des anciens parlements.

### RESSORTS DES COURS D'APPEL.

Au Nord :

Paris : Seine, Seine-et-Oise, Seine-et-Marne, Aube, Yonne, Eure-et-Loir.
Douai : Nord, Pas-de-Calais.
Amiens : Somme, Oise, Aisne.
Rouen : Seine-Inférieure, Eure.

A l'Est :

Nancy : Meurthe-et-Moselle, Vosges, Meuse, Ardennes.
Dijon : Côte-d'Or, Haute-Marne, Saône-et-Loire.
Besançon : Doubs, Jura, Haute-Saône.

Au Sud-Est :

Lyon : Rhône, Loire, Ain.
Chambéry : Savoie, Haute-Savoie.
Grenoble : Isère, Drôme, Hautes-Alpes.
Aix : Bouches-du-Rhône, Basses-Alpes, Var, Alpes-Maritimes.
Bastia : Corse.

## Au Sud-Ouest :

Nîmes : Gard, Ardèche, Lozère, Vaucluse.
Montpellier : Hérault, Aude, Pyrénées-Orientales, Aveyron.
Toulouse : Haute-Garonne, Tarn, Tarn-et-Garonne, Ariège.
Agen : Lot, Lot-et-Garonne, Gers.
Pau : Basses-Pyrénées, Hautes-Pyrénées, Landes.
Bordeaux : Gironde, Dordogne, Charente.

## A l'Ouest :

Poitiers : Vienne, Deux-Sèvres, Vendée, Charente-Inférieure.
Angers : Maine-et-Loire, Mayenne, Sarthe.
Rennes : Ille-et-Vilaine, Côtes-du-Nord, Finistère, Morbihan, Loire-Inférieure.
Caen : Calvados, Orne, Manche.

## Au centre :

Orléans : Loiret, Loir-et-Cher, Indre-et-Loire.
Bourges : Cher, Indre, Nièvre.
Riom : Puy-de-Dôme, Cantal, Allier, Haute-Loire.
Limoges : Haute-Vienne, Corrèze, Creuse.

Dans chaque département, la Cour d'Assises juge les prévenus qui lui sont déférés par arrêt de la Chambre des Mises en Accusation. Cette Cour est présidée par un conseiller de la Cour d'Appel délégué à cet effet, et escorté de deux juges du tribunal civil. Douze jurés prononcent sur la question de fait, la Cour applique la sentence suivant la loi.

Les Cours d'assises se tiennent généralement au chef-lieu de département ; il y a des exceptions que nous avons signalées au cours de l'étude des départements : il est bon de les rappeler.

1. Ardennes............ Charleville.
2. Cantal.............. Saint-Flour.
3. Charente-Inférieure. Saintes.
4. Loire............... Montbrison.
5. Manche ............. Coutances.
6. Marne............... Reims.
7. Meuse............... Saint-Michel.
8. Pas-de-Calais ....... Saint-Omer.
9. Saône-et-Loire...... Châlon-sur-Saône.
10. Vaucluse ........... Carpentras.

Il n'y a pas de tribunal civil de première instance commun à tout un département, sauf dans la Seine.

Il y a un tribunal civil par arrondissement (359), sauf dans les Alpes-Maritimes, à Puget-Théniers. Ils sont répartis en six classes, jugent en appel les causes tranchées par les juges de paix depuis 100 jusqu'à 200 fr., jugent sans appel les causes dont la valeur n'excède pas 1500 fr. et connaissent des délits en première instance.

Ces tribunaux sont en général établis au chef-lieu d'arrondissement ; les exceptions sont les suivantes :

1. Allier, arrondissement de la Palisse..  Cusset.
2. Ardennes, arrond. de Mézières......  Charleville.
3. Bouches-du-Rhône, arrond. d'Arles.  Tarascon.
4. Creuse, arrond. de Boussac.........  Chambon.
5. Isère, arrond. de la Tour-du-Pin.....  Bourgoin.
6. Jura, arrond. de Poligny...........  Arbois.
7. Meuse, arrond. de Commercy.......  Saint-Mihiel.
8. Hautes-Pyrénées, arrond. d'Argelès..  Lourdes.

Il y a dans chaque canton un juge de paix chargé surtout de tenter la conciliation entre les plaideurs. Les juges de paix jugent sans appel les causes dont la valeur ne dépasse pas 100 fr. ; avec appel, les causes de 101 à 200 fr.

Tous les fonctionnaires de l'ordre judiciaire sont nommés par le Président de la République. A l'exception des juges de paix, tous les juges, conseillers, présidents, sont inamovibles.

Ils forment ce qu'on appelle la magistrature assise.

La magistrature debout, ou parquet, se compose des procureurs de la République (et leurs substituts) près des tribunaux de première instance, des avocats généraux et procureurs généraux près les Cours d'appel et la Cour de Cassation. Ces magistrats ne sont pas inamovibles.

Une haute Cour de justice a été créée en 1848 pour juger les attentats contre la sûreté de l'Etat. Elle a été réunie en 1870 à Blois contre les socialistes.

Enfin, il faut citer, comme juridiction spéciale, les Conseils de guerre et les Tribunaux de commerce.

**Instruction publique.** — L'instruction publique est donnée dans les établissements d'enseignement supérieur, secondaire et primaire.

L'ensemble des écoles, facultés, lycées, collèges, écoles primaires, etc., appartenant soit à l'État, soit aux communes, forme l'Université de France.

A la tête du corps enseignant est le Conseil Supérieur de l'Instruction publique, composé de membres élus et de membres désignés par le Ministre. Il établit les programmes et les méthodes, c'est le tribunal suprême pour les procès de discipline universitaire.

Au point de vue administratif, l'Université est divisée en seize Académies ; à la tête de chaque Académie est un Recteur, qui est assisté par un Conseil académique composé, comme le Conseil supérieur, de membres élus et de membres désignés par le ministre.

Chaque département forme une inspection académique, administrée par un inspecteur d'académie ; il y a en général par arrondissement un inspecteur primaire, chargé de la direction de l'enseignement primaire.

Les ressorts des Académies sont très inégaux :

| | |
|---|---|
| Paris........ | Seine, Seine-et-Oise, Seine-et-Marne, Marne, Oise, Eure-et-Loir, Loiret, Loir-et-Cher, Cher. |
| Douai ....... | Nord, Pas-de-Calais, Somme, Aisne, Ardennes. |
| Nancy ....... | Meurthe-et-Moselle, Vosges, Meuse. |
| Dijon........ | Côte-d'Or, Yonne, Nièvre, Aube, Haute-Marne. |
| Besançon .... | Doubs, Jura, Haute-Saône. |
| Lyon ........ | Rhône, Loire, Ain, Saône-et-Loire. |
| Chambéry ... | Savoie, Haute-Savoie. |
| Grenoble .... | Isère, Basses-Alpes, Drôme, Ardèche. |
| Aix......... | Bouches-du-Rhône, Vaucluse, Basses-Alpes, Var, Alpes-Maritimes. Corse. |
| Montpellier.. | Hérault, Gard, Lozère, Aude, Pyrénées-Orientales. |
| Toulouse .... | Haute-Garonne, Ariège, Tarn, Lot, Aveyron, Tarn-et-Garonne, Gers, Hautes-Pyrénées. |
| Bordeaux.... | Gironde, Landes, Basses-Pyrénées, Lot-et-Garonne, Dordogne. |
| Poitiers ..... | Vienne, Haute-Vienne, Charente, Charente-Inférieure, Vendée, Deux-Sèvres, Indre-et-Loire. — Indre. |
| Rennes...... | Ille-et-Vilaine, Côtes-du-Nord, Finistère, Morbihan, Loire-Inférieure, Maine-et-Loire, Mayenne. |
| Caen ........ | Calvados, Manche, Orne, Sarthe, Eure, Loire-Inférieure. |
| Clermont.... | Puy-de-Dôme, Haute-Loire, Cantal, Corrèze, Creuse, Allier. |

Les chefs des académies de Paris et de Chambéry portent le titre de vice-recteur. Il y a un vice-recteur à Bastia pour la Corse. — Enfin l'Algérie forme une académie spéciale.

L'enseignement supérieur est donné par l'École Normale supérieure, l'École des Hautes-Études, le Collège de France, le Muséum, établis à Paris, les Facultés des lettres et des sciences qui forment des professeurs ou délivrent des grades et des diplômes universitaires. — Les Facultés de droit, de médecine (auxquelles il faut joindre les Écoles préparatoires de médecine et les Écoles de pharmacie), les Facultés de théologie, sont également sous la haute direction des recteurs.

L'enseignement secondaire (École Normale supérieure et École Normale de Cluny pour l'enseignement secondaire spécial) est donné dans les lycées, les collèges de plein exercice et les petits collèges communaux.

L'enseignement primaire est donné dans les écoles primaires supérieures, les écoles professionnelles, les écoles primaires, les écoles de hameau et les salles d'asile ou écoles maternelles.

## CULTES. FINANCES.

**Divisions ecclésiastiques.** — Le recensement de la population par cultes donne en chiffres ronds trente-six millions et demi catholiques, cinq à six cent mille protestants, cinquante mille juifs; vingt-deux mille ont déclaré n'avoir pas de religion [1].

Les catholiques reconnaissent pour chef spirituel le Pape. Les rapports entre l'État et l'Église sont déterminés par le concordat du 26 avril 1802, et les articles organiques sont au même titre lois de l'État.

Les circonscriptions ecclésiastiques sont les archevêchés, les évêchés, les doyennés et les paroisses.

Les archevêchés et les évêchés se groupent de la façon suivante :

*Paris*........ Versailles, Chartres, Blois, Orléans, Meaux.
*Reims*....... Soissons, Châlons-sur-Marne, Beauvais, Amiens.
*Cambray* .... Arras.
*Sens*......... Troyes, Moulins, Nevers.
*Besançon* .... Nancy, Verdun, Saint-Dié, Belley.
*Lyon* ........ Autun, Dijon, Langres, Saint-Claude, Grenoble.
*Chambéry* ... Saint-Jean-de-Maurienne, Moûtiers (Tarentaise), Annecy.
*Aix*........... Marseille, Fréjus, Digne, Gap, Ajaccio, Nice.
*Avignon* ..... Viviers, Valence, Nîmes, Montpellier.
*Toulouse*..... Montauban, Pamiers, Carcassonne.
*Alby*......... Perpignan, Rodez, Mende, Cahors.
*Auch*........ Tarbes, Bayonne, Aire.
*Bordeaux*.... Agen, Périgueux, Angoulême, la Rochelle, Luçon, Poitiers.
*Tours*........ Angers, le Mans, Laval, Nantes.
*Rennes*....... Vannes, Quimper, Saint-Brieuc.
*Rouen* ....... Coutances, Bayeux, Séez, Évreux.
*Bourges* ..... Clermont, le Puy, Saint-Flour, Tulle, Limoges.

On remarquera que le diocèse de Perpignan est séparé par celui de Carcassonne du groupe des suffragants d'Alby dont il relève.

La Savoie a un archevêché et trois évêchés. Les Bouches-du-Rhône et la Marne un archevêché et un évêché.

Six départements : les Ardennes, la Haute-Saône, la Loire, les Deux-Sèvres, l'Indre et la Creuse, n'ont pas d'évêché.

Reims a dans son diocèse l'arrondissement de Reims et le département des Ardennes; Châlons, le reste du département de la Marne; Aix et Marseille se partagent les Bouches-du-Rhône; Besançon a le Doubs et la Haute-Saône; Fréjus, le Var, plus l'arrondissement de Grasse; Poitiers, la Vienne et les Deux-Sèvres; Lyon, le Rhône et la Loire; Bourges, l'Indre et le Cher; Limoges, la Haute-Vienne, la Creuse.

Les protestants se divisent en luthériens de la confession d'Augsbourg, réformés ou calvinistes, dissidents. — Les premiers sont

---

[1]. Dans le recensement de 1882, il n'a pas été fait de statistique religieuse ces chiffres sont purement approximatifs.

surtout dans le Doubs et la Seine. — Les seconds dans le Gard, la Lozère, l'Ardèche, la Drôme, le Tarn et les Deux-Sèvres, les Charentes, la Seine. — L'Église luthérienne a un Consistoire supérieur, autrefois à Strasbourg, maintenant à Paris.

L'Église réformée est groupée en quatre-vingt-dix consistoires, cinq églises consistoriales, administrées par des synodes régionaux, un Consistoire ou Conseil central à Paris, où se réunit le Synode central.

Les israélites vivent surtout dans les grandes villes de commerce; ils ont des synagogues à Paris, Nancy, Lyon, Marseille, Bordeaux, Bayonne, et un Consistoire central à la tête duquel est un grand rabbin.

**Finances.** — Les caisses du Trésor public sont alimentées principalement par les Contributions directes, les Contributions indirectes, les Douanes, les revenus du Domaine.

Les *Contributions directes* (contribution foncière, personnelle et mobilière, portes et fenêtres, patentes, etc.). Il y a dans chaque département un directeur, un inspecteur et un premier commis de direction, et plusieurs contrôleurs. Les communes sont groupées suivant leur importance en *réunions* à la tête de chacune desquelles est un percepteur.

Le département est également le cadre administratif pour les *Contributions indirectes*. Le directeur est assisté d'un inspecteur, de contrôleurs, commis de direction, sous-directeurs, receveurs à cheval, receveurs principaux, entreposeurs.

L'administration du *Domaine* est réunie à celle de l'Enregistrement et du Timbre; il y a un directeur par département, un vérificateur; un conservateur des hypothèques par arrondissement, un receveur de l'enregistrement par canton.

Les *Douanes* ont 26 directions sur les frontières de terre et de mer.

Les sommes recueillies par ces divers agents du Trésor sont versées par eux aux recettes particulières des finances établies dans les chefs-lieux d'arrondissement et concentrées chez les trésoriers payeurs généraux établis aux chefs-lieux de département, sauf dans le Finistère (Brest) et le Var (Toulon).

Les trésoriers ont un compte ouvert à la Caisse centrale au ministère.

Au-dessus de cette hiérarchie plane la Cour des Comptes.

Différents établissements financiers complètent cette organisation; ils ont pour but de concentrer les capitaux, afin d'aider au développement de la richesse publique et de faciliter en cas de besoin les opérations du Trésor; Banque de France, avec une succursale dans chaque département et villes très importantes (le Havre, Roubaix, etc.), Caisse d'amortissement pour l'extinction de la dette, Caisse des Dépôts et Consignations, caisses d'épargne, de retraite pour la vieillesse, Crédit foncier de France, agricole, etc.

**Travaux publics.** — Les services qui dépendent du ministère des Travaux publics empruntent à l'École Polytechnique leurs ingénieurs qui occupent les principaux emplois des corps des Ponts et Chaussées et des Mines.

Le corps des Ponts et Chaussées a sa tête un Conseil général; le territoire est divisé en 16 inspections; chaque département a un ingénieur en chef pour les routes, un ingénieur en chef pour les voies navigables et un certain nombre d'ingénieurs ordinaires.

L'Administration des Mines forme 5 divisions et 18 arrondissements d'inspection.

**Agriculture.** — La France est divisée en 12 régions agricoles, dans lesquelles se tient chaque année un concours régional subventionné par l'État. — Les arrondissements ont presque tous des comices agricoles patronnés par les sociétés d'agriculture et décernant des récompenses dont quelques-unes sont accordées par le gouvernement.

L'Administration des Eaux et Forêts est la principale branche de ce ministère. Le territoire est divisé en 32 conservations, subdivisées en inspections; chaque inspecteur a sous ses ordres un nombre variable de sous-inspecteurs, de gardes généraux, de brigadiers et de gardes forestiers.

L'École Forestière de Nancy recrute les cadres de cette administration.

**Commerce.** — Le ministère du Commerce est de création récente; il est question d'y rattacher les Douanes.

**Postes et Télégraphes.**

**Guerre.** — Nous avons donné, dans le chapitre relatif aux frontières de France, la répartition territoriale des corps d'armée.

**Marine.** — Le littoral est divisé en cinq préfectures ou arrondissements maritimes que commande un préfet maritime.

Chacun de ces arrondissements se subdivise en sous-arrondissements qui comprennent à leur tour des quartiers ou bureaux de 'inscription maritime.

En voici le tableau:

## TABLEAU DES ARRONDISSEMENTS MARITIMES.

| N°s | ARRONDISSEMENTS. | SOUS-ARRONDISSEMENTS. | BUREAUX DE L'INSCRIPTION MARITIME. |
|---|---|---|---|
| 1 | CHERBOURG | *Dunkerque* | Dunkerque, Calais, Boulogne, Saint-Valéry-sur-Somme. |
|   |   | *Le Havre* | Dieppe, Fécamp, le Havre, Rouen, Honfleur. |
|   |   | *Cherbourg* | Caen, La Hougue, Cherbourg. |
| 2 | BREST | *Saint-Servan* | Granville, Cancale, Saint-Malo, Dinan. |
|   |   | *Brest* | Saint-Brieuc, Paimpol, Morlaix, Brest, Douarnenez, Quimper. |
| 3 | LORIENT | *Lorient* | Lorient, Auray, Vannes, Belle-Isle. |
|   |   | *Nantes* | Le Croisic, Saint-Nazaire, Nantes. |
| 4 | ROCHEFORT | *Rochefort* | Noirmoutier, les Sables-d'Olonne, Ré, la Rochelle, Oléron, Rochefort, Marennes, Saintes, Royan. |
|   |   | *Bordeaux* | Pauillac, Blaye, Libourne, Langon, la Teste, Dax, Bayonne, Saint-Jean de Luz. |
| 5 | TOULON | *Marseille* | Port-Vendres, Narbonne, Agde, Cette, Arles, Martigues, Marseille, la Ciotat. |
|   |   | *Toulon* | La Seyne, Toulon, Saint-Tropez, Antilles, Nice. |
|   |   | *Bastia* | Bastia, Ajaccio. |

# CHAPITRE IX

GÉOGRAPHIE ÉCONOMIQUE. — CHEMINS DE FER, VOIES NAVIGABLES.

Pour connaître un pays il ne suffit pas de savoir quels sont les principaux traits de sa géographie physique, la distribution des villes sur le territoire et les divisions administratives ; il faut connaître en outre la population qui l'habite, les ressources que celle-ci sait tirer du sol national et les moyens d'échanges et de transports dont elle dispose. La géographie économique est un complément indispensable de la géographie physique et de la géographie politique.

Appliquée à la France, cette étude sommaire ne contient pas seulement un enseignement, mais encore une consolation et une espérance. Tels sont, en effet, les qualités natives de nos populations, les richesses presque inépuisables du sol, les progrès que l'agriculture et l'industrie ne cessent de faire, qu'en somme il est impossible à un Français de désespérer de l'avenir de son pays.

**Population de la France.** — La population de la France s'accroît moins vite que celle des autres contrées de l'Europe :

| ANNÉES. | NOMBRE D'HABITANTS | HABITANTS PAR KIL. Q. | OBSERVATIONS. |
|---|---|---|---|
| 1700 | 19,600,000 | 37 | |
| 1789 | 25,000,000 | 46,8 | |
| 1801 | 27,445,297 | 51,2 | Sur les territoires actuellement français. |
| 1821 | 30,461,875 | 55,7 | |
| 1851 | 35,783,170 | 67,5 | |
| 1866 | 38,191,066 | 70,1 | Sur tout le territoire d'alors. |
| 1872 | 36,102,921 | 68,5 | |
| 1876 | 36,905,788 | 70 | |

On voit que depuis le commencement du dix-huitième siècle le nombre des habitants n'a pas tout à fait doublé en France. Or en Russie, en Italie, en Angleterre et en Allemagne le mouvement de la population donne des résultats beaucoup plus favorables.

Ainsi, depuis 1830 seulement, l'Italie a monté de 21 à 28, l'Angleterre de 23 à 35, l'Allemagne de 25 à 45, la Russie de 50 à 80. La fécondité de l'Allemagne est vraiment prodigieuse, si l'on considère en outre que chaque année près de cent mille Allemands à la fleur de l'âge s'expatrient pour échapper au service militaire et aux misères du *vaterland*.

Le ralentissement qui s'observe en France dans l'augmentation du nombre de ses habitants est d'autant plus sensible que la longueur de la vie moyenne s'y est élevée depuis le commencement du siècle de trente-deux à quarante ans.

Les départements où le nombre des naissances excède le plus celui des décès sont ceux de la Bretagne; les départements dont la population diminue par suite du petit nombre de naissances sont ceux de l'Orne, de l'Eure, du Calvados, des Alpes (Hautes- et Basses-).

RACES FRANÇAISES. — Quelles sont les origines, la généalogie de ces trente-six millions d'hommes? Quelles sont les races dont la combinaison a formé la nation française? L'histoire nous est d'un puissant secours pour analyser les éléments divers qui ont modifié d'une façon notable le sang des anciens habitants de la Gaule.

Il est impossible, il est vrai, de déterminer scientifiquement, dans l'état actuel de nos connaissances, la race des premières populations de la Gaule. On ne saura probablement jamais quels étaient ces hommes dont les ossements se retrouvent dans les cavernes d'un âge géologique antérieur, confondus avec ceux du renne, de l'ours et d'autres puissants mammifères.

Les premiers peuples dont les historiens latins et grecs fassent mention sont désignés par eux sous le nom générique de Gaulois. On s'accorde à les répartir de la manière suivante : 1° les Ibères, qui appartenaient vraisemblablement à une race très ancienne, et dont les Basques ou Escualdunac sont les descendants; 2° Les Gaulois proprement dits ou Celtes, qui se ramifiaient en Celtes et en Kymris ou Belges : les premiers petits et bruns, les autres grands et blonds ou roux.

Les Phéniciens et les Grecs (Marseille, Arles) s'établirent sur les côtes du Languedoc et de la Provence.

Les Romains, soldats, administrateurs, marchands, professeurs, se répandirent après la conquête de César sur le sol de la Gaule; ils ont été, suivant toutes les apparences, absorbés complètement dans la masse compacte de la nation soumise et latinisée par eux.

Les fameuses invasions germaniques du cinquième et du sixième siècle n'ont eu de même qu'une très faible influence sur la race galloromaine. Dans quelques régions cependant, en Franche-Comté, par exemple, les envahisseurs paraissent avoir été assez nombreux pour avoir transmis jusqu'à nos jours par l'hérédité, aux habitants du Jura, quelques-uns de leurs caractères distinctifs. Mais la masse de la nation gauloise n'a pas été entamée dans ses qualités natives par les conquérants.

On retrouve encore aujourd'hui dans les diverses provinces de France les différences que signalaient déjà les historiens de Rome entre les nations gauloises. Les Picards, comme les Nerviens, leurs ancêtres, sont braves et irascibles, le solide Morvandeau rappelle les Eduens, alliés de Rome ; l'Auvergnat a conservé sa puissante vitalité et les Aquitains se distinguent encore des Français du nord.

Même dans les villes, où pourtant les colonies nomades de fonctionnaires, d'ouvriers et de commerçants modifient incessamment la race, les classes populaires gardent une originalité propre. A plus forte raison dans les campagnes, où le paysan est plus attaché à son bien par la passion de la propriété que le serf n'était au moyen âge attaché à la glèbe par la dure loi de la dépendance. Cette variété admirable de la population française, qui ne compromet en rien l'unité de la nation et l'homogénéité de l'ensemble, est un fait capital dont la géographie militaire doit tenir le plus grand compte. Aujourd'hui en effet, comme on l'a vu plus haut, le recrutement et la composition des corps d'armée se font par région. De sorte qu'en cas de mobilisation le 1er corps par exemple sera formé pour la plus grande partie par les Flamands et les Artésiens, tandis que le XVIIIe remplira ses cadres avec les subtils Gascons.

Chacun de ces éléments se distingue par des aptitudes diverses, et s'il est vrai qu'aucune de nos provinces ne nourrit des hommes sur la bravoure desquels de bons officiers ne puissent pas compter, il est vrai aussi que les Français du nord ou de l'est n'ont pas la même manière d'être braves que ceux du sud ou de l'ouest.

Taille des conscrits. — La taille moyenne des conscrits diffère d'une façon notable suivant les régions. Elle est plus élevée généralement dans le N. et l'E., elle l'est moins sur le plateau central.

Les dix départements qui comptent le moindre nombre relatif d'exemptions pour défaut de taille sont : 1° le Doubs; 2° la Côte-d'Or; 3° le Jura; 4° la Haute-Marne; 5° le Pas-de-Calais; 6° la Somme; 7° l'Oise; 8° les Ardennes; 9° la Haute-Saône; 10° la Seine-et-Marne.

Les dix départements qui en comptent le plus sont : 1° le Lot 2° l'Allier ; 3° le Finistère[1] ; 4° Ardèche ; 5° Hautes-Alpes (en outr un grand nombre de crétins) ; 6° Charente ; 7° Dordogne ; 8° Puy-de Dôme ; 9 Corrèze ; 10° Haute-Vienne.

On a observé pour une période de trente années, sur 1000 cor scrits, que le Doubs a une moyenne de 24,39 exemptés pour défa de taille, la Haute-Vienne 174,85.

LANGUE FRANÇAISE. DIALECTES ET LANGUE ÉTRANGÈRE. — Le françai langue classique et officielle, n'est pas encore aujourd'hui compri il est encore moins parlé par tous les habitants de France. Pe dant trop longtemps une déplorable indifférence, à laquelle nou devons en partie la perte de l'Alsace, a laissé subsister les idiome locaux. Avant ces dernières années, l'instruction primaire étant pe répandue et le service militaire n'étant pas obligatoire, les conquête de la langue nationale sur les langages particuliers ont été asse lentes. Plusieurs causes semblent devoir accélérer sa propagation les progrès de l'enseignement, la nécessité, pour tous les homme adultes aptes à porter les armes, de servir le pays, enfin et surto le développement des voies de communication et du commerce. O peut dire que les vieilles langues s'en vont rapidement. Déjà il n a plus lieu, si ce n'est dans les traités spéciaux de philologie, d tenir compte des dialectes divers de la langue d'oil.

La langue d'oc n'a pas d'unité. On désigne sous ce nom des pa tois d'origine romane dont plusieurs s'émiettent eux-mêmes e dialectes divers de plus en plus pénétrés par le français. Ces patoi sont le gascon, parlé dans les vallées de la Garonne, au sud de c fleuve et à droite de l'Ariège ; on y rattache le béarnais.

Le languedocien, qui se divise en toulousain, nîmois, bas-lan guedocien (Hérault et Aude) rouergeois et cévenol.

L'auvergnat (Puy-de-Dôme et Cantal).

Le limousin (Haute-Vienne et partie de la Creuse).

Le périgourdin (Dordogne).

Le dauphinois (au sud de la Drôme et dans les montagnes).

Le provençal (langue des Félibres) est resté le plus littéraire d ces langages.

Le savoyard, avec de nombreux mots italiens.

Le catalan, dans la Cerdagne et une partie du Roussillon.

Les langues d'oil et d'oc descendent du latin ; le langage de Bretons au contraire et ceux des Basques et des Flamands on d'autres origines.

---

[1]. Il est bon de noter que dans le Finistère, l'inscription maritime enlèv toute la population des gens de mer. Le recrutement pour l'armée de terre n porte pas sur l'élite physique des jeunes hommes du département.

Le bas-breton [1] dérive du celtique, c'est la langue des anciens Kymris; on y distingue quatre dialectes : le trécorien (Tréguier), le léonard (Léon), le cornouaillais, le vannetais (Morbihan).

On ne connaît pas l'origine du basque ou euskarien parlé par les Escualdunacs des Basses-Pyrénées. Quelques savants prétendent y voir un rameau de la langue finnoise; cette opinion est contestée. Par un phénomène curieux, les Basques refoulés par les Gascons ne s'adossent cependant pas aux Pyrénées, les plus hautes vallées parlent des langues romanes. Le langage sonore des Basques dépérit en France avec une rapidité croissante pour les causes signalées plus haut et par suite du mouvement d'émigration considérable qui dépeuple le pays au profit de la Plata et de l'Algérie.

Le flamand se rattache à l'allemand; il recule avec rapidité devant le français, surtout par l'invasion des ouvriers qui vont chercher de l'ouvrage dans les charbonnages ou les filatures du nord.

L'italien est encore la langue des Corses et d'une notable partie des Niçois.

En somme, on compte à peu près 35 750 000 Français parlant : soit la langue d'oïl, 22 220 000; soit la langue d'oc, 11 500 000.

1 350 000 Bas-Bretons.
150 000 Basques.
165 000 Flamands.
250 000 Italiens.

EMPIRE DE LA LANGUE FRANÇAISE HORS DE FRANCE. — Depuis le traité de Nimègue le français est la langue de la diplomatie.

Depuis le treizième siècle, grâce aux guerres, à l'attraction de notre sol sur les étrangers, à l'éclat de la littérature, il est la langue la plus répandue en Europe, celle que les personnes instruites parlent de préférence, après leur langue maternelle.

C'est même en partie à cet empire du français hors de France que sont dus cette ignorance ou ce dédain des autres langues qu'on nous a si justement reprochés pendant longtemps.

Notre idiome est parlé en Belgique, où il est la langue officielle, en Suisse, où il se trouve en présence de l'allemand et de l'italien, et domine dans les cantons de l'ouest et du sud-ouest. En Italie subsistent des colonies de langue française, dans le val d'Aoste et les vallées des Alpes. En Algérie et au Sénégal, outre les colons européens qui parlent tous plus ou moins correctement la langue officielle, un grand nombre d'indigènes s'y plient peu à peu.

La Réunion, Maurice, l'ancienne île de France, les Seychelles

---

1. C'est du breton que vient le mot *baragouin* (*bara*, pain; *gouen*, vin).

appartiennent à son domaine. L'Asie nous a presque entièrement échappé; c'est à peine si dans nos colonies même d'Indo-Chine et de l'Hindoustan, malgré nos postes militaires et nos tribunaux l'apathie des indigènes ou la concurrence des langues étrangères permet à la nôtre de prendre racine.

L'Océanie nous est plus favorable. Dans la Nouvelle-Calédonie et à Tahiti le français est de plus en plus parlé par les colons qu'attire la richesse du sol, et balbutié par les Canaques.

L'Amérique est aujourd'hui, après l'Europe elle-même, le pays qui compte le plus d'hommes dont le français est la langue maternelle. Dans la Puissance ou Dominion du Canada notre langage est parlé par un million et demi d'habitants, d'origine normande pour la plupart, dont les familles, par un singulier contraste avec celles de la mère patrie, s'accroissent avec une remarquable rapidité. Au parlement de la confédération, à Ottawa, les orateurs peuvent défendre en français les intérêts de leurs électeurs. Terre-Neuve et les petites îles de Saint-Pierre et de Miquelon parlent français. Dans les États-Unis, de nombreuses colonies de Canadiens ou de Français subsistent au milieu des Anglo-Américains (Nouvelle-Orléans, états du Nord). Dans l'île de Haïti, notre ancienne colonie de Saint-Domingue, aujourd'hui république indépendante, une partie du littoral nord de Cuba, la Martinique, la Guadeloupe, Marie-Galante qui sont à nous, la Dominique, Sainte-Lucie, Saint-Vincent, Grenade, la Trinité qui l'ont été, enfin la Guyane, appartiennent au domaine de la langue française.

Néanmoins on ne compte guère plus de 47 millions d'hommes, dont 41 en Europe, que notre langue puisse réclamer, soit aujourd'hui, soit dans un avenir plus ou moins rapproché.

**France agricole.** — L'agriculture occupe en France plus de la moitié des habitants.

L'exploitation du sol y donne des résultats dont l'importance s'accroît d'année en année avec les progrès de la culture.

En 1815, on a récolté 132 millions d'hectolitres de céréales, dont 59 millions et demi de froment.

En 1872, on a récolté 276 millions, dont 120 de froment.

Quatre grandes zones de culture coupent obliquement le territoire :

1° Zone des oliviers : source de l'Ariège, Carcassonne, Orange et Digne;

2° Zone du maïs : bouche de la Charente, Châteauroux, Auxerre, Chaumont et Nancy;

3° Zone de la vigne : de l'embouchure de la Loire aux sources de l'Oise ;

4° Zone du pommier.

Le froment est cultivé dans toute la France, les départements qui le produisent en plus grande abondance sont le Nord, la Seine-et-Marne, la Mayenne et le Lot-et-Garonne, qui fournissent plus de 5000 hectolitres par kilomètre carré.

Viennent en seconde ligne :

L'Oise, le Pas-de-Calais, l'Aisne, la Seine-et-Oise, l'Eure et l'Eure-et-Loir, le Maine-et-Loire, les Deux-Sèvres et le Tarn-et-Garonne, 2000. La production totale est de plus de 120 millions d'hectolitres et la culture s'exerce sur 7 millions d'hectares.

Le seigle, 1 900 000 hectares, de 25 à 29 millions d'hectolitres ; c'est une culture qui diminue : sols granitiques et pauvres, Morvan, Bretagne.

L'orge, 1 million d'hectares, et 25 millions d'hectolitres ; peu cultivée au sud du 46° degré.

Avoine, 3 200 000 hectares, 70 à 80 millions d'hectolitres, surtout dans la Lorraine.

Maïs : Bourgogne, Franche-Comté et S. O., 10 millions d'hectolitres.

Sarrazin : 10 millions d'hectolitres sur 100 000 hectares ; plateau central, Morvan, Flandre, Bretagne.

Vignes. — La vigne est la richesse nationale par excellence ; sa culture occupe plus de 2 millions d'hectares répartis sur 77 départements (25° partie du territoire) :

1° *Groupe de la Champagne.*

Reims et Epernay. Ce sont les coteaux de la falaise calcaire qui produisent les vins, on les travaille ensuite dans les immenses caves d'Epernay, Reims, etc.

2° La *Bourgogne;* se divise en Haute-Bourgogne (Chambertin, Beaune, Volnay) et Basse-Bourgogne (Yonne et Aube). On y joint les vins de la Moselle, dont quelques-uns sont recherchés, mais n'ont pas la réputation des vins de la Moselle allemande, quoiqu'ils les vaillent bien.

Les vins du Jura sont travaillés comme vins mousseux.

3° *Côtes du Rhône,* dont les crus les plus célèbres sont au sud de Lyon et près d'Avignon ;

4° Le *Midi;* a souffert beaucoup du phylloxéra, mais ses vins sont encore abondants et servent surtout au coupage des boissons moins alcooliques du centre.

5° Le *Bordelais,* dont les vins sont classés d'après une hiérarchie rigoureuse en premiers grands crus, seconds grands crus, etc. On y rattache les groupes secondaires de la Dordogne, du Quercy, des Pyrénées.

6° *Charente*, dont le produit sert surtout à la fabrication du cognac et des eaux-de-vie qui portent ce nom. Les cognacs sont également classés comme les vins de Bordeaux en Grande-Champagne, premiers bois, seconds bois ;

7° Le *centre* donne des vins de qualités médiocres, mais parfois en grande quantité, les vallées de la Loire, du Cher et de la Vienne sont les principales zones de production (vins d'Auvergne, du Cher, d'Anjou et de Touraine, Pouilly dans la Nièvre).

Le cidre est la boisson des Normands, Bretons, Picards.

La bière est aujourd'hui consommée à flots dans la France entière. On importe et on fabrique surtout en France d'énormes quantités de bière de Strasbourg ; la Flandre a des bières du nord qui sont renommées.

Prairies. — Les prairies sont des terrains couverts de plantes herbacées pouvant servir à la nourriture du bétail, on les distingue en prairies naturelles, prairies artificielles et pacages.

I. *Les prairies naturelles* ou permanentes (prés ou herbages) se couvrent de fétuques, d'ivraies, de fléoles des prés, de fleurs odorantes, etc. ; elles occupent en France 4 200 000 hectares. Leur rendement en foin est de 128 millions de quintaux métriques. Les départements qui en ont le plus sont le Calvados, l'Orne, la Vienne, le Cantal (20 pour 100 de la superficie). Viennent ensuite le Nord, le Pas-de-Calais, la Seine-Inférieure, la Nièvre, Saône-et-Loire, Cher, Loire-Inférieure, Vendée, Loire, Haute-Loire, Aveyron, Alpes-Maritimes, Doubs.

On a considérablement augmenté la superficie de ces produits et leur produit par les irrigations (Wateringhes au N.), surtout dans les Basses-Pyrénées, le plateau de Lannemezan, le Dauphiné, le Vaucluse, les Vosges.

Le colmatage donne aussi d'excellents résultats en forçant les rivières à déposer sur les plaines les matières limoneuses qui se perdraient inutilement dans la mer (presqu'île d'Argenteuil, Crau, etc.), mais nous sommes encore fort en retard, sur les Italiens par exemple, pour ce mode d'amélioration des terres.

II. *Prairies artificielles.* — Elles sont ensemencées, pour une période plus ou moins longue, de plantes fourragères, qui sont pour la plupart des légumineuses (luzerne, sainfoins, trèfle, au premier rang, puis la minette, le trèfle incarnat et la vesce). Les départements où cette culture est le plus perfectionnée sont l'Eure-et-Loir, la Marne, la Seine-et-Marne, le Pas-de-Calais, l'Oise, l'Yonne, le Puy-de-Dôme.

III. *Les pacages.* — Occupent ordinairement de mauvaises terres dont la culture ne serait pas rémunératrice, et des plateaux de montagnes que la neige recouvre pendant l'hiver, les départements où l'on en rencontre le plus sont les Landes, les Hautes-Alpes, les Basses-Alpes, les Hautes-Pyrénées, le Jura.

Il y en a encore 6 millions et demi d'hectares en France, c'est la réserve de terres que l'agriculture devenue intensive dans les autres parties de la France devra reconquérir, soit en les convertissant en terres arables ou en prairies artificielles, soit en les couvrant de bois.

Fruits et légumes. — Les vergers et les potagers contribuent pour une part de plus en plus importante à l'alimentation et au commerce de la France.

Notre pays est sans rivaux pour la culture de la poire et de la pêche : les belles poires de la Loire et les fruits savoureux de Montreuil sont vendus jusqu'en Russie et atteignent le prix de 10 à 12 francs la pièce; mais c'est encore Paris qui achète le plus des fruits de la province. Londres vient ensuite. Les principaux arbres fruitiers de France sont :

Le *poirier* : Anjou, Touraine, Bordelais, Limagne, Orléanais, Brie, Marne, Lyonnais, etc.

Le *pommier* : Normandie, Picardie, Franche-Comté, Berry, Brie, Lorraine, Morvan, etc.

Le *pêcher* : dans le Midi (à pulpe rouge), l'Angoumois, le Lyonnais, le Mâconnais, Montreuil, Bagnolet, etc.

Le *noyer* : Isère, Puy-de-Dôme, Cher, Dordogne, Deux-Sèvres, Sarthe, Nièvre. Les froids de 1878 et de 1879 ont détruit un grand nombre de ces arbres.

Le *châtaignier* (7 millions d'hectolitres) : les Maures (marrons de Luc), le Lyonnais, le Vivarais, le Gévaudan, qui donnent des châtaignes communes.

Le *cerisier* : environs de Pau, Brie, Limagne, Morvan, Champagne, Yonne, Picardie, etc.

L'*abricotier* : Guyenne, Gascogne, Limagne, Roussillon, Languedoc, Var et Vaucluse.

Le *cognassier*, le *figuier*, l'*amandier*, le *noisetier*, le *prunier*, dont les fruits se mangent secs ou confits.

L'*olivier*, le *citronnier*, le *pistachier*, le *grenadier*, le *câprier*, dans le Midi.

Le *groseillier* et le *framboisier* sont cultivés dans toute la France.

Enfin la *vigne* (chasselas, muscats, etc.), donne des raisins de table. Depuis quelques années il se fait un grand commerce de raisins secs pour la fabrication des vins artificiels.

Les *jardins potagers*, où se pratique en grand la culture maraîchère, occupent près de 500 000 hectares et produisent plus d[e] 500 millions de francs. C'est dans les environs de Paris et mêm[e] dans l'enceinte de la ville que sont les plus beaux établissement[s] de ce genre. La ceinture dorée de la Manche et de l'Océan, ou zon[e] littorale de Bretagne, grâce à son climat, est d'une grande richesse[;] le val de Loire, la banlieue d'Amiens, les plaines irriguées d[e] Vaucluse et de la Provence sont les plus renommés ensuite.

Les *fleurs* sont une source notable de revenus pour Paris e[t] sa banlieue, le Var, les Alpes-Maritimes, Seugnac près d'Agen[,] Provins (roses), Brie-Comte-Robert, Versailles, Lyon, Rouen, Or[-]léans, Angers.

Enfin la *truffe noire* donne lieu à une vente d'environ 15 million[s] de francs. Le Vaucluse, la Drôme, les Basses-Alpes en produisen[t] des quantités, mais celles du Périgord ont une réputation univer[-]selle. Ce thallophyte ne sert pas seulement à embaumer les faisans[,] perdreaux et poulardes ; il exerce une action réflexe assez curieus[e] sur l'agriculture : des contrées entières sont reboisées aujourd'hu[i] et se couvrent de chênes-yeuses ou de chênes gris parce qu'on [a] remarqué que le sol produit alors des champignons. C'est ains[i] que tout s'enchaîne dans la nature.

Forêts. — Les grands bois couvraient autrefois près de la moiti[é] de la France. Ils ont disparu peu à peu devant l'agriculture, ou par suite de dévastations parfois sauvages Depuis le commencement d[u] dix-huitième siècle surtout, le déboisement a pris des proportions inquiétantes, si bien que les pouvoirs publics s'en sont émus et qu'aujourd'hui existe une loi, qu'ont imitée les pays voisins et entre autres l'Allemagne, pour arrêter ces ravages.

L'influence des forêts sur le climat, la salubrité publique et l'a[-]griculture est bien connue. On sait que la disparition des bois a ruiné les contrées alpestres et dépeuplé plusieurs départements du plateau central.

Les bois et forêts couvrent en France 8 700 000 hectares, c'est le sixième du territoire.

Les départements les plus riches en forêts sont la Nièvre, les Vosges, la Haute-Saône, la Meurthe-et-Moselle.

De belles forêts célèbres sont en Seine-et-Oise et Seine-et-Marne, dans l'Oise, le Loiret. Clamecy est le grand marché régulateur pour les bois de chauffage.

L'historique forêt du Mans n'existe plus. De la légendaire forêt de Brocéliande où la cour du roi Arthur se baignait dans la fontaine de Jouvence il ne reste qu'un misérable fragment. La Bretagne tout entière est presque sans bois.

Les lois de 1860 et 1864 ont déjà produit de bons effets par le reboisement successif de plusieurs régions dans le Vaucluse, la Drôme, les Pyrénées, l'Auvergne.

Il est à désirer que les communes et les particuliers comprennent enfin l'intérêt immense qui s'attache à la reconstitution de nos forêts.

Outre les nombreux avantages qui en découleraient pour l'agriculture, le régime des fleuves, la santé générale, la France y gagnerait une notable amélioration de sa puissance défensive si nous étions soumis à une nouvelle invasion. C'est à son admirable ceinture de forêts que la Nièvre a dû de n'être pas envahie en 1870 par l'armée allemande, qui aurait eu un grand intérêt à mettre la main sur la fonderie de Nevers. Enfin la campagne du général Cambriels dans les Vosges montre le parti qu'une poignée d'hommes bien conduite peut tirer de ces obstacles naturels.

Malheureusement les causes qui ont amené le déboisement : cupidité, ignorance, instabilité des fortunes par les morcellements des héritages, sont aussi fortes que jamais, et il suffit d'un ralentissement dans la surveillance de l'État pour qu'elles exercent leur puissance dévastatrice. Enfin le commerce des bois, qui exige de nombreux capitaux et une longue patience, est fortement atteint par la concurrence des houillères.

ANIMAUX DOMESTIQUES. — Les animaux de toute espèce rapportent à la France un revenu qui dépasse 7 milliards de francs.

Les *chevaux* peuvent être classés suivant leur taille, leur force ou les services qu'ils sont appelés à rendre, en plusieurs catégories. Ils sont soumis à la réquisition militaire en cas de mobilisation. Chaque propriétaire est tenu de déclarer à la mairie les chevaux qu'il possède ; ils sont examinés par une commission de remonte et de réforme.

Le nombre des chevaux était en 1875 de 2 747 531. C'est peu pour un pays comme la France ; aussi sommes-nous, surtout pour la cavalerie de guerre, tributaires de l'étranger.

Les grands chevaux dits de luxe ou carrossiers et dont la taille convient pour la cavalerie de réserve (cuirassiers et gendarmes) sont fournis par les haras de Normandie, de Bretagne, de la Nièvre, des Charentes et des Deux-Sèvres.

Les chevaux de trait léger (artillerie, trains, dragons) sont nourris dans le Perche (le Merlerault), dans la vallée d'Auge, la plaine de Caen, la Bretagne, le Poitou et l'Ardenne.

Les chevaux de gros trait (camionnage et halage) sont élevés dans le Boulonnais, la plaine de Bourbourg (N.), la Franche-Comté, le Poitou.

Les chevaux de cavalerie légère (chasseurs et hussards) sortent des haras de la Haute-Vienne, la Creuse, le Puy-de-Dôme, la Lorraine, la Franche-Comté, la Savoie, le Morvan, les Basses-Pyrénées (Navarrenx), les Hautes-Pyrénées, l'Ariège, les Landes, la Camargue.

Enfin la Corse produit des poneys.

Depuis 1840, l'élevage du cheval a fait de très grands progrès en France, souvent, il est vrai, aux dépens des anciennes races indigènes, qu'on a remplacées par les sangs-mêlés d'anglais et d'arabes. Quoi qu'il en soit, le nombre des chevaux a sensiblement augmenté, et dans presque toutes les provinces ces animaux sont employés pour le labourage et les transports à la place des bœufs. L'agriculture et les boucheries y ont également gagné.

*Anes et mulets.* — La bête asine qui rend tant de services dans les pays pauvres est commune dans le centre, le nord et l'ouest de la France. Il y en a trois races principales : la race berrichonne ou âne commun, d'une remarquable force d'endurance ; la race des Pyrénées, d'une grande solidité ; la race du Poitou, la plus grande de toutes, originaire d'Espagne : ce sont les baudets de cette race qui donnent des étalons pour les superbes mulets de Melle et de toute la région des Charentes et du Poitou. On évalue le nombre de ces animaux à près de 800 000.

*Espèce bovine.* — Les bêtes à cornes se partagent en trois grandes catégories, races de boucherie, races laitières, races de travail. Cette dernière catégorie diminue à mesure que l'agriculture se perfectionne et que les chemins vicinaux améliorent leur réseau.

*Races de boucherie.* — Races normandes ou du Cotentin (grande espèce), qu'on engraisse dans les beaux herbages de la vallée d'Auge. Cette race produit environ 100 000 bœufs par an, qui sont dévorés en grande partie par Paris.

Race charolaise, de grands bœufs blancs, qu'une habile sélection et les soins intelligents donnés par les riches propriétaires du Nivernais et de Saône-et-Loire ont rendue la rivale heureuse de la race normande. Elle produit annuellement 50 000 bœufs gras, qui disparaissent dans les abattoirs de Lyon et de Paris. La race mancelle, aux cornes courtes, a été notablement modifiée par le mélange avec les Durham. Elle rivalise avec la race normande, et ses plus beaux individus sont déjà arrivés à une grande perfection de formes.

La race flamande est à la fois laitière et de boucherie. De même, la race franc-comtoise, de plaine (féméline, bœuf de la Saône, du Doubs et de l'Oignon), dont le lait est utilisé dans les fromageries du Jura et la viande débitée dans les boucheries de Lyon et de Besançon. La race bazadaise est de très haute taille, et facile à engraisser.

*Races laitières.* — La race normande (petite race) est d'une grande richesse en lait. De même la bonne petite race bretonne, qui fournit du beurre si estimé et trouve à vivre dans les pays les plus désolés. On l'élève aussi dans l'Artois, la Picardie, la Champagne et l'Ile-de-France.

*Races de travail.* — Ce sont les races morvandelle, auvergnate (Salers) qui est aussi excellente pour le lait et la viande, d'Aubrac, limousine, parthenaise (20 000 bœufs par an à Paris), du Quercy, agenaise (marmandaise et garonnaise) très grande, gasconne, landaise, de Lourdes, camargue, franc-comtoise (petite espèce ou tourache), savoyarde. Il n'y a pas de race spéciale dans la zone méridionale du bassin du Rhône.

La France tire un revenu de 1600 millions du lait, du beurre et des fromages.

*Races ovines.* — Il y a en France deux grandes catégories de races ovines indigènes : les grandes races (flamande, artésienne, picarde, cauchoise); les petites races (berrichonne, solognote, morvandelle, ardennaise, vosgienne, lyonnaise, de l'Aubrac, des Causses, de l'Auvergne). Dans le midi, la race du Larzac, dont le lait donne le roquefort, est peut-être la plus précieuse (25 fr. de produit annuel par tête), etc.

Ces races indigènes ont été profondément modifiées sur divers points par le mélange avec les races étrangères.

L'Espagne nous a fourni le bélier mérinos (Rambouillet), qui s'est multiplié dans la Beauce et la Brie, mais dont les qualités pour la production de la laine ont été amoindries par les efforts des éleveurs pour en tirer aussi de la viande. On cite cependant deux centres de production de bêtes à laine, Naz dans l'Ain, et Mauchamp, dans l'Aisne, dont les toisons sont sans égales.

C'est en Angleterre surtout que nous avons acheté les principaux béliers, dont le sang tend de plus en plus à prédominer dans nos troupeaux.

Le southdown est maintenant élevé dans les grandes bergeries de la Nièvre et du Berry, le dishley en Normandie et dans le Boulonnais. Le New-Leicester dans le Limousin, le Charolais, la Vendée, la Brie.

*Les chèvres.* — La chèvre est élevée surtout dans les pays pauvres et par les pauvres gens. Ce quadrupède d'apparence inoffensive, est un des fléaux de notre pays pour les ravages qu'il a commis dans les bois et les taillis. Dans certains pays on les élève à l'étable (Mont d'Or). Dans la Haute-Loire, la Drôme, l'Ardèche, l'Isère, le Gard et l'Aude on nourrit en liberté une grande quantité de chèvres; les chevreaux donnent d'excellente viande et leur peau sert à la ganterie.

*Porcs.* — Le cochon est l'animal le plus uniformément répandu en France. Il contribue pour un quart à l'alimentation publique, sans compter les importations. La race la plus renommée est celle de Craon dans la Mayenne, mais il en existe un grand nombre d'autres excellents, on a introduit également des verrats d'origine anglaise ou chinoise.

*Volailles.* — Il y a en France plus de 60 millions de volailles valant plus de 120 millions de francs. 42 millions de poules qui donnent environ 80 millions de poulets et 4 milliards d'œufs dont le revenu est estimé à 400 millions, on voit que là le revenu surpasse de beaucoup le capital. Nul pays sur terre ne produit d'aussi superbes chapons ou poulardes que la Sarthe ou l'Ain. L'Angleterre est notre tributaire pour 50 millions d'œufs.

*Abeilles.* — Il y a environ 3 millions de ruches, donnant un revenu de près de 35 millions de francs (miels de Narbonne, d'Argence dans le Calvados, de Chamonix, de Bretagne, qui sert à fabriquer le pain d'épice).

*Lapins.* — Le nombre des lapins qu'on tue annuellement en France n'est pas moindre de 80 millions. Paris à lui seul emploie pour la fabrication des chapeaux près de 70 millions de peaux.

*Chiens.* — Il faut aussi parler de chiens, d'autant que ces animaux payent un impôt qui varie de 1 à 10 fr. Les races françaises anciennes ont disparu en grande partie, soit par la négligence des propriétaires, soit par l'engouement de la mode qui introduit des races étrangères, dogues anglais, bulls, fox-hounds, staghounds, sloughis arabes, lévriers russes, etc.; de plus, la loi interdit l'usage à la chasse de certaines espèces éminemment françaises, telles que le grand lévrier. Les chiens d'Auvergne, des Pyrénées, de la Camargue sont presque introuvables. Depuis quelques années cependant, il se produit une réaction en faveur de nos belles races indigènes, et il y a lieu d'espérer que les types les plus purs se conserveront : citons le chien de berger de la Brie, le chien de toucheur de bœufs, les chiens courants (La Roche-sur-Yon), le griffon nivernais, le briquet de Gascogne, l'épagneul de Saint-Hubert, etc.

On a tenté dans différents pays d'utiliser les chiens à la guerre. Sans parler de ces terribles limiers corses qui ont été les auxiliaires des *conquistadores* espagnols, quelques essais ont été faits récemment pour mettre à profit dans les avant-postes et les grand'gardes les merveilleuses qualités du chien. Les services les plus efficaces rendus par ces animaux, sont outre la chasse et la garde, ceux qu'en exigent les chercheurs de truffes. Dans le nord on les attelle aussi à de petites voitures.

# INDUSTRIE.

**France industrielle.** — L'industrie française dont les progrès ont été considérables, depuis la Révolution, donne un revenu brut évalué à plus de 15 milliards. Elle emploie de 4 à 5 millions d'ouvriers.

L'industrie consiste soit dans l'exploitation des richesses du sous-sol par les carrières ou les mines, on la désigne sous le nom d'industrie extractive ; soit dans la mise en œuvre des matières premières ainsi obtenues : c'est l'industrie manufacturière, que les économistes subdivisent en industries préparatoires, mécaniques ou chimiques fournissant les moyens de production, industries de l'alimentation, industries du vêtement, industries du logement, industries du transport, industries des besoins intellectuels.

INDUSTRIE EXTRACTIVE. — Les industries extractives les plus importantes sont les suivantes :

L'exploitation des mines de houille, anthracite, lignite, fournit en France environ 17 millions de tonnes, la moitié environ de ce qui se consomme dans les usines. La France en consomme aujourd'hui vingt fois plus qu'en 1830.

Les mines de fer produisent près de 4 millions de tonnes de minerai ; c'est également la moitié de ce qui est nécessaire à nos hauts-fourneaux. Nous sommes moins riches en charbon et en fer que les Anglais, les Allemands et les Belges.

Les bassins houillers de France sont en même temps les centres de production et de travail du fer. Il y a plusieurs régions : la plus importante est celle du N. E. Nous les avons indiquées au cours de l'étude sur les départements.

La France est pauvre en plomb, zinc, cuivre, étain, antimoine. Elle en produisait en 1868 pour une valeur d'environ 10 millions et était tributaire de 80 millions venus de l'étranger.

Quant à l'or, argent, mercure, platine, la quantité extraite des entrailles de notre sol est tout à fait négligeable.

En revanche nous sommes très riches en pierres, en argile, marne, kaolin, etc. ; la variété des couches géologiques est telle que la France trouve à profusion dans ses carrières les marbres superbes, le granit, le porphyre, le basalte, les pierres de taille pour édifier ses monuments, l'ardoise pour les couvrir, le grès qui donne d'excellent pavés, les pierres meulières, l'argile, les phosphates de tout genre pour l'amendement des terres, le kaolin pour la fabrication de la porcelaine, l'oxyde de manganèse pour celle du verre.

Les côtes donnent de grandes quantités de sel, enfin on doit compter parmi les richesses minérales de France les eaux froides ou thermales chargées de fer, de soufre ou de carbonates. Il y a environ 900 sources minérales connues en France et 250 stations thermales. Le nombre des visiteurs, comme nous l'avons dit plus haut, ne cesse de s'accroître, surtout depuis la guerre franco-allemande.

Industrie manufacturière. — L'industrie proprement dite, qui n'employait guère en 1830 que la force de 50 000 chevaux-vapeur, met aujourd'hui en œuvre 32 000 machines dont la force motrice est de plus de 800 000 chevaux. Il faut y joindre 40 000 barrages et 80 000 moulins qui ne représentent qu'une faible partie du travail auquel on pourrait asservir les forces de la nature : l'eau et le vent. Nous ne pouvons énumérer les établissements industriels de France, même en nous bornant aux principaux.

Les trois grands centres industriels de France sont Paris, Lille et Lyon ; on estime à 120 000 le nombre des usines. La principale industrie relative au vêtement est celle des textiles, pour la fabrication de la soie ; la France garde encore la première place : elle y emploie 200 000 ouvriers et le produit s'élève à 900 millions. Les dentelles, fabriquées par 240 000 femmes, donnent un revenu brut de 120 millions. Pour le coton, la France est le troisième pays de production du monde après l'Angleterre, qui à elle seule a 35 millions de broches, plus que tous les autres peuples réunis, et les États-Unis. Elle a 5 200 000 broches, surveillées par 250 000 ouvriers et produisant 500 millions. Les laines indigènes ou importées d'Australie, d'Amérique, d'Algérie, etc., sont travaillées par 180 000 ouvriers ; elles grossissent la fortune nationale de 120 millions.

*Les industries relatives à l'ameublement* ont une importance capitale en France. Paris est le grand centre de fabrication pour l'ébénisterie, l'orfèvrerie, les bronzes d'art. Au contraire la céramique a ses principales usines en province (Limoges, Gien, Nevers). La Bourgogne cuit la brique. La Lorraine fabrique les cristaux ; les glaces viennent de Saint-Gobain, Chauny, Montluçon, etc., l'horlogerie de Besançon.

*Les industries relatives à l'alimentation* sont la meunerie (Ile-de-France, Nord, Marseille, le Havre), la fabrication des pâtes alimentaires, (Grenelle, Lyon, Marseille, etc.) ; des fromages, des salaisons (Troyes, Reims, Lyon, Arles, Orthez, Tours, Vire) ; des conserves (le Mans, Nantes, Bordeaux, Marseille, Nord) ; de la pâtisserie (Paris, Lyon, Périgueux, Pithiviers, etc.) ; des liqueurs, de la bière, du vinaigre et de la moutarde.

*Enfin les industries relatives aux besoins intellectuels* sont la papeterie (Seine-et-Oise, Seine-et-Marne Isère, Vosges, Charente, Ardèche) ; l'imprimerie (20 000 volumes par an), Paris, Lyon, Tours, la gravure, la fabrication du matériel scolaire, scientifique ou artistique.

Les collections des musées ou conservatoires, les grandes écoles industrielles, servent puissamment l'industrie française en lui donnant des modèles ou d'habiles maîtres. Enfin l'industrie a besoin pour prospérer non seulement de l'ordre et de la sécurité qui ne peuvent exister sans une bonne armée, mais de voies de communications rapides ou économiques pour recevoir ses matières premières ou expédier ses produits.

L'INDUSTRIE ET L'ARMÉE. — L'immense quantité de matériel dont l'armée a besoin lui est fournie soit par l'industrie privée (habillement, équipement, alimentation), soit par les manufactures de l'Etat (poudres, équipages de guerre, armes). En cas de besoin, l'Etat peut aussi commander des armes aux manufactures privées. Ainsi le Creuzot est outillé pour fondre les canons et, pendant la guerre, Paris a improvisé des manufactures de ce genre. Voici les établissements militaires où l'Etat fabrique lui-même.

### Armée de terre.

*Manufactures d'armes* : Châtellerault, Saint-Étienne, Tulle.
*Fonderie de canons* : Bourges.
*Equipages militaires* : Vernon, Tarbes, Avignon, Angers, Puteaux.
*Poudreries* : Saint-Ponce (Ardennes), Esquerdes (Pas-de-Calais), Saint-Chamas (Bouches-du-Rhônes), Le Ripault (Indre-et-Loire), Sévran-Livry (Seine-et-Oise), Toulouse, Saint-Médard (Gironde), Angoulême, Pont-de-Buis (Finistère).
*Poudrerie et dynamiterie* : Vonges (Côte-d'Or).
*Fabrique de fulmi-coton* : Le Moulin-Blanc (près Brest).
*Raffineries de soufre* : Lille, Bordeaux.
*Raffinerie de soufre et de salpêtres* : Marseille.

### Armée de mer.

*Arsenaux de construction et de réparation* : Cherbourg, Brest, Lorient, Rochefort, Toulon.
*Fonderie de canons* : Ruelle.
*Construction de machines* : Indret.
*Forges (blindages et chaînes)* : Guérigny, la Villeneuve.

## Chemins de fer.

La longueur kilométrique des chemins de fer français est de plus de 27 000 kilomètres qui se composent de lignes exploitées par l'État et par six grandes Compagnies, de chemins de fer d'intérêt local et de chemins de fer dits à voie étroite. Cinq des grandes compagnies ont leur point de départ à Paris ; ce sont les Compagnies de l'Ouest, d'Orléans, de Paris-Lyon-Méditerranée, de l'Est et du Nord ; la sixième, celle du Midi, a sa principale gare à Bordeaux. Un chemin de fer de ceinture qui longe intérieurement les fortifications de Paris met toutes ces lignes en communication et sert surtout au transport des marchandises qui passent d'un réseau à un autre.

On construit un chemin de fer de grande ceinture qui se tiendra en deçà de la ligne des nouveaux forts extérieurs de Paris et dont l'importance stratégique et commerciale sera considérable.

*a.* **Chemins de fer de l'Ouest.** — Les lignes administrées par la Compagnie de l'Ouest sont :

1° Le chemin de fer de ceinture de Paris (37 kil.) ; 2° les lignes de banlieue ; 3° les lignes de Normandie ; 4° les lignes de Bretagne ; 5° les lignes de jonction.

*Les lignes de banlieue* sont celles de Paris à Versailles par la rive droite (Asnières, Suresnes, Ville d'Avray, Viroflay, 23 kil.) ; de Paris à Versailles par la rive gauche (18 kil.) ; de Paris à Saint-Germain par Asnières, Nanterre, Chatou, le Vésinet et le Pecq (21 kil.).

*Les lignes de Normandie* sont : la ligne de Paris à Dieppe par Colombes, Achères, Pontoise, Gisors, Gournay, Neufchâtel et Arques (168 kil.). Cette ligne est double jusqu'à Pontoise. — De Paris au Havre, elle se détache de la précédente à Achères, passe sur la rive gauche de la Seine, Poissy, Meulan, Mantes, Vernon, Pont-de-l'Arche (r. d.), Rouen, Malaunay, Barentin, Yvetot, Harfleur (22 kil.). Cette ligne est double jusqu'au Havre.

De nombreux embranchements conduisent aux ports de mer, de Rouen à Dieppe (65 kil.), Motteville à Saint-Valéry en Caux (32 kil.), de Beuzeville à Fécamps.

Une ligne double joint Rouen et Amiens.

De Paris à Cherbourg, se détache à Mantes de la ligne du Havre, dessert Bueil, Évreux, Conches, Serquigny, Bernay, Lisieux, Mézidon, Caen, Bayeux, Lison, Neuilly, Carentan et Valognes (371 kil.). Cette ligne est double jusqu'à Caen.

De Bueil part un embranchement qui suit l'Eure jusqu'à Louviers et par Elbeuf rejoint la ligne de Pont-Audemer, de Serquigny.

Une ligne côtoie la Rille jusqu'à Pont-Audemer ; de Lisieux une autre ligne descend la Touques, et à Pont-l'Évêque se bifurque à droite sur Honfleur, à gauche sur Trouville (r. g.).

*Les lignes dites de Bretagne* partent de la gare Montparnasse, empruntent la ligne de Versailles (rive gauche), et se séparent à Saint-Cyr. L'une va sur Granville, l'autre sur Brest, avec des embranchements importants.

La première passe à Dreux, Laigle, Surdon, Argentan, Briouze, Flers et Folligny (328 kil.).

La seconde par Rambouillet, Maintenon, Chartres, Condé, Nogent-le-Rotrou, Conneré, Le Mans, Sillé-le-Guillaume, la Chapelle-Anthenaise, Laval, Vitré, Rennes, Lamballe, Saint-Brieuc, Guingamp, Plouaret, Morlaix, Landerneau (623 kil.). Elle a deux voies jusqu'à Lamballe, mais on en prépare une seconde jusqu'à Saint-Brieuc.

De Vitré part une ligne sur Fougères (48 kil.).

De Rennes sur Saint-Malo (21 kil.), de Saint-Brieuc au Legué (1 kil.), de Plouaret à Lannion (17 kil.).

Les lignes de jonction les plus importantes appartenant à la Compagnie sont :

1° La ligne à double voie d'Angers, le Mans, Alençon, Surdon (Argentan), Mézidon (simple), Dives.

2° La Chapelle Anthenaise, Mayenne, Domfront, Flers, Falaise, Caen et Oystreham-Courseulles.

3° Redon, Rennes.

4° Lamballe, Dol, Pontorson, Avranches, Folligny, Coutances, Saint-Lô et Lison.

Autour du Mans rayonnent plusieurs voies d'intérêt local, Conneré, Château du Loir, Aubigné, La Flèche, Sillé-le-Guillaume, Mamers, Bellême.

*b.* **Compagnie d'Orléans.** — Le réseau d'Orléans dessert le Sud-Ouest de la France par trois grandes lignes et de nombreux embranchements ; ces trois lignes sont :

1° *La ligne de Bordeaux* par Brétigny, Étampes, Orléans, Tours, Saint-Pierre-des-Corps, Châtellerault, Poitiers, Angoulême, Coutras, Libourne (585 kil.).

Un embranchement plus direct mais à une seule voie se détache à Brétigny, et par Voves, Châteaudun, Vendôme, gagne Tours, (202 kil.).

2° La *Ligne de Nantes à Saint-Nazaire* se détache de la première Tours, et par une voie double, jusqu'à Nantes, suit la rive droite de la Loire par Saumur, Angers, la Possonnière, Ancenis, Nantes, Savenay (251 kil.).

3° *La ligne du Centre* dessert Orléans, Vierzon, Châteauroux, la Souterraine, Saint-Sulpice-Laurière, Puy-Imbert, Limoges, Nexon, Brives, Figeac, Capdenac, Villefranche de Rouergue, Lexos, Tessonnières, Gaillac, Toulouse (781 kil.). La voie est double jusqu'à Châteauroux et de la Souterraine à Nexon, simple dans le reste du parcours.

Les lignes de jonction et les tronçons sont d'Orléans à Gien (P.-L.-M.), de Saincaise ; (Paris-Lyon) à Bourges, Vierzon (double) de Vierzon à Tours, Aubigné, le Mans (simple).

De Gannat (Lyon) à Béziers et Commentry, Montluçon, Saint-Amand, Bourges.

De Montluçon à Moulins.

De Capdenac à Arvant.

De Limoges à Angoulême.

De Limoges à Périgueux (voie double). De là par voie unique Massidan et Coutras, et de Périgueux au Buisson. De Libourne au Buisson à Libos, et Cahors ; de Capdenac à Arvant (P.-L.-M.) par Figeac, Aurillac, Murat.

De Capdenac à Decazeville et à Rodez, enfin de Nantes à Landerneau par Redon (embr. sur Rennes), Vannes (embr. sur Ploermel) Auray (embr. sur Pontivy, Loudéac et Saint-Brieuc), Lorient, Quimparlé, Quimper et Châteaulin.

Des petites lignes secondaires existent au milieu de ce réseau.

De Paris à Sceaux, et Limours (40 kil.).

Le chemin de fer du Médoc par Margaux, Pauillac, Lesparre, le Verdon, avec correspondance sur Royan par bateau.

*c.* **Chemins de fer du Midi.** — Trois grandes lignes.

*La ligne de Bordeaux à Cette*, double sur tout son parcours, par Bordeaux (Saint-Jean), Langon, La Réole, Marmande, Port-Sainte-Marie, Agen, Moissac, Castel-Sarrasin, Montauban, Toulouse, Villefranche de Lauraguais, Castelnaudary, Carcassonne, Narbonne, Béziers, Vias et Cette (476 kil.).

*La ligne d'Espagne* est double jusqu'à Lamothe, elle est simple ensuite, dessert Morcenx, Dax, Bayonne, Biarritz et finit à Hendaye ; les lignes espagnoles sont plus larges que les nôtres de quelques centimètres.

*La ligne de rocade*, à voie simple de Bayonne à Orthez, Pau, Lourdes, Tarbes, Montréjeau, Saint-Gaudens, Boussens, Portet, Saint-Simon, Toulouse.

Les embranchements sont de Langon à Bazas, et à Sore.

De Port-Sainte-Marie à Nérac et Condom ; d'Agen à Lectoure, Auch, Mirande et Tarbes ; de Toulouse à Auch ; de Castelnaudary à Castres, Mazamet et Alby ; de Carcassonne à Quillan ; de Narbonne à Perpignan, Prades, Port-Vendres et Barcelone; de Béziers à Milhau, Rodez, de là à Capdenac (Orléans), de Béziers à Pézenas et Montpellier.

De Lamothe à Le Teste, Arcachon, le Cazau; de Morcenx à Mont-de-Marsan, Vic-en-Bigorre et Tarbes; de Dax à Puyoo.

De Lourdes à Argelès, Pierrefitte (cette ligne sera peut-être prolongée au delà des Pyrénées); de Montréjeau à Luchon, de Boussens à Saint-Girons, de Portet-Saint-Simon à Pamiers, Foix et Tarascon.

*d.* **Ligne de Paris-Lyon-Méditerranée.** — Ce réseau est par son développement et l'importance de son trafic le premier des réseaux français.

Il comprend la ligne de Bourgogne, la ligne du Bourbonnais, les lignes de Franche-Comté et de Suisse, celle d'Italie, la ligne du Centre.

*La grande ligne de Bourgogne* va de Paris à Lyon, Marseille, Nice et Menton, par Melun, Fontainebleau, Moret, Montereau, Sens, La Roche, Nuits-sous-Ravière, Les Laumes, Dijon, Chagny, Châlon-sur-Saône, Mâcon, Saint-Germain au Mont d'Or, Lyon (512 kil.) par la r. g. du Rhône, Saint-Raubert d'Albon, Valence, Montélimart, Orange, Sorgues, Avignon, Tarascon, Arles, Marseille (865 kil.), Toulon.

Elle est double jusqu'à cette ville et n'a qu'une voie, par les Arcs, Fréjus, Cannes, Antibes, Nice, Monaco et Menton (1112 kil.).

*La ligne du Bourbonnais* se détache à Moret, et dessert Bourron, Montargis, Gien, Cosne, Nevers, Saincaize, Moulins, Saint-Germain des Fossés, La Palisse, Roanne, Tarare, l'Arbresle, Saint-Germain au Mont d'Or et Lyon. Elle est double sur tout son parcours.

*Les lignes de Franche-Comté sont :*
De Dijon à Belfort par Auxonne, Gray et Vesoul ou par Auxonne, Dôle, Besançon et Montbéliard ; ces deux lignes ont double voie.

De Belfort par un chemin à voie unique sur Delle, Porrentruy, Saint-Ursanne.

De Mouchard la ligne est simple par Arbois, Andelot, Pontarlier; elle se bifurque et se dirige par les Verrières sur Neufchâtel, par Jougne sur Lausanne et Genève.

De Mâcon à Bourg, Ambérieux; et de Lyon, Ambérieux à Culoz, fort de l'Ecluse et Genève, voie double.

*La ligne d'Italie* va de Lyon à Culoz, Saint-Jean de Maurienne et Modane. La voie est unique depuis Culoz.

*La ligne du Centre* (Grand Central) par Saint-Germain-des-Fossés, Gannat, Riom, Clermont-Ferrand, Issoire (double voie), d'Issoire à Arvant, Brioude, Langeac, Langogne, Villefort, Alais (voie simple), d'Alais à Nîmes (voie double).

Enfin on peut ranger parmi les lignes principales celle de Lyon à Nimes par la rive gauche du Rhône, Tournon, la Voûlte et Villeneuve-lez-Avignon. Cette voie est simple.

De nombreuses voies latérales et transversales ajoutent de nouvelles mailles à cet immense réseau de Villeneuve-Saint-Georges à Juvisy, Corbeil, Malesherbes, Montargis ; de La Roche à Auxerre, Cravant, Clamecy, Nevers, de Cravant par un embranchement qui par Avallon et Semur rejoint la grande ligne aux Laumes.

De Nevers une ligne à double voie (depuis 1881), dont nous avons montré l'importance, par Cercy la Tour, Etang, Autun, Epinac, rejoint à Chagny la grande ligne. Un embranchement de Cercy La Tour gagne Clamecy, d'Etang passe une ligne stratégique à double voie, qui réunit Dijon et Langres par Is-sur-Tille et Chalindrey, tandis que de Chalindrey par la voie Gray-Montagney, la Barre (embranchement Montagney-Besançon), par la voie Vesoul-Besançon, les deux grandes directions de Dijon en Suisse sont soudées l'une à l'autre.

*La ligne de rocade du Jura* est formée par la double voie de Besançon, Mouchard, Lons-le-Saulnier et Bourg ; elle est soudée à la grande ligne par le tronçon Lons-le-Saulnier-Châlon, sur lequel s'embranche la ligne Châlon-Bourg. Enfin Bourg communique par Nantua avec Fort de l'Écluse et par Marlieux avec Lyon.

*La ligne de rocade des Alpes* commence à Grenoble et par le tunnel de Luz–la-Croix, Haute-Veynes (embr. sur Gap), Sisteron, Saint-Auban (emb. sur Digne), Bertuis et Aix, arrive à Marseille. On travaille à une nouvelle ligne de pénétration dans les Alpes par Gap, l'embouchure de l'Ubaye (emb. sur Barcelonnette), Embrun, Mont-Dauphin, Briançon avec projet de raccord à la ligne Chambéry, Turin par le col de l'Échelle. — Les lignes de jonction entre le Rhône et cette ligne sont : Saint-Rambert, Rives (ligne de Lyon, Grenoble), Montmélian, Valence, Moirons (ligne de Lyon-Grenoble), Avignon, Cavaillon (emb. sur Apt) et Saint-Chamas, Rognac, Aix.

Les lignes de raccord entre le Rhône et la ligne du Centre sont Roanne, Feurs, Montrond, Saint-Just, Saint-Étienne, Givors et Lyon. — Clermont, Vertaison (emb. sur Billom), Thiers, Montbrison (emb. sur Montrond), L'Arbresle, Saint-Germain-au-Mont-d'Or, Bonson (emb. sur Saint-Bonnet le Château et Saint-Just), Saint-Georges d'Aurac, le Puy-Saint-Étienne. — Alais, Robiac (emb. sur Bessèges), le Theil.

Enfin la ligne parallèle à la Méditerranée ferme ce grand circuit par la double voie de Beaucaire, Nimes (emb. sur Aigues-Mortes), Gallargues (emb. sur Ganges et le Vigan), Lunel (embranchements sur Aigues-Mortes et sur Arles), Montpellier et Cette, où elle se soude aux chemins de fer du Midi.

**e. Chemins de fer de l'Est.** — Les lignes exploitées par la Compagnie de l'Est rayonnent de Paris dans trois directions maîtresses et sont réunies par des lignes transversales parallèles à la frontière.

Les grandes lignes sont :

*De Paris à Mulhouse* par Noisy-le-Sec, Gretz, Longueville, Flamboin, Nogent-sur-Seine, Troyes, Bar-sur-Aube, Bricon, Chaumont, Langres, Chalindrey, Port-d'Atelier, Vesoul, Lure, Belfort et Mulhouse, sa longueur en France est de 449 kilomètres. Elle est à double voie.

*De Paris à Nancy et à Strasbourg*, par Noisy-le-Sec, Bondy, Meaux, Château-Thierry, Épernay, Châlons-sur-Marne, Vitry, Blesme, Bar-le-Duc, Nançois-le-Petit, Lérouville, Commercy, Pagny-sur-Meuse, Foug, Toul, Frouard, Champigneulles, Nancy, Blainville, Lunéville, Emberménil et Avricourt. Elle a 410 kilomètres, en France et deux voies.

*De Paris à Givet;* se détache de la précédente à Épernay, gagne Reims, Bazancourt, Réthel, Amagne, Mézières, Montherné, Vireux et Givet; sa longueur est de 324 kilomètres et sa largeur la même que pour les précédentes.

Ces lignes sont doublées par les suivantes, dites en langage stratégique voies de concentration.

De Châlons à Conflans par Saint-Hilaire, Sainte-Menehould, Verdun, Étain, Conflans (double jusqu'à Verdun, simple ensuite).

De Nuits-sous-Ravière à Châtillon-sur-Seine (Paris-Lyon-Méditerranée), de là à Bricon, Chaumont, Bologne, Neufchâteau, Mirecourt, Épinal. Cette ligne est double jusqu'à Neufchâteau.

Les lignes de raccord sont : la ligne qui longe la falaise tertiaire, d'Épernay à Sézanne et à Romilly.

La longue ligne parallèle à la frontière par Mézières, Sedan, Montmédy, Longuyon (emb. sur Longwy), Conflans, Pagny-sur-Moselle, Frouard, Nancy, Blainville (le tronçon emprunté à la grande ligne Paris-Avricourt), Charmes, Épinal, Arches et Remiremont.

Ce chemin de fer est doublé à l'E. par la ligne Lunéville, Saint-Dié, Arches, qui envoie des tronçons de pénétration à travers les vallées des Vosges (Cirey, Fraize, Cornimont et Gérardmer). — A l'O. par le chemin de fer Sedan, Verdun, Saint-Mihiel, Lérouville, et Pagny-sur-Meuse, Neufchâteau, complétée par le tronçon Nançois-le-Petit à Neufchâteau.

Mirecourt est reliée d'une part à Nancy, de l'autre à Toul ; enfin une ligne partant de Flamboin et suivant la Seine, se raccorde à P.-L.-M. à Montereau; une autre rejoint Troyes à Châtillon-sur-Seine.

## TRAVAUX D'ART DES LIGNES DE L'EST.

| LIGNES. | TRAVAUX D'ART. | DIMENSIONS. |
|---|---|---|
| Ardennes : Thionville, Mézières, Reims, Paris. | Tunnel de Fontoy. | 325 m. |
| | — de Mercy-le-Haut. | 200 m. |
| | — de Longuyon. | 671 m. |
| | — de Montmédy. | 750 m. |
| | Tranchées au nord de Réthel. | |
| | Tunnel au sud de Réthel. | 750 m. |
| | — de Rilly. | 5450 m. |
| | — de Nanteuil. | 944 m. |
| Metz à Reims. | — de Tavanne. | 1190 m. |
| | Tranchées des Islettes. | De 10 à 15 m. prof. |
| | Tunnel de l'Argonne. | 790 m. |
| Metz, Sarrebruck, Kaiserslautern, Mannheim. | Tranchées de Saint-Avold. | 1507 m. l., 15 prof. |
| | Tranchée de Knabach, près Hombourg. | 650 m. long., 15 m. de profondeur. |
| | Tranchée de Styring. | 1694 m. l., 22 prof. |
| | Tunnel de Heiligenberg, près Kaiserslautern. | 7347 mètres. |
| | Tranchée de Heiligenberg. | 1100 m. l., 12 prof. |
| Strasbourg, Paris. | Viaduc de la Valez sur le canal et la Zorn. | 81 m. long., 6 arches. |
| | Tunnel du Haut-Barr. | 500 m. |
| | Deux tunnels de Hœgen. | 400 et 495 mètres. |
| | Tunnel de Lutzelbourg. | 450 m. |
| | Viaduc de la Zorn. | 61 m. long., 15 hauteur, 5 arches. |
| | Tranchées de Henridorf. | 1010 m. l., 8 prof. |
| | Tunnel d'Arschwiller. | 2800 m. |
| | Viaduc de Fontenoy-sur-Moselle. | 145m,70, 7 arches. |
| | Tunnel de Foug. | 1122 m. |
| | — de Pagny-sur-Meuse. | 572 m. |
| | — de Nanteuil. | 944 m. |
| Mulhouse à Paris. | Viaduc de Dannemarie. | 55 arch., 21 m. haut. maximum. |
| | Tunnel de Champagney. | 1250 m. |
| | — de Chandenay. | 1100 m. |
| | — de Chalindrey. | 1400 m. |
| | Viaduc de Chaumont sur la Suize. | 600 m. et 50 haut. maximum. |
| Belfort, Besançon, Lyon. | Tunnels le long du Doubs. | |
| Blainville, Port d'Atelier. | Viaduc de Bertramil, près d'Épinal. | 129 m. l., 29 élév., 9 arches. |
| | — de Xertigny sur la vallée de la Coney. | 151 m. l., 58 élév., 9 arches |
| Chaumont-Pagny. | Tranchée de Neufchâteau. | 590 m. l., 19 prof. |
| | — d'Ugny, près Vaucouleurs. | 620 m. l., 14 prof. |
| | Pont sur le canal, près Pagny. | |

*f*. **Chemins de fer du Nord**. — Les lignes du Nord sont après P.-L.-M. les plus importantes de France pour le transit des voyageurs et des marchandises. Quatre grandes directions.

*Paris-Laon-Hirson* par Saint-Denis, Crepy, Villers-Cotterets, Soissons, Laon, Hirson ; cette voie est double jusqu'à Soissons ; elle a 205 kilomètres en France.

*Paris-Maubeuge* (Charleroy) par Saint-Denis, Creil, Chauny, Tergnier, Saint-Quentin, Aulnoye, Maubeuge, Erquelines ; c'est le chemin de Bruxelles et de Cologne : il a 238 kil. en France et une double voie.

*Paris-Lille* (Gand) se détache de la précédente à Creil, par Clermont, Saint-Just, Breteuil-Longueau, Anvers, Arras, Douai, Lille, Roubaix et Tourcoing ; 266 kilomètres en France et une voie double, parfois quadruple.

*Paris-Calais* se détache de la précédente à Amiens, et par Saint-Roch, Longpré, Abbeville, Noyelles, Étaples, Hesdigneul, Boulogne entre dans Calais, qui est à 297 kilomètres de Paris, à 166 d'Amiens, à 241 de Creil ; la voie est double sur tout le parcours.

Dans le réseau aux mailles serrées qui dessert les riches contrées du Nord plusieurs voies très importantes raccordent ces lignes capitales. Citons d'abord la *ligne parallèle à la frontière*, Dunkerque, Hazebrouck, Lille (double jusque-là), Orchies, Saint-Amand, Valenciennes, Le Quesnoy, Aulnoye, Avesnes, Anor, Hirson et Mézières. Elle est doublée par le railway Calais, Hazebrouck, Béthune, Sens, Orchies, par ceux de Douay à Valenciennes, d'Orchies à Cambrai, Basigny, d'Etaples à Arras, et d'Achiet à Saint-Quentin. De Creil une ligne gagne Beauvais, Saint-Omer-en-Chaussée, Abancourt et Gamaches. Saint-Omer est relié à Amiens (embr. sur Arras), Saint-Pol, Béthune et Lille, Pont de Briques à Hazebrouck.

Quelques lignes particulières subsistent au milieu du réseau du Nord ; de Longpré par Gamaches la ligne du Tréport ; celles de Longpré à Doullens ; de Saint-Quentin à Guise, de Chauny à Saint-Gobain ; la ligne d'Anzin, enfin le chemin de fer de Picardie et Flandre, qui de Saint-Just au delà de Creil dessert Montdidier, Roye, Chaulnes, Péronne, Cambray et Douay, sur une longueur de 145 kilomètres.

*g*. **Chemins de fer de l'Etat**. — L'État français, qui a la nue propriété de toutes les lignes concédées par lui aux diverses compagnies dont nous venons d'énumérer les réseaux, est en outre propriétaire de tronçons de chemins de fer. Ces lignes ont été pour la plupart achetées à de petites compagnies en détresse ou rétrocédées par les grandes compagnies ; quelques-unes ont été construites par l'État lui-même dans un intérêt stratégique. Quoi qu'il en soit, comme il est facile de le voir par ce qui va suivre, l'État français exploite pour son compte infiniment moins de lignes que l'État allemand.

Ces voies sont :

1° *De Nantes à Bordeaux* par Sainte-Pazane, la Roche-sur-Yon, Velluire, la Rochelle, Rochefort, Taillebourg, Saintes, Beillant, Pons, Jonzac, Saint-Mariens et Coutras ; 598 kilomètres.

2° *De Nantes à Limoges* ; se détache de la précédente à Beillant, et par Cognac, Châteauneuf-sur-Charente, Angoulême, Excideuil, Saillat, gagne Limoges ; 189 kilomètres.

3° *De Velluire à Saintes* par Fontenay-le-Comte, Niort, Saint-Jean-d'Angely et Taillebourg ; 114 kilomètres.

— De Nantes à Paimbœuf et Pornic ; 57 kilomètres.

— De Nantes à Saint Nazaire, le Croisic et Guérande (appartient à Orléans jusqu'à Saint-Nazaire) ; 56 kilomètres.

De Saint-Mariens à Blaye ; 25 kilomètres.

De Pons à Royan, 47 kilomètres, et la Grave, 71 kilomètres.

De Bordeaux à la Sauve, 27 kilomètres.

4° *De Tours aux Sables-d'Olonne* par Joue-lès-Tours, Loudun, Arçay, Bressuire, La Roche-sur-Yon et les Sables ; 254 kilomètres.

5° *De Tours à Châteauroux* par Joue, Montbazon, Loches, Châteauroux ; 118 kilomètres.

6° *D'Angers à Saumur*, 66 kilomètres, et d'Angers à Poitiers, 156 kilomètres ; reliées par l'embranchement Saumur-Montreuil.

7° *De Tulle à Clermont-Ferrand* par Ussel et Royat, 173 kilomètres. — Cette ligne sera jointe à Limoges par une voie partant d'Ussel et qui est achevée d'Eymoutiers à Limoges, 54 kilomètres, et qui se prolonge jusqu'au Dorat, où elle se soude à la ligne de Poitiers, la Souterraine, Orléans.

8° *D'Orléans* partent deux lignes importantes, l'une par les Aubrais, Montargis, Sens, Villeneuve l'Archevêque, Troyes, Arcis-sur-Aube et Coolus, atteint *Châlons-sur-Marne* (298 kilomètres), l'autre par Patay, Voves, Chartres, atteint *Dreux* ; elle dessert par des embranchements Brou (38 kilomètres), et Auneau (29 kilomètres). — Vendôme est aujourd'hui relié à Blois par une ligne qui sera prolongée en suivant le Loir jusqu'à Saint-Calais et de là au réseau de l'État par Brou.

Un grand nombre d'autres lignes sont en construction ; l'État possède jusqu'à ce jour 2300 kilomètres de voies ferrées qui, on le voit, ne sont pas soudées les unes avec les autres, mais il peut obtenir des diverses compagnies dont il coupe le réseau des avantages qui étaient refusés aux anciennes petites compagnies, ce qui conduit celles-ci à la ruine.

**Rapports entre le tracé des chemins de fer et la géographie physique.** — Comme on le voit par l'énumération de ce qui précède, les grandes compagnies se sont partagé assez inégalement le territoire français, mais en somme on peut dire que la compagnie de l'Ouest dessert le cours de la basse Seine et de ses affluents, et les bassins côtiers de la Manche avec les hautes vallées de la Sarthe et de la Vilaine ; Orléans, le bassin de la Loire depuis Gien avec des ramifications jusque sur la Garonne ; le Midi, le bassin de la Garonne et les bassins côtiers de la Méditerranée jusqu'à Cette ; Lyon, la haute Seine jusqu'à Montereau, la Loire depuis Gien et l'Allier ; enfin, le Rhône.

Les lignes de l'Est sont posées sur le bassin de la Marne, de la haute Seine depuis Montereau, de la Meuse et de la Moselle, elles pénètrent dans le bassin de la haute Saône à partir de Vesoul.

Le Nord a presque le monopole des voies rapides dans les bassins de l'Oise et de l'Aisne, de la Somme, de l'Escaut et de la Sambre.

Du reste, qu'ils appartiennent à une Compagnie ou à une autre, les chemins de fer peuvent être, en temps de guerre, employés par l'État par voie de réquisition pour le transport des troupes et du matériel. En temps de paix ils sont soumis pour leurs tarifs à l'homologation du gouvernement, de sorte que leur régime est sensiblement le même. Il est donc utile de connaître, sans se préoccuper des différences, d'ailleurs temporaires, d'administration, les rapports entre le tracé des chemins de fer et la géographie physique.

Bassin de la Seine. — Paris est le centre hydrographique du bassin de la Seine. C'est là, nous l'avons vu, que convergent les cours d'eau. Il occupe de plus le centre du bassin tertiaire autour duquel sont rangés concentriquement six remparts de collines. Enfin il est la capitale de la France, trois raisons qui ont déterminé le tracé des lignes de chemins de fer.

Nous pouvons donc établir les deux points suivants :

1° Les lignes qui s'éloignent de Paris, suivent autant que possible le réseau hydrographique ;

2° Les lignes transversales ou de grande ceinture suivent les contours orographiques.

Ainsi la Seine est descendue par un chemin de fer de Paris à Rouen, elle est remontée de Paris à Châtillon. La Marne est suivie par une ligne de son confluent à sa source.

L'Oise, le Loing, l'Yonne prêtent leurs vallées à des lignes plus ou moins importantes qui les remontent le plus haut qu'elles peuvent monter.

Parmi les lignes transversales les deux plus importantes sont :

1° Celle qui suit la base de la falaise tertiaire.

2° Celle qui de Nuits-sous-Ravières par Châtillon-sur-Seine, Lérouville à Mézières et Hirson, se glisse dans l'oolithe inférieur à pe[u] de distance de la limite avec l'oolithe moyen.

BASSINS DE LA MEUSE ET DE LA MOSELLE. — Ces bassins, au point [de] vue des chemins de fer, peuvent être considérés comme des an[nexes du bassin de la Seine.

La Meuse en France parcourt comme un long couloir, entre l[es] crêtes lorraines et ce qu'on appelle l'Argonne orientale; depu[is] Neufchâteau jusqu'à Givet une ligne suit le fleuve. La Moselle e[st] remontée depuis sa sortie de France jusqu'à Toul.

Une ligne relie Toul à Épinal par Mirecourt.

Deux autres, remontant la Meurthe jusqu'à Nancy, gagnent Épin[al] par Mirecourt ou Blainville et Charmes. De la grande place d'Épin[al] cette rivière est remontée jusqu'à Remiremont, et le sera bient[ôt] jusqu'à sa source par une ligne qui se tient sur la rive gauche.

Pour passer du bassin de la Seine dans les bassins latéraux, l[es] chemins de fer ont dû creuser des profondes tranchées ou établ[ir] des tunnels dont nous avons donné le tableau plus haut, d'aprè[s] l'ouvrage du capitaine Marga.

BASSIN DU RHÔNE. — Le tracé des chemins de fer dans le bassi[n] du Rhône est assez simple. Une ligne de rocade de Chalindrey [à] Chagny par Dijon suit le pied de la Côte-d'Or, puis longe la riv[e] droite de la Saône. A Lyon, elle se bifurque en deux lignes, une su[r] chaque rive, jusqu'à Avignon, où ces deux lignes se séparent : l[a] ligne qui remonte le Rhône jusqu'à Genève ne suit la vallée mêm[e] du fleuve que depuis Culoz.

L'Isère est remontée jusqu'à Albertville.

L'Arc prête sa vallée au chemin de fer d'Italie.

La Drôme n'est remontée que jusqu'à Crest.

Une ligne suit la Durance jusqu'à Sisteron, remonte le Buech e[t] atteint la vallée de l'Ébron, du Drac et l'Isère à Grenoble.

Sur la rive droite, les voies ferrées ne suivent pas aussi habituellement les cours d'eau, la ligne de Beaucaire à Nîmes et Alai[s] ne côtoie pas le Gard, elle remonte le Gardon d'Alais. La ligne d[u] Theil à Alais n'emprunte que pendant quelques kilomètres l[a] vallée de l'Ardèche et celle du Chasserac. Le Gier, au contraire, es[t] escorté sur presque tout son cours par la ligne de Saint-Étienne à Givors.

Nous avons indiqué dans le chapitre de l'Orographie les tunnel[s] qui réunissent le réseau du Rhône à ceux des autres bassins.

BASSINS DE LA GARONNE ET DE L'ADOUR. — Le Gave de Pau, l'Adour[,] la Garonne donnent trois lignes concentriques dont l'importance stratégique a été montrée plus haut. La première est suivie par un[e] chemin de fer qui se tient constamment depuis Lourdes jusqu'au-dessous de Peyrehorade sur la rive droite, ce qui est avantageux. L'Adour de Bagnères-de-Bigorre à Grenade a le railway tantôt à droite, tantôt à gauche. La Garonne l'a presque toujours à gauche depuis Bagnères-de-Luchon jusqu'à Toulouse, et continuellement à droite jusqu'à Langon, où il passe à gauche pour desservir les riches vignobles des Graves et du Médoc. Le Salat est remonté jusqu'à Saint-Girons, l'Ariège jusqu'à Tarascon, l'Hers (canal du Midi) jusqu'à Villefranche, la Dordogne jusqu'au confluent de la Vézère, l'Isle jusqu'à Périgueux. Les autres vallées de droite sont trop sinueuses pour que les chemins de fer aient pu en profiter aussi régulièrement. A gauche le Gers est remonté jusqu'à Auch, la Baïse jusqu'à Condom.

Bassin de la Loire. — Dans un avenir peu éloigné, une ligne continue suivra la Loire sans beaucoup s'en écarter depuis le Puy jusqu'à Saint-Nazaire. Il existe encore deux lacunes entre Roanne et Digoin et entre Diou (près du confluent de la Besbre) et Decize. Depuis cette ville la ligne se tient constamment sur la rive droite, sauf aux environs de Tours. Les affluents qui ont été utilisés pour le tracé des voies ferrées sont, à droite, l'Arroux, puis la Bourbince; l'Aron (en partie) et son affluent l'Alène jusqu'à la source; la Nièvre sur tout son cours; le Loir depuis Bonneval jusqu'à la Flèche; la Sarthe sur presque toute sa longueur; la Mayenne et son affluent la Varenne (avec bien des écarts); l'Erdre depuis Niort jusqu'à son confluent.

A gauche : l'Allier prête presque constamment ses berges depuis la source jusqu'au confluent; la ligne latérale au Cher commence à Montluçon; l'Indre n'est remontée que jusqu'à Loches, mais le sera bientôt jusqu'à son origine; la Creuse ne l'est que depuis Argenton; la grande ligne de Bordeaux à Paris atteint la Vienne, près du confluent la Creuse, puis remonte le Clain.

*Principaux tunnels entre le bassin de la Loire et celui de la Garonne, de la Charente, et entre les bassins secondaires.*

Loire et Cère (Dordogne) : tunnel de Riolan.
Creuse et Gartempe : la Souterraine.
Clain et Charente : Ruffec.
Charente et Tude (Dronne) : Charmant.

**Résumé et considérations générales.** — La France ne vient qu'en troisième ligne en Europe pour la longueur de ses lignes de chemins de fer; elle n'occupe que le septième rang si l'on considère la proportion entre l'étendue du réseau et la superficie du territoire : la Belgique, le Luxembourg, la Grande-Bretagne, la

Suisse malgré ses montagnes, l'Allemagne, la Hollande malgré ses canaux innombrables, viennent avant elle.

Paris a exercé sur la construction et exerce encore sur l'exploitation des voies ferrées une influence qui est jusqu'à un certain point fâcheuse. Les principales lignes convergent sur la capitale; le service des trains montant et descendant est le mieux réglé, mais c'est souvent aux dépens de la facilité des communications entre les villes qui sont jointes par des lignes transversales. De plus il manque à Paris une gare centrale; plusieurs kilomètres séparent les gares de l'Ouest, d'Orléans et de Lyon, des embarcadères de l'Est et du Nord. Il en résulte une énorme perte de temps pour les voyageurs qui ne doivent que traverser la capitale.

Londres et Berlin sont beaucoup mieux outillés; le premier a son *metropolitan railway*, en grande partie souterrain, et des gares au cœur même de la Cité; l'autre son *Stadt bahn* dont nous montrerons plus bas l'importance stratégique.

Il est impérieusement nécessaire, pour compléter notre réseau, de faire une grande ligne reliant directement Calais à Dijon. Les chemins de Lyon à Bordeaux sont aussi trop peu directs et devraient être rectifiés et pourvus d'une seconde voie.

Enfin pour que les chemins de fer puissent rendre tous les services qu'on est en droit d'en attendre, il faut que les lignes soient assez nombreuses pour la mobilisation et la concentration rapides de l'armée en cas de guerre.

Pour cela il serait à désirer que chaque corps d'armée eût une ligne affectée à son transport à la frontière, puis à son ravitaillement, et que dans les gares où se croisent ces lignes, des viaducs fussent établis ou des voies latérales assez nombreuses fussent posées de manière à éviter l'encombrement et la perte de temps.

On calcule que le transport d'un corps d'armée au complet exige 95 trains de 50 voitures, marchant à la vitesse de 26 kilomètres par heure. Sur une ligne à deux voies peuvent circuler de 30 à 40 trains par jour, sur une ligne à voie unique 15 seulement. Ces conditions étant données, on peut se demander, dans l'hypothèse d'une guerre avec l'Allemagne, comment nos corps d'armée seraient portés sur la frontière en admettant comme ligne de concentration le chemin de fer Mézières-Toul-Épinal-Belfort, si l'on admet que la neutralité de la Belgique sera respectée.

On peut faire le même travail en supposant une guerre avec l'Italie. On verra par là combien il s'en faut que notre réseau stratégique soit complètement achevé.

TABLEAU DES LIGNES DE CONCENTRATION SUR L'EST [1].

| CORPS. | CHEFS-LIEUX. | LIGNES. | KIL. |
|---|---|---|---|
| 1 | Lille. | *Valenciennes, Hirson-Sedan.* | 200 |
| 2 | Amiens. | Laon, Reims, Mézières. | 248 |
| 3 | Rouen. | Paris, Soissons, Reims, *Verdun.* | 425 |
| 4 | Le Mans. | Paris, Châlons, Commercy. | 596 |
| 5 | Orléans. | Paris, Châlons, Toul. | 441 |
| 6 | Châlons-sur-Marne. | *Par marches sur Verdun.* | 127 |
| 7 | Besançon. | *Vesoul, Port d'Atelier, Blainville.* | 260 |
| 8 | Bourges. | Nevers, Chagny, Dijon, *Langres, Pagny.* | 511 |
| 9 | Tours. | *Vendôme,* Paris, Nancy. | 587 |
| 10 | Rennes. | Le Mans, Surdon, Dreux, Paris, Reims, Réthel. | 657 |
| 11 | Nantes. | Orléans, Montargis, Châlons, Commercy. | 688 |
| 12 | Limoges. | *Montluçon,* Macon, *Nuits-sous-Ravière, Chaumont.* | 687 |
| 13 | Clermont. | Saint-Germain des Fossés, *Saint-Germain au Mont d'Or,* Dijon, *Neufchâteau.* | 562 |
| 14 | Grenoble. | Lyon, *Bourg, Besançon, Vesoul, Charmes.* | 550 |
| 15 | Marseille. | Lyon, Châlon, *Besançon, Épinal.* | 752 |
| 16 | Montpellier. | Lyon, *Besançon,* Belfort. | 663 |
| 17 | Toulouse. | *Figeac, Arvant,* Lyon, Dijon, *Gray, Vesoul.* | 859 |
| 18 | Bordeaux. | Paris, Troyes, *Chaumont-Neufchâteau.* | 908 |
| 19 | Alger. | Marseille, Dijon, *Langres.* | 615 |

220 kilomètres. — 660 000 habitants. — 3 habitants par mètre.
Les stations des lignes à une seule voie sont indiquées en italique.

**Navigation intérieure. Rivières navigables et canalisées. Canaux.** — Les besoins du commerce exigent qu'à côté des chemins de fer qui transportent rapidement les voyageurs et parmi les marchandises celles qui sont le moins encombrantes, il existe un réseau de voies navigables. La batellerie a pour fonction principale le transport à prix réduit des matières premières d'un volume considérable : bois, charbons, minerais, pierres, fourrages, céréales, etc. Depuis 1879 l'État ayant renoncé à ses droits de perception sur les canaux et rivières qui lui appartiennent, la navigation intérieure peut soutenir la concurrence des voies ferrées.

Nous donnons d'abord le tableau des rivières qui peuvent porter bateau, nous étudierons ensuite les canaux.

[1] Marga, *Géographie militaire.*

## TABLEAU DES PRINCIPALES RIVIÈRES NAVIGABLES.

| NOMS DES RIVIÈRES. | AFFLUENTS. | SOUS-AFFLUENTS. | ORIGINE. | LONGUEUR DE LA LIGNE NAVIGABLE | OBSERVATIONS. |
|---|---|---|---|---|---|
| Moselle... | » | | Frouard. | 120 kil. | |
| » | Meurthe. | | Malzéville. | 12 | |
| Meuse... | » | | Verdun. | 229 | Canalisée. |
| » | Chiers. | | La Ferté. | 57 | |
| » | Semoy. | | Hautes-Rivières. | 18 | |
| » | Sambre. | | Oisy. | 92 | Canalisée. |
| Escaut... | » | | Cambrai. | 65 | Id. |
| » | Scarpe. | | Arras. | 50 | Id. |
| » | Lys. | | Aire au confluent de la Deule. | 55 | |
| Aa... | » | | Saint-Omer. | 55 | |
| Seine... | » | | Méry. | 589 | Canalisée depuis Marcilly. 434 kil. |
| » | Aube. | | Arcis. | 45 | |
| » | Marne. | | Château-Renard. | 525 | Dizy. 178 kil. |
| » | » | Grand-Morin. | Tijeaux. | 161 | — |
| » | » | Ourcq. | Port aux Perches. | 144 | — |
| » | Oise. | | Chauny. | 112 | Janville 105 kil. Condé. 56 kil. |
| » | » | Aisne. | Château-Porcien. | 15 | |
| » | Yonne. | | Auxerre. | 15 | Canalisée. |
| » | Eure. | | Louviers. | 45 | |
| » | Rille. | | Pont-Audemer. | 24 | |
| Touques... | » | | Saint-Jacques de Lisieux. | 18 | |
| Dives... | » | | Pont de Corbon. | 46 | Canalisée. |
| Orne... | » | | Caen. | 21 | |
| Vire... | » | | Pont-Farcy. | | |
| Taute... | » | | Du moulin de Mesnil au confluent de la Douve. | 50 | |
| » | Douve. | | Saint-Sauveur-le-Vicomte. | 18 | |
| Rance... | » | | Le Châtelier. | | Rivière maritime. |

# RIVIÈRES NAVIGABLES.

| | | | | |
|---|---|---|---|---|
| Aulne | » | Châteaulin. | 28 | Canal maritime. |
| Blavet | » | Hennebont. | 65 | |
| Vilaine | » | Cesson. | 141 | 98 kil. canalisés jusqu'à Redon. |
| Loire | » | Roanne. | 724 | |
| » | Mayenne et Maine. | Brives. | 154 | Canalisées. |
| » | Sarthe. | Le Mans. | 152 | Canalisée. |
| » | Loir. | Pont de Coemont. | 115 | |
| » | Allier. | Poulanes. | 248 | |
| » | Dore. | Pont de Launaud. | 55 | |
| » | Cher. | Vierzon. | 93 | |
| » | Vienne. | Châtellerault. | 74 | |
| » | Creuse. | Rives. | 45 | |
| » | Layon. | Pont de Concourson. | 58 | |
| Sèvre Nantaise | » | — de Monnières. | 21 | |
| Sèvre Niortaise | » | Niort. | 71 | Canalisée. |
| » | Vendée. | Fontenay-le-Comte. | 25 | Id. |
| Charente | » | Montignac. | 188 | 165 kil. canalisés depuis Angoulême. |
| » | Boutonne. | Saint-Jean d'Angély. | 51 | |
| Garonne | » | Toulouse. | 405 | |
| » | Ariège. | Cintegabelle. | 52 | |
| » | Tarn. | Arthez. | 174 | Canalisé. |
| » | Lot. | Entraygues. | 505 | Id. |
| » | Dropt. | Eynet. | 65 | Id. depuis Bouquiés. 250 kil. |
| » | Dordogne. | Pont de Vénéjoux. | 592 | Id. entre Limeuil et Bergerac. |
| » | Vezère. | Moulin de la Cave. | 65 | Id. depuis Lardin. 50 kil. |
| » | Isle. | Périgueux. | 145 | |
| » | Baïse. | Saint-Jean Poutge. | 85 | |
| Adour | » | Saint-Sever. | 155 | |
| » | Midouze, | Mont-de-Marsan. | 42 | |
| Hérault | » | Port de Bessan. | 11 | |
| Rhône | » | Le Parc. | 489 | |
| Petit Rhône | » | Fourques. | 57 | |
| » | Ain. | Confluent de la Bienne. | 91 | |
| » | Saône. | Ray. | 514 | Canalisé |
| » | Doubs. | Dôle. | 75 | Id. |
| » | Seille. | Louhans. | 59 | |
| » | Isère. | Limite de la Savoie. | 156 | |

22.

## Canaux.

Le réseau hydrographique serait bien incomplet, s'il ne comprenait que les cours d'eau naturels, même améliorés dans leur régime par les travaux des ingénieurs. On a été conduit à creuser des canaux, rivières artificielles qui tantôt suivent les fleuves dont la navigation est dangereuse (canaux latéraux), tantôt passent au moyen de travaux d'art, tunnels, aqueducs, biefs de partage, d'une vallée à une autre, et d'un versant au versant voisin, tantôt enfin fournissent des rigoles pour l'irrigation des campagnes.

**Canaux latéraux et canaux de jonction** — La plaine de Flandre est sillonnée d'un nombre considérable de cours d'eau dont la plupart datent de plusieurs siècles : ce sont le canal *de Dunkerque à Furnes*, le canal *de Bourbourg* entre Dunkerque et Gravelines, celui *de Calais* entre Calais et l'Aa ; le canal *de la Colme*, qui s'embranche sur le précédent à Watten et conduit à Bergues, enfin les canaux *de Bergues à Dunkerque* et *de Bergues à Furnes*. Entre l'Aire et la Lys, le canal *de Neuf-Fossé*, le canal *de la Nieppe* d'Aire à Hazebrouck, celui *d'Aire* qui conduit à Béthune et de là sous le nom de *la Bassée* conduit au canal *de la Haute-Deule* qui relie Douai à Lille. Le canal *de la Basse-Deule* rejoint la Lys, tandis que celui *de l'Espierre* ou de Roubaix conduit de Lille à l'Escaut. La Scarpe est unie à l'Escaut par une voie navigable transversale connue sous le nom de canal *de la Sensée* ; enfin de Condé à Maulde le canal *du Jard*, double la ligne de l'Escaut. Ces canaux ont eu autrefois une grande importance stratégique ; leur construction était d'autant plus nécessaire que la Lys, la Deule et la Scarpe ont leur confluent soit au delà, soit tout près de la frontière.

Le bassin de l'Escaut n'a pas de liaison directe en France avec celui de la Meuse. Son réseau se rattache aux autres par l'intermédiaire du bassin de la Sambre.

Le canal *de Saint-Quentin* commence à Cambrai, remonte l'Escaut, franchit les collines de l'Artois par un souterrain de 6777 mètres rejoint les sources de la Somme où il est alimenté, en outre, par une rigole qui vient de l'Oise par un tunnel. Ce canal suit la Somme jusqu'à Saint-Quentin, puis jusqu'à Saint-Simon au-dessus de Ham. Là il se bifurque. Le canal de la Somme côtoie ou emprunte le lit de cette rivière jusqu'à l'embouchure ; le canal Crozat se glisse entre les collines de Picardie jusqu'à Chauny, où il rejoint l'Oise.

La partie de la Somme à l'Oise a été terminée dès 1736 par l'ingénieur Crozat ; de la Somme à l'Escaut elle fut l'œuvre de Gayan qui l'a terminée en 1810. La longueur est de 96 kilomètres, la différence de niveau est de 16 mètres du côté de la Somme, de 25 du côté de l'Oise.

Le bassin de la Seine, où nous arrivons, est de beaucoup le plus riche de France en voies navigables artificielles. Le magnifique programme de travaux hydrauliques exposé dans le fameux rapport de M. Krantz (2 août 1872) à l'assemblée nationale, et arrêté par M. de Freycinet en 1879, est en voie d'exécution. Voici quelles sont les lignes de ce réseau actuellement existantes :

Sur la rive droite, le canal *de la Haute-Seine* de Marcilly à Méry a été ordonné par Philippe le Bel dès 1304, il n'a été commencé qu'en 1665 et achevé qu'en 1842. Son importance commerciale est assez faible. De Méry, surtout de Montereau à Paris, la Seine est rendue navigable par des barrages.

La Marne est suivie par un canal *latéral de Roche-sur-Marne*, à Dizy, sur 93 kilomètres de longueur.

Le canal *latéral à l'Oise* de Chauny à Thourotte, a 28 kilomètres de longueur, il a été terminé en 1831.

Le canal *latéral à l'Aisne* commence à Condé-les-Vouziers et se termine à Condé-sur-Aisne au-dessous de Vailly, 62 kilomètres.

Ces canaux ont pour objet de faciliter la navigation aux époques de crue ou d'étiage ; de plus, ils servent d'amorce aux canaux qui mettent le bassin de la Seine en communication avec les autres. Ainsi, le canal de la Marne doit être prolongé jusqu'au-dessus de Chaumont, passera par un tunnel sous les montagnes de Langres, et par Chalindrey et la vallée du Salon rejoindra la Saône.

Le canal *de la Marne* au Rhin s'embranche à Vitry sur le canal latéral à l'Aisne, remonte l'Ornain sur la rive gauche, coupe cette rivière à Ligny-en-Barrois, la remonte sur la rive droite jusqu'à Demange-aux-Eaux, passe sous l'Argonne par le tunnel de Mauvage (5 kil.), descend la vallée de la Méholle, la quitte à Void, traverse la Meuse au-dessous de Troussey, se glisse par un tunnel sous les côtes de Meuse entre Pagny et Foug, descend la vallée de l'Ingressin ; puis après avoir longé les glacis de la place de Toul, descend la Moselle jusqu'à Liverdun sur la rive gauche. Il suit la Meurthe de Frouard par Nancy à Saint-Nicolas-du-Port, remonte le Sanon et sort de France, actuellement, à Xures. Au delà de la frontière, ce canal passe par les étangs de Déchicourt et de Gondrexange dans la vallée de la Sarre, la coupe au-dessus de Sarrebourg, perce les Vosges parallèlement au chemin de fer par le tunnel de Saverne, descend la Zorn et la quitte à son débouché en la plaine d'Alsace pour gagner Strasbourg et le Rhin.

Le canal *des Ardennes* commence à Semuy-sur-l'Aisne, traverse l'Argonne occidentale au Chêne-Populeux, gagne la vallée du Bar et tombe dans la Meuse au-dessous de Donchery. Il a été creusé en 1821, sa longueur est de 95 kilomètres.

Le canal *de la Sambre*, qui vient ensuite, et dont nous avons parlé plus haut, est la voie navigable de France la plus importante au point de vue commercial après la basse Seine.

Il est important, pour éviter à la batellerie des détours inutiles, de réunir entre eux par leur partie moyenne les cours d'eau qui convergent sur Paris.

La nature a indiqué le tracé de ce canal de grande ceinture.

« A la limite de la craie blanche et du grès vert : le bassin de la Seine présente une large strie concentrique très déprimée. Comme l'assise de la craie domine l'autre à leur rencontre et qu'elle est très perméable, c'est dans cette strie que viennent émerger toutes les eaux qui, tombées sur le plateau crayeux, l'ont pénétré et s'arrêtent sur les premières assises imperméables. Cette région est donc jalonnée par de nombreux étangs qui offrent une facile et abondante ressource pour l'alimentation[1]. » Il n'existe encore que la portion de l'Aisne à la Marne entre Berry-au-Bac sur l'Aisne et Condé-sur-Marne.

Enfin le canal *de l'Ourcq*, construit en 1802, commence à Mareuil-sur-l'Ourcq et amène à Paris les eaux de cette rivière. Il atteint la Marne au confluent de l'Ourcq et est utilisé par la batellerie pour éviter les méandres et le courant assez violent de la rivière. Arrivé à La Villette, dont le bassin est le troisième port marchand de France après Marseille et le Havre, ce canal se bifurque ; un bras descend au nord à Saint-Denis, sous le nom de canal de Saint-Denis, l'autre remonte au sud, traverse le faubourg Saint-Martin qui lui donne son nom, et passe sous le boulevard Richard-Lenoir et la place de la Bastille.

Les canaux de la rive gauche s'amorcent sur le Loing, l'Yonne et son affluent l'Armançon. Ils mettent le bassin de la Seine en communication avec le bassin de la Loire et celui du Rhône.

Le bassin de la Loire, le plus vaste de France, est proportionnellement le plus pauvre en voies navigables artificielles. C'est en même temps celui qui peut le moins s'en passer, vu le régime torrentiel de ses cours d'eau. La rivière maîtresse est suivie par un *canal latéral* de Roanne à Briare ; des branches de jonction relient cette ligne à la Loire (Decize, Nevers, Fourchambault); ce canal latéral traverse l'Allier sur le pont-aqueduc du Guétin, près du confluent.

Le canal *du Berry* commence à Montluçon et suit le Cher (rive gauche) jusqu'à Saint-Amand, de là gagne l'Auron et le descend (rive gauche) jusqu'à Bourges ; l'Yèvre (rive gauche) prête sa vallée

---

[1]. Rapport de M. Krantz.

jusqu'au confluent. Ce canal traverse ensuite le Cher et le descend sur la rive gauche jusqu'à Noyers.

A Fontblisse se détache un embranchement qui rejoint le canal latéral à la Loire, à Marseille-lès-Aubigny.

La Loire communique avec la Seine par deux lignes : 1° *les canaux d'Orléans et de Briare*, dont le premier part de Combleux 6 kilomètres au-dessus d'Orléans et aboutit à Buges près de Montargis sur le Loing, il a 73 kilomètres.

*Le canal d'Orléans* a été entrepris en 1679 par le duc d'Orléans et terminé en 1692, il a longtemps appartenu à la famille de ce prince ; il doit être creusé et pourvu d'écluses plus longues. Le canal *de Briare* est le premier en date des canaux à point de partage, il a été creusé de 1604 à 1642 et a 59 kilomètres de longueur.

Ces deux canaux se prolongent par celui *du Loing*, de Buges près Montargis à Saint-Mammès, concédé en 1719 au duc d'Orléans, il a été achevé en 1724 ; il a été creusé par l'armée. Il appartient à l'État depuis 1863. Il se développe sur 99 kilomètres.

*Le canal du Nivernais*. Il commence à Decize (Nièvre), longe l'Aron, passe sous les collines du Nivernais par un tunnel, emprunte les eaux de l'étang de la Collancelle, gagne l'Yonne qu'il descend par Clamecy, Coulanges, Mailly jusqu'à Auxerre. Sa longueur est de 175 kilomètres.

Entre la Loire et la Saône a été creusé le canal *du Centre*. Il a son origine à Digoin, remonte l'Arroux puis la Bourbince, par l'étang de Longpendu, il traverse le seuil de Chagny et emprunte la vallée de la Dheune, il finit à Châlon : — longueur 121 kilomètres ; date 1784-1793.

La Loire n'a pas de communication directe avec la Garonne. Il est question d'un canal qui par la Tardes, affluent du Cher, ou par la Sioule, tributaire de l'Allier, gagnerait la Dordogne.

A son extrémité inférieure la Loire communique avec les bassins côtiers de la Manche par le canal *de Nantes à Brest*, qui remonte l'Erdre canalisée, traverse les collines du Maine, descend l'Isac, traverse la Vilaine à Redon, remonte l'Oust, gagne le Blavet à Pontivy et, après avoir coupé les Montagnes Noires, gagne l'Aulne et par Châteaulin débouche dans la rade de Brest, longueur 367 kilomètres. Date 1806-1823. Sur cette voie s'embranche le canal *du Blavet*, de Pontivy à Hennebont (59 kil.) ; on peut y rattacher celui d'*Ille et Rance*, qui part de la Vilaine à l'Écluse de Rennes, remonte l'Ille et descend par la Rance jusqu'à l'Écluse du Châtelier ; sa longueur est d'environ 85 kilomètres.

Le bassin du Rhône qui confine à tous les autres, moins celui de l'Escaut est depuis les Romains la grande voie commerciale de notre pays.

Le canal *de Bourgogne* joint le bassin du Rhône à celui de la Seine; il commence à Saint-Jean de Losne sur la Saône, remonte parallèlement à l'Ouche, franchit par un tunnel les monts de la Côte d'Or, et alimenté par le bief de partage de Pouilly, descend l'Armançon et se termine dans l'Yonne à La Roche.

Le canal *de l'Est* ou *du Rhône au Rhin* permet à la batellerie de circuler entre Lyon et Strasbourg. Il commence à Saint-Symphorien sur la Saône (Côte-d'Or), joint le Doubs à Dôle, remonte cette rivière en partie canalisée, puis l'Allaine, escalade le col de Valdieu, en Alsace, il descend le Largue et l'Ill jusqu'à Strasbourg. Sa longueur est de 363 kilomètres; la France n'en possède plus que 192. Il a été construit de 1784 à 1833.

Enfin c'est au Rhône qu'aboutit par de nombreuses lignes de raccord le canal *du Midi*.

Le canal de Beaucaire conduit de Beaucaire à Aigues-Mortes aux Onglons, sur l'étang de Thau.

Tout près de là, à Agde, débouche le canal du Midi, qui coupe l'Hérault, l'Orbe, atteint l'Aude, remonte ce fleuve jusqu'à Carcassonne, puis le Fresquel, traverse le col de Naurouse, descend l'Hers et aboutit à Toulouse. Les réservoirs de la Montagne Noire, qui alimentent ce canal, sont justement célèbres. Il a 240 kilomètres et a été construit par Riquet de 1666 à 1681.

Parmi les embranchements de cette voie fluviale il faut citer, e canal *de la Radelle*, celui *de Peccaïs*, qui sort au S. d'Aigues-Mortes, les canaux *de Cette*, *de la Robine* (Narbonne).

Enfin les canaux *de la Charente*, qui font de la côte d'Aunis une sorte de petite Flandre, servent au desséchement des marais et au commerce.

Le canal *de Brouage*, commence à 2 kilomètres en amont de Rochefort, sa longueur est de 15 kilomètres.

Le canal *de Charras* (20 kil.), pour le desséchement des marais de Rochefort.

Le canal *de la Rochelle à Niort* par Marans (25 kil.), jusqu'à la Seine.

Le canal *de Luçon* (15 kil.); le canal *de l'Autise* (10 kil.), etc.

Parmi les canaux d'irrigation et desséchement, il faut citer les wateringhes de Flandre, les canaux de Lesparre, les canaux dérivés de l'Adour, et le canal de la Neste ou de Sarrancolin, dont les eaux fuient presque toutes, le canal de Crillon et celui de Craponne.

# CHAPITRE X

## ALGÉRIE

**Étendue et limites.** — Les côtes ont un développement de 1100 kilomètres.

Oran est à 100 lieues de Gibraltar.

Bône à 150 lieues de Malte.

L'Algérie est à 700 kilomètres de Marseille.

Le port de France le plus rapproché est Port-Vendres, 659 kilomètres. Il y a 40 heures de traversée d'Alger à Marseille.

L'Algérie doit être considérée comme faisant partie du sol français.

Sa latitude extrême est 37°,10′ de latitude N. du côté de la Méditerranée (cap Boujaroun), elle n'a pas de limite précise au S.; sa longitude extrême du côté de la Tunisie est 6°,30, longitude E., du côté du Maroc, 4°,40 longitude O.

Limites : à l'E., l'Oued-el-Zaïne, les montagnes qui bornent au N. le bassin de la Medjerda, la frontière traverse ensuite ce bassin, coupe l'Oued Mellègue et aboutit aux Chotts. La limite de l'ancienne régence était la rivière Tusca, mais sur les réclamations des Tunisiens qui revendiquaient la Calle, on prit le cap Roux comme frontière. Les événements ont prouvé que cette rectification avait été malheureuse. A l'O. la limite traverse la Tafna, suit l'Oued Kis avant d'atteindre la Méditerranée : la limite naturelle, celle des Romains, est la Malouïa. Au S. nos postes les plus avancés sont Géryville, Laghouat et Biskra ; notre influence s'étend jusqu'à El-Goleah, oasis des Chambaa, 30° latitude, et elle a été reconnue jusqu'au Touat.

Du temps des Romains, cette région se divisait en :

1° Afrique (Tunisie).

2° Numidie (Tunisie, et province de Constantine).

3° Première Mauritanie (jusqu'à la Malouïa).

4° Mauritanie Tingitane (Maroc.)

Du temps des Arabes en :

1° Moghreb-el-Adna (le couchant le plus rapproché), Tunis.

2° Moghreb-el-Ouest (couchant du milieu), Algérie.

3° Moghreb-el-Aksa (couchant le plus éloigné), Maroc.

Le nom actuel vient du nom arabe El-Djezaïr-beni-Mezghenna, les îles de la tribu des Mezghenna, qui occupaient le massif actuel d'Alger. Les îles sont aujourd'hui réunies à la terre ferme.

**Divisions naturelles.** — 1° Le *Tell*, de la mer à la région des hauts plateaux.

Quelques montagnes y atteignent une grande hauteur. Les sommets du Djurjura ont plus de 2300 mètres.

Superficie, environ 140 000 kilomètres carrés.

Largeur, 105 à 140 kilomètres, en moyenne 120 kilomètres.

2° *Région des Hauts Plateaux et des steppes*, limitée au N. et au S. par les deux versants de l'Atlas, lacs intérieurs Chotts ou Sebkha salés, à sec pendant l'été.

Altitude de 800 à 100 mètres ; produisent le diss et l'alfa.

Superficie : plus de 100 000 kilomètres carrés.

Largeur, de 150 à 160 kilomètres carrés.

3° *Sahara algérien ou petit désert*, sable et oasis, niveau 7 à 800 mètres au-dessus, et sur quelques points 10 à 20 au-dessous de l'Océan. L'eau manque presque partout ; nos colonnes n'ont pas dépassé El-Goleah.

**Climats, pluies et vents.** — Le climat est généralement sain, surtout depuis qu'on a eu recours à l'eucalyptus.

La température est très variable, à cause des différences du relief.

Sur la côte, la température moyenne est de 16° environ ; on ne distingue que trois saisons.

L'été : juin à fin septembre, fortes chaleurs humides. Hiver : octobre à mars, pluies. Printemps : quelques pluies, mars, juin.

Les pluies sont très abondantes sur le littoral, il pleut moins dans la province d'Oran, dans l'Est la moyenne est de 1°,20, dans l'O. 0°,40.

Les vents régnants sont ceux du N.

Le vent du S. O., qui d'ordinaire règne dans la partie supérieure de l'atmosphère, rase parfois le sol et élève la température de 40 à 45°, grillant toutes les plantes sur son passage.

A Médéah, à Boghar, à Constantine, les hivers sont plus froids qu'à Paris. Le thermomètre descend parfois jusqu'à — 10°.

Les hauts plateaux ont des températures extrêmes, été 48°, hiver — 5° ; pays rude mais sain, peu de maladies ; sur les deux tiers il tombe plus d'eau qu'en France.

Le Sahara a des nuits fraîches, des journées brûlantes, d'où viennent de nombreuses ophtalmies ; dans certaines oasis les fièvres malignes sont produites par les eaux qui croupissent au pied des palmiers. On y observe en été 56° à l'ombre, et en hiver le thermomètre tombe au-dessous de 0°. Les pluies sont rares ; 0$^m$,28 à Biskra, et ce sont des pluies d'orage. Dans l'extrême S. au Touat, où il ne pleut pas, le sous-sol fournit assez souvent des nappes d'eau, provenant de l'immense massif des dunes de sable qui se trouvent plus au N. et qui constituent un réseau filtrant de plus de 80 000 kilomètres carrés.

**Côtes de l'Algérie.** — De l'E. à l'O. ces côtes ont 1100 kilomètres de développement. Elles sont plus découpées que ne le sont généralement les côtes africaines. Le rivage est haut et escarpé, les golfes sont très exposés aux orages, le littoral est presque inabordable en dehors des ports ; le blocus impossible, comme l'a prouvé la tentative faite par la France de bloquer Alger en 1829.

Deux sections : 1° du cap Roux à Alger ; 2° d'Alger au cap Milonia.

PREMIÈRE SECTION. DU CAP ROUX A ALGER. — La côte commence près de *La Calle*, qui se dresse sur un rocher isolé ; c'est le centre des grandes pêcheries de corail si importantes depuis François I$^{er}$. Les ruines du bastion de France attestent notre vieille influence dans cette région ; le bastion a été construit en 1561. Aujourd'hui le port est protégé par une digue et une batterie de côte.

A l'O. s'avance dans la mer le promontoire du cap Rosa, puis se creuse la *belle rade de Bône*; la ville est dominée par une kasbah et quatre forts isolés.

Le cap qui ferme la baie à l'O. porte les ruines du fort Génois. Cette rade, qui a 37 kilomètres de largeur sur 15 de profondeur, est envasée par les alluvions du Mafrag et de la Seybouse, mais on y fait de grands travaux pour la rendre plus sûre et deux jetées la protègent contre les boues.

Les *deux caps de Fer et Boujaroun* sont les deux points de la côte algérienne qui se rapprochent le plus du N. Ils bornent la vaste baie de Philippeville ou de Stora, de 64 kilomètres de largeur et 25 de profondeur.

*Philippeville* est la place de guerre, Stora l'ancien port ; on a construit devant Philippeville trois jetées qui défendent les vaisseaux contre les raz de marée si terribles sur cette côte. Le port ainsi créé reçoit les bateaux italiens et français qui font le commerce avec Constantine.

Au N O. de cette grande baie, la petite ville de Collo, ruinée par la concurrence de Philippeville; son port est assez bon.

A l'O. du cap Boujaroun, la côte suit la direction du S. O. ; elle est très ardue et présente l'embouchure de l'Oued el Kébir.

Un peu plus loin, le port et la petite ville fortifiée de *Djidjelli*, entièrement restaurée depuis le tremblement de terre de 1856.

Le *port de Djidjelli* est abrité par des récifs qui en rendent l'abord difficile, mais augmentent la sûreté du mouillage. La presqu'île de Djidjelli marque l'extrémité orientale de la grande baie de Bougie (44 kil. sur 12), dont la rive orientale s'élève en escarpements abrupts, précédés d'écueils ou creusés d'anses naturelles peu sûres ; sur la rive occidentale se trouve la rade de Bougie, couverte par les promontoires du mont Gouraya, et l'une des meilleures de l'Algérie.

*Bougie*, la ville sainte, à l'embouchure de l'Oued Sahel, est bien tombée de son ancienne gloire. Elle a été la capitale des Vandales, celle des Arabes (1100); le quartier d'hiver des pirates barbaresques. En 1871 elle a résisté bravement aux attaques des Kabyles. Son port est protégé par une jetée qui s'appuie au fort Abd-el-Kader. Au delà, le cap Carbon oriental peut marquer le commencement de la côte kabyle, où l'on remarque : le cap Sigli, le cap Corbelin et la côte bordée par le Djebel Tamgout ; ce littoral n'offre pas de refuges : on est obligé de se contenter du médiocre abri de Dellys.

*Dellys* est la clef maritime de toute cette région à l'embouchure de l'Oued Sebaou ; c'est le marché nécessaire du Jurjura ; on y construit un port et on y a établi l'école des arts et métiers.

Les montagnes s'éloignent un peu de la côte qu'envasent les alluvions de l'Oued Sebaou et de l'Oued Ysser, et d'une foule de petits ruisseaux sans estuaires ; au cap Matifou commence la rade d'Alger.

Deuxième section. D'Alger au cap Milonia. — La *rade d'Alger* est par sa beauté, sa force militaire et son importance maritime le vrai centre de notre domination en Afrique. Elle a 16 kilomètres d'ouverture sur 8 de profondeur. Protégée contre les flots par la pointe Pescade et le cap Matifou, elle se termine par un port militaire de 86 hectares gardé par deux grandes jetées avec deux bassins de radoub. Au fond de la rade s'élèvent en amphithéâtre les maisons de la ville que domine de sa masse blanche la Casbah ou citadelle. Alger est défendue par une enceinte bastionnée que doivent renforcer cinq grands ouvrages détachés, forts et batteries.

La côte est ensuite rocheuse et escarpée. Au pied des falaises, à l'E. du cap Caxine, se creuse la petite baie de Sidi-Ferruch, où débarqua l'armée française le 14 juin 1830. Cette baie peu sûre est défendue par un fort et deux batteries de côte.

L'embouchure de l'Oued Mazafran limite à l'E. la contrée montagneuse du *Sahel*.

*Cherchell* est un des meilleurs ports de la côte, mais il n'offre pas assez de surface ; il est défendu par une batterie.

La côte est fort accidentée par les contreforts du petit Atlas ; c'est la région du Zatyma ; de petits cours d'eau se jettent dans la mer.

Après le cap Tenez on rencontre le *port de Tenez ;* assez mauvais naturellement, il a été amélioré grâce à des îlots situés à 500 mètres de la côte et qui ont servi de points d'appui aux jetées du port de refuge et de commerce. Une batterie de côte en surveille les abords. A partir de cet endroit la côte suit la direction du S. O. Elle a peu d'importance jusqu'à l'embouchure du Chéliff. On rencontre l'île Colombi, le cap Khoumis, puis le cap Ivi, contrefort très escarpé que le Dahra projette dans la mer.

L'embouchure du Chéliff, dont la vallée offre tant de ressources agricoles, n'a point de port ; il faut transporter les produits soit à Mostaganem, soit à Arzeu. *Mostaganem*, assise sur un plateau élevé, a joué un rôle important comme port de ravitaillement pendant les premières années de la conquête française ; elle est aujourd'hui délaissée à cause de son peu de sécurité.

Cette ville est à une des extrémités du golfe d'Arzeu, Arzeu est à l'autre. L'ouverture est d'environ 50 kilomètres, la profondeur de 20. Cette belle rade est bordée d'une route faite par les Français ; et, dans sa partie orientale, du chemin de fer des Alfas. Les deux extrémités sont rocheuses et escarpées, le fond est marécageux à cause des alluvions de la Macta, qui avant de se jeter dans la mer s'épand dans la plaine ; son estuaire forme un abri pour les petites embarcations, connu sous le nom de Port aux Poules. *Arzeu* est située au bord même de la mer, en communication facile avec l'intérieur. Le port, protégé par une pointe au N., est défendu par trois batteries. Entre la pointe de l'Aiguille et la pointe Falcon se creuse le golfe d'Oran ; sa largeur est de 25 kilomètres, sa profondeur de 12 ; très important au point de vue militaire ; la rade est assez mauvaise et sans défense contre les vents du N., aussi on a dû créer un port artificiel au moyen de deux jetées, l'une de l'O. à l'E., partant du fort Lamoune, l'autre du S. au N. *Oran* est défendu par une enceinte, 9 forts et 4 batteries de côte.

Les côtes sont bordées de falaises abruptes. Le port de *Mers-el-Kébir* est le meilleur de la côte occidentale de l'Algérie ; la ville est située sur une pointe qui s'avance de l'O. à l'E. dans la mer et dominée par la montagne du Santon, élevée de 300 mètres. Quatre batteries défendent assez mal cette rade, qui devrait être un des points les plus forts de l'Algérie. Le petit port d'Aïn Turk n'a aucune importance.

Après le cap Falcon on voit au large les îles Habibas.

La côte est ensuite rocheuse jusqu'au petit port de Beni-Saf, créé par une compagnie particulière.

L'embouchure de la Tafna offre un emplacement pour un port que l'îlot volcanique de Rachgoun protégerait au N. et que la pointe du môle fermerait à l'E.; mais elle est peu sûre dans son état actuel.

La côte continue à être escarpée jusqu'au petit port de Nemours qu'une batterie de côte défend contre les insultes des croiseurs mais qui est peu sûr.

Au cap Milonia se termine la côte française d'Algérie; les îles Zapharines, qui sont au large, sont entre les mains des Espagnols depuis 1847.

**Orographie et hydrographie**[1]. — Il faut absolument renoncer, dans la description du relief de la terre algérienne, à la nomenclature adoptée autrefois par les géographes et à la division entre les Petit, Moyen et Grand Atlas. Il n'y a pas dans ce pays de chaînes et de systèmes montagneux, mais des massifs isolés ayant leur caractère propre. Ces plateaux ravinés, ces croupes schisteuses, ces crêtes calcaires qui surgissent sans aucun ordre de la côte aux dépressions du désert, et que les anciens appelaient l'Atlas couvrent toute la région du Maroc, de l'Algérie et de la Tunisie. Il font du N. de l'Afrique occidentale une région parfaitement homogène au point de vue géographique.

Cette région se divise en trois zones à peu près parallèles à la mer.

La première est le Tell, dont le nom en arabe signifie colline. Cette zone règne sur toute la longueur de l'Algérie, sa profondeur est d'environ 150 kilomètres à l'E., 80 au centre, 100 à 120 à l'O. C'est la « ceinture dorée » de l'Algérie; l'ancien grenier de l'Italie. Des montagnes escarpées, dont quelques-unes, adossées les unes aux autres, formant à leur ligne de pénétration des cols d'une grande importance stratégique, entourent des vallées profondes. Véritables entonnoirs, où parfois les cours d'eau restent prisonniers, d'où sur d'autres points, ils ne s'échappent que par des fissures étroites. Les vallées du Tell sont presque toutes occupées par la colonisation européenne.

La seconde zone est désignée sous le nom de Hauts-Plateaux. Elle commence à peu près sous le 5° de long. E., et va en s'élargissant dans la direction du S. O. Elle est caractérisée par de steppes immenses, jalonnés de lacs intérieurs nommés sebkhas[2] ou chotts; son climat est extrême: elle est aride, surtout à l'O., mais on peut espérer qu'avec le temps il sera possible de mieux amé-

---

1. *Djebel*, montagne; *oued*, pluriel *ouadys*, rivière; *tenia*, col; *hammam* eaux thermales; *tell*, colline; *bab*, pluriel, *biban*, portes.
2. Le pluriel arabe de *sebkha* est *sbakh*, mais l'usage autorise en français employer le mot *sebkhas* pour le pluriel.

nager les eaux superficielles, de faire jaillir des sources cachées et de transformer en terre d'abondance ce sol désolé où ne poussent que des buissons et, dans les parties heureuses, l'alfa et le diss.

La troisième zone est celle du Sahara. D'immenses mers de sables où çà et là, à de trop grandes distances, émergent autour des sources les îlots verdoyants des oasis; un climat abominable où les nuits glaciales succèdent à des journées torrides, des tourbillons de sable qui causent des ophtalmies, tels sont les principaux obstacles que cette région oppose à la colonisation européenne. Ils ne sont pas insurmontables. Le Sahara est séparé des Hauts-Plateaux par de simples collines du côté de l'E., par plusieurs massifs séparés les uns des autres du côté de l'O.

L'hydrographie de l'Algérie ne ressemble en rien à celle de la France; les fleuves, plus torrentiels que les cours d'eau les plus irréguliers des Alpes, n'ont pas de bassins nettement délimités, ils ne se jettent pas tous dans la mer, quelques-uns coulent dans la zone du Tell depuis leurs sources jusqu'à leur embouchure ou jusqu'au marécage où ils se terminent.

Parmi les fleuves qui prennent naissance sur les Hauts-Plateaux, il en est qui percent la barrière de l'Atlas et de cascades en cascades arrivent à la Méditerranée; le plus grand nombre aboutit aux chotts ou aux sebkhas dont le niveau s'élève ou s'abaisse suivant les saisons. Quant aux oueds du Sahara, leur cours en partie souterrain est soumis à d'étranges variations; aucun d'entre eux ne rejoint l'océan. Il en résulte que l'orographie et l'hydrographie de l'Algérie ne peuvent être étudiées comme celles de l'Europe et qu'il y a lieu d'adopter la division naturelle du pays en trois zones: le Tell, les Hauts-Plateaux et le Sahara.

Tell. — Montagnes, rivières et villes du Tell. — Nous diviserons l'étude du Tell de la manière suivante :

1° Massifs montagneux entre Constantine et la frontière tunisienne;
2° Vallée de la Seybouse;
3° Vallée de l'Oued-el-Kébir;
4° Plaines de Sétif et de la Medjana;
5° Vallée du Sahel;
6° Kabylie du Jurjura;
7° Plaine des Beni-Sliman et vallée de l'Ysser oriental;
8° Plaine d'Alger et Metidja;
9° Montagnes au N. du Chéliff;
10° Vallée du Chéliff et montagnes du S.;

11° Plaine d'Oran, vallée de l'Habra et du Sig ;
12° Montagnes de Tlemcen.

1° *Massifs montagneux entre Constantine et la frontière tunisienne.*
— A l'E. de Constantine, la limite du Tell est marquée par les collines qui sont au S. de Tébessa ; c'est une des plus riches contrées de l'Afrique, dévastée naguère par les incursions des pillards tunisiens. Le Djebel Aurès en est le point culminant ; ce massif, que les populations berbères avaient déjà choisi comme réduit suprême dès le temps de Justinien, a été l'asile d'Achmet, bey de Constantine jusqu'en 1848, et le foyer de l'insurection de 1879 ; le mont Chélia, la plus haute cime d'Algérie, s'élève à 2328 mètres ; le Mahmel son voisin à 2506 mètres. C'est là que se trouvent Batna, centre stratégique, ville militaire et Lambessa, célèbre par ses belles ruines romaines, ses inscriptions et les souvenirs de la déportation de 1851.

Du côté du S. la montagne est striée de crevasses profondes et plonge directement dans les sables du Sahara ; du côté du N. on trouve un plateau d'environ 1000 mètres d'altitude que domine le Sidi-Bouis (1628 m.) et qu'on appelle la plaine des Sbakh. Dans cette plaine féconde se trouvent de nombreux lacs : le Djendéli est le plus méridional, puis viennent le Tarf, le Guellif, l'Ankdjemel (cou du chameau). Le principal village est Aïn Béida, au N. du lac de Tarf, ville indigène. Tebessa, au S. E., surveille la frontière de Tunisie ; c'est un poste militaire.

Souk-Arrhas, l'ancienne Tagaste, patrie de saint Augustin, à l'altitude de 680 mètres, occupe la haute vallée de la *Merdjerda ;* ce fleuve (Bagradas) coule pendant 100 kilomètres sur le territoire français, sa vallée est admirable, les monceaux de ruines qu'on y rencontre presque à chaque détour du fleuve attestent la fertilité prodigieuse de la vallée du temps des Romains. Le chemin de fer de Constantine à Tunis suit la Medjerda. Le *Mellègue,* principal affluent de ce fleuve, coule pendant 170 kilomètres sur notre sol ; sa longueur totale est de 280 mètres. Il est formé de deux branches dont l'une vient des marais situés au pied des monts de Tébessa ; cette ville, l'ancienne Theveste, est très-riche en souvenirs romains ; les anciennes monnaies romaines y avaient cours au moment de l'occupation française ; l'autre bras vient de la dépression située à l'E. de l'Aurès.

Dans la baie de Bône tombe la *Mafrag ;* sa vallée sinueuse est dominée par des montagnes couvertes de chênes.

2° *Vallée de la Seybouse.* — Des montagnes abruptes la séparent des vals de la *Seybouse* (220 kil.). Celle-ci est formée de plusieurs ruisseaux qui jaillissent des mêmes montagnes que les oueds de la Medjerda; l'un d'eux, le *Bou-Hamdan* ou *Zenati*, coule dans la magnifique vallée d'Hammam-Meskhoustin (Bains maudits), qui a des sources thermales à la température de 95° qu'entourent encore les blocs de pierre des piscines romaines. A partir du point où elle est constituée, la Seybouse a une largeur moyenne de 60 kilomètres. Elle arrose la plaine fertile de Guelma, le village de Duvivier et tombe près de Bône qu'enrichit le commerce de denrées agricoles de cette région. La culture de la vigne y fait d'année en année des progrès admirables.

Un lac se déversait aux époques de pluie dans le lit inférieur de ce fleuve, le lac Fetzara (127 kq.), dont les miasmes empoisonnaient la contrée. Il est comblé et de riches polders seront d'ici peu cultivés à la place de ses eaux croupissantes. Ce sera une des plus belles régions de l'Algérie sur la côte.

Entre Bône et le cap de Fer se dresse au-dessus de la mer le mont Edough, ancien Papua, célèbre par la capitulation du Vandale Gélimer; les promontoires qui hérissent la côte sont des contreforts de cette montagne; des forêts magnifiques la couvrent : le versant sud recèle des mines de fer. A l'ouest de l'Edough s'étend la riche vallée d'alluvions de la *Sanedja*, dont les bras supérieurs arrosent, l'un Jemmapes, l'autre Boknia, belle vallée dominée par le mont Débar (1030 m.).

Le Djebel Filfilah, bloc magnifique de marbre blanc, d'où jaillissent des sources qu'on a conduites à Philippeville, la sépare de l'*oued Safsaf* (90 kil.). Ce fleuve ouvre la route la plus facile entre la mer et Constantine, il prête sa vallée au chemin de fer qui monte jusqu'à cette ville ; on s'occupe de retenir ses eaux par un barrage.

3° *Vallée de l'Oued-el-Kébir*. — A l'ouest de ce fleuve se dresse le rempart du Gouti (1090 m.), qui se termine à pic dans la mer par les Sept Caps (cap Boujaroun). Cette montagne, qu'habitent encore des Berbères, limite à l'Orient le bassin du grand fleuve de l'Est, l'Oued el Kébir (225 kil.), qui se forme au S. de Constantine dans la grande plaine que domine le Djebel Boutaleb, et se grossit à gauche de ruisseaux qui descendent des montagnes de Milah et des Babor. Suivant l'usage arabe, ce cours d'eau change plusieurs fois de nom. Son bras principal s'appelle la Rivière des sables, l'*oued Roumel*, et est côtoyé par le chemin de fer de Sétif à Constantine. Avant de s'engager dans la faille de rochers que surplombe la capitale de la province, il reçoit l'*Oued Bou-Merzoug* (ancien Ampsagas), contourne sur trois côtés l'amphithéâtre de plus de 550 mètres de hauteur où est assise la ville de Constantine, l'ancienne Cirta, prise par les Français en 1837. Au-dessous, grossi du ruisseau le Hamma, réunion de sources thermales, le fleuve rencontre un nouveau verrou formé par les monts de Milah, défilé imposant, que surveillait du temps des Romains la ville de Tiddis. Il s'augmente à gauche de l'*Oued Endja* (120 kil.) qui vient directement de l'Ouest, passe au pied d'El-Milia et tombe près des ruines de Tucca.

La côte, entre l'embouchure de l'Oued el Kébir et Djidjelli, est arrosée par deux petits fleuves, le Nil et le Djindjen.

4° *Plaine de Sétif et de la Medjana.* — La haute plaine de Sétif, dont la ville centrale, grand marché de céréales, doit à ses 1085 mètres d'altitude un climat d'une parfaite salubrité, est encadrée au N. par les monts Babor, au S. par le Boutaleb, elle est prolongée à l'O. par la belle plaine de la Medjana avec le Bordj Bou-Arreridji où commença l'insurrection de 1871. Cette plaine s'enrichit par la culture de l'alfa. Le Dj. Madhil, élevé de 1818 mètres, la sépare au S. des hauts plateaux. Les eaux de ces deux plaines s'écoulent soit par l'Agrioun et le Sellam, affluent du Sahel dans la baie de Bougie, soit par le Ksab dans la sebka de Hodna. L'*Agrioun* descend du Magris, montagne située au S. du Babor et élevée de 1722 mètres ; il se heurte aux Babor (Grand 1995, Petit 1965, Adrar-Amellal) couverts de chênes-liège, zéens, etc. Il perce ces montagnes au pied même de l'Adrar-Amellal, ou mont Blanc, par une magnifique gorge appelée Châbet-el-Akhra, que suit la route de Sétif à Bougie, véritable Via mala. On désigne cette contrée par le nom, inconnu des indigènes, de Petite Kabylie.

5° *Vallée du Sahel.* — L'Oued Sahel ou Soumman (200 kil.) coule dans un bassin qui est fermé de toutes parts, sauf à la trouée où se glisse l'oued Bou-Sellam. Le Djebel Dreaf, 1862 mètres, l'Ouennougha, cultivé jusqu'à son sommet et d'où l'on voit, entre les pics des montagnes de Kabylie, scintiller la Méditerranée, le bornent au Sud ; le Djebel Dira (1813 m.), couvert de bois à l'O., le Djurjura et son prolongement le Gouraya (cap Carbon) au N.

Le *Sahel* prend sa source dans le Dira, coule au N. en passant au pied d'Aumale, se heurte aux monts du Djurjura et les côtoie de l'Ouest à l'Est à partir de Bouira. Il est grossi, sur la droite, de l'Oued Mahrir, torrent salé qui ouvre les défilés des Portes de Fer (Biban), et conflue au pied du Bordj des Beni-Mançour. La route d'Alger à Sétif-Constantine suit la vallée du Sahel de Bouira à ce confluent. La vallée inférieure est assez pittoresque ; suivie aujourd'hui par la route de Bougie, elle présente sur le flanc du Djurjura des magnifiques forêts d'oliviers et des cultures florissantes. Le Bou-Sellam la rejoint à droite, après un cours de 175 kilomètres. Ce torrent sinueux, qui vient de la plaine de Sétif après avoir traversé des gorges affreuses, allait, dit-on, se perdre autrefois dans les hauts plateaux du sud. Il a généralement un volume d'eau supérieur à celui du Sahel. Le lit de la rivière principale est ensuite de 150 à 400 mètres, mais est rarement rempli. Le Sahel tombe dans la mer au-dessous de Bougie.

6° *Kabylie du Djurjura.* — La Kabylie du Djurjura, qu'on désigne aussi sous le nom de Grande Kabylie, a été conquise en 1857; jusque-là elle était restée indépendante à l'époque des Arabes et des Turcs. Elle est limitée au S. et à l'E. par le cours du Sahel, à l'O. par l'Ysser oriental. Les habitants lui donnent le nom d'Adrar (la Montagne par excellence) ou d'Adrar Boudfel (la Montagne de neige). Le Djurjura, qui se termine au S. par des pentes abruptes de 1500 à 2000 mètres, est appuyé au N. par des contreforts plus ou moins longs, que séparent des vallées profondes, où bondissent des ruisseaux que les communautés kabyles se disputent parfois les armes à la main. Au centre de cette montagne se dressent le Tamgout de Lalla Khadidja (2308 m.), le pic Azrou Gougan (rochers des Bœufs, à 2209 m.) et le Tamgout des Aïzer, à 2066 mètres. Cette montagne est couverte de neige de novembre en mai; pendant l'été elle offre dans les hautes vallées des pâturages couverts d'une herbe excellente, analogue à celle des Alpes. A l'O. du pic central existent sept cols principaux dont l'altitude varie de 1680 à 1766 mètres dans la partie occidentale; ils sont assez facilement accessibles; à l'est les dépressions de la montagne ne s'abaissent pas au-dessous de 1231 mètres. La crête est d'une largeur remarquable et se prête admirablement à l'établissement d'une route stratégique. Le col le plus important est celui de Tirourda, que traverse sous un tunnel la route directe d'Alger à Bougie. Au delà de ce col la chaîne, beaucoup plus basse, présente les passages du col de la Loi (Tizi-n-Cheria), des Vignes Sauvages et le Tizi-Akfadou. Elle se termine au cap Carbon au N. de Bougie. On compte neuf contreforts principaux dont la crête a de 4 à 20 kilomètres de développement. Les plus remarquables sont le massif du Maâtka et le contrefort du Fort National, où s'élève dans une bonne position « l'épine plantée dans l'œil de la Kabylie ». Parallèlement à la mer, court le massif du Tamgout, qui a 80 kilomètres de longueur; le sommet principal se dresse à 1270 mètres au-dessus de la Méditerranée.

La Kabylie enferme entièrement le bassin de la *Sebaou.* Cette rivière, une des plus abondantes d'Algérie, n'est pourtant ni navigable ni même flottable : elle a 110 kilomètres de cours et suit le pied méridional du Tamgout, puis se replie au N.; elle reçoit les eaux du Djurjura par deux bassins, celui de la rivière des *Aït Azzi* et celui de l'*Oued Bougdoura.*

7° *Plaine des Beni-Sliman et vallée de l'Ysser oriental*. — La grande plaine des Beni-Sliman est fort cultivée, elle est séparée d'Aumale par des contreforts du Dira que traverse la route d'Alger ; du côté du Sud elle est dominée par un vaste plateau qui se termine en face de Boghar et dont les pentes occidentales regardent la vallée du Chéliff ; à l'Ouest se dressent des montagnes escarpées où se trouvent les cols de Sakkamoudi et des Beni Aïcha.

L'*Ysser oriental* se forme de nombreux ruisseaux dans cette plaine, contourne le village de Palestro, tristement célèbre par le massacre de 1871, et pénètre dans un défilé fort étroit où l'on a taillé dans le roc en corniche la route d'Alger à Aumale. En aval se trouve une plaine pittoresque très fertile, mais encore malsaine, où s'établissent néanmoins de nombreuses colonies, alsaciennes pour la plupart, comme le nouveau Palestro.

8° *Plaine d'Alger et Métidja*. — La plaine d'Alger, qui s'étend à l'Est de la ville dans la basse vallée de l'Oued Harrach, et la Métidja qui la prolonge au Sud, sont de riches terres d'alluvions que des travaux considérables et des plantations d'eucalyptus ont complètement assainies. C'est la contrée où l'on peut le plus clairement se rendre compte des progrès de la colonisation franco-algérienne et des ressources du pays. Des montagnes l'entourent de tous côtés ; à l'Est, la chaîne où se trouve le col des Beni-Aïcha, les monts Fondouk et Arba ; au sud, les montagnes de Médeah, le fameux Mouzaïa (1642 m.), qui a perdu son importance stratégique, la chaîne des Gontas ; à l'ouest, le Djebel Chenoua (900 m.). Au nord le Sahel borde la côte, il est coupé par le Mazafran en deux parties : le Sahel de Koléa que domine le monument numide appelé le Tombeau de la Chrétienne, et le Sahel d'Alger, qui se termine au-dessus de la capitale par le Bou-Zaréa.

Entre les bassins des deux petits fleuves, l'Harrach et le Mazafran, se dresse une chaîne de 1500 mètres, celle des Beni-Salah. Ces montagnes, dont on cultive ou reboise les pentes, donnent naissance à de nombreux ruisseaux qui se réunissent pour former trois rivières : l'Hamise est coupée à sa sortie de l'Atlas par une digue et ses eaux irrigueront l'est de la plaine d'Alger.

L'*Harrach* quitte les montagnes au-dessus de Rovigo, près d'Hammam-Mélouan dont les eaux thermales sont renommées. Une de ses sources a été captée pour Alger. Le cours de ce petit fleuve est de 75 kilomètres.

Le *Mazafran* (eau jaune) a 100 kilomètres de longueur depuis la source la plus lointaine, 20 seulement depuis la réunion de ces trois rivières. Le Bou-Roumi est le plus long, il prend naissance dans les montagnes de Médéah, ancienne capitale du bey de Titery, et a dans son bassin Boufarik, dont la campagne, autrefois meurtrière, est complètement assainie. La *Chiffa* est la plus abondante, saignée par de nombreux canaux d'irrigation, et dont les gorges profondes livrent passage à la nouvelle route d'Alger à Médéah-Boghar; enfin l'*Oued Djèr* qui absorbe les eaux des Hammam-Righa, utilisées par un hôpital civil et militaire; le chemin de fer d'Alger à Oran le remonte en partie.

9° *Montagnes au nord du Chéliff.* — Entre les montagnes qui entourent la Métidja et l'embouchure du Chéliff s'étend un massif montagneux qui domine au S. le cours du Chéliff par des côtes très-raides, dépourvues de forêts et que surchauffe le soleil; du côté du N., au contraire, de nombreuses vallées perpendiculaires sillonnent la pente plus douce de la montagne. Ces vallées sont arrosées d'eaux courantes, la brise de mer adoucit et assainit le climat, aussi des colonies europénnes s'y étendent peu à peu au milieu des communautés kabyles.

Cette chaîne porte le nom général de monts des Zatima; elle s'appuie à deux pâtés de rochers : le Zaccar à l'E. est crayeux, son sommet s'élève à 1631 mètres; le Dahra à l'O. ne dépasse pas 800 mètres. Dans ce massif se trouvent les grottes de Frechich (Pélissier, 1847).

10° *La vallée du Chéliff et les montagnes du Sud.* — Le *Chéliff* a une longueur, qui dépasse 650 kilomètres; son lit supérieur, souvent à sec, est tout entier dans la région des Hauts-Plateaux; une de ses sources jaillit même au S. du Djebel Amour, qui forme la limite du côté du Sahara. Le cours d'eau qui en sort porte divers noms, suivant l'usage général de l'Afrique. Cette branche passe à El-Beïda, puis à Taguin, où fut prise en 1843 la Smala d'Abd-el-Kader; elle côtoie à l'E. le plateau du Sersou, au pied duquel elle se confond avec la branche orientale.

Celle-ci est connue sous le nom de *Nahr Ouassel* (fleuve naissant), qui a 165 kilomètres de longueur. Elle est plus abondante que le Chéliff des Steppes, qui s'appauvrit à mesure qu'il descend, tandis que le Nahr Ouassel se grossit des ruisseaux qui coulent des montagnes de la rive gauche. — Cette rivière prend sa source au-dessous de Tiaret, qui est juchée à 1090 mètres de hauteur et coule de l'O. à l'E. Son cours est encaissé entre les contreforts des montagnes de Thaza, de l'Ouaransenis et des monts des Matmata au N., les talus du plateau du Sersou au S.

Au-dessous du confluent le fleuve s'égare dans une région marécageuse, c'est la Daïa Kahala que traverse la route militaire de Laghouat, puis son lit s'engouffre entre les montagnes du Tell et passe au pied de Boghar, le Balcon du désert. Sa vallée dans le Tell est sinueuse et d'une pente rapide; elle se compose presque entièrement de terres d'alluvions, les montagnes qui la bornent sont déjà en partie tapissées de vignes comme au-dessous de Médéah, ou sillonnées de vallées latérales dont les ruisseaux font tourner les roues d'usines, scieries, forges et fonderies. A droite, sur le versant du Zaccar, le Chéliff est vu de Milianah qui commande six routes stratégiques. Un peu au-dessous, le chemin de fer d'Alger à Oran atteint et traverse le fleuve qu'il descend sur sa rive gauche.

Au-dessous de Duperré le fleuve est coupé par une digue de 12 mètres de haut qu'on surélève encore et qui permet d'arroser la plaine d'Orléansville. Le régime du Chéliff a été notablement modifié depuis la conquête, et sa vallée assainie. Orléansville, par son heureuse position dans une plaine fertilisée par les canaux et à moitié chemin sur la route nécessaire d'Oran à Alger, semble appelée à un avenir prospère; sa banlieue est déjà parsemée de gaies colonies franco-algériennes qui se transforment peu à peu en villages et en communes. En aval on rencontre Charon, avec un nouveau barrage, puis Pont-du-Chéliff. La largeur de ce fleuve dépasse 100 mètres dans les pays de plaine; son débit varie de 1,5 à 1500 m. c. On juge par ces chiffres de la difficulté que rencontrent les colons pour régler ce torrent.

Les affluents les plus importants sont sur la rive gauche; à droite signalons l'*Oued el Hakoum* qui sort de montagnes hautes d'environ 1000 mètres, et tombe en face de Boghar; il a sur ses bords Moudjebeur. Les principaux affluents de gauche sont l'*Oued Fodda*, l'*Oued Rioa* sur les bords duquel se trouvent Ammi-Moussa, El-Alef et Inkermann; l'*Oued Djidionia* passe près de Zamora, enfin le plus long et le plus abondant, la *Mina* (200 kil.).

Cette rivière, barrée à plusieurs endroits comme les précédents cours d'eau par des digues nouvellement construites, prend sa source au sud de Tiaret, où elle forme une belle chute de 42 mètres, et se grossit de ruisseaux qui viennent des environs de Frendah. Elle reçoit à Fortasa l'*Oued el Abd*, qui a 135 kilomètres de longueur, entre dans le Tell par la belle cascade de Tagremaret et fournit à la Mina un volume d'eau plus considérable que celui qu'elle entraîne elle-même. Sidi-Mohammed est encore dans la région des montagnes, à Relisane seulement la Mina débouche en plaine; un barrage arrête une partie de ses eaux et dessert plus de 80 k. q. Enfin au-dessous de Sidi-Bel-Hacel elle tombe dans le Chéliff, qui n'a plus de tributaire important jusqu'à la mer.

Le cours supérieur de la Mina est voisin des sources du Nahr-Ouassel. Dans sa courbe dont la convexité est tournée à l'E., le fleuve enferme des massifs montagneux qui forment la limite méridionale du Tell.

A l'E. se trouvent les monts des Matmata, entre le Chéliff et la route d'Afreville à Teniet. Ce groupe est dominé par le Djebel Acheau, à l'E. (1814 mètres); à l'O. il est couvert de bois. La magnifique vallée de cèdres de Teniet-el-Haad, soigneusement aménagée aujourd'hui, est une des beautés naturelles de l'Algérie.

Des chaînons se dirigeant au N. isolent les affluents de gauche du bas Chéliff; le plus long et le plus remarquable est le Djebel Doui, qui s'épanouit en une large masse en face de Milianah.

A l'ouest de Teniet-el-Haad se dresse l'Œil du monde, le majestueux Ouaransénis, entre la Fodda et l'Ardjena; son sommet culmine à 1995 mètres; il a l'aspect majestueux du Plomb du Cantal et ses flancs sont également striés de vallées divergentes. Une route stratégique passe au sud de cette montagne sur les crêtes qui, de Teniet à Tiaret, dominent le plateau du Sersou.

11° *Plaine d'Oran, vallées de l'Habra et du Sig.* — Le Tell oranais est limité au sud par une longue crête qui domine les hauts plateaux et que suit la route militaire de Tiaret-Frenda-Saïda-Daya; ces montagnes sont boisées, elles alimentent les ruisseaux qui concourent à la formation de l'Habra et du Sig. Entre le Chéliff et l'Habra se dresse une haute muraille, le Djebel-Nosmote (1204 m.); à l'ouest du Sig, les monts Tessala, qui ne dépassent guère 1000 mètres. Ces contreforts et ceux qui leur sont parallèles à l'intérieur du bassin enferment des plaines très fertiles, celles d'Egris et de la Mekkera. La belle plaine d'Oran s'étend au nord des monts Tessala et descend jusqu'à la mer.

L'*Habra*, 235 kilomètres, est formé par la réunion de quatre cours d'eau : le Fékan, le Taria, le Houénet et le Melreier. Le *Fékan* porte au Taria les eaux de la plaine d'Egris, il a dans son bassin Mascara (585 m. d'altitude), dont les collines sont célèbres par leurs vins capiteux. Le *Taria* est la plus abondante de ces rivières, son cours est brisé par de belles cascades. Il est grossi de l'*Oued Saïda* qui vient des hauts plateaux, baigne la ville de Saïda, grand marché d'alfa; le *Houénet* et le *Melréier* drainent les vallées de l'Est, le second vient des environs de Daya.

Le canal formé par ces affluents porte d'abord le nom de rivière des bains, *Oued el Hammam*, qu'il doit aux eaux thermales de Bou-Hanéfia; il passe au hameau de Guethna, patrie d'Abd-el-Kader; puis, après s'être grossi de l'*Oued Fergoug* qui tombe des Beni-Chougran (911 m.), le fleuve s'engage entre deux collines rocheuses. Ce point avait été choisi pour la construction d'un barrage, long de 478 mètres, haut de 40, épais de 38 à la base, et pouvant retenir 14 millions de mètres cubes d'eau; les crues de 1881 ont subitement crevé cette digue énorme et noyé plus de 50 colons de la ville agricole de

Perrégaux, dévasté les cotonnières et raviné profondément la plaine. L'Habra se perd dans les marais de la Macta.

De même le *Sig*, qui a 215 kilomètres de longueur, serpente dans la belle plaine de la Mekkera, qui boit avidement les eaux que lui distribuent les saignées du fleuve. Les principaux centres sont Magenta, Sidi-Ali-Ben-Youb, puis Sidi-bel-Abbès. Au seuil des montagnes le Sig est barré comme l'Habra ; son réservoir contient 5 millions de mètres cubes et fertilise les jardins et les cultures de Saint-Denis du Sig.

La *Macta*, où se perdent ces deux cours d'eau, s'étend d'abord en un vaste marais où l'Emir, en 1835, anéantit presque entièrement la colonne du général Trézel. Echappée à ces fanges liquides, la Macta, après un cours de 5 kilomètres, tombe au fond de la rade d'Oran.

12° *Montagnes de Tlemcen*. — Une chaîne au S. sépare le Tell des Hauts Plateaux, elle est dominée par la forte position d'El-Arich qu'une route stratégique relie à Sebdou et à Daya. Une seconde chaîne, parallèle à celle-ci et où l'on remarque le Djebel Assas, sépare le bassin de la Tafna des affluents de droite de la Malouia, qui devrait former notre frontière marocaine. Elle est commandée par le poste de Sebdou.

Les montagnes de Tlemcen forment comme le noyau de cette région ; on y remarque le magnifique Toumzaït (1834 m.), le Djebel Attar à l'O., et le Djebel Sador à l'E. de Tlemcen ; ces montagnes boisées pour la plupart sont profondément découpées par les affluents de la Tafna et de l'Isly ; quelques-unes sont complètement percées par ces cours d'eau ; enfin au N., serrant la rive droite de l'Isser occidental, s'alignent les monts d'Aïn-Temouchen dont le tizi ou col laisse passer la route d'Oran à Tlemcen, et dont la pente septentrionale est rayée par le cours du Rio Salado (70 kil.). Sur la côte s'alignent le Mont carré des Trara ou Tadjéra (859 m.), l'abrupte montagne du Filhausen (1140 m.), et la montagne du Zendal ou Pain de Sucre ; entre cette rangée et le littoral s'étend la plaine de Sadi-Brahim, où Abd-el-Kader prit dans une embuscade et massacra les 400 hommes du colonel de Montagnac en 1845, et où il se rendit en 1847 au maréchal Bugeaud.

La *Tafna*, qui arrose la vallée principale des montagnes de Tlemcen, a 150 kilomètres de longueur. Elle a sa source au pied de Sebdou ; son cours supérieur très accidenté est connu sous le nom d'Oued el Khouf (torrent de la peur) ; elle longe ensuite le Toumzaït, s'échappe par une gorge très sinueuse entre cette montagne et l'Attar, puis ronge l'éperon occidental du Temouchen, et tombe non loin du port nouveau de Beni-Saf. A gauche elle reçoit la *Mouila* (la Salée), qui est grossie de l'*Isly*, sur les bords duquel s'est ivrée la bataille de 1844. Ces deux rivières ont la plus grande partie de leur cours dans le Maroc. A droite la Tafna est grossie de l'*Isser occidental* (125 kil.). Cette rivière très abondante passe à Lamoricière, reçoit la *Sikkak*, où Bugeaud remporta sa première victoire (1836), et les ruisseaux de Tlemcen. Cette ville est une des plus fortes et des plus saines d'Algérie. Elle a des annales héroïques : au commencement du quinzième siècle, elle a résisté victorieusement à un siège de huit ans et trois mois, pendant lequel le sultan de Maroc avait bâti la ville, qu'il se hâta trop d'appeler Mansourah (Victoire), et qui a été absorbée plus tard par Tlemcen.

Hauts Plateaux. — La région des Hauts Plateaux s'étend au S. du Tell et en est séparée par les montagnes que nous avons étudiées ci-dessus; elle confine au S. à la région du Sahara. Ses limites de ce côté ne sont pas très précises ; sur certains points on trouve des Djebels bien caractérisés, parfois il n'existe au contraire que de faibles bourrelets de sable. D'immenses steppes verdoyants en hiver, grillés en été, creusés çà et là de vastes cuvettes ou lacs intérieurs, au niveau excessivement variable, où convergent les lits trop souvent à sec des oueds ; un climat extrême où parfois les nuits glaciales succèdent à des journées torrides, tels sont les principaux caractères de cette partie du sol algérien. Les Hauts Plateaux produisent surtout l'alfa et le diss, plantes textiles dont l'exploitation a pris récemment un grand développement, mais ils peuvent aussi comme les vallées du Tell se couvrir de moissons, partout où l'eau peut être ménagée, et devenir aussi fertiles que la zone septentrionale de l'Algérie. Ainsi dans la province de Constantine tout le pays situé au N. E. de l'Aurès (et particulièrement la plaine des Sbakh), a été presque entièrement conquis par la culture, et est devenu ainsi une partie intégrante du Tell.

La zone des Hauts Plateaux peut se subdiviser de la manière suivante :

1° Le Hodna ;
2° Les steppes du Zahrès ;
3° L'Amour ;
4° La mer d'Alfa ;
5° La région des Chotts.

1° *Le Hodna*. — Cette partie des Hauts Plateaux doit son nom à la Sebka d'El Hodna ou Chott-es-Saïda ; elle s'étend à l'O. de l'Aurès, au S. du Djebel Boutaleb et du Dreff.

Le grand lac du Hodna est à une altitude de 400 mètres ; sa longueur est de 70 kilomètres, sa largeur 10 à 25, sa profondeur très variable ; il reçoit des montagnes qui encadrent ses plaines, un grand nombre de cours d'eau que les Romains avaient autrefois réglés par de grands travaux d'art dont on retrouve les traces. Les bords du lac et des cours d'eau sont cultivés, les parties sèches produisent de l'alfa. Deux villes, Msila au pied des montagnes du N., Bou Saada près des collines du S. O., sont les principaux centres. Il y a encore peu d'Européens dans cette région. Le Hodna fournit les chevaux arabes les plus estimés.

2° Les *Steppes du Zahrès*. — A l'O. du Hodna commence la région des Steppes, surnommée par les Algériens la Mer d'alfa. L'espace qui s'étend jusqu'au Chéliff présente quelques massifs montagneux, le Sahari, le Djebel Senalba et le Djebel Bou-Kahil (1370 m.), qui marque la limite du côté du Sahara; une grande route qui laisse le Chéliff au-dessus de Boghar traverse cette contrée du N. au S. C'est le chemin d'Alger à Laghouat. Cette route, suivie par les poteaux télégraphiques et jalonnée par des caravansérails situés à une longue journée de marche à peu près les uns des autres, se glisse entre les deux lacs, la Sebkha Zahrès de l'est et la Sebka Zahrès de l'ouest.

La première de ces nappes d'eau est à une altitude de 771 mètres et ne reçoit aucun affluent important. Elle est souvent desséchée et passe pour contenir une réserve de 330 millions de tonnes de sel. — La seconde a 857 mètres et a pour tributaire l'*Oued Melha* ou *Rivière Salée*. La route remonte en partie ce cours d'eau et passe près du fameux bloc de Rang-el-Melah ou rocher de sel gemme, dont la hauteur dépasse 200 mètres et le périmètre une lieue. Le principal poste que baigne l'Oued Melah est Djelfa, à la hauteur de 1167 mètres, sous un climat très dur, marché important, entouré de belles forêts.

3° *L'Amour*. — Le massif de l'Amour se dresse au S. du lac Zahrès occidental; sa superficie dépasse 7000 kil. carrés; il est d'origine crayeuse; ses vallées profondes sont arrosées par des eaux courantes et habitées par des Berbères ou des Arabes dont les villages portent le nom de Ksour. Les sommets du Djebel Amour atteignent au centre 1400 mètres; à l'E. le Senalba, couvert de forêts, s'élève à 1600 m.; le Touilet-Makna, qui prolonge la montagne au S. O., est à 1937 mètres. — L'Amour sépare nettement la zone des Hauts Plateaux de celle du Sahara. Les eaux qu'il condense rayonnent surtout dans trois directions : au N. par l'Oued Taguin elles grossissent le Chéliff; à l'E. par l'Oued Msi, qui passe à Laghouat, elles arrosent la limite du Sahara; au S., par de nombreux ruisseaux, elles vont se perdre dans les sables.

4° *La Mer d'alfa*. — Nous désignerons par le nom de Mer d'alfa la région qui s'étend entre le cours du Chéliff et le Chott el Chergui. Le plateau du Sersou, qui s'y rattache géographiquement, puisqu'il forme le glacis méridional de l'Ouaransenis, est déjà en partie conquis à la culture, mais au S. du Djebel Nador s'étendent d'immenses espaces dont le niveau s'élève peu à peu jusqu'aux premiers contreforts de l'Amour. Le seul centre important qu'on y rencontre est El-Beïda sur l'Oued Taguin.

5° *La région des Chotts.* — Cette région est assez nettement délimitée du côté de l'E. par un talus dont l'altitude dépasse 1100 mètres et dont la base doit être suivie par le chemin de fer de Tiaret dans le Tell, à El-Maïa dans le Sahara, du côté du S. par plusieurs massifs montagneux dont le plus important est le Djebel Ksan avec un sommet de 1235 mètres, et tout à l'O. le Djebel Sfa, qui est traversé par la frontière marocaine. Du côté de l'O. cette région se prolonge jusque dans l'empire voisin sans que la ligne de démarcation politique coïncide avec une séparation naturelle. Du côté du N. la limite est formée par les montagnes que nous avons étudiées dans la description du Tell.

Elle appartient tout entière à la province d'Oran. — On y trouve deux Chotts allongés du N. E. au S. O., et séparés par une quarantaine de kilomètres. Le premier porte le nom de Chott de l'E. ou Chott el Chergui; il est à l'altitude de 985 mètres; ses eaux saumâtres ne remplissent cette longue cuvette de 150 kilomètres de long sur 10 à 20 de large que pendant la saison des pluies. Au fort de l'été le Chergui est presque à sec et on trouve pour le traverser de nombreux isthmes entre des flaques d'eau putride; la route de Saïda à Géryville et le chemin de fer de Saïda à Mécheria sont tracés au milieu même de ce lac.

Le Chott occidental ou Chott el Gharbi, moins allongé que le précédent, est à la même altitude; il est divisé également en deux parties par une langue de terre que suit la limite politique : le Chott des Hameïan à l'Est, 40 kilomètres sur 8 à 20, remarquable par un bras qui s'avance au N. jusque près des montagnes d'El-Aricha; le Chott des Méhaïa, à l'Ouest, dépend du Maroc.

Les postes qui gardent les Hauts Plateaux oranais sont : Saïda, Ras-el-Ma et El-Aricha au N., Géryville, à l'altitude de 1300 mètres, Mécheria et Aïn-Ben-Khelil au S. — Une route joint Saïda à Géryville, une autre conduit d'El-Aricha à Aïn-Bel-Khelil avec prolongement jusqu'aux oasis d'Aïn-Sfisifa, d'Aïn-Sefra et de Thiout dans le Djebel Ksar; ces routes sont grossièrement faites, mais sont néanmoins praticables à l'artillerie légère; le chemin de fer de Saïda à Mechera est en construction et s'avance avec une grande rapidité. — C'est dans cette région qu'a éclaté la révolte de 1881.

SAHARA. — Le Sahara algérien s'étend au S. de la région des Hauts Plateaux; son nom a pour les Arabes à peu près le même sens que les mots Steppe ou Savane, c'est-à-dire de vastes espaces tour à tour, selon la saison, verdoyants ou desséchés. — Il se compose de parties absolument désertes, dunes sablonneuses ou plateaux pierreux qu'on appelle Falat ; d'oasis cultivées et habitées par des populations plus ou moins sédentaires, de lacs salés ou chotts, de terres de parcours (Kifar). Mais presque partout c'est le manque d'eau qui cause la stérilité. Des puits artésiens et des barrages pourraient conquérir à la culture d'immenses régions aujourd'hui désolées.

La France n'occupe de ses garnisons européennes que la lisière du Sahara ; mais nos expéditions guerrières ou savantes ont par des pointes nombreuses porté jusqu'au 31° de latitude l'influence et la souveraineté de la France. En droit, au S. notre territoire est illimité, et pourra s'étendre de proche en proche à mesure que s'affermira notre prise de possession dans le N.

L'altitude du Sahara est assez considérable sur les confins de la région des Hauts Plateaux : 125 mètres à Biskra, 780 à Laghouat, 809 à El-Maïa, 850 à Bergina ; on voit que la pente générale est de l'O. à l'E. — A l'E., de profondes dépressions sont observées au pied même de l'Aurès ; le chott Merigh est à 27 mètres au-dessous du niveau de la Méditerranée ; c'est là qu'arrivent les lits desséchés de presque tous les oueds de l'E. et du centre saharien, de sorte que la pente est du S. au N., à l'E. de la province de Constantine, tandis qu'elle est du N. au S. dans la province d'Oran.

La température du Sahara est extrême. Ainsi à Touggourt, dans l'oasis même, on a observé des chaleurs de 56°, des froids de —8° ; le sable exposé directement aux rayons du soleil atteint 90°. Le sirocco, les ophtalmies sont les fléaux du Sahara.

Un grand fleuve traverse le Sahara du S. au N. ; c'est l'*Igharghar*, que l'on croit descendre d'un plateau montagneux situé au centre du Sahara et élevé de 3000 m. Le lit de ce fleuve se réunit près de Touggourt au lit de l'*Oued-Mya*. Ce fleuve saharien vient aussi du S. et descend d'une région montagneuse désignée par les indigènes sous le nom de Tademayt. Des pluies annuelles y tombent en assez grande abondance pour alimenter d'eau pendant plusieurs mois le lit superficiel de ce long torrent. Le reste du temps, les eaux s'étendent en nappes souterraines que l'on retrouve à une profondeur atteignant rarement 25 mètres. Le nom de l'oued Mya signifie « les cent rivières. » Suivant les indigènes, en effet, ce cours d'eau recevrait cent affluents qui sortent en grande partie du massif du Tademayt et des oasis du Tidikelt, situées au sud de cette région et revendiquées par le Maroc. Le lit de l'oued Mya est parfois très large, jusqu'à 25 kilomètres ; Ouargla est dans une île de ce fleuve souterrain, de là la terrible insalubrité de cette oasis, mortelle aux blancs pendant les fortes chaleurs.

Malheureusement le lit de ce fleuve, comme celui de presque tous les oueds sahariens, est presque toujours à sec ; çà et là pourtant on trouve des cuvettes où croupissent des flaques d'eau ; ce sont les ghedirs, remplis d'une végétation luxuriante (alfa, diss, drin, etc.).

Après leur réunion, l'oued Mya et l'Igharghar forment l'*Oued Righ*, celui-ci se jette dans le chott Melrigh, où aboutissent aussi l'*Oued Djed* venant de l'O. et l'*Oued el Mahana* coulant de l'Aurès. Le chott Melrigh est à 27 mètres au-dessous de la Méditerranée. La fameuse mission du commandant Roudaire avait pour but d'étudier les moyens de transformer cette dépression en un golfe intérieur que l'on baptisait du nom de mer Saharienne. Par la jonction du chott El-Djerid et le percement du seuil qui sépare celui-ci de la mer, on espérait pouvoir reconstituer le golfe Tritonis des géographes anciens. Mais les dépenses seraient considérables ; on les évalue à première vue à 600 millions ; il faudrait percer deux lignes de collines rocheuses de 22 kilomètres de long sur 28 à 50 mètres de haut, et il est probable que ce golfe intérieur, qui aurait 375 kil. de long ne serait pas assez profond pour que la marine pût en profiter, et que d'autre part il n'offrirait pas aux vents du S. une assez large nappe d'évaporation pour modifier heureusement le climat algérien.

Outre ces bassins qui ressemblent si peu aux réseaux hydrographiques de la métropole, l'Algérie saharienne, surtout dans la région de l'O., présente des lacs intermittents nommés *dayas ;* ces lacs, dont les bassins n'ont aucun écoulement, gardent toute l'année une certaine humidité qui permet la formation d'îlots de verdure surmontés de pistachiers sauvages.

Les oasis qui sont disséminées dans ces régions jusqu'ici déshéritées abritent pour la plupart des villages fortifiés, les *ksour* (pluriel de *ksar*).

« Les fortifications des ksour consistent en une muraille épaisse construite en terre séchée au soleil ou même en pierre, et capable de résister aux canons de campagne ; les oasis elles-mêmes sont généralement entourées de murs et protégées par des tours crénelées ; elles sont coupées de fossés, ou séguia, qui servent à distribuer les eaux[1]. »

Ces oasis peuvent être étudiées en détail d'après la division suivante :

1° A l'E., Oasis des Ziban, de l'Oued-Souf, de l'Oued-Righ ;
2° Au centre, Oasis des Ksour, des Beni-Mzab et des Chambaa ;
3° A l'O., Oasis des Ouled-Sidi-Cheik.

1° *A l'E., Oasis des Ziban.* — Situées sur le revers méridional ou au pied de l'Aurès, les oasis des Zibans sont les mieux arrosées du

---

1. Marga, *Géographie militaire*.

Sahara. Biskra, à 125 mètres au-dessus des mers, est la plus importante. Elle est ombragée par près de 150 000 palmiers et 5000 oliviers; on y arrive de Batna par une route de diligence qui pass[e] au beau pont d'El-Kantara. Le fort Saint-Germain domine la ville qui compte 7000 Arabes et moins de 300 Européens.

Biskra est le centre commercial et militaire d'où dépendent plusieurs oasis, parmi lesquelles Sidi-Obka au S. E., célèbre par l[e] tombeau d'Obka-ben-Nafé, le conquérant arabe de l'Afrique du N. Tolga, vieille ville romaine; Zaatcha, célèbre par l'assaut meurtrie[r] de 1849, El-Amri par l'insurrection de 1870.

*Oasis de l'Oued-Righ.* — Alignées du N. au S. et puisant, pa[r] des sources artésiennes, l'humidité de l'Oued Righ, Mraïez, Ourlana, Touggourt et Temacin seront peut-être réunies ensemble par u[n] rideau ininterrompu de dattiers et de pistachiers. Depuis les travaux de forage du général Desvaux (1856), la surface irriguée n[e] cesse de s'accroître. Touggourt, la capitale, à 60 mètres d'altitude à 205 kilomètres de Biskra, a près de 400 000 palmiers. Temaci[n] a une grande importance religieuse.

*Oasis de l'Oued-Souf.* — Les sept oasis de l'Oued-Souf, située[s] à l'E. de l'Oued-Righ, doivent leur conservation aux puits artésien[s] creusés depuis l'établissement de la domination française. Elle[s] sont en lutte perpétuelle avec les sables mouvants qui les entourent; le climat n'y épargne que les hommes de sang nègre, encore le[s] ophtalmies y sont-elles plus terribles que partout ailleurs. L[e] chef-lieu est El-Oued, la population de 22 000 Souafas.

2° *Au Centre, Oasis des Ksour.* — Les oasis des Ksour s'abriten[t] dans les vallées latérales du Djebel Bou-Kahil et du Djebel Amour. Un barrage de l'oued Mzi a donné naissance à Laghouat. Pris[e] d'assaut en 1852 par le général Pélissier, cette ville est aujourd'hu[i] entourée d'un mur flanqué de bastions; les deux forts Bouscari[n] et Morand la dominent. Un camp d'observation est posté sous le[s] murs de ce ksar. Les oasis du voisinage dont Laghouat est l[a] capitale sont, à l'E., El-Assafia et Ksar-el-Aïran; à l'O., Tadjemou[t] et Aïn-Madhy, centre religieux important.

Au S. des Ksour s'étendent les terres de parcours des Laarba, nomades soumis depuis 1844 et assez tranquilles.

*Oasis des Beni-Mzab.* — On désigne sous le nom de Mzabites ou Mozabites des populations berbères fort intéressantes par leur acharnement au travail, leur opiniâtre économie, et les vestiges qu'elles ont conservés de la civilisation romaine. Convertis a[u] septième siècle à l'Islam, puis chassés du Tell au dixième siècle pour hérésie, les Beni-Mzab se sont retirés dans une des régions les plus ingrates de l'Afrique, et à force de travail y ont fait naître des oasis. Ces Berbères comptent de 50 à 60 000 âmes. Ils émigrent volontiers, mais avec l'esprit de retour, et rapportent dans leur pays le gain qu'ils ont amassé dans les villes du Tell.

Le sol de ce plateau est de nature calcaire, ce qui rend plus difficile la conservation des eaux. Les principales oasis sont Gardia (525 m. d'alt.) avec 14 000 habitants, Berrian au N., Ben-Isguen, El-Alteuf, Melika, enfin Guerrara à 60 kilomètres au N. sur l'oued Zeguerir. Ces oueds sont d'ailleurs presque tous souterrains et les Beni-Mzab, pour retenir en partie l'humidité, ont été forcés de pousser très profondément dans le sol les fondations de leurs barrages, les Mozabites ont 36 000 chameaux; ils sont régis par des institutions assez libérales (Djema ou Municipalités); leurs chefs sont reconnus par la France, ils nous payent un faible tribut.

*Oasis des Chambaa. Ouargla; El-Caléah.* — Les Chambaa, qui occupent les contrées situées au S., sont nomades.

Ils conduisent leurs troupeaux et leurs bandes, suivant la saison, des bords de l'Oued Mya aux limites des Hauts Plateaux.

Leur oasis de Metlili est voisine du pays des Mzabites et conquise peu à peu par ces Berbères. Ouargla sous le 32° de latitude à plus de 500 kilomètres au S. E. de Laghouat, à un endroit où le lit de l'Oued Mya atteint, dit-on, une largeur de plusieurs kilomètres, possède 220 000 palmiers. Les nègres seuls peuvent y vivre, les autres races, même les Mzabites, qui réussissent à s'implanter partout ailleurs, succombent aux fièvres. On raconte qu'au siècle dernier cette oasis avait 100 000 habitants, à peine si aujourd'hui ce nombre atteint 2000; cette décadence est due à l'occupation française qui a supprimé le commerce des esclaves, de plus le courant commercial venu de la Nigritie qui aboutissait à Ouargla s'est déplacé aujourd'hui, et gagne soit la Tripolitaine, soit le Maroc. Ouargla est entourée d'une muraille comme la plupart des postes africains. Notre influence y est représentée par un agha. El Goleah, à plus de 250 kilomètres au S. O., a été visitée en 1873 par le général de Gallifet. Elle occupe un espace très vaste (8 kil. de côté), formé de vergers et de jardins, en relations commerciales avec les oasis de l'extrême sud, d'In-Çalah et du Tidikelt.

3° *A l'O. Oasis des Ouled-Sidi-Cheik.* — Les oasis du Sahara oranais qui sont situées à la limite des Hauts Plateaux portent le nom général des Ouled-Sidi-Cheik, que leurs populations doivent à un prophète du dix-septième siècle, descendant présumé de Mohammed et fondateur d'une puissante confrérie. Malgré le lien religieux qui les unit, les Ouled-Sidi-Cheik sont divisés par de nombreuses causes de rivalités et comptent deux groupes principaux : à l'E., les oasis de Brézina, de Tadjerouna et de Rassoul avec le célèbre centre d'El-Abiod-Sidi-Cheik où se trouvait le tombeau de l'ancêtre de ces peuples, récemment transporté à Géryville; à l'E., les groupes des Hamin-Garaba avec Thiout, célèbres par ses vignes mariées aux palmiers, Aïn-Sefra, Moghar, Tatani, et Aïn-Sfisifa illustré par la campagne de 1881.

Au S. E. se trouve le pays des Dunes: El Areg, où s'arrêtent en dayas marécageuses les oueds descendus du pays des Ouled-Sidi-Cheik; au delà, sous le 28° de latitude N., est le pays de Touat qui s'est mis sous la protection du Maroc, mais dont les habitants auront à rendre compte du massacre de la mission Flatters. C'est au Touat qu'aboutissent les routes des caravanes venant de Tombouctou et de Sokolo, mais depuis la conquête française au lieu de se prolonger par El-Goleah, Ouargla sur Constantine, par Touggourt, ou sur Alger par Laghouat, elles gagnent Ghadamez. Les Touareg se sont rendus maîtres de ce commerce important.

**Divisions politiques. Principaux chemins de fer.** — L'Algérie est divisée en trois provinces : Alger, Constantine et Oran.

Les progrès de la colonisation et la proximité de la France ont permis de doter ce pays d'institutions civiles que n'ont pas toutes les possessions françaises; d'autre part, les besoins de l'occupation ont nécessité l'organisation de pouvoirs militaires spéciaux, de sorte qu'il y a lieu d'étudier à part l'administration civile et l'administration militaire.

ADMINISTRATION CIVILE. — A la tête du gouvernement civil de l'Algérie est un *gouverneur général civil*, assisté d'un *conseil du gouvernement* que composent les chefs des principaux services et d'un *conseil supérieur* qui comprend les membres du conseil du gouvernement et cinq conseillers généraux de chacun des départements.

Le territoire civil de chacune des provinces forme un département.

L'administration de ces départements est à peu près semblable à celle de la métropole. Le préfet est assisté d'un conseil de préfecture et d'un conseil général. Celui-ci se compose de membres français élus et de six assesseurs indigènes nommés par le gouvernement général.

Les départements se subdivisent en arrondissements administrés par un sous-préfet. Les chefs-lieux d'arrondissement sont :

*Alger*. — Sous-préfectures : Médéah, Milianah, Orléansville, Tizi-Ouzou.

*Constantine*. — Sous-préfectures : Bône, Bougie, Guelma, Philippeville, Sétif.

*Oran.* — Sous-préfectures : Mascara, Mostaganem, Sidi-Bel-Abbès, Tlemcen.

Les arrondissements se divisent en cantons, circonscriptions ayant comme en France un objet purement judiciaire et en districts qui sont régis par des commissaires civils. Enfin les communes sont ou bien de plein exercice, c'est-à-dire assimilées aux communes de la métropole, ou bien mixtes ; ce sont celles où domine l'élément indigène.

ADMINISTRATION MILITAIRE. — Chaque province d'Algérie est commandée par un général de division résidant au chef-lieu. A la tête de chaque subdivision est un général de brigade.

Les chefs-lieux de subdivision sont : Alger, Fort-National, Médéah et Milianah.

Constantine, Batna, Bône et Sétif.

Oran, Mascara et Tlemcen.

Le territoire militaire comprend des communes mixtes, des communes subdivisionnaires et des communes indigènes. A mesure que se développe la colonisation, il est démembré au profit du territoire civil.

L'Algérie forme une région de corps d'armée dont l'état-major est à Alger ; les troupes spéciales à la colonie se composent pour l'infanterie : de quatre régiments de zouaves à quatre bataillons de quatre compagnies, plus deux compagnies de dépôt ; trois régiments de tirailleurs algériens de même composition ; une compagnie de dépôt. La légion étrangère, quatre bataillons à quatre compagnies, trois bataillons d'infanterie légère d'Afrique, à six compagnies ; cinq compagnies de discipline, une de pionniers et quatre de fusiliers auxquels il faut ajouter six bataillons de chasseurs à pied.

Pour la cavalerie, de quatre régiments de chasseurs d'Afrique, trois de spahis, et trois compagnies de remonte.

SUPERFICIE ET POPULATION. — La superficie totale de l'Algérie, non compris le Sahara, est évaluée à 318334 k.q. qui doivent se répartir de la façon suivante entre les territoires civil et militaire.

|  | TERRITOIRE CIVIL. | TERRIT. MILITAIRE. |
|---|---|---|
| Alger............................ | 23,550 kil. c. | 81,667 kil. c. |
| Oran............................. | 24,643 — | 61,460 — |
| Constantine...................... | 26,043 — | 101,021 — |
| Total............ | 74,236 kil. c. | 244,098 kil. c. |

On voit que la superficie du territoire civil n'atteint pas le tiers de celle du territoire militaire.

Le chiffre de la population était de 2 867 000 habitants, se répartissant ainsi :

|  | TERRITOIRE CIVIL. | TERRIT. MILITAIRE. |
|---|---|---|
| Alger........................ | 802,000 hab. | 270,000 hab. |
| Oran......................... | 480,000 — | 173,000 — |
| Constantine................. | 602,000 — | 540,000 — |
| Total............ | 1,884,000 hab. | 983,000 hab. |

Ainsi la population est deux fois plus nombreuse sur les territoires soumis au régime civil, ce qui donne une densité plus de six fois supérieure.

Les races qui vivent sur le sol algérien sont les Européens Français ou étrangers, les indigènes : Berbères ou Kabyles, Arabes, Maures et Koulouglis. La population européenne compte 345 000 hommes. Les Français de France entrent dans ce nombre pour 130 000, ceux qui sont nés en Algérie pour 64 000, proportion remarquable qui suffirait à démontrer que l'avenir de la colonie est assuré. A ce chiffre considérable, si on le rapproche des maigres contingents de 1840 (17 000), il faut ajouter 4000 étrangers naturalisés et 32 500 israélites francisés par décret en 1870. La population civique de l'Algérie est donc de 231 300 habitants.

Les départements français qui contribuent pour la plus forte part à la colonisation algérienne sont ceux du midi: Bouches-du-Rhône, Gard, Hérault, Vaucluse, Drôme, etc., et celui de la Seine.

Les Européens non français résidant en Algérie sont au nombre de 158 387, dont 94 038 sont Espagnols, 26 532 Italiens, 14 317 Anglais, 6513 Allemands, 2748 Suisses, 2663 Turcs. Les Espagnols dominent dans la province d'Oran ; ils viennent surtout des provinces de Murcie, de Valence et d'Andalousie, ils y sont plus nombreux que les Français même et fournissent de rudes et turbulents travailleurs aux chantiers agricoles de la province.

Les indigènes musulmans de l'Algérie sont au nombre d'environ 2 477 000, dont 962 000 sédentaires. Les Berbères Kabyles sont les plus anciens possesseurs du pays. Ils l'occupaient avant la conquête romaine et ont maintenu leur nationalité à travers tous les désastres et toutes les invasions : les principales agglomérations kabyles sont dans le massif du Djurjura, dans le Dahra, l'Ouaransénis, l'Aurez et le Mzab. Ces peuples ont leur langue spéciale, leur droit coutumier dont ils conservent précieusement les traditions. Très attachés au sol, les Kabyles sont répartis surtout dans la grande Kabylie en un si grand nombre de petits villages, que la densité de la population y dépasse 75 habitants par k.q. Ils sont musulmans orthodoxes; mais la loi est complètement distincte de la religion; la propriété est extrêmement divisée, la famille fortement organisée, le gouvernement très démocratique, enfin les écoles, zaouïa, sont florissantes. On évalue le nombre des kabyles à un million et demi, et on les trouve partout en Algérie exerçant des métiers de gagne-petit dans les villes avec l'espoir d'acheter, au retour dans leurs villages, un lopin de terre.

Les Arabes n'atteignent pas le chiffre d'un demi-million. Ils ne sont pas attachés au sol, et n'avaient pas de nom patronymique avant la récente loi qui les a contraints à s'en donner un. Leur organisation comprend les cadres suivants : le *douar* qui obéit au chef de famille, la *ferka* à la tête de laquelle est un cheïk, nommé par le général de brigade de la subdivision; la *tribu* à la tête de laquelle est un kaïd choisi par le général de division, la tribu est soumise au bureau arabe, quelques-unes sont groupées en *kaïdas* ou *aghaliks* administrés par un agha; enfin il y a des *khalifas* formés par la réunion d'aghaliks et gouvernés par des kalifs ou bach-aghas. C'est ainsi que se groupent les Arabes de grande tente; la société y est essentiellement aristocratique avec trois sortes de noblesse : les chérifs de la famille de Mohammed, les Djouâds ou noblesse militaire, les Marabouts ou noblesse religieuse.

Ces Arabes nomades sont nos plus grands ennemis; ils ont été fort diminués par le choléra de 1867, la disette de 1869 et les diverses insurrections; les expropriations légales dont ils sont victimes achèveront de les faire disparaître.

Les Arabes se sont mélangés aux Berbères dans de notables proportions. Suivant que la langue des tribus issues de cette fusion contient plus d'éléments appartenant à l'une ou à l'autre des races, on distingue les Arabes berbérisant des Berbères arabisant.

Les Maures ou Arabes habitants des villes et les Koulouglis issus des Turcs et des Berbères, parlent presque tous le français.

PRINCIPAUX CHEMINS DE FER. — On a longtemps tardé à entreprendre la construction des chemins de fer algériens et même aujourd'hui Alger n'est pas encore en communication avec Constantine. C'est dans l'O. que le réseau est le plus développé.

La plus longue ligne en exploitation part d'Alger et aboutit à Oran (421 kil.), elle passe près de Blidah, de Milianah, descend le Chéliff sur la rive gauche jusqu'au-dessous de l'oued Riou, atteint Relizane, dessert Perrégaux, Saint-Denis-du-Sig, le Figuier et Oran.

Une ligne perpendiculaire à celle-ci part d'Arzeu, gagne par la Macta la station de Perrégaux, remonte l'Habra, gagne Saïda et, à partir de cette ville, se bifurque : une branche dessert les exploitations d'alfa (212 kil.) ; l'autre se dirige jusqu'au Kreider, traverse le Chott el Chergui et atteint Mechéria ; son importance stratégique est considérable. On la regarde de plus comme l'amorce du grand transsaharien de l'O. ; son point culminant est au col de Tafaroua, à 1170 mètres d'altitude.

Un autre embranchement part de T'lelat, sur la grande ligne et gagne Sidi-Bel-Abbès.

A l'E. d'Alger les lignes n'existent qu'à l'état de tronçons.

Un fragment est en construction d'Alger au col des Beni-Aïcha ; mais il s'écoulera bien du temps encore avant que les locomotives parcourent les massifs montagneux du centre et desservent Palestro, Bordj-Bouïra, Bordj-bou-Arreridji, stations désignées du grand central algérien.

Sétif est aujourd'hui la tête de ligne des railways de l'E. Cette ville est reliée à Constantine par une voie qui descend l'Oued Roumel ; de là un chemin de fer gagne Guelma par Hammam-Meskoutine, puis Duvivier ; de cette station, par Souk-Arrhas, les chemins d'Algérie doivent se souder au chemin de fer tunisien qui commence à Ghardimaou, descend parallèlement à la Medjerdah et gagne Tunis.

Sur cette voie se bifurquent la ligne de Constantine à Philippeville, et celle de Bône à Guelma ; un tronçon joint Bône aux mines d'Aïn-Mokra.

La longueur des chemins de fer algériens actuellement concédés sera de 3041 kilomètres, sur lesquels 1200 seulement sont en exploitation.

TRANSPORTS MARITIMES. — On se rend de France en Algérie par les paquebots qui, de Marseille, desservent Alger, Oran (par Port-Vendres et Carthagène), Philippeville et Bône.

Un service de paquebots-poste transporte les dépêches de Bône, Colla, Bougie et Dellys à Alger.

## TUNISIE.

La régence de Tunis, soumise au protectorat français depuis le traité de mai 1881, est une dépendance naturelle de l'Algérie dont elle menaçait constamment le flanc oriental. Elle est bornée au N. et à l'E. par la Méditerranée, au S., par Tripoli, à l'O., par l'Algérie. Sa superficie est de 118 600 kilomètres carrés, c'est-à-dire un peu plus du cinquième de la France.

# TUNISIE.

**Côtes.** — Le littoral de la Tunisie est très découpé et présente des sinuosités beaucoup plus profondes que celui de l'Algérie. Il forme en face de la Sicile une saillie dont la pointe extrême est marquée par le cap Bon, qui divise le rivage tunisien en deux parties inégales :

1° Au N. : la côte bordée d'écueils est surveillée par la petite île de Tabarque, à l'embouchure de la Tusca. Elle suit la direction du N. E. jusqu'au Ras El-Keroun, au delà duquel se trouve le port bien abrité de Biserte, une des meilleures stations de l'Afrique du nord. A l'E. s'avance, précédé d'îles rocheuses, le Ras Sidi-Ali, qui marque le commencement du golfe de Tunis lequel est terminé par le cap Bon.

On trouve sur le littoral Porto-Farina, près de l'embouchure de la Medjerdah, le cap Carthage, la rade et le port de la Goulette, relié à Tunis par un chemin de fer; une vaste lagune intérieure s'enfonce à l'O. jusqu'à Tunis, qui est inaccessible aux vaisseaux de guerre. Au S. du golfe se jette l'Oued Mélian; on y trouve aussi le Soliman;

2° Au S. du lac Bon : la côte assez rocheuse est suivie par une route que jalonnent de nombreux villages : Kelibra, Mensel-Temine, Kourba, etc.; puis le vaste golfe d'Hammamet avec ses deux ports, Hammamet au N., Monastir au S.; la mer y est peu profonde, le littoral est plat et marécageux.

Du cap Dimas au cap Kadidja le rivage est bordé d'écueils; au S. de cette pointe commence le golfe de Gabès ou de la Petite Syrte; la mer y est assez peu profonde et nos marins ont éprouvé par expérience, en 1881, la difficulté d'aborder à Sfax. De cette ville une route suit la côte par Maharès et Dar-Mehalla jusqu'à Gabès, l'ancienne Tacape. Au large de Sfax est l'archipel Karkenah dont les îles principales sont Samlah et Gherba; au S. du golfe, la grande île de Djerba, défendue par les forts Djolibé au N. et El-Kantara au S.

Au delà du golfe de Gabès la côte ne présente plus d'accidents importants et peu après l'embouchure de l'Oued Fissi se trouve la frontière tripolitaine.

**Orographie et hydrographie.** — Les montagnes de Tunisie sont le prolongement des djebels algériens; il existe une relation non moins étroite entre les cours d'eau et les lacs des deux pays.

Entre la mer et la Medjerdah s'étend le massif des Khroumirs avec le Djebel Ghorra, 875 mètres.

La belle vallée de la Medjerdah est entourée au S. par une ceinture de montagnes qui prolongent les contreforts de l'Aurès, et atteignent 1445 mètres au Mekhila, puis ont une direction générale vers le N. E. et aboutissent au cap Bon par le nœud de Chelara et le Djebel Barkou. On y trouve, au S. de Zaghouan, un sommet, le Djebel

Zaghouan, de 1343 mètres. Cette chaîne marque la limite du Tell tunisien et du Sahara ou Pays des dattes (Beled-el-Djerid).

Le S. est généralement plat, occupé en partie par des chotts ou sebkhas et séparé du littoral par une chaîne côtière qui isole le Sahara du Sahel tunisien. Quelques montagnes peu élevées, des lignes de dunes se dressent çà et là ; le Djebel el Hennmara, l'Auktar, près de Gafsa, le Djebel Tarfaoui, près du Chott Kebir.

Le seul fleuve de Tunisie digne de ce nom est la *Medjerdah*. La longueur de son cours en Tunisie est de 265 kilomètres. Son cours est entièrement sinueux, sa vallée d'une grande fertilité ; elle arrose Ghardimaou, Bjord Zoubia, glisse au pied des montagnes des Khroumir, passe à Testour (r. d.), Medjez-el-Bab et Tebourba, à la hauteur de Tunis, puis gagne le N. par un passage pratiqué entre deux montagnes, débouche dans une grande plaine au centre de laquelle est Fondouk (r. d.), enfin tombe dans la lagune de Porto-Farina.

Sur la rive gauche, la Medjerdah ne reçoit pas d'affluents importants à cause de la proximité des montagnes ; citons néanmoins l'*Oued Herlema* qui descend du massif des Khroumir, et l'*Oued-Beja*, dont la vallée est dominée par la ville importante de Beja, une des clefs de la Tunisie occidentale.

Les affluents de droite sont plus importants : l'*Oued Mellègue*, après avoir sillonné l'Algérie pendant 170 kilomètres, parcourt 110 kilomètres en Tunisie. Il coule du S. O. au N. E. dans une plaine où il reçoit des affluents généralement très courts mais très nombreux, dont plusieurs changent souvent de noms suivant l'usage arabe ; les plus importants sont : l'*Oued el Aannègue* à gauche ; l'*Oued Serrat*, et l'*Aïn-Safra* à droite ; ces vallées sont remplies de ruines antiques attestant l'ancienne richesse de ce pays. Près de Testour, l'Oued Medjerdah reçoit deux cours d'eau : le *Kralled*, dont le cours supérieur porte le nom de fleuve Jaune (*Oued Zafran*), et se glisse entre deux plateaux célèbres : au N., un plateau peu étendu porte la ville sainte du Kef; au S., un vaste causse s'étend fort loin au S. avec l'emplacement historique de Zama (202). La *Siliana* coule du S. au N. et arrose Sidi-Djiaber.

Dans la rade de la Goulette tombe un oued qui porte tour à tour les noms de Oued el Kébir, Oued el Mélah et *Méliana*; son cours encaissé, qu'alimentent de courts ruisseaux descendant des montagnes très rapprochées, est sujet à des écarts considérables.

La région des Chotts est comme en Algérie assez pauvre en eau. Les oueds sont nombreux, mais ils sont le plus souvent à sec.

Le lac de Kérouan ou Sebka-Sidi-el-Heni reçoit au N. l'*Oued Serdiana* dont les eaux servent à l'irrigation des jardins de Kérouan, à l'O. l'*Oued Mansour*, formé de deux bras, l'*Oued el Foul*, bras septentrional, l'*Oued el Kança*, qui arrose Sbetla, branche méridionale, enfin au S. un long torrent qui change aussi souvent de nom que de direction et d'aspect, et qui dans la partie la plus longue porte le nom de *Fekka*.

Tout au S. est la région qu'on désigne particulièrement sous le nom de région des Chotts; la première lagune très allongée de l'E. à l'O. porte le nom de Chott el Fejej, elle est séparée du golfe de Gabès par un seuil rocheux de 46 mètres.

Elle s'élargit du côté du S. et prend le nom de Chott Djerid ; au N. O. un lac en forme de cornemuse; le Chott Rharsa, dont le développement de l'E. à l'O. est de 74 kilomètres. Il est plus bas que la Méditerranée, la profondeur moyenne de son lit est de 24 mètres. Les autres chotts de l'E. sont plus élevés que le niveau de la mer; ils reposent, il est vrai, sur un fond de vase molle et de sable, recouvert d'une mince couche saline qui serait probablement enlevée par la pression même des eaux marines si l'on pouvait amener celle-ci en deçà de l'isthme de Gabès.

**Géographie politique.** — La Tunisie est gouvernée depuis 1691 par la famille de Ben-Ali-Tourki, venue de l'île de Candie. Depuis 1575 la Porte se prétend suzeraine de Tunis, mais les puissances européennes n'ont jamais reconnu ses prétentions et plusieurs fois, et notamment en 1867, des tentatives d'intervention à main armée, faites par les Turcs, ont été arrêtées d'avance par les protestations de la France.

Aujourd'hui la Tunisie est sous le protectorat de la France en vertu du traité du Bardo (12 mai 1881). La France garantit au bey de Tunis l'intégrité de son territoire et de ses droits de souverain. Le bey s'engage à n'avoir de relations que par l'intermédiaire diplomatique du ministre de France. La Tunisie au point de vue militaire forme deux divisions, subdivisées en six brigades.

L'administration intérieure est en voie de réorganisation; le terrritoire est occupé par 41 tribus réparties en 18 cercles ou ouatous à la tête desquels sont des caïds nommés par le bey.

La superficie est de 116 348 k. q., la population d'environ 2 100 000 habitants, ce qui donne une densité de 17. Sur ce nombre on compte 4 à 5000 israélites vivant surtout dans les villes, 25 000 catholiques, 400 grecs, 100 protestants.

**Villes principales.** — Tunis, la blanche, capitale de l'État, est assise à 16 kilomètres de la mer, au bord de la lagune El Bahira. C'est une grande ville de commerce et d'industrie. Sa population est de 125 000 habitants ; un mur d'enceinte, flanqué de tours bastionnées, défend assez mal Tunis, qu'on protégera mieux en développant le système des forts détachés récemment construits. Tunis exporte dans tout l'Orient des armes blanches de luxe, des bijoux, des vêtements brodés pour femmes et pour hommes, des selles, babouches, narghilés, etc.; des essences précieuses. C'est le principal centre d'expédition de l'alfa et de l'huile d'olive.

La ville est entourée de villas et de palais parmi lesquels, à une demi-lieue au nord, le palais du Bardo, résidence habituelle du bey; elle est reliée par un chemin de fer à son port la Goulette.

La Goulette est située au débouché de la lagune de Tunis dans la mer; elle est fortifiée et fut prise en 1553 par Charles-Quint. A trois kilomètres au N. s'élève la chapelle de Saint-Louis, élevée en commémoration de la mort de ce prince (1270). Les ruines de Carthage entourent ce monument. La destruction définitive de cette ville fut l'œuvre des Arabes en 675.

Sur le rivage, au N., se trouve Porto-Farina dont les maisons ont été bâties en partie aux dépens des ruines d'Utique. Le sol des terrains voisins est d'une admirable fertilité; les villas d'été de la riche colonie étrangère à Tunis y sont disséminées au milieu de plantations luxuriantes et de moissons splendides. Bizerte, sur la Méditerranée occidentale, étale ses comptoirs affairés sur l'emplacement de l'ancien Hippo-Zaritus, elle a 5500 habitants.

Les villes du littoral au S. de Tunis sont Hammamet (10 000 h.), Sousa, l'ancien Hadrumetum qui fut pris par Bélisaire; Monastir a 8000 habitants; Mahadia, qui en a 3500, est l'ancienne Thapsus où César écrasa l'armée des Pompéiens. Sfax est sur l'emplacement de Taphrura, sa population est évaluée à 10 000 habitants. Enfin Gabès est le débouché des produits de la riche plaine d'El-Arad.

L'île fertile de Djerba, située à peu de distance, était célèbre dans l'antiquité comme étant le séjour des Lotophages. Le duc de Médina-Sidonia y débarqua en 1561 et fut tué. Une colonne de 11 mètres de haut fut érigée par les défenseurs de l'île, avec les crânes et les ossements des Espagnols, en souvenir de cette victoire.

Les villes de l'intérieur sont situées dans le Tell ou le Sahara. Parmi les villes du Tell on compte: Mateur, importante par ses marchés au sud de Bizerte; Kef, grand centre de commerce entre l'Algérie et la Tunisie. Kairouan, à la limite du Sahara, ville sainte, la seconde ville de la Tunisie, occupée par les Français en 1881; c'était le point de départ des caravanes de la régence pour le Soudan. Fondée en 672 par les Arabes, elle a été longtemps la capitale de l'Afrique du Nord; ses mosquées sont remarquables.

Les villes principales du Sahara sont Sebtla, sur le bras supérieur de l'Oued Mansour, Gafsa (Capsa), position militaire d'une grande importance. Tozeur et Nefta, entre les chotts Djerid et Rharza, surveillent les communications des tribus nomades; elles comptent parmi les plus belles oasis du Sahara. Kébili et Douz, au sud du Chott, sont les oasis où se font les échanges entre les Tripolitains et les Tunisiens nomades.

**Chemins de fer.** — Le chemin de fer de Tunis à la frontière a pour stations Manouba, Djeneida sur la rive gauche de la Médjerdah, côtoie cette rivière en desservant les gares de Tébourba, Ali-Bou-Hassin, Medjès-el-Bab, quitte la rivière qui fait un lacet au S., dont le sommet est occupé par Testour et la rejoint un peu après Oued-Zarguin. On trouve ensuite Béja, Sidi-Zchili, Souk-Elmis, Souk-el-Arba; la voie ferrée traverse ensuite le fleuve et le suit sur sa rive droite par Sidi-Meskine jusqu'à Ghardimaou.

*Télégraphes.* — La longueur des lignes télégraphiques est d'environ 1000 kilomètres. Elles sont établies et exploitées par la France; un fil sous-marin réunit ce réseau à Alger par Bône et à la France par Malte, la Sardaigne et la Corse.

L'armée tunisienne se composait avant l'établissement du protectorat français d'environ 20 000 habitants de troupes régulières, et de 10 000 irréguliers dont 3000 Karouglis descendant des anciens janissaires turcs. Le mauvais état de cette armée était proverbial; la France doit la réorganiser. Elle prendra probablement à sa solde toute la partie utilisable, et licenciera le reste.

# CHAPITRE XI

### COLONIES D'AFRIQUE, D'AMÉRIQUE ET D'OCÉANIE

#### Colonies d'Afrique.

Outre l'Algérie, nous possédons en Afrique la grande colonie du Sénégal, en voie de transformation, les établissements de la Côte-d'Or et du Gabon, qui ont surtout une importance commerciale ; les postes militaires et ports de relâche de l'océan Indien, Mayotte, Nossi-Bé, Sainte-Marie de Madagascar, enfin la Réunion, ancienne île Bourbon, débris de l'empire colonial fondé par La Bourdonnaye et Dupleix au siècle dernier.

A l'époque où fut percé l'isthme de Suez, notre drapeau a été aussi arboré au débouché de la mer Rouge, à Obok, mais cet établissement n'a pas été fortifié. Quelle est l'étendue, la population, la force productrice de ces différents territoires? Nous allons l'étudier en détail :

1° **Le Sénégal**. — Notre colonie du Sénégal doit son nom au fleuve, trois fois plus long que la Loire, qui forme la grande artère de la Sénégambie et ouvre un chemin direct vers le haut Niger.

Les limites de ce territoire sont loin d'être aujourd'hui nettement déterminées. Sur la côte de l'océan Atlantique, nous sommes seuls maîtres de l'embouchure du Sénégal à celle de la Saloum, sur une longueur d'environ 300 kilomètres. De là, à l'embouchure du petit fleuve côtier, le Mallecory, nos comptoirs, plus ou moins florissants, sont entremêlés avec des postes et des factoreries d'autres nations européennes, et sur les indigènes qui commercent avec nous notre influence est très faible. A l'intérieur des terres, notre empire africain, solidement établi dans le bassin inférieur du Sénégal, a besoin, pour s'étendre et se fortifier dans la haute vallée, de vigoureux efforts. Et cependant c'est seulement dans la région montagneuse, où le Sénégal et le Niger entrecroisent leurs affluents supérieurs, que la colonisation française peut trouver des chances de durée.

Le relief du pays est encore peu connu. On compare cet angle occidental de l'Afrique à la région de l'Abyssinie. Le littoral de l'Atlantique, généralement très plat jusqu'à une grande distance à l'intérieur, se relève tout à coup en plateaux d'une hauteur moyenne de 800 à 900 mètres, inclinés du côté de l'E. Quelques sommets dominent cette haute plaine : le pic de Tontourou, le Daro qui remonte à 1340 mètres.

Le massif du Fouta-Djallon est le centre hydrographique de la région. De ses flancs découlent le Sénégal, la Gambie, et le Rio-Grande pour se rendre à l'Atlantique en décrivant des courbes de moins en moins grandes.

HYDROGRAPHIE. — Le *Sénégal* a 2800 kilomètres de cours. Il doit son nom aux peuples maures les Zenaga, de famille berbère, qui occupaient la rive droite du fleuve lorsque les Européens vinrent s'établir dans le pays. Mais, selon l'usage presque constant en Afrique, il change plusieurs fois de dénomination dans son cours. Il s'appelle d'abord le *Bafing* (eau noire). Sa vallée supérieure est encore peu connue. A Bafoulabé tombe le Bakhoy. Le fleuve forme à 220 kilomètres de là le saut de Gouina, de 16 mètres, puis, après d'autres rapides, aux environs de Félou, le Sénégal s'élance de 25 mètres.

Dans toute cette région les rives du fleuve sont surplombées par des rochers de formes fantastiques.

Près de Médine il devient navigable, ses bords sont plats, plus de pente appréciable. Bakel, à 600 kil. de la mer en suivant le fleuve, n'est qu'à 30 mètres d'altitude. La marée se fait sentir jusqu'à 500 kilomètres de l'embouchure. Devant Matam, Saldé, Podor, Dagana, le fleuve est, à l'époque des crues, en pleine inondation. Il sépare les Maures nomades du N. des Nègres agriculteurs du S.

Arrivé dans la région du Oualo, il se heurte aux dunes sahariennes qu'il perçait autrefois par le marigot des Maringouins. Il suit pendant 60 kilomètres la direction du S. et se divise en plusieurs bras. Dans une de ces îles est Saint-Louis du Sénégal.

La profondeur du Sénégal est de 10 à 12 mètres, de Médine à son embouchure ; par les crues de septembre et d'octobre, il grossit jusqu'à s'étendre de 12 à 15 kilomètres, dans sa basse vallée, à s'élever de 15 mètres dans la région montagneuse.

Deux marigots grossissent ou déchargent tour à tour le fleuve, suivant les saisons, et le font communiquer avec le lac Cayor à droite, et Paniéfoul à gauche.

L'embouchure même du Sénégal est obstruée par une barre dangereuse, comme du reste tous les estuaires ou deltas du golfe de Guinée. La côte n'a pas de relief.

*Affluents du Sénégal.* — Le Sénégal reçoit comme affluents principaux : à gauche, la *Falémé* dont le bassin contient de l'or en abondance ; le cours supérieur est inconnu : nous possédons sur cette rivière le fort Sénoudébou ; à droite, le *Bakhoy*. Ce fleuve se compose de deux cours d'eau : le *Bakhoy proprement dit* ou bras de gauche (Bakhoy n° 1 de Mungo-Park), qui est séparé du Bafing ou Sénégal supérieur par un massif d'environ 10 kilomètres de largeur, tombant en un talus assez escarpé sur la rivière et formant un plateau monotone, peu fertile mais qui paraît riche en fers. Le Bakhoy vient des montagnes du merveilleux pays de Manding, coule dans la direction du N. O. et arrose Goniokory, principal centre du pays de Fouladougou.

Les plateaux de Kita et de Birgo, formés de grès et d'argile, séparent le Bakhoy de son autre bras le *Baoulé* (Bakhoy n° 2). C'est le plus important. Il sort dans le pays des Malinké d'une mare appelée Debou. Dans la saison des pluies, cette mare communique par un marigot avec le Dioliba. Ce fait géographique, établi par la mission Gallieni en 1880, est de la plus haute importance ; la vallée du Baoulé est splendide et relativement saine. Malheureusement la différence de portée des eaux est considérable, pendant la sécheresse les berges sont escarpées et le lit encombré d'énormes blocs de grès détachés des rives, pendant la saison des pluies le courant est des plus violents. Les deux bras se réunissent en amont de Fangalla.

La vallée du Bakhoy jusqu'à Bafoulabé sur une longueur de près de 100 kilomètres ressemble à celle du Sénégal lui-même, c'est un cours d'eau qui semble incoercible, large de 100 à 300 mètres ; il est tantôt profond de 10 mètres, tantôt de $0^m,50$ à peine ; des barrages nombreux ajoutent aux difficultés en temps de crue ; les principaux sont ceux de Fangalla, de Soukoutaly, de Bosso formé par une montagne qui tombe à pic dans le fleuve.

Ethnographie. — En Algérie nous avons à contenir et à gouverner un peuple, le peuple arabe. Rien de pareil au Sénégal : il n'y a pas de peuple sénégalien. Le bassin de ce fleuve et de ses affluents est occupé par des tribus de races, de langues, de religions, de coutumes différentes.

I. Dans sa partie inférieure le Sénégal est un fleuve-limite. Nulle autre rivière ne marque peut-être aussi exactement la séparation entre deux races et deux mondes. Au N. c'est le Sahara, parcouru par des peuples d'origine berbère et arabe ; les *Maures*, musulmans fanatiques et pillards. Ce sont naturellement les ennemis les plus acharnés de notre civilisation, qui arrête leurs pillages et a mis un terme à la désorganisation des États nègres causée par l'invasion mauresque. Trois grandes tribus, les Trarsa, le long de la mer, les Brakna en face de Saldé et les Douaaïchs en face de Matam.

II. Au sud du Sénégal, les Nègres, dont les uns sont convertis à l'Islam, les autres sont restés fétichistes :

1° Les *Ouolof* ou *Iolof*, entre la côte et Podor : ils se divisent en trois royaumes protégés par nous ; leurs villages sont entourés d'une triple palissade, leurs cases aux toits coniques sont très rapprochées. Ce sont de bons forgerons, âpres au gain et commerçants.

2° Entre Podor et Bakel, les *Foulbé*, dont le pays s'appelle le Fouta-Toro. Ces nègres sont musulmans fanatiques et complètement gouvernés par leurs marabouts.

3° Les *Peuls* ou *Foulas*, disséminés en petites tribus sur les deux fleuves. Ce sont les plus beaux des nègres : ils sont fanatiques musulmans et bons cavaliers, ils savent forger le fer et aussi s'en servir.

4° Les *Toucouleurs* sont issus des Peuls et des Iolofs. Ils sont musulmans et généralement pillards, et leurs établissements sont enclavés dans le pays des Peuls.

5° Les *Malinkés* (peuples de la Mali), entre le Bakhoy et le Niger ; ils se divisent en plusieurs peuplades ennemies des Peuls et des Toucouleurs : les Bambaras, les Mandingues (100 000 h. au total). Ils sont fétichistes, agriculteurs, opprimés par les Toucouleurs.

Historique de nos Établissements :

La France n'a été précédée par personne sur la côte du Sénégal. En 1626 un comptoir est créé à Saint-Louis ; les Dieppois y vinrent commercer avant les découvertes portugaises : malheureusement ces entreprises particulières n'ont pas laissé de traces. De 1633 à 1635, trois compagnies se forment à la fois à Dieppe, à Rouen et à Saint-Malo pour le trafic.

La compagnie des Indes occidentales, créée par Colbert en 1664, acheta le Sénégal afin d'y recruter les esclaves pour l'Amérique. Une compagnie particulière du Sénégal fut fondée en 1675 avec la charge de fournir deux mille nègres par an.

Ainsi nos comptoirs du Sénégal ont eu pour but d'établir la traite que nous combattons aujourd'hui.

Les Hollandais nous cédèrent Gorée en 1618. La colonie resta stationnaire jusqu'en 1815. Depuis on a acquis divers points à l'intérieur ; enfin la conquête systématique commença avec le gouvernement du général Faidherbe (1854-1865). Depuis, la nécessité de maintenir notre influence et de repousser les incursions, le désir de rattacher le Sénégal au Niger, ont décidé le gouvernement à envoyer dans le Haut-Sénégal plusieurs missions militaires (Gallieni 1879. Desbordes 1881).

Possessions directes et protectorats de la France. — 1° Sur l[es] côtes nous possédons *Saint-Louis du Sénégal*, dans une île du fleuv[e] difficile à aborder, 6000 habitants. Un cordon de forts rel[ie] cette place à la belle *rade de Dakar* la plus sûre de la cô[te] orientale d'Afrique. Un chemin de fer doit rejoindre ces deux ville[s.] Ce littoral est important pour ses salines et son commerce. Au S. [de] Dakar se trouvent Gorée dans une île aride, Portudal et Joal, com[p]toirs maritimes.

L'embouchure de la Saloum nous appartient. Enfin nous teno[ns] les débouchés de la Casamance par le comptoir de *Carabane*; [du] Rio Grande par celui de *Bassisma*; du Rio Nunez par *Deboké*; [du] *Pongo* et du *Malécory* par les comptoirs du même nom.

Les établissements anglais de la Gambie séparent en deux tronço[ns] nos établissements du littoral O. africain.

Sur le fleuve nos comptoirs sont protégés par des forts : [en] remontant le Sénégal, Richard Toll, Dagana, Podor, Saldé, Matan[,] Bakel et Médine et Bafoulabé. Sur la Falémé nous occupons milita[i]rement Senoudébou, enfin le colonel Desbordes a fortifié Kita q[ui] commande le plateau entre le Bakhoy et le Baoulé.

Sur la haute Saloum, le fort de *Kaolakh*.

Notre protectorat a été accepté par tous les peuples nègres situ[és] entre le Sénégal et la Saloum. Des traités stipulant pour la France [le] droit de commercer, d'ouvrir des routes ferrées ou non et de bât[ir] des forts, ont été signés par presque tous les souverains barbares [du] Bakhoy, du Baoulé, et même du Niger, par exemple Amahdou, fi[ls] de notre ennemi El-Adj-Omar, et roi de Segou-Nikoro. Mais [le] protectorat ne sera effectif que lorsque les forts seront construits [et] bien gardés.

La superficie du Sénégal est officiellement de 50 000 k.q.; c[e] chiffre est trop fort si on considère les pays où notre influence e[st] réellement incontestée, trop faible pour les territoires qui nou[s] doivent l'obéissance. Le nombre des habitants est évalué à 156 00[0.] Densité 5.

Le Sénégal a pour principaux produits la gomme, l'arachide, l[e] riz, le coton, l'arbre à beurre. L'or abonde dans le bassin de l[a] Falémé et surtout dans le Boure situé sur le haut Niger. L'exporta[]tion dépasse 18 millions, l'importation 15 millions par an.

On a concédé un chemin de fer entre Saint-Louis et le Niger, qu[i] doit remonter le Sénégal, le Bakhoy et le Baoulé; mais les études d[e] cette ligne semblent encore imparfaites.

Notre plus grand ennemi dans ces régions, c'est le climat. Dan[s] la saison sèche, de novembre à juin, la température est de 24 degré[s] à 6 heures du matin, de 40 à midi et à l'ombre. De juin à novembre[,] ce sont les pluies, les miasmes et les fièvres qui ne pardonnent pas.

**Établissements de la côte de Guinée et du Gabon.** — En 1842, à l'époque de grande expansion coloniale, les Français ont occupé plusieurs points de la côte de Guinée, à la fois dans le but de commercer avec les nègres et d'interdire la traite.

*Grand-Bassam* et *Dabou*, au milieu de lagunes, et *Assinie* à l'embouchure de la rivière du même nom, ont été fondés à cette époque, défendus par des blockhaus, puis évacués en 1871. Ils sont sous la surveillance lointaine du gouverneur du Sénégal et du commandant de la station navale de cette colonie. Nous protégeons de la même manière le comptoir de *Porto-Novo*.

GABON. — Plus prospère semble l'avenir de la colonie du Gabon. Elle a été aussi fondée en 1842, a végété jusqu'en 1862, où le traité du 1ᵉʳ juin nous a attribué toute la côte depuis la pointe Liancié au N., jusqu'au cap Lopez au S. Enfin le traité du 14 janvier 1868 a étendu notre souveraineté jusqu'à l'embouchure du Bembo. Plus de 550 kilomètres de côtes sont soumis à notre obéissance.

Cette colonie naissante est située juste sous l'Équateur. Elle comprend : 1° le *Gabon*, ce n'est pas un fleuve ; mais un immense estuaire qui s'enfonce dans l'intérieur du pays et où viennent se perdre un grand nombre de petits ruisseaux. C'est avec Dakar le seul port naturel sur la côte orientale d'Afrique ; on le dit aussi sûr que la rade de Brest. La ville de Baraka ou Libreville est assise sur la rive N. de cet estuaire. Entre le Gabon et le cap Lopez, sur une côte droite et sans accidents, est le petit comptoir de Sangatang.

Le cap Lopez est la pointe extrême d'un delta ; c'est vraisemblablement une ancienne île réunie au continent par les alluvions de l'Ogooué qui forme sur la côte la baie de Nazareth au N.; les lagunes du Fernand Vaz, de Mexias et l'estuaire d'Élinde au Sud.

Toute cette côte est comme noyée d'eaux paresseuses au cours entrelacé ; le littoral est plat, couvert d'une végétation luxuriante, mais malsain.

Parallèlement au rivage courent, distantes de 100 à 200 kilomètres, des terrasses étagées comme les marches d'un escalier. Ce sont les talus extérieurs du plateau africain ; on les appelle *Monts de Cristal* au N. de l'Ogooué, *Sierra Complida* entre cette rivière et le Congo. Le relief de ces hauteurs nous réserve encore probablement bien des surprises ; on leur donne 300 à 460 mètres en moyenne, quelques sommets atteignent, dit-on, 600 et 900 mètres ; cela est bien loin des hautes zones où l'on espérait trouver un climat tempéré sous la Ligne elle-même. Des schistes cristallins et argileux et des gneiss constituent en grande partie ces hauteurs.

2° L'*Ogooué* (que l'on écrit souvent Ogoway) prend sa source sous le nom d'*Okanda* dans la terrasse de l'intérieur de l'Afrique, coupe deux fois l'équateur, reçoit le *N'gounié* qui vient du S. E., sa largeur atteint 600 mètres, puis il reçoit les eaux du lac Jonanga, et s'étend sur 200 mètres de largeur et au delà. Il forme un delta dont les deux bras principaux sont le *Nazareth* et le *Fernand Vaz*. Le cours de ce fleuve est malheureusement encombré de sables et de brisants. Il a plusieurs chutes qu'il faut éviter en transportant d'un étage à l'autre les marchandises et les bateaux. La longueur totale semble dépasser 1000 kilomètres; on l'a remonté au-dessus de Doumé, jusque dans le voisinage des sources; mais sans les atteindre.

Quoi qu'il en soit, il est constaté aujourd'hui que l'Ogooué n'est pas, comme on l'avait supposé, un des bras du Livingstone ou Congo. Cependant ses sources s'entrecroisent sur leur plateau d'origine avec celles de l'Alima et de la Licona qui grossissent le grand fleuve; c'est un chemin facile vers les richesses de l'Afrique centrale.

Ces richesses sont incroyables, et le Gabon peut devenir une colonie commerciale de premier ordre.

Le plus bel ivoire qu'on connaisse, le caoutchouc, les arachides, le manioc, le tabac, le sucre et le coton, l'huile la moins épaisse qu'il soit possible de trouver (noix de m'poya), celle de palme, de coco, et même de ricin : telles sont les principales productions de ce pays fertile.

Mais les nègres Oseiba et Okanda, dont les tribus sont éternellement en guerre, doivent être préalablement soumis ou écartés. M. Savorgan de Brazza a conclu des traités avec un grand nombre de petits souverains, et arboré le drapeau français dans les régions du Congo plus saines que la côte.

Le climat n'est pas non plus favorable à l'établissement des Européens : la température se tient entre 25 et 35 degrés, la moyenne est de 28; les pluies ne cessent pas de mars en juin, et du 15 septembre au 15 février. Les Européens ne peuvent s'acclimater sous cette chaleur énervante.

On espérait trouver dans l'intérieur des terres de hautes montagnes où l'on aurait créé un Sanatorium comme les Anglais dans l'Himalaya. Il faut renoncer à cette espérance.

**Possessions de l'océan Indien.** — Notre principal établissement dans l'océan Indien est l'île de la Réunion, appelée autrefois *Bourbon*.

Ile de la Réunion. — De forme ovale, mesurant 74 kilomètres sur le grand axe, et 51 sur le petit, l'île a 207 kilomètres de contour, mais le littoral ne présente pas d'abri contre les typhons et les cyclones qui bouleversent la mer. A l'approche des orages les vaisseaux doivent prendre la haute mer.

La superficie est de 2512 k.q., la population de 178 000 habitants, ce qui donne une densité supérieure à la moyenne de la France, 71.

L'île est d'origine volcanique ; l'intérieur en est occupé par des plateaux élevés d'où s'élancent de magnifiques pitons dont le géant, le Piton des Neiges, monte à 3069 mètres, le grand Bénard à 2892, le cratère Bory ou Piton de la Fournaise à 2625, enfin le morne Lange vin à 2391. L'éruption du cratère Bory, en mars 1860, et des tremblements de terre plus récents prouvent que l'activité volcanique n'est pas éteinte.

Il reste d'ailleurs d'autres traces nombreuses de l'ancien travail souterrain, notamment sur les plateaux que couronnent ces sommets ; le cirque de Cilaos, la grande plaine de Salasie, le plateau des Cafres, dont l'altitude varie de 15 à 1600 mètres, présentent des cratères à moitié comblés, et se modifient par des éboulements causés par le feu intérieur.

Les torrents sont fort nombreux ; le plus long, la *rivière du Mat*, a 40 kilomètres.

Les villes sont situées sur le bord de la mer : au N., Saint-Denis avec 36 000 habitants, capitale de l'île, siège du gouvernement ; au N. O., Saint-Paul avec 25 000 ; au S., Saint-Pierre a 28 000 habitants ; c'est de tous les points de la côte le seul où l'on puisse abriter les vaisseaux de commerce ; il possède un port depuis 1857 ; enfin Saint-Benoît, à l'E., au débouché de la plaine des Palmistes, a 10,000 habitants.

La population de l'île se compose de créoles, qui forment à peu près le tiers du nombre total, si l'on y comprend les petits blancs, qui cultivent les plaines supérieures ; de mulâtres et de nègres cafres formant le second tiers ; enfin de coolies indous, chinois ou malais qui sont employés aux travaux agricoles.

La Réunion n'a pas encore de chemins de fer. On projette l'établissement d'une ligne longeant la côte du N. O., qui joindra Saint-Denis à la pointe des Galets, où il paraît possible d'établir un point de refuge, et se prolongera jusqu'à Saint-Pierre.

La Réunion produit surtout du sucre et du café, lequel passe pour le meilleur après le moka. On y récolte aussi de la vanille, du tabac, etc. Le commerce est de 54 millions, dont 31 pour l'exportation.

Sainte-Marie de Madagascar, que les indigènes appellent Nossi Bourrah, est située sous le 17ᵉ degré de latitude sud ; à une lieue et demie de la côte de l'île de Madagascar, elle a 50 kilomètres de long sur 5 à 6 de large ; occupée en 1821, nous l'avons gardée parce qu'elle a une excellente rade : Port-Louis ou Port-Saint-Marie. C'est un poste d'observation en face de Tintingue que nous avons délaissé en 1831.

L'île est rocheuse, couverte de bois, fort humide et par conséquent malsaine; sa superficie est de 170 k.q., sa population de 7000 habitants; le nombre des blancs y est extrêmement faible : de trente à quarante.

Nossi-Bé et les trois petites îles voisines, *Nossi-Comba* au S., *Nossi-Mitsiou* et *Nossi-Fali* au N., situées sous le 14° de latitude S., surveillent la côte N. O. de Madagascar. La plus grande, Nossi-Bé, n'a guère plus de 100 kil. carrés; les côtes en sont escarpées, l'intérieur assez ondulé, mais ses sommets ne dépassent pas 600 mètres, et comme le sol granitique ou volcanique est imperméable, le climat est extrêmement malsain; on y récolte le riz et la canne à sucre. La capitale, Helville, n'est qu'une bourgade. La population totale de ces îles est de 7500 habitants.

Voilà ce qui nous reste de notre ancien empire de Madagascar, avec la possession purement fictive des baies Cagembi et Bali sur le littoral du royaume Sakalave de Boueni, que nous sommes censés protéger depuis 1859. En revanche de cette protection très faible, accordée par la France au roi de Boueni contre les Hovas qui dominent dans l'île, les Français ont le droit de s'établir, de commercer, et même d'être propriétaires dans le royaume. Ils usent fort peu de ce privilège.

Mayotte est située sous le 15° de latitude S. Elle fait partie du groupe des Comores; c'est l'île de cet archipel la plus rapprochée de Madagascar; elle est à 300 kilomètres de cette grande île. La France possède là une bonne position au débouché du Mozambique. La ceinture de corail qui entoure Mayotte est brisée sur plusieurs points, notamment au S. et au N. E.; de plus, les navires qui ont franchi ces passes trouvent plus près du rivage de bonnes rades abritées par les montagnes de l'intérieur.

L'étendue est de 360 kilomètres; le sol granitique et volcanique est ondulé par une petite chaîne qui va du N. au S.; les altitudes ne dépassent pas 600 mètres. Tout ce qui n'est pas couvert par les forêts l'est par des rizières aussi fertiles que malsaines et par des plantations de canne à sucre. — Mayotte a une capitale, Dzaoudzi; sa population s'accroît : de 1200 habitants en 1843, époque de la prise de possession, elle est montée à 9617. Mais cette augmentation est due surtout à l'immigration de Sakalaves, de Cafres et d'Arabes, attirés par une sécurité plus grande. Les blancs, au nombre de 200, sont noyés au milieu des gens de couleur.

*Obok.* — Au moment du grand travail de l'isthme de Suez en 1863, la France a acheté au sultan de Zeïla quelques kilomètres de côtes au S. du détroit de Bad-el-Mandeb, près du cap Bir. — Il était question d'y établir des magasins, des forts, pour ravitailler et soutenir nos navires. Cette possession est jusqu'aujourd'hui restée inutile.

## II. — Colonies d'Asie.

**Établissements de l'Inde.** — Nous ne possédons plus dans l'Hindoustan que cinq villes et leur banlieue : ce sont les débris de l'éphémère empire fondé par Dupleix ; encore nous coûtent-ils assez cher ; car en 1814, pour les conserver, les plénipotentiaires français ont été forcés de renoncer à l'île de France ou Maurice. Ces cinq villes sont Chandernagor dans le Delta du Gange, Yanaon, Pondichéry et Karikal sur la côte de Coromandel, Mahé sur la côte de Malabar.

*Chandernagor* (Tchandranagar) n'a que 25 000 habitants, presque tous Hindous ; elle est située sur l'Ougly, à 30 kilomètres au-dessus de Calcutta, à laquelle un chemin de fer la relie. Superficie 1 kil. carré.

*Yanaon*, à 1000 kilomètres au S. du Gange, sur la côte et dans le Delta du Godavéry, n'a que 5600 habitants et 33 kil. carrés. Le bras qui tombe à Yanaon, le Coringuy, peut être remonté par des navires de 200 tonneaux. — Le climat est des plus malsains.

*Pondichéry*, le chef-lieu de nos établissements de l'Inde, est sur le rivage circulaire d'une rade foraine assez peu sûre. La population de la ville et des trois districts est de 156 000 habitants ; on y fabrique des guinées, étoffes pour les nègres d'Afrique, des mousselines, etc. Son commerce est considérable. Le territoire est de 290 kil. carrés.

*Karikal* est assise sur une des branches du Cavéry, à 100 kilomètres au S. de Pondichéry, près de 11° latitude N. Son territoire de 130 kil. carrés est couvert de villages indiens ou aldées établis au milieu des rizières ; c'est un des pays les mieux arrosés de l'Hindoustan. La population est de 92 500 habitants.

*Mahé*, sur la côte S. O. du Malabar, n'est qu'une petite ville de 8000 habitants où nous pouvons avoir *un* homme de garnison, chargé de veiller sur les 60 kil. carrés de sa banlieue. Son aspect est fort riant.

En tout, les territoires de l'Inde française s'étendent sur 509 kil. carrés, ont une population de 280 381 habitants, dont la densité est de 551 par kil. carré. Le commerce atteint 39 millions.

### Indo-Chine française.

**Territoires soumis et protégés.** — La France depuis vingt ans a fait en Indo-Chine de précieuses acquisitions. Elle s'est établie au Delta du Mé-Kong, ou Cambodge, et a conquis suc cessivement six provinces. Le royaume de Cambodge a accepté not[re] protectorat, enfin le Tonkin est soumis à notre influence, et [il] dépend de l'initiative commerciale des Français de recouvrer a[m]plement les dépenses obligées du protectorat.

**Histoire de notre établissement.** — 1° Conquête.— En 177[9] une révolte de l'Annam chasse la dynastie.

1790. Grâce à l'évêque d'Adran (Pigneau de Béhaine) et à que[l]ques officiers français, Gia-Long recouvre le trône, et accorde à [la] France Tourane et l'île de Poulo-Condor. — L'insalubrité de Tou[]rane et les guerres de la Révolution firent négliger ces possession[s].

1820. Une réaction éclate contre l'influence française représenté[e] surtout par les missionnaires; ceux-ci sont chassés, leurs chrétien[s] sont persécutés; le gouvernement français envoya quelques croisière[s] qui ne produisirent aucun effet.

1847. Deux vaisseaux de guerre furent envoyés dans la baie d[e] Tourane pour protéger nos nationaux et coulèrent 5 navires anna mites.

En 1857, l'exécution du missionnaire espagnol Diaz amène d[e] nouvelles démarches. Nos plénipotentiaires sont éconduits grossiè rement. « Les Français, disaient les Annamites, aboient comme de[s] chiens et fuient comme des chèvres. »

Le 31 août 1858, l'amiral Rigault de Genouilly s'empare d[e] Tourane, puis l'embouchure du Mé-Kong.

En 1859, le 9 février, la flotte arrive à l'embouchure de la riviè[re] de Saïgon; le 17, après avoir enlevé les passes du fleuve, nou[s] entrons dans Saïgon. Mais on décide l'expédition de Chine : un[e] faible garnison est laissée seule dans Saïgon qui est bloqué[.] Au retour, on reprend l'offensive. L'armée annamite est battue [à] Ki-Hoa, en avant de Saïgon. En avril, le 12, nous prenons My-Tho qu[i] commande la principale branche du Mé-Kong.

Les pluies (août-octobre) nous arrêtent. Le 19 décembre, nou[s] entrons dans Bien-Hoa. En janvier 1862, Tu-duc est battu et évacu[e] toute la province. En mars on prend Vinh-Long, au centre des bouches du Mé-Kong.

5 juin 1862. Traité de paix; nous rendons Vinh-Long et nous devenons maîtres des provinces de My-Tho, Saïgon et Bien-Hoa. Indemnité de 20 millions non payée.

Le danger du voisinage des trois provinces de la Basse-Cochinchine non soumises força de faire, en juin 1867, une expédition pour les soumettre.

Mars 1874. Traité d'Hué, qui nous cède les provinces de Vinh-Long, Chau-Doc, Hai-Ten; met le Tong-Kin sous notre protectorat et nous impose l'obligation d'y réprimer la piraterie sur le fleuve Rouge. En 1865 le royaume de Cambodge, ancien empire Khmer, s'était placé sous notre protectorat. En 1867 nous le défendons contre les rebelles.

2º EXPLORATIONS. — BUT : RELIER LA COCHINCHINE A LA CHINE. — 1866. Mission du capitaine de frégate de la Grée. Avec Garnier et Delaporte, lieutenants de vaisseau, il remonte le Mé-Kong, atteint la Chine, descend le Yang-tsé-Kiang, arrive à Shong-Koï, avait reconnu l'existence et l'importance du Shong-Koï qui se jette dans le Tong-Kin.

1869. Dupuy, commerçant, part de Canton, traverse le Yun-Nam et reconnaît le bassin supérieur du Shong-Haï.

1872. Il remonte le fleuve avec une de nos canonnières, arrive à Ha-noï et cherche à y fonder un comptoir. Garnier explore le Yang-tsé-Kiang.

1873. Les capitaines Fau et Moreau vont mourir tristement en Birmanie.

1873. Garnier est rappelé à Saïgon et envoyé à Ha-noï pour régler les différends survenus entre Dupuy et les autorités locales. Il échoue, s'empare de la citadelle, soulève et prend 4 provinces.

Mais il est tué dans une embuscade, réaction.

1874. Margary, Anglais, est assassiné en allant de Shang-Haï aux sources de l'Iraouaddy.

En 1876-1877, M. de Kergaradec, lieutenant de vaisseau et consul de France à Ha-noï, relève le cours du fleuve Rouge ou Shong-Koï.

1881. La Chambre vote les fonds nécessités par l'exploitation du fleuve Rouge et l'établissement effectif de notre protectorat au Tonquin.

1882. La citadelle d'Ha-noï, occupée par les pavillons noirs, est prise par nos troupes.

Nous tenons l'Indo-Chine par les deux fleuves : le Grand-Fleuve ou Mé-Kong, le fleuve Rouge ou Shong-Koï.

1º **Le Mé-Kong**. — COURS DU FLEUVE. — Les sources du Mé-Kong (Grand-Fleuve) ou Cambodge sont inconnues ; on suppose que ce cours d'eau prend naissance au N. O. du Yun-nam. Il entre dans le Laos, pays montagneux ; des rochers, des seuils élevés et des chutes interdisent la navigation dans cette contrée ; les sauts les plus remarquables du fleuve sont ceux de Salaphe, de Pap-Heng, de Khon ; sa profondeur varie de 10 à 30 mètres, sa largeur de 1500 à 5000 mètres : à certains points, resserré par le pied des montagnes,

---

1. Nous adoptons l'orthographe de la carte de la Basse-Cochinchine en deux feuilles du dépôt de la marine.

le fleuve n'a pas plus de 300 mètres de large, mais son courant est d'une telle rapidité que la vapeur ne peut le maîtriser, et que la sonde dépasse 70 mètres. Au-dessus de la ville de Bassak, principal centre de ce pays, se jette à droite le *Se-mun*, qui reçoit une partie de ses eaux de l'empire de Siam ; près de Sang-Treng conflue le fleuve aux trois branches, *Se-Kong, Se-Tbok, Se-San*. Là commence la limite du royaume protégé de Cambodge.

Sur le territoire du Cambodge le fleuve s'étend démesurément d'une rive à l'autre, forme la chute de Sambok, et arrivé à Kon-Tior, incline dans la direction du S. O. qu'il garde jusqu'à Pnom-Penh (les Quatre-Bras). Ces quatre bras sont : 1° en amont, le fleuve lui-même qui vient du N. E.; 2° en aval, le bras principal, Tien-Giang ou Mé-Kong proprement dit, et 3° le bras occidental, Hang-Giang ou Bassac ; enfin, 4° le Toanlé-Sap ou grande rivière, qui conduit au lac de Cochinchine.

Le *bras principal* coule jusqu'à Vin-Hoa sur le territoire cambodgien, bordé çà et là de villages khmer, ou de communautés chrétiennes.

A 12 kilomètres plus haut commencent déjà les plaines inondées ; le fleuve forme des îles nombreuses (Tau-Tu et Caï-Rung, Tay, Gieng). A partir du poste militaire de Barang une population très dense se presse sur ses bords. On trouve, rive gauche, le poste de Cân-Lô, celui de Sadec, rive droite. Nouvelle fourche : le bras de droite arrose Vinh-Long près de Tràvinh, qui lui est joint par le canal Delfosse et tombe par deux embouchures. Le bras de gauche, suivi par une route de courriers, se bifurque à son tour au-dessus du poste de Baké. Le canal principal passe devant My-Tho, la branche de droite près de Bentré.

Le *Canal de Bassac* ou fleuve postérieur forme également des îles nombreuses, entre sur le territoire français au-dessus de Bac-Nam, arrose Châudoc, Long-Xuyên (rive droite), Trà-ôn (rive gauche), et finit par deux embouchures.

De nombreux canaux sillonnent le delta du Cambodge. Citons le *canal Vinh-Au*, qui joint Châu-Dôc au bras antérieur ; le *Vâm-Nâo*, entre les deux bras au-dessous de l'île Tay ; la *rivière de Chau-Doc* ou *canal de Vinh-Té*, qui joint cette ville à Hà Tiên sur la côte occidentale. Enfin de Caïbe et de My-Tho partent deux canaux : l'*Arroyo commercial* et l'*Arroyo de la Poste*, qui conduisent à Saïgon.

Avant d'étudier la rivière de Saïgon et le littoral de la Cochinchine, il faut parler du lac de l'Indo-Chine récemment exploré par une mission française et dont le rôle est très important pour le régime même du fleuve. On y arrive par le *Toan-lé-Sap* qui se détache à Phnom-Penh. La longueur de ce canal de jonction est de 125 kilomètres, sa largeur est de 500 à 1500 mètres, la profondeur est variable ; chaque année, de juin à octobre, sous l'influence de la mousson du S. O., les neiges du Haut-Laos sont fondues et le fleuve monte de 12 à 15 mètres : alors une partie de ses eaux descend dans la direction du N. N. O. vers le grand lac intérieur. Les frégates de guerre et les cuirassés peuvent alors se rendre dans le lac, qui a une profondeur uniforme de 12 à 14 mètres, une longueur de 160 et une largeur de près de 50 kilomètres ; les forêts de palétuviers qui ont poussé sur les anciens rivages du golfe d'Angkor sont noyées par ses eaux ; les poissons accourent. Ce n'est pas tout : les Cambodgiens ont pratiqué d'innombrables saignées sur ce canal, les eaux, dérivées de toutes parts, portent les jonques cochinchinoises puis se ramifient à l'infini jusqu'aux nappes dormantes des rizières.

A la fin d'octobre, les crues cessent, le niveau du Mé-Kong devient de moins en moins élevé ; alors le courant s'établit dans le Toan-lé-Sap en sens inverse ; le lac baisse et de mars en juin n'est plus qu'une immense mare boueuse, ayant au plus de 1 à 2 mètres de profondeur ; les poissons restés dans le lac sont entassés en bancs si compacts que la plus insouciante prodigalité ne peut en diminuer sensiblement la masse. Le revenu annuel du lac atteint plus de 4 millions de francs, qu'il serait facile de dépasser. Ce lac devrait être tout entier soumis à l'influence française ; mais en mettant le Cambodge sous notre protectorat le traité de 1864 a bénévolement reconnu la suzeraineté de Siam sur les provinces d'Ang-Kor, et de Bat-Tam-Bong. Nous avons même pris l'engagement perpétuel de ne pas occuper militairement le Cambodge.

**Littoral, régime du delta.** — La côte française commence à l'O., au promontoire de Hâ-Tiên, où se trouve l'embouchure du canal de Châu-Doc, et finit à l'E., à 10 kilomètres au delà du promontoire de Baké.

Du promontoire de Hâ-Tiên au cap Cambodge le littoral suit la direction du N. au S. Du cap Cambodge à la frontière orientale, la direction générale est du S. O. au N. E. 300 kilomètres d'un côté, 465 de l'autre, en tout un développement de 765 kilomètres de côte presque toute reconnue.

Après le promontoire de Hâ-Tiên on aperçoit sur la côte quelques collines isolées ; au large sont les îles des Pirates. Le cap de la Table termine cette partie du littoral ; au large sont quelques îlots dont les plus importants sont : l'île Teréké avec un sommet de 340 mètres, et tout au sud l'île Tammasson dont le point culminant est à 425 mètres.

Au cap de la Table se termine l'ancien littoral du Cambodge. A partir de ce point commencent les terrains d'alluvions, le sol conquis par le fleuve sur la mer. Le poste français de Rach-Gia surveille une baie où débouchent deux canaux dérivés du fleuve. De là au cap Cambodge ou Camau, sur près de 200 kilomètres, plus rien : la plaine basse, inondée, malsaine dont Rach-Gia est le chef-lieu s'étend monotone dans la direction du S. quelques cases cambodgiennes, de rares pêcheries se voient au S. des marais et près du cap.

A partir de la pointe du Camau, le sol relativement plus ferme n'est pas plus accidenté; quelques canaux débouchent de l'intérieur; sur certains points la côte n'a pas été reconnue. La principale source de richesse du pays consiste en l'extraction du sel.

Un peu avant le 104° de long. E. de Paris on atteint les bouches du Cambodge. Neuf immenses embouchures déversent dans la mer les eaux du Mé-Kong, les limons et les épaves qu'elles entraînent, ou reçoivent à leur tour le flot marin qui de proche en proche repousse les eaux douces et fait sentir l'influence de la marée jusqu'au Grand Lac et jusqu'aux derniers rapides.

Plus basse, plus inondée encore est la côte de la rivière de Saïgon; c'est vraiment un sol liquide. Une grande baie, celle de Ganh-Tay, éclairée par des feux flottants, et gardée par le poste de Vung-Tau, est limitée au S. O. par le promontoire Saint-Jacques. Élevé de 250 mètres, ce cap est une ancienne île rattachée au rivage; c'est là qu'atterrissent les câbles d'Europe et de Chine.

De là jusqu'à la frontière le littoral se présente plus dentelé, avec des alternatives de collines et de marécages. La pointe Baké, le dernier accident notable de la côte, atteint 120 mètres.

Le delta du Cambodge et même une partie de la basse vallée, en y comprenant le Grand-Lac, ont été formés d'alluvions. Ce sont donc des plaines basses, généralement marécageuses. La surface des terrains perpétuellement inondés est d'environ le tiers de la superficie totale. Chose remarquable, ce n'est pas le delta lui-même qui est la partie la plus marécageuse; ce sont les pays situés au N. de My-Tho, la grande plaine de joncs entre cette ville et Chau-Doc, et enfin à l'O. du fleuve jusqu'à la côte, les immenses marais de Lang-Bien. Cette anomalie apparente est due au colmatage spontané qui se produit à chaque saison pluvieuse et qui est plus considérable dans le delta, et au grand nombre de canaux de dérivation naturels ou artificiels qui en drainent les îles. Toutefois le delta de la rivière de Saïgon est tout entier marécageux, cela tient à ce que les canaux qui s'y déversent venant de collines très rapprochées, n'entraînent pas autant de troubles que les bras du Grand Fleuve.

Le Grand Lac lui-même a été isolé de la mer et colmaté en partie par le Mé-Kong, de là l'horizontalité de son lit.

Telle est d'ailleurs la nature argileuse des terrains apportés par les eaux et la force du soleil, qu'à peine émergé, le sol est séché avec une rapidité prodigieuse et atteint une grande dureté. Mais les couches superficielles seules sont durcies ; en creusant on retrouve la boue, puis l'eau : la Cochinchine est une terre flottante.

2° **Le fleuve Rouge**. — Le *fleuve Rouge* ou *Shong-Koï*, par ses sources, ouvre le Yunnam, d'où l'on communique aisément avec l'intérieur de la Chine ; sa longueur dépasse 1400 kilomètres. Dans son cours supérieur, à travers la province chinoise du Yunnam, il porte le nom de Ho-ti-Kiang, est entouré de montagnes qui le séparent du Si-Kiang ou fleuve Bleu au N., du Mé-Kong au S. et du Salouen à l'O. ; son lit est généralement encaissé, son cours rapide et coupé d'écueils nombreux.

Il est navigable depuis la ville chinoise de Mang-Hao.

A son entrée sur le territoire du Tong-King à Long-Po, le fleuve Rouge élargit sa vallée et son lit ; il peut être pratiqué par les embarcations légères, les jonques des Annamites et les canonnières à vapeur, mais son cours est si rapide qu'à certaines époques de l'année il est impossible de le remonter, même en recourant aux plus fortes pressions. Il arrose Lao-Kaï, Touen, Hia, Kouen-ce, Hong-Hoa et Son-Tay.

Au-dessus d'Ha-noï, le fleuve se bifurque et forme un magnifique delta qui débouche dans le golfe du Tong-Kin. Ses eaux et celles du delta sont troubles ; les crues commencent au mois de mai.

La ville d'Ha-noï, avec ses 150 000 habitants, est le principal port de cette région ; mais les navires ne peuvent y remonter et doivent jeter l'ancre devant Haïplong d'où les marchandises sont remontées sur des chalands jusqu'à la capitale.

Nous occupons ces deux postes et, de plus, nous entretenons, aux bouches du fleuve, des forces navales pour la répression de la piraterie.

Les bouches du Shong-Koï sont encombrées d'une barre qui rend la navigation dangereuse ; un grand nombre d'embarcations s'engagent par un bras du Taï-bin, fleuve chinois, qui tombe au N. du fleuve Rouge et rejoignent ce cours d'eau par un canal de navigation intérieure.

Le Tong-kin est d'une grande fertilité : il produit du riz (deux moissons par an, des bananes, du tabac, du thé ; sa richesse minérale est prodigieuse : on y trouve des mines d'or, d'argent, d'étain, de cuivre ; le fer y abonde et, ce qui vaut mieux encore, la houille s'y rencontre en bancs épais affleurant la surface du sol. La population y est très dense. Le climat est assez bon ; l'hiver commence en novembre et est suffisamment froid pour retremper les Européens que l'été a affaiblis (17°,8).

**Géographie politique.** — Cochinchine. — La Cochinchine,

soumise directement à la domination française, a un territoire de 59 458 k.q. et une population de 1 600 000 habitants; la densité n'est ainsi que de 27, ce qu'il faut attribuer à la grande étendue des marécages et des forêts.

Le territoire est divisé en six provinces : 1° *Saïgon*, 2° *Mi-tho*, 3° *Bien-hoa*, conquises depuis 1859, 4° *Vinh-long*, 5° *Chau-doc*, 6° *Ha-tien*, conquises en 1867.

*Saïgon*, sur la rivière de ce nom, à 100 kilomètres de la mer, est accessible aux gros navires; c'est le centre du commerce avec l'Europe; on s'y rend de Marseille en 28 jours (10 000 kil.). Sa population bigarrée, qui va en s'accroissant, est de 82 000 habitants, dont 1000 Français, 5000 Chinois.

Le commerce y est complètement libre, le trafic avec l'Europe est presque entièrement entre les mains des Anglais et des Allemands.

*Mi-tho*, sur un bras du Cambodge, est relié par un canal à Saïgon; son commerce est aussi très actif et consiste surtout en riz cultivé dans le delta. 23 000 habitants.

*Bien-hoa* est la capitale d'une province où l'industrie des tissus est florissante; elle est reliée par un télégraphe à Saïgon.

Les îles de Poulo-Condor, situées à 180 kilomètres au sud du cap Saint-Jacques, ont une extrême importance stratégique; en cas de guerre, elles barrent la route de Chine et du Japon.

La population y est de 800 habitants appartenant à la race annamite.

Les races sont nombreuses : les Cambodgiens ou Cochinchinois, qui forment la population indigène, sont un mélange d'Annamites, de Chinois et de Malais; leur nombre est d'environ 60 000.

Les Annamites s'introduisent en grand nombre dans la colonie par la voie de terre ; ils sont cultivateurs et recrutent presque en totalité les bandes insurrectionnelles ; bien conduits, ils peuvent faire de bons soldats ; les tirailleurs annamites peuvent valoir les cipayes hindous. Le Chinois n'est apte qu'au commerce, mais il y excelle. Tout le trafic intérieur est entre les mains de cette race qui, d'ailleurs, ne séjourne dans notre colonie, comme partout ailleurs, que le temps nécessaire pour y faire fortune. Les Minh-huong, fils de Chinois et de femmes annamites, s'attachent à leur patrie maternelle et y forment la classe aisée.

La Cochinchine coûte à la France moins qu'elle ne lui rapporte. Le commerce extérieur est de 22 millions. Les impôts en produisent 14 et les dépenses ne sont que de 12 millions, de sorte que le budget local de la Cochinchine payait les dépenses de la garde du Tongkin, jusqu'en 1881.

Le climat de la Cochinchine ne convient guère aux Français : les pluies durent d'avril en octobre ; la température de la saison sèche est de 17° à 35°, celle de la saison pluvieuse est de 20° à 50°.

États protégés. — Le *royaume de Cambodge* est soumis au protectorat de la France depuis le traité du 11 août 1863. Cet état, incapable aujourd'hui de se défendre lui-même contre ses voisins siamois et annamites, a été autrefois beaucoup plus étendu, et a joui d'une civilisation florissante sous les anciens rois khmers. Toute la Cochinchine obéissait à ces fastueux souverains qui ont laissé des monuments magnifiques. Depuis deux siècles le Cambodge proprement dit a été démembré et les Siamois en ont pris, à l'O. du Grand Lac, six provinces, autant que la France à l'embouchure du fleuve. La superficie est de 80 000 k.q., la population d'environ 1 000 000 d'habitants, la densité 18.

Phnom-Penh, la capitale actuelle, est située sur le Mé-kong au carrefour de quatre grandes voies fluviales. Reliée à Mi-tho par un service régulier de bateaux à vapeur, cette place prospère rapidement, mais ce sont les Chinois et les Annamites qui s'y établissent sous notre couvert. La France n'y a été représentée jusqu'à ces derniers temps que par des missionnaires. 30 000 habitants. Oudong est l'ancienne capitale et possède plusieurs écoles catholiques très fréquentées ; enfin, il existe un évêché catholique à Pignalia et une mission française. Les pères ont appris aux Annamites à se servir pour écrire des caractères français, au lieu de caractères chinois.

Le Cambodge possède un port peu florissant, Kam-pot, en face de l'île Koh-tron ; il est en relation avec Ha-tien.

Le *Tong-Kin* a une superficie de plus de 100 000 kil. carrés ; la population y est très dense, près de 100 par kil. carré, c'est-à-dire près de 10 millions ; les missionnaires espagnols et français y ont fait de nombreux prosélytes.

L'avenir commercial et industriel de ce pays semble considérable. Plus accidenté que dans la Cochinchine, le sol y est plus approprié au séjour des Européens ; mais ce qui est surtout important pour nous, c'est que la prise de possession de tout le cours du fleuve Rouge, en faisant renaître la sécurité, attirerait le commerce d'une grande partie de la Chine du Sud et donnerait lieu à un trafic que l'on évalue à près de 100 millions. Ao-Kaï, au point où doivent s'arrêter les canonnières à vapeur, deviendrait un entrepôt d'une richesse extraordinaire.

Le *royaume d'Annam*, 340 500 kil. carrés, est peuplée de 11 millions d'habitants ; sa population émigre en grand nombre et fournit un fort contingent aux convois de coolies qui sont dirigés sur les colonies européennes pour remplacer les esclaves nègres. La

France garantit l'indépendance du royaume d'Annam contre toute entreprise de la Chine. La capitale Hué a été fortifiée par des ingénieurs français.

### III. — Colonies d'Amérique.

En Amérique plus encore qu'en Asie, notre empire colonial n'est plus qu'une lamentable réduction de ce qu'il fut au siècle dernier et de ce qu'il serait peut-être devenu sans la criminelle insouciance du gouvernement de Louis XV. Nous avons perdu la Nouvelle-France, c'est-à-dire le Canada ; la Louisiane, les bassins du Saint-Laurent et du Mississipi. — Nous avons reculé en Guyane, et Saint-Domingue nous a longtemps traités en ennemis depuis le Consulat.

Nous ne possédons plus rien sur le continent de l'Amérique du Nord. Terre-Neuve n'est plus à nous depuis 1713, nous n'avons gardé dans son voisinage que deux îlots : Saint-Pierre et Miquelon. Dans les Antilles nous n'avons aujourd'hui que la Martinique, la Guadeloupe et ses dépendances, Saint-Barthélemy ; enfin, sur le continent de l'Amérique du Sud nous avons la Guyane, la plus vaste, mais, jusqu'aujourd'hui, la moins utile de nos possessions américaines.

**Saint-Pierre et Miquelon.** — Les traités de Paris (1763), Versailles (1783), de Vienne (1814-1815) nous reconnurent le droit exclusif de pêcher la morue sur la côte orientale de Terre-Neuve, entre le cap Saint-Jean et le cap Bauld, sur la côte occidentale entre le cap Bauld et le cap Ray ; mais en 1818 les Américains ont obtenu de l'Angleterre le droit de pêcher sur ces mêmes côtes : de là de fréquentes rixes entre les matelots des deux nations. Les équipages français ne peuvent hiverner sur le littoral de Terre-Neuve, qui d'ailleurs est couvert de brumes pendant l'automne et l'hiver : on attache donc une grande importance à la position des petites îles de Miquelon et de Saint-Pierre, qui nous ont été laissées par les traités de 1763 comme compensation de la perte du Canada.

La superficie de cet archipel est de 235 kil. carrés, la population de 5538, ce qui donne une densité de 22,7 ; elles sont situées sous le 47° de latitude et le 58° méridien ; leur latitude est donc la même que celle du centre de la France, mais le climat est beaucoup plus rude. Le groupe se compose de la *Grande Miquelon*, qui présente quelques mamelons couverts de pâturages, et est réunie par une étroite langue de terre à la *Petite Miquelon* ou *Langlade* ; l'*île aux Chiens* au S. et l'*île Verte* à l'E. ne sont que des écueils sans importance, mais l'*île Saint-Pierre* est pour nous d'un grand intérêt. Couverte seulement de marais et de broussailles formées par des sapins hauts d'un mètre, cette île a un port assez sûr; seule elle est habitée par une population sédentaire ; c'est le siège d'un tribunal de première instance, d'un conseil supérieur et d'une préfecture apostolique ; le câble transatlantique français vient y atterrir. Enfin c'est le centre de ralliement de nos pêcheurs, qui y achètent la rogue et le capelan dont ils se servent pour amorcer. Il y vient par an en moyenne quinze cents vaisseaux portant dix mille hommes ; le commerce monte à vingt millions.

Nous ne pouvons pas élever de fortifications sur le territoire de ces îles, ni y entretenir des troupes de garnison ; mais il y existe une station navale pour la surveillance et la protection des pêcheurs français.

La France a un grand intérêt à ce que notre flotte de pêche, qui enrichit Dunkerque, Dieppe, Granville et Saint-Malo, ne diminue pas d'importance. Elle encourage cette industrie par des primes de 50 francs par homme d'équipage et de 20 francs par quintal de morue sèche.

**ANTILLES**. — Nous n'avons plus de possessions que dans les petites Antilles, ou îles du Vent. La fertilité de ces territoires, la douceur du climat relativement sain, sont de précieux avantages qui y ont fixé les colons. Leur importance stratégique et commerciale ne peut manquer de s'accroître lorsque sera percé le canal de Panama.

Nos établissements dans les Antilles forment deux gouvernements : la Guadeloupe et la Martinique.

**Gouvernement de la Guadeloupe.** — Située sous le 16° lat. N., la Guadeloupe est la plus grande des petites Antilles. Elle a été découverte par Colomb en nov. 1493 et baptisée du nom de N.-D. de Guadeloupe. Depuis 1635 elle est restée française, quoique les Anglais l'aient occupée à plusieurs reprises.

Elle se compose de deux îles, la Grande-Terre au N. E., la Guadeloupe proprement dite ou Basse-Terre au S. O.; entre les deux un canal étroit, marécageux, qu'on nomme la Rivière salée et qui est impraticable à la navigation.

Le contraste est frappant entre les deux îles jumelles. La *Grande-Terre* est basse, plate ; son sommet le plus élevé atteint à peine 39 mètres ; le sol calcaire boit avidement les eaux de pluie ; de là des sécheresses fréquentes. L'île souffre aussi des tremblements de terre : celui de 1843 a accumulé en quelques secondes 110 millions de ruines. Mais la fertilité du sol est prodigieuse : la canne à sucre, le café et le tabac y prospèrent. C'est à cette richesse agricole que la Grande-Terre doit son nom, car elle est moins étendue (560 k.q.) que la *Basse-Terre* (820).

Celle-ci semble vraiment mal nommée, puisqu'elle est couverte de montagnes volcaniques. Son sommet le plus élevé, le piton de la Soufrière, atteint 1484 m. ; c'est un volcan en activité qui domine les cratères comblés de la Grosse-Montagne, de la Montagne-sans-Toucher (1479 m.), des Deux-Mamelles, le Piton de Bouillante et le Mont Piment. Ces sommets sont alignés du S. au N. à peu près suivant l'axe de l'île, avec une dépression au nord de la Soufrière par où passe la route de Basse-Terre à la Pointe-à-Pître. Le côté oriental de cette île porte le nom de Capesterre, le côté occidental le nom de Basse-Terre.

La Basse-Terre doit à ses montagnes de précieux avantages. Les eaux y sont abondantes et s'écoulent par de nombreux ruisseaux à la mer. La *rivière des Goyaves* la traverse du centre au N. E. et tombe dans le grand Cul-de-Sac ; la *rivière Saint-Louis*, dont les affluents vident les petits lacs endormis dans les cratères, tombe au S. O. à la Pointe des Pères.

Sur les pentes des montagnes s'étagent les zones de végétation : la canne à sucre monte du littoral à 400 m. ; le caféier pousse jusqu'à 800 ; au-dessus s'épaississent les forêts touffues de catalpas, d'acajous, d'arbres de bois de Campêche et de bois de fer, d'acacias, etc. — Enfin sur le sommet on trouve des savanes tour à tour verdoyantes et grillées.

Le climat de la Guadeloupe est assez sain sur les hauteurs ; sur les côtes la chaleur est étouffante de juillet en octobre. Les pluies atteignent une hauteur de $2^m,19$.

Les villes se sont naturellement établies sur la côte, malgré les mauvaises conditions sanitaires. Au S. O. la ville de Basse-Terre qui a donné son nom à l'île, capitale du gouvernement, siège d'un évêché et d'une cour d'appel ; sa rade est médiocre, mais profonde ; elle est défendue par le *fort Richepanse* et trois batteries. La population n'est que de 10 000 habitants.

La Pointe-à-Pitre est plus peuplée (15 000 hab.). Sa rade bien abritée a une profondeur moyenne de 8 mètres, on n'y pénètre que par un passage situé au S. ; la largeur dépasse à peine 100 mètres, soigneusement jalonnés par des bouées et des corps-morts ; partout ailleurs les bas-fonds interdisent l'entrée du port à la marine de guerre. La Pointe-à-Pitre est une des meilleurs rades des Antilles ; elle est défendue par les forts *Saint-Louis* et *Fleur-d'Épée* et par des batteries sur les îlots qui couvrent la rade.

Port-Louis (deux batteries) à l'O. de la Grande-Terre et le Moule à l'E. ont des mouillages médiocres.

Dans les montagnes, le village de Sainte-Claude a 5800 habitants.

Dépendances de la Guadeloupe. — De la Guadeloupe dépendent :
1° *Les Saintes*, à 12 kilomètres au S., se composent de huit îles, deux plus grandes que les autres, la Terre-d'en-bas et la Terre-d'en-haut ; elles sont volcaniques et manquent d'eau ; à part cela leur climat est excellent et l'on y a établi un sanatorium pendant la guerre du Mexique. Ces îles renferment de bons mouillages et sont fortifiées d'une manière redoutable par des ouvrages construits récemment sur l'emplacement des défenses ruinées par les Anglais. Ce sont le *fort Napoléon*, l'*avancée de la Vigie*, la *batterie de la Tête-Rouge*. La superficie de ces îles est de 14 k.q., leur population de 1600.

*Marie-Galante* est à 28 kilomètres au S. de la Grande-Terre ; découverte en 1494 par Colomb, elle est française depuis 1648. Ronde, aride, boisée, bordée d'écueils, elle a une superficie de 149 k.q. et une population de 14 800 habitants. Elle a trois villes : le Grand-Bourg ou Marigot sur la côte du S. : c'est la capitale ; elle est fortifiée et a 6500 habitants. Capesterre est au S. E. comme son nom l'indique (3500) et Saint-Louis au N. O. (4000).

*La Désirade* (Déséada) fut la première découverte de Christophe Colomb à son second voyage en 1493 ; elle est à environ 10 kilomètres à l'E. de la Grande-Terre ; sa superficie est de 27 k.q., sa population de 1100 habitants. Elle est volcanique ; ses côtes sont sans abri ; l'eau y manque ; elle produit surtout du coton.

*La Petite-Terre*, qui est voisine, se compose de deux îlots de 14 k.q.

*Saint-Barthélemy* est située à près de 200 kilomètres au N. de la Guadeloupe. Cette île, colonisée par nous en 1684, fut cédée cent ans après aux Suédois, à qui nous l'avons rachetée en 1878 ; les habitants, consultés, ont tous voté pour la France. L'île a 21 k.q. et 2400 habitants. Le sol en est rocheux, élevé, couvert de marais et d'étangs à l'eau saumâtre, si bien que parfois il faut aller chercher l'eau douce dans les îles voisines.

Saint-Barthélemy possède un port d'entrée difficile, mais très bien abrité contre tous les vents et assez profond pour les navires de guerre. Les Suédois l'avaient appelé Gustavia, son nom français est le Carénage.

*Saint-Martin*, située au delà du 18° lat. N. est à 200 kilomètres au N. N. O. de la Guadeloupe, à 20 kilomètres de Saint-Barthélemy. Colonisée à frais communs en 1638 par la France et les Provinces-Unies, elle est encore aujourd'hui par moitié française et hollandaise. Sa superficie totale est de 99 k.q. ; nous en avons 55 où vivent

5400 habitants dans la partie septentrionale. Le chef-lieu, le Marigot, est à l'O. de l'île.

La superficie totale du gouvernement de la Guadeloupe est de 1675 k.q. avec 185 000 habitants. La densité kilométrique est de 111.

**Gouvernement de la Martinique.** — L'*île de la Martinique* est séparée de la Guadeloupe par la Dominique, ancienne possession française devenue britannique. Elle est située à 100 kilomètres au S. E. de la Basse-Terre. Cette île a été occupée en 1635 par les Français; les Caraïbes qui la possédaient n'étaient plus que 600 en 1758, époque à laquelle ils furent transportés à Saint-Domingue. La colonie, une des plus belles de France, a été prise par les Anglais de 1762 à 1763; de 1794 à 1802, enfin de 1809 à 1814.

La superficie est de 987 k.q.; elle est couverte de montagnes volcaniques, moins élevées il est vrai que celles de la Guadeloupe; le morne de la montagne Pelée atteint 1350 mètres, son cratère est rempli par un lac; les pitons du Carbet ont 1207 mètres et entourent aussi un cratère éteint; au S. de l'île est le morne du Vauclin, d'où rayonnent de nombreux contreforts. De ces montagnes coulent un grand nombre de torrents; les deux principaux sont la *rivière du Lézard*, qui part du Carbet et, après un cours assez sinueux d'environ 20 kilomètres, tombe dans la grande baie du Fort-de-France. La *rivière du Lorrain*, un peu moins longue, part du même massif et tombe au N.

La côte est difficilement abordable du côté de l'E., à cause des bancs de coraux qui l'entourent. Ainsi le havre de la Trinité au N. de la presqu'île de la Caravelle et la baie du Galion au S. sont interdits aux navires de guerre, de même le havre du Robert. A l'O. au contraire la mer s'enfonce profondément entre des côtes escarpées, faciles à couronner d'ouvrages de défense, et forme des rades d'une grande sûreté. Au S. la baie du Marin, puis la grande baie du Fort-de-France, la plus belle des Antilles; au N., la rade de Saint-Pierre, très fréquentée, mais offrant un peu moins de sécurité.

Les villes de la Martinique sont le Fort-de-France (anciennement Fort-Royal), capitale de l'île, fondée en 1672; sa population est de 12 000 habitants; c'est le siège du gouvernement, de la cour d'appel et de l'évêché. Les paquebots de Saint-Nazaire au Mexique y font relâche et un bassin de radoub a été creusé dans le port pour les recevoir. La rade est défendue du côté de la mer par le *fort Saint-Louis* au S. de la ville, à l'extrémité d'une presqu'île qui s'avance à l'O. du port; le *fort Desaix* au N., véritable citadelle assise sur un morne inaccessible du côté du S., et des batteries établies à la Pointe des Nègres à l'O., à la pointe de Sable à l'E., enfin au S., de l'autre

# LA MARTINIQUE. — GUYANE FRANÇAISE.

côté de la rade, la *batterie de la Pointe du Bout* et le *fortin de l'Ilet à Ramiers*.

Saint-Pierre est la ville la plus considérable de la colonie par son commerce et sa population (24 000 habitants); c'est la première place de commerce de toutes les Antilles françaises, elle est resserrée le long de la côte par des montagnes presque à pic ; ses maisons entourées de palmiers lui donnent un air riant, mais elle est peu salubre.

Sur la baie du Fort-de-France sont des groupes importants de population : le Lamentin, qui compte 13 400 habitants et les Trois-Ilets, au S. au fond du cul-de-sac Royal ; en côtoyant l'île on trouve ensuite les anses d'Arlet, Diamant, Marin, sur la Basse-Terre, en suivant au N. la Capecterre, Vauclin (5100 hab.), François au fond de la rade du même nom (10 300), Robert (7600), la Trinité (7900), Sainte-Marie et enfin Basse-Pointe au N. Les centres les plus importants de l'intérieur sont le Gros-Morne et le Lorrain, qui comptent 7600 habitants.

L'île exporte surtout du sucre, d'excellent café, du rhum estimé, du cacao, de la vanille, des conserves d'ananas et des pickles. Sa population est de 163 000 habitants, dont 10 000 seulement appartiennent à la race blanche. La densité kilométrique est de 165 ; il n'y a que trois départements en France qui lui soient supérieurs.

Le climat est chaud et malsain sur le littoral ; les pluies durent trois mois.

Le commerce est de 52 millions.

**Guyanne française.** — Presque sous l'Équateur, entre le 3° et le 6° de latitude N., la France possède sur la côte orientale de l'Amérique du Sud une possession dont la triste réputation a, plus que toute autre cause peut-être, discrédité dans notre pays les tentatives de colonisation : c'est la Guyane. — Découverte par Christophe Colomb et Vespuce, cette partie du continent américain fut visitée en 1604 par la Revardière, marin breton ; elle tenta en 1633 des marchands de Rouen, qui y fondèrent des comptoirs et bâtirent en 1637 le fort Louis dans l'île de Cayenne. Prise par les Hollandais en 1656, elle rentra en notre possession sept ans plus tard ; enfin par l'acte constitutif de la compagnie des Indes Occidentales, Colbert avait donné à cette colonie puissante le nom de France équinoxiale. Le programme de colonisation était magnifique : la France de l'Équateur devait s'étendre de l'Orénoque au fleuve des Amazones. Mais ce beau plan ne fut pas exécuté ; et en 1713, au traité d'Utrecht, les limites de la Guyane française du côté du S., furent si mal fixées que les Portugais prétendirent qu'on leur avait reconnu la propriété des territoires situés au S. de l'Oyapok. Depuis cette époque, malgré les protestations de nos gouvernements successifs, les limites de la Guyane ont été le Maroni à l'O., qui nous sépare de la Guyane hollandaise, la Sierra de Tumuc-Umac au S., l'Oyapok à l'E., qui nous séparent du Brésil, l'océan Atlantique au N.

La côte de la Guyane est droite, basse, marécageuse, d'une pente extrêmement faible qui se prolonge fort avant dans la mer. Il en résulte qu'il est difficile d'aborder, les navires ne trouvant pas le tirant d'eau nécessaire et manquant d'abri. Il n'y a qu'une rade accessible aux grands navires : elle est couverte par les îles du Salut, parmi lesquelles l'île Royale et sa rade.

Le port de Cayenne à marée haute n'offre pas plus de 5 mètres de profondeur. Les fleuves profonds et larges sont encombrés par une barre à leur embouchure.

Tout le long de cette côte inhospitalière s'étend une zone de terres basses dont la largeur varie de 20 à 40 kilomètres. Les palétuviers y croissent au milieu de marécages pestilentiels.

Plus loin se trouvent les terres molles qu'on nomme Piripris ou Pripris; la fertilité du sol y est aussi très grande, mais on peut appliquer à ces terrains le proverbe toscan sur les Marennes : On y fait fortune en un an, on y meurt en six mois. — Les Savanes succèdent aux Pripris, elles peuvent nourrir de nombreux troupeaux.

Enfin on arrive aux terres hautes, après avoir franchi les rapides et les cataractes qui barrent les cours des fleuves, unique chemin jusqu'aujourd'hui. C'est le domaine des immenses forêts où croissent des arbres séculaires d'une énorme valeur : l'amaranthe, l'angélique, le wacapou, le bois de rose, le mora qui atteint 45 mètres. — La Sierra de Tumuc-Umac marque le point culminant de la contrée, elle est granitique.

Les rivières de Guyane sont le *Maroni* (600 kil.), qui sort d'un lac de la Sierra Tumuc-Umac, se précipite par plusieurs chutes dont la première, la plus importante, est la chute d'Itapouco. Au-dessous du Saut Hermina le Maroni se répand dans les plaines et est coupé d'îles. — Ce fleuve sert de limite entre la Guyane française et la Guyane hollandaise, à partir du confluent de l'Araoua.

La *Mana* coule du N. au S.; elle est également coupée de chutes dont la plus importante est le saut du Sabat.

Entre le cours supérieur de ces deux rivières s'étend une région boisée, fertile, relativement saine, qui sert de pénitencier (Saint-Louis et Saint-Laurent) aux Arabes d'Algérie.

La *rivière de Sinamari* a environ 250 kilomètres de longueur. Elle est reliée par un canal naturel à la *rivière de la Comté*, qui à son embouchure embrasse l'île où est Cayenne. — La *rivière de l'Approuague* vient d'un contrefort de la Sierra Tumuc-Umac, s'élargit en un vaste estuaire dans les basses terres et est gardée par le fort d'Approuague.

Enfin l'*Oyapok* (500 kil.) descend du mont Tripoutou dans la Sierra Tumuc-Umac, arrose les pénitenciers de Saint-Pierre, Saint-Paul, Saint-Georges et finit dans une vaste baie.

Les productions naturelles de la Guyane, outre les magnifiques essences de ses forêts, sont le rocou, le poivre de Cayenne et le coton indigène. On a trouvé des gîtes aurifères d'une grande richesse, particulièrement dans le lit de l'Approuague et de l'Oyapok. Ces placers, récemment trouvés, ont attiré de nombreux émigrants des Antilles et de l'Amérique du Nord.

La faune de cette région est d'une puissance merveilleuse. Dans les forêts et sur les bords des fleuves vivent des monstres de tout genre.

Les pluies sont d'une excessive abondance, la moyenne générale en est de 3 mèt. 32 cent., près de six fois celle de Paris.

La colonie est divisée en deux cantons, Cayenne et Sinamary.

Cayenne, capitale de la Guyane française, semble une jolie ville d'environ 8000 habitants, située sur la pointe N. O. de l'île du même nom. A l'exception des édifices officiels, palais du gouvernement, caserne, cathédrale, hôpital, presque toutes les maisons sont construites en bois; l'île fournit à profusion les matériaux de ces constructions. A l'intérieur les rues, assez mal pavées, sont converties en cloaques pendant la saison des pluies qui sont diluviennes. La température moyenne est de 27°, le thermomètre oscille entre 10° et 37°.

Sinamary n'est qu'une bourgade dont l'aspect contraste singulièrement avec l'opulence des villes des Guyanes anglaise et hollandaise.

Cayenne est en relations régulières avec la France par un embranchement de la ligne des transatlantiques : Saint-Nazaire, la Guadeloupe, la Martinique.

Le commerce de la Guyane française est bien inférieur à ce qu'il pourrait être : il atteint à peine 8 millions; dont un demi à l'importation. La culture ne s'étend guère que sur 4 à 5 kil. carrés.

La population est de 26 000 habitants, à peine 3000 blancs en y comprenant les troupes et le personnel des administrations. La population indigène se compose d'Indiens Galibis, Approuagues, Arovacas, Émérillons, de nègres marrons et libres, de mulâtres et de coolies venus de Chine et de Cochinchine. Les jaunes sont environ 10 000.

Cette faiblesse numérique des habitants de la Guyane n'est pas seulement due à l'insalubrité du climat. Cayenne, en effet, malgré sa funèbre réputation n'est pas plus insalubre que le Sénégal ou la Cochinchine, et pourtant de toutes nos colonies elle passe pour la plus meurtrière.

Il faut avouer que les tentatives faites jusqu'à ce jour pour y acclimater des Européens ont tristement échoué; mais il est douloureux de constater que les malheureux, qui ont péri dans ces essais, ont été victimes des hommes autant que de la nature.

En 1763 et 1764, Choiseul fit transporter aux bouches du Kourou, en face des îles du Salut, près de 15 000 Alsaciens-Lorrains. L'incurie la plus coupable présida à leur installation. Ces durs paysans, laissés sans abri, sans nourriture, sans médicaments, furent si vite terrassés par le climat, qu'il en restait à peine 2000 au bout d'un an.

Après le 9 thermidor, au lieu d'exécuter les proscrits politiques sur la place de la Révolution, on les envoya à la Guyane; c'était la guillotine sèche. Combien peu en effet, parmi les transportés, purent comme Billaud-Varenne résister aux miasmes pestilentiels, ou s'enfuir à temps comme Barthélemy !

Mais les souvenirs les plus cruels datent de 1852. Après le coup d'État du 2 décembre, la Guyane reçut de nouveau des condamnés politiques. On les répartit sur divers chantiers dans les îles des côtes et les pénitenciers de la terre ferme. La mortalité fut effrayante. A la Montagne d'argent 40 pour 100 périssent en une année; à Saint-Georges on en amène 180 au mois de juillet; au mois de décembre, la moitié étaient morts.

La Guyane fut ensuite affectée à la transportation des condamnés pour crimes de droit commun, qu'on installa pendant quelque temps sur de vieux pontons : en 1866 le nombre en était de 7600. Le centre le plus prospère fut Saint-Laurent du Maroni. Mais la mortalité fut telle en 1867 que le gouvernement prit le parti d'envoyer les forçats en Nouvelle-Calédonie.

### IV. — Colonies d'Océanie.

**Nouvelle-Calédonie**. — Notre plus belle colonie dans le Pacifique est l'île de Nouvelle-Calédonie, découverte et baptisée par Cook en 1774.

Les indigènes lui donnaient le nom de Balad.

L'équipage d'une chaloupe française ayant été massacré à Balad en 1851, pendant une reconnaissance hydrographique, le gouvernement envoya la corvette *le Phoque*, commandant contre-amiral Febvrier-Despointes, qui prit possession de l'île sans coup férir, le 24 septembre 1853.

Cette île est allongée suivant un axe N. N. O. au S. S. E. Elle a 455 kilomètres de long, de 40 à 55 kilomètres de large, sa superficie est de 16 712 k.q. En y joignant les îlots voisins (îles des Pins au S., Bualabeau au N., etc.) et l'archipel parallèle des îles Loyalty, on atteint 19 600 k.q., c'est-à-dire environ la surface de trois départements français.

Les côtes de la Nouvelle-Calédonie et des îles qui en dépendent sont entourées d'un cordon de bancs de sable et d'écueils de coraux très dangereux, mais ces récifs font en même temps l'office de brise-lames. Les ports intérieurs sont assez sûrs : sur le rivage N. E. on trouve les ports Saint-Vincent, Kanala et Balad ; au S. O., la belle baie de Nouméa. On y arrive par les deux passes de Boulari et de la Dumbea ; le port est abrité par les hauteurs de l'île Nou, du Sémaphore, de la Loge maçonnique et de la Pointe de l'Artillerie.

Plus au N., la baie de l'île Ducos, la baie d'Uaraï et de Néhuc, près de la pointe.

Le sol de l'île est de formation madréporique et volcanique.

Une longue chaîne de montagnes encore imparfaitement connue court d'un bout à l'autre, dominée de pics rangés sur plusieurs lignes parallèles et renfermant des cirques où s'engouffrent les eaux de pluie qui se ramassent en lacs souterrains et reparaissent en cascades sur les versants tournés du côté de la mer ; les ruisseaux sont naturellement de faible longueur.

Les sommets les plus élevés se dressent au N. de l'île. Le piton de Painé approche de 1650 mètres. On en donne 1610 au pic Humboldt, situé au S.

Les sommets sont dénudés et d'un aspect misérable, mais les pentes moyennes sont couvertes de bois.

Le principal cours d'eau est le *Dihaot*, qui se jette au N. de l'île ; il roule des paillettes d'or.

La *Tontouta* jaillit à 1200 mètres d'élévation dans le massif du Humboldt, elle a un cours à demi souterrain.

La *rivière de la Dumbea* passe au N. de Nouméa.

L'île de la Nouvelle-Calédonie jouit d'un climat très doux, dépassant rarement 32° dans la saison chaude, atteignant au moins 9° dans la saison d'hiver (juillet et août). On attribue la cause de cette température modérée aux vents alizés.

Cette île se distingue aussi parmi nos autres établissements extérieurs en ce qu'elle est très salubre.

Elle est surtout riche en nickel, elle a aussi des mines d'or et des mines de houille : celles-ci malheureusement difficiles à exploiter et situées au-dessous du niveau de la mer ; elle produit l'igname, le taro, le niaouli aux feuilles odorantes, la patate, etc.; on peut cultiver la canne à sucre et le tabac. Une grande partie du sol est stérile à cause de la sécheresse et du manque de terre végétale mais les vallées sont d'une admirable fertilité et les plantes européennes y viennent bien.

La faune est très pauvre; il y a peu d'oiseaux : on trouve dans les forêts du S. le kagou, le pigeon vert; les sauterelles abondent. On a importé des bœufs d'Australie qui ont prospéré, des moutons qui ont moins bien réussi. Les porcs, qui datent de Cook, ont pullulé.

Les habitants sont de la même race que les Papouas de la Nouvelle-Guinée, ils portent le nom de Canaques; quelques tribus ont été civilisées, il en reste qui sont anthropophages; les blancs étaient, au dernier recensement officiel, de 17345, dont 6000 seulement n'étaient pas des condamnés, et encore la moitié de la population libre se composait de militaires et de marins.

Le nombre total des habitants était de près de 42 000; soit une densité de 2.4.

La capitale de la Nouvelle-Calédonie est Nouméa, 6050 habitants, siège du gouvernement; la plupart des maisons sont construites en bois et l'eau est rare dans la ville. C'est la plus grande facilité de relation avec Sidney qui a fait préférer cette ville à Kanala (ancienne Napoléonville) sur la côte N. E.

L'*île des Pins*, que les Canaques nomment Kounié, est située à 50 kilomètres au S. de la grande île; elle est couverte de bois et de fougères, son principal sommet s'élève à 452 mètres.

Un service régulier de paquebots conduit en 6 jours de Nouméa à Sidney.

Le groupe des *îles Loyalty* dépend de la Nouvelle-Calédonie; il se compose de trois îles principales : Lifou ou Chabrolau centre, Maré au S. et Uéa au N. Les habitants ont été convertis au christianisme par des missionnaires évangéliques ou catholiques. Peu d'Européens séjournent au milieu des 13 à 14 000 Canaques qui vivent sur cet archipel.

**Archipel de la Société ou de Tahiti.** — Les îles de la Société ou de l'archipel Tahiti ont été découvertes en 1606 par Quiros; Wallis en prit possession pour l'Angleterre en 1767, Cook les visita en 1769 et leur donna leur nom en l'honneur de la Société royale de Londres qui l'avait chargé d'y observer le passage de Vénus sur le Soleil.

Des missionnaires anglicans convertirent les habitants, puis, vers 1837, des prêtres de Picpus vinrent prêcher le catholicisme; les intrigues des missionnaires protestants provoquèrent l'intervention

# TAHITI. — ILES BASSES, ETC.

de Dupetit-Thouars (1838). A son second voyage en 1842, en qualité de contre-amiral, il imposa aux îles du S. E. le protectorat de la France (affaire Pritchard), qui a été converti en souveraineté par le traité du 29 juin 1880.

Deux groupes forment l'archipel :

Les îles du N. O. portent le nom d'*îles sous le Vent* ; elles sont indépendantes (traité de 1847 entre la France et l'Angleterre) ; ce sont des îles volcaniques, Tahaa, Raratea, Huahine, Borabora, avec le pic de Pahia d'environ 1000 mètres.

Le commerce de ces îles consiste principalement en huile de coco, oranges, coton, arrow-root, etc.

Au S. O. les *îles du Vent*, dont les principales sont Tahiti et Eiméo ou Moréa.

La superficie de Tahiti est de 1042 k.q. (La totalité de l'archipel, 1174 k.q.). Elle se compose de deux masses à peu près circulaires, réunies par l'isthme de Taravao : au N., Tahiti-Nui, dont l'extrémité septentrionale, la Pointe Vénus, est aujourd'hui éclairée par un phare ; au S., Tahiti-iti.

Le centre de la première est occupé par un double pic, l'Orohéna (2237 mètres). Les parties hautes sont inhabitées, les pentes basses et les vallées sont boisées, parcourues par des eaux courantes et produisent naturellement l'yann, les batates, l'arum ; les habitants de l'île trouvent leur table toute dressée : le coco, les oranges, la canne à sucre, plante indigène qui a servi à renouveler les plants de la Réunion ; la banane se plaisent sur ce sol heureux.

Quoique située à 17 degrés de la ligne, l'île jouit d'un climat délicieux, qui oscille entre 10 et 31°. Sur la côte, la salubrité est parfaite.

Les habitants, dont on connaît la douceur et le besoin d'intimité, sont grands et bien faits. Cook, qui doit s'être trompé, en a compté 100 000 ; ils n'étaient plus que 6000 en 1859. Aujourd'hui, ils atteignent 6820. Les blancs, dont la moitié à peu près se compose de Français, atteignent le nombre de 1350 ; ils vivent avec les indigènes dans les meilleurs termes du monde. La bonne humeur gauloise s'entend à ravir avec l'insouciance enfantine des Tahitiens.

Le commerce de ces îles est malheureusement délaissé par les Français et accaparé par les Anglais, les Allemands et les Américains. Le prochain percement de l'isthme de Panama ne peut manquer de développer la prospérité de l'archipel tahitien.

On se rend de France à Tahiti par San-Francisco. Le voyage est en moyenne de 55 jours.

La capitale du groupe est Papeëte, port de 3000 habitants, assez difficile à atteindre, défendu par des batteries rasantes ; les autres centres sont Haapape, Papara, et Papaoa le meilleur mouillage. À l'intérieur, le fort de Fautauahua est un lieu de promenade à 600 mètres au-dessus de la mer ; on peut y cultiver les fleurs et les fruits de France.

L'île d'Eiméo ou de Mooréa, plus abrupte et plus pittoresque encore que Tahiti, a d'excellents ports dont le meilleur est Papetoai au N.

Sa population est d'environ 1400 habitants.

**L'archipel Touamotou ou îles Basses.** — Les îles *Touamotou*, îles Lointaines, ou Pomotou, appelées encore îles des Perles, à 600 kilomètres au S. de Tahiti, et sous le 20° lat. S. ont été découvertes en 1767 par Carteret, occupées puis abandonnées par les Anglais de 1830 à 1855 ; les Français y ont établi leur protectorat en 1859. Soixante-seize îles madréporiques forment cet archipel, qui ne mérite plus l'épithète de dangereux depuis qu'on en a publié les cartes hydrographiques. La plus grande, Rairoa, a 80 kilomètres de long, 60 de large. Fakarava et Hao ont de bons mouillages.

Cet archipel est un monde en voie de formation : il se bâtit presque sous nos yeux, par des dépôts madréporiques disposés en croissant ou en cercle. La hauteur du sol ne dépasse pas 6 mètres. La superficie totale est de 978 kil. carrés, la population de 7300 habitants, dont peu de Français.

**L'archipel Gambier**, au S. des îles Basses, nous est soumis depuis 1844 ; l'île principale est volcanique, et s'élève à 380 mètres. 900 habitants de religion catholique y vivent misérables. L'île principale, *Mangavera*, est sous le tropique du Capricorne. On y pêche la perle et la nacre.

Dans l'**archipel Tubuai**, deux îles sont soumises depuis 1874 au protectorat de la France : Tubuai avait 345 habitants dont 5 Européens, et Raivavae, 350 habitants : île haute avec des bois.

**L'île Rapa** est protégée depuis 1847, et annexée en 1881. Ses habitants sont décimés par des épidémies, il n'y réside aucun Français.

**Marquises.** Enfin, à 1200 kilomètres au N. N. E. de Tahiti, sous le 10° de latitude, le groupe des *Marquises* ou de Mendana avec ses 1274 kil. carrés, et ses 5750 habitants, appartient à la France. Le sol est volcanique, le climat très chaud, mais sain. Dupetit-Thouars en a pris possession en 1842. On y a déporté les forçats jusqu'en 1865, où la Nouvelle-Calédonie fut choisie pour cet usage.

L'île principale est *Nouka-Hiva*, que parcourent des eaux jaillissantes. On vante la beauté de ses paysages. Une faible garnison française occupe Taiohaé, un beau port au S. de l'île; mais les blancs que protège notre drapeau n'atteignent que le chiffre dérisoire de 109.

*Récapitulation de la population des îles polynésiennes soumises au protectorat et à la souveraineté de la France.*

| | |
|---|---:|
| Ile Tahiti. . . . . . . . . . . . . . . | 9551 |
| Moorea . . . . . . . . . . . . . . . | 1427 |
| Archipel des Touamotou. . . . . . . | 7500 (?) |
| — Gambier . . . . . . . . | 1000 (?) |
| — Tubuai. . . . . . . . . | 693 |
| Ile Rapa. . . . . . . . . . . . . . | 100 (?) |
| Archipel des Marquises. . . . . . . . | 5754 |
| Total. . . . . . . . | 25825 |

# LIVRE III

## L'EUROPE

(ÉTUDE DÉTAILLÉE)

---

## CHAPITRE PREMIER

ÉTUDE APPROFONDIE DES RÉGIONS DE L'EUROPE OCCIDENTALE.
VERSANT DU NORD.

Si l'on compare les deux versants de l'Europe occidentale au N. et au S. de la ligne de partage des eaux, on est frappé du contraste qu'ils présentent. Au N., les montagnes s'abaissent rapidement pour se fondre en une vaste plaine qui s'étend presque sans interruption des bords de l'Escaut à l'Oural. Plus on avance à l'E., et plus s'augmente la largeur de cette zone plate et monotone. Deux mers peu profondes baignent le rivage : la mer du Nord, qui à plusieurs reprises a emporté de vastes pans de continent ; la mer Baltique, qui recule au contraire. Une seule presqu'île, celle du Danemark, peu accidentée, se rattache directement à la grande plaine et s'avance du S. au N., direction que présentent très peu de péninsules. Enfin les fleuves principaux ont leurs vallées sensiblement parallèles et inclinées du S. E. au N. O.

Le versant méridional présente d'imposants systèmes de montagnes : les rivages sont généralement escarpés ; une seule mer les baigne et atteint des profondeurs considérables ; enfin trois grandes presqu'îles s'avancent dans le sens du N. au S., et chacune d'elles est sillonnée dans sa partie septentrionale par la vallée maîtresse d'un grand fleuve coulant à peu près parallèlement à l'équateur ; — l'Èbre, le Pô et le Danube.

Nous allons étudier en détail les régions de l'Europe occidentale de l'Escaut au Niémen, et du Danube à l'Èbre ; les autres bassins seront l'objet d'un examen moins approfondi.

## I. — L'Escaut.

**Cours de l'Escaut.** — L'*Escaut* est essentiellement un fleu[ve] de plaines ; sa source est à 90 mètres seulement d'altitude ; s[on] cours est lent, il est navigable dès Cambrai, à quelques kilomètr[es] de sa source. Il entre en Belgique après le confluent de la Scarp[e,] laisse à droite Fontenoy (1745) et arrose Tournay (Doornik), a[n-]cienne place forte aujourd'hui délaissée ; Pont-à-Chin, défaite d[es] Français en 1794. A Oudenarde cessent les derniers coteaux s[ur] les bords du fleuve. Arrivé à Gand, le fleuve a 32 mètres de largeu[r,] il quitte la direction du S. au N., qu'il a suivie jusque-là pour cel[le] de l'O. à l'E. Gand est la troisième ville de la Belgique, patrie [de] Charles-Quint ; vieille cité de libertés municipales, elle a d'ancie[ns] monuments et des industries actives. Les Français l'ont prise ci[nq] fois en deux siècles.

On trouve ensuite Dendermonde ou Termonde à l'embouchu[re] de la Dender. A quelques kilomètres plus bas, l'Escaut reprend [sa] direction au N. et reçoit son principal affluent, la Rupel, dont [la] largeur est de 300 mètres. La distance entre les deux rives [du] fleuve est alors de près d'un kilomètre ; elle diminue près d'Anver[s] où l'Escaut a 500 mètres de bord à bord ; mais la profondeur aug[-]mente, la marée se fait sentir et amène dans le port d'Anvers l[es] plus gros navires.

Anvers (Antwerpen) est pour l'importance la seconde ville [de] la Belgique (163 000 hab.) ; elle est la première pour le com[-]merce. Au XVI<sup>e</sup> siècle, elle primait toutes les autres cités des Pay[s-]Bas ; mais pillée en 1756 par les Espagnols, prise par Alexand[re] Farnèse en 1585, après un siège d'une année, Anvers fut ruin[ée] définitivement par le traité de Westphalie qui ferma l'Escau[t.] De l'occupation française (1794-1814) date le relèvement de cet[te] grande ville. Napoléon y avait accumulé d'immenses ressource[s] qu'abandonnèrent les Bourbons. Aujourd'hui c'est la seule place for[te] de l'Etat belge, une des plus solides de l'Europe. Entourée d'un[e] enceinte bastionnée avec une citadelle : la *Tête de Flandre*, sur [la] rive gauche ; la ville est protégée à distance par huit forts détach[és] sur la rive droite, quatre sur la rive gauche, et par un systèm[e] complet d'inondations. En cas d'invasion, l'armée belge tout entiè[re] peut trouver asile derrière ses ouvrages et y attendre les secours d[es] puissances garantes de la neutralité. Peu de villes de l'Euro[pe] occidentale ont du reste joué un rôle égal au sien dans l'histoi[re] militaire : ses deux sièges surtout de 1584 et 1832 sont rest[és] classiques.

Au-dessous d'Anvers l'Escaut est bordé de digues puissantes et maîtrisé par de nombreuses citadelles. Les forts *Saint-Philippe* (rive droite) et *Sainte-Marie* (rive gauche) se font vis-à-vis au premier détour, puis après le fort *de la Croix* (Kruischanz), les citadelles *Lief-Kenshoeck* (rive gauche) et *Lillo* (rive droite), enfin le fort *Frédérick Henri*.

Il quitte alors le territoire belge, forme un estuaire d'une grande largeur et se bifurque en deux bras énormes. Au S. coule l'Escaut occidental (De Hond), au N. l'Escaut oriental (De Geule), qui entourent les îles Beveland. C'est l'*Escaut occidental* qui sert à la navigation. Le fort *Bath*, à l'extrémité orientale de Sud-Beveland, et le fort *Frédéric Henri* surveillent ce bras du fleuve. En face du dernier, dans l'île de Walcheren, est la place forte de *Flessingue*, patrie de Ruyter. De nombreux bancs de sable encombrent l'embouchure.

L'*Escaut oriental*, moins profond, attaqué par les entrepreneurs de polders, traversé déjà par le chemin de fer de Flessingue à Bréda, passe entre Beveland-Sud et Tholen, puis entre Beveland-Nord et Schouwen. Un de ses bras sépare les deux îles Beveland et, se bifurquant à son tour, isole à peu près l'île de Walcheren, dont la capitale Middelbourg et la citadelle Flessingue communiquent cependant par chemin de fer avec le reste de la Hollande.

La navigation de l'Escaut maritime jusqu'à Anvers est absolument libre depuis 1863.

**Affluents de l'Escaut.** — L'Escaut reçoit en France : 1° à gauche, la *Sensée* (Bapaume, Bouchain); 2° à droite, la *Rhonelle* (Le Quesnoy, Valenciennes); 3° l'*Haine*, qui n'est française que pendant quelques kilomètres. Cette rivière naît près de Binche, arrose Mons, autrefois place forte, aujourd'hui démantelée, passe près de Saint-Denis, où Guillaume d'Orange fut battu en 1678, Jemmapes, grande victoire du 6 novembre 1792, elle reçoit à gauche la *Grande Honelle* qui passe près de Malplaquet (1709); 4° à gauche, la *Scarpe* (Arras, Douay, Marchiennes, Saint-Amand).

En Belgique l'Escaut n'a qu'un affluent notable à gauche, c'est la *Lys*, qui arrose en France Thérouanne, près de laquelle est Guinegate (1479-1513), Aire, Saint-Venant, Armentières. En Belgique, Menin, Courtray, où les Français furent vainqueurs des Flamands en 1302, et des Autrichiens en 1794, et finit à Gand. Ses affluents sont : *a*, la *Lawe* (Béthune); *b*, la *Deule* (Lens, Lille, et près de là Roubaix, Tourcoing), grossie de la *Marcq* (Mons-en-Pucelle, victoire de Philippe le Bel, 1304; Bouvines, défaite de l'armée anglo-allemande par Philippe Auguste en 1214); *c*, la *Mandelle* (Rosebecque, victoire de Charles VI, 1382).

Les affluents notables de l'Escaut en Belgique sont, à droite :

1° La *Dender*, formée de deux bras qui se réunissent à Ath ; la rivière coule du S. au N., arrose Alost et tombe à Termonde ;

2° La *Rupel*. Ce cours d'eau puissant, large de 300 m. et très profond, n'est désigné sous ce nom que sur une longueur de 12 kilomètres. Il est constitué par trois rivières importantes : la Senne qui vient du sud, la Dyle qui vient du sud-est, et la Nèthe qui coule du nord-est.

La *Senne* passe à Soignies et à Steinkerque, où Guillaume d'Orange surprit en 1692 le maréchal de Luxembourg, mais fut battu. Elle arrose BRUXELLES EN BRABANT, capitale de la Belgique, peuplée de 391 000 hab., faubourgs compris ; grande et belle ville de commerce et d'industrie, française de 1794 à 1814, couverte au sud-est par la forêt de Soigne qui occupe encore plus de 50 kil. carrés. C'est la patrie du grand peintre Philippe de Champagne et de Van der Meulen, peintre des batailles et sièges de Louis XIV, du général Windischgraetz, du médecin Vésale. La Senne est grossie à droite de la *Sennette* qui arrose Seneffe, victoire de Condé en 1674, et a dans son bassin Nivelles.

La *Dyle* arrose Genappe, Wavre, célèbres pendant la campagne de 1815, passe à Louvain où les Français essayèrent en vain de couvrir Bruxelles, en 1793, après la défaite de Neerwinden. En 1831, les Hollandais y battirent les Belges. L'Institut philosophique du roi des Pays-Bas, Guillaume Ier, est devenu une université catholique. Malines est un archevêché ; cette ville est célèbre par ses dentelles. La Dyle est grossie à gauche de la *Lasne*, qui contourne le trop fameux plateau de Belle-Alliance, Mont-Saint-Jean et Waterloo ; à droite elle reçoit le *Demer* : cette rivière vient directement de l'Est et arrose Hasselt, nœud important de chemins de fer. Parmi ses nombreux affluents, citons la *grande Gèthe*, qui vient du sud, prend sa source près de Ramillies où Villeroy fut battu en 1706 et baigne Tirlemont (défaite des Autrichiens en 1793). Son affluent la *petite Gèthe* coule dans un pays très couvert, au pied d'un plateau que couronnent les deux villages de Landen et de Neerwinden, célèbres par la victoire de Luxembourg en 1693 et la défaite de Dumouriez, cent ans plus tard.

La *Nèthe* est formée de deux cours d'eau : la *grande Nèthe*, au S., a dans son bassin Beverloo, camp d'instruction et de manœuvres de l'armée belge, et la *petite Nèthe*, au N. Ces deux rivières arrosent un pays plat, très favorable à l'établissement de canaux ; elles se réunissent à Lierre. Les Belges ont construit sur les bords de la Nèthe de sérieux ouvrages de fortification, qui doivent servir à retarder l'investissement d'Anvers.

## II. — La Meuse.

**Cours de la Meuse.** — Le bassin de la Meuse se divise en deux parties de longueur à peu près égale. En France et en Belgique la vallée est encaissée et contourne des plateaux boisés, marécageux; en Hollande, au contraire, le fleuve coule dans une plaine de plus en plus imbibée d'eau, traversée par un réseau très compliqué de canaux qui mettent la Meuse en communication avec l'Escaut. Les bouches du fleuve se confondent d'abord avec le delta rhénan, puis avec celui de l'Escaut.

La Meuse en Belgique, ou Meuse moyenne, est sensiblement parallèle à l'Escaut et à la Moselle. Comme l'Escaut elle dessine un angle dont le sommet tourné à l'O. est le point où tombe le principal affluent de gauche. Dinant est célèbre par les luttes de ses corporations contre les ducs de Bourgogne. Namur (Namen) n'a gardé de ses anciennes fortifications que sa citadelle sur la rive gauche du fleuve et la rive droite de la Sambre. La largeur du cours d'eau est de 125 mètres.

De Namur à Liège la Meuse prolonge la direction de la Sambre et s'engage dans les vallées pittoresques de l'ancienne forêt charbonnière; elle arrose Huy (rive dr.), est côtoyée sur la gauche par la grande ligne de chemins de fer Paris-Cologne et, après un détour semi-circulaire, arrive à Liège (Lüttich). Cette ville fut une des plus célèbres des Pays-Bas par ses luttes pour la défense de ses libertés municipales; le siège le plus fameux de son histoire est celui de 1468 (Louis XI et Charles le Téméraire). Elle n'a gardé de ses fortifications que sa citadelle. Située au centre d'un bassin houiller d'une grande richesse, entourée de villes industrielles, Liège fabrique des canons, des machines, des fusils. Elle a des mines de houille, de fer et de zinc et une grande Université organisée sur le modèle de celles d'Allemagne.

En sortant de Liège la Meuse prend la direction du nord, passe à Herstal (rive g.), berceau des Carolingiens. A partir de Visé les collines s'éloignent des bords et la Meuse devient frontière entre les deux Limbourg, belge et hollandais.

Maëstricht pourtant, sur la rive gauche, patrie du comte de Mérode qui a joué un si grand rôle dans l'affranchissement de la Belgique, a été gardée par les Hollandais. Cette place forte a été longtemps, comme son nom l'indique, un des points de passage les plus fréquentés. Nous l'avons prise trois fois : en 1675, 1748 et 1794. Les Hollandais ont décidé en principe de la démanteler, néanmoins elle a encore son enceinte et ses deux forts détachés de

*Saint-Pierre* au S. et du *roi Guillaume* au N. Le cours tortueux de la Meuse la conduit ensuite à Maaseijk dont le nom indique suffisamment la position à un angle du fleuve. Au-dessous de cette ville ses deux rives sont hollandaises, mais une étroite lisière seulement sur la rive droite sépare le fleuve des pays prussiens; on trouve, rive droite, Ruremonde; Venlo également à droite a perdu ses remparts et conservé sa tête de pont sur la rive gauche qui surveille un nœud capital de voies ferrées. Grave, rive gauche, ville fortifiée avec des ouvrages de l'autre côté du fleuve a perdu de son importance. Elle tomba entre nos mains en 1794. A partir de cette ville la Meuse, qui prend décidément la direction de l'ouest, est extrêmement tortueuse, elle double la ligne du Waal et est défendue par les forts *Saint-Andries* (rive dr.), *Crèvecœur* (rive g.) au confluent de la Dieze, *Heusden*, au milieu de marais (rive g.), et enfin *Lœvenstein* en face de Gorkum, où se trouve aujourd'hui le confluent de la Meuse et du Waal. A partir de ce point la Meuse entre dans le delta rhénan, que nous étudierons plus loin.

**Affluents de la Meuse.** — 1° La *Semoy* (à dr.), qui a son embouchure en France, coule sur le territoire belge parallèlement au Chiers; son lit est très encaissé et dominé par des plateaux couverts de grandes forêts. Elle prend sa source près d'Arlon, arrose Chiny (rive g.), traverse Bouillon enlevé à la France en 1815, ancienne capitale du duché indépendant qui a appartenu à la maison si française de la Tour d'Auvergne; elle finit à Monthermé. La ligne de la Semoy est d'une grande force défensive et n'est accessible que sur quelques points faciles à couvrir. Nous la tournons par Givet.

2° Le *Viroin* (rive g.) est formé de deux cours d'eau : l'*Eau noire* vient du sud et sert tant bien que mal d'affluent à un grand nombre de petits lacs; ses sources sont près de Rocroy (1643). L'*Eau blanche* vient de l'E. et coule à travers la région des Fagnes. Elle arrose Chimay et Marienbourg, ancienne place forte enlevée à la France en 1815 et aujourd'hui déclassée.

3° La *Sambre* (rive g.) arrose en France Landrecies et Maubeuge, elle entre en Belgique près d'Erquelines, sa vallée profonde aux nombreux méandres n'est qu'une longue rue industrielle, les hauteurs de la rive gauche sont généralement plus élevées. Après Thuin (rive dr.) on y trouve Charleroy, dont l'importance stratégique fut si considérable dans les deux derniers siècles, alors que la Belgique, appartenant à la maison d'Autriche, pouvait être défendue contre la France à forces égales. Ses fortifications ont été démolies, et le grand nombre de viaducs par lesquels le chemin de fer traverse la Meuse (26 ponts d'Erquelines à Namur) permet de tourner facilement cette place. C'est en arrière de Charleroy que se trouvent les deux positions voisines de Fleurus (1650-1794) et de Ligny (16 juin 1815). Au-dessous de Charleroy, la Sambre côtoie à droite le plateau schisteux de la Marlagne, toute l'activité industrielle se concentre dans les bourgs nombreux de la vallée. On trouve ensuite Namur, où la Sambre se jette dans la Meuse, à qui elle impose sa direction.

4° L'*Ourthe* (rive dr.) vient du sud et est formée de deux bras; elle sillonne de sa vallée profonde et de ses replis la région qui porte le nom de Famenne, pays de plateaux boisés comme celui de Saint-Hubert. C'est le cœur de l'Ardenne. La rivière est sensiblement parallèle à la Meuse et forme en avant de la vallée maîtresse une bonne ligne de défense et d'observation. Elle reçoit presque à angle droit deux affluents à droite : l'*Amblève*, dont les deux bras supérieurs sont prussiens et qui arrose Stavelot, et la *Vesdre* dont le bassin a une importance capitale : sur son cours se trouve Verviers, une des cités les plus actives de Belgique; sur un de ses affluents la ville de Spa, célèbre par ses eaux minérales.

5° La *Roer* (rive dr.), qui coule également du S. au N., est dans une bonne partie de son cours à peu près à moitié chemin entre le Rhin et la Meuse : elle barre la plaine qui s'étend au nord de la contrée difficile du Hohe-Venn, c'est une bonne position d'arrêt dont nous avons éprouvé la force en 1793. Elle arrose Düren, nœud important de chemins de fer. Juliers (Jülich), ancienne place forte, capitale d'un duché très disputé au commencement du dix-septième siècle; laisse fort à gauche Aldenhoven, où commença la bataille de la Roer, gagnée par Jourdan en 1794, et tombe à Ruremonde : elle reçoit à gauche l'*Inde* qui passe à Stollberg et la *Worm* qui reçoit les eaux des sources d'Aix-la-Chapelle (Aachen), séjour favori et sépulture de Charlemagne, célèbre par les traités de 1668, de 1748 et par le congrès de 1818.

6° La *Dieze* (rive g.) est formée à S'-Hertogenbosch (Bois-le-Duc) d'un grand nombre de cours d'eau dont le plus important est la *Dommel*.

7° La *Mark* (rive g.) passe à Breda, école militaire de la Hollande, place très forte, célèbre surtout par le siège de 1625 qu'elle soutint contre Spinola et par la paix de 1667.

**Vue générale des bassins inférieurs de l'Escaut et de la Meuse. Canaux.** — Dans son ensemble la région arrosée par l'Escaut et la Meuse inférieurs présente une remarquable unité. Le sol va en s'abaissant par degrés du S. E. au N. O. des plateaux de l'Ardenne aux rivages de la mer. La ligne enveloppante tracée par la Sambre et la Meuse jusqu'à Liège marque la fin de la première zone, se composant de l'O. à l'E. de la Thiérache, la Marlagne, le Condroz et le Hohe Venn.

La seconde zone commence par un rebord qui se relève au-dessus de la Sambre et de la Meuse et va en s'abaissant peu à peu jusqu'à la ligne de l'Escaut et du Demer. On y trouve encore quelques plateaux boisés, mais plus généralement le sol siliceux ou carbonifère convient aux prairies naturelles ou artificielles et a été admirablement amendé. Le Borinage (environs de Mons) est surtout renommé pour les richesses du sous-sol, la Hesbaye, au nord de Liège, pour ses prairies.

Au delà de l'Escaut et du Demer le sol est formé d'alluvions, et a été transformé par des travaux séculaires en une plaine de culture intensive. Les Flandres à l'ouest et la terre de Waes au centre, la Campine à l'est, sont d'une grande fertilité. Déjà Philippe II disait au seizième siècle que la Flandre n'était qu'une ville : *Flandriam esse continuam urbem*. On en peut dire autant aujourd'hui de la Belgique tout entière. Le littoral enfin est marqué par un cordon presque rectiligne de dunes, d'une hauteur de 20 à 30 mètres, qui s'arrêtent au delta pour se prolonger au delà de l'embouchure de la Meuse jusqu'à la pointe du Helder. Toute la contrée en deçà des dunes, autrefois envahie par les eaux a été desséchée et donne de riches produits. Ainsi Damme, où la flotte de Philippe Auguste fut ruinée en 1213 par celle de Jean Sans Terre, Sluis ou l'Écluse, qui rappelle notre défaite navale au début de la guerre de Cent Ans, sont aujourd'hui en pleine campagne. Nieuport, près de l'embouchure de l'Yser, voit la mer se reculer de plus en plus. La Belgique n'a plus que deux ports de mer : Ostende et Blankenberghe, ce dernier simple bassin de pêche et de refuge; mais grâce à ses canaux la Belgique peut transporter à bon marché ses denrées à Bruges, Ostende, Gand et surtout Anvers, qui sont les grands centres d'exportation.

Les canaux qui sillonnent en tout sens la Belgique ont été creusés particulièrement au nord de la ligne Escaut-Demer, à la fois pour le dessèchement des terres et le transport des marchandises.

Voici le tableau des plus importants.

### TABLEAU DES CANAUX DE L'ESCAUT ET DE LA MEUSE.

*Entre l'Escaut et la Lys.*

1. Canal de l'Espierre, de l'Escaut à Roubaix et à Lille.
2. Canal de Courtray, entre Bossuyt sur l'Escaut et Courtray (Lys).

*Entre l'Escaut et la Meuse.*

3. De Mons à Charleroy, entre Sambre et Haine. Prolongé d'une part jusqu'à Condé en suivant l'Haine, de l'autre par le canal d'Antoing parallèlement à la frontière jusqu'à Tournay, enfin avec bifurcation sur la Dender par Ath et Alost.
4. De Charleroy à Bruxelles, par Seneffe, la Sennette et la Senne.
5. De Maëstricht à Anvers par le Zuyd Willem Canal, de Maëstricht à Bar-le-Duc parallèlement à la Meuse, bifurqué à Bocholt avec le canal de la Campine.
6. De Vanloo à Anvers, par le canal du Nord, le Zuyd Willem, de Nederweet à Bocholt et le canal de la Campine.

*Ligne de navigation intérieure.*

7. De Hasselt à Anvers par Turnhout.

*De l'Escaut à la mer.*

8. De Gand à Ostende, par Bruges.
9. De Gand aux bouches de l'Escaut, par Sas de Gand et Biervliet.
10. Canal de la Durme, de l'Escaut, entre Termonde et Rupelmond, par Lokeren et Sas de Gand.
11. Canal Léopold, parallèle à la frontière de Sas de Gand à Heyst.

## III. — Le Rhin.

La longueur du Rhin, de sa source à son embouchure, en ligne droite est de 750 kilomètres. Mais ses sinuosités sont si nombreuses encore, bien qu'en beaucoup d'endroits son cours ait été rectifié, qu'il se développe sur près de 1400 kil. Il emporte les eaux de près de 220 000 kil. carrés.

L'importance historique du Rhin est sans égale dans l'Europe centrale. Depuis l'époque romaine jusqu'à nos jours ce grand fleuve, disputé entre la Gaule et la Germanie, a joué un rôle souvent décisif. Sa largeur, l'abondance de ses eaux en font une barrière militaire de premier ordre; enfin comme il coule du S. E. au N. E. dans des régions au climat tempéré, généralement très fertiles, et qu'il ne gèle presque jamais, il a été jusqu'aux âges contemporains la grande voie commerciale du S. au N. de l'Europe.

La nature a marqué elle-même les trois grandes sections du bassin rhénan.

Dans la première, de la source au coude de Bâle, le Rhin a un cours semi-circulaire et coule dans un lit unique, généralement encaissé : c'est le Rhin Helvétique.

Dans la seconde, du coude de Bâle à Emmerich, le Rhin suit une direction générale du S. au N., forme des îles nombreuses surtout au-dessus de Mayence. Il coule pendant la plus grande partie de cette section dans de riches plaines. Sous la première République et sous l'Empire c'était le Rhin franco-allemand, C'est aujourd'hui le Rhin allemand.

Dans la troisième, le Rhin qui prend le nom de Rijn, incline à l'O., et se partage en deux bras qui se subdivisent eux-mêmes en plusieurs autres. C'est le Delta rhénan ou Rhin hollandais.

### Rhin supérieur.

**Ceinture.** — La ceinture du Rhin supérieur est assez nettement marquée à l'O. à partir du Saint-Gothard par les Alpes, le Noirmont, le Jorat et le Jura. Il existe entre le Jorat et le Noirmont une dépression naturelle par où passe le canal d'Entreroches qui fait communiquer le bassin du Rhin avec celui du Rhône ; au N. du Jura est un autre seuil : la trouée de Belfort. A l'E., la ceinture est tracée par les Alpes Grises, du Vorarlberg, Algaviennes et de Constance. A la soudure des deux dernières chaines, une communication souterraine s'est établie entre le Rhin et le Danube, mais ce tunnel inexploré est sans importance hydrographique. — Les Alpes de Constance se terminent à l'O. par des plateaux qui se relient à ceux des Alpes de Souabe (Hautes-Alpes) et au S. de la Forêt-Noire.

**Cours du Rhin supérieur.** — Les montagnards des Alpes Grises donnent le nom de *Rhein* à un grand nombre de cours d'eau qui descendent des Alpes Rhétiques et se réunissent dans une vallée commune, à un torrent tombant du Saint-Gothard, qui est considéré comme la branche principale, et qu'on appelle le Rhin antérieur ou *Vorder Rhein*.

Le *Rhin antérieur* coule du S. O. au N. E. dans une profonde vallée, resserrée entre le pied même des Alpes de Glaris et les contreforts des Alpes Rhétiques. A Dissentis il reçoit une autre branche assez courte, le *Rhin du milieu* ou *Mittel-Rhein* qui vient du Lukmanier et coule du S. au N. A Hans il se grossit d'un affluent très secondaire, la *Glenner*, formée elle-même du *Rhin de Vrin* (*Vriner-Rhein*) et du *Rhin de Vals*, qui bondissent d'abord, non dans les mille roseaux, mais dans les glaciers et les moraines du fameux mont Adule.

A Reichenau débouche le *Rhin postérieur* ou *Hinter-Rhein* qui vient également du Mont Adule. Cette vallée est d'abord parallèle à celle du Rhin antérieur et reçoit les eaux et les routes du Bernardino et du Splügen. On y trouve deux des villages les plus élevés des Alpes : Hinterrhein et Splügen (1450 m.). Brusquement le Rhin postérieur fait un angle presque droit et coule au N., il passe à travers la vallée sauvage qu'on appelle la Via Mala, en sort à Thusis et arrive enfin à Reichenau. — Cette vallée est le grand chemin que suivaient les empereurs allemands du moyen âge pour se rendre en Italie. Un affluent important du Rhin postérieur, l'*Albula* roule ses eaux claires, plus grosses parfois que la rivière maîtresse, à travers une vallée presque aussi affreuse que la Via Mala : la gorge Schyn. Cette vallée conduit aux passes de Septimer, de Julier et de l'Albula.

A Reichenau le Rhin est constitué, il n'est plus qu'à 586 m. au-dessus de la mer, tandis que ses sources sont à 2300. Les torrents se sont réunis en un fleuve puissant.

Le Rhin contourne ensuite les falaises ruinées de la Calanda laissant à sa droite une plaine de quelques kilomètres; à deux lieues du fleuve, au débouché de la vallée de la *Plessur* se trouve la ville de Coire (Chur) ancien évêché souverain, aujourd'hui capitale des innombrables Ligues Grises.

A la hauteur de Coire le Rhin quitte, pour ne plus la reprendre que sur de très courts tronçons, la direction de l'O. à l'E.; c'est là également que commence actuellement, pour ne plus finir, sur les rives du fleuve, le va et vient des trains de chemins de fer. Une seule voie escorte le fleuve sur la rive droite jusqu'à Mayenfeld. Au-dessous de cette dernière ville, le Rhin atteint la chaîne transversale du Rhaeticon, dont les dernières ondulations portent la forteresse suisse de Sanct Luziensteig. L'importance de ce point stratégique est considérable et explique les travaux récents par lesquels on l'a mis en état de résister au bombardement. Là en effet s'ouvre la brèche de Sargans, seuil naturel qui conduit aux lacs de Wallenstad et de Zürich, c'est-à-dire au cœur de la Suisse, permettant de tourner les lignes de défense de la Thur, de la Töss, de la Glatt et de la Limmat. Le Rhin suivait, dit-on, à une époque géologique antérieure, la route du N. O.; et en 1855 on a craint que le fleuve débordé ne s'ouvrît de nouveau ce passage. Les craintes sont si vives encore aujourd'hui, que le chemin de fer de Zurich au Rhin supérieur a dû être construit en remblai dans la traversée du territoire de Sargans.

Au delà du Rhaeticon commence une belle vallée d'alluvions qui va s'élargissant de plus en plus à mesure qu'on se rapproche du N. Le Rhin y sépare la Suisse de la petite principauté de Liechtenstein dont la capitale (r. d.) a quitté son nom de Vaduz pour prendre officiellement celui du territoire. A Werdenberg (r. g.) commence la navigation sur le fleuve. Chaque rive a maintenant son railway : des îles coupent çà et là le lit du fleuve, des digues en contiennent les eaux, et cette riche contrée qu'on appelle le Rhein-Thal est en effet une création du Rhin lui-même qui l'a comblée. Le fond du fleuve s'exhausse d'une manière continue comme celui du Pô en Lombardie, sur plusieurs points il est déjà à plusieurs mètres au-dessus des campagnes riveraines, et c'est un grand travail de s'opposer aux inondations.

Le fleuve arrive ensuite au lac de Constance. Devant la masse d'alluvions, boues, galets, débris de toute sorte roulés par le Rhin, le lac de Constance recule d'année en année. Autrefois la porte du fleuve était à Rheineck, qui est aujourd'hui à plusieurs kilomètres du lac.

Le LAC DE CONSTANCE ou *Bodensee* est élevé de 398 mètres au-dessus de la mer, sa longueur est de 80 kilomètres, sa superficie de 540 kil. carrés. Il est donc moins vaste que le Léman, il est aussi moins profond (276 mètres de profondeur extrême, 150 de profondeur moyenne). Il se termine en deux cornes, le *lac d'Ueberlingen* et le *lac inférieur ou de Radolfszell*. Mais son rôle historique et militaire est beaucoup plus considérable. Au moyen âge les abbayes se pressaient sur ses bords et la ville de Constance était le siège d'un évêché qui embrassait une partie de l'Allemagne du Sud.

Fondée en 304 par le césar Constance Chlore, Constance a eu son apogée au quinzième siècle, elle a vu tenir dans ses murs le fameux concile où brillèrent les docteurs de l'Université de Paris. Aujourd'hui elle est bien déchue et ne tient qu'un rang médiocre parmi les villes du grand-duché de Bade. L'importance commerciale du lac a décru aussi depuis la construction des chemins de fer. En 1815 il a fallu découper de telle sorte les régions riveraines que cinq États eussent un port sur le lac. L'Autriche possède Bregenz à l'angle S. E.; la Bavière est reliée par une étroite langue de terre à Lindau. Le Württemberg a obtenu Friedrichshafen. Bade est le mieux partagé des États allemands : il a Ueberlingen et Radolfszell sur les lacs de ce nom et Constance sur la rive gauche et au débouché du grand lac. On a laissé à la Suisse sur la rive méridionale Romanshorn, relié par un puissant bac à vapeur à Friedrichshafen, et Rorschach.

La navigation est assez active sur le lac de Constance. Malheureusement en hiver les rives sont assez souvent envahies par des croûtes de glace; le lac n'a gelé tout entier que cinq fois dans les quatre derniers siècles (1477-1572-1596-1695-1830) : à des dates d'hivers célèbres par leur âpreté.

C'est par le bassin de Radolfszell ou de Zell, appelé aussi lac inférieur que s'écoule le trop plein du lac. Il est à un mètre en contre-bas du bassin principal, auquel il est joint par un canal de 4 kilomètres de longueur et contient la grande île de Reichenau. Autrefois le Rhin sortait par le lac d'Ueberlingen, et par la Stockach, contournait les collines du Hegau. Il y a plus longtemps encore

## RHIN SUPÉRIEUR. — RIVIÈRES DE SUISSE.

le lac de Constance était dit-on, tributaire du Danube. Enfin, à une époque plus rapprochée, le fleuve qui sort aujourd'hui du lac inférieur à sa pointe méridionale, près de Stein, en sortait à l'extrémité de la pointe du N. près de Radolfszell, et empruntait les vallées de l'Aach et de la Biber.

De Stein à Bâle le fleuve suit la direction de l'O. Il vient se heurter à Schaffhouse aux collines du Klettgau. Il les perçait autrefois pour rejoindre son cours actuel par la vallée de la Wutach. Aujourd'hui il se détourne brusquement au S. et se précipite de 20 mètres de haut à la chute de Laufen, la plus belle de l'Europe. Après avoir reçu la Töss il incline de nouveau à l'O. et se fraie à travers le Jura une vallée tortueuse avec d'autres chutes moins importantes à Zurzach, Laufenburg et Rheinfelden.

Cette région est connue dans l'histoire des deux derniers siècles sous le nom de zone des villes forestières, elle a été souvent parcourue par nos armées dans leurs mouvements tournants du Rhin au Danube. Les plus importantes sont Eglisau (r. d.), Kaiserstuhl (r. g.), Zurzach (r. d.), Waldshut (r. d.), en face du confluent de l'Aar, Laufenburg (r. g.), Sackingen (r. d.), Rheinfeld (r. g.), illustré par la victoire de Bernard de Saxe-Weimar en 1639, Augst (r. g.), ancienne *Augusta Rauracorum*, qui était à l'époque romaine un des principaux postes d'observation des légions, Schweizerhall (r. g.) la plus belle mine de sel gemme de la Suisse; enfin Bâle (Basel) au coude du Rhin, célèbre par sa belle cathédrale, son musée si riche en peintures de Hans Holbein, et son rôle historique. Ancien évêché souverain, Bâle a été le siège du fameux concile de 1429 (fin du schisme d'Occident). C'est par le pont de Bâle que Schwarzenberg passa le Rhin en 1814.

**Affluents du Rhin supérieur.** — Rive gauche. — Jusqu'au lac de Constance, le Rhin longeant la base des montagnes n'a pas d'affluent important sur la rive gauche.

Au-dessus de Schaffouse, il reçoit plusieurs cours d'eau dont le cours est parallèle à celui du fleuve et qui offrent des lignes de défense dont l'importance a été démontrée par les campagnes de 1799 :

1° La *Thur*, passe à Bischoffzell, à Andelfingen (1799). Elle reçoit à droite la *Sitter* qui arrose Appenzell, et passe près de Saint-Gall. A gauche la *Murg*, qui baigne Frauenfeld.

2° La *Töss*, passe près de Winterthur, nœud très important de chemins de fer.

3° La *Glatt*, sort du *lac de Greiffen* qui reçoit les eaux du *Pfaffikon* par le ruisseau de l'*Aa*. Large à peine de 3 mètres, ce cours d'eau, sur une longueur de 8 kilomètres, n'a pas 100 mètres de chute, mais sa force motrice a été si bien utilisée qu'on lui a donn[é] le surnom de « rivière des millions ».

4° L'*Aar*. Cette rivière est la plus importante de la Suisse. Sa longueur dépasse 400 kilomètres.

Elle descend du Finsteraarhorn, ouvre par une de ses sources l[e] col de Grimsel, forme la belle cascade d'An-der-Handek et apr[ès] Meyringen entre dans le *lac de Brienz* : de la ville de Brienz pa[rt] une belle route qui traverse le défilé de Brünig et met Brienz e[n] communication avec Sarnen et Lucerne.

A la sortie de ce lac l'Aar arrose Interlaken, rive gauche, et Ur[n]terseen, rive droite, puis elle entre dans le *lac de Thun*. En aval el[le] passe à Thun, où se trouve l'école militaire fédérale. Puis elle de[s]cend dans la direction du N. O. jusqu'à Berne, capitale de [la] Confédération suisse et Bremgarten. On rencontre ensuite Aarber[g] Buren, Soleure, Aarburg, arsenal, Olten, nœud très important d[e] chemins de fer et clef de la Suisse, Aarau, Hasbourg, Brügg. El[le] se jette dans le Rhin en face de Waldshut. La masse d'eau qu'el[le] apporte au fleuve dépasse celle du Rhin lui-même : elle est d[e] 512 mètres cubes, celle du fleuve de 425.

*Affluents de l'Aar sur la rive droite*. — *a*. La *Grande Emmen*, arros[e] Burgdorf.

*b*. La *Suren* (Suhr) sort du *lac de Sempach* qui rappelle la victoir[e] des Suisses en 1386 et le dévouement d'Arnold de Winkelried.

*c*. L'*Aa*, qui sert d'effluent aux lacs de Baldeg et de Hallwyl.

*d*. La *Reuss*, la rivière du milieu, descend du Saint-Gothard, pass[e] à Hopital, à Andermatt ; elle est côtoyée sur la rive droite par un[e] route qui passe au trou d'Uri, souterrain de 30 à 40 mètres de long[,] puis la route passe sur la rive gauche au pont du Diable, à Wase[n] la route suit la rive droite pour gagner Altorf et se sépare de l[a] rivière qui se jette dans le *lac des Quatre-Cantons*, dominé par l[e] Righi et qui jadis ne formait qu'une immense nappe d'eau avec le[s] autres bassins de Zug, de Lowerz, de Sarnen et de Lungern, l[e] bassin supérieur ou d'Uri a une profondeur de 205 mètres celui d[e] Lucerne ou inférieur de 260 ; l'altitude moyenne est de 437 mètres[.]

Sortie du lac à Lucerne, la Reuss se dirige du S. au N. passe [à] Bremgarten et conflue près de Brugg. C'est la Reuss que remont[e] le chemin de fer du Saint-Gothard. De Lucerne la ligne passe a[u] N. du lac des Quatre-Cantons, contourne le Righi, et s'élève peu [à] peu, tantôt à droite, tantôt à gauche de la Reuss par de beaux travaux d'art, lacets, viaducs, etc., jusqu'au tunnel de Göschenen audessous d'Andermatt.

Elle reçoit à gauche : la *Meien* qui ouvre le col de Susten (Wasen[-] Meiringen). L'*Aa* qui passe près de Stanz, capitale du canton d'Un[ter-]

terwalden et tombe dans le bassin d'Uri. Une autre rivière du nom d'*Aa* amène au lac les eaux du *lac de Langern* et du *lac de Sarnen*. Enfin au-dessous de Lucerne conflue la *petite Emmen*.

A droite : la *Muotta* qui ouvre la route du Pragel et reçoit les eaux du *lac de Lowerz*. La *Lorze* sort du *lac Égeri* ou de *Morgarten* (victoire des Suisses en 1315), et reçoit les eaux du *lac de Zug*.

e. La *Limmat*. Ce cours d'eau est la réunion de deux rivières, la Linth et la Mag.

Le bassin supérieur de *la Linth* entouré du sauvage massif du Dodi est complètement isolé sauf au col du Pragel. Elle traverse Glaris, puis Mollis. Jadis au N. de ce village la rivière traversait la plaine qui s'étend à l'O. du lac de Wallenstadt dont les eaux réunies autrefois à celles du lac de Zürich en ont été justement séparées par les énormes amas de décombres charriés par la rivière. Au milieu des débris de rochers et des boues amoncelées par elle, la Linth se frayait un chemin tortueux, rendu plus difficile encore par des marécages. De 1820 à 1830 les habitants du canton de Glaris résolurent de mettre un terme aux inondations et aux fièvres dont ils étaient victimes. Le célèbre ingénieur Escher dirigea les travaux, la Linth canalisée au-dessus de Glaris se jeta dans le lac (canal de Molis) et son lit fut rectifié en aval de façon à confondre les deux cours d'eau de la Linth et de la Mag, c'est ce qu'on nomme le canal de la Linth.

Les deux lacs de *Wallenstadt* et de *Zürich* ont comme les lacs alpestres de Suisse une direction générale de l'E. à l'O. Le premier est à 425 mètres d'altitude et a 28 kil. carrés, on évalue son volume à 3 360 000 000 de mètres cubes.

Le second est à 409 mètres ; 88 kil. carrés. 8 800 000 000 m. c. Leur profondeur est à peu près la même, 142 et 144 mètres.

En sortant du lac, la *Limmat* arrose Zürich, grande et belle ville, célèbre par ses fabriques, son Université, son Polythenicon et la victoire de Masséna en 1799, puis elle passe à Baden et se jette dans l'Aar non loin de Brugg. Autrefois la rivière suivait la base du Jura et aboutissait dans le Rhin beaucoup plus haut, mais elle s'est frayé son passage actuel à travers les montagnes.

Elle reçoit un affluent, la *Sihl* qui conflue dans les faubourgs mêmes de Zürich ; c'est une rivière terrible que les Zurichois finiront un jour par rejeter dans le lac, pour se débarrasser de ses inondations.

*Affluents de gauche de l'Aar*. — a'. Les *Lutschinnes* (Blanche et Noire) descendent de l'Oberland et du Grindelwald et se réunissent aux villages de Zwei Lutschinnen ; cette rivière par les cailloux et les boues qu'elle a entraînés a séparé les lacs de Brienz et de

Thun ; mais ses ravages ont obligé les Bernois à la rejeter dans le lac de Brienz. C'est un des premiers travaux de ce genre qui aient été faits en Suisse, car il remonte au xiii° siècle.

b'. Au commencement du siècle dernier, la fougueuse *Kander*, grossie de la *Simmen* se jetait encore à plus d'un kilomètre en aval de Thun ; les Bernois lui ont ouvert un tunnel pour la conduire directement dans le lac. Telle est la violence de ses eaux qu'elle a creusé de 20 mètres son lit de rochers et comme le toit s'est écroulé, elle passe maintenant au fond d'un véritable précipice de 220 mètres de profondeur.

c'. La *Sarine* (Saane) présente avec ces impétueux torrents un contraste frappant. Elle descend des Diablerets et incline à l'O. comme si elle voulait se jeter dans le Léman, mais elle suit ensuite la direction du N. dans une vallée profonde et pittoresque passe à Gruyères, Bulle, glisse sous les deux ponts de Fribourg après avoir reçu la *Glane*, enfin elle arrose Laupen, victoire des Bernois sur les Autrichiens en 1339. Elle y reçoit la *Sensée*, affluent de droite.

d'. La *Thièle-Orbe* est une rivière jurassique.

Elle naît en France dans le lac des Rousses sous le nom d'Orbe, se jette dans le lac de Joux, qu'une langue de terre, sorte d'arche de pont, sépare du petit lac de Brenet, puis la montagne se dresse au N. de ce lac et la rivière s'engloutit à sa base, elle reparaît à 5 kilomètres de là, à Vallorbe, village industriel et disparait de nouveau dans des *emposieux*. Elle passe à Orbe, au-dessous de cette ville elle reçoit le canal d'Entreroches, s'appelle la Thièle, et arrive dans le *lac de Neufchâtel* : plusieurs bras souterrains connus sous le nom « d'Entner » jaillissent au fond même du lac.

Le *lac de Bienne* continue le lac de Neufchâtel ; on a entrepris de grands travaux pour y jeter l'Aar au-dessus de Nidau.

5° La *Birse* est également une rivière jurassique ; elle passe à Delemont, Laufen, et aboutit après Saint-Jacques dans le Rhin, un peu au-dessus de Bâle.

Affluents de droite du Rhin supérieur. — Leur cours est généralement perpendiculaire à la vallée et a une faible importance hydrographique mais ils ouvrent des routes importantes :

1° La *Landquart* communique par une vallée latérale avec le bassin de l'Albula et permet de gagner par la passe de Fluela la vallée de l'Inn.

2° L'*Ill* est le plus important des affluents du Rhin supérieur il est formé de deux cours d'eau, l'un vient du S. et descend du massif de la Selvretta, l'autre de l'E. et ouvre par l'Arlberg

(1711 m.) une route entre le Rhin et l'Ill; la petite place de Blüdenz se trouve au confluent. L'Inn arrose ensuite Feldkirch (Masséna 1799. Lecourbe 1800), ancienne place forte au débouché de la rivière dans le Rheinthal. Toute la vallée appartient à l'Autriche.

3° L'*Ach de Bregenz* (*Bregenzer Ach*) coule dans une pittoresque vallée du Tirol; la petite ville de Bregenz au S. de laquelle il tombe dans le lac de Constance, est célèbre par la beauté de ses femmes.

Toute la région au N. du lac est sillonnée par un grand nombre de cours d'eau qui portent presque tous le nom d'Aach ou d'Ach.

4° A l'extrémité du bassin d'Ueberlingen tombe la *Stockach*, qui est célèbre dans les campagnes de 1799 et de 1800.

5° La *Wutach* par son cours dirigé du N. au S. relie le cours du Rhin à celui du Danube, elle coule dans une cluse jurassique dont le débouché un peu au-dessus du Waldshut est presque en face du confluent de l'Aar.

6° La *Wiese* descend du Feldberg, le géant de la Forêt-Noire et ouvre au S. du massif de Schwarzwald une vallée ravissante, d'une grande activité industrielle. La ville la plus importante est Lörrach.

*Résumé.* — Le Rhin est suisse sur ses deux rives jusqu'au dessous de Mayenfeld; il sert ensuite généralement de frontière à la Confédération helvétique, cependant le grand-duché de Bade possède Constance sur la rive gauche, la Suisse en revanche est établie sur la rive droite sur plusieurs points: Stein et sa banlieue, Schaffhouse et son canton, Eglisau, Bâle (faubourg) et leur banlieue.

Le fleuve emporte les deux tiers des eaux de Suisse, près de mille mètres cubes: la navigation est assez active de Werdenberg à Schaffouse; au-dessous de cette ville elle est interrompue par les chutes.

La disposition des affluents du fleuve permet de trouver de bonnes lignes concentriques de défense contre une attaque venue soit de France soit d'Autriche; mais du côté de l'Allemagne la Suisse est plus vulnérable. Son front méridional est bien couvert par les Alpes, et la neutralité garantie par les traités ne serait probablement violée de ce côté que dans le cas d'une attaque tournante combinée entre la Prusse et l'Italie contre notre flanc du Jura.

Rhin moyen.

**Ceinture.** — La ceinture du Rhin en Allemagne n'existe que pour la partie supérieure de son cours.

A gauche nous trouvons les Vosges méridionales, les Monts Faucilles, les Côtes Lorraines, l'Ardenne et l'Eifel. A droite l[e] Rauhe-Alp, le Franken-Jura, le Fichtel-Gebirge, le Frankenwal[d] le Thüringer-Wald, la Rhön, le Vogels, le Rothaar, l'Egge Gebir[ge] et le Teutobürger-Wald. Il est à remarquer que des brèches nat[u]relles existent dans cette ceinture, notamment aux sources de [la] Rezat dans le Franken Jura.

**Cours du Rhin moyen.** — Le Rhin entre aujourd'hui [en] Allemagne au-dessous de Bâle et sort à Emmerich.

Par la masse de ses eaux, la force et la richesse des villes q[ui] s'alignent dans la vallée et l'activité du trafic qui suit son cou[rs] ce grand fleuve trace sur le sol allemand une zone d'un intér[êt] exceptionnel et d'une originalité spéciale. De plus, pour étudi[er] avec fruit les régions qui s'étendent à l'O. et à l'E. du gra[nd] fleuve, et sont baignées par ses affluents, il faut connaître à fond [la] vallée principale. Nous commencerons donc par décrire le thalw[eg] même du Rhin, nous exposerons ensuite le caractère des contré[es] allemandes de la rive gauche, puis celles de la rive droite [du] fleuve.

Cette ligne peut se diviser en cinq sections :

1° Bâle à Lauterbourg : Alsace et Bade.
2° Lauterbourg à Mayence : Palatinat.
3° Mayence à Coblentz : Hundsrück et Nassau.
4° Coblenz à Cologne : Eifel et Westerwald.
5° Cologne à Bimmen : Prusse rhénane.

Dans les deux premières sections le Rhin coule au milieu d'u[ne] ancienne mer intérieure, ou plutôt d'une grande plaine lacustr[e] qu'il a comblée en partie des débris amenés des montagnes [de] Suisse, et qui est bordée à droite et à gauche d'une couche [de] galets, provenant des Vosges et de la Forêt-Noire et recouverts d'u[n] épais lit de loess (60 à 80 m.), contenant des débris fossiles anal[o]gues à la faune des pays froids. Aujourd'hui le Rhin transpor[te] encore des cailloux, dont on évalue la masse à 1000 mètres cub[es] par mètre de longueur et qu'il déplace de 275 mètres par an. [Il] tient en suspension des parcelles alluviales qu'on peut évaluer [à] près de 1 950 000 mètres cubes. Jadis on s'attachait à recueill[ir] dans les sables du fleuve des paillettes d'or; et si l'on pouv[ait] rassembler encore aujourd'hui tous les fragments du précie[ux] métal que le Rhin entraine, la valeur en dépasserait plusieurs ce[n]taines de millions; mais ce travail est peu rémunérateur.

1<sup>re</sup> Section de Bâle a Lauterbourg. — Le Rhin sous le pont [de] Bâle est à l'altitude de 245 mètres. A Lauterbourg il n'est pl[us] qu'à 109.

La longueur de cette section est de 192 kilomètres ; la profondeur varie de 1 à 4 mètres, la largeur est de 243 mètres à Strasbourg.

Le lit du fleuve est, surtout au-dessus de Strasbourg, encombré d'îles dont le sol mouvant a été fixé par des plantations de saules et de peupliers. De grand travaux ont été entrepris pour supprimer les méandres du fleuve et dessécher les marécages qui s'étendent sur les deux rives et en interdisent les abords ; des digues servant de chaussée côtoient le Rhin.

Les points de passage permanents sont nombreux : les travaux de défense et les points stratégiques ont une grande importance.

Les ponts sont :

1° Huningue, pont moitié fixe, moitié de bateaux.
2° Pont du chemin de fer de Saint-Louis à Leopoldshöhe.
3° Rheinweiler, pont de bateaux, rive droite.
4° Neuenburg, rive droite — pont du chemin de fer de Mulhouse à Müllheim.
5° Brisach ; pont de bateaux et pont du chemin de fer de Colmar à Fribourg.
6° Markolsheim, pont de bateaux.
7° Schönau, —
8° Rheinau, —
9° Gerstheim, —
10° Strasbourg-Kehl, pont de bateaux et pont de fer à travées tournantes pour le chemin de fer d'Appenweier.
11° Drusenheim, pont de bateaux.
12° Seltz, pont de bateaux.

Les fortifications qui défendent cette section sont :

1° Le fort Mortier, bâti en forme de triangle équilatéral et précédé d'un parapet au débouché du pont de Brisach. Les fortifications du Vieux-Brisach ont appartenu à la France de 1659 à 1697 ; Tallard et Vauban ont repris la place en 1707, et nous l'avons gardée jusqu'à Utrecht ; en 1740, le Rhin français l'a démolie dans une inondation ; en 1793 les batteries du fort Mortier ont rasé ce qui en restait.

2° Neuf-Brisach a été fortifié par Vauban en 1700, il est à 2 kilomètres du fleuve, gardant un point très important ; car le Rhin y coule en seul lit et les bords sont plus praticables. C'est un octogone régulier sans défenses extérieures ; les Allemands l'ont obligé à capituler le 10 novembre 1870, après 8 jours de siège. Ils ont l'intention de le renforcer.

Schelestadt qui a capitulé le 25 octobre après une molle résistance a été déclassée.

Le centre de défense du Rhin alsacien est Strasbourg.

*Strasbourg*, actuellement capitale de la terre d'Empire Alsace-Lorraine, siège de l'état-major du XV<sup>e</sup> corps d'armée, est assise à deux kilomètres du Rhin, sur l'Ill, près du confluent de la Bruche. Cette ville commande la plupart des routes qui descendent des Vosges, c'est la grande étape entre Paris et Vienne; et sa belle position stratégique, lui a donné en tout temps une grande importance militaire. Fondée par les Romains sous le nom d'Argentoratum, elle avait déjà dans les derniers siècles de l'empire le nom qu'elle doit aux routes qui s'y entrecroisent, *Stratarum Borgus*. Au moyen âge, ville épiscopale, elle prit part aux croisades et conquit ses libertés municipales par des luttes acharnées contre les évêques soutenus par la féodalité (combat d'Oberhausbergen, 1292). Plus tard elle devint une des places les plus fortes de la vallée du Rhin et on vantait son canon. Elle fut fortifiée par l'ingénieur Speckle en 1570. Restée allemande après les traités de Wesphalie qui nous donnait le reste de l'Alsace, cette ville se rendit à Louis XIV, le 30 septembre 1681. Vauban améliora ses fortifications, construisit une grande citadelle, s'appuyant au petit bras du Rhin et fit de Strasbourg la troisième place forte de France. Malheureusement elle n'avait en 1870 que les défenses datant de Louis XIV[1]. Découverte après la défaite de Mac-Mahon à Reichshoffen, elle fut assiégée par le général bavarois von Werder. Le siège commença le 11 août, le bombardement, le 18; la place capitula le 27 septembre.

Aujourd'hui Strasbourg est entourée d'une enceinte continue qui est beaucoup plus vaste que l'ancienne. Un système de forts détachés entoure la place à une distance de 7 à 8 kilomètres et couronne du côté de l'O. les dernières ondulations de la plaine d'Alsace. Dix de ces forts sont situés sur la rive gauche, trois sont de l'autre côté du Rhin qui est ainsi complétement maîtrisé. Ces forts sont à partir du fleuve au N. ceux de : 1° *Fransecky*; 2° *Moltke*, entre l'Ill et le canal de la Marne au Rhin; 3° *Roon* dominant le chemin de fer de Paris; 4° du *Prince Royal* (*Kronprinz*) près de Niederhausbergen; 5° *Grand-duc de Bade* près d'Oberhausbergen; 6° *Bismark* sur la route de Soultz; 7° *Prince royal de Saxe*, sur la vallée de la Breusch; 8° *Von der Thann*; 9° *Werder* en avant d'Illkirch, sur le chemin de fer de Mulhouse, et le canal; 10° *d'Altenheim*, sur les bords du Rhin; de l'autre côté en partant du S. les forts *Kirchbach*, *Bose* et *Blumenthal*. Un chemin de fer stratégique doit relier tous les ouvrages extérieurs de la rive gauche.

Strasbourg est ainsi la première grande citadelle allemande sur le Rhin; enfin on construit au N. E. les ouvrages de *Diersheim* (r. d.) célèbre par les campagnes de 1796 et 1797, pour relier Strasbourg à Rastatt. En même temps qu'ils transformaient leur conquête en

---

[1]. L'Arsenal contenait même encore des boulets en pierre plus de deux fois séculaires.

une immense forteresse, les Allemands ressuscitaient, en 1872, l'ancienne Université allemande de Strasbourg qui avait subsisté jusqu'en 1794. Cette ville a vu naître Cohorn, le célèbre ingénieur, et Kléber. Tout le monde connaît sa cathédrale, le Munster, dont la flèche s'élève à 142 mètres au-dessus du parvis; c'est l'œuvre d'Erwin Steinbach, de son fils et de sa fille. En face de Strasbourg, sur le Rhin (r. d.), la ville badoise de Kehl six fois prise par nous au dix-huitième siècle. Les *Forts Louis* et d'*Alsace*, situés dans une île au S. de Rastatt et à peu près ruinés sont en face de Stollhofen, dont les lignes furent emportées par Villars en 1707.

Rastatt sur la Murg, brûlée par les Français en 1689, fortifiée en 1846 par le génie autrichien; célèbre par l'assassinat de Roberjot et Bonnier, le 23 avril 1799.

Les travaux de Rastatt se composent d'une enceinte bastionnée et d'ouvrages détachés, lunettes et demi-couronnes qui gardent le pays jusqu'au Rhin. Les Allemands ont complété ce système de défense de 1866 à 1869, et, par la loi de 1874, l'ont destiné à renforcer la puissance statégique de Strasbourg.

Lauterbourg est déclassé ainsi que Wissembourg.

2ᵉ Section. Palatinat. — Le Rhin descend dans cette section de 109 à 83 mètres; la distance est de 120 kilomètres; la largeur atteint en certains endroits 450 mètres, la profondeur varie de 2 à 8 mètres; c'est là que le fleuve a le plus rongé ses rives, formé des méandres et laissé des bras morts dans la plaine, mais on rectifie peu à peu son cours et ces travaux ont pour résultat de diminuer la longueur et la largeur du Rhin, d'augmenter sa profondeur.

Les points de passage sont :

1° Maxau-Maximiliansau, pont de bateaux et pont du chemin de fer de Wissembourg à Carlsruhe;
2° Germersheim, ponts de bateaux et pont du chemin de fer de Landau à Bruchsal;
3° Spire, pont de bateaux et pont du chemin de fer de Landau à Heidelberg.
4° Ludwigshafen-Mannheim, pont de bateaux et pont du chemin de fer de Neustadt à Heidelberg;
5° Worms, pont de bateaux et pont du chemin de fer de Kaiserslautern à Bensheim.

Places fortes :

Germersheim; tête de pont double sur le Rhin, composée d'une enceinte polygonale, de six lunettes sur la rive gauche et d'une tête de pont, et de trois ouvrages sur la rive droite; trois ponts de bateaux réunissent les trois parties du système.

Germersheim remplace Landau et Philipsbourg.

Villes :

Le Rhin passe à 8 kilomètres de Carlsruhe, capitale du grand-duché de Bade, fondée en 1715 par le margrave Charles-Guillaume; le plan de la ville primitive représente un éventail dont le château serait la poignée. Une école polytechnique y donne l'enseignement supérieur.

Germersheim (r. g.).

Philipsbourg, démantelée, n'est plus qu'une bourgade.

Spire, près du confluent du Speyerbach, n'est plus aussi qu'un débris de ce qu'elle fut au seizième siècle. Les Romains y avaient une colonie militaire, *Augusta Nemetum*, évêché depuis le quatrième siècle. Cette ville a joué un rôle important au moyen âge. Son dôme a été le Saint-Denis des rois allemands. Charles-Quint y présida en 1527 une diète fameuse (protestants). Les Français l'ont ruinée en 1689.

Mannheim-Ludwigshafen. La ville la plus régulière d'Allemagne.

Frankenthal, unie au Rhin par un canal.

Worms, jadis de 70 000 hab., brûlée par tout le monde, n'avait que 5000 hab. en 1815; aujourd'hui le triple. Luther y comparut devant la diète en 1520.

Gernsheim, patrie de Pierre Schœffer.

Oppenheim, ruinée par les Français en 1689.

5° SECTION. MAYENCE, COBLENTZ. — Mayence, l'ancienne *Moguntiacum*, est située sur le Rhin, rive gauche, en face du confluent du Main; c'est une ville de 58 000 hab., étouffée dans son enceinte de guerre; son importance stratégique a entravé son développement commercial. C'est aujourd'hui une des grandes places fortes de la ligne du Rhin. Défendue par une enceinte bastionnée du côté de la Haardt et une ligne de six forts reliés par une enceinte continue, elle a comme ouvrages avancés quatorze forts qui n'ont pas paru assez éloignés du corps de la place : on en construit trois autres formidables à une plus grande distance. Les îles de Petersau et d'Ingelheim sont occupées par des forteresses casematées; enfin, sur la rive droite, le faubourg de Cassel est défendu par une enceinte bastionnée et relié : 1° au Sud par des ouvrages à l'embouchure du Main et aux forts Mainspitze et Blei, sur la rive gauche de cette rivière; 2° au Nord à la lunette Wiesbaden, et au fort Hessen. Au N. de Biebrich est construit un fort détaché gardant la route de Wiesbaden. Mayence a un pont du chemin de fer et un pont de bateaux.

A Mayence le Rhin, rejeté par les hauteurs du Rheingau et du Taunus, s'infléchit à l'O. jusqu'à Bingen. Là, il entre dans une faille du terrain devonien jusqu'à Coblenz.

La longueur de cette section est de 92 kilomètres. Sa profondeur minima est de 3 mètres; il atteint 25 mètres au Lorelei.

Il a 448 mètres de large à Mayence, 525 à Bingen, dans le défilé il a en moyenne 590 mètres ; — les berges sont presque partout escarpées et impraticables. De nombreux burgs, les uns ruinés, les autres restaurés se dressent sur les promontoires.

C'est également dans cette région que l'on récolte les plus fameux vins du Rhin, dont quelques-uns (par exemple le Rüdesheimer) sont dus, s'il faut en croire la légende, à Charlemagne lui-même. Telle est la raideur des coteaux où sont plantés les ceps, que les habitants ont été obligés de fixer la terre par des murs en pierre sèche et que souvent, après les fortes pluies, le sol végétal, entraîné dans la vallée doit être péniblement remonté. Ces murs, couleur de rouille, gâtent les pittoresques tableaux qui se succèdent à chaque détour du fleuve.

Il faut connaître les principaux burgs et les petites villes qui s'alignent sur les deux rives du Rhin. Leur importance militaire est aujourd'hui annulée, mais il n'en a pas toujours été de même, et tant de souvenirs se rattachent à ces amas de pierres plus ou moins respectés du temps et des hommes, qu'il est aussi intéressant qu'instructif de les étudier avec quelques détails.

Deux chemins de fer parallèles et sur la rive gauche une route côtoient le fleuve. Un service de bateaux à vapeur permet de descendre ou de remonter le courant. Biebrich, rive droite. École de sous-officiers. Au N. de cette ville, au pied même du Taunus, s'élève la ville nouvelle de Wiesbaden, une des stations thermales les plus fréquentées d'Allemagne.

Dr. Eltville où Gutenberg, en 1465, fonda une imprimerie après l'issue malheureuse de son procès avec Fust.

Dr. Oestrich, dominé par le fameux château de Johannisberg à 104 m. au-dessus du Rhin, 185 au-dessus de la mer. Le clos, qui mesure 15 hectares, fut donné en 1802 au prince d'Orange après la sécularisation de Fulda. Kellermann en fut doté en 1805 ; le prince de Metternich se le fit donner en 1814. Il rapporte, bon an mal an, 150 000 marks.

Dr. Rüdesheim, au pied du Niederwald.

G. Bingen, au confluent de la Nahe, ancienne ville impériale. Une des premières elle adhéra à la ligue des villes du Rhin ; les Français la démolirent en 1689. Au-dessous de Bingen se dresse dans le fleuve, sur un rocher de quartz, la Tour des Rats, où fut dévoré en 914 l'impie Hatto, évêque de Mentz. On croit, malgré la forte vraisemblance de ce récit moral, que la tour n'a été construite que plus tard pour servir de poste de péage. Aujourd'hui une station de garde y est établie pour signaler les sinistres au Binger Loch.

Dr. Ehrenfels, bâti en 1210, ruiné par les Français en 1689, après une forte démolition, qu'on attribue aux Suédois, en 1635.

Le Binger Loch est beaucoup moins dangereux qu'aux temps du moyen âge, où il avait une si terrible réputation. On a fait sauter de 1830 à 1832 les derniers écueils.

Dr. Asmannhausen, source thermale de 28°, connue des Romains.

G. Rheinstein, qui a été reconstruit de 1825 à 1829 par le prince Frédéric de Prusse.

G. Falkenburg, la ligue des villes du Rhin le détruisit une première fois en 1252. Philippe de Hohenfels releva le burg, mais Rodolphe de Habsbourg l'y prit et le fit pendre.

Dr. Lorch, rappelle les souvenirs de l'école noble fondée en 852.

G. Fürstenberg, brûlé par les Suédois en 1632 ; par les Français en 1689.

G. Stahleck, huit fois pillée de 1610 à 1640. Les Français ont dû facilement en venir à bout du reste, en 1689.

Bacharach (r. g.) est l'ara Bacchi du moyen âge, jadis le principal marché des vins du Rhin.

On voit ensuite se dresser au milieu du fleuve le rocher qui porte le vieux burg de la Pflaz, où devaient naître les comtes palatins du Rhin. C'est là que Blücher a passé le Rhin à la tête de l'armée de Silésie, le 1ᵉʳ janvier 1814.

Caub (r. g.) conserve encore ses pittoresques murailles du moyen âge.

Oberwesel (r. g.) date du temps des Romains et a de nombreuses tours du moyen âge que couronnent les ruines de Schönburg, qui devait mériter son nom (Beaucastel) et qui est le berceau de Schomberg, maréchal de France, grand de Portugal et lord anglais.

Un peu plus bas se présente sur la rive droite le légendaire rocher de la Loreley célèbre par son écho, son tourbillon et les poèmes qu'il a inspirés. Après Saint-Goar (r. g.), qui rappelle les moines irlandais, se dresse sur un roc la Souris, que guette le château du Chat, posté sur la hauteur qui domine Saint-Goarshausen (r. dr.).

Le beau burg de Rheinfels est aujourd'hui propriété de l'empereur Guillaume qui l'a restauré.

Boppard (r. g.) était bien plus florissante quand elle faisait partie de la ligue des villes du Rhin, de même Braubach (r. dr.) que domine la superbe Marksburg, le seul château fort des bords du Rhin qui soit resté intact.

Rhense (r. g.), est dominé par le Siège du Roi récemment restauré, le Königstuhl où se sont réunis avec leurs électeurs plusieurs rois de Germanie. Ce rocher célèbre marquait la limite de quatre électorats du Rhin. Braubach était au Palatin, Rhense était à Cologne, Stolzenfels à Trèves et Lahnstein à Mayence. Le magnifique château de Stolzenfels bâti en 1250, à 94 mètres au-dessus du Rhin (r. g.), est encore digne de son nom depuis que les ruines de 1689 sont réparées; c'est la propriété de l'empereur d'Allemagne; enfin des deux côtés de la Lahn sont les deux petites villes jumelles d'Ober et Niederlahnstein (r. dr.); elles marquent la fin de la troisième section.

4° Section. Coblentz-Cologne. — La quatrième section du Rhin est d'une longueur de 95 kilomètres. Le lit est resserré entre les montagnes du Westerwald et celles de l'Eifel et forme plusieurs îles ; mais on rencontre aussi çà et là de belles plaines ; enfin après avoir dépassé les Sept-Montagnes, le Rhin traverse une région presque plate. Sa profondeur varie de 3 à 10 mètres, sa largeur de 273 à 408. Coblenz est à 58 mètres d'altitude, Cologne à 37.

*Coblence* (Coblenz) est essentiellement une ville militaire. Elle doit son nom latin *Confluentes*, qui date de Drusus (an 9 J.-C.) à sa position au point où la Moselle tombe dans le Rhin, presqu'en face du confluent de la Lahn. A égale distance entre Mayence et Cologne, elle n'a jamais eu l'importance commerciale de ces deux villes et ne joua qu'un rôle très effacé dans la ligue des villes du Rhin. Elle fut prise par les Français pendant la guerre de Trente Ans, devint la résidence des archevêques de Trèves et fut un instant fameuse comme rendez-vous des émigrés en armes. Elle tomba entre nos mains le 23 octobre 1794, devint en 1798 chef-lieu du département de Rhin-et-Moselle et fut évacuée le 1er janvier 1814. Elle appartient depuis 1815 à la Prusse. C'est le siège de l'état-major du VIII° corps d'armée (Prusse rhénane), elle est défendue d'une manière formidable. Les travaux de défense comprennent :

1° Sur la rive gauche du Rhin et la rive droite de la Moselle une *double enceinte* précédée de plusieurs ouvrages détachés, parmi lesquels les *forts Constantin* et *Alexandre*, ce dernier dans une position très forte; sur la rive gauche de la Moselle l'ancienne *redoute de Petersberg*, où s'élève le monument de Marceau est maîtrisée par le *fort François* et reliée au Rhin par les *travaux de Neuendorf*. Enfin sur la rive droite du grand fleuve à 128 mètres au-dessus de l'eau s'élèvent les *fortifications d'Ehrenbreitstein* couronnant une berge à pic, et entourées de forts détachés, *ouvrages, fort et batteries de Pfaffendorf* au S., le fort *d'Arzheim* à l'E. les ouvrages de *Niederberg* au N. Aujourd'hui Coblenz forme un camp retranché pouvant servir d'abri à 80 ou 100 000 hommes; on remarquera cependant que ses ouvrages de défense n'ont pas à beaucoup près l'ampleur qu'on exige aujourd'hui des villes fortifiées, sa principale force consiste encore dans sa position et la difficulté de l'investissement.

Un pont de bateaux et deux ponts fixes de chemin de fer traversent le Rhin à Coblenz : on n'en trouve plus jusqu'à Cologne.

A partir de Coblenz le Rhin embrasse l'île assez longue de Niederwerth, baigne (r. d.) Neuwied charmante petite ville industrielle, célèbre par les passages de l'armée de Sambre-et-Meuse et dominée par le monument de Hoche. Vient ensuite Andernach, (r. g.) une des petites villes du Rhin qui a le mieux conservé ses anciennes murailles malgré l'incendie allumé par les Français en 1688. C'était un des cinquante châteaux forts de Drusus. Linz (r. d.) est presque aussi jolie et ses environs produisent beaucoup de vin rouge. Remagen (r. g.) est en face des Sept-Montagnes, les Romains la désignaient déjà sous le nom de *Rigomagus*. Un peu au N. s'élève la colline d'Apollinaris, renommée pour son eau minérale. Unkel (r. d.), Königswinter (r. d.) sont des centres d'excursion dans les sept montagnes ; Godesberg (r. g.) ruiné par les Bavarois est aujourd'hui une coquette petite ville de plaisance que domine le vieux burg dont elle porte le nom.

Bonn (r. g.) réunie par des trailles à la voie ferrée de la rive droite, est avant tout une ville savante. Elle remonte au temps des Romains (*Castra Bonnensia*) mais n'eut guère d'importance au moyen âge jusqu'à ce qu'elle servit de refuge aux archevêques de Cologne. Ses murs furent démantelés après la paix d'Utrecht ; aujourd'hui son université Frédéric-Guillaume est un des foyers les plus ardents du germanisme.

De Bonn à Cologne le Rhin coule dans une plaine monotone. Le seul endroit notable, encore est-il éloigné du fleuve de plusieurs kilomètres, est Brühl, ancien château où Mazarin passa une partie de son exil.

5ᵉ SECTION. COLOGNE A BIMMEN. — COLOGNE (Cöln), est l'une des plus vieilles citadelles des bords du Rhin. Elle a été fondée l'an 50 de l'ère chrétienne par Agrippine d'où son nom : *Colonia Claudia Agrippina* ; Trajan l'embellit, Constantin y construisit un pont en 308, Charlemagne en fit un archevêché. Les prélats eurent à soutenir des luttes acharnées contre les bourgeois qui conquirent leur indépendance municipale en 1288, ils prêtaient bien serment de fidélité à l'archevêque mais sous cette réserve : tant qu'il nous tiendra en droit et honneur [1].

Les bourgeois victorieux se divisèrent. Néanmoins les guerres qui ensanglantaient la ville ne nuisaient pas au développement du commerce. Cologne était une des plus riches villes hanséatiques elle était en relations extrêmement étroites avec Londres. Elle rivalisa avec Lübeck ; ses poids et mesures étaient adoptés dans toutes les

1. Als langer uns hält in Rechte und Ehren, bei unser guter alter Gewonde die wir und unsere Vorfahren herbracht haben.

villes du Rhin, de Westphalie et des Pays-Bas ; la richesse des bourgeois était telle, qu'en 1336 ils cavalcadèrent au nombre de 18 000 au devant de la fiancée de Frédéric III.

Capitale commerciale, capitale artistique, métropole religieuse enrichie par les nombreux visiteurs qu'attiraient ses foires et ses reliques des rois mages, Cologne était une des citadelles du catholicisme. Elle chassa les protestants après le scandale de Gebhardt Truchses ; la décadence industrielle fut alors lamentable (1608). Crefeld, Elberfeld, Düsseldorf, Mülheim s'enrichirent à ses dépens. Elle resta ville libre jusqu'au 6 octobre 1794; les Prussiens la reçurent en 1815. Elle a depuis le commencement du siècle singulièrement progressé. Le mouvement des voyageurs qui traversent soit sa gare, soit ses quais, l'industrie renaissante, les grands établissements de banque ont rendu à la vieille cité rhénane sa splendeur d'autrefois. La *Gazette de Cologne* est le journal le plus répandu de toute l'Allemagne.

Cette grande ville marchande est en même temps une place forte de premier ordre.

Le système défensif de Cologne comprendra : 1° Une *enceinte bastionnée;* 2° une *double ligne de lunettes* distantes de 200 mètres l'une de l'autre; 3° 12 *forts détachés* dont 3 grands et 9 petits, reliés par 14 batteries intermédiaires, dont 7 de premier ordre et 7 de second ; il y aura 8 forts et 5 batteries sur la rive gauche.

En aval de Cologne le fleuve est bordé de quelques collines sur la rive droite jusqu'à Zons; à partir de cet endroit il entre tout à fait en plaine. On aperçoit seulement de loin en loin de rares buttes ou des digues. Il y a quatre points de passage permanents :

1° Neuss-Düsseldorf, pont de bateaux et pont du chemin de fer.
2° Duisburg, pont du chemin de fer.
3° Buderich Wesel, pont de bateaux et pont du chemin de fer Venloo-Geldern-Munster.
4° Gruithuisen. Hüthum.

*Villes principales.* — Le Rhin arrose à droite Mülheim, ville d'usines importantes fondée par des protestants. Il ne coule plus près de Neuss qu'il laisse aujoud'hui à gauche ; il baigne Düsseldorf (r. d.) grande ville régulière de 80 000 hab., fondée par les ducs de Berg au seizième siècle. C'est la patrie du célèbre peintre allemand Cornelius, et l'école artistique de cette ville dispute le premier rang en Allemagne à celle de Munich. Düsseldorf a été la principale tête de pont pour l'armée de Sambre-de-Meuse dans la campagne de 1796. C'est aujourd'hui une ville ouverte, d'une industrie très florissante.

Crevelt, 63 000 habitants, est à 4 kilomètres, à gauche du fleuve, depuis les travaux qui ont rectifié son cours. Célèbre par la victoire des Prussiens en 1758, cette ville est devenue un centre de grande industrie qui fait une rude concurrence aux soieries de Saint-Étienne. Toute la région voisine est couverte de gros bourgs qui tissent également la soie; citons entre autres Kempen, au N. patrie du moine Thomas-A-Kempis.

A Duisburg (2 kil. r. d.) et à Ruhrort, aboutit au Rhin le réseau touffu des chemins de fer du bassin houiller de la Ruhr, une activité commerciale énorme règne dans ces deux villes : ce sont les ports de charbon du Bas-Rhin. Duisburg a près de 40 000 habitants. Cette région du Rhin est une des parties de l'Europe où les agglomérations humaines ont pris depuis peu, à l'américaine, le développement le plus sensible. C'est à Duisburg qu'est mort en 1594 le grand géographe Mercator.

Le port de Ruhrort creusé dans le lit de la Ruhr est le plus vaste de tous les ports de rivière d'Allemagne, il peut contenir 400 vaisseaux. Cette ville a une vraie flotte de chalands qui remonte jusqu'à Strasbourg ou descend jusqu'aux grandes villes de Hollande.

Wesel est une place de guerre au confluent de la Lippe. Elle n'a qu'une *enceinte continue* avec une tête de pont le *fort Blücher* sur la rive gauche. Elle commande le coude du Rhin vers l'O. De là le fleuve passe à une faible distance de Clèves (r. g.) autrefois célèbre duché, allié de la France. Emmerich en face (r. d.) est déjà d'aspect et de mœurs une ville hollandaise.

**Affluents du Rhin en Allemagne.** — Les cours d'eau qui grossissent le Rhin en Allemagne sont moins nombreux et moins importants à gauche qu'à droite. C'est le contraire de ce que nous avons observé pour la Suisse. A gauche, les vallées les plus importantes de l'Ill, de la Moselle et de l'Erft ont une direction générale oblique au cours du fleuve; à droite le Neckar inférieur, le Main, la Lahn, la Sieg, la Ruhr et la Lippe arrivent presque à angle droit, poussant ainsi beaucoup plus directement l'Allemagne sur le grand fleuve.

Rive gauche. — Les affluents notables du Rhin sur la rive gauche sont au nombre de onze, à savoir : l'Ill, la Moder, la Sauer, la Lauter, la Queich, le Speyerbach, la Pfrim, la Nahe, la Moselle, l'Ahr et l'Erft :

1º L'*Ill*, en patois alsacien Ell, a donné son nom à la plaine d'outre-Vosges à travers laquelle il coule parallèlement au Rhin. Son cours était aussi capricieux que celui du fleuve; c'est la route naturelle du S. au centre de l'Alsace et c'est sur son cours que se sont bâties de préférence les villes importantes. L'Ill prend sa source au N. du Jura et arrose Altkirch, Mulhouse, grande et belle ville de manufactures (58 000 hab.), a été la dernière ville d'Alsace devenue française (1798); c'est une de celles qui restent le plus fidèles à leurs souvenirs. Elle est la véritable capitale industrielle de toute la région. Les chefs de ses usines sont justement renommés pour leur esprit d'initiative et de philanthropie. La Société des cités ouvrières fondée en 1855 par le maire Jean Dolfus, a servi de modèle à toutes les œuvres semblables de France et de l'étranger.

Colmar est restée la cité parlementaire d'Alsace. Cette ville, aux rues tortueuses, est justement célèbre dans l'histoire de l'art; c'est la patrie du directeur Rewbell, du général Rapp et de l'amiral Bruat. Colmar, conquise en 1673, a été reconnue française par le traité de Ryswick.

Schelestadt est bien déchue de son ancienne prospérité du quinzième siècle. Elle a été récemment démantelée. Au-dessous de cette ville, la rivière se rapproche de plus en plus du Rhin, forme des îles nombreuses, passe entre les forts Von der Tann (g.) et Werder (dr.), se partage en plusieurs bras dans la traversée de Strasbourg et enfin, après le fort Fransecky, tombe dans le Rhin sous un angle très aigu.

L'Ill reçoit sur sa rive gauche des affluents importants, soit par les passages qu'ils ouvrent dans les Vosges, soit par les usines qu'ils font mouvoir, soit enfin par le caractère pittoresque de leurs vallées. Les villes secondaires de la Haute-Alsace sont assises justement au débouché de ces affluents dans la plaine d'Alsace. La *Doller* descend du ballon d'Alsace et contourne au N. le Bährenkopf; sa vallée, tortueuse et encaissée, n'est qu'une longue rue d'usines, scieries de sapins, etc., dont le bourg le plus populeux est Massevaux. La *Thur* forme la jolie vallée de Saint-Amarin qui monte au col de Bussang, contourne le ballon de Guebwiller et débouche à Thann, célèbre par sa charmante église de Saint-Thibaud, un bijou du quatorzième siècle. Elle arrose ensuite Cernay. La *Fecht* (col de la Schlucht) arrose Munster, célèbre par ses indiennes et ses fromages et débouche à Türkheim, célèbre par la victoire de Turenne qui chassa les Impériaux d'Alsace. Un affluent de cette rivière, la *Weiss*, débouche du col du Bonhomme. La *Giesen* et son affluent la *Liépvrette* (Leber) ont une importance stratégique considérable. Dans cette vallée aboutissent les cols de Sainte-Marie-aux-Mines, ville de tisserands et de peintres sur étoffes. Au S. de cette vallée s'élève, sur un promontoire élevé, le magnifique Hohen Königsburg, le plus célèbre château féodal de toute l'Alsace. La *Breusche* ouvre de nombreuses voies sur la crête des Vosges à travers les Hautes-Chaumes. Cette contrée, connue sous le nom de Ban-de-la-Roche, arrachée à la barbarie par le philanthrope Oberlin est une des plus actives de l'Alsace, Schirmeck est au carrefour des routes de Saint-Dié et de Raon l'Étape. Plus bas, Mutzig et Molsheim fabriquent des armes que la rivière canalisée conduit à Strasbourg.

Les affluents du Rhin au N. de l'Ill jusqu'à Mayence sont remarquables par leur parallélisme, ils présentent autant de lignes de défense qui barrent la plaine d'Alsace de la montagne au fleuve.

2° La *Moder* arrose Haguenau, ville déclassée, elle a servi de ligne de défense, en 1793, à Hoche et à Pichegru. Elle est couverte au N. par la grande forêt de Haguenau. Son affluent de droite, la Zorn, la pousse au N., elle tombe au-dessous de l'île de Fort-Louis et reçoit, à droite, la *Zorn*. Cette rivière, dans sa haute vallée, sillonne curieusement les Vosges du S. au N. sur le plateau lorrain, arrivée à Lutzelbourg, elle tourne brusquement à l'E. laissant le plateau de Phalsbourg (Pfalzburg), patrie de Mouton, célèbre par sa résistance aux alliés en 1814 et aux Allemands en 1870. Elle est aujourd'hui démantelée. La Zorn canalisée (de la Marne-au Rhin) et escortée par la grande ligne de Paris à Strasbourg, débouche en plaine au-dessous de Saverne et rejoint la Moder par une vallée d'une admirable fécondité. Elle a été défendue par Turenne en 1674. A gauche la Moder reçoit la *Zinzel* qui descend du plateau de Bitche. Cette place était pourvue avant la guerre d'une vaste enceinte où le général de Failly laissa les approvisionnements du V° corps français. Bitche tint héroïquement jusqu'à la fin de la guerre. Au débouché des montagnes, la rivière arrose le village de Reichshofen où se livrèrent les derniers engagements de la bataille du 6 août 1870.

3° La *Sauer*, appuyée au S. à la forêt de Haguenau offrait une position très forte pour la défense de l'Alsace. Elle débouche des montagnes à Wœrth. L'importance de cette ligne avait été démontrée avant la guerre de 1870 et, dans un mémoire célèbre, le général de Maureillan demandait qu'on fortifiât Gunstett qui domine la rive gauche de la rivière, au-dessous de Wœrth. Malheureusement rien n'avait été fait quand la guerre éclata ! Les Prussiens purent tourner à l'E. la position de Wœrth et vinrent donner au centre de nos positions à Freschwiller entre Wœrth et Reichshofen.

4° La *Lauter* prend sa source dans le plateau de Westrich dans la Bavière rhénane passe au N. de Pirmasens par où Hoche essaya en vain de tourner les alliés en 1793, débouche à Wissembourg et passe au N. du Geisberg, dont Hoche s'empara par la grande bataille du 26 décembre 1793. Elle finit au S. de Lauterbourg. Quand nous possédions Landau, la Lauter était bordée de lignes fameuses sous le nom de lignes de Wissembourg, qui, enlevées par Wurmser et Brunswick le 3 octobre, furent reprises par Hoche et Pichegru après la bataille du Geisberg.

5° La *Queich* coule de la Haardt, elle débouche au-dessus de Landau qui a nous été enlevée en 1815. Cette ville bloquée par les Autrichiens en 1793 fut débloquée par l'armée de Hoche, après les sanglants combats de novembre et décembre aux cris de « Landau ou la Mort! ». La Queich finit à Germersheim qui a succédé à Landau comme place forte.

6° Le *Speyerbach* vient également de la Haardt et ouvre la route de Spire à Kaiserslautern, passe à Neustadt et finit à Spire. Cette ligne a servi de défense à l'armée française en 1794, a été perdue par Michaud après le départ de Jourdan pour Fleurus, reprise par le même général à deux reprises, après la bataille d'Edenboken en juillet et en octobre, enfin elle nous a servi de ligne de défense après les désastres de l'armée de Jourdan en 1796.

7° La *Pfrimm* vient du mont Tonnerre et finit à Worms. Cette ligne a été occupée par Pichegru à la fin de la campagne de 1793.

Telles sont les rivières parallèles qui courent des Vosges au Rhin on voit que chacune d'elles a été appelée tour à tour à jouer un rôle important dans notre histoire militaire. Leurs bords ont été arrosés de sang français.

8° La *Nahe* descend du Hunsrück, elle coule dans une profonde vallée où se pressent les villages et les bourgs industriels. Ses bords sont dominés par des escarpements de 200 mètres et suivis par la grande ligne de Saarbruck-Neunkirchen à Bingen qui traverse 24 fois la rivière. On y trouve les belles positions de Kirn et de Kreutznach, célèbres dans la campagne de 1796. Elle reçoit la *Glan*. Ce cours d'eau est grossi de la *Lauter* qui arrose Kaiserslautern si souvent disputé entre les Français et les Autrichiens en 1793 et en 1794.

9° La *Moselle*, longue de 500 kilomètres, vient des Vosges, arrose en France Épinal, Charmes, Toul, Frouard, Pont-à-Mousson et Pagny. Sa largeur n'y dépasse pas 60 mètres. Elle est navigable à Frouard.

Entrée sur le territoire démembré sa largeur augmente et la rivière atteint Metz.

Cette grande ville de guerre, que nos pères appelaient Metz-la-Pucelle s'est donnée à la France en 1552 et sa belle défense, par le duc de Guise a commencé l'étonnante fortune de cette maison lorraine. Metz fut prise comme base d'opérations au début de la guerre de 1870. Les troupes françaises essayèrent d'abord de prendre l'offensive (combat de Sarrebruck 2 août), mais on reconnut bientôt l'écrasante supériorité de l'ennemi, le 6 août le II° corps, général Frossard, fut écrasé à Spickeren en avant de Forbach et l'armée se concentra sous Metz. Mais on ne sut pas quitter assez tôt cette ville pour opérer la retraite décidée sur Châlons, et la jonction avec Mac-Mahon. Le 14 août le III⁰ et le IV⁰ corps (Decaen et Ladmirault) restés sur la rive droite de la Moselle furent attaqués par le I⁰ʳ, le VII⁰ et le IX⁰ corps d'armée prussiens et rejetés sous les forts avancés de la ville. (Bataille de Borny.)

Pendant ce temps le reste de l'armée prussienne défilait au S. de la ville et le 16, lorsque les Français reprirent leur mouvement de retraite, ils se heurtèrent à Rezonville et Mars-la-Tour contre l'armée prussienne; arrêtés au centre à Vionville, ils emportèrent les positions de l'ennemi à sa gauche (Mars-la-Tour), mais pendant la nuit les Allemands reçurent des renforts et Bazaine reculant prit position sur le plateau convexe qui s'étend en avant de Metz, de Vaux au-dessus de la Moselle, à Saint-Privat. Notre gauche avec Frossard emporta Gravelotte et s'y maintint, mais Lebœuf et Ladmirault au centre se défendirent avec peine à Amanvilliers tandis que Canrobert, à droite, après une résistance acharnée à Saint-Privat était rejeté en désordre dans le bois de Châtel. La bataille de Saint-Privat est une des plus meurtrières du siècle. Les Allemands au nombre de 230 000 hommes perdirent 899 officiers et 19 260 hommes. Les Français (172 000 hommes) eurent 669 officiers et 11705 hommes hors de combat.

Bazaine à la suite de cette défaite se réfugia sous Metz et s'y laissa bloquer. Il essaya d'en sortir le 31 août et le 1⁰ʳ septembre par Noisseville, à l'E., pendant que Mac-Mahon était battu à Sedan. Le blocus continua; les Allemands construisirent même, pour tourner Metz, une voie de raccord du chemin de fer de Rémilly, sur la Seille, à Pont-à-Mousson (36 kilomètres de longueur; un viaduc de 165 mètres; le tout exécuté en 35 jours). Après quelques combats en septembre et en octobre, Bazaine signa la honteuse capitulation du 27 octobre 1870. Il livrait aux Allemands 175 000 hommes (20 000 malades ou blessés) 6000 officiers, 50 généraux, trois maréchaux de France, 53 aigles, 66 mitrailleuses, 541 canons de campagne, 800 pièces de position qui furent employées aux sièges des forteresses françaises ou étalées en triomphe dans les rues de Berlin, une quantité immense de matériel de guerre et enfin, perte irréparable! la ville et les forts de Metz.

Aujourd'hui Metz est, entre les mains de l'Allemagne, une redoutable position d'offensive dont la puissance a été augmentée par de nouveaux travaux. La ville est entourée d'une *enceinte continue* avec *lunettes* et *redoutes avancées*, œuvre de Vauban.

L'ingénieur Cormontaigne, sous Louis XV construisit sur la rive gauche de la Moselle le *fort de Moselle* et sur la rive droite de la

Seille la *double couronne de Belle-Croix*. Sous l'empire on construisit quatre grands forts détachés. Les hauteurs escarpées qui dominent la rive gauche de la Moselle furent occupés par les *grands forts de Saint-Quentin* et *de Plappeville* celles de la rive droite de la Seille par les *forts de Queuleu* (S.) et *de Saint-Julien*. Enfin pendant le blocus on construisit le *fort de Saint-Privat* au-dessus du château de Frescaty où fut signée la capitulation, entre Seille et Moselle, et à l'E. au-dessus de Borny le *fortin des Bordes*. Ces ouvrages ont été améliorés par les Allemands qui ont donné les noms de *fort Voigtz-Retz* à la double couronne de la Moselle, *de Steinmetz* à celle de Belle-Croix, de *Frédéric-Charles*, à Saint-Quentin, d'*Alvensleben* à Plappeville, de *Gœben* à Queuleu, de *Manteuffel* à Saint-Julien, de *Prince Auguste de Württemberg* à Saint-Privat, de *Zastrow* aux Bordes ; enfin ils ont construit au milieu de la plaine au N. le *fort Saint-Eloy*, au dessus de Woippy le *fort Kameke*, et en avant de Saint-Quentin, le *fort Manstein* très vaste et pourvu d'une coupole cuirassée.

En sortant de Metz la Moselle coule dans une vaste plaine, sa largeur dépasse 100 mètres, et elle arrive à Thionville, conquise par Condé après Rocroy. Cette ville fut fortifiée par Cormontaigne et résista énergiquement aux Prussiens qui la prirent après un bombardement, le 24 novembre 1870. Son nom allemand est Diedenhofen. On trouve ensuite Sierk (r. d.) ancienne place forte conquise en même temps que Thionville et démantelée depuis longtemps. Au dessous de cette ville la Moselle franchit l'ancienne frontière et forme la limite jusqu'au confluent de la Sure entre la Prusse rhénane et le grand-duché de Luxembourg. Elle reçoit ensuite la Sarre (r. d.) à Conz (Consitium des Latins) cette ville était célèbre dès le temps des Romains par son pont sur la Sarre, chanté par Ausone. Les Français commandés par Créquy y furent battus en 1675 en voulant délivrer Trèves (*Trier, Augusta Trevirorum*) assise sur la rive droite de la Moselle se vante d'être de 1300 ans plus vieille que la Ville Éternelle ; c'est une ville profondément déchue. Sous les seconds Flaviens elle fut capitale des Gaules, son principal monument de cette époque est l'imposante Porta Nigra. Au moyen âge Trèves fut le siège des archevêques électeurs. A la veille de la Révolution elle fut délaissée pour Coblenz (1786) et conquise par les Français six ans plus tard. Aujourd'hui elle occupe à peine le tiers de son enceinte.

A partir de cette ville commencent des méandres tels que la distance entre Trèves et le confluent est de 150 kilomètres par la rivière, de 112 par le chemin de fer, de moins de 100 en ligne droite. La vallée est si escarpée, surtout dans la première partie de cette section, que le chemin de fer stratégique de Berlin à Metz court sur le plateau, jusqu'au-dessus de Zell. Il n'y a pas de ville importante dans toute cette région. Berncastel (r. d.) est célèbre par son vin. En face de Trabarch (r. d.) Louis XIV avait fait élever le fort Montroyal en 1686, on le fit sauter après Ryswick. Zell (r. d.) a conservé une partie de ses anciennes murailles. Cochem (r. g.) a été important au seizième siècle et ne l'est plus. Ses 3000 habitants en font la ville la plus populeuse de la vallée. La largeur de la rivière est de 140 mètres à Trèves et de 200 au confluent.

La Moselle a de nombreux affluents en Allemagne. La *Seille* (r. d.) sort de l'étang de Lindre passe près de Dieuze, à Marsal qui fut une place forte importante au dix-septième siècle; démantelée, puis reconstruite sous Louis-Philippe, son enceinte a été de nouveau démolie. Moyenvic et Vic sont célèbres par leurs dépôts de sel gemme. Après avoir servi quelque temps de frontière, puis coulé en France, la Seille tourne au N. se répand dans des plaines marécageuses faciles à inonder, et finit à Metz. Elle reçoit la petite Seille qui passe à Château-Salins, célèbre par ses bancs de sel.

La *Sure* vient de gauche coule dans une vallée escarpée qui sert de limite entre la Prusse rhénane et le Luxembourg, et reçoit l'*Alzette* qui arrose la capitale de ce grand-duché. Luxembourg est bâtie sur un plateau escarpé de trois côtés et a été fortifiée par Vauban. Louis XIV rendit la ville en 1697. Prise en 1795 sur le maréchal Bender, Luxembourg resta française jusqu'en 1814 et fit en 1815 partie de la confédération germanique. La conférence de Londres de 1867 a ordonné le démantèlement de la place et ses remparts ont été transformés en promenades; mais telle est la force de ce « second Gibraltar » qu'il suffirait de quelques travaux pour lui rendre son importance.

La *Sarre* (r. d.) prend sa source au mont Donon et coule au N. arrose Sarrebourg, Sarralbe, Sarreguemines (Saargemund) au confluent de la Blise. Elle entre ensuite sur le terrain houiller de Sarrebruck (Saarbrucken) (r. g.), les villes industrielles se pressent sur ses bords et tendent sans cesse à s'accroître. Saint-Jean en face de Saarbruck, Burbach et Malstadt qui finiront par se toucher. Vient ensuite Sarrelouis, place forte, patrie de Michel Ney. Vauban paria avec Louis XIV de la fortifier en un an, gagna son pari et fit néanmoins un chef-d'œuvre. Cette ville nous a été enlevée en 1815, ce qui a permis aux Allemands en 1870 de tomber immédiatement sur Metz. Au-dessous de Sarrelouis la rivière coule entre des collines escarpées qui se resserrent de plus en plus à mesure qu'on approche du confluent; Saarburg la dernière ville de la vallée est peu importante. La Sarre est grossie de la *Blise* (Blies, r. d.) dont les sources sont voisines de celles de la Nahe et coule dans le pli entre le Hunsrück et le plateau de Westrich. Ober-Neun-Kirchen situé à un angle de la rivière est un nœud important de chemin de fer. De nombreuses usines sont établies sur ses bords. Elle reçoit le *Schwarzbach* rivière de Deux-Ponts (Zweibrücken) célèbre autrefois, comme siège d'une imprimerie importante, et qui capte les eaux du *Hornbach*. Ce ruisseau passe à Bitche, dont la citadelle escarpée a été défendue en 1870 avec tant de bravoure par le lieutenant-colonel Tessier et ne s'est rendue que la paix signée.

La *Nied* est formée de deux bras, au S. la *Nied française* dont la haute vallée est parallèle à celle de la Seille et parcourt un terrain à peu près plat ; au N. la *Nied allemande* qui passe à Falkenberg. Enfin la Moselle reçoit à gauche la *Kyll*, importante par la voie ferrée de Cologne à Trèves qui remonte sa vallée. Cette rivière, encaissée dans une faille de l'Eifel vocanique, coule au pied des ruines pittoresques de Gerolstein, qui est beaucoup plus connu que ne le mérite son importance réelle.

10. L'*Ahr* n'est remarquable que par les sites pittoresques de sa vallée.

11. L'*Erft*, au cours tourmenté, coule du N. au S. pendant 90 kilomètres parallèlement au Rhin, arrose Neuss et tombe par un angle aigu en face de Düsseldorf. Il est joint par le canal du N. à la Meuse (Venloo).

RIVE DROITE DU RHIN MOYEN. — Le Rhin reçoit à droite, à partir de Bâle, treize affluents principaux : l'Elz, la Kinzig, la Rench, l'Acher, la Murg, le Neckar, le Main, la Lahn, la Wied, la Sieg, la Wipper, la Ruhr et la Lippe. La disposition des montagnes de la Forêt-Noire, qui se rapprochent du Rhin par leur extrémité méridionale beaucoup plus que les Vosges, n'a pas permis la formation d'une rivière de plaine comme l'Ill. De plus, on remarquera que les rivières qui descendent de la Forêt-Noire dans la direction de l'O. ont leurs vallées dans la montagne généralement plus longues que les cours d'eau de l'autre côté du fleuve :

1° L'*Elz* prend sa source au cœur de la Forêt-Noire près de Triberg, coule du S. au N., puis par un brusque détour du N. E. au S. E., arrose Elzach et débouche en plaine un peu au-dessous de Waldkirch ; il prend alors la direction du N. O. et, passant par Emendingen, isole le Kaiserstuhl du Schwarzwald; dans son cours inférieur il se partage en une quantité de canaux. Il reçoit à gauche la *Dreisam*. Celle-ci vient du Feldberg et sa vallée reçoit la route du Val d'Enfer, ouverte en 1770 par les ingénieurs autrichiens pour le voyage de la nouvelle dauphine, Marie-Antoinette, et célèbre par la retraite de Moreau en 1796 ; à son débouché dans la plaine, elle est commandée par l'ancienne position de Fribourg-en-Brisgau. Cette ville est célèbre par son munster en grès rouge, dont la flèche s'élève à 122 mètres au-dessus du sol. Elle a été arrachée aux Bavarois par la grande bataille de 1644. Aujourd'hui elle n'a plus de fortifications. Son université est une des plus pauvres d'Allemagne.

2° La *Kinzig* ouvre une des vallées les plus importantes de la Forêt-Noire. Sa source jaillit sur le plateau du Württemberg; sa haute vallée, dirigée de l'E. à l'O., ouvre une profonde découpure au cœur même du Schwarzwald. Entre les deux branches du N. et du S. les gros bourgs et les petites villes se succèdent pittoresquement à chacun des coudes importants de la rivière; l'industrie y est très active. A partir de Haslach, la Kinzig prend la direction du N. O., débouche en plaine un peu au-dessus d'Offenburg et finit à Kehl. Cette ville a été prise cinq fois par nos troupes, fortifiée par Vauban et est aujourd'hui enfermée dans le périmètre des ouvrages de Strasbourg. La Kinzig reçoit un affluent à gauche, la *Gutach*, qui est remontée par le chemin de fer de la Forêt-Noire qui vient d'Offenburg par la vallée principale. Cette ligne, ouverte en 1873, est une des plus belles d'Allemagne pour les paysages qu'on y découvre et la hardiesse de ses travaux d'art, elle passe sur 6 grands ponts ou viaducs et sous 38 tunnels, dont le plus long a 1697 m. — La vallée a été parcourue plusieurs fois par les armées françaises qui y ont laissé des ruines nombreuses de châteaux forts.

3° La *Rench* descend du Kniebis, elle est suivie par la route de ce nom (973 m. au point culminant). Elle passe à Renchen. (Victoire de Moreau en 1796.)

4° L'*Acher* arrose Achern. En 1675, Montecuculli, chassé par Turenne de ses positions sur la Renchen, s'était arrêté derrière l'Ager; c'est à peu de distance au N. d'Agern que Turenne reçut le coup mortel, le 27 juillet.

5° La *Murg* vient du N. de Kniebis; s'ouvre du S. au N. une vallée étroite et encaissée qui coupe la Forêt-Noire comme un sillon longitudinal et débouche près de Rastatt. Elle est suivie par la route de Freudenstadt. Elle tombe dans le Rhin au-dessous de cette ville. Rastatt, dont nous avons expliqué le rôle militaire en décrivant le cours du fleuve, a été le siège de deux congrès. Le premier, en 1714, finit par un traité confirmant celui d'Utrecht; le second, en 1798, se termina par le guet-apens dont furent victimes nos plénipotentiaires.

Entre la Murg et le Neckar le Rhin ne reçoit plus d'affluents importants.

6° Le *Neckar* (Nicer) est le fleuve du plateau souabe. Il reproduit en petit le cours de la Moselle qui lui est symétrique et arrose un des plus riants pays de l'Allemagne. On a comparé le Württemberg à la Suisse du Nord. La rivière coule d'abord au N. et arrose Rottweil, célèbre par la mort de Guébriant (1640). Puis la rivière incline au N. E. jusqu'au confluent de la Vils; dans cette section de son cours, elle arrose Rottenburg, Tübingen, ville d'université célèbre par son enseignement théologique. Après avoir reçu la Vils, le Neckar prend la direction du N. O. jusqu'à Cannstadt. Cette ville active et industrieuse est comme le faubourg de Stuttgart, capitale du royaume, jolie résidence, située à quelque distance à gauche, dans une belle vallée où convergent les routes du Rhin au Danube. Cannstadt est célèbre par ses eaux minérales. La vallée est ensuite très sinueuse et présente d'admirables diversités d'aspect. Les chemins de fer se tiennent sur les plateaux qui la bordent : à quelque distance à gauche se trouve Ludwigsburg, la ville militaire du Württemberg, qui cependant n'est pas fortifiée. Heilbronn a gardé sa vieille réputation et sa clientèle de malades. Située dans une belle vallée arrondie, cette ville est un des principaux centres de commerce du pays. Le Neckar, débarrassé aujourd'hui des roches qui le rendaient périlleux, livre passage à la batellerie. A l'entrée du territoire badois, les deux bourgs étagés de Wimpfen occupent l'emplacement de l'ancienne Cornélia. Les belles collines qui bordent ensuite le fleuve présentent des ruines pittoresques d'anciens burgs. Hornberg mérite une mention spéciale, ce fut le séjour de Götz de Berlichingen, le loyal chevalier à la Main de Fer. A Eberbach, la rivière renonce à percer la masse de l'Odenwald et tourne à l'O. avant de quitter les défilés qu'elle se fraye à travers le grès bigarré de cette montagne, elle reflète la ville et les ruines de Heidelberg « la plus belle ville d'Allemagne », ancienne capitale du Palatinat, cette ville a été saccagée par les Français en 1689 et en 1693. Le beau palais des comtes palatins a été en partie renversé et ses ruines imposantes dominent la ville. Heidelberg est célèbre par son université Ruperto-Carolina, fondée en 1386. Dépouillée par Tilly de son admirable collection de manuscrits qui fut donnée au pape et devint la Bibliothèque Palatine, elle n'a recouvré que le tiers de ses anciennes richesses littéraires, mais elle est renommée dans toute l'Europe pour l'enseignement médical qui s'y donne. Se redressant au N. O., le Neckar arrose Ladenburg (r. g.), petite ville pittoresque. Turenne y vainquit les Impériaux en 1674. Mannheim est à la fois sur le Neckar et le Rhin. Cette ville ne date que de 1606. C'est la plus régulièrement bâtie de l'Allemagne. Son enceinte formée aujourd'hui par un chemin de fer de ceinture est circulaire, les rues se coupent à angle droit. Mannheim fait un commerce très actif avec toute l'Allemagne. Elle a été prise par les Français en 1688, 1795 et 1799.

La vallée du Neckar a joué un rôle très important dans les grandes guerres de la Révolution. Elle permet de tourner la Forêt-Noire et de tomber sur le Danube. Les armées trouvent aisément à vivre en cette plantureuse contrée; enfin, à droite surtout, ses affluents par leurs sources ouvrent des brèches aisément praticables que suivent de bonnes routes et des chemins de fer à travers les hauteurs du Rauhe-Alp.

*Affluents du Neckar.* — Gauche : l'*Enz* naît dans la Forêt-Noire ; ses sources sont voisines de la vallée de la Murg, elle baigne Pforzheim, nœud important de chemins de fer. — L'*Elsenz* est absolument parallèle au Neckar dans sa section de Heilbronn à Eberbach. Elle arrose Sinsheim où Turenne fut vainqueur en 1674, mais cependant dut repasser le Rhin.

Droite : les affluents sont curieusement réunis deux par deux, la Vils et la Rems, la Kocher et la Jagst. La *Vils* ouvre la route de Stuttgard à Ulm, suivie par la grande ligne de Paris à Vienne. — La *Rems* lui est à peu près parallèle et baigne Waiblingen, dont le nom est si célèbre sous sa forme de Gibelin. — La *Kocher* sort du Hartfell, arrose Hall (Union des Protestants en 1616). — La *Jagst* enveloppe la Kocher; son principal centre de population est la petite ville industrieuse d'Ellwangen.

7° Le *Main* (Moenus ou Mogenus) est le fleuve de Franconie. Sa vallée se développe par de longs détours du Fichtel Gebirge en face de Mayence. La source et l'embouchure sont sous le même parallèle (50°), à une distance de 250 kilomètres. La longueur totale du cours d'eau dépasse 600 kilomètres. Aucune rivière d'Allemagne ne présente une telle proportion et cependant le Main n'est pas un fleuve aux méandres aussi capricieux que la basse Moselle, par exemple. Son cours est paisible, il a peu d'inondations, on dirait d'un canal creusé par l'homme.

L'importance militaire du Main est considérable. Il ouvre au cœur de l'Allemagne, entre les deux tronçons occidentaux du système hercynien, une large avenue qui permet d'arriver du Rhin sur l'Elbe d'une part, sur le Danube de l'autre, au centre même de ces bassins. Aussi, sans parler des campagnes de 1741 et de 1796, cette rivière a servi de base d'opération pour deux attaques de flanc, l'une contre l'Autriche en 1805, l'autre contre la Prusse l'année suivante.

Deux bras forment le Main. Le premier, le Main blanc (*Weisser Main*), est le plus faible, il sort du Fichtel Gebirge et passe à Kulmbach, célèbre par sa bière. Le second est le Main rouge (*Rother Main*) qui vient du S. et arrose Baireuth, célèbre par son théâtre. Les deux bras se réunissent au-dessous de Kulmbach et coulent au N. O. jusqu'au confluent de la Rodach ; la vallée tourne alors au S. O. jusqu'au confluent de la Regnitz. Fertile, bien arrosée, c'est le vrai jardin de la Franconie. De là à Schweinfurt la vallée suit la direction de l'O. N. O. Schweinfurt est une petite ville de la Basse-Franconie. Les habitants veulent que son nom vienne par corruption de Suevenfurt, gué des Suèves. Jourdan y fut battu pendant sa retraite en 1796. Cette ville occupe une position importante à un angle de la rivière et au croisement de deux routes de la vallée inférieure, l'une par la petite *Wern*, qu'il serait facile de faire suivre par le canal, l'autre sur Würzbourg. Le Main de là coule au S. dominé sur la rive gauche par le Steigerwald, il arrose (r. dr.) Kintzingen, puis à partir d'Ochsenfurt est renvoyé par les dernières ondulations de l'Odenwald dans la direction du N. O. Il arrose Würzburg, l'ancienne Herbipolis, dont le nom germanique ne serait qu'un déguisement du nom celtique Verdun. Comme cette ville française, Würzburg doit beaucoup à ses évêques. Un d'entre eux a fondé la célèbre université de cette ville, la Julio-Maximiliana, renommée surtout pour les études médicales. Le minnesinger Walter de la Vogelweide était de cette ville. Situé au fond d'un amphithéâtre de collines couvertes de vignes, à l'exposition du midi, au pied de l'ancienne citadelle Marienberg s'étend le célèbre clos du Leiste. Cette ville, métropole de la Franconie, située à peu près au milieu du bassin, a été bien souvent assiégée. Les paysans y furent écrasés en 1525. Jourdan s'est fait battre devant ses murs en voulant la reprendre en 1796. Aujourd'hui les fortifications de la rive droite sont déclassées. Le Marienberg, en face de la ville, sur un promontoire, a gardé sa citadelle bastionnée. Il a été question de faire de Würzburg ce qu'elle a été si souvent, notamment en 1805, le réduit de la Bavière. — A Gemünden le Main rencontre le Spessart et le contourne par deux angles droits. Il débouche en plaine à Aschaffenburg. Les Romains avaient déjà reconnu la force de cette position au flanc du Spessart et y avaient élevé la forteresse d'Ascappa. A Hanau, le Main reçoit la Kinzig et incline au S. O. Cette ville est célèbre par la bataille du 30 octobre 1813, où les Bavarois essayèrent en vain d'arrêter l'armée française dans sa retraite. — La rivière coule alors dans une belle plaine que dominent au N. les *Hauteurs* par excellence, la ligne du Taunus, elle arrose Offenbach (r. g.), et Francfort (Frankfurt-am-Main) à droite. Cette noble ville, patrie de Goethe et du jurisconsulte Savigny, est une des plus riches d'Allemagne. Son Römer, où se faisaient couronner les empereurs, subsiste encore. Francfort est tombée souvent entre nos mains (Custine, Kléber, etc.) ; elle est aujourd'hui ville prussienne ; c'est un des premiers marchés d'argent de l'Europe. — A Francfort a été signé le désastreux traité de 1871. — Il n'y a plus de ville importante sur le fleuve même jusqu'au confluent en face de Mayence, par 85 mètres d'altitude. La source du Main blanc est à 894 mètres. Les détours de la rivière sont un grand obstacle au développement du commerce par eau. Au point de vue de la navigation, il y a presque autant de sections isolées que de grandes directions différentes dans la vallée.

*Affluents du Main.* — *a.* La *Rodach* (rive dr.) passe près de Kronach, patrie du célèbre peintre Lucas Sunder, dit de Kronach. Son ancienne citadelle n'est plus qu'une prison. Cette vallée ouvre un défilé dans le Frankenwald qui a été suivi par Napoléon en 1805. De même :

*b.* L'*Itz* (r. d.) qui passe à Coburg. Le château fort de cette ville est devenu également une prison d'État.

*c.* La *Regnitz* (r. g.) est plus intéressante encore comme voie naturelle. Elle se compose de plusieurs bras dont le plus long sort, sous le nom de *Rezat Franconienne*, de la base du Steigerwald à quelques kilomètres des sources de l'Altmühl, affluent du Danube, et de celles de la Tauber, affluent du Main moyen, elle coule au S. E. et arrose Ansbach ancienne capitale d'un margraviat brandebourgeois. Ce bras se grossit de la *Rezat Souabe* (Schwabische Rezat); celle-ci sort d'un marécage dont les eaux s'écoulent indifféremment, soit par l'Altmühl dans le Danube, soit par la Rezat dans le Rhin. La rivière prend alors le nom de *Rednitz*, qu'elle garde jusqu'à Fürth. Cette ville fondée par les margraves d'Ansbach fabrique le bronze et les bijoux. Grossie de la Pegnitz, la rivière s'appelle *Regnitz*. Elle passe à Erlangen, plus célèbre par sa bière qui est excellente que par son université qui est peu importante. Près de son confluent, la Regnitz se partage en deux bras et traverse Bamberg qu'on a appelé le plus grand village d'Allemagne. C'est dans cette ville que périt Berthier en 1815, le jour où les Russes entraient dans la ville. La Regnitz est à son confluent plus longue et plus grosse que le Main. Son principal affluent est la *Pegnitz* (rive dr.) dont les sources sont voisines de celles du Main rouge et qui passe à Nuremberg (Nürnberg). Cette ville est célèbre dans toute l'Allemagne pour l'esprit inventif de ses habitants et la finesse de leur intelligence. Avec ses vieilles maisons précieusement conservées, les nouvelles constructions qui singent le moyen âge, son château fort le Richsveste, ses murailles couronnées de tours, Nuremberg est, dit-on, de toutes les grandes villes d'Europe celle qui a le mieux gardé l'aspect d'une cité du moyen âge. Dürer, le plus grand peintre d'Allemagne, Hans Sachs, le poète de la Réforme, Hell, l'inventeur des montres, sont nés à Nuremberg. La ville est surtout connue dans l'histoire militaire par les opérations de 1631, Gustave-Adolphe contre Wallenstein.

*d.* La *Saale franconienne* vient de la Rhön et arrose Kissingen, célèbre par ses eaux minérales.

*e.* La *Tauber* (rive g.) sort des hauteurs de Franconie et arrose Rothenburg, moins célèbre que Nuremberg parce qu'elle est plus petite, mais peut-être plus curieuse pour l'archéologue ; elle a conservé absolument intacte son enceinte du quatorzième siècle, et un grand nombre de maisons de la même époque ; grâce à sa position isolée, elle semble avoir été oubliée du temps comme des hommes de guerre. Un peu plus bas au contraire Mergentheim, cachée sous les tilleuls et les châtaigniers du val Sainte-Marie, rappelle la bataille de 1645 où Mercy prit sur Turenne sa revanche de Fribourg.

*f.* La *Kinzig*, et *g.* la *Nidda* coulent parallèlement au S. O., la première ouvre une route du Main à la Fulda, la seconde qui coule du Taufstein dans le Vogelsgebirge a aussi une grande valeur stratégique par son affluent de droite la *Wetter*, qui arrose le chemin de la Lahn. La Wetteravie arrosée par cette rivière est nommée le jardin de Francfort. Cette contrée est très fertile en fruits. A droite de la Nidda, au pied des montagnes est la célèbre station thermale de Homburg.

8° La *Lahn* prend sa source à une altitude de 602 mètres dans le Rothaargebirge et près des sources de la Sieg et descend dans une vallée sauvage dans la direction E. S. E. A partir du confluent de *l'Ohm* qui vient du Vogel et est aussi long à peu près que la Lahn, elle court au S. S. O. et arrose Marburg, petite ville universitaire, située au fond d'un amphithéâtre de collines. En 1529 se tint dans cette ville le célèbre colloque entre Luther et Melanchthon d'une part, Zwingli et Oekolampade de l'autre. La ville fut prise plusieurs fois par l'armée de Sambre-et-Meuse. De même Giessen, qui se trouve au coude le plus rapproché de la Wetter. A partir de cette ville la Lahn court entre le Westerwald et le Taunus. Sa vallée est tortueuse, fort pittoresque. A Wetzlar la largeur est de 32 mètres. Cette ville a été le quartier général de Hoche. C'est là que ce grand patriote est mort le 17 septembre 1797. Limburg, était fort importante au moyen âge. Nassau a donné son nom à la contrée, cette petite ville est dominée par les ruines du château du Stein où vécut et habita le régénérateur de la Prusse ; Ems est célèbre par ses eaux minérales.

9° La *Wied* sépare le Westerwald des Sept-Montagnes, son cours est comme celui de la Sieg brisé en trois coudes que marquent Altenkirchen, célèbre par la mort de Marceau dans un combat d'arrière-garde, Wied, enfin Neuwied au confluent.

10° La *Sieg* a ses sources voisines de celles de la Lahn, dans le Rothaar-Gebirge, mais elle coule directement à l'ouest dans une vallée extrêmement tortueuse et encaissée suivie par le chemin de fer de la Ruhr-Sieg (38 ponts, 13 tunnels), et toute fouillée par les travaux des mines d'argent, de cuivre et de houille. Siegen est la première dans le haut bassin et la plus importante des villes d'usines de la contrée. Comme beaucoup de villes industrielles elle doit son origine à des réfugiés religieux ou politiques. C'est là qu'est né le grand peintre Pierre-Paul Rubens dont le père était proscrit d'Anvers; à Siegburg, à peu de distance du confluent, débouche la fraîche vallée de l'*Agger*. La Sieg est navigable, sa largeur est à peine de 30 mètres.

11° La *Wipper* reproduit en plus grand le cours de la Wied. Son bassin est célèbre par sa richesse en houille et en fer. Les villes industrielles s'y pressent. Barmen et Elberfeld (grandes fabriques de tissus et de produits chimiques) qui n'avaient pas 20 000 hab. à elles deux au commencement du siècle en réunissent maintenant dix fois plus. Dans sa section du N. au S. la Wipper laisse à dr. Solingen, célèbre par ses fonderies et ses forges d'acier, et qui a depuis les croisades le secret de la fabrication des lames d'acier de Damas; ses fleurets sont renommés dans le monde entier.

12° La *Ruhr* est plus riche encore que la précédente en minerais industriels. Elle arrose Arnsberg, puis entre dans le terrain carbonifère; la surface du territoire occupé par la houille dépasse 400 kil. carrés et fournit de 10 à 12 millions de tonnes par an. Le centre industriel est Essen, dont le monde entier connaît la grande usine de locomotives, rails et canons appartenant à la maison Krupp. Cette ville qui avait à peine 10 000 hab. au commencement du siècle a quintuplé sa population. La Ruhr finit à Ruhrort.

13° La *Lippe* est une rivière de plaines, elle est formée de nombreux ruisseaux qui descendent du Teutobürger Wald près de la ville de Lippspringe, et est définitivement constituée par le tribut que lui a apporté l'*Alme* dont le bassin enferme la ville de Paderborn, où le pape Léon III vint trouver Charlemagne en 792; ce n'est plus qu'une petite ville de province. On trouve ensuite Lippstadt, Hamm, et à quelque distance à gauche, Dortmund, à égale distance entre la Ruhr et la Lippe, vieille ville hanséatique, ancien chef-lieu du département de la Ruhr, qui montre avec orgueil les deux tilleuls sous lesquels siégeaient les juges mystérieux de la Vehme. Dortmund est surtout célèbre aujourd'hui pour ses fabriques de bière. La Lippe tombe dans le Rhin à Wesel.

Delta rhénan.

A peine le Rhin a-t-il coulé pendant 5 kilomètres sur le territoire hollandais qu'il se bifurque en deux bras qui vont ensuite se ramifiant par de nombreux canaux au réseau presque inextricable. C'est le Delta du Rhin, la plus belle victoire peut-être du génie de l'homme sur la nature.

Tel est en effet le prodigieux travail accompli sans interruption pendant des siècles au milieu de la Néerlande, qu'il est impossible de distinguer d'une manière certaine les bras du Rhin qui existent de tout temps et ceux que l'art a créés.

La pointe même du Delta n'est plus à l'endroit où commençait l'Insula Batavorum de César, formée par le Rhenus bicornis, dont parle Virgile. Au dix-septième siècle le départ des eaux prenait son origine au fameux fort de Schenk, le bras gauche portait le nom de Waal, le bras droit celui de Rhin ; mais des bancs de sable se formant dans la branche de droite, on creusa en 1701, de Panerden au Waal, un canal destiné à renforcer le courant menacé. Aujourd'hui, le canal de Panerden a supplanté le vieux Rhin (Oude Rijn), qui n'est plus qu'un ruisseau tourbeux; c'est donc à Panerden que commence réellement le delta.

Le Waal se détache à droite emportant les deux tiers du courant: le bras qui garde le nom du fleuve suit la direction du N. O. pendant 10 kilomètres; là nouvelle fourche; à droite l'Ijssel entraîne au Zuiderzée le tiers des eaux.

Le Rhin se recourbe dans la direction de l'O., arrose Arnhem (rive dr.), puis à Vijk se divise encore. Le Lek part à droite parallèlement au Waal, le *Kromme Rijn*, se tord, comme l'indique son nom, dans la direction du N. O. Il ne garde plus que le quart des eaux qui lui restaient, et encore les reçoit-il par des écluses. Arrivé à Utrecht, le Rhin subit de nouvelles pertes, à droite de nouveau se détache le Vecht. Le vieux fleuve, *Oude Rijn*, poursuit paresseusement son cours à l'E., arrose la célèbre ville de Leyde, arrive à la mer du Nord, à Katwijk, où des écluses énormes, protégées par de puissantes digues permettent d'emmagasiner ses eaux, pour emporter à marée basse les sables qui obstruent la côte. On a calculé que le débit moyen du vieux Rhin n'est pas de 4 mètres par seconde, c'est moins que la cinq centième partie de la masse d'eau qui entre en Hollande.

Revenons aux branches latérales du fleuve qui, par une symétrie remarquable, se détachent tour à tour à gauche et à droite :

1° Le *Waal*. — Le bras gauche du Rhin qui emporte soixante-huit centièmes de ses eaux, et qu'on désigne de haute antiquité par le nom de Waal, est la grande ligne de la navigation fluviale il est plus long il est vrai de 20 lieues, mais il est moins ensablé et n'a pas d'écluses. Il coule en décrivant quelques courbes dans la direction de l'O., arrose Nijmegen (Nimègues) au centre d'un district industriel. C'est à Nimègues qu'ont été signés les traités de 1678 et 1679. Jadis la Meuse se jetait dans le Waal au fort Saint Andries, mais aujourd'hui le confluent a été reculé jusqu'à Gorinchem (Gorkum) dont les marchés agricoles sont très importants. Le Waal prend alors le nom de *Merve*, il arrive à Dordrecht, patrie des frères de Witt de Cuyp et d'Ary Scheffer, où se trouve le grand carrefour des fleuves. Les eaux de la Meuse et du Waal prennent toutes les directions, et sont déjà soumises à l'influence de la marée. Au N. se prolonge l'*Oude Maas*, au S. la *Kill* rejoint les vastes golfes encombrés d'îles et de bancs de sable qu'on appelle le *Biesbosch*, le *Hollandsch Diep*, sur lesquels se trouvent Gertruidenberg (conférences de 1710), Moerdyk (Mardick) et Willemstad place forte (rive g.) qui commande la bifurcation du Hollandsch Diep en deux bras qui coulent des deux côtés de l'île Over Flakkee *De Krammer* au sud, *Haringvliet* au N.

2° L'*Ijssel*. — L'Ijssel, large de 60 mètres, profond de $2^m50$ en moyenne, se détache au village de Westerwoort en amont d'Arnhem, et gagne au N. le Zuiderzée. Il doit, dit-on, son origine à un ouvrage militaire. Drusus aurait fait creuser entre le Rhin et l'Issel, qui vient de Westphalie, un canal rejoignant cette dernière rivière près de la ville de Doesborg. Le canal actuel est probablement plus large et plus sinueux que la déviation originale, Doesborg est une ville fortifiée. De même Zutphen, au confluent de la *Berkel*, ville de banquiers et de bourgeois d'une grande richesse, que semblent devoir défendre fort mal ses vieilles fortifications plus pittoresques que redoutables. Deventer ou Demter surveille le confluent de l'Ijssel et du *Schipbeek* ; elle a son port, qui fait un grand commerce de beurre, ses fabriques de tapis, et l'attrait de ses vieilles constructions perdues au milieu des arbres.

Zwolle garde l'extrémité de cette ligne, mais elle n'est pas située directement sur l'Ijssel, celui-ci la laisse à droite sur un canal qui rejoint la Vecht sous le nom d'*Eau Noire* (*Zwarte water*). Enfin, au-dessous de Kampen, aujourd'hui déclassée, l'Ijssel se bifurque encore en quatre bras, qui forment l'île de Kampen. Le principal de ces bras est prolongé dans la mer par des digues et défendu par des écluses.

5° Le *Lek*. — Le Lek accapare les trois quarts des eaux du Rhin. On veut y voir l'ancien canal creusé par Civilis pour défendre l'île des Bataves. Une grande inondation en 839 a élargi son lit. Après avoir décrit de nombreux détours, le Lek passe devant les quais de Rotterdam (digue de la Rotte), ville dont les fortifications ont été récemment démolies. Les anciens fossés de forme triangulaire sont devenus des canaux de navigation qui se ramifient à travers cette vieille ville qui a ravi au commencement du dix-septième siècle, à Dordrecht, le privilège d'être « l'étape » nécessaire de la navigation rhénane. Érasme est né à Rotterdam en 1467. Schiedam, qu'arrose ensuite le Lek, est la principale agglomération de distilleries de toute la Hollande. Au-dessous de Vlaardingen le Lek perd son nom. La *Vieille* et la *Nouvelle Meuse* et d'autres canaux dont on peut négliger les dénominations changeantes entourent l'île de Voorne que commande au N. O. la forteresse de Brielle. C'est la première ville qu'en 1572 aient prise les Gueux; c'est la patrie de Tromp. Maassluis, en face sur un autre bras, est avec Vlaardingen à la tête de tous les ports hollandais pour la pêche aux harengs.

Sans vouloir entrer dans le détail de tous les canaux qui parcourent le sol déjà si morcelé du delta rhénan, nous ne pouvons passer sous silence le *Hollandsche Ijssel*, qui circule tortueusement entre le Lek, d'où il se détache et où il aboutit, et le Rhin proprement dit. Il arrose Gouda, un des centres d'expédition des fromages de Hollande.

Entre le Lek et le Rhin nous trouvons deux villes importantes, Delft, dont les fabriques de faïence sont tombées, mais qui possède l'école des ingénieurs de la Hollande et fabrique les affûts et les prolonges de l'artillerie royale. Guillaume le Taciturne y fut assassiné en 1564. La Haye ou S'Gravenhage, capitale du royaume, troisième ville de la Hollande, riche en souvenirs historiques et en collections d'arts et de sciences.

4° Le *Vecht*. — Le Vecht commence à Utrecht et finit à Muyden. Utrecht est une des villes historiques des Pays-Bas. La quatrième ville du royaume par sa population, elle a vu signer, en 1579, l'acte constitutif de la république fédérale des Provinces-Unies. En 1712 s'y réunit le congrès qui termina la guerre de la succession d'Espagne. Elle possède une université protestante et l'hôtel des monnaies. A Muyden se trouvaient au dix-septième siècle les écluses qui permettaient d'inonder la Hollande.

Du Vecht se détache, à gauche un bras, l'*Amstel* qui termine à Amsterdam, la Venise du N., assise sur 90 îlots réunis par plus de 300 ponts. Le canal de l'Y, à grande section, permet aux navires du plus fort tonnage d'aborder les quais d'Amsterdam sans rompre charge, et leur évite la navigation difficile du Zuiderzée.

De nombreux étangs couvraient la plaine au S. d'Amsterdam,

une partie a été desséchée. Le travail le plus considérable de c[e] genre a été la mise à sec de la mer de Harlem. De 1840 à 1843 on a conquis à la culture les 180 kilomètres carrés que recou[vraient] les eaux.

Du reste, l'aspect actuel du delta rhénan, si différent de c[e] qu'il était à l'origine, se modifiera plus profondément enco[re] lorsque les grands travaux que méditent les ingénieurs hollan[dais] auront été exécutés. Déjà le Biesbosch est en partie rendu [à] l'agriculture. On s'apprête à reprendre au Zuiderzée non seulemen[t] la plus grande partie des terrains qu'il a conquis en 1287 et e[n] 1421, mais même l'ancien lit du lac Flevo.

Au lieu d'émigrer en masse et sans esprit de retour comme l[es] Allemands, les Hollandais s'acharnent à employer leurs forces [et] les ressources qu'ils rapportent des Indes à faire reculer la m[er] et à contenir le fleuve. C'est la plus légitime des conquêtes.

*Côtes de la Hollande et de l'Allemagne occidentale.* — Les côt[es] de la Hollande et de l'Allemagne occidentale sont très découpées [et] présentent quatre grands golfes : le Zuiderzée, l'embouchure [de] l'Ems avec le Dollart, celle de la Weser avec le golfe de la Jad[e] celle de l'Elbe. — Un chapelet d'îles allongées de l'O. à l'E., q[ui] semblent les témoins de l'ancien rivage, s'étend de la pointe [du] Helder à l'embouchure de la Weser. Ces îles sont Texel, Vlielan[d] Terschelling, Ameland, Schiermonikoog, Borkum, Juist, Norderne[y] Baltrum, Langeoog, Spiekeroog, Wangeroog. Les cinq premièr[es] appartiennent à la Hollande.

Le rivage est inondé, les marais occupent la plus grande part[ie] du pays ; à partir de l'Ems, on ne voit plus les travaux patien[ts] de la Hollande : pas de routes, peu de villages. En s'avançant ve[rs] l'intérieur des terres, on voit d'immenses tourbières succéder a[ux] marais ; enfin on rencontre une zone de landes appelées Geeste.

## IV. — Bassin de l'Ems et de la Weser.

### L'Ems.

L'*Ems* (Amisia) sort comme la Lippe du Teutobürgerwald arrose ce que les géographes allemands appellent le golfe [de] Westphalie ; il séparait au moyen âge la Westphalie de la Sax[e] Il coule à l'O. N. O. jusqu'à la hauteur de Münster, prend la d[i]rection du N., arrose Lingen, Meppen et passe près de Leer (r. d[r.] Il tombe au N. du Dollart. Ce golfe tient la place des territoir[es] engloutis par la mer en 1277 et 1287. Il est assez peu profon[d] L'estuaire de l'Ems, qui commence bien avant Emden, est occup[é] par des bancs de sable ; deux chenaux navigables, qu'on nomme l'*Ems occidental* et l'*Ems oriental*, débouchent des deux côtés de l'île de Borkunn. L'Ems reçoit un très grand nombre de petites rivières ; citons à gauche l'*Aa*, petit cours d'eau de Münster.

Munster, capitale de la Westphalie, quartier général du VII<sup>e</sup> corps d'armée allemand, est célèbre par le siège de 1535 et les traités de 1648. Ancien chef-lieu du département de la Lippe. A droite, la *Haase*, rivière d'Osnabrück (traité de Westphalie, Protestants).

L'Ems est navigable seulement dans son cours inférieur ; à gauche il longe les immenses étangs qui forment la frontière de la Hollande et qu'on nomme les marais de Bourtange. Sur ce sol imbibé d'eau, les communications se font surtout par les canaux. De Meppen sur l'Ems part le *canal de la Dieutz*, qui aboutit à la ville hollandaise de Meppen. Un peu plus bas bifurque sur l'Ems le *canal de Groningue*. Il se ramifie dans toutes les directions et met Groningue en relation avec Leeurwarden, capitale de la Frise occidentale et le port de Harlingen. Ce sol si pauvre est dangereux à traverser en dehors des routes ; les habitants, pour s'aventurer dans la campagne inondée, doivent dans la Frise se munir de raquettes qu'ils s'attachent aux pieds et qui les soutiennent tant bien que mal. Cependant à force de soins on arrache encore à la terre quelques maigres moissons. C'est entre l'Ems et la Weser que, pour se procurer un engrais économique, les paysans isolent les mottes de terre au moyen de sillons peu profonds et, quand le soleil les a séchées, les enflamment en les couvrant de charbons ardents. De là ces nuages de fumée âcre qui se répandent parfois jusqu'à Cracovie au S. E. et jusqu'en France (1857).

### La Weser.

**Ceinture.** — Elle est formée par la réunion de deux rivières nées dans les montagnes de Hesse, la Werra et la Fulda. Son bassin se compose de deux parties bien distinctes. Le cours supérieur est bien encadré à l'E. par les montagnes du Thüringerwald, et ses contreforts du N.-O. jusqu'à la Porta Westphalica au S., et à l'O. par la Rhön, le Vogels, le Rothaar et l'Egge ; au N. E. de cette chaîne la ceinture moins marquée se relève par les monts Wiehen, qui aboutissent aussi à la Porta Westphalica. Au-dessous du défilé la Weser se développe dans la basse plaine de l'Allemagne du N. et nulle chaîne de collines ne marque la séparation de son bassin et de ceux de l'Ems ou de l'Elbe. Son principal affluent de droite, l'Aller, coule entièrement au N. du Harz. Ce massif et les hauteurs qui le relient à la forêt de Thuringe s'étendent entre les affluents de l'Elbe et la haute vallée de la Leine qui tombe dans l'Aller.

**Bassin supérieur.** — La Werra vient de l'E., la Fulda de l'O. du plateau hessois.

La *Werra* est formée de trois cours d'eau dont le plus important jaillit au point de soudure du Franken et du Thüringerwald, à l'altitude de 707 mètres. Elle arrose Hildburghausen, Meiningen, tourne au N., passe près de Schmalkalde (r. d.), célèbre par l'Union des princes protestants (1530), perce près de Hörschel un défilé connu sous le nom de Portes de Thuringe et longe ensuite dans une vallée charmante les derniers contreforts du Thüringerwald; enfin arrive à Münden, où conflue la Fulda par 124 mètres d'altitude.

La Werra reçoit un grand nombre de petits cours d'eau dont les vallées abruptes font la beauté des monts de Thuringe; nous ne citerons que la *Hörsel*, qui ouvre la première grande brèche au N. du Thüringerwald (chemin de fer de Thuringe, de Gotha à Bebra). Cette rivière est grossie de la *Nesse*, qui passe à Eisenach, que domine fièrement la célèbre Wartburg, récemment restaurée, dont la Salle des Chanteurs vit le fameux tournoi poétique des trouvères et troubadours d'Allemagne, et où Luther fut caché en 1521. Enfin la Nesse elle même reçoit la *Leina* sur les bord de laquelle se trouve la ville savante de GOTHA. Cette petite capitale du duché de Gotha est connue dans le monde entier par ses publications, son almanach, ses journaux géographiques. Nulle ville n'a fait plus qu'elle pour les progrès de la connaissance du Globe.

La *Fulda* sort de la Wasser Kuppe, beau sommet basaltique des Rhön, à l'altitude de 510 mètres; plonge peu après dans un gouffre souterrain et reparait claire et limpide. Elle arrose Fulda, célèbre par son abbaye fondée par Boniface en 744, souveraine pendant dix siècles, sécularisée en 1803. Bebra, nœud important de chemins de fer. Cassel, qui fut pendant la guerre de Sept Ans le centre d'opérations de l'armée française; de 1808 à 1813, capitale du royaume de Westphalie; son château, appelé aujourd'hui Willemshöhe, a servi de résidence à Napoléon III après Sedan.

La *Weser* fait de nombreux détours dont la direction générale E. du S. au N. Elle arrose Höxter, tout près de laquelle Corvey rappelle une ancienne abbaye bien fameuse, fille de notre Corbie sur la Somme, et dont la bibliothèque existe encore. Sur un plateau à droite du fleuve, Hastenbeck fut le théâtre d'une victoire des Français en 1757. Hameln, fondation de Boniface, enrichie par les réfugiés protestants, est un centre important de chemins de fer; cette ville est célèbre en Allemagne par la légende du sorcier, preneur de rats et voleur d'enfants (24 juin 1284). La Weser s'engage dans le défilé de la Porta Westphalica, l'Entaille, « die Scharte », comme disent les Allemands.

**Bassin inférieur.** — A sa sortie elle a 180 mètres de large, une altitude de 42 mètres ; elle arrose Minden (r. g.), près de laquelle nous fûmes battus en 1759. La ville est aujourd'hui démantelée. Nienburg, ancienne place forte qui gardait la rive droite, est devenue également une ville ouverte. Enfin Brême (Bremen), grande ville de 102 000 habitants, est le débouché nécessaire de toute la vallée. C'est une des trois villes libres de l'Allemagne ; ancienne capitale de la Hanse, elle est restée en relations commerciales avec le monde entier ; c'est la grande porte de sortie des émigrants allemands pour l'Amérique. Elle est célèbre en Allemagne par son Rathaus, sa statue de Roland, qui se dresse à la façade, et les caves ou celliers consacrés à la gloire des vins du Rhin et de la Moselle qui s'étendent sous l'édifice. Les annexes commerciales de Brême sont Vegesack, au-dessous de la ville, et Bremerhafen, ville créée en 1853, qui a 12.000 habitants. C'est, comme son nom l'indique, le port de la ville marchande. On y remarque une immense Maison des Emigrants, avec 3000 places.

Depuis Brême, les marais occupent les deux rives du fleuve, puis là l'estuaire s'élargit de plus en plus. Mais après Bremerhafen, on n'atteint pas encore la pleine mer : des bancs de sable qui couvrent et découvrent s'étendent des deux côtés du chenal de la Weser ; ce sont les bases de l'ancien rivage que les eaux ont rasé, quand, en 1528, la mer forma le golfe actuel de la Iade.

Le port militaire de Willelmshafen, le second de l'Allemagne après Kiel, a été créé de 1855 à 1869. Des quais gigantesques protègent le port, qui est défendu par des forts détachés, et dont l'entrée est peut-être la plus sûre de toute la côte depuis Gibraltar jusqu'au cap N. Napoléon avait déjà reconnu l'importance pour l'établissement d'une marine militaire de ce golfe de la Iade, qui ne gèle jamais.

**Affluents de la Weser.** — A gauche, la *Hunte* tombe dans l'estuaire du fleuve, elle arrose Oldenburg, chef-lieu du grand-duché de ce nom, elle conflue près d'Elsfleth. A droite il reçoit à Nienburg par le *Meergraben* les eaux du petit *lac de Steinhud*; le principal affluent du fleuve est l'*Aller*. Cette rivière naît dans la plaine qui s'étend au N. du Harz, coule d'abord dans la direction du N. et arrose Oebisfeld, important par sa position à la bifurcation de deux grandes lignes de chemin de fer, puis il incline au N. O. et passe à Celle, située au milieu d'une plaine bien arrosée. L'Aller finit à Verden, célèbre par la fameuse diète de Charlemagne, évêché sécularisé, donné par les traités de Westphalie aux Suédois. L'Aller limite au S. la grande bruyère de Lüneburg, qui s'étend d'autre part entre l'Elbe et la Weser et n'est bornée au N. que par les tourbières et les landes infertiles. La bruyère de Lüneburg est célèbre par son miel et par ses « tombeaux des Huns ». A gauche l'Aller reçoit l'*Ocker*, qui vient directement du Harz, arrose Goslar, Wolfenbüttel, ancienne capitale des ducs de Brunswick, et Brunswick (Braunschweig), entourée d'une plaine fertile, capitale du duché de ce nom, ville de 66 000 habitants, qui possède de grandes manufactures de tabac, de cartes à jouer, etc. — La *Leine* est parallèle à la Weser. Elle sort de l'Eichsfeld à l'altitude de 270 mètres, et arrose Göttingen, élevée au rang de ville par Otton IV, le vaincu de Bouvines. Hanséatique au quatorzième siècle, elle doit toute sa réputation à son université fondée en 1734 (1000 étudiants). Elle est justement renommée pour les études philologiques et historiques. Au-dessous de cette ville la Leine est resserrée entre les montagnes du Harz et le Hils ; elle s'en échappe par un défilé d'Eimbeck et traverse la ville de Hanovre (Hannover), ancienne capitale du royaume de ce nom, située dans une plaine sablonneuse mais bien cultivée, peuplée de 106 000 habitants ; partie de Herschel, des frères Schlegel et de la reine Louise de Prusse. Depuis l'annexion, en 1866, la population a plus que doublé. La Leine est grossie à droite de l'*Innerste :* cette petite rivière arrose l'ancienne ville impériale de Hildesheim, dont on vante les vieilles maisons sculptées et les églises. — La *Hame*, qui tombe à Vegesack, est liée par un canal à l'Oste, qui tombe dans l'estuaire de l'Elbe.

La Weser est le seul des fleuves importants d'Allemagne qui soit entièrement allemand. On remarquera que dans sa partie inférieure et surtout par son affluent l'Aller, son bassin offre de grandes facilités pour l'établissement d'un canal de communication avec l'Elbe. Mais il n'existe pas de voie navigable intérieure allant directement de Magdebourg, par exemple, à Hanovre, et desservant le Nord du Harz ; il faut attribuer à deux causes cette lacune, d'abord au développement des lignes stratégiques de chemin de fer dans cette région, puis à la pauvreté du pays.

## V. — Bassin de l'Elbe.

Comme le Rhin et la Weser, l'Elbe est un fleuve de montagnes et de plaines. Il doit s'ouvrir une porte à travers des barrières de rochers avant de déboucher dans l'Allemagne du Nord. — La haute vallée est formée par le quadrilatère de Bohème et se distingue nettement du bassin inférieur.

La ceinture de l'Elbe n'est complète que dans le premier bassin. A l'O. on trouve également une ligne de partage entre le Weser et l'Oder jusqu'au Harz.

A l'E. la ceinture n'existe pas du côté de l'Oder : les collines de la Basse-Lusace et du Flaming, qui sont les avant-monts du Riesengebirge et le prolongement de la chaîne Ouralo-Carpathique, sont traversés par le fleuve au défilé de Wittenberg.

La superficie du bassin de l'Elbe est de 155 000 kil. carrés; la longueur du fleuve est de 600 kilomètres environ en ligne droite, depuis la source officielle jusqu'à l'embouchure, de 890 en suivant le fil de l'eau; mais si on prend comme origine de bassin la source la plus éloignée, celle de la Vlatva ou Moldau, on trouve 1100 kilomètres à vol d'oiseau et 1269 en suivant le courant.

### Bassin supérieur de l'Elbe.

**Cours du fleuve.** — Les sources de l'Elbe (*Albis* des Latins, *Labe* des Slaves) se trouvent dans une plaine marécageuse du Riesen Kamm. Les Allemands veulent qu'il y en ait onze (*elf*).

Une d'elles a été choisie comme source officielle depuis la visite d'un archiduc autrichien.

La réunion de ces ruisseaux forme l'*Elbbach*, qui coule d'abord dans une vallée du Riesenkamm, dans la direction du S. E. Grossi du Weisswasser, qui se précipite du Brunnberg à la hauteur de 1597 mètres et coule de l'E. à l'O., le fleuve est constitué, descend rapidement dans la direction du S., échappe au cirque natal du Riesen Kamm à l'altitude de 685 mètres, ses rives sont bordées d'immenses bois de sapins. Hohenelbe, petite ville de sabotiers, de bûcherons, de tisserands, s'étend en longs faubourgs sur ses deux rives, à 450 mètres au-dessus de la mer, puis le fleuve sort des montagnes.

Josephstadt et Königgrätz, toutes deux sur la rive gauche, forteresses inutiles, forment la base d'un triangle dont Sadova, sur les plateaux de la rive droite, occupe le sommet (2 juillet 1866). Le fleuve n'est plus qu'à 204 m., sa largeur est de 30 m. A Pardubice, l'Elbe se heurte aux collines de la terrasse septentrionale de Bohême, et, changeant de direction par un angle droit, coule à l'O. en laissant à droite des marais spongieux. A gauche Caslau et Chotusitz (1742, vict. de Frédéric), et Kolin qui rappelle la victoire de l'Autrichien Daun sur Frédéric en personne, 1757.

A partir de Kolin, l'Elbe descend tortueusement au N. O. suivant l'axe général de son bassin, au-dessous du confluent de l'Iser, se trouve Boleslav (Alt-Bunzlau).

A Melnik conflue la Vlatva ou Moldau; le fleuve, assez fort pour porter des bateaux à vapeur, pénètre dans les terrains tertiaires qui composent la troisième terrasse de Bohême, dessine de grandes courbes, comme la Seine près de Paris, et ronge sa rive droite qui commande la rive gauche. Entre la forteresse de Theresienstadt

(r. g.) et la ville de Litomerice (Leitmeritz) tombe l'Eger. Près de Lovositz (r. d.) Frédéric gagna sur Brown, le 1ᵉʳ octobre 1756, la première bataille de la guerre de Sept ans. Aujourd'hui cette ville est renommée pour son usine de chicorée.

Mais la vallée se rétrécit, le fleuve escorté sur les deux rives par un chemin de fer traverse les monts du Milieu ; des vignes prises dans les clos de Bourgogne tapissent les coteaux comme sur les bords du Rhin, au-dessous de Mayence. Une blanche tour carrée annonce le célèbre clos de Gross-Czernosek, les ruines du burg de Schrenkenstein, que les Hussites ont détruit en 1426, s'élèvent sur un écueil, le « Lorlei de l'Elbe », enfin Aussig est le centre de la navigation à vapeur et le port d'expédition des houilles et métaux de l'Erzgebirge. Tetschen, jadis une des clefs de la Suisse Saxonne, disputée âprement pendant la guerre de Trente ans par les Suédois et des Impériaux, n'est plus qu'un château de plaisance : l'importance militaire du défilé de Schandau est bien diminuée depuis que les routes et les chemins de fer ont troué de toutes parts les barrières de l'Erz et du Riesen Gebirge. L'Elbe sort du territoire autrichien par une vallée très étroite que le chemin de fer ne suit plus que sur la rive gauche. Avant d'étudier son cours en Allemagne, considérons quels sont les principaux affluents qui grossissent le fleuve dans son premier bassin.

**Affluents de l'Elbe en Bohême.** — *Vue d'ensemble.* — Nous avons fait remarquer que l'Elbe proprement dite n'est pas la ligne maîtresse des eaux de Bohême ; le vrai fleuve est la Vlatva ou Moldau, dont le cours est dirigé du S. au N., creusant ainsi à travers les plateaux et les terrasses du pays un long sillon, diagonale du système bohémien, qui s'enroule sinueusement, sur les cartes, autour du douzième méridien oriental. Par une remarquable symétrie, les rivières de Bohême, partant des montagnes qui entourent le quadrilatère, se réunissent deux à deux dans la vallée centrale.

Ces couples sont :

1° La Luznice (Luschnitz) et la Vattava, qui coulent au pied de la terrasse du sud ;

2° La Sazava et la Berounka, qui forment un fossé en avant des hauteurs de la terrassse moyenne (Monts de Przibram) ;

3° L'Elbe et l'Ohre (Eger), au N. de la terrasse septentrionale ;

4° La Polzen et la Biela, au N. du Mittelgebirge.

La vallée principale et chacune de ces vallées secondaires offrent un grand intérêt tant au point de vue militaire qu'au point de vue historique.

La *Vlatva* est formée de deux sources, la *Rivière Froide* et la *Rivière Chaude*; la seconde est considérée comme la source maîtresse et jaillit à 1179 mètres au milieu des bois de la Sumava, en pleine forêt de Bohême. La haute vallée resserrée entre les divers massifs de ce système a la direction du N. O. au S. E. et la garde jusqu'au mur du Diable, sous le 12ᵉ méridien. La Vlatva se fraie un passage entre le Hohenfurth et le Rosenberg, et par un angle très aigu se tourne vers le N. Budejovice, (17 500 h.) que les Allemands appellent Budweiss, garde le débouché des routes de la montagne. La Vlatva traverse ensuite une région pleine d'étangs et de petits lacs jusqu'à Podiebrad, puis s'engage dans la terrasse du grauwacke, atteint 100 m. de largeur après le confluent de la Berounka ; sa plus grande largeur est près de Prague (260 mètres). Cette ville historique, capitale de la Bohême, couronnée du fameux château du Hradschin et la citadelle de Vysegrad, étend sur les deux rives de la Vlatva les quais de la ville neuve (r. d.) et de la vieille ville que relient le célèbre pont Charles et de nombreux viaducs. Prague est le centre stratégique et géométrique de la Bohême. Elle est le foyer principal de la renaissance nationale des Czèques. Elle possède une Université fondée sur le modèle de la Sorbonne en 1347. Vieille ville de libertés municipales, Prague a été aussi éprouvée par les guerres civiles que par les attaques de l'ennemi. Elle a été assiégée sept fois. Le congrès de Prague de 1813 a eu pour conséquences la chute de l'Empire ; le traité de 1866 a sanctionné la victoire de la Prusse à Sadova.

La Vlatva se rétrécit en sortant de Prague et, après avoir franchi la troisième terrasse, débouche dans large plaine où elle confine avec l'Elbe à Melnik. Sa longueur est de 420 mètres, la superficie de son bassin est de 3080 kil. carrés, le double du bassin de l'Elbe (1485).

1ᵉʳ Groupe. — A droite la Luznice, à gauche la Vattava.

La *Luznice* entoure de trois côtés la colline de Tabor ; c'est là que les Hussites assirent leur camp : l'ancienne ville est encore pleine des souvenirs de Jean Ziska.

La *Vattava* est, par sa source, voisine de la Vlatva, et ses eaux glissent d'abord à travers les forêts de la Sumava, puis dans une région spongieuse, parsemée d'étangs ou de champs de tourbe appelés filze. On trouve des perles très estimées au milieu de ses cailloux.

Strakonitz et Pisek au vieux château (8000) sont les principaux marchés de son bassin ; à Hussinetz, sur son petit affluent la *Klanitz*, est né Jean Huss en 1369.

2ᵉ Groupe. — Le *Sazava* à droite, la *Berounka* à gauche.

La vallée supérieure de la première est entrecroisée avec la vallée supérieure de l'Iglava; c'est le grand chemin de Bohême en Moravie, contrée rurale par excellence; de gros bourgs, mais pas de ville importante.

La seconde est formée à Plsen (Pilsen) par la réunion de la *Mies*, qui a dans son bassin la fameuse station thermale de Marienbad, arrose Striho ou Mies aux mines de plomb et ouvre la route du côté du Fichtelgebirge, de la *Radbusa* qui conduit au seuil de Domazlice, de l'*Angel* par où l'on gagne aussi le Danube. Plsen est un centre stratégique de premier ordre. Là se fabrique la bière la plus estimée d'Autriche. Un affluent, la *Litavka*, qui coule au milieu des monts Brdi, traverse les mines d'argent de Pribam, les plus profondes du monde entier. Quelques puits sont à plus d'un kilomètre de profondeur, à 325 m. au-dessous de l'Adriatique.

3ᵉ Groupe. — L'*Elbe* et l'*Ohre* (Eger).

La haute Elbe a de nombreux affluents : à gauche elle reçoit l'*Aupa*, qui ouvre les défilés de Trautenau et tombe à Josefov (Josephstadt); l'*Erlitz* ou *Adler* se compose de deux cours d'eau : l'*Erlitz sauvage* vient du N. et ouvre une route du côté de Glatz, l'*Erlitz tranquille* vient du S. et conduit en Moravie. Il tombe à Königgrätz (Kralove Hrade).

A droite la *Cydlina*, qui passe à Gicin (Gitschin, 1866), et l'*Iser*, qui prend sa source sur le flanc marécageux du Tafelfichte, dans le massif de l'Iserkamm, débouche en plaine à Turnau et arrose Münchengrätz, où se tinrent les conférences de 1833, et Mi-Boleslav (Jung-Bunzlau).

L'*Ohre* ou *Eger* naît à une altitude de 720 mètres, au milieu même du Fichtel Gebirge; il se grossit au cœur des montagnes d'autres petits ruisseaux et se fraie un défilé très pittoresque à la sortie duquel il arrose la ville historique de Cheb ou Egra, célèbre par la mort de Wallenstein 1634, et la retraite de Belle-Isle 1742. — La rivière s'engage ensuite à travers les couches du terrain tertiaire, y décrit de nombreux méandres, reçoit les eaux de la *Tepl* près de Karlsbad, grande fabrique d'armes, la première station d'eaux thermales de l'Europe centrale. Congrès de 1819. A partir de cet endroit il traîne plus lentement ses eaux rougeâtres; baigne Zatec (Saaz), centre du commerce des houblons, et finit près de Theresienstadt. Sa vallée présente d'excellentes positions défensives et sert de fossé en arrière de l'Erzgebirge.

4ᵉ Groupe. — A droite la Polsen, à gauche la Biela.

La *Polsen* coule dans une région célèbre par ses richesses minérales : Zwickau et Tcheska Lipa (Böhmisch Leipa) se servent de ses eaux pour leurs usines.

La *Biela* a dans son bassin : Bilin, où se trouvent les eaux de Sedlitz et de Püllna ; Teplitz, station thermale très fréquentée ; sur cette rivière débouche la route qui passe aux défilés de Kulm, où se perdit l'armée de Vandamme (août 1813).

### L'Elbe en Allemagne.

**Cours du fleuve.** — Sortie de Bohême, l'Elbe traverse les contrées pittoresque de la Suisse Saxonne, arrose Schandau, qui donne son nom au défilé, coule entre les deux forts de Königstein (r. g.) et de Lilienstein (r. d.). Les ouvrages de Königstein ont été conservés et constituent un fort d'arrêt en dominant la route, le fleuve et le railway qui sortent de Bohême. Pirna est célèbre par son camp retranché, où se fit prendre l'armée saxonne, au début de la guerre de Sept ans. Au-dessous de cette ville le fleuve entre dans la vallée de Dresde ; des maisons de campagne, de beaux villages s'élèvent de tous côtés au milieu des vignes et des bouquets d'arbres. Le château de Pillnitz, à droite, sert de résidence d'été à la maison de Saxe. C'est là que le comte d'Artois sollicita l'intervention armée de l'Autriche et de la Prusse.

DRESDE (Dresden), capitale du royaume de Saxe, quartier général du XIIe corps d'armée allemand, est située sur les deux bords de l'Elbe, qui se développe entre les quais de la ville sous la forme d'un croissant dont la convexité est tournée au S. ; trois grand'ponts traversent le fleuve : le vieux pont, unique au temps des guerres de l'Empire, que Davout fit sauter en partie, est le plus central ; le pont Marie, le plus en aval, sert au chemin de fer et aux piétons. Dresde, « la Florence allemande », berceau des styles d'architecture du siècle dernier : le baroque et le rococo, est célèbre dans le monde entier par son palais, le Zwinger (la Force), qui contient d'admirables collections, et par-dessus tout la Madone Sixtine de Raphaël, achetée à Plaisance en 1743, et la Madone d'Holbein, achetée à Venise en 1743 [1].

Dresde, dont les fortifications ont été détruites en 1810, a été le théâtre de la grande bataille des 26 et 27 août 1813. Les Prussiens l'ont occupée en 1866 : ils l'ont entourée de fortifications détachées, avec le projet de développer ces défenses ; mais les ouvrages sont restés en l'état. — Dresde a 197 000 habitants.

Meissen, qui a donné son nom à la Misnie, se dresse sur un plateau granitique de la rive gauche. Dans cette ville se trouvait la fameuse fabrique de « Saxe » organisée par le chimiste Bötticher.

---

1. On prétend que celle-ci n'est qu'une copie de la Madone beaucoup moin célèbre qui est à Darmstadt.

C'est la plus vieille ville du royaume. — Riesa (r. g.); au débouché des collines dont Dresde est le centre, a une grande importance comme point de passage de l'Elbe. Quatre chemins de fer viennent s'y croiser.

Le fleuve coule alors en plaine et entre sur le territoire prussien; arrose Torgau (r. g.), victoire de Frédéric en 1760, fortifiée par Napoléon en 1807. Cette place forte se compose d'une *enceinte bastionnée* baignée par les eaux de l'Elbe, du *fort Zinna* sur une hauteur qui domine la ville et d'*une tête de pont* sur la rive droite.

Au confluent de l'Elster noire le fleuve incline à l'O. et longe les collines du Fläming (hauteurs ouralo-carpathiques. Il arrose (r. d.) Wittenberg, la ville de la réforme. Veuve de son université qui s'est fondue en 1817, avec celle de Halle, cette ville a gardé les souvenirs de Luther, qui y brûla les bulles du pape, le 10 décembre 1520. — Incendiée en 1760 prise en 1806 par les Français, enlevée d'assaut par la landwher en 1813, Wittenberg est démantelée en partie.

Au-dessous de cette ville l'Elbe coule avec beaucoup plus de lenteur; large de 500 mètres, elle coupe les collines Ouralo-Carpathiques. A Acken elle reprend la direction du N. et arrive à Magdebourg, à 45 mètres d'altitude.

Magdebourg, quartier général du IV<sup>e</sup> corps d'armée allemand, place forte de première classe, ancienne ville hanséatique, assise aujourd'hui sur les deux rives et dans une île du fleuve, est la principale défense de l'Elbe; un camp retranché l'entoure. Prise en 1531 par Tilly, elle fut brûlée par ses défenseurs : 139 maisons seulement subsistèrent. Otto de Guericke était alors bourgmestre. Magdebourg est prussienne depuis 1680.— Grandes fabriques de sucre, 125 000 habitants. Cette ville s'agrandit rapidement; le quartier neuf d'il y a quarante ans est devenu l'Alt Neustadt, et plus loin se bâtit la Nouvelle-Ville-Neuve (Neu-Neustadt). — Le commerce est très actif à Magdebourg.

Au delà de Magdebourg l'Elbe coule en plaine; son cours resserré par des digues submersibles et par des épis transversaux donne à peine, en temps de sécheresse ; la portée nécessaire à la batellerie, mais quand les eaux sont abondantes, un grand transit se fait par le fleuve. Les rives sont plates entre la Vieille Marche (Alt-Mark) et le Brandebourg (Brandenburg). Pas une ville jusqu'au confluent de la Havel à Werben, où le fleuve prend la direction du N. O. jusqu'à son embouchure. Wittenberge, nœud de chemin de fer à droite, n'a rien de remarquable, pas plus que Domitz (r. d.) et Lauenburg, qui a donné son nom à une petite principauté, aujourd'hui prussienne. L'Elbe n'est plus alors qu'à 4 mètres au-dessus de la mer ; son cours lent et majestueux se divise en deux bras. L'Elbe du S.

passe à Harburg, ville d'industrie active autrefois fortifiée, c'est le bras le plus important. L'Elbe du Nord passe à *Hambourg*.

Hamburg, fondée en 809 par Charlemagne, est la ville la plus commerçante de l'Allemagne. Elle a gardé son autonomie politique, mais a dû se résigner à perdre sa franchisse commerciale et à devenir membre du Zollwerein allemand. La richesse et le mouvement maritime de Hamburg ont pris dans le cours de ce siècle un admirable développement. Nulle ville peut-être n'a plus gagné à l'affranchissement des colonies américaines; aujourd'hui Hamburg n'est pas seulement le port d'expédition nécessaire de la vallée de l'Elbe, elle aspire à concentrer le commerce maritime de toute l'Allemagne centrale, ce que lui permet le bon marché des chemins de fer allemands, et à devenir après Londres le plus puissant marché de la mer du Nord. Admirablement outillée, pénétrée en tous sens par les canaux (Flethe), les chemins de fer, elle s'est creusé des bassins profonds où les transatlantiques peuvent débarquer leurs marchandises bord à quai.

Le budget de Hamburg égale celui de Berlin; la ville a une population de 264 000 et de 350 000 si l'on y joint les communes limitrophes. — Elle a été annexée à l'empire français en 1810 et est devenue le chef-lieu des Bouches-de-l'Elbe, le siège d'une cour d'appel; prise par les Russes de concert avec les habitants en 1813, elle a été occupée de nouveau par Davout, qui s'est défendu énergiquement dans la ville et à ses dépens jusqu'en mai 1814. Elle a beaucoup souffert du grand incendie de 1842.

Aujourd'hui que Hamburg est annexée au Zollverein, Altona n'est plus à proprement parler qu'un faubourg de la grande cité marchande, mais un faubourg qui approche de 100 000 habitants, plus étendu que la ville elle-même et qui bientôt se confondra tout à fait avec elle, car il est déjà englobé par le même chemin de fer de ceinture. Altona est le quartier général du IX$^e$ corps de l'armée allemande. Les faubourgs Sanct-Pauli (Hamburg) à l'E., et Ottensen (Altona) à l'O., sont en voie de devenir des villes importantes. Cette agglomération est après Berlin la plus forte de l'Allemagne, Hamburg n'est plus une place de guerre, ses remparts sont transformés en promenades. Mais Harburg garde une citadelle pentagonale, bastionnée, qui surveille le chemin de fer de Paris.

La rive droite de l'Elbe du Nord, à la sortie d'Ottensen, est d'une gracieuse beauté : de magnifiques villas se cachent dans les arbres ou escaladent les hauteurs, tandis que sur le fleuve montent et descendent les navires de tout pays, de toute forme et de toute contenance.

A Blankenese les deux bras de l'Elbe se réunissent et l'on ne rencontre plus jusqu'à l'embouchure que de petites îles sans importance. L'espace qui s'étend entre l'Elbe du Sud et l'Elbe du Nord ne forme pas une île unique. Un nombre considérable de canaux dont quelques-uns ont été comblés et desséchés se tordent dans tous les sens et découpent des îlots généralement très bien cultivés; l'île la plus vaste est celle de Wilhelmsburg. — Stade (r. g.) n'est plus aujourd'hui sur le cours même de l'Elbe : la ville est entourée de terrains marécageux qui ont été conquis sur le fleuve. Toute la rive gauche n'est qu'un vaste polder : le Kedinger Moors que la patience des habitants a pu seule rendre utilisable. Glückstadt (droite) a été démantelée en 1815. Cuxhafen, au contraire, à l'embouchure, sur la rive gauche, a été transformée, surtout depuis 1871, en une place d'armes redoutable. La pointe extrême de *Kugel-Raake* est occupée par un ouvrage : le *fort de Groda*, au S. E., est d'une grande puissance. Des forts s'étendent jusqu'à Stade : il n'y a rien sur la rive droite; la profondeur de l'Elbe jusqu'à Hambourg varie avec la mer de 2 à 7 mètres. Les vaisseaux de guerre peuvent remonter jusque près de Glückstadt. L'Elbe inférieure est encombrée de bancs de glaces pendant une trentaine de jours par an ; les bras qui se développent autour de Hambourg gèlent parfois plus longtemps. Ce fut une des rudes tâches de l'armée de Davout en 1813, que de casser es glaces à mesure qu'elles se formaient, pour interdire le passage de l'Elbe à l'ennemi.

Plusieurs savants prétendent que l'embouchure actuelle de l'Elbe est d'origine assez récente (géologiquement parlant) et qu'auparavant le grand fleuve, plus puissant encore qu'aujourd'hui longeait la côte actuelle du Slesvick et se jetait au S. de l'île d' Fanoe. Une grande langue de sable le séparait de la mer. Mais ces théories sont combattues par d'autres qui n'ont également qu'un caractère hypothétique.

Au point de vue militaire l'Elbe a une grande valeur stratégique elle n'est pas guéable et n'est traversée que par un très petit nombre de ponts dont nous donnons le tableau. Les points fortifiés, il est vrai, sont rares sur cette grande ligne, et jusqu'à présent ne répondent en rien aux formidables ouvrages du Rhin ou de l'Oder, mais on remarquera que l'Elbe ne couvre l'Allemagne que du côté de l France, elle l'ouvre au contraire du côté de l'Autriche-Hongrie. en résulte que, l'organisation essentiellement offensive de l'armé allemande étant donnée, la barrière de l'Elbe ne pourrait être disputée que dans une lutte dernière et décisive, et les fortification qu'on accumulerait sur sa longueur ne pourraient jamais être asse nombreuses pour empêcher l'ennemi de choisir à son gré la sectio où il opérerait le passage.

PONTS SUR L'ELBE EN ALLEMAGNE.

| Nos | LIEUX DE PASSAGE. | NATURE DU PONT. | OBSERVATIONS. DIRECTION. |
|---|---|---|---|
| 1...... | Schandau. | Pont du chemin de fer. | |
| 2...... | Pirna. | Id. | |
| 3. 4... | Dresden. | Ponts pour les voitures. | |
| 5...... | » | Pont pour le chemin de fer et les piétons. | |
| 6. 7... | Meissen. | Pont pour le chemin de fer et pour les voitures. | |
| 8...... | Riesa. | Pont du chemin de fer. | Enlevé par une crue en 1876, remplacé. |
| 9. 10.. | Torgau. | Pont du chem. de fer. Pont de voitures, en pierre. | Défendu par un ouvrage à cornes. |
| 11..... 12..... | Wittenberg.. | Pont de voitures, en pierre. Pont du chemin de fer. | 314 m. de long, 7 de large, défendu par des ouvrages en terre. Berlin-Halle. |
| 13..... | Rosslau. | Id. | Grande ligne stratégique de Berlin à Metz. |
| 14..... | Barby. | Id. | |
| 15..... | Magdeburg. | Pont du chemin de fer en avant. | En fer. |
| 16..... | Id. | Pont de voitures et viaduc sur les 5 bras de l'Elbe. | En pierre. Pont sur l'Elbe neuve 86 m., Zollbrücke 70 m., Grand pont 286 m., couverts par les ouvrages du Sud. |
| 17..... | Id. | Pont de chemin de fer. | |
| 18..... | Hamerten. | Id. | Cologne, Stendal, Berlin. |
| 19..... | Wittenberge. | Id. | Magdeburg, Schwerin. |
| 20..... | Dömitz. Lauenburg. | Id. Bac à vapeur. | Lübeck, Lüneburg. |
| 21..... | Hamburg. | Pont sur l'Elbe du Nord. Pont sur l'Elbe du Sud. | Le premier 407 m., le second 60 m. |

**Affluents de l'Elbe en Allemagne.** — De l'Erz et du Riesengebirge coulent au N. un nombre considérable de cours d'eau qui presque tous grossissent l'Elbe directement ou indirectement.

Affluents de gauche. — A gauche l'Elbe reçoit la Weisseritz, la Mulde, la Saale thuringienne, l'Aland, l'Ilmenau, la Schwinge et l'Ost.

Le cours du fleuve formant un angle aigu avec la ligne des montagnes, bon nombre des torrents qui prennent naissance dans la section orientale des monts Métalliques se rendent directement à l'Elbe; le plus important est la *Weisseritz*, qui est formée de deux bras, la *Blanche* ou *Sauvage*, et la *Rouge Weisseritz*. Ces rivières arrosent des contrées renommées pour leur beauté. — Le seul groupe important est Tharandt, sur la Weisseritz Blanche). Le confluent est à Dresde.

La *Mulde* (Mulda, Milde) est plus qu'un torrent, elle est constituée par la rencontre de deux cours d'eau, la Mulde de l'Ouest ou de Zwickau, celle de l'Est ou de Freiberg.

La *Mulde* de *Zwickau* est considérée comme la branche maîtresse; ses sources nombreuses jaillissent à 700 mètres, au N. d'Eger. La vallée sauvage, rocheuse, et resserrée, suivie par un chemin de fer qui est forcé de se jeter tantôt sur une rive, tantôt sur l'autre, a une direction du S. O. au N. E. Les usines et les mines se pressent sur ses bords. A Aue débouche la romantique vallée du *Schwarzwasser* (droite); au-dessous du confluent la Mulde passe près de Schneeberg, dont les mines d'argent ont encore une certaine importance, et dessine une courbe, dont la convexité est tournée à l'O. et dont Zwickau occupe à peu près le sommet. Zwickau est une des plus anciennes villes de commerce de la Saxe. Elle contient une école des mines; la ville et ses environs regorgent d'usines.

Glauchau est située plus bas; cette vieille ville que dominent les deux beaux châteaux forts des comtes de Schönburg, est devenue l'un des principaux centres industriels de Saxe; elle occupe le premier rang après Chemnitz.

Située sur la *Chemnitz* qui grossit la Mulde à droite, Chemnitz, le Manchester saxon, présente comme la plupart des villes de ce beau pays, une pittoresque juxtaposition de vieilles rues et de quartiers neufs. Ses fabriques d'indienne sont les premières d'Allemagne; elle produit aussi de la bonneterie, des machines, etc. Sa population est de 85 000 habitants.

Le cours inférieur de la Mulde suit la direction du N. et traverse une région porphyrique où elle reçoit la Mulde de Freiberg; de nombreux villages jalonnent sa vallée, qui est suivie par le chemin de fer jusqu'à Eilenburg, où elle entre dans la Saxe Prussienne. Cette ville est importante pour les chemins de fer qui s'y croisent et par les manufactures de draps, de toiles et de cotons qui s'y sont créées.

La rivière coule alors en plaine : son cours est très sinueux, bordé de marécages, de fausses rivières, encombré d'îles, et n'arrose plus aucune ville importante avant Dessau, qui commande l'embouchure. — Patrie du fameux organisateur de l'armée prussienne Léopold, prince d'Anhalt-Dessau, cette ville est d'un aspect imposant. C'est un grand marché de denrées agricoles. — La Mulde est large de 65 mètres à son confluent.

La *Mulde de Freiberg* est formée, près du village de Mulda, par plusieurs ruisseaux à l'altitude de 400 mètres. Son cours est parallèle à l'Elbe. La ville qui donne son nom à la rivière, Freiberg, située sur un plateau qui domine la vallée à gauche, est connue dans le monde entier par son académie des mines (Bergakademie) et les leçons qu'y professa au siècle dernier le célèbre Werner, fondateur de la géologie. Plus de 200 mines sont en exploitation autour de cette ville. Celles de Himmelsfürst sont les plus riches en argent de la Saxe. A partir de Döbeln, petite ville active et industrielle, la rivière incline à l'O. et tombe dans la branche maîtresse près de Schönburg. Elle reçoit la *Zschopau*, qui est parallèle à la rivière de Zwickau et passe à droite d'Annaberg, ville de mines située à 600 mètres d'altitude, au centre d'un district où les bourgs se transforment en villes et où la superficie du sol est aussi fertile en céréales que ses entrailles sont riches en métaux.

Le bassin supérieur de la Mulde est la région la plus peuplée de l'Allemagne.

La *Saale thuringienne* reproduit en grand le cours de la rivière précédente. Elle bondit à 728 mètres du Fichtelgebirge, court parallèlement au Frankenwald par Zell, Ober-Kotzau où se croisent les voies ferrées de Saxe, de Bohême et de Bavière, arrose Hof (campagne de 1806) et Hirschberg. La Saale sort à cet endroit du plateau natal et s'engage dans une vallée rocheuse, décrit par de nombreuses sinuosités une courbe vers l'O. dont le sommet est à peu près Saalfeld (combat du 10 octobre 1806). Sa vallée s'élargit et prend la direction de l'E., coulant entre les falaises des plateaux calcaires qui couvrent le pays à droite et à gauche. Elle arrose la paisible résidence de Rudolstadt, puis les collines se rapprochent jusqu'à Iéna où, des deux côtés de la rivière, elles s'arrondissent comme pour former un cirque gigantesque. Iéna a été le théâtre de la grande bataille du 14 octobre 1806, où Napoléon battit complètement le prince de Hohenlohe ; à droite sur la hauteur s'élève la Fuchsthurm, d'où Napoléon observa l'armée prussienne rangée sur le plateau de l'autre côté de la rivière. La petite ville d'Iéna garde encore son Université fondée en 1558 par Ferdinand Ier pour les protestants luthériens. Les étudiants d'Iéna ont été longtemps renommés pour la rudesse de leurs manières ; au commencement de ce siècle, Iéna s'est distinguée par son patriotisme allemand.

Au-dessous d'Iéna recommencent les défilés : Dornburg, Camburg et surtout Kösen marquent des étranglements de la vallée : ce sont les défilés de Kösen, connus sous le nom de Schul-Pforta, ainsi appelée d'une école célèbre établie sur la hauteur. Davout occupa ce point stratégique au matin du 14 octobre 1806. Naumburg, à droite, sur un plateau que contourne la rivière, a été bâtie pour protéger la Saale contre les Slaves ; elle a de beaux mo numents du moyen âge. C'est au pont de cette ville que Davout a passé pour couper la retraite aux Prussiens.

Weissenfels est une position très importante sur la route de Leipzig. C'est là que Ney battit les alliés au début de la campagne de 1813 (29 avril), et que s'alignent à peu de distance de la Saale les champs de bataille historiques. Le défilé de Rippach, où fut tué Bessières; celui de Poserna, que Ney emporta le 1er mai; Lützen sur le Flossgraben, où périt Gustave-Adolphe vainqueur de Wallenstein (1632, 6 novembre), et à quelques kilomètres au S., Gross-Görschen, où se livra la grande bataille du 2 mai 1813; enfin au N., le village d'Altranstadt, aujourd'hui prussien, rappelle la paix imposée aux Saxons par Charles XII, le 24 septembre 1706.

La rive gauche baigne le plateau de Rossbach (5 novembre 1757). La Saale arrose ensuite Merseburg, célèbre fondation de Henry Ier l'Oiseleur. Les Hongrois, dit-on, y furent vaincus dans une grande bataille par Henry en 933, et le jeu d'orgue de sa belle cathédrale est un des plus puissants d'Allemagne. Le poète Klopstock proclame la bière de Merseburg la reine de la bière, et un autre poète prétend que c'est la seule boisson d'Odin.

Halle est la ville la plus importante aujourd'hui sur le cours de la Saale. La rivière s'y partage en un très grand nombre de bras, et il y existe des sources salées que se sont disputées longuement les Slaves et les Germains. L'université de cette ville est d'origine prussienne, elle a été créée en 1693 par le grand Electeur, et a absorbé en 1817 celle de Wittenberg. Halle fait un grand commerce et compte 60 000 habitants.

Au-dessous de Halle, la Saale pratique une trouée dans un terrain porphyrique; ses bords redeviennent pittoresques; le vieux château de Gubuchenstein, au-dessous de Halle, est célèbre comme prison d'état; le domaine qui l'entoure est le plus vaste de la Prusse. Bernburg domine également la vallée de son ancien donjon. A Nieuburg la Saale retrouve la plaine de l'Elbe et, après quelques détours, tombe dans le fleuve; sa largeur est alors de 125 mètres. Jusqu'à Naumburg, la Saale est bordée de vignes, dont les produits, il est vrai, ont une mauvaise réputation, bien que les Allemands prétendent qu'ils sont achetés par des marchands français pour être réexpédiés en Allemagne sous la fallacieuse étiquette de vins de Bourgogne.

Plusieurs des affluents de cette rivière ont une grande importance.

A gauche l'*Ilm* (Ilmena), formée au flanc du Thüringerwald par plusieurs bras, arrose Ilmenau, Ilm, Weimar, « l'Athènes de l'Allemagne », capitale d'un grand-duché saxon, immortalisée par le séjour de Gœthe et de Schiller. Apolda se trouve dans un fond, à droite; c'est la ville industrielle du grand-duché; l'Ilm se rapproche de la Saale et avant de s'y perdre contourne le plateau que domine le glorieux village d'Auerstedt (13 octobre 1806).

L'*Unstrut* descend de l'Eichsfeld et arrose Mühlhausen, célèbre par une puissante source qui fait mouvoir douze roues de moulins, d'où le nom de la ville; là fut pris et décapité en 1625 l'anabaptiste Munzer. A Laugensalza, à droite de la rivière, l'armée hanovrienne fut atteinte, cernée, battue et prise par l'armée prussienne, le 27 juin 1866. Grossie à droite de la Gera, l'Unstrut prend la direction du N., se partage en plusieurs bras et, après avoir reçu la Wipper (r. g.) qui vient du Hartz, s'ouvre une vallée à travers deux chaînes, contreforts du Hartz. A partir d'Artern le cours de la rivière, très sinueux et profond, incline au S. E., et se termine au-dessous de Naumburg; peu large, mais très profonde, l'Unstrut rend la Saale navigable. — Son affluent de droite, la *Gera*, arrose Erfurt. Cette ville est l'ancienne capitale de la Thuringe, elle a fait partie de la Hanse, et ses nombreux monuments religieux attestent sa puissance au moyen âge. Du temps de Luther elle était deux fois plus considérable que Nürnberg; aujourd'hui elle n'a plus que 48 000 habitants et son enceinte était trop grande pour elle. Forteresse de premier rang sous l'empire, Erfurt a été en 1808 le théâtre d'une entrevue célèbre; en 1813 nos troupes s'y sont réorganisées après Leipzig; les Prussiens en ont décidé le déclassement en 1873. Ses citadelles de *Petersberg* et de *Cyriaksburg* servent de casernes. — La *Wipper*, affluent de gauche, arrose Sondershausen, petite résidence ducale.

L'*Elster* tombe dans la Saale, sur la rive droite, près de Merseburg. Elle descend de la montagne qui porte son nom, au commencement de l'Erzgebirge. Sa vallée est étroite et encaissée, sa direction générale du S. au N.; elle coupe en deux parties la terrasse du Voigtland et arrose Plauen, qui a des manufactures de mousseline. Elsterberg, entouré par les montagnes de la Suisse du Voigtland, garde les ruines du plus grand bourg de la Saxe. De là l'Elster s'engage dans le terrain schisteux qu'elle a profondément creusé et arrose Greiz, ville prussienne. Gera, capitale de la principauté de Reuss, branche cadette, est une jolie ville active, avec des manufactures de tissus et de tabacs. Sortie des défilés l'Elster, au-dessus de Zeitz, est saignée par un canal de déviation, le Floss Graben, qui arrose Lützen et a joué un grand rôle dans les batailles autour de Leipzig. La rivière coule ensuite à travers la plaine à peine ondulée qu'on pourrait nommer le golfe de Leipzig, jetant de droite et de gauche des bras sinueux qui s'entrecroisent.

Leipzig s'élève au milieu de ce réseau de rivières. Cette ville est en pleine transformation. Elle a gardé son université, dont les étudiants jouissaient d'une réputation tout autre que ceux d'Iéna ; son vieux Rathaus et la célèbre cave d'Auersbach, avec la fresque de la légende de Faust. La foire de Leipzig a toujours une grande réputation et ses grandes librairies (300 en tout) sont encore les plus puissantes d'Allemagne, et centralisent complètement ce commerce. Mais la ville a jeté bas ses murailles, et la démolition, commencé en 1786, est aujourd'hui achevée. Une ceinture de magnifiques boulevards, plantés de tilleuls avec des parterres, des pelouses, des massifs admirables, remplace l'enceinte inutile, et de grands faubourgs aux rues somptueuses couvrent la plaine avoisinante que sillonnent neuf lignes de chemins de fer, réunies en partie par une ceinture. Cette ville a 148 000 habitants. Au N. de Leipzig est la petite ville de Breitenfeld, où les Suédois battirent les Bavarois le 7 septembre 1631 et les Saxons le 2 novembre 1632.

Au S. s'alignent les villages qui ont été les premiers points d'attaque des alliés en 1813. Le village de Probstheida était la position centrale des Français ; près de Wachau, les Autrichiens furent battus le 16 octobre. A l'O. de la ville est Lindenau, dont la chaussée servit à Napoléon pour sa retraite, le 19. Des monuments commémoratifs de la « bataille des Nations » se dressent de tous côtés. Le fameux pont sur l'Elster dont la destruction entraîna la perte de 25 000 hommes et la mort de Poniatowski, est aujourd'hui dans la ville

Leipzig occupe une situation stratégique de premier ordre, comme le témoignent les nombreux combats livrés aux environs. C'est le point de concentration nécessaire des attaques combinées venant de l'O. et du S.

A Leipzig même confluent :

(*a*) La *Pleisse*, qui vient du S., prend sa source dans le district de Zwickau laisse à droite Altenburg, capitale d'un duché saxon dont le château bâti sur un roc de porphyre est un des plus grands d'Allemagne, et arrose Connewitz (aile droite des Français, le 18 octobre).

(*b*) La *Parthe*, qui coule du S. E. et forme plusieurs canaux dans la ville.

Les autres affluents de gauche de l'Elbe sont insignifiants : l'*Aland* se grossit de la *Biese*, qui arrose le domaine princier de Bismarck. (Le chancelier est né à Schönhausen, de l'autre côté de l'Elbe, en face de Hamerten.)

L'*Ilmenau* arrose Lüneburg.

La *Schwinge* passe à Stade ; elle est canalisée et communique avec l'*Oste*, qui débouche dans l'estuaire de l'Elbe.

AFFLUENTS DE DROITE DE L'ELBE EN ALLEMAGNE. — Les cours d'eau qui grossissent l'Elbe à droite viennent soit du S. par l'Elster Noire et la Sprée, soit du N. par la Havel.

La région que sillonnent l'Elster Noire, la Sprée et leurs affluents présente, au point de vue militaire, un puissant intérêt qu'ont démontré les campagnes de Frédéric en 1758 et de Napoléon en 1813. — Sur le flanc septentrional du Lausitzer-Gebirge s'adosse la terrasse tourmentée de la Haute-Lusace, sur laquelle courent des croupes granitiques percées çà et là des cônes basaltiques. Cette terrasse est creusée d'une sorte de sillon longitudinal suivi par le chemin de fer de rocade Dresde-Bischofswerda-Zittau; elle est terminée du côté du N. par un bourrelet de hauteurs de 400 à 550 mètres. — Le Keulberg, au S. E. de Königsbruck, le Sibyllenstein (426 m.), au N. E. de Pulsnitz, le Czorneboh (montagne du Diable, 558 m.), enfin la Landskrone, coupole basaltique isolée qui domine Görlitz au S. O., à l'altitude de 429 mètres; c'est le belvédère de la Lusace.

Au pied de cette rangée de hauteurs que traversent les rivières par des cluses pittoresques, s'étend une seconde terrasse beaucoup moins élevée, et que limite à peu près au N. le chemin de fer Torgau-Elsterwerda-Breslau. Cette terrasse diffère en outre de la précédente par les nombreux lacs sans écoulement qui parsèment sa surface.

La Basse-Lusace est ondulée par le dos des hauteurs Ouralo-Carpathiques; le Glomberg dans le Fläming a 179 mètres; le Rückenberg au-dessus de Sorau (entre Neisse et Bober), 229. La partie occidentale de cette région est froide, pauvre, couverte de maigres bouquets de sapins; la partie orientale est couverte de vignes qui donnent en moyenne 25 000 hectolitres par an d'un vin connu sous le nom général de Grüneberg. « Bienheureux, disait Frédéric II, celui qui n'a pas besoin d'en boire. »

Au delà s'étend la plaine monotone du Brandebourg, avec ses lacs, ses réseaux entortillés de rivières et de canaux, ses bois de sapins et ses maigres cultures arrachées avec tant de peine au sable, le Havelland à droite de l'Elbe, le Barnim à l'angle de la Sprée et de la Havel.

Plus au N. enfin, le plateau de l'Uckermark et du Meklenburg, lit à moitié desséché d'un ancien golfe de la Baltique, fertile par endroits comme la terre noire de la Russie, ailleurs rongé par les tourbes comme la Frise, semble une terre en formation. Les légendes parlent de villages engloutis par des oscillations du sol. Près de Bukow, au N. du chemin de fer de Berlin à Custrin, on aperçoit dans le lac le clocher d'un village enfoui, mais il faut s'y trouver le 24 juin, à midi juste.

Il y a plus de 200 lacs dans le Mecklenburg, les uns peu profonds, les autres s'enfonçant de 100 à 200 mètres.

Le plateau de l'Uckermark s'élève de 60 à 70 mètres au-dessus de la mer, le Mecklenburg présente des hauteurs de 100 à 200 mètres.

Le plateau du Holstein a les mêmes caractères.

D'énormes blocs erratiques charriés par les glaciers de Scandinavie parsemaient autrefois ces régions ; la plupart ont été débités par les paysans.

Les affluents de droite de l'Elbe sont l'Elster Noire, la Havel, l'Elde, la Stör.

L'*Elster Noire* (Schwarze Elster), d'abord parallèle à l'Elbe, se forme d'un grand nombre de petits ruisseaux qui portent le même nom et dont le plus occidental arrose Camenz, patrie de Lessing. Ces cours d'eau se réunissent à Hoyerswerda, sur les confins de la Haute et de la Basse-Lusace. L'Elster prend ensuite la direction de l'O. jusqu'à Elsterswerda en coulant dans une région plate entre des rives inondées et marécageuses ; partagé en plusieurs bras, il détache dans tous les sens des canaux d'irrigation ou de dessèchement (graben), suit la direction de l'Elbe, se perd dans le fleuve au-dessus de Wittenberg.

La *Havel* parcourt de sa source à son confluent 558 kilomètres. Elle n'en a que 89 en ligne droite. La Havel (Habola) naît au milieu des lacs du Mecklenburg, près de Neu-Strelitz, par une altitude de 68 mètres. C'est d'abord comme un canal de jonction entre un grand nombre de lacs situés presque au même niveau. Il devient navigable à Fürstenberg, puis glisse dans une dépression marécageuse qui le conduit au S. par Zehdenick, Oranienburg, jusqu'au lac de Tegel ; au S. de ce lac s'élèvent les bastions de Spandau. Cette ville, une des plus anciennes de la marche de Brandebourg, et située au confluent de la Sprée, au milieu, est avant tout une place de guerre, la vraie citadelle de Berlin ; on y garde le trésor de la guerre, et quatre forts détachés doivent compléter sa défense.

De là, la Havel s'épanche en de vastes lacs qui couvrent Berlin du côté de l'O. : celui de Fahrland, le Jungfern au N. de Postdam. Des collines boisées occupent çà et là les bords. Postdam, fondée en partie par le Grand Électeur, a été la résidence favorite de Frédéric. Ses châteaux et leurs jardins sont célèbres. Sa population est de 45 000 habitants, parmi lesquels 7300 soldats.

Au-dessous de Postdam, la Havel coule à l'O. jusqu'à Plaue; tantôt fort large, tantôt fort étroite, tantôt creuse et tantôt peu profonde, cette rivière arrose dans cette section la ville de Brandenburg, assise entre des lacs dans une forte position. C'est l'ancienne capitale de la Marche ; elle a été conquise sur les Slaves en 928, reprise par les Wendes et enfin enlevée par Albert l'Ours l'Arcanien en 1153, qui prit le titre de margrave de Brandenburg. Les principales industries de la ville doivent leur origine à des protestants français accueillis après 1685 par le Grand Électeur. Au-dessous la Havel prend la direction du N., arrose Rathenow et finit par 22 mètres d'altitude. Son cours dessine ainsi trois côtés d'un parallélogramme que ferme du reste au N. le *canal de Ruppin*, qui part d'Oranienburg et atteint le cours du *Rhin*. Cette rivière sert d'écoulement à une partie des petits lacs du Mecklenburg. Elle arrose Rheinsberg, célèbre par son château où Frédéric II fut enfermé par ordre de son père ; Ruppin et Fehrbellin, célèbre par la victoire du Grand Électeur sur les Suédois en 1675. Un autre canal, parallèle au côté méridional du fleuve et au canal de Ruppin, part du lac de Tegel et tombe au-dessous de Rathenow. Enfin, le *canal de Plaue* prolonge le cours méridional de la Havel et conduit directement à l'Elbe. L'intérieur de ce rectangle est le Havelland, qui couvre fort bien Berlin à l'E. C'est le noyau de la Prusse, le vrai centre de l'Allemagne moderne.

La Havel reçoit à gauche la *Sprée*, qui prend sa source dans la Riesengebirge par 500 mètres d'altitude, près de Gersdorf, longe la frontière de Bohême, puis arrose Bautzen (Budissin), ancienne capitale de la Haute-Lusace ; le chemin de fer y traverse la vallée par un viaduc imposant. La ville, située sur une colline, a conservé ses vieilles murailles, au pied desquelles Napoléon a battu les Prussiens et les Russes les 20 et 21 mai 1813, pour achever leur défaite à Wurschen, à trois lieues du côté de l'E. A 5 kilomètres au S. de Wurschen s'élève sur un plateau le clocher de Hochkirch, où le 14 octobre 1758 le grand Frédéric perdit une de ses plus grandes batailles, dans laquelle mourut Keith.

Au-dessous de Bautzen, la Sprée quitte les montagnes. Elle se divise en deux bras qui confluent à Spreewitz, baigne Spremberg que vivifient ses fabriques, puis Cottbus, où convergent sept lignes de chemin de fer.

Au delà de cette ville, les dérivations de la Sprée deviennent innombrables. C'est la région du *Spreewald*, conquise sur les marais par une culture acharnée, labyrinthe d'eaux paresseuses qui rappellent la Hollande et marque la limite actuelle, du côté du N., de l'îlot des populations wendes, slaves d'origine, peu à peu absorbées par les Germains.

La Sprée forme ensuite le grand lac Schwieloch et arrive à Neubrück, à peu de distance de l'Oder, puis tourne à l'O. et, après Köpenick, arrive à Berlin, où elle se divise en plusieurs bras.

**Berlin**, capitale du royaume de Prusse et de l'empire allemand, quartier général du III⁰ corps d'armée allemand, est située sur les deux rives de la Sprée. Au temps d'Albert l'Ours, il existait dans l'île un village de pêcheurs nommé Cöln et sur la rive droite une bourgade commerçante, Berlin, qui se fondirent en une seule commune en 1307. En 1340 la ville entra dans la ligue hanséatique. Jean-Cicéron (1486-1499) la choisit pour résidence à la place de Spandau. La prospérité actuelle ne date que des deux derniers siècles. En 1640, à l'avènement du Grand Électeur, elle n'avait que 6000 habitants ; en 1675 ce prince créa la Dorotheenstadt, planta la fameuse avenue « Sous les Tilleuls » et fit bâtir par les réfugiés protestants français un nouveau quartier. Frédéric I$^{er}$, avec une remarquable prescience de l'avenir, dota cette petite capitale de magnifiques monuments : l'Opéra, l'Académie des sciences, le Château et l'Arsenal, le plus grand aujourd'hui encore de toute l'Europe, où l'on a transporté en 1871 la Sainte-Valérie, le canon monstre de notre Mont-Valérien. — Frédéric-Guillaume I$^{er}$, original en toutes choses, trouva, pour agrandir sans bourse délier sa capitale, ce fallacieux dilemme : « Si vous faites des dépenses, vous êtes riche ; si vous n'en faites pas, vous faites des économies : — Le drôle doit bâtir ». Par ce procédé, il porta à 90 000 le nombre des habitants.

Depuis cette époque, le développement de Berlin a été prodigieux. A la fin du règne de Frédéric II, en 1786, 114 000 habitants ; en 1817, malgré les guerres, 188 000 ; en 1840, 311 000 ; enfin, au dernier recensement, 1$^{er}$ décembre 1880, 1 122 000 habitants. Cette population se compose dans une grande proportion d'étrangers : les Juifs y sont relativement plus nombreux et plus influents que partout ailleurs.

La ville doit en partie ces progrès surprenants à sa situation entre l'Elbe et l'Oder, à moitié chemin des frontières extrêmes de l'empire de l'O. à l'E., au point de croisement des lignes de chemins de fer. C'est un centre commercial de premier ordre et une puissante agglomération d'usines et de manufactures. La grande maison Borsig, au N. de la ville, est une des premières fonderies du monde. Cent sept édifices publics sont consacrés à l'enseignement, cent soixante-dix aux divers services de l'armée. Il n'est peut-être pas de ville dont l'aspect soit aussi militaire que cette cité ouverte.

Berlin est appelé par les Allemands la ville colosse, la ville du monde et la ville de l'intelligence[1]. Son université Fredericia-Wilhelmia, fondée en 1810 et installée par le roi dans le palais

---

1. *Berolinum*, anagramme : *Lumen Orbi*.

du prince Henry, le vainqueur de Freiberg, est la première d'Allemagne. Elle compte plus de 2000 étudiants et a contribué pour une part énorme à créer l'unité allemande.

Un chemin de fer de ceinture, dont le tracé ressemble assez exactement à une tête de dogue vue de profil, entoure la ville : l'armée dispose d'une ligne spéciale, construite par le bataillon des chemins de fer et conduisant à un vaste polygone situé au S. Enfin les mouvements stratégiques de l'Est à l'Ouest seront prodigieusement facilités par la construction de la Stadtbahn, qui vient d'être achevée et traverse Berlin dans toute sa longueur.

Malgré ces éléments de richesse et de puissance, Berlin ne joue pourtant pas pour le reste de la Prusse, au point de vue militaire, un rôle aussi décisif que Paris pour la France. Berlin a été pris plusieurs fois : en 1757 par les Autrichiens, en 1760 par les Russes qui l'incendièrent, en 1806 par les Français, sans que la résistance du pays en fût écrasée. En 1813, après Lützen, on laissa la capitale à découvert : c'est que d'abord l'administration prussienne, très bureaucratique, est moins centralisée que la nôtre, ensuite les institutions militaires y ont plus de force.

Après avoir arrosé Charlottenburg (34 000 hab.), que Berlin ne peut tarder à absorber, la Sprée finit à Spandau. — La *Nuthe*, qui coule du Fläming, arrose Dennewitz et Jüterbogck, où Bernadotte fut vainqueur de Ney le 5 septembre 1813, et laisse à droite Gross-Beeren, où le même général avait arrêté Oudinot le 23 août. — Elle tombe dans la Havel à Postdam.

L'*Elde* sert d'affluent aux plus beaux lacs du Mecklenburg : celui de Müritz, qui a 66 mètres de profondeur et 28 kilomètres de long sur 13 de large, et celui de Kölpin ; elle tombe dans l'Elbe à Dömitz. Elle reçoit la *Stör de Mecklenburg*, qui emporte le trop-plein du grand lac de Schwerin, sur les bords duquel est située la ville de ce nom, belle résidence des grands-ducs, ancienne ville wende depuis longtemps germanisée.

La *Stör holsteinoise* passe à Neumunster, carrefour important de voies ferrées. Elle est navigable sur 45 kilomètres.

VI. — LA PÉNINSULE CIMBRIQUE ; ILES ET CÔTES DE LA BALTIQUE OCCIDENTALE.

La péninsule cimbrique comprend le Holstein, le Slesvick et le Jylland (Jutland).

Le **Holstein** s'étend entre l'Elbe et l'Eider. Nous en avons parlé plus haut.

Le **Slesvick** est une contrée plate, basse, aux côtes profondément découpées, sillonnée de nombreux cours d'eau ; le point le plus élevé n'atteint que 109 mètres.

Le **Jylland**, plus découpé encore par les eaux, est aussi un peu plus accidenté. Plusieurs collines arrondies, semblables à des tumuli, et qu'on dirait avoir été modelées par les eaux, atteignent 170 et 185 mètres et dominent des plaines étendues, monotones qui rappellent les bruyères de Luneburg, mais qui sont bien cultivées et dont les gras pâturages mettent le Danemark au premier rang parmi les producteurs de viande de boucherie. La mer pénètre jusque dans l'intérieur du pays par des fjords profonds défendus par de longues langues de sables et des dunes rectilignes qui ressemblent déjà aux flèches de la Baltique. Il en résulte que, rétréci en plusieurs points en véritables isthmes que coupent d'ailleurs des lignes d'eaux fluviales naturelles ou artificielles très rapprochées à leur origine, le Iylland offre comme le Slesvick d'excellentes positions défensives. La petite armée danoise serait impuissante, il est vrai, à les occuper si elle était seule contre l'Allemagne. Mais un corps d'armée auxiliaire détaché dans cette région en cas d'une guerre générale pourrait y jouer un rôle important.

**Côtes et îles de la Mer du Nord** — Les côtes de la péninsule cimbrique sur la mer du Nord sont basses et bordées de dunes. Au N. de l'Elbe s'étend une zone marécageuse, occupée autrefois, selon certains géologues, par l'immense estuaire de ce fleuve grossi alors de l'Oder. Les régions connues sous le nom de Dithmarschen dans le Holstein et de Frise du N. dans le Slesvick ressemblent à ces zones noyées des Pays-Bas défendues de l'Océan et cultivées comme elles, elles semblent aussi s'enfoncer lentement dans la mer.

Une rangée d'îles reste encore à peu de distance du littoral ; à marée basse elles sont en communication avec la presqu'île ou n'en sont séparées que par d'étroites passes désignées sous le nom de Tiefe (bas-fonds). Parmi ces îles on remarque celle d'Amrum, de Föhr, de Sylt qui a la forme d'un T, de Römö et de Fanö, cette dernière restée danoise.

Au large, la mer n'a pas encore achevé de démolir l'écueil de Héligoland, dont les roches stratifiées se dressent en colonnades si pittoresques. Héligoland est anglaise depuis 1807. Les habitants viennent de la Frise et parlent allemand. La garnison anglaise habite un bourg situé au pied des falaises du seul côté abordable (Unterland) et dominé par le plateau de l'île, qui ne produit guère que des pommes de terre. C'est dans les eaux de Héligoland qu'on observe le plus souvent le phénomène de la mer phosphorescente.

La côte occidentale du Jylland a mieux résisté jusqu'à présent à la mer ; mais elle est profondément entamée et au delà du rempart de ses dunes, si nettement dessiné qu'il ressemble à une coupure tracée par la main des hommes, s'étendent des fjords de plus en plus vastes. Ce sont, du S. au N., le Ringkjöbing, le Nissum et le Liim fjord. Ces golfes intérieurs sont en communication par des canaux naturels, et le Liim fjord, qui autrefois ne communiquait directement avec la mer que du côté du Kattegat, s'est ouvert sur la mer du Nord depuis 1825 le canal de Tyborön. Le Liim fjord est tantôt étroit au point qu'il est enjambé par un chemin de fer d'Aalborg à Frederikshavn, tantôt épanoui en golfes ou Brednings d'une grande étendue, il renferme plusieurs îles dont la plus grande, celle de Mors, est assez ondulée dans la partie septentrionale.

La région située au N. de ce couloir irrégulier est bien cultivée et riche en pâturages. Elle pourrait servir de réduit à la défense du Jylland.

**Côtes et îles de la région des détroits.** — Le promontoire aigu de Skagen marque la limite entre le Skager-Rack et le Cattegat, entre la mer du Nord et la Baltique. La côte est d'abord découpée aussi nettement qu'à l'O., la mer assez profonde est cependant parsemées d'écueils indiqués par des phares flottants et de deux petites îles, celles de Laesö et d'Anholt, qui dépendent administrativement du Jylland.

La côte présente les ouvertures du Liim, du Mariager et du Randers Fjords, qui servent de ports de refuge.

Après le promontoire Fornaes la côte prend la direction du S. O., forme le golfe de Kalö que commande le port d'Aarhuus, le Horsens, le Veile et le Köldingfjords, au fond desquels sont situées les villes du même nom.

Deux forteresses subsistent sur la côte orientale du Jylland : au N., Frederikshavn avec deux forts détachés ; au S., Fredericia, fondée en 1651 pour garder l'entrée du petit Belt et qui doit être déclassée.

La côte orientale du Slesvick est aussi riche en baies profondes ; ce sont celles de Hadersleben, très étroite, d'Apenrade, de Flensburg, de la Slei qui conduit à Slesvick, d'Eckerndorf, de Kiel et de Lübeck.

L'extrémité de chacune de ces baies a été illustrée par la résistance opiniâtre des Danois contre les forces combinées de l'Autriche et de la Prusse en 1864.

La ligne de l'Eider a été la première position défensive des Danois. Elle barre complètement la base de la péninsule par le canal de Kiel qui se rejoint à l'Eider. Celle-ci passe à Rendsburg, centre important, ancienne place forte démantelée : elle tombe à Tönning après avoir reçu la Treene qui vient du N.

La seconde ligne s'appuyait à la baie d'Eckernförder, renforcée en avant par la forêt des Danois (Dänischer Wohld) et en arrière par le golfe de la Schlei. A partir de Slesvick cette ligne était formée par d'anciens retranchements, le Dannewerk, datant du onzième siècle ; les Prussiens, battus à Missunde le 2 février 1864, tournèrent la position en franchissant la Schlei près d'Arnis et de Kappeln, le 6 février, tandis que les Autrichiens refoulaient le long de la Treene les forces danoises et livraient la bataille d'Oeversee le même jour.

En arrière de cette ligne s'étend le territoire qui porte encore le nom d'Angeln. C'est la patrie des conquérants de l'Angleterre. La ville de Flensbourg est renommée pour la beauté de ses environs. Au N. du fjord de ce nom est situé Düppel, qui commande le passage de l'île d'Alsen. Les retranchements considérables élevés dans ce lieu par les Danois furent emportés d'assaut le 18 avril 1864.

L'île d'Alsen a suivi le sort de la province du Slesvick et appartient à la Prusse.

Enfin signalons comme dernière ligne importante celle qui s'appuie d'une part à Kölding, de l'autre à la Konge Aa ; elle est renforcée par un chemin de fer parallèle à la frontière.

**Îles Danoises.** — Les îles danoises, noyau et réduit de la puissance scandinave, autrefois prépondérante, se composent :

1° De l'ÎLE DE FYEN (Fionie), qui est baignée à l'O. par le petit Belt, à l'E. par le grand Belt.

Le principal sommet s'élève à 130 mètres. L'île est fertile et boisée. La capitale est Odense (séjour d'Odin), ville industrielle, patrie d'Andersen. Nyborg, à l'E., est bien fortifiée et surveille le grand Belt.

Au S., l'île très féconde d'Arroe ; au S. E., Langeland entourée d'une ceinture de collines ;

2° L'ÎLE DE SJALLAND (Zélande), entre le grand Belt et le Sund, très découpée, avec trois presqu'îles au N. formées par l'Ise Fjord, une au S., une au N. E. ; c'est dans cette dernière que se trouve Copenhague (Kjöbenhavn), capitale du royaume de Dannemark dont un quartier, celui de Christianhavn, situé sur l'île adjacente d'Amack, est relié par deux ponts au reste de la ville.

COPENHAGUE est le port militaire, l'arsenal, la première place forte de la monarchie. Elle contient le beau musée Thorwaldsen consacré à la gloire de ce grand sculpteur ; une Université fameuse fondée en 1478. Cette ville doit en partie ses richesses et ses malheurs à sa position. Sa citadelle n'a jamais été prise, mais la ville a beaucoup souffert des éléments et des hommes : elle a été incendiée en 1728 et en 1794 ; un désastreux combat naval y a été livré le 2 avril 1801, et les Anglais l'ont bombardée pendant quatre jours du 2 au 5 septembre 1807. Sa population est de 225 000 habitants.

Au N. de la même côte, à l'autre extrémité du Sund, le château et la ville de Helsingör (Elseneur), célèbre par sa terrasse d'où l'on domine le Sund et où Shakspeare a placé la scène de l'apparition de son *Hamlet*. La citadelle de cette ville, bâtie de 1574 à 1584, s'appelle Kronenborg.

Roeskilde, au fond d'un bras de l'Ise fjord, a été l'ancienne capitale du royaume.

A l'île de Sjalland se rattachent au S. l'île découpée de *Moen*, aux belles falaises escarpées et éblouissantes de craie, et au large, à l'E., l'île quadrangulaire de *Bornholm*, dans une magnifique position, composée d'un plateau granitique, sillonné de vallées qu'un travail acharné a transformées en terres d'une admirable fécondité. La capitale, Rönne, possède un port bien vivant et des fabriques de montres.

L'écueil de *Christiansoe*, à 20 kilomètres à l'E. avec son port de refuge, a une très grande importance. On l'appelle le Gibraltar de la Baltique. La Russie a souvent entamé avec le Danemark, pour acquérir ce précieux rocher, des négociations qu'a toujours arrêtées le véto de l'Angleterre ;

3° FALSTER produit des céréales et du bois, sa ville principale est Nykjöping, la Naples danoise, une des plus anciennes, du Danemark ; elle n'est séparée que par un étroit canal de l'*île Loland*, la plus petite du royaume, complètement plate et occupée au centre par le lac poissonneux de Maribo.

**Kiel et Lübeck.** — Revenons maintenant à la côte continentale. Au S. du Dänischer Wohld se creuse le port de Kiel, dont Napoléon avait déjà remarqué le bel emplacement pour la création d'un port de guerre. Les Allemands y ont exécuté d'immenses ouvrages qui ont fait de cette rade « la reine des baies de la Baltique ». Les forts *Falkenstein* et *Friedrichsort* au N. (Slesvick), *Stosch*, *Körügen* et *Möldenort* au S. (Holstein), défendent le principal étranglement du golfe (1130 m.). Ils sont pourvus de puissantes machines à lumière électrique, destinées à empêcher les attaques de nuit. A partir de Bellevue commencent des quais magnifiques et des magasins qui vont jusqu'au fond du golfe sur les deux rives. Le port de Kiel offre néanmoins cet inconvénient qu'il gèle en hiver. L'Université de Kiel, fondée en 1605, est assez florissante.

A l'E. de Kiel la côte présente l'île de Fehmarn, à l'extrémité de la presqu'île de Wagrien, puis le golfe de Neustadt ; cette vaste baie donne entrée dans l'estuaire de la Trave, occupé à son point le plus resserré par Travemünde, port de Lübeck.

Lübeck, située sur la Trave. Vieille place d'armes d'origine slave au confluent de la *Trave* et de la *Schwartau*, elle reçut du célèbre Henry le Lion, en 1158, des statuts, « le Droit de Lübeck », qu'ont imités plus tard toutes les villes du N. Frédéric Barberousse en fit la capitale des villes du N. et plus tard elle se mit à la tête de la ligue Hanséatique. Cette union fameuse comprenait 70 villes réparties en quatre quartiers. A Lübeck se réunissait le grand conseil, formé des députés des autres cités (Hansatag), le directoire de l'Union ; on y gardait les archives et le trésor. Ce fut pendant le quatorzième et le quinzième siècle la première puissance commerciale et maritime d'Europe. Mais à partir du seizième siècle la décadence commença pour ne plus s'arrêter. La ville comptait alors près de 90 000 habitants. Le 6 novembre 1806, Blücher, dans sa fuite, attira sur Lübeck les Français, qui l'emportèrent d'assaut et la pillèrent. En 1810, Napoléon en fit un arrondissement des Bouches-de-l'Elbe. Débarrassée des Français en 1813, elle garda son autonomie et aujourd'hui encore est le siège de la cour d'appel des trois villes hanséatiques (Bremen et Hamburg). La population est de 45 000 habitants.

**Du golfe de Lübeck à l'embouchure de l'Oder** on rencontre la rade de Wismar, défendue par l'île de Poel, qu'il est question de fortifier.

L'embouchure de la Warnow, qui draine une partie du Mecklenburg, est défendue par les *batteries de Warnemünde*. La rivière arrose Rostock, c'est la première des villes du Mecklenburg pour la population et la richesse : ancienne ville de la Hanse. Elle a gardé en partie son autonomie sous les grands-ducs de Mecklenbourg, c'est le siège de la haute cour d'appel. C'est une importante ville de commerce (54 000). Son université, fondée en 1419, est aujourd'hui une des plus faibles de l'Allemagne. Rostock est la patrie de Blücher (1742).

A partir de l'embouchure de la Warnow la côte s'abaisse de plus en plus ; une mince flèche de sable défendue par des digues et de nombreux ouvrages s'étend en avant des longues lagunes de Barth, conquêtes successives de la mer. La presqu'île du Darss et celle de Zingst qui la prolonge à l'E. ont été des îles à plusieurs reprises et seront probablement définitivement emportées un jour. Nulle

part du reste on ne constate plus clairement que dans cette région
les ravages exercés par la Baltique sur sa côte occidentale. L'île de
Rügen, dont les falaises de craie se dressent sur certains points à
130 mètres verticalement au-dessus des eaux, a été curieusement
découpée par la mer. La baie de Jasmund, qui pénètre jusqu'au
cœur de l'île, n'est séparée de l'anse circulaire Tromp qui l'entaille
au N. E. que par une faible langue de terrain qui se délite
d'année en année. Très fertile et boisée, l'île de Rügen eut au
siècle passé une grande importance militaire quand elle était aux
mains des Suédois. La capitale est Bergen.

La ville de Stralsund en est la clef. Wallenstein l'assiégea en 1628,
et malgré son serment de la prendre, quand même elle serait
fixée au ciel par des chaînes, échoua devant son opiniâtre résistance. Stralsund, défendue par Charles XII, fut moins heureuse en
1715 contre les Prussiens et les Saxons ; enfin, en 1807, Brune
l'emporta après cinq jours de tranchée ouverte. Schill s'y réfugia
en 1809, et y fut pris d'assaut le 31 mai.

La place a la forme d'un triangle équilatéral, la base regarde
l'île de Rügen, les deux autres côtés sont protégés par des marais
et des lagunes. L'île de *Dänholm*, également fortifiée, est une station
de canonnières. Stralsund a gardé ses défenses du côté de la terre
dans leur ancien état ; du côté de la mer on projette de nouveaux
ouvrages plus solides.

Au S. de cette ville, au fond du golfe de Greifswald, se trouve
la ville de ce nom : très importante au moyen âge, cette ville a
gardé son Université fondée en 1456, et a une certaine importance
commerciale. A l'E. l'île d'Usedom commence l'estuaire de l'Oder.

## VII. — Bassin de l'Oder.

**Ceinture.** — L'*Oder* et ses affluents de gauche prennent naissance dans une région montagneuse qui est parallèle aux hauteurs
de la Lusace et s'appuie de même aux Riesen Gebirge. Elle se termine du côté du N. par un bourrelet de collines qui se trouve à
peu près sur le prolongement de l'Eulen-Gebirge et porte le nom
de monts de la Katzbach. C'est le rebord de la haute plaine de
Hirschberg, piédestal du Riesen-Gebirge ; le sommet culminant est
la Hohe Kullge (774 m.). Au N. E. de l'Eulen-Gebirge, le terrain
beaucoup moins ondulé présente çà et là des hauteurs isolées ; la
plus remarquable est la montagne de Zobten, le mont Ventoux de
la Silésie, bloc de granit de 728 mètres avec un observatoire d'où
l'on domine au loin toute la Silésie.

Entre les Sudètes proprement dits et les Beskides, la région de la Haute-Silésie où l'Oder prend sa source n'est pas à vrai dire un ligne de partage des eaux ; le chemin de fer Breslau-Ratibor-Brün la traverse sans tunnel ; et le nom géographique de ces colline Gesenke (abaissées), indique suffisamment leur peu de relief.

**Cours du fleuve.** — L'Oder elle-même prend sa source au de la ligne des monts Gesenke en Moravie, à une hauteur 627 mètres. La longueur du fleuve en ligne droite est d'envir 520 kilomètres, mais en suivant les détours on arrive à 900 kil mètres. Une course impétueuse dans une vallée profondément e caissée le conduit à travers les portes de Moravie et les montagn jusque dans la plaine silésienne. Arrivée au confluent de l'Opp l'Oder sert de limite entre les Silésies autrichienne et prussien jusqu'au conflent de l'Olsa. A partir de ce point elle est entière ment prussienne jusqu'à son embouchure. Son cours est parallèl au front N. E. de la Bohême.

A Ratibor le fleuve a déjà 52 mètres de largeur et est navigabl pour les petits chalands. Cette ville d'origine slave (Raciborcz) es située sur la rive gauche de l'Oder et sa banlieue nourrit un gran nombre de bêtes à laine. — Kosel est une ville fortifiée sur la riv gauche du fleuve avec tête de pont sur la rive droite. Elle bravement résisté aux Français en 1807. Ses environs peuven être inondés.

Oppeln n'est plus qu'à 150 mètres au-dessus de la mer ; c'es un centre important de chemins de fer, la capitale de la Haute Silésie prusienne : la plaine qui l'entoure est très fertile. Brie (en polonais Brzeg) a été un des foyers les plus actifs de la colo nisation allemande ; elle a été prise sans peine par les Françai en 1807, et démantelée. A 5 kilomètres à l'O., le village de Moll witz rappelle la première grande victoire des Prussiens su l'Autriche, 10 avril 1741.

BRESLAU, capitale de la Silésie, quartier général du VIe corp d'armée allemand, est la ville la plus importante de l'Ode moyenne. C'est la seconde cité du royaume de Prusse. An cienne ville hanséatique, prise d'assaut en 1653 par les Autri chiens, puis par les Suédois, elle avait néanmoins conservé se privilèges municipaux et religieux jusqu'à l'occupation par Fré déric II, qui lui donna en échange de son autonomie une grand importance commerciale. L'entrée des Français fut même u grand bien pour elle. Ses vieilles murailles sautèrent, ce qu permit à Breslau de s'étendre librement. C'est le grand march de Silésie surtout pour la houille et les laines, il y règne un activité industrielle remarquable : métallurgie, fabriques d wagons et de machines, distilleries, sucreries. Les foires (juin et octobre) sont encore fort importantes. Son université, complétée en 1811 par l'absorption de celle de Francfort, est très florissante (1250 étudiants). Population 272 390 habitants.

Au-dessous de Breslau l'Oder est navigable pendant le printemps et l'automne pour les grands chalands, mais les bancs de sable arrêtent trop souvent la batellerie. Le fleuve fait un coude prononcé au N. O. jusqu'au débouché de la Neisse de Görlitz. Dans cette section il arrose Steinau, victoire de Wallenstein sur les Suédois en 1633. Glogau ou plus exactement Gross-Glogau (pour distinguer de deux bourgs de la Haute-Silésie Ober et Klein-Glogau) doit son ancienne splendeur à sa position en face d'une île du fleuve, où s'élève la cathédrale; c'est une forteresse de second rang avec tête de pont sur la rive droite.

En aval de Glogau l'Oder a percé les hauteurs Ouralo-Carpathiques; sa vallée est large, en partie marécageuse; de larges bancs de diluvium s'étendent sur les deux bords, percés çà et là de petites montagnes isolées, entre autres celles de Grünberg, dont nous avons parlé plus haut. L'Oder commence à ronger ses rives. Züllichau est situé à quelque distance de la rive droite, victoire des Russes le 23 juin 1759. Krossen est le premier centre important du Brandebourg; on y trouve des fabriques de drap.

FRANCFORT est comme toutes les villes de cette région une colonie allemande, ancienne ville hanséatique : ses foires (trois par an) sont très importantes. Les anciennes fortifications ont été remplacées par de belles allées, des faubourgs très élégants prolongent la vieille ville. A quelques kilomètres à l'E. s'élève sur une colline le monument commémoratif de la sanglante bataille de Künersdorf, où Frédéric II fut vaincu par les Russes.

KÜSTRIN est la ville maîtresse du cours de l'Oder. Située dans une île de la Warthe au milieu de marécages, elle avait déjà une grande valeur dans la guerre de Trente ans : il fallait traverser 37 ponts pour l'atteindre. Frédéric II fut enfermé dans la citadelle et y vit exécuter son ami Katte en 1730. Les Russes ne purent s'en emparer pendant la guerre de Sept ans; mais le 1er novembre 1806, la place se rendit aux Français : le commandant envoya à nos troupes des fascines pour traverser la zone inondée. Aujourd'hui Küstrin est transformée en place forte de première classe, avec *six forts détachés* et un *camp retranché*. C'est un grand arsenal.

Au N. E., près de Zorndorf, Frédéric II a battu les Russes, le 25 août 1758.

A partir de ce point, le fleuve s'engage dans une dépression marécageuse des collines Ouralo-Baltiques qu'on appelle l'*Oder Bruch*. Large de 12 à 30 kilomètres, diminuée à gauche par une terrasse naturelle que couronnent les villes industrielles de Wriesen et de Freienwald, cette crevasse est dans son état actuel bien différente de ce qu'elle était au siècle dernier. De 1746 à 1755, Frédéric II a fait creuser un canal de dessèchement longeant la terrasse orientale qu'on appela la *Nouvelle-Oder*. Il coupait de Güstebiese à Hohensaaten la boucle formée par le fleuve et ouvrait une voie plus courte à la batellerie. Ce fut l'artère principale d'un réseau compliqué de canaux naturels et artificiels, grâce auxquels la région fut transformée. De vrais polders d'une grande fertilité s'étendent au pied de digues, des bouquets d'arbres s'élèvent sur les collines que le fleuve n'avait pas rasées, enfin de nombreux villages prospèrent dans cette petite « Suisse de la Marche ». — Peu à peu le courant principal s'est porté dans la Nouvelle-Oder ; l'ancien lit s'est même complètement détaché et est devenu un affluent ; la ville d'Oderberg est située sur un troisième bras, le *canal de Wrietzen*, d'où part le *canal de Finow* qui rejoint la Sprée.

Au bout de 56 kilomètres, les divers bras se réunissent puis forment des îles nombreuses, enfin à la ville de Garz, nouvelle fourche ; le bras oriental est le plus considérable, on l'appelle *Grosse Regelitz* ou *Zollstrom*. Il arrose Greifenhagen puis s'élargit brusquement en un estuaire qu'on nomme le *lac de Damm*, de 4 kilomètres de large sur 15 de long.

Le bras occidental et le plus faible garde le nom du fleuve, il arrose Stettin ; sa profondeur est de près de 5 mètres à partir de Stettin jusqu'à l'estuaire.

Stettin, quartier général du IIe corps d'armée allemand, est importante comme ville de fabrique et de commerce : elle est en relations d'affaires avec le monde entier ; c'est le port le plus rapproché de Berlin. Une forte compagnie de constructions navales « Vulcain » y possède des chantiers d'où sortent la plupart des cuirassés de la marine allemande.

C'était une place forte de premier rang, défendue par trois forts (*Wilhelm, Léopold, Preussen*) ; son enceinte continue a été détruite du côté de la terre ; il est probable que la ville prendra une extension considérable. L'action défensive qui était autrefois le rôle de Stettin a été transférée à Swinemünde, dont nous parlerons tout à l'heure.

Passons sous silence les divers canaux de dérivation qui coupent le delta formé par la Regelitz et l'Oder. Le lac de Damm se resserre en un couloir encombré d'îles, le *Papenwasser*, puis s'élargit et forme un haff divisé en deux bassins, le grand à l'E., le petit à l'O.; deux îles le séparent du golfe de Poméranie. A l'Ouest, l'île découpée d'Usedom, séparée du continent par la *Peene;* à l'E., Wollin que longe la rivière de *Dievenow.* Ces deux bras extrêmes de l'Oder sont assez étroits et assez peu profonds pour qu'on ait pu jeter par-dessus chacun d'eux le viaduc d'un chemin de fer.

Le courant principal passe sous le nom de *Swine* entre les deux îles : il est gardé par la *forteresse de Swinemünde,* dont les ouvrages ont été considérablement augmentés.

L'Oder est le seul des fleuves allemands qui perce à la fois les hauteurs Ouralo-Carpathiques et les hauteurs Ouralo-Baltiques. Sa force défensive est très considérable, mais c'est une mauvaise voie navigable. Ses crues (notamment en juin) sont plus promptes que dans tout autre fleuve d'Allemagne. Il a souvent rompu les digues de 6 mètres de haut qui le bordent. Enfin ses sables mouvants sont, comme ceux de la Loire, le fléau de la vallée.

**Affluents de l'Oder.** — Les principaux tributaires de l'Oder à gauche lui viennent des Sudètes ou du Riesen Gebirge. Leurs vallées sont fort remarquables. Comme le fleuve s'incline du S. E. au N. O. parallèlement au front N. E. de la Bohême, les affluents lui arrivent presque au débouché des terrasses ondulées dont nous avons parlé. Leur cours est rapide, encaissé, perpendiculaire à celui de l'Oder. Ce sont des barrières d'une force considérable contre les invasions venues de l'O., des portes commodes pour une offensive au S. Enfin le pays est fertile et ses richesses minérales prodigieuses.

Ces rivières sont : l'Oppa, la Neisse de Glatz, la Weistritz, la Katz-Bad, la Bober, la Neisse de Görlitz.

1° L'*Oppa* descend du cœur des Sudètes, un de ses bras coule de l'Altvater. Elle arrose la Silésie autrichienne. Jagerndorf puis Troppau n'ont conservé que leur banlieue sur la r. g., le reste du territoire de ce côté est passé à la Prusse en 1742. Troppau (en slave : Opava), où se réunit le congrès de 1820 pour resserrer la Sainte-Alliance, fabrique des draps.

2° La *Neisse de Glatz* a une énorme importance stratégique par sa vallée supérieure, le Glatzer Kessel, que nous avons décrite au livre II. Glatz est le Luxembourg oriental de l'Allemagne. On l'a aussi déclassée; la rivière sort de l'entonnoir à Wartha. Un peu au N., sur un pic de l'Eulen Gebirge se dresse l'étonnante forteresse de Silberberg, creusée en partie dans le roc; mais qui n'a plus d'autre utilité que de servir de prison d'État. Neisse, très industrieuse, très forte, à 205 mètres d'altitude, peut être entourée d'inondations.

3° La *Weistritz* arrose au centre de la Silésie une véritable terre promise : houille, métaux, kaolin s'y trouvent à profusion; le dedans du sol est aussi remué que la surface et de nombreuses sources d'eaux minérales s'ajoutent aux éléments de richesse de cette belle contrée. La rivière principale arrose Schweidnitz, une des villes de l'Allemagne qui a le plus souffert. Onze incendies, huit capitulations ou prises d'assaut; Prussiens et Autrichiens, ennemis et amis lui ont été également terribles. Elle a conservé son enceinte de 1748. C'est un centre industriel (fabriques de gants). — Waldenburg, sur un autre affluent plus central, prend un développement considérable : elle fabrique surtout des porcelaines. Son bassin houiller est un des plus riches de Silésie. Striegau a été le théâtre d'une victoire de Frédéric, le 4 juin 1745. Enfin la rivière entièrement constituée longe les plaines de Leuthen et de Lissa (Leszno), patrimoine des Lesczinski, champ de victoire de Frédéric II, le 5 décembre 1757. 30 000 hommes contre 80 000.

4° La *Katzbach* coule d'une pittoresque vallée qui n'est qu'une rue d'usines, dont le centre est Schönau. Cette ville a la première embrassé la réforme en 1518. — La rivière arrose ensuite Liegnitz, qui a été longtemps le boulevard de l'Allemagne contre les ennemis de l'E. : les Mogols perdirent près de là une décisive bataille en 1241; Frédéric II y fut victorieux en 1760. La ville a été démantelée en 1758. Sa banlieue est très fertile en céréales et en choux renommés. Au S. E. de Liegnitz s'élèvent sur un plateau les deux tours jumelles de l'ancienne abbaye de Wahlstatt, située sur l'emplacement de la bataille de 1241. Les Français y perdirent également leur première grande bataille contre les Prussiens le 26 août 1813 : Blücher y gagna le titre de Wahlstatt.

Avant son confluent la Katzbach arrose Parschwitz, où fut signé l'armistice fatal de juin 1813. — La *Wüthende Neisse* passe à Jauer.

5° La *Bober* est le plus important des affluents de gauche de l'Elbe. Sa source est située à 742 mètres, sur un plateau marécageux d'où coule également un ruisseau, l'Aupa qui rejoint l'Elbe; son importance stratégique est donc considérable (1866 — aile droite du prince royal, Trautenau). Sa haute vallée, célèbre par ses beautés naturelles et ses richesses minérales, a pour centre Landshut, où le Prussien Fouquet se fit prendre avec 10 000 hommes, le 27 juin 1760.

Après le défilé pittoresque de Kupferberg, la rivière arrose le riche plateau de Hirschberg. La ville de ce nom est renommée par ses fabriques de tapis turcs : son importance industrielle remonte au seizième siècle. Hirschberg, avec sa double enceinte de vieilles murailles, domine superbement la vallée. — Ses environs sont d'une grâce ravissante. Après avoir percé près de Löwenberg la terrasse de la Haute-Lusace, la Bober arrive à Bunzlau, où Kutusov mourut en 1813 des fatigues de la campagne précédente. La basse vallée de Sprottau à Sagan (Zegan') est très remplie d'usines. La Bober tombe à Krossen, elle a 40 mètres de longueur et un cours de 180 kilomètres.

6° La *Neisse de Lusace* ou de *Görlitz* se compose de plusieurs ruisseaux dont le plus important coule d'une hauteur de 754 mètres en Bohême. Au S. de l'Isergebirge, elle arrose la ville importante de Gablonz qui fabrique de la verroterie, tourne au N. O., alimente les usines de Reichenberg (Liberer, en bohémien) filatures, tapisseries, traverse un défilé et entre en Saxe près de Zittau (1813). De là elle prend la direction du N. et arrive en Silésie à Görlitz (Solerz) la seconde ville de cette riche province. L'importance stratégique et commerciale de Görlitz tient surtout à sa position qui lui a attiré bien des malheurs. Son nom slave signifie « le brûlé » : on voit dans les environs de nombreux « tombeaux de Huns » et deux champs de bataille modernes, Moys (1757) et Reichenbach ; à ce dernier endroit fut tué Duroc en 1813. Forst et Guben, villes industrielles envoient jusqu'en Asie mineure, des « tapis du Levant ».

La largeur de cette rivière est de 40 mètres.

L'*Ucker* n'est pas à proprement parler un affluent de l'Oder puisqu'elle tombe dans le petit golfe. Elle arrose Prentzlow et Passewalk.

Affluents de droite. — Parmi les affluents de droite de l'Oder nous citerons l'Olsa, la Malapane et la Warta :

1° L'*Olsa* coule des Beskides, ses sources sont voisines de celles de la Vistule, son cours exactement parallèle à la section supérieure de ce fleuve, elle arrose Jablunka, célèbre défilé, et Teschen qui fabrique des armes à feu.

2° La *Malapane* vient directement de l'E., un de ses affluents arrose Tarnowitz.

3° La *Warta* (*Warthe*) devrait être la ligne maîtresse du bassin ; c'est un fleuve de plaines. Polonaise à son origine, la Warta naît près de Kromolow sur le plateau Ouralo-Carpathique, arrose Czenstochowa qui fabrique un grand nombre de chapelets et scapulaires, qui sont vendus aux pèlerins dans le fameux monastère de Jasno Goura (Clairmont) où l'on garde le portrait de la Vierge attribué à saint Luc. Les fortifications de cette ville ont été démantelées par les Russes en 1815. Après avoir traversé une région un peu accidentée, la rivière atteint les plaines monotones près de Warta, se partage en plusieurs bras, forme des marécages et à Kolo tourne à l'O. Au confluent de la Prosna, elle entre en Prusse et s'appelle officiellement la Warthe, coule dans des régions polonaises qui se germanisent peu à peu. Arrivée à Schrimm elle reprend la direction du N. La ville de Schrimm (Szrzemec) est complètement isolée de tout chemin de fer. Après avoir traversé une région assez boisée, la Warthe arrive à Posen.

Posen (Poznan), c'est la plus ancienne ville de la Pologne; très florissante au moyen âge, émule de Cracovie au seizième siècle, elle avait alors 80 000 habitants. Mais elle décrut jusqu'au commencement du siècle présent. Aujourd'hui la ville est gênée dans son développement par le grand rôle militaire que lui impose sa situation ; quartier général du V° corps d'armée, elle est devenue en 1828 forteresse de première classe : elle a sur la rive gauche une enceinte continue, une citadelle appelée *fort Winiary*, et le *fort Adalbert*. Celui-ci tient les clés de la *Grande écluse* qui permet d'inonder le pays des eaux du Winiary ; sur la rive droite le *fort Saint-Roch*, le *fort des Réformés* que relient de nombreux ouvrages ; ces travaux ont été développés depuis peu par la construction de 11 forts détachés, 4 grands et 7 petits formant un camp retranché. Six grandes lignes de chemin de fer convergent sur cette place. Posen, grand marché agricole, dépasse aujourd'hui le chiffre de 60 000 habitants.

A Obornik la rivière s'infléchit de nouveau à l'O., n'arrose plus de ville importante en Pologne, entre au-dessous de Schwerin (Skwierzyna) dans la province de Brandenburg, puis un peu après le confluent de la Netze arrose Landsberg (r. d.) qui a des grands marchés de laine et des filatures, forme l'espèce de delta sillonné de canaux nommé le Warthe-bruch et finit à Custrin, sa largeur est de 100 mètres à Posen, de 180 au confluent. Par sa direction elle ouvre une route au cœur de la monarchie prussienne. Son cours est de 712 kilomètres. La Warta reçoit à gauche la Prosna et l'Obra, à droite la Ner, la Welna et la Netze.

La *Prosna* sert pendant presque tout son parcours (du S. au N.) de frontière à la Prusse, elle est parallèle à la Warta, mais ne forme pas en arrière un obstacle suffisant et d'ailleurs ne se trouve pas sur la grande ligne d'invasion Varsovie-Berlin. Elle arrose la ville polonaise de Kalisz, une des plus vieilles villes de la Pologne, située sur deux îles, fabriques de cuirs et de draps.

L'*Obra*, dont les nombreux coudes reproduisent aussi ceux de la rivière principale est remarquable par le grand nombre de dérivations qui la saignent sans l'épuiser, elle forme des lacs et alimente des canaux de jonction entre la Warta et l'Oder.

Sur la *Ner* s'embranche un canal entre Vistule et Warta, que le réveil économique de la Pologne appelle à un grand avenir. La ville de Lodz située dans son bassin est devenue avec une rapidité prodigieuse la seconde cité de la Pologne russe (plus de 50 000 hab.).

La *Welna* ou *petite Warta* traverse de nombreux étangs; ses sources sont voisines de la cité sainte de la Pologne occidentale aujourd'hui prussienne, Gnessen (Gniazno), elle arrose Rogasen (Rogozno).

La *Netse* (Notec') est très remarquable et jouerait vraisemblablement un grand rôle dans une guerre où la Prusse garderait la défensive. Elle naît dans un petit lac au nord du coude de la Warta près de Kolo, son lit tortueux forme de nombreux lacs, ceux de *Brdow*, de *Goplo*, 22 kilomètres de long sur 4 de large, et semble porter ses eaux à la Vistule. Mais à 10 kilomètres de Bromberg, la Netze incline à l'ouest. Nakel, ancien poste des Poméraniens contre les Polonais. La largeur de la rivière qui est alors de 55 mètres ne cesse de s'accroître, de grands travaux ont creusé le lit qui sert au canal de Bromberg à Landsberg. Ensuite, aucune ville importante sur plus de 200 kilomètres; la largeur est de 110 mètres au confluent.

La *Plöne* et l'*Ihna* rappellent l'Ucker, elles tombent la première dans le lac de Damm, la seconde dans le Papenwasser; elles vident, la première surtout, de nombreux étangs et lacs (Lac Madü, le plus grand de Poméranie orientale). La seconde arrose Stargard l'ancienne capitale de la Poméranie.

**Côtes de la Baltique méridionale.** — Les côtes de la Baltique méridionale depuis l'embouchure de l'Oder jusqu'à la frontière russe sont parmi les plus monotones de l'univers; de longues rangées de dunes dont les courbes sont d'une remarquable régularité s'allongent au-dessus d'une eau peu profonde, percées çà et là de *graus* qui sont les portes de quelque rivière ou de quelque lac intérieur. Il y a une dizaine de ces nappes d'eau moitié lagunes et moitié marécages. Les plus grands sont, de l'ouest à l'est, ceux de *Kamp*, de *Jamund*, de *Buckow*, de *Garde* et de *Leba*. Les ports sont rares et situés aux embouchures : Kolberg, Rügenwaldermünde, Stolpmünde et Leba.

Au phare de Rixhöft commence le GRAND GOLFE DE DANZIG, qui se termine au phare de Brüster Ort. La côte se dirige au S. E., une longue flèche sablonneuse terminée par le port de Hela sépare du golfe de Danzig la *baie de Putzig* (*Putziger Wieck*). Au fond du golfe le delta de la Vistule, dont les bras orientaux se jettent dans le *Frisches Haff* ou golfe des Frisons, à son extrémité méridionale, tandis que l'extrémité orientale reçoit l'embouchure du Pregel. Il communique par la bouche de Pillau avec le golfe de Danzig.

La péninsule carrée du *Samland* s'avance de l'E. à l'O. entre le Frische et le Kurische Haff. Elle est boisée et couverte de collines dont la plus élevée n'atteint que 110 mètres, le Galtgarben. Le promontoire et le phare de Brüster Ort en marque l'angle N. O., les deux côtés de cet angle sont fameux de toute antiquité sous le nom de Côte de l'Ambre. C'est là que des extrémités du monde les marchands venaient chercher la résine fossile, à laquelle on attribuait tant de propriétés merveilleuses.

La longue *flèche des Koures* (*Kurische Nehrung*) se détache d'un promontoire de Samland et sa courbe élégante s'élance au N., jusqu'à la passe de Memel, qui est actuellement la seule porte de communication du *Kurisches Haff*. Ce golfe reçoit les eaux de la Memel dont le delta a été reconquis en partie par les alluvions, sur les eaux de la mer qui ont autrefois envahi le pays. Toute cette région présente des traces évidentes des oscillations de la surface terrestre : tantôt en progrès, tantôt en retraite, la mer semble jouer avec la zone riveraine et ne lui accorder qu'une précaire existence.

**Petits fleuves côtiers.** — Entre l'Oder et la Vistule tombent dans la mer Baltique de petits fleuves côtiers qui servent d'effluents aux lacs de la Poméranie.

La *Riga*, très tortueuse, arrose Greifenberg et Treptow.

La *Persante* passe à Belgard et à Kolberg. Cette petite place, bâtie au milieu de marais sur la rive droite de la Persante, s'est illustrée par sa belle défense en 1807 : elle a résisté jusqu'à Tilsitt. Les salines de ses environs sont très productives. La *Wipper* passe près de Varzin, résidence de M. de Bismarck et finit près de Rügenwalde.

### VIII. — Bassin de la Vistule.

**La Vistule.** — La grande plaine Sarmatique qui s'étend au N. O. des Carpathes n'offre de défenses naturelles que les cours d'eau qui s'y traînent paresseusement. De toutes ces barrières que l'art militaire a renforcées, la plus centrale est la ligne de la

Vistule. Ce fleuve a une longueur de 1100 kilomètres. Son bassin peut être étudié en adoptant la division suivante :
1° Galicie (Autriche);
2° Provinces de la Vistule ou Pologne;
3° Prusse.

### Vistule galicienne.

**Cours du fleuve.** — La *Vistule* (Weichsel, Visla) sort à l'Est de la passe Jablunka. A la hauteur de 550 mètres dans la Welika Magoura, elle est formée de trois bras : la Vistule Noire, la Blanche et la petite Vistule, qui se réunissent au bourg de Weichsel. Le fleuve prend la direction du N., traversant des vallées très resserrées, son cours rapide ne se prête qu'au flottage à bêches perdues ; sa largeur est de 20 mètres, et on trouve beaucoup de gués à fonds rocheux.

Près de Schwarzwasser, elle prend la direction au N. E. et sépare la Silésie prussienne de la Galicie; après le confluent de la Przemza, elle incline à l'O., coule dans des plaines polonaises où elle s'appelle Visl'a, et arrive à la hauteur de 210 mètres avec une largeur de 90, à Cracovie, sur la rive gauche.

CRACOVIE (en polonais Krakow) est un centre littéraire; l'université Jagellonique, fondée en 1349, est restée le vrai foyer de la nationalité polonaise. Sobieski, Poniatovski, Kosciusko sont enterrés dans l'une des 37 églises, Sainte-Marie. Capitale de la Pologne jusqu'en 1587, occupée par l'Autriche de 1794 à 1809, laissée libre par les traités de Vienne, Cracovie est autrichienne depuis 1846. C'est le boulevard destiné à défendre « le glacis des Carpathes ». Six grands forts détachés couvrent la ville : quatre sur la rive gauche; le principal est celui qu'on a construit sur les hauteurs de Kosciusko; il surveille la vallée supérieure. Sur la rive droite, à 10 kil. environ de Cracovie se trouve le district de Wieliczka : les couches de sel marin descendent jusqu'à la profondeur de 312 m.; 57 mètres au-dessous de la mer; elles produisent trois espèces de sels : sel vert, sel plus pur (spiza) contient du bois fossile, enfin sel très pur (tzibik).

Les environs de Cracovie sont très fertiles, la culture maraîchère y est très avancée. Au-dessous de Cracovie, le fleuve au cours tortueux est navigable pour la petite batellerie. A partir de Niepolomice, il sert de frontière entre la Pologne russe et la Galicie autrichienne, traverse une contrée boisée et marécageuse. La seule ville importante qui soit baignée par le fleuve dans cette section est la Sandomierz qui appartient à la Russie. Elle était au treizième siècle la capitale de la Pologne. Aujourd'hui, c'est une petite ville de province qui s'occupe du commerce des bois et des céréales. Au confluent du San, un peu plus bas, commence le second bassin de la Vistule.

**Affluents de la Vistule supérieure.** — La plupart des affluents importants de la Vistule supérieure lui viennent à droite des Carpathes. Cette région est en effet une des plus humides de l'Europe centrale. La quantité d'eau qui tombe à Cracovie est de $0^m,57$, à peu près la même qu'à Paris.

Cependant, du côté du Nord, vient à gauche un tributaire important, la *Przemsza*. Elle est formée de deux rivières de ce nom, la Blanche et la Noire (*Biela* et *Czerna*), la source de cette dernière n'est qu'à quelques kilomètres des sources de la Warta. A partir du point où elle est constituée, la Przemsza sert de frontière entre la Prusse et l'Autriche. Elle est grossie à droite de la *Reinitza*, ruisseau qui limite la Silésie prussienne et la Pologne russe. On pourrait lui donner aussi le surnom de ruisseau des millions, tant regorge d'usines sa vallée. C'est un des districts les plus actifs de la Silésie : Beuthen, Königshütte, dont la prospérité date d'hier, en sont les principaux centres. A Myslowitz se terminent les mailles compliquées du réseau ferré de Silésie.

La Vistule reçoit à droite dans son premier bassin le Donajec, la Vysloka et le San.

Le *Donajec* vient du cœur des Carpathes, se forme de nombreux ruisseaux qui jaillissent du flanc N. des Tatra, s'ouvre un chemin à travers les Berkides par la passe de Kroscienko. Il est grossi du *Póprad* qui coule du S. des Tátra, ouvre le défilé de Palacza, suivi par le chemin de fer de Tarnow à Kassa. Ces deux bassins supérieurs s'entrelacent avec celui du Waag. Le Donajec passe à Sandec et près de Tarnov.

La *Visl'oka*, parallèle au précédent, arrose Dembica.

Le *San* vient de l'angle des Beskides et des collines de Pologne. Il arrose Sanok, puis Przemys'l, centre du commerce du pétrole, position stratégique d'un puissant intérêt. C'est là que s'embranchent les chemins de fer d'Odessa, de Kijev, de Jassy et le réseau hongrois. Le San y reçoit le *Wiar* et s'incline dans la direction du N. O. jusqu'à la frontière de la Pologne. Il passe dans la banlieue fertile de Iaroslav; les foires de cette ville attiraient jusqu'aux Persans. Enfin, après Radomysl, le San se jette dans la Vistule, il est navigable depuis Przemysl. Sa vallée est à peu près la ligne médiane de la Galicie. C'est une des grandes lignes d'offensive ou de retraite de l'armée autrichienne en cas d'une guerre contre la Russie.

### Vistule polonaise.

**Cours du fleuve.** — Le tribut qu'apporte le San transforme la Vistule en un grand fleuve assez puissant pour porter les gros chalands. La vallée se resserre, ce sont les défilés que s'est pratiqués la Vistule à travers les hauteurs Ouralo-Carpathiques. Les ouvrages d'Annapol, construits en 1855, et qu'on a conservés, Kazimierz et Pulawy (Nowo Alexandria) sont situés sur la rive droite.

Au confluent de la Wieprz, la Visla prend la direction du N. O. qu'elle garde jusqu'au confluent du Bug. L'angle des deux rivières est occupé par la forte citadelle d'Ivangorod (anc. Demlin). C'est le sommet S. E. du grand quadrilatère nouvellement organisé et dont la Vistule forme le front. Mazïeovice est célèbre par la bataille de 1794. Il n'y a plus de ville importante avant Varsovie.

Varsovie (Warszawa), capitale de la Pologne depuis la fin du seizième siècle, est située sur la rive gauche du fleuve dont la largeur varie entre 500 et 1000 mètres. Cette ville malgré ses malheurs n'a cessé de s'accroître en forces, en richesses et en population. Aujourd'hui, elle vient immédiatement dans l'empire russe après les deux capitales; d'immenses travaux ont transformé la plupart des anciens quartiers. Praga, le tragique faubourg de la rive droite, a participé à ces progrès. Les fortifications qui couvraient Varsovie depuis 1832 ont été en partie noyées dans les nouveaux quartiers. Centre de la navigation sur la Vistule, point d'intersection des grandes lignes de Pétersbourg, de Moscou et d'Odessa, Varsovie a profité en outre de l'émancipation économique des Polonais. Son industrie est en grand progrès; le nombre des juifs est considérable dans la ville : plus de 35 pour 100 de la population. L'université de Varsovie, russifiée, n'a plus l'importance d'autrefois. L'université Jagellonique de Cracovie l'éclipse complètement.

Au-dessous de la capitale, la Vistule traverse une région marécageuse et rencontre le Bug à Nowo Georgiewsk l'ancienne Modlin. Le camp retranché de cette ville est un chef-d'œuvre, c'est la plus forte place de Pologne, l'angle N. O. du quadrilatère russe.

Sous l'impulsion de ce puissant courant la Vistule se dirige à l'O., arrose Wyszogrod : Plock, située sur une colline élevée (rive dr.), et Wloctaweck ont une certaine importance comme escales pour la navigation fluviale près d'Alexandrowo. A quelques kilomètres sur la gauche, la Vistule entre dans la Prusse occidentale.

**Affluents de la Vistule en Pologne.** — A gauche la Vistule reçoit la Kamienna, la Pilica et la Bzura ; à droite, la Wieprz et le Bug.

La *Kamienna* rassemble les eaux qui ruissellent du flanc N. de la Lysa Gora, elle passe à Ostrowiec.

Entre ce bassin et le suivant s'élève dans la plaine la ville épiscopale de Radom, centre important de commerce.

La *Pilica* prend sa source près de la petite ville du même nom, elle coule au N. jusqu'à Tomaszow, qui fabrique des draps, puis s'engage au N. E. entre des collines ; la rive gauche est dominante.

La *Bzura* est curieuse comme voie latérale entre la Vistule et l'Oder. Son lit semble avoir ouvert une route navigable entre les deux bassins, elle se divise en plusieurs bras.

A droite, les affluents de la Vistule polonaise ont un débit considérable.

La *Wieprz* a dans son bassin supérieur Zamosc' qui a été démantelée par les Russes, laisse à gauche Lublin, troisième ville de la Pologne ; à Kock, elle incline au S. E. et glisse au pied des hauteurs Ouralo-Carpathiques.

Le *Bug* reproduit exactement en plus grand le même tracé. Ce grand cours d'eau (655 kil. de longueur) sort du plateau de Galicie, se dirige au N. dans une région encore pauvre, couverte de bois et de marécages. Wlodawa n'est qu'une bourgade, *Brest de Lithuanie* ou Brzesc Litovskiy est le réduit oriental du quadrilatère polonais, c'est la plus forte place après Nowo-Georgiewsk. Les chemins de fer qui s'y croisent lui donnent une grande valeur stratégique.

De Brest le Bug incline au N. O., passe au pied du plateau que recouvre la forêt célèbre de Bela-Veja ou Tour-Blanche, et au confluent du Nurez prend la direction de l'O. Il tombe à Nowo-Georgievosk. Le Bug reçoit un grand nombre d'affluents : le *Pellew* à gauche, vient du plateau que domine Lvow ou Lemberg, capitale de la Galicie, ville très commerçante qui tient la clef des communications entre la Vistule et le Dniester. Plus du tiers de ses habitants appartient à la race juive ; le *Muchaviek*, à droite, débouche à Brest apporte les eaux du *canal de Pinsk* qui joint le Bug au Dniepr et que dessert un service de bateaux à vapeur.

Le *Narew* borne au N. cette forêt de la Tour-Blanche que le Bug borne au S. et arrose Narew, laisse à droite Bjelostok, arrose Lomza, Ostrolenka, célèbre par les batailles du 26 février 180? et de 1831. — Pultusk, également historique, a vu les Suédois vainqueurs en 1703, les Français en 1807. Le Narew tombe ensuite à angle droit dans le Bug à Sierok, place forte, l'angle le plus faible du quadrilatère polonais.

Les deux cours d'eau se réunissent sans se confondre. On donne le nom de Narew à la rive droite du lit commun, le nom de Bug à la rive gauche, c'est un des plus curieux exemples du caprice qui a inspiré un grand nombre de dénominations géographiques. Le Bug et le Narew ont une grande quantité d'eau, mais des fonds sablonneux.

### Vistule prussienne.

**Cours du fleuve.** — Dans la troisième section de son cours, la Vistule arrose un pays qui se germanise de plus en plus et porte le nom de *Weichsel*. Sa vallée est large, suivie seulement à plusieurs kilomètres de chaque rive de faibles hauteurs. Le fleuve est escorté de digues impuissantes à conjurer le danger que fait courir aux plaines avoisinantes les grandes débâcles de la Vistule. — La direction du fleuve du S. au N. augmente le danger.

Les villes situées dans cette section sont :

Thorn (r. dr.), patrie de Copernic, sur le dernier pont fixe (et en bois) sur la Vistule inférieure, qui y reçoit la Drwenz (Drweça). Il y existe en outre un pont de chemin de fer. C'est une forteresse importante avec sept forts détachés.

Bromberg (Bydgoszcz), très florissante au quatorzième siècle, sous les chevaliers teutoniques qui l'ont fondée, elle n'avait plus que 600 habitants lors de la conquête prussienne en 1772. Elle en a aujourd'hui plus de 30 000, presque tous Allemands. C'est une ville d'industrie.

Kulm (Chelmno) a eu beaucoup d'importance au temps des chevaliers.

Graudenz (r. dr.) (Grudziaz) est une ancienne citadelle des Prussiens contre les Polonais. Frédéric la fortifia pendant la guerre de Sept Ans, elle fut bravement défendue en 1807 jusqu'à la paix par Courbières. Elle est aujourd'hui déclassée.

Marienwerder, une des plus anciennes créations de l'ordre teutonique, a de beaux monuments.

A 40 kilomètres de la mer, le fleuve se bifurque : à l'O., c'est la Vistule proprement dite ; à l'E., la *Nogat*; celle-ci court directement à la Baltique; l'autre trace de nombreuses sinuosités; il était à craindre que la Nogat n'entraînât la plus grande partie des eaux, et ne transformât la branche occidentale en un bras mort. Aussi les ingénieurs de Danzig ont fermé le bras de la Nogat par un barrage qui permet d'en régler le débit.

La Nogat est, comme la Vistule, pourvue de digues sur tout son passage, elle se subdivisait à son extrémité en plus de quarante bras, qu'on a dû supprimer en partie et remplacer par des chenaux artificiels.

La branche maîtresse, après avoir arrosé Dirschau, le dernier pont de la Vistule, qu'il a fallu armer contre les débâcles de grands éperons en fer, se subdivise à 9 kilomètres de la mer. L'un de ses bras se jette dans le Friches-Haff par des branches nombreuses, le bras occidental baigne Danzig et longe le cordon du littoral qui est parfois réduit à une épaisseur de 640 mètres.

Danzig (Gdańsk) est remarquable par la beauté de la situation. Ses habitants disent avec orgueil : « la vue du golfe de Danzig est une des sept premières du monde ». Cette ville a joué un rôle glorieux dans les dernières guerres, défendue contre Lefebvre par Kalkreuth, 1807; contre les alliés par Rapp, 1812 et 1813; elle a été fort maltraitée. C'est la patrie du géographe Cluvier, de Fahrenheit, de Schopenhauer, le philosophe.

L'île Speicher, entourée par les bras de la *Mottlau*, contient les vastes magasins de blé, source de la richesse de Danzig. On y apporte les céréales sur des plateaux plats : les grains des couches supérieures germent et les bateaux verdoyants semblent des îles flottantes. Arrivés à Danzig, on jette à l'eau le grain avarié, on dépèce le bateau et les paysans retournent chez eux à pied. L'industrie de Danzig est en progrès, surtout les fabriques de draps et les distilleries. C'est le cinquième port de l'Allemagne. Son commerce dépasse 350 millions. Danzig a des docks importants à Neufahrwasser; ils ont été organisés en 1871, — *Neufahrwasser* et *Weichselmünde* font partie, ainsi que l'île de Holm, du système défensif de cette place, qui est classée parmi les forteresses de première classe. Les fossés formés sur trois fronts par la Vistule, sur le quatrième par des marais dont des écluses permettent d'exhausser le niveau, protègent fort bien les abords.

Au-dessous de cette grande ville, le fleuve est dominé par l'église Oliva, belle abbaye. La grande guerre de soixante et un ans y fut terminée par le traité fameux du 3 mai 1660, qui consacra l'hégémonie éphémère de la Suède.

**Affluents de la Vistule en Prusse.** — Le *Drewenz* (r. dr.), vient du N. E., sert d'écoulement à des lacs nombreux, arrose Strasbourg et finit à Thorn.

La *Brahe* vient du N. O., est l'effluent du lac de *Konitz* et passe à Bromberg, d'où part un canal qui joint le fleuve à l'Oder.

## IX. — Bassin du Niémen.

**Plateau des Masures.** — A l'E. de la Vistule s'étend la région couverte d'une multitude de lacs et d'immenses forêts, de la Prusse propre. Conquise par l'Ordre des Chevaliers teutoniques sur les paysans slaves, borusses ou prussiens, elle est presque entièrement germanisée et les noms de lieux d'apparence slave y sont beaucoup plus rares qu'à l'O. même du grand fleuve. On désigne ce pays sous le nom de Terre des Masures ou Plateau des Mazoviens, qui désigne un des plus humbles rameaux de la race slave.

Les lacs de ce plateau, bordés généralement de collines, s'alignent curieusement du S. au N. et sont plus longs que larges; leur disposition et leur forme rappellent les étangs de la Bresse, et cette terre semble traverser aussi une époque de transition géologique.

Un grand nombre de villages et de bourgs (markflecke) parsèment cette contrée, mais les centres importants de population font défaut à l'intérieur. Les routes sont très rares; le pays oppose encore aux mouvements des armées les obstacles à peine atténués de 1807.

Deux cours d'eau recueillent l'excédent d'humidité de cette zone boueuse entre la Vistule et le Niémen : la Passarge et le Pregel.

La *Passarge* coule du S. au N. avec beaucoup de détours, arrose des prairies fertiles et tombe au-dessous de Braunsberg.

Le *Pregel* est formé de trois cours d'eau qui viennent du S., de l'E. et du N., l'Angerap, la Pissa et l'Inster.

L'*Angerap* sort du grand lac Mauer qui a la forme d'une croix et qui est en communication par le S. avec le lac *Löwentin*, le plus élevé du plateau (150 m.). On en descend au S. pour rejoindre le *lac Spirding* (116 m.), et enfin la Pisseck qui tombe dans le Narew.

Cette ligne d'eau continue a été organisée défensivement avant la dernière guerre. Dans une île du lac Spirding se trouve le *fort Lyck*, dont les bastions entourent un vieux donjon de 1273. La seule grande route, qui existe aujourd'hui, passe entre le Löwentin et le Mauer, elle est suivie par un chemin de fer et maîtrisée par les fortifications de *Lötzen* et le *fort Boyen*.

La *Pissa* sort du lac de Wysztyt et arrose un pays extrêmement boisé et marécageux, puis passe à Gumbinnen, jolie petite ville. Peu après le confluent avec la rivière précédente tombe l'*Inster* à Insterburg.

Le Pregel est alors constitué, il coule à l'O. dans une vallée fertile par Wehlau et Taprau ; là il se partage en deux bras, l'un au N. emporte le tiers des eaux dans le Curisches-Hoff et marque la limite orientale du Samland, c'est la *Dieme* ; l'autre se bifurque à son tour en deux bras, l'ancien et le nouveau qui se réunissent à Königsberg.

Königsberg (en polonais Krolowiec), capitale de la Prusse propre, quartier général du Ier corps d'armée allemand, est située sur les deux rives du Pregel, embellie par des monuments tels que le château royal, le Dom, l'Université. C'est une des plus commerçantes de Prusse ; large de 220 mètres, profond de 4 à 16 mètres, le Pregel lui sert de port. — C'est la patrie d'Emmanuel Kant. — Depuis 1843, cette ville a été entourée d'ouvrages qui en font une forteresse de première classe. Elle est défendue d'une enceinte continue et treize forts détachés.

Pillau à l'extrémité du Frisches Haff est également fortifiée.

Le Pregel reçoit l'*Alle* à Wehlau. Cette rivière très importante comme barrière stratégique est célèbre par la campagne de 1807. Elle passe à Heilsberg et Friedland et laisse bien à gauche Preussisch-Eylau (7 et 8 février 1807).

**Cours du Niemen.** — Le Niemen, en russe Nemen, en polonais Neman, en allemand Memel, parcourt de sa source à son embouchure 862 kilomètres. Il prend sa source au S. de Minsk dans une région très boisée et marécageuse et devient presque aussitôt navigable pour les petits chalands. Au lieu de continuer sa première direction vers le S., il traverse le dos Ouralo-Baltique et sort des défilés près de Nikolajew et contourne le plateau de 994 mètres où s'élève la Nowogroudok, berceau de la Lithuanie. Le nouvel arc qui commence à Nikolajew est jalonné par les petites villes de Bjelizy, Mosty et Wolja et finit à Grodno où se termine le cours supérieur du fleuve.

A cet endroit le Niemen coule à quelques kilomètres seulement d'un affluent du Narew, la Bobra, dont il semble avoir emprunté la vallée à des époques antérieures ; un faible dos l'en sépare, percé par un canal ; mais le fleuve s'ouvre résolument à travers le plateau de Lithuanie une vallée pittoresque dont la direction générale est du S. au N. et dont les points extrêmes sont Grodno et Kowno.

Grodno (r. d.) a joué un grand rôle dans l'histoire de Pologne : depuis 1683 la diète s'y réunissait une fois sur trois Les rois s'y faisaient couronner. Bâtie sur un terrain ondulé elle présente le contraste frappant de magnifiques palais et de belles maisons s'élevant au milieu de huttes misérables. Les trois quarts des habitants sont juifs, la ville fait un grand commerce. C'est à Grodno que l'aile droite de la Grande armée a passé le Niemen (Jérôme).

La vallée moyenne du Niemen large de 1200 à 3000 mètres est formé par des falaises pittoresques de craie et d'argile, hautes de 20 à 30 mètres ; que le fleuve a sciées pour s'ouvrir un passage. Le lit du Niemen large de 100 à 300 mètres, a été débarrassé en partie des rocs qui l'encombraient ; très sinueux, il est bordé de riches prairies, de villages prospères, tandis que sur la crête des collines se dessinent des bouquets d'arbres, surtout de tilleuls qui font de ce long couloir une des plus riantes contrées de Pologne.

A Kowno le Niemen reçoit son grand affluent de droite qui l'entraîne dans la direction de l'O.

Kowno (r. d.) est la seule ville de la Lithuanie. Napoléon y a passé le Niemen en juin 1812. Presque complètement cernée par le fleuve et son affluent, cette ville s'étend au N. E. en amphithéâtre et présente un aspect assez pittoresque, elle est très commerçante. — Le chemin de fer de Wilna à Königsberg la traverse. C'est la première grande étape dans l'empire russe de la grande ligne internationale Paris-Pétersbourg.

Le cours inférieur du Niemen est séparé du cours supérieur par un rapide qui entrave la navigation. Mais à partir de Kowno (22 mètres au-dessus de la mer) le courant est profond, et se prête aux transports, bien qu'il se rencontre encore des rochers dans son lit.

Au-dessous de Jansbork le fleuve pénètre en Prusse. Il porte alors le nom de Memel qu'il ne garde du reste que sur un faible parcours. A partir de Ragnit cessent complètement les collines riveraines et commence le terrain d'alluvions. A Tilsit le chemin de fer latéral à la frontière enjambe la rivière ; cette ville est célèbre par l'entrevue de 1807. Le fleuve a une largeur de 350 mètres, il se bifurque alors, au S. la Gilge, au N. la Reuss entre les deux le « Fond de Tilsit, Tilsiter Niederung », semblable au Spreewald, et comme lui transformé en verdoyants polders.

La *Gilge* au lit peu profond, praticable seulement aux bateaux à fond plat, escortée tout au long par des digues puissantes, est saignée par le *Grand* et le *Petit fossé de Frédéric* qui se réunissent et gagnent le Pregel.

La *Russ* est profonde, passe près de Heidekrug et se termine par plusieurs bras dans le golfe des Koures. Un canal la joint à Memel. Cette ville, qui commande l'entrée du golfe, exporte les bois de Russie qui sont débités par soixante scieries, des céréales et de l'ambre ouvragé. Elle est défendue par une citadelle.

**Affluents du Niemen.** — Le Niemen supérieur reçoit à gauche la *Schara*, rivière qui se tord dans une contrée très marécageuse et arrose Slonim. Le cours inférieur reçoit la *Wilija* qui prend sa source sur le même plateau que la Berezina et devient navigable à Wileika. Elle arrose à gauche Smorgonij où Napoléon quitta l'armée pour retourner en France. Cette petite ville a une curieuse spécialité : il s'y trouve une école de dressage où l'on apprend aux ours à danser avec grâce. Wilna est la capitale de la Lithuanie. Cette grande ville située aujourd'hui au carrefour de quatre lignes importantes de chemins de fer, se relève peu à peu des ruines que les guerres y ont accumulées. Il ne reste plus que des débris de son château royal. Son Université fondée en 1587, et grâce à laquelle les jésuites ont reconquis la Lithuanie au catholicisme, a été supprimée en 1832. La population en est très mélangée, les Lithuaniens, les Russes, les Polonais y vivent côte à côte avec les Juifs, les Allemands et les Tartares. Wilna est célèbre aussi par son rôle en 1812. C'est là que Napoléon avait interné les ambassadeurs des puissances alliées pendant la guerre de Russie. Il y séjourna trop longtemps au début de l'expédition ; on n'y put tenir assez longtemps au retour.

# CHAPITRE II

### ÉTUDE SUCCINCTE DE L'EUROPE SEPTENTRIONALE ET ORIENTALE

L'Europe septentrionale en dehors des régions arrosées par les fleuves dont nous avons étudié les bassins au chapitre précédent comprend deux régions ; la région britannique au N. O., la région scandinave au N. La Russie forme à elle seule le tronc continental de l'Europe au N. E. à l'E. et au S. E.

Un groupe d'îles, une presqu'île profondément découpée sur ses côtes ; une grande masse baignée par les eaux sur une faible partie de ses contours, telles sont les trois régions qui se succèdent de l'O. à l'E. et que nous allons étudier tour à tour.

### I. — Les Iles Britanniques.

La grande île triangulaire de la Grande-Bretagne nous frappe d'abord par les découpures nombreuses de son littoral ; la mer semble la pénétrer de toutes parts ; elle y creuse des baies qui s'enfoncent dans l'intérieur en vastes estuaires où viennent déboucher majestueusement des fleuves profonds et forts ; elle y découpe de vastes rades circulaires, ou enfin elle est parsemée d'îles nombreuses dont la vue a dû tenter les premiers habitants de l'île et développer en eux le goût de la navigation, comme les Cyclades, dit-on, pour les Grecs. Ces îles sont : l'île de Wight, le jardin de l'Angleterre, séparée par une baie paisible de l'île principale, les Sorlingues qui semblent un prolongement isolé par l'action corrosive des eaux, du grand promontoire de Cornouailles, l'île d'Anglesey qui fait presque corps avec l'Angleterre, s'y rendre est l'affaire d'un moment; on peut effectuer le trajet en barque et même en chemin de fer, l'île de Man est comme une étape entre la Grande-Bretagne et l'Irlande, les îles d'Arran et de Bute sont comme perdues au fond du Firth de la Clyde, celles d'Islay, de Jura et de Mull abritent le Firth of Lorn ; les Hébrides, à l'extrémité N. O. les îles Orkney ou Orcades, et les Shetland au N. marquent l'extrême limite du sol Britannique ; tout cet archipel avec le promontoire gigantesque de Cornwall, avec les îles Hébrides ou de l'Ouest semble se courber et s'étendre le plus possible, pour atteindre, embrasser, isoler de l'Europe la verte île de l'Irlande, mais du côté de l'O. la vassale échappe à cette étreinte et a devant elle l'océan immense et au loin l'Amérique où se rendent les plus désespérés et les plus énergiques de ses enfants.

Ce groupe d'îles : la Grande Bretagne qui s'allonge et s'infléchit élégamment du S. E. au N. O. et l'Irlande cette masse elliptique n'a pas été réunie sous une même domination par les hasards de la politique, ou une aveugle combinaison du sort. C'est la nature même qui l'a décidé, non seulement elles sont rapprochées, mais encore elle appartiennent au même système géologique : elles reposent sur un banc sous-marin dont la mer aurait rongé la base et dont les îles Britanniques sont les sommets émergeant au-dessus des flots.

Ce plateau fait partie du système géologique de l'Europe occidentale et en a été séparé peut-être dans la période actuelle. D'un côté à l'autre du Pas-de-Calais ou détroit de Douvres, mêmes couches, mêmes mouvements du sol. Des deux côtés de la mer même faune, même flore ; les eaux y sont en général peu profondes, les bancs de sable, les écueils affleurent en nombreux endroits à la pointe du pays de Galles et autour des îles Sorlingues ; à l'entrée du Pas-de-Calais, où en plusieurs endroits la sonde s'arrête 4, 3, 2 et même une brasse (Rassurelle, Vergoyer, Colabrat) : aux bouches de la Tamise et sur la côte de Suffolk et Norfolk où l'amirauté a multiplié le nombre des phares. On comprend que la navigation dans ces dangereux passages, où il faut lutter contre les vents, la marée et les sables, forme une vigoureuse race de matelots.

L'Océan ne commence donc à proprement parler qu'à l'endroit où les pentes sous-marines de ce plateau s'abaissent brusquement pour plonger à des profondeurs qui varient de 200 mètres à plus de 1000. Cette mer véritable commencerait à 50 kilomètres environ de la côte irlandaise, se dirigerait parallèlement à la côte, contournerait les Hébrides et les Shetland et, longeant la côte des Norvège, finit au Skager-Rack.

De la vaste mer se précipitent sur les côtes du Royaume-Uni les furieuses marées dont les flots resserrés dans les étroits passages des îles acquièrent une force de vitesse et d'érosion prodigieuse. On ne peut passer sous silence ce phénomène périodique, car son action est considérable et donne la clef de bien des problèmes sur la formation et la dentelure des côtes. Les marées viennent de l'O., se précipitent sur les côtes de France et d'Irlande et s'engouffrent dans le canal de Saint-Georges et la Manche. Sa vitesse est considérable : ainsi dans le canal d'Irlande la vague parcourt plus de 7 kilomètres, à l'heure, et le niveau monte de plus de 15 mètres, on comprend qu'une chasse d'eau aussi puissante déblaie le fond du chenal et qu'il se trouve des profondeurs de 100 à 150 mètres, dans le canal du N.; dans la Manche le courant sur les côtes de France entre le Cotentin et l'île d'Aurigny est d'une force irrésistible (Bas-Blanchard); sur les rivages d'Angleterre il a creusé le littoral en baies, en rades de toutes les formes, enlevé des pans considérables, miné les falaises et sapé les rochers, réduit les blocs les plus résistants en galets, puis en particules ténues de sable qu'il entraîne avec lui dans sa course. Arrivé au Pas-de-Calais le flot rencontre la vague de Marée qui a fait le tour de l'Angleterre, les deux courants se heurtent et glissent le premier, celui qui vient directement de l'Océan, le long de la côte de France; l'autre le long de l'Angleterre. De là les dépôts de galets et de sable que le fleuve marin laisse tomber dans le Pas-de-Calais. Toutefois il ne perd ainsi que les plus lourdes des matières qu'il tenait en suspension; la vase, les microscopiques débris des roches de Cornouailles et de Bretagne ou des falaises de Cotentin et du Devon sont entraînées par les eaux jusque sur les rivages de Norfolk, et de Lincoln ou au pied des digues de Flandre. Aussi remarquons que les côtes à l'O. du Pas-de-Calais présentent des baies, des rentrants; elles sont creusées en bassins concaves; à l'E. elles sont renflées; elles avancent en courbes régulières, elles s'arrondissent aux dépens des rivages exposés les premiers aux flots. Ainsi la mer prend à l'un pour ajouter à l'autre, elle brise les rochers de l'O. pour accumuler les sables et les marais à l'E. Mais elle ne rend pas tout ce qu'elle a pris et dans sa course elle laisse tomber en route bien des débris qui forment des bancs et des écueils redoutables.

**Côtes.** — ANGLETERRE ET PAYS DE GALLES :

1° *Côte orientale.* — Elle commence à l'embouchure de la Tweed et va jusqu'au Pas-de-Calais, la côte est basse, sablonneuse, bordée de dunes ou de marécages souvent défendus par des digues (Holdemen) les côtes de Norfolk et Suffolk sont assez élevées mais formées de falaises argileuses dont la mer Rouge est la base. On y trouve du N. au S. l'île Holy, le cap Flamborough, l'estuaire de l'Humber, le Wash, l'estuaire de la Tamise et au S. les îles Sheppey et Thanet, rattachées depuis longtemps à la terre ferme; le cap North Foreland et le cap South Foreland, entre lesquels le vaste banc de Godwin, 12 kilomètres carrés.

Ports : Berwick est le premier port sur la côte, puis viennent :

Tynemouth; Newcastle-sur-Tyne; Sunderland; Hartlepool; Whitby; Hull; Lynn Regis, port de commerce; Yarmouth, port de pêche; Ipswich, port de commerce; Harwich, port militaire et de refuge; Londes, port de commerce; Deptford; Wolwich; Chatham; Sheerness, chantiers militaires; Rumsgate, refuge; Deal.

2° *Côte du S.* — Elle est haute avec des falaises crayeuses à l'E. des granits à l'O. Elle présente le cap Dungeness, le cap Beachy-Head (Béveziers 1690), l'île de Wight qui abrite les rades de Spithead et du Solent, les presqu'îles Purbeck et Portland. Le golfe Torbay, célèbre par une victoire navale en 1688, la pointe Start et le cap Lizard. Enfin le cap Land's End, au large duquel sont les Scylly (150 îlots, 2500 habitants), célèbres par la douceur de leur climat.

Les ports sont : Douvres; Folkestone, port de commerce et de refuge; Hastings; Seaford et Newhaven, ports de refuge; Brighton, port de commerce; Porstmouth, port militaire; Gosport, sur la rade de Spithead; Southampton, grand port de commerce; Weymouth, sur la base de Portland; Darmouth, port de refuge; Plymouth et Falmouth, ports de guerre.

Iles normandes : Aurigny ou Alderney (Saint-Anne); Guernesey (Saint-Pierre); Jersey (Saint-Hélier). La grande et la petite Sark.

3° *Côte de l'O.* — Elle est escarpée et découpée; on y trouve la baie de Barnstaple; le canal de Bristol; les baies de Swansea, de Caermarthen, de Saint-Brides, de Cardigan, de Caernarvon; le détroit de Menay (île de Anglesey); les estuaires de la Dee, de la Mersey, de la Ribble; les baies de Lancastre, de Morecambe; enfin le golfe de Solway.

Les ports sont : Bristol, Cardiff, Swansea, Pembroke, Milford, Saint-David's, Cardigan, Caernarvon, Bangor, Beaumaris (île d'Anglesey), Flint, Liverpool, Preston, Lancastre et Douglas.

Écosse : 1° *la côte Occidentale* découpée, rocheuse, forme des îles, presqu'îles, caps, détroits, des golfes ou firth, des baies ou loch. On y trouve, à l'O., le Solway-forth, très profond, qui s'enfonce à l'E.; la baie de Wighton, au N.; la baie de Luce; le Mull de Galloway donne accès dans le sinueux firth of Clyde. Les îles de Bute et d'Arran le gardent à l'O., ainsi que la longue presqu'île de Cantire, terminée par le Mull de Cantire. Après quoi les îles d'Islay et de Jura, et l'île de Mull, qui sont séparées par le Firth ou golfe de Lorn, qui aboutit aux lochs Linhe, Seven et Eil avec le canal Calédonien; la presqu'île de Morvern est dentelée par le loch Simart, puis les petits lochs Moror, Nevis, Hourn, qui débouchent dans le Sleat-Sund, lequel sépare du continent l'île de Skye, très montagneuse et très découpée, comme toutes les autres îles de cet archipel.

Viennent ensuite les lochs Torrydon, Ewe, Broom, la baie Enard et la côte occidentale se termine par le promontoire rocheux du cap Wrath.

Séparé de l'Écosse par les détroits de Minch, s'étend le groupe des Hébrides de 57 à 58 1/2 lat. N. (Western Islands), Barray : South-Uits, Bembecula, North-Uits, Lewis, 100 000 habitants pêcheurs.

Le Pentland firth sépare l'Écosse des Orcades ou Orkney : Hay, South-Ronaldsha, Pomona ou Mainland avec la ville de Kirkwall, Shapensha, Strousa, Eda, Rowsa, Westra, Sanda, North Ronaldsha.

A 60 kilomètres au N. les îles Shetland qui ont des baies nombreuses avec des bruyères et mousses noires et des pâturages nourrissant des moutons exquis et de vigoureux poneys. La principale est Mainland, chef-lieu Lerwick.

Ports : Dumfries, Kirkcudbright, Wigton, Ayr, Ardrossan, Greenock, Glasgow, Dumbarton, Inverary.

2° *Côte Orientale*, moins découpée, présente Ducansby-head et les firths de Dornoch, Murray, Tay, Forth, un des plus beaux qui existent.

Ports : Dornoch; Inverness; Aberdeen; Dundee; Leith, port d'Édinburgh.

IRLANDE. — Les côtes d'Irlande sont très découpées par des baies, des loughs et présentent de bons ports. Commençons par la Chaussée des géants au N.; on trouve les Loughs Foyle et Swilly, le cap Tillen, les baies de Donegal, Sligo, Killala (1791), c. Urris, Galway; l'estuaire du Shannon; les baies de Dingle, Kenmare, Bantry; cap Mizen au S. O. de l'île; baies Dungaryan, Waterford, Wexford au S. E.; celles de Dublin, Dundalk; le lough de Strangford, et le lough de Belfast.

Ports : Londonderry, Donegal, Sligo, Galway, Limerick, Bantry, Queenstown, Cork, Waterford, Wexford, Kingstown, Dublin, Drogheda, Dundalk, Belfast.

**Relief.** — GRANDE-BRETAGNE. L'île est à peu près divisée également au point de vue du relief en deux parties : les Hautes-Terres et les Basses-Terres.

Les Hautes-Terres forment six groupes :

1° Massif des Highlands au N. de l'Écosse, le Ben Wywis, le plus haut sommet n'a que 1200 mètres. « Le massif des Highlands constitue une sorte de monde sauvage rempli de rochers, de cavernes, de bois, de lacs, de rivières, de montagnes élevées. » Granit;

2° Les monts Grampians séparés des Highlands par la vallée où passe le canal calédonien. Hauteur moyenne, 650 mètres. Ben Nevis, 1332 mètres. Gorges sauvages ou glen, quelques forêts de sapins, terrain primitif;

3° Mont Cheviot; vallée de la Clyde. « Masse immense de rochers aux sommets arrondis et d'un aspect sombre », vastes pâturages à moutons. Hart-Fell, 1002 mètres. Terrain primitif;

· 4° A l'E. Monts du Cumberland, du Westmoreland, Lancashire, Yorkshire (ou Moorland), Derbyshire (High Peak, Warwickshire, granit) 500 mètres en moyenne. Scaw Fell Pikes (1048) Hellvallyn, 911 mètres. Crossfell, 892 mètres;

5° Montagnes du pays de Galles ou Cambriques. Snowdon, 1088 mètres. Beacons de Brecon, 871. Houille, fer, plomb, cuivre. Elles se composent de cinq à six chaînes parallèles dirigées du N. E. au S. E. et reliées par des contreforts; on y trouve de nombreux plateaux;

6° Montagnes de Cornwall. Hilst Hill, 417 mètres, qui se prolongent par des plateaux et des collines dans les comtés du S. O. North Downs et South Downs (c. Beachy), au N., par les Cotsvoold Hills dans le comté de Glocester.

Plaines. — Deux grandes plaines, celle d'Angleterre qui a 93 606 kilomètres carrés et occupe le centre et l'E. du pays de ce nom. Elle n'a pas la monotonie des plaines de l'Europe centrale, mais est ondulée de collines verdoyantes au pied desquelles coulent de belles rivières; le sol est admirablement cultivé. On trouve cependant de vastes étendues presque absolument plates près d'York, de Bedford et de Londres.

La plaine d'Écosse ou Basses-Terres (Lowlands) a 15 200 kilomètres carrés et s'étend de la Clyde au Forth.

Montagnes de l'Irlande. — Sur les bords de l'île :
S. O. dans le Munster, Kerry, mont Macgillycuddy's Reeks (1057).
S. E. Leinster, Lughaquilla.
N. : 1° Mourne-Mountains; 2° Antrim (Trostan, 515); 3° Sperrin (Sawell, 681); 4° Donegal (Erregal, 751).
O. Connaught, Nephin Beg Mountains, Connemara.
Enfin on trouve des montagnes isolées au milieu des plaines (Devilstones).

Ces montagnes occupent à peine le quart de l'île. Le reste appartient à la plaine d'Irlande (plus de 63 000 kilomètres carrés;

## HYDROGRAPHIE DES ILES BRITANNIQUES.

elle s'étend de Dublin et de Belfast au Longh Neag, et au N. jusqu'à la mer.

**Hydrographie. — Fleuves et lacs.** — Les fleuves de la Grande-Bretagne sont pour la plupart courts et d'un faible débit, mais leur régime a été notamment amélioré par des travaux séculaires et un grand nombre a été rendu navigable.

I. VERSANT DE LA MER DU NORD. — *En Écosse* :
La *Ness* qui sert au canal Calédonien, elle tombe à Inverness.
La *Spey* coule dans les montagnes au pied N. des Grampiants.
Le *Doveran* a un cours très tortueux.
La *Dee* arrose le parc de Balmoral et finit à Aberdeen.
Le *Tay* vient des Grampiants du S., écoule de nombreux lacs, arrose Perth et finit dans un magnifique estuaire à Dundee.
Le *Forth* a un cours sinueux, arrose Stirling, passe près du champ de bataille de Bannockburn et se termine dans le magnifique Firth of Forth que domine Édinburgh et qui est relié par des canaux à la Clyde.
La *Tweed* est la rivière limite, passe à Coldstream et finit à Berwick.

*En Angleterre* :
La *Tyne* coule au pied du fameux mur des Pictes, arrose Hexham 1463, traverse une contrée qui regorge de richesses minérales, passe à Newcastle et finit entre New-Shield et Tinemouth.
Le *Wear* est navigable à Durham et se termine à Sunderland.
La *Tees* commence son estuaire à Stockton.
L'*Humber* est formé de l'*Ouse* qui vient du N. et arrose le riche Yorkshire et a dans son bassin Yorck, Leeds, Bradford (tissus de laine) du *Trent* qui vient du S., traverse le district des poteries (Stoke upon Trent), Nottingham et Newark, reçoit la *Tame* qui passe dans le district des forges Wolverhampton, Birmingham et le Don qui vient de Sheffield.
La *Nend* arrose Northampton (1460) et Péterborough ; elle tombe dans la Wash qui reçoit aussi la *Grande Ouse*, celle-ci passe à Buckingham, Bedford, Huntington, patrie de Cromwell, et formait les marais desséchés aujourd'hui d'Ély, finit au-dessous de Kings-Lyn. Son affluent, la *Cam*, passe à Cambridge.
La *Yare* arrose Norwich, ville très industrielle et se termine à Yarmouth.
Le *Stour* se perd à Harwich.
La *Tamise* (Thames), le plus grand fleuve d'Angleterre, est formée de plusieurs cours d'eau et devient navigable sous le nom d'Isis à Lechlade. Elle baigne les belles prairies d'Oxford, arrose

Reading (r. d.), Marlow, Eton (r. g.) en face de Windsor, Kingston, Richmond, traverse Londres et, à partir du fameux London Bridge porte de gros vaisseaux, baigne Greenwich, observatoire d'où l'on compte les méridiens anglais 2°,20 à l'ouest de Paris. Woolwich, grand arsenal (r. d.), Gravesend et finit par un grand estuaire au S. duquel sont Chatham et Rochester. Sa longueur est de 320 kilomètres.

Elle reçoit à Reading le *Kennet*, rivière de Malborough et de Newhury (1643) ; la *Wey* arrose Farnham, Guildford.

II. Versant de la Manche :

L'*Avon* prend sa source près de Devizes, traverse la belle plaine de Salisbury et se termine à Christchurch.

Le *Tamer* coule entre la Cornouailles et le Devon, il se termine dans la baie de Plymouth et de Devonport.

III. Versant de l'Atlantique. — *En Angleterre :*

La *Severn* (250 kil.) descend du Plynlimmor, arrose Shrewsbury (1403), Worcester (1651), Tewksbury (1471) et Gloucester, s'élargit en un très vaste estuaire où se trouvent, à droite, Newport et Cardiff. Elle reçoit le *Haut Avon* qui passe à Warwick, devient navigable à Stratford, arrose Avon, Evesham (1261) et finit à Tewksbury, le *Bas Avon* (Lower Avon) arrose Bath et Bristol. A droite, la *Wye* arrose Hewford.

L'*Usk* tombe dans l'estuaire de la Severn de même que le *Taff*, dont le bassin contient la ville de Merthyrtydfil. Leurs vallées sont les plus riches en charbon de l'Angleterre.

Le *Towy* arrose Carmanthen.

Le *Teify* tombe à Cardigan.

La *Dee* arrose Chester et Flint, elle est célèbre par ses pâturages.

La *Mersey* sort du High Peak, se jette près de Liverpool, reçoit l'*Irwell* qui arrose Manchester.

La *Ribble* finit à Preston.

L'*Eden* arrose de magnifiques pâturages, baigne Carlisle et finit sur la frontière d'Écosse.

*En Écosse :*

La *Clyde* (120 kil.) vient du Haut Fell, arrose Lanark, Hamilton, Glasgow, Dumbarton ; c'est une rivière transformée en véritable bras de mer par d'immenses travaux.

Les lacs de la Grande-Bretagne sont presque tous des lacs de cluse comme dans notre Jura ; ils ont une grande réputation de beauté pittoresque.

On trouve en *Angleterre*, dans le massif de montagnes du Cumberland, les lacs ou waters de Windermere, Ulleswater, Coniston.

Dans le pays de Galles :

Les lacs de Bala d'où sort la Dee, de Conway, Brecknockmere, Llanberris (N. O. du Snowdon).

En *Écosse* :

Les lochs Lomond, Katrine, Shin, Maree, Ness, Lochie, Ericht, Lydoch, Awe, Tay, Leven, célèbre par ses truites.

IV. Irlande. — 1° *Atlantique* :

Le *Bann*, descend du Slieve-Dmard du S. au N. traverse le Longh-Neagh.

Le *Foyle*, passe à Londondery et forme le Longh-Foyle.

L'*Erne*, traverse le Lough Erne et tombe dans la baie de Donegal.

Le *Clare*, passe à Galway, est grossi par un effluent du Lough-Corrib.

Le *Shannon*, 250 kilomètres traverse le Lough-Allen, Carrick, le Lough-Ree, Athlone, le Lough-Derg, Limerick vallée marécageuse.

2° *Mer d'Irlande* :

Le *Lee*, finit dans la baie de Cork.

Le *Slaney*, dans la baie de Wexford.

La *Liffy*, à Dublin.

La *Boyne* à Drogheda.

Canaux : *Royal canal*, de Dublin à Termonbarry (Shannon); *Great canal*, de Dublin à Banagher (Shannon).

**Climat.** — L'Archipel Britannique a par excellence un climat maritime : nuageux, humide, pluvieux mais doux. Les hivers sont chauds ; la neige presque inconnue sauf au N., dans la principauté de Galles, en Écosse et sur les montagnes ; les étés généralement frais. — La température moyenne est de 10°. Le vent dominant celui du S. O.

Les brouillards enveloppent souvent l'île et dans les grandes villes il est parfois d'une telle intensité que la circulation devient impossible (fog). C'est à ces brouillards qu'on attribue la mélancolie des Anglais, le spleen. La hauteur de pluie est de 5 mètres dans les montagnes du Cumberland; c'est une énorme proportion, de $0^m,80$ en Irlande, de 1 mètre sur les côtes occidentales d'Angleterre et de $0^m,60$ sur les orientales. A Dublin, il pleut 208 jours par an en moyenne, 155 seulement à Londres.

## II. — Péninsule Scandinave.

La grande presqu'île Scandinave, longue de 1360 kilomètres du N. E. au S. O. large de 650 en face de Petersbourg s'étend du 55° au 71° latitude N. du 2° au 29° longitude O.

Son nom dérive d'une erreur historique. On appelait île Scandia la région lacustre de Stockholm. Le pays mieux connu, garda cependant le même nom.

A l'origine les Lapons et les Finnois erraient avec leurs troupeaux sur l'immense étendue du territoire, vinrent les Germains qui refoulèrent dans les régions glacées les pasteurs de rennes. La prolifique race des « hommes du Nord » poussée par la famine et l'amour du pillage essaima à travers toute l'Europe à l'époque du déclin de l'empire carolingien. Au quatorzième siècle, l'Union de Kalmar groupe pendant 50 ans sous le même sceptre le Danemark, la Suède et la Norvège. — Puis cette association de peuples frères se dissout violemment : le Danemark et la Suède se heurtent en des guerres sanglantes où ils s'affaiblissent. Les ennemis héréditaires des Scandinaves profitent de ces querelles pour chasser les Suédois des rives orientales de la Baltique qu'ils ont saisies au dix-huitième siècle de la Finlande et de la Poméranie en 1809 et en 1814.

Aujourd'hui les États Scandinaves ne sont rattachés à l'Europe continentale que par l'immense plateau de Laponie où serpente la frontière politique aux bizarres contours. En réalité c'est par la mer seule qu'ils communiquent avec le reste du monde. De là l'importance et l'intérêt que présente l'étude des côtes. Du reste, la mer pénètre profondément cette masse puissante. On évalue à plus de 20 000 kilomètres, c'est-à-dire à environ dix fois la longueur du littoral, le développement des fjords qui sont de plus protégés presque partout par un cordon d'îles sans nombre.

La Scandinavie doit de plus à la mer la douceur relative de son climat sur la côte occidentale : ainsi, à latitude égale on trouve les glaces éternelles et les populations engourdies du Groënland et d'autre part les vergers ou les forêts de la Scandinavie que plantent ou abattent les hauts paysans aux cheveux blonds, au teint clair et aux yeux bleus.

**Littoral de l'océan Glacial.** — On peut considérer comme baignée par l'océan Glacial du N. la côte entre le Varanger-Fjord et le golfe Occidental, le Varanger Fjord, dont le nom rappelle les anciens Varègues, est gardé au N. par la ville de Vardö dans une petite île au N. C'est un des ports d'attache pour les bateaux qui vont pêcher sur les côtes du Spitzberg.

Le cap Nordkyn est la pointe d'une presqu'île profondément découpée par deux bras de mer. Au débouché du Fjord occidental commence un Archipel littoral dont la première île, celle de Magerö, est terminée par le cap Nord. Près de là l'Alten-Fjord. Le port de baleiniers, Hammerfest, par 70° 7' de latitude N. est la ville la plus septentrionale de l'Europe; comme la plupart des port norwégiens de l'O. il est situé dans une île, de même Tromsö qui a donné son nom à tout un Archipel; c'est la capitale du Finmark.

Cet archipel et celui des îles Lofoten, aux crêtes aiguës comme des dents de requin, est un des endroits du globe où la quantité de pluie est la plus grande; il pleut un jour sur deux. Les vents, les brouillards, les marées impétueuses, les tournis d'eau au pied des rochers en font un des parages les plus terribles de l'océan : le Mael-Strom, qui n'est pas le seul gouffre sur cette côte, résume les périls de mer en cette région : et pourtant près de 35 000 pêcheurs, dont un tiers environ trouvent la mort dans les flots, viennent y poursuivre le hareng, le maquereau, la morue. La plus grande de ces îles, Hindö dépasse 2000 kilomètres carrés; Langö, Ost Vagö et West Wagö ont environ 500 kilomètres carrés.

Le golfe occidental, où West fjord qui s'enfonce dans la côte à hauteur du 68ᵉ degré est parsemé d'écueils; l'un d'entre eux, l'îlot de Skraaven, est comme le quartier général des pêcheurs.

**Côtes de l'Atlantique.** — Ce littoral est renommé pour son aspect grandiose, la beauté des fjords qui s'engagent en d'étroites et hautes fissures de montagnes, au sommet desquelles on aperçoit les neiges éternelles, enfin par la forme des îlots, brise-lames redoutables, semés à profusion en avant du rivage : citons le Salten-Fjord au-dessus duquel s'élève la masse imposante du Sulitjelma, le Vefsen-Fjord, l'île bizarre du Torghatten, gigantesque cible qu'un géant légendaire a trouée de part en part, le Folden-Fjord, le beau bassin intérieur de Trondjeim dont la ville, située sur un îlot, est aujourd'hui tête de ligne des chemins de fer norwégiens.

Aalsund est de même postée sur une île qui ferme l'entrée d'un fjord.

**Littoral de la mer du Nord.** — Des îles Sulen au cap Lindesness. C'est la partie la plus profonde de cette mer. Les îles Sulen surveillent l'entrée du Sogne-Fjord qui est peut-être la plus belle de ces mers intérieures de la Norvège; au-dessus du long couloir du Lyster qui la prolonge au N. et de l'Aardals à l'E. surplombent ses majestueuses mers de glaces du Justedal.

Bergen, la seconde ville de Norvège, était jadis le grand march i des pêcheurs et ville hanséatique. Au-dessus des gorges du Hardanger-Fjord où l'eau de mer n'est jamais glacée, s'élève le plateau toujours neigeux du Folgefondem.

Puis le plus tortueux, le plus compliqué des golfes de Norvège, le Bukke-Fjord échancre profondément la côte. Sur un isthme étroit, Stavanger la quatrième ville du royaume garde la rive méridionale.

**Les détroits.** — Du cap Lindesness au cap Falsterbö la côte scandinave forme un angle rentrant dont Christiania occupe le sommet. Le Dandmark pénètre comme un coin dans l'espace resté libre; entre les deux côtes l'une en rentrant, l'autre en saillie, le long couloir des détroits, la clef de la Baltique; ces détroits le Skager-Rack et le Cattegat sont plus profonds que ne l'est généralement la mer du Nord. — Le Sund sépare la côte Suédoise de l'île de Sjieland.

Du cap Lindesness au golfe de Christiania on trouve sur la côte les ports et les fjords de Mandal, Christiansand, Lillesand, Arendal riche en vaisseaux marchands, Oster Risör, Laurvik à l'embouchure du Laugen, tous ces fjords ne sont que les débris des anciens golfes transformés aujourd'hui en lacs et en vallées d'alluvions e de nombreux îlots sont éparpillés le long de la côte; le profond golfe de Christiania s'enfonce à l'intérieur des terres et après un étranglement qui défend la forteresse d'Oskarborg, se ramifie en de nombreuses branches : les plus remarquables sont le Drammen-Fjord à l'O. et au N. le Christiania-Fjord proprement dit l'extrémité duquel s'élève la ville capitale de la Norvège dominée par la citadelle d'Akershus. Christiania a été fondée en 1624, par le roi Christian IV, l'ennemi du catholique Ferdinand II; elle deux beaux ports Piperviksbuten et Bjorviken ; ses environs sont d'une grande fertilité.

A la base orientale des fjords s'ouvre une profonde entaille, non moins riche de contours, c'est le fjord qui reçoit le Glommen, le premier des fleuves de Norvège, grande artère commerciale du pays. Parmi les places qui gardent le débouché du fjord et en même temps la frontière du côté de la Suède, sont Frederikstat et Frederickshall, celle-ci rappelle le souvenir du roi soldat Charles XII et de sa mort mystérieuse (1718).

Nous citerons sur la côte suédoise du Cattégat, le delta curieux du Göta-Elf et le port de Goteborg situé sur son bras méridional. Goteborg renommé pour le courage de ses marins et la générosité de ses armateurs. C'est là qu'ont été organisées les expéditions polaires du professeur Nordenskjöld.

Strié de fjords nombreux, presque aussi riche en îlots que la côte de Norvège, le rivage de Suède sur le Cattégat présente les ports de Warberg, Falkenberg, Halmstadt riche en houille, Helsingborg, en face de la danoise Helsingör, est la patrie de Tycho-Brahé; Landskrona, place de guerre d'une froide symétrie, enfin Malmö, la troisième ville de Suède, la cité commerçante de ce riche district, le plus peuplé de la péninsule.

**Littoral de la Baltique.** — Moins profonde que la mer du Nord, moins salée que l'estuaire même de la Gironde, ne participant pas au mouvement alternatif du flux et du reflux, la mer Baltique a en outre l'inconvénient de geler pendant les hivers rigoureux. Cependant, il y a sur la côte de Suède des ports d'une grande activité commerciale : Ystad, Cimbrishamm, Christiansad, à l'estuaire de la Helga, Carlshamm et la belle rade de Carlskrona; les forts qui défendent cet arsenal maritime, le premier de la Suède, sont jetés audacieusement sur des îlots de granit.

Le Sund de Kalmar sépare du continent l'île d'Oeland, semblable à un long fuseau, dont l'axe est parallèle à celui de la péninsule. Le fameux traité d'Union fut signé en cette ville l'an 1397. Oskarshamm est le port du continent qui correspond avec Wisby, chef-lieu de l'île de Gotland, plus éloignée de la côte que l'île d'Oeland, mais rattachée au continent par un seuil sous-marin qui se manifeste par le banc de Hoborg au S. O. et les îles Faroe et Gottska-Sandoe au N.

Les plus importants parmi les golfes qui dentellent ensuite le littoral, sont ceux de Westerwick, Söderköping, Braviken qui conduit à la ville de Norrköping, la plus industrielle de la Suède, enfin l'archipel de Stockholm, le débouché du lac Maelarn et à la gorge de ce beau lac la royale cité de Stockholm, si pittoresque avec ses îlots rattachés à la terre ferme, ses musées, ses palais et ses fabriques. Cette ville est la première de la péninsule par la population (173 000 hab.), l'activité industrielle et même le mouvement commercial, bien qu'annuellement son port soit bloqué par les glaces, pendant deux ou trois mois.

Les ports au N. de Stockholm sont des stations de pêche ou des entrepôts de bois : Elf-Karleby, à l'embouchure du Dal, est le grand marché du saumon. Gefle exporte les bois, les minerais et les cuivres; Söderhamn, Hernosand, Umea, Pilea, Lulea et Kalix portent les noms des rivières qui viennent verser à la Baltique les eaux glacées des lacs suédois. La dernière station suédoise sur la côte a changé le nom dont l'avait baptisée Bernadotte, Carl-Johanstadt, pour celui de Haparanda, « ville des Trembles ». Elle n'a que peu d'importance.

*Mouvement oscillatoire du littoral scandinave.* — Le savant Celsius, ami de Linné, émit le premier en 1730 l'hypothèse que la Baltique s'abaissait sur les côtes de Suède d'un peu plus d'un centimètre par an. Des points de repère furent gravés dans les rochers du littoral : ils sont aujourd'hui au-dessus du niveau de la mer. On a reconnu que les côtes de Norvège, au contraire, s'enfonçaient dans l'Atlantique. Mais ce mouvement oscillatoire qui semble se produire autour d'un axe fixe allant de Kalmar aux îles Lofoten, n'est pas encore scientifiquement démontré.

**Orographie.** — La péninsule scandinave est couverte en partie par un massif de montagnes, les plus élevées de toute l'Europe, au N. des Carpathes. Le sol s'élève en pente très douce du côté de la Baltique, très abrupte sur les mers occidentales. On a comparé le relief du pays à une immense vague, figée au moment de déferler.

La longueur des montagnes du cap Nord au cap Lindesness est d'environ 1860 kilomètres, la largeur moyenne de 300 kilomètres.

Il n'y a pas de crête continue. Au-dessus d'un plateau de 600 à 900 mètres s'élèvent des sommets dont la formation ressemblerait à une suite de créneaux, tandis que les Alpes, par exemple, sont dentelées comme une rangée de maisons à pignon. Quatre subdivisions se remarquent dans ce système de montagnes :

1° *Monts de Laponie et de Finmark.* — Ce sont des hauteurs qui s'élèvent jusqu'à 1250 mètres à leurs sommets les plus élevés; l'altitude moyenne est de 3 à 600 mètres. La limite des neiges est de 630 mètres au N., de 950 au S. La source du Muonio marque la fin de ces montagnes;

2° *Monts du Norland*, dont la crête porte dans le pays le nom de Kiölen, comme les « hautes chaumes » des Vosges. Le géant de ces montagnes est le massif du Sulitjelma qui élève la plus haute de ses quatre dents à 1886 mètres. Citons encore les glaciers du Swartisen et du Borgefield;

3° *Dovrefield.* — Au delà du fjord de Trondjhem commence la chaîne que nous appelons Dofrines et dont le vrai nom est Dovrefield. Elle s'arrête à la dépression par où passe la route de Christiania au Sogne-Fjord. On y trouve le Sylfjeld qui atteint 1787 mètres, et le Sneehätta, 2475.

Dans la partie S. O. se sont conservés des glaciers immenses. Le Jostedalsbräen, au-dessus du Sogne-Fjord, est le champ de neige le plus étendu de la Norvège, d'une superficie de 90 000 hectares; enfin, à l'E., le massif de l'Ymesfield où bouillonnent les bras supérieurs du Glommen, dresse jusqu'à 2560 mètres le pic toujours blanc du Galdhöppigen.

C'est dans cette partie des Alpes de Scandinavie que se trouvent les paysages les plus renommés. La station de Hjerkin, au pied de la passe la plus élevée de ces montagnes (1290 m.), est très fréquentée pendant l'été;

4° *Les montagnes du S.*, profondément entaillées par les vallées des rivières de Norvège, anciens fjords que les alluvions ont peu à peu comblés, se bifurquent. La branche occidentale, la plus abrupte, prend tour à tour les noms de Sogne-Fjeld, Hardanger-Fjeld et Logle-Fjeld. Dans les Hardanger, on visite le glacier de Folgefonden qui descend au-dessous de 400 mètres.

A l'E., les hauteurs boisées du Telemarken, dont le pied est baigné par les beaux lacs de la Norvège méridionale.

**Hydrographie.** — FLEUVES. — Peu de fleuves importants sillonnent les vallées parallèles de la Norvège et de la Suède :

1° En Norvège, nous citerons le *Glommen*; dans sa haute vallée le district industriel de Röraas; il reçoit à droite le *Logen*, forme la magnifique cascade de Sarpi-fos et finit à Frederickstad;

2° C'est également en Norvège et dans le district de Röraas que sort le *Klar-Elv*. Il y forme le beau lac de Fämun, et à Carlstad se perd dans le Wenern. Il en ressort sous le nom de *Göta-Elv*, forme la fameuse chute de Trollhätten. Trois autres cascades sont contournées par des canaux;

3° La *Motala* entraîne à la mer les eaux du Wetter.

4° Le *Dal* de l'O. et le *Dal* de l'E. s'unissent en un seul bras; le *Dalf-Elf* qui tombe non loin de Gefle.

Les autres fleuves, assez réguliers dans leur cours, sont la *Ljusne*, la *Lyndal*, l'*Aengerman*, l'*Umea*, le *Pitea*, la *Luloa*, le *Kalix* et la *Tornea*, grossie à gauche du *Muonio*.

LACS. — « Quand Dieu sépara la terre de l'eau, il oublia la Södermannie », dit un proverbe suédois, qui pourrait s'appliquer à presque toute la péninsule. Nul pays, sauf la Finlande, n'offre en Europe une pareille quantité de lacs ou de marécages. Tous, sans exception, sont formés par des cours d'eau. Citons le Wenern, le Wetter, le Maelarn, le Hjelmar. Les communications sont très faciles d'un de ces lacs aux autres; les seuils qui les séparent ont été percés par le canal de Göta. La région du Telemarken contient le Grand Mjösen, le lac Faemun, etc ; le sud de la Gothie a les lacs Bolmen. Citons enfin les lacs de cluse du N. de la Suède : Siljan, Storjö, Lulea, Jaur. Ces lacs sont généralement très profonds et ne gèlent pas à fond pendant l'hiver.

**Climat.** — Le climat est modéré au S., surtout du côté de l'Atlantique. En Suède, on observe de grandes différences de température. Ainsi les écarts entre l'été et l'hiver ne dépassent guère de 15 à 16° sur la côte même de Hammerfest au cap Lindeness ; ils sont de 22 à Christiania, de 24 à Umea, de 27 à Haparanda. A mesure que l'on s'élève, le froid augmente : on trouve peu d'habitations au-dessus de 600 mètres d'altitude. Les orages sont très fréquents du côté de l'O. ; enfin, une partie de la péninsule étant déjà dans le cercle polaire, il y a des endroits où pendant plusieurs jours le soleil ne se couche pas l'été et ne se lève pas en hiver. A Stockholm le jour le plus long est de 18 heures 30 minutes ; le plus court de 5 heures 54 minutes.

La hauteur de pluie varie dans de notables proportions. A Bergen, il s'abat une couche de 2$^m$,24 d'eau par an, tandis que Stockholm n'en reçoit que 0$^m$,51 et Upsal 0$^m$,40 cubes. Les pluies tombent surtout en été, aussi les hivers sont-ils secs, clairs et d'autant plus froids.

### III. — Région russe.

L'empire russe se compose de deux parties : la Russie d'Europe et la Russie d'Asie ; nous ne nous occuperons ici que de la Russie d'Europe.

Elle occupe toute la partie orientale de l'Europe, s'étendant au N. jusqu'au 70$^e$ degré de latitude, presque à la hauteur du cap Nord ; au S. jusqu'au 40°,50 latitude N., qui est à peu près la latitude de Madrid. Elle s'étend du 15°,50 au 60° degré longitude E. Sa plus grande longueur est de 5250 kilomètres de la Varanger-Fjord à l'embouchure de l'Aras ; sa largeur de la frontière polonaise à l'Oural est d'environ 3000 kilomètres ; enfin, la superficie est de 5 400 000 k.q. en chiffres ronds.

**Orographie de la Russie**. — 1. *Plateau marécageux de Waldaï;* dont le sommet culminant ne dépasse pas 300 mètres. De là partent la Düna, le Volkof, la Volga, le Dúepr, c'est le cœur de la Russie ; séjour des grands Russes.

De là rayonnent :

2. Au N. *Collines granitiques d'Olonetz*, qui ne dépassent pas 200 mètres, contournent la région des grands lacs et meurent dans les plaines coupées de lac, de la Finlande.

3. Au S. O. *Forêt de Volkhonski*, plateau entre Duna et Dnieper, plateau de Menik collines de Pologne, et aboutissent au mont Sloizeck.

4. Au N. E. *Monts Uvalli* et monts *Chemokonski* qui atteignent à peine 500 mètres atteignent l'Oural au nœud Deneskin.

5. *Hauteurs Ouralo-Carpathique* (Voy. page 50).
6. *Chaîne des monts Ourals ou Poyas* (Voy. page 48).
7. Le *Caucase* du N. O. au S. E. du Kouban au cap Apcheron 1100 kilomètres, largeur : 300 au centre, 100 aux extrémités.

Il présente l'aspect d'une muraille gigantesque ; au N. vastes plaines très inclinées coupées de vallées, occupée par des forts dans la partie moyenne, des pâturages dans la partie supérieure (Aouls) ; au S. terrasses fleuries (Voy. page 47).

Le contrefort du Likhi entre Rion et Kour se relie aux monts d'Arménie (Ararat 5156 m.) sur la frontière.

Les montagnes de Crimée semblent le prolongement du Caucase.

GRANDES PLAINES. — 1. *Plaine Arctique* à l'est des plateaux de la Finlande ; c'est la Toundra dont nous avons parlé plus haut (1 650 000 k.q.).

2. Le *Plateau des Steppes* de la Russie du sud (550 000 k.q.) vert au printemps, noir, poudreux en été, haut de 150 à 160 ; il s'étend de la Volga (Sarepta) au Dnepr.

3. La plaine Caspienne.

4. La plaine Pontique du Don au Pruth.

**Hydrographie.** — I. OCÉAN GLACIAL.

1. La *Kara*, versant de l'Oural.
2. La *Petchora*, versant de l'Oural, elle a 2000 kil. de long.
3. Le *Mezen* vient du mont Uvalli.
4. La *Dwina* formée par la Soukhona qui vient du lac Kubruskoe près de Vologda et la Wictcheyda, venant de montagnes à l'E., débordements terribles, finit à Arkhangel, 1900 kilomètres.
5. L'*Onéga* non navigable, se jette dans la baie d'Onéga à Onéga.
6. Le *Pasvig*, écoulement du lac Enara.
7. La *Tana* forme la limite avec la Suède.

II. BALTIQUE.

8. La *Tornéa* forme la limite avec son affluent le *Muonio*, golfe de Botnie.
9. Le *Kumo*, sert d'écoulement à 170 petits lacs, golfe de Botnie.
10. La *Kymmène*, écoulement du lac Paijanne, golfe de Finlande.
11. La *Néva*, écoulement du lac Ladoga, 16 000 k.q., qui contient des iles nombreuses, reçoit 170 rivières, communique avec les lacs Onega par le *Svir*, Ilmen par le *Volkov* (l'Ilmen reçoit la *Msta*) Saïma par le *Wuoxen*. Le Saïma, le plus grand lac de Finlande reçoit les eaux des lacs Prélis et Kallavesi.
12. La *Narva*, écoulement du lac Péipous.
13. La *Düna* sort des marais du plateau Valdaï, coule au S. O. parallèlement au Dnepr jusqu'à Witepsk, puis au N. O. arrose

le Lithuanie et la Courlande : Vitebsk, Polotsk, Disna, Drissa, Düna-munde. Vallée plate, inondée souvent, écueils et bancs, 1000 kilomètres.

14. Le *Niemen*. Collines de Pologne, coule à l'O. arrose Grodno.

15. La *Vistule* (Voy. plus haut), traverse la Galicie, la Pologne et la Prusse, 1100 kilomètres, baigne Kracovie.

16. La *Warta* affluent de l'*Oder* (Voy. plus haut).

III. Mer Noire et mer d'Azov.

17. L'affluent du Danube, le *Pruth* sert de limites entre la Russie et le royaume de Roumanie; le cours inférieur a été enlevé à la Russie en 1856 et rendu par le traité de Berlin en 1878.

18. Le *Dniestr*, peu profond, 800 kilomètres, vient des collines de Galicie sépare la Bessarabie de la Podolie et de Kherson, arrose en Russie Chottin, passe à Bender et à Tiraspol, et finit dans un liman où se trouve Ackerman.

19. Le *Dniepr*, 1630 kilomètres, coule au S. O. jusqu'à Orcha, par Smolensk, au S. par Mohilev, Bogaczev, Kjiev, au S. E. jusqu'à Jekaterinoslav. Ce fleuve traverse 12 cataractes ou Poroges, puis tourne au S. O. par Kopol et Cherson ; dans son liman se trouvent Oczchakov et Kinburn. C'est une ligne commerciale importante, mais elle est gelée de novembre à avril. Affluents de droite : 1° *Berezina*, Stoudianka, Borisov (27 nov. 1813) Bobruisk ; 2° *Pripet* ; marais de Pinsk ; 3° la *Desna* (Tchernigov) ; 4° le *Bug*, Vosnesensk, Braïlov Nicolaïev, à partir de cette ville, lit encaissé et rocheux.

20. Le *Don*. Soit du lac Ivanow, et coule du N. au S. parallèlement au Dniepr (1450 kilomètres) cours lent, eaux limoneuses, rives marécageuses ; gouvernement de Toula, Voronèje, et Cosaques du Don. Affluents à droite le *Donetz* à travers le steppe ; à gauche, la *Voroneje*, le *Choper*, la *Manitch*, qui vient des lacs Bratschoï et Sasta, reçoit à 15 mètres d'altitude le *Kalaüs* qui descend du Caucase, et dont les eaux au printemps s'écoulent dans la mer Noire et la Caspienne.

21. *Kouban*, sort du mont Elbourz ; coule dans des gorges profondes, puis à Newmoi-Myr la vallée devient marécageuse et tourne à l'O. par Yekaterinodar. Le lit est peu profond, les gués sont nombreux. La presqu'île de Taman est entourée par les deux bras du fleuve. Le *ruisseau Noir* tombe dans la mer d'Azov, le *Kouban* dans la mer Noire ; c'est la vraie limite ethnographique et militaire de la Russie d'Europe et de la Russie d'Asie.

22. Le *Rion* (Phase), descend de l'Elbourz, au S. arrose l'Imerelie, sépare la Mingrélie du Kouriel et finit à Poti, 250 kilomètres.

IV. Mer Caspienne.

23. L'*Oural* (appelé jusqu'au dix-huitième siècle Jaïk) descend du

mont Kolghan, coule au S. jusqu'à Orak, arrose Orenbourg, Ouralsk, parcourt des steppes et baigne Gouriev à son embouchure. 3000 kilomètres. Ligne militaire : affluent la *Sakmara*.

24. La *Volga*, plateau de Valdaï, coule à l'E. par Tver, Mologa, Ribinsk, Iaroslav, Kostroma, Nyni-Novgorod, Kazan, au S. par Simbirsk, Samara, Saratov, Zaritzin, Sarepta, puis au S. E. avec une ligne de forts sur la rive droite. Il se partage en 72 bras, Astrakan est sur l'un d'eux ; la longueur est de 3800 kilomètres, la largeur de 200 mètres à Nijni-Novgorod, 1000 à Kazan, 4000 à Sarepta, elle est gelée 5 mois, très poissonneuse, ses affluents sont à droite : 1° l'*Oka* qui coule au N. E. par Orel, Kalouga, Riazan, Nijni-Novgorod, grossi de la *Moscowa* (sinueuse) Borodino, Mojaïsk, Moscou, et de la *Kliasma*, Vladimjir ; 2° *Jura* qui arrose Penza. A gauche : 1° la *Tvertza*, Tver ; 2° la *Mologa* ; Mologa ; 3° la *Kostroma* ; 4° la *Kama*, 1600 kilomètres, arrose Perm et est grossie de la Viatka, et de l'*Oufa* qui reçoit l'*Aï* ; 5° la *Samara* que remonte le chemin de fer d'Orenburg.

25. La *Kouma* coule à l'E., elle arrose Georgievsk et les steppes des Kalmouks.

26. Le *Terek* (Caucase), coule au N. par Vladikaucas, la Kabardie, Yekaterinograd, puis à l'E. par Mozdok-Kisliar, il se partage en plusieurs bras qui tombent dans la Caspienne.

**Canaux russes.** — I. Entre Baltique et Caspienne :

1° *Canal de Vichneï-Volotchok* entre la Tzna, affluent de la Tverza (Volga) et la Msta, affluent du lac Ilmen, d'Astrakan à Saint-Pétersbourg : 3800 kilomètres de navigation ;

2° *Canal de Tikvine* entre la Tikvina, affluent du Sias (Ladoga) et la Tchagodochtcha, affluent de la Mologa (Volga) 3379 kilomètres de voies navigables ;

3° *Canal de Marie* entre la Vitegra (Onega) et Kovja, le Bielo-Ozero et la Tschekma (Volga).

*Réseau complémentaire* : 1° *Canal de Novgorod* entre la Msta et le Volkof pour éviter le lac Ilmen ;

2° *Canal du Ladoga* entre le Zwir et la Néva ; très fréquenté ;

3° *Canal de la Kovja à la Scheksna* pour éviter le Bielo Ozero ; Canal de la *Nitegra au Zvir* pour éviter le lac Onega.

II. Entre mer Blanche et Caspienne :

1° *Canal de Kubinskoe* ou duc de Württemberg entre Kubinskoe (Sukhona), affluent de la Dvina N. et la Scheksna ;

2° *Canal du N.* ou Catherine. Entre la Ketma N., affluent de Vytchegeda, branche de la Dvina et la Ketma S., affluent de la Kama.

III. Entre Baltique et mer Noire :

1° *Canal Lepel* ou *Berezina* entre le lac Beretcha (Ulla, aff. de la Düna et le lac Plava-Berezina);

2° *Canal Oginski* entre la Jazolda (Pripet) et le lac Vigonovitchï (Schara-Niemen);

3° *Canal Royal* entre le Moukaviez, affluent du Bug, Vistule et Pina (Pupet).

*Canal secondaire.* — Canal de Vibor au lac Saïma.

Lacs de la Russie. — Dans la Russie proprement dite il y a 59 lacs de plus de 110 k.q.; 56 ont plus de 200; 11 plus de 500; 6 plus de 1000.

Les principaux sont les lacs :

| | | |
|---|---|---|
| Ladoga | 18120 | kil. carrés. |
| Onéga | 9751 | — |
| Peipous | 5513 | — |
| Seg | 1246 | — |
| Bielo Osero | 1424 | — |
| Top | 1065 | — |
| Ilmen | 918 | — |
| Vig | 861 | — |

Dans la Finlande : 45 lacs de plus de 100; 23 de plus de 200; 12 de plus de 500; 7 de plus de 1000 k.q.

**Climat.** — La Russie est de toutes les parties de l'Europe celle qui présente les plus grandes différences de températures d'une extrémité à l'autre de son territoire. On peut y distinguer quatre zones :

1° *Région chaude.*

| | | | | |
|---|---|---|---|---|
| Odessa | Moyenne de l'année +10° | d'été +20° | d'hiver —2° |
| Astrakan | — | — +11° | d'été +24° | d'hiver —7°.75 |

Elle est comprise entre le 45° et le 50° lat. N. Kharcov et Berditchev; les hivers y sont courts, secs et parfois si âpres, que la mer d'Azov est prise. Les Etés sont également secs, la chaleur est excessive;

2° *Région tempérée.*

| | | | | |
|---|---|---|---|---|
| Varsovie | Moyenne de l'année +6°,75 | d'été +16° | d'hiver —5°,75 |
| Moscou | — | — +4° | d'été +18° | d'hiver —9°.25 |
| Kasan | — | — +1°.75 | d'été +16°.75 | d'hiver —14°.25 |

On voit que plus on s'éloigne à l'est plus les écarts sont considérables. Cette zone va du 50° au 57° lat. N. (Rostov-Riga). L'hiver dure 7 mois et est très froid; l'été est brusque et dure les 5 autres mois, finit aussi rapidement et est relativement très chaud;

3° *Région froide.*

Pétersbourg. Moyenne annuelle + 2°,75 d'été +16° d'hiver — 9°
Archangel.. — — + 0°,90 d'été +14°,25 d'hiver —12°,5

Cette région va de 57° au 66°. L'hiver a à peu près la même durée que dans la région précédente, mais il est plus rude; les aurores boréales sont fréquentes;

4° *Région très froide.*

Porte de la Kara. Moyenne annuelle — 9°,75 d'été + 1°,75 d'hiver — 13.

# CHAPITRE III

### ÉTUDE DÉTAILLÉE DES BASSINS DU DANUBE, DU PO ET DE L'ÈBRE

Des trois grands fleuves du versant méridional de l'Europe, que nous avons à étudier spécialement, le premier, le Danube, coule dans la plus grande partie de son cours au milieu des régions continentales et marque la limite septentrionale de la péninsule des Balkans. Le second, le Pô, coule tout entier en Italie mais arrose la partie continentale de cette péninsule; le troisième, l'Èbre arrose au contraire l'Espagne dans sa partie la moins large. Tous trois reçoivent leurs principaux affluents des montagnes : le Danube des Alpes et des Carpathes, le Pô, des Alpes; l'Èbre des Pyrénées. Ces trois fleuves se terminent par des deltas qu'ils agrandissent de période en période, sont sujets à de terribles inondations; au point de vue militaire le Danube et le Pô ont le plus souvent servi de route aux invasions françaises, l'Èbre au contraire a été à plusieurs reprises un obstacle considérable.

### 1. — Bassin du Danube.

Le *Danube* est de tous les cours d'eau de l'Europe centrale celui qui a le plus grand développement fluvial. Avec ses 2850 kilomètres de long il n'est inférieur qu'à la Volga. Il draine plus de 820 000 kil. carrés, et ouvre une magnifique voie de communication naturelle entre le cœur de l'Allemagne et la mer Noire. Aussi son rôle historique et militaire est-il capital; son importance commerciale et économique ne peut que s'accroître.

La hauteur initiale de ce fleuve est de 682 mètres; beaucoup de ses affluents, presque toutes les grandes artères de l'Europe centrale partent de plus haut. Cette chute, relativement si faible, est repartie entre quatre plans distincts plus ou moins inclinés : en effet à trois reprises différentes le lit du Danube est comme

étranglé par des montagnes qu'il a dû rompre pour s'ouvrir un passage dans la plaine située au-dessous. Ces défilés qui marquent autant de divisions naturelles du grand bassin se trouvent à Passau, Gran et Orsova. Nous avons ainsi quatre bassins partiels qu'on peut étudier successivement :
1° De la Forêt Noire à Passau ou Danube Bavarois ;
2° De Passau à Gran ou Danube Autrichien ;
3° De Gran à Orsova ou Danube Hongrois ;
4° D'Orsova à la mer Noire ou Danube Romano-Slave.

Premier bassin du Danube ou Danube bavarois.

La forme du premier bassin du Danube est celle d'un pentagone irrégulier incliné du S. O. au N. E.

**Ceinture**. — La ceinture est formée par la partie méridionale de la Forêt Noire d'où partent : — au Nord, les Alpes de Souabe et le Jura Franconien ; le Fichtelgebirge et les monts de Bohême ; — au Sud, les Alpes de Constance, Algaviennes, Grises, Rhétiques, de Salzburg, et le Hausruk. — Le cours du fleuve partage ce bassin longitudinalement en deux parties distinctes : le plateau du N. est ondulé, couvert de coteaux ; le plateau du S. présente encore les traces nombreuses des anciens glaciers qui ont accumulé les moraines et les blocs erratiques. Au pied des Alpes bavaroises s'étend ainsi un long bourrelet de dépôts glaciaires qui arrêtent les eaux et forment des lacs remarquables par leur beauté et la régularité de leur disposition.

**Cours du fleuve**. — Le Danube prend sa source dans la Forêt Noire, près du petit village de Saint-Georges, sous le nom de *Bregach*. Il coule du N. au S. dans une vallée pittoresque, arrose Vilingen et, après un cours de 30 kilomètres, reçoit un autre ruisseau, la *Brege*, dont la haute vallée est si sauvage qu'on la désigne sous le nom significatif de Katzensteige (Sentier du chat). Les deux bras s'unissent à l'altitude de 700 mètres dans les marais de Donaueschingen.

Il reçoivent par un canal à demi souterrain les eaux d'une fontaine abondante qui jaillit au milieu de la cour du château princier de Donaueschingen, patrimoine des Fürstenberg. On a donné le nom de cette source au fleuve naissant, Danube — (*Donau*).

Ainsi constitué, le fleuve coule encore pendant vingt kilomètres dans la direction du S. O., sur un sol calcaire fréquemment sillonné de crevasses dont quelques-unes communiquent avec le Rhin. Puis il suit la direction du S. E., qu'il suit jusqu'à Ratisbonne. — Il arrose Tutlingen (Würt), victoire de Mercy sur Rantzau. (1643) et Sigmaringen (Hohenzollern), — après laquelle le fleuve s'est frayé un passage par une cluse du Rauhe Alp.

Il débouche à Ulm (r. g.). Cette ville est la clef du haut Danube. (Elle a été prise plusieurs fois par les Français; par Moreau en 1800. Napoléon y fit capituler Mack en octobre 1805.) Le fleuve y devient capable de porter ces bateaux à rames, *Schachteln*, espèces de radeaux qui portent à Vienne les produits de la Souabe. — Ulm est entourée d'une enceinte fortifiée, et gardée par un camp retranché et des forts détachés à une grande distance. Elle appartient au Württemberg. Le faubourg de Neu-Ulm, r. d., est bavarois. C'est une tête de pont formée par une enceinte continue et trois forts détachés[1].

Au-dessous d'Ulm, le fleuve, dont la rive gauche commande presque constamment la rive droite, s'épand sur une plaine marécageuse, reste d'anciens lacs, comblée graduellement par les alluvions, et qu'on appelle Donau-Ried, Donau-Moos. Il arrose (g.) Günzburg (Ney, 1805). Hochstedt et Blindheim (r. g.), que les Anglais appellent Blenheim, rappellent la victoire de Villars en 1703 et la défaite de Marsin en 1705. — L'ancienne ville impériale de Donauwörth, bien déchue, a conservé néanmoins son importance stratégique comme nœud de chemins de fer. C'est là que commence la navigation à vapeur.

A Neuburg (1800), r. d., les anciens méandres et bras morts du Danube ont été remplacés par un canal unique plus étroit, plus profond et plus sûr.

La place d'Ingolstadt, dont le nom rappelle l'Université et le collège des Jésuites, fondée par les catholiques au seizième siècle pour reconquérir l'Allemagne, a été choisie comme emplacement d'un grand camp retranché. Elle est destinée à maîtriser les routes de Donauwörth, de Würzburg, de Ratisbonne, de Munich et d'Augsburg; une enceinte continue, sept grands forts détachés sur la rive gauche, une tête de pont; trois grands forts, de nombreuses batteries, sur la rive droite, constituent le système de défense de la ville. C'est le point central, le grand arsenal de la Bavière.

---

1. Les forts sont, en partant du Danube r. g., du S. au N. :
1. Unterer Kuhberg; 2. Oberer Kuhberg (gardant le Danube et le chemin de fer d'Ulm au lac de Constance; 3. Lunette de Söflingen, l'Unterer Eselberg (chemin de fer de la Forêt-Noire); forts Pritwitz, Albecker, Stiege, Friedrichsau — La citadelle Wilhelmsfeste est élevée sur l'emplacement de la bataille d'Elchingen. Sur la rive droite (du N. au S.), forts A, B, C.

A partir d'Ingolstadt, l'aspect de la vallée change complètement, les villes se transportent sur la rive droite : alternativement resserré par des défilés ou s'étendant en des bas-fonds tourbeux, le fleuve parcourt la région où ont porté les premiers efforts des Autrichiens en 1809. C'est là que Davout sauva l'armée française compromise par Berthier.

Ratisbonne (Regensburg), r. d., ville fondée par les Romains sous le nom de Castra Regina, l'Orléans du Danube, au point le plus septentrional qu'atteigne le fleuve, en face de l'embouchure de la Regen, est située au débouché des routes de Franconie et de Bavière. Ce fut une des villes les plus commerçantes de l'Allemagne du moyen âge. La diète de l'Empire s'y fixa de 1663 à 1805.

Elle a été prise par les Autrichiens en 1809 ; les Français l'enlevèrent d'assaut deux jours après, le 23 avril 1809.

Au-dessous de Ratisbonne s'ouvre, entre les premiers mamelons granitiques de la Forêt de Bavière et les dernières ondulations des Alpes, la partie la plus pittoresque du Danube.

Le fleuve glisse au pied de la colline qui porte la Walhalla, panthéon germanique (r. g.), puis on rencontre Straubing (r. d.), entrepôt de créales, Deggendorf (r. g.), important par les communications avec la Bohême, Vilshofen, à l'issue de la Vils (r. g.), enfin Passau.

Cette ville, fortifiée par les Romains sous le nom de Batava Castra, est située au bec de l'Inn, sur la r. d. du Danube, en face de l'embouchure de l'Ilz. Elle a conservé sa citadelle de la r. g., Oberhaus.

**Affluents de gauche.** — A gauche le Danube, longeant les Alpes de Souabe et se rapprochant du Jura franconien, ne reçoit que des affluents de peu d'importance au point de vue hydrographique, mais dont les hautes vallées s'entrecroisant avec les affluents du Neckar ou du Main, offrent un chemin aux armées et ont joué un important rôle statégique, principalement en 1796 et en 1805.

On remarquera de plus que ces petits ruisseaux, l'*Egg*, la *Blau*, et le plus long de tous, la *Wörnitz* qui a dans son bassin Nordlingen (1645), sont divergentes. Tout autres sont les trois vallées les plus importantes : celles de l'*Altmühl*, suivie par le canal Louis, qui passe à Neumarkt jusqu'où s'est avancé Bernadotte en 1796 ; de la *Naab*, grossie de la *Vils*, qui arrose Amberg, où Jourdan fut arrêté par l'archiduc Charles, — et de la *Regen*, sur les bords de laquelle se trouve Cham, où se retrancha l'archiduc Charles en 1809, après Eckmühl.

**Affluents de droite.** — Les affluents de droite, venus des Alpes, grossis de la fonte des neiges, ont formé de leurs alluvions la plaine bavaroise du S. et repoussé le Danube au N., comme les torrents de Dauphiné et de Provence ont refoulé le Rhône jusqu'au pied des Cévennes. Leurs vallées sont divergentes et parcourent le plateau en éventail : tels sont l'*Ablach* (Mœskirch), victoire de Moreau (1800) ; — le *Riss* (Biberach, 1796 et 1800). Ces cours d'eau donnent accès au lac de Constance.

L'*Iller* coule dans la direction du S. E. au N. O. Sur ses bords, Kempten, Memmingen, où Moreau et Soult ont battu les Autrichiens en 1800 et en 1805. C'est l'ancienne limite de la Bavière et de la Souabe, aujourd'hui de la Bavière et du Württemberg. Il coule dans une vallée marécageuse et se perd en face d'Ulm.

Le *Lech*, 180 kilomètres, est un torrent fougueux jalonné par Füssen, clef du Tyrol, Schöngau, où commence l'escarpement fameux de la rive droite qui commande la rivière jusqu'au Danube ; Augsburg, où fut rédigée par Melanchthon la célèbre confession de 1530, promulguée la paix religieuse de 1555 et nouée la ligue de 1686 ; placée au débouché du Lechfeld, arsenal de la Bavière du S., elle exerce un rôle stratégique prépondérant dans toute la région ; enfin Rain, où fut blessé mortellement Tilly en 1631. — La *Wertach*, que longe le chemin de fer d'Augsbourg à Kempten, est le principal affluent de l'Iller.

Entre Lech et Isar, la région accidentée qui forme la base du triangle dont Ratisbonne occupe le sommet, est sillonnée de petites rivières qui ont joué un grand rôle dans l'histoire et surtout au début de la campagne de 1809. Ce sont la *Paar*, l'*Ilm*, l'*Abens*, la *Gross-Laber* qui arrose le mémorable champ de bataille d'Eckmühl, enfin la *Klein-Laber*.

L'*Isar* est l'artère centrale de la Bavière. Son nom gaulois rappellent deux fleuves de France ; son bassin est de tous celui où se sont le mieux conservées les vieilles coutumes allemandes. — La vallée supérieure de l'Isar, perpendiculaire à la chaîne N. de l'Innthal, est extrêmement sauvage. — La « belle, verte et charmante » rivière arrose la ville artistique de Munich (München), capitale de la Bavière, l'Athènes de l'Allemagne, ornée de monuments de tout genre et de tout style, par ses rois ; Munich se trouve dans une contrée peu fertile ; c'est, disait Gustave-Adolphe, « une selle de luxe sur le dos d'une rosse ». On trouve encore sur l'Isar : Freising, Moosburg et Landshut, la grande étape entre Ingolstadt et Passau, conquise par les Français en 1796, 1800, 1806, 1809.

L'*Ammer*, affluent de gauche, apporte à l'Isar les eaux du lac Ammer, qu'elle traverse, et des lacs Walchen, Kochel et Würm

(54 kil.), le second pour l'étendue, le premier pour la beauté des lacs bavarois. — Dans la haute vallée de ce cours d'eau à Oberammergau se jouent encore aujourd'hui, devant une foule énorme, les Mystères de la Passion.

L'*Inn* (Œnus). En bonne justice le Danube devrait être regardé comme un affluent de l'Inn, qui coule du cœur des Alpes, roule plus d'eau que lui et oppose une puissante barrière aux invasions venant de l'O. Cependant il est moins long et arrose moins de villes importantes.

L'Inn est le seul des fleuves alpestres qui acquière un volume considérable avant de quitter les montagnes et qui perce deux fois les contreforts des Alpes.

Il a ses sources dans une des régions les plus sauvages des Alpes, entre deux chaînons parallèles des Alpes Rhétiques. Plusieurs ruisseaux s'élancent des glaciers dans le lac de Sils, situé à 1796 mètres, long de 6 kilomètres, large de 3; le lac est glacé pendant neuf mois de l'année, et reçoit à son extrémité occidentale l'*Acqua d'Oen*, qui bondit du Piz Lunghin au-dessus de la Maloïa. De la pointe N. E. du lac, près du village de Sils, sort l'Inn. C'est un torrent à pente rapide qui court dans un étroit couloir du S. O. au N. O.; d'effrayantes montagnes surplombent des deux côtés; le climat est d'une extrême âpreté; les sapins eux-mêmes ne peuvent vivre sur ces roches dénudées. Cette vallée s'appelle la haute Engadine : l'Inn y traverse trois lacs, ceux de Silvaplana (1794 m.), de Campseer et de Saint-Moritz (1770 m.); ce dernier porte le nom d'un village renommé pour ses sources minérales. A Samaden bifurque à droite la route de la Bernina; le couloir s'élargit; ce coin de terre est un des plus beaux des Alpes, par le contraste des sombres sommets et des vertes prairies, des cultures, des bouquets d'arbres et des villas princières assises aux deux côtés de la grande route.

Au pied de la Scaletta, au carrefour des deux routes, dont l'une remonte l'Inn, l'autre le coupe allant de la Passe de Fluela à celle d'Ofen, un magnifique pont très élevé (Puntauta) indique le commencement de la basse Engadine, plus étroite encore, dont le seul bourg important est celui de Tarasp, qui possède aussi des sources minérales.

L'Engadine est le réduit de la population romanche, si importante au onzième siècle; elle ne suffit pas à nourrir ses habitants, qui émigrent en masse, mais généralement avec esprit de retour, et rapportent dans la vallée le pécule ou la fortune qu'ils ont pu gagner dans les villes, généralement comme pâtissiers ou confiseurs.

Le Tirol commence à Finstermünz (912 m.) par une étroite crevasse de 7 kilomètres de long, que longe une nouvelle route splendide. Le fort Ferdinand (Ferdinand feste) garde à la fois cette route et le chemin qui mène dans la Valteline (Passe de Stelvio). Cette section porte le nom d'Innthal, et se subdivise en deux, la supérieure jusqu'à Innsbrück, l'inférieure jusqu'à Kufstein ; de Prutz à Landeck, l'Inn s'est taillé une cluse remarquable à travers les Alpes du Tirol. On a laissé tomber en ruines les forteresses qui la gardaient. Landeck n'est plus qu'une caserne.

L'Oberinnthal contourne au N. le groupe de l'Oetzthal, elle est peu fertile et n'a pas de villes remarquables. Innsbrück (575 m.), capitale du Tyrol, prise par les Français et les Bavarois en 1703 et en 1805, est située dans une importante position stratégique, elle commande la route du Brenner. Son aspect est magnifique, de hautes montagnes de 3000 mètres semblent entourer de toutes parts la riche plaine dont elle occupe le centre. Elle possède une université fondée en 1675.

L'Unterinnthal est admirable ; les montagnes du S., couvertes de forêts, s'abaissent par des terrasses chargées de châteaux et de villas, celles du N. tombent presque à pic. Hall exploite de riches mines de sel. Schwaz n'a plus les mines d'argent si riches au moyen âge, mais garde celles de fer et de cuivre. Jenbach est dominé par un beau château percé de 365 fenêtres. A Wörgl bifurquent les chemins de fer de Munich et de Salzburg. Enfin Kufstein est la porte de cette longue galerie ; la vallée s'y resserre, la route, la rivière et le railway défilent sous les canons de cette vieille citadelle rajeunie.

Au-dessous de cette ville l'Inn prend la direction du N. jusqu'à Gars. Il sépare pendant 12 kilomètres la Bavière (g.) de l'Autriche (d.), puis coule en Bavière jusqu'au confluent de la Salzach. Son lit est encombré d'îles nombreuses. Rosenheim (g.) prend de jour en jour une plus grande importance comme ville commerciale, grâce aux chemins de fer qui s'y croisent. Wasserburg est curieusement contournée par la rivière. Gars occupe sur l'Inn une situation analogue à celle de Freising sur le cours de l'Isar. Mühldorf, où Frédéric d'Autriche fut battu en 1322 par Louis de Bavière, commande quatre lignes de chemins de fer. Un peu au-dessous les îles couvertes d'aunes recommencent ; la vallée s'élargit ; l'Inn décrit une sorte d'arc de cercle tourné vers le S. E. et n'arrose plus de villes remarquables jusqu'à Passau (284 m.), où il se jette dans le Danube ; sa largeur est de 250 mètres ; celle du Danube 150.

Le cours de l'Inn offre un parallélisme remarquable avec celui de l'Isar ; tous deux sortent des montagnes par un défilé, l'Inn à l'E., l'Isar à l'O. du Mangfall, presque infranchissable. Leurs vallées, sur le plateau de la haute Bavière, sont exactement semblables ;

enfin il reçoivent tous les deux les eaux des plus grands lacs des Alpes Allemandes. — C'est entre Freising et Gars que s'est livrée la bataille de Hohenlinden.

L'Inn est trop proche du Lech, puis de l'Isar, pour recevoir sur sa gauche des affluents importants. A droite au contraire il est grossi de cours d'eau nombreux, dont les vallées sont intéressantes par leurs beautés naturelles ou les routes qu'elles ouvrent à travers les Alpes.

La *Sill* vient du Brenner par la Wippthal, elle reçoit les eaux d'un grand nombre de glaciers.

La *Ziller* parcourt en bondissant le Zillerthal, où aboutissent trois impasses fermées par les glaciers du Hohe-Feiler, du Löffel-Spitz, etc. Zell est le bourg le plus important de la haute vallée, Feugen de la basse. Du reste les villages riants se pressent sur les bords de ce ruisseau, et sont habités par une population énergique, robuste, pleine d'entrain et de savoir-faire. La plupart des marchands d'orviétan sortaient autrefois de cette vallée; aujourd'hui l'émigration temporaire des habitants de Zillerthal a encore une grande importance. Baladins, charlatans, chanteurs tiroliens, colporteurs, ils trouvent le moyen de faire mentir le proverbe : « Pierre qui roule n'attrape pas mousse ».

L'*Alz* sert d'affluent au lac *Chiem*, où elle entre sous le nom d'*Achen*. Le lac appelé la « mer de Bavière » a une altitude de 526 mètres, une longueur de 18 kilomètres, une largeur de 10. Il a été beaucoup plus étendu autrefois; ses bords marécageux et les nombreux étangs qui l'entourent attestent son ancienne grandeur. Trois îles : celle des Messieurs, celle des Dames, et celle des Choux.

La *Salzach* est le plus considérable des affluents de l'Inn. Elle est formée de plusieurs cours d'eau : la *Salza* qui vient du Salzajoch, et la *Krimler-Ache* plus considérable, qui descend des glaciers du Gross-Venediger, et se précipite par cinq belles chutes : la première, le Saut du chasseur (Jäger-Sprung), est de 316 mètres ; c'est une des plus belles de l'Europe.

La Salzach forme ensuite le long couloir du Pinzgau, dont l'axe est presque exactement de l'O. à l'E. La vallée, large de plusieurs kilomètres, est sillonné en tous sens par les méandres de la rivières et longée par une belle route jusqu'à Zell, par un chemin de fer ensuite. Le Pinzgau se divise naturellement en deux vallées, la haute et la basse. Il n'a pas la sévère beauté de l'Innthal. Mittersill « la Venise du Pinzgau », est sur le seuil de séparation des deux parties; le lit de la rivière est plat, coupé d'îles nombreuses, entouré de marécages. La Salzach est sujette à de fréquentes inondations.

Près de Brück la vallée se resserre subitement. Une brèche s'ouvre à gauche, qui est suivie par la voie ferrée de Salzburg à Insbrück, remplie par les eaux dormantes du joli lac de Zell et qu'on appelle le Pinzgau moyen; tout porte à croire que la Salzach s'en allait dans cette direction avant d'avoir pratiqué la trouée étroite par où elle se glisse, en contournant la partie des Alpes de Salzburg où se dresse le Watzmann. Taxenbach est le groupe le plus important de cette section, et ce n'est qu'une bourgade. A partir de Lend la rivière décrit un coude dont le sommet est Sanct-Johann; elle court alors au N. tandis que l'axe même de la vallée supérieure se prolonge par la vallée de l'Enns, affluent du Danube, ouvrant ainsi un remarquable sillon longitudinal au sein des Alpes calcaires.

La section suivante, qu'on appelle le Pongau, se compose d'une suite d'entonnoirs, d'environ 1 kilomètre de diamètre, réunis par des cluses très étroites. Ces défilés sont célèbres dans l'histoire militaire par la résistance acharnée des Bavarois en 1809. La passe Lueg, étranglée entre deux hautes montagnes de 1000 à 1300 mètres, n'a parfois que 2 mètres et demi de largeur; les roches qui surplombent se touchent à certains endroits de bord à bord formant une voûte colossale. Le débouché de cette gorge, où grondent les eaux, est gardé par une citadelle du siècle dernier, qu'on appelle le Trou des Croates. On l'a améliorée depuis peu. — Quelques-unes des vallées latérales par lesquelles arrivent les eaux des montagnes voisines sont si étroites qu'on les fermait d'une porte.

Au-dessous de la passe Lueg se présentent les étranglements désignés sous le nom de *Fours* (Oefen); puis à partir de Golling la vallée s'élargit et la rivière entre dans le bassin de Salzburg, si célèbre pour ses beautés naturelles et ses richesses souterraines. Hallein a des mines de sel d'une grande richesse dans les flancs du Dürrenberg. A Salzburg, l'ancien Juvavum, la vallée se rétrécit brusquement; de sorte que cette pittoresque ville est bâtie à la fois en plaine et en montagne. Dominée par des collines où se dressent des monuments militaires ou religieux, défendue, assez mal d'ailleurs, par la citadelle Hohensalzburg, elle est visitée par un grand nombre de touristes. C'est la patrie de Mozart. A partir du confluent de la Saalach la rivière forme la limite entre l'Autriche et la Bavière, elle est coupée d'îles très nombreuses, arrose Wildshut (Autriche) et Burghausen (Bavière) et se jette dans l'Inn.

Son principal affluent vient de gauche : c'est le *Saalach*, qui court d'abord dans une vallée parallèle au Pinzgau supérieur, puis se recourbe à angle droit à la hauteur de la Zell. La Saalach arrose alors le Pinzgau moyen; sa vallée était probablement autrefois suivie par la rivière principale. Elle aussi baigne des bourgs renommés pour leurs salines, Saalfelden et Reichenhall, et traverse en grondant d'étroits défilés, souvent disputés les armes à la main.

Entre les deux rivières s'étend un massif montagneux, très difficile, qui couvre bien Salzburg du côté de l'ouest. A droite, la Salzach reçoit plusieurs cours d'eau, le plus important est l'*Ache de Gastein;* il arrose une des premières villes d'eau de l'empire autrichien, Wildbad-Gastein, qui contient un hôpital militaire. Hof-Gastein est célèbre par ses mines. Aujourd'hui, avec les chemins de fer qui traversent longitudinalement les Alpes calcaires, Salzburg pourrait servir de base d'opération pour une contre-offensive contre des armées qui descendraient le Danube et auraient forcé la barrière de l'Inn. Mais cette place n'a plus la même force tactique qu'autrefois.

### Second bassin du Danube ou Danube autrichien.

**Ceinture.** — La ceinture du second bassin est dessinée au N. par les hauteurs de Moravie, les Sudètes, les Carpathes occidentales, le Tátra et un contrefort du Mátra; au S., par le Hausruck, le Salzkammergut, les Tours, les Petites Alpes et le Bakony.

**Cours du fleuve.** — Le Danube s'engage au-dessous de Passau dans des défilés redoutables : au N., les montagnes de Bohême que les Romains appelaient le Front de la Germanie; au S., les dernières croupes du Hausruck qu'ils nommaient les Sourcils du Danube. Les pentes en sont boisées, rocheuses. Le chemin de fer évite ce couloir aux brusques détours et coupe au S. par les vallées latérales. Un instant élargie à Aschach, au-dessous duquel de nombreuses îles séparent le courant, la brèche se resserre à Ottensheim, puis tout à coup, après une gorge très étroite, fait place au bassin de Linz (r. dr.). Cette ville, capitale de la Haute-Autriche, sur la route de Salzburg à la Bohême, est la grande étape commerciale et militaire entre le nord et le sud du Danube. Propre, bien bâtie, entourée d'une campagne fertile et de hauteurs pittoresques, elle a toujours été prospère. C'est une place forte de première classe, défendue par des ouvrages construits de 1830 à 1836, sur les plans de l'archiduc Maximilien d'Este. Trente-deux forts la protègent, faciles à relier par des ouvrages du moment : neuf sur la rive gauche, autour du faubourg d'Urfahr. On doit réduire le nombre total de ces ouvrages permanents à vingt.

Après le confluent de la Traun, le Danube se divise en un grand nombre de bras, dont quelques-uns ont été supprimés par les riverains ; il forme des marécages, puis s'engage de nouveau dans des défilés. Grein domine superbement de son château historique l'étranglement connu sous le nom de barre de Grein (Greiner Schwall). L'île de Werth coupe en deux le courant qui se portait surtout au N., se partageait en trois canaux et se précipitait par une chute causée par la fameuse roche de Strudel (500 m. de longueur, de 9 à 13 de large) qu'on a rasée en 1855. — Immédiatement après se dresse le rocher de Haustein, la Scylla du Danube, au pied duquel se tordait le remoux dangereux du Wirbel. De grands travaux ont régularisé le lit du fleuve. — Le Danube coule ensuite devant Ips (r. dr.), puis est dominé par la fameuse église de Marbach (r. g.), que visitaient annuellement plus de cent mille pèlerins. Dürrenstein ou Diernstein n'a plus que les ruines du burg où fut enfermé, de 1192 à 1193, Richard Cœur de Lion. — Mortier et Dupont y ont battu Kutusov le 11 novembre 1805.

Ce défilé se termine à Stein, jolie ville bien bâtie, qu'un pont de bois réunit à Mautern, située en face. Le Danube entre alors (165 m.) dans la grande plaine de Tullner-Feld, où se réunit en 1683 l'armée de secours qui fit lever aux Turcs le siège de Vienne. Le fleuve se partage en un nombre infini de bras toujours changeants ; les riverains ont la plus grande peine à fixer le courant, qui échappe à toutes les règles : aussi y a-t-il peu de villes importantes dans cette région. Krems, à g., Tulln à dr., ne sont que des bourgs peu importants. Cette dernière, connue sous le nom de Comagena du temps des Romains, était la station de la flottille qui surveillait le fleuve de Petronnell (Carnuntum) à Lorch. Il en est question dans les *Niebelungen*. Kornneuburg domine à gauche le Danube, au point où il quitte la direction de l'O. à l'E. pour prendre celle du N. au S. Elle a été un des boulevards de Vienne dans les anciennes guerres. Matthias Corvin et les Suédois l'ont assiégée. Le fleuve s'engage ensuite dans un défilé formé par les pentes du Wiener-Wald et entre dans le bassin de Vienne ou plaine d'Autriche.

A gauche s'étend la basse plaine d'alluvions qu'on nomme le Marchfeld, véritable terrain de manœuvres, théâtre de sanglants combats dont Vienne était l'enjeu ; à droite, au contraire, de belles collines boisées couvertes de villas, et à leurs pieds les faubourgs et la capitale elle-même.

Vienne est assise sur un canal dérivé du Danube, au confluent de la petite rivière qui porte son nom, la Wien. Sur son emplacement s'élevait une bourgade celtique qui fut colonisée par les Romains sous le nom de Vindobona. Devenue à l'époque carlovingienne la capitale de la Marche orientale (Ost-Mark), Vienne, comblée ensuite de faveurs par les rois de Bohême, évêché en 1480, résidence des princes de la maison d'Autriche, a pris une importance exceptionnelle à partir du seizième siècle. Assiégée vainement par les Turcs en 1529 et en 1685, elle a été la base d'opérations contre les Ottomans et les Hongrois. Le réveil des nationalités qui semblait devoir disloquer l'empire des Habsburg, accrut au contraire la grandeur de cette cité, placée au point de contact des Allemands, des Magyars, des Slaves du N. et de ceux du S. C'est la ville cosmopolite par excellence, la porte de l'Orient, l'entrepôt naturel des marchandises entre le N. et le S. de l'Europe.

Les remparts qui ont défendu Vienne autrefois, mais qui n'ont pu arrêter ni les Français en 1805 et en 1809, ni Jellachich et ses Croates en 1848, ont disparu par décret du 10 décembre 1858; libre de s'étendre, la nouvelle ville a inondé la campagne. La Ringstrasse, établie sur l'emplacement des anciennes murailles, est devenue le centre de l'agglomération viennoise; au N. E. du canal du Danube s'étend le magnifique Prater, qui est à la fois le Bois de Boulogne et les Champs-Élysées de la capitale autrichienne; enfin, le Danube lui-même, l'Eau Impériale (Kaiser-Wasser), a dû se résigner à couler en un seul lit profond, bordé de quais magnifiques et franchi par cinq grands ponts qui conduisent à une ville en formation, la Donaustadt.

Renommée pour son hospitalité, Vienne est la première ville de commerce et d'industrie de l'Autriche. Son université, fondée en 1565 par Rodolphe IV, est, Paris excepté, la plus fréquentée du monde entier. L'enseignement secondaire y est très florissant, la musique en grand honneur. De beaux musées, une bibliothèque, la troisième de l'Europe (Hofburg), qui contient la table de Peutinger, des collections de toutes sortes offrent de précieuses ressources intellectuelles.

Les fortifications, ébauchées autour de la ville après Sadowa, ont été abandonnées. Un mur extérieur, appelé les Lignes (Linien), construit en 1704, haut de 4 mètres et précédé d'un fossé, indique l'enceinte d'octroi. Un chemin de fer met en communication les huit lignes qui ont leur centre commun à Vienne, mais la ceinture n'est pas complète du côté du N. O. Berlin, Londres et Paris sont en cela supérieurs à Vienne.

Aux environs de Vienne se trouvent : Schönbrunn à l'O., dont le château et le parc historiques seront bientôt noyés par les progrès de la grande ville. Napoléon y a tenu son quartier général en 1805 et 1809. Son fils y est mort sous le nom de duc de Reichstadt en 1832; Frohsdorf au S., résidence du comte de Chambord; Baden, célèbre par ses sources thermales sulfureuses; Luxenburg avec son parc; au N. le Kahlenberg.

Au-dessous de la capitale, le Danube rectifié coule dans un pays plat ; une zone d'inondation de 600 mètres lui est laissée sur la rive gauche. Cette région était autrefois un lac qu'ont comblé peu à peu les alluvions ; le fleuve resserré en aval par les montagnes parcourait capricieusement en maître cette plaine : le jonc croissait sur ses bords, et de nombreuses îles, que la culture a conquises et couvertes de riches moissons de maïs, rappellent vaguement la Crau française. Le champ de bataille d'Essling et d'Aspern, la plaine de Wagram sur la rive gauche, les deux îles Lobau, évoquent le souvenir de la Grande Armée (22 mai et 6 juillet 1809). Puis une grande île se forme, le bras principal reste à droite et arrose Petronnell, l'ancienne Carnuntum que Vienne a dépossédée du rang de métropole ; à Déven le Danube coule en un seul canal, étranglé entre les monts de la Leitha et les petites Carpathes, c'est la première porte hongroise. Le fleuve en sort à Presbourg (Pozsony), où fut signée la paix de 1805. Là se faisaient couronner autrefois les rois de Hongrie. Deux grandes îles sont formées ensuite par des bras du fleuve. La Grande Schütt au N., la Petite Schütt au S., celle-ci est gardée au confluent du Raab par la ville de ce nom, l'autre se termine à Komarom, grande forteresse de la Hongrie. O'Szony, située presque en face, sur la rive droite, est sur l'emplacement de la romaine Bregetio, très florissante au quatrième siècle. Enfin à Gran (Esztergom) se termine le second bassin.

Dans la seconde section de son cours, le Danube, navigable pour les bateaux à vapeur (de Linz à Vienne en 13 heures), offre des beautés pittoresques de premier ordre. Moins célèbre que le Rhin, il est peut-être plus beau : il a comme le Père Rhin ses vignes, ses bois, ses burgs ruinés, ses écueils légendaires, ses couvents et ses églises qui attestent la puissance nouvelle du catholicisme en Autriche. Il n'y a peut-être en Europe aucune suite de paysages qui, par la variété, égale le parcours de Passau à Aschach.

Au point de vue militaire, le Danube reste une barrière de premier ordre. Les ponts y sont plus nombreux depuis l'établissement des chemins de fer.

*Ponts de Linz à Vienne.*

1° Linz, pont de fer, 207 mètres, reposant sur six piles de granit, bâti en 1871
2° Linz, pont du chemin de fer Linz-Budojevice ;
3° Enns (confluent), pont du chemin de fer Enns, Gaisbach, Budejovice ;
4° Tulln, pont de bois du chemin de fer François-Joseph ; Vienne-Budejovice
5° Vienne, cinq ponts, dont trois pour les chemins de fer.

**Affluents de gauche du second bassin.** — Les affluents de gauche du Danube dans le second bassin n'ont d'abord qu'une mince importance à cause de la proximité des hauteurs de Bohême; ils parcourent des vallées profondes qui ajoutent à la force défensive de la région; la *Mühl* communique, ainsi que nous l'avons dit plus haut, avec le Vltava au moyen du canal de Schwarzenberg, le *Feld-Aist* ouvre une route au chemin de fer de Linz à Budejovice; la *Krems* ouvre un fossé profond parallèle au Danube, elle est célèbre dans l'histoire de la campagne de 1805; la *Kamp*, très sinueuse, se déroule à travers le plateau de Mackland.

La *Morava* ou *March* est un des cours d'eau historiques de l'Autriche. Elle descend du Schneeberg et tombe à Dévén : son bassin supérieur est entièrement slave, son lit inférieur sépare les Slaves des Allemands; à son confluent est le point de contact des Magyars et des deux autres peuples. Enfin, par les communications faciles qu'elle ouvre avec l'Oder, elle est une voie commerciale et militaire de premier ordre. — Elle arrose d'abord une vallée très abrupte, se grossit de torrents rapides (*Thess*), sort des montagnes près de Müglitz, forme immédiatement de nombreuses dérivations, dont le centre est à Littau. De grands marécages, dont le dessèchement est interdit par l'autorité militaire, entourent les bastions d'Olmütz (Holomouc), ancienne capitale de la Moravie. Prise par Torstensohn, assiégée vainement par Frédéric II, prison de Lafayette, cette ville a été entravée par sa destination militaire et dépassée par les autres villes qu'elle primait autrefois. A Kremsier cesse la zone marécageuse. Ungarisch Hradisch, située dans une île, a été une place forte importante. Au-dessous, la Morava, très sinueuse, n'arrose plus de villes importantes, elle limite à l'E. le Marchfeld, dont nous avons parlé plus haut et tombe à Dévén.

La *Bistritza*, qui tombe à gauche dans les fossés d'Olmütz et la *Beczwa* dont les deux bras réunis à Meseric sillonnent le flanc des Carpathes, embrassent le plateau de l'Odergebirge et pourraient facilement être mis en communication, soit avec l'Oder, soit avec l'Oppa et l'Olsa. Weisskirchen et Prerau ont une grande importance comme nœuds de chemins de fer.

La *Sasava*, qui tombe à droite, est suivie par le chemin de fer d'Olmütz à Brandeis-Pardubitz. La *Thaya*, formée de deux bras : la rivière allemande et la rivière morave, est le principal affluent de droite de la Morava. Sa vallée sinueuse suit successivement la direction du S. E. au N. O. et du N. O. au S. E. Elle arrose Znaym, où fut signé l'armistice qui mit fin à la cinquième coalition, et laisse à droite Nikolsburg, où l'Autriche accepta les préliminaires de paix en 1866. La Thaya est grossie d'un grand nombre de cours d'eau qui descendent des hauteurs de Moravie et se réunissent pour la plupart dans le canal de l'*Iglava*. Cette rivière arrose Iglau,

centre commercial important, la principale station entre Vien[ne]
et Prague. A une faible distance de son confluent elle est gross[ie]
de la *Schwarza;* cette rivière coule d'abord du N. E. au S. E., pui[s]
après avoir reçu la *Zvittava* qui lui impose sa direction, suit [la]
direction du S. Brünn ou, comme l'appellent les Slaves de Moravi[e]
Brno, est située à l'angle des deux rivières et à leur débouch[é]
dans la plaine; c'est une grande ville industrielle débarrassée [de]
ses murailles : elle n'a guère que sa citadelle, la célèbre priso[n]
d'État du Spielberg où mourut le colonel de pandours Trenk, et [où]
fut enfermé de 1822 à 1830 Silvio Pellico. Brünn file les laine[s,]
tisse les draps et les teint. La vallée de la Zvittava est très pitt[o-]
resque. Zvittau est située à son origine et fait un grand commerc[e.]

La *Littava,* au contraire, qui suit la base des hauteurs que tr[a-]
versent les précédentes, coule dans une région marécageuse à tr[a-]
vers les plaines ondulées où s'est livrée la bataille d'Austerlitz.

La *Waag* est une rivière de montagnes et de défilés. Elle naît d[e]
deux sources : la Blanche (1800 mètres) et la Haute dans le Tatr[a;]
sa vallée, dont l'axe est parallèle à celui de ces montagnes, e[st]
resserrée, pittoresque et se grossit dans la plaine de Liptau, pu[is]
d'affreuses gorges, que traverse maintenant le chemin de fer, co[n-]
duisent la rivière au delà du Fatra et dans la vallée moyenne, tr[ès]
resserrée également du N. E. au S. O. A partir de Neustadt, [la]
Waag coule au S., sa rive droite est découverte, sa rive gauch[e]
montagneuse (Erzgebirge occidental de la Hongrie). Leopoldsta[dt]
est une petite forteresse sans grande importance.

La *Neutra,* parallèle à la Waag, tombe près de Komarom.

Le *Garam* ou *Gran* sort de la Kralova Hola et coule à l'O. jusqu[']à
Beztercze Banya (Neusohl). Cette ville, presque entièrement slav[e,]
est célèbre par ses mines de cuivre, Selmecz Banya (Schemnit[z)]
et Körmöcz Banya (Kremnitz), l'une au S., l'autre au N. du bassi[n]
exploitent les mines d'or et d'argent. Cette vallée est aussi renom[-]
mée pour ses eaux thermales : certaines montagnes semblent im[-]
prégnées de soufre et la terre même exhale des gaz sulfureux. Cett[e]
rivière finit dans le Danube en face de la ville qui porte so[n]
nom.

A quelque distance tombe l'*Ipoly,* cours d'eau tortueux qui n'ar[-]
rose pas de villes notables.

**Affluents de droite**. — Les affluents de droite sont : la Raui[,]
l'Enns, l'Ips, la Traisen, la Leytha, la Raab.

1° La *Traun* est la rivière du Salzkammergut, elle écoule les der[-]
niers lacs des Alpes septentrionales, mais nul bassin alpestre n'e[n]
contient un aussi grand nombre et une aussi riche variété. La r[i-]
vière se forme à Aussee de plusieurs cours d'eau portant le mêm[e]

nom dont chacun sort d'un lac (Ausseersee, Grundelsee, etc.), encadré de montagnes au profil sévère. La vallée supérieure dirigée de l'E. à l'O. aboutit au lac de Hallstadt.

Le village de ce nom est emprisonné entre le lac et les parois verticales de la montagne; c'est le lac qui le nourrit et qui le met en relations avec le monde extérieur. La ligne du Salzkammergut longe la rive droite. Sur la rive gauche tombe la *Gosau*, qui coule du Dachstein et forme une vallée renommée pour sa beauté sauvage. A Laufen la Traun est barrée d'un seuil de rochers de six mètres de hauteur. Au-dessous de cette chute elle arrose Ischl, centre des excursions dans le Salzkammergut, c'est une des villes d'eaux les plus élégantes d'Autriche; elle est entourée de trois côtés par la Traun et son affluent l'*Ischl*, qui baigne un magnifique parc impérial et sort de l'Abersee.

La vallée de la Traun au-dessous d'Ischl est dominée par le Höllengebirge dont les parois sont très abruptes; échappée à ce couloir sauvage, la rivière coule dans la plaine d'alluvions qu'elle a conquise sur le Traunsee, atteint ce lac au S. Le Traunsee, le dernier des lacs alpestres importants, est une belle nappe d'eau dont la longueur est de 10 kilomètres, la largeur de 4, la profondeur de 191 mètres. Il est suivi à gauche par un chemin de fer et sillonné surtout en été par des bateaux à vapeur. Gmünden est située au débouché du lac; Traundorf, en face, est relié à cette ville par un pont célèbre dans l'histoire de nos guerres du siècle dernier. La place a été récemment démantelée et Gmünden est devenue une petite ville d'industrie très florissante et très fréquentée par les touristes. Au-dessous la rivière est encore barrée et saute par une cascade qu'on appelle Traunsfall. La différence de niveau est de 13 mètres, de nombreux rochers coupant le fil de l'eau augmentent la violence du courant. A Lambach conflue à gauche l'*Ager*, qui apporte les eaux surabondantes d'un grand nombre de beaux lacs : le Zeller, le Fuschler et le Mond, enfin le Kammersee.

Au-dessous de Lambach, la Traun parcourt un pays de plaine, arrose Wels, se partage en plusieurs bras à partir d'Ebelsberg (combat de 1809) et finit au-dessous de Linz.

Son bassin est important au point de vue militaire, car elle barre la grande route de droite du Danube, la seule qui soit facilement praticable. Au point de vue économique elle fait un grand commerce des poissons qui foisonnent dans ses lacs.

2° L'*Enns* (Anasus) sort de la chaîne des Tours et après avoir couru quelque temps dans la direction du N., se recourbe brusquement et suit une vallée creusée longitudinalement dans les Alpes calcaires sur le prolongement de la haute vallée de la Salzach. La rivière arrose (856 m.) Radstadt, Admont, célèbre abbaye, et arrivée à Hieflau (469 m.) où débouchent les eaux du célèbre bassin minie[r] d'Eisenerz s'échappe au N. par un angle droit. Constatons la grand[e] importance militaire qu'a prise l'Ober-Ennsthal dans ces dernière[s] années; suivie par le chemin de fer de Buda-Pest ou de Vienne [à] Innsbrück, bien protégée au N. et au S. contre les raids de cava[-]lerie par de puissantes montagnes, cette ligne est un engin d[e] guerre de premier ordre pour la défense du Danube.

Après s'être ouvert une cluse à travers les Alpes calcaire[s] l'Enns coule du S. au N. dans une vallée très étroite, reçoit à droit[e] la *Salza* (Maria-Zell, très pittoresque, la Lourdes autrichienne[,] 250 000 pèlerins par an), sur le prolongement de l'Ober-Enns-thal et arrose Steyer, célèbre par l'armistice de 1800 après Ho[-]henlinden. La vallée s'élargit tout à coup, reçoit comme affluen[t] la *Steyer* à gauche et, après de nombreux détours, finit au-dessou[s] du bourg d'Enns dans le Danube.

3° L'*Ips* coule d'abord de l'E. à l'O., puis du S. au N., en arrosan[t] Zell jusqu'à Amstetten (victoire de Murat, 1805). De là il coule a[u] N. E. et finit au Danube près du bourg qui porte son nom.

4° La *Traisen* ouvre du S. au N. une vallée remarquable dans l'O[.] du Wienerwald. Le centre en est Saint-Pölten, sur le chemin d[e] fer de Vienne à Linz, il s'en détache une voie perpendiculaire qu[i] remonte la vallée et doit rejoindre l'Ips.

La *Wien* n'a pas d'autre importance que de passer dans la vill[e] impériale dont elle porte le nom.

5° La *Leytha* est devenue célèbre depuis que sur certains point[s] son cours sépare l'État autrichien de l'État hongrois. Elle descen[d] du Wienerwald, contourne un massif montagneux fort impropre-ment appelé Schneeberg, arrose Neunkirchen, ville industrielle [à] filatures; puis Neustadt, la ville « toujours fidèle », patrie de Fré[-]déric III et de Maximilien d'Autriche, École d'application du génie e[t] de l'artillerie; enfin Bruck, et se termine près de Wieselburg dan[s] le bras du Danube qui forme la petite île de Schütt.

6° La *Raab*, après un cours tourmenté dans les montagnes, at[-]teint Gleisdorf sur la voie ferrée de Vienne à Gratz, débouche e[n] plaine près de Saint-Gothard (1664, défaite des Turcs), prend la di[-]rection du N. E. et finit dans le même bras que la Leytha. Par l[a] *Rabnitz*, à gauche, il reçoit les eaux de ce curieux lac de Neusiel[d] qui a été desséché pendant plusieurs années et s'est tout à cou[p] rempli de nouveau depuis 1865.

La région qui s'étend à l'E. du lac, les marais de Hanysag son[t] en partie aussi impraticables que les marécages du N. O. de l'Alle[-]magne.

### Troisième bassin du Danube ou Danube hongrois.

Le troisième bassin du Danube commence à la trouée de Gran et finit aux Portes de fer à Orsova. A gauche s'étend l'immense plaine hongroise bornée par les Carpathes ; à droite, des contrées ondulées couvertes par les ramifications des Alpes et du Balkan septentrional.

**Ceinture.** — La ceinture est assez nettement délimitée : au N. le Fátra, les monts Berkides, les Carpathes boisées et les Alpes de Transylvanie ; au S. et à l'O., le Bakony, les Alpes autrichiennes, les Tours, les Alpes Carniques, Juliennes, le Karso, les Alpes Dinariques, les monts Planina et le Balkan septentrional.

La grande plaine de l'E. est un des greniers de l'Europe ; les collines de l'Ouest sont remarquables par leurs beautés naturelles et habitées par des populations jeunes, belliqueuses et d'une grande énergie.

**Cours du fleuve.** — Très resserré dans son parcours entre Gran et Vácz, le Danube arrose sur la droite Visegrad, séjour favori de Matthias Corvin, où se gardait autrefois la couronne de saint Étienne, puis Vácz (Waitzen) dont les différents quartiers sont habités par des populations de langues et de religions diverses. Au-dessous de cette ville se recourbe au S. le grand fleuve. Il arrose la capitale de la Hongrie, qui se compose des villes jumelles Buda-Pest. Buda, sur la rive droite, étouffée entre le fleuve et la montagne, est la cité administrative ; elle s'étend en un long faubourg vers le N. jusqu'à O. Buda (Alt-Ofen), l'Acincum des Romains, où l'on a trouvé de nombreux débris des monuments du Peuple-Roi. Pest au contraire étend à l'aise sur un terrain plat ses nombreux palais, séjour de l'aristocratie magyare. La pierre qui sert aux constructions et qu'on trouve en abondance aux environs est semblable au calcaire de Paris. Pest est aujourd'hui le foyer de la nationalité hongroise, ses musées sont magnifiques ; son université, transférée de Buda par Joseph II en 1789, compte autant d'étudiants que celle de Berlin. Son industrie est très active ; son commerce, alimenté par les mille voitures qui y accourent aux marchés hebdomadaires, par les chemins de fer qui y convergent de tous les points cardinaux et surtout par les vapeurs qui remontent et descendent le fleuve, prend d'année en année une importance dont il est difficile de prévoir les limites. Malgré la grande misère et la forte mortalité qui déciment la population, Pest est une des villes d'Europe dont le chiffre d'habitants s'est le plus rapidement accru. Avec ses deux ponts sur le Danube, la double ville rappelle Prague ; le palais de Bude a joué un grand rôle historique, il a été assiégé vingt fois dans les trois derniers siècles.

Au-dessous le Danube forme la grande île Czepel, puis s'étend librement dans une plaine marécageuse ; son courant se porte principalement à droite et ronge chaque année de 4 à 5 mètres le rivage, qui recule sans cesse. Duna-Földvar et Paks sont d'importantes escales. Mohacz, située au milieu de marécages, est célèbre par deux grandes batailles : dans la première, le 29 août 1526, le roi Louis de Hongrie y fut occis avec 7 évêques et 16 000 hommes, la fleur de la noblesse hongroise; dans la seconde, Charles de Lorraine, le 12 août 1687, remporta la victoire et arracha pour toujours aux Turcs la terre magyare. L'île Margitta, vaste marais situé en face, finit à Batina où débouche le canal François qui abrège la route entre la Tisza et le Danube. A Apatin (rive g.) on remarque les restes, élevés de 4 mètres, d'un retranchement construit par les Romains entre le Danube et la Theiss, le Römer-Schanze.

Les eaux de la Drave poussent le Danube vers l'E., mais il reprend la direction du S. près de Dalya, à Vukovar, il tourne à l'E. et longe le pied de la montagne de Vrdnik, célèbre par ses vergers et ses vignes. O-Palanka et Uj-Vidék (Neusatz) presque complètement détruite en 1849, sont situées sur la rive gauche; en face de cette dernière, dans une boucle curieuse du grand fleuve, se trouve Petrovaradin, célèbre place forte, dominée par une citadelle perchée sur une colline qui domine le Danube de trois côtés. Sous les murs de cette place le prince Eugène battit les Turcs le 5 août 1716. Carlovic (Karlowitz) est célèbre par la paix du 26 janvier 1699, qui donna à l'Autriche la Hongrie et la Transylvanie, et par son vin rouge. Szlankemen (rive dr.) rappelle la victoire du margrave Louis de Bade sur les Turcs en 1691. En face se trouve aujourd'hui le confluent de la Tisza, qui était autrefois à Titel au N. et qui est peu à peu repoussé vers le S. La grande rivière hongroise entraîne le Danube dans sa course vers le S. jusqu'à Zemoun, au-dessous de laquelle tombe la Save, dont l'impulsion l'emporte et impose au courant la direction de l'E.

Zemoun, que les Allemands appellent Semlin, est entièrement serbe : son commerce principal est avec la Turquie ; elle dépend politiquement de l'Autriche-Hongrie. Dans sa forteresse de Zigeunenberg, qui est en ruines, mourut Jean Hunyadi, le chevalier blanc de Valachie.

La Save sépare l'Autriche du nouveau royaume de Serbie.

Belgrade (en serbe Beograd, en hongrois Nandor-Féhérvar) a été depuis l'époque romaine (Singidunum) la clef de cette partie du bassin danubien. Jean Hunyadi la défendit en 1455 contre Mohamed II. Soliman le Grand l'emporta en 1522; Maximilien de Bavière en 1688; les Turcs la reprennent en 1690, la reperdent en 1717, y rentrent par la paix de Belgrade en 1739. Laudon les expulse en 1789; mais ils la recouvrent pour la laisser aux Serbes qui en forcent les portes en 1806 et en 1813. Vassale jusqu'en 1871 des Osmanlis, elle a été évacuée définitivement en 1867 et garde avec un soin jaloux les routes de la péninsule. La « ville blanche » a laissé tomber en ruines les mosquées, souvenirs détestés de la domination étrangère. Le quartier turc est complètement délaissé ou transformé; l'immigration slave, roumaine et allemande est assez forte dans la ville. Belgrade est entourée de solides murailles bastionnées, mais n'a pas de forts détachés.

En aval de cette ville, le Danube reçoit le Temes; ses deux rives présentent toujours le même contraste des monotones plaines d'alluvions sur la gauche, et des belles collines boisées ou tapissées de vignes sur la droite; il baigne la ville de Semeredevo, place forte serbe, des collines sur lesquelles s'élève Posarevatz (Passarowitz), célèbre par la paix de 1718. A Uj-Palanka commence le défilé célèbre pratiqué par les eaux à travers les contreforts des Balkans et des Carpathes, la *Clissura* du Danube. Basiaz est le terminus actuel du railway de Pest. Alt-Moldova est dominée par des roches de 600 mètres, riches en mines de cuivre et d'argent. Puis le courant lèche la base du rocher qui porte les ruines imposantes de la forteresse Golubacz (rive dr.) que regarde de l'autre rive un autre burg ruiné. Les roches abruptes, les écueils mugissants se succèdent ensuite sans interruption et nécessitent souvent un transbordement des passagers et des marchandises. La porte de Kasan est une des plus caractéristiques : large seulement de 165 mètres, profond de 60, le fleuve se tord en remous dangereux. Les Romains y avaient suspendu sur la rive droite une route hardie, chemin de halage et voie militaire. On distingue encore les trous où étaient scellées les barres de fer qui retenaient cette grandiose corniche. C'est à Dubova, un peu au-dessous, que le Danube est le plus étranglé; il n'a que 112 mètres de rive à rive; enfin sur la rive droite, en face d'O'Gradina, reste gravée dans le roc la célèbre table de Trajan, monument justement respecté du César dompteur du Danube, dont les travaux nous étonnent encore.

Orsova est la dernière ville de Hongrie située sur le bas du Danube; elle est habitée en majorité par des Roumains et est fortifiée. Au-dessous commence la fameuse Porte de fer. Large de 195 mètres, longue de 2340, elle n'a pas l'aspect imposant de la porte de Kasan, mais les écueils y sont plus effrayants; le transit est absolument interrompu, sauf pendant quelques mois et pour des bateaux à fond plat. Trajan avait commencé un canal pour tourner cet obstacle. Abandonné par Adrien, ce travail nécessaire n'a jamais été repris, et aujourd'hui encore les rivalités politiques laissent subsister ce triste état de choses.

Le Danube n'est plus qu'à 39 mètres au-dessus de la mer quand il échappe à ce défilé, l'altitude est de 100 mètres à son entrée dans la seconde plaine hongroise.

**Affluents de gauche du Danube hongrois.** — Le troisième bassin du Danube présente cette particularité que les rivières très nombreuses qui l'arrosent se réunissent presque toutes avant de tomber dans le fleuve, celles de gauche à la Tisza, celles de droite à la Drave et à la Save avant d'arriver au fleuve. Il en résulte que ces grands affluents ont une importance, une longueur et un volume qui les classent parmi les plus grands cours d'eau de l'Europe. Le Danube reçoit à gauche la Tisza et le Temes.

La Tisza. — Née sur les plateaux de Transylvanie, la *Tisza* (Theiss) est entièrement hongroise. Ses deux sources, la *Fejér Tisza* (blanche) et la *Fekete Tisza* (noire) sortent des Carpathes dans le comté de Marmaros, arrosent Szigeth qui fait un grand commerce de denrées agricoles, et s'engage dans le défilé de Huszth dont l'entrée est gardée par une petite forteresse. Cette première partie du bassin, de forme elliptique, est une des forteresses naturelles de la Hongrie et d'une grande richesse minérale. Au delà la grande rivière entre dans la plaine, qui occupe le fond desséché de l'ancien lac hongrois. Elle suivait, dit-on, la base des montagnes de Transylvanie, mais peu à peu elle a été reportée vers l'O., soit par la poussée des affluents remplis de sables et de boues qu'elle reçoit des montagnes, soit l'effet de la rotation de la terre. De tous les cours d'eau d'Europe, la Tisza est celui qui parcourt le plus capricieusement les plaines de son bassin; ce ne sont partout que fausses rivières, marécages, bras où le courant tantôt se porte avec violence, tantôt ne laisse pénétrer que quelques eaux dormantes. On remarquera que tous les grands changements de direction du cours de la Tisza correspondent à un confluent, et que toutes les rivières secondaires se jettent dans la rivière principale par un angle assez aigu. C'est la propriété de toutes les rivières à alluvions. La Tisza était célèbre par ses poissons qui formaient, disaient les Hongrois, les tiers de son volume. Mais la quantité en a considérablement diminué depuis que les ingénieurs, en coupant la plupart des isthmes naturels formés par la rivière, ont raccourci la longueur de la ligne fluviale de près de 150 kilomètres, et par conséquent augmenté la force du courant. On dit aussi que les eaux de la Tisza étaient en partie salées par les cargaisons de sel gemme qui descendaient au Danube sur des bateaux à fond plat, et souvent même coulaient à pic. Les Sterlets remontaient de la mer Noire jusqu'au cœur de la Hongrie pour y déposer leur frai. Aujourd'hui, la rivière endiguée, raccourcie, est en lutte constante avec les obstacles qu'on lui a opposés et se venge par de terribles inondations. Néanmoins, l'œuvre de rectification commencée en 1845 par le comte Czéchenyi, et exécutée surtout par l'ingénieur architecte Wasarhelyi, a eu pour résultat de supprimer une partie des marécages; et si la quantité prodigieuse de gibier qui pullulait dans ces régions a diminué, on y a gagné une notable décroissance des fièvres putrides. En somme, les dégâts plus grands aujourd'hui des inondations excessives sont plus que compensés par la conquête de plus de 16 500 kil. carrés arrachés aux marécages. On appelle Alföld l'immense plaine hongroise partout pareille à elle-même, d'une fertilité prodigieuse, mais mal cultivée; la Puszta désigne les landes marécageuses qui s'étendent principalement entre le Danube et la Tisza.

La Tisza court d'abord à l'O. jusqu'au confluent du Szamos, qui la rejette au N.

Le *Szamos* a un cours extrêmement sinueux, il reçoit en Transylvanie une multitude d'affluents, et se constitue de deux bras, le *Grand Szamos*, qui vient du N. E. et a dans son bassin Bistritz, ville forestière; le *Petit Szamos*, formé du *Szamos chaud* et du *Szamos froid*, accourt du S. O. et baigne une des métropoles de la race magyare Kolosvár (Klausenburg), et Szamos Ujvar (Armenienstadt), célèbre par la riche communauté qui y est établie; à Deéz les deux bras se réunissent, le Szamos force la muraille occidentale de la Transylvanie par de nombreux défilés, dont le principal est celui de Sibó, et arrose Szathmar Nemeti (paix de 1711).

La Tisza coule ensuite au N. jusqu'à ce qu'elle rencontre la base des alluvions accumulées par les affluents du Bodrog, qui la renvoient au S. O.; de nombreux canaux réunissent les deux rivières aussi tortueuses l'une que l'autre jusqu'à leur confluent près de Tokaj.

Le *Bodrog* vient du N. et se forme de nombreux cours d'eau dont les sources sont disséminées sur le pourtour des Berkides, et dont les vallées convergentes lui amènent les eaux et les débris de ces montagnes. Parmi ces vallées, citons celle de l'*Ung* avec Ungvar, centre commercial important, celle de la *Litorcza* avec Munkacz, qui fut, dit-on, le berceau et la première capitale de la Hongrie.

Les célèbres rochers de Tokaj dominent le confluent des deux rivières; exposés au soleil du S. E. comme notre falaise de Champagne, ils sont calcinés par la chaleur qui se transforme en un vin qui a la couleur et le prix de l'or. Les vignes de ce cru renommé ont été apportées d'Italie au douzième siècle. La Tisza coule au S. O. jusqu'au confluent du Hernad, qui la pousse un peu plus au S.

Le *Hernad* (rive dr.) arrose Eperies, tristement fameuse par les supplices des nobles magyars au dix-septième siècle, et Kassa (Kaschau), ville bien bâtie, qui centralise le commerce avec la Pologne : le débouché dans la plaine est commandé par la jolie ville de Miskolcz aux environs pittoresques.

Jusqu'au confluent du Hernad la Tisza était sur sa rive droite peu éloignée des montagnes, mais à partir de ce point elle s'en écarte de plus en plus, et bientôt commence l'espace sans bornes de la Puszta, que parcouraient autrefois les nomades magyars. C'est la basse vallée. Quelques villes sont sur le bord même du grand cours d'eau. Szonolk (rive dr.), importante par ses chemins de fer; Tisza Földvár (rive g.); Czongrad, sur un isthme en face de la bouche de la Körös; Szeged, la seconde ville de la Hongrie, que ses fortifications n'ont pu défendre contre le fleuve en 1879, est devenue rapidement un centre commercial de premier ordre; elle couvre un espace immense de ses maisons et magasins. Zenta rappelle la victoire du prince Eugène en 1697. Titel est à la base d'un plateau, qui du temps des Romains se trouvait à l'E. du fleuve, mais qui aujourd'hui, par suite de la poussée incessante des alluvions danubiennes, est à l'O.

Tels sont les principaux centres de population sur la ligne tortueuse de la Tisza, mais pour se faire une idée exacte du pays hongrois, on ne peut pas, comme dans la plupart des autres régions européennes, avoir recours à la division en bassins : la Hongrie échappe à la loi commune. Sur ce sol horizontal, où les chemins de fer ont précédé les routes, les villes ou plutôt les nombreuses agglomérations de maisons se sont développées suivant des lois spéciales, tout autres que celles de la formation des centres de culture ou d'industrie de l'Europe occidentale.

Ainsi entre la Tisza et le Danube, Eger (Erlau) et Gyöngyös, à la base des montagnes du Mátra, Czegled à la fourche de deux lignes capitales de chemins de fer, et Nagy-Körös en pleine Puszta, atteignent un chiffre d'habitants qui les classeraient en France parmi les chefs-lieux de département. Kecskemét, qui semblerait ne devoir être qu'un hameau comme nos bourgs des Landes, est plus peuplée que Clermont-Ferrand, et comme cette ville est renommée pour la robuste constitution de ses conscrits. Szabadka, que les Allemands désignent sous le nom de Maria-Theresiopel, est la troisième ville du royaume de Saint-Étienne ; elle égale Angers, quoique son industrie soit encore peu développée. Enfin Zombor prospère parce qu'elle est située sur le canal François et commande ainsi le transit entre la Tisza et le Danube.

Dans sa vallée inférieure la grande rivière de Hongrie reçoit la Körös et la Maros. La *Körös* est formée de trois cours d'eau : le plus septentrional et le plus direct est la *Körös rapide* ou *Sebes Körös* qui, au débouché des montagnes natales, baigne la ville importante de Nagy-Várad (Gross-Wardein), ancienne place forte, aujourd'hui déclassée. La *Blanche* et la *Noire* se réunissent à Békés. Au N. de Nagy-Varad s'étendent dans l'immense Puszta les maisons de Debreczen, un des plus grands villages du monde, dont la population égale celle de Poszony (Presbourg). C'est la seconde cité commerciale du royaume.

La *Maros* (Mieresch) traverse de part en part le plateau de Transylvanie. Ses sources sont voisines de celles de l'Aluta, mais elle se dirige au N., perce les montagnes de nombreux défilés et est rejetée au S. O. par les contreforts de la Pietrosza. Maros-Vásárhely est la grande ville de la région. Elle fait un grand commerce de vins et de tabacs. En aval, la Maros reçoit du N. l'*Aranyos*, qui lave les mines de sel du beau cirque de Thorda. Du S. arrive la *Küküllö* (Kokel), dont la vallée a tant souffert en 1849 des cruautés russes : près de Segesvár a disparu le poète Petöfy. Megyez a joué un grand rôle dans l'ancienne histoire du pays. La Maros s'ouvre une nouvelle brèche près de Karoly Fehervar (ville blanche de Charles) que domine une citadelle, et dont l'amphithéâtre de collines nourrit un des vins les plus généreux de la Hongrie. C'était le Reims et le Saint-Denis au temps héroïque des grandes guerres contre les Turcs. La *Strel* arrive de gauche par une vallée perpendiculaire, chemin facile vers la Valachie, elle tombe en amont de Deva, ancienne place forte ruinée en 1849. A partir de Zám, la Maros, très grosse, sert de limite entre le Banat et la Hongrie ; toute sa vallée, longée par un chemin de fer, est dominée par des coteaux où mûrissent des vins renommés : le dernier promontoire des Alpes de Transylvanie est connu de tous les gourmets : c'est le Menes. Enfin Arad, où commence la grande navigation, nœud important de chemin de fer, est la clef véritable de ce bassin. Elle est encore fortifiée, et son commerce est des plus prospères. C'est à la base des collines de Transylvanie, au N. E. d'Arad, que se trouve le village de Vilàgos, où, le 13 août 1849, l'ambitieux Görgey se vit acculé à la capitulation qui mit fin à la guerre de Hongrie.

2° La *Temes* décrit un demi-cercle presque parfait des montagnes de son origine aux marécages de sa source. Sa haute vallée (Karansebes, Lugos) ouvre un chemin commode aux portes de fer à travers la montagne (sur ce chemin Mehadia, les Bains d'Hercule, le Vichy magyar). Temesvar est au sommet, sur une dérivation de la Temes, la *Bega;* c'est une ville forte de première classe, entourée d'une triple enceinte; elle est traversée en tous sens par de profonds canaux navigables. La Temes gagne le Danube par de nombreuses coupures; le bras principal finit au-dessous de Pancsova.

**Affluents de droite du Danube hongrois.** — Le Danube reçoit dans son troisième bassin la Drave et la Save qui coulent de l'O. à l'E., la Morava qui vient du S. — Les deux premières sont très remarquables : parallélisme presque absolu, longueur à peu près égale, grande importance commerciale et militaire. La lutte des races est très vive dans leur bassin.

Le *bassin du lac Balaton* occupe le vaste espace triangulaire qui s'étend entre les monts Bakony et Somogy. Le beau lac allongé du S. O. au N. O., coupé par le promontoire volcanique de Tchany, est un reste de l'ancienne mer hongroise; ses rives sont fort basses au S., et le surplus des eaux s'écoule par la rivière *Sio*. Ses bords ont été en partie desséchés, il nourrit un poisson semblable à la perche, le fogas, qui n'existe nulle part ailleurs. Entre le lac et le fleuve s'élève la ville de Székes-Fejervar (Albe Royale, Stuhlweissenburg), Panthéon des anciens rois de Hongrie, qui est redevenue, grâce à ses chemins de fer, un centre commercial important.

La DRAVE (*Drau, Dravus*) prend sa source à 1228 mètres dans le Pusterthal oriental, près du col de Toblach, et coule à l'E. dans des gorges romantiques, perce la cluse autrefois fortifiée et débouche dans la plaine de Lienz, où elle reçoit un affluent qui tombe du pic des Trois-Seigneurs, l'*Isel*, trois fois plus considérable qu'elle-même. Reprise par les montagnes à partir d'Ober-Drauburg, la rivière se glisse par un cours très sinueux au pied d'un contrefort des Tours et des Alpes Carniques, et arrose tour à tour l'Ober-Drauthal et l'Unter-Drauthal, qui débouche à Villach. Cette ville est très importante au point de vue stratégique : au pied du col de Tarvis, au confluent de la *Gail*, elle commande la bifurcation des lignes du Brenner et de Trieste.

Elle passe ensuite par la vallée des Roses, au pied des Karavankas; à gauche, dans un bassin latéral, s'élève Klagenfurt, capitale de la Carinthie, dont les murailles ont été détruites par les Français en 1809. Elle est unie par un canal au lac de Wörth, situé à l'O. et dont les eaux grossissent la *Glan* pour rejoindre la rivière principale par la *Gurk* (col de Neumarkt). A Unter-Drauburg tombe

(r. g.) la belle *Lavant*, qui arrose une magnifique vallée, le jardin de la Carinthie.

A partir de Marburg, la Drave quitte les montagnes; sa vallée n'est plus aussi belle, ses bords deviennent marécageux, son lit est coupé d'îles ; elle laisse à droite Varazdin, la seconde ville de Croatie, mais trop éloignée du chemin de fer.

Après le confluent de la Mur, qui entraine la Drave dans la direction du S. E., la rivière coule entre des bords peu élevés, dans un lit trop grand, à travers des régions noyées, monotones, peu habitées. La seule ville qui soit sur ce long parcours est la capitale de la Slavonie, Osjek (Eszek), place forte. Érigée en métropole de la Basse-Pannonie par Adrien, sous le nom de Mursa Aeliana, conquise par le prince Eugène, elle est un des centres du commerce des grains et des bestiaux. Sa population devient de plus en plus slave. Elle a des filatures de soie, et est le port d'attache des bateaux à vapeur qui remontent la Drave.

Le principal affluent de la Drave est la *Mur*. Cette rivière prend sa source dans les Tours de Radstadt et ses bras supérieurs forment, sur le flanc méridional de ces montagnes, la région tourmentée du Lungau. Elle arrose Saint-Michel, Judenburg, charmante bourgade enclos de vieux murs. Leoben, célèbre par l'armistice de 1797, aujourd'hui ville de mines. Bruck, au confluent de la *Mürz*, à l'angle que fait la Mur pour prendre la direction du S. au carrefour des routes de Vienne et de Graz. Cette rivière prolonge le cours de la Leytha et ouvre le Semmering.

Le coude brusque que fait alors la Mur est exactement le contraire de ceux que nous avons observés dans les bassins de l'Inn et de la Salse. Les eaux se portent au S. au lieu de gagner le N.; la vallée très encaissée, suivie par un chemin de fer, est animée d'un grand nombre de petits bourgs pittoresques et très actifs. Elle s'ouvre aux environs de Graz.

La belle ville de Graz (en slave Niemecki Hradek), capitale de la Styrie, est le plus grand centre de population des Alpes autrichiennes. La Mur y est à 358 mètres au-dessus du niveau de la mer, à 65 mètres de largeur, elle est traversée par quatre ponts. Cette ville industrielle a démoli ses anciennes fortifications et entoure maintenant de toutes parts son magnifique Schlossberg (120 m. au-dessus de la rivière), dont les fortifications qui dataient des Romains ont été détruites par le prince Eugène de Beauharnais. — Elle possède une Université. Graz est appelée en Autriche le paradis des anciens fonctionnaires. La vie y est meilleur marché que dans toutes les autres grandes villes. L'immense majorité de la population est catholique. La cathédrale gothique du treizième siècle a sur son portail la célèbre inscription A. E. I. O. U. A partir du confluent de la *Lassnitz*, la Mur, arrêtée par la longue croupe du Windisch Bühelu, devient à peu près parallèle à la Drave, baigne Radkersburg, ancienne place forte, et finit par plusieurs bras dans la Drave.

Le bassin de la Mur a une importance économique très grande. C'est une des régions les plus riches en fer et en houille de l'Autriche ; enfin, le grand nombre de sources minérales et de stations thermales qui sont disséminées dans les petites vallées latérales, est une cause de richesse pour la contrée.

2º La Save (*Savus, Sau*) a 710 kilomètres de longueur. Elle se compose de deux bras, l'un coule du Mangart au S. de Villach ; sa source, d'une pureté et d'une abondance remarquables, est à 483 mètres d'altitude ; et le chemin de Tarvis à Laibach le suit dès son origine. Ce bras se jette dans le petit lac de Wurzen qui lui donne son nom ; à Radmannsdorf conflue la *Save du S.* ou *Sawitza*. La rivière est alors constituée.

Sa pente, très rapide, l'emporte au S. E. ; elle débouche dans la plaine de Laibach ou Ljubljana. Cette ville, capitale de la Carniole, est assise sur les deux rives de la rivière qui porte son nom et qui tombe dans la Save à quelques kilomètres plus bas. Ses fortifications, détruites par nous en 1815, au moment où il fallut évacuer les provinces illyriennes, n'ont pas été rétablies. Les marécages des environs sont desséchés peu à peu et font place à d'admirables cultures. Un des faubourgs est bâti sur l'emplacement de la romaine Aemona. Enfin, la Sainte-Alliance a tenu un congrès fameux dans cette ville du 27 janvier au 12 mai 1821 (affaires d'Italie). Cette ville fait un grand commerce.

La *Laibach*, qui sort déjà forte des grottes du Carso, rend la Save navigable. C'est une des plus curieuses rivières qui soient au monde. Sa source est vraisemblablement la même que celle de la *Poïk*, qui s'engouffre dans les montagnes à Adelsberg, en ressort près de Planina sous le nom d'*Unz*, disparaît de nouveau dans les entrailles de la terre et enfin reparaît triomphalement par trois sources près d'Ober-Laibach.

A 40 kilomètres environ de Laibach, la Save, large de 157 mètres, profonde de 3, reçoit de gauche un tributaire remarquable, la *San*, dont la puissance est étonnante si l'on considère le peu de longueur de son cours (80 kil.). C'est la rivière de Cilli, belle petite ville que font prospérer ses eaux minérales, très appréciées déjà du temps des Romains (*Claudia Celleia*). La San a 112 mètres de largeur. A Rann, la Save reçoit la *Gurk du Sud*, riche en écrevisses : cinq de ces crustacés seraient plus longs que l'homme le plus grand. Au confluent de la *Sutlla*, qui sépare la Styrie (Autriche) de la Croatie (Hongrie), la Save peut porter des vaisseaux de 500 tonneaux. Il est vrai que les sables ou les crues arrêtent trop souvent la navigation.

Néanmoins, c'est déjà un grand fleuve qui baigne la plaine de Zagreb. Capitale de toute la Croatie, métropole des Slaves du S., cette ville a une importance politique bien plus grande que ne pourrait le faire supposer le faible chiffre de sa population (environ 20 000). Depuis 1874, elle a une université où les cours se font en langue slave. Elle refuse le nom d'Agram que lui donnent les Allemands et rêve de devenir capitale du royaume tri-unitaire de Croatie, Slavonie et de Dalmatie. — Sisek, qui fait un grand commerce de grains, a l'aspect d'un grand village; elle fut, sous le nom de Siscia, la métropole de la Pannonie. Gradisca, en face de la forteresse de Berbir, commence la série des bourgades qui ont perdu jusqu'à leur importance militaire depuis que l'Autriche a occupé la Bosnie, Brod, Bacza, Mitrowitz, etc. La seule ville qui soit un peu vivante est la serbe Shabacz, « le petit Paris », qui fait un grand commerce. Enfin Zemoun (v. plus haut) et Belgrade gardent le confluent. La Save subit de grands travaux de rectification analogues à ceux de la Tisza.

Le principal obstacle qui s'oppose au réveil de cette terre fertile, si florissante du temps des Romains, c'est le régime social et militaire imposé aux populations de ces confins militaires depuis le prince Eugène, maintenu avec âpreté jusqu'à nos jours, et à peine adouci depuis quelques années. Aujourd'hui encore, depuis Zemoun jusqu'à la mer Adriatique, se développe la ligne des confins militaires dont les habitants sont tous soldats, et dont tous les cadres administratifs sont occupés par des officiers. Ce pays se distingue du reste de l'Europe par ses communautés de familles ou zadrougas, et le caractère guerrier de ses coutumes. Un géographe allemand en a dit : « D'habitude on y forme ces corps de partisans pour la guerre de chicane, qu'on nommait autrefois Pandours et aujourd'hui Manteaux-Rouges ou Serechaner. C'est une troupe aussi brave que rude, mais beaucoup moins barbares que les zouaves et les turcos[1] ». Ceux des Hongrois qui se souviennent de 1848 et des horreurs commises par les Croates du ban Jellachich auront peine à s'associer à cette dernière affirmation germanique.

Les affluents de la Save dans la plaine sont importants à droite : ce sont la Kulpa, l'Unna, le Verbitza, la Bosna et la Drinna. Ces cinq cours d'eau coulent généralement dans des gorges profondes à travers les montagnes de la péninsule des Balkans. Elles ouvrent toutes des routes plus ou moins faciles du N. au S.; leurs richesses

---

1 Daniel, *Haadbuch der Geographie*, II, p. 644.

naturelles sont grandes, mais ne sont pas encore suffisammer exploitées.

La *Kulpa* reçoit par des canaux souterrains les eaux du plateau de Capella, devient navigable à Karlstadt, ville à l'aspect misérable qui est pourtant la plus commerçante de Croatie.

L'*Unna* limite la Croatie autrichienne de la Croatie turque, ell coule au pied du plateau de Capella, baigne la petite place forte d Bihatsch (r. dr.), devient navigable près d'Ostrowatz et à No (r. dr.), reçoit la *Sauna* dont la vallée est remontée par un che min de fer.

La *Verbitza*, au cours supérieur très encaissé, arrose la petit forteresse de Jaitze, célèbre dans l'histoire nationale des Serbes e après avoir baigné Banialouka, qui sera bientôt joint par un che min de fer à Zagreb et deviendra un important marché agricole entre dans la plaine de la Save.

Très tortueuse, la *Bosna*, qui a donné son nom à la contrée arrose Serajevo, que les Turcs appelaient Bosna-Seraï et qui étai placée sous la protection spéciale de la sultane mère. Cette vill a été jusqu'à ces derniers temps la citadelle du fanatisme ottoman La rivière laisse à gauche la jolie ville de Travnik, ancien chef-lieu à Zenitza commence aujourd'hui la voie ferrée qui passe la Sav à Brod; Zebsche, qui commande un coude important de la ri vière, fait du commerce. Près de Delvi, la Bosna débouche e plaine.

La *Drina* descend du Dormitor et reçoit un affluent très long, l *Tara*, qui parcourt la longue vallée orientale du Montenegro, qu semble une courbe du Jura. De Fotscha à Visegrad, la rivière s creuse un chemin à travers des cluses remarquables. Elle y reçoi le *Lim*, qui coule du ballon puissant du Kom et sépare la Bosni des provinces restées à la Turquie. A partir de Visegrad, la Drin prend la direction du N., sert de limite occidentale à la Serbie devient navigable au-dessous de Baczevitza, arrose Svornik, enceinte de vieilles murailles qui a perdu son ancienne valeur stratégique, elle entre dans la plaine et se partage en plusieurs bras sa basse vallée est très marécageuse.

La Bosna et la Drina ont eu beaucoup d'importance dans le guerres du dix-huitième siècle. Elles étaient plus grosses et plu régulières que de nos jours. Le déboisement a produit dans cett région les mêmes ravages que dans nos Alpes françaises, et l climat lui-même de ces vallées est devenu beaucoup plus âpre.

3° LA MORAVA. — La vallée de la Morava ouvre perpendiculairement au Danube, à travers les montagnes de la Serbie, une rout tantôt fort large, tantôt très resserrée, qui est appelée à un éclatant avenir : ce sera le grand chemin international de Constantinople à Vienne, lorsque les Serbes auront consenti à y laisser construire les chemins de fer qu'ils se sont si longtemps obstinés à refuser.

Deux rivières du même nom se réunissent pour former la Morava ; l'une vient du S., l'autre de l'O. La première est la *Morava bulgare*, elle coule du Kara Dagh, longue croupe allongée qu'elle contourne, et entre sur le territoire actuel de la Serbie (1878) au-dessus de Vranja. Elle arrose Pritchevatz, Grabovitza, laisse à gauche Leskovatz et à droite Nissa, l'ancienne Naïssus où est né Constantin, aujourd'hui principale place d'armes des Serbes, sur la *Nissava*, rivière tortueuse qui vient de l'E. Alexinatz, au-dessous de l'ancienne frontière, est célèbre par les combats terribles que les Serbes et les volontaires russes y ont soutenus contre les Turcs en 1876. Près du défilé de Stalati, au pied de la magnifique pyramide crétacée du Rtani, qui semble taillée de main d'homme, conflue l'autre cours d'eau.

La *Morava Serbe* vient du S., et sort du mont Javor-Golia-Planina, passe dans une vallée peu cultivée, vrai cul-de-sac formé par la montagne qui se trouve à l'origine du bassin, reçoit la *Djelinja* qui arrose Ouchitza, une des places fortes occidentales de la Serbie. La Morava coule alors au S. O.; sa vallée très fertile, assez large, ne produit pas encore tout ce qu'elle pourrait donner. Près de son confluent, elle laisse à droite, sur une colline, Kroujevatz, ancienne capitale du royaume serbe au moyen âge. Cette ville avait alors, dit-on, huit lieues de tour.

La Morava serbe est grossie d'un affluent beaucoup plus important qu'elle-même, l'*Ibar* ; cette rivière court d'abord de l'E. à l'O. entre des montagnes dénudées et arrose Mitrovitza, où elle reçoit à angle droit la *Sitnitza*. Ce cours d'eau est, après la Morava bulgare, le plus important à l'O. de la péninsule des Balkans ; il arrose à droite le tragique Champ des Merles, où Amurat II détruisit le royaume serbe en 1389 et mourut le soir de la bataille sous le poignard de Milosch Kabilovitch. Le chemin de fer de Salonique s'arrête aujourd'hui à Mitrovitza : le grand courant commercial remonte aujourd'hui la rivière, il la descendra au grand profit de la Serbie, si celle-ci veut y consentir. — L'Ibar longe à droite la belle montagne du Kapaonik, qui domine toute la plaine méridionale.

La rivière formée des deux Morava réunies arrose Parachin, laisse à droite Jagodina, à l'E. de laquelle se cache dans les montagnes Kragoujevatz, qui a servi de capitale à la Serbie militante et conservé l'arsenal de ce petit royaume. Elle finit au-dessous de Smeredovo. Nul affluent important ne la grossit.

34.

### Quatrième bassin du Danube, ou Danube romano-slave.

**Ceinture.** — Le quatrième bassin du Danube est une grande plaine que limitent au N. les Alpes de Transylvanie, au S. le système des Balkans. Nous avons étudié en détail les premières montagnes. Le Balkan est une grande barrière qui s'étend parallèlement au fleuve à 125 kilomètres environ, et dont l'importance militaire a été attestée par les guerres de 1829 et de 1877.

Le massif originel est le Kara Dagh (montagne noire), qui se dresse entre les bassins de la Morava, du Vardar qui gagne le golfe de Saloniki, et de la Drina occidentale qui rejoint l'Adriatique par le lac Scutari. De cette montagne partent à l'E. la Dovanitza, le Rilo Dagh et le Kadir Kepe, borne angulaire de la Bulgarie et des deux Roumélie. Tandis que le Despoto Dagh ou mont Rodope se dirige au S., une crête très faiblement accentuée relie le Kadir Kepe au Balkan proprement dit, dont les diverses sections portent les noms d'Etropol, de Kotcha, de Chipka et de Kutchuk, qui se prolonge au N. E. par les monts de la Dobroutcha, à l'E. par le mont Emineh qui se termine dans la mer Noire par le promontoire de ce nom.

**Cours du fleuve.** — A partir d'Orsova, le Danube décrit une vaste courbe au N. E., il ronge sa rive droite et laisse au contraire de grands marécages se former sur sa rive gauche. La rive droite est ainsi dominante presque partout, circonstance favorable aux Turcs dans leurs guerres défensives. Pas un pont n'existe dans toute cette section du grand fleuve, aussi le passage a-t-il été de tout temps une opération extrêmement difficile. Les villes ont été en grande majorité bâties sur les deux rives de façon à se regarder d'un bord à l'autre; il est rare que l'importance des deux voisines soit égale. La premier couple que l'on rencontre en descendant le fleuve est celui de Kadova et Turnu Severinu; cette dernière ville doit son importance toute moderne au chemin de fer qui y débouche à la Porte de fer. C'est le port d'expédition d'une partie de la petite Valachie. L'embouchure du Timok marque le commencement de la rivière bulgare. Le Danube est limité entre le nouveau royaume de Roumanie et la principauté récemment affranchie de Bulgarie. Nous trouvons sur ses bords Widin et Kalafat. La première est une place forte importante défendue par des marécages, une citadelle et une île fortifiée.

Arzer Palanka et Lom Palanka (rive g.) n'ont pas de vis-à-vis. Cette dernière est le principal port d'expédition des cuirs, vingt nations y ont des représentants. Au confluent du Jiul (Chyl) il n'y pas de ville importante, mais au-dessous du confluent de l'Olto (Aluta) se trouvent Nikopoli et Turnu-Magurelli. La première est dominée par des montagnes pittoresques avec une citadelle élevée qu'un mur relie au fleuve ; près de là s'étend le champ de bataille où Bajazet, en 1396, fit prisonnier Jean sans Peur, comte de Nevers. Sistova (Szwisztow) est bâtie en face de Zimnitza, au point le plus méridional du Danube. Cette ville bulgare est dans une situation stratégique qui lui a fait jouer un grand rôle dans l'histoire ; en 1791 y fut signée la paix entre l'Autriche et la Porte ; en 1877, les Russes y ont forcé le passage du Danube ; à Zimnitza aboutit le chemin de fer de Bukarest. Routchouk est en face de Jiurgevo. De Routchouk part le chemin de fer de Varna. Tourtoukaï est peu important, mais Oltenitza, près du confluent de l'Argis, grandit chaque jour en richesse. Silistria, qui n'a en face d'elle que des marécages, est célèbre par son rôle militaire, en 1854 surtout, où les Russes ont appris à leurs dépens la force de résistance que pouvaient opposer des ouvrages en terre improvisés, leçon qu'ils devaient mettre à profit au siège de Sébastopol.

Le Danube rencontre au-dessous de Silistria les montagnes de la Dobroutcha, massif granitique peu élevé (500 m.), mais qui paraît néanmoins assez imposant, grâce à l'horizontalité des plaines de la rive gauche. Rassova est située au point où le Danube tourne au N. Hirsova commande un rentrant du fleuve vers l'O.; Matchin, un autre coude, au pied d'une colline remarquable.

Toutes ces villes sont sur la rive droite ; à gauche s'étendent d'immenses marécages dont la largeur est de 30 à 40 kilomètres, le fleuve y promène ses canaux d'une manière capricieuse, créant des lacs qu'il délaisse ensuite. C'est une région qui est à l'état de transition géologique. Toute la plaine de Valachie semble avoir été ainsi formée aux dépens des Carpathes et des Balkans. A Braïla (rive g.) les divers bras se réunissent en un lit unique, puis le fleuve rencontre le Sereth qui vient du N. et qui le repousse dans la direction de l'E.; il arrose Galatz (rive g.), troisième centre de population de la Roumanie, principal port d'expédition des céréales. C'est après Buda-Pest la ville du Danube dont l'accroissement a été le plus rapide dans ces dernières années. Au N. de Galatz s'étend le grand lac Bratych, formé par le Danube et son affluent gauche le Pruth.

Au delà de cette rivière, le fleuve sert de limite depuis 1878 entre la Russie et la Roumanie. Reni à gauche, Isaktchi à droite, prospèrent de jour en jour. A Toultcha commence actuellement le delta. Au N. la *branche de Kilia*, la plus forte, arrose Ismaïl que Souvorov emporta et détruisit en 1790, et Kilia, place forte démantelée depuis qu'elle n'est plus entre les mains des Turcs. A Vilkovo, la branche de Kilia se sépare en une multitude de bras bourbeux qui se perdent dans la mer Noire.

La branche du Sud appartient tout entière à la Roumanie, depuis que les Russes ont forcé cet État, en récompense de ses cruels sacrifices de 1877, à accepter la malsaine Dobroudja en échange de la lisière de la Bessarabie. On l'appelle *bras de Saint-Georges*; très tourmentée, très inégale, elle traverse une région où le littoral fluvial se distingue par des marécages qui l'avoisinent. Quant à la branche intermédiaire, elle se détache du bras de Saint-Georges au-dessous de Toultsche et se termine à Soulina. Neutralisée par le traité de Paris en 1856, la *branche de Soulina* a été confiée à une Commission européenne, établie à Galatz, dont les pouvoirs ont été prorogés pour douze ans, de 1871 à 1883. Cette commission a si bien aménagé le bras du fleuve qu'elle a assuré un tirant d'eau de 5 à 6 mètres : le développement de la navigation est prodigieux ; de 325 000 tonneaux en moyenne, il est monté à 800 000. Cette commission souveraine, dont les finances sont prospères, a rendu les plus grands services à l'Europe.

Au large des bouches du Danube se trouve l'île des Serpents, élevée de 40 m. au-dessus de la mer. Les Grecs l'appelaient l'île Blanche (Leuke). Le nom ancien était aussi juste que le moderne.

Cette large vallée d'alluvions du Danube inférieur est une des voies historiques de l'humanité. Les grandes migrations se sont presque toutes faites par là. Les Romains avaient fortement occupé la ligne fluviale et choisi en arrière des retranchements. Ainsi un grand mur bouchait la base de la Dobroutcha entre le Danube et la mer, sur le parcours même du chemin de fer de Tchernavoda à Kostendjé. En arrière, le mur des Balkans complétait la défense.

**Affluents du Danube dans le quatrième bassin**. — Les rivières qui grossissent le Danube dans le quatrième bassin lui arrivent à gauche des Carpathes, à droite des Balkans, elles ont une grande importance militaire. Les principales sont à gauche le Chyl, l'Aluta, l'Ardjis, la Jalomitza, le Sereth et le Pruth ; à droite, le Timok, l'Isker, la Wid, la Jantra, le Lom et le Taban.

Gauche. — 1° Le *Chyl* ou Jiul vient de Transylvanie par la passe de Vulkan et arrose la plaine de Craiova, capitale de la petite Valachie, dont le commerce est très actif ;

2° L'*Aluta* (Olto) a son bassin supérieur en Transylvanie avec des villes comme Kronstadt (Brasso) fondée par les chevaliers Teutoniques en 1213 ; c'est la ville la plus riche et la plus active de Transylvanie, comme il convient à la capitale du Burzenland. Elle est bâtie au fond d'un entonnoir de montagnes ; tout au contraire

Nagy-Szeben ou Hermanstadt, est fièrement campée sur le sommet d'une colline avec ses tours, ses remparts gothiques et ses trois faubourgs habités par les Roumains. Dans les environs, Salzburg (Bizakna). avec ses richesses minérales. L'Aluta sort de Transylvanie par le défilé de la Tour Rouge ; traverse une contrée sauvage, que les dévastations dont les forêts sont victimes rendent plus triste encore, arrose Rimnik, aussi belle que la Salzburg d'Autriche, Slatina, et laisse à droite Karakal, si riche en souvenirs romains.

3° L'*Ardjis*, au débouché des montagnes, est dominé par la fameuse chartreuse Kurtea d'Ardjis, une des métropoles religieuses de l'Église roumaine. A gauche la vallée latérale du Tirgouloui, qui recueille les eaux minérales célèbres de Kimpolung, débouche à Pitechti qui fait un grand commerce. On a imposé au chemin de fer un détour considérable pour la desservir. Le torrent, devenu rivière, tombe à Oltenitza, qui est un des ports de Bucarest et son lazaret. — L'Ardjis reçoit la *Dombovitza*, qui arrose la ville Joyeuse, Bucarest (Bukureschiti), le Paris de l'Orient, capitale du royaume Roumain, dominée de ses quatre cents clochers aux ornements d'étain, égayée par des massifs d'arbres ; ce n'est plus le gros village d'avant la guerre de Crimée : c'est une grande capitale moderne, au moins dans ses nouveaux quartiers. Pourquoi faut-il que le climat en soit si rude ! — L'Université nationale y a été inaugurée le 26 décembre 1869 ; mais la véritable école de la jeunesse Roumaine est Paris.

4° La *Jalomitza* trouve au pied des montagnes la ville déchue de Tirgovitchea, mais un affluent de gauche baigne le marché florissant de Ploiechti au croisement du chemin de fer qui longe les Carpathes au S. et de celui qui les traverse.

5° Le *Sereth* sort du flanc oriental des Carpathes en Bukowine, échappe aux montagnes par un cours semi-circulaire et arrive à Sereth sur la frontière moldave; il coule alors du N. au S., suivi à droite par la ligne de rocade des Carpathes, arrose Roman, Bakan, laisse à droite les deux Fokchany qui se fondent en une grande ville. Il reçoit à gauche le *Berlat*, qui arrose la ville de ce nom, grand entrepôt de grains ; à droite la *Moldava*, dont la haute vallée ouvre une route importante à travers les Carpathes, arrose Kimpolung, et a donné son nom à la contrée; la *Bistriza* traverse Piatra ; le *Busco* vient de l'O. et trouve la ville de ce nom, célèbre par ses foires de la Saint Jean.

6° Le *Pruth* enveloppe le Sereth, comme il est lui-même enveloppé par le Dniestr. Il traverse une vallée des Carpathes et arrose en Bukovine Kolomea, grand marché agricole, Smatyn et Czernovitz, capitale de la province autrichienne. Il forme ensuite la limite entre la Roumanie et la Russie, et laisse à droite Jassy et Huch. Dépouillée de son rang de capitale depuis l'Union, Iassy a conservé une grande importance commerciale par ses relations avec Kichiev et Odessa. Ses rues ont une triste réputation pour leurs boues et leur poussière. — C'est près de Huch que Pierre le Grand se fit cerner en 1711.

Affluents de droite. — 1° Le *Timok* sert de frontière à la Serbie ;

2° L'*Isker* coule du Rilo-Dagh et passe près de Sofia, nouvelle capitale de la principauté de Bulgarie, au centre des routes qui traversent les Balkans. C'est l'ancienne Sardica. Elle était déjà très forte au temps des Romains.

3° Le *Wid* arrose Plevna, illustrée par la défense d'Osman Pacha en 1877.

4° La *Jantra* ouvre la passe de Chipka, célèbre par les combats de septembre 1877, arrose Gabrova dans les montagnes et arrive à Tournov (ou Tirnova). Cette ville ancienne, capitale de la Bulgarie, domine la vallée de la Jantra, sa situation rappelle celle de Königstein dans la Suisse saxonne.

5° Le *Lom* sert au chemin de fer de Routchouk à Varna. Cette ligne actuellement la seule dans la Bulgarie dessert, dans la haute vallée de l'*Ak-Lom*, Rasgrad, place forte qui est l'avant-poste de Choumla.

Cette ville est fameuse comme la clef du Balkan oriental, elle commande toutes les routes de la région, sa position est d'une force étonnante : elle est bâtie sur un plateau escarpé naturellement et rendu presque inaccessible par les Turcs, c'était déjà du temps des Romains la principale défense des Balkans.

6° Le *Taban* baigne Basardjik qui est, ainsi que son nom l'indique, une place de commerce importante ; il finit à Silestrie.

**Résumé**. — Le Danube entraîne à lui seul autant d'eau que tous les autres fleuves d'Allemagne ; on évalue à 60 millions de mètres cubes le volume des alluvions qu'il dépose sur ses rives et à son Delta. La navigation, quoique gênée par la nécessité des transbordements à la Porte de Fer, y est si active que depuis Vukovar en Hongrie il n'existe pas de ligne latérale de chemin de fer, sauf entre Jiurgevo et Zimnitza. Les intérêts commerciaux demandent surtout l'établissement d'une ligne de rocade au pied des Balkans, la rectification de celle qui longe les Carpathes et la création de lignes perpendiculaires rejoignant le fleuve. Lorsque des chemins de fer seront construits le long du fleuve, ils auront surtout une utilité statégique.

L'histoire rapporte que les Wisigoths ont envahi l'empire Romain à la fin du quatrième siècle, en franchissant le Danube sur la glace. Les plus terribles hivers des temps modernes n'ont point gelé entièrement le grand cours d'eau. Cependant les glaces arrêtent souvent la navigation pendant les grands froids.

Les deux premiers bassins ont un climat spécial qui se rapproche de celui de l'Allemagne du Nord ; le troisième et le quatrième, un climat continental. Des hivers rigoureux, des étés brûlants, ou des nuits très fraîches succèdent à des journées étouffantes. Ces plaines qui s'étendent à perte de vue ont tour à tour pour fléau la boue et la poussière.

Le dernier bassin pour la configuration générale, la fertilité du sol, les richesses minérales et le rôle stratégique du fleuve rappellent tout à fait les caractères du bassin du Pô.

## II. — Bassin du Pô.

Le bassin du Pô, forme un échiquier d'une singulière unité. Complètement entouré à l'O. au N. et à l'E. par l'amphithéâtre des Alpes, au S. par l'Adriatique et l'Apennin, il est le champ clos où se sont le plus facilement rencontrés les Français et les Autrichiens, dans leurs luttes héréditaires dont l'Italie était le prix. Aujourd'hui que l'Italie unifiée a pris rang parmi les grandes puissances l'importance stratégique de cette contrée s'est encore accrue. Ses relations avec le bassin du Danube sont très étroites et par une remarquable symétrie les chemins naturels qui conduisent de l'un dans l'autre présentent à peu près les mêmes facilités à l'attaque qu'elle vienne du N. ou du S. Ainsi, pour déboucher en Italie les Autrichiens possèdent le bassin de l'Inn qui les amène, soit par l'Adige, soit par le Mincio, au cœur de la vallée du Pô. Les Italiens, en revanche, par la Drave, la Muhr et la Mürz (Bonaparte, 1797. Eugène et Macdonald 1809) peuvent se jeter sur les provinces centrales de l'Autriche. — Au contraire, si les Italiens attaquent par l'Inn, outre les dangers qu'une marche de flanc aussi longue peuvent faire courir à leur armée, ils ont à surmonter les obstacles des Alpes Autrichiennes et de leurs cours d'eau. Si les Autrichiens prennent l'offensive par les Alpes Carniques, ils rencontrent comme autant de fossés tous les cours d'eaux secondaires qui descendent des Alpes orientales au golfe de Venise. Ces fleuves côtiers forment au point de vue militaire une annexe du bassin du Pô proprement dit : nous allons donc les étudier d'abord. — Ils sont au nombre de six principaux : l'Isonzoo, le Tagliamento, la Livenza, la Piave, la Brenta et l'Adige.

**Bassins côtiers au nord du Pô.** — 1° L'*Isonzo* a ses source[s] voisines de celles de Save au mont Terglou, coule dans une haut[e] vallée très difficile, arrose ensuite Gorizia (Görtz) dans une heureus[e] situation au pied des montagnes, Gradisca, et tombe sous le no[m] de *Sdobba* dans le golfe de Trieste. Tout son cours appartient au[-] jourd'hui à l'Autriche; c'est pourtant une rivière italienne; c'est u[n] puissant agent géologique qui ne se jette directement dans la m[er] que depuis le moyen âge et a comblé une grande partie du golfe [où] il tombe.

2° Le *Tagliamento*, dans sa vallée supérieure, est très resser[ré] et arrose Tolmezzo; il reçoit à droite la *Fella*, qui ouvre les cols [de] Tarvis et de Fontebba. Près de Gemona il débouche en plaine [et] arrose Spilimbergo et Latisana; il se jette dans les lagunes d'Aquil[ée] qu'il a peu à peu transformées en terre ferme. Sa vallée moyenn[e,] le Frioul, est parfois dévastée de ses inondations, des digues bo[r]dent son lit, d'innombrables canaux se détachent de tous côté[s,] traversent la belle plaine d'Udine et de Palmanova et forment u[n] réseau très compliqué dont plusieurs filets gagnent directement [la] mer. Udine est le centre de la culture du mûrier et le grand marc[hé] de soie du Frioul; aux environs de Campo-Formio fut signée la pai[x] le 27 octobre 1797. Palmanova est une place forte d'une parfai[te] régularité : ses bastions dessinent exactement une croix d'honneu[r.] Elle n'a plus grande valeur et est déclassée.

3° La *Livenza* ressemble aux précédents : vallée supérieure étra[n]glée par les montagnes, au moins pour ses affluents, la *Medussa* et [la] *Zelline* (g.); vallée moyenne plate, soumise aux caprices du torre[nt,] exhaussée périodiquement par les débris roulés dans les eau[x;] vallée inférieure moitié lagune, moitié marécage, et s'étendant a[ux] dépens de la mer. La seule ville à citer est Salice, au confluent [du] Meschio. L'archiduc Jean, en 1809, profitant de ses défaites, prou[va] à Eugène de Beauharnais qu'il est plus facile de devenir vice-r[oi] que de s'improviser commandant en chef.

4° La *Piave* se glisse d'abord dans d'étroits couloirs entre l[es] Alpes Carniques et les Alpes Cadoriques. Ce sont ces montagn[es] qui l'enserrent qu'aimaient à représenter au fond de leurs tablea[ux] les grands peintres vénitiens. Elle arrose Pieve di Cadore ou Cado[re] (1797), où débouche la Strada d'Allemagna, qui suit la *Boite* et co[n]tourne le mont Antelao par le val d'Ampezzo. Arrivée à Capo [di] Ponte, elle se perce une route à travers les montagnes dep[uis] l'éboulement formidable qui l'a coupée de son ancien lit (Serrava[lle] et Vittorio). A la sortie de ce défilé se trouve Bellune (Belluno), souvent disputé pendant les guerres d'Italie, au-dessous de ce[tte] ville tombe un affluent important, le *Cordevolle*, dont la Piave s'[...]

fait un tributaire depuis qu'elle coule dans son nouveau lit. Feltre, que la rivière laisse à droite, commande un nouveau défilé et une route facile entre la Haute-Piave et la Haute-Brenta. Sorti de ce dernier étranglement, le fleuve entre dans une plaine qu'il a comblée d'alluvions et de galets, et est rejoint à gauche par son ancien lit qui arrose Conegliano (1797). La Piave est sujette à des écarts considérables ; souvent guéable, elle présente cependant de grands dangers à cause de ses crues subites; la moindre pluie suffit à la gonfler. Près de Conegliano eut lieu en 1809 le brillant combat, pour le passage de la rivière, qui rétablit la réputation d'Eugène de Beauharnais. Arrivée à une trentaine de kilomètres de la mer la Piave est canalisée. Elle est jointe par un bras artificiel au *Sile* qui arrose Trévise : armistice de 1801. Cette ville a des foires très importantes au mois d'octobre. Les chemins de fer qui s'y croisent lui donnent une grande activité commerciale. Elle a ainsi succédé à l'ancien Altinum, qui était situé un peu plus bas.

5° La *Brenta* est plus importante par les communications qu'elle ouvre dans les montagnes que par le volume de ses eaux. — Elle sort du col de Pergine et arrose le fameux val Sugana, dont le bourg principal est Levico. Cette haute vallée est autrichienne ; c'est le chemin direct de Trente à Venise ; aussi a-t-elle été vivement disputée entre Bonaparte et les Autrichiens. Elle s'engage ensuite dans un défilé d'une grande beauté, où elle trace des coudes extrêmement brusques, et en sort près de Bassano (Wurmser battu, 1796, septembre) et coule alors au S. dans une plaine qu'elle enrichit de ses irrigations ; puis brusquement tourne à l'E. Arrivée à Dolo, elle rencontre une digue puissante qui arrête ses eaux et les oblige à contourner par deux bras, la *Brenta Nuova* et la *Brenta Nuovissima*, les lagunes de Venise. Elle tombe au S. près de Chioggia, qu'on a ainsi condamnée aux fièvres paludéennes pour en préserver Venise.

De la sorte la Brenta reçoit le *Bacchiglione*, qui était autrefois indépendant. Il ouvre la route de Roveredo par le col della Fugazze dans les monts Lessini, arrose Vicence (Vicenza), le jardin de Venise, au pied du pittoresque mont Berrico, célèbre par son pèlerinage. C'est un nœud important de chemin de fer. En aval de cette ville tombe l'*Astico*, qui arrose dans les montagnes la curieuse région des Sept Communes, Sette Communi, colonies allemandes qui remontent, dit-on, à l'époque où les Thuringiens furent expulsés par Clovis après Tolbiac. — Padoue, patrie de Tite-Live, Padova la Dotta, ancienne rivale de Venise, et capitale de la terre ferme, est célèbre par le siège infructueux de Maximilien en 1509. Son Université fondée en 1228, trois ans avant la mort de saint Antoine de Padoue (Dante, Pétrarque, le Tasse, Galilée, etc.), son hôtel de ville, ses admirables monuments en font une des villes les plus belles d'Italie. Elle serait la plus importante du N. E. si Venise n'existait pas.

Venise est située au N. des lagunes que contourne la Brenta. Ces lagunes sont séparées de la mer par des flèches de sable ou Lidi percées de trois étroites ouvertures, le porto de Lidi, le porto di Malamocca, et le porto di Chioggia ; un môle énorme protège le Lidi contre les flots de la mer. Il a près de 15 kilomètres de long, 16 mètres de largeur, 10 de hauteur. Un viaduc de 222 arches réunit Venise au continent (chemin de fer de Milan et aqueduc). Cinq forts détachés entourent la ville.

Venezia la Dominante, comme l'appellent les Italiens, fut à son apogée à la fin du quinzième siècle ; au seizième siècle, elle jouait encore un rôle prépondérant : ses ambassadeurs rapportaient des cours de l'Europe, des Relazzioni qui sont une des sources les plus précieuses de l'histoire moderne. A mesure que grandissent l'Espagne et le Portugal, grâce au commerce des Indes, Venise diminue d'importance. Bonaparte la livre à l'Autriche par le traité de Campo-Formio, l'annexe en 1806 au royaume d'Italie ; elle est reprise par les Autrichiens en 1814 ; s'insurge en 1848 et proclame la république avec Manin pour dictateur. Conquise après un blocus de 17 mois, elle fut cédée après Sadowa par l'Autriche à la France, qui la rétrocéda à l'Italie.

Célèbre par ses palais, ses églises, son arsenal, immense déjà du temps de Commines, et devant la porte duquel est le lion de Marathon, Venise est à la fois un port de commerce et un port de guerre. Complètement éclipsée par Trieste qui est le seul port important de l'Autriche sur l'Adriatique, elle se relève rapidement depuis qu'elle a été déclarée port franc.

6° L'Adige (595 kil.) est peut-être de tous les fleuves d'Europe celui dont le bassin est le moins vaste par rapport à la longueur du cours d'eau : sa vallée est une voie stratégique de premier ordre.

L'*Etsch*, tel est le nom sous lequel l'Adige sort des Alpes Rhétiques et arrose la belle vallée du Wintschgau, au S. des Alpes de l'Oetzthal ; Glurns est au carrefour des routes de l'Engadine et de la Valteline. Le fleuve coule d'abord à l'E., puis à Meran fait un brusque détour au S. ; sa vallée, très resserrée, s'élargit près de Botzen, où arrive l'Eisack.

L'*Eisack* a plus de valeur stratégique que la rivière principale ; car, par elle-même, elle ouvre directement le col du Brenner et est suivie par le grand chemin de fer d'Innsbrück à Vérone. Cette rivière arrose Sterzing, petite ville de mines assez importante, et Franzenfeste, citadelle construite de 1855 à 1858, dans une position magnifique, au débouché de la ligne du Pustherthal.

Par son affluent, la *Rienz*, qui tombe à Brixen, l'Eisack ouvre la route du Pustherthal occidental, cette vallée par le col de Toblach longe la Drave supérieure : le chemin de fer qui la suit aujourd'hui lui donne une valeur stratégique sur laquelle nous avons déjà attiré l'attention.

Brixen (Bressanone) a été pendant neuf siècles la capitale d'un évêché souverain célèbre. — L'Eisack traverse ensuite Klausen, qui se compose d'une seule rue étoite, et qui a été de tout temps un défilé redoutable. Les rochers à pic qui surmontent ce bourg portent une abbaye de bénédictins qui a pris la place de la citadelle romaine de Sabiona ; ses moines ont combattu les Français avec fanatisme en 1809.

La vallée se rétrécit encore au-dessus de Klausen, au point que les villages se sont établis sur la crête du plateau. Cette fente porphyrique au fond de laquelle coule l'Eisack est d'une grande beauté ; — elle s'évase dans la plaine de Botzen (Bolzano). C'était autrefois la ville la plus importante pour le commerce par le Tyrol entre l'Italie et l'Allemagne : aujourd'hui elle a encore des foires importantes.

L'Adige, grossie de l'Eisack, coule alors au S. entre des montagnes et arrose Salurn, dernier village dont la population parle allemand. A Lavis confluent deux torrents : l'un à droite, en amont, est la *Noce*, traversant dans sa partie supérieure la fameuse vallée de la Sole qui communique par le Tonal avec le Haut Oglio et la Valteline ; elle est défendue par le fort de Val Strino ; l'autre à gauche est l'*Avisio*, qui descend de la Marmolade, et arrose Cavalese ; les inondations de ce cours d'eau sont terribles ; il a fallu construire au-dessus de la vallée un pont de 920 mètres de long.

Trente (Tirano, Trient) recueille toutes les routes de cette région. C'est l'ancienne métropole du Tyrol : on lui donne pour fondateurs les Etrusques, elle a conservé de nombreux monuments, entre autres Santa-Maria Maggiore, où de 1545 à 1563 se réunit le fameux concile d'où le catholicisme sortit régénéré (7 cardinaux, 3 patriarches, 33 archevêques, 235 évêques).

En aval de cette ville historique la vallée est large et d'une prodigieuse fertilité depuis que les marais de l'Adige sont desséchés, elle se resserrre de nouveau aux défilés de San Marco et de Calliano et est commandée par Roveredo, d'où bifurque à droite par l'*Arsa* une route sur le lac de Garde. C'est un des centres de production de la soie. (Défaite de Davidovic, 4 sept.) Ala est une jolie petite ville industrielle : le fleuve se fraye un passage entre les Monti Lessini à gauche et le Monte Baldo à droite, quitte le territoire autrichien près d'Avio et débouche au pied du platea[u] historique de Rivoli (14-15 janvier 1797).

L'Adige contourne ensuite par le S. les Monti Lessini, isolant [le] territoire des Tredeci Communi (13 communes), qui se défende[nt] moins bien que les sept autres contre l'infiltration des Italien[s]; la vallée s'élargit sur la droite : mais à gauche, au pied des mon[-] tagnes, s'étend la place forte de Vérone. C'est la Bern des Niebe[-] lungen, la ville illustrée par les querelles des Montaigu et d[es] Capulets (Roméo et Juliette) ; elle l'est plus encore dans l'histoi[re] militaire par les combats qui se sont livrés sous ses murs. L[es] Cimbres furent vaincus sous ses murs en 101 (Campi Raudii) ; [à] Bussolengo, au N. O., Schérer battit les Autrichiens au début d[e] la campagne de 1799 : il fut vaincu au S. à Magnano, quelque[s] jours après. Vérone a été le quartier général de Bonaparte en 179[6], d'Eugène en 1813, de Radetsky en 1848. C'est une place for[te] de première classe : son enceinte continue n'est pas très redou[-] table, surtout du côté des montagnes, fortifiée plus par la natu[re] que par les hommes, mais elle est entourée d'un double rang [de] forts et de redoutes dont le périmètre est d'environ 25 kil[o-] mètres. Du système défensif de cette place dépendent les ou[-] vrages de Rivoli, Cereno et Pastrengo, construits par les Autr[i-] chiens pour couvrir leur retraite par le Tyrol et destinés aujou[r-] d'hui à les empêcher d'en venir. — Vérone est la patrie [de] Catulle, Cornelius Nepos, Pline, Vitruve, Paul (Véronèse) et Sc[a-] liger.

La forte position de Caldiero, à l'E. de la ville, a été occupée p[ar] Alvinzi en novembre 1796 et par Eugène en 1813. A Ronco tomb[e] à gauche, l'*Alpon*, fameuse par ses marécages où Bonaparte liv[ra] les batailles d'Arcole (14-17 novembre 1796). Il a dans son bassi[n] supérieur Montebello (bataille de novembre 1796). Sa directi[on] est du N. au S., et le cours inférieur de l'Adige prolonge direct[e-] ment le sien jusqu'à Legnano, petite place forte qui a été tr[ès] célèbre comme formant le sommet S. E. du grand quadrilatè[re] italien, et liant Vérone à Mantoue. Son pont est important, mais [la] place aujourd'hui est d'une médiocre force de résistance ; il a ét[é] question de la démanteler. Au-dessous de cette ville est Car[pi] (défaite de Catina en 1701).

A Badia commence le delta de l'Adige ; le sol absolument plat e[st] composé d'alluvions ; le fleuve bordé de digues se répand de tou[s] côtés en un réseau de canaux qui s'embrouille avec celui du P[o] inférieur : c'est une formidable ligne militaire. Tandis que l'Adig[e] proprement dit prend la direction de l'E. pour se jeter au S. d[e] Chioggia, l'*Adigetto* lui est à peu près parallèle et arrose Rovig[o] dont les campagnes (Polésine) arrachées aux marais sont d'un[e] merveilleuse fécondité. L'Adigetto tombe dans le Pô di Levante. De même le *Canale Bianco* ou *canal Blanc*, qui n'est que le prolongement du *Tartaro* (Custozza, victoire de Radetsky, 1848, de l'Archiduc Albrecht, 1866, et Villafranca, 1859, etc.). Le canal Blanc arrose Adria, qui a donné son nom à la mer. Cette ville était encore sur la côte au douzième siècle; elle s'en trouve aujourd'hui à plus de 25 kilomètres.

**LE PO.** — Le Pô que les prosateurs latins appelaient Padus et les poètes Eridanus, est de tous les fleuves de l'Europe occidentale celui qui a le cours relativement le plus long en rase campagne, et qui emporte à la mer la plus grande quantité d'eau par rapport à sa longueur. Nul bassin n'est coupé d'autant de canaux d'irrigation artificiels et n'a été aussi profondément modifié par le travail de l'homme. Ce que les Hollandais ont fait pour le delta du Rhin, les Italiens, dès le douzième siècle, l'avaient fait pour la Lombardie. Enfin nulle région n'a été aussi souvent parcourue par les armées. Pendant la période moderne, presque toutes les guerres générales ont été signalées par des combats sur les rives du Pô ou de ses affluents.

**Cours du fleuve.** — La source officielle du Pô est au col de Traversette, dans le mont Viso, par 2000 mètres d'altitude. Le torrent, grossi de plusieurs rivières indomptées qu'alimentent les glaciers, se précipite par une pente extrêmement rapide à travers les montagnes, en décrivant un arc de cercle dont la convexité est tournée vers le S. Il débouche en plaine près de Saluzzo, qui a été notre poste avancé depuis le règne de François I$^{er}$ jusqu'à celui de Henri IV, coule au N. E. et passe près de Carignano (r. g.), qui a donné son nom à une branche de la maison royale de Piémont, Moncalieri, nœud important de chemins de fer. Il arrive à Turin (Torino), capitale du Piémont, ancienne capitale du royaume de Sardaigne, à 215 mètres au-dessus de la mer. C'est la ville la plus régulièrement bâtie de l'Italie. Sa cathédrale de Saint-Jean-Baptiste garde le Saint-Suaire, dans un sanctuaire d'une richesse admirable. L'Université est renommée. L'Académie des sciences, fondée en 1759, ne le cède qu'à celle de Milan. Enfin de grandes fabriques de drap et de soie enrichissent la ville. Les fortifications de Turin, qui ont arrêté La Feuillade en 1706, ont été rasées; on n'a conservé que la citadelle, pentagone régulier.

Chivasso est situé au point le plus septentrional du fleuve. A partir de cette ville le Pô suit la direction de l'E. et forme des îles nombreuses : à Casal (r. d.) sa largeur est déjà de 200 mètres. Cette ville a été une des clefs du Piémont; le siège de 1628 est resté célèbre. Nous l'avons possédée de 1681 à 1696. — Les Piémontais ont relevé ses fortifications en 1855. Il est question aujourd'hui de renforcer les ouvrages sur la gauche du fleuve et de démanteler la tête de pont de la rive opposée.

La Sesia, qui arrive du N. avec une grande vitesse, renvoie le Pô au S. jusqu'à Valenza, qui occupe le sommet d'un angle tourné au S. E., saillant très remarquable par où l'on a souvent tenté le passage du fleuve. — Au-dessous de Bassignano (1745-1799) le Pô, grossi du Tanaro, se dirige au N. E. jusqu'au confluent du Tessin, à Stella.

Tandis qu'à gauche la plaine est basse et plate, à droite s'élèvent les collines fameuses du défilé de la Stradella, si souvent conquis ou tourné dans les guerres modernes. Plaisance en est la clef du côté de l'E. Cette ville (Piacenza), d'où partait la longue voie Emilienne, parallèle à l'Apennin, est une des plus célèbres de la Péninsule par son rôle stratégique (1746-1796-1800). De longs détours amènent ensuite le Pô dans les fossés de Crémone (r. g.). Il atteint 910 mètres devant cette ville, qui est également un champ de bataille historique (69, Bedriacum; 1702, Villeroy).

De là le Pô court de nouveau au S. E. parallèlement à l'Oglio, il arrive à Casal Maggiore où sa largeur se réduit à 474 mètres, ce qui donne une grande importance à ce point : à Guastalla (dr.), nouveau coude vers le N. (bataille de 1734 gagnée par les Français).

Luzzara (dr.) a été illustrée par une autre victoire en 1702. Près de Borgo-Forte (g.) le fleuve n'a plus que 300 mètres; ce point faible a été fortifié. La plaine qui s'étend au S. du Pô forme un trapèze dont les côtés sont le fleuve lui-même; la Secchia et un canal qui, partant de Guastalla, aboutit à la Secchia, en face de Mirandole, a pour centre la ville déchue de Gonzague, dont les princes ont joué un rôle éminent dans notre histoire nationale aux seizième et dix-septième siècles. Le Pô reçoit le Mincio, puis la Secchia, arrose Serravalle (g.) d'où se détache un bras du canale Bianco, Massa (g.); puis à partir de la petite place forte de Stellata, il se bifurque : le bras du N., le plus large, *Pô della Maestra*, arrose Ponte-Lagoscuro (240 mètres de largeur, pont de chemin de fer), et, en face de Papozze, envoie au S. le *Pô di Goro*. Le bras méridional du fleuve se bifurque lui-même devant Ferrare (Ferrara). Cette ville assise au milieu des marais est célèbre par son influence au seizième siècle et ses princes de la maison d'Este. Elle est trop grande aujourd'hui pour sa population. Son Université n'a plus guère d'importance, ses fortifications sont déclassées. Les deux bras, le *Pô di Volano* à l'E., le *Pô di Primaro* au S. E., embrassent les fameuses lagunes ou valli de Commacchio, sorte de république de pêcheurs et de paludiers d'une grande originalité.

Le Pô est de tous les fleuves de l'Europe et de la Méditerranée occidentale celui qui entraîne le plus d'alluvions. Depuis surtout qu'il est endigué sur presque tout son cours, il jette dans la mer Adriatique une quantité si considérable de débris qu'il lui suffirait de mille ans pour lancer une flèche de terres jusqu'à la côte orientale de l'Adriatique. — Mais il est probable que les progrès de la canalisation et des colmatages permettront aux riverains du bassin supérieur d'absorber à leur profit une partie des eaux et des alluvions, au lieu de les laisser se perdre dans la mer.

AFFLUENTS DU PÔ. — Le Dante vantait déjà le cortège admirable de rivières qui viennent apporter leur tribut au Pô : on pourrait dire en effet de beaucoup d'entre eux ce que les Italiens disent du Tessin, que sans lui « le Pô ne serait pas le Pô ». — Par la direction même du fleuve, ces cours d'eau se divisent en deux catégories : à gauche les affluents alpestres, à droite ceux des Apennins. — Les cours d'eau qui descendent des Alpes très riches en eau sont généralement réglés par des grands lacs au pied même des montagnes, ceux de l'Apennin au contraire à pente assez rapide, à lit imperméable, subissent des écarts énormes de sécheresse et de crue. En 1799, la bataille de la Trebbia s'est livrée dans le lit même de cette rivière.

**Affluents de gauche.** — Les affluents de gauche sont importants par la masse des eaux qu'ils roulent, les lacs qu'ils forment dans les montagnes, ou les communications qu'ils ouvrent à travers les Alpes ; nous citerons parmi eux : le Pelice, la Cisola, la Doria Riparia, la Stura, l'Orco, la Doria Baltea, la Sesia, l'Agogna, et le Tessin, qui prennent leur source dans les Alpes occidentales et arrosent le Piémont.

L'Olona, le Lambro, l'Adda, l'Oglio, l'Osona, le Mincio prennent leur source dans les Alpes centrales et leurs avant-monts du S. Ils arrosent la Lombardie.

Le Pô n'a pas d'affluents notables à gauche en Vénétie.

1° Le *Pelice* descend du col de la Croix, entre en plaine à Luserna, laisse à droite Cavore (Cavour). Il reçoit à gauche le *Clusone*, qui ouvre la route du mont Genèvre et est surveillé par les ouvrages de Fenestrelles, le Briançon des Italiens. Il arrose Pérouse, laisse à gauche Pinerolo (Pignerol), célèbre place forte au dix-septième siècle, démantelée en 1696. Pignerol a été la France pour de Louis XIV la clef de l'Italie. A Pérouse tombe dans le Clusone la *Germanesca* qui ouvre le col d'Abriès.

2° La *Cisola* a dans son bassin la Marsaille, célèbre par la victoire de Catinat en 1693.

3° La *Doria Riparia* prend sa source au col d'Abriès, près de celle du Clusone, coule d'abord au N. O. dans une vallée profonde qui communique par le col de Sestrières avec le Clusone. A Cézanne (mont Genèvre), la Doire prend la direction du N. E. jusqu'à Oulx. Il y reçoit le ruisseau de *Bardonnèche*, dont la vallée est suivie par le chemin de fer dit du Mont Cenis, qui côtoie ensuite la Doria par Exilles; des forts presque inaccessibles défendent l'étranglement au fond duquel passent la rivière, le railway, la route. A Suse les montagnes s'écartent; la route du mont Cenis arrive en passant au pied du Roccia, Melone; puis recommencent les défilés célèbres sous le nom de Pas de Suse (1629-1690).

4° La *Stura* est formée de deux bras qui se réunissent à Cères; elle débouche à Lanzo et finit au-dessous de Turin.

5° L'*Orco* descend du N. de la Levanna, il n'ouvre aucune route importante, pas plus que la précédente.

6° La *Doria Baltea* a sa source au Petit-Saint-Bernard et court à l'E., reçoit à Aosta, qui a donné son nom au Val d'Aoste, un torrent qui lui amène les eaux du Grand-Saint-Bernard. La rivière coule à l'E. jusqu'au village de Saint-Vincent; un contrefort du mont Rosa la renvoie au S.; la vallée est étranglée entre les monts Baron et le Grand-Paradis; c'est à ce défilé que se trouve le fameux fort de Bard, si célèbre pendant la campagne de 1800. C'est aujourd'hui un fort d'arrêt muni de grosse artillerie. La Doria Baltea débouche en plaine à Iorea, qui n'a plus d'importance comme place forte, laisse à gauche Azzeglio qui rappelle le patriote italien Massimo d'Azzeglio, et finit en face de Verrua.

7° La *Sesia* n'ouvre pas de route praticable aux armées, descend du mont Rosa, passe par Varallo, débouche à Romagnano (mort de Bayard, 1524), arrose Vercella (Verceil), forte position au milieu d'un pays bien arrosé (Catulus et les Cimbres, 101 av.-J.-C.) et laisse à gauche Palestro, célèbre par le combat du 28 mai 1859.

8° L'*Agogna* sort des Alpes australes du S. et reçoit les eaux du d'Orta, le plus occidental des lacs italiens, elle donne ensuite de très nombreuses dérivations, et dans la plaine laisse à gauche Novara: c'est un des champs de bataille séculaires de l'Italie (trahison des Suisses, 1500; — leur victoire, 1513. Défaite des Piémontais, 1821-1849).

9° Le *Tessin* (Ticino) est de beaucoup le plus important des affluents du Pô. Sa valeur stratégique, de tout temps considérable, l'est plus encore depuis le percement du tunnel qui réunit l'Italie centrale à l'Allemagne par la Suisse. — Le Tessin sort du Saint-Gothard à près de 2400 mètres d'altitude; son parcours jusqu'au lac Majeur est de 90 kilomètres. Sa source est plus élevée que le col du Saint-Gothard ; il coule dans une vallée sauvage, avec une pente très rapide ; c'est un des endroits de l'Europe où les eaux rongent les montagnes avec le plus d'énergie. — Au village d'Airolo, à moins de 20 kilomètres de sa source, le Tessin est déjà descendu de 1200 mètres, la moitié de sa pente ! Puis, décrivant une courbe dont la convexité est tournée vers l'E., il arrose Bellinzona, saisie par les Suisses en 1500 ; il se jette dans le lac Majeur à Magadino. Le volume du Tessin supérieur est de 100 mètres cubes en moyenne à la seconde ; mais parfois son débit est 40 ou 50 fois plus considérable : il est alors plus gros que le Rhône à Arles.

Les matières qu'il entraîne avec lui sont aujourd'hui plus considérables que dans les siècles précédents ; ainsi le village de Magadino est obligé de se déplacer de 100 mètres tous les 10 ans.

La *Verzasca* a le même régime.

Plus impétueux encore est la *Maggia*, qui tombe dans le lac à Locarno, dont elle ensable le port. Pour une longueur de 50 kilomètres cette rivière a près de 2000 mètres de pente, dont plus de 1600 dans sa haute vallée de 16 kilomètres de long. Une des vallées latérales de cette rivière, le Cento-Valli, est une des plus tourmentées par l'action des eaux qui puissent se voir en Europe.

Les affluents qui se jettent dans le lac Ceresius ou de Lugano forment un contraste frappant avec ces terribles torrents du Tessin ; ils ont une grande régularité de cours, leurs eaux sont limpides et arrosent des vallées délicieuses. Le principal est le *Vedeggio*. Le lac de Lugano se déverse dans le lac Majeur par la *Tresa*. On a formé le projet de percer une galerie à travers les 3 kilomètres qui le séparent du lac de Côme, et d'arroser ainsi les landes incultes de Somma.

Le lac Majeur est à 210 mètres au-dessus de la mer ; très allongé (80 kilomètres sur 10), très encaissé, il a des eaux transparentes et bleu de ciel, une admirable ceinture de villas princières, de villages prospères, de terres cultivées et pittoresques. Les îles Borromée, au N. du lac, sont célèbres pour leur climat, le plus doux de toute l'Italie.

Le Tessin sort du lac Majeur à Sesto-Calende, il est navigable, sa profondeur est de 2 mètres au moins, sa largeur varie de 60 mètres à 200 ; son cours rapide, les digues qui bordent la rivière sur ses deux bords, les canaux de dérivation ou latéraux qui en rayonnent ou l'escortent, font du Tessin une puissante barrière militaire. Les seuls points de passage sont Sesto-Calende, Buffalora, Vigevano et Pavia. Pavie, ancienne capitale des rois Lombards, université fameuse, est un point stratégique d'une grande valeur. Située sur la rive gauche du Tessin au point de jonction de deux grands canaux et de quatre chemins de fer, elle est célèbre par la bataille du 14 février 1525, livrée au nord de la ville à Mirabello et où François Ier fut fait prisonnier. Le Tessin tombe dans le Pô au-dessous de cette ville.

Un grand canal qu'on appelle le *Naviglio Grande* quitte le Tessin à Tornavente et passe à Turbigo (3 juin 1859) et à Magenta (4 juin), sur la route de Buffalora à Milan. Cette grande voie d'eau artificielle est la première en date qui ait été creusée par les Lombards.

10° L'*Olona* a moins d'importance que le Tessin comme ligne fluviale, mais arrose de nombreux champs de bataille. Varèse (victoire des Garibaldiens, juin 1829), près du lac triangulaire de ce nom (300 mètres d'altitude, 50 kilomètres sur 4). Bicoca (avril 1522), Legnano, où Frédéric Barberousse fut battu par les Milanais (1176). Elle passe à Milan (Milano la Grande). Assise dans une plaine d'une grande fertilité, au centre des routes qui traversent les Alpes, cette ville est à la tête de l'Italie par son commerce, son industrie et ses établissements consacrés à l'art et à la science. La bibliothèque Ambrosiana, le théâtre de la Scala sont connus dans le monde entier, de même que son Domo, une des plus vastes cathédrales du monde, peuplée de 4500 statues et dont le sommet voit, d'un côté les Alpes, jusqu'à la Jungfrau, et de l'autre l'Apennin. Détruite en 1162 par Barberousse, capitale d'un duché (Visconti et Sforze) à la fin du moyen âge, elle appartint aux Français à plusieurs reprises, au commencement du seizième siècle; fut ensuite occupée par les Espagnols jusqu'en 1713, elle passa alors à l'Autriche jusqu'en 1796. Les Milanais accueillirent alors Bonaparte avec un enthousiasme qui n'eut d'égal que celui avec lequel on acclama Souvorov en 1799. De 1814 à 1859, les Autrichiens ont de nouveau occupé Milan. — Cette ville n'est plus fortifiée.

11° Le *Lambro* arrose Monza, où se fit le couronnement de 34 rois lombards, de Napoléon et de l'empereur Ferdinand en 1858. On y garde la précieuse Couronne de Fer donnée par Grégoire Ier à Théodelinde. Malgré son nom, elle est en or, enrichie de joyaux précieux, et contient un petit cercle de fer formé d'un des clous de la Passion. La ville moderne est assez active. — Melegnano, situé plus bas, est voisin de Marignan. François Ier y remporta une victoire en 1515. Les Autrichiens y furent battus dans leur retraite après Magenta, le 7 juin 1859.

Le Lambro alimente ainsi que l'Adda un important canal, la *Martesana*, qui date du treizième siècle.

12° L'*Adda* vient du Stelvio. La belle route qui franchissait ce col est bien délabrée depuis que le Gouvernement autrichien n'a plus un intérêt de premier ordre à sa conservation. Elle coule au S. par

Bormio, puis au S. O. par Tirano, au-dessous duquel la vallée s'élargit et prend la direction de l'O. par Sondrio, Morbegno. Ce long couloir est très connu dans l'histoire militaire et diplomatique; c'est la Valteline (1626-1635). Les Grisons, qui l'occupèrent de 1512 à 1797, l'ont perdue à cette époque. Les terrains d'alluvions, que la rivière gagna sur le lac de Como, furent gardés par le fameux fort de Fuentes, plus célèbre encore par son insalubrité, qui l'a fait abandonner, que par son rôle militaire.

Avant d'arriver au lac, l'Adda reçoit à droite le *Poschiavino*, qui appartient aux Grisons sur presque tout son cours, et descend de la Bernina.

Le lac de Côme (Larius) a 214 mètres d'altitude, 80 kilomètres de long, de 8 à 12 de large; encaissé par les montagnes, il se prolonge au S. par une corne curieuse qui commence en promontoire de Bellagio et se termine à l'O. par Como, à l'E. par Lecco; il reçoit au N. la *Mera* qui prolonge le cours de l'Inn, arrose Chiavenna (routes de la Maloia et du Septimer et du Splügen), et dont les alluvions ont isolé du grand bassin le petit lac de Mezzola.

Les dépôts de sables, de boues et de galets ont d'ailleurs sensiblement modifié le relief de tout ce bassin supérieur. Il fut un temps, bien éloigné déjà, où le Lario par le Varèse communiquait avec les lacs Majeur et d'Orta; un temps viendra où ces réservoirs salutaires seront complètement vidés; les fleuves seront alors des torrents beaucoup plus redoutables encore qu'aujourd'hui, et contre lesquels il faudra lutter avec plus de méthode et de patience.

A Lecco, l'Adda sort du lac et prend la direction du S. Elle formait le lac Brivio, qui n'existe plus; elle arrose Cappino, Cassano (victoire de Vendôme, 1705; défaite de Moreau, 1799), Lodi (r. dr.), célèbre par son pont (8 mai 1796). Pizzighettone a conservé ses fortifications, qui sont considérées comme insuffisantes. Au-dessous de cette place il n'y a plus sur le cours de l'Adda de localité importante. De nombreux ruisseaux grossissent le cours de l'Adda, qui est saignée par un plus grand nombre encore de canaux. Le principal affluent est à gauche le *Serio*, qui coule dans une fente des Alpes du Bergamesque et débouche près Bergame. Cette ville est très pittoresque; elle fait un grand commerce, d'abondantes récoltes de soie et est connue dans le monde entier pour ses légumes magnifiques. Elle a conservé une citadelle qui n'est pas fort redoutable.

La Lombardie est mieux défendue par les obstacles de toute nature qu'une armée solide peut y opposer à une invasion, que par les forteresses qui ont été conservées sur son territoire. Cette plaine, cultivée comme un jardin, est un des pays les plus couverts qui soient au monde: « Les nombreux cours d'eau, les canaux artificiels de tous genres, creusés par une population dense et active pour les besoins du commerce et de l'irrigation, la culture du sol en rizières, en prés irrigués, en mûriers et en vignes, les murs d'enceinte, les haies, les innombrables allées d'arbres, les nombreux fossés tracés dans la campagne ; les villes, les villages, les maisons et les fermes qu'on rencontre à chaque pas sont autant d'accidents locaux qui font de la plaine de l'Italie septentrionale une des contrées les plus embarrassées et les plus difficiles, dans laquelle la vue ne peut souvent s'étendre au delà de quelques centaines de pas et souvent beaucoup moins encore. » (Colonel Sironi, ap. Hue, Géographie militaire de l'Europe).

13° L'*Oglio* a sa source voisine de celle de la Nos, qui grossit l'Adige au mont Tonal; il coule au S. O. dans le val Camonica et arrose Edelo, Breno et tombe près de Lovere dans le lac recourbé d'Iseo (20 kil. sur 4), dont les bords sont ravissants et qui enferme la rocheuse Mezz'Isola. Il en sort à Sarnica et est navigable, arrose Pallazzolo, laisse à gauche Chiari (défaite de Villeroy, 1701), passe sous les ponts de Calcio (chemin de fer), de Coleto, de Soncino, incline au S. E. parallèlement au Pô, arrose Pontevico (rive gauche, chemin de fer et route) et Cancio (rive gauche). La Chiese le pousse au S., et après Marcaria (chemin de fer de Mantoue à Cremone), il tombe dans le Pô au-dessus de Borgoforte.

Il reçoit : *a*. La *Mella*, qui arrose Brescia « l'Armata », célèbre par l'activité de ses habitants, patrie du célèbre Arnauld (douzième siècle). Son musée contient une Victoire de la plus belle époque grecque. La ville a été prise par Gaston de Foix en 1512. Combat du 1er avril 1849.

*b*. La *Chiese* est l'affluent le plus considérable de l'Oglio, elle en est séparée dans sa vallée supérieure par l'Adamello, passe au pied de l'ancienne forteresse de Rocca d'Anfo dont la position est excellente au-dessus du lac d'Idro ; elle commande les routes de la Giudicaria ; la Chiese arrose Gavardo (2 avril 1796), Calcinato (1706 et 1796), Monte-Chiaro (1796) et Asola. Sa vallée a été suivie par Quasdanovic, lieutenant de Wurmser, dans la seconde campagne de 1796. C'est en partie pour avoir employé cette vallée divergente que Wurmser a été battu.

14° L'*Osona* n'est qu'un ruisseau, mais ce ruisseau coule dans les plaines historiques de Castiglione, où les Français furent tant de fois vainqueurs (1706, juillet et août 1796), de Solférino et de Cavriana, illustrées par la grande bataille du 24 juin 1859.

15° Le *Mincio* s'appelle *Sarca* quand il jaillit du mont Adamello, près du Tonal ; sa vallée, coupée à angles droits, ouvre des routes difficiles sur la Chiese et la Nos ; Tione est le centre de ces chemins. La Sarca se fraye ensuite une route à travers les rochers dans la direction de l'E. par Stenico jusqu'à Le Sarche, où elle est arrêtée par le Monte Baldo et où débouche la route de Trente au lac de Garde (Lusignan, janvier 1797). Elle court ensuite au S. par Ponte Sarca (chasseurs des Alpes, 1848) et Arco, renommé pour ses jardins et la douceur de son climat. La rivière est alors dans une plaine d'alluvions qu'elle a conquise et se divise en plusieurs bras séparés par le Monte Brione; elle tombe alors dans le lac de Garde (Lago di Garda, Benacus). Ce magnifique bassin est à 65 mètres d'altitude, il a 60 kilomètres de long et 15 de large entre le promontoire San-Vigilio près de Garda et l'anse de Salo. Il est admirablement encadré dans sa partie supérieure entre le Monte Baldo et les Alpes de la Giudicaria; une route, facile à couper en temps de guerre, suit la rive gauche; il n'y en a pas du tout dans la partie haute de la rive droite. Les Autrichiens avaient de plus sur le lac une flottille de 8 canonnières, qui a été cédée à l'Italie, bien que l'angle supérieur du bassin et Riva soient restés à l'Autriche. Le lac de Garde intercepte donc complètement la route latérale à l'Adige.

A l'angle S. O. du lac est Desenzano, où s'appuyait l'aile droite des Autrichiens à la bataille de Solférino. A l'O. de cette ville se trouve Lonato, sur une colline célèbre par les batailles de 1796.

Le Mincio sort du lac à Peschiera, à l'extrémité S. E. Cette place, qui était autrefois à l'angle N. O. du quadrilatère vénitien, fortifiée depuis longtemps, n'a jamais empêché les armées de franchir la rivière, de quelque côté que se prononçât l'attaque. Le Mincio est bordé par des collines des deux côtés; il laisse, à gauche, Somma Campagna (24 juillet 1848), Custozza où deux fois les Italiens ont, seuls, attaqué les Autrichiens et deux fois ont été battus (1848-1866).

Villafranca, où furent signés les préliminaires de la paix en 1859; à droite, Volta que les Piémontais ont en vain attaquée le 26 juillet 1848; le Mincio arrose, à gauche, Pozzolo, bataille de 1800; à droite, Goïto, combats de 1848, puis forme une île près de Rivalla et s'élargit en deux immenses étangs placés en équerre, avec la place de Mantoue au sommet de l'angle qu'ils forment. Toute cette région est marécageuse, facilement inondable, et le Génie militaire autrichien ou italien a eu grand soin d'empêcher les travaux de desséchement.

Mantoue (Mantova) est restée ce qu'elle était du temps des Autrichiens. Les Italiens ont négligé cette place pour les forts de la frontière occidentale; elle a conservé, il est vrai, son enceinte, ses têtes de ponts de la Favorite, du Porto (N.), de Saint-Georges (E.), ses forts détachés au S., la citadelle où tant de prisonniers politiques ont passé tour à tour, son fort du Té dans l'île du même nom, et l'ouvrage de Miglioretto. Une ligne de forts détachés s'étend au S. et englobe Pietole, qui serait l'antique village d'Ande où naquit Virgile. Mais la ville peut être bombardée du côté du N. et la belle et fertile région du Seraglio, qui est comprise entre l Mincio, l'Oglio, le canal de la Maëstra, qui les réunit, et le Pô, indispensable à la garnison, n'est pas encore occupée.

Au-dessous de Mantoue le Mincio laisse à droite Montanara (combat de 1848) et tombe dans le Pô au-dessous de Governolo.

La région située entre le Mincio et l'Adige, ondulée, coupée de canaux et de rivières, est le fameux quadrilatère autrichien qu'avaient organisé en grande zone fortifiée les ingénieurs de l'Autriche avant 1859. Les places de valeur très inégale, placées aux angles de ces quadrilatères, étaient Mantoue et Legnano au S., Peschiera et Vérone au N.

**Affluents de droite**. — Le Pô reçoit à droite la Vraita, la Maira, le Tanaro, la Scrivia, la Staffora, la Trebbia, le Taro, la Parma, le Crostolo, la Secchia, le Panaro. Les trois premiers descendent des Alpes Maritimes, mais ne sont que des torrents analogues à notre Var; les autres, issus des Apennins, sont encore plus inégaux: aussi ces cours d'eau ne constituent pas d'obstacles aussi formidables que le Tessin ou l'Adda, par exemple; il en résulte que souvent on a pris par la rive droite du Pô pour faire tomber, en les tournant, les redoutables positions de la rive gauche et qu'ainsi de nombreuses batailles se sont livrées aussi bien dans la partie méridionale du bassin que dans la partie septentrionale.

1° La *Vraita* ouvre les cols d'Agnello (Queyras, Guil) et du Longet (Tournoux-Ubaye). Elle est surveillée par Castel Delfino, qui n'est plus fortifiée.

2° La *Maira* communique avec la précédente, passe près de Genola et des Cavalermaggiore, nœud important de chemin de fer.

3° Le *Tanaro* est le plus important des affluents de droite du Pô: il a une grande valeur stratégique par les routes qui, de son bassin, traversent les Alpes Maritimes et permettent de tourner les Grandes Alpes. Il prend sa source à l'E. du col de Tende et court au N. E. jusqu'à Garezzio (cols de la Nava et de Saint-Bernardo, puis au N. jusqu'à Ceva (1796). Il est ensuite parallèle au Pô, arrose Cherasco (armistice de 1796), puis Alba et Asti, autrefois fortifiée (Honorius, rois Lombards); de là il coule à l'E., dans un pays assez tourmenté, jusqu'à Alexandrie. Cette ville (Alessandria), construite au douzième siècle contre les Allemands, est regardée aujourd'hui comme le centre des défenses contre la France; sa valeur stratégique est considérable, mais sa force tactique n'est plus aujourd'hui en rapport avec les moyens d'attaque: elle manque d'ouvrages détachés. De là, le Tanaro incline au N. E. et finit dans le Pô près de Bassignano. Les affluents convergent du col de l'Argentière à celui de la Bocchetta, c'est-à-dire sur presque tout l'arc de cercle dessiné par les Alpes Maritimes et Liguriennes.

A gauche, il reçoit l'*Elero*, qui passe à Mondovi (avril 1796), la *Stura* dont la haute vallée recueille les routes et les sentiers des cols de l'Argentière, de Lunga et de Sainte-Anne qui convergent à Vinadio; c'est une des nouvelles forteresses bâties pour barricader les Alpes. Demonte, Coni (1744), Fossano et Cherasco ont été démantelés.

A droite, le Tanaro reçoit la *Bormida*, formée de deux sources : celle de l'O. passe à Millesimo (1796, avril), celle de l'E. à Dego; entre les deux, le *Cerro*, rivière de Montenotte. Les deux bras se réunissent au-dessus d'Acqui; la Bormida descend ensuite au N. dans la plaine d'Alexandrie où elle conflue.

3° La *Scrivia*, très resserrée dans son bassin supérieur, passe à Serravalle et, à la hauteur de Novi (15 août 1799, mort de Joubert), n'a plus de montagnes que sur sa rive droite. A partir de Tortona elle coule en plaine. Tortona jalonne ainsi avec Novi et Voghera la ligne de rocade des montagnes du Montferrat. Cette place est démantelée.

4° La *Staffora* traverse les Alpes du Montferrat et passe à Voghera, nœud très important de chemins de fer. A l'E. se trouve le village historique de Montebello.

5° La *Trebbia* naît au cœur des montagnes du Montferrat, traverse des gorges splendides, et se fraye des défilés remarquables. Bobbio, célèbre par l'ancienne abbaye de Saint-Colomban, est dans la montagne; le torrent très rapide s'élargit dans la plaine et est presque partout guéable; il finit en amont de Plaisance. Pendant la sécheresse le lit de la Trebbia est complètement vide. Trois grandes batailles se sont livrées près de son confluent; en 218 les Romains y furent battus par Annibal; elle nous a été funeste en 1746, et surtout en 1799.

A partir de Plaisance commence la fameuse Voie Émilienne, longée aujourd'hui par le chemin de fer jusqu'à Rimini (Arminium). Elle coupe tous les affluents; les villes sont situées à l'intersection de la route et des vallées.

6° Le *Taro* a été, au point où il débouche dans la plaine à Fornovo, témoin d'une des plus populaires de nos victoires. Le marquis de Mantoue et les alliés de 1495 y apprirent à leurs dépens que la « Furia francese » n'est pas, comme ils le criaient, un « feu de paille » inoffensif.

7° La *Parma* est parallèle au Taro, elle arrose Parme (Parma), célèbre déjà du temps des Etrusques, cité des Gaulois Boïens. Sa splendeur fut surtout l'œuvre des Farnèse (Parme et Plaisance). La ville moderne ne peut plus remplir le vaste théâtre constru[it] en 1618. Ecole de peinture; Antonio Allegri Correggio (1494-1564). La citadelle a été déclassée en 1850 (1734, victoire des Français).

8° Le *Crostolo*, torrent auquel on a substitué en partie le cana[l] de Mollini, a sa source près du fameux village de Canossa (1077 humiliation de Henri IV de Franconie) et atteint la voie Emilienn[e] à Reggio, grande ville bien bâtie et heureuse d'aspect, qui a d[e] grandes foires en mars. C'est la patrie de l'Arioste.

9° La *Secchia* a été rectifiée aussi dans sa partie inférieure elle laisse à droite, sur la grande Voie, à l'intersection d'un cana[l] qui joint la Secchia au Panaro, Modène, l'ancienne Mutina, fon[-] dée par des Gaulois : les Romains jugèrent l'emplacement bie[n] choisi et y établirent en 185 av. J.-C. une colonne. Elle eut moin[s] à souffrir des guerres que les villes voisines; cependant Antoin[e] y fut battu en 44 par l'armée du Sénat et Tassoni a chanté dan[s] la « Secchia Rapita » (Le seau volé) la lutte ridicule de Bologn[e] et de Modène (1325). Les princes autrichiens de Modène ont été chas[-] sés en 1859. La Secchia laisse à gauche Carpi (défaite de Catinat 1701) et à droite Mirandola (Pie II, assaut de 1511 par Jules II).

9° Le *Panaro* ouvre dans l'Apennin la passe de Fiumalb[o] (1203 m. Pistoïa, Modène), coupe la Voie près du fort Urbano célèbre dans la campagne de 1799, et arrose en plaine Finale.

11° Le *Reno* passe près de Porretta, où débouche un col trè[s] important de l'Apennin, traverse une contrée montagneuse et laiss[e] à droite, sur la voie, Bologne (Bologna, Bononia), cité étrusque, pui[s] capitale des Boïens, colonie romaine, célèbre au moyen âge pa[r] son université qui marqua le réveil du droit romain, plus tar[d] par son école de peinture. La place de Bologne est aujourd'hu[i] le pivot des opérations entre la Haute et la Basse Italie. Les Ita[-] liens ont voulu y créer un immense camp retranché, s'appuyan[t] aux montagnes, capable de recueillir l'armée italienne, si elle étai[t] battue. Outre le noyau de la place, et une enceinte continue, i[l] existe des forts détachés en assez mauvais état, et qui ne sont qu'[à] un kilomètre et demi au-dessus de la ville : ils ne la protègent pa[s] d'un bombardement. De grands projets ont été adoptés pour l[a] création d'une double zone fortifiée, l'une au N. de la ville, e[n] plaine; l'autre au S., en montagne.

Au-dessous de Bologne, le Reno est saigné par de nombreuse[s] dérivations qui le relient à la Savenna. Au-dessus de Cento il es[t] détourné à l'E. et va grossir le Pô di Primaro. Le Reno entraine un[e] quantité d'alluvions; son lit inférieur, confondu avec celui du P[ô] di Primaro, recueille aujourd'hui les torrents qui tombent pa[-] rallèlement de l'Apennin : la *Savenna* qui vient de l'importante basse de la Futa, le *Santerno* arrose Imola (Forum Cornelii). Le *Lamone*, Faenza (faïence), l'ancienne Faventia.

Tels sont les affluents du Pô sur la rive droite. Ce qui fait surtout leur importance militaire, ce sont les routes qu'ils envoient à travers l'Apennin. Nous donnons un tableau de ces passages. Nous y joignons celui des routes à travers les Alpes Liguriennes; en le rapprochant du tableau donné plus haut pour les Alpes Françaises, Suisses et Autrichiennes, on aura les principaux passages qui permettent d'entrer par la voie de terre dans la vallée du Pô ou d'en sortir.

**La Haute Italie et le premier Empire.** — Napoléon attachait tant d'importance à la conservation de la Haute Italie qu'en 1814 il préféra dégarnir le Jura, plutôt que de rappeler le prince Eugène de Beauharnais dont les troupes lui auraient peut-être fourni un appoint décisif pendant sa campagne de France. On remarquera de plus que parmi les quatre grands dignitaires pourvus de fiefs de l'Empire, vingt-cinq avaient leurs dotations en Italie et dix-sept dans la région que nous venons d'étudier. Cette singulière marque d'affection de l'Empereur à l'Italie n'a plus qu'un intérêt rétrospectif, mais comme assez souvent les personnages de la noblesse impériale sont désignés par les noms de leurs fiefs, il est bon d'en donner la liste.

Duché d'Istrie, Bessières; duché de Frioul, Duroc. Sur la Lienza : duché de Conegliano, Moncey. Sur la Piave : duché de Cadore, Champagny; duché de Bellune, Victor; duché de Feltre, Clarke. Sur le Sile : duché de Trévise, Mortier. Brenta et Bacchiglione ; duché de Bassano, Maret; duché de Vicence, Caulaincourt; duché de Padoue, Arrighi. Sur l'Adige : duché de Rivoli, Masséna ; duché de Rovigo, Savary. — Près du Mincio : duché de Castiglione, Augereau. Sur le Pô : duché de Plaisance, Lebrun. Près de la Staffora : duché de Montebello, Lannes; sur la Parma : duché de Parme, Cambacérès ; sur le Crostolo : duché de Reggio, Oudinot.

## ROUTES DES ALPES LIGURIENNES ET DE L'APENNIN SEPTENTRIONAL.

| CHAÎNES. | N°. | NOM DES PASSAGES. | ALTITUDE. | VILLES ET VALLÉES RÉUNIES. | OBSERVATIONS. DÉFENSES ARTIFICIELLES. |
|---|---|---|---|---|---|
| Alpes liguriennes | 1 | Col de Tende. | 1875 | Coni (par la Vermagnana)-Saorgio (Roya). | Route carrossable. |
| | 2 | Col de Nava. | | Garessio (Tanaro)-Albenga. | |
| | 3 | Col San Bernardo. | | Millesimo-Finale. | |
| | 4 | Col de l'Osteria de Melogno. | | Ceva et Cairo-Savona. | Route et railway. |
| | 5 | Col de Cadibone. | | Acqui-Albissola. | |
| | 6 | Col de Giove. | | Alexandrie-Voltri. | |
| | 7 | Col de Masone. | 750 | Alexandrie-Gênes. | |
| Apennin ligurien | 8 | Col de la Bocchetta. | 480 | Alexandrie-Gênes. | Route et railway. |
| | 9 | Col de Giovi. | | Plaisance-Chiavari. | |
| | 10 | La Scoffera. | | Fiorenzuola-Chiavari. | |
| | 11 | Col des Cent-Croix. | 1030 | Parme-Spezzia. | Petite place d'Aula. Forts projetés (Charles VIII, 1495). |
| | 12 | Col de Calisa ou de Pontremoli. | | | |
| | 13 | Col de Ceretto. | 1040 | Reggio-Spezzia. | |
| | 14 | Col de San Pellegrino. | | Pieve-Pelago (Panaro) a Castelnuovo (Seschio). | |
| Apennin toscan | 15 | Mont Rondinaia. | 1205 | Pieve-Pelago Lucques (Seschio). | |
| | 16 | Passe de Fiumalbo. | | Pieve-Pelago Lucques (par la Lima). | |
| | 17 | Passe de la Porretta ou de Pietra Mala. | | Bologne (Reno)-Pistoia (Ombrone). | Route et railway. |
| | 18 | Passe de la Futa. | 912 | Bologne-Florence. | |
| | 19 | Passe de Firenzuola. | | Imola-Florence. | |
| | 20 | Passe de Marradi. | | Faenza-Florence. | |
| | 21 | Passe de San Godenzo. | | Ravenne-Florence. | |

III. — Bassin de l'Èbre.

Entre la France et le plateau des Castilles, le bassin de l'Èbre sert de transition. Sa forme est celle d'un vaste triangle dont la superficie dépasse 80 000. De hautes montagnes ou des plateaux aux pentes abruptes le limitent de tous côtés, même du côté de la mer. A une époque antérieure, la plus grande partie de ce bassin était un lac rempli par les eaux du fleuve, qui ont fini par se frayer un chemin tortueux à travers la chaîne du littoral et ont ensuite formé aux dépens de la mer un delta, moins étendu du reste que ceux du Pô et du Danube.

Le travail des eaux à l'intérieur du triangle a été considérable, il en reste des traces grandioses. De puissants massifs ont été déchiquetés par les torrents, d'autres se dressent comme des îles au milieu de terrains nivelés par les alluvions.

Le bassin de l'Èbre, par sa forme géométrique, sa situation et son climat, se distingue d'une manière frappante du reste de la péninsule. C'est un tout géographique nettement défini ; et, avec les bassins fluviaux qui le flanquent au N. E., du côté des Pyrénées orientales, c'est comme la citadelle, le boulevard de l'Espagne du côté de la France, hérissé d'obstacles redoutables et habité par une population belliqueuse qui sait aussi bien défendre son indépendance contre les invasions du dehors, que revendiquer ses libertés locales contre le pouvoir central, qu'elle considère souvent comme un ennemi.

**Ceinture.** — Montagnes du Nord. — Nous connaissons les Pyrénées qui forment au N. le bassin de l'Èbre et des petits fleuves côtiers. Les Pyrénées se prolongent au delà du col des Aldudes et de la passe de Bélate par les *Monts Cantabriques* : La Sierra Aralar 1471 mètres ; le fameux défilé de Idiazabal, tant de fois disputé dans les grandes guerres, met l'Èbre en communication avec le golfe de Biscaye, il n'est qu'à 658 mètres ; à l'O., la Peña de Corbea et la Sierra Salvada dépassent 1500 mètres, et sont séparées par une dépression utilisée pour le chemin de fer. Les montagnes qui prolongent la Sierra Salvada à l'O. sont les talus de la terrasse où l'Èbre prend sa source ; leurs pentes les plus raides et leurs contreforts presque perpendiculaires à l'axe principal et semblables à des arcs-boutants de cathédrale, sont tournés au N. Après la trouée de Reinosa, s'élève la Sierra de Isar et enfin la Peña Labra, immense pierre de chevet, bloc superbe de 2021 mètres de haut, d'où partent des eaux dans toutes les directions.

CEINTURE, MONTAGNES ET PLATEAUX DU S. O. — C'est à peine s'
existe un dos de pays entre l'Èbre supérieur et les affluents d
Duero; le chemin de fer de Madrid à Bayonne passe à ciel ouve
d'un bassin dans l'autre, et dans tout autre pays qu'en Espagn
un canal aurait été creusé à travers la dépression de Reinos
reliant ainsi le Duero et l'Èbre à la mer. Des plateaux que l'Èbre
rongés à leur base, la Lora et les Montes de Oca, s'étende
entre la Peña de Labra et les montagnes qui s'élèvent au
symétriquement à la Sierra Salvada et aux autres groupes cit
plus haut.

Le premier massif important qui se dresse au S. de l'Èbre e
la Sierra de la Demanda, dont le sommet le plus élevé est le pic d
Lorenzo, avec 2305 mètres de haut; il se compose de terrain
primitifs, gneiss et granit; la Peña de Urbion et la Sierra Cebolle
appartiennent également aux âges anciens de la terre, comme d
reste presque tous les sommets de cette région; elles sont recou
vertes sur leurs flancs, comme les massifs pyrénéens eux-même
de couches disposées en étages suivant l'ordre même de successio
des terrains.

Au S. E. s'élève l'énorme et majestueux massif de la Sierra d
Moncayo, dont le sommet de 2349 mètres est accessible assez faci
lement du côté du S., mais domine les plaines septentrionales pa
des pentes extrêmement raides, ravinées par des vallées diver
gentes d'une saisissante beauté.

La Sierra de la Virgen, composée de terrains crétacés, continue l
ceinture et se prolonge par celles de Vicor, de Cucalon, de Gú
dar, et enfin la Peña Golosa (1813 m.) marque le sommet S. E. d
triangle.

Telles sont les montagnes qui servent de parapet à la terrasse d
la Nouvelle Castille. Il faut remarquer cependant qu'elles n
coïncident pas aujourd'hui avec la ligne de partage des eaux
un affluent important de l'Èbre, le Jalon, la perce à l'extrémité d
la Sierra de Virgen et descend du plateau; ce bassin excentriqu
n'est séparé des autres fleuves qu'au S. où la Sierra de Albarracir
l'isole du Guadalaviar. De même la Peña Golosa est contourné
par un affluent de ce dernier fleuve.

MONTAGNES DE L'E. OU CHAINE LITTORALE. — Une chaine littorale bie
marquée, tantôt simple, tantôt composée de chaînons parallèles
règne le long du rivage méditerranéen. Les eaux l'ont percée su
plusieurs points, mais ses tronçons gardent une direction com
mune qu'il est impossible de méconnaître. Au N. E. de la Peñ
Golosa nous trouvons la Muela de Ares, la Peña del Bel, le Tosal d
Rey et enfin le Monte Caro, au-dessus de Tortosa; ce sont le

sommets presque tous granitiques de la crête; ils dominent de petites chaines plus voisines de la mer et allongées par couples parallèles; les routes et le chemin de fer se glissent entre elles en suivant des courbes naturelles, d'une grande valeur militaire.

Au delà de l'Èbre, la grande chaîne recommence par El Mount Sant (1704 m.), qui s'abaisse pour venir mourir au défilé de Francoli (566 m.), sur la grande route de Lerida à Tarragone. Elle est escortée de trois chaînons parallèles, deux au S., un au N., presque aussi haut qu'elle-même, la Sierra de la Llena, où s'appuient les fameux Llanos (Landes) de Urgel.

Au delà du Francoli, la chaîne, moins nettement modelée, culmine au Puig de Montagut, qui mérite bien son nom, et au Monserrat (1280 m.), amas de roches agglutinées et de galets, ardoises, calcaires noyés dans une pâte d'argile rougeâtre, véritable Canigou de la Catalogne, admirable observatoire isolé de trois côtés et dont le sommet, le San Geronimo domine un horizon merveilleux.

Au delà du Llobregat, la Sierra de Monseñ, allongée de l'O. à l'E., remplit de ses rameaux contournés le pays au S. du Ter. C'est un bloc de granit entouré de roches plus récentes. Par un contrefort septentrional, il se rattache au delà du Ter aux rameaux qui prolongent les Albères.

Une curieuse région de volcans, d'une superficie de près de 550 kilomètres carrés avec 14 cratères encore visibles, s'étend sur une ligne droite dont le prolongement passe précisément par le volcan d'Agde au N. et le cap de Gata au S.

**Bassins côtiers au N. de l'Èbre.** — Au N. de l'Èbre, le triangle formé par les Albères et la Sierra d'Ellade, les hauteurs qui escortent le Sègre sur sa gauche jusqu'à la Sierra de la Llena et la mer, est arrosé par des petits fleuves côtiers d'une importance considérable.

Ce sont : 1° Le *Llobregat* du N. (col de Perthus) : il se termine dans les marécages de Castellan d'Ampurias, bien déchue de sa splendeur au temps des Romains. Son affluent principal, la *Mouga*, dont les sources sont en France, passe au pied de San Lorenzo de la Mouga, célèbre par la bataille de 1794 gagnée par Dugommier. Le *Manol* laisse à gauche, sur un plateau, la ville et le fort de Figueras, qui ont joué un grand rôle dans les guerres de la République et de l'Empire.

2° La *Fluvia* est couverte par les marais de l'Ampourdan, elle arrose Olot, Castelfollit (1795) et Bascara.

3° Le *Ter* (col des Aires) a un cours demi-circulaire par Campredon, Ripoll et Gerona, ville fortifiée, célèbre par son horrible siège de 1809. Il passe au pied du fort de Torroella avant de se jeter dans la mer. Sa vallée est encaissée, son cours rapide, il est éminemment propre à la guerre défensive.

4° La *Tordera*, nourrie des eaux du Monseñ, fait plusieurs coudes dont le plus septentrional est gardé par Hostalrich, célèbre dans la campagne de 1808.

5° La *Besos* recueille un grand nombre de torrents qui coulent entre les courbes de la chaîne littorale ; l'un d'eux, le *Mogent*, arrose Llinas, où Gouvion Saint-Cyr fut vainqueur en 1808 ; son bassin a été transformé par les récents progrès de l'industrie catalane. Satadell est le centre des usines.

6° Le *Llobregat* est le plus puissant de ces cours d'eau. Il sort de la Sierra del Cadi ; il coule au S. dans une vallée sauvage ; la plupart des bourgs, presque inaccessibles, très pittoresques, mais fort sales, sont nichés au-dessus du fleuve sur les montagnes qui le bordent. Il passe au pied du Montserrat, dont les étroites terrasses étagées à pic au nombre de sept au-dessus de la vallée, portent les bâtiments à moitié ruinés du fameux monastère, berceau de l'ordre des Jésuites.

Au delà de cette faille imposante, le Llobregat arrose Molins de Rey, célèbre par la victoire de Gouvion Saint-Cyr, en décembre 1808. L'affluent de droite, le *Cardoner*, arrose deux des localités les plus intéressantes de Catalogne : Cardona, pour son château et ses blocs inépuisables de sel gemme ; Manresa, pour son industrie.

La *Noya*, qui vient aussi à gauche, arrose Ignadala, ville industrielle, et tombe à Martorell.

Au N. de l'embouchure du Llobregat s'étend la tumultueuse et active BARCELONE, la première des villes espagnoles pour la population. Fondée par les Carthaginois, sous le nom de leur grande famille militaire des Barca (Barcino), elle est entourée d'une forte muraille et de profonds fossés ; au delà des glacis grandissent de nombreux villages. Au N. de la ville, sur un rocher rougeâtre de 240 mètres de haut, les bastions de la citadelle Monjuich surveillent cette ville remuante. Au S. est le fort Ateranzanas. Le port de Barcelone est spacieux, bien protégé par des môles énormes ; son industrie est la plus active de toute l'Espagne. Son Université est la seconde.

7° Le *Francoli* coule de la Sierra de la Llena, s'ouvre dans les montagnes des défilés profonds, laisse, à gauche, Valls (victoire de Gouvion Saint-Cyr, décembre 1808), à droite, Réus, ville régulière et bien bâtie, la seconde pour l'industrie de toute la Catalogne ; c'était un village au commencement du siècle, aujourd'hui on y compte un grand nombre de filatures. Salon lui sert de port.

A l'embouchure du Francoli, Tarragone, ville déchue, pleine des ruines romaines de l'antique Tarraco ; son port a été amélioré.

**Cours de l'Èbre.** — L'Èbre, dans sa direction générale, est perpendiculaire à la Méditerranée.

On le fait commencer à Fontibre, où sort, au pied d'une tour isolée, une source limpide comme du cristal et si puissante qu'à une très faible distance elle fait mouvoir les roues d'un moulin. Il est grossi des ruisseaux qui descendent de la Peña Labra, dont quelques-uns sont plus longs que lui, mais aucun aussi abondant.

Arrivé à Reinosa (819 m.), l'Èbre hésite entre l'Atlantique et la Méditerranée ; une tranchée de quelques mètres de profondeur suffirait pour le jeter à travers les montagnes de la province de Santander dans le golfe de Biscaye. Mais il s'est ouvert un défilé au S. jusqu'à ce qu'il rencontre la terrasse de la Lora, qui lui impose la direction de l'E. Sa vallée est alors assez encaissée, son courant est affaibli par de nombreuses fissures à travers le calcaire. Il arrive à Miranda del Ebro, située à 452 mètres au-dessus de la mer, sur la grande route de Madrid à Bayonne, au carrefour de quatre voies ferrées, importante par sa position. Le fleuve s'engage de nouveau dans des défilés dont il sort à Haro, suivi d'un chemin de fer sur la rive droite depuis Miranda jusqu'à Escatron. Il arrose Logroño, rive droite, Tudela (253 m.) : victoire de Lannes en 1808.

A gauche s'étendent les déserts de Las Bardenas ; pas une ville sur une superficie presque égale à un département, pas un bourg, pas une route, à peine quelques misérables masures, et la contrée, du temps des Maures, était bien arrosée et d'une grande fertilité !

Au-dessous de Tudela commence le canal Impérial, creusé au pied même des terrasses du S. et qui suit le fleuve jusqu'à Saragosse, roulant en moyenne 14 mètres cubes à la seconde.

SARAGOSSE (Zaragoza) est au centre d'une riche huerta couverte d'oliviers, et dont les légumes et les fruits sont renommés. Arrosée de nombreuses rigoles dérivées de l'Èbre ou du canal Impérial, de l'Huerva (droite) ou du Gallego (gauche). Fondée par les Phéniciens sous le nom de Salduba, colonisée par les Romains sous celui de Cæsarea Augusta, appelée Sarkohsta par les Arabes, elle est devenue ensuite la capitale du puissant royaume d'Aragon. Ses deux sièges, celui par Lefebvre-Desnouettes 1808, et surtout celui de 1809 par Lannes, soutenu par Palafox (21 décembre-21 février 1809), l'ont couverte de ruines, mais en même temps illustrée à jamais. Saragosse, place forte de première classe, commande la grande route qui, par le Jalon, gagne le centre de la péninsule ; elle a peu d'industrie ; les catholiques y vénèrent la fameuse Virgen del Pilar (Notre-Dame du Pilier).

Au-dessous de Saragosse l'Èbre passe près de Fuentes, berceau de ce « valeureux comte » qui a occupé la Valteline et est mort à

Rocroy (il était né à Valladolid); à Vetilla (r. g.), qui garde la fameuse cloche d'Aragon dont le tocsin faisait lever tous les patriotes Là commencent les méandres de l'Èbre; ils finissent à Mequinenza, dont la citadelle commande le confluent du Sègre (siège de 1810). L'Èbre s'engage ensuite dans les montagnes, perce par des défilés redoutables, qu'a dû éviter le chemin de fer, la chaîne du littoral. Les bourgs d'Asco (gauche), de Garcia et surtout de Cherta sont situés aux plus difficiles passages. L'Èbre passe ensuite à Tortose (Tartessus ou Tarchich de la Bible), entouré d'une fertile huerta. Cette ville est fortifiée et son industrie est florissante; elle a été prise par nos troupes en 1649 et en 1811.

A Amposta commence le Delta de l'Èbre, qui s'avance de 24 kilomètres dans la mer. Un canal (canal Nueva) joint Amposta à San Carlos de la Rapita et au port des Alfaques, qui est assez mauvais qu'une barre difficile interdit aux gros vaisseaux. Les alluvions du delta contiennent des salines très productives. Outre le canal Nueva, l'Èbre se déverse par trois autres bras, dont l'un au N. aboutit à Puerto del Fungal, les deux autres embrassent l'île basse de Buda.

**Affluents de gauche.** — Les affluents de gauche descendant des Pyrénées sont remarquables par l'abondance de leurs eaux mais sujets à des crues terribles. Ils pratiquent, à travers les avant-monts des Pyrénées et les chaines parallèles à l'axe principal, des défilés pittoresques et fameux dans l'histoire militaire. Les principaux sont au nombre de huit : le Nela, le Royas, Zadorra, l'Ega, l'Aragon, l'Arba, le Gallego et le Sègre.

1° Le *Nela* descend des Pyrénées cantabriques, coule sur le plateau de Vieille Castille, et reçoit le *Trueba* qui arrose Espinosa-de-los-Monteros (victoire des Français en 1808, novembre).

2° Le *Royas* descend au S. de la Peña de Gorbea et prête sa vallée au chemin de fer de Bilbao à Madrid.

3° Le *Zadorra* est suivi par la grande route internationale de Paris à Madrid; sa vallée supérieure a pour centre Vitoria, qui recueille les routes de l'Océan et des Pyrénées occidentales (bataille de 1813, évacuation de l'Espagne par les Français).

4° L'*Ega* est séparé du précédent par la Sierra de Andia; il arrose la ville d'Estella, qui a été en 1874 la véritable capitale des Carlistes.

5° L'*Aragon* est plus important : il recueille toutes les eaux des Pyrénées occidentales, du port de Canfranc au port de Idiazabal. C'est une des rivières nourricières de l'Èbre. Il descend du port de Canfranc, suit la direction du S. et est suivi par une route qui garde en France le fort d'Urdos, arrose Canfranc, et est dominé par la place et le fort de Iacca (755 mètres). De là il coule à l'O., laissant à droite Verdun, à gauche Xavier (574 mètres), berceau du lieutenant de Loyola. Il s'engage dans une série de défilés : ceux de Sangueza, Cáseda et de Murillo. Il reçoit à droite l'Irati et l'Arga. — L'*Irati* vient de France, arrose Orbaïceta et le Val de Aézcoa ; il est grossi par l'*Urrobi*, rivière de Roncevaux, et l'*Erro*, qui descend du col des Aldudes que garde la redoute de l'Anduze. — L'*Arga*, par ses affluents supérieurs, ouvre le col de Belate sur Bayonne, le port de Azpiroz sur San Sebastian, et celui de Idiazabal.

Pamplona est au centre de ces routes. Cette ville forte, entourée d'une enceinte continue, s'élève sur la rive gauche de l'Arga dans une plaine qu'on appelle la Cuença. Elle est dominée par une citadelle à cinq bastions d'une grande force tactique. Bien bâtie, mais peu animée, Pampelune est difficile à investir ; mais peut être bombardée.

6° L'*Arba* descend de la Sierra de Peña de Santo Domingo par plusieurs bras qui se réunissent à l'Eja de los Caballeros, bourg déchu. Son affluent, le *Riguel*, est gardé par la mauvaise place de Sadaba, qui surveille la route de Roncevaux à Saragosse, mais n'a plus aucune importance, sinon dans les guerres civiles.

7° Le *Gallego* descend du col de la Peyre, mais n'a pas de route dans son bassin supérieur ; il s'ouvre, entre la Sierra de Guara et celle de Peña de Santo Domingo, un défilé qui est suivi par la route de Jacca à Saragosse. La basse vallée sur le plateau d'Aragon est une bonne ligne militaire qui barre toute la rive gauche de l'Èbre ; la rive droite est généralement dominante.

8° Le *Sègre* est le plus important de tous les affluents de gauche, il est plus puissant que l'Èbre. Les sources sont à nous et ouvrent le col de la Perche (Montlouis). La rivière arrose la petite enclave espagnole de Llivia, puis entre en Espagne, où son cours est divisé en trois sections : la première est la Cerdagne, plaine assez large, ancien lac desséché, conquise aux dépens des montagnes ; elle commence à Puigcerda, ville forte démantelée, très redoutable autrefois, et après le défilé de Montella, et finit à la Séo de Urgel qui domine à droite la vallée, au confluent du *Balira*, lequel arrose le Val d'Andorre. Le château Ciotat garde les abords de la ville que défendent deux autres forts détachés. Cette première barrière forcée, on trouve les défilés qui commencent près d'Arfa. Serré entre la Sierra de Boumort et la Sierra del Cadi, le Sègre coule au S. jusqu'à Tiurana, puis au S. O. La dernière section est gardée par Balaguer, ancienne place forte, où commencent les dérivations du Sègre. Cette ville est dans une belle position au confluent de plusieurs vallées latérales. Lerida a été de tout temps la suprême défense du Sègre. Sous les Romains, Ilerda a vu le duel entre César et Petreins Afranius ; le fameux siège d'Harcourt et de Condé (1646-

1647) a consacré sa réputation militaire. Suchet l'a prise en 1810 ; aujourd'hui Lérida, grande étape entre Saragosse et Barcelone, est une place forte de première classe avec un seul fort détaché. Le Sègre finit ensuite près de Mequinenza. Il n'a pas d'affluents à gauche, étant serré par les montagnes, mais à droite il reçoit de nombreux tributaires bondissant des glaciers pyrénéens dans des vallées qui seraient aussi renommées que celles des Pyrénées françaises, si elles étaient plus accessibles et si les habitants avaient davantage souci de la propreté la plus élémentaire. La *Noguera Pallaresa* coupe la Sierra de Boumort et le Monsech ; la *Noguera Ribagorzana* descend de la Maladetta, coupe aussi le Monsech. Le *Cinca* roule les eaux du mont Perdu, reçoit celles du Néthou par l'*Esera*, qui est gardé par la petite forteresse de Venasque, arrose Barbastro, sur le plateau d'Aragon, important par sa position à la réunion des routes de recade des avant-monts ; Monzon, où s'est signé le traité de 1626, entre Richelieu et les Espagnols. Un château surveille le pont du chemin de fer sur le Cinca et la ville.

**Affluents de droite.** — Les rivières qui grossissent l'Èbre à droite sont des torrents, mal réglés, rendus plus inconstants par la destruction presque complète des forêts qui couvraient autrefois les montagnes ; plusieurs traînent leurs eaux raréfiées à travers de véritables déserts. Les principaux sont l'Oca, le Tregua, le Cidaco, l'Alhama, le Jalon, le Huerva, le Martin et le Guadalope.

1° L'*Oca* sort du plateau improprement appelé montes de Oca, arrose la région tourmentée de la Bureba. Le chemin de fer de Bayonne à Madrid le remonte en partie.

2° Le *Tregua* est suivi par la route de Logroño à Madrid.

3° Le *Cidaco* passe dans des vallées sauvages, dont les eaux minérales seront peut-être à la mode quand on pourra s'y rendre rapidement et y séjourner confortablement. Arnedillo est la plus remarquable de ces stations peu fréquentées. Il finit au-dessous de Calahorra, qui fut la Calaguris défendue par Sertorius ; cette ville a vu naître Quintilien et San Domingo (Dominique), le créateur de l'Inquisition.

4° L'*Alhama* coule du S. O. au N. E. dans une vallée très régulière, arrose Aguilar, Cervera, et finit au-dessous d'Alfaro dont la plaine, assez bien arrosée, est traversée par le chemin de fer de Logroño à Saragosse.

5° Le *Jalon* est le plus long des affluents de droite de l'Èbre ; il a une grande valeur militaire, étant suivi par la grande route et le railway de Saragosse à Madrid. Son cours est très rapide. Il commence à la Sierra Ministra, à plus de 1100 mètres d'altitude, coule d'abord sur le plateau des Castilles où il baigne le bourg d'Arcos de Medina-Celi, ancien fief d'une famille noble bien connue. A Calatayud, la rivière est encore à 522 mètres au-dessus du niveau de la mer. Cette ville, dont l'industrie se réveille, est voisine des ruines de la romaine Bilbilis, où naquit le poète Martial, puis elle perce les montagnes qui limitent le bassin de l'Èbre, par des défilés pittoresques, et finit dans la plaine d'Alagon. Près de Catallayud, le Jalon est grossi du *Filoca* (dr.), qui vient du S. et est suivi par une route de Calatayud à Teruel (Guadalaviar) et Murviedro ; Daroca, sur la rive gauche de la rivière à l'embranchement de la route de Saragosse, est le seul bourg important de cette vallée.

6° Le *Huerva* coule de la Sierra Cucalon et se termine à Saragosse.

7° Le *Martin* vient du même massif, au S. son cours est d'une grande rapidité ; il arrose Hijar.

8° Le *Guadalope* coule de l'O. à l'E. jusqu'à Aquaviva, il descend de la Sierra de San Just, et après l'avoir contournée, prend la direction du N. ; il se termine à Caspe.

**Résumé.** — Le bassin de l'Èbre souffre surtout du manque d'eau. La moyenne de la hauteur des eaux de pluie est de 0,500 ; mais tandis que les Pyrénées reçoivent plus d'un mètre par an, il est des régions pour qui la pluie est un phénomène rare ; les parties les plus particulièrement arides sont les Bardenas (Aragon-Arba), les Monegos (Èbre-Sègre-Cinca), la Calanda (Èbre-Guadalope).

L'Aragon, encadré par les Pyrénées au N. et les Sierras au S., a un climat presque continental ; les hivers y sont parfois terribles, presque toujours très rudes ; les étés sont intolérables par la chaleur et la poussière. Nos troupes ont eu à souffrir autant du froid que du chaud dans leurs campagnes de 1808 à 1813. On voit que cette région a des traits communs avec l'Algérie ; Saragosse a une température moyenne de 16°, mais le thermomètre y monte jusqu'à 41° et descend jusqu'à — 7°,8 ; cela donne un énorme écart de 48°,8.

La *Catalogne* est plus favorisée à cause du voisinage de la Méditerranée, mais les régions situées à l'O. des Sierras de Monseñ rappellent plutôt l'Aragon. — A Barcelone la température moyenne est de 17°,20, l'extrême chaud 34°, l'extrême froid 0°,1. Il y a donc un écart beaucoup moins considérable et pour ainsi dire un printemps perpétuel.

Au point de vue militaire actuel le bassin de l'Èbre n'offre pas à l'Espagne d'assez nombreuses voies de communication pour repousser l'offensive française, si des circonstances, bien difficiles à prévoir, rallumaient la guerre entre ces deux pays. La voie ferrée de rocade est en même temps la ligne du thalweg jusqu'à Escatron ; elle ne se rapproche des montagnes qu'à Huesca et Barbastro par deux tronçons insuffisants. Cette ligne ne communique d'ailleurs avec l'intérieur de l'Espagne que par trois chemins de fer, Miranda-Burgos-Valladolid, Saragosse (Alagon), Calatayud et Madrid, enfin Barcelone-Martorell, Tortose-Valence.

La France aurait évidemment un avantage énorme aux premiers jours de la mobilisation, mais en même temps les difficultés qui sont inhérentes à la nature même du sol affaibliraient l'envahisseur, et quand il arriverait sur la ligne probable de concentration des forces espagnoles Lerida-Barcelone, il se heurterait à de très sérieux obstacles. Mais il est plus probable que nous ne songerons jamais à faire une guerre offensive en Espagne, et pour la défense nous sommes, ainsi qu'on l'a vu plus haut, infiniment mieux organisés que les Espagnols, quoiqu'on n'ait pas accumulé sur la frontière des Pyrénées des obstacles artificiels aussi puissants que sur la frontière de l'E.

# CHAPITRE IV

### ÉTUDE SUCCINCTE DES TROIS PÉNINSULES DE L'EUROPE MÉRIDIONALE

Tandis que les trois régions de l'Europe du N. et de l'E. que nous avons décrites brièvement plus haut vont en s'épaississant de l'O. à l'E., celles de l'Europe du S. sont au contraire de plus en plus massives à mesure qu'on se dirige vers l'O.

La péninsule des Balkans se rattache au continent par la région Danubienne, qui est très large; mais elle est profondément découpée; la mer s'y enfonce par des golfes d'une forme très variée; de nombreuses presqu'îles ou Chersonnèses rattachées au continent par des pédoncules plus ou moins larges se projettent dans des mers parsemées d'îles nombreuses, aussi bien à l'E. qu'au S. et à l'O.

La péninsule des Apennins a pour base le bassin du Pô, moins étendu que le bassin du Danube, mais elle est aussi moins dentelée que sa voisine, elle n'a plus que deux grandes presqu'îles et les îles n'existent qu'à l'O. et au S. O. : elles sont plus grandes, mais moins nombreuses que celles qui escortent la Grèce.

La péninsule Ibérique est unie au tronc continental par l'isthme des Pyrénées et la vallée de l'Èbre, qui sont encore moins développés que les deux autres, mais elle est à peine entamée par la mer et n'a dans sa dépendance qu'un groupe d'îles du côté de l'orient.

### I. — Péninsule des Balkans.

La péninsule des Balkans se divise en deux parties : la Turquie avec le Montenegro et la Grèce ou Hellade.

**TURQUIE ET MONTENEGRO. — Contours.** — La Turquie s'allonge de l'E. à l'O. au S. des Balkans; elle est bornée, à l'E., par la mer Noire; au S., par le détroit de Constantinople, la mer de Marmara, le détroit des Dardanelles, la mer Égée et la Grèce; à l'O., par le golfe d'Otrante et la mer Adriatique,

Les presqu'îles sont la presqu'île de Gallipoli, entre le détroit des Dardanelles et le golfe de Saros, et la Chalcidique, entre le golfe de Rendina et celui de Salonique ; elle lance au S. les trois Chersonnèses fameuses de Hagion Oros (Athos), terminée par le cap Saint-Georges (Hagion Giorgi), Longos (Sithonie), terminée par le cap Drepano, enfin de Kassandra (Pallène), dont l'extrémité est la pointe de Paliuri ; il n'y a pas de presqu'îles dans la mer Ionienne.

Les îles sont l'île de Marmara, dans la mer de ce nom ; celles d'Imbro, de Samathraki, de Limni et de Hagiostrati, enfin de Thaso, au fond de la mer Égée. Limni est très découpée.

Sur le canal d'Otrante et l'Adriatique, la côte moins découpée ne présente que la baie d'Aulona et le golfe du Drin. Le beau golfe de Cattaro est à l'Autriche.

**Orographie.** — La confusion que nous avons déjà observée dans la disposition des chaînes de montagnes au N. des Balkans est encore plus grande au S.

Les axes de soulèvement se croisent en effet et se contrarient de façon à donner au relief du pays un aspect vraiment chaotique. Les Monténégrins prétendent qu'à l'époque de la création, comme Dieu passait au-dessus de leur pays, un sac qu'il portait et qui contenait les montagnes creva subitement et laissa échapper une partie de son contenu, que le Créateur ne prit pas la peine de mettre en ordre. Cette légende, rapprochée du grand combat mythologique des Titans contre Zeus, à l'autre bord de la péninsule, montre que les populations primitives n'ont pas été moins frappées que les géographes de l'absence de symétrie dans la disposition des massifs.

Cependant, à travers cet enchevêtrement bizarre de plateaux, de sommets et de plaines profondes, on peut encore reconnaître de grandes lignes maîtresses et des nœuds symétriquement placés d'où rayonnent des chaînes secondaires.

La partie turque de la péninsule a l'apparence d'un trapèze. Le N. est fermé par les Balkans, que nous connaissons et dont la direction est à peu près de l'O. à l'E. Le littoral de l'Adriatique est suivi par des chaînons disposés parallèlement et séparés de la mer par une lisière plus ou moins large de terrains d'alluvions. Les principaux sommets sont le Velia, le Tomor et le Klapha qui domine la mer au S. de Corfou. Leurs formes sont très variées ; leur sol appartient à tous les âges géologiques, depuis le granit et le gneiss qui percent çà et là les sommets jusqu'aux couches quaternaires qui se sont allongées sur leurs flancs et à leurs pieds. Les bassins que ces montagnes enferment sont difficilement accessibles, habités par des populations guerrières passionnément attachées à leurs libertés locales et à leurs vieilles coutumes patriarcales ; placés hors des routes d'invasion, ils n'ont joué de rôle important dans l'histoire qu'à l'époque de Scanderberg.

Enfin une chaîne côtière de la mer Noire est très nettement détachée de l'extrémité du Balkan et s'avance jusqu'au Bosphore. Les sommets en sont tour à tour cristallins, jurassiques et tertiaires ; ils dépassent rarement 1000 mètres. Le plus élevé est le Gök-Tepe.

Telles sont les chaînes qui dessinent tant bien que mal le périmètre de la presqu'île turque.

Trois grands massifs, dont deux sont granitiques, le troisième crayeux, flanquent ces montagnes. Celui du Skar, qui domine le plateau de Kossovo à l'angle N. E., celui du Rilo au centre du Balkan, celui de Metzovo au S.

Du Skar rayonnent dans tous les sens des chaînes dont la plus régulière va au S. E., escortant le cours du Vardar sur la rive gauche sous différents noms, et se prolonge jusqu'à la Chalcidique, où elle s'épanouit en massifs de schistes cristallins.

A droite du Vardar s'étendent des plateaux élevés de plus de 1000 mètres. Ces bancs épais de calcaire se laissent néanmoins traverser par les eaux, qui se réunissent en des lacs souterrains, sortent en sources puissantes et se frayent des chemins difficiles à travers de véritables gouffres. Le Babouna-Planina est le plus étendu parmi ces causses de l'antique Macédoine.

Tout au S. court une double et parfois triple chaîne qui joint le Skar au Metzovo. C'est la région des lacs élevés que dominent de sombres sommets de schistes argileux, des coupoles arrondies de granit ou les carcasses déchiquetées d'anciennes montagnes crayeuses délabrées par les météores. Au pied de ces géants fort amoindris, après chaque pluie les eaux grondent avec furie, se tordent en canaux souterrains ou se sont frayé des passages qu'on appelle des Klissoura, d'un nom qui n'est pas sans analogie avec celui de nos cluses du Jura. La principale masse entre le Skar et le plateau de Metzovo est l'épais Grammos, dont la longue crête inégale s'élève comme un immense toit au-dessus des terrasses qui, le bordant des deux côtés, dominent les plaines tertiaires où prennent naissance d'un côté la Vistritza, de l'autre la Vojoutza.

Du plateau de Metzovo (Lacmon des anciens), qui s'élève à 1620 mètres, rayonnent également des chaînes de montagnes, sauf à l'O., où se trouvent les montagnes parallèles à la mer, les plateaux, les vallées profondes où se creusent les bassins du lac de Janina, du classique Achéron, du Cocyte qui ne fait plus trembler personne ; quelques géographes donnent à ces massifs le nom glorieux des Souliotes.

Droit au S., c'est le Pinde que nous retrouverons tout à l'heure, puisqu'enfin la Thessalie a fait retour à la Grèce. — La seconde, à l'E., fut bien célèbre autrefois sous le nom de Hauteurs foudroyées (Acrocérauniens); elle arrive jusqu'au littoral, mais là rencontre le prolongement du Babouna-Planina.

Le mont Olympe est au point d'intersection. Cette montagne célèbre, qui domine superbement la mer, élève à la hauteur de 2973 mètres sa crête dénudée, inaccessible, et dont certaines cavités gardent leurs neiges pendant l'année entière.

Une autre chaîne s'éloigne dans la direction du N. E.; peu accentuée sur le plateau qui porte le lac de Kastoria, elle ferme au S. l'entonnoir de Bitolia, croise le Babouna-Planina au N. du lac d'Ostrovo. Le point d'intersection est marqué par la borne du mont Nidge, à 2498 mètres d'altitude. Au delà la chaîne se prolonge par le Bora et se termine à l'ouest du Vardar au Tchengel, qui dépasse 1300 mètres.

Enfin du Rilo-Dag partent au S. le *Perim-Dagh*, ancien Orbelus, bloc de granit et de schiste qui pousse jusqu'à 2600 m. son principal sommet, le Jel-Tepe; au S. E., le *Despoto-Dagh* ou *Rhodope*, à gauche de la Mesta ou Kara-Sou, dont plusieurs sommets dépassent 2000 mètres.

Ces montagnes sont encore pour la plupart couvertes de forêts, c'est une beauté qu'elles n'ont pas encore perdue; à leurs pieds s'étendent des bassins tertiaires ou lacustres d'une grande fertilité (on en compte près d'une trentaine, grands et petits); les deux plus remarquables sont la plaine de Sérès, qu'arrose le Struma, et le grand bassin d'Andrinople, entre les contreforts du Despoto-Dagh et la chaîne côtière. Malheureusement l'état politique et social du pays ne permet pas de tirer parti des remarquables ressources de cette terre privilégiée.

**Hydrographie.** — Il n'y a pas de cours d'eau important se jetant dans la mer Noire, ce qui résulte de la proximité de la chaîne du littoral. La mer de Marmara, longée aussi par des collines ininterrompues (Saint-Élie), ne reçoit que des torrents très courts. Dans la mer Égée tombent la *Maritza* qui descend du Rilo-Dagh, décrit une courbe dont la convexité est tournée vers le N. O. Elle arrose Tatar Basardjik, qui commande la porte de fer des Balkans, puis Filibé. C'est l'ancienne Philippopolis, assise par le subtil Macédonien au point où la Maritza, grossie des eaux qui accourent de l'hémicycle des montagnes, est à peu près navigable. Les environs de cette ville, si bien située pour le commerce et pour la guerre, produisent à foison le coton, le riz, l'huile, le tabac et des vins que les nombreux chrétiens du pays savent fort bien apprécier. Les environs sont aussi charmants qu'ils sont riches. Mais la métropole de toute la vallée est la ville historique d'Andrinople, que les

Osmanlis appellent Édirné. Capitale de la Turquie avant 1455, elle garde encore le palais superbe et délabré qui date d'Amurat, et la magnifique mosquée de Sélim II, « la plus belle de la terre », surmontée de 24 petites coupoles et d'un dôme central accosté de quatre minarets et supporté par de splendides colonnes de porphyre. Au milieu de ses bosquets, de ses jardins de roses, Andrinopolis, bien arrosée par trois rivières qui y confluent, la Maritza, la Toundja et l'Arda, est une ville importante de commerce et d'industrie. En 378, Valens y fut tué par les Goths, en 1366 elle devint turque, en 1829 les Russes y imposèrent la paix au sultan Mahmoud.

Dimotica rappelle le séjour de Charles XII, enfin Enos, au milieu des marécages du Delta, n'a plus qu'un port ensablé d'où partent de grandes quantités de laine. Le fleuve a 430 kilomètres de longueur. Les affluents de la Maritza sont, à droite, l'*Arda* qui se fraye une vallée à travers les massifs du Rhodope, à gauche la *Toundja* qui coule d'abord de l'O. à l'E. par Kesanlyk, point stratégique important au débouché de la passe de Chipka, laisse à gauche Slivno qui commande le chemin difficile de Tirnova, et arrose Jamboli d'où se détachent deux autres routes dont la plus orientale, qui grimpe jusqu'à la passe de Dobrol par Karnabad, fut suivie par les Russes en 1829.

La *Mesta* ou *Kara-Sou* passe entre le Rhodope et le Perim-Dagh; son bassin, très encaissé, n'a pas d'importance stratégique; il finit par des marécages en face de l'île de Thaso.

Le *Strouma* est l'ancien Strymon; il coule à l'O. du Perim-Dagh, passe près de Radomir (g.), de Köstendil (d.), de Djouma (g.) et de Melnik; sa vallée, très fertile, n'est pas assez bien cultivée et manque de routes, sauf dans la partie supérieure, qui ouvre des passages faciles pour gagner la Morava Serbe. Avant d'arriver à la mer, le Strouma se fraye deux passages assez étroits entre lesquels s'étend la vaste plaine lacustre de Sérès, remarquable par ses plantations de coton et ses rizières; le fond du bassin est encore occupé par les eaux du lac Tachyno, ancien Cercinitis; le fleuve à sa sortie du lac était gardé par la célèbre ville d'Amphipolis au pied du Pangée (Pilaf-Tepe, r. g.), aux riches mines d'or dont Thucydide, fils d'Oloros, était un des propriétaires.

Le *Vardar* s'appelait Axios du temps des Grecs : il descend du Scar; sa vallée est remontée par le chemin de fer de Saloniki à Mitrovitza; les villes principales sont Uskub, ville industrielle, et Köprili. Son affluent de droite, qui porte le nom de la *rivière Noire* (*Kara-Su* ou *Czerna*), lui amène les eaux du lac d'Ostrovo, ancien Begoritis. A gauche de l'embouchure limoneuse au fond d'un beau golfe, est la ville commerçante de Saloniki, presque entièrement grecque de langage, un des foyers de la « grande idée. » Les juifs y forment presque la moitié de la population. Elle est célèbre dans l'histoire du christianisme. C'est la seconde ville de commerce de la Turquie d'Europe, tête de ligne du chemin de Belgrade si souvent suivi par les armées.

L'*Indjé-Kara-Sou* doit son nom, comme les autres fleuves noirs, aux schistes qu'il lave et dont il entraîne les débris, c'est l'ancien Halyacmon. On lui donne aussi le nom de Vistritza ; il sert d'effluent au lac de Kastoria, aux eaux mugissantes. Il a 320 kilomètres de long.

Parmi les fleuves de la mer Adriatique, nous ne citerons que la *Vojoutza* (500 kil.), qui descend du plateau de Metzovo et serpente à travers les montagnes de l'Épire ; l'*Ergent*, bien moins important que son affluent de droite le *Devol*, par où s'écoule le trop-plein du lac Presba ; enfin le plus sinueux de ces torrents, le *Drin*, qui sort en bondissant du beau lac d'Ochrida (Lychnitis) aux eaux d'une surprenante limpidité, parcourt le pays des belliqueux Mirdites, laisse à droite Prisren avec son vieux château royal dominant les maisons étagées de la ville. Grossi des eaux qui coulent du plateau de Kossovo, le Drin se fraye, à travers les montagnes, d'étroits défilés, portes du Monténégro souvent ensanglantées par les guerres ; au delà il se partage en deux bras dans une large plaine d'alluvions : le bras méridional s'appelle le *Vieux-Drin*, la branche du N. s'appelle la *Bojana* reçoit les eaux du lac de Scutari si admirablement encadré par les montagnes d'où sont descendus les Monténégrins. La Bojana, forme actuellement la limite de l'empire et de la principauté. Scutari, conquête de Mohamed II, est restée turque ; elle est fort bien placée au carrefour de trois routes importantes sur un plateau escarpé. Dulcigno est sur la côte au N. de l'embouchure, ainsi qu'Antivari.

**Constantinople.** — La presqu'île où s'élève la ville impériale de Constantinople est un monde à part dans la Turquie d'Europe ; géologiquement c'est une île de terrains anciens entourée, du côté de la terre ferme, par une lisière de terrains modernes. L'ancienne Bysance devait sa fortune à sa situation et à la pêche du thon, très abondant dans le détroit. Elle a été fondée en 658 av. J. C. par le Mégarien Bysas. Constantin y transporta la capitale du monde romain en 500. Les Latins la prirent en 1204, les Turcs en 1453. L'emplacement de l'ancienne colonie grecque est occupé par le Sérail, véritable ville de jardins, de palais et de magasins où l'on pénètre par la *Sublime Porte* et où sont gardés le glaive des Kalifes et l'étendard du Prophète, palladium des Osmanlis ; la Corne d'or baigne le Sérail. La vieille ville s'étend à l'O. et au S., on l'appelle proprement Stamboul; à l'extrémité S. se trouve la forteresse des Sept-Tours (il n'y en a plus que quatre), célèbre prison d'État; près de là la brèche par où sont entrés les Turcs et que par bravade ils ont laissée ouverte. Du reste la ville s'étend maintenant bien au delà de l'ancienne enceinte; au N. de la Corne d'Or, les quartiers de Galata et de Péra, réunis à la ville par trois ponts de bateaux, sont habités par les Européens; en face est Scutari. Un seul fait donnera une idée du commerce énorme dont Constantinople est le centre : en 1878, il est entré autant de navires dans le port que dans tous les ports italiens réunis, près du double de tous les ports français.

Climat. — Le climat de la Turquie d'Europe est sur les côtes d'une douceur telle qu'on peut récolter des dattes dans la plaine de Sères et les environs de Saloniki. A Constantinople la température moyenne est de 14°.75.

En revanche, dans les montagnes le froid est très vif en hiver : la neige persiste sur les sommets pendant plusieurs mois; la zone du littoral de la mer Adriatique est mieux partagée, mais les pluies y sont abondantes : de 1$^m$,10 à 1$^m$,40.

**LA GRÈCE OU HELLADE**. — Depuis 1881 la Grèce a retrouvé à peu près, sauf à l'O., les limites classiques de l'Hellade ancienne. Si le N. de l'Epire est resté politiquement une province turque, il est rattaché à la patrie par la communauté du langage.

**Contours et Iles**. — Nul pays n'est aussi pénétré par la mer que la Grèce. On y remarque à l'E. les golfes de Volo, de Zitouni, de Petali entre l'Eubée et l'Attique, le cap de Kolonnos, le golfe d'Égina entre l'Attique et l'Argolide, enfin le golfe de Nauphie ou d'Argos.

Les Sporades du N. appartiennent à la Grèce, ce sont Skiato, Skopelo, Chilidromi, Gioura et Piperi, enfin au S. E. Skyro. Elles sont peu importantes, faiblement peuplées et nourrissent quelques vignes.

La grande île d'Eubée est appelée aujourd'hui Euripo ou Egripos (le nom de Negroponte est d'origine vénitienne, il vient par corruption des mots εἰς τὸν Ἔγριπον, comme Istamboul d'εἰς τὰν πόλιν).

Elle est très longue et resserrée sur plusieurs points : sa plus grande largeur (52 kilomètres) est précisément sur la même ligne que le détroit de l'Euripe. Bordée d'écueils, cette grande île est peu accessible à la navigation. Une chaîne de montagnes la parcourt du N. au S. avec les sommets du Delphi ou Derph (1750 m.) au centre et du Saint-Hélie (1475 m.) au S. La seule ville importante est l'antique Chalkis ou Egripo, qui commande le canal ; le pont de Garches, de 60 mètres de long, qui le traverse est le moins mauvais port de l'île.

Le golfe de Petali sépare l'extrémité méridionale de l'Eubée de la côte orientale de l'Attique.

Cette petite presqu'île triangulaire, si grande dans la mémoire des hommes, est échancrée à l'E. par la baie de Marathon, dont les bords sont bas et marécageux : la plaine historique est d'une petitesse qui fait douter de la véracité des récits antiques : jamais cent mille Perses n'ont pu se déployer sur un si faible espace. L'écueil si bien nommé de Makronisi (île allongée) borde la côte au S. ; au delà du cap Colonne commence la côte occidentale. C'est là que se trouve le Pirée, réuni par un chemin de fer à la capitale du monde hellénique, Athènes, que couronne son Parthénon.

Le long des côtes on remarque Salamis (Salamine), fermant la baie d'Eleusis au fond du golfe d'Ægina, et l'île d'Ægina au centre ; le rocher allongé d'Hydra avec l'île de ce nom, si célèbre par son rôle héroïque pendant la guerre d'indépendance. Le succès de la cause hellénique a tué la petite île en ouvrant les autres ports de la Grèce, qui ont pris la place des criques dangereuses d'Hydra.

La presqu'île d'Argolide est creusée à l'O. par le golfe de Nauplie, ainsi nommé de la ville qui en occupe le fond. Nauplie a été la capitale de la Grèce délivrée, jusqu'en 1834. Assise sur une presqu'île fermée d'un mur que perce une seule porte, c'est la plus forte place du royaume, le seul port de la plaine d'Argos.

La côte orientale de Morée est relativement peu découpée, les montagnes la bordent sur toute sa longueur et finissent au redoutable cap Malée.

Les Cyclades, que les Grecs disaient rangées en cercle autour de Délos, sont plus exactement allongées suivant quatre axes parallèles : le premier est le prolongement visible des montagnes d'Eubée, le troisième, des montagnes d'Attique, le second et le quatrième flanquent les deux autres.

*Première ligne des Cyclades ou groupe Oriental.* — Sur le prolongement de l'Eubée, Andro et Tino, séparées par le petit canal (Steno). Elles sont rocheuses ; la seconde produit beaucoup de soie en cocons ou filée ; mais la population émigre en grand nombre. — Mykono est un rocher dénudé dont les rares habitants, par une singulière coïncidence, deviennent chauves pour la plupart avant 25 ans.

C'est à l'O. de Mykono que sortent de la mer les deux îles de Délos, Mikra et Megali-Dili ; la plus grande est bien peu vaste. Les souvenirs classiques font encore une terre sacrée de Mikra-Dili, célèbre par son ancien temple, ses jeux, et les « Théories » qui s'y rendaient de tous les points du monde grec.

En 1825, Dili avait pour habitants deux bergers. Aujourd'hui elle est encore déserte, ce qui n'a pas empêché M. Homolle, de l'École française d'Athènes, d'y retrouver les ruines du temple de Phoibos Apollon.

Naxia (Naxos) est la plus grande des Cyclades (350 kil. carrés), c'est la terre sainte de Bacchus, elle contraste vivement avec ses voisines dénudées par ses bosquets toujours verts d'orangers, de citronniers et de grenadiers : elle produit d'excellents vins, de l'huile et des figues en abondance. Le mont Oxia que parcourent les troupeaux de moutons s'élève à 1003 mètres. — Enfin Amurgo s'allonge du N. O. au S. O., elle est couverte de montagnes; sa ville principale Kastro au centre de l'île est dominée par un château fort.

*Seconde ligne de Cyclades ou groupe central.* — Elles commencent par le rocher dénudé de Gyura (Garos) où les Césars romains exilaient leurs ennemis. L'île est aujourd'hui encore d'un aspect lugubre. Syra, au contraire, est la plus vivante des îles de l'Archipel. Sa capitale est le premier port de la Grèce, l'escale nécessaire de toute la mer Égée. — Syra ou Hermopolis s'élève en pain de sucre de la mer à la montagne, dominée par une haute église romaine. Elle reçoit plus de 5000 bâtiments par année.

Paros est dominée par une montagne de 771 mètres, qui s'appelle du nom, très populaire dans toute la région, d'Hélie. Elle est célèbre historiquement par ses « tables », sources précieuses pour la chronologie des temps anciens. Mais le port est ensablé et les belles carrières sont épuisées.

Antiparo, l'antique Oliaros, est fameux par ses grottes calcaires. Io, où la légende fait mourir Homère, et Anaphi, terminent cette ligne intérieure.

*Troisième ligne des Cyclades; — prolongement de l'Attique.* — Ces îles sont : Tzia (Keos) en forme d'ellipse avec une montagne qui s'appelle aussi le mont Saint-Hélie; le port est excellent. Thermia, très allongée, avec des eaux thermales. Scripho (Seriphos) a des mines de fer et servit aux Césars de lieu de déportation; Siphanto n'a plus ses filons d'or et d'argent, mais c'est une des plus riantes des Cyclades. Sikino produit des figues renommées. Enfin Santorin, recourbée en forme de croissant ouvert à l'O., est le théâtre de très curieuses éruptions volcaniques, et la principale île d'un groupe qu'on voit surgir du fond de la mer. Son principal cratère qui s'appelle Saint-Hélie est en continuelle éruption, il s'élève à 575 mètres. Parmi les petites îles qui sont situées à l'O., Therasia a été projetée du fond de la mer en 235 av. J.-C., Aspronisi en 196, et Palco-Kaimeni en 1575, Nea Kaimeni en 1707. La plus forte éruption accompagnée d'un tremblement de terre a eu lieu en 1870.

D. *Quatrième ligne des Cyclades.* — *Groupe occidental.* — Milo, séparée en deux parties par un golfe profond, est aussi d'origine volcanique. Le cratère du Monte Calaura projette encore des vapeurs de soufre; des eaux thermales jaillissent de tous côtés, leurs courants souterrains entretiennent sur certains points une végétation tropicale. Le port de cette île est un des plus beaux de la Méditerranée.

Kimolo, aussi volcanique, est bien connu pour sa terre qu'on exporte en Turquie et qui a naturellement, sans la moindre préparation, les qualités du meilleur savon de Marseille.

Palino et Polykandro n'ont pas d'importance.

*Côtes du S.* — Trois presqu'îles et deux grands golfes terminent au S. la presqu'île de Morée. Le cap Malia est à l'extrémité de la presqu'île orientale de Lakonia: au large, l'île rocheuse de Cérigo n'a plus que les ruines de son temple de Vénus. Ce rocher dénudé est pourtant la riante Cythère des Grecs.

Le golfe de Marathonisi se creuse en une baie dont le fond est envasé par les alluvions de l'Iri; les autres parties sont généralement rocheuses et escarpées avec une foule de criques et de petits ports bien cachés, vrais nids de corsaire. Le cap Matapan s'avance en un promontoire aigu au-dessus d'une mer dangereuse.

A l'O. s'ouvre le golfe de Koron ou de Kalamata (ancien golfe de Messénie: le Taygète le domine superbement à l'E.; le fond de la baie, où confluent des torrents nombreux descendant de montagnes trop voisines, est encombré de vases et de terrains nouveaux que les courants de la mer ne peuvent disperser. Le cap Salo termine la presqu'île de Messénie.

La côte occidentale de Morée, du cap Gallo au cap Kalogria, est relativement peu accidentée, les sables rejetés par la mer ont isolé sept petits lacs et comblé à peu près toutes les anses. Cependant Modon protégé par un promontoire, et Navarin (Neo-Castro) par l'île Sphagia, la classique Sphactérie, ont encore leurs ports en eau profonde.

Au delà du cap Kalogria commence le golfe de Patras avec sa belle rade circulaire sur la côte de Morée. L'étranglement, que commandent les deux forts Kastro Roumelias au N., Kastro Moreas au S., donne entrée dans le golfe de Corinthe, vrai bassin intérieur dont les contours ont à peine changé depuis l'âge classique, tant es montagnes qui les dominent sont abruptes. Au fond du golfe s'élève la ville de Nea-Korinthos qui n'occupe pas l'emplacement de l'ancienne et opulente cité de Corinthe. Le village de Loutraki sur le golfe de Corinthe et celui de Kalamaki sur celui d'Égine sont éloignés de 6 kilomètres, et séparés par un isthme dont la plus grande hauteur ne dépasse pas 80 mètres.

Le N. du golfe de Corinthe est très riche en baies profondes, la plus belle est celle de Salona qui s'enfonce jusqu'au pied des contreforts du Parnasse.

Au N. du golfe de Patras une vaste lagune, la plus grande, la plus poissonneuse de la Grèce : au milieu s'élève la place forte de Missolonghi; tout cet angle est disputé à la mer par le fleuve qui descend des montagnes d'Acarnanie et d'Épire, le long Aspro-potamo (Acheloüs). — La côte qui regarde l'Italie est très découpée et voit au loin les belles îles Ioniennes qui ont attiré à elles tout le commerce. La plus proche est Leucada ou Santa-Maura dont la pointe N. est gardée par le fort Santa-Maura. Le golfe d'Arta est aujourd'hui en partie grec; on y pénètre par un goulet très étroit dominé par deux citadelles, le fort Punta sur la pointe méridionale (Actium) qui appartenait aux Turcs jusqu'en 1881, au N., Préveza, ville forte, le principal débouché des produits de l'Épire, qui a appartenu à Venise jusqu'en 1797. On pénètre ensuite dans une première rade qu'on appelle l'avant-golfe (Procolpo), la pointe qui la ferme au S. est le promontoire fameux d'Anactorium. Le golfe d'Arta est ainsi appelé de la ville commerçante qui s'élève sur le fleuve du même nom, à la lisière de la plaine d'alluvions; c'était autrefois Ambracie.

La côte d'Épire est d'une grande tristesse, les montagnes qu'on perçoit du rivage sont nues; les ports sont rares. Citons parmi eux Parga, dont les habitants émigrèrent au commencement du siècle pour échapper au pacha de Janina. L'Angleterre qui s'était emparée des villes vénitiennes du littoral, en même temps que des îles Ioniennes, les vendit sans se soucier du sort des habitants.

Iles Ioniennes. — Les îles qui parsèment la mer au large de la Grèce sont désignées sous le nom d'îles Ioniennes. Arrachées, lors du treizième siècle, aux empereurs d'Orient par les Napolitains, puis soumises aux Vénitiens, depuis la Révolution française, elles ont passé en toutes les mains. Tour à tour françaises, russes, turques, anglaises, république britannique, elles ont fait enfin retour à la patrie naturelle en 1863. — Leurs habitants se font distinguer par la vivacité de leur esprit, leur habileté en affaires et leur patriotisme.

Les principales de ces îles sont Korfou ou Kerkyra, la plantureuse terre des Phéaciens d'Homère, si importante au temps de la guerre du Péloponèse. La capitale Corfou (Korphous) regarde la Grèce de son promontoire triangulaire ; cette ville, d'après le traité de 1863, a dû être démantelée, ses fortifications en faisaient la clef du détroit d'Otrante, une des plus redoutables places de l'Europe. Elle a conservé de la domination anglaise une université fondée en 1825 par lord Guildford. Paxo sur le prolongement de Corfou est une montagne qui sort de la mer.

Santa-Maura ou Leucade doit son nom moderne aux reliques de sainte Maure. Elle est bien découpée au S. et à l'E. : son principal sommet, le mont Saint-Hélie, culmine à 1000 mètres. Le cap Ducato qui la termine au S. est l'ancien promontoire de Leucade, d'où se précipita Sapho.

La petite île de Thiaki, rocheuse, peu fertile, est le pays du subtil fils de Laerte, l'artificieux Ulysse. Le mont Neritos au N. porte aujourd'hui le même nom que tant d'autres sommets grecs : Saint-Hélie. La petite ville de Vathy est sur l'emplacement de l'ancienne Ithaque et la Grèce moderne lui a rendu ce nom glorieux. Plus de 200 fossés ont bouleversé le sol du palais d'Odysseus, on y a trouvé de nombreux débris. Le port de Skonosa est accessible aux vaisseaux du plus fort tonnage.

Kephalonia est la plus vaste de tout l'Archipel ; c'est une des plus découpées, ses ports sont excellents : la baie d'Argostoli au S. O. présente de très bons mouillages (mont Elato 1599 mètres).

Zakyntho ou Zante, très montueuse à l'O., avec des plaines bien abritées au S., a sur sa rive orientale Zante, la fleur du Levant, si joyeuse, vue de la mer ; c'est un des ports les plus florissants de la Grèce. L'île a deux sources de bitume au S.

On range aussi Cérigo parmi les îles Ioniennes.

**Orographie.** — Nul pays n'est plus montueux que la Grèce. La Suisse a des montagnes plus élevées, mais beaucoup moins enchevêtrées les unes dans les autres. Ce qui caractérise l'orographie de la Grèce c'est l'existence de nombreux bassins intérieurs, cernés de toutes parts par des montagnes, et dont les eaux ne peuvent s'écouler que par des tunnels incertains. Les Grecs d'aujourd'hui appellent ces canaux souterrains d'un vieux mot à peine altéré, *Katavothra*, qu'on ne peut mieux traduire que par le mot employé dans plusieurs de nos provinces d'*avaloir*.

On peut cependant ranger ces montagnes si différentes par la direction et la composition géologique, en trois groupes : le Pinde, le Parnasse, les monts du Péloponèse.

A. Le groupe du Pinde part du mont Zygos (Lakmon) qui domine le plateau de Metzovo. Nous connaissons le Grammos qui court au N. et rejoint le Scard et la chaîne des Acrocérauniens. Au S. E. la chaîne du Pinde proprement dit forme un massif montueux dont les rameaux enferment des vallées très encaissées, ayant pour sommets principaux le Karavili (2124 mètres) et la Voulgara 1059 mètres).

Au S. se dresse le Velouchi (2519 mètres), où commence le groupe du Parnasse.

A l'E. se détache, près de la Voulgara, la chaîne de l'Othrys, limite séculaire entre la Thessalie et la Grèce propre.

Ses principaux sommets sont le Saint-Hélie et le Gerakovouni 1727 mètres).

Au S. les monts de l'Acarnanie, montagnes calcaires et jurassiques dont le soulèvement est analogue à celui du Jura, longues chaînes parallèles où les eaux ont fini par se frayer des cluses clissura) pittoresques. Plusieurs sommets dépassent 1500 mètres, e Badzi-Kaki atteint 2450 mètres.

B. Le groupe du Parnasse et les chaînes qui s'en détachent se composent de montagnes, calcaires pour la plupart, qui se dressent en massifs plus ou moins distincts au S. E. du Pinde. On peut rattacher à ce groupe les Katavothra, vaste cercle de sommets enfermant les affluents de l'Hellada (Sperchios). Ces montagnes s'appuient au mont Kiona qui a 2511 mètres et d'où partent de puissants contreforts au S. Ceux-ci enferment l'ancienne Doride dans un triangle dont la base est dessinée par le golfe de Corinthe et une chaîne côtière. Le Parnasse proprement dit dresse ses sommets dénudés au S. E. Le plus haut pic, celui du Liakoura, monte à 2459 mètres. Il domine par des pentes abruptes au S. E. le bassin complètement clos du lac Tripolias (Copaïs). Les montagnes qui ferment au S. ce bassin sont alignées sur une chaîne bien célèbre que jalonnent les sommets de l'Hélicon (Palaeovouna, 1749), du Cythéron (Elatea) et du Parnès (Ozea, 1416 mètres).

Le Parnès, qui domine à l'O. la plaine historique de Marathon, est le nœud d'où part au S. E. le fameux faîte de partage de l'Attique, dont les lignes se détachent avec tant de netteté sur l'azur profond du ciel. Le Pentélique (1126 mètres), l'Hymette, enfin le Laurion à l'extrémité de la Péninsule.

L'isthme de Corinthe est occupé dans sa partie la plus large par le massif de Geraneion ou de Makryplagy qui s'élève jusqu'à 1577 mètres.

C. Les montagnes du Péloponèse embrassent un plateau central, l'Arcadie, dont la hauteur moyenne est de 1000 mètres ; célèbre dans l'antiquité par ses vallons agrestes, ses paysages charmants, ses lacs aux issues souterraines, l'Arcadie a gardé en partie sa beauté.

Le plateau s'appuie au N. E. au mont Khelmos qui atteint 2510 mètres, de là partent, au S. E., les montagnes calcaires d'Argolide qui ont pour sommet le mont Hélie (1198 mètres).

Le parapet oriental de cette grande terrasse arcadienne est le Zyria (Cyllène) qui se prolonge jusqu'au cap Malée par les monts Malevo (Parnon). Le parapet méridional, ébréché par la vallée de l'Iri, a pour contrefort la montagne aux cinq doigts : Pentedactylon, le classique Taygète, dont le sommet porte le nom du flamboyant Hélios, 2408 mètres. Au S. E. se détache la chaîne de Messénie avec les monts Ira et Ithôme ; à l'O., la chaîne est moins bien caractérisée, le Diaforti est l'ancien Lycée. Enfin à l'angle N. O. le mont Olonos n'est autre que l'Erymanthe, célèbre par ses chasses.

**Hydrographie**. — De montagnes aussi entrelacées et se dressant si proche de la mer ne peuvent couler que des fleuves très secondaires. Le déboisement a empiré encore les conditions hydrographiques de l'Hellade.

Cette terre, fissurée presque partout, est aujourd'hui bien au-dessous de ce qu'elle fut autrefois. Partout l'archéologie retrouve des traces de grands travaux exécutés soit aux époques légendaires et attribués à quelque dieu, soit au temps classique. Ainsi le cap Copaïs avait un affluent souterrain creusé de main d'homme, soigneusement entretenu et dont l'obstruction par le Thébain Heraklès noya les campagnes d'Orchomène ; le lac de Mantinée, aujourd'hui fétide marais, était épuré par de beaux travaux que l'incurie des temps barbares a laissés disparaître.

Les fleuves relativement importants de la Grèce moderne sont : la *Salamvria* (Pénée) qui a 170 kilomètres de sa source à son embouchure. Elle vient du plateau de Metzovo, laisse à gauche Trikala, arrose Larissa et se fraye une route entre les contreforts de l'Olympe au N. et ceux de l'Ossa, prolongement du Pélion, au S. Ce fleuve reçoit de nombreux tributaires qui parcourent les riches plaines de Thessalie. La *Phersalitis* (Enipée) arrose la campagne historique de Pharsale où se joua deux fois le sort du monde romain. Au pied de la rangée de montagnes du littoral, le Pélion et l'Ossa, s'étend une zone marécageuse dont le fond est occupé par le lac de Karla, voisin autrefois de la ville de Phères, une des principales cités thessaliennes.

L'*Hellada* (Sperchios) n'est qu'un torrent, très inconstant, mais travailleur. Il a laissé à gauche Lamia, se jette beaucoup plus au S. qu'à l'époque où les Grecs défendaient les Thermopyles contre les

Perses et a considérablement élargi ce défilé. Les Portes Chaudes, qu'une simple porte suffisait à fermer, ont maintenant plus d'un kilomètre de largeur.

L'*Iri* ou fleuve royal *Vasili-Potamo* (Eurotas) sort du plateau d'Arcadie et coule dans la direction du S. Il arrose Sparti, petit village où, comme le prévoyait Thucydide, il ne reste presque rien de la Sparte antique. Il tombe au fond du golfe de Marathonisi.

Le *Pirnatza* (Pamisos) fleuve de Messénie forme à son embouchure un assez bon port.

Le *Roufia* (Alphée) a la plus grande partie de son cours en Arcadie : on considère aujourd'hui comme rivière maîtresse l'ancien *Ladon*, célèbre par les cascades qui amenaient dans son lit les eaux des lacs supérieurs. L'ancien Alphée supérieur, *Alpheios* reçoit une partie des eaux du lac de Mantinée par des katavothres, traverse la plaine de Megalopolis et se fraye de magnifiques défilés avant de rejoindre le Roufia.

Le *Gastouni* est l'ancien Pénée, du moins dans les vallées supérieures ; en plaine, au lieu de gagner la mer par le N. O., il fait un brusque coude au S. Ses alluvions ont caché les ruines d'Olympie, si riches en inscriptions.

L'*Aspro-Potamos* (Acheloüs) est le plus puissant courant de la Grèce orientale ; il coule du plateau de Metzovo, puis par des défilés passe au pied du Pinde ; il reçoit les eaux du lac Trichonis appelé aujourd'hui Pelago, la mer, pour sa profondeur. Ses alluvions sont considérables.

Enfin l'*Arta* coule également du plateau de Metzovo, arrose la ville de ce nom et, dans la plaine, l'ancienne Ambracie.

**Climat.** — Une région divisée comme l'Hellade en tant de petits bassins isolés n'a pas de climat uniforme. Les vallées et les cirques intérieurs comme celui du lac de Topolias ont des étés brûlants et des hivers rigoureux. Mais la mer, qui pénètre si profondément la péninsule, modère la température et établit une sorte de rythme dans le régime des vents. Les pluies et les orages sont plus fréquents à l'E. La température moyenne d'Athènes est de 18 degrés.

## II. — L'Italie péninsulaire et les Îles.

Aucune partie de l'Europe (sauf l'Angleterre) n'est située d'une manière plus avantageuse que l'Italie pour devenir une grande puissance maritime. Le développement des côtes continentales est d'environ 2500 kilomètres. Les îles en ont près de 1600, ce qui donne à l'Italie une longueur de littoral supérieure à celle de la France et de l'Espagne.

Nous connaissons l'Italie continentale ; il nous reste à étudier brièvement l'Italie péninsulaire.

**Côtes.** — L'Italie péninsulaire est bornée à l'O. par la mer Ligurienne et la mer Tyrrhénienne, au S. par la mer de Sicile et la mer Ionienne, à l'E. par la mer d'Otrante et la mer Adriatique.

Cotes occidentales. — La mer Ligurienne forme au N. le profond *golfe de Gênes;* le littoral depuis la frontière française jusqu'au golfe de la Sperzia porte le nom de Rivière de Gênes. Riviera di Ponente à l'O., di Levante à l'E. Gênes occupe le centre.

Les ports de la rivière du Ponant sont Ventimiglia défendu par un fort, San Remo, Porto Mauricio, dont la rade est très sûre, Oneglia dont le sol très montagneux est couvert d'oliviers ; Alassio célèbre par ses brigantins, les meilleurs coureurs de la Méditerranée ; Albengo, dont les marins ont une réputation d'intrépidité ; Finale, grand commerce d'oranges ; Savona, port de Turin, en plein progrès ; enfin Voltri qui peut être considéré comme un faubourg de Gênes.

Gênes (Genua) si riche au moyen âge, dont les comptoirs s'étendaient jusqu'au fond de la mer Noire, avait tellement souffert au dix-huitième et au commencement du dix-neuvième siècle qu'elle n'avait plus que 75 000 habitants en 1812, ce chiffre est plus que doublé et le port de Gênes est en rivalité avec celui de Marseille. Le port militaire a été transporté à la Spezzia ; les fortifications augmentées. Sur la rivière du Levant Rapallo, sur le golfe de ce nom, Chiavari ; Lavagna, berceau des Fieschi ; enfin la Spezzia au fond d'une rade magnifique, l'une des plus sûres de la Méditerranée, grand port militaire du royaume d'Italie. Les montagnes qui suivent le littoral depuis la frontière enferment cette belle rade, la défendent des vents, et sont couvertes de fortifications qui la défendent des insultes ennemies.

Au S. commencent *les côtes de Toscane.* Les belles montagnes de Carrare et de Massa s'éloignent déjà de la mer ; bientôt s'aperçoivent les Maremmes que le colmatage n'a pas encore reconquises ; les embouchures du Serchio et de l'Arno sont particulièrement inondées. Un seul port à noter, Livourne (Livorno), qu'il faut défendre par des travaux incessants et au delà duquel la côte reprend son caractère de monotonie et de désolation. Un promontoire s'avance en face de l'île d'Elbe gardé au N. par le petit port de Baratto (Populonia) au S. par Piombino où régna la sœur de Napoléon, Elisa.

Entre ce cap et l'île Troja une anse très ouverte et inhospitalière, puis jusqu'au cap Argentorato les maremmes recommencent sur une largeur de 15 à 25 kilomètres. Il faudra bien du temps encore avant que la culture reprenne possession de ces solitudes. Le mont Argentorato, qui voit au large l'île Giglio, et plus loin le rocher abrupt de Monte-Cristo, est à l'extrémité d'une presqu'île qui offre de bons mouillages et que garde à sa gorge la mauvaise place d'Orbitello, qui est surtout dangereuse pour sa garnison.

*Les Côtes latines* présentent le même aspect que le littoral toscan; elles sont très régulières; ce sont les mêmes plaines basses, couvertes d'asphodèles et dominées à de grandes distances par des montagnes; Civita-Vecchia est port de Rome, escale fréquentée entre Marseille et Naples.

Au delà de l'embouchure du Tibre, dont les alluvions ont laissé Ostia à plusieurs lieues dans les terres, les marais Pontins continuent jusqu'au cap d'Astura; de ce point au cap Circejo une double ligne de dunes arrête l'écoulement des eaux qui se réunissent dans le lit du Sisto et débouchent au fond du golfe de Terracine. De grands travaux ont été entrepris pour assainir la région. Terracina est un bon port de pêche.

Au delà commence le *littoral de la terre de Labour*. Gaëta, place forte, bon port de refuge, surveille un golfe que jalonnent Borgo et Formia, puis, à partir de l'embouchure du Garigliano jusqu'au cap Miseno, les alluvions ont donné à la côte le même aspect de rigidité qu'en Toscane.

Au large du cap Misène les îles Procida et Ischia s'élèvent dans la mer et défendent à l'O. l'entrée du beau *golfe de Naples* que ferme au S. le rocher de Capri. La mer profonde et sûre creuse dans cet heureux rivage de belles anses arrondies, que domine le Vésuve, et dont la plus profonde est bordée par les quais de Naples (Napoli), la ville la plus peuplée de l'Italie, célèbre à tant de titres. Elle fait un grand commerce, son industrie a pris, depuis la réunion à l'Italie, une extension considérable: son Université est la première du royaume.

Les bons ports fourmillent sur le golfe : Castellamare, à la base de la presqu'île méridionale, Sorrento près du sommet, sont parmi les plus vivants. Tout ce golfe est bordé de terres volcaniques surtout au N. (champs Phlegréens, solfatares).

Au delà de la pointe della Campanella commence le *golfe de Salerne* avec Amalfi, si riche au moyen âge et Salerno tout au fond; puis recommencent les terres marécageuses; la zone qui se trouve à l'embouchure du Sele est une des plus malsaines d'Italie.

Les montagnes se rapprochent ensuite de la côte: le *golfe de Policastro* creuse le littoral en demi-cercle; au S. la proximité de l'Apennin rappelle la rivière de Gênes: citons sur cette côte Belvédère, et Paola. Le golfe *Santa-Eufemia* (Saint François de Paule, créateur des Minimes, 1517) s'ouvre ensuite au S.; il vaudrait mieux l'appeler golfe de Pizzo (il est dominé par le château de Pizzo, où périt Murat, le 15 octobre 1845). Puis, toujours sinueux et bordé d'écueils, le rivage prend la direction du S. O. et arrive en face du cap du Phare où s'ouvre le détroit de Messine, dont la largeur à certains endroits ne dépasse point 3 kilomètres; la côte s'arrondit, est gardée par Reggio où aboutit le chemin de fer de Tarente et se termine au cap Spartivento.

Côtes du sud. — La côte du S. est baignée par la mer Ionienne qui y forme le *golfe de Squillace* très ouvert. La ville de ce nom est à la hauteur de Pizzo au point la plus resserré de la péninsule.

Au delà du cap de Nao commence le *golfe de Tarente* qui se termine au cap de Santa-Maria de Leuca : l'ouverture est de 175 kilomètres, la profondeur à peu près égale. C'est la terre classique de la grande Grèce : Au N. du cap Nao, Cotrone (Crotone) est l'ancien séjour de Pythagore; l'illustre philosophe y eut pour élève le fameux Milon. A l'O., près de l'embouchure du Crati, était la voluptueuse Sybaris qui eut 300 000 habitants. Tarente, protégé par les îles Saint-Pierre et Saint-Paul, entre sa grande rade et son port (Mare piccolo) bien fermé, revient à la prospérité. Ses huîtres, ses fruits (figues, dates, citrons, grenades, etc.), son industrie (filatures, gants), lui donnent un chiffre d'affaires qui ne peut que s'accroître. Gallipoli, à l'extrémité d'une petite presqu'île, a un bon port protégé au S. par le Pizzo.

Côtes de l'est. — Les côtes du détroit d'Otrante et de la mer Adriatique sont peu accidentées. Otrante a donné son nom au détroit de 80 kilomètres qui sépare l'Italie de l'Albanie. Mais son port est éclipsé par Brindisi situé plus au N. C'est le Brundusium des Latins. A l'époque romaine il avait comme aujourd'hui le principal transit des voyageurs entre l'Italie et l'Orient. C'est de là que part la malle des Indes.

Sur la mer Adriatique la *côte d'Apulie* presque droite est jalonnée par des ports bien vivants : Monopoli, Bari (Barium) sur une presqu'île rocheuse, exporte beaucoup de vins, Bitonto (vict. des Franco-Espagnols 1735), Trani, Barletta (Gonzalve de Cordoue bloqué 1502).

Le *Golfe de Manfredonia* commence au delà de l'embouchure de l'Ofanto ; la côte y est très marécageuse, les fleuves y convergent de toute la Capitanate ; c'est un pays de pâturages ; bien connu sous le nom de Tavoglière et où descendent en hiver plus de deux millions d'animaux. Le seul port est celui de Manfredonia. Il est terminé par la Tête du Gargano (Testa di Gargano, montagne abrupte de 1580 mètres).

La *côte des Abruzzes et des Marches* a le même caractère, elle n'est rocheuse que sur peu de points. Presque partout nivelée par les dépôts des fleuves, sans accidents, marécageuse, elle n'a que peu de ports. Le trafic se fait surtout par le chemin de fer qui longe la mer jusqu'à Rimini, tant est faible le tirant d'eau des petites anses qui subsistent du cap Gargano au bassin du Pô. Ortona, Pescara, Porto san Giorgio, Porto de Recanati où abordaient autrefois les pèlerins qui visitaient Loreto (Lorette) n'ont que des bassins bourbeux, jaugeant à peine 2 mètres d'eau.

Ancône (Ancona) est resté en eau profonde, grâce au cap Comero qui l'isole à l'E., et grâce surtout aux travaux incessants des ingénieurs. Cette ville est le débouché naturel du versant oriental de l'Apennin romain. A part cette exception les autres ports sont aussi délaissés : Senaglia (Sinigaglia), Fano di Metauro, célèbre par la grande bataille de 207, Pesaro, patrie de Rossini et même Rimini.

Au delà les Marais deviennent de plus en plus larges, le recul de la mer plus sensible. Les lagunes de Ravenne se sont transformées en une terre molle, transition malsaine entre le lac marin et le polder. Plus loin c'est le bassin du Pô et un rivage déjà décrit.

**Orographie.** — L'Italie péninsulaire est d'une grande simplicité de relief. Au-dessus des rivages et des plaines marécageuses que nous venons de décrire s'élèvent les contreforts, et plus loin la chaîne S. de l'Apennin.

Apennin. — La longueur de l'Apennin est de 1430 kilomètres ; sa largeur maximum est de 265 kilomètres entre Ancône et Piombino ; la plus petite de 30 kilomètres entre Voltri et Gavi ; la hauteur moyenne 1600 mètres. Les vallées sont généralement perpendiculaires au faîte, par conséquent très courtes et encaissées.

Il se divise en trois parties : 1° Apennin septentrional ; 2° Apennin central ; 3° Apennin méridional.

1° *Apennin septentrional* jusqu'aux sources du Tibre. — De l'O. à l'E. Il commence au col de Cadibone et porte successivement les noms d'Apennin ligurique et toscan ; la hauteur moyenne du premier est de 1000 à 1200 m. avec les monts San Georgio, Ermetta, Penello, Lecco, le col de la Bocchetta, 777 ; le col de Giovi. 380 mètres (de Gênes à Novi) ; le mont Sella ; enfin le col du Monte-Bruno.

L'Apennin toscan s'élève et s'abaisse successivement par le mont Gottero, le col de Pontremoli ; le mont Orsaro (source de la Parma) ; le mont Jorame (Secchia) ; le San Pelegrino (1573ᵐ) ; le Boscolungo 1357 ; le col de Fiumalbo (Pistoïa-Mocène, le Piano col de Pietramala (1004 m. Florence à Bologne) ; le mont Falterona, source de l'Arno ; le mont Comero 2092 mètres, source du Tibre et du Savio.

Les contreforts de l'Apennin septentrional sont au N. des rameaux parallèles, abrupts, courts ; le plus remarquable entre le Panaro et la Secchia porte le nom de mont Barigazzo et a 1206 mètres de haut. Au S. la chaîne arrive presque à la mer dans la Ligurie ; le contrefort le plus important, connu sous le nom d'Alpes Apuanes, forme comme un massif isolé entre le Serchio et la Magra ; sa crête surpasse 2000 mètres.

Du mont Comero se détache le subapennin toscan, qui se dirige d'abord au S., entoure le bassin du lac de Pérouse, puis se ramifie en branches dont les principales sont : 1° au N. O. entre Arno et Ombrone ; 2° au S. E. entre Tibre, la Fiora et la Marta. L'extrémité n'arrive pas jusqu'à la mer et se perd dans les Maremmes.

2° *Apennin central* se partage entre l'Apennin romain et les Abruzzes.

*a. Apennin romain* : col de Scheggia (Nocera à Urbino) ; mont Pennino, 1575 mètres, source de la Polenza ; col de Serravalle (Foligno à Tolentino) ; mont della Sibilla, 2198 ; mont Vetora, 2479.

Il se dirige au S. et se relie au plateau des Abruzzes par une muraille verticale ; le mont Calvo.

*b. Les Abruzzes* : Bassin ovale entourant la Pescara.

La *Branche orientale* est parallèle à l'Adriatique, et forme le Grand Sasso d'Italia, le mont Corno, 2902 mètres ; la Forca di Penna ; la Pietra Solida ; le mont Alto, qui s'abaisse brusquement pour laisser passer la Pescara ; le mont Morrone, la Serra longa.

La *Branche occidentale* court au S. O. : col d'Antrodocco (Rieti à Aquila) ; Colle di Corno, puis au S. E., mont Velin ; Forca Carosa (Tagliacozzo à Solmona) ; Serra longa ; mont Forcone source du Sangro.

Les contreforts orientaux ont une hauteur moyenne de 12 à 1400 mètres. Ceux de l'O. sont : entre Nera et Velino, mont Terminillo ; 2144 mètres ; le Subapennin romain ; le mont Velino qui sépare le Liri et le Tibre du Turano et du Velino ; les monts de Tivoli commencent vers Frascati, séparent le Garigliano et le Sacco des marais Pontins, et aboutissent au mont Circejo à Terracine et à Gaeta, en formant au S. les monts Lepinens, au N. les montagnes d'Albe.

*Apennin méridional.* — Il présente le mont Forcone au S. E.; le mont Ortasco; le mont San Angelo; contourne au S. les sources du Iferno, le mont Matese, s'élève à 2000 mètres.

La chaîne s'abaisse jusqu'à une hauteur moyenne de 800 mètres.

Monts Verde; Chilone; col de Crepa-Cruore route de Benevent à Troja; mont Sabletta, col d'Ariano (Naples à Manfredonia); mont Atello. Elle tourne à l'E. jusqu'à la bifurcation.

La branche occidentale s'appelle monts des Calabres. Le mont de la Maddalena, près de Lagonegro va à l'E. et s'abaisse; puis le mont Polino (1700) : la route de Naples à Reggio traverse la montagne.

Au S. on trouve le mont Capizzo, le col de Mazi, la route repasse à l'O.; mont de la Sila.

Puis au S. S. O. l'Aspromonte, 1355 mètres; le mont Cerasio, le Cap; enfin le cap Dell' Armi.

Ses contreforts sont à l'O. le Subapennin napolitain, Vésuve; Fourches Caudines.

A l'E. le Chilone, le mont Gargano; le mont Calvo, 1614.

La Branche orientale sépare la terre de Bari de la Basilicate, les monts San Angustino et Lupolo, ont de 500 à 600 mètres.

**Hydrographie.** — L'Italie péninsulaire a peu de fleuves importants, la position même de l'Apennin en donne l'explication; elle a plusieurs lacs, mais ce sont ou des lacs de cratères ou des marécages, aucun d'entre eux ne peut se comparer aux magnifiques nappes d'eau qui s'étendent au pied méridional des Alpes.

Versant de la Méditerranée. — Dans la mer Tyrrhénienne tombent :

1° La *Magra* qui ouvre le col de Pontremoli.

2° Le *Serchio* dont un affluent le *Lima* ouvre le col de Fiumalbo. Ce fleuve passe près de Lucques, ville savante célèbre par ses belles collections.

3° L'*Arno*, le fleuve toscan par excellence, descend du Falterna, coule au S. jusque dans le voisinage d'Arrezo; il contourne alors les contreforts de l'Apennin, et débouche en plaine à Firenze (Florence) qui fut de 1864 à 1870 la capitale de l'Italie, la première ville après Rome pour les musées et les chefs-d'œuvre. L'Arno coule à l'O., arrose Empoli, Pise (Galilée, tour penchée) et finit dans les Maremmes. Il est grossi à droite de l'*Ombrone* (Pistoja, Prato) que remonte le chemin de fer de Florence à Bologne, à droite de l'*Elsa*.

4° L'*Ombrone* descend au S. O. et a dans son bassin Sienne, célèbre par ses infortunes au seizième siècle et si bien défendue par Montluc.

5° La *Marta* sert d'effluent au lac circulaire de Bolsena (303 mètres d'altitude).

6° L'*Arrone* sert à l'écoulement du lac de Bracciano (166 mètres).

7° Le *Tibre* (Tevere) est le fleuve le plus connu de la péninsule, parce qu'il passe à Rome. Il sort du mont Comero, coule au S. par un plateau accidenté, laisse à droite Perugia (Pérouse) au milieu d'une plaine d'une grande fertilité, près du lac historique de Trasimène (317 av. J.-C.). A Todi, le fleuve prend le direction du S. O., puis celle du S. Il est navigable au confluent de la Nera, décrit de nombreux détours, et entre dans la campagne de Rome; il traverse Rome, capitale du royaume d'Italie, première ville du monde pour la majesté des souvenirs et la richesse des collections artistiques. — Rome est défendue aujourd'hui par des forts détachés.

Au-dessous de la métropole du monde catholique, le Tibre traverse une région encore désolée, les marais Pontins, et se termine par le delta de l'Ile sacrée. Sa longueur est de 393 kil. — Il a pour affluents à droite la *Paglia* (Orvieto) dont un affluent descend du lac de Chiusi (Clusium) et sert à un petit canal entre le Tibre et l'Arno; à gauche la *Nera* qui descend des Abruzzes et reçoit un grand nombre d'affluents : le *Velino* qui passe à Rieti est célèbre par sa magnifique cascade. La Nera arrose ensuite Terni et Narni. Le *Teverone* est le ruisseau de Subiaco (Saint Benoit) et de Tivoli (ancien Tibur).

8° Le *Sisto* a absorbé, grâce à d'habiles travaux, tous les torrents qui empestaient autrefois la côte de Terracine.

9° Le *Garigliano*, très sinueux, est formé du *Liri* (Sora, Arpino, patrie de Marius et de Cicéron) et du *Sacco* (Anagni). Il arrose Ponte-Corvo, fief de Bernadotte, avec un château fort, laisse à gauche San Germano, au pied du fameux mont Cassin (Casino) fondé par Saint-Benoit, et finit à Traetto (Pont défendu par Bayard).

10° Le *Voltorno* extrêmement sinueux, descend de l'Apennin, près de Forli, et coule du N. au S. jusqu'au confluent du Calone (Benevento) qui le rejette à l'O. Le cours inférieur de ce fleuve est considéré comme la suprême ligne de défense de l'Italie méridionale. Il est gardé par Capoue.

11° Le *Sele*.

Versant de la mer Ionienne. — 1° Le *Crati* coule du S. au N. et reçoit à Cosenza le *Busento*, où repose, dit-on, Alaric.

2° Le *Basente*, suivi par le chemin de fer de Naples à Tarente, arrose Potenza.

Versant de la mer Adriatique. — Presque tous ces cours d'eau sont partagés en deux bassins, le supérieur au milieu des montagnes de l'Apennin, l'inférieur en plaine, au milieu des marécages :

1° L'*Ofanto* a dans son bassin supérieur Venosa (patrie d'Horace) Melfi, au pied d'un cratère éteint très remarquable, dans le bassin inférieur Canosa (Canusium) et près de l'embouchure Campo di

Sangue, la plaine de sang (Cannes, 216 av. J.-C.), à gauche est la plaine de Cerignola (défaite de 1503).

2° Le *Biferno* (route de Naples).

3° Le *Sangro* (Castel di Sangro).

4° La *Pescara* naît de deux bras dans un bassin intérieur des Abruzzes séparé par plusieurs chaines de montagnes d'autres bassins sans écoulement, parmi lesquels celui de l'ancien lac Fucino aujourd'hui desséché. Le bras le plus important vient du N., c'est l'Alterno qui passe à Aquila (défaite de Pepe, en 1821) jusqu'où remonte le chemin de fer. La Pescara échappe à son amphithéâtre de montagnes par un défilé pittoresque près de Popoli.

5° Le *Chienti* passe à Tolentino (1796 et 1815).

6° Le *Musone* à Loreto, où les anges ont transporté miraculeusement, ainsi qu'on sait, la maison de la Vierge que des milliers de pèlerins visitent tous les ans.

7° Le *Metauro* laisse à droite sur une colline Urbino, patrie de Raphaël, et finit près de Fano.

8° La *Marecchia* laisse à droite la petite république de San-Marino et finit près de Rimini. Il a pris la place du Rubicon qui s'est porté plus au N.

**Climat.** — La péninsule étant fort allongée du N. au S. et les différences d'altitude dans les montagnes ne compensant point les différences de latitude, il en résulte qu'on peut tracer sur la carte de ce pays plusieurs zones climatériques très distinctes. La première est la vallée du Pô, — la seconde comprendrait à peu près la Toscane, l'Ombrie, les Marches et les Abruzzes; la troisième, Naples moins la Calabre; la quatrième, la Calabre et la Sicile. Le première zone a la température du midi de la France, mais est mieux irriguée; la dernière n'a rien à envier à l'Afrique. La température moyenne est de 12°,75 à Milan, de 15°,25 à Florence, de 16°,40 à Naples, de 18°,75 à Messine. La pluie est de $1^m,90$ sur le versant occidental de l'Apennin, de $1^m,19$ à Bergame, de $0^m,51$ à Bologne, de $0^m,92$ à Florence, enfin de $0^m,57$ à Palerme.

**Iles.** — Les îles italiennes sont situées à l'O. de la Péninsule.

La Corse, qui dépend physiquement et ethnologiquement de l'Italie, n'a jamais politiquement accepté les lois de la Péninsule. La France seule a su s'attacher ce peuple fier que les Romains eux-mêmes ne pouvaient faire plier.

La petite île de *Capraja* (Caprera) est célèbre par le séjour de Garibaldi.

*Ile d'Elbe.* — Séparée de l'Italie par le canal de Piombino, bon climat, sol fertile, mal cultivé. Elle est célèbre par ses anciennes mines de fer dont on pourrait quintupler le produit, et qui pourraient fournir annuellement un million de tonnes pendant plus de deux mille ans. Le cap Calamita au S. de l'île est renommé par son fer magnétique, aimant naturel, le meilleur de la Méditerrané. Les autres roches importantes sont le granit, le marbre blanc, le serpentin. — Sur les côtes on exploite les salines de Rio, et on trouve en quantité du sulfate de magnésie.

Toutes ces richesses sont négligées. Les habitants se contentent d'exporter du bois, du sel, du vin, du poisson salé, du minerai de fer. Pourtant le commerce trouverait sur les côtes les stations les plus commodes.

Porto Ferrajo est un des meilleurs ports de la Méditerranée. Il peut recevoir des navires de guerre.

Porto Longone qui regarde l'Italie est pourvu d'un port vaste et sûr.

Rio, petite crique, a du minerai et des sources ferrugineuses.

SARDAIGNE. — Cette île est séparée de la Corse par les bouches de Bonifacio ; ses dimensions sont : sur la plus grande longueur, 268 kilomètres ; sur la plus grande largeur, 144 ; la surface, de 23 670 kilomètres carrés ; les îlots ajacents ont 255 kilomètres carrés. La population dépasse 640 000 hommes. Le développement des côtes est de 1468 kilomètres ; les principaux accidents sont : le cap de la Testa, le cap Falcone, entre lesquels le golfe d'Asinara, le golfe d'Oristano, le golfe de Palmas, le cap Teulada, le golfe de Cagliari, le golfe d'Orosei.

*Orographie.* — La Sardaigne est la moins montueuse des trois grandes îles. On peut reconnaitre une arête de montagne du N. au S. coupée par des vallées et des plateaux, et ayant pour sommets les monts Limbara, Acuto, Lerno, Gennargentu, Santa Vittoria.

Sur la côte occidentale se dressent à pic des massifs isolés par les terrains bas, nommés Campidani, du groupe principal.

La hauteur varie jusqu'à 1917 mètres (Gennargentu). C'est là que se trouve le canton de la Barbagia, refuge des bandits sardes.

Il y a de nombreux cours d'eau, sauf au S. O. Le *Tirso* a plus de 100 kilomètres. Les autres n'ont pas plus de 60 kilomètres. Torrents d'abord, ils se répandent ensuite dans la plaine et forment des marais, des lacs, et près de la mer des lagunes.

Le climat est tempéré au N., brûlant dans les Campidani, le vent du S. E., le *Levante* est analogue au sirocco. Pluies de février en mars. Le pays est malsain, sauf sur les montagnes. — L'intempérie affaiblit les habitants, surexcite le système nerveux et cause le rire sardonique.

Les habitants sont paresseux et cultivent mal leur fertile terri-
oire; des forêts magnifiques sont la plus grande richesse; des
roupeaux sauvages errent en liberté dans les plaines. Le gibier
bonde, flamants d'Afrique, cygnes, canards et oies du N., hérons,
oulques et cormorans.

Les villes sont :

Cagliari, un des ports les plus vastes de la Méditerranée, avec
ine rade et des marais salants.

Orsitano port militaire, bonne rade, mais insalubre.

Dans le golfe d'Albergo le porte Conte très vaste, peut donner
isile à des flottes considérables.

Un chemin de fer est en construction sur la rive occidentale; il
st déjà exploité de Cagliari à Oristano. Il existe aussi un tronçon
u N.

ILES ADJACENTES. — Asinara, 20 kilomètres sur 10, sol fertile, bon
ort de Trabuccato, presque déserte. San Pietro, corail, sardines,
nchois. Salines. San Antiocho. Tavolara, bloc de calcaire, inacces-
ible. Caprera, pâturages. Madalena, bon port.

La SICILE est la plus grande île de la Méditerranée. Les Grecs
'appelaient Trinacria, ou triangulaire à cause de sa forme. Son
ittoral est de 1300 kilomètres; sa plus grande longueur de 350,
a superficie 26 500 kilomètres carrés.

Le cap de Faro la termine au N. E.; le cap San-Vito au N. O.; le
ap Portio di Palo au S.

Sur la côte N. sont assises les villes de Barcellona, Cefalu,
Termini, Palermo, capitale de l'île, et Castellamare.

Sur la côte S. O. Trapani, Marsala, Mazzara (1860) Sciacca,
Girgenti, Licata. A l'E., Noto, Siracusa, bien déchue, Catania, qui
xporte les riches produits de la plaine de l'Etna, enfin Taormina
t Messine (Messina).

Les principales villes sont ainsi sur la côte.

L'intérieur de l'île est très accidenté, un plateau dont la
auteur moyenne est de 600 mètres s'élève à une faible distance
u rivage et est parcouru par plusieurs chaînes de montagnes;
a principale court le long de la côte septentrionale depuis le
Monte San Giuliano au-dessus de Trapani jusqu'au cap de Faro.
e point culminant est justement au milieu au-dessus de Cefalu :
e mont Madonia s'élève à 2050 mètres. De ce point pour ainsi dire
géométrique part une chaîne qui rejoint l'angle S. E., le mont Lauro
771 mètres. Ces deux branches enferment la plaine merveilleusement
riche au-dessus de laquelle se lève le cône toujours fumant de l'Etna,
Ce volcan est haut de 3313 mètres; sa base est très fertile, les végé-

taux y ont un développement extraordinaire ; c'est là que poussent ces belles forêts de châtaigniers que les rois normands abattaient pour fournir à l'Europe chrétienne la charpente de ses cathédrales. Il a eu 78 éruptions depuis l'ère chrétienne, 14 depuis le dix-neuvième siècle.

Le cratère est dominé par une roche pyramidale, il a 4 kilomètres de circonférence et 230 mètres de profondeur. Les éruptions ont créé sur la pente méridionale 2 montagnes, le monte Novo le monte, Capriolo qui contient la grotte des Chèvres.

La Sicile est arrosée d'un grand nombre de cours d'eau torrentiels : citons la *Giaretta* formée du *Simetto* et de la *Gurna Lunga*, et qui arrose la plaine de Catane.

Iles adjacentes de la Sicile. — Les îles adjacentes de la Sicile sont au N. le *groupe de Lipari* si remarquable par ses volcans composé de 16 îles, dont 7 principales : Volcano, Lipari, Panaria, Salina, Alicudi, Filicudi et Stromboli.

A l'O. les Egades, Levanzo, Marittimo et Favignana ; ce sont des rochers dangereux.

Au S. l'île Pantellaria, et le groupe de Malte, Comino et Gozzi.

*Malte* est à 70 kilomètres au S. Il y pleut rarement ; l'été y est très sec, le sirocco souffle avec violence ; ce rocher très bien fortifié, enlevé par les Français à l'ordre de Saint-Jean de Jérusalem (1798), et par les Anglais à la France, est une vraie ruche d'où essaiment dans tout l'orient les turbulentes colonies d'hommes vigoureux qu'on rencontre en nombre dans tous les ports. Les Maltais ne sont pas plus Italiens qu'ils ne sont Anglais, ils se rapprochent des Arabes. La Valette, capitale de l'île, est célèbre par la douceur de son climat.

### III. — Péninsule Ibérique.

La péninsule ibérique a une superficie de 584 500 kilomètres carrés, c'est-à-dire supérieure à celle de la France ; elle est baignée par la mer sur 2825 kilomètres, à savoir 1675 sur l'Océan et 1150 sur la Méditerranée ; c'est-à-dire environ sur la même longueur que les côtes de la France qui pourtant n'est pas une presqu'île. Les côtes d'Espagne et de Portugal sont peu découpées ; elles ont cependant de bons ports ; mais ce qui manque à ces ports c'est la facilité de communications avec l'intérieur du pays. La forme générale de la péninsule et celle d'un carré dont l'angle N. O. aurait été abattu et transporté au milieu du côté Sud.

## CÔTES D'ESPAGNE.

**Côtes.** — Les côtes de la péninsule se subdivisent de la manière suivante :
I. Côtes du golfe de Gascogne ou mer Cantabrique.
II. Côtes de l'océan Atlantique.
III. Côtes de la Méditerranée.

I. *Côtes de la mer Cantabrique.* — Elles sont dirigées de l'E. à l'O. jusqu'au cap Ortegal, elles sont rocheuses, les montagnes viennent y tomber à pic. Les ports sont, Fontarabie (Fuenterrabia), San Sebastian, Portugalete, port de Bilbao, Santander un des meilleurs de la côte, Gyon le plus sûr, Navia sur la rivière de ce nom.

Le pan coupé du N. O va du cap Ortegal au cap Finisterre ; il est très dentelé par une grande baie centrale trifoliée, la branche du N. O. cache le beau port du Ferrol, celle du S. O. la Corogne.

II. *Côtes de l'Atlantique.* — On y trouve des sortes de fjords profonds et sûrs. Les principales pointes sont les caps Carvoeiro, da Roca, Espichel, Saint-Vincent et Trafalgar. Les baies portent, comme au N., le nom de Ria, analogue à notre mot rivière. Ce sont celles de Corcubion, de Muros, de Arosa, de Pontevedra, de Vigo (1702, Château-Renaud et les galions). Chacunes de ces belles baies présente deux ou trois stations navales. Le fort de Jusna garde l'embouchure du Minho et marque le commencement de la frontière portugaise. Le port de Vianna do Castello est à l'estuaire de la Limia, Porto, qui a donné son nom à la région, à celui du Duero.

Au delà commencent des dunes qui vont jusqu'au cap Carvoeiro. Le bassin ou Ria d'Aveiro ressemble étrangement à notre bassin d'Arcachon ; même cause de formation, mêmes îles qui couvrent et découvrent ; même chapelet d'étangs qui s'y déversent. L'embouchure du Mondejo a des plages bien fameuses. Au delà du cap Carvoeiro (port de Péniche) les falaises recommencent. Le cap da Roca défend des vents du N. E. l'embouchure du Tage (Tejo) ou rivière de Lisbonne. Au delà du cap Espichel se creuse la base de Setubal aux bords marécageux.

Le cap Saint-Vincent marque le commencement de la côte méridionale. Il est à peu près sous le 37° lat. N. qui passe à Sagres, port d'attache de ces grands navigateurs du quinzième siècle. Au large ont été livrées trois batailles navales (1693, 1697, 1833).

La côte dessine deux courbes rentrantes dont les extrémités sont le cap Sainte-Marie et le cap Trafalgar. On y remarque Lagos, Albufera, Faro, Olhão et Tavira, enfin l'embouchure du Guadiana, limite du Portugal ; un grand nombre de forts se dressent sur cette côte.

Les sables et les dunes vont ensuite sans interruption jusqu'à l'estuaire du Guadalquivir, on y trouve le canal de Palos (Christophe

Colomb 1492), puis se creuse la rade de Cadiz avec ses souvenirs de toutes les époques. L'isthme sablonneux qui conduit à la ville de Cadiz est maintenant suivi par un chemin de fer. Le cap de Trafalgar marque le commencement du détroit de Gibraltar, en face brille le phare du cap Espartel sur la côte d'Afrique. Les deux rivages se rapprochent jusqu'à la pointe de Tarifa en Europe, celle de Léon en Afrique, puis la baie d'Algeciras creuse profondément un rivage sablonneux que domine à l'O. le rocher isolé de Gibraltar, à 425 mètres de haut, où flotte encore le drapeau anglais, tandis que, en face, les Espagnols occupent Ceuta sur la côte marocaine.

La Punta de Europa, qui commande le passage redouté et en face de laquelle les navires à voiles doivent parfois louvoyer si longtemps, marque le commencement des côtes méditerranéennes.

III. *Côtes de la Méditerranée*. — Elles sont généralement escarpées : Malaga et Almeria sont de bons ports ; à partir du cap de Gata, symétrique du cap Saint-Vincent, la côte prend généralement la direction du N., elle n'est pas droite ; des caps s'avancent profondément dans la mer et servent de points d'attache à de grandes baies légèrement concaves. La première va du cap de Gata au cap de Palos. Le grand port de cette zone est Carthagène : du cap Palos au cap de la Nao on trouve Alicante. Après quoi les pointes sont moins saillantes ; on rencontre successivement Valence au milieu de plaines admirables, à l'embouchure du Guadalaviar ; la mer s'éloigne des villes, qu'elle baignait autrefois : après Peñicosla et Vinaros, on rencontre l'embouchure de l'Èbre et la côte déjà décrite de la Catalogne.

**Orographie**. — Les 584 800 kilomètres carrés de l'Espagne se répartissent au point de vue du relief de la façon suivante : 49 540 kilomètres carrés seulement sont en plaines, à savoir : 25 675 pour le bassin de l'Èbre, 16 500 pour la plaine d'Andalousie. Il ne reste même pas 10 000 kilomètres carrés de plaines pour le littoral, le bassin du Tage, et des autres grands fleuves.

Tout le reste de la péninsule est en terrasses, plateaux et montagnes.

Le plateau des Castilles forme la principale terrasse et occupe le centre ; il est limité au N. par les Pyrénées Cantabriques, à l'Est par les Sierras qui bornent le bassin de l'Èbre : Demanda, Urbion, Moncayo, San Just et Albaracin. Au S. des groupes de la Sierra d'Albaracin, le rebord oriental du plateau n'est plus la chaîne de faîte ; elle est proche de la mer et prolonge la chaîne côtière du bassin de l'Èbre. Au S. la Sierra Morena est le talus du plateau, mais au delà de la plaine d'Andalousie s'élève la Sierra Nevada ; enfin sur le plateau même courent des chaînes tout à fait originales, dont la direction est de l'E. à l'O. et qui partagent le plateau des Castille dans sa partie occidentale en échiquiers stratégiques absolument distincts. Les principales montagnes de la Péninsule sont, d'après cet aperçu général :

I. *Rebord septentrional du plateau : Pyrénées maritimes.* Elles se subdivisent en : 1° Monts Cantabres que nous connaissons ; 2° Monts des Asturies : ligne de montagnes sombres, abruptes, avec la Peña Marella (2855) la Sierra de Cobadonga (Cavernes de Pélage) et le port de Pajarès (route de Leon à Gijon ; 3° Monts de la Galice, très tourmentés aussi, mais beaucoup plus étendus, couvrant tout le pan coupé du N.O. Ils sont peu fertiles.

II. *Rebord oriental du plateau ou mont Ibériques.* — Au delà de la Sierra d'Albaracin ces montagnes portent la terrasse de Valence avec la Sierra Martès, et la Sierra Enguera, puis la terrasse de Murcie. La terrasse de Murcie s'appuie sur des massifs puissants disposés du N. au S. et formant comme des sillons parallèles : les Sierras de Alcaraz, de Segura, de la Sagra, de Maria, de las Estancias, enfin de Los Filabres qui se prolongent à l'O. par la Sierra Nevada.

III. Le *rebord méridional du plateau ou Sierra Morena* commence à la Sierra de Alcaras et court à l'O., il présente plusieurs défilés entre autres Despeña-Perros, célèbre par la campagne de 1808 (Baylen). Elle se termine après le plateau de Los Pedroches par les Sierras de los Santos et de Aracena.

La *Sierra Nevada* en est un massif très puissant, dont le sommet s'élève à 3554 avec le Cumbre de Mulahacen, le plus élevé à l'O. des Alpes.

*Montagnes entre Duero et Tage.* — Elles partent du plateau de Soria et et vont en s'étendant de plus en plus sous le nom de Sierra Pela, puis de Guadarrama, célèbre dans la campagne de 1808. On trouve ensuite la Sierra de Gredos, grand mur qui s'élève à 2660 mètres à la Plaza de Almanzor. En Portugal dépendent de ce massif la Sierra d'Estrelha et la Sierra de Cintra.

Cinq défilés importants existent dans ces montagnes : 1° Somo Sierra (Madrid-Burgos) ; 2° les Sept-Pics (Madrid-Ségovie) ; 3° Guadarrama ; (Madrid-Salamanque) ; 4° Passe d'Avila (chemin de fer Escurial-Avila) ; 5° Port de la Pique, dans la Sierra de Gredos (du Tage à Avila).

*Montagnes de l'Estramadure entre le Tage et le Guardiana.* — Ce bourrelet du plateau central commence avec les Monts de Tolède, se continue par la Sierra de Guadalupe, celle de Montanchez et finit par la Sierra de Ossa en Portugal qui domine la terrasse d'Alemtejo.

Le plateau central s'incline ainsi du côté de l'Ouest. Quoique les vallées que les montagnes déterminent semblent verser l'Espagne sur le Portugal, il n'en existe pas moins, grâce aux nombreux et puissants contreforts de ces montagnes, une véritable frontière naturelle entre le Portugal et le reste de la péninsule. Les fleuves ne deviennent navigables qu'après avoir franchi les passes qui s'opposent à leur entrée sur le sol lusitanien.

**Hydrographie.** — Les rivières de l'océan Atlantique sont :

*Terrasse septentrionale :*

1° La Bidassoa ; 2° le Rio Deba, — col de Salinas ; 3° le Nervion — Bilbao ; 4° la Saya ; 5° le Rio Sella ; 6° le Rio de Pravia, — Oviédo ; 7° la Naria.

*Terrasse de Galice :*

L'Eo ; le Mandao ; le Tambre ; l'Ulla ; le Lerez.

*Terrasse de Galice et de Portugal :*

Le Minho.

*Terrasse de Portugal :*

Le Cavada (1809).

*Plateau central et Portugal :*

Le Duero ; le Tage.

*Terrasse du Portugal :*

Le rio Sadao ; le rio d'Odenira.

*Plateau central et terrasse d'Andalousie :*

Le Guadiana.

*Terrasse d'Andalousie :*

Le rio Tinto et l'Odul ; le Guadalquivir ; le Guadalete ; le rio Guadiaro ; le rio Guadaljore ; le rio de Velez ; le rio Grande de Orgiva ; le rio Adra ; le rio d'Almeira.

*Terrasse de Murcie et de Valence :*

La Segura ; le Xucar ; le Guadalaviar ; le Murviedro ; le Myares, le Vinaros.

*Aragon :*

L'Èbre.

*La Catalogne :*

Le Francoli ; le Llobregat ; la Tordera ; le Ter ; la Fluvia ; la Mouga.

RIVIÈRES D'ESPAGNE. LE TAGE. 671

Les principaux de ces fleuves sont :

Le *Minho*, bassin très confus, montagneux, coupé en deux parties: au N., le *Sil* et le *haut Minho* qui se réunissent au-dessus de Orense, enclos par les Pyrénées Océaniques et leurs contreforts. Au S. le *bas Minho*, vallée populeuse et fertile qui sert de frontière à l'Espagne dans sa partie inférieure; il arrose alors Valença Tuy, et finit entre Caminha et Guardia.

Le *Duero* passe près des ruines de Numance qui fut pour les Romains la clef du plateau central ; il arrose Soria, dans les montagnes ; Aranda, route de Madrid à Burgos ; Ponte de Duero, route de Madrid à Valladolid ; Tordesillas route de Madrid à Léon ; — Toro route de Salamanque à Léon ; — Zamora et Miranda, où il entre en Portugal ; il sert de frontière pendant 80 kilomètres, puis coule tout entier en Portugal, il finit près de Porto, prise par Soult en 1809. — 600 kilomètres de cours, dont 120 navigables ; ses crues sont dangereuses ; le pays est fertile, mais mal cultivé.

Affluents, à gauche : 1° l'*Eresma* venant de la Sierra de Guadarrama : arrose Saint-Ildefonse à 1159 mètres, et Ségovie. — L'*Ujada* passe à Avila ; — 2° le *Tormès* ; Alba, victoire de 1809, Salamanque, rapides, déf. de 1812 ; — 3° l'*Agueda* : Ciudad Rodrigo, boulevard contre le Portugal, prise en 1810, perdue en 1811 ; — 4° le *Coa*, en Portugal, Almeida : 1810, perdue 1811. Entre Coa et Agueda contrefort de Fuentes de Onoro, bataille de 1811. Droite : 1° le *Pisuerga* ; Torquemada et Valladolid, centre des routes ; il est grossi de l'*Arlanzon* qui passe à Burgos, clef des routes de France, mal fortifiée, défendue en 1812, et du *Carrini* : Palencia ; — 2° le *Sequallo* passe à Medina de Rio Seco — victoire de 1808 ; — 3° l'*Ezla* reçoit le *Torio* qui passe à Léon ; — 4° le *Sabor* : Bragance, — 5° le *Tamega*, retraite de Soult.

Le *Mondego*, bassin affectant la forme d'un cône de pyramide, fortement raviné par les eaux. Il est traversé par la route à angle droit d'Almeida à Coïmbre.

Le *Tage* naît dans la Muela de San Juan, terrasse déserte qui fait partie de la Sierra d'Albarracin, et que la neige couvre pendant huit mois de l'année : son lit est torrentiel, embarrassé et rétréci par des rocs épars ; ses bords sont arides et coupés à pic, ses eaux jaunâtres et bourbeuses ; la campagne qu'il parcourt composée de plaines sablonneuses sans arbres, comme sans habitants, est hideuse, sinistre, dévorée par un ciel sans nuages ou par les tempêtes, on ne voit çà et là que de tristes bouquets d'yeuses et des bandes de mérinos gardés par des pâtres sauvages Il arrose Almonacid, Aranjuez, baigne à gauche les plaines de Ocaña, victoire de Soult, 1809, puis Tolède, 565 mètres. Talaveyra de la Reyna, défaite de 1809. — Puente del Arzobispo, victoire de 1809. Almaraz, pont fortifié. Alcantara, pont romain. Son cours est ensuite tortueux et sert de limite ; à Montalva, il entre en Portugal ; le pays est affreux jusqu'à Abrantès, puis le Tage s'élargit, arrose Santarem, position de Masséna en 1811 ; enfin forme le magnifique estuaire de Lisbonne. Il passe sur une barre dangereuse et finit entre les forts Saint-Julien, Saint-Antoine au N. et Bugio au S. Le Tage reçoit à gauche le *Sever*. Marvao, place forte.

A droite : 1° le *Xamara* reçoit le *Tajuna*, Villa-Viciosa ; — le *Henarez Siguenza*, Guadalaxara, — et le *Mançanarez*, Madrid ; 2° le *Guadarrama* passe à l'Escurial, 995 mètres ; 3° l'*Alberche*, bataille de Talaveyra ; 4° l'*Alagon*, Coria ; 5° le *Herjas*, frontière de Portugal ; 6° le *Zezere*, — pays désert et montueux ; 7° l'*Alenquer*, fort encaissée, couvre la capitale : Lisbonne.

Le *Guadiana* jaillit au N. de la Sierra Alcaraz dans des lagunes du plateau central ; après 16 kilomètres de trajet à travers un pays marécageux, ce cours d'eau disparaît dans des joncs et des roseaux, près de Tomelloso. Après 20 kilomètres de course souterraine il ressort au lieu dit les Yeux du Guadiana, arrose Ciudad Real, victoire de Sébastiani 1809, Medelin, victoire 1809, Merida, Badajoz, clef du plateau central à l'O. Le fleuve coule alors du N. au S. entre le Portugal et l'Espagne, il laisse à gauche Olivença, portugaise jusqu'en 1801. Il entre au-dessus de Mourao en Portugal, traverse près de Serpa une gorge très étroite dont la partie la plus resserrée s'appelle le saut du Loup ; à Mertola la vallée s'élargit, le fleuve redevient limite au confluent du Chanja où vient mourir la sierra de Aroche, il tombe dans l'océan entre Castro-Marino et Ayomonte.

*Affluents*, à droite : 1° le *Giguela*, qui reçoit le *Zamara* grossi du *Rus*, qui coule dans une plaine boueuse où aucun relief ne sépare le versant de l'Atlantique et celui de la Méditerranée, dans ce bassin se trouve Uclès, victoire de Bellune, 1809 ; — 2° le *Xevora* passe près d'Albuquerque ; tombe près de Badajoz, bataille de 1811. — A gauche, les affluents sont plus considérables, mais parcourent des pays où ne s'élèvent aucune ville importante, signalons le *Sabalon* qui arrose la Manche, le *Zuja*, mines de mer cure de Almaden.

Le *Guadalquivir* coule dans un bassin d'une fertilité extrême où les entrailles de la terre renferment les plus précieux trésors, que l'incurie et l'ignorance des habitants laissent inutiles. Le fleuve sort de la Sierra Sagra, coule à l'O. dans un pays tourmenté et âpre : arrose Andujar, Cordoue, puis une belle plaine mal cultivée : Séville, où il dépose des atterrissements, — puis la plaine de la Marisma : large de 8 kilomètres, ses ruisseaux salins, sont remarquables par leurs plantes maritimes. — Il se jette dans l'Océan après un cours de 480 kilomètres ; il est guéable en plusieurs endroits pendant l'été.

*Affluents.* Droite : peu importants : le *Guadalimar* reçoit l'*Almudiel* suivi par la grande route qui passe à Despeña Perros. — Gauche : 1° *Guadiana Menor* formé de la réunion de la *Barbata* et du *Guadix* qui traversent une haute plaine déserte, sillonnée par des vallées fertiles : Végas, Guadix, Baza, Huescar ; 2° le *Xénil* traverse une haute plaine où se trouve la magnifique vallée de Grenade (Vega), passe entre cette ville et Loja, puis traverse un défilé et descend dans une plaine basse, le poêle de l'Espagne : Sarten de España.

Le *Segura* a la partie supérieure de son cours dans un pays montueux et désert ; puis dans une plaine fertile ; son bassin est l'ancien royaume de Murcie. Le fleuve arrose Murcie, au confluent de la *Sanguera*, et Orihuela, cette partie du territoire habilement arrosée par des canaux d'irrigation, est très fertile. — 220 kilomètres.

Le *Xucar* descend de la Sierra d'Albarracin, arrose Cuença, longe les pentes orientales du grand plateau, reçoit un affluent très tortueux, le *Cabriel*; arrose la terrasse de Valence et finit près des étangs d'Albufera. — 280 kilomètres. Dans les montagnes, Almanza.

Le *Guadalaviar* descend du même nœud que le Xucar, mais se dirige d'abord à l'E. puis descend au S. E. ; il arrose Teruel dans les montagnes, Valence près du littoral et le petit port de Grao. — 200 kilomètres.

Iles. — La péninsule n'a que des îlots insignifiants en vue de son littoral occidental. A l'E. au contraire se trouve le groupe curieux des Columbrètes, petites îles volcaniques, sur la ligne droite qui joint Agde au cap de Nao. Mais plus à l'E. se développe l'archipel des Baléares, Iviza et Fromentera au S. E., Majorque (Mallorca) au centre ; Minorque au N. E. Cette dernière a Port-Mahon si célèbre au dix-huitième siècle ; Majorque a pour capitale Palma ; la plus forte place de l'archipel. Au S. E. de cette île se dresse l'écueil de Cabrera de si triste mémoire.

**Climat.** — Du niveau de la mer au sommet glacé du Mulahàcen, la péninsule connaît tous les climats et toutes les productions depuis celles des régions tropicales jusqu'à celles du pôle, les neiges éternelles existent en effet dans les Pyrénées entre 2600 et 2800, dans la Sierra Nevada à 3400 mètres de hauteur. De plus l'altitude du plateau des Castilles abaisse la température moyenne, mais comme l'intérieur de l'Espagne est soustrait à l'action directe des vents et des nuages de la mer, cette péninsule est, en somme, affligée d'un climat continental. Comme les hauts plateaux de l'Algérie, la Castille tour à tour est grelottante ou grillée. — La température moyenne est de 12°,50 à Madrid, de 14°,25 à Pampelune, de 17 à Lisbonne et de 20 à Malaga. Mais ces chiffres ne peuvent que donner une idée inexacte du véritable climat. Ainsi la plaine de Lisbonne et celle de Valence cultivent le dattier; Malaga, le coton, la canne à sucre et le grenadier.

La quantité de pluies est très variable. Elle est de 2$^m$,97 dans la Sierra de Estrelha et de 0$^m$,27 seulement dans le plateau des Castilles.

# CHAPITRE V

### GÉOGRAPHIE POLITIQUE ET ÉCONOMIQUE DES DIFFÉRENTS ÉTATS DE L'EUROPE.

Nous avons indiqué, au chapitre premier de l'étude d'ensemble sur l'Europe, la classification des États de l'Europe en grandes puissances : États secondaires et petites puissances.

Voyons rapidement pour chacun de ces États quels sont ses limites, le chiffre de la population, les races diverses qui vivent côte à côte et les religions qui se disputent les esprits des hommes, enfin le gouvernement, les divisions politiques, les recherches commerciales et industrielles.

Nous étudierons à part les grandes puissances en observant l'ordre suivant :

1° La Russie.
2° L'Allemagne.
3° L'Autriche Hongrie.
4° L'Italie.
5° L'Angleterre.
6° Nous connaissons la France.

Pour les puissances secondaires et les petites puissances nous les grouperons par ordre géographique, de la manière que voici :

7° La Suède-Norvège.
8° Le Danemark.
9° La Hollande.
10° La Belgique.
11° La Suisse.
12° L'Espagne.
13° Le Portugal.
14° La Turquie.
15° La Grèce.
16° La Bulgarie.
17° Le Monténégro.
18° La Serbie.
19° La Roumanie.

## I. — Russie (*Rossia*).

L'empire de Russie se compose de deux parties, la Russie d'Europe et la Russie d'Asie.

La Russie d'Europe comprend l'Empire Russe proprement dit et la grande Principauté de Finlande. La Russie d'Asie se divise en trois grands groupes : le Tzarat de Sibérie, la lieutenance générale du Caucase et le gouvernement général du Turkestan.

La superficie de ces territoires est :

| | |
|---|---|
| Russie d'Europe | 5.045.784 k.q. |
| Finlande | 373.536 |
| Total | 5.429.320 k.q. |
| Lieutenance du Caucase | 464.956 k.q. |
| Tzarat de Sibérie | 12.493.110 |
| Gouvernement général de l'Asie centrale | 3.325.616 |
| Total | 16.293.672 k.q. |
| Total pour l'Empire russe | 21.722.992 k.q. |

**Frontières de la Russie.** — Les frontières de l'empire russe ont environ 14 000 kilomètres de pourtour.

*Littoral de l'océan Glacial :* golfes de Kara et de Tchezk ; mer Blanche avec les golfes de Mezen, d'Arkangel ou de la Dvina, d'Onega et de Kandalask.

Iles de la Nouvelle-Zemble, de Vaïgatch et de Kolgouef. — Littoral plat et marécageux. Le port d'Arkangel n'est libre que de juin à septembre.

*Frontière de Suède.* — La frontière remonte le Jacob-Elf, atteint et remonte la Pasvig en laissant le Varanger-Fjord à la Suède, puis contourne au N. le lac Enara, remonte la Tana jusqu'à sa source, court à l'O. en suivant les crêtes des montagnes jusqu'à la source du Köngärnä, elle suit cette rivière jusqu'au Muonio, celle-ci jusqu'à la Tornea, le fleuve jusqu'à la mer.

*Littoral de la Baltique.* — Le golfe de Botnie ne présente que quelques places de commerce : Tornea, Uleaborg, Wasa, Christinestad, Rauma, Nystad. — Abo et les îles d'Aland avec Bomarsund, neutralisée depuis la guerre de Crimée.

Le cap Hango donne entrée dans le golfe de Finlande. A l'entrée du golfe, sur la côte septentrionale, les forteresses de Helsingfors et de Sveaborg, arsenal, rade et port, et dont les forts sont taillés dans le roc sur sept îlots qui communiquent par des digues. — Lovisa, Frederickshamm et Viborg surveillent la côte ; au fond du golfe l'île de Cotlin avec Kronstadt, la clef de Pétersbourg, qui est assise au bord du golfe, à l'embouchure de la Neva ; au S. Narva, Revel et Port-Baltique. Les côtes du golfe de Finlande sont extrêmement découpées, et de moins en moins profondes à mesure qu'on se rapproche de Pétersbourg.

Le golfe de Riga ou de Livonie est commandé par les îles d'Oesel, de Men et de Dago qui forment avec la côte des passes dangereuses ; l'île d'Oesel contient la forte place d'Arensburg ; on trouve sur le golfe, Pernau, Riga, ville commerçante et place très forte sur la Düna, dont l'embouchure est surveillée par la forteresse de Dünamunde. — Le cap Domeness marque l'entrée ouest du golfe de Livonie ; les côtes de Courlande, basses et sablonneuses, présentent les petits ports de Windau et de Libau. La Baltique n'est praticable le plus souvent que de mai en novembre ; les glaces et les brouillards interrompent la navigation pendant le reste de l'année.

*Frontière de Prusse*. — Si la Prusse se glisse le long de la côte jusqu'au S. de Polangen et menace Riga, la Russie s'enfonce par la Pologne jusqu'aux portes de Posen. La frontière est arbitraire : elle coupe le Niemen au S. de Jansborg, puis se dirige au S. O., coupe la Vistule au S. de Thorn, atteint la Warta au confluent avec la Prosna, remonte cette rivière, puis se dirige au S. jusqu'à Newski. Là finit la Russie et commence l'Autriche.

A ce rentrant que l'Empire russe forme au centre de l'Allemagne, viennent converger les chemins de fer russes de Pétersbourg, de Moscou et de la mer Noire. Les places fortes qui défendent l'entrée de la Russie sont Kalisz, sur la Prosna ; Ivangorod, Varsovie et Praga, Modlin sur la Vistule, Brest sur le Bug : la ligne du Niemen n'est pas défendue ; derrière ce fleuve s'étendent des marais qu'il est facile de contourner par le N. ; mais on trouve la Düna avec Dünaburg et Riga. Pétersbourg se trouve en outre à 800 kilomètres de Kœnigsberg, à 1000 de Varsovie ; cette distance est un avantage immense pour la défense.

*Frontière d'Autriche*. — Pays uni, difficile à défendre, mais dont la perte n'est pas une menace pour le centre de l'empire. Les routes qui en partent pour l'intérieur de la Russie rencontrent les marais de Pinsk, larges de 200 kilomètres et divergent ainsi forcément dans la direction du N. E. et du S. E.

*Frontière de Roumanie*. — La frontière commence au confluent de la Rokitna dans le Pruth, suit le Pruth jusqu'à son confluent, puis la rive gauche du Danube et la bouche de Kilia.

Mal défendue à cause du mépris qu'inspirent les Turcs et de l'a[lliance] avec les Roumains, cette frontière n'a que quelques vieill[es] forteresses sur le Dniestr : Chotin, Bender, Tiraspol et Akkerma[n].

*Littoral de la mer Noire.* — De la bouche de Kilia à Makrial[i] au S. de Batoum, la mer Noire est russe. Le rivage est bas dep[uis] l'embouchure du Dniestr jusqu'à Sébastopol, élevé et rocheux s[ur] la côte de Crimée, entre Sébastopol et Caffa, sablonneux ent[re] Caffa et Anapa ; entre Anapa et Soukkoum-kaleh le Caucase plon[ge] profondément dans la mer ; puis, jusqu'au cap Batoum, c'est u[ne] plage basse, sablonneuse et sans port : ce qui donne une gran[de] importance à Batoum, nouvelle acquisition de la Russie.

Dangers de la navigation dans cette mer : vents, tempête[s,] brouillards ; les côtes du nord gèlent pendant l'hiver.

Accidents et lieux remarquables : Akkerman, port à l'embouchu[re] du Dniestr. Odessa, liman du Dniepr où se jette aussi le Bug av[ec] les ports de Nicolajef à l'intérieur des terres et de Cherson à l'e[m]bouchure du Dniepr. Le golfe Kerkinit qui baigne l'isthme de P[e]recop. Perecop, Sébastopol, Balaclava, Caffa, Kertch, le détroit d'Ier[i]kale qui donne accès dans la mer d'Azof. Cette mer, bordée [de] limans ou lagunes, est très peu profonde, de 4 à 15 mètres ; s[es] rivages sont bas et d'une fertilité admirable, mais ne produise[nt] pas d'arbres. A l'O. une bande de terre étroite, la flèche d'Araba[t] sépare la mer d'Azof de la mer Putride ou de Sivach qui commu[]nique par le détroit de Génitchesk au N. avec la mer d'Azof. Il n'y [a] pas de mer plus poissonneuse que la mer d'Azof. On y pêche hiv[er] et été ; en été le poisson est salé, en hiver on l'expédie gelé. Au [N.] le golfe du Don. — Presqu'île de Taman, avec des volcans de bou[e.] Embouchure du Kouban : Arnapa, Soudjouk-kaleh, Soukkoum-kale[h,] Anakha, Redout-kaleh, Poti, Saint-Nicolas.

La frontière russe du côté de la Turquie d'Asie et de la Per[se] étant au delà du Caucase, nous la laisserons de côté.

**Population et Races**. — La population de l'Empire Russ[e] est évaluée officiellement à 88 018 500 habitants, mais comme l[es] recensements remontent à 1873 ou même à 1870, il est vraisem[]blable que ce chiffre est notablement dépassé aujourd'hui.

La population probable de la Russie d'Europe seule est de 80 mi[l]lions d'habitants ; elle était de 50 en 1830. La Russie est un de[s] pays dont la population s'augmente avec le plus de rapidité.

Il y a en Russie une grande diversité de peuplades et de races produite par l'absence d'obstacles naturels ; par suite aussi, o[n] observe une moindre résistance des éléments divers à l'absorptio[n] de l'élément le plus actif.

## RACES ET RELIGIONS DE LA RUSSIE.

Trois types principaux : finnois, tatar et slave.

I. Race finnoise (mongolique) Ouralo-Altaïque, appartenant à la famille Touranienne ; et parlant une langue agglutinative, caractéristique des peuples nomades.

Se divise dans la Russie en une douzaine de tribus différentes que l'on a classées en Ougriens (Chamistes) : Ostiakes (Sibérie occidentale) et Vogules (N. de l'Ourale), c'est à cette famille que se rattachent les Magyares.

Permiens (Bassin de la Kama) 500 000 à 400 000 hab. Orthodoxes. Permiens, Votiaks (Viatka) Zynames (Petchora, Volga ou Bulgares, aujourd'hui slavisés. Cheremisses, 200 000 (Kasan) Mordvines, 500 000 à 600 000 (entre la Volga et l'Oka), Tchouvaches, 500 000 hab. (Kazan).

Finnois, ayant conservé leur littérature : Finlande, et provinces Baltiques, Suomi, 1 500 000 dans le duché et 200 000 dans les gouvernements voisins, Karéliens, Tchoudes, Esthoniens, 900 000, Lives (Courlande) Lapons.

En partie les Finnois ont été repoussés par les Russes, en partie ils ont été absorbés.

II. Race tatare originaire du Turkestan ; ont embrassé le christianisme après l'invasion.

Au milieu d'eux un reste de race *Mongole*, les *Kalmouks*. 150 000 hab. (Astrakan et Stavropol), établis depuis le dix-septième siècle, bouddhistes soumis à un grand lama.

Les Tartares émigrent : de 1860 à 1865 il en est parti 200 000. Dans le temps même de leur domination ils n'étaient guère plus nombreux que ne le sont les Turcs en Europe.

Leur influence est plutôt historique qu'ethnologique. On les retrouve en Crimée : Karassu-Bazar, Baghshi-Seraï.

Ils sont de religion musulmane. De là leurs qualités : sobriété, instruction ; de là aussi leurs défauts. — Il en reste 1 500 000.

III. Slaves. — Vers le Dnepr. Slaves orientaux : Russes, Bulgares, Serbes, Croates, Slovènes. Ils sont en religion Grecs orthodoxes ou unis.

Vistule. Slaves occidentaux d'où viennent les Polonais, Tchèques, Slovaques, Wendes. Ils sont catholiques ou protestants.

Groupe Lèthe ou Lithuanien, le plus fermé à l'influence européenne, 3 millions. Leur dialecte est le plus voisin du sanscrit : ils se partagent entre les Prussiens et les Russes après avoir été unis aux Polonais. L'ancienne Lithuanie contient 1 600 000 hab. En Prusse, 200 000 Borussiens. En Courlande, les Lettons, 900 000, soumis aux seigneurs allemands.

Russes : 55 à 57 millions. Grands Russiens, Moscou : originairement maîtres de la contrée des lacs à l'Oural, ils ont formé la république de Novogorod, et descendu la Volga. Par leurs alliances avec les peuplades conquises et absorbées ils ont perdu la légèreté des petits Russiens, mais sont devenus plus solides.

Petits Russiens, plus purs de race, plus beaux de visage, plus grands de taille, ont plus d'individualité et sont moins âpres au gain : à cette race appartenaient les Zaporogues et les Cosaques de la mer Noire; leur nombre est de 13 à 14 millions.

Russes blancs, cantonnés dans les marais de Pinsk, sont moins propres à la colonisation.

**Religions.** — On trouve dans l'Empire Russe des sectateurs de toutes les formes de religions;

Les Chrétiens sont environ 75 millions et demi, les non chrétiens 14 1/2.

Parmi les chrétiens la plus grande majorité, 60 millions, appartient à la religion catholique-orthodoxe qui est la religion de l'État.

A Pétersbourg siège le Saint Synode dirigeant, à la tête duquel est l'Empereur; l'Empire est divisé en 52 éparchies ou diocèses dont les limites sont presque partout celles des gouvernements.

Un grand nombre de sectes se séparent des doctrines et des rites officiels; le nombre des dissidents (Starowertz, Skopty, etc.), s'élève à près de 10 millions, que l'on compte parmi les membres de l'église russe.

On évalue à 254 000 le nombre des prêtres russes.

Les catholiques Romains, surtout en Pologne, sont au nombre de 7 500 000; les protestants, de 4 millions et demi; les Arméniens, 500 000.

Parmi les non chrétiens il faut compter les Mahométans (Tatars, Turcs, etc.), qu'on évalue à 10 millions (Asie Centrale). Les Juifs très nombreux sont 2 millions et demi; les Bouddhistes et les Païens, 1 million.

**Gouvernement.** — A la tête de l'État est un empereur, dont nous ne pouvons citer tous les titres officiels : le titre abrégé est : Empereur et Autocrate de toutes les Russies, Czar de Pologne et Grand Prince de Finlande.

Il a tous les pouvoirs, son autorité est illimitée, sauf en Finlande, où il existe une diète.

Les grands corps de l'État sont :

1° Le Conseil de l'Empire assisté d'une Chancellerie de l'Empire divisé en cinq sections.

2° Le Sénat dirigeant, divisé en départements, est chargé de promulguer et d'enregistrer les lois, les ukases, etc., et joue le rôle de notre Cour de Cassation et de la haute cour criminelle.

3° Le Saint Synode.

L'administration, le Tchin, est fortement organisée et toute-puissante sous le nom du Czar. En 1864, Alexandre II a voulu donner à ses sujets une sorte d'autonomie provinciale par l'institution des zemstvos, sorte de conseils généraux, qui élisent les juges de paix; les villes ont également leurs conseils municipaux, et les paysans, groupés encore suivant l'usage séculaire en leurs communautés de village ou Mirs, ont leurs assemblées parfois tumultueuses. La vie locale existe en Russie malgré la toute-puissance de l'administration.

**Drapeau.** — Blanc avec une croix bleue en diagonale.

**Divisions politiques.** — La Russie est divisée administrativement en quatre grands systèmes : 1° les 50 gouvernements de la Russie propre; 2° les 8 Lans ou districts du grand duché de Finlande; 3° les 10 gouvernements des provinces de la Vistule (ancien royaume de Pologne); 4° la lieutenance du Caucase.

Une autre division, plutôt ethnographique qu'administrative, groupe les 69 gouvernements ou districts en huit grandes sections.

I. Russie Baltique. — La création de Pierre le Grand, conquise sur les Suédois et contenant de nombreux éléments germaniques : Ingrie, Estonie et Livonie.

Pétersbourg, capitale de l'empire, c'est la ville qui frappe le plus par le caractère de grandeur et d'immensité : surtout par la réunion des places de Saint-Isaac, Pierre-le-Grand, l'Amirauté et lu Palais d'hiver; ville de luxe, d'industrie, de sciences, de commerce, 667 000 hab. en 1869. Tsarkoiezelo, Kronstadt, Okhta, Poulkova, observatoire central de l'empire.

Riga, chef-lieu de la Livonie, plus de 100 000 hab. Dorpat, Université. Mittau, Revel.

II. Russie septentrionale. — Finlande, Archangel et Olonetz : plaines glacées envahis par les eaux intérieures, habitées par des populations finnoises

Helsingfors, chef-lieu du gouvernement de Nyland et capitale du grand duché de Finlande, Université, 32 000 hab. dans son voisinage Svebborg, la Malte Baltique.

Abo, archevêché luthérien.

Viborg, ville forte et de commerce.

Archangel, archevêché, commerce, ports et chantiers.

III. Grande Russie. — Le cœur de l'empire. Population slav[e] grands Russes, 24 000 000 habitants.

Moscou, centre commercial et industriel, Université, presses nom[breuses], 612 000 hab. Mojaisk près de laquelle se trouve Borodin[o] Tver, ville archiépiscopale, Vichnji-Volotchok entrepôt comme[r]cial ; Jaroslav, ville archiépiscopale, écoles des Hautes-Science[s] Rybinsk : centre de la navigation intérieure, Kostroma †, Vladimir étoffes de coton, Nijni-Novgorod †, 40 000 hab., foire la plus c[é]lèbre de l'Europe, Riazan †, Toula †, 60 000, manufactures d'arme[s] Kalouga †, 36 000 hab., Smolensk, clef de la Russie, Orel †, Koursk 30 000 hab. Voroneje †, 42 000 hab., Morzansk, céréales. Tambo[v]

IV. Petite Russie ou Ukraine. — Population : Russes Rouges, C[o]saques et Polonais (Petits Russes) parlant le rousniaque flexible sonore, mélodieux. Conquis par les Tartares et les Polonais, repri[s] au dix-septième et dix-huitième siècle. Terres noires, 7 400 000 hab[.] Kiev, ǂ métropolitain, place forte, 127 000 hab. Université, fabri[ques] importantes. Berditchev, 52 000, commerçante. Targowitz 1781. Tchernigov. Poltava †, lainages et toiles, chevaux, 1709 Kharkov, Université forges, industrie du fer, 60 000 hab.

V. Russie occidentale. — Lithuanie et Ukraine, provinces autre[fois] polonaises dont la noblesse est encore rattachée aux souvenir[s] de la Pologne, tandis que la masse de la population est composé[e] de Russes blancs et de Lethes de la religion grecque qui se son[t] soumis aisément à la Russie. Lithuanie, 6 millions d'hab. Vilna † cath. † grec. autrefois capitale du grand duché de Lithuanie, n'[a] conservé que sa faculté de médecine et de chirurgie, 80 0000 hab[.] Vitepsk sur la Duna, 30 000 hab., grand commerce avec Riga, Polotsk ǂ cath. Dünaburg point central de la ligne stratégique de la Düna Minsk ǂ russe † cath. Bobruisk, ville très forte depuis quelques années Borizov (Bérézina), Grodno, Brest-Litovski place forte sur le Bug. Aca[dé]mie juive. Mohilev, ǂ cath. ǂ russe, commerce, cuirs, 40 000 hab.

L'Ukraine, pays extrêmement fertile : noblesse polonaise, paysans petits-Russes pressurés par les juifs : bestiaux, froment, chênes, érables et tilleuls, fer et faïence ; population 3 600 000 hab.

Jitomir en Volhinie, 43 000, † russe, † cath. Kaminieck en Podo[li]e ǂ russe, † cath. ville forte, Balta. Bar.

VI. Pologne. — Provinces de la Vistule : climat froid et humide, ou parfois malsain, maladies contagieuses, au S. fer, argent, cuivre, zinc, sel, houille. Terres mal cultivées quoique fertiles. L'industrie fait de grands progrès.

Population, 5 700 000 habitants, en majorité polonais et catholiques.

Depuis 1866, la Pologne a cessé d'exister comme royaume, a été incorporée à la Russie et divisée en dix provinces.

Varsovie ‡, a perdu son Université mais gardé ses savants, 508 000 hab., au centre du quadrilatère formé par les places d'Ivangorod S., Novo Georgevsk N., Praga à l'E., marché de laines, fabrique de toiles, draps, chapeaux, carosserie et sellerie. Plaine de Iola (diètes. 1831). Grochov, 1831. Kalisz sur la Prosna. Plock; Ostrolenka 1807 et 1831. Lublin † et Zamosc, place forte. Sandomir.

VII. RUSSIE MÉRIDIONALE ou NOUVELLE RUSSIE. — Région des steppes, fonds marins émergés dans une période récente, verdoyants au printemps, fertiles en grains, 5 500 000 hab., Russes, Allemands et Bulgares en Bessarabie; Russes et Cosaques dans le gouvernement de Kherson ; Tartares, Russes, Grecs et Arméniens en Tauride; Petits Russes, Cosaques, Serbes et Roumains dans le gouvernement Yekaterinoslav, Cosaques, Petits Russes et Kalmouks dans le gouvernement des Cosaques du Don : c'est une tour de Babel.

Kichinov ‡, 104 000 hab., Bender.

Akkerman fortifié sur le liman du Dnestr, 25 000 hab., Kerson, forteresse sur le Dnepr, chantiers pour la marine impériale, 46 000 hab. Nicolayev au confluent du Boug et de l'Ingoul, 82 000 hab., très forts chantiers pour la marine, station pour les galères. Odessa, fondée en 1784, gouvernée par Richelieu ; jardin botanique commerce de grains, 184 000 hab., Elisabethgrad, 32 000 hab., Tiraspol, 5000 hab., fortifiée et commerçante. Perekop, citadelle avec fossé qui coupe l'isthme d'une mer à l'autre. Simféropol, capitale de la Crimée. Sébastopol, Kercz (Panticapée), Kaffa (Théodosias) bien déchue. Yekaterinoslav, 23 000 hab., Backmout, houillères. Tanganrog, 25 000 hab., mort d'Alexandre I<sup>er</sup> en 1825, ville forte, commerce de caviar, blé, pelleteries. Azov, port ensablé. Rostov, 44 000 hab., blé, chemins de fer. Nakitchevan ville arménienne sur le Don.

VIII. RUSSIE ORIENTALE. — Anciens royaumes de Kazan et Astrakhan l'O. de la Volga, terres noires, au N. (bassin de la Kama) forêts et mines de l'Oural au S. ; steppes.

14 960 000 habitants, Tartares, Russes, Kalmouks, Arméniens et Juifs.

Penza †, cuirs et savons, 27 000 hab. Simbirsk, 25 000 hab. Kazan ‡, université, école des langues orientales, arsenal, cuirs, maroquins, commerce avec la Boukharie. Yekaterinenbourg, ville forte, mines d'or et de platine, forges, canons, 25 000 hab. Perm, 28 000 hab., Artrakhan peu de commerce, fabrique, soie, pêche, 50 000 hab.

Russie du Caucase. — Une des grandes routes des nations. Il y est resté des débris appartenant à toutes les races 5 628 000 habitants.

Tiflis, 104 000 hab., ‡ géorgien, ‡ arménien vieille ville et ville neuve, gymnase, séminaire, quatre gazettes, bains sulfureux, transit entre la Russie et l'Inde, surtout pour les voyageurs, Mtzkheta, sur le Kour, ancienne capitale du royaume de Géorgie, cathédrale remarquable, pont attribué à Pompée.

Elisavetpol (Elizabethpol, 15 000 hab.), ruines et médailles grecques, romaines et parthes, au centre d'un pays minier; colonne de Chamkhor, curieux et inexplicable monument (gouvernement de Tiflis).

Vieux Chamakhi, détruite par Pierre le Grand, en partie relevée récemment, entrepôt. Bakou, pêche de phoques. Soie et safran, port le plus fréquenté de la Caspienne, puits de naphte, sanctuaire guèbre Atech gah, volcan de feu, plaine de Mougan, entre le Kour et la Caspienne, infestée de serpents comme au temps de Pompée (gouvernement de Bakou).

Érivan, 14 000 hab., forte citadelle, couvent célèbre d'Etchmiadzin. Naktchivan autrefois très florissante, presque déserte. Akhaltsikhe, mosquée d'Ahmid, bibliothèque, 20 000 hab.

Kutaïs sur le Rion, 12 750 hab., ancienne capitale du royaume d'Imérèthie, résidence du gouverneur de Mingrélie, Ghourie, grande Abasie et des places fortes de la frontière.

Ori, au centre du district de Ratcha, mines d'argent, de cuivre et de fer, ruines, médailles grecques, et des Sassanides, d'autres inconnues. Zougdidi, misérable bourgade où résidait le Dadian de Mingrélie, Redout-kaleh bon petit port. Poti, redoute Saint Nicolas. Anaklia, place forte.

Soukoum-khaleh, ville déchue, évêché et port, on y a trouvé des ruines considérables qui font placer là l'ancienne Dioscurias, c'est la station des escadres russes contre les pirates Abases. Vladikavkas, belle situation, très forte. Dariel qui commande la porte Caspienne. Kasbek résidence ancienne du chef des Ossètes, anciens Sarmates-Mèdes, Ases et Alains. Mosdok, fortifiée, station commerciale Kisliar, 8000 hab., riches Arméniens, magnifique église arménienne.

Enderi, en Circassie, chef-lieu des Kalmouks maintenant subjugués et des Lesghis, brigands des montagnes, autrefois fléau de la Géorgie : Khoun Dzakh, ancienne capitale du Khan des Avares alliés des Russes qui lui payaient 40 000 roubles, Akoucha (république de pasteurs, drap excellent). Koulachi, ancienne république.

Koula, climat insalubre, les Russes ont fondé à 100 kil. à l'O une ville du même nom. Derbent † fortes murailles, temple arménien et mosquée. Barchly Tàrkou (Petrovsk) autrefois à des Khans pensionnaires de la Russie. (Dans le Daghestan.)

Stavropol (29 000 hab.), Novo-Georgyevskoïe, résidence d'un gouvernement général. Constantinogorsk et Piatigorsk, bains sulfureux. Madjare.

Batoum, capitale de Lazistan, bon port, débouché d'une contrée très fertile.

Kars, capitale de l'Arménie, trois fois prise par les Russes (1828-1855-1877). — Kaghizman, dans la haute vallée de l'Aras.

**Organisation militaire.** — La force armée de l'empire russe comprend deux éléments : l'armée active et l'armée territoriale.

L'armée active comprend les troupes de terre et de mer.

L'armée de terre : les troupes régulières ; les réserves ; les cosaques, les troupes formées d'étrangers.

Le service est obligatoire pour tout Russe âgé de 21 ans révolus. On admet certaines exemptions pour infirmités corporelles ou raisons de famille lorsque le contingent est suffisant. Les prêtres chrétiens sont aussi exemptés ; enfin la profession de médecin, pharmacien, vétérinaire, instituteur, exempte en temps de paix.

La durée du service est de 15 ans dans la Russie d'Europe, 10 dans la Russie d'Asie (3 ou 7 dans l'armée active). Pour les hommes instruits, surtout lorsqu'ils devancent le tirage au sort, le temps du service actif est considérablement réduit.

*Recrutement.* — Un acte législatif fixe chaque année le chiffre du contingent. Le ministre de la guerre est chargé de la répartition entre les gouvernements. Une commission répartit ensuite le chiffre fixé pour chaque gouvernement entre les différents districts. Les opérations de recrutement ont lieu en hiver au mois de décembre ou de novembre.

L'effectif de l'armée régulière est de 840 711 hommes et 98 789 chevaux, sur le pied de paix, de 2 264 295 hommes et 258 036 chevaux sur le pied de guerre.

L'armée irrégulière, 43 000 hommes sur le pied de paix, 463 000 sur le pied de guerre.

**Productions. Industrie et commerce.** — Climat continental extrême entre le froid et le chaud. Le sol est plat ; parallélisme des couches souterraines ; défaut d'humidité.

L'*Oural.* — La plus longue montagne méridienne de l'Europe, du côté de l'O. est moins une chaîne qu'un plateau couronné d'un ligne de faîtes peu élevés. Fournit les métaux aux deux Russies.

La *Flore*. — Les forêts commencent dès le 65° degré de latit. N. s'étendent jusqu'au S. de Moscou. Mélèze, pin sylvestre, et bouleau; au S., le tilleul, l'érable, l'orme.

Dans les clairières et les plaines : l'orge, le seigle et le lin. Le so est improductif; les habitants se livrent à l'industrie.

Zone déboisée, au S. du Valdaï; pas une colline de 100 mètres c'est une ramification granitique, à fleur de terre, des Karpathes Plaines ondulées; parfois des plateaux superposés. On y trouve de collines artificielles, Kourganes; ce sont des tertres arrondis d 6 à 12 mètres, parfois disposés sur une ligne régulière. Les fleuve coulent en suivant les contours des plateaux, ou au fond de fissure. profondes qu'il ont creusées. Pas d'arbres, par suite de la sécheresse et de friabilité du sol; le sous-sol est généralement crayeux

*Régions agricoles*. — La plus riche est celle de la Terre noire puis celle des steppes à base sablonneuse ou saline.

La Terre noire, Tchernozjom, nourrit 25 000 000 d'habitants, elle court sur une longue bande de la Podolie et de Kiev jusqu'à Kazan. Elle est continuée du coté de la mer Noire par les steppes fertiles, bassin du Dniestr au Don et au Kouban. Végétation vivace : graminées malvacées, ombellifères, labiacées, poirier sauvage.

Les steppes sont envahis par une culture nomade qui fera place à la culture triennale, 600 000 k.q.

Réunis avec le Tchernozjom, on aura 1 100 000 k.q.

*Steppes salins*. — Cette région est dénudée et le reboisement en est impraticable. Elle est occupée par les Kirghis et les Kalmouks, vraiment asiatiques, et ne nourrit que 4 habitants par kilomètre carré; dans le steppe des Kalmouks, entre le Volga et l'isthme du Caucase, il n'y a qu'un habitant par kilomètre. Salines; pêche de l'esturgeon et du caviar.

Caucase et Crimée méridionale; climat méridional. On y trouve les jardins suspendus des *Corniches* de la Crimée. Dans la Transcaucasie on cultive le coton et la canne à sucre.

*Homogénéité de l'empire de Russie*. — Le N. a besoin des blés du S. et lui envoie des bois; d'ailleurs les fleuves réunissent ces immenses plaines qui inclinent vers le S. Le cadre est nettement tracé pour l'établissement d'un empire. L'empire russe est plus compact et plus naturellement uni que les États-Unis.

La densité inégale de la population est due aux conditions historiques et aux conditions physiques.

1° Les invasions des Asiatiques ont ravagé si longtemps les plaines du S. que l'agriculture ne pouvait s'y fixer. Les Russes ont été relégués dans le N. moins fertile mais protégé par ses bois. L'équilibre se rétablit dès que la Russie eut un gouvernement fort. L'industrie et le degré de culture du peuple sont aussi plus développés dans les parties du centre, Kjev et Moscou.

2° La densité des régions de la Russie devra être en raison de la fertilité du sol : la plus peuplée sera celle des terres noires, puis celle des steppes arables, les zones des frontières occidentales, le pays lithuanien et polonais moins riche, mais plus anciennement civilisé et plus favorablement placé, enfin la zone industrielle, en tout 1 700 000 kil. sur 5 500 000 et 54 000 000 hab. sur 78 000 000.

Une grande partie de cette zone semble n'être pas très éloignée des limites naturelles de sa population. La zone industrielle près de Moscou a 35 hab. par k.q. et la croissance est lente.

La zone agricole atteint 55 en Podolie.

Autour de Kjev, l'industrie, le voisinage de l'Europe, la clémence du ciel, les forêts, le commerce, ont amené la densité à 45 par k.q. : l'augmentation est 1 p. 100 par an.

La région centrale du Tchernozjom (Don et Volga) est stationnaire à 40 h. par k.q. Il faudra que les habitants renoncent à la culture triennale. Autrement la densité croîtra au plus jusqu'à 60, ou même 50 à 55. Tout au plus 8 à 10 millions en un siècle.

Les steppes à sol fertile sont aptes à recevoir un développement immense. La densité actuelle est 14 à 15, près d'Odessa 20 s'augmentant de 3 p. 100 par an. Pourra arriver à 20 ou 25 000 000 d'habitants.

Mais les terres en jachère sont tellement étendues que la culture régulière et intensive ne commencera guère avant le milieu du siècle prochain. Le grand obstacle est le manque d'eau et de bois.

La frontière occidentale est d'une fertilité insuffisante; elle réclame surtout une bonne irrigation, une proportion favorable des bois, des champs et des prairies, et une culture plus avancée. La Pologne compte 6 000 000 hab. 120 000 k. q. : la densité est 50, autant que l'Autriche. Arrêté jusqu'ici par les embarras de la politique, le progrès peut être activé par l'industrie, et les récentes réformes économiques ont déterminé un véritable réveil.

La Lithuanie, la Courlande et la Livonie pourraient augmenter de 6 000 000 d'habitants.

Les autres contrées susceptibles de développement sont les mines de l'Oural, les marais de Pinsk; les bords de la Kama, de l'Oufa, la Viatka, analogues au Tchernozjom. Elles peuvent atteindre en tout 7 ou 8 000 000.

On peut donc compter 40 à 45 000 000 d'augmentation poss[ible]
et en partie prochaine en Europe.

La Russie d'Asie contient 10 000 000 hab. 1 par kil.

La Transcaucasie, trop montagneuse avec 2 500 000 hab. n'ira [que]
lentement. L'Asie centrale n'offre guère que la zone du Turke[stan]
au pied des montagnes de l'Asie centrale.

En Sibérie les bassins de l'Obi et de l'Amour peuvent attein[dre]
de 20 à 50 millions dans un temps indéterminé ;

En somme la Russie aura 100 000 000 hab. à peu près d[ans]
20 ans, 130, à 150 en un siècle; presque tous paysans, et Rus[ses]
et en Europe.

La colonisation du S. est analogue à celle des États-Unis, p[ar]
la rapidité avec laquelle s'élèvent les villes ; le peuple russe a [tout]
fait lui-même ; l'Allemagne n'a fourni qu'environ 600 000 colo[ns]
qui vivent à part, ne se mélangeant pas avec les Russes. Des Sla[ves,]
grecs de Turquie et d'Autriche ont pris la place des musulman[s,]
des Tartares émigrés : près de Kherson, Taganrog, Odessa. M[ais]
ces immigrants sont en minorité. « La Russie est un peuple [en]
formation, au point de vue moral, comme au point de vue ma[té]riel. Vieille monarchie, nouvelle colonie. »

## II. — EMPIRE ALLEMAND (*Deutsches Reich*).

L'empire allemand a une superficie de 540 436 k.q.

Sa population au 1ᵉʳ décembre 1880 était de 55 142 000 hab.,
qui donne une densité de 84, supérieure par conséquent de 14 h[ab.]
par k.q. à celle de la France.

**Limites.** — L'Empire d'Allemagne s'allonge de l'E. à l'O. de l'[Eu]rope, occupant la partie centrale, il est borné à l'E. par la Rus[sie,]
au S. par l'Autriche-Hongrie et la Suisse, à l'O. par la France, [le]
grand-duché de Luxembourg, la Belgique et la Hollande, au [N.]
par la mer du N., le Danemark et la Baltique.

Sauf au N., l'Allemagne n'a nulle part de frontières naturelle[s.]

*Frontière de Russie.* — Nous connaissons la frontière du c[ôté]
de la Russie, elle est protégée par *Königsberg, Fort Boyen,* au[ssi]
*Danzig, Thorn,* sur la Vistule ; *Posen,* sur la Netze, et *Küstrin* [sur]
l'Oder. L'Allemagne compte surtout sur sa forte organisati[on]
militaire, sa rapidité plus grande de mobilisation et la supério[rité]
de son réseau de voies ferrées qui lui permettrait d'être prête av[ant]
la Russie.

*Frontière autrichienne.* — 1. Au S. E. sur 400 kil. la frontière côté de l'Autriche commence à Myslowitz sur la Vistule, remonte ce fleuve jusqu'à Schwarzwasser, gagne l'Olsa presque en droite ligne, descend cette rivière jusqu'au confluent, puis remonte l'Oder et l'Oppa jusqu'à Jägerndorf, puis fait un saillant au N.; laisse Neustadt à la Prusse, à l'Autriche la haute Biela, et atteint le Riesengebirge.

La frontière ne coïncide pas exactement avec le faîte des monts des Géants. La Prusse possède l'entonnoir de Glatz et la haute vallée de l'Iser, affluent de l'Elbe; l'Autriche a trois saillants, l'un à l'E. de l'Heuscheuergebirge, le second au N. de l'Isergebirge avec Friedland, le troisième dans la haute vallée de la Sprée.

II. Au S. au delà de l'Elbe sur 570 kil. la frontière non seulement ne coïncide pas exactement avec le faîte des monts Métalliques, mais elle laisse à la Bohême des pays allemands. Le glacis de l'Erzgebirge, teuton de langage, appartient au royaume des Tchèques, ainsi que les sources de l'Elster.

En revanche celles de l'Eger sont bavaroises et comme telles font partie de l'empire.

Du Fichtelgebirge au Danube la frontière suit à peu près le faîte de la Sumava, en laissant toutefois à la Bohême les hautes vallées de plusieurs affluents de la Naab et de la Regen (Pfreimt, Schwarzach, Cham et Grande Regen). La frontière tombe sur le Danube au-dessous de Jochenstein, le remonte jusqu'à Passau qui appartient à l'empire.

III. Au S. O. sur, 400 kil. de longueur, la frontière autrichienne remonte l'Inn, la Salzach, laisse Salzburg à l'Autriche, puis coupe la Saalach, l'Acher, l'Inn au-dessous de Kufstein, l'Isar au-dessous de Scharnitz, le Lech au-dessus de Füssen, et rejoint le lac de Constance au N. O. de Bregenz.

Le front méridional de l'Allemagne est gardé par *Glogau*, *Neisse*, *Glatz* (non amélioré), *Königstein*, *Torgau*, *Passau* (enceinte et citadelle d'Oberhaus), *Ingolstadt*, *Ulm*. En somme ce n'est que la section du S. O. qui ait des fortification sérieuses. Une guerre entre l'Autriche et l'Allemagne paraît absolument invraisemblable, surtout depuis l'alliance de 1879. Ainsi les chemins de fer et les postes d'Allemagne, d'Autriche-Hongrie et du Luxembourg sont fondus sous le nom d'Union Allemande.

*Frontière de Suisse.* — Elle est formée par le Bodensee et le Rhin; en étudiant le bassin du Rhin nous avons vu les exceptions.

*Frontière de France* (Voir Livre II). — Elle est défendue par *Neuf-Brisach* et le *fort Mortier*, *Strasbourg* (enceinte et 14 forts),

*Rastatt*, enceinte et forts, *Germersheim* (enceinte et fort), *Bitche* (citadelle), *Metz* (enceinte et forts), *Thionville* (enceinte, grande gare militaire). *Sarrelouis* (enceinte continue), *Mayence et Castel, Coblenz et Ehrenbreitstein; Cologne et Deutz*. Ces trois derniers groupes sont des places fortes de première classe. *Wesel*, enceinte continue et trois forts.

*Frontière de Luxembourg, de Belgique et de Hollande*, 500 kil. — La frontière part des sources de l'Alzette, gagne au-dessous de Sierk la Moselle, la descend, remonte la Saure et son affluent l'Our, gagne les sources de l'Ourthe et va de là au N., passe à l'O. d'Eupen, Herbesthal, Aix-la-Chapelle. Là commence la frontière hollandaise qui coupe la Roer, à 10 kil. au-dessus du confluent, longe la Meuse, coupe le Rhin à Bimmen, passe au N. de Bocholt descend parallèlement à l'Ems en faisant un saillant à l'O. sur le cours du Vechte et, à travers les marais de Bourtange, gagne le Dollart.

Les défenses sont les mêmes que contre la France.

L'Allemagne du reste compte se défendre en attaquant. C'est pour cela qu'elle a surtout donné son attention à la création des chemins de fer stratégiques. Chacun des corps d'armée allemands a sur le Rhin un pont qui lui est spécialement destiné en temps de guerre pour le passage de ses hommes et de son matériel. Les mouvements de cet immense organisme sont réglés d'avance avec la plus grande minutie, et les Allemands ont même envisagé l'hypothèse d'une double guerre avec la France et la Russie et destinent leurs chemins de fer à jouer dans cette circontance un rôle capital. Pendant que les corps russes se mobiliseraient assez lentement, les Allemands resteraient sur la défensive à l'E. et porteraient toutes leurs forces, sauf deux corps d'armée, à l'O., écraseraient les armées françaises surprises en flagrant délit de formation, et pourraient alors reporter une partie de leurs forces, pour tenir tête aux Russes, de concert avec les Autrichiens. On voit que de précision exigent de semblables calculs. C'est surtout en vue de ce transport rapide des troupes de l'E. à l'O. qu'a été construit le chemin de fer urbain de Berlin (Stadtbahn), œuvre gigantesque à quatre voies, grande route de guerre, qui double la force du chemin de fer de ceinture antérieurement tracé et qui plane sur des viaducs voûtés, au-dessus des rues les plus fréquentées de Berlin. Six grandes lignes pourraient déverser à l'E. une partie des vainqueurs de l'O. Belles combinaisons que pourrait singulièrement contrarier soit la victoire des armées françaises, soit leur indomptable ténacité en cas de revers.

*Frontière du Nord* (Décrite, pages 507, 554 et 543).

## ALLEMAGNE. GOUVERNEMENT. PRUSSE.

**Races.** — La population de l'empire allemand n'est pas homogène, mais tend à le devenir : les statistiques officielles donnent 59 millions d'Allemands, 3 millions de Slaves et de lettes et 220 000 Français (chiffre inférieur à la réalité), 150 000 Danois, 500 000 Juifs.

**Religions.** — 27 millions de protestants et 15 millions de catholiques. Ceux-ci répartis surtout en Bavière, en Württemberg, sur les bords du Rhin et en Pologne ont par leur attitude obligé le chancelier à renoncer à ses fameuses lois de mai; la lutte pour la civilisation, le Kulturkampf, ne semble point terminée à l'avantage de l'État allemand.

### HIÉRARCHIE CATHOLIQUE.

| | |
|---|---|
| Posen et Gnesen | Kulm. |
| | Ermeland. |
| Breslau (évêché princier) | Breslau. |
| Cologne (Cöln) | Hildesheim. |
| | Osnabrück. |
| | Münster. |
| | Paderborn. |
| | Fulda. |
| | Limbourg. |
| | Trèves. |
| | Mayence. |
| Fribourg en Brisgau | Rottenburg. |
| Munich et Freising | Augsburg. |
| | Passau. |
| | Ratisbonne. |
| Bamberg | Wurzbourg. |
| | Eichstadt. |
| | Spire. |
| | Vicariat de Dresde. |
| Besançon | Strasbourg. |
| | Metz. |

**Gouvernement.** — L'Empire allemand forme une confédération d'États dirigée par la Prusse. Le roi de Prusse porte depuis le 18 janvier 1871 le titre d'Empereur allemand (Deutscher Kaiser). Il nomme les représentants à l'étranger, et est le chef de l'armée (sauf, en temps de paix, de l'armée bavaroise). L'Empire a les Postes et Télégraphes, presque tous les chemins de fer, un budget entretenu par certaines contributions indirectes et par les contributions matriculaires de chacun des États de la confédération.

Le pouvoir législatif est partagé entre deux chambres : le *Bundesrath* ou Conseil fédéral, 58 membres, dont 17 à la Prusse, nommés par les gouvernements; le Reichstag se compose de 383 députés, élus par le suffrage universel au scrutin secret.

En réalité le pouvoir de l'Empereur est plus considérable que dans un état parlementaire et constitutionnel au sens propre du mot.

**Drapeau**. — Noir, blanc, rouge.
La flotte de guerre a le même pavillon avec l'aigle et la croix de fer.

**Divisions politiques**. — L'Empire d'Allemagne comprend 26 États :
1° Quatre royaumes : Prusse, Saxe, Bavière, Württemberg ;
2° Six grands-duchés : Baden, Hesse-Darmstadt, Mecklenburg-Schwerin, Mecklenburg-Strélitz, Saxe-Weimar et Oldenburg.
3° Cinq duchés : Brunswick, Saxe-Meiningen, Saxe-Coburg-Gotha, Saxe-Altenburg, Anhalt.
4° Sept principautés : Schwarzburg-Rudolstadt, Schwarzburg-Sondershausen, Waldeck, Reuss-Greiz, Reuss-Schleitz, Schaumburg-Lippe, Lippe-Detmold.
5° Trois villes libres : Bremen, Lübeck, Hamburg.
6° Un pays d'empire : l'Alsace-Lorraine.

**Prusse**. — La Prusse est divisée en 11 provinces :
Six au delà de l'Elbe ; une au centre ; quatre en deçà de l'Elbe.
1° Prusse proprement dite, divisée en quatre arrondissements ou cercles :
*Königsberg* ; Pillau, Memel, Braunsberg, Eylau, Friedland ; *Gumbinnen*, Tilsitt ; *Danzig*, Weichselmünde, Oliva, Elbing, Marienburg ; *Marienwerder*, Graudenz, Culm, Thorn.
2° Posen ou Posnanie, deux arrondissements : *Posen*, Lissa ; *Bromberg*, Gnesen.
3° La Silésie, trois arrondissements :
*Breslau*, université, Leuthen et Lissa-Brieg, Molwitz, Reichenbach ; *Liegnitz*, Parchwitz, Landshut, Bunslau, Sagan, Glogau, Görlitz ; *Oppeln*, Kosel, Ratibor, Neisse.
4° La Poméranie, trois arrondissements :
*Stettin* ; *Stralsund*, Wolgast, I. de Rügen ; *Köslin*, Kolberg.
5° Le Brandebourg, deux arrondissements :
Berlin, Charlottenburg, Spandau, *Postdam*, Gross-Beeren, Wittstock, Brandenburg ; *Francfort-sur-l'Oder*, Künersdorf, Cüstrin, Zorndorf, Landsberg, Krossen, Zullichau, Kottbus.
6° Slesvick-Holstein :
*Slesvick*, Slesvick, Düppel, Sonderburg, Flensburg, Friedrichstadt ; *Holstein*, Glückstadt, Altona, Rendsburg, Kiel.
7° Saxe, trois arrondissements :
*Magdebourg*, Halberstadt ; *Merseburg*, Eisleben, Halle, Torgau,

ALLEMAGNE. — ÉTATS SAXONS. ÉTATS DU SUD. 693

Wittenberg, Mühlberg, Lützen, Weissenfels, Rossbach, Auerstädt ; *Erfurt*, Langelsalza, Mühlhausen, Nordhausen.

8° Hanovre, six arrondissements :
*Hanovre*, Hameln, Hastenbeck ; *Hildesheim*, Goslar, Göttingen, Munden ; *Lünebourg* ; *Stade*, Closter-Severn, Verden ; *Osnabrück* ; *Emden* ; *Klausthal*, Wilhelmshaven.

9° Hesse-Nassau : Duché de Nassau ; landgraviat de Hesse-Homburg, ville de Francfort, deux arrondissements :
*Wiesbaden* Johannisberg ; Hersfeld, *Fulda*, Smalkalden.

10° Westphalie, trois arrondissements :
*Munster* ; *Minden*, Paderborn ; *Arensberg*, Lippstadt, Dortmund, Siegen.

11° Rhin, cinq arrondissements :
*Coblentz*, Ehrenbreisten, Bacharach-Neuwied, Andernach-Altenkirchen ; *Trèves*, Gerolstein, Consarbrück, Pruym, Sarrebruck, Sarrelouis ; *Aix-la-Chapelle*, Aldehoven, Juliers ; *Cologne*, Deutz, Bonn, Zülpich ; *Düsseldorf*, Wesel, Neuss, Crefeld, Kempen, Gueldres, Clèves (— vallées de la Rühr et de la Wipper), Rührort, Essen, Elberferd, Barmen, Solingen.

Dépendances : 1° Principauté de Hohenzollern, Sigmaringen, Hechinger. 2° Duché de Lauenburg, Ratzburg, Lauenburg, Moellen.

**États de l'Allemagne du Nord.** — Le MECKLENBURG-SCHWERIN, 15506 k. q., 560 000 hab. *Schwerin*, Wismar, Rostock, Warnemünde. Le MECKLENBURG-STRELITZ, 2725 k. q., 97 000 hab. ; *Strelitz*. GRAND-DUCHÉ D'OLDENBURG (Jahde). VILLES HANSÉATIQUES : *Brême, Hamburg, Lübeck*.

**États de Saxe et de Thuringe.** — ROYAUME DE SAXE, divisé en quatre cercles :
1° *Dresde*, Pilnitz, Pirna, Königstein, Schandau, Meissen, Freiberg.
2° *Leipzig*, Hübertsburg.
3° *Zwickau*, Schneeberg, Chemnitz, Reichenbach.
4° *Bautzen*, Hochkirchen, Zittau.

Population luthérienne, la maison régnante est catholique, 14 967 k.q., 2 970 000 hab.

GRAND-DUCHÉ DE SAXE-WEIMAR-EISENACH, trois parties détachées, Weimar-Iéna, Neustadt. Eisenach, avec plusieurs enclaves. Weimar, Iéna (université), Ilmenau, Eisenach, Wartburg.

DUCHÉ DE SAXE-COBURG-GOTHA ; *principauté de Coburg*, bassin du Main ; *principauté de Gotha*, bassin du Weser.

DUCHÉ DE SAXE-MEININGEN-HILDBURGHAUSEN, bande de territoire demi-circulaire.

Meiningen sur la Werra. Saalfeld.

Duché de Saxa-Altenburg; Altenburg, Eisenberg.

Principauté de Schwarzburg-Rudolstadt, Rudolstadt, sur la Saale, Frankenhausen.

Principautés de Schwarzburg-Sondershausen, Sondershausen; Reuss Greiz, Greiz sur l'Elster; Reuss-Schleitz.

**États enclavés dans la Prusse occidentale.** — Duché d'Anhalt, dans la Saxe Prussienne (Saale et Mulda); Dessau, Bernburg, Zerbst; duché de Brunswick, trois parties séparées (Oker, Harz, Weser) : Brunsvick, Wolfenbüttel, sur l'Oker, Lutter; principauté de Lippe-Detmold (Teutobürger-Wald et Weser); principauté de Schaumburg-Lippe, Bückeburg; principauté de Waldeck, et comté de Pyrmont; Arolsen-Korbach.

**Allemagne du Sud.** — Royaume de Bavière, deux fragments : la Bavière proprement dite et la Bavière rhénane ou Palatinat bavarois; huit cercles :

1° *Cercle de la Haute-Bavière:* Munich, Nymphenburg, Parsdorf, Hohenlinden, Mühldorf, Freisingen, Ingolstad, Rain.

2° *Cercle de la Basse-Bavière :* Landshut, Passau, Vilshofen, Thann, Abensberg, Eckmühl.

3° *Cercle de Souabe :* Augsburg, Füssen, Kempten, Lindau, Donauwerth, Hochstedt, Günsburg, Elchingen, Wertingen, Sondershausen, Nordlingen.

4° *Cercle du Haut-Palatinat :* Ratisbonne, Cham, Amberg.

5° *Cercle de la Franconie moyenne :* Nürnberg, Anspach, Erlangen.

6° *Cercle de Haute-Franconie :* Baireuth, Kronach, Hof, Bamberg.

7° *Cercle de la Franconie inférieure :* Würzburg, Kinzingen, Schweinfurth, Aschaffenburg, Dettingen, 27 juin 1743.

8° *Cercle de la Bavière rhénane :* Spire, Germersheim, Frankenthal, Pirmasens, 1793, Homburg, Landau, Kaiserslautern.

Superficie, 75 864 k.q., population, 4 862 000 hab.

Royaume de Württemberg, quatre cercles :

1° *Neckar :* Stuttgard, Lüdwigsburg, école militaire, Heilbronn.

2° *Forêt-Noire :* Reutlingen, Tübingen, Rottweil, Tuttlingen, Freudenstadt, près du défilé de Kniebis.

3° *Cercle du Danube.* — Ulm, Biberach, Friedrichshaven, Goppingen : sur la Fils près de là, les ruines de Hohenstaufen.

4° *Jaxt.* Elwangen, Hall, Mergentheim, 1645.

19 108 k.q., 1 818 000 hab., 93 p. k.q.

Grand-duché de Hesse-Darmstadt, deux parties séparées par Francfort et Hanau, trois provinces :

1° *Starkenburg* : Darmstadt, Seligenstadt, Offenbach.
2° *Hesse rhénane* : Mayence, Ingelheim, Bingen, Oppenheim, Worms.
3° *Haute-Hesse* : Giessen, 6676 k.q., 853 000 hab.

Grand-duché de Bade : quatre grands districts, onze cercles :
1° *Karlsruhe*, bâtie en forme d'éventail. Durlach, Forzheim.
2° *Constance*, Engen, 1880 ; Stokach, 1799 et 1880, Villingen, Donaueschingen, Mœskirch, Waldshut.
3° *Friburg :* Vieux-Brisach, Friedlingen, 1702, Offenburg, Kehl, Baden, Rastatt.
4° *Manheim :* Ladenburg, 1674, Heidelberg, Sinsheim, 1674. Mosbach.
15 511 k. q., 1 461 000 hab., 97 p. k.q.

Alsace-Lorraine. — Bas-Rhin, Haut-Rhin (moins Belfort, Delle et Giromagny, 21 communes du canton de Fontaine, 4 du canton de Massevaux, 3 de Dannemarie), Moselle (moins une partie des arrondissements de Longwy, de Briey), Sarrebourg et Château-Salins dans la Meurthe, et fragments des Vosges ; trois districts :
*Haute-Alsace* (Sundgau et rép. de Mulhouse) : Colmar, Mulhouse, Altkirch-Thann, Neuf-Brisach, Guebwiller.
*Basse-Alsace* : Strasbourg, Saverne, Schelestadt, Wissembourg, Haguenau, Mutzig, Obernai, Niederbronn.
*Lorraine allemande :* Metz, Thionville, Bitche, Château-Salins, Sarrebourg, Marsal, Phalsbourg, Schirmeck.
14 491 k.q. 1 558 000 hab.

**Armée.** — L'armée allemande sur le pied de paix compte 427 274 hommes, 18 128 officiers, 81 629 chevaux.
Sur le pied de guerre 1 456 677 hommes, 35 427 officiers, 312 754 chevaux.
Ces troupes sont réparties en 18 corps d'armée, la garde royale prussienne forme un corps d'armée spécial, la Bavière en a deux qui ne sont pas en temps de paix sous le commandement de l'empereur, le reste de l'Allemagne en a quinze qui sont répartis de la manière suivante.
I. Koenigsberg. — II. Stettin. — III. Berlin. — IV. Magdebourg. — V. Posen. — VI. Breslau. — VII. Münster. — VIII. Cologne. — IX. Altona. — X. Hanovre. — XI. Cassel. — XII. Dresde. — XIII. Stuttgard. — XIV. Karlsruhe. — XV. Strasbourg.
*Bavarois*, — I. Munich. — II. Würzburg.

**La Flotte.** — La flotte de guerre comprend 81 bâtiments, avec 538 canons, et 15 099 hommes d'équipage.

**Commerce et industrie.** — Le territoire de l'Union douanière et commerciale allemande, « Zollverein », coïncide d'après l'art. 33 de la constitution avec les frontières de l'empire, sauf quelques faibles exceptions.

Le mouvement de l'importation est en marcs 389 28; l'exportation de 2821 5.

Le mouvement des ports (1880) est de 51 837 navires à l'entrée avec 7 361 000 tonnes, de 5 1791 à la sortie et de 7 400 000 tonnes.

La marine marchande est de 4777 navires, avec 1 171 000 tonnes, et 40,000 hommes. Ce chiffre est à peu près stationnaire.

L'agriculture est assez florissante en Allemagne; ce pays vient immédiatement après l'Angleterre et la France parmi les grandes puissances. Le nombre des chevaux est estimé à 3 350 000; celui des bœufs à 15 700 000.

La récolte moyenne est de 34 millions d'hectolitres pour le froment, 94 pour le seigle, 272 pour les pommes de terre. Les forêts sont admirablement entretenues. Mais la propriété moyenne n'est pas aussi florissante qu'en France.

Pour les mines l'Allemagne vient la seconde, après l'Angleterre; pour le fer la troisième (Angleterre, États-Unis). Les filatures de Silésie, les soieries du Rhin sont très importantes.

### III. — Autriche-Hongrie (*Oesterreich-Ungarn*).

La monarchie austro-hongroise a une superficie de 624,254 kilomètres carrés, sans compter les 61 065 kilomètres carrés de la Bosnie et de l'Herzégovine qui sont encore théoriquement des provinces turques.

Ce territoire est divisé en deux parties à peu près égales : les États autrichiens ont 300 000 kilomètres carrés, les États hongrois 324,000.

**Limites.** — La monarchie d'Autriche-Hongrie est bornée à l'E. par la Russie et la Roumanie (Moldavie), au S. par la Roumanie (Valachie) la Serbie, la Turquie, le Monténégro, l'Adriatique et l'Italie, à l'O. par la Suisse, au N. par l'Allemagne.

*Frontière roumaine.* — La frontière roumaine commence au Pruth, coupe le Sereth et la Moldava, gagne les Carpathes et suit la crête jusqu'au Danube, sauf aux brèches des rivières comme l'Aluta et le Chyl.

*Frontière serbe.* — Le Danube et la Save jusqu'à l'embouchure de la Drina, la Drina, puis une ligne conventionnelle coupant cette rivière, ses affluents le Lim et le Tara, atteignant les montagnes de la Czernagora et se glissant entre ce pays et la mer sur une lisière extrêmement mince.

Cette frontière nouvelle est défendue par des forts, construits par l'Autriche pendant la récente insurection (1881-1882).

*Frontière d'Italie.* — Elle commence sur l'Adriatique à l'O. d'Aquileja, remonte parallèlement à l'Isonzo, puis suit les Alpes Carniques jusqu'à la Marmolade, laisse à l'Autriche la haute vallée de la Brenta, coupe l'Adige au-dessous d'Ala, laisse le sommet du lac de Garde à l'Autriche de même que la haute Chiese; suit ensuite la chaîne du Tonal, et à l'Ortler atteint la frontière suisse.

Cette frontière est favorable à l'offensive autrichienne. Les ouvrages qui les défendent sont situés dans le Tyrol, les vallées de la Save et de la Drave n'ont pas été organisées défensivement mais le tracé des chemins de fer donne une grande supériorité aux Autrichiens.

*Frontière suisse.* — Elle suit les montagnes à droite de l'Adige, coupe l'Inn au-dessus de Finstermünz, suit le Rhaeticon, atteint le Rhin au-dessus du confluent de l'Ill et le suit jusqu'au lac de Constance.

L'Autriche n'a rien à craindre de ce côté, elle a laissé tomber les fortifications de Feldkirch qui arrêta Masséna; mais les Tiroliens ont une forte organisation militaire. Ils sont groupés en 10 bataillons spéciaux formant un régiment, et qui s'exerce continuellement à la guerre de montagnes.

**Population. — Races.** — Le chiffre officiel de la population en 1880 est de 37 741 454 habitants, densité 60 pour les anciens États de la monarchie, 1,326,000 pour les provinces turques occupées, densité 22.

Ces populations sont loin d'être homogènes. On n'a pas encore les tableaux du dernier recensement par ordre de nationalité.

Races Indo-Européennes. — I. *Slaves.* 17 500 000. Comprenant les Tchèques en Bohême et Moravie et les Slovaques dans le N. de la Hongrie, 7 000 000 ; les Polonais, 2 800 000 ; les Ruthènes (Gallicie orientale), 3 300 000 (Slaves du Nord). — Serbes, 2 000 000 ; Croates, 1 000 000 ; Wendes, 1 200 000 (Slaves du Sud). — II. *Allemands* (Basse et Haute-Autriche, Salzburg, Silésie, et un peu partout dans les villes, surtout commerçants et ouvriers), 10 000 000. III. *Latins.* — 3 710 000 comprenant : Italiens, 700 000 ; (Tirol et côtes d'Istrie, villes de Dalmatie; *Italia irredenta*), Ladins (Tirol), 10 000 ; Roumains, 3 000 000.

La *race sémitique* est représentée par les Juifs, environ 1 500 000.

*Race touranienne.* — Les Touraniens par les Magyars et les Szeklers, en tout 6 000 000. Les haines de race sont très vives.

**Drapeau.** — Noir et jaune.

**Religion.** — Les Catholiques sont au nombre de 30 millions, parmi lesquels 4 millions de Grecs unis.

Les Grecs non unis sont 3 300 000; les Luthériens, 1 400 000; les Calvinistes, 2 400 000; les Juifs, 1 500 000; les Mahométans, 555 000.

Les catholiques ont 11 archevêques et 42 évêques. Les grecs unis 2 archevêques et 7 évêques; les grecs non unis 3 archevêques et 10 évêques.

**Gouvernement.** — Deux monarchies : Cisleithane et Transleithane avec le même souverain « Empereur d'Autriche et Roi apostolique de Hongrie ». Le gouvernement est représentatif dans chacun des deux États. Le lien qui les réunit porte le nom d'union réelle fédérative et d'Ausgleich. La monarchie cisleithane a un parlement, le Reichsrath, qui se compose de la Chambre des seigneurs 190 membres, et de la Chambre des députés 355 membres, la Chambre des députés siégeant à Vienne.

La monarchie Transleithane a un Reichstag avec une Table des magnats (300 membres environ) et une Table des représentants 447 membres.

Les affaires communes sont traitées par les délégations : 60 députés de chaque parlement.

La Croatie et la Slavonie ont un Landtag de 105 membres.

*Administration.* — Trois ministères d'empire : Le ministère des Affaires Étrangères et de la Maison de l'Empereur (premier ministre) et ceux de la Guerre et des Finances de l'Empire.

Vienne est le siège de ces ministères. La monarchie autrichienne a sept ministères séparés : Intérieur, Instruction publique et Cultes, Commerce, Agriculture, Défense nationale, Justice et Finances. Ils forment un cabinet.

En Hongrie le Commerce est réuni à l'Agriculture. On remarquera que les divisions provinciales ont subsisté en Autriche-Hongrie; la vie politique locale est restée très intense.

**Divisions politiques.** — *Monarchie Cisleithane.*

1° Archiduché d'Autriche au-dessous de l'Enns ou Basse-Autriche (lieutenance); capitale Vienne; villes principales : Klosterneuburg, Krems, Wagrambos.

2° Archiduché d'Autriche au-dessus de l'Enns ou Haute-Autriche (lieutenance); capitale Linz, villes principales Steyer : Gmünden, Ischl, Hallstadt.

3° Duché de Salzburg (gouvernement); capitale Salzburg, villes principales : Hallein, Lueg.

4° Duché de Styrie (Steiermark) (lieutenance); capitale Graz; villes principales : Leoben, Eisenerz, Maria-Zell, Marburg, Cilli.

5° Duché de Carniole (gouvernement de Krain); capitale Laibach Ljubljana), villes principales : Idria, Adelsberg.

6° Comité protégé de Görz et Gradisca, ville de Trieste, Marche l'Istrie (lieutenance); capitale Trieste, villes principales : Görz, Gradisca, Capo d'Istria, Pola, avec les îles Veglia, Cherso, Lassin.

7° Duché de Carinthie (Kärnten, gouvernement); capitale Klagenfurt, villes principales : Villach, Bleiberg, Tarvis.

8° Comté protégé de Tirol et Vorarlberg (lieutenance); capitale Innsbrück, villes principales : Hall, Franzenfest, Trente, Roveredo, Bregenz.

9° Royaume de Bohême (lieutenance); capitale Prague, villes principales : Przibam, Reichenberg, Trautenau, Egra, etc.

10° Marche de Moravie (lieutenance); capitale Brno (Brunn), villes principales : Olmütz, Spielberg, Znaïm.

11° Duché de Silésie (gouvernement); capitale Troppau, villes principales : Teschen, Bielitz.

12° Royaume de Galicie, (lieutenance); capitale Lvov (Lemberg) villes principales Przemysl, Kolomea, Cracovie, Biala.

13° Duché de Bukovine (gouvernement); capitale Czernowitz, villes principale Suczava.

14° Royaume de Dalmatie (lieutenance); capitale Zara, Spalato, Raguse, Cattaro, et les îles Arbe, Pago, Isolagrossa, Brazza, Lesina, Lissa (combat de 1866), Curzola, enfin Meleda.

*Monarchie transleithane.* — Ces territoires sont groupés en trois divisions : royaume de Hongrie, royaume de Croatie et de Slavonie. — Territoire de Fiume.

1. Royaume de Hongrie (Magyar Orzsag), 65 comitats réunis en districts, et 25 villes libres royales.

1° District d'en deçà du Danube : 11 comitats; capitole Pozsony (Presbourg); ville principale Komarom.

2° District d'au delà du Danube, 11 comitats.

3° District entre le Danube et la Tisza, 4 comitats; capitale Pest.

4° District d'en deçà de la Tisza, 8 comitats.

5° District d'au delà de la Tisza, 11 comitats; Szgedin.

6° District entre le Danube, la Tisza et le Maros; 4 comitats; capitale Temes.

La Transylvanie (Erdely ou Siebenbürgen) a 14 comitats; ville principales : Karlsburg ou Károly-Fehérvár, Kolosvar (Klausenburg) Maros Vasarhely, Brasso (Kronstadt).

Le royaume de Croatie a 8 comitats et 11 villes libres royales Croatie, capitale Zagreb (Agram), Karlstadt, Sissek, Warasdin, Bela Slavonie, capitale Essek; villes principales Posega, Ruma, et le anciens postes des ci-devant confins militaires.

Territoire de Fiume avec Fiume au N. du golfe Quarnero, po franc, ville très commerçante.

Bosnie et Herzégovine. La Bosnie, capitale Serajevo, qu'il a fall prendre d'assaut en 1878, est divisée en 5 mutesserifats, l'Her zégovine en deux : Mostar et Trebinje.

**Armée de terre.** — Elle se compose de l'armée active, de réserve et de la landwehr.

L'armée active (5 décembre 1868) a pour principe de recrute ment le service militaire personnel et obligatoire. Chaque sujet d l'empereur-roi doit le service personnel à partir de 20 ans pendar 12 années, dont 3 (comme en Allemagne) dans l'armée active. exsite aussi des volontaires d'un an et des engagés volontaires.

La réserve comprend tous les hommes qui ont accompli 3 ans d service dans l'armée active.

La landwehr (landsturm dans le Tirol, honved en Hongrie) s compose : 1° des hommes qui n'ont pas été compris dans le con tingent, 2° des hommes qui ont fini leur temps dans l'armée activ et la réserve.

La force est sur le pied de paix de 267 814 hommes, 17 671 off ciers, 49 040 chevaux ; sur le pied de guerre de 1 086 933 homme 52 286 officiers, 189 658 chevaux.

**Armée de mer.** — La flotte autrichienne comprend 45 navire de guerre et 12 navires de service ou d'instruction, jaugeant 124 20 tonneaux, armés de 520 canons et portant 9895 hommes.

**Commerce et industrie.** — Le commerce extérieur était e 1879, en florins, de 615 millions à l'importation et de 684 l'exportation. L'agriculture exploite environ le tiers de la superficie l'exportation des céréales fait des progrès considérables : la pro- duction est de 55 millions d'hectolitres de froment, 124 millions e demi de quintaux de pommes de terre. Le houblon est renomm surtout en Bohême et sert à fabriquer d'excellente bière. Les vin sont une grande source de richesse en Hongrie : le tokay, « le ro de tous les vins de la terre », ceux de Menesch, de Bude, d'Erlau de Schomlau; en Autriche le prosello de Trieste, le cernosek, le melnick (Bohême), celui de Terlau (Tirol), le malvoisic de Raguse.

Les prairies sont importantes, 450 millions de quintaux de foin. Un tiers du sol est en forêts. Enfin il faut citer les beaux pâturages des Alpes : 13 millions de bêtes à cornes, 3 millions et demi de chevaux.

Les mines fournissent : l'or 1900 kilogrammes, l'argent 48 000, le cuivre 15 000, le mercure (Idria) 4000 ; le plomb 100 000, le fer 4 millions, etc. 134 millions de quintaux de houille.

L'industrie des tissus fleurit en Bohême et en Moravie, celle des soieries en Basse-Autriche et en Tyrol.

Vienne a des industries de luxe très importantes.

L'Autriche-Hongrie a 10 universités, 5009 gymnases et real-gymasien, 31 665 écoles populaires.

## IV. — Italie (*Italia*).

Le royaume d'Italie se compose de la Péninsule italique, de quelques petites îles côtières, des deux îles de Sicile et de Sardaigne et du rocher de Pantellaria près de la côte africaine.

La superficie est de 296 323 kilomètres carrés.

Ses limites sont à l'O. la Méditerranée et la France, au N. la Suisse et l'Autriche, à l'E. l'Autriche et l'Adriatique ; au S. le golfe de Tarente.

Nous connaissons le tracé de la frontière du côté de la France et de l'Autriche.

La frontière suisse est formée par les Alpes Pennines, puis suit les Alpes du Tessin à gauche de la Toce, coupe le N. du lac Majeur laisse au contraire à l'Italie le N. du lac de Lugano et suit la crête des montagnes entre le Tessin et le lac de Côme. A l'E. du Splügen elle laisse encore à la Suisse la haute vallée de la Maira (Adda) et val de Poschiavo.

**Défense de la frontière.** — I. Frontière Franco-Italienne. — *En première ligne* la Roya et les Alpes. Le *fort de Ventimiglia* couvre la Corniche et les routes qui en rayonnent à travers les Alpes maritimes : comme il peut être tourné ou emporté, on l'a fortifié par des forts d'arrêt aux *cols de Nava* et *San Bernardo*, et près de Finale, Borgo, et de Capra Zoppa.

Enfin comme une partie du cours de la Roya appartient à la France et permet de tourner par le col de Tende, on fortifie ce col.

Col de l'Argentière : on a amélioré les fortifications de *Vinadio* sur la Stura, au lieu de reporter le point d'arrêt au lieu d'intersection du col de Tende et du col de Largentière, à Borgo San Dalmazzo.

Puis plus rien jusqu'à Fenestrelle qui garde le mont Genèvre et le col de Sestrières.

*Fenestrelle* est une redoutable citadelle. Le *grand fort Mutin* à droite du Clusone, à gauche deux petits forts, le *fort Charles-Albert* et le *fort de l'Eau*, celui-ci forme l'angle méridional d'une longue ligne fortifiée courant sur des rochers à pic et hérissée des *forts Saint-Charles* et des *Trois-Dents*, des *redoutes Sainte-Barbara* et *des Portes* et terminée par deux forts : *des Vallées* et de *l'Elme*.

Du col du mont Genèvre part une seconde route au N. qui suit la Dora Riparia, entourant la vallée du Clusone. Elle coupe le chemin de fer à Oulx et la route du mont Cenis à Suse.

*Exiles* qu'on va améliorer intercepte la voie ferrée. On va fortifier le col même du mont Cenis ou boucher la vallée de la Cenischia.

Plus rien à craindre jusqu'à la Doire Baltée : mais cette rivière ouvre une grande route d'invasion : les débouchés du petit Saint-Bernard, du Ferret, de la Seigne et du grand Saint-Bernard.

Cette vallée est une impasse maintenant, le *fort de Bard*, composé de trois ouvrages échelonnés de bas en haut, et qu'on va augmenter, la garde.

La diplomatie a bien aussi stipulé en 1815 et en 1860 la neutralité du Valais savoyard qui appartient à la France ; cette garantie est rendue moins illusoire par les travaux du fort de Bard.

*Deuxième ligne de défense.* — Elle est formé par le Tessin, le défilé de la Stradella, le massif entre Scrivia et Bormida, Gênes. Le Tessin forme une excellente barrière. Sa largeur varie entre 60 et 130 mètres ; sa profondeur moyenne est de 2 mètres dans les basses eaux, de 9 dans les crues ; la rive gauche commande Sauf à Turbigo et à Vigevano : 4 ponts permanents : Sesto, Buffalora, Vigevano et Pavie.

Le défilé de la Stradella sera fermé par ses deux issues : *Stradella* et *Plaisance* qui deviendra un camp retranché avec tête de pont sur la rive droite, relié à *Pavie*, *Pizzighetone* et *Grotta d'Adda*, enfin la seule route qui traverse le massif entre Scrivia et Trebbia sera défendue au col du mont Penice par des ouvrages temporaires.

En dernier lieu *Gênes* entourée d'une enceinte continue qui escalade les hauteurs placées autour de la ville, protégée par des batteries sur le littoral et ceinte d'un collier de treize forts détachés.

II. Frontière Nord et Italo-Helvétique. — L'Italie compte sur la neutralité de la Suisse et profite de cette raison pour ne pas fortifier les passages de la frontière du N.

III. Frontière du Nord-Est ou Austro-Italienne. — *Première ligne.* — Alpes de la Valteline, Alpes Carniques : Trouée de l'Isonzo.

1° Passe du Stelvio.

2° Passe du Tonale fermée par *Edolo* qui menace en même temps le long couloir de la Valteline par le col d'Aprica.

3° Les deux routes du Tyrol dans la vallée de la Chiese. *Rocca d'Anfo* que l'on rajeunit.

4° Adige : entre le mont Baldo et les monts Lessini, col du Brenner, chemin de fer et routes : les ouvrages élevés par les Autrichiens sont améliorés et on élève des forts sur les monts Moscallo et Pipolo.

5° Route latérale de Roveredo à Vicence; un fort sera élevé au *col de Fugazze*, près de la frontière.

6° Route de Trente à Bassano-Venise, par le Val Sugana, cours de la Brenta), *fort d'arrêt à Primolano*, au débouché de la vallée de la route de Feltre.

7° Col de Toblach (route de Toblach à Pieve di Cadore), fort à *Castel Levazzo*, un peu en avant de Pieve, obstacle médiocre.

8° Col de Tarvis : la Fella, le Tagliamento, fort d'*Ospedoletto*; col de Predil, *fort de Stupizzo*. Palmanova est déclassée.

*Deuxième ligne.* — Pô, Adige, Mincio; la barrière du Pô est très forte : l'Adige, large de 200 mètres, n'a aucun gué, et est défendue par des marécages et des canaux.

Le Mincio paralyse le Tirol.

Le centre de la défense est *Mantoue* avec sa *citadelle* au N. du lac, le *fort de Pietole* au S., et son grand camp retranché devant lequel on peut tendre une inondation; elle s'appuie à *Peschiera*, à *Legnano* et à *Borgo forte* sur le Pô.

Vérone est déclassé.

On a construit des *têtes de pont* pour assurer une retraite en cas de campagne en Vénétie ou d'offensive malheureuse; ce sont sur l'Adige : les *ouvrages de Legnano, Badia, Boara*; sur le Pô, *Santa-Maddalena* (Boara et Santa-Maddalena sont sur la route de Padoue à Ferrare.)

Comme réduit, *Bologne* entouré de forts détachés et de deux camps retranchés, l'un au N. dans la plaine, l'autre au S. dans la montagne.

La défense mobile des Alpes est confiée à des troupes spéciales organisées en 10 bataillons et 36 compagnies qui sont continuellement exercées à des manœuvres dans les montagnes.

**Gouvernement.** — La constitution Piémontaise du 4 mars 1848 a été étendue à l'Italie. La forme de gouvernement en Italie est la royauté héréditaire dans la ligne masculine. La dynastie régnante est la maison de Savoie-Carignan.

Le gouvernement est représentatif. Le pouvoir législatif es[t] partagé entre le roi et deux chambres, le Sénat (300 membres), l[a] Chambre des députés (508).

**Divisions politiques.** — Le territoire est divisé en 16 group[es] territoriaux (compartimenti territoriali) qui sont les cadres histo[-] riques des 69 provinces (departementi) à la tête desquels est u[n] préfet et en 284 districts (circondari) administrés par un sou[s-] préfet. Les circondari se subdivisent en cantons (mandamenti[)] ceux-ci en communes. Les communes ont à leur tête des syndic[s]
1. Piémont; 2. Ligurie; 3. Sardaigne; 4. Lombardie; 5. Vénétie[;] 6. Emilie; 7. les Marches; 8. Ombrie; 9. Toscane; 10. Latium[;] 11. Campanie; 12. Abruzze; 13. Basilicate; 14. Calabre; 15. Pouille[;] 16. Sicile.

**Drapeau.** — Rouge, blanc, vert (bandes horizontales). Au milie[u] du blanc un écu de gueules à la croix d'argent.

**Population. — Races.** — La population est de 28 437 09[?] habitants, la densité 96. La grande majorité se compose d'Italiens[.] 600 000 Sardes ont, comme les Siciliens, du sang arabe dans le[urs] veines; avec des éléments ibères et catalans. Le dialecte sarde es[t] une langue à part.

Les Siciliens sont un mélange de Grecs, Romains, Arabes. Dans le[s] vallées du mont Blanc, du col d'Iseran, du mont Cenis, du Viso, l[e] français est parlé. Les monts voisins du Viso, vers Pignerol, con[-] tiennent 22 000 Vaudois.

A *Naples et en Sicile* plus de 20 000 individus parlent grec[,] 50 000 à 60 000 parlent albanais. Il descendent de ceux qui aban[-] donnèrent l'Albanie à la mort de Scanderberg; les dialectes italien[s] sont nombreux; le plus pur est le dialecte florentin.

**Religions.** — L'immense majorité des Italiens est officiellemen[t] inscrite comme catholique. 30 000 Vaudois dans le Piémont, quel[-] ques protestants, de rares juifs dans les grandes villes font exception[.]

Rome est la capitale du catholicisme, le pape y habite le Vatica[n] d'après la loi de garantie votée après la prise de Rome par les Italiens le 13 mai 1871. Le Pape a conservé le droit d'extériorité.

**Organisation militaire du royaume d'Italie.** — Les force[s] militaires de l'Italie consistent en :

| | |
|---|---|
| 1° Une armée permanente montant à.............. | 736 502 hommes. |
| 2° Milice mobile................................ | 281 867 — |
| 3° Milice territoriale........................... | 697 426 — |
| Si l'on y ajoute les officiers de réserve........ | 3 158 — |
| On obtient un total de.......... | 1 718 953 hommes. |

Ces forces sont réparties en dix corps d'armée :
1. Turin, 2. Milan, 3. Vérone, 4. Plaisance, 5. Bologne, 6. Florence, 7. Rome, 8. Naples, 9. Bari, 10. Palerme.

Chacune de ces régions de corps d'armée est subdivisée en deux divisions militaires territoriales.

Armée de mer. — Elle comprend 67 bâtiments, jaugeant 155 000 tonneaux, armés de 478 canons et portant 15 055 hommes.

**Commerce et industrie.** — Le commerce extérieur est de 1 224 800 000 francs à l'importation et de 1 150 600 000 à l'exportation.

L'agriculture est très avancée surtout en Lombardie et en Campanie : le riz, le blé, les légumes sont estimés et abondants. 30 millions d'hectolitres de vin par an, 3 millions d'hectolitres d'huile d'olive, tels sont les principaux produits. Les bœufs et les vaches sont estimés au N. et fournissent d'excellents fromages, plus d'un million de quintaux par an.

La production de la soie est aussi abondante, 2 200 000 kilogrammes de soie grège, 5 millions de quintaux de soufre sont extraits des soufrières du S. L'île d'Elbe donne d'excellent fer.

L'industrie italienne s'est développée dans les dernières années : filatures et tissus au N. Faïence, papier, vannerie en Toscane, musique et orfèvrerie. — Venise fabrique des glaces.

## V. — Empire de la Grande-Bretagne (*British-Empire.*)

L'empire britannique, le plus vaste du monde après l'empire russe, se compose : 1° en Europe du *Royaume-Uni de la Grande-Bretagne et de l'Irlande* (United Kingdom of Great-Britian and Ireland), dont la superficie est de 314 951 kilomètres carrés. 2° des possessions extérieures qui sont de 19 774 683 k.q. En tout, 20 089 634 k.q., à peu près le cinquième de la terre ferme.

Limites. — Les limites en Europe sont la mer du Nord et l'Océan Atlantique.

**Population. Races. Religions.** — Le chiffre de la population de l'empire britannique est pour le Royaume-Uni de 35 246 000 hab.; pour les possessions extérieures, 201 094 000 hab. En tout : 237 337 000 hab.

Hors de l'Europe les sujets britanniques appartiennent à tous les types de la race humaine.

En Europe la densité kilométrique est de 112.

On compte environ 5 millions de Celtes (Irlande, Cornouailles, Wales, Highlands) 50 000, Juifs ; le reste est Anglo-Saxon.

L'Église épiscopale anglaise (*Established Church*) a 23 millions d'adhérents. L'Église d'Ecosse, 4 millions : l'Église romaine catholique 7 millions. Les juifs 50 000 : Il faut retrancher du chiffre de l'église officielle environ 4 millions de dissidents.

**Gouvernement.** — Royauté héréditaire par ordre de primogéniture dans la ligne masculine (en cas d'absence d'héritiers directs mâles, dans la ligne féminine).

La dynastie régnante est la ligne cadette de la maison Guelfe. La reine porte le titre d'Impératrice des Indes.

LE POUVOIR LÉGISLATIF, appartient au parlement qui se compose de la Chambre des lords (House of lords) et de la Chambre des communes (House of commons) La *Chambre des lords* est présidée par le lord chancelier (ministre de la justice). Le nombre de ses membres n'est pas limité. Il est actuellement de 500, auxquels il faut joindre 9 pairesses qui n'ont pas le droit de siéger.

*La Chambre des Communes* est présidée par le speaker, elle compte 658 membres. Les sessions législatives sont comptées par les années du souverain régnant. La durée légale de chaque législature est de 7 ans ; mais il n'y a point d'exemple d'un parlement qui n'ait pas été dissous avant l'expiration de cette période.

LE CABINET comprend :
1. Le Premier Lord de la Trésorerie et Chancelier de l'Échiquier, (Premier ministre). — 2. Le Lord Grand Chancelier et Gardien du Grand Sceau. — 3. Le Lord Président du Conseil privé. — 4. Le Lord Gardien du Sceau privé. — 5. Le Secrétaire d'État de l'Intérieur, — 6. des Affaires Étrangères. — 7. des Colonies. — 8. de la Guerre, — 9. de l'Inde. — 10. Le Premier Lord de l'Amirauté. — 11. Le Secrétaire en chef pour l'Irlande. — 12. le Président du Board of Trade (bureau du commerce). — 13. Le chancelier du duché de Lancastre. — 14. le Président du Comité pour le gouvernement local.

L'instabilité parlementaire s'étend à certains fonctionnaires de la maison royale et même à la lady « maîtresse des robes ».

**Drapeau.** — Le drapeau de l'Union se compose de la croix rouge d'Angleterre, sur champ blanc ; de la croix blanche de l'Écosse sur champ bleu de ciel et de la croix de St.-Patrice sur champ blanc.

**Divisions politiques.** — L'Angleterre se divise en 40 comtés, l'Écosse en 33, le pays de Galles (*Wales* en 12.)

Chacun de ces comtés (*Shires*) est administré par un lord-lieutenant chargé des affaires militaires et d'un shérif qui s'occupe des affaires civiles. A la tête de l'Irlande un vice-roi. L'île est divisée en 4 provinces et 32 comités.

Le gouvernement local, la vie communale et provinciale (*self government*) sont plus intenses en Angleterre que dans tous les autres pays d'Europe.

Depuis quelques années les comtés sont groupés en registration-divisions, cadres pour l'assistance publique. Les comtés anglais sont les plus vieilles divisions territoriales existant en Europe. Ils remontent à Alfred le Grand, au dixième siècle, quelques-uns sont plus anciens. On les appelle les « vieux comtés historiques, » *Old historical counties*.

Les nouvelles circonscriptions sont désignées, sauf celles de Londres et du Yorkshire d'après leur position : South-Eastern, South-Midland, etc.

Il en est de même pour l'Écosse : les 33 comtés sont groupés en huit divisions.

Quant à l'Irlande on a gardé le groupement en quatre provinces, Leinster, Munster, Ulster, Connaught. Le Royaume-Uni comprend en outre l'île de Man dans la mer d'Irlande et les îles anglo-normandes (Channel-Islands), Jersey, Guernesey, Aurigny, grande et petite Sark ; etc.

Les possessions coloniales de l'Angleterre sont :

*En Europe :* Héligoland, Gibraltar et Malte, positions stratégiques.

*En Afrique :* Gambia, Sierra-Léone; Gold-Coast (Côte-d'Or), Lagos, qui sont des comptoirs de Guinée peu plaisants.

L'Afrique australe, avec l'Ascension, Helena, Mauritius, les Seycheylles, Amirantes, Rodriguez, etc.

*En Asie :* Cyprus (Chypre) Aden, Perim, Kamaran. — l'Inde anglaise (*British India*) et les États tributaires, Ceylon (Ceylan), les îles Laquedives, Maldives, Nicobar, Andaman, Straits settlements, les détroits, Malacca), Hongkong.

*En Amérique :* Dominion of Canada, les îles Terre-Neuve (*New-foundland*), Bermudas, Bahamas, Jamaïca, Virgin (Vierges), Saint Christophe et Anguilla, Antigoa, Dominica, Santa-Lucia, Saint-Vincent, Barbados, Trinidad, etc., le Honduras, la Guyane, les îles Falkland.

*En Océanie :* Le Labouan, les États d'Australie, la Tasmania, New-Zealand, Fiji, les îles Chatam, Auckland, Norfolk, etc.[1].

**Organisation militaire.** — L'armée britannique se recrute par enrôlement volontaire. La durée du service est de 12 ans, dont 7 de

---

1. Elerzy, *Colonies anglaises*. (*Bibliothèque utile*.)

service actif et 5 de réserve. On voit que l'Angleterre grâce à so[n] isolement est restée fidèle aux anciennes institutions que l'Europ[e] ne peut plus connaître. Total 240 000 hommes. A côté de l'armé[e] permanente la milice s'organise d'année en année plus fortement[.] Les miliciens s'engagent volontairement, sont instruits pendant [... ]mois et ensuite mobilisés pendant un mois chaque année. L[a] *Yeomanry* est une milice à cheval de propriétaires ruraux et d[e] fermiers qui se montent à leurs frais.

Enfin les volontaires s'arment et s'équipent à leurs frai[s.] Total 400 000 hommes. L'Inde a une armée impériale indigène[.] Total 127 000 hommes avec 24 000 chevaux, éléphants ou bœufs.

*Armée de mer.* — La flotte anglaise, la première du monde, s[e] compose de 75 vaisseaux cuirassés, de 366 navires à vapeur e[t] de 120 à voile; armés de plus de 2500 canons et portant 80 000 hommes[.]

**Commerce et industrie.** — L'Angleterre est au premie[r] rang parmi les puissances du monde pour l'immense étendue d[e] son commerce. La moyenne du commerce extérieur est pou[r] l'importation : 544 000 000; pour l'exportation : 290 000 000 livre[s] sterling.

Le mouvement des ports de 29 000 000 de tonneaux à l'entrée, e[t] de 29 000 000 1/2 à la sortie.

La marine marchande britannique est de 39 000 navires monté[s] par 560 000 hommes d'équipage.

L'agriculture a obtenu des miracles de cette terre humide[.] Nulle part la chimie et la mécanique agricoles ne sont aussi avancées[.] Le régime de tenure du sol est celui de la grande propriété, le[s] beaux parcs parcourus par des troupeaux entiers de daims, d[e] cerfs, de chevreuils, les villas et les châteaux alternant avec le[s] cultures et les pâturages verdoyants donnent à l'Angleterre entière[...] l'aspect d'un immense jardin ; il n'y a plus de forêts, mais les bouquets d'arbres sont une des beautés du sol. 10 000 000 de bête[s] à cornes (le chester, est pour les Anglais « le roi des fromages »).

Les chevaux sont au nombre de 2 700 000. Le nombre en a diminué ; il faut recourir à l'importation, surtout pour les races de travail. Les bêtes à laine dépassent 35 000 000. Le revenu agricole est évalué à 4 750 000 000.

La pêche donne un produit de 25 à 50 000 000 de francs.

Les industries extractives sont les plus importantes du monde entier. Le cuivre (200 000 tonnes), le plomb (67 000), l'étain (15 000), et surtout le fer et la houille, 4 500 000 tonnes de fer (la France 1 200 000); et plus de 105 000 000 de tonnes de houille.

Le coton est la principale source de richesse de l'Angleterre.

On évalue à près de 4 000 000 000 de mètres, c'est-à-dire à une longueur suffisante pour faire cent fois le tour du globe terrestre, la production annuelle des tissus de coton britannique.

Manchester est la ville du coton; Birmingham, Sheffield celles du fer; Bradford, des draps de laine.

Les richesses immenses que l'Angleterre a su accumuler ont pour principales causes l'esprit pratique et la volonté tenace du peuple anglais qui est à la fois le plus attaché aux institutions de la vieille joyeuse Angleterre (*old Merry England*) et le plus prêt à défendre et à augmenter les libertés nationales. Nul peuple ne sait défendre avec autant de vigueur sur tous les points du globe soit ses intérêts commerciaux et politiques, soit la sécurité de ses nationaux.

### VI. — France.

Voir livre II, pages 103 et suivantes.

### VII. — Suède et Norvège.

**Géographie politique.** — La Suède et la Norvège forment deux royaumes séparés, ils n'ont de commun que la personne du roi.

Le prince, de la maison de Bernadotte, porte le titre de roi de Suède et de Norvège, des Goths et des Vendes.

I. Suède (*Sverige*). — Ce royaume a une superficie de 442 800 k.q.; il est divisé en trois parties principales : subdivisées en 24 laen.

1. Au centre Svea Rike, 7 laen.

Stockholm, sur le lac Mela, dans une position ravissante, grande ville industrielle, siège de l'Académie royale, centre du commerce suédois. *Upsala*, montre la plus grande église de Suède avec le tombeau de Linné, université « Carolina » fondée en 1477.

*Dannemora*, au N. d'Upsala, les plus riches mines de fer de Suède.

*Orebro* où furent élus rois de Suède Gustave Vasa en 1540 et Bernadotte en 1810, *Nyköping*, port *Falun*. Grandes usines de cuivre.

2. Au S. Göta-Rike (Gothie) avec 12 laen. — Les principales villes sont : Jönköping, dans une charmante situation au pied du Taberg, Carlscrona, Malmö et Lund, Göteborg, la seconde ville et la première place industrielle de Suède.

3. Norrland et Lappland (Laponie) avec 5 laen.

Gefle, Umea, Pitea. Entre la Lulea et le Kalix, le fameux bloc de fer de Jellivara.

La population de la Suède est de 4 485 000 habitants. La densité kilométrique 10.

Le roi partage le pouvoir législatif avec le Riksdag. Il a le droit de dissolution et de veto. Les lois de finances sont tranchées par le Riksdag exlusivement. Deux chambres composent cette diète, la première est élue par le suffrage indirect, la seconde par le suffrage direct.

L'enseignement est très répandu en Suède. Le nombre des écoles primaires fixes ou itinérantes dépasse 8 500; celui des établissements d'enseignement secondaire est de près de 100; enfin il y a deux universités, Upsala et Lund.

L'instruction militaire est donnée dans la haute école de guerre à Marieberg pour les officiers de toute arme, à l'académie de guerre de Carlberg, aux écoles de cadets de Carlscrona et de Göteborg; enfin on a fondé à Stockholm l'Académie royale des sciences militaires.

II. Norvège (*Norge*).

La Norvège a une superficie de 318 195 k. q. ; elle est divisée en 5 diocèses (Stifter) qui se subdivisent en 20 bailliages (Amter).

1. Hamar. Le stift de Hamar avec les villes de *Christiania*, de Hamar pour le lac Mjösen, de Drammen et de Kongsberg, célèbre par ses mines d'argent. 2. Christiansand, avec les villes de Christiansand et de Stavanger 3. Bergen. 4. Trondhjem. 5. Tromsö.

La population de la Norvège est de 1 807 000 habitants. La densité kilométrique 6. — C'est le pays le moins peuplé relativement de l'Europe. Le gouvernement est le plus démocratique de l'Europe. Le roi n'a qu'un droit de veto dont il peut faire usage deux fois seulement. Le pouvoir législatif appartient au Storthing, assemblée de 111 membres, qui se divisent en deux chambres. Les titres de noblesse sont abolis. L'État professe la religion luthérienne, mais assure aux autres cultes une liberté parfaite.

**Drapeaux.** — *Suède*. Bleu avec la croix de saint André rouge et blanche à la hampe, au coin supérieur. *Norvège*. Rouge avec la croix de saint André bleue et blanche.

**Commerce et industrie.** — Sous son rude climat le peuple scandinave est un des plus actifs de l'Europe. La longue paix, dont il jouit depuis 1815, lui a permis de se soustraire à l'accablant fardeau des grands effectifs militaires et toutes ses forces sont tournées vers la production industrielle.

Les trois grandes sources de richesses du pays sont .

1° Les forêts : on vend par an pour plus de 200 millions de bois; les coupes occupent plus de 3000 scieries et produisent plus de 15 000 000 de florins de bois débité.

2° Les pêcheries : sur les côtes de Norvège la pêche de la morue, du hareng et même du phoque ; sur les côtes de Suède celle du hareng, dans les rivières celle du saumon.

3° Les mines : les anciens gisements d'argent (*konsberg*), de cuivre (*rocos*) sont en décadence, mais on extrait la houille et surtout l'excellent fer magnétique (7 000 000 de quintaux). Les principaux centres de production sont Dannemora, Nora, Oerebro, Jönköping, etc.

Commerce. — Le commerce des pays scandinaves est très actif. Il se fait presque exclusivement par mer, aussi la flotte marchande de la Suède est-elle de près de 4500 vaisseaux, dont 700 à vapeur ; celle de Norvège de plus de 8000 avec 300 vapeurs. Le mouvement commercial dépasse 650 000 000.

**Organisation militaire des royaumes scandinaves.** —
L'ARMÉE SUÉDOISE se compose :

1° De troupes enrôlées (*Värfvade*) volontaires pour 3, 4 ou 6 ans. 2° De troupes cantonnées (*Indelta*) composées d'hommes assujettis au service militaire perpétuel : en échange de cette obligation les hommes qui sont rangés dans cette classe reçoivent une maison, des terres et une certaine rente. 3° Troupes de circonscription (*Beväring*) comprenant tous les Suédois de 21 à 25 ans : qui sont exercés pendant quinze jours les deux premières années. 4° Les milices de Gotland et de Stokholm. 5° Les francs-tireurs.

L'effectif total en temps de guerre est évalué à 183 065 hommes traînant 258 pièces de canon.

*Flotte.* — Elle est répartie en trois catégories : la flotte royale, la réserve et le Beväring ; l'effectif est d'environ 5000 hommes pour la flotte royale : le cadre de réserve ne comprend que des officiers, le Beväring pourrait donner environ 50 000 hommes.

Le matériel est de 14 cuirassés, 29 vapeurs, 10 voiliers et 87 chaloupes.

L'ARMÉE NORVÉGIENNE se compose d'un nombre maximum de 750 officiers et de 18 000 soldats. Le service est obligatoire dans l'armée active, sa durée est de sept ans, mais les volontaires seuls sont gardés sous les drapeaux ; les recrues fournies par la conscription sont libérables au bout de cinquante jours. Le service à la forteresse de Wardö compte triple.

Au bout de sept ans ; les soldats sont versés dans la landvaern ; trois ans après ils passent dans la garde civique (*bürgerwehr*), puis dans le landstorm jusqu'à cinquante ans.

La flotte, en cas où les volontaires manquent, peut recruter ses équipages par la conscription des matelots de vingt-deux à trente-cinq ans. Elle dispose d'un matériel de 32 vapeurs, parmi lesquels 18 cuirassés; elle porte 283 canons.

## VIII. — DANEMARK.

La monarchie mutilée du Danemark n'a plus en Europe (sauf l'Irlande) que 39 567 k.q.

La grande île d'Islande avec ses déserts de glace occupe une superficie de 102 417 k.q., le Groenland est évalué à 90 000 k.q., les Antilles danoises à 358. Le total est de 232 342 k.q.

**Limite.** — Le Jylland est borné au S. par le Slesvick.

**Population.** — Dans le royaume 1 969 039 habitants. La race est scandinave.

**Religions.** — Luthériens, 1 769 583; Juifs, 4290; Anabaptistes, 3223; Mormons, 2128; Catholiques, 1857; Réformés, 1453.

Sept évêchés : Sylland, Laaland, Falster, Fyen, Ryhe, Aarhus, Viborg, Aalborg.

**Gouvernement.** — Royauté constitutionnelle, héréditaire dans la ligne masculine. La dynastie est la maison de Holstein-Sonderburg-Glücksburg.

Le parlement (Reichstag) se compose de deux chambres, le Landsthing (66 membres), le Folkething (110 membres), le roi a le veto absolu.

**Drapeau.** — Rouge avec croix blanche.

**Divisions politiques.** — La monarchie se divise en 7 stifter, chaque stift en ämter.

I. Iles Danoises : 1. Syeland; 2. Funen; 3. Laalande.
II. Jylland : 4. Aarhus, 5. Viborg, 7. Aalborg, 7. Ryhe.

**Commerce et industrie.** — 570 millions au commerce extérieur. La flotte marchande est de 3000 vaisseaux.

L'agriculture très prospère, surtout pour l'élevage.

Le Danemark est le pays qui a relativement le plus de bêtes à cornes.

L'instruction est très répandue; tout le monde sait lire et écrire.

## IX. — PAYS-BAS OU HOLLANDE (*Nederlanden*).

La superficie du royaume des Pays-Bas est de 33 000 k.q. Il est borné à l'E. par la Prusse, à l'O. par la Belgique.

La population est de 4 060 000 (densité 123), dont deux millions et demi de Hollandais, 500 000 Frisons, 500 000 Flamands, 80 000 Allemands, 70 000 Juifs. Il y a 2 200 000 protestants, 13 000 catholiques.

Le gouvernement est une royauté constitutionnelle ; la dynastie est la maison de Nassau-Orange. Le roi est en même temps grand-duc de Luxembourg.

Les états généraux sont formés de deux chambres, la Chambre haute a 39 membres, la Chambre basse 80.

Les colonies sont nombreuses et florissantes, la superficie en est de 1 952 000 k.q. avec 26 millions d'habitants ; ces colonies sont : les Indes orientales, Sumatra, Riow, Bornéo, Célèbes, les Moluques, Nouvelle-Guinée, etc. Indes occidentales, Guyane.

**Drapeau.** — Rouge, blanc, bleu (bandes horizontales).

**Organisation militaire.** — *L'armée de terre* se compose de l'armée permanente, volontaires et milice, et des Schutteryen, gardes civiques. Le nombre est de 68 000 sur le pied de guerre, plus 40 000 Schutteryen.

L'armée des Indes monte à 33 999 hommes et 1495 officiers.

*La flotte.* — 120 vaisseaux portant 532 canons, et montés par 6500 hommes.

**Commerce et industrie.** — La Hollande est une conquête de l'homme sur la mer. C'est un pays de pâturages 1 400 000 bêtes à cornes (100 000 quintaux de fromage valant 65 millions). Les principales industries sont les constructions navales, les distilleries.

La Hollande, pays protestant, est très instruite.

L'enseignement primaire est obligatoire. Il y a trois Universités, Leyde, Utrecht, Groningue.

**Divisions politiques.** — 11 provinces, avec des états provinciaux : 1. Zeeland ; 2. Sud-Holland ; 3. Nord-Holland ; 4. Utrecht ; 5. Nord-Brabant ; 6. Limbourg ; 7. Gueldre ; 8. Over-Yssel ; 9. Drenthe ; 10. Groningue ; 11. Frise.

*Grand-duché du Luxembourg*, 2587 k.q. avec 209 000 habitants. La population est française ou allemande. Le gouvernement constitutionnel.

## X. — Belgique.

La Belgique a une superficie de 29 455 k.q. Elle est bornée par la mer du Nord, la France, le grand-duché de Luxembourg, l'Allemagne et la Hollande.

Sa population est de 5 536 000 hommes, soit 188 par k.q.

2 500 000 parlent le français (Wallons), 2 600 000 le flamand, 340 000 le français et le flamand, 58 000 l'allemand, 22 000 le français et l'allemand, c'est une terre de polyglottes.

**Religion.** — Il y a 20 000 protestants; presque tous les Belges sont inscrits comme catholiques.

**Gouvernement.** — Royauté constitutionnelle, héréditaire dans la branche masculine; la dynastie régnante appartient à la maison de Saxe-Coburg-Gotha.

Le corps législatif se compose de deux chambres: le Sénat (62 membres), la Chambre des députés 124.

**Drapeau.** — Rouge, jaune, noir (celui-ci à la hampe).

**Organisation militaire.** — L'armée de terre n'est destinée qu'à protéger la neutralité de l'État. Le recrutement est fait par les engagements volontaires, et la conscription, avec faculté de remplacement : son effectif est de 46 000 hommes en temps de paix, de 104 000 en temps de guerre avec 13 800 chevaux et 240 canons.

La garde civique a un effectif de 50 000.

Il n'y a pas de flotte militaire.

**Divisions politiques.** — 9 provinces: Brabant, Anvers, Flandre orientale, Flandre occidentale, Hainaut, Namur, Liège, Luxembourg, Limbourg.

**Commerce et industrie.** — L'agriculture est admirable. Les canaux ont permis de conquérir des terres jusqu'alors incultes. La Flandre a les meilleurs pâturages d'Europe : houblons, betteraves, colza, céréales, tout vient à profusion. Les chevaux et les bestiaux sont solides.

Les mines donnent 12 millions de quintaux de fer, 515 de houille, 1/4 de zinc.

Les draperies (Verviers), filatures de coton (Gand, Alost), les tanneries (Limbourg, Bruxelles), la métallurgie (Liège, la vallée de la Sambre), sont les principales industries.

## XI. — Suisse (*Schweiz, Helvetia*).

La confédération helvétique a une superficie de 41 390 k.q.; une population de 2 846 000 habitants, une densité de 69.

Les catholiques sont au nombre d'un million.

## SUISSE.

| N° | NOMS. | SUPERFICIE. | POPULATION. | DENSITÉ. | CAPITALES. | LANGUE. | CULTE. |
|---|---|---|---|---|---|---|---|
| 1 | Zürich | 1,725 | 584,786 | 153 | Zürich. | A. | P. |
| 2 | Berne | 6,889 | 366,465 | 68 | Berne. | A. F. | M. |
| 3 | Lucerne | 1,501 | 132,558 | 87 | Lucerne. | A. | C. |
| 4 | Uri | 1,076 | 16,107 | 14 | Altorf. | » | » |
| 5 | Schwitz | 908 | 47,705 | 55 | Schwitz. | » | » |
| 6 | Unterwalden { Obwalden | 475 | 14,415 | 50 | Sarnen. | » | » |
|   | { Nidwalden | 290 | 11,701 | 40 | Stanz. | » | » |
| 7 | Glaris | 691 | 35,131 | 51 | Glaris. | » | P. |
| 8 | Zug | 259 | 20,995 | 88 | Zug. | » | C. |
| 9 | Fribourg | 1,669 | 110,852 | 66 | Fribourg. | F. A. | » |
| 10 | Soleure | 785 | 74,715 | 95 | Soleure. | A. | » |
| 11 | Bâle. { B. ville | 57 | 47,760 | 1291 | Bâle. | » | P. |
|    | { B. campagne | 421 | 54,127 | 129 | Liestal. | » | » |
| 12 | Schaffhouse | 500 | 37,721 | 126 | Schaffhouse. | » | » |
| 13 | Appenzel. { R. ext. | 261 | 48,726 | 187 | Herisau-Trognu. | » | C. |
|    | { R. int. | 159 | 11,909 | 75 | Appenzel. | » | M. |
| 14 | Saint-Gall | 2,019 | 191,015 | 95 | Saint-Gall. | A. R. I. | » |
| 15 | Grisons | 7,185 | 91,782 | 13 | Coire. | A. | » |
| 16 | Argovie | 1,405 | 198,875 | 142 | Argovie. | » | C. |
| 17 | Thurgovie | 988 | 93,500 | 94 | Frauenfeld. | » | P. |
| 18 | Tessin | 2,856 | 119,620 | 42 | Locarno. | I. | C. |
| 19 | Vaud | 3,225 | 231,700 | 72 | Lausanne. | F. | P. |
| 20 | Valais | 5,237 | 96,887 | 18 | Sion. | F. A. J. | C. |
| 21 | Neuchâtel | 808 | 97,284 | 120 | Neuchâtel. | F. | P. |
| 22 | Genève | 285 | 95,195 | 329 | Genève. | F. | M. |
|   | Total | 41,418 | 2,869,003 | 65 |  |  |  |

t. A. signifie allemand. — F. français. — I. italien. — R. romanche. — P, protestant. — C, catholique. — M. mixte.

Les limites sont à l'O. la France, au N. et à l'E. l'Allemagne, au S. l'Autriche et l'Italie.

**Gouvernement.** — C'est une république fédérative de vingt-deux cantons souverains; desquels trois sont subdivisés en demi-cantons.

Le pouvoir législatif appartient à l'Assemblée fédérale qui se réunit tous les ans et est composée du Standerath et du Nationalrath (Chambre basse). Un Conseil exécutif ou Conseil fédéral de 7 membres est élu, chacun des membres préside à tour de rôle et est président de la Confédération. Il y a de grandes différences dans les constitutions des cantons.

**Drapeau.** — Rouge avec une croix blanche.

**Organisation militaire.** — Il n'y a pas d'armée permanente. Chaque citoyen doit le service en cas de guerre de 20 à 32 ans dans l'armée active, et de 33 à 44 dans la landwehr. On évalue à 120 000 h. la force de l'armée active, à 93 000 celle de la réserve. Le service ne dure que quelques jours par an.

**Commerce et industrie.** — L'agriculture ne met en œuvre que 14 pour 100 de la superficie; les vignes donnent de bons vins au S.; les pâturages nourrissent 1 million de bêtes à cornes, qui produisent plus de 50 millions en fromages.

L'industrie est florissante surtout dans les contrées de Zurich. Thurgovie (filatures), Genève et Neuchâtel (montres).

## XII. — Espagne (*España*).

La superficie du territoire espagnol est en Europe de 500 445 k.q.; en Afrique, en Océanie et en Amérique 444 065 k.q., en tout 944 510.

*Les limites* en Europe sont au N. la France et le golfe de Gascogne, à l'O. l'Atlantique, le Portugal, à l'E. la Méditerranée. Nous connaissons la frontière de France.

La *frontière de Portugal* est formée par le Minho, une ligne qui traverse les montagnes entre Minho et Douro, et les montagnes entre Douro et Guadiana, coupant les fleuves du Douro, Tage et Guadiana puis le Guadiana. Il n'y a que trois chemins à travers la frontière.

**Population.** — La population est de 16 620 000 hommes, la densité seulement 33; la religion catholique est seule exercée en Espagne.

La langue castillane est la langue classique, mais les Catalans et les Andalous parlent un dialecte spécial, la langue basque est complètement différente de l'espagnol.

**Gouvernement.** — Royauté constitutionnelle, le roi descend de maison de Bourbon et porte le titre de Majesté Catholique.

Le pouvoir législatif est confié aux Cortès, qui se composent d'un sénat (sénateurs de droit ou nommés à vie, 180 au plus; sénateurs élus, 180 au plus), et d'une chambre des députés élue pour cinq ans.

**Divisions politiques.** — L'Espagne est divisée en 49 provinces, et en 470 arrondissements. Les présides de la côte d'Afrique dépendent des provinces de Cadiz et de Grenade, les provinces ont des assemblées provinciales, à la tête de chacune est un gouverneur. Les anciennes provinces historiques ont été conservées comme cadres militaires.

I. *Nouvelle-Castille*, 5 provinces : Madrid, Guadalajara, Toledo, Cuença et Ciudad-Real.

II. *Vieille-Castille*, 6 provinces : Segovia, Avila, Burgos, Soria, Santander, Logrono.

III. *Leon*, 5 provinces : Palencia, Valladolid, Zamora, Salamanca, Leon.

IV. *Asturies*, 1 province : Oviedo.

V. *Galice*, 4 provinces : Lugo, Coruña, Pontevedra, Orense.

VI. *Estremadoura*, 2 provinces : Cáceres, Badajos.

VII. *Andalousie*, 5 provinces : Huelva, Sevilla, Cádiz, Cordova, Jaen.

VIII. *Granáda*, 3 provinces : Granáda, Málaga, Almeria.

IX. *Murcia*, 2 provinces : Murcia, Albacete.

X. *Valencia*, 3 provinces : Alicante, Valencia Castellon.

XI. *Cataluña*, 4 provinces : Barcelona, Gerona, Tarragona, Lerida.

XII. *Aragon*, 3 provinces : Huesca, Teruel, Zaragoza.

XIII. *Navarra*, 1 province : Navarra.

XIV. *Vascongadas*, 3 provinces : Alava, Guipúzcoa, Viscaya.

XV. *Baleares*, 1 province : Mallorca.

XVI. *Canarias*, 1 province : Canarias.

**Drapeau.** — Jaune, rayé de deux larges bandes rouges.

**Commerce et industrie.** — L'agriculture emploie les 5/7 de la population. La production des céréales est insuffisante cependant à la consommation : l'Espagne exporte surtout du vin (Xeres, Malaga, Alicante) de l'huile et des oranges. L'élevage est en souffrance, les célèbres mérinos ne suffisent pas à fournir à l'Espagne tous les draps dont elle a besoin : les chevaux andalous sont dégénérés.

Cependant depuis quelques années de grands efforts ont été faits en Espagne, qui ont amené un réveil économique.

Les mines de plomb et de mercure surtout, sont d'une grande richesse ; 76000 quintaux de mercure 22000 kilogrammes de plomb, 11 millions 1/2 de quintaux de houille.

**Organisation militaire du royaume d'Espagne.** — Les forces militaires d'Espagne consistent en une armée active de 90000 hommes en temps de paix, et de 450000 en temps de guerre, et une garde civique de 15000 hommes.

Elles se divisent en deux portions distinctes :

1° Armée d'Espagne : 442 bataillons, 98 escadrons, 100 batteries, 10 bataillons de génie. Le corps royal des gardes ne comprend que 2 compagnies de gardes hallebardiers et l'escadron du cortège du roi.

La garde civique comprend les 15 tercios, le corps des carabiniers ou douaniers, 92 compagnies et 22 sections à cheval.

2° Dans les colonies, une troupe de 46000 hommes environ.

On a conservé l'ancienne répartition territoriale en capitaineries générales.

La flotte à vapeur est de 525 canons, et d'une force de 21596 chevaux.

## XIII. — Portugal.

Le Portugal possède en Europe 89000 k.q. ; ses possessions extérieures sont de 1825000 k.q. ; en tout 1914000 k.q.

Les limites sont l'Espagne à l'E. et au N., l'océan Atlantique au S. et à l'O.

La population est de 4348000 habitants, la densité 48. Le peuple portugais est un mélange de Celtibères, de Latins, de Germains et d'Arabes. On compte environ 50000 nègres dans le pays. Une haine vivace l'éloigne du peuple espagnol.

La religion dominante est le catholicisme ; les autres cultes sont tolérés.

**Gouvernement.** — Royauté constitutionnelle héréditaire dans les deux branches, la dynastie régnante est la maison de Bragance. Le roi porte le surnom de Majesté très fidèle ;

Le parlement s'appelle Cortès comme en Espagne, et se divise en une Camara dos Pares (100 membres) (Chambre des Pairs), et l'autre, Camara dos Dispotados (108 membres).

**Drapeau.** — Bleu et blanc, se coupant perpendiculairement au milieu.

**Armée.** — 34 000 hommes sur le pied de paix, 71 000 sur le pied de guerre.

La flotte se compose de 40 vaisseaux, 180 canons, et 3000 hommes.

Le Portugal est renommé pour le nombre de ses places fortes, qui ont du reste, été fort négligées depuis longtemps.

**Divisions politiques.** — 8 provinces : 1. Estramadura, 2. Beira, 3. Tras-os-Montes, 4. Minho, 5. Alemtejo, 6. Algarve, 7. Azoren (les îles Açores), 8. Madeira.

La principale production consiste en vins.

## XIV. — Turquie.

L'empire ottoman n'a plus en Europe que 166 438 k.q. de possessions immédiates; la Roumélie orientale, province autonome en a 35 901 k.q.

La Bosnie et l'Herzégovine que l'Autriche a eu tant de peine à occuper en 1878, mais qu'elle aura sans doute plus de peine à rendre, mesurent 61 065 k.q.; la superficie des territoires que la Turquie peut revendiquer en Europe est donc de 262 404 k.q.

En Asie et en Afrique, les possessions directes ou États tributaires sont d'une étendue de 5 909 924 k.q. Le sultan règne donc théoriquement sur 6 172 328 k.q.

Les limites de ces vastes États sont en Europe, la mer Noire à l'E.; les Détroits, la mer de Marmara, la mer Égée, la Grèce au S., la mer Ionienne et le Montenegro à l'O., l'Autriche, la Serbie, la Bulgarie au N.

**Population.** — La population en Europe est de 4 400 000 habitants dans les possessions immédiates, densité 27; de 815 513 habitants en Roumélie orientale, densité 23. Sur ces 5 200 000 habitants, les Osmanlis atteignent à peine le nombre de 1 million et demi répartis surtout en Macédoine et en Roumélie, et dans les villes; les Grecs et les Albanais atteignent pour chaque race 1 million; les Bulgares 1 million, les Serbes 200 000; les autres races, Juifs, Tatars, Arméniens, Bohémiens, forment le reste du nombre total.

**Religions.** — Les musulmans sont environ deux millions et demi, les chrétiens deux millions et demi, les juifs deux cent mille. Parmi les chrétiens, les catholiques ne sont que 600 000.

**Gouvernement.** — La Turquie depuis 1876 est officiellement une monarchie constitutionnelle : en réalité le Sultan est le maître absolu.

Le Sultan ou Padichah, le Grand Seigneur, porte des titres pompeux : il est Empereur, Chakan, fils de Chakan, et de plus Calife, la dynastie est la maison d'Osman ; l'ordre de succession au trône n'est pas semblable à celui qu'ont adopté les dynasties européennes.

Le parlement a été réuni une fois en 1877 ; depuis, le sultan n'a pas jugé à propos de recourir aux lumières de cette Assemblée.

Les affaires sont traitées par le Conseil des ministres dont les membres portent le titre de pacha, sauf le Cheik-ul-islam, chef de l'Ulema (corps judiciaire et religieux).

**Drapeau.** — Rouge et blanc avec un croissant.

**Organisation militaire.** — *Armée de terre.* L'armée turque a été réorganisée depuis 1881, par des officiers allemands. Elle se compose de trois catégories : l'armée active ou nizam, deux bans de la landwehr ou rédif, et du landsturm ou mouhstafiz.

La durée du service est de 20 ans, 3 pour l'infanterie et 4 pour les autres armes dans l'armée active, les fantassins font ensuite 3 ans dans la réserve, les autres 2 ; enfin 4 ans dans chacun des bans du rédif, et 6 dans le mouhstafiz.

L'empire est divisé en 7 régions de corps d'armée : I. (Garde impériale), Constantinople ; II. Andrinople ; III. Monastir ; IV. Charpout ; V. Damas ; VI. Bagdad ; VII. Yemen. On voit que la Turquie d'Europe n'a que trois corps d'armée ; le reste est fourni par l'Asie. Chaque région doit fournir, à l'exception de la VIIe, un corps d'armée de chaque catégorie. On a ainsi 18 corps d'armée, 36 divisions d'infanterie, 72 brigades, 144 régiments à 3 bataillons actifs et 1 bataillon de dépôt. — Chaque corps a 2 bataillons de chasseurs ; 1 division de cavalerie, de 2 brigades à 3 régiments, 1 régiment d'artillerie de campagne. En temps de paix il n'y a de complet que les états-majors. Le total de l'effectif du Nizam en temps de guerre serait de 610 000 hommes avec 1512 canons.

Si l'on considère la solidité et les qualités d'endurance du soldat turc, on se rendra compte de la force qu'aurait une pareille armée, si le commandement et surtout l'intendance sont à la hauteur de leur tâche.

*Flotte.* — La flotte a été en partie vendue aux Anglais. Il ne reste que 9 navires de guerre pour la flottille du Danube, et 9 navires dont 1 frégate pour la flotte de la mer Noire.

**Commerce et industrie.** — L'agriculture est en souffrance, et cependant le sol est d'une fertilité merveilleuse ; la Macédoine produit du tabac, du coton, et de la soie : l'élevage donne surtout des troupeaux : l'industrie encore très faible consiste surtout en tapis, essences, armes blanches, cuirs.

**Divisions politiques.** — La Turquie d'Europe est divisée en vilaïets ou gouvernements généraux, dont les chefs s'appellent valy. Ils sont subdivisés en sandjaks administrés par des mutessarifs, enfin les sandjaks comprennent des kasas (arrondissements), et ceux-ci des nahiés (communes).

Les vilaïets sont : I. Constantinople; II. Edirne (Andrinople); III. Selanik (Saloniki); IV. Janina; V. Kossovo. Des vilaïets de la Bosnie il ne reste plus que le sandjak de Novibazar; VI. Eyalet Iskodra (Scutari) ; enfin Kirid (Crète ou Candia), avec la place forte de Megalokastron (Candia), sur la côte septentrionale.

La Roumélie orientale est une principauté autonome, sous l'autorité immédiate du sultan avec un statut organique, et un chef national, qui porte le titre de pacha.

## XV. — Grèce (*Hellas*).

La superficie du royaume de Grèce est actuellement de 65 229 k.q.

La Grèce est bornée au N. par la Turquie; de tous les autres côtés par la mer.

Sa population est de 2 067 000 hommes, soit 32 par k.q.

Cette population est en grande majorité hellénique, mais il y a encore un certain nombre de Slaves et de Valaques, dont l'absorption est du reste très rapide.

Le nombre des grecs orthodoxes dépasse 1 800 000 habitants, celui des autres chrétiens atteint près de 150 000, les juifs sont 3000.

**Gouvernement.** — Monarchie constitutionnelle, la dynastie est la maison royale de Danemark. Le parlement se compose d'une seule chambre des députés, de 200 membres environ.

**Drapeau.** — Cinq bandes bleues horizontales séparées par quatre blanches; à l'angle supérieur les armes du royaume (croix d'argent sur champ d'azur, écu soutenu par 2 lions couronnés).

**Armée.** — Service personnel obligatoire, l'armée devrait compter 82 000 hommes et 13 500 chevaux.

La flotte se compose de 15 navires, portant 68 canons et montés par 1480 hommes.

## XVI. — Bulgarie.

La superficie est de 63 792 k.q., la population 1 995 000 habitants, la densité 31.

*Races :* les Bulgares sont des Touraniens slavisés; les Turcs ont presque tous quitté le pays. Dans les villes habitent de nombreux Grecs.

Le gouvernement est constitutionnel, la maison princière est une branche de la maison de Hesse (Battenberg).

L'Assemblée nationale se compose d'une chambre de députés, un par 10 000 âmes.

*Armes de l'État.* — Un lion d'or sur champ rouge.

**Organisation militaire.** — Le service est personnel et obligatoire. La durée en est de douze ans, dont 4 dans l'armée active, 4 dans la réserve et 4 dans la landwehr. On évalue à 80 000 hommes le nombre des deux premières classes.

**Commerce et industrie.** — L'agriculture est la principale source de revenus : les blés et les vins s'exportent en grandes quantités. L'industrie est peu développée.

## XVII. — Monténégro (*Czrnagora*).

La population est d'environ 260 000 habitants, soit 26 par k.q. La principauté de Monténégro a une superficie de 9030 k.q. Il y a environ 4000 catholiques et 4000 mahométans, le reste des habitants appartient à la Religion grecque orthodoxe (le Métropolitain est institué par le Saint-Synode de Russie), et à la race slave (Serbes).

Le gouvernement est une monarchie absolue héréditaire selon l'ordre de la primogéniture masculine. La dynastie est indigène (*Petrovic Niegos*).

L'armée se compose en temps de paix de 100 hommes, formant la garde du corps du prince; en temps de guerre tous les Monténégrins doivent le service militaire. Le pays est organisé en 5 circonscriptions commandées par des brigadiers. Les Monténégrins qui ont défendu leur liberté avec tant de valeur, sont les plus barbares des peuples européens.

Le commerce consiste surtout en brebis, chèvres, fromages et vins. Le blé est rare dans la principauté; les habitants sont obligés de l'importer, et trop souvent l'emportent à main armée des contrées voisines.

## XVIII. — Serbie (*Servia*).

La Serbie a une superficie de 48657 k.q. Une population de 1700000 habitants, soit 35 par k.q.

La population comprend 1600000 Serbes, 150000 Valaques, 25000 Bohémiens, 3000 Allemands, 4000 d'autres nationalités.

Les catholiques romains sont environ 4000; les israélites 3000; les mahométans 6000 seulement, car il en part tous les jours; le reste est catholique, grec. Le roi est chef de l'Église.

Le gouvernement est confié à une royauté héréditaire. La dynastie est celle d'Obrenovitch. Les ministres sont responsables devant l'Assemblée nationale.

Le pouvoir législatif est partagé entre le prince et la Skouptchina. Celle-ci se compose de 160 membres, dont 40 sont nommés par le roi, 120 par le peuple.

**Drapeau.** — Blanc, bleu, rouge.

**Organisation militaire.** — Tout Serbe doit le service militaire de vingt à vingt-cinq ans. L'armée est divisée en deux parties : l'armée permanente comprend 1 brigade d'infanterie, à 2 régiments de 5 bataillons. Chaque bataillon en temps de paix compte 700, en temps de guerre 800 hommes; 4 escadrons de cavalerie, 23 batteries, etc.; environ 50000 hommes. Cette armée est destinée surtout à fournir des instructeurs à l'armée nationale. Celle-ci se divise en deux bans; le premier ban forme 4 corps d'armée à 2 divisions d'infanterie, et les unités tactiques correspondantes des autres services, en tout 125000 hommes.

L'armée nationale du second ban aura la même organisation, son effectif n'est aujourd'hui que de 90000 hommes.

On compte donc comme total de l'effectif de guerre 265000 hommes.

**Divisions politiques.** — La Serbie se divise en neuf arrondissements : Belgrade, Nich, Pyrot, Vranya, Prokouplie, Leskoratz, Vlassotinze, Bela Palanka et Kourchoumliya.

**Commerce.** — Les principaux objets d'exportation consistent : 1° en céréales; 2° en porcs (près de 40000 par an).

## XIX. — Roumanie (*Romania*).

Le royaume de Roumanie a une superficie de 129947 k.q. La population est évaluée à 5576600 habitants, soit 41 par k.q.

Les Roumains (Valaques et Moldaves) sont environ 4 400 000 : il y a 400 000 Juifs ; 200 000 Tsiganes, 90 000 Slaves, 40 000 Allemands, 30 000 Hongrois, 30 000 Bulgares, 5000 Grecs, 2000 Français, etc.

Le nombre des confessions est aussi varié. Les Grecs orthodoxes sont environ 4 500 000 : les Catholiques, 150 000 ; les Israélites, 400 000 ; les Protestants, 1500 ; les Musulmans 2500.

Le gouvernement est confié à une royauté constitutionnelle et héréditaire ; de confession grecque-orthodoxe. Le pouvoir législatif est confié à deux assemblées, le Sénat (70 membres), les Députés (145), élus les uns et les autres par les collèges de chaque district.

**Drapeau.** — Bleu, jaune, rouge.

**Armée.** — Le service est personnel et obligatoire de vingt et un à quarante-six ans, pendant trois ans dans l'armée active, cinq dans la réserve, puis le reste dans la milice jusqu'à trente-six ans ; enfin dans la garde civique (population urbaine) ou la levée en masse (campagnards), jusqu'à quarante-sept ans.

L'effectif de l'armée active est de 55 000 hommes ; celui de l'armée territoriale 74 000 ; celui de l'armée de réserve 60 000 ; la milice comprend un total de 35 000.

La flotte se compose de 4 vapeurs et 6 chaloupes canonnières avec 500 hommes d'équipage et 30 officiers qui ont fait leurs études pour la plupart au *Borda*, en rade de Brest.

**Commerce et industrie.** — L'exportation consiste surtout en céréales (167 millions par an), l'importation en étoffes et métaux (150 millions).

## Petits États.

Le *Luxembourg* a une superficie de 2587 k.q. et une population de 209 000 hab., c'est un grand-duché qui appartient au roi de Hollande.

*Andorre* a 507 k.q. et 15 000 hab., c'est une république protégée par la France et l'Espagne.

*Liechtenstein* avec 178 k.q. et 9124 hab. est une principauté dont le possesseur habite Vienne.

*San Marino* est une minuscule république qu'enclave et protège l'Italie : superficie, 62 k.q., population 7816 hab.

Enfin *Monaco* est un rocher de 15 k. q., habité par 7049 hab. Le prince est protégé par la France.

# LIVRE IV

## CHAPITRE PREMIER

### ASIE

I. — Asie physique.

**Limites.** — L'Asie est située à l'E de l'ancien continent : entre 1°1/2 et 78° latitude N., du cap Romania au cap Tcheliouskine et 23° 45, et 198° de long. orientale entre le cap Baba et le cap Est. Dans sa plus grande longueur de l'E. à l'O. elle a 9800, et même en prenant la plus grande diagonale de l'isthme de Suez au détroit de Behring 10 630 kilomètres ; sa plus grande longueur du N. au S. est de 8500 kilomètres.

La superficie de ce continent est de plus de 42 millions de k.q. C'est la plus étendue des parties du monde : elle a près d'un million de k.q. de plus que les deux Amériques et les Antilles réunies, deux millions de plus que l'Europe et l'Afrique ensemble.

L'Asie a à peu près la forme d'un trapèze irrégulier : le côté le plus court est celui du N., le plus long ou la grande base celui de l'E. Les trois presqu'îles d'Arabie, d'Hindoustan et d'Indo-Chine se détachent du troisième côté.

Le noyau central du continent est extrêmement massif, mais autour de ce centre compact rayonnent des presqu'îles dont la superficie égale la cinquième partie de l'Asie tout entière, soit 8 227 500 k.q.

*Les presqu'îles de l'Asie réunies ont à peu près la superficie de l'Europe, qui peut d'ailleurs être considérée comme la plus grande et la mieux articulée des dépendances de l'Asie.*

Voici la liste des grandes presqu'îles avec leur superficie :

| | | |
|---|---|---|
| Au N. E. | presqu'île des Tchoukes et Kamtchatka. | 285.500 k.q. |
| A l'E. | Corée.................................................... | 220.000 |
| Au S. | Indo-Chine............................................. | 1.652 000 |
| — | Hindoustan............................................ | 1.982.000 |
| — | Arabie..................................................... | 2.202.000 |
| — | Asie Mineure......................................... | 424 000 |

**Description des mers.** — Les côtes de l'Asie se divisent en quatre parties :

*Au N., l'océan Glacial arctique;* les côtes sont presque constamment glacées, elles sont complètement inhabitées, en général elles sont très basses, marécageuses, bordées de ces immenses marécages qu'on nomme « toundras ».

Elles sont découpées : golfe de l'Obi, de l'Ienissei, le haut cap de Taïmour, le terrible promontoire Tcheliouskine qu'on nomme aussi le promontoire sacré, 78° lat. N. : à 12 degrés du pôle N. Entre l'archipel des îles Liakov ou de la Nouvelle-Sibérie et la côte, la mer Sibérienne centrale reçoit le delta de la Lena.

Citons encore le cap Chelaski, et le détroit de Behring qui, resserré entre le cap oriental et le cap du Prince de Galles, donne entrée dans l'océan Pacifique.

2° *Côtes de l'Asie sur l'océan Pacifique.* — Cette partie du littoral est encore plus riche en sinuosités que la partie qui regarde le N. ; on y trouve les presqu'îles du Kamtchatka, de Corée, de Chantoung, de Cambodge et de Malacca.

De l'extrémité du Kamtchatka part l'archipel volcanique des îles Kouriles ; il se rattache au long chapelet d'îles qui borde la côte d'Asie : Tarrakaï, les îles du Japon, l'archipel Lieou-Kieou, Formose. Ces îles semblent être les débris d'un vaste continent rongé par les flots : entre elles et la côte les mers d'Okôtsk, du Japon, Jaune, Bleue ; enfin la mer de la Chine entre l'Océanie et l'Asie. — La mer du Japon est très poissonneuse ; les côtes de la mer Jaune sont basses et vaseuses ; la mer Bleue est au contraire découpée en un grand nombre d'estuaires dont le plus important est la bouche du Tigre ; la mer de Chine, peu hospitalière, forme cependant les golfes de Tonkin et de Siam ; avec quelques embouchures qui peuvent être utilisées par la navigation sur le Cambodge.

3° *Côtes de l'océan Indien.* — Trois grandes péninsules dont les pointes s'avancent de plus en plus au S., et prennent une forme de plus en plus effilée à mesure qu'on s'avance à l'E. : ces trois presqu'îles sont l'Indo-Chine (cap Romania), l'Hindoustan (cap Comorin), l'Arabie (Raz-el-Hadd et Raz-Arar).

La presqu'île de Malacca est bordée de quelques îles : Poulo Pinang et archipel Merghi. Elle est basse presque partout.

Sur la côte de Coromandel, des falaises ; la mer est sans profondeur, aussi ces côtes sont-elles fort dangereuses. L'île de Ceylan est réunie au continent par les écueils du détroit de Palk. A l'E. commence la mer d'Oman qui baigne à l'est la côte rocheuse de Malabar, où se trouvent des îles madréporiques, les Maldives et Laquedives. L'île de Salsette où est Bombay commande une mer orageuse des côtes basses. Le golfe de Cambaye creuse au S. la presqu'île de Gujerate.

Les côte de l'Iran et de l'Arabie sont basses, sablonneuses, brûlantes, sans port ; le golfe Persique est parsemé d'îles : Bahrein et Kischm sont les ports médiocres, c'est le séjour de la peste.

Les côtes de l'Arabie, sont hautes, un seul bon port Aden.

Après la côte d'Arabie et le détroit de Bab-el-Mandeb, on pénétre dans la mer Rouge, étroit couloir bordé de récifs de corail, une des fournaises du globe terrestre.

Le canal de Suez livre passage dans la Méditerranée.

Nous connaissons cette mer (voy. liv. I, ch. II). La côte de Syrie peu dentelée, contraste avec le littoral profondément découpé de l'Asie Mineure. Les Sporades (Rhodes, Samos, Chios, Mytilène etc.), l'entourent d'une ceinture admirable, la mer y creuse des golfes renommés : ceux d'Iskandéroun ou Alexandrette, que garde l'île de Chypre, d'Adana, de Ko, de Mendelia, de Smyrne et d'Edremid.

La mer de Marmara arrose un rivage plus découpé au S. qu'au N. (golfes d'Artaki et de Panormo formant la presqu'île de Kapondagh, ancienne Cyzique, de Gemlik, et d'Ismyd). Le littoral de la mer Noire au contraire, bien que rocheux et escarpé, présente peu d'accidents. Le cap Indjé abrite le port de Sinope, les deux deltas du Kysyl et de l'Ieschil-Irmak s'avancent dans la mer.

**Relief général du sol d'Asie.** — L'Asie est le pays où s'élèvent aux plus grandes hauteurs les chaînes de montagnes ; les massifs les plus élevés de l'Europe ne sont guère qu'à une altitude inférieure de moitié aux géants de cette partie du monde. Il faudrait presque deux monts Blanc pour atteindre la cime des sommets les plus formidables de l'Indoustan.

Les système général des hauteurs d'Asie présente un relief assez compliqué.

Le nœud de tout le système paraît être l'Hymalaya, c'est une série de trois chaînes parallèles formant un arc de cercle d'une longueur d'environ 2300 kilomètres.

La chaîne S. E. est celle des plus hautes cimes ; elle renferme des sommets comme les Kantchindjinga 8477 et 8581; le Sihsour 8472, l'Everest 8839; le Dhawalaghari 8176, vient ensuite la ligne de partage des eaux, enfin la chaîne du N. qui se prolongeant à l'O. se relie au Karakoroum, sa longueur est d'environ 1600 kilomètres; elle n'a été explorée que sur une dizaine de points.

Le Karokaroum, se compose également de trois chaînes, on y a trouvé une cime de 8618 mètres qui n'est pas encore baptisée. A la chaîne de l'Hymalaya et à celle du Karakoroum s'appuie le grand plateau central, immense quadrilatère de 5 000 000 de k. q.

Il se divise en plusieurs parties au S. O., le plateau du Thibet, le plus haut du globe à l'altitude de 5180 m.; le plateau du Koukounoor à l'E., séparé du premier par une profonde dépression où coulent les premiers bras du fleuve Bleu (Hoang-ho) au N., le plateau Mogol ou grand désert (Chamo, Gobi) dont l'altitude varie de 3000 à 1800 mètres, séparé du précédent par les monts Thian-Chan ou célestes; au N. en troisième ligne les monts Altaï ou monts d'Or, composé de hauts plateaux marécageux, séparent la plaine Sibérienne du plateau central; ils se prolongent par les monts Sayansk, et les monts Kenteï, puis les monts Jablonoï, enfin les monts Stanovoï qui paraissent se prolonger jusqu'au cap Oriental.

Autour de ce massif gigantesque, hautes terres au climat continental extrême, s'abaisse plus ou moins brusquement le sol de l'Asie.

Au N., la pente va insensiblement jusqu'aux rives de l'océan Glacial, c'est la plaine de Sibérie, qui se prolonge par les toundras. La région secondaire volcanique du Kamtchatka se prolonge par l'archipel des Kourilles. Au N. O. s'étend le *plateau de Touran*, plaine inférieure en quelques points au niveau de l'Océan; elle se relève peu à l'O. vers le plateau d'Oust-Ourt, qui sépare la plaine Caspienne de la mer d'Aral; sa superficie est de 1 930 000 kq. C'est une des régions les plus arides du globe (désert du Kara-Koum ou sable noir).

*Région de l'Iran.* — A l'O. de l'Indou Kouch, l'Iran a une superficie de 2 200 000 kq., une altitude moyenne de 1300 mètres, et est entourée de tous côtés par des montagnes, au N. le Kouhi-Baba qui prolonge le Karakoroum, le principal sommet le Toutoukan a 5912 m., il se termine à l'Elbours et par un sommet de 6122 m., (Demawend, au S. de la Caspienne); à l'E. le Sefidkoh (4676 m.) la chaîne de Soliman, celle de Kelat, enfin celle de Hala; au S. les montagnes de Kermanie et du Farsistan, et la longue chaîne du Kohrud. — A l'O., les monts Zagros.

Au delà se dresse au N. O. le *plateau d'Arménie* dont la surface est d'environ 550 000 kq., c'est à dire, la superficie de la France, est couvert de montagnes sauvages, inaccessibles, séparées par de profondes vallées — l'Ararat, cône volcanique de 5155 m., en est le point culminant.

Enfin l'Asie Mineure est également un plateau de 660 000 kq. très escarpé, borné au S. par le Taurus; son sommet atteint 3840 m. — Au mont Edjas (Argæus), au S. E. s'en détachent les monts de Syrie, Liban et Anti-Liban (3066 m.), que le désert syriaque isole du plateau d'Arabie.

**Hydrographie**. — Parmi les 24 plus grands fleuves du monde, l'Asie en possède 12. — Elle a également des lacs immenses. — Elle se partage en quatre grands versants maritimes et en plusieurs bassins intérieurs.

A. VERSANT DE L'OCÉAN GLACIAL. — L'*Obi* a 4300 kil. de longueur, son affluent, l'Irtysch 2800.

L'*Iénissei* atteint 5500 kil., son affluent l'*Angara* a plus de longueur, la *Selenga*, qui se jette dans le lac Baïkal, est considérée comme la source; ses principaux affluents soit à droite: *la haute Tongouska* ou Angara, la *Tongouska moyenne* et la *basse Tongouska*. — C'est le quatrième fleuve du monde pour la longueur.

La *Chatanga*, l'*Anabara*, l'*Olenek* sont des fleuves de steppe. — La *Léna* prend sa source dans les monts Baïkal, et reçoit des affluents très importants la *Viliouy* à gauche ; le *Vitim*, l'*Olekma*, l'*Aldan*, à droite (4300 kil.). — Elle est le seul fleuve du N. de l'Asie qui se termine par un delta.

La *Jana*, l'*Indigirka*, la *Kolyma*, descendent des monts Stanovoï et ont à peu près la longueur du Rhin ou de l'Elbe.

Tous ces fleuves sont gelés pendant 6 à 9 mois.

B. VERSANT DU GRAND OCÉAN. — L'*Anadyr* tombe dans la mer de Behring.

L'*Amour* (4500 kil.) est formé par la réunion de la Chilka et de l'Argoun ou Keroulen. La *Chilka* est navigable aux bateaux à vapeur depuis Nertchinsk (près de 4000 kil. de l'embouchure). Son importance commerciale est énorme ; il reçoit à gauche le *Seja*, à droite le *Soungari* et l'*Oussouri*. Ses bords sont très fertiles et très boisés.

Le *Liao-ho* vient du Chingan et traverse la Muraille de Chine. Le *Peï-ho* communique avec Pékin par un canal, reçoit le *When-ho*, beaucoup plus important que lui, qui vient des monts *In-Chan*. — Le *Hoang-ho*, 4500 kil., ou fleuve Jaune, vient de Mongolie, dessine dans son cours comme la forme d'un gigantesque U renversé. Dans la partie inférieure de son cours, il a des rives plates qu'il inonde fréquemment ; il a changé depuis 1854 son embouchure, il se jetait dans la mer Jaune par 34° lat. N., il se jette aujourd'hui dans le golfe de Petchili par 38°. On croit, que ses alluvions ont comblé l'immense plaine, qui s'étend à l'O. de la pénisule montagneuse de Chantoung, et rattaché celle-ci, jadis île, au continent. Dans la partie inférieure de son cours le Hoang-ho ne mérite plus son nom, de jaune, en effet, il devient noir; les Chinois disent : quand le Hoang-ho sera clair, pour exprimer un événement impossible. Ces fleuve reçoit de nombreux affluents ; le *Weï-ho* et le *Hoaï-ho* sont les principaux ; le bassin du fleuve est de 1 850 000 k.q.

Le *Yang-tze-Kiang*, ou fleuve Bleu, a 5200 kil. de long. Il naît dans le Thibet, et prend d'abord le nom de *Ta-loun-ho*, puis de *Britchou*. Il est le plus long fleuve de l'Asie après l'Ienissei, mais il est beaucoup plus important comme voie commerciale ; on peut le remonter avec de grands bateaux jusqu'à 2600 kil. de son embouchure. Il forme un delta près de Shanghaï. Il arrose plus de 1000 villes, et son bassin nourrit plus de 100 millions d'hommes ! C'est donc le premier fleuve du monde. Ses principaux affluents sont à gauche le *Han-Kiang*, à droite le *Youen-Kiang*. Les Européens peuvent le remonter jusqu'à Han-Kheu.

Le *Si-Kiang* vient du Yunnam, et se termine par un delta et un estuaire à Canton.

Le Song-Koi, et le Mé-kong ou Cambodge nous sont déjà connus.

Le *Menam*, principale rivière de Siam sort du Laos et se termine près de Bangkok dans le golfe de Siam.

C. Versant de l'océan Indien.

Le *Salouen* sort des montagnes du Lang-tan et court droit au S. il se termine dans le golfe de Martaban.

L'*Iraouaddi* vient du même plateau, mais est moins long. Il arrose Mandalay et se termine par un vaste delta.

Enfin le *Brahmapoutra*, un des plus puissants fleuves de la terre, descend de ce même plateau mystérieux du Thibet d'où s'écoulent tous les grands fleuves que nous venons d'énumérer depuis le Hoang-ho. Ses sources sont au N. de l'Hymalaya : le bras supérieur s'appelle *Sampo*, il coule de l'O. à l'E. et passe au pied de Lhassa, la ville la plus haute du monde ; sous le nom de *Dehong* il se fraye un passage à travers les montagnes et débouche dans la plaine indienne jusqu'au delta du Gange où il arrive sous le nom de *Megna*. Il est grossi du *Dibong* et du *Tsa-tchou* à gauche.

Le *Gange*, le *Mahanadi*, le *Godavery*, le *Krichna*, le *Tapti*, la *Nerboudda* et l'*Indus* sont les fleuves de l'Indoustan.

Le *Tibre* et l'*Euphrate* sortent du plateau d'Arménie, s'unissent pour former le Chott-el-Arab. Le Tigre ou Djidjalla (flèche) arrose Mossoul (près des ruines de Ninive) et Bagdad ; il reçoit le *Grand Zab* et le *Petit Zab*.

L'Euphrate sort de terre par deux sources, le *Mourad* et le *Karasou*, le second près de l'Ararat, le premier aux environs d'Erzeroum coule dans les montagnes d'abord, puis pénètre dans la plaine au-dessous de Nézib (1879) arrose Deiz, Ana, Hilleh (ruines de Babylone ; ses affluents, au lit très vaste, sont le plus souvent à sec.

Les deux fleuves réunis arrosent Basra et se jettent par un delta au fond du Golfe Persique.

D. Versant de la Méditerranée et de la mer Noire. — Le *Leontes* (*Nahr el Litani*) descend du Liban et l'*Orontes* (*Nahr el Asy*) le contourne à l'E. ; arrose Homs, et Hama, et finit au-dessous d'Antakieh (Antioche).

Les fleuves d'Asie Mineure, le *Djihoun*, ancien *Piramus*, le *Seihoun* (Adana) ancien Cydnus, le *Köpru-Sou*, ancien Eurymédon, le *Menderes*, ancien Méandre, le *Kodja-Tschad* ancien Granique, n'ont d'importance que par les souvenirs classiques qu'ils réveillent. Le *Sakaria* (Sangarius) arrose le plateau d'Angora. Il a dans son bassin Koutahieh (1833), le *Kysil Irmak* est l'ancien Halys, il arrose les riches plaines de l'ancienne Lydie, son cours dessine un demi-cercle, l'*Ieschil-Irmak* est l'ancien Iris ; enfin le *Tcharouk* finit à Batoum.

Bassins intérieurs. — *Caspienne*. — Le bassin intérieur de la Caspienne comprend environ 2 550 000 k.q., dont plus des deux tiers en Europe. La mer elle-même a un niveau inférieur de 26 mètres à celui de l'Océan. Les fleuves qui s'y jettent sont le *Kour*, grossi de l'*Aras*, le *Terek* au N. du Caucase, la *Volga*, l'*Oural* ou *Jaik*, qui sépare l'Europe de l'Asie ; l'*Emba*, qui passe à Embinsk ; l'*Atrek*, qui sépare la Perse de la Russie.

Au S. sont les bassins des lacs *Goktcha*, *Van* et *Ourounia*. A l'E. la *mer d'Aral* dans la dépression touranienne ; le lac lui-même a 67 600 k.q. Il reçoit : l'*Amou Daria* (Oxus), qui vient du plateau de Pamir, traverse le désert Kara-Koum et tombe par un delta marécageux ; il laisse au S. Khiva. Le *Syr-Daria* (Jaxartes) prend sa source sous le nom de *Naryn* dans l'Ala-tau, arrose Kokan, Chodchent ; laisse à droite Tachkent et tombe également par un delta.

Entre les deux fleuves le *Sarafchan* coule d'abord entre deux chaînes parallèles de l'Ala-tau, arrose Samarkand, et Boukhara, villes autrefois très importantes, et se perd dans le sable avant de rejoindre l'Amou Darya.

Le *lac Balkach* reçoit l'*Ili*, son bassin est de 500 000 k.q. ; et est très riche en minéraux ; l'*Issy Koul* est entouré par les montagnes du Turkestan oriental. Le grand bassin du *Lob-Noor* occupe une partie du plateau de Turkestan oriental, ce lac a 1600 k.q. et est formé par le *Tarim*, fleuve dont un des bras, l'*Yarkand-Daria*, passe à Yarkand. Les autres bassins importants sont ceux du *Tengri* et du *Khoukou-Noor*

732   ASIE.

sur le plateau thibétain ; le plateau de l'Iran a les cuvettes intéreures des lacs *Hamoun*, qui reçoit le fleuve *Hilmend*, et des fleuves *Hériroud* et *Mourghab* qui se perdent dans le désert de sable du Kara-Koum.

Enfin il faut citer le bassin de la mer Morte moins pour son importance hydrographique que pour sa renommée. Le *Jourdain* forme le lac de *Génésareth*, puis la *mer Morte* (1265 k.q.).

**Climat.** — L'Asie comprend tous les climats. La Sibérie est assez connue comme la région la plus affreuse pour la rigueur des hivers; l'Arabie est au contraire la plus chaude du monde entier. La température moyenne d'Ustjansk, à l'embouchure de la Jana, est de — 15°; celle de Tahama et de Madras est de 27°,50.

Au N. du 40° parallèle, et à mesure qu'on s'avance vers l'E. la température de l'hiver est excessivement rigoureuse. Le lac d'Aral qui est sous le même parallèle que l'Italie, gèle entièrement pendant l'hiver, et le mercure est souvent solidifié dans les thermomètres. Au contraire le Japon et la côte de Chine jouissent d'une température très douce et très égale.

**Races.** — Le nombre des habitants de l'Asie dépasse 830 millions qui appartiennent pour la plus grande partie aux races mongolique et caucasique; pour la plus faible à la race nègre, et à la race malaise, les Mongols sont essentiellement asiatiques : ils sont au nombre de 600 millions. La race caucasique se divise en aryens et sémites : les individus de cette race atteignent 190 millions. Les noirs et les malais s'élèvent au nombre de 40 millions.

**Religions.** — La plus répandue en Asie est le bouddhisme qui a des fidèles depuis le Thibet jusqu'au Japon; la Chine a une religion d'État, celle de Sintou, espèce de chamanisme; l'Hindoustan est le berceau et le siège du brahmanisme.

L'Islam a 120 millions de fidèles en Asie, ils se divisent en Sunnites (Turcs), Chiites (Persans), Wahabites (Arabes du Nedjed); le christianisme est représenté par des Catholiques romains, des Protestants, de toutes sectes, des Catholiques grecs, des Arméniens, des Maronites et des Nestoriens.

II. — Asie Politique.

L'Asie se divise au point de vue politique de la façon suivante :

1. A l'O. Asie Turque comprenant l'Asie Mineure, la Syrie,

l'Arabie, — et soumise plus ou moins directement au sultan de Constantinople, la superficie est de 1 889 600 k.q., la population de 16 170 000 habitants, la densité 9.

II. Au N. L'Asie Russe comprenant la lieutenance du Caucase la Sibérie et l'Asie centrale : La superficie est de 16 285 000 k.q., la population de 16 170 000 habitants, la densité 0.9.

III. A l'E. la Chine et la Corée, le Japon sur une étendue de 12 194 000 k.q., avec une population de 469 millions d'habitants ; densité 38.

IV. Au Sud les États d'Indo-Chine ou Inde Transgangétique et l'Asie Anglaise sur une superficie de 6 060 000 k.q., avec une population de 280 millions d'habitants ; densité 46.

V. L'Asie centrale qui doit se diviser en quatre parties : le Turkestan au N. E., le plateau de Touran au N. O., le plateau de l'Iran au S. O., et le plateau d'Afghanistan et Béloutchistan au S. E. Environ 10 millions de k.q. : et 16 millions d'habitants ; densité, 1,6.

VI. Enfin l'Arabie.

I. **ASIE TURQUE.** — L'Asie Turque est divisée en 14 vilayets ou lieutenances, il faut y joindre le beylik autonome de Samos, et le district de Scutari qui dépend administrativement de Constantinople.

Ces division politiques peuvent se ramener au groupement naturel et historique d'Asie Mineure, d'Arménie, Mésopotamie, de Cilicie, de Syrie et d'Arabie, et d'Iles de l'Archipel, les chefs-lieux des vilayets sont désignés par des *italiques*.

1° ASIE MINEURE. — Anatolie : Vilayet de Chodawendikjar, *Brousse* ville de 70 000 habitants renommée pour ses fabriques de tapis. Elle a été longtemps capitale de l'empire ottoman. Koutayeh traité en 1833.

Vilayet d'Aïdin. *Smyrne*, commerce très important, 150 000 habitants. Les ruines des grandes villes, Sardes, Éphèse, etc., sont encore fort belles ; la campagne est d'une fertilité si magnifique qu'on a construit des lignes de chemins de fer pour amener au rivage les produits de ces contrées.

Vilayet de Konia. *Konia* ou *Iconium*, bataille de 1833, entre les Turcs et les Égyptiens, plateaux lacs intérieurs ; le commerce se fait par caravanes.

Vilayet d'Angora. *Angora* ou *Engurieh* (testament d'Auguste retrouvé en entier par M. Perrot).

Vilayet de Kastamouni. *Kastamouni*, Sinope et Ineboli.

Vilayet de Trébizonde, *Trébizonde*, port important, Kiresoun (Cerasonte).

2° ARMÉNIE TURQUE. — Démembrée de période en période par les progrès de la Russie.

Vilayet d'Erzeroum. *Erzeroum*, à 1860 m. au-dessus de la mer, 50 000 h., est située dans une belle vallée aux sources de l'Euphrate fabrique des armes blanches, fait un grand commerce avec la Russie. Thortum, forteresse au N. E. : Hassan Kalé, fort au S. E.

Vilayet de *Van* aux sources du Mourad ou Euphrate oriental.

3° LA MÉSOPOTAMIE est le bassin de l'Euphrate et du Tigre que les Turcs divisent en Aldjezireh, Irak-Arabi et Kourdistan. L'Aldjezireh et le Kourdistan forment le vilayet de Diarbekir. *Diarbekir*, 50 000 hab., place forte sur le Tigre. — Khorsabad, Nimroud célèbres par leurs ruines assyriennes. Orfa (Edesse 40 000 hab.) Semirate. — Bir au coude de l'Euphrate. Rakka; caravanes de Damas à Orfa.

Vilayet de Bagdad, dans l'Irak Arabi : rivières, canaux mal entretenus.

*Bagdad*, sur le Tigre, 67 000 hab., ville en décadence, est restée cependant le principal nœud des routes de caravanes.

Almaïdan (Séleucie et Ctésiphon), Hillah. — Koufah (tombeau d'Ali), Mesched Ali et Mesched Hussein. — El Chidr victoire des Arabes en 652, Bassorah.

4° CILICIE. — Vilayet d'Adana, *Adana* (Schon Tchaï), pont romain.

Tarsous, au milieu de la vaste plaine qu'arrose le Cydnus (Mésarlyk-Tschaï), 7000 hab., Turcs, Grecs, Arméniens, Arabes, fort peu d'Européens. — Aux environs, monument de Sardanapale; amas inépuisable de poterie. Myrsine (les Myrthes, en turc) lui sert de port; ruines de Pompéiopolis, les murailles sont encore debout (au bord de la mer à l'O. de Tarsous) tombeau d'Aratus; ruines féodales de Corycus. Anamour (Anemurium), ruines d'un aqueduc, des murailles, de 2 théâtres dont l'un était couvert d'un toit ; ruines de Nagidus et d'Arsinoé; ruine de Célenderis, où Pison soutint un siége contre Sentius; toute cette côte est désolée.

5° SYRIE. — Vilayet d'Alep : *Alep* ou Haleb (Berœa), ports d'Alexandrette et de Katakieh, Nezib 1839. — Antioche (Antakieh), 20 000 hab.

Vilayet de Syrie.

*Damas*, 120 000 hab., 200 mosquées, Höms (Emesa) 2500 hab., Hamah (Epiphania) 50 000 hab., ruines de Palmyre.

Beyrouth, bon port, bombardement de 1840, Latakieh ou Ladakieh (Laodicée), Tripoli, 18 000 hab., Sour (Tyr) comblé, Coufa, Saint-Jean d'Acre (Acco) 5000 hab., Baalbeck ou Heiopolis célèbre par ses ruines.

Deux divisions spéciales ont été créées dans les montagnes de

Syrie : 1° le gouvernement du Liban ou Mutessfarlik, qui administre au nom du sultan, mais dont l'autorité est souvent mise en échec par les rivalités religieuses entre Druses et Maronites ; 2° le Mutessfarlik de *Jérusalem*, à 800 m. au-dessus de la mer avec 20 000 hab.

6° Arabie Turque. — Vilayet de l'Hedjaz, *Djeddah* port de la mer Rouge.

La Mecque, 45 000 hab., envahie chaque année par 200 000 pèlerins, Medina, ville sainte où le prophète est enseveli.

Vilayet de l'Yemen, *Hodeïda*; Sana 50 à 60 000 hab., est indépendante ; Moka, bon port, célèbre par son café.

7° Iles de l'Archipel. — *Sporades*. — Rhodes, 68 kil. sur 28, 28 000 hab.

La possession des chevaliers a été de 1309 à 1522.

Cos ou Stan Co, mont Christo, 860 mètres, 10 000 hab., Calymno. Lero.

Patmo (La Scala) Nicaria-Samo, 46-20, 450 k.q. 25 000 hab., v. Khora et Vathi.

*Samo*. — Cette île est soumise à un prince grec, héréditaire vassal du sultan, 2 chambres sont élues pour assister le prince ou Kaïmakan.

Chio ou Scio, 1100 k.q. 62 000 hab., Chio ou Kastro-Tchesme 1770. Ipsara, Metelin (Lesbo) 60 000 hab., $^1/_5$ Turcs 60 160. Kaloni mouillage, Tenedos, forme avec la côte la baie de Berk. Ile de Marmara. Iles des Princes.

*Chypre*. — L'Angleterre, par le traité de 1878, s'est fait reconnaitre le droit d'occuper Chypre.

Cette belle île, montueuse, facile, qui produit les vins exquis de la Commanderie, patrie du chou-fleur, est célèbre par ses princes français du douzième siècle et ses antiquités. Ses ports sont excellents. Cap. *Leucosia*; v. pr. Larnaka (anc. Citium), Limisso, Famagousta et Galatia.

II. ASIE RUSSE. — Au N. L'Asie Russe comprend tout le N. de cette partie du monde et avec les nouvelles conquêtes dans le Turkestan s'avance profondément dans l'Asie centrale.

Elle se divise en tzarat de Sibérie, lieutenance du Caucase et gouvernement général du Turkestan.

Les races sont très mélangées; les Russes, colons ou déportés, forment la majorité de la population; les Géorgiens, les Mingréliens au sud du Caucase, les Arméniens et les Kourdes ; enfin les Parsis (près de Bakou) appartiennent aussi à la race aryienne.

Les Sémites sont représentés par les Lesghiens dans le Caucase, et les Juifs.

Les Touraniens sont les Tongouses, les Mongols, les Turcs et les Finnois.

La contrée la plus favorable de tout cet immense empire est le bassin du lac Balkach et le sud du Caucase.

Le commerce des caravanes dont l'importance est capitale se fait entre Irbit et Tachkend, d'une part ; entre Tomsk et Irkoutsk et Kiachta près de la ville chinoise de Maimatchin.

L'administration est confiée aux gouverneurs généraux, qui représentent l'empereur : les siéges des gouvernements sont Tiflis pour le Caucase, Omsk pour la Sibérie occidentale, Irkoutsk pour la Sibérie orientale, Taschkent pour le Turkestan.

Les possessions russes sont gardées par une importante armée dans le Caucase et dans le Turkestan. Sur les frontières court une ligne de points fortifiés nommés Krepostes, il en existe une seconde au N. du Caucase. — Les districts les plus exposés sont organisés en colonies militaires.

Caucase. — *Tiflis* sur la Koura, 61 000 hab., capitale ; première ville commerciale du Caucase, reliée par un chemin de fer avec Poti.

Kars, ville très forte conquise plusieurs fois, gardée définitivement en 1878. Alexandropol, citadelle ; Erivan, place forte.

Sibérie occidentale. — *Tobolsk*, au confluent du Tobol dans l'Irtych ; Tomsk, la ville la plus riche de Sibérie, entourée de bois immenses ; Omsk, siège du gouverneur général.

Barnaoul, trop célèbre par ses mines.

Sibérie Orientale, *Irkoutsk* sur l'Angara, siège du gouvernement général, commerce important avec la Chine. Nertchinsk capitale du district minier (argent, houille) de Transbaïkalie. Kiachta, sur la frontière de Mongolie, Jakoutsk sur la Lena, principal marché de fourrures.

Petropaulovsk, dans le Kamtchatka, port de guerre ruiné pendant la guerre de Crimée, Iakoutsk.

Turkestan, Taschkend, 80 000 hab., Samarkand, (tombeau de Timourlan) industrie, écoles musulmanes, Khokan, capitale ancienne d'un khanat.

*Khiva* est maintenant sous le protectorat de la Russie ; la route de Merv, clef stratégique du Turkestan méridional, est ouverte par la prise de Geok-Tépe.

III. **EMPIRE CHINOIS**. — L'empire du Milieu (Tschung-Kwo) que nous appelons Chine, probablement d'après le nom qui lui est donné dans les livres hindous est le plus ancien et le plus peuplé du monde.

Il s'étend du 18ᵉ au 53ᵉ degré lat. N. et du 69ᵉ au 134ᵉ long. E. Sa superficie paraît être de 11 406 000 k.q. en y comprenant la Corée, c'est-à-dire plus du quart et près du tiers de l'Asie (41 765 000 k.q.). C'est le plus peuplé des États du monde, il contient 425 millions d'habitants, c'est-à-dire près de 12 fois la population de la France. Il mesure 4500 kil. de l'O. à l'E., 3000 du S. au N.

LITTORAL. — Les côtes de l'empire chinois ont une importance exceptionnelle au point de vue du commerce : c'est en effet par la mer seulement que les Européens ou les Américains peuvent aborder la Chine.

La côte de l'empire chinois commence du côté N. à l'embouchure du Touman-Kang, se dirige au S. (côte de Corée) en formant une multitude de petites baies au fond desquelles s'abritent des villes fermées aux Européens.

Les précautions prises par les Coréens pour empêcher toute relation entre leur pays et la Chine ou le Japon, et à plus forte raison les Européens, sont extrêmement minutieuses; la côte est très bien gardée.

La mer forme sur la côte orientale le vaste golfe de Corée ; puis au S. E. le détroit de Corée sépare cette presqu'île de l'archipel japonais, le littoral est extrêmement découpé et bordé d'îlots nombreux dans la partie qui est dirigée du côté du S. La grande île Quelpaert, fort peu connue, dépend de ce pays.

Le littoral occidental présente également des découpures profondes analogues aux fjords de Norvège. Citons au centre le golfe du prince Jérôme et l'archipel du Prince impérial, reconnus jadis par la marine française : l'estuaire du Ta-tong et la vaste baie de Corée ; après l'estuaire de l'Ori-Kang ou Jalu-Kiang, commence le littoral chinois proprement dit. On pénètre par le détroit de Pétchili dans une mer intérieure qui forme le golfe de Liao-tong au N., celui de Pétchili à l'O.

Là se jettent le Peï-ho qui passe près de Pékin et le Hoang-ho.

La presqu'île de Chantoung est dirigée du S. au N. E. A la base de cette presqu'île la mer Jaune forme un golfe profond jusqu'à l'île d'In-tchou. Là commence le delta de l'Yang-tze Kiang, le plus développé du monde ; les bouches secondaires de ce fleuve mélangées avec les bras dérivés ou les anciennes embouchures du Hang-ho, comblent peu à peu la mer; enfin l'on atteint le bras principal du Yang-tze-Kiang, véritable mer intérieure, puis la baie de Hang-tscheu ; à partir de cet endroit la côte est convexe ; dans une direction générale du N. E. au S. O., très découpée, bordée d'îles, de récifs présentant une multitude de havres, de ports, presque tous pourvus d'une ville importante, mais, sauf exception, fermés aux Européens.

Le détroit de Fou-Kian sépare de l'empire chinois l'île intéressante de Formose.

Enfin après l'île importante de Hong-Kong se présente l'énorme embouchure du fleuve de Canton (Tchou-Kiang) que garde à l'O. l'île de Macao ;

Enfin l'île d'Hainan, après laquelle commence le littoral du Tonkin qui dépend de l'Indo-Chine.

Gouvernement. Richesses. — La Chine est un empire dont le monarque porte le titre de « Fils du Ciel ». L'ordre d'hérédité est réglé par l'empereur.

Les deux corps les plus importants de l'État sont le grand secrétariat (*Néko*) et le secrétariat de l'État (*Chun-chi-chu*).

Cet immense pays, qui compte le tiers des hommes vivants parmi ses sujets, a une importance énorme qui n'a été aperçue cependant que depuis peu de temps.

La richesse de la Chine est étonnante : céréales, riz, légumes, coton, vin, sucre, camphre, et surtout thés noirs et verts ; elle donne de tout à profusion, ses mines sont d'une puissance incroyable : or, argent, d'une pureté admirable ; plomb, fer, naphte, soufre, sel gemme et houille ; et enfin le kaolin en bancs énormes.

Quand l'Europe sera épuisée, la Chine aura encore des masses de richesses minérales à découvrir et à exploiter.

Sur cette terre vivent en groupes serrés 434 millions d'habitants, dont un grand nombre pressés par la misère ont commencé à émigrer : l'inondation de l'Amérique occidentale par les Chinois est devenue une préoccupation de premier ordre pour les Américains.

Les Chinois proprement dits sont environ 400 millions : ils sont rusés, courtois, actifs mais gloutons ; ils poussent le patriotisme jusqu'au dédain des étrangers ; leur langue est monosyllabique ; leur littérature, la plus vieille et la plus riche de l'univers.

Les Miao-tse, les Mandchous, les Mongols, les Kalmouks, les Thibétains, les Kirghis et les Duigoures sont les autres nationalités de l'empire.

La religion dominante pour le nombre est le Bouddhisme ; il y a une religion d'État.

L'histoire chinoise commence scientifiquement au vingt-deuxième siècle avant J.-C.

Division et topographie. I. *Pays entièrement soumis :*
1° Chine proprement dite ;

2° Dzoungarie ou Thian-chan-pe-lou;
3° Petite Bouk-harie ou Thian-chan-nan-lou.

II. *Pays tributaires.*
1° Mongolie proprement dite;
2° Mongolie du Kou Kounoor;
3° Kirghiz-Kaïsak;
4° Bourout.

III. *Pays protégés*
1° Royaume de Corée;
2° Thibet.

Les îles Lieou-Kiou sont en litige. Les ports ouverts aux étrangers sont les suivants : nous donnons le nombre de la population chinoise et celui des étrangers; on verra quelle écrasante disproportion existe entre les deux éléments.

Shang-Haï (272 000 hab., 1980 étrangers, c'est la ville qui en contient le plus.)

Canton (1 600 000 hab., 248 étrangers).

Amoi (88 000 hab., 292 étrangers).

Fou-tcheou (630 000 hab., 259 étrangers).

Ningpo (260 000 hab., 152 étrangers). Ces cinq ports ont été ouverts en 1842.

Swatao (50 000 hab., 127 étrangers). Pakhoï (25 000 hab., 11 étrangers).

Takao (255 000 hab., 48 étrangers). Ven-t-chéou (83 000 hab., 13 étrangers).

Tamsoni (90 000 hab., 39 étrangers), Vou-hon (40 000 hab., 17 étrangers).

Tsching-Kiang (130 000 hab., 69 étrangers), c'est le port le plus proche de Nan-king, ville importante, ruinée par les rebelles il y a quelques années.

Kiou-Kiang (48 000 hab.).

Hankeou (600 000 hab., 129 étrangers).

Tchifou, à l'entré du golfe de Pétchili (35 000 hab., 272 étrangers).

Tientsin, sur le Peï-ho (930 000 hab., 179 étrangers).

Niou-tchuang (60 000 hab., 118 étrangers), ces ports ont été ouverts en 1860.

Chine proprement dite. — La Chine est divisée en 19 provinces.

La capitale est Peking, sur le canal de Tang-Tcheou, qui communique avec le Peï-ho. On y voit une ville chinoise et une ville tartare, des établissements scientifiques, le Tribunal de l'histoire et de la littérature.

Les villes importantes sont Tchang Kin-Kheou (Kholgan), près de la grande muraille.

740                ASIE.

Canton, Fou-tcheou; Hang-t-cheou, la Kinsaï de Marco Polo, 800 000 hab.; Ningpo, 400 000 hab.; Kiang-ning autrefois Nankin.

**Japon.** — L'empire du Japon se compose de l'archipel situé à l'E. de la Chine : il comprend au centre l'île de Niphon séparée au N. de l'île d'Iesso par le détroit de Tsougara, au S. des îles Siko-Kou et Kiousiou par la mer de Bivar.

Au N. l'archipel de Kouriles, îles volcaniques qui aboutissent au Kamtchatka, au S. l'archipel allongé de Liou-Kiou qui rejoint Formose.

La superficie est de 382 447 k.q., la population de 34 millions d'habitants.

Le centre de la monarchie a une densité de 90 hab. par k.q., l'île d'Iesso et les Kouriles 1.6.

Le nombre des étrangers est de 2400 pour les Européens et les Américains, 3650 pour les Chinois.

Il se compose de quatre grandes îles et de 3500 à 4000 petites disposées en arc de cercle du N. E. au S. O sur une ligne de plus de 5000 kil.

Les grandes îles sont : Iesso au N., longueur 500 kil. (O. E.) sur 400 kil.; Niphon, 1400 sur 400 kil.; Siko-kou, 180 sur 150 kil.; Kiou-Siou, 320 sur 80 à 200 kil.

Parmi les petites on remarque :

Sado et Oki, à l'O. de Niphon; Tsou-Sima, au S. O. et à l'O. de Kiou-Siou.

Les archipels de Goto; Ama-Kusa; Koxki; à l'O. de Kiou-Siou : Tanega-Sima et Iakouno-Suna au S.

L'archipel Liou-Kiou qui s'étend sur une longue ligne jusqu'à Formose, à l'E. citons seulement l'île bizarre de Fotsi-Sio presque inaccessible.

Ces îles sont fort découpées et séparées les uns des autres par de nombreux détroits.

Celui d'Iesso au N. de cette île, de Matsmaï entre Iesso et Niphon; de Kino, entre Niphon et Siko-Kou; de Boungo, entre Siko-Kou et Kiou-Siou; de Corée à l'O.

La mer intérieure de Souvo-Nada, longue de 500 kil. et divisée en 5 bassins.

La mer qui baigne le Japon est dangereuse, remuée par de fréquentes tempêtes (typhons). La navigation y est de plus entravée par les nombreux écueils, volcaniques pour la plupart, qui hérissent les abords des îles, aussi s'est-il formé dans ces mers d'excellents marins. On y a élevé récemment de nombreux phares en pierre, en bois, en fer, fixes ou flottants.

Le climat est très sain. Les côtes orientales surtout sont baignées par le courant maritime du Kouro-Sivo qui vient des côtes d'Amérique avec une vitesse de 2 kil. à l'heure et une température moyenne de 24°.

L'île de Niphon est saturée de vapeur d'eau et couverte de rizières qui entretiennent une perpétuelle humidité.

Le N. d'Iesso au contraire est exposé à l'influence de courants venus des pôles.

Le sol de ces îles a été bouleversé par de terribles éruptions : les volcans en activité y abondent :

Iesso en a surtout au S. — Dans l'île de Niphon ces volcans forment plusieurs chaînes dirigées en général du N. au S. — Iva-Nasi-Iama, éteint. — Asama-Iama au centre, 2430 m., actif. — Le Fousi-Iama au S. E., 4676. — Le Foukavi-Iama au S. O. — Enfin dans Kiou-Siou le Kirisima-Iama, 1600 m., terrible par ses éruptions.

DIVISION. — Le pays est divisé en 36 grandes divisions administratives (Ken), 86 provinces, 717 départements (Kori), 6862 paroisses urbaines (Kou), 70 443 paroisses rurales (Moura) ; il compte trois villes principales (Tokio, Kioto et Osaka), 12 535 autres villes, 7 107 841 maisons, 128 123 autels shintoïotes et 98 914 temples bouddhistes. Iesso est regardé comme une colonie, Liou-Kiou comme un groupe d'îles indépendantes.

La superficie est de 407 000 k. q., la population 33 700 000 hab.; densité, 83. — Les villes principales sont :

1. Yeddo ou To-kio, 674 000 (tour orientale), aujourd'hui la capitale.
2. Osaka, 393 000, sur l'Odongava.
3. Kioto, 374 000 au S. O. de Niphon, ancienne capitale. Le Fo-Kosi, temple de Bouddha.
4. Koumamoto, 300 000.
5. Kago-Sima 200 000 dans l'île de Kiou-Siou.
6. Okaïyama 130 000.
7. Kanagawa, 100 000 au S. O. de Niphon sur la baie.

LES PORTS OUVERTS AU COMMERCE. — Nagasaki, bâti sur la rive gauche d'un long estuaire, à 3 jours de Shang-haï, près de là l'îlot de Desima où étaient jadis confinés les Hollandais.

Hiogo, port d'Osaka (25 kil.).

Yoko-hama, bâtie sur une plage marécageuse, sur la côte occidentale de la grande baie d'Yeddo dépend de Kanagawa. — 100 millions d'importations, 75 d'exportations. Anglais, États-Unis, Hollandais, Français.

Niegata sur la côte occidentale de Nippon, 25 millions.

Hakodadé, 8 millions.

## VI. INDE TRANSGANGÉTIQUE ET ASIE ANGLAISE.—

**1° Indo-Chine.** — Limites : N. Chine, E. Chine et mer de Chine, S. mer de Chine, détroit de Singapour et golfe de Bengale, O. détroit de Malacca, golfe du Bengale, Bengale et Boutan.

Les côtes se terminent par trois caps : Negrais, Romania, Cambodge, formant les golfes du Bengale, de Martaban, de Siam, de Tonkin.

Le golfe du Bengale contient les îles Bolongo, Ramri, Tchedouba, Diamant; les îles Andaman et Nicobar, le golfe de Martaban, où l'on trouve la bouche de l'Iraouaddi, l'archipel de Merguy, le séparant du Salanga, Lancava, Prince de Galles, au sud duquel les îles du cap Romania et le groupe des îles Singapour.

Sur la côte orientale de Malacca sont les îles Redang, Lantinga, Printgan. Puis on voit le cap Patano, l'île Toutalem, le cap Ligor, les îles Carnom et Sangori.

Dans le golfe de Siam, les îles Koh, Tschang, Koh-hoot, Koh-Kong, Koh-Trondj-Paniang.

Le golfe du Tonkin et la mer de Chine sont accidentés par les caps Saint-Jacques, Padaran, Varéla, l'île; la baie et le cap Tourane; les îles du Tigre, Sovel, Nightingale; des Pirates.

Montagnes. — Partent du plateau d'Assam, nœud central quatre chaînes.

1° Entre Birmans et Anglais, cap Negrais.
2° Entre Siam et Anglais, Irawaddy et Salouen, cap Romania.
3° Entre Menam et Mekong.
4° Entre Mekong et la mer. Cette chaîne est large et haute.

Fleuves. — Les sources sont mal connues : le golfe de Bengale reçoit le *Brahmapoutra*. L'*Iraouaddi* vient du Chamti, traverse du N. au S. le pays des Birmans, se divise dans le Pegou en un immense delta de quatorze embouchures : il a pour affluents le *Payenduen* et le *Kayaindouen* que l'on a confondu longtemps avec le Brahmapoutra.

Le *Zittang* arrose la ville du même nom.

*Salouen*, Martaban et la ville neuve de Amherst.

L'Iraouaddy, le Zittang et le Salouen entre-croisent le réseau de leurs embouchures.

Tenasserim, passe par Tenasseim et Merghi.

Mer de Chine. — *Menam*, fleuve de Siam venu du Yunnam, s'unit dans le Laos avec le Mekong par un canal; se partage lui-même dans le Siam en plusieurs branches :

*Mekong*, remonté en 1866.

*Song-Koï*, le plus grand fleuve du Tonquin, vient du Yunnam.

# INDO-CHINE.

Population, race mongole et chinoise, Malais au S. — Dans les forêts et les montagnes sont des tribus paraissant venir des anciennes races et se rattachant aux Malais.

Religions. — Bouddhisme, suivi par les Birmans, Arracaniens, Pegouans, Siamois, Laotiens, Kambodjiens, coolies chinois, et les basses classes en Cochinchine et dans le Tongkin.

Brahmanisme, professé par les peuples les plus civilisés, Assam, Tipperah, Mannipour et Katchar (Anglais).

Islamisme, Malais.

La religion de Tao-sse et celle de Confucius sont celles des hautes classes du Tongkin et de Cochinchine. Au point de vue politique cette contrée se divise de la manière suivante :

Au N. E. le Tongkin ; à l'E. le royaume d'Annam et la Cochinchine française ; au centre Siam ; au S. Malacca, à l'O. l'empire Birman et les possessions anglaises.

Le **Tongkin**, nous est déjà connu (voir France).

**Empire d'Annam.** — Nous avons intérêt à le bien connaître puisque notre colonie de Cochinchine s'est formée et subsiste à ses dépens.

Il a été fondé au commencement de ce siècle par Gia-Long, autrement dit Ngaï-en-Choung, dernier rejeton des rois de Cochinchine.

Il est à peu près grand comme la France (513 000 k. q.), quant à sa population le chiffre qu'on en donne varie de 5 à 30 millions.

L'empire d'Annam est encore mal connu à l'intérieur : les divisions sont historiques et ethnographiques plutôt que politiques ou administratives.

*Royaume de Cochinchine*, Hué.
*Royaume de Tonkin*, Ketcho, Tscampa, Padaron.
*Laos annamite.*

Hué, capitale de l'empire, a été fortifiée par des ingénieurs français, fossé : 12 kilomètres de développement, 35 mètres de large. Fonderie de canons, arsenal et chantiers.

Ketcho, immense réunion de petits cottages et de décombres. Le palais des anciens rois, actuellement en ruine, a 11 ou 13 kil. de circonférence.

Faï-fo, port.

*Tourane.* — Cédée à la France en 1787, mais très insalubre, a été évacuée après la prise de possession de la Cochinchine.

**Cochinchine française.** — V. Liv. II, chap. xi.

**Royaume de Cambodge.** — Enlevé par Siam à Annam. Indépendant depuis 1863, sauf une province sous le protectorat de la France qui en 1867 a fait signer aux deux ambassadeurs du roi de Siam un traité reconnaissant l'indépendance des trois provinces cambodgiennes. Le pays est arrosé par le Mekong et son affluent le Merap, qui sort du lac Toulisap.

Oudong, capitale sur le Mesap, 13 000 habitants, ville déchue.

Kampoot, port sur le golfe de Siam, commerce avec la colonie française.

Le **Royaume de Siam**, 75 millions d'hectares, 6 millions d'habitants, se compose du Laos siamois, population plus douce que dans le Laos birman. Cours supérieur du Menam et du Mekong, 5 000 000.

Le cours moyen et le delta du Menam forme le centre de la monarchie siamoise, indépendante du Birman depuis 1768. La royauté d'origine chinoise, despotique, est héréditaire, mais le roi peut choisir son héritier de concert avec le conseil des ministres d'origine chinoise. Ce sont des despotes. Régner dans ce pays se dit saremival qui signifie dévorer le peuple. Les employés du trésor absorbent la plus grande partie des revenus publics, il ne reste guère au roi que 20 millions. Les Siamois proprement dits ou Taï sont misérables et abrutis par l'oppression. Les Chinois (450 000) forment la classe marchande, à eux les affaires et le pouvoir.

600 000 Malais payent tribut.

500 000 Cambodgiens subissent avec résignation la domination siamoise, n'ayant rien à envier aux Cambodgiens, sujets d'Annam.

Le delta du Menam est très fertile, il renferme la capitale Bangkok qui a succédé à Siam, pillée par la nouvelle dynastie. Plusieurs maisons bâties sur des radeaux. — Grand commerce.

Chantibon, très commerçante.

Le gouvernement perçoit l'impôt de la plupart des indigènes sous forme de défenses d'éléphants qu'il revend ensuite aux Chinois. Un éléphant coûte moins cher là-bas qu'un âne en France.

L'armée a été exercée par des officiers européens; elle compte de 15 à 20 000 hommes. La flotte est de 14 vapeurs.

L'exportation se compose surtout de riz, de sucre et d'ivoire.

Les États tributaires sont les principautés malaises de la presqu'île de Malacca, Patana Tringane, Tucdah, etc., et sept principautés dans le Laos.

**Empire birman.** — L'empire birman a une superficie de 495 400 k.q., une population de deux millions. Il se compose de deux parties distinctes.

*Laos* : désolé par une guerre de race entre les Laotiens et les Khas, pays montagneux.

*Birmanie proprement dite*, avec le magnifique chenal de 'Iraouaddy et quelques routes.

L'État est soumis au despotisme le plus dégradant.

On y trouve le groupe des villes : Mandalay, nouvelle capitale, 80 000 hommes (1855). Ava, ou Ratna poura, ville des Joyaux, grand nombre de temples, peu de maisons (capitale en 1824) : Amarapoura (capitale en 1783) bâtie en bois (rive gauche). Saigaïng, rive droite vis-à-vis d'Ava.

2° **Possessions anglaises.** — Les possessions Anglaises en Asie sont, outre Hong-Kong, sur la côte de Chine, au débouché de la rivière de Canton, le vaste empire de l'Inde qui se compose de l'Hindoustan de la côte occidentale d'Indo-Chine et des Iles. L'Inde est considérée par ses habitants comme une terre sacrée, surtout la partie N. entre Himalaya et Vindhya qui était regardée comme la véritable patrie de leurs ancêtres. Zoroastre l'appelle Ferakh-Khand. Le nom d'Inde en deçà du Gange est très inexact. Les bornes sont : O., les monts Soliman ; N., l'Himalaya ; E., les monts Khamti, les hauteurs entre Brahmapoutra et Iraouady et les monts de l'Aracan.

Mers. — L'océan Indien forme le golfe de Bengale et le golfe d'Oman.

Le *golfe de Bengale* reçoit les eaux du Gange et forme la passe de Palk entre Ceylan et la côte de Coromandel et le golfe de Manaar.

Le golfe d'Oman baigne l'île Diu, les golfes de Cambaye, de Catch, environnant la presqu'île de Guzerate avec celle de Katch ; au Sud, les Laquedives (50 îles, habitants presque sauvages, pêcheurs de coraux), les Maldives en état de formation, 12 000 et plus ; avec les canaux de Cardiva, Sovadiva, que les vaisseaux n'osent guère traverser.

Montagnes. — L'Inde a la forme d'un triangle dont la pointe est formée par le cap Comorin au S. Les monts Himalaya en sont la base. Les monts Himalaya (Imaüs) se détachent du Tsoun-Ling, à l'Est, après 2000 kilomètres ils atteignent au pic d'Assam les monts Langtan qui les rattachent aux montagnes de Chine.

Du pic d'Assam part la double chaîne des Birmans, enfin près du Tsoun-Ling les monts Himalaya envoient au Sud la double chaîne des monts Soliman.

Ces crêtes parallèles sont séparées par de profondes vallées et projettent au S. des contreforts qui ont la même direction que lui, impriment aux rivières un cours du N. O. au S. E. et font ressembler l'Himalaya à l'un des côtés d'une immense arête de poisson.

Au N. se glisse la haute vallée coupée par le Mansaravoar, 6714 mètres, d'où partent le Brahmapoutra et l'Indus. Principaux sommets Tchomoulari (8575 m.) Djavahir, (6824) groupe énorme, auquel se rattachent des montagnes telles que le Davalagiri, le Kintschinjinga, qui dépassent 8000, le Gaurisankar ou Everest a 8839 mètres. De ce même nœud part au S. la chaîne des monts Avalli entre Indus et Gange, à l'O. le Thurr ou grand désert indien, les monts Avalli arrivent en s'abaissant rapidement au golfe d'Oman, tournent à l'E. sous le nom de monts Vindhya (800m.); qui embrassent la grande vallée de la Nerbouddah. Le littoral est suivi par deux chaines qui portent le nom de Ghattes de l'O. (3000 m., c'est une admirable muraille) et Ghattes de l'E., 1500 mètres.

FLEUVES. — A l'Ouest : 1° L'*Indus*, formé par la réunion de deux branches : le *Schyouk* qui vient du lac Mansaravar, le fleuve de *Ladak*, du Karakoroum. Il court d'abord sous le nom de *Sind* au N. O., franchit l'Himalaya, sépare le Kafiristan de la présidence de Lahore, traverse cette région en arrosant Attock, Mittun, Bakkar, Sihouan, Hala, Haydevabad-Tatta, arrivé là il se divise en deux branches : à droite celle de Baggaz ; à gauche celle de Sata, cette dernière se subdivise en neuf autres permanentes et deux qui n'ont de l'eau que pendant trois mois. Il reçoit le *Caboul* grossi de la *Kama* à droite; puis le *Pendjad* formé de la réunion de cinq rivières, le *Djhelam* (Hydaspe) et le *Sutledje* (Hesudrus) sont les principales ;

2° La *Nerobuddah*, entre les deux chaînes du Vindhya, finit dans le golfe de Cambaye.

3° Le *Tapty* arrose Bourhampour et Surate.

A l'Est :

4° Le *Kavery*, naît dans les Ghattes de l'O., arrose Seringapatam, Tritchinopoly et dans son delta Negapatam, Karikal et Tranquebar ;

5° Le *Pannar* naît sur le plateau de Maissour et traverse le Karnatic ;

6° Le *Kistnah*, riche en diamants, a pour affluents le *Bima* et le *Toungaboudra*;

7° Le *Godavery* (Rider, Besar, Circars) Mandgera, et Pourna;

8° Le *Mahanaddy*;

9° Le *Gange* formé dans le Ghervâl, par l'union de deux branches, le Bhagirathy et l'Alaknanda. Le *Bhagirathy* sort de l'Himalaya au-dessus de Gangotu, à 4195 m. A l'endroit où il s'unit avec l'*Alaknanda*, les Indiens ont élevé un temple. Il traverse ensuite la vaste plaine de l'Hindoustan (provinces de Delhi, Agra, Aoud, Allahabad, Behar et Bengale). Il forme dans cette dernière un immense delta

(Sundarban). La branche principale, l'*Hougli*, passe par Calcutta et Chandernagor, elle est toujours navigable, la seconde est l'*Houringotta*, qui confond ses eaux avec celles du Brahmapoutra. — *Affluents* à gauche : *Ramganga, Goumty* (Lucknow), *Gogra*, qui forme la célèbre cascade de Kanar; *Gandak*, le plus grand fleuve du Népaul; *Bagmaty, Mahamada, Testa.* A droite : *Kally-Naddy, Djemmah, Tchamboul, Soane;*

10° Le *Brahmapoutra*, a sa principale source au mont Mansaravar, force l'Hymalaya au mont Langtan, reçoit les cours d'eau du Thibet, traverse le pays des Mismi, le royaume d'Assam et tombe dans le golfe du Bengale, en réunissant ses eaux avec celles du Gange. Affluents : *Goddado*, venu du Boutan; *Brak*, *Goumty*, qui traverse le haut Tiperah.

Divisions politiques et villes principales. — Trois grandes divisions subdivisées en sept gouvernements, pour les sujets immédiats. Les États protégés sont enclavés dans les possessions directes.

I. *Présidence de Calcutta et du Bengale.*

1° *Vice-présidence de Calcutta ou du Bengale :* Calcutta, sur le bras Hougli, se divise en ville Noire, et quartier du gouvernement, gardé par Fort William, qui a coûté cent millions : 855 000 habitants; Diamont-Harbour à 50 kilomètres au-dessous, Dacca, 70 000 habitants. Mourchidabad. Patna 160 000, raffineries et manufactures;

2° *Vice-présidence du N. O. et d'Aoudh.* Allahabad, 145 000 hab., reine des cités saintes, citadelle imprenable; Bénarès, 175 000 hab., l'Athènes de l'Inde et la Rome : rendez-vous des pèlerins et des mandiants. Agra, résidence du grand mogol Akbar : palais impérial ruiné, mausolée élevé par Chate djihan, le plus beau qui existe. Elle a 150 000 hab. Delhi garde un palais impérial, en granit rouge, de 2 kilomètres de circonférence et la Kalemesdjid ou Mosquée noire, réduction de celle de la Mecque. Grand canal d'irrigation amenant les eaux de la Djemmah à Delhy, sur 190 kilomètres.

Lucknow, 284 000 hab., ancienne capitale du royaume d'Aoude, sur le Goumty;

3° *Vice présidence du Pendjab*, ancien royaume de Lahore pris par les Anglais de 1846 à 1859.

*Lahore*, grande ville, dans un pays agricole et industriel, 400 000 habitants.

Amritsir, Peichaouer, les rois de Caboul y ont séjourné. Moultan (capitale des Malli), 60 000, importance commerciale, près du territoire du peuple singulier des Yazofzaïs.

4° *Vice présidence de la Birmanie Britannique* formée administrativement en 1862.

*Rangoun*, 98 000 hab., prise en 1852, culture du coton, temple de Choudagon, Prome, Pegou, prise en 1824, temple pyramidal de Choumadon ; Aracan, air malsain, Amherst, sur la rade de Martaban, fondée en 1826, très prospère.

*Soumises directement au gouverneur général*, George-town (île du Prince de Galles et le petit territoire de Wellesley) ; Singapour, fondée en 1819, cosmopolite, la Tyr de l'Indo-Chine.

Malacca, déchue.

5° *Haut commissariat des provinces centrales* ; cap. Nagpour.

II. *Présidence de Madras.*

*Madras*, fort incommode pour la navigation. Formée de la ville blanche et la ville noire. Elle a 400 000 hab., défendue par le fort Saint-Georges. Arcote, Vellore dans l'ancien Carnatique, Tunomali, immense pagode, Gondalour, Trichinopoli. Citons l'île et la pagode de Seringham ; l'île de Ramiseran, et le pont d'Adam dans le Maïssour ; enfin Seringapatam, où périt Tippou-Saïb en 1799.

Dans le Malabar, Cochin, sur un vaste estuaire qu'on pourrait convertir en canal de navigation intérieure, Kranganore, siège archiépiscopal catholique. Calicut (Zamorin, détruite sous Tippou-Saïb, Kananoure, Binagar, temples et ruines immenses.

III. *Présidence de Bombay.* — *Bombay*, port franc, centre scientifique, commercial : un milliard de coton en 1864, la population est évaluée à 755 000 habitants ;

Pounah, 118 000 hab. ; Surate, rues tortueuses et étroites, hôpital des bêtes. Ahmandabad déchue ;

Anciennes principautés de Sindh (1843), Haiderabad, Karratischi, port extrême de l'Inde, point d'arrivée du télégraphe du golfe Persique.

Principautés médiates. — 1° Entre Calcutta, Aoud, Pendjab, les Provinces centrales et Bombay ;

*Odaïpour* (Radjepoutes). Djeïpour, palais imitant la queue du paon. Djoupour Kotah, Bikanir.

*Mahrattes* : Indour, rebâtie en 1818 ; Bhopaul, Seronge-Dhar.

*Sindhia's Dominions* : Gwalior, forteresse creusée dans le roc, a 104 mètres, Oujein, palais et temples,

2° Entre provinces centrales, Madras et Bombay ; *Haiderabad*, royaume ; Bidar, *Élura*, et le temple de Kaylas.

3° *Madras* ; *royaume de Maïssour*, rendu à ses princes légitimes en 1881, *principauté de Cochin, royaume de Travancore ; État de Tondimen, royaume des Maldives.*

4° Bombay. *Royaume de Guzerate. Baroda, Katch,* avec Mandavi ;

*Ile de Ceylan.* — Relevant de la couronne. La population est de près de 2 millions, indigènes malabars; elle est divisée en cinq provinces et possède de bons ports. Une partie de la population est catholique. Les principales villes sont : Colombo, Negombo, pêcheries : Pointe de Galle, beau port, vaste citadelle. Trinkomali.

*Royaumes indépendants.*

*Royaume de Kachemir.* (Gholab, Sikhs Dominions) palais près du lac Dak; *royaume de Népaul*, neuf districts inégaux. Katmandon; *Boutan* (traité, 1865 après l'expédition de Sir John Lawrence). Tassisudon Wandipour.

Dans l'Indo-Chine les Anglais possèdent *Assam* avec 4 millions d'habitants.

POPULATION. — La population de l'Inde anglaise est de 240 millions d'habitants, d'après le dernier recensement officiel (1872), parmi lesquels 149 millions d'hindous, 40 millions de mahométans. Les Anglais n'étaient que 75 734; c'est-à-dire moins nombreux que les Français en Algérie!

RELIGIONS DE L'INDE. — Le Brahmanisme est professé par les $\frac{7}{8}$ de la population.

Le Bouddhisme domine dans le Ceylan, le Tibet, le Népaul, le Sikkine.

Les Djaïna professent une croyance descendue du Bouddhisme,

La religion de Nanek (Seikhs) tient le milieu entre le Brahmanisme et l'Islamisme.

L'Islamisme est suivi par les prétendus Mongols.

La religion des Mages ou de Zoroastre est professée par les Guèbres ou Parsi (Guzerate).

Le christianime se divise entre les sectes suivantes : Catholiques, Jacobites, Protestants, Arméniens, Chrétiens de Saint Thomas.

Judaïsme, environ 100 000.

GOUVERNEMENT. — Les rois et princes indigènes ont conservé leur pouvoir nominal, sous protectorat anglais; dans les pays *médiats.*

La couronne depuis 1858 s'est susbtituée à la Compagnie pour le gouvernement des pays immédiats.

La Compagnie se composait d'une assemblée de 2600 propriétaires au capital de 6 millions de livres, nommant 50 directeurs. Le gouvernement choisissait les membres d'un Bureau de Contrôle.

Dans l'Inde trois gouverneurs; le gouverneur général à Calcutta, droit de paix et de guerre. Assisté de conseils permanents à Madras et Bombay.

En 1805 le droit de commerce dans l'Inde a été donné à tou[s] les Anglais, en 1833 à tous les étrangers.

En 1853 le nombre des directeurs fut réduit de 30 à 12.

En 1858, le gouvernement s'empara de l'administration ; rie[n] ne fut changé dans l'Inde, mais en Angleterre la Compagnie dispa[-]raissait. Le ministre des Indes est assisté d'un conseil consultat[if] de 15 membres. L'armée des Indes ne peut être employée hor[s] des Indes sans l'assentiment des chambres. Sur 17 vacances dan[s] les postes importants de l'Inde, sauf les charges de gouverneur, l[e] gouvernement peut disposer de trois, et chaque membre du conse[il] d'une.

Parmi les pays médiats, les uns enclavés dans les possession[s] anglaises ne sont guère que de grands fiefs. Les autres partagé[s] entre les trois grandes présidences forment des confédération[s] soumises à l'Angleterre : ainsi les États Radjepoutes ; dans la pro[-]vince d'Adjmir, les Pindaries, un grand nombre de tribus viven[t] encore à l'état sauvage.

CHEMINS DE FER. — 1° De Madras à Calcutta par Veblou et Sa[-]lem ;

2° De Madras Bombay par Balary et Pounah ;

3° De Bombay à Bénarès ;

Calcutta et Dacca ; embranchement de Nassirabad à Nagpour e[t] Calcutta ;

4° Ligne du littoral de Bombay à Surate, Amedabad, Hude[-]vabad ;

5° De Calcutta à Bénarès, Allahabad, Delhi, Lahore, Pes[-]chawar ;

6° De Tritchinopoli à Negapatam.

La longueur des lignes anglaises de l'Inde était en 1879 d[e] 15 752 kilomètres.

CONCLUSION. — Les Anglais en Inde deviennent plutôt bons admi[-]nistrateurs et soldats que bons financiers. Tous conspirent contr[e] le budget. La compagnie des Indes offrait jadis plus de garanties à ce point de vue ; pour les fonctionnaires actuels l'équilibre compte peu. Cependant les finances sont rentrées dans la voie normale, 70 000 000 liv. sterl., de recettes, autant de dépenses ordinaires.

L'impôt foncier donne 22 000 000, l'opium 10 000 000, — mais il y a de grands frais de perception, 2 millions de livres pour l'opium. La dette a été établie en grande partie pour établir des chemins de fer et beaucoup de canaux, pour l'agriculture surtout, car il y a des districts très secs, par exemple la vallée inférieure de l'Indus. Les anciens empereurs Mongols avaient fait des canaux d'irrigation, les Anglais les ont continués : citons le grand canal depuis le Gange à Hardwar, jusqu'à Allahabad, utile surtout à l'agriculture.

Les grands travaux des Anglais, entrepris surtout en vue de l'utilité publique, contrastent avec les fastueux monuments des anciens monarques. On introduit de nouvelles cultures, le quinquina du Pérou, par exemple, contre les fièvres du pays. Le thé et le coton indigène fournissent maintenant de grandes ressources à l'exportation. La prospérité des Indigènes est ainsi garantie; la paix publique est sauvegardée par de fortes garnisons, surtout au N. O.

D'un côté les Afghans, de l'autre le Trukestan chinois à situation politique incertaine; entre les deux, des tribus sauvages sur les pentes de l'Hindou Kouch, encore inexplorées. On a tenté des opérations géographiques pour lever le plan de ces contrées, des indigènes dressés sont allés de Pechaouer à Kachgar; prouvant ainsi que la route est facile entre le Pendjab et le Turkestan, ce qui est intéressant pour le commerce qui n'a que la longue voie de Samarcande ou du Karakoroum. Les Anglais n'ont nulle influence au delà des montagnes.

Au Thibet le gouvernement théocratique n'admet nul étranger. On ne le connaît que par quelques missionnaires qui y ont pénétré par la Chine. Sur l'Hymalaya en face de la vallée du Gange, le Bhoutan est inconnu aux voisins, à l'E. les Lushaïs, pillards, occupent la frontière de Birmanie.

A l'O., en Beloutchistan, le Khan de Khelat est menacé par la Perse et soutenu par les Anglais. Ce pays est stérile, mais important comme intermédiaire entre l'Inde et la Perse.

L'Inde Anglaise en résumé paraît avoir atteint ses limites partout ; elle a des voisins turbulents, non dangereux, mais au N. la Russie menace le Beloutchistan, l'Afghanistan, Candahar, Caboul.

### V. ASIE CENTRALE. — Afghanistan ou Kaboul. —

FLEUVES. — Le *Kaboul* qui se jette dans l'Indus après avoir reçu le *Logar* à droite et la *Kama* à gauche; la partie inférieure du cours n'appartient pas à l'Afghanistan. L'*Hetmend* qui se jette dans le lac Zerrah ou Hamoun, ainsi que le *Farrah*, Roud. Le *Tedjent* ou *Héri* passe à Hérat, entre en Perse et meurt dans le Turkestan.

*Gouvernement.* — Royaume allié de l'Angleterre et formé aux dépens de la Perse.

*Divisions.* — Royaume de Kaboul et de Kandahar avec le Khorassan oriental, et le Sevista, — principauté de Seistan et royaume d'Hérat.

Kaboul, capitale, centre commercial de l'Asie; toutes les routes y passent, elle est assise dans une plaine très élevée et très fertile.

Ghasna, ancienne résidence des sultans Guasnevides, pleine de tombeaux de saints, sur un haut plateau, très fortifiée, seconde Médine.

Kandahar, place forte; c'est la ville la plus industrieuse et la plus commerçante du royaume.

Djellalabad, les fortifications en ont été récemment fortifiées (sur le Kaboul), près de là le défilé tristement célèbre de Kaïber (1841), un des plus longs et des plus difficiles qui soient au monde.

Hérat; bien déchue; importante toutefois par son commerce et son industrie.

**Beloutchistan.** — Il n'y a pas de rivière importante et dont le cours soit perpétuel. Citons pourtant le fertile district du Katch Gandava qui appartient à la partie inférieure du bassin de l'Indus.

Le Beloutchistan est une confédération de plusieurs tribus composées surtout de Beloutchis et reconnaissant la suprématie du chef qui réside à Kelat et qui a secoué de nos jours la suzeraineté du roi des Afghans.

Kelat, province de Sarovan, capitale, fortifiée sur un plateau très élevé; Gandava, chef-lieu de la province de Katch Gandava, la ville plus peuplée; Kouetta, position commerciale et militaire à l'une des issues de la gorge de Bolan.

Les Anglais ont une garnison et un résident dans Kelat. La province de Katch Gandava leur appartient en partie.

**La Perse.** — Le nom de Perse pris dans son sens le plus étendu s'applique à toute la région de l'Asie centrale située entre le Tigre et l'Indou Kouch; depuis la mort de Thomas Koulikan en 1747, quatre États indépendants s'y sont formés : les royaumes d'Iran, de Kaboul ou des Afghans, le pays de Kaferistan et la confédération des Beloutchis.

Le mot d'Iran sous les Achéménides et les Sassanides désignait les contrées entre le Tigre et l'Indus, par opposition à Touran (Scythes) au N. de l'Oxus.

La Perse forme un vaste plateau qui rattache les montagnes de la Chine au Caucase. Les monts Hindou Kouch se rattachent au Tsoun-Ling, et s'étendent jusqu'à la source de la rivière de Kaboul; les monts du Khorassan au N. jusqu'à l'Atreck; les monts de Demavent, de l'Atreck au Kisil Ozen; les monts Elbrouz du Kisil Osen à l'Ararat, nœud du système à l'O.

Au S. le plateau est délimité par les monts Soliman-Kouh, parallèles à l'Indus et qui arrivent jusqu'au golfe d'Ormuz sous différents noms; la chaîne suit de là la direction N. O. Monts Ouachati, monts Nurmanchir en Karmanie, monts Halilah, mont Elvend, Zagros, et montagnes du Kourdistan.

Le plateau de la Perse a une hauteur constante de 3000 mètres; il est traversé par des chaînes de 1500 mètres environ, dont les directions sont fort variées. Celles qui forment des vallées s'ouvrant du N. au S., sont battues par les vents tour à tour glacés et brûlants qui détruisent toute végétation; il y a donc des déserts. (Grand désert salé du Kuchistan; désert du Beloutchistan). Celles qui s'ouvrent de l'E. à l'O, sous l'influence de vents plus tièdes, donnent naissance à des vallées délicieuses.

9 grands cours d'eau peu étendus : *Araxes*, affluent du *Kur* au N., le *Kisil Osen* et l'*Atrek* (mer Caspienne), les bouches du *Chot-el-Arab*, le *Riut*, la *Jagra*, le *Doust*, tributaires de la mer du S.

Le *Zender-roud* passe à *Ispahan* et disparait dans les sables.

Le *Bend-Emir* tombe dans le lac Baghatau; — l'*Helmend* dans le lac Zerrah ou Hamound, dans la contrée autrefois si célèbre du Seïstan.

Divisions de la Perse. — 1° Irak Adjemi au centre;
2° Mazanderan;
3° Ghilan, sur les bords de la Caspienne;
4° Adzerbaïdjan au N. O.;
5° Kourdistan à l'O.;
6° Khousistan au S. O.;
7° Farsistan au S. golfe Persique;
8° Kirman au S. E.;
9° Kouhistan à l'E.;
10° Chorassan au N. E.

*Teheran* dans l'Irak-Adjemi, capitale, 200 000 habitants en hiver, mais beaucoup moins en été.

Ispahan, ville de commerce et d'industrie, 60 000 habitants. Hamadan, 30 000 habitants, fabriques de tapis.

Balfrouch dans le Mazenderan; c'est la ville la plus commerçante et la plus industrieuse de la Perse. Asterabad, avec une baie sur la Caspienne.

Recht, dans le Ghilan, industrieuse, mais malsaine, 60 000 habitants.

Tauris (Adzerbaïdjan), industrie et commerce, 120 000 habitant, citadelle la plus forte de Perse. École orientale fondée par M. Boré.

Kirmanchech, 30 000 habitants, dans le Kourdistan, près de là Bisoutoun, célèbre par son rocher couvert d'inscriptions, précieux documents historiques.

Chôuster (Khousistan) 25 000 habitants, à l'O., ruines de Suse.

Chiras (Farsistan, pays des Perses classiques), 50 000 habitants, industrie et commerce, ruines de Persépolis et de Passagarde, Yezd, 40 000 habitants. — Abouchehr, sur le golfe Persique, le premier port du royaume, mais incessamment en proie à la peste, à la famine, à la guerre.

Kerman, 42 000 habitants, châles, tapis et armes, Meched, capitale du Khorassan persan, 60 000 habitants, tombeau de l'iman Ali, patron de la Perse.

Gouvernement. — La Perse est une monarchie absolue. Ce souverain ou Shah appartient à la famille des Kadjars. La superficie est de 1 647 000 k.q., la population de 7 653 000 habitants. La religion est l'Islam. Les Perses sont en grande majorité Chütes.

Il n'y a pas de dette publiques. L'armée a été en partie réorganisée par des officiers autrichiens.

**Turkestan.** — On peut adopter à peu près ces limites : à l'O., la Caspienne et la Perse. Au N., une ligne allant du lac Grandarakoul aux sources du Naryn. A l'E. les monts Thian-Chan-Pelou, Thian-Chan; et Bolor. Au S. l'Hindou-Kouch; qui couvre le royaume de Kaboul, et le désert de Charasm.

Le niveau de la mer d'Aral est de 40 mètres au-dessous de celui de la mer Noire.

Les bords sont formés par la ligne de partage des eaux de l'Asie, au S. et au N. par les monts Oust-Our qui partent de la source du Naryn, passent au N. de la mer d'Aral, sous des noms différents, et meurent dans les steppes qui séparent cette mer de la Caspienne.

Le Turkestan indépendant diminue d'année en année devant les progrès de la Russie. Aujourd'hui il ne reste plus que les Khanats, déjà vassaux de Khiva et de Boukhara.

*Khiva*, 57 800 kil. carrés avec 700 000 habitants, bien arrosé, bien cultivé, est soumis à un gouvernement despotique. La seconde ville du Khanat, la plus riche est Kounia Ourgendch au N. E.

*Boukhara*, 217 500 kil. carrés, a 2 millions d'habitants, un gouvernement despotique.

*Le territoire des Turcomans indépendants* a 206 500 kil. carrés, 175 000 habitants presque tous nomades ; Merv au milieu d'une oasis et Surach sont les endroits les plus importants.

*Le territoire des Kirgis indépendants* est situé sur le plateau de Pamir, sa superficie est inconnue.

VI. **ARABIE**. — L'Arabie a une superficie de 2700 kilomètres, une population de 2 800 000 habitants.

## ARABIE.

Côtes. — La mer rouge forme sur ses côtes le golfe de Suez, et le golfe d'Akabah, qui embrassent la presqu'île de Sinaï terminée par le raz Mohammed. On trouve sur la côte les îles Hassani, Schami, Farsan el-Kebir; Kamaran occupée par les Anglais depuis 1859 et Perim (1857) au milieu du détroit de Bab-el-Mandeb. Elle est terminée par le Ras Arar au S. O.; les Ras Fartak au S., Ras-El-Hadd au S. E.; les îles et la baie Khourian et Mourian, qui contiennent du guano et sont anglaises depuis 1857.

Le Ras Mocendon, commande le détroit d'Ormuz, le Ras Anfir, à l'extrémité de la presqu'île de Bahrein, avec l'île Bahrein sur le golfe Persique.

Relief. — L'intérieur est formé par un plateau de 1000 à 13000 mètres de hauteur.

Djebel Toueck, 3000 m., est entouré d'un cercle de désert au S. O. Sable, pierres.

Bande de montagnes, S. O. Djebel Akdar, 2000 mètres.

Fleuves. — Les fleuves sont l'*Ouaddi Roumma*, 1500 kilomètres. *Aftan* ou rivière de Lahsa à l'E.; *Chab* et *Meidam*, mer d'Oman.

Divisions politiques : 1° *Arabie Petrée* ou Djebel-el-Tih, est un plateau accidenté, sablonneux, coupé par l'*Oued-et-Arisch* qui tombe dans le golfe d'Arabah, Méditerranée, et l'*Ouald-el-Arabah*. On y trouve les monts Sinaï, Horeb, Mousa, 2620 mètres; Djebel Katerne, 2290 mètres, Tor, Akabah, ancienne Aelena.

2° *Hedjas*, pierreux, nombreuses oasis, c'est le pays sacré avec la Mecque, 30 000 hab., mont Arafat.

Taïf, oasis fertile; résidence habituelle du Chan, Djeddah, port de la Mecque, 15 000 hab. Médine, tombeau du prophète, 16 000 hab. Yambosa, mauvais port, Koufoudah.

Djebel Aeyr, bons mouillages, allié aux Wahabites.

3° *Yemen*, vallée fertile; Sana, appartient à l'Iman de Mascate. 40 000 hab. Mareb, près des ruines de Saba; Damar, Lobeïah, Hodeidah, qui ont hérité de l'importance de Moka; Aden, port franc acheté par les Anglais en 1839, avec Steamer Point.

4° *Hadramout*; Makalla (marché d'esclaves), 5000 hab., port.

5° *Oman*, soumis à l'émir de Mascate (2 000 000 hab.).

Oman avec Katar; les îles Bahrein et d'Ormuz; Mascate, 60 000 hab.; Matrah, 25 000 hab.; Sohar, 25 000 hab.; Shardjah, 25 000 hab.

6° *Lahsa*, Hofhouf, 2000 hab.; El-Korein.

7° *Nedjed*, habité par les terribles et inhospitaliers Wahabites. Riadh, 30 000 hab. Djebel Skomer, Hayel, belle oasis de Djauf.

*Possessions européennes en Asie.* — Les Anglais possèdent en Asie:

Chypre, Aden, Périm, Mosta, Kamâran, les îles de Keeling, — l'Inde Anglaise, Ceylan ; les détroits (Straits-Settlements), Hong-Kong, les îles Nicobar, les îles Andaman, Laquedives, en tout 2 367 250 k.q., 189 342 000 habitants. — Les Français : l'Inde française (5 villes), la Cochinchine, en tout 59 967 k.q., 1 870 000 habitants ; — les Portugais : Goa, Salcete et Baides, l'île Angedive, Dama, l'île de Diu et Gogola, Macao, en tout 3300 k.q. et 522 000 habitants. — Quant aux possessions russes et turques, elles font partie intégrante de l'empire et ne sont pas regardées comme des colonies.

# CHAPITRE II

## AFRIQUE

I. — Afrique physique.

**Situation, côtes.** — Trois fois plus grande que l'Europe, l'Afrique est située entre 37°20 lat N. et 34°58 lat S.; 20° long O. et 49° long E.; sa longueur est d'environ 7500 kil. du N. au S. et 7000 kil. de l'E. à l'O. Séparée de l'Asie par le canal de l'isthme de Suez, elle forme aujourd'hui une île véritable, dont les limites sont la Méditerranée au N., l'océan Atlantique à l'O, l'océan Indien et le golfe Arabique à l'E.

Les côtes que ces mers arrosent sont très pauvres en sinuosités. L'Afrique n'a pas une seule presqu'île qu'on puisse citer. Cet immense continent dont la forme est triangulaire ne présente sur son pourtour qu'un petit nombre de caps et de golfes.

Côtes de la Méditrrranée. — Après le *canal de Suez* (Port-Saïd à l'entrée du canal, 9000 habitants, dont 2000 français), et le *delta du Nil*, avec les villes de Damiette, Rosette et Alexandrie, le littoral septentrional offre le plateau pierreux (large de 60 kil.) de la *Marmarique*, le *plateau de Barkah*, quelques ports : Dernah, Grennah (ancienne Cyrène) et Benghasi (Bérénice). Le *golfe de la Sidre* (Grande Syrte) est désert sur plus de 650 kil. Après le port de Tripoli et le golfe de Gabès, le *rivage de la Tunisie* s'incline du S. au N. avec de bons mouillages; les ramifications de l'Atlas arrivent jusqu'à la mer, mais on les a déboisées. Gabès, Hammamet, le cap Bon, Tunis et Bizerte et, enfin, le cap Blanc, après lequel la côte incline légèrement au S. O. quelques petites îles Gerbi, Kerkenah, Galita et Tabarka bordent la côte de Tunisie.

Le *littoral de l'Algérie* est un des moins mauvais de l'Afrique. On y trouve le port de la Calle, le golfe de Bône, le cap de Fer, le golfe de Stora, la baie de Collo, le cap Boujaroun, le cap Cavallo avec le golfe de Bougie, les caps Carbon, Sigli, Corbelin, la rade d'Alger entre les pointes Matifou et Pescade, les baies ou ports de Sidi-Ferruch, Cherchell, Tenez, le cap Ivi, le golfe d'Arzeu, le cap Carbon occidental, les deux points de l'Aiguille et Falcon qui protègent le golfe d'Oran, les petites îles Habibas, l'île de Rachgoun et le cap Milonia.

La *côte du Maroc* bordée par les montagnes du Rif présente le cap Tresforcas, les petites îles Zaffarines, le promontoire de Ceuta, et, enfin, le cap Spartel en face de Gibraltar.

L'océan ATLANTIQUE baigne les rivages africains depuis le cap Spartel jusqu'au cap des Aiguilles.

Sur la *côte du Maroc* il forme les caps Blanc, Cantin, Sem, Gher et Noun. On y trouve les ports de Salé, Asafi, Mogador et Agadir; au large les archipels des Açores et de Madère.

La *côte du Sahara* commence à l'Oued Draha, en face des îles Canaries (Palma, Teneriffe, île de Fer, Gomere, Canarie, Fuerteventura et Lanzarote). — Le cap Bojador, le Rio del Ouro, le cap Barbas, le cap Blanc, la baie d'Arguin et le petit port de Portendic, sont les seuls accidents de cette côte inhospitalière.

L'*embouchure du Sénégal* avec le port de Saint-Louis est en face du îles du cap Vert (San-Antonio, Saint-Vincent, Boavista, San-Nicolao, San-Lago, Brava). Le cap Vert point extrême à l'O. avec l'île de Gorée, la ville de Bathurst, l'embouchure de la Gambie, le Rio Grande et les îles Bissagos, la côte malsaine de Sierra Leone avec Freetown, la côte de Liberia, avec Monrovia, le cap des Palmes, — à partir duquel la côte se dirigeant de l'O. à l'E. forme le golfe de Guinée, sous différents noms, côte d'Ivoire, d'Or, des Achantis, de Dahomey; après le golfe de Benin on rencontre les bouches du Niger; les Monts Cameroun sont au sommet de l'angle qui forme le golfe; la côte suit à partir de ce point une direction générale du N. O. au S. E. On y rencontre l'île Fernando Po, le golfe de Biafra, les îles du Prince et Saint-Thomas.

Les *embouchures du Gabon et de l'Ogowaï* sont sous l'équateur, puis on rencontre le cap Lopez, l'île d'Annobon, la côte Loango, et la *côte du Congo* avec l'embouchure du Congo, Zaïre ou Livingstone, les *côtes d'Angola et de Benguela* ayant au large les rochers de l'Ascension et de Sainte-Hélène. — Saint-Philippe de Benguela, le cap Negro, le cap Frio, baie de la Baleine; île Ichaboe (Hottentots), l'embouchure de l'Orange, les baies de l'Eléphant, Sainte-Hélène, Saldanha; de la Table, Capetown, et le cap de Bonne-Espérance, la baie Jaune, enfin le cap des Aiguilles.

OCÉAN INDIEN. — Passé cette borne, la côte de l'océan Indien jusqu'à la baie d'Algoa est dirigée du S. O. au N. O., on trouve les baies de Saint-Sébastien, Plettenberg et Saint-François.

Le rivage suit ensuite la direction du N. N. E.; on rencontre la *côte de Natal*, avec Port-Natal, le cap Sainte-Lucie, la baie de

Lagoa, le cap Corrientes, le port d'Inhambare, les îles Bazaruto, Sofala, Quilimané à l'embouchure du Zambèze, là commence la *côte de Mozambique*. Le canal de Mozambique sépare de l'Afrique l'île de Madagascar et l'archipel des Comores ; à l'E. de la grande île se trouve le groupe des Mascareignes, îles de Réunion, Maurice et Rodrigue.

Au cap Delgado commence la *côte de Zanguebar* avec l'embouchure de la Rovouma, le Quiloa, la bouche du Lufigi, l'île Monfia, Zanzibar, Pangani, Pemba, Melinde; les baies Formose, Juba, Brava.

La *côte d'Ajan* s'étend jusqu'aux caps Orfui et Gardafui, au large Socotora ; la côte se recourbe à l'O. sur le littoral des Somali, jusqu'au détroit de Bab-el-Mandeb qui donne accès dans la mer Rouge.

La *côte d'Abyssinie* est observé par l'île de Perin, — sur le *littoral égyptien* quelques petites îles — Dalak, Norn, Seberget, le cap Kibrit, le port de Cosseïr, les île Jaffatine et Shadguan à l'entrée du golfe de Suez ; enfin le canal de Suez dont nous aurons la description plus tard.

**Orographie**. — Malgré les découvertes récentes des voyageurs l'Afrique est restée la partie du monde, sur laquelle nos connaissances sont le moins précises. Il est très difficile de bien déterminer le relief du sol ; il semble pourtant que le centre de ce pays soit un vaste plateau, dont les bords suivent une direction à peu près parallèle au rivage, et que les fleuves de l'intérieur ont dû creuser pour arriver à la mer.

Les massifs les plus importants sont : au N., l'*Atlas* avec des sommets comme le mont Miltsin, 3475 mètres, et le mont Anna ou Rif, 2210 mètres ; à l'E., les *monts de la Sénégambie* avec le mont Loma ; ceux du *Kong*; les *monts Cameroun*, 4197 mètres au sommet de l'angle formé par le golfe de Guinée ; les *monts du Congo* et la *Sierra Erio*, à l'O.; les *monts Nieuweld*, au S.; à l'E., es *monts Draken* avec le pic Chatlikin, 3156 mètres et le mont des Sources, 3048 mètres ; les *monts Lupata* ; les *monts Livingstone*, 5800 mètres ; les monts du Zanguebar avec le Kilimandjaro, volcan le 5705 m., et le Kénia, 5485 m.; puis les chaînes de montagnes qui bornent à l'E. le bassin du Nil; *monts d'Abyssinie*, les monts Duocho, 5060 m ; Hotta, 4231 m., puis la *chaîne arabique* parallèle au Nil: à l'intérieur nous citerons, le mont Gambaragara qui s'élève 4266 mètres.

**Hydrographie**. — Du plateau central de l'Afrique s'écoulent les fleuves immenses dont le cours est encore peu connu, mais dont les explorations récentes permettent de déterminer à peu près le bassin. — Trois grands cours d'eau servent d'effluents aux eaux que les pluies annuelles versent sur le solde l'Afrique équatoriale et que les lacs ont en réserve ; ce sont le Nil qui coule au N. et se jette dans la Mediterranée, le Livingstone (Congo, Zaïre) qui a sa bouche dans l'océan Atlantique, le Zambèze tributaire de l'océan Indien.

1° Le *Nil* prend sa source sous le nom de *Nil-Alexandra* au 4ᵉ degré de lat. S.; sa direction générale est du S. au N., il traverse les grands lacs Oukeroué ou Victoria Nyansa; Moutan ou Albert-Nyanza, passe à Gondokoro ; puis grossi du *Bahr-el-Gazil*, pénètre sous le nom de *Bahr-el-Abiad* dans le pays de Sennaar, reçoit à Khartoum le *Bahr-el-Azrah* ou Nil Bleu, arrose la Nubie et, après les cataractes, entre en Égypte à Assouan ; au-dessous du Caire il se divise en plusieurs branches qui forment un delta ; deux seulement sont importantes aujourd'hui ; la bouche de Damiette à l'E. celle de Rosette à l'O. Le Delta a 200 kil. à sa base ; 150 sur chaque côté. — Sa longueur est évaluée à 6500 kil.

2° Le *Livingstone*, 4530 kil., c'est l'ancien Zaïre ; reçoit les eaux des deux lacs Bangouelo (au 11ᵉ degré lat. S., 1125 m.), Moero–Okata 915 m., Lanji, puis, après avoir traversé le pays de peuplades anthropophages, atteint une largeur qui varie de 3 à 18 kil., dessine dans son cours comme un vaste demi–cercle, coupe deux fois l'équateur, traverse des cataractes et des rapides dangereux et se jette dans l'océan Atlantique à environ 6° lat. S. Il a pour affluents principaux, à droite le Loukouga qui lui apporte les eaux du superbe lac de Tanganika et l'Alima, important par les débouchés qu'il ouvre avec l'Ogooué à gauche ; le Loualaba qui traverse les lacs Lohemba, Kassali, le Kasaï et le Couango.

3° Le *Zambèze* (3100 kil.) est formé de la Liba et du Liambeya. — La *Liba* reçoit le *Lotemboua*, effluent du lac Dilolo ; le *Liambeya* lui est parallèle ; le Zambèze coule du N. O. au S. E. ; reçoit à droite le *Tchobe*, qui vient du N. O., forme la belle cascade Victoria ; reçoit à gauche le *Kalomo*, le *Kafoué*, le *Louangoua* ; à droite le *Quajé*, le *Chiré* qui sert de déversoir au lac Nyassa.

A ces trois grands fleuves il faut joindre le *Niger*, qui prend sa source dans les montagnes du Cong, forme une demi-circonférence, touche presque aux sources du Sénégal, puis coule au N. E. par Sego, Djenné, traverse le lac Debo et à la hauteur de Kabara qui sert de port à Tombouctou incline vers le S. E., traverse les monts de Cong et finit par un vaste delta.

Les peuples qui vivent sur ses bords, lui donnent les noms de Kouarra, Djoliba, Eghirroï, etc., sa longueur est de plus de 4800 kil.

Les principaux affluents sont, l'*Ulaba* et la *Souba*, à droite, la *Rima*, grossie de la rivière de *Socoto*, la *Coudoxia*, la *Tchadda* ou Binoué, qui peut servir de canal de communication avec les eaux du Chari et du lac Tchad.

Les fleuves secondaires sont dans la Méditerranée la Medjerda, le *Chéliff*, la Malouia. Dans le bassin de l'Atlantique le *Sénégal*, 2800 kil., la *Gambia* 1400 kil. L'*Ogooué* dont la source est encore inconnue, la *Coanza* 1000 kil., le *Kounene* 2000 ; le fleuve *Orange* 1900 kil.

Dans l'océan Indien : le *Limpopo* 1700 kil., la *Rovouma*, la *Loufidji*.

**Les peuples de l'Afrique.** — La race la plus ancienne est celles des *Boshimans*, chasseurs (cap Orange). Ils sont armés de flèches faites de roseaux ; l'arc est long d'un mètre, il a pour corde le tendon de la patte d'un chat sauvage, la portée de cette arme est de 100 à 150 pas ; cette race mange depuis l'antilope jusqu'à la fourmi. Ils sont nus, ou à peu près, se contentant d'une peau de chacal ; la coquetterie consiste à s'enduire de pommade et d'ocre rouge. Ils vivent dans des trous ; leur art est inférieur à celui de l'homme quaternaire. Très petite taille, 1$^m$,40 en moyenne, nez épaté, pommettes saillantes.

Les *Akkas*, Afrique centrale (Schweinfurth), sont de très petits hommes (ce sont les pygmées d'Hérodote), roux de cuivre, au ventre très gros. Ils ont l'épine dorsale en forme de S, la tête ronde.

Les *Hottentots*, 1$^m$,52, ont la peau comme vieux cuir jaune, les cheveux insérés en petites touffes, le nez épaté, les narines larges, les lèvres énormes, les pommettes saillantes, les yeux petits et foncés, très écartés, les oreilles plates et sans lobule, les mains petites et délicates. Le Hottentot est essentiellement pasteur, bon pour ses enfants ; fumeur déterminé. Il vit de laitage, dans des habitations hémisphériques de 10 à 12 pieds de diamètre, et 4 de hauteur, Kraals. Les morts sont enterrés sous des tertres artificiels. Ils croient aux sorciers, et ont un commencement d'astrolâtrie.

Les *Nègres, proprement dits* (Guinée), ont la taille haute, le squelette puissant, les jambes longues et arquées, le pied plat, les dents écartées, blanches et saines. Leur nez ne constitue qu'une saillie à peine sensible sur le visage, tandis que le prognathisme est intense, les yeux sont noirs, la sclérotique jaunâtre ; on observe des taches foncées sur la langue ; le dedans des mains et la plante des pieds plus clairs, la peau est douce et fraîche. Le nègre est un grand enfant, vaniteux à l'excès, voleur, paresseux, vindicatif, superstitieux, fétichiste, craignant les morts ; nulle industrie, nulle force de résistance. Il existe quelques grands royaumes nègres. La plus grande agglomération est la ville d'Abbeo-Kouta. 100 000 cases de 10 pieds de diamètre, semblables à des ruches. Les nègres forgent le fer et fabriquent des couteaux bizarres. Ils se plaisent dans une nudité complète, embellie par une coiffure des plus compliquées, et un tatouage baroque dont chaque tribu a une variété, et qu'on obtient par brûlures ou incisions. Plusieurs s'aiguisent les dents en pointe. Il y a une infinité de races ; les Yolofs et les Saracolés au Sénégal ; les Nyam Nyam, les Djous.

*Cafres* ou *Bantous*, 1ᵐ,718, bien proportionnés, souples, élégants, d'un brun jaune, le nez recourbé, la mâchoire puissante, le menton massif. Originaires du N. E. Ils se divisent en trois groupes : 1° groupe des Cafres proprement dits, Ama-Xosas, Ama-Zoulous, Ama-Tongas, etc. ; Cafres du Zambèze, Ma-Tabeles, Ba-Yeyes, Ba-Rotsés, 3° rameau Oua-Sogo, Oua-Ganda ;

2° Groupe central, Be-Tchouanas ;

3° Groupe occidental, O-Syébas, O-Bambas, Ba-Tekes ; plus sérieux que le nègre, le Cafre a des qualités militaires, pasteur, grand conquérant de troupeaux, discuteur. — Il aime mille fois mieux ses vaches que ses femmes.

*Pouls*, sur une large bande de la mer Rouge à l'Atlantique, rouges. Ils fondèrent au dixième siècle l'empire de Tekrour, sur le Niger, au seizième siècle un état Poul se fonda au N. du Sénégal. Ils portent le nom de Tocolor dont nous avons fait Toucouleur, ils se croisent avec les nègres ; ils montent à cheval ; très laborieux, ils travaillent le fer et ont le sentiment de l'honneur. « Si l'on introduit une fille Poul dans une famille, fut-ce comme servante ou captive, elle devient toujours maîtresse de la maison. » Ils sont fervents musulmans.

Les *Nubiens* ont moins de cohésion que les Pouls. Ils sont très mélangés par le sang, mais ont presque tous pris la langue des Chamites, ont la couleur du chocolat en tablette. Les Momhouttous sont de féroces anthropophages.

## II. — Afrique politique.

Nous étudierons la géographie politique de l'Afrique en suivant autant que possible l'ordre naturel des grandes régions physiques qui existent dans cette partie du monde. Nous trouvons ainsi six grandes divisions :

1° Le bassin du Nil ;

2° Le bassin de la Méditerranée ;

3° Le Sahara ;

4° Le bassin du Niger et la côte de Guinée ;

5° L'Afrique australe et portugaise ;

6° L'Afrique australe anglaise.

1° **Le bassin du Nil**. — Dans le bassin du Nil nous trouvons :
 *a*. Les régions des lacs et du Nil supérieur qui sont habitées par des indigènes indépendants ; *b*. La région montueuse de l'Abyssinie à laquelle on peut rattacher la côte et le pays des Somâli ; *c*. L'Égypte et les territoires qui en dépendent.

*a. Région des lacs du Nil.* — Au sud du lac Oukeréoué (Victoria Nyansa) se trouve le grand pays d'Ounyamouesi.

A l'O. le royaume puissant d'Oughanda.

Ces pays sont habités par des Makra, mais ils sont pénétrés par l'influence musulmane ; déjà une colonie de Wahabites, venus de Zanzibar s'y est fixée.

*b. Abyssinie*, 410 000 k.q., 3 millions d'habitants ; 7 de densité. Les Abyssiniens forment un empire gouverné par un souverain qui porte le nom de Nigous d'Éthiopie. Le pays est montueux ; c'est là que le Nil Bleu Bahr-el-Asrak ou Abaï prend sa source à plus de 2700 m. au-dessus du niveau de la mer ; le pays est divisé par un affluent du Nil, le Tacazzé, en deux parties distinctes par une large coupure. Au N. se trouve le Tigré avec 5 provinces. Axoum, ville bien déchue de son ancienne importance, Adouah, 6000 hab., l'Hamaçen tout au N. avec Adibaro.

Au S. du Tacazzé, l'Amhara ; également cinq provinces, la capitale est Gondar, grand marché, centre industriel, et au point de croisement de routes charretières.

Au S. O. de l'Abyssinie se trouve le *pays de Choa* habité par des Gallas, peuple guerrier.

Le roi (Menelik, fils de Sahlé-Salassi) est chrétien. La capitale est Ankober.

Ce pays est arrosé par la rivière du Haouach.

Pour arriver au pays de Choa il faut traverser le *territoire des Somâlis* qui s'étend jusqu'à l'océan Indien.

C'est un peuple pasteur encore sauvage.

Divisés en trois tribus, ils obligent les voyageurs à acheter leur neutralité.

Chez eux le meurtre passe pour un acte méritoire, qui assure au meurtrier de son vivant l'honneur de porter une plume blanche d'autruche dans sa chevelure, et, après sa mort, d'avoir posées verticalement sur sa tombe autant de pierres qu'il a tué d'hommes.

*c. État égyptien.* — Établi solidement à l'embouchure du Nil, l'État du vice-roi d'Égypte a depuis plusieurs années remonté le cours du fleuve, pris position dans le bassin supérieur et fait entrer de gré ou de force dans son système politique la plupart des territoires importants entre la mer Rouge et le fleuve.

C'est en partie grâce à l'aide du Khédive que les expéditions des explorateurs qui ont cherché par le N. à pénétrer le problème des sources du Nil ont pu arriver aux grands lacs; aujourd'hui une province égyptienne, où l'autorité du vice-roi est du reste plus nominale que réelle, a été créée dans le pays d'Ounyoro entre le Louta-Nzighé et l'Oukeréoué.

Cette province porte le nom d'Équateur; une garnison d'environ 2000 hommes de troupes régulières égyptiennes commandées par des officiers européens, Anglais, Français et Allemands, occupe 21 stations qui surveillent les points stratégiques importants, (les confluents ou les débouchés des routes de commerce).

Au S. E. de l'Abyssinie, l'Égypte a conquis le pays d'Harar, capitale Adar.

Cette ville est à la hauteur de 1701 mètres au-dessus de l'Océan; elle est entourée de plantations de caféiers et d'arbres à qât, dont on mâche les feuilles qui ont des vertus très énergiques : leur usage tient éveillé, fortifie le corps et enraye les dysenteries.

« Les habitants d'Adar sont au nombre de 35 000; la ville a une superficie de 48 hectares et est ceinte d'un rempart de pierres cimentées, flanqué de 24 tours crénelées. »

La population est musulmane du rite châfaï (Persans).

L'Égypte a échoué dans une tentative faite en 1875 pour conquérir l'Abyssinie. Son armée battue sur le fleuve malgré l'appui de deux forts croisant leurs feux a perdu 16 canons, et de 12 à 13 000 fusils Remington. En descendant le Nil nous trouvons ensuite les provinces de *Bari*, capitale Gondokoro. De *Denka*, au confluent du Bar-el-Ghazel, on remarque la station de Heiligen Kreuz, de Sabot au confluent de la rivière de ce nom. Le Nil moyen sépare deux provinces qui appartiennent à l'Égypte depuis 1820-1822. Le *Kordofan* ou *Soudan égyptien* à l'O.; au centre de cette province se trouvent les deux stations importantes d'Obeid et de Bara, où se croisent les routes de caravanes.

Obeid est une ville moderne, chef-lieu du Kordofan; la route qui y conduit du Nil est celle que parcourent les courriers de la poste égyptienne. On n'y trouve d'eau que celle que renferment les troncs creux des Adamsonia, et qui est réservée aux courriers, aux employés de la ligne télégraphique et aux villageois. Les télégraphes égyptiens dans cette région dépassaient en 1877 de 120 kilomètres la ville d'Obeïd. Les caravanes font sur ces routes 4750 mètres à l'heure. Sur la rive droite se trouve le *pays de Sennaar* entre le Nil et l'Atbarah, Khartoum, dans une position magnifique, au confluent des deux Nil est la capitale du *Soudan égyptien* et à 1600 kilomètres du Kaire.

Cette ville est malheureusement insalubre, néanmoins elle compte plus de 55 000 hab.

La *Nubie* se divise en *Haute Nubie*, avec Chendy, ancienne capitale du pays ruinée en 1821. Damer, au confluent de l'Atbarah, c'est le centre religieux du pays; on y trouve des écoles musulmanes qui envoient des missionnaires dans les régions les plus reculées de l'Afrique centrale et occidentale; Nouveau-Dongolah, fortifiée; *Basse Nubie* qui s'étend jusqu'à la dernière cataracte du Nil au S. d'Assouan; à l'E. jusqu'à la mer Rouge, à l'O. la limite est celle des oasis.

La superficie de la Nubie est évaluée par le gouvernement égyptien à 864 000 k.q., sa population à 1 million d'habitants, densité 1.

ÉGYPTE PROPREMENT DITE. — Elle se divise en trois parties :

1° *Haute Égypte* : Assouan; Esneh, 5000 (chameaux); Chene, près de Karnak et Louksor; Denderah; Girge; Siout; Corseïr, sur la mer Rouge.

2° *Moyenne Égypte* : Medinet, 12 000; El-Fayoum; Minié; Le Caire, capitale de la vice-royauté, a 327 000 habitants.

2° *Basse Égypte* : Alexandrie, 165 000, une des villes les plus commerçantes du monde; Aboukir; Rosette; Damiette; Mansourah; Bonnah; Menouf.

CANAL DE SUEZ. — Le canal de Suez, exécuté par les Français; grande route des Indes; doit échapper, par son caractère international, à l'action directe des Égyptiens; il faut le décrire en détail :

Le canal s'ouvre à Port-Saïd, près de l'ancienne Peluse, sur la Méditerranée. Cette ville était montée en 4 ans de 3854 habitants à 13294 (chiffre de 1881); deux grandes jetées de 2500 m. et de 1900 protègent l'entrée; il traverse les lagunes du lac Menzaleh, 42 kil.; El-Kantara, le seuil d'El-Guisr (15 m.); le lac Timsah, et arrive à Ismaïlan (2000 hab); point stratégique d'une grande force.

De là on atteint le bassin des lacs Amers, puis on arrive à la ville qui a donné son nom au canal; Suez, peuplée de 11 000 hab. Un canal d'eau douce, dérivé du Nil au-dessous du Caire, passe par Zagazig.

| | | | |
|---|---|---|---|
| Egypte | 550.000 | 5.251.000 | 10 |
| Vallée du Nil | | | 170 |
| Nubie | 864.000 | 1.000.000 | 1 |
| Soudan | 292 000 | 5.000 000 | 17 |
| Fer | 275.000 | 4.000.000 | 15 |
| Equateur | 270.000 | 1.670.000 | 7 |
| | 2.251.000 | 16.921.000 | 8 |

### 2° Bassin de la Méditerranée.

TRIPOLI. — Le Velayet de Tripoli qui appartient à la Porte comprend la *Tripolitaine* : Tripoli (Oeta), 30 000 hab.; Mizda, sur la route du Fezzan; *Barkah*, vallées fertiles vers la mer; Benghazi ou Bernik; l'*oasis d'Audjilah*, Maradeh et Djallon, route d'Égypte; le *Fezzan*, le *plateau pierreux de Hammada*, au N.; le *plateau de Mourzouk*, au S., avec Mourzouk; l'*oasis de Ghadamès*, 10 à 12 000 hab., au S. O.

La *Tunisie et l'Algérie* ont été décrites plus haut.

Maroc ou Marakesh, c'est la Mauritanie Tingitane et la Gétulie des anciens.

Le mont Atlas le divise en deux parties : le Tell au N., fertile, sain ; le Sahara Marocain au S.

La population se compose de Berbères, Arabes, Maures issus du mélange de ces deux races, Juifs et les Abids ou nègres qui sont soldats.

Le gouvernement est despotique.

Les villes importantes sont :

Maroc, à 220 kil. de la côte, 50 000 hab.; Fez, la ville sainte, 80 000 ; Mequinez, où est le trésor de l'empereur ; Mogador (1844), 20 000 ; Mazagan, fondé par les Portugais ; Rabât, 50 000 ; Salé, 20 000 ; Tanger (1844), 12 000.

Les Espagnols possèdent sur la côte N. les ports ou présides de Ceuta, Peñon de Velez, Alhucemas et Melillah.

3° **Le Sahara.** — *Sahara occidental.* — La côte est sous la dépendance nominale de la France (Portendik).

A l'intérieur on trouve le Tiris, pays des pillards Ouled-Delim, au S., pays de Sebkhas. La Sebkha Idschil (30 kil. sur 12) alimente de sel Tombouctou.

Adrar, grande oasis avec Ouâdan pour capitale.

*Sahara central.* — Les Touaregh ; Hoggar ; Azkar (oasis de Ghât) ; Keloui (Djebel Air).

S. O., plateau de Ahaggar, Suisse africaine.

N. O., Le Touat, pays plat.

S. Aïr ou Asben, 1400 m., granit nu.

*Sahara oriental.* — Tibbou (nègres) ; oasis du Kaouar.

4° **Bassin du Niger** et côte de Guinée. — *Timmanie.* — *Soulimana*, capitale Falaba, habité par les Mandingues ; Kouranko, capitale Simera ; *Sierra Leone*, Freetown ; *Liberia*, Monrovia. *Mary Land* : Harper ou Cape Town ; *côte d'Ivoire* (Grand Bassam, Assinie) ; *Côte d'Or*, aux Anglais : Appollonia, Cape Coast Castle, Fort James. Le *pays des Achanti* : Commasie, 15 000. *Côte des Esclaves* ; Aquilla, Fort William ; Lagos, *Dahomeh*, cap Abomeh ; Calmina, ville sainte, 10 000 ; port de Wyddah. Confédération des Egbas (1825, asile des nègres) ; Benin, marché anglais de Lakodja ; *côte du Calabar*.

*Gabon.* — Libreville ; Port-Denis.

5° **Afrique australe et portugaise**. — Guinée inférieure ou Congo ; tribus nègres :

*Loango* : Mayumba et Banya Loango ; N' Goyo, capitale Cabinda ; Congo, San Salvador dans l'intérieur, 20 000. *Angola* (Portugais) ; Saint-Paul de Loanda ; Cassangé (120 kil. à l'int.). *Benguela* ; Saint-Philippe de Benguela, colonie portugaise. On y compte 1500 blancs, 52 000 mulâtres, 600 000 nègres ; Ovampos ; Damaras ; Namaquas. On y trouve de bonnes habitations, de vastes édifices officiels, malheureusement on y manque d'eau, on est obligé d'en apporter en bateau de cabotage des rivières Bengo et Daudé ; le gouvernement fait creuser un canal de 70 kil. pour amener l'eau dans la ville. La province d'Angola, nourrit 453 307 individus, dont 40 000 blancs. De l'autre côté, le gouvernement a créé un service de bateaux à vapeur sur le Zambèze et le Chiré, affluent du Nyam.

Bassin du Zambèze. — Sépare les peuples de race nègre au N. des peuples cafres ou hottentots au Sud.

Les *Balonda*, qui se mutilent ; les Kutema ; Batoka ; Matabele, gisements d'or.

*Makololo*, villes principales Linyanti ; Sescheke sur le Zambèze.

*Possessions portugaises*. — 7 districts : Zofala ; Quilimané ; Sena, sur le Zambèze ; Teté ; Zumbo, en décadence ; Mozambique.

Madagascar. — Longueur 1400 kil., largeur 400 à 480.

La partie O. moins bien connue que l'autre, quoiqu'elle soit quatre fois plus étendue, n'a pas de fleuves ; des espaces de côtes de 200 kil. ne présentent pas de ruisseaux.

La côte présente beaucoup de rades : Diego, Suarez ; mais aussi des lagunes malsaines. Les plateaux sont plus salubres. 4 000 000 hab. ; Malgaches ; Sakalaves ; Hovas. Ceux-ci, d'origine malaise, ont soumis les autres peuples et sont nos implacables ennemis ; cap Tananarivou ; Tamatave, port sur la côte orientale ; Fort-Dauphin est en ruine.

Les Français ont conservé leurs droits de souveraineté sur Saint Maurice et Port-Louis. En théorie même nulle autre nation de l'Europe n'a le droit d'établir son autorité sur l'île tout entière.

6° **Afrique australe anglaise**. — Hottentots, Cafres, Hollandais et Anglais. — Au S. du désert de Kalahari est le pays des Hottentots, jusqu'au fleuve Orange.

Colonies anglaises. — Les Anglais y possèdent la colonie du Cap et de la Cafrerie britannique.

Colonie du cap. — Population totale en 1880 : 780 000 dont 256 783 (61 000 dont 21 000).

*Province de l'O.* — Cape-Town au fond de la baie de la Table ;

avec Simons, Bay, E. (False-Bay) et Table-bay O. ; Constance, vignobles (réfugiés français, 300 en 1688).

*Province de l'E.* — l'Elizabeth, baie d'Algoa ; King-William Town.

*Cafrerie britannique.* — East-London est célèbre par ses champs de diamants qui ont attiré tant d'aventuriers.

GRIQUALAND OCCIDENTAL. — Kimberley ; Pneil (champs de Diamant), 25 000 000 hab.).

La population dépasse 48 000 hab., un peu moins d'un tiers est blanc.

COLONIE DE NATAL. — 400 000 hab.; Maritzburg ; Port Durban (baie du Port-Natal); fort Williamson, à l'embouchure de la Tugela ; pays des Bassoutos aux sources de l'Orange (mont Chatkin).

PAYS DES ZOULOUS. — Jusqu'à la baie Delagoa ; Ekowe ; Santa Luzia-bay.

ÉTAT DE TRANSVAAL. — Du Vaal au Linspo, indépendant depuis 1881.

Dans le district de Cronstadt a été découvert un gîte épais de houille sur les deux rives du Vaal. 32 kil. de long, 9 à 10 de largeur.

La superficie est de 296 000 k.q.; la population de 800 000 hab. dont 40 000 appartiennent à la race blanche.

L'autonomie complète dans les affaires intérieures appartient aux Boërs du Transvaal ; mais la reine est investie du droit de suzeraineté et chargée des relations extérieures.

Au point de vue politique, les colonies anglaises de l'Afrique australe présentent les formes les plus diverses de constitution. Tandis que dans la colonie du Cap le self-government est presque aussi parfait qu'en Angleterre, les pouvoirs des agents de la reine sont déjà plus étendus dans la colonie de Natal, et presque dictatoriaux dans le Griqualand. Mais telle est la force de l'esprit public anglais, que partout, même dans les colonies les plus militaires (sauf Gibraltar), la liberté individuelle et l'initiative privée sont beaucoup plus respectées que dans nos établissements coloniaux les plus anciens.

RÉPUBLIQUE DE LA RIVIÈRE ORANGE. — Elle a été fondée par des Hollandais ou Boërs, calvinistes, qui ont fui devant la domination anglaise. Cet État a été reconnu libre en 1854. Il a une superficie de 111 000 k.q., une population de 135 500 hab., dont 61 022 blancs, proportion vraiment remarquable pour le pays.

La capitale est Bloemfontein (2000); ville princip. Smithfield.

Le président est élu directement par les Burghers (citoyens) pour 5 ans. De même le Volkgraad.

L'État libre d'Orange est en communication télégraphique avec l'Europe.

# CHAPITRE III

## AMÉRIQUE

**Vue d'ensemble.** — L'Amérique est appelée aussi le Nouveau Monde, parce qu'il n'a été découvert scientifiquement qu'en 1492 : mais quelques savants ont prétendu qu'il avait droit aussi à ce titre comme étant moins vieux, géologiquement, que notre monde. C'est une question qu'il faut laisser de côté.

La superficie du continent américain est de 41 000 000 kilomètres carrés, à peu près celle de l'Asie, mais c'est le seul point de ressemblance qui existe entre ces deux parties de l'univers : l'Amérique s'étend dans le sens du méridien. L'extrémité N. est au bout de la presqu'île de Bootia, 72° latitude N. L'extrémité S. est au cap Froward, 54° latitude S. La pointe de l'île de Feu et le cap Horn à 56° latitude E. Il y a 15 000 kilomètres, et si on y ajoute les terres polaires qu'a foulées le pied de l'homme (82° latitude N.) 17 000 kilomètres, près de 7/8 du demi-méridien.

La plus grande largeur est, pour l'Amérique du Nord (Alaska et Labrador) 6000 kilomètres ; (1/6 de l'équateur) pour l'Amérique du Sud (Pérou) 4400 (1/9 de l'équateur). La longueur est donc environ 3 fois plus grande que la largeur.

L'Amérique a la même extension que le vieux monde dans sa longueur, mais c'est dans le sens du méridien, et la moitié à peu près dans sa largeur. Par sa position, elle sépare les deux océans ; elle a double climat et participe à toutes les zones : il y avait donc plus de difficulté à la traverser dans sa plus grande extension : tandis que le vieux monde est plus facile à traverser dans sa longueur que dans sa largeur. Il y a d'ailleurs plus d'accumulation de chaleur à même latitude dans le vieux monde : ainsi le Groënland est un pays de phoques et d'Esquimaux, et la Norvège un pays civilisé comme le nôtre. Le Canada, pays froid, correspond à l'Angleterre ; comparez aussi la Louisiane et le Maroc, le Brésil et la Guinée. La principale cause est le courant qui chauffe les côtes. L'Amérique est sujette aux pluies, car elle n'est pas protégée par les montagnes contre les vents d'E.; à de brusques changements et à des écarts considérables dans la température. C'est que l'Amérique est un monde entier et qu'elle correspond à tous les changements de température qu'on trouve dans les différentes parties de l'ancien monde.

En réalité ce sont deux continents que les deux Amériques, deux triangles rectangles envoyant leur angle droit dans l'Atlantique et ayant leur hypothénuse sur le Pacifique. Elles sont séparées plutôt que réunies par un isthme de 2000 kilomètres; elles sont réunies par les îles des Antilles.

Le continent du S. peu riche sous le rapport côtier a 25 000 kilomètres de littoral. L'Amérique du Nord 40 000. (L'Europe en a 55 000). L'Amérique du Sud ressemble à l'Afrique.

## I. — Amérique physique.

**Limites, description des mers, côtes, îles et caps.** — L'Amérique est bornée au N. par l'océan Glacial, à l'E. par l'océan Atlantique, au S. elle touche l'océan Glacial, du S. à l'O. elle est baignée par le grand Océan.

Océan Glacial du nord. — L'océan Glacial du N. forme sur la côte d'Amérique de nombreux golfes et enserre de ses blocs de glace (Iceberg) des archipels aux contours peu délimités : entre le Groënland d'une part, le Labrador et les îles Cumberland et Cockburn, de l'autre, sont le détroit de Davis et la baie de Baffin qui se prolonge à l'O. par les détroits de Barrow et du Prince-de-Galles; la grande baie de Hudson fermée à son entrée par l'île quadrangulaire de Northampton forme à l'E. la presqu'île de Labrador, au N. O., celles de Melville et de Boothia.

Les îles sont la terre Baffin, du Prince-Guillaume, Cockburn Nord-Somerset, Prince-de-Galles; celles de Nord-Devon, Bathurst et Melville comprises sous le nom d'archipel Parry, l'île du Prince-Albert et Banksland. Entre les îles Parry, et les dernières se trouve le fameux passage du N. O. qui a été suivi par Mac Clure, mais en traîneau.

Au Nord de la mer de Baffin s'enfonce un bras de l'océan Glacial, borné à l'E. par le Groënland septentrional (Terre Washington), à l'O. par des terres que l'on suppose réunies : Lincoln septentrional, Terre Ellesmere, Terre Grinnel. Elles sont séparées des précédentes par le détroit de Smith, la baie de Peabody et le détroit de Kennedy.

Le détroit de Behring entre le cap du Prince-de-Galles (Amérique) et le cap Oriental (Asie) conduit dans la mer de Behring ou des

Castors, qui est fermée au S. par la longue et étroite presqu'île d'Alaska et les îles Aléoutiennes, prolongement évident de cette presqu'île. Au S. commence le grand Océan.

Littoral du grand Océan. — Le cap du Prince-de-Galles est sous le 170° de longitude O.; le cap Horn sous le 70°; la côte de l'océan Pacifique est ainsi fortement inclinée dans la direction du S. E. Quelques baies profondes semblables à des fjords pénètrent dans le littoral de l'Amérique du Nord ; quelques grandes îles sont éparses sur les côtes ; une chaîne volcanique borde le rivage : citons l'île Kadjak, le Sund du Prince-Guillaume, l'île du Prince-de-Galles et le détroit de Vancouver entre le continent et l'île de la Reine-Charlotte. L'île de Vancouver est séparée du littoral par un détroit très sinueux.

La côte des États-Unis qui commence au S. de l'île Vancouver est peu découpée, elle présente pourtant de bons ports; le plus fameux, San-Francisco, commande l'entrée d'une belle rade. La côte du Mexique n'a qu'un accident remarquable, mais c'est le golfe de Californie ou mer Vermeille, à la fois profonde et sûre; la presqu'île de Californie se termine au S. par le cap San-Luca. A partir du cap Corrientes la côte incline beaucoup plus à l'E. Le golfe de Tehuantepec est extrêmement ouvert, ceux de Fonseca, de Nicoya, de Coronada, le golfe Dulce, sur la côte de l'Amérique Centrale peuvent devenir très importants, lorsque la vaste baie de Panama, que ferme à l'O. le cap Mala, aura été réunie à l'Atlantique. La baie de San-Miguel marque le commencement de l'Amérique du Sud.

En somme cette côte est aussi riche que la précédente en golfes et en ports, bien qu'à première vue elle soit moins découpée ; mais ce ne sont pas les plus vastes baies qui sont les plus sûres. On y trouve la baie de Choco, les caps San-Francisco, San-Lorenzo, le golfe de Guyaquil, la Pointe Pariña le point le plus occidental de l'Amérique du sud, le port de Pacasmayo, celui de Hyanchaco qui sert de port à Truxillo, de Chimbote, et surtout de Callao. Au S. les îles Chincha sont devenues le vrai trésor du Pérou, depuis qu'on y exploite les couches de guano qui les recouvrent. A partir d'Arica la côte reprend la direction du S., présente les baies Morena, Tongoy, le port de Valparaiso et de Concepcion, entre lesquels se trouve au large l'île de Juan Fernandez ; enfin, la pointe Lavapie. La côte de Patagonie est bordée d'îles (Chiloë, Wellington, Hannover, etc.) Entre les îles Reine-Adélaïde et Dévastation commence le détroit de Magellan (Magalhaes), qui serpente sinueusement entre la côte de Patagonie et celle de la terre de Feu. Il faut 33 heures à un bon steamer pour le traverser ; ses brusques détours le rendent très dangereux aux voiliers.

Océan Glacial du sud. — Au delà du cap Horn s'étend l'océan

Glacial arctique que parcourent des courants dirigés du S. au N. et de l'O. à l'E.

Ces eaux glacées ont des îles et des terres que l'homme a visitées et sur quelques-unes desquelles il s'est établi : ce sont : les îles du Roi-George (54° latitude S. — 4000 kilomètres carrés), entourées de glaces et qui ne produisent que des choux antiscorbutiques. Un nombre incroyable de cétacés sont venus y chercher un refuge contre l'homme. Les îles Sandwichland (du 56° au 59°), les Orcades du Sud les Shetland du Sud, enfin les Terres Antarctiques; qui semblent former un continent (Louis-Philippe, Joinville, Trinité, Graham, Empereur Alexandre Ier, Empereur Pierre Ier, Victoria) affreuses contrées où sont réduits à se réfugier la baleine du Sud, l'éléphant de mer et le lamentable pingouin.

Océan Atlantique. — Nous étudierons les côtés de l'océan Atlantique du S. au N. La côte de l'Amérique du S. est beaucoup plus découpée à l'E. qu'à l'O.

*Atlantique méridional.* — Au large de la côte de Patagonie les îles Falkland ou Malouines découvertes en 1592 par Davis, 100 ans après l'Amérique, ont été tour à tour colonisées par les Anglais, les Français, les Argentins, et tour à tour ravagées par les mêmes peuples; on s'est disputé ce sol ingrat aussi cruellement que les terres les plus fertiles, après quoi on laisse les golfes de Saint-George, de San-Mathias, le cap Corrientes, le magnifique estuaire du Rio de la Plata avec Buenos-Ayres au fond au S. et Montevideo, à l'entrée au N. Au delà des lagunes, dont la plus vaste est celle de Dos Patos, marquent le commencement de la côte du Brésil. Le beau port de Rio-de-Janeiro se creuse au N ; puis après le cap Frio, le cap Thome, la côte court au N. Signalons Porto Seguro où débarqua Alvarez Cabral le 24 avril 1500. Bahiao ressemble à Rio. Elle est admirablement fortifiée et ses environs sont d'une prodigieuse richesse. L'embouchure du San-Francisco, puis les ports Pernambuco, le troisième de l'empire, de Parahyba, de Natal, jalonnent la côte brésilienne jusqu'au cap San-Roque, qu'il fallait bien s'attendre à trouver au point proéminent d'une terre portugaise.

C'est là que se sépare en deux le courant du Golfe ; la côte prend la direction N. O. Ce ne sont pas les ports qui lui manquent, ce sont les habitants; même l'estuaire magnifique du Maranhao, le golfe unique au monde du Rio Para et du Rio Marañon n'ont pas de ville en rapport avec les routes grandioses que ces fleuves ouvrent à l'intérieur du pays. C'est au N. du Marañon ou Amazone que devrait commencer notre frontière de Guyane; les Brésiliens qui nous ont enlevé cette large bande de terre n'en ont pas plus profité que nous n'en aurions probablement profité nous-mêmes.

Tandis que nos ports Cayenne et Sinamari ont une réputation de cimetières, Surinam, la capitale hollandaise et George-Town, la résidence anglaise, ont des ombrages et des villas riantes.

Après l'Orénoque et son delta inondé, l'île Trinidad bouche presque entièrement le beau golfe de Paria.

Là commence le golfe du Mexique que ferme du côté de la haute mer le rempart des Antilles. Le golfe du Mexique est divisé en deux parties : au S. la mer des Caraïbes, enfermée entre la côte de l'Amérique centrale, la presqu'île du Yucatan, les Grandes et les Petites Antilles; au N. le golfe du Mexique proprement dit que borne à l'E. la presqu'île de Floride.

*Côte du golfe du Mexique.* — Au delà du cap Paria la côte prend la direction de l'O., se creuse en forme de double poche aux golfes de Venezuela et de Maracaïbo, et au delà de la pointe de l'Épée se dirige au S. O. Elle est très escarpée, car la sierra de Santa-Marta plonge directement dans la mer. Après l'estuaire du Rio Magdelena et le port de Cartagena se creuse le golfe de Darien, d'où l'on voulait faire partir le canal de Panama.

Ce grand travail commencera à Colon, et coupera dans son isthme le plus étroit le seuil qui réunit l'Amérique du Sud à l'Amérique centrale.

Les principaux accidents de la côte de l'Amérique centrale sont le golfe Chiriqui, le cap Gracias à Dios, le golfe de Honduras, le cap Catoche qui termine la presqu'île de Yucatan, le Cotentin de l'Amérique centrale. A l'O. de cette presqu'île s'ouvre le vaste golfe de Campêche ou de la Vera-Cruz, cuve gigantesque, patrie de la fièvre jaune; la côte s'arrondit sans présenter d'autres accidents que des lagunes et des embouchures encombrées de limon et de débris (Rio Grande, delta du Mississipi) Au-delà les baies Mobile et Pensacola ressemblent déjà aux vastes estuaires de la Nouvelle-Angleterre. La presqu'île de Floride, basse, sablonneuse, marécageuse, s'avance au S. et est terminée par le cap Sable.

*Atlantique septentrional.* — La côte orientale de Floride est parsemée de lagunes; au delà commencent les baies formées par estuaires des fleuves : citons celles de Savannah (fort Pulaski), de Port-Royal (forts Walker et Beauregard), de Charlestown (fort Sumter), de Georgetown, le Sound de Pamplico, et celui d'Albemarle, semblables aux haffs de la Baltique et séparés de l'océan par de longues flèches en partie démolies. Viennent ensuite les estuaires de James River (Richmond), du Potomac (Washington), de la Chesapeak (Baltimore), au fond de laquelle tombe la large Susquehana, de la Delaware (Philadelphie, 4 juillet 1776); entre les deux baies, la presqu'île de Delaware.

Au N., après la côte de New Jersey, bordée de lagunes, la rade de New York protégée par Long-Island et où tombe le Hudson, puis le Sound de Long-Island. Au delà de la rade de Providence et de la baie Buzard, la côte se détache et se recourbe comme un patin dont la pointe serait marquée par le cap Cod et le dessus par la baie du même nom; on trouve ensuite Boston, l'embouchure du Merrimac, Portland, puis un nombre considérable de baies profondes, étroites et sûres, jusqu'à l'embouchure de la rivière de Sainte-Croix, où finit le littoral des États-Unis.

La côte du Dominion, ce Canada que nous avons perdu en 1763, présente les deux péninsules du Nouveau-Brunswick, entre la baie de Fundy et le Saint-Laurent, et de la Nouvelle-Écosse qui se rattache à la précédente par un isthme étroit échancré par la baie de Fundy et le détroit de Northumberland, l'île du cap Breton la prolonge au N.-E., celle du Prince-Édouard la flanque au N.

Un détroit de 150 kilomètres sépare la pointe septentrionale du cap Breton de la pointe méridionale de Terre-Neuve, que le détroit de Belle-Isle isole de la côte du Labrador; entre les deux îles l'immense golfe du Saint-Laurent, dont l'estuaire de 100 kilomètres de large est gardé par l'île Anticosti. Au delà du détroit de Belle-Isle commence la côte du Labrador que nous rattachons à l'océan Glacial arctique.

**Orographie.** — Les plaines occupent les deux tiers de l'Amérique. On peut dire que le sol de ce continent est un vaste plan incliné s'abaissant du sommet des Cordillères aux bords de l'Atlantique. De la pointe de la Terre-de-Feu à la côte de la mer Glaciale s'étend une seule chaîne de montagnes, la Cordillère, qui, sur la plus grande partie de son parcours, s'élève brusquement au-dessus du Pacifique : la chaîne n'est interrompue qu'à l'isthme de Panama, où la hauteur est d'environ 80 mètres, et à l'isthme de Tehuantepec; elle s'épanouit plus au N. pour former le plateau du Mexique. Dans l'Amérique du N. la Cordillère se compose de plusieurs chaînes qui sont d'abord divergentes, puis parallèles et culminent aux Montagnes-Rocheuses (Rocky-Mountains).

Le long de l'océan Pacifique, on ne remarque que les monts du Brésil, ceux de la Guyane, la sierra de Santa-Marta et les monts Alleghanys.

PLAINES. — L'immense plaine orientale des deux Amériques peut se diviser en six prairies :

1. Les pampas de la Plata, 4 200 000 k.q., qui se rattachent aux plaines de Patagonie. Ce sont des steppes herbacés, réservoir immense de viande de boucherie.

2. La selva de l'Amazone, 7 450 000 k.q., séparée de la précédente par les montagnes du Brésil.

3. Les llanos de l'Orénoque, 1 600 000 kil., se rattachant à la précédente, sans avoir de contours bien déterminés.

4. La savane du Mississippi, 5 500 000 k.q., inclinée du N. au S. et encadrée à l'O. par la Cordillère, à l'E. par les Alleghanys.

5. La plaine littorale de l'Atlantique, 1 000 000 k.q., s'étend à l'E. et au S. des Alleghanys, se joint à la précédente au delà de l'Alabama.

6. La plaine arctique, 5 500 000 kil., séparée de la Savane par la région des lacs.

Montagnes. — Cordillère. — La Cordillère porte dans l'Amérique du Sud le nom d'Andes.

Les Andes de l'Amérique méridionale ont 2 kilomètres de moins que l'Himalaya en altitude moyenne. Leur longueur est de plus de 7000 kilomètres. Cette chaîne n'est pas unique, on y remarque de nombreuses bifurcations ou dédoublements de la Cordillère. Elle se dédouble 8 fois pour former 8 enceintes des frontières du Chili à celles du Venezuela.

On la désigne sous le nom d'*Andes de Patagonie* (Tronador, 5250 mètres), avec de nombreux volcans. *Andes du Chili* dont le point culminant (6850 mètres), la sierra d'Aconquija, forme un plateau qui aboutit à la grande bifurcation des *Andes de Bolivie*.

Le sommet le plus élevé de celles-ci est l'Illampu ou Sorrata, 7494 mètres. Au N. du lac de Titicaca, un rempart transversal réunit les deux branches qui forment alors les *Andes du Pérou*, vaste plateau d'une hauteur moyenne de 6100 mètres qui s'étend jusqu'au nœud de Cerro de Paxo. Le Chagua, 6200 mètres, est le point culminant.

Au N. de ce nœud, triple embranchement, l'un aboutit à la pampa del Sacramento. Les deux autres se rejoignent près des frontières de l'Équateur.

*Les Andes de Quito* vont du nœud de Pasco à celui de Los Quitos, elles ont pour nœud principal le plateau de Loja d'où part la magnifique terrasse de l'Équateur, partagée en trois plaines distinctes par les massifs de l'Assuay et de Chisinche, la plaine de Tapia, la plaine de Quito, qu'entourent les volcans : à l'O., le Chimborazo, le Carahuirazo, l'Illinissa, le Corazon, le Phichincha, le Cotocachi; à l'E., le Sangayo, le Tringuragua, le Cotopaxi, l'Antisana, le Coyambe, que traverse l'Équateur.

Les deux chaînes réunies par le plateau de Tuquerres se continuent; au delà du plateau de Pasto, la chaîne orientale se dédouble. La Cordillère de l'O. aboutit au golfe de Darien, entre la vallée de l'Atrato et celle du Cauca. La chaîne du centre (Puracé, Huila, Tolima, Herveo) sépare le Cauca du Magdalena. Celle de l'E. (Suma Paz) se recourbe à l'O. du plateau de Bogota, se bifurque près de Pamplona, ces deux branches sont la chaîne de Sierra Negra, près de Maracaïbo et la Sierra de Santa-Marta ; l'autre forme la Silla de Caracas, longe le littoral et s'avance jusqu'à la Bouche-du-Dragon.

*Cordillères de l'Amérique centrale.* — Elles s'étendent de l'isthme de Panama à celui de Tehuantepec, et se composent de la Cordillère de Veragua, qui ne montre pas moins de 50 volcans, et de la chaîne volcanique de l'Amérique centrale qui est près de la côte du Pacifique. Celle-ci se prolonge par le système des montagnes de l'Amérique centrale, au delà du San Juan, à l'E.

*Cordillères de l'Amérique du N.* — Elles s'étendent depuis l'isthme de Tehuantepec jusqu'à l'océan Glacial du N., sur une longueur de 5200 kil.

Elles se divisent en :

Plateau mexicain d'une hauteur moyenne de 2000 mètres au S. (plateau d'Anahuac), avec le pic d'Orizaba, 5450 mètres. Il s'abaisse du côté du N. et se prolonge par trois chaînes ; celle du centre porte le nom de Sierra Madre.

*Rocky-Mountains* ou *Montagnes-Rocheuses.* — Elles se composent de deux chaînes, celle de l'Ouest commence sous le nom de Sierra Nevada, puis de monts des Cascades. Celles de l'E. sont les Rocky Mountains proprement dits. Entre les deux un plateau de 1300 à 1600 mètres, occupé par le grand Lac-Salé. On trouve sur la chaîne de l'Ouest le mont Whitney, 4540 mètres, le mont Élie au N., 4560 mètres.

La chaîne de l'E., qui prolonge la chaîne d'Anahuac, est simple jusqu'aux Spanish-Peaks, puis se divise en deux, forme le plateau de Colorado et montre ses sommets les plus élevés, ses pentes les plus raides du côté de l'E., par le pic Blanca, le Pikes-Peak (4330 m.). Le Long-Peak, presque aussi élevé, au N. duquel est la fameuse passe Evan, qui est la grande porte de l'E. à l'O. de l'Amérique, au N., se dresse le mont Hooker (4800 mètres). Le Mackensie perce plusieurs fois la ligne des montagnes.

Le plateau qui s'étend entre les deux chaînes, le Grand-Bassin, a 2 200 000 k.q. de superficie. Il est crevassé d'effroyables cañons, dont quelques-uns sont creusés au-dessous du niveau de la mer.

La chaîne de la Colombie-Britannique porte encore le nom de Rocky-Mountains ; elle a pour point culminant le mont Élie, 4560 mètres. Ce nom indique un volcan.

*Les Alleghanys.*—Cette chaîne qu'on appelle encore les Alapaches, a une longueur de 2200 kilomètres. Elle est parallèle à l'océan Atlantique et se compose au N. de groupes isolés, séparés par de profondes vallées, au centre et au sud, de chaînes jurassiques. Le sommet le plus élevé au N. est le mont Washington, au S. le Black Dome, 2040 mètres. La pente est très douce à l'ouest. Les différents noms de ces chaînes sont : Montagnes Vertes au N., Blanches au centre, Bleues au S.

**Hydrographie.** — A. Amérique du Nord. — Le *Mackensie* sort, sous le nom d'*Athabasca*, des Montagnes-Rocheuses, forme le lac du même nom, puis le grand lac de l'Esclave; en sort au S.-O. sous le nom de Mackensie et se jette par un delta dans la mer Glaciale. On ne trouve dans son bassin que des forts et des mines de bitume. Il reçoit les eaux du lac Grand-Ours.

Le *Churchill* naît dans la plaine de Colombie et porte dans la baie d'Hudson les eaux des lacs Wollaston et Nelson.

Le *Saskatschavan* traverse le grand lac Winnipeg et prend ensuite le nom de *Nelson*, sous lequel il tombe dans la baie de Hudson.

Le *Saint-Laurent* vide les cinq grands lacs : Supérieur, Michigan, Huron, Erié et Ontario (entre les deux derniers, chute de Niagara, 48 mètres de haut). Le Saint-Laurent reçoit à gauche l'*Ottawa*, baigne Montréal, reçoit à droite les eaux du lac Champlain par le *Richelieu*, et finit après Québec par un immense estuaire.

Le *St.-John* (Frederictown), le *Connecticut*, le *Hudson* (Albany, New-York), réuni par des canaux au lac Ontario, la *Delaware* (Trenton, Philadelphie), la *Susquehana*, qui perce les Alleghanys et que des canaux ramènent au lac Erié, le *Potomac* (Washington), le *Rappahanok* qui couvre Richmond, le *James* qui l'arrose, la *Roanoke* et la *Savannah* descendent des Alleghanys pour se jeter, par de vastes estuaires, dans l'Atlantique.

Ils ont joué un rôle important dans la guerre de sécession.

L'*Alabama* tombe dans la fameuse baie de Mobile.

Le *Mississipi* a 5000 kilomètres de long ; mais si l'on prend la source du Missouri pour point de départ, on trouve 7200 kilomètres de développement. C'est le premier fleuve du monde pour la longueur. Il est incomparablement supérieur à l'Amazone par les services qu'il rend aux populations déjà nombreuses qui se pressent sur ses bords. Il sort du lac Itasca, à 467 mètres de hauteur, sur le même plateau que les grands lacs et le Winnipeg, sa source n'a été découverte qu'en 1852. Il court à l'Est, dans une contrée granitique, par des vallées superbes ; sa largeur s'accroît successivement de 5 mètres à 54. Il traverse les lacs Permidji, Cass et Winiboshish.

A la sortie de ce lac, il décrit une première courbe tournée à l'E. Le lac Sandy en marque le sommet juste à la hauteur de Fond-du-Lac (Supérieur), qu'il sera facile de relier par un canal au grand fleuve. Le Mississipi a des rapides dangereux dans toute cette partie de son cours : ils cessent à St.-Anthony, au-dessus de Saint-Paul.

Là commence le cours moyen du fleuve. Les eaux sont déjà limoneuses, mais ne sont plus encombrées par les récifs, et les bateaux peuvent monter et descendre le fleuve. A partir de St-Paul commence la ligne des digues. On trouve Dubuque, Davenport et, au-dessous du confluent du Missouri, Saint-Louis, la ville la plus importante du centre.

Le *Missouri* se forme à 1317 mètres au-dessus de la mer de la réunion de trois cours d'eau, le *Jefferson*, le *Madison*, le *Gallatin*, qui viennent du plateau à l'O. des Rocky-Mountains. Il se fraye un défilé aux portes des Montagnes-Rocheuses, entre des parois verticales de 400 mètres. Il coule au N. par les Grandes-Chutes (Great-Falls), dans des pays encore à peu près déserts, décrit une courbe immense jusqu'au 48° lat. N., puis court au S.-E., arrosant de magnifiques prairies gardées par des forts : Union, Berthold, Rice, Sully, Pierre, berceaux de grandes villes futures. Omaha, au-dessus du confluent de la Rivière Platte, est le point de départ du grand transcontinental. Le fleuve est ensuite immense. Nebraska City (dr.), Saint-Joseph (g.), Levington, Jefferson City (dr.), jalonnent son cours ; il tombe dans le Mississipi au-dessus de Saint-Louis. Ses eaux sont jaunes, ses plus grands affluents viennent de droite et sont nourris par les eaux des Rocky-Mountains. Ce sont le *Yellowstone* qui traverse le magnifique parc fédéral que le Congrès a réservé, le 1ᵉʳ mars 1872, à tout jamais pour les plaisirs du peuple américain. C'est, en effet, un vaste jardin de 9250 k.q., c'est-à-dire un département et demi de France, avec glaciers, geysers, lacs, cascades, cañons, forêts et déserts. Par malheur, ce lieu de plaisance est à 2000 kilomètres à vol d'oiseau de San Francisco, et quand les chemins de fer y conduiront, il faudra huit jours pour s'y rendre de New-York. La *Rivière Platte* et le *Kansas* sont les autres affluents du Missouri.

A gauche, le Mississipi reçoit l'*Illinois*.

Grossi de ces puissants courants, le Mississipi qui n'est plus qu'à 115 mètres au-dessus de la mer, a 2000 kilomètres à parcourir ; il les parcourt avec lenteur et majesté à travers une prairie plate qu'ondulent à peine quelques hauteurs arrondies (bluffs), au loin sont d'immenses forêts.

Le cours inférieur du Mississipi est très remarquable par les méandres que dessine le fleuve, les fausses rivières qu'il délaisse, les marécages qui escortent son cours. Grossi du *Kentucky* et du *Tennessee*, il reçoit à Cairo (g.) l'*Ohio*, baigne Memphis, absorbe la *rivière Blanche* (White-River) et la *Rivière Rouge* (Red-River), l'*Arkansas*, qui viennent de l'O., puis après Baton-Rouge prend la direction de l'E.; le delta commence : il a 320 kilomètres de longueur, 31 900 kq., cinq bras principaux, qui ont parfois 100 mètres ; généralement 50 mètres de profondeur. La Nouvelle-Orléans est située sur les deux rives du bras principal au S. du lac Pontchartrain, foyer d'infection pour la ville.

Le *Colorado Oriental* est séparé du bassin du Mississipi par des cañons affreux ; le *Rio Grande del Norte*, limite sur la plus grande partie de son cours les États-Unis et le Mexique.

Le *San-Juan* vide le lac Nicaragua dont il emporte les eaux à la mer des Caraïbes.

*Versant de l'océan Pacifique*. — Le *Colorado de l'Ouest*, ou Grand Colorado, ou encore Green-River, est le fleuve du grand bassin : il a 2100 kilomètres de longueur, traverse des gorges effroyables à travers des cañons et des sierras, sort des États-Unis au-dessous d'Arizona City et tombe au fond du golfe de Californie. Le *Rio Sacramento* (San Francisco), le *Columbia* ou *Oregon*, le *Fraser*, et le *Jukon* se jettent dans le grand Océan ; leurs territoires ne sont pas encore assez peuplés.

B. AMÉRIQUE DU SUD. — Il n'y a pas lieu de tenir compte des faibles cours d'eau qui tombent des Andes dans le grand Océan : les tributaires de l'Atlantique sont :

Le *Magdalena*, qui coule du Popayan, l'*Orénoque*, célèbre par la bifurcation naturelle qui s'est établie entre son bassin et celui de l'Amazone ; l'*Essequibo*.

L'*Amazonas* ou *Maranhon* emporte à l'océan les eaux de 6 677 000 kq., prend sa source dans le lac Lauricocha au nœud de Pasco, et court entre deux chaînes des Andes pendant plus de 750 kilomètres, puis les perce par le rapide de Pongo de Manseriche. Les frégates peuvent le remonter sur près de 1000 kilomètres. Il croit du mois de février à juillet, et coule au milieu d'immenses forêts habitées par des Indiens. Il est grossi à droite par l'*Huallago*, l'*Ucayali* qui a 360 kilomètres de plus que lui, le *Jutay*, le *Purus*, le *Madeira* le plus important de tous qui arrose la Bolivie par ses affluents supérieurs : le *Tapajos* et le *Xingu*. La rivière des *Tocantins* tombe dans l'estuaire même et est grossie de l'*Araguaya*. A gauche; le Marañon reçoit le *Poutoumayo*, le *Papoura*, et le *Rio Negro* grossi du *Cassiquiare* et du *Branco* à gauche.

Le *San Francisco* est coupé par les montagnes brésiliennes en deux parties : le lit supérieur et le lit inférieur sont navigables, mais ne peuvent communiquer.

Le *Rio de la Plata* long de 250 kilomètres, large de 50 à 75, est formé de l'*Uraguay* et du *Parana*, son bassin est de 2 880 000 kq. Il se réunit à Corrientes avec le *Paraguay*, grossi du *Pilcomayo* et reçoit à droite le *Rio Salado*.

Le *Rio Dulce* parallèle au Rio Salado se perd dans les marécages de Porongo. La ville de Rosario est située sur le Parana, au-dessous de son confluent avec le Salada. Le *Rio Colorado* et le *Rio Negro* sont deux cours d'eau importants, mais qui ne suffisent pas à arrêter les incursions des Patagons.

**Populations.** — La population de l'Amérique est évaluée à 86 millions d'habitants, dont 10 appartiennent à la race américaine ou Peaux-Rouges, et 8 à la race noire ; les 68 millions restants se composent d'individus appartenant à la race blanche, complètement ou en partie.

La race américaine ou Peaux-Rouges est représentée par les Esquimaux, les Algonquins, les Iroquois (Canada), les Sioux ou Dakotahs (Missouri), les Comanches (Texas), les Astèques (Mexique), les Quitous et les Incas (Pérou), les Caraïbes (Antilles et Colombie,) les Taponyos qui ressemblent aux Chinois (Madeira), les Araras, anthropophages (Ucayali), les Guarani (Amazones), les Chaucos et les Araucaniens.

Les nègres viennent d'Afrique et sont aujourd'hui affranchis de l'esclavage.

Les blancs appartiennent au N. à la race germanique, au S. à la race espagnole ou portugaise. Il faut y ajouter les créoles français à la Louisiane et dans les îles, enfin, les Canadiens, normands d'origine.

Les métis, ou gens de couleur, se distinguent en mulâtres, métis, zambos, tercerons, quarterons, etc.

La religion dominante est le catholicisme au S., au centre et au Mexique, le protestantisme dans les États-Unis et le Canada, avec une forte proportion de catholiques. Les idolâtres sont peu nombreux : ce sont les peuples indigènes.

## II. — Amérique politique.

L'Amérique qui, jusqu'à la fin du siècle dernier, n'avait d'États organisés que les colonies européennes, est occupée aujourd'hui par 19 états indépendants et par les colonies de l'Angleterre, de la France, de la Hollande, de l'Espagne et du Danemark.

Les États indépendants sont :

## ÉTATS INDÉPENDANTS.

### Amérique du nord et Amérique centrale.

1° Les États-Unis d'Amérique du N., gouvernement fédératif, capitale Washington ; population 50 millions d'habitants, superficie 9 272 000 k.q.

2° Le Mexique, république fédérative, capitale Mexico; 9 656 661 habitants, superficie 2 millions de k.q.

3° La République de Guatemala, (oligarchique), capitale Guatemala ; 1 211 000 habitants, superficie 121 000 k.q.

4° San-Salvador (démocratique), capitale San Salvador; population 482 422 habitants, superficie 18 000 k.q.

5° Honduras (démocratique), capitale Comayagua, population 351 000 habitants, superficie 120 000 k.q.

6° Nicaragua (démocratique), capitale Léon, population 300 000 habitants, superficie 133 800 k.q.

7° Costarica (démocratique), capitale San José, population 185 000 habitants, superficie 51 760 k.q.

### Antilles.

8° République d'Haïti, (démocratique), capitale Port-au-Prince, population 550 000 hab. superficie 24 000 k.q.

9° République de San-Domingo (démocratique), capitale San-Domingo, population 300 000 habitants, superficie 53 345 k.q.

### Amérique du sud.

10° États-Unis de Colombie (rép. fédérative), capitale Santa-Fé de Bogota, population 3 millions, superficie 830 000 k.q.

11° États-Unis de Venezuela (rép. fédérative), capitale Caracas, population 2 070 000 habitants, superficie 1 137 000 k.q.

12° Équateur (rep. démocratique), capitale Quito, population 946 000 habitants, superficie 643 000 k.q.

13° Pérou (rép. démocratique), capitale Lima, population 2 700 000 habitants, superficie 1 119 000 k.q.

14° Bolivie, (rép. démocratique), capitale Sucre, population 2 325 000 habitants, superficie, 1 300 000 k.q.

15° Chili (rép. démocratique), capitale Santiago, population 2 135 000 habitants, superficie 521 462 k.q.

16° La Plata ou Argentine (rép. fédérative), capitale Buenos-Ayres, population 1 812 500 habitants, superficie 2 143 000 k.q.

17° Uruguay ou Bande orientale (démocratique), capitale Montevideo, population 438 000 habitants, superficie 187 000 k.q.

18° Paraguay (despotique), capitale Ascension, population 294 000 habitants, superficie 238 500 k.q.

19° Brésil (empire), capitale Rio-de-Janeiro, population 10 108 000 habitants, superficie 8 337 218 k.q.

Nous ne comptons pas la Patagonie que revendiquent les Argentins et où les Patagons Araucans sont encore libres, mais barbares.

Parmi ces États nous nous contenterons d'étudier les États-Unis de l'Amérique du Nord; puis nous énumérerons les possessions européennes.

**États-Unis de l'Amérique du Nord.** — Le territoire des États-Unis de l'Amérique du Nord, auquel il faut joindre le territoire d'Alaska, ancienne Amérique russe, a une superficie de 9 272 448 kilomètres carrés.

Le climat et les productions du sol sont naturellement très variés. Le grand Bassin, entre les deux chaînes de montagnes occidentales, est un steppe desséché, aride, formé en partie de pierres, en partie de sables. A l'E., s'étend un autre désert connu sous le nom de llano Estacado qu'il sera peut-être impossible de conquérir à la culture.

Le climat est très doux sur la côte du grand Océan, modéré dans les États du N., presque tropical dans ceux du S.; continental au centre et à l'E.

Les richesses minérales sont prodigieuses : l'or affleure en Californie, dans l'Oregon, la Sierra Nevada et les Cascades Mountains.

L'argent dans l'Idaho, la Nevada, l'Arizona; le mercure, la houille, le cuivre, le plomb, le pétrole, sont plus abondants que dans nulle autre contrée. Le zinc et le fer sont extraits en abondance des mines.

La flore n'est pas moins étonnante, d'immenses forêts recouvrent encore le sol dans plusieurs territoires, notamment dans les Alleghanys et à l'O. du Mississipi. La Californie est célèbre par ses forêts vierges et ses cèdres gigantesques.

Le N. fournit en quantités prodigieuses les blés et les céréales qu'une culture économique et d'ingénieux appareils de manipulation permettent de vendre, même en France, aussi bon marché que les blés français; le coton, le sucre, le tabac, ont été longtemps des produits spéciaux à cette heureuse contrée. Le S. cultive encore le riz, le café et le cacao.

Les sources de richesse tirées du monde animal sont la pêche, l'élevage (chevaux, moutons, bestiaux), la chasse au gibier et aux bêtes à fourrures. Et les ressources du sol américain ne sont pas en outre toutes connues !

Le produit le plus remarquable du sol est encore l'homme,

l'Américain anglo-saxon, le Yankee. Actif, entreprenant au delà de ce que nous pouvons imaginer, rusé en même temps et surtout pratique, l'Américain du Nord est réellement devenu un type tout spécial de l'espèce humaine. Il a une force d'absorption et d'assimilation surprenante. La masse énorme d'émigrants qu'il reçoit est au bout d'une ou deux générations complètement américanisée. Seuls quelques îlots de Français dans la Louisiane, d'Espagnols dans la Floride et le Texas, d'Allemands dans les grandes villes sans cesse recrutés par l'infiltration germanique, se sont maintenus à peu près reconnaissables au milieu des Américains. — Les progrès de la population sont prodigieux.

En 1790, se fit le premier recensement officiel, qui depuis a été recommencé, mais seulement tous les dix ans :

En 1790 il y avait 3.929.827 hab.,
1800 — 5.305.925 — soit. accroissement annuel.. 2,98 p. 100
1810 — 7.239.000 — — — .. 3,08 —
1820 — 9.654.000 — — — .. 2,86 —
1830 — 12.866.000 — — — .. 2,85 —
1840 — 17.069.000 — — — .. 2,81 —
1850 — 23.191.000 — — — .. 3,04 —
1860 — 31.443.000 — — — .. 3,02 —
1870 — 38.558.000 — — — .. 2,04 —
1880 — 50.152.000 — — — .. 2,61 —

Il ne faut pas croire que cet accroissement, qui n'a pas d'égal en Europe, même en Allemagne ou en Russie, soit dû surtout à l'émigration ; car depuis 1820 les États-Unis ont reçu par cette voie 10 millions d'habitants nouveaux, or leur population s'est élevée de plus de 40 millions dans la même période.

Le nombre des blancs est de 43 millions et demi ; celui des hommes de couleurs 6 millions et demi ; les Asiatiques (Chinois) sont environ 100 000, c'est bien peu, comparé à la masse de la population ; mais on regarde ces enfants de l'empire du Milieu comme une simple avant-garde, et la supériorité, dont ils font preuve dans « la lutte pour l'existence », grâce à leurs qualités d'endurance et d'économie, fait redouter à un tel point leur concurrence aux habitants des États occidentaux de l'Union, que la question chinoise est rapidement arrivée à l'état aigu.

GOUVERNEMENT. — Les États-Unis forment une confédération de 38 républiques démocratiques, de 8 territoires et d'un district fédéral.

Chacun de ces États a sa constitution spéciale qui ne doit pas être en désaccord avec les principes généraux admis pour toute l'Union, il a ses pouvoirs exécutif et législatif indépendants.

La constitution du 17 décembre 1787, répartit les pouvoirs de l'État fédéral en 3 corps distincts et indépendants les uns des autres : le pouvoir exécutif (Président), le pouvoir législatif (Congrès), et le pouvoir judiciaire (Cour suprême, Cours de circuit, Cours de district).

Le Président est élu par un collège spécial. Ses pouvoirs durent 4 ans, du 4 mars à midi au 4 mars à midi.

Le Vice-Président préside le Sénat.

**Drapeau.** — Le drapeau de l'Union se compose de sept bandes horizontales rouges et sept blanches, au coin supérieur un carré contient sur un fond bleu autant d'étoiles blanches qu'il y a d'États dans l'Union.

**Organisation militaire.** — L'armée régulière est réduite par la loi à un effectif normal de 2153 officiers, et 25 000 hommes, ce n'est que le cadre des immenses milices qu'en temps de guerre peut organiser l'Union. Elle est divisée en 4 divisions militaires.

1. Missouri, quartier général : Chicago.
2. Atlantique, quartier général : Governor's Island (New-York).
3. Pacifique, quartier général : San-Francisco.
4. Le Golfe, quartier général : San-Antonio (Texas).

Il existe un département militaire spécial, celui de Westpoint au N. de New-York ; c'est le siège de la fameuse école de guerre des États-Unis, la seule de l'Union, et d'où sortaient tous les généraux fédéraux et confédérés de la dernière guerre.

Pendant les quatre ans qu'a duré cette guerre (12 avril 1861, 14 avril 1865), le Nord a appelé 2 759 049 hommes sous les armes, on voit quelle énorme disproportion existe entre l'armée régulière et l'armée active.

Le principal service de l'armée des États-Unis en temps de paix est la surveillance des Indiens, qu'on a disséminés dans de vastes « réserves » sur les bords des grands fleuves ou des lacs.

**Chemins de fer de l'Union.** — La république des États-Unis possède un réseau de chemins de fer dont la longueur dépasse celle des railways d'Angleterre, d'Allemagne, de France, d'Espagne, d'Italie, de Suisse, d'Autriche et de Russie réunis. Construites et exploitées avec une rapidité et une hardiesse inouïes, souvent fatales aux voyageurs et aux actionnaires, ces voies ferrées mettent néanmoins la Confédération du Nord au premier rang des puissances du monde pour la facilité des transports.

Les États de l'E. ont naturellement la plus grande part du réseau. Comme en Angleterre la plupart des grandes villes sont reliées entre elles par des lignes concurrentes. Toutes les vallées de quelque importance sont parcourues par un chemin de fer. Ainsi par la vallée du Merrimac se glisse une voie de Boston à Québec. Les vallées du Connecticut, le Hudson, la Delaware, la Susquehanna, le Potomac et tous ses affluents, dirigées du N. au S. ont été utilisées par les voies qui de l'Atlantique passent à travers les Alleghanys jusqu'aux lacs.

Les États du centre, moins anciennement peuplés, ont eu cependant plus de facilités pour établir leurs chemins de fer, le terrain parcouru par les affluents du Mississipi étant généralement plat. Ainsi de Cincinnati, trois routes conduisent à Chicago. Des villes jusqu'à présent peu considérables, comme Indianopolis, sont le centre de 11 voies ferrées.

A l'O. du Missisipi, d'immenses espaces sont encore à rattacher au grand réseau. Le fleuve à partir de Saint-Louis n'est plus suivi directement par les chemins de fer, Austin sur le Rio Colorado est la dernière ville au S. O. Mais l'urgente nécessité de multiplier les liens entre les États du Pacifique et ceux de l'Atlantique a donné une incroyable impulsion aux travaux des lignes du Far-West.

La longue ligne du Pacifique Central fut inaugurée le 10 mai 1869 avec une grande solennité. Elle commence à Omaha sur le Missouri (Nebraska), suit la rivière Platte et puis la branche du sud de cette rivière, atteint le bassin des lacs intérieurs par la Passe-Evan au pied de Laramie Range à 2097 mètres de hauteur, traverse le cañon de l'Echo pour pénétrer dans le bassin du Grand Lac Salé, contourne au N. cette mer intérieure, parcourt le grand désert américain, s'élève par des pentes rapides pour franchir la Sierra Nevada à la passe de Truckee. La hauteur atteinte est de 2329 mètres, près du double de celle du tunnel qui perce le Saint-Gothard. La distance de San-Francisco à Omaha est de 5200 kil. et d'Omaha à New-York, 2100 kilomètres. On met 160 heures pour franchir ces 5300 kilomètres.

Le succès de cette grande entreprise a suscité des lignes rivales. L'Union-Pacific-Railway part de Saint-Louis, atteint l'Arkansas au 38° lat. et débouche au pied du mont Harvard dans la vallée du Colorado. Il est relié au précédent par une ligne de raccord qui longe les Montagnes-Rocheuses de Pueblo par Denver-City à Cheyenus. Enfin deux autres lignes sont projetées, l'une de Memphis à Los Angeles au S., l'autre du Fond du Lac (lac Supérieur) au Puget-Sound, par le bassin de la Columbia au N.

## LISTE DES ÉTATS-UNIS DE L'AMÉRIQUE DU NORD.

| N°ˢ | NOMS DES ÉTATS. | SUPERFICIE. | CAPITALES. | VILLES PRINCIPALES. | POPULATION EN MILLIERS D'HABITANTS. | DENSITÉ. |
|---|---|---|---|---|---|---|
| | | | I. *États de la Nouvelle-Angleterre.* | | | |
| 1 | Connecticut | 12,501 | Hartford (42 000). | New-Haven (65 000). | 622 | 50,6 |
| 2 | Maine | 90,646 | Augusta. | | 649 | 7,2 |
| 3 | Massachusetts | 20,202 | Boston (457 000). | Lowell (60 000), Worcester (58 000). Fall-River (49 000). | 1785 | 81 |
| 4 | New-Hampshire | 24,053 | Concord. | | 347 | 14,4 |
| 5 | Rhode-Island | 5,582 | Providence (105 000) et Newport. | | 276.5 | 81,8 |
| 6 | Vermont | 26,447 | Montpellier. | | 332.2 | 12,6 |
| | | | II. *États du Milieu.* | | | |
| 7 | Delaware | 5,491 | Dover. | | 146.6 | 26,7 |
| 8 | Maryland | 28,811 | Annapolis. | Baltimore (350 000). | 934.6 | 52,4 |
| 9 | New-Jersey | 21,347 | Trenton (50 000). | Newark (156 000), Jersey City (120 000). | 1.151 | 52,5 |
| 10 | New-York | 121,725 | Albany (90 000). | New-York (1 945 125), Buffalo (55 000). | 5.084 | 41,8 |
| 11 | Pennsylvanie | 119,155 | Harrisburg (30 000). | Philadelphie (88 642), Pittsburg (235 000). | 4.285 | 35,9 |
| 12 | Virginie occidentale | 59,568 | Charleston. | | 618 | 10,4 |
| | District de Colombie | 155 | Washington (145 000). | | 178 | 146,1 |
| | | | III. *États du Sud-Est.* | | | |
| 13 | Floride | 135,498 | Tallahassee. | | 267 | 4,7 |
| 14 | Géorgie | 150,214 | Atlanta. | | 1.559 | 10,3 |
| 15 | Caroline du Nord | 131,518 | Raleigh. | | 995.6 | 11,5 |
| 16 | Caroline du Sud | 88,056 | Columbia. | Charleston (50 000). | | |
| 17 | Virginie | 99,317 | Richmond (65 000). | | 151.5 | 15,2 |

## ÉTATS-UNIS.

### IV. États du Sud.

| | | | | | |
|---|---|---|---|---|---|
| 18 | Alabama | 151,565 | Montgommery. | 1.265 | 9,6 |
| 19 | Arkansas | 155,187 | Littlerock. | | |
| 20 | Kentucky | 97,587 | Frankfort. | 1.649 | 16,9 |
| 21 | Louisiane | 107,082 | Nouvelle-Orléans. Louisville (130 000). | 940 | 8,8 |
| 22 | Mississipi | 122,129 | Jackson. | 1.131 | 9,5 |
| 23 | Tennessee | 118,099 | Nahsville. | 1.542 | 13,1 |
| 24 | Texas | 710,554 | Austin. | 1.592 | 2,2 |

### V. États du Centre.

| | | | | | |
|---|---|---|---|---|---|
| 25 | Illinois | 145,316 | Springfield. Chicago (505 000). | 3.079 | 21,5 |
| 26 | Indiana | 87,562 | Indianopolis. | 1.978 | 22,5 |
| 27 | Iowa | 142,561 | Des Moines. | | |
| 28 | Kansas | 209,409 | Topeka. | 1.624 | 11,5 |
| 29 | Michigan | 146,202 | Lansing. Détroit (116 000). | 1.656 | 11,2 |
| 30 | Minnesota | 216,556 | Saint-Paul. | 781 | 3,7 |
| 31 | Missouri | 169,230 | Jefferson-City. Saint-Louis (350 000). | 2.168 | 12,8 |
| 32 | Nebraska | 196,819 | Lincoln. | 452 | 2,3 |
| 33 | Ohio | 105,502 | Columbus. Cincinnati (285 000), Cleveland (160 000). | 3.190 | 30,9 |
| 34 | Wisconsin | 159,658 | Madison. Milwaukee (115 000). | 1.515 | 9,4 |
| 35 | Colorado | 270,644 | Denver. | 194 | 0,7 |

### VI. États du Pacifique.

| | | | | | |
|---|---|---|---|---|---|
| 56 | Californie | 408,688 | Sacramento. San-Francisco (234 000). | 864 | 2,1 |
| 57 | Nevada | 290,501 | Carson-City. | 62.265 | 0,2 |
| 58 | Oregon | 246,730 | Salem. | 175 | 0,7 |

Total : 58 États, 5 549 139 kilomètres carrés, 49 547 000 habitants, densité 9.5.

## AMÉRIQUE.

### ÉTATS-UNIS

*Dates de l'entrée dans l'Union.*

| N°s | NOMS DES ÉTATS. | DATES. | N°s | NOMS DES ÉTATS. | DATES. |
|---|---|---|---|---|---|
| 1 | New-Hampshire. | 1788 | 20 | Mississipi. | 1817 |
| 2 | Massachusetts. | 1788 | 21 | Illinois. | 1818 |
| 3 | Connecticut. | 1788 | 22 | Alabama. | 1819 |
| 4 | New-York. | 1788 | 23 | Maine. | 1820 |
| 5 | New-Jersey. | 1787 | 24 | Missouri. | 1821 |
| 6 | Pennsylvanie. | 1787 | 25 | Arkansas. | 1836 |
| 7 | Delaware. | 1787 | 26 | Michigan. | 1837 |
| 8 | Maryland. | 1788 | 27 | Texas. | 1845 |
| 9 | Virginie. | 1788 | 28 | Floride. | 1845 |
| 10 | Caroline du Nord. | 1789 | 29 | Iowa. | 1846 |
| 11 | Caroline du Sud. | 1788 | 30 | Wisconsin. | 1848 |
| 12 | Géorgie. | 1788 | 31 | Californie. | 1850 |
| 13 | Rhode-Island. | 1790 | 32 | Minnesota. | 1858 |
|  | Colombie (district). |  | 33 | Orégon. | 1859 |
| 14 | Vermont. | 1791 | 34 | Kansas. | 1861 |
| 15 | Kentucki. | 1792 | 35 | Virginie occidentale. | 1863 |
| 16 | Tennessee. | 1794 | 36 | Nevada. | 1864 |
| 17 | Ohio. | 1802 | 37 | Nebraska. | 1867 |
| 18 | Louisiane. | 1812 | 38 | Colorado. | 1875 |
| 19 | Indiana. | 1816 |  |  |  |

| N°s | TERRITOIRES. | CAPITALES. | SUPERFICIE | POPUL. | DENSITÉ. |
|---|---|---|---|---|---|
| 1 | Nouveau-Mexique. | Santa-Fé. | 313,898 | 118.000 | 0,35 |
| 2 | Arizona. | Tuczon. | 295,070 | 404.000 | 0,14 |
| 3 | Utah. | Salt-lake-City. | 218,784 | 144.000 | 0,66 |
| 4 | Washington. | Olympia. | 281,275 | 75.120 | 0,41 |
| 5 | Idaho. | Boise-City. | 225,492 | 52.611 | 0,15 |
| 6 | Montana. | Virginia-City. | 372,367 | 39.110 | 0,11 |
| 7 | Dakota. | Yanktou. | 390,898 | 135.180 | 0,35 |
| 8 | Wyoming. | Cheyenne. | 953,506 | 20.788 | 0,06 |
|  | Total des États-Unis | | 246,782 | 603.653 | 0,27 |

*Territoires non compris dans l'Union.*

| 9 | Territoire indien. | Tahlequa. | 178,679 | 78.510 | 0,44 |
|---|---|---|---|---|---|
| 10 | Alaska. | Sitka. | 1,493,380 | 50.146 | 0,02 |
|  | Totaux | | 9,272,418 | 50.438 | 5,4 |

## COLONIES EUROPÉENNES.

**Possessions européennes.** — COLONIES FRANÇAISES. — (Voy. livre II, ch. IX).

COLONIES ANGLAISES.

TABLEAU DES COLONIES DE LA GRANDE-BRETAGNE EN AMÉRIQUE.

| NOMS. | KIL. CARRÉS. | HABITANTS. | HAB. PAR K. Q. |
|---|---|---|---|
| Dominion of Canada | 8,501,506 | 4.352.080 | 0,5 |
| Terre-Neuve | 110,670 | 161.374 | 1,5 |
| Bermudes | 50 | 13.956 | 279 |
| Honduras | 19,585 | 24.710 | 1 |
| Iles Bahama | 13,960 | 39.163 | 3 |
| Iles de Turc | 25 | 2.843 | 115 |
| Iles de Caïcos | 550 | 1.878 | 3 |
| Jamaïque | 10,859 | 558.256 | 51 |
| Iles Cayman | 584 | 2.400 | 4 |
| Iles sous le Vent Vierges, Saint-Christophe et Anguille, Nevis et Redonda, Antigoa et Barboude, Montserrat, Dominique | 1,827 | 118.821 | 65 |
| Iles du Vent, Sainte-Lucie, Saint-Vincent, Barbade, Grenade et Grenadines, Tobago | 2,150 | 506.679 | 145 |
| Trinidad | 4,544 | 153.128 | 33,7 |
| Guyane anglaise | 226,000 | 248,110 | 1,1 |
| Iles Falkland | 6,500 | 1.431 | 0,1 |
| Total des possessions britanniques | 8,700,085 | 5.984.830 | 0,7 |

*Possessions espagnoles.* — Les Espagnols possèdent en Amérique :

| | Kil. carrés. | Habitants. | Hab. par kil. q. |
|---|---|---|---|
| Cuba | 118,833 | 1.409.860 | 12 |
| Porto Rico | 9,315 | 661.494 | 71 |
| En tout | 118,148 | 2.071.354 | 17 |

*Possessions hollandaises.*

| | Kil. carrés. | Habitants. |
|---|---|---|
| Curaçao, cap. Willemstadt | 1,150 | 42.417 |
| Surinam ou Guyane néerlandaise | 119,321 | 68.507 |

*Possessions danoises.* — Les Danois possèdent les trois petites Antilles, Sainte-Claire, Saint-Thomas, Saint-Jean, dont la superficie est d'environ 5500 kilomètres et les populations de 37 500 habitants; la ville capitale est Christianstadt.

Nous ne pouvons entreprendre de décrire en détail chacune de ces colonies; nous nous contenterons de donner quelques renseignement sur le Dominion of Canada et sur les Antilles.

**Dominion of Canada.** — La puissance du Canada avec ces 8 501 506 kilomètres et ses 4 352 000 habitants est la plus prospère des colonies anglaises dans l'Amérique du Nord. Cette immense contrée presque aussi grande que l'Europe entière est, sous le nom de province anglaise, une véritable république fédérative organisée en 1867 et formée des provinces de Québec, d'Ontario, de Nouvelle Ecosse, de Nouveau-Brunswick, de Manitoba et du Prince-Edouard.

La confédération est administrée par un gouverneur général nommé par l'Angleterre, qui choisit lui-même ses lieutenants de provinces; un parlement de deux chambres (chambre haute : 72 membres nommés à titre viager par le gouverneur général, chambre basse : 181 membres élus) s'occupe exclusivement des affaires du Canada. Les descendants des colons français peuvent y débattre leurs intérêts dans la langue de leurs pères.

La capitale fédérale est Ottawa qu'on a choisie à cause de sa position centrale, mais six villes sont plus peuplées qu'elle. La première est Montréal qui compte 107 000 habitants, elle est réunie à la rive droite du Saint-Laurent par le pont Victoria, long de 2500 mètres, et porté par 24 piles. Québec a 60 000 habitants, c'est une place de commerce à l'origine du Saint-Laurent inférieur; une des plus pittoresques villes de l'Amérique, près de là, la plaine d'Abraham où tomba, avec Montcalm, la fortune de la France (1759). La citadelle de Québec passe pour imprenable.

Le Canada est remarquable par l'heureuse combinaison des qualités nationales du Français et de l'Anglais qui distingue le peuple. L'instruction y est très répandue, il y a des universités à Kingston (Ontario) à Frederickton (Nouveau-Brunswick), Montréal a aussi une université française (Laval), de même que Québec.

Le territoire de la baie de Hudson a pour capitale Fort-York; le territoire de Manitoba est de plus en plus envahi par l'émigration agricole des Franco-Canadiens auxquels ne convient pas le séjour des Etats-Unis.

Enfin les Canadiens ont entrepris un chemin de fer transcontinental qui fera à la grande ligne des Etats-Unis une redoutable concurrence.

## L'ARCHIPEL DES ANTILLES.

Les Antilles décrivent une ligne courbe de l'extrémité du Yucatan au cap Paria ; le groupe des Lucayes les relie à la Floride ; elles renferment le golfe du Mexique et la mer des Antilles ou des Caraïbes.

La plupart des Antilles sont montueuses ; quelques-unes sont volcaniques ; ce sont comme les sommets émergeant de la mer d'une grande chaîne sous-marine ; la plupart sont entourées de rochers et de bancs de corail qui en rendent l'accès très difficile.

Cette région est comptée parmi les plus favorisées du globe ; les Antilles ont tous les éléments de richesse que l'homme peut demander à la nature : métaux précieux et utiles, plantes nécessaires à la vie et poisons violents ; or, argent, cuivre, houille, soufre, bananiers, palmiers, cotonniers, bois de campêche et acajou, orangers, café, sucre, gaïac, aloès et piment. Les montagnes qui atteignent, dans plusieurs îles, une hauteur de 2000 mètres, permettent de cultiver les plantes d'origine européenne. Aussi les Antilles sont-elles un des principaux centres du commerce européen ; malgré le danger de ces mers, malgré les brisants et les raz de marée, les vaisseaux accourent de tous les points du monde dans ces îles fortunées. Toutes les nations commerçantes ont voulu s'y créer des établissements ; la possession de ces îles a été disputée pendant les deux derniers siècles par des guerres acharnées.

Et cependant la prospérité des Antilles n'a pas, à beaucoup près, atteint son apogée. L'homme n'a pas su tirer parti des ressources prodigieuses du sol ; le travail manque.

Les îles de l'archipel colombien forment quatre groupes assez distincts :

**1° Groupe des îles Lucayes ou Bahama**, séparé de la Floride par le canal de la Floride où passe le Gulf Stream, de Cuba par le canal de Bahama.

Il se compose : des îles de Bahama, du Petit Abaco et du Grand Abaco qui se trouve sur le petit banc de Bahama ; au N. du canal de Providence, les îles Andros, Eleuthera, San Salvador, Exuma, Yuma, Crooked, Acklin, etc.; pop. 40 000 hab. Ces îles appartiennent aux Anglais et ont un gouvernement représentatif. La capitale est Nassau, dans l'île de la Nouvelle-Providence.

**2° Les grandes Antilles.** — Cuba, découverte par Colomb, le 27 octobre 1492 ; a 668 kil. de long, 40 à 200 de large ; 126 700 k.q. et des côtes dangereuses, bordées de récifs tels que les Pardinellos, les Cayos, les Caïmans, l'île de los Pinos. Cette île est traversée par une chaîne de montagnes assez élevées : le mont Totriflo 2500 m., le pic Tarquiniou 2375, et la Sierra de Cobre.

Les rivières ont peu d'étendue : le *Cauto* a pourtant 280 kil.; le *Ay de los Negros* présente des sites très pittoresques.

M. de Humboldt a dit : « L'importance politique et commerciale de Cuba n'est pas seulement fondée sur l'étendue de sa surface, supérieure à celle des autres Antilles, sur l'admirable fertilité de son sol, sur ses établissements militaires et sur la nature de sa population composée de trois cinquièmes d'hommes libres ; elle s'accroît encore par les avantages de sa position géographique : sa forme étroite et allongée la rend à la fois voisine d'Haïti et de la Jamaïque, de la partie la plus méridionale des États-Unis (la Floride) et de l'État le plus oriental de la Confédération mexicaine (le Yucatan).

L'île est rafraîchie par les vents du N. et de l'E.

Cuba est divisée en trois départements :

1° *Département occidental.* — La Havane, capitale de l'île, 200 000 hab. Ville bien fortifiée, port superbe, l'aspect en est ravissant, mais les rues sont fort sales ; les maisons, sauf quelques édifices publics et quelques hôtels de grands seigneurs, sont laides et mal entretenues.

Ses forts : le *Morro* et *Fé de la Punta*, qui gardent le port et demandent 800 hommes de garnison ; la *Cabaña*, qui en demande 2000 ; le *Fort*, à l'E. de la Cabaña ; les *château de Altarès* et *del Principe* ; la *batterie de Santa Clara*. L'arsenal est vaste. La ville contient plusieurs établissements littéraires et artistiques.

Le commerce surpasse 200 millions ; il égale le mouvement de Bordeaux, d'Anvers, d'Odessa, de Boston. L'exportation consiste surtout en sucre, mélasse, miel, rhum, cire, tabac, cigares.

Matanzas : 25 000 hab.; port commerçant ; fabrique des tabacs.

La partie occidentale, le cap Antonio et l'île de los Penos ont été autrefois le repaire de flibustiers.

2° *Département du Centre.* — Puerto-Principe, siège de la cour d'appel de l'île ; 25 000 hab. Ville affreuse, les rues sont des tourbières.

La petite baie de Nuevitas lui sert de port.

Ciudad Fernandina de Jagua ou Cienfuegos, sur la baie de Jagua, port magnifique fondé en 1817. La citadelle est très forte.

3° *Département de l'Est.* — Santiago de Cuba, 25 000 hab.; fondée en 1514 ; magnifique port défendu par le *fort del Morro ;* mais la ville manque d'eau et la chaleur y est suffocante.

Caridad del Cobre.

Cuba possède des chemins de fer. Le réseau du N. fait communiquer la Havane avec les principales villes du littoral et s'avance jusqu'à Santa Clara dans l'intérieur des terres; une ligne joint Port-au-Prince avec Nuevitas; une autre, Santiago, avec El Cobre.

## La Jamaïque.

Au S. de Cuba, mesure 200 kil. de l'E. à l'O., 60 du N. au S.; traversée par les montagnes bleues dont les sommets atteignent 2400 et 2500 m.; elle a cependant peu de mines, mais une grande richesse territoriale : elle produit des cannes à sucre servant à fabriquer du sucre et du rhum; du café, du gingembre et des fruits.

Spanishtown, 6000 hab., sert de capitale; siège du gouvernement.

Kingstown, bien bâtie, sur une rade magnifique, centre commercial de premier ordre. 55 000 hab.

Montego Bay, 700 hab.

Balize, dans le Yucatan, est une dépendance administrative de la Jamaïque.

Depuis l'abolition de l'esclavage, la production a considérablement diminué dans cette île.

## Haïti.

520 kil. sur 230; superficie, 79 000 k.q.

Les côtes sont très découpées : baie de Gonava, baie Écossaise, baie de Samana, baie de Neyva.

Iles de Gonava, de la Tortue, Saona.

Quatre chaînes de montagne; pic de Cibao, 2622 mètres; à l'E. s'étendent de vastes plaines: quelques cours d'eau : *Artibonite*, *Yaque*, *Yuna*, *Neyva*. Sol fertile, mais très-mal cultivé.

Le territoire est divisé en deux États indépendants.

1° *République d'Haïti*, à l'O., indépendante depuis 1791; 26 036 k.q., 570 000 hab., dont 70 000 mulâtres, le reste nègres.

Port-au-Prince, 21 000 hab.

Cap-Haïtien, 10 000 hab.

Les Gonaïves.

Jérémie et les Cayes sont les ports ouverts au commerce. Les Européens ne peuvent être propriétaires dans l'État.

2° *République dominicaine*. — Séparée de l'Espagne depuis 1844, a un gouvernement représentatif, lutte avec Haïti et favorise l'immigration.

Santo Domingo, bâtie en 1496 par Barthélemy Colomb.

Saint-Christophe, principale place forte.

Baie de Samana : mine de houille. Ce sera un point de relâche important entre l'Europe, les États-Unis et Panama.

### Porto-Rico.

9134 k.q., 650 000 hab. — Les blancs travaillent comme les noirs.

San Juan de Porto-Rico, sur une presqu'île communiquant avec l'île par un isthme fortifié ; c'est une des places les plus fortes d'Amérique ; 20 000 hab.

Mayaguez, 22 000 hab.

Ponce, 20 000 hab.

Les îles *Vierges*, *Vicques* et *Colubra* en dépendent.

**3° Petites Antilles ou îles du Vent.** — Ces îles appartiennent aux diverses puissances maritimes de l'Europe.

*1° Aux Anglais :*

Dans les îles Vierges, Anegada, Virgin-Gorda et Tortola, peu fertiles, servent surtout d'entrepôt pour les marchandises de contrebande destinées à Porto-Rico ; 7000 hab.

Anguila.

Barboude.

Antigoa.

Saint-Christophe.

Nevis.

Montserrat, Plymouth, chantiers de construction.

La Dominique, autrefois à la France ; solfatares, sucre, cacao, tabac. Capitale, Roseau ; 4000 hab.

Sainte-Lucie, française jusqu'en 1815, 27 000 hab. Capitale, Port-Castries, 5000 hab. d'origine française.

Saint-Vincent : Morne Garou, 1463 m., 31 000 hab.; capitale, Kingstown, 7000 hab.

Barbade, île très basse, mais saine ; 430 k.q., 153 000 hab.

Bridgetown, 35 000 hab. Siège du gouvernement des îles du Vent.

Grenadines : Grenade, française jusqu'en 1763 ; 31 000 hab. Insalubre.

Tabago, 16 000 hab.

La Trinidad, 5232 k.q., 85 000 hab. La population blanche est d'origine espagnole.

*2° Aux Hollandais :*

Le S. de Saint-Martin, 2809 hab.

Saba, 2000 hab.

Saint-Eustache, 2000 hab.

5° *Aux Danois :*
Sainte-Croix, 25 000 hab., capitale Christianstaedt.
Saint-Jean, 1500 hab. et Saint-Thomas, 14 000 hab. Relâche des paquebots transatlantiques. — La superficie totale est de 348 k.q.
Voir, pour les Antilles françaises, liv. II.

4° **Iles sous le Vent.** Elles se rattachent à l'Amérique méridionale. Elles appartiennent politiquement à la Hollande ou au Venezuela.

Les *îles hollandaises* sont :
Curaçao, sol pauvre, presque sans eau, 21 000 hab. Capitale Willemstadt, 10 000 hab.
Oruba, Buen Ayre : sel et cochenille ; 8000 hab.

*Iles Vénézuéliennes :*
Margarita, 25 000 hab.
Blanquilla, Orchella, les Roques, Aves.

## Canal de Panama.

La plus grande entreprise des Européens en Amérique est le percement de l'isthme de Panama, dont l'honneur reviendra au grand Français, M. de Lesseps. Préparé depuis plus de vingt ans par des travaux et des études souvent mortels, le plan définitif a été arrêté et les travaux ont commencé en 1881. Le canal n'aura ni écluses ni tunnels ; il longera le Rio Chagres à partir de Colon, puis l'affluent de ce fleuve, l'Obispo ; percera à 20 kilomètres de Panama la crête de Culebra dans les Cordillères (80 mètres) et descendra ensuite le Rio Grande jusqu'au Pacifique. Sa longueur sera de 73 kilomètres, sa profondeur de 87 mètres au point le plus élevé, la largeur de 28 à 50 mètres. Les frais sont évalués à 600 millions environ.

Un des travaux les plus considérables sera le barrage du Rio Chagres, qui captera 600 millions de mètres cubes par une digue de 1600 mètres de long sur 40 de hauteur.

# CHAPITRE IV

## L'OCÉANIE

**Division**. — La plupart des géographes français comprennent sous le nom d'Océanie, dont ils font une cinquième partie du monde, tous les archipels ou îles séparées qui parsèment le Pacifique, entre 35° lat. N. et 56° lat. S., entre 95° long. E. et 111° long. O.

On divise ces groupes d'îles en quatre parties : la Malaisie à l'O., l'Australie ou Mélanésie au S. O.; la Micronésie au N. et la Polynésie à l'E.

La superficie totale est de 10 100 000 k.q., c'est-à-dire à peu près celle de l'Europe; la population de 55 millions d'habitants. En réalité la nature a séparé très nettement la Malaisie ou archipel Indien de l'Australie : un gouffre profond entoure les îles de l'archipel Indien tandis qu'un plateau sous-marin les réunit à l'Indo-Chine. Ce sont de vraies dépendances de l'immense Asie : leur flore, leur faune sont à peu près les mêmes, et il semble qu'elles n'ont été détachées que par un cataclysme.

L'Australie est bien un continent à part, terre étrange où les hommes indigènes sont au dernier rang de l'espèce humaine, d'une étonnante bestialité, où les animaux eux-mêmes semblent des ébauches de la nature et appartiennent à un type particulier.

Quant à la Polynésie et à la Micronésie, aucune différence n'existe entre les îles qu'on a rangées sous ces deux groupes, la nature du sol est à peu près la même, d'origine volcanique ou de formation madréporique. La distinction est purement artificielle et il n'y a pas lieu de la maintenir. Nous étudierons donc :

1° L'Archipel Indien ou Malaisie, siège de la puissance coloniale des Hollandais.

2° L'Australie et les îles voisines.

3° La Polynésie.

## PRINCIPALES DÉCOUVERTES EN OCÉANIE.

| DATES des DÉCOUVERTES. | ILES RECONNUES. | NOMS DES NAVIGATEURS. | NATIONALITÉ. |
|---|---|---|---|
| 1521 | Les Mariannes. | Dom José Magalhaens. | Portugais. |
| 1525 | Les Carolines. | Diego de la Roche. | Espagnol. |
| 1526 | Nouvelle-Guinée. | Jorge de Menèses. | — |
| 1529 | Iles Maréchal. | Alvaro de Saavedra. | — |
| 1527 | — Salomon. | Alvaro de Mendaña. | — |
| 1579 | — Palau. | Francis Drake. | Anglais. |
| 1595 | — Sainte-Croix. | Alvaro de Mendaña. | Espagnol. |
| 1596 | — Marquises. | | — |
| 1606 | Nouvelles-Hébrides. | Hernandez de Quiros. | — |
| 1616 | Iles de l'Amirauté. | Lemaire et Schouten. | Hollandais. |
| » | — des Navigateurs. | — | — |
| 1642 | Tasmanie. | Abel Tasman. | — |
| » | Nouvelle-Zélande. | — | — |
| 1645 | Iles Fidji. | — | — |
| » | — des Amis. | — | — |
| 1686 | — Carolines. | Lazeano. | Espagnol. |
| 1722 | — Samoa. | Roggeween. | Hollandais. |
| 1769 | — de la Société. | Wallis. | Anglais. |
| » | — Wallis. | — | — |
| 1774 | Nouvelle-Calédonie. | James Cook. | — |
| » | Archipel de Cook. | — | — |
| 1778 | Iles Sandwich. | | — |
| 1791 | — Chatham. | Broughton. | — |
| 1806 | — Auckland. | Bristow. | — |
| 1819 | — Ellice. | De Peyter. | Américain. |
| 1825 | — Manihiki. | Byron. | Anglais. |
| 1840 | — Loyauté. | Erskine. | — |

### I. Archipel indien.

Cet archipel, qui est aussi connu sous le nom d'îles de la Sonde, le plus grand de tous les groupes d'îles qui soient au monde, a une superficie d'environ 2 045 700 k.q., il est tout entier sous les tropiques; sa flore et sa faune sont d'une vigueur exubérante, le climat est extrêmement chaud (26 à 27° de chaleur moyenne), le sol d'une prodigieuse fertilité. Les moussons y sont parfois accompagnées de typhons terribles.

Les habitants sont en grande majorité Malais : mais cette race se divise en bien des familles distinctes, tant par la couleur que par la civilisation.

Les Javanais et les Battas sont presque aussi cultivés que bien des Européens, les Alfarèses sont à peine supérieurs au misérable nègre d'Australie, le dernier des hommes. Nègres, négritos, Chinois, Annamites, Européens se pressent sur ces terres où l'on fait fortune en quelques années.

Les îles sont disposées de la façon suivante. Sumatra, Java, Bali, Lombok, Sumbawa, Flores et Timor sont rangées extérieurement du côté du S. O., en un arc du cercle, que jalonnent des volcans éteints ou en activité.

La seconde rangée, ou groupe central, est formée par Bornéo, Célèbes, les Moluques et la Nouvelle-Guinée; ces îles sont comme la base d'un triangle dont les îles Philippines forment le sommet.

Les quatre plus grandes îles de la Sonde sont Sumatra, Java, Bornéo et Célèbes.

**Sumatra**. — Sumatra est plus grande que l'Italie : elle a 578 000 k.q. Déjà connue dans l'antiquité, elle est d'une fertilité prodigieuse et nous envoie le poivre et le camphre, le riz et la gomme.

Elle a 1600 kilomètres de long et jusqu'à 390 de large. Une chaîne de montagnes suit la côte occidentale, elle est composée d'un grand nombre de volcans, dont douze en activité; le plus élevé est l'Indrapoura, à peu près au milieu de la chaîne.

Les côtes à l'O. sont nettement découpées : au large, une ligne d'îles boisées et montagneuses qui dépendent de Sumatra.

Les fleuves de Sumatra sont assez importants au N. E. ; citons le *Bouroumon*, le *Siak*, le *Kamper*, l'*Indrag*, le *Djambi* et le *Musi;* ces trois derniers forment un delta très marécageux à leur embouchure : au large de ce côté sont les îles de Rio, dont la capitale Riouw est un port franc assez fréquenté.

Le N. de Sumatra est occupé par les Atchin, que les Hollandais ont dû combattre en 1873.

La ville la plus importante de l'île est Palembang sur le Musi, ville de 30 000 habitants.

Sumatra est séparée par le détroit de la Sonde de l'île de Java.

**Java**. — La longueur est de 1002 kilomètres; la largeur, du cap Boegel au littoral de Djogdjocarta (S.), de 195; surface 135 620 k.q.

La mer y forme de belles baies : Batavia (1200 bâtiments), Sourabaya (emb. du Solo), Tjilatjap, Wynkoop.

La région occidentale ou sondanaise est un amas de montagnes volcaniques, de vallées profondes, avec peu de plaines.

La région orientale a moins de volcans, les montagnes sont isolées et séparées par des vallées larges. On compte plus de 100 volcans, parmi lesquels 45 en activité : les principaux sont le Semerou à

3665 mètres, le Slumat 3426 mètres, le Ravona 3360 mètres, l'Ardjouna 3332 mètres, le Soumbing 3528; le Lavou 3224; le Merbabou 3106.

Hydrographie. — Les cours d'eau sont innombrables, les plus longs sur le versant N. En partant de l'O. on trouve d'abord l'*Oudong*, brisé dans son cours supérieur par de fort belles cascades; il reçoit le *Sémont* dont les sources sont voisines des siennes, prend le nom de fleuve de *Pontang*, et se perd en trois ou quatre bras dans la mer de Java.

Le *Dourian* sépare la résidence de Bantam de celle de Batavia; le *Dani*, l'*Angké*, le *Livong*, le *Lingsi* descendent des montagnes Bleues et se jettent dans la baie de Batavia : le *Djati*, grossi du Mandiri, tombe dans la baie de Wynkoop.

Le *Taroum* se forme sur le plateau de Tegal Badoung et coule dans des gorges qui ont 300 mètres de profondeur.

Le *Manouk* traverse le haut plateau de Garout ou de Limbangan, extrêmement fertile.

Le *Solo*, dont quelques branches naissent tout au S., se jette au N. en face de Madama.

Le *Brantas*, qui vient aussi de l'extrémité S., traverse le plateau de Malang, le « paradis de Java. »

Il y a dans l'île de Java 4 zones de végétation.

La zone chaude, au-dessous de 600 mètres, produit du riz et de la canne à sucre; la zone tempérée, de 600 à 1400, du café, avec de magnifiques forêts; on y trouve des arbres de 55 m.; la zone fraîche, de 1400 à 2350 m., humidité plus grande, pluies et forêts; la zone Est, froide, très restreinte, température moyenne de 8 à 13°.

La capitale est Batavia, fondée en 1621; c'est une fort belle ville avec des avenues d'arbres, des canaux d'eau courante; elle a 97 885 habitants. Samarang en a 80 000. Sourabaya près du delta du Brantas, en face de l'île de Madoura est la grande place d'armes des possessions hollandaises, sa population est de 112 000 habitants.

**Bornéo.** — Bornéo a 733 901 kil. et avec les îles qui en dépendent 738 000. Sa constitution diffère de celle de Java et de Sumatra. Les côtes sont plates d'abord; mais cette zone basse a seulement quelques kilomètres de largeur, au delà desquels on atteint la base d'un plateau élevé de 500 à 1000 m. et surmonté de hauteurs; une chaîne bien distincte règne parallèlement à la côte du N. O., servant de limite aux possessions néerlandaises qui sont au S. E.

On a trouvé de nombreuses mines de houille dans ces montagnes, on y ramasse aussi des diamants, de l'antimoine, du platine et de l'or. L'île est d'une fertilité incroyable, c'est la patrie de l'orang-outang : les hommes appartiennent aux races des Dajakes, tout à fait féroces, et des Malais ; 50 000 Chinois : en tout, 1 240 000 hab. L'île pourrait en nourrir facilement 100 millions, mais il n'y a que 612 Européens. La capitale est Pontianak, 15 000 hab.

Les Anglais se sont emparés de l'*île de Labouan*, sur la côte du N. E.; c'est une station de relâche. Un traité conclu en 1878 leur a reconnu, au N. de l'île, un territoire de 46 638 k.q. avec 50 000 hab. Quelques États malais sont restés indépendants : le principal est Bornéo, cap. Bornéo, au N. O.

**Célèbes.** — Célèbes, qui compte 178 837 kil. et 200 000 avec les îles qui en dépendent, est séparée de Bornéo par le détroit de Mangkassar, cette île est très découpée, trois golfes profondément creusés l'ouvrent à l'E. et au S. ; ce sont ceux de Tamini, de Tomori, de Boni, qui découpent l'île en trois péninsules allongées : on compte 11 volcans dans la partie du N. ; le principal est le Menado.

Célèbes est surtout célèbre par ses magnifiques forêts, et on y trouve des mines d'or. Les habitants sont malais et harafwas ; les Hollandais ont pour capitale Vlaardingen, avec le *fort Rotterdam;* c'est un port libre (15 000 h.).

**Petites îles de la Sonde.** — Les petites îles de la Sonde sont : *Bali* (5596 k.q., 100 000 hab.) avec le pic du même nom, 2500 mètres; *Lombok*, que domine un volcan de 4020 m., le Gounong Rindchani; *Sumbawa*, avec le volcan Tamboro qui en 1815 a projeté dans l'espace une énorme masse de 1900 m. de hauteur : il avait 4500 m. avant l'éruption, 2660 après ; plus de 42 000 hommes furent ensevelis sous les cendres et les rochers. Le cratère a 520 mèt. de profondeur; *Flores* et *Sumba* sont entièrement hollandaises. *Timor* est partagée entre les Néerlandais et les Portugais établis au N. E.

*Moluques.* — Les Moluques sont entre Célèbes et la Nouvelle-Guinée. Elles ont 52 976 kil. et forment deux résidences hollandaises, Ternate et Amboine. La plus importante est Gilolo, merveilleusement découpée, flanquée de l'île Ternate à l'O. Cette île est occupée par un volcan de 1800 m. de hauteur. Amboine est après Java la plus riche colonie des Hollandais. C'est la patrie des clous de girofle qui, jusqu'en 1832, ne pouvaient être cultivés que là.

*Philippines.* — L'archipel des Philippines a 1600 kil. de longueur et se compose de deux grandes îles et d'une quantité de petites : en tout 295 585 k.q. Le sol est volcanique. Au S. est Mindanao, dont l'E. et l'O. sont espagnols; le centre appartient au sultan de Soulou, qui a cherché à le vendre à l'Angleterre, à la France et même à la Prusse. Luçon ou Manille, au N., a douze volcans. La capitale de toutes les îles est Manille, sur une baie magnifique à l'O. Elle est très bien défendue et a 160 000 hab.; c'est la ville la plus peuplée de tout l'archipel de la Sonde. C'est le tabac qui fait sa fortune.

## II. Australie.

Le continent de l'Australie ou de l'Australasie est situé entre 130 et 170° long. E., et 39° de lat. S. C'est, comme l'Afrique, une masse compacte, sans articulations, presque sans golfes : la superficie est de 7 millions de k.q., le développement des côtes seulement de 14 100. Les accidents les plus remarquables sont le golfe Carpentaria au N., le golfe Cambridge au N. O. avec le Queen-Channel; les caps Nord-Ouest et Cuvier; le port Freycinet et la baie de Gantheaume à l'O., la pointe d'Entrecasteaux au S. O. Au sud, le grand golfe australien est entièrement ouvert, puis les golfes Spencer et Saint-Vincent que bouche l'île du Kangourou, le Port Philippe et la rade de Melbourn; le promontoire Wilson à l'extrême S.

La côte orientale est la moins découpée, on y trouve Sidney et Port-Jackson, le cap Byron; le cap Sandy, à l'extrémité de l'île Fraser, est le plus oriental de l'Australie. Une ceinture de coraux qu'on appelle la grande barrière s'étend ensuite sur toute la côte du N. E. : elle rend difficile l'abord des baies Halifax, Rockingham et Princesse-Charlotte. Le cap York termine au N. le continent.

**Orographie.** — Autant qu'on peut en juger, l'Australie est constituée à l'intérieur par un plateau de 500 m., que des montagnes entourent comme d'un parapet à l'E., au N. et à l'O. Il existe une dépression au N. du golfe Spencer, c'est là que se sont formés les lacs Eyre, Torrens et Gairdn, et une autre à l'O., près de la côte.

Les montagnes sont plus élevées sur la côte orientale, qu'elles accompagnent du cap York à Melbourn : c'est un système de collines, et de plateaux que domine une et parfois plusieurs chaines dont l'altitude varie de 1600 à 1700 m. (monts Elliot, Abbott). Ces montagnes sont presque toutes de formation cristalline et primaire : l'Australie semble le plus vieux des continents. Elles s'abaissent du 20 au 27° lat. N. pour se relever au S. de Brisbane par les monts Mitchell (1280 m.), Lindsay (1677 m.), Sea View (1830 m.).

Au S. de cette montagne commencent les montagnes Bleues

avec le mont Kosciusko (2107 m.); c'est jusqu'à présent la plus haute montagne reconnue en Australie. Le mont Hotham, la pierre angulaire des parapets de l'E. et du S., ne s'élève qu'à 1955 m. Il fait partie du système des Alpes d'Australie.

La côte occidentale a des hauteurs beaucoup moindres, ce sont les Darling range, Herschel range, Victoria range. Ces montagnes trop peu élevées pour condenser les pluies en glaciers, semblent avoir pour inconvénient de les arrêter et de servir d'écran aux contrées de l'intérieur, qui sont ainsi beaucoup trop arides.

**Hydrographie.** — L'Australie a peu de fleuves importants. Le principal est le *Murray* ou *Goulba* (1350 kil.); il sort du côté septentrional des Alpes d'Australie et court parallèlement à la côte; il n'arrose pas encore de ville importante. Ses principaux affluents sont : le *Murrumbidji* et le *Darling* (1800 kil.). Depuis 1853 la navigation à vapeur parcourt ce fleuve; mais seulement à l'époque des grandes eaux.

Les autres fleuves à l'E. ne sont que des ruisseaux côtiers (*Hawkesbury, Clarence*, etc.). Dans la baie de Carpentaria tombent le *Mitchell*, le *Van Diemen*, le *Roper*, le plus beau de tous les fleuves du N. A l'O. on trouve le *Victoria* dont les eaux sont cachées sous des plantes si prodigieuses, le *Fortescue*, le *Gascoyne*, le *Murchison* et la *rivière des Cygnes*.

Les lacs sont très nombreux : citons le Gairdner (7200 k.q.), peu profond, le Torrens (5000), simple nappe d'eau sans profondeur, le lac Eyre, 10 000 k.q., aux eaux salées, enfin, au centre, le lac Amédée, très allongé.

**Climat.** — Les deux cinquièmes du continent appartiennent à la zone tropicale, le reste à la zone chaude modérée. — L'intérieur a un climat tout à fait continental, on a observé 45 à 50° à l'ombre pendant l'été. La côte N. est sous l'influence des moussons; elle a des pluies pendant l'été, c'est-à-dire de novembre en avril; la partie moyenne a les pluies au moment où le soleil est au zénith; le S. au contraire a les plus grandes chutes d'eau de mars en septembre; on voit qu'il y a de notables différences dans le climat de ce continent. Les pluies sont très-rares à l'intérieur.

**Productions.** — En première ligne, l'or. L'Australie et les colonies voisines en exportent pour plus de 150 millions par an. C'est le pays le plus riche en or de toute la terre. Il a du cuivre, du fer et de la houille.

Des pâturages immenses couvrent le flanc des montagnes. Les forêts sont peu nombreuses, mais de grands arbres magnifiques se dressent çà et là isolément. Le merveilleux eucalyptus est originaire d'Australie. Les animaux sont étranges : comme le kangourou, le vombat, le casoar, le vautour blanc, le cygne noir.

Les animaux étrangers ont du reste été facilement acclimatés, surtout les bœufs, les chevaux venus d'Europe, et pour l'Afrique, les chameaux.

Le nombre des habitants dépasse 2 millions : la densité est 1,7. Les indigènes sont au nombre de 50 000 : ils sont noirs, très maigres, à l'angle facial très aigu, aux yeux petits. Les Chinois dépassent 30 000, il y a beaucoup d'Allemands.

Une ligne télégraphique parcourt l'Australie du N. au S. et se relie au câble anglo-chinois.

Deux universités : Sidney et Melbourn.

**Divisions politiques.** — L'Australie est exclusivement anglaise, elle est partagée avec la Tasmanie en 8 colonies indépendantes les unes des autres, véritables républiques ayant leurs lois distinctes et leurs gouverneurs propres. Elles sont soumises, lien fragile, à l'autorité d'un gouverneur général à Sidney, qui administre la 8ᵉ colonie, Alexandra, laquelle n'a pas encore conquis son autonomie. Ces colonies sont :

I. *Nouvelle-Galles du Sud*, avec Sidney assise sur le port Jackson, « la Reine du Sud », capitale de toutes les possessions, ville d'aspect européen, nœud de trois chemins de fer, reliée par des lignes régulières de steamers à toutes les parties du monde. Elle avait 16 000 habitants en 1853 ; au dernier recensement, en 1881, elle en avait 222 000. Bathurst est dans un des districts les plus riches en mines d'or.

II. *Queensland* (séparée en 1859), célèbre par ses mines d'or : on y trouva en 1867 une pépite de 32 kil. 1/2 d'or pur. Elle exporte vins, tabac, arrow-root, café, etc. Brisbane a 32 000 habitants ; un pont magnifique de 340 mètres est jeté sur le fleuve de même nom. — Rockhampton est un bon port sur le Fitzroy devenu navigable.

III. *Victoria* ou *Australia Felix*, érigée en 1851 comme colonie indépendante. On y observe un curieux mélange de races, de nationalités et de croyances. C'est la plus riche en or. C'est là que furent faites en 1847 ces découvertes qui bouleversèrent l'Australie. Melbourn a 281 000 habitants ; sa richesse est prodigieuse, ses édifices superbes. Elle a l'aspect d'une capitale. Geelong est le principal marché de laine d'Australie. Ballarat (34 000 hab.) est au centre d'un district aurifère : elle est admirablement pourvue d'établissements d'instruction publique. De même Sandhurst.

IV. *South-Australia* (Australie du Sud), cap. Adélaïde, sur le

Torrens, à 9 kilomètres de son embouchure : elle est dans une plaine très fertile qui exporte surtout des vins et des laines.

V. *West-Australia*, cap. Perth, avec Freemantle et Albany.

VI. *North-Australia* (1863), cap. Palmerston.

VII. *Alexandra*, presque entièrement continentale, n'a pas encore de ville importante.

VIII. *Tasmania* (terre de Van Diémen) est une île montagneuse, fertile, au climat maritime d'une grande douceur, une prodigieuse richesse en céréales, troupeaux, fer et houille ; la capitale est Hobartown au S.

### III. Polynésie.

Les îles de Polynésie peuvent se grouper en trois zones : 1° la zone intérieure à l'O. ; 2° la zone extérieure à l'E. ; 3° archipels disséminés.

I. **Zone extérieure, Nouvelle-Guinée.** — La Nouvelle-Guinée, la plus grande île de la terre, longue de 2350 kilomètres, large de 675, a une superficie de 785 562 k.q., c'est beaucoup plus que la France. Elle est séparée de l'Australie par le détroit de Torres et ses côtes n'ont pas encore été complètement exploitées. Elle est très montagneuse à l'intérieur et l'on a observé une montagne de 4025 mètres de haut l'Owen, Stanley ; les Hollandais, en ont pris possession, mais non d'une manière effective.

On trouve ensuite :

L'*Archipel des Louisades* au S. E., indépendant.

Les *îles de l'Amirauté* au N.

L'*Archipel de la Nouvelle-Bretagne* au S. O.

Les *îles Salomon*. — Bougainville, Choiseul, Ysabel, au S. E. des précédentes.

Les *îles Santa-Cruz* ou de la *Reine-Charlotte*, à l'E. des précédentes.

Les *Nouvelles-Hébrides*, au S. des précédentes. Toutes ces îles sont indépendantes.

La *Nouvelle-Calédonie* est française, ainsi que les îles Loyalty.

La *Nouvelle-Zélande* est au Sud, et se compose de deux îles principales, dont la superficie est de 271 680 kilomètres, et la population de 464 000 habitants. Très fertiles, bien cultivées, elles donnent des céréales, de la gomme, du bois, de la laine, de l'or. La capitale est Auckland sur l'île du N., à la gorge d'une presqu'île. Blenheim (île du S.) et Wellington (île du N.) commandent le

## POLYNÉSIE.

détroit de Cook, qui sépare les deux îles. Des chemins de fer amènent déjà rapidement à la mer les produits de l'intérieur.

**II. Zone extérieure.**
1. Les *Mariannes* ou *Larrons*, île principale Gonam.
2. Les *Carolines* au S. — — Ponapi.
3. Les *Palace* à l'O. — — Palace.
4. Les *îles Maréchal* (Ralik et Ratak), à l'O.
5. Les *îles Gilbat*.

Ces cinq groupes, au pouvoir des Espagnols, sont de formation madréporique; 6000 q.k. en tout et 90 000 habitants, Canaques pacifiques.

6. *Iles Ellice* ou *des Lagunes*, île principale Ellice (indépendantes).
7. Les *îles Fidji*, 20 809 q.k., 120 659 habitants, colonie anglaise habitée par des Mélanésiens, rusés, solides, beaux et braves, qui ont renoncé à l'anthropophagie et sont devenus chrétiens. — Ile principale Biti-Levou.
8. *Iles de l'Amitié* ou *Tonga*, avec les îles Wallis (protectorat français).
9. *Iles des Navigateurs* ou *Samoa* (à l'E. des précédentes), belles, fertiles; la population a été civilisée par les missionnaires; île principale, Sawaii (indépendante).
10. *Iles de l'Union*, au N.
11. *Iles du Phénix*, id.
12. *Iles de Cook* ou *de Hervey*, à l'E. des îles Samoa, madréporiques, fertiles, chrétiennes. L'île principale, Rarotonga, est volcanique.
13. *Iles Australes* ou *Toubaï*, au S. E. Les deux plus grandes françaises, les autres indépendantes.

Au S. E. de cet archipel se trouve l'île Pitcairn, habitée par plusieurs familles anglaises.

14. *Iles de la Société*. Volcaniques ou madréporiques (voir France).
15. *Iles Manahiki*, au N. des précédentes; l'île principale, Tongareva, appartient aux États-Unis.
16. *Iles Marquises* (France).
17. *Iles Basses* ou *Touamotou* (France).

**III. Archipels disséminés.** — 1. Les *Sporades polynésiennes*, au N. des îles Maniki, sous l'équateur, avec les îles Samarang, Walker et Chutmas, à l'Amérique.

Starbuck, Malden et Fanning, à la Grande-Bretagne, Palmyre, au royaume Hawayen.

2. Les *îles Hawaï* ou *Sandwich*; parmi les îles de cet archipel, l'île de la Frégate-Française (*French-fregate*) appartient aux Amé-

ricains; elle est sur le chemin de San-Francisco à Yokohama; les îles orientales, *Kaunaï, Oahow, Maoni* et *Hawaii*, forment le curieux royaume des îles Sandwich, dont les souverains et le peuple de sang mêlé, ou de race canaque, montrent les progrès que peuvent faire les Polynésiens. — Un des plus redoutables volcans du monde, le Maouna-Loa, sur l'île Hawaii, se dresse à 4135 mètres.

Le royaume de Hawaii, capitale Honololou, a une superficie de 17 000 kilomètres, une population de 58 000 habitants, un ministère composé d'Anglais, un corps diplomatique, une dette naturellement, et un budget; son armée est de 300 hommes d'infanterie et de 100 hommes de cavalerie. Enfin des chemins de fer : 11 kilomètres en tout, il est vrai; mais aucune de nos colonies d'Océanie ne peut en présenter autant.

# QUESTIONS POSÉES A L'EXAMEN DE SAINT-CYR

## RANGÉES SUIVANT L'ORDRE DU PROGRAMME

---

INTRODUCTION. — *L'Océan et le Continent.*

Montrez les harmonies que présente le littoral de l'Amérique du N. avec l'Europe, et l'Amérique du S. avec l'Afrique.

Entre quelles terres s'étend l'océan Atlantique? — Profondeur. — Quel est le courant qui le traverse?

Quels sont les courants chauds de l'océan Atlantique? — Qu'est-ce que le courant équatorial du N.? Qu'est-ce que le contre-courant équatorial?

Qu'est-ce que le Gulf-Stream? Sa chaleur. — Sa profondeur, sa largeur, sa vitesse.

## LIVRE PREMIER

CHAP. II. — *Mers de l'Europe. Côtes, îles, détroits.*

Ports de l'Angleterre sur la Manche?

Mer Baltique. — Villes, estuaires, provinces situées sur la Baltique à partir du golfe de Finlande.

Géographie physique des villes de la Sicile. — Caps de la Sicile. — A quelle distance la Sicile est-elle de la Tunisie? — Centre d'exploitation du soufre en Sicile. — Chemins de fer.

CHAP. III. — *Division de l'Europe en massifs montagneux, altitudes et caractères de ces massifs.*

Ligne allemande de partage des eaux du S. O. au N. O. D'où part-elle, et où aboutit-elle?

Montagnes qui composent le quadrilatère bohémien.

CHAP. IV. — *Les Alpes.*

Alpes de l'Austro-Hongrie.

Cantons du S. de la Suisse, décrire leur géographie physique.

Points culminants des Alpes centrales.
Altitude de la Furca.
Principaux passages des Alpes centrales.
Qui est-ce qui franchit le col du Splügen en 1800.
Hydrographie des Alpes Noriques.

Chap. VII. — *Principales lignes de chemins de fer de l'Europe.*

Aller en chemin de fer de Trèves à Carlsruhe. Pays, montagnes, cours d'eau et villes traversées.
Quelles sont les principales lignes dont Vienne est le centre ?
Est-il possible d'aller de Copenhague à Berlin en chemin de fer?
Ligne de Prague à Ratisbonne.
Itinéraire à suivre de Prague à Trieste par Budweiz et Linz.
Ligne de Vienne à Prague par Brünn; montagnes, fleuves, villes traversées.
Itinéraire de Stuttgard à Würzburg, de Stuttgard à Munich.
La grande ligne du Danube de l'E. à l'O.
Ligne de Hambourg à Charleroy par Lünebourg et Vanloo.
Ligne d'Anvers à Hambourg par Osnabrück.
Chemin de fer de Besançon à Stuttgard.
Géographie physique de la grande ligne de Turin à Naples.
Ligne de Paris à Cologne par Reims. Géographie physique de cette ligne. Ligne qui part de Francfort-sur-le-Mein pour aboutir à Verden.
Ligne de Cassel à Lindau.
Ligne de Hambourg à Innsbrück par Berlin.
Ligne de Vienne à Venise, accidents de géographie physique traversés.
Ligne de l'O. de l'Oder.
Décrire la ligne du Danube.
Ligne de Dresde à Nuremberg.
Ligne de Vienne à Trieste — de Pesth à Vienne.
Ligne d'Innsbrück à Livourne par Ferrare.
Ligne unissant Presbourg, Czernovitz et Klausembourg.
Ligne de Prague à Borisof sur la Bérésina.
Ligne de Trieste à Semendria.
Ligne de Anvers à Hambourg en passant par Osnabrück.
Ligne du Simplon, ligne du Saint-Gothard.
Ligne de Stettin à Coblentz par Berlin et Dresde.
Ligne de fer appelée ligne de l'Adriatique, allant du Rhin à Tarente.
Une des lignes de fer de Vienne à Breslau.
Itinéraire de la grande ligne allemande dite ligne de la Weser et qui part de Francfort-sur-le-Mein.
Ligne qui de Francfort se relie au chemin du Württemberg pour aboutir au lac de Constance.
Itinéraire de la grande ligne d'Aix-la-Chapelle à Kœnigsberg par Minden.
— Itinéraire de la ligne du Saint-Gothard qui relie Lucerne à Lugano. Longueur du tunnel, altitude. — Ligne de Francfort-sur-le-Mein à Breslau par Giessen et Dresde. — Ligne de Lünebourg à Coburg par Cassel.

# LIVRE II.

**Chap. I.** — *Situation géographique, longitude et latitude extrêmes; limites.*

Ecrire sur le tableau les parties de la France qui appartiennent à la région des plaines. — Frontière française depuis Zuydcoote jusqu'à Valenciennes, en indiquant les canaux et les lignes de chemin de fer qui la coupent.

**Chap. II.** — *France. Mers, leur description, côtes et îles.*

Département du Morbihan.
Décrire la côte depuis Penmarc'h jusqu'à l'embouchure de la Loire.
Placer le département de la Manche.

**Chap. III.** — *Orographie.* — a, b, *les Alpes françaises; le Jura.*

Alpes Cottiennes, leurs sommets et leurs cols.
Placer le Jura.
Cantons suisses de la région du Jura.
Placer ce qu'on appelle en France les petites Alpes.

**Chap. III.** — *Orographie.* — c, d, e, *les Vosges, ligne de partage des eaux, les Cévennes et le Plateau central.*

Ligne de partage des eaux de la France depuis le mont Pilate jusqu'au plateau de Langres.
Les Cévennes depuis le col de Naurouze jusqu'au mont Lozère.

**Chap. III.** — *Orographie.* — f, g, *Pyrénées, Argonne et Ardennes, plateaux et plaines du N. et de l'O.*

Quelles sont les hauteurs qui forment le versant de la mer du Nord en Allemagne et en France?
Placer la ligne de montagnes qui s'étend depuis le plateau de Langres jusqu'au mont Beuvray.
Montrer quelle est l'importance stratégique de ces hauteurs. Endroit où la Seine prend sa source.
Placer les Pyrénées occidentales en indiquant les principaux sommets et les principaux cols.

**Chap. IV.** — *Les eaux douces de France.* — a, *bassins côtiers de la Méditerranée et bassins du Rhône.*

Département de Saône-et-Loire.
Placer le département de la Drôme.
Placer le département de l'Ardèche.

Bouchier. — Géographie.

Chap. IV. — b, *bassins, coteaux du golfe de Gascogne, Adour et Garonne.*

Géographie de la Gironde.
Description détaillée.
Département du Gers. Richesse commerciale.
Département de la Lozère.
Placer le département des Landes.
Placer le département de la Corrèze.
Entre quels départements se trouve-t-il ?
Bassins côtiers de la France entre la Loire et la Garonne.
Orographie du département du Gers.
Partie droite du bassin de la Garonne.

Chap. IV. — c, d, e, *Charente, Loire, Vilaine.*

Description détaillée du département de la Loire.
Placer le département de la Haute-Loire.
Sur quelle rivière est le Puy?
Géographie détaillée du département de l'Allier.
Placer le département de la Charente.
Sur combien de bassins est assis ce département?
Placer le département d'Indre-et-Loire.

Chap. IV. — f, g, *bassins côtiers de la Manche, Orne, Seine.*

Tracer le bassin de la haute Seine.
Champ de bataille célèbre situé sur la Cure.
Placer les villes suivantes : Troyes, Épernay, Chaumont.
Placer le département de Seine-et-Marne.
Tracer le bassin de l'Orne.
Description détaillée du département de la Haute-Marne.
Placer le département du Calvados.
Placer le département de l'Oise.
Que rappellent dans l'histoire les villes de Noyon, Compiègne et Senlis?
Placer Auxerre et Dijon.

Chap. IV. — h, i, j, *Somme, Escaut, Meuse, Moselle.*

Placer les villes de Laon et Toul.
Placer Reims, Vesoul et Nancy. Lignes de chemins de fer reliant ces villes.
Bassin de la Somme.
Placer le cours de la Meuse française.
Sur quels bassins le département des Vosges est-il assis?

Chap. VI. — *Frontières; leur tracé.*

Points de la frontière où aboutit le réseau du Nord.

Chap. VII. — *Anciennes provinces, départements qui en ont été formés.*

Géographie physique de ce qu'on appelait avant 1789 le gouvernement de Bourgogne.
Quelle province a formé Seine-et-Marne?
Hydrographie des provinces de Berry et d'Auvergne.
Cours d'eau de la Sologne.
Placer à l'aide des chefs-lieux seulement les départements formés du gouvernement de Languedoc.
Provinces qui ont formé le département de la Charente.

Chap. VIII. — *Chemins de fer de France.*

Géographie physique de la ligne de Lyon à Épinal par Ambérieux.
Chemins de fer de Troyes à Chaumont; — de Troyes à Laon.
Lignes reliant Troyes, Reims, Vesoul, Nancy.
Chemins de fer de Lorient à Orléans par Rennes.
Principales lignes traversant le bassin de la Somme.
Lignes secondaires qui soudent les deux grandes lignes de Paris-Belfort et de Paris-Lyon par la Bourgogne.
Lignes coupées par la ligne circulaire de Rouen, Amiens, Reims, Châlons, Troyes.
Géographie physique de la ligne de Limoges à Toulouse par Figeac.
Chemins de fer qui traversent le Jura.
Géographie physique de la ligne de Paris à Agen.
Ligne de Paris à Brest.
Lignes de Paris à Grenoble, de Paris à Cherbourg, de Paris à Granville.
Ligne unissant : Bayonne, Tarbes, Mont-de-Marsan et Agen. Topographie de cette ligne.
Ligne de Bourges à Besançon par Chagny.
Ligne d'Arles à Vintimille.
Divisions de la ligne de Paris à Lille avec les chemins de la Belgique ?
Ligne de Paris à Avricourt.
Chemins de fer qui conduisent de Besançon à Stuttgard.
Ligne de fer qui relie les quatre lignes de Paris-Calais, Paris-Lille, Paris-Hirson, Paris-Valenciennes.

*Navigation intérieure, rivières navigables et canalisées, canaux.*

Tracer les canaux du N. de la France depuis le canal de Saint-Quentin.
Placer le canal de Bourbourg, le canal de Roubaix, le canal de Condé à Mons.
Tracer le parcours d'un bateau naviguant de Cambrai à Nancy en passant par Saint-Quentin.
Quel est le canal qui amène les houilles de la Belgique aux centres de métallurgie de la Haute-Marne ?
Systèmes de rivières et de canaux que suit un bateau allant de Saint-Amand à Mâcon.

Comment la Seine, se trouve-t-elle en communication avec le Rhin, l'Escaut et la Somme ?
Tracer le canal du Berry.

### Chap. X. — *Algérie*.

Quels sont les points importants que l'on rencontre sur la côte de la province d'Oran ?
Chemins de fer de l'Algérie.
Montagnes de l'Algérie. — Les Chott.
Dans quelle partie de l'Algérie se trouve le Djebel-Amour, le Djebel-Aurès ?
Placer la ligne de fer de l'Est-Algérien avec ses embranchements.
Placer les différents massifs des montagnes de l'Algérie.

### Chap. XI. — *Colonies d'Afrique, d'Asie, d'Amérique et d'Océanie*.

De quoi se compose notre possession de la Cochinchine ?
Qu'y récolte-t-on ? Le pays est-il riche ?
Situation maritime du pays.

# LIVRE III.

### Chap. I. — *Étude détaillée de l'Europe occidentale. Versant du Nord*.

#### *L'Escaut, la Meuse*.

Décrire et tracer le cours de la Meuse française.

#### *Le Rhin*.

Affluents de droite du Rhin supérieur.
Villes importantes du bassin du Main en Bavière.
Géographie politique de la rive droite du Rhin supérieur.
A quels différents bassins appartient la Westphalie prussienne ?
Quels sont ses principaux cours d'eau ?
Est-ce une province riche ?
Quelles sont les villes de cette province qui se trouvent dans le bassin de l'Ems ? dans le bassin de la Weser, dans le bassin du Rhin ?
Dans quel fleuve se jette la Lahn ?

#### *La Weser, l'Elbe*.

Placer la province prussienne de Saxe.
Montagnes, cours d'eau, villes.
États de l'Allemagne qui se trouvent dans le bassin de la Weser.
Sur quel cours d'eau est Dresde ?

*L'Oder, la Vistule, le Niémen.*

Cours de la Vistule.
Littoral allemand de la Baltique depuis l'embouchure de l'Oder jusqu'à Memel.
Décrire une des lignes de l'Oder, la ligne de l'O. partant de la frontière de l'Autriche pour arriver à Stralsund.

CHAP. I. — *Étude succincte des autres cours d'eau du versant N. de l'Europe.*

CHAP. IV. — *Étude succincte des autres fleuves de la région du versant N. de la Méditerranée.*

Cours d'eau d'Espagne qui se jettent dans la Méditerranée.
Nature du littoral italien à partir de la Roya. — Golfes.

*Le Danube.*

Décrire le bassin de l'Inn.
Limites S. de l'empire Austro-Hongrois.
La grande ligne du Danube de l'E. à l'O.
Affluents du Danube dans le troisième bassin.
Ceinture méridionale du second bassin du Danube entre Passau et Waitzen.
Ceinture N. du second bassin du Danube.

*Le Pô.*

Quels sont les bassins que sépare la vallée de la Valteline?
Quels sont les affluents de droite du Pô?

*L'Èbre.*

Décrire la contrée de l'Èbre.

CHAP. V. — *Limites des États de l'Europe, populations, races, religions.*

Population de l'Europe.
Comment divise-t-on la Suède?
Limites de la Grèce, population. — Où mourut Byron? Comment s'appelle le séjour des Muses en Béotie?
Ligne frontière d'Allemagne à l'O.
La Hollande, les digues, les polders.
Différentes races et différentes religions de l'empire austro-hongrois.
Où se trouve Presbourg? De quel pays Klausembourg est-elle la capitale? — Sur quel cours d'eau cette ville est-elle située?
Industrie en Belgique. Y trouve-t-on des mines de fer et de zinc? — Les eaux de Spa. Richesses industrielles de l'Allemagne du Nord. Dans

quel pays de l'Allemagne rencontre-t-on le plus de métaux? Où trouve-t-on le zinc?

Provinces qui composent le royaume de Prusse.

Climat de la Belgique. — Quel aspect présente la Belgique sur le littoral? Dans quel sens est la bande du bassin houiller? Richesses minérales de la Belgique. Où trouve-t-on des eaux minérales en Belgique? Quelles sont les grandes industries belges? — Exportations de la Belgique en France.

Quels sont les 26 États de l'Allemagne? en faire la liste au tableau.

Population de l'Allemagne d'après l'almanach de Gotha.

# LIVRE IV.

### Chap. I. — *Asie.*

Où se trouve, dans le système orographique de l'Asie, le plateau de Kachgar? — Pays qui l'avoisinent.

Montagnes qui forment en Asie le versant du Pacifique.

Régions possédées par la Russie en Sibérie.

Quels sont en Asie les fleuves tributaires du Pacifique?

Quels sont les bassins intérieurs de l'Asie?

Quelle est par excellence la région des lacs sans écoulement?

Montagnes qui forment le versant occidental de l'Asie.

Cours d'eau asiatiques du versant de l'océan Glacial.

Fleuves de Chine tributaires du Pacifique.

Principaux ports de la mer Rouge.

Montagnes, cours d'eau, villes.

Où se trouve l'empire du Japon?

Îles qui le forment, capitale, villes principales, population.

Ports de Chine visités par les Européens.

Population de la Chine.

Principaux cours d'eau de la Chine.

Grandes villes de Chine; sa population par rapport au reste du genre humain. Combien de millions d'habitants? Quelles sont les villes les plus peuplées?

Principaux caps de l'Asie.

Plateaux du S. de l'Asie.

Qu'est-ce que le Thibet? Est-ce une plaine?

Quelles sont les chaînes qui traversent le Thibet?

Quels sont les cours d'eau qui en descendent?

Quelle est la religion du Thibet?

Étendue du fleuve Amour.

Principales découpures sur le littoral N. de l'Asie.

Quels sont les fleuves de l'Indo-Chine?

Comment se partage l'Hindoustan?

Comment s'appelle la partie triangulaire de l'Inde?

Comment s'appellent les montagnes? Cours d'eau traversant les Ghattes.

Possessions de l'Angleterre dans l'Indo-Chine.
Comment se partage l'Inde anglaise? est-ce un empire?
Où se trouve, dans l'empire hindou, la vice-présidence du Pendjâb? Quels anciens royaumes comprend-elle?
Quelles sont les villes du Pendjâb?
Provinces de l'Indo-Chine anglaise?
Quelle est la partie de l'Hindoustan qu'occupe la présidence de Madras?
Où se trouve le royaume de Cambodge?
Où est situé l'empire d'Annam? par quoi est-il borné? De combien d'États se compose l'empire d'Annam?
Quel est le grand fleuve qui traverse le royaume de Cambodge? Que va-t-on chercher dans ce pays? Quels sont les travailleurs dans ce pays? Sont-ce des indigènes? Y a-t-il eu dans les siècles antérieurs des révolutions puissantes dans cette contrée?

### Chap. II. — *Afrique*.

États de l'Afrique méridionale. Avec lesquels l'Angleterre était-elle en guerre dernièrement?
Quels sont les ports par lesquels se fait le commerce maritime de l'Égypte? A quelle époque a été inauguré le canal de Suez? — Longueur du canal.
Géographie physique de la Tunisie. — Villes principales du pays. — Dépendances. Principales villes de la Basse Égypte.
Quelles sont les régions de l'Afrique orientale à partir du Cap? — Possessions du khédive d'Égypte.
Littoral occidental de l'Afrique à partir du détroit de Gibraltar. — Quels sont les cours d'eau d'Afrique qui se jettent dans la mer des Indes en remontant du S. au N.? Quel État borne au N. le Limpopo?
Quelle ville est située à l'embouchure du Zambèze?
Quelles sont les principales îles de la mer Rouge?

### Chap. III. — *Amérique*. — *Géographie physique*.

Cours d'eau tributaires de l'Atlantique aux États-Unis.
Quels sont les affluents du Mississipi?
Comment peut-on partager les Antilles?
Première île où débarqua Christophe Colomb. — Les Antilles sous le Vent.
Principaux fleuves et ports du Brésil.
Principaux ports du Pacifique dans la mer du Sud.
Cours d'eau tributaires du golfe du Mexique.
Golfes formés par l'Atlantique le long du littoral de l'Amérique. — Entre quels territoires se place la mer de Baffin. — Entre quelles terres se place le canal de Yucatan?
Décrire le cours du Saint-Laurent.
Longueur du fleuve. — Sa largeur à son embouchure.
Dans quel État se trouve Boston?
Cours d'eau de l'Amérique tributaires du Grand Océan.

Quels sont les isthmes naturels qui séparent l'Amérique du Nord de l'Amérique du Sud?
Quelles sont les limites de l'isthme de Panama?

### *Amérique politique.*

Quelles sont les nations qui se partagent les Antilles?
Pays indépendants dans les Antilles.
Que possède le Danemark?
États de l'Amérique du Sud riverains du Pacifique.
Qu'est-ce que le Dominion du Canada?
Constitution des États-Unis.
Combien de pouvoirs établit la Constitution?
Comment est composé le sénat?
Par qui est-il présidé?
Comment est constitué le pouvoir judiciaire?
Où se trouve le Pérou, quels sont les pays qui l'entourent? — Quelle est l'ancienne capitale des Incas? — Dans quelle île trouve-t-on le phosphate de chaux?
Y a-t-il un lien qui unisse l'État fédératif du Dominion canadien à l'Angleterre?
Bornes du Pérou.
Où passe le chemin de fer du Grand-Pacifique aux États-Unis? — Montagnes, fleuves, villes traversés.
Géographie politique de l'Amérique du Sud.
Qu'est le Pérou politiquement? — Quels sont les inconvénients de son sol? — Quel bassin trouve-t-on à l'E. des Andes? — Villes principales du Pérou.
De quel pays Québec est-il la capitale?

### Chap. IV. — *Océanie.*

Qu'est-ce que la Polynésie?
Ce que c'est que la Nouvelle-Calédonie.

### *Colonies hollandaises.*

Possessions de la Hollande en Océanie.
Nature du sol de Java. — Capitale de Java.

FIN.

# TABLE DES MATIÈRES

Avant-propos..............................................
Introduction.............................................. 1
Chapitre I. — Géographie mathématique.................... 2
Chapitre II. — Géographie physique....................... 13
Chapitre III. — Géographie politique..................... 25

## LIVRE I. — Europe. Étude d'ensemble.

Chapitre I. — Les six grands États européens. Les États secondaires. 31
Chapitre II. — Étude des mers de l'Europe. Côtes, îles, détroits.... 54
Chapitre III. — Division de l'Europe en massifs montagneux. Caractères de ces massifs................................ 44
Chapitre IV. — Les Alpes................................. 23
Chapitre V. — Le système hercynien....................... 78
Chapitre VI. — Principales lignes de chemins de fer...... 95

## LIVRE II. — France.

Chapitre I. — Situation géographique. — Longitude et latitude extrêmes. Limites.................................... 103
Chapitre II. — Géographie physique. Mers, leur description ; côtes et îles................................................ 105
   I. Front maritime du N. O........................... 105
   II. Front maritime de l'O............................ 111
   III. Front maritime du S. E.......................... 117
Chapitre III. — Orographie............................... 124
   A. Les Alpes françaises.............................. 125
   B. Le Jura........................................... 131
   C. Les Vosges........................................ 135

## TABLE DES MATIÈRES.

D. Ligne de partage des eaux............................... 141
E. Les Cévennes et le Plateau central..................... 145
F. Pyrénées................................................ 152
G. Argonne et Ardenne. Plateaux et plaines du nord-ouest ... 161

CHAPITRE IV. — LES EAUX DOUCES DE FRANCE................... 167
A. Bassins côtiers de la Méditerranée et bassin du Rhône.. .. 167
B. Bassins côtiers à l'ouest du Rhône...................... 178
C. Bassins côtiers entre les Pyrénées et la Garonne. Bassin de la Garonne............................................... 179
D. Bassins côtiers entre la Garonne et la Loire............ 187
E. Bassin de la Loire...................................... 189
F. Bassins côtiers entre la Loire et la Seine.............. 202
G. Bassin de la Seine...................................... 204
H. Bassins côtiers à droite de la Seine.................... 214

CHAPITRE V. — GÉOGRAPHIE POLITIQUE. APERÇU DE LA GÉOGRAPHIE HISTORIQUE................................................... 221

CHAPITRE VI. — FRONTIÈRES, LEUR TRACÉ..................... 225
I. Front continental du N. E............................... 235
II. Front continental de l'E............................... 253
III. Front continental du S. E............................. 255
IV. Front continental du S. O.............................. 262

CHAPITRE VII. — ANCIENNES PROVINCES; DÉPARTEMENTS QUI EN ONT ÉTÉ FORMÉS................................................. 273
Région du Nord, 13 départements........................... 281
Région de l'Est, 15 départements.......................... 298
Région du S. E., 13 départements.......................... 306
Région du S. O., 20 départements.......................... 313
Région de l'Ouest, 13 départements........................ 326
Région du Centre, 13 départements......................... 336

CHAPITRE VIII. — GÉOGRAPHIE ADMINISTRATIVE................ 347

CHAPITRE IX. — GÉOGRAPHIE ÉCONOMIQUE..................... 357
Chemins de fer. Grandes lignes ; leurs liaisons entre elles et avec les principaux réseaux étrangers.................. 374
Navigation intérieure. Rivières navigables et canalisées. Canaux, leurs liaisons avec les grandes voies navigables étrangères. 387

CHAPITRE X. — ALGÉRIE, DESCRIPTION PHYSIQUE ET POLITIQUE...... 395
Étendue et limites........................................ 395
Côtes. Orographie et hydrographie......................... 397
Divisions politiques. Principaux chemins de fer........... 418
Tunisie................................................... 422

CHAPITRE XI. — COLONIES D'AFRIQUE......................... 429
— d'Asie................................................. 437
— d'Amérique............................................. 447
— d'Océanie.............................................. 454

## LIVRE III. — Europe. Étude détaillée.

CHAPITRE I. — ÉTUDE APPROFONDIE DES RÉGIONS DE L'EUROPE OCCIDENTALE DU NORD. Régions traversées par l'Escaut : l'Escaut, 462 ; — la Meuse, 465 ; — Bassins de l'Ems et de la Weser, 506 ; — l'Elbe, 510. — La péninsule Cimbrique, îles et côtes de la Baltique occidentale, 529. — Bassin de l'Oder .................................................. 535

CHAPITRE II. — ÉTUDE SUCCINCTE DE L'EUROPE SEPTENTRIONALE ET ORIENTALE. ............................................................................. 555

CHAPITRE III. — ÉTUDE APPROFONDIE des régions traversées par le Danube, le Pô, 617 ; — l'Èbre........................................... 631

CHAPITRE IV. — ÉTUDE SUCCINCTE DES TROIS PÉNINSULES DE L'EUROPE MÉRIDIONALE.
   I.   Péninsule des Balkans ............................ 641
   II.  L'Italie péninsulaire et les îles.................. 655
   III. Péninsule ibérique............................... 666

CHAPITRE V. — GÉOGRAPHIE POLITIQUE ÉCONOMIQUE DES DIFFÉRENTS ÉTATS DE L'EUROPE............................................... 675
   I.     Russie............................................ 676
   II.    Empire allemand ................................. 689
   III.   Autriche-Hongrie................................. 696
   IV.    Italie............................................ 701
   V.     Empire de la Grande-Bretagne ................... 705
   VI.    France ........................................... 709
   VII.   Suède et Norvège................................. 709
   VIII.  Danemark......................................... 712
   IX.    Pays-Bas ou Hollande ........................... 712
   X.     Belgique......................................... 713
   XI.    Suisse........................................... 714
   XII.   Espagne.......................................... 716
   XIII.  Portugal......................................... 718
   XIV.   Turquie.......................................... 719
   XV.    Grèce............................................ 721
   XVI.   Bulgarie......................................... 722
   XVII.  Monténégro....................................... 723
   XVIII. Serbie .......................................... 723
   XIX.   Roumanie......................................... 723
          Petits États..................................... 724

## LIVRE IV. — La Terre moins l'Europe.

CHAPITRE I. — L'ASIE................................................. 724
  I. Asie physique, limites, description des mers, relief général, hydrographie.................................................... 724
  II. Asie politique, 732. — Asie turque, 733. — Asie russe, 735.

— Empire chinois, 736. — Inde transgangétique, possessions anglaises, 742. — Asie centrale, 751. — Arabie............ 754

CHAPITRE II. — AFRIQUE................................. 757
   I. Afrique physique, situation, côtes, orographie, hydrographie, peuples de l'Afrique.......................... 757
   II. Afrique politique, 762. — Bassin du Nil, 763. — Bassin de la Méditerranée, 765. — Le Sahara, 766. — Bassin du Niger, 766. — Afrique australe et portugaise, 767. — Afrique australe anglaise................................... 767

CHAPITRE III. — AMÉRIQUE, vue d'ensemble................. 767
   I. Amérique physique, limites, description des mers, côtes, îles, et caps, orographie, hydrographie................ 770
   II. Amérique politique, 780. — États-Unis de l'Amérique du Nord, 785. — Possessions européennes, 789. — Canada, 790. — Antilles, 791. — Canal de Panama...................... 793

CHAPITRE IV. — OCÉANIE.................................. 796
   Divisions de l'Océanie................................ 796
   Archipel indien, 797 — Australie, 801. — Polynésie........ 804

QUESTIONS POSÉES A L'EXAMEN DE SAINT-CYR RANGÉES SUIVANT L'ORDRE DU PROGRAMME................................................. 807

FIN DE LA TABLE DES MATIÈRES.

6231. — Imprimerie A. Lahure, rue de Fleurus, 9, à Paris.

*LIBRAIRIE GERMER BAILLIÈRE ET C<sup>ie</sup>*

# COURS D'HISTOIRE ET DE SCIENCES
### Pour les Candidats aux Écoles du gouvernement et aux Baccalauréats
**Rédigés conformément aux programmes du 2 Août 1880.**

## HISTOIRE ET GÉOGRAPHIE

**Précis d'histoire des temps modernes** (1453-1880), à l'usage des candidats à l'école spéciale militaire de St-Cyr et aux deux baccalauréats, par M. G. Dhombres, ancien élève de l'Ecole normale supérieure, professeur au collège Rollin. 1 fort vol. in-12 . . . . . 4 fr. 50

**Précis de Géographie**, à l'usage des candidats aux écoles militaires et aux deux baccalauréats, par M. Bougier, ancien élève de l'Ecole normale, professeur au lycée de Brest. 1 fort vol. in-12 . . . . . 7 fr.

**Géographie de la France et des Colonies** (extrait du précis de géographie), par *le même*, 1 vol. in-12 br. . . . . . 3 fr. 50

**Cours complet d'histoire**, publié sous la direction de M. Gabriel Monod, directeur à l'Ecole des hautes études, maître de conférences à l'Ecole normale. — Un volume sera consacré à chacune des classes des lycées; le premier volume :

**Récits et biographies historiques** (classe de neuvième), par MM. Dhombre et Monod, 1 vol. in-12 cart. . . . . . 3 fr.

## SCIENCES PHYSIQUES ET NATURELLES

**Cours de chimie**, à l'usage de la classe de philosophie, par M. Riche, professeur à l'Ecole de pharmacie. 1 vol. in-12 avec figures. . 3 fr.

**Cours élémentaire de physique**, par M. Dufet, ancien élève de l'Ecole normale, professeur de physique au lycée Saint-Louis. 1 fort vol. in-12 cart., avec 644 figures dans le texte et une planche en couleurs. . . 10 fr.

**Anatomie et physiologie végétales**, par M. Le Monnier, professeur de botanique à la faculté des sciences de Nancy. 1 vol. in-18 avec figures . . . . . 3 fr.

**Anatomie et physiologie animales**, par M. Dastre, maître de conférences à l'Ecole normale supérieure. 1 vol. in-18 avec figures.
(*Sous presse.*)

## COURS DE MATHÉMATIQUES ÉLÉMENTAIRES

*A l'usage des candidats au baccalauréat ès sciences et aux écoles du gouvernement.*

**Cours de géométrie élémentaire**. 1 fort volume in-8 avec fig., par M. Combette, ancien élève de l'Ecole normale, professeur au lycée Saint-Louis. . . . . . 10 fr.

**Cours d'algèbre élémentaire**. 1 fort vol. in-8, par *le même*. 10 fr.

**Cours d'arithmétique**. 1 fort vol. in-8, par *le même* . . . 6 fr.

**Cours de mécanique**. 1 vol. in-8 avec fig., par *le même*. . . 5 fr.

**Cours de trigonométrie**. 1 vol. in-8 avec fig., par M. Renière, ancien élève de l'Ecole normale, professeur au lycée Saint-Louis. . 3 fr. 50

**Cours de cosmographie**. 1 vol. in-8 avec fig., par M. Porchon, ancien élève de l'Ecole normale, professeur au lycée de Versailles. (*Sous presse.*)

**Cours de géométrie descriptive**, par M. Caron, ancien élève de l'Ecole normale, professeur au lycée Saint-Louis.
1<sup>re</sup> partie (*ligne droite et plan*), 1 vol. in-8 avec atlas de 16 planches. 5 fr.
2<sup>e</sup> partie (*cylindre, sphère et cône*), 1 vol. in-8 avec atlas de 16 planches, à l'usage des candidats à l'Ecole spéciale militaire. . . . . . 6 fr.

## COURS DE MATHÉMATIQUES ÉLÉMENTAIRES

*Pour les classes de lettres et le baccalauréat ès lettres :*

**Cours de mathématiques**, par M. Porchon, ancien élève de l'Ecole normale, professeur au lycée de Versailles :
1° *Éléments d'arithmétique* (4<sup>e</sup>, 3<sup>e</sup> et philosophie). 1 vol. in-12 . . 3 fr.
2° *Éléments d'algèbre* (seconde et philosophie). 1 vol. in-12. . 3 fr.
3° *Éléments de géométrie* (4<sup>e</sup>, 3<sup>e</sup>, seconde, rhétorique et philosophie). 1 vol. in-12 . . . 3 fr. 50
4° *Éléments de Cosmographie* (rhétorique et philosophie). 1 vol. in-12.
(*Sous presse.*)

**Manuel du baccalauréat ès sciences restreint et du baccalauréat ès lettres** (2<sup>e</sup> partie), par le D<sup>r</sup> Le Noir, ancien professeur de l'Université.
*Histoire naturelle*, in-12 br. . 5 fr.
*Physique*, in-12. . . . . . 6 fr.
*Chimie*, in-12 . . . . . 3 fr. 50
*Mathématiques*, in-12. . . . 5 fr.
Chaque volume se vend séparément.

---
C231. — Paris, imprimerie A. Lahure, 9, rue de Fleurus.

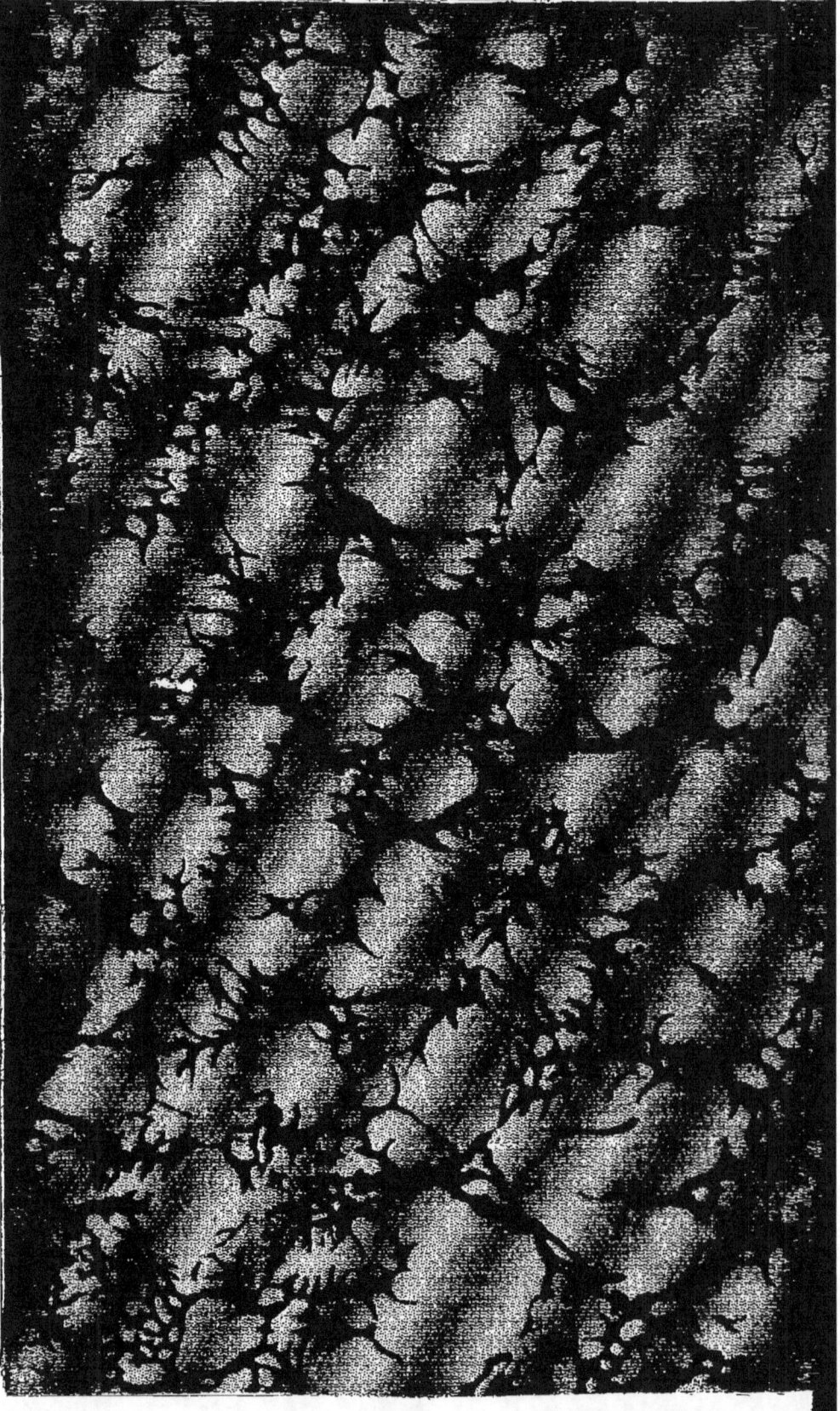

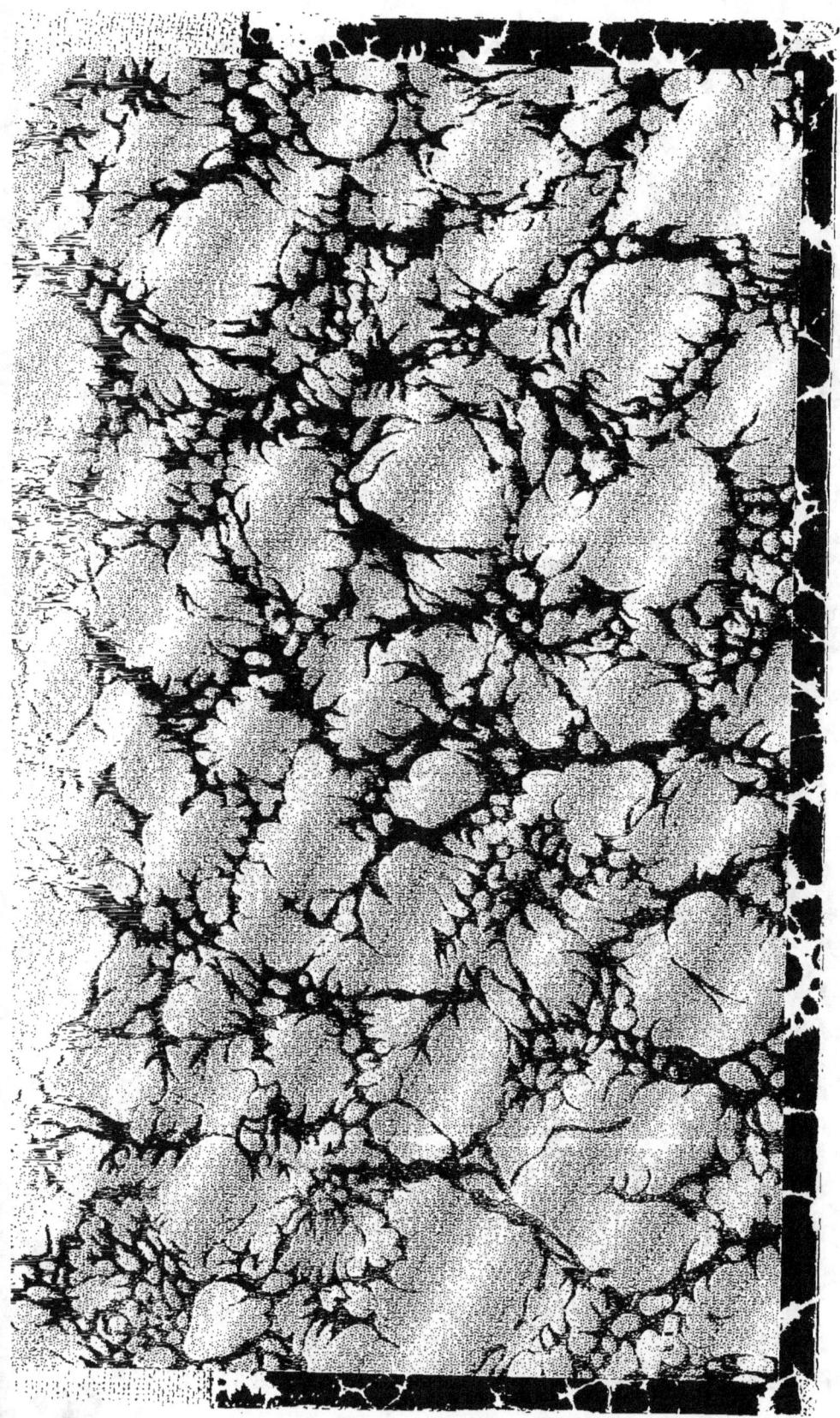

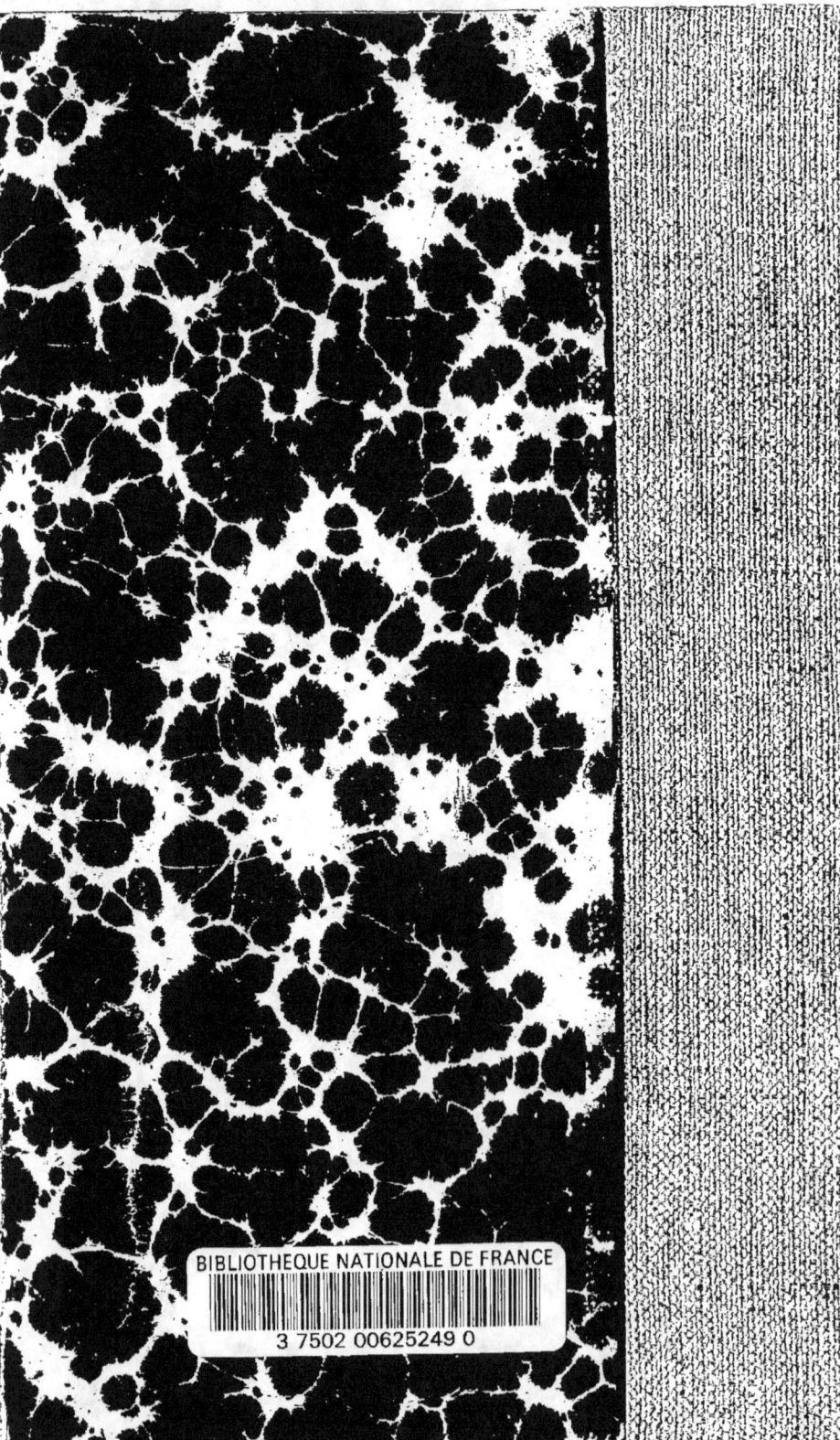

www.ingramcontent.com/pod-product-compliance
Lightning Source LLC
Chambersburg PA
CBHW071418300426
44114CB00013B/1293